KB235801

매튜 헨리 주석 사무엘상·하

저자 매튜 헨리 Matthew Henry 1662-1714

성경 주석가. 영국국교회의 복음주의 목사의 아들인 그는 통일령으로 아버지가 성직에서 쫓겨난 직후에 태어났다. 학문을 좋아하는 소년이었으며 1672년에 회심하였다. 옥스퍼드와 케임브리지의 학문성이 차츰 떨어지므로 1680년 런던 이슬링턴 대학에서 신학 교육을 받았다. 그 대학은 신앙을 저버린 시대에 높은 학문을 유지해왔다. 그 대학의 학장은 케임브리지에서 온 토머스 두리틀이었고, 부학장은 옥스퍼드에서 온 토머스 빈센트였다. 그 후에는 그레이 법학원에서 법률을 공부하였다. 그는 국교회 목사가 되려고 생각하였지만, 비국교도가 되기로 결심하였고, 개인적으로 장로교 목사 안수를 받았다. 첫 목회지는 체스터(1687-1712)였으며 그 뒤에 런던의 해크니(1712-1714)로 옮겼다. 청교도들에게서 크게 영향을 받은 그는 성경 해설을 목회의 중심으로 삼았다. 날마다 4시 또는 5시에 일을 시작하였던 그는 시간을 최대한 사용하는 것을 목적으로 삼았다. 1704년에 「성경 주석」을 집필하기 시작하였는데, 그는 사도행전까지 탈고하였으며, 그의 사후 목회 동역자들이 그의 노트와 저서들을 참고하여 신약성경 주석을 완성하였다. 그 주석은 성경에 대한 자세하고 종종 대단히 영적인 해설 양식을 취하였는데, 그 양식은 그 이후의 복음주의적 목회의 형태를 결정하였다. 스펄전은 자신이 매튜 헨리에게 큰 도움을 받았다는 사실을 인정하였다.

역자 정충하

역자는 성균관대학교 경영학과와 합동신학원을 졸업했으며, 기독지혜사에서 편집부장을 역임했다. 지금은 경기도 가평에 소재한 새소망교회에서 목회하면서, 전문번역가로 활동하고 있다. 주요 역서로는 「신약신학」(요아킴 예레미아스), 「선지자 연구」(에드워드 J. 영), 「신약의 초석」(랄프 P. 마틴), 「모세오경」(존 H. 세일해머), 「요한계시록의 신학」(도날드 거스리), 「복음서의 난해구절 해석」(로버트 H. 스타인) 등이 있다.

매튜
헨리
주석
전집

05

매튜 헨리주석
사무엘상·하

정충하 옮김

Matthew Henry

크리스찬
다이제스트

사무엘상

서론

본 성경과 이어지는 다음 성경에는 사무엘이란 이름이 붙어있는데, 그것은 그가 이것들을 기록했기 때문이 아니라(그의 죽음에 대한 이야기가 나오는 사무엘상 25장까지는 제외하고) 이 책들이 그의 탄생과 어린 시절 그리고 그의 생애와 통치 등 그에 대한 이야기로 시작하기 때문이다. 그리고 나머지 부분은 그에 의해 기름 부음을 받은 사울과 다윗의 통치의 역사를 담고 있다. 이와 같이 사무엘상하에는 이들 두 왕의 역사가 가장 큰 부분을 차지하고 있기 때문에, 라틴 역은 사무엘상을 '열왕기 첫째 책'으로 사무엘하를 '열왕기 둘째 책'으로, 그리고 열왕기상을 '열왕기 셋째 책'으로 열왕기하는 '열왕기 넷째 책'으로 부른다. 그리고 우리는 영어성경에서 이러한 제목이 별칭으로 제시되는 것을 보게 된다: "다른 이름으로는 열왕기 첫째 책이라 불리는" 등. 70인역은 사무엘상하를 '열국기상'(列國記上, the first book of the Kingdoms)과 '열국기하'(列國記下, the second book of the Kingdoms)로 부른다. 그러나 굳이 히브리어 이름을 바꿀 이유는 없다. 사무엘상하는 마지막 두 사사 즉 엘리와 사무엘의 역사를 포함하고 있는데, 이들은 다른 사사들과는 달리 전사(戰士)가 아니라 제사장이었다(이들의 이야기는 사사기의 부록이라 부를만 하다). 그리고 최초의 두 왕 사울과 다윗은 이후 열왕의 역사를 여는 관문이 된다. 사무엘상하는 성경 역사에 있어 대단히 중요한 시대를 담고 있다. 그리고 그 가운데 여러 구절들이 때때로 신약에서 그리고 시편의 제목에서 언급된다(만일 성경을 연대순으로 재배열한다면 시편은 사무엘상하 속에 들어가게 될 것이다). 사무엘상하를 기록한 자가 누구인지는 분명치 않다. 아마도 사무엘 시대의 역사는 사무엘 자신이 기록했을 가능성이 높다. 그리고 나머지 부분은 다윗과 함께 있던 선지자들 가운데 어떤 선지자가 계속해서 기록했을 것이다(아마도 나단일 가능성이 높아 보인다). 사무엘상의 내용은 다음과 같다. I. 엘리의 타락과 사무엘의 등장, 그리고 그의 선한 통치(1-8장). II. 사무엘이 퇴장하고 사울이 왕이 됨, 그러나 올바로 다스리지 못함(9-15장). III. 다윗이 택함 받음, 사울과 다윗의 다툼, 마침내 사울이 멸망을 당하고 다윗의 보좌의 길이 열림(16-31장). 이 모든 일들은 우리의 교훈을 위해 기록된 것이다.

제
— 1 —
장

개요

　　본 장에서 사무엘의 역사(歷史)는 삼손의 경우처럼 아주 일찍부터 시작된다. 즉 그의 이야기는, 세례 요한이나 우리 주님의 역사처럼, 태어나기 전부터 시작되고 있는 것이다. 성경의 어떤 인물들은 갑자기 구름에서 떨어진다(다시 말해서, 완전히 장성한 상태로 그리고 모든 것이 갖추어진 상태에서 처음 등장한다). 그러나 어떤 사람들의 이야기는 탄생 혹은 잉태될 때부터 시작된다. 하나님이 예레미야 선지자에 대해 말씀하신 것은 모든 사람에 대해 사실이다: "내가 너를 모태에 짓기 전에 너를 알았고"(렘 1:5). 그러나 어떤 사람들은 다른 사람들보다 좀 더 많은 주목을 받으며 그리고 좀 더 일찍 보통 사람들과 구별되면서 세상 속으로 들어오는데, 사무엘이 그런 사람들 가운데 하나였다. 이러한 문제에 있어 하나님은 당신의 뜻대로 자유롭게 행동하신다. 삼손의 이야기는 그를 '약속의 아이'로 소개했다(삿 13장). 그러나 사무엘의 이야기는 그를 '기도의 아이'로 소개한다. 삼손의 탄생은 여호와의 사자에 의해 그의 어머니에게 예언되었다. 반면 사무엘의 경우에는 그의 어머니가 하나님께 기도하며 간구했다. 두 경우를 통해 우리는 말씀과 기도에 의해 기사(奇事)와 이적(異蹟)이 일어나는 것을 보게 된다. 사무엘의 어머니는 한나인데, 그녀는 본 장에서 가장 중요한 인물로 등장한다. I. 한나가 아이가 없음으로 인해 고통을 당함, 그리고 브닌나의 멸시로 인해 고통이 더욱 심해짐, 그러나 남편의 사랑으로 어느 정도 위로받음(1-8절). II. 한나가 고통 가운데 하나님께 기도하며 서원함, 이에 대제사장 엘리가 처음에는 꾸짖었으나 나중에는 격려함(9-18절). III. 사무엘의 탄생과 양육(19-23절). IV. 아이를 여호와께 드림(24-28절).

¹에브라임 산지 라마다임소빔에 에브라임 사람 엘가나라 하는 사람이 있었으니 그는 여로함의 아들이요 엘리후의 손자요 도후의 증손이요 숩의 현손이더라 ²그에게 두 아내가 있었으니 한 사람의 이름은 한나요 한 사람의 이름은 브닌나라 브닌나에게는 자식이 있고 한나에게는 자식이 없었더라 ³이 사람이 매년 자기 성읍에서 나와서 실로에 올라가서 만군의 여호와께 예배하며 제사를 드렸는데 엘리의 두 아

들 홉니와 비느하스가 여호와의 제사장으로 거기에 있었더라 ⁴엘가나가 제사를 드리는 날에는 제물의 분깃을 그의 아내 브닌나와 그의 모든 자녀에게 주고 ⁵한나에게는 갑절을 주니 이는 그를 사랑함이라 그러나 여호와께서 그에게 임신하지 못하게 하시니 ⁶여호와께서 그에게 임신하지 못하게 하시므로 그의 적수인 브닌나가 그를 심히 격분하게 하여 괴롭게 하더라 ⁷매년 한나가 여호와의 집에 올라갈 때마다 남편이 그같이 하매 브닌나가 그를 격분시키므로 그가 울고 먹지 아니하니 ⁸그의 남편 엘가나가 그에게 이르되 한나여 어찌하여 울며 어찌하여 먹지 아니하며 어찌하여 그대의 마음이 슬프냐 내가 그대에게 열 아들보다 낫지 아니하냐 하니라

우리는 여기에서 선지자 사무엘이 태어난 가정의 모습이 어떠했는지에 대하여 보게 된다. 그의 아버지의 이름은 엘가나였는데, 그는 레위인으로서 역대상 6:33, 34에 나타나는 것처럼 고핫 가문에 속한 자였다(고핫 가문은 레위 지파 가운데 가장 영예로운 가문이었다). 그의 조상인 숩은 에브랏 사람, 즉 에브랏이라 불린 유다 베들레헴 출신이었다(룻 1:2). 레위 지파에 속한 고핫 가문이 처음 이 곳에 정착했는데, 시간이 지남에 따라 그 가문 가운데 한 가지가 에브라임 산지로 이주했고, 그로부터 엘가나가 태어나게 되었다. 사사기 17장에 나오는 미가의 레위인 역시도 베들레헴으로부터 에브라임 산지로 왔다(삿 17:8). 그들이 본래 에브라임 사람이었다는 사실이 특별하게 언급되는데, 아마도 그것은 다윗과의 관계를 보여주기 위한 것이었을 것이다. 이 엘가나는 라마 혹은 라마다임(윗동네와 아랫동네의 두 라마를 의미함)에서 살았는데, 그 곳은 요셉의 출신지역인 아리마대와 같은 장소로서 여기에서 라마다임소빔이라 불렸다. 소빔은 '파수꾼들'을 의미한다. 그러므로 어쩌면 이 곳에 선지자 학교 가운데 하나가 있었을는지 모른다. 왜냐하면 선지자가 파수꾼으로 불렸기 때문이다. 갈대아 역본은 엘가나를 선지자 생도라고 부른다. 그러나 예언이 다시 활성화된 것은 사무엘로 말미암은 것이었고, 그의 시대 이전에는 오랫동안 이상(異像, vision)이 거의 보이지 않았다(3:1). 뿐만 아니라 모세로부터 사무엘에 이르기까지 여호와의 선지자가 언급된 곳은 오직 사사기 6:8 뿐이다. 그러므로 당시에 선지자를 양성하는 학교가 있었다고 생각할 아무런 근거도 우리는 갖지 못한다 — 사무엘 자신이 세울 때까지(19:19, 20). 여기까지가 사무엘의 가계(家系)와 출생지에 대한 설명이다. 이제 그의 가정의 모습을 살펴보자.

I. 사무엘의 가정은 경건한 가정이었다. 이스라엘의 모든 가정이 다 그래야 하겠지만, 특별히 레위인 가정은 더욱 그래야 한다. 목회자 가정은 특별히 믿음과 경건에 있어 모범적인 가정이 되어야 한다. 엘가나는 중요한 절기 때에 실로에 있는 성막에 올라갔는데, 그것은 만군의 여호와께 예배하며 제사하기 위함이었다. 나는 성경에서 하나님이 **만군의 여호와(여호와 샤바옷)**로 불린 것은 여기가 처음이라고 생각한다 — 이 호칭은 나중에 매우 보편적인 호칭이 된다. 아마도 사무엘 선지자가 이러한 하나님 호칭을 사용한 첫 번째 사람이었을 것이다. 그의 시대에 이스라엘 군대는 적고 연약했던 반면 적들의 군대는 많고 강했는데, 이러한 상태에서 그는 이스라엘을 위로하기 위해 그와 같은 호칭을 사용했을 것이다. 그러므로 그와 같은 호칭은 그들로 하여금 자신들이 섬기는 하나님이 만군, 즉 하늘과 땅의 모든 군대의 주인임을 기억하도록 했고, 그러한 사실이 그들에게 큰 힘이 되었을 것이다. 엘가나는 고향에 묻혀 있는 레위인으로서, 성막 봉사에 있어 어떤 특별한 직분이나 직무를 가지고 있지 않았던 것으로 보인다. 다만 그는 보통 이스라엘 백성처럼 자신의 희생제물을 가지고 성막에 올라감으로써 이웃의 믿음을 격려하고 그들에게 훌륭한 본보기가 되었다. 그가 제사를 드릴 때 거기에는 제물과 함께 기도와 감사가 담겨 있었으며, 바로 이것이 그가 드린 예배였다. 그는 매년 성막에 올라감으로써 자신의 믿음과 경건을 변함없이 나타냈다. 그의 이와 같은 행동은 다음과 같은 사실로 미루어 더욱 칭찬할 만했다.

1. 당시 이스라엘 백성들은 전반적으로 부패했고 신앙생활을 게을리했다. 그들 가운데 일부는 다른 신들을 섬겼고 대다수 백성들은 이스라엘의 하나님을 섬기는 일에 게을렀으나, 엘가나는 자신의 순전함을 지켰다. 다른 사람들은 어떠하든지 간에, 엘가나는 자신과 자신의 집은 여호와를 섬기겠노라고 굳게 결심했다.

2. 엘리의 두 아들 홉니와 비느하스가 하나님의 집에서 봉사하는 일을 맡았는데, 그들은 우리가 나중에 보게 될 것처럼 자신들의 위치에서 매우 악하게 행동했다. 그럼에도 불구하고 엘가나는 제사를 드리기 위해 올라갔다. 당시 하나님은 자기 백성들을 오직 한 장소, 한 제단에서만 예배하도록 그리고 다른 장소에서는 어떤 구실로도 예배하지 못하도록 하셨으므로, 엘가나는 그러한 명령에 온전히 순종하여 실로에 올라갔다. 제사장들이 그들의 의무를 다하지

못할지라도, 엘가나는 기꺼이 자신의 의무를 다하고자 했다. 하나님께 감사할지니, 우리는 복음 아래서 더 이상 어떤 한 장소나 가정에 매이지 않는다. 또한 존귀하신 구주께서 당신의 교회에 목사와 교사들을 주신 것은 단지 성도를 온전하게 하여 봉사의 일을 하게 하며 그리스도의 몸을 세우기 위한 것일 뿐이다(엡 4:11-12). 아무것도 우리의 믿음을 통제하지 못한다. 우리의 의무는 홉니와 비느하스처럼 자신들의 악하고 부도덕한 행위로 인해 여호와께 드리는 제사를 가증한 것으로 만드는 자들에 대한 것이 아니라(물론 성례의 효력이 그것을 집행하는 자의 성결에 달려 있는 것은 아니라 할지라도), 우리의 성결과 거룩한 기쁨에 도움을 주는 자들에 대한 것이다.

Ⅱ. 그러나 사무엘의 가정은 분열된 가정이었다.   그리고 가정의 분열은 그들에게 고통과 슬픔을 가져다 주었다. 경건한 믿음의 가정임에도 불구하고 분열되어 있는 것은 참으로 슬픈 일이 아닐 수 없다. 가정의 합심기도야말로 이러한 분열을 극복하도록 이끌어 준다.

  1. 이러한 분열의 근본적인 원인은 엘가나가 두 명의 아내를 얻은 것에서 비롯되었는데, 이것은 우리 주님께서 명확하게 지적하신 것처럼 본래의 결혼제도를 위반하는 것이었다(마 19:5, 8): 본래는 그렇지 아니하니라. 이 일로 인해 아브라함의 가정과 야곱의 가정과 여기의 엘가나의 가정이 모두 불행을 겪었다. 하나님의 율법은 이 세상에서 우리의 안락과 평안을 위해 얼마나 더 좋은 것을 가져다 주는가! 아마도 엘가나는 한나와 먼저 결혼한 것으로 보인다. 그러나 그녀를 통해 자녀를 얻지 못하자, 브닌나와 결혼했다. 브닌나는 곧 자녀들을 낳았으나, 이 일은 엘가나에게 다른 고통거리를 안겨 주었다. 이와 같이 자신이 만든 채찍으로 자신이 맞는 경우가 종종 있다.

  2. 이러한 잘못의 결과는 두 아내 사이의 불화였다. 그들이 받은 축복은 서로 달랐다. 브닌나는 레아처럼 다산(多産)의 축복을 받아 여러 자녀를 낳았다. 비록 두 번째 아내이며 또 한나에 비해 덜 사랑받은 아내였다 할지라도, 그녀는 이러한 축복으로 인해 위로를 받고 감사했어야 했다. 반면 한나는 라헬처럼 실제로 자녀가 없었지만 남편의 사랑을 받고 남편으로부터 항상 갑절의 분깃을 받았는데(5절), 이로 인해 그녀 또한 위로를 받고 감사했어야 했다. 그러나 그들은 모두 그렇게 하지 못했다. 브닌나는 다산의 축복을 감당치 못한 채 점점 더 거만하며 오만해졌다. 한편 한나는 자녀를 낳지 못한 고통을 감당하지

못하고 점점 더 우울과 불만에 빠졌다. 그리하여 엘가나는 두 아내 사이에서 매우 곤란한 처지에 빠지지 않을 수 없었다.

(1) 엘가나는 이러한 불행한 가정상황에도 불구하고 두 아내와 자녀들을 데리고 계속해서 하나님의 제단에 올라갔고, 그럼으로써 두 아내가 다른 일에는 서로 한 마음이 되지 못할지라도 함께 하나님을 예배하는 일에는 한 마음이 되도록 했다. 비록 예배가 가정의 분열을 극복시키지는 못했다 할지라도, 가정의 분열로 인해 예배가 중단되도록 해서는 결코 안 된다.

(2) 엘가나는 고통 가운데 있는 한나를 위로하고 격려하기 위해 할 수 있는 모든 일을 다 했다(4, 5절). 절기 때에 그는 가정의 화목과 평화를 간구하기 위해 화목제(peace-offering)를 드렸다. 엘가나와 그의 가정이 하나님과 친교를 나누는 것의 증표로서 제물의 분깃을 먹을 때, 그는 브닌나와 자녀들에게는 상응한 분깃을 주는 반면 한나에게는 가장 좋은 부분(통상적으로 가장 귀한 사람에게 주는 부분)으로 갑절의 분깃을 주었다. 그가 이렇게 한 것은 한나에 대한 사랑을 나타내고 확증하기 위함이었다. 다음을 주목하라.

[1] 엘가나는 한나가 아이를 낳지 못함에도 불구하고 그녀를 사랑했다. 그리스도께서 교회의 결함과 열매없음(아이를 낳지 못함)에도 불구하고 자신의 교회를 사랑하셨으므로 남편들도 자기 아내를 그와 같이 사랑해야 한다(엡 5:25). 어떤 사람에 대하여 그가 어떻게 할 수 없는 그리고 그의 죄가 아니라 단지 고통일 뿐인 어떤 결함으로 인해 그에게 주어야 할 정당한 사랑을 거두는 것은 하나님의 섭리와 교훈을 서로 다투게 만드는 것이며 또한 고통당하는 자에게 고통을 더하게 만드는 일이 된다.

[2] 엘가나는 한나가 고통과 모욕을 당하며 의기소침해 있었기 때문에 자신의 사랑을 더 많이 보여줄 것을 계획했다. 약한 자를 도와주고 넘어진 자를 붙잡아 주는 것은 지혜로운 일이요 우리의 마땅한 의무이다.

[3] 엘가나는 화목제의 가장 좋은 분깃을 한나에게 줌으로써 그녀에게 대한 자신의 큰 사랑을 나타냈다. 이와 같이 우리는 가족이나 친척 혹은 친구들을 위해 많이 기도함으로써 그들에게 대한 우리의 사랑을 나타내야 한다. 우리가 더 많이 사랑하면 할수록 우리는 그들을 위해 더 많이 기도하게 될 것이다.

(3) 브닌나는 매우 까다롭고 격분을 일으키는 여자였다.

[1] 브닌나는 한나가 아이를 낳지 못하는 것에 대해 마치 하늘의 은혜를 받지

못한 것인 양 경멸과 조롱과 비난을 가했다.

[2] 브닌나는 한나가 남편으로부터 더 큰 사랑을 받는 것에 대해 질투했으며, 남편이 한나에게 더 큰 친절을 베풀면 베풀수록 그녀를 더욱더 미워했다. 이 모든 것은 참으로 비열하고 야만적이었다.

[3] 브닌나가 이와 같은 일에 가장 격심할 때는 그들이 모두 여호와의 집에 올라갈 때였는데, 아마도 그것은 이 때가 다른 때보다도 그들이 더 많이 함께 있는 때였기 때문이었거나 아니면 이 때 엘가나가 한나에게 더 많은 사랑을 나타냈기 때문이었을 것이다. 그러나 하나님의 제단에서 분노와 다툼이 없는 깨끗한 손을 들어야 할 때 이와 같이 악의를 나타내는 것은 큰 죄가 아닐 수 없었다. 또한 이 때 한나를 격분케 한 것은 매우 고약한 행동이었는데, 그것은 이 때 그들이 함께 있으므로 다른 사람들이 이 일을 알게 될 것이기 때문뿐만 아니라 또한 이 때 한나가 특별한 기도를 할 것을 마음에 두고 어떤 동요도 없이 가장 고요하며 차분한 마음을 갖기를 열망하고 있었기 때문이었다. 우리의 가장 큰 대적은 우리가 가장 차분해야 할 때 우리를 가장 격동시키기 위해 가장 분주하다. 하나님의 아들들이 와서 여호와 앞에 설 때, 사탄도 분명히 그들 가운데에 올 것이다(욥 1:6).

[4] 브닌나는 계속해서 그렇게 했다. 한두 번 그렇게 한 것이 아니라, 마치 습관적인 행동처럼 계속해서 그렇게 했다. 남편에 대한 존경심이나 한나에 대한 동정심조차도 그와 같은 그녀의 행동을 막지 못했다.

[5] 브닌나의 계획은 한나로 하여금 속이 터지고 괴롭게 함으로써 남편의 마음을 독차지하려는 것이었다. 어쩌면 한나의 괴로움을 통해 큰 기쁨을 얻었기 때문에 그렇게 했는지도 모른다. 브닌나에게 있어 한나의 괴로움보다 자신을 더 만족시켜 주는 것은 결코 없었다. 슬픔과 고통 가운데 있는 사람을 괴롭히는 것으로 즐거워하는 것은 참으로 야비한 성품이 아닐 수 없다. 우리는 서로 짐을 나누어져야지, 상대방의 짐을 더 무겁게 해서는 결코 안 된다.

(4) 가련한 여인 한나는 그와 같이 격분케 하는 말을 들을 수가 없었다: 그가 울고 먹지 아니하니(7절). 이로 인해 그녀 자신뿐만 아니라 모든 가족까지도 불안하고 거북해지지 않을 수 없었다. 그녀는 절기의 음식도 먹지 않았다. 괴로움으로 인해 그녀는 식욕을 잃었고 다른 사람들과 즐겁게 어울릴 수가 없었다. 그녀의 괴로움은 가정의 기쁨과 화합에 걸림돌이 되었다. 그녀가 먹지 않은 것

은 절기의 희생제물이었는데, 그것은 애곡하는 날에는 성물을 먹지 말아야 하기 때문이었다(신 26:14; 레 10:19). 그러나 세상의 슬픔으로 인해 하나님 안에서의 거룩한 기쁨에 동참하지 못하는 것은 그녀의 약함이었다. 이와 같이 괴로움과 격분을 품고 있는 사람들은 자기 자신에 대해 스스로 원수가 되며, 삶과 경건에 있어 평안과 안위를 많이 잃어버리게 된다. 우리는 하나님께서 이와 같은 가정과 부부관계 속에서의 괴로움과 불일치를 주목하신 것을 발견한다. 너희가 눈물과 울음과 탄식으로 여호와의 제단을 가리게 하는도다 그러므로 여호와께서 다시는 너희의 봉헌물을 돌아보지도 아니하시며 그것을 너희 손에서 기꺼이 받지도 아니하시거늘(말 2:13).

(5) 엘가나는 마음을 다해 한나를 위로하려고 애썼다. 한나는 아브라함의 아내 사라가 그랬던 것처럼 엘가나가 다른 아내를 얻은 것에 대해 비난하지 않았으며, 또한 브닌나가 자신을 격분시킬 때 욕설을 퍼부음으로써 똑같이 되갚아 주지도 않았다. 다만 그녀는 그 모든 괴로움을 전적으로 자신이 짊어졌고, 이로 인해 그녀는 동정의 대상이 되었다. 엘가나는 한나의 슬픔을 자신의 슬픔으로 여겼다(8절): 한나여 어찌하여 우는가?

[1] 엘가나는 한나가 슬픔에 잠겨 있는 것을 보고 크게 걱정했다. 결혼으로 한 몸이 된 자들은 이와 같이 마음도 하나가 되어야 하며, 둘은 서로의 고통을 함께 나누어야 한다. 따라서 한 사람이 고통 가운데 있을 때 다른 사람이 평안할 수는 없는 것이다.

[2] 엘가나는 한나에게 사랑의 책망을 가한다: 어찌하여 울며 어찌하여 먹지 아니하며 어찌하여 그대의 마음이 슬프냐? 하나님은 사랑하시는 만큼 책망하신다. 그러므로 우리도 그래야 한다. 엘가나는 한나가 왜 슬퍼하는지 그 이유를 물었다. 비록 한나가 고통을 겪을 수밖에 없는 합당한 이유를 가지고 있었다 할지라도, 그녀로 하여금 성물을 먹지 않을 정도로 슬퍼해야만 하는지 스스로 생각해 보도록 할 필요가 있다. 어떤 이유에서든 우리의 슬픔이 하나님께 대한 우리의 의무를 저버리게 만들며 그 안에서의 우리의 안위를 망가뜨릴 때, 또 우리로 하여금 하나님의 자비에 대해 감사치 않게 만들며 그분의 선하심을 신뢰하지 못하게 만들 때, 또 그리스도 안에서의 우리의 기쁨을 망각하게 만들고 그와의 특별한 관계 속에서 안위를 받고 의무를 행하는 것을 가로막는다면, 그것은 죄이며 과도한 것이다.

[3] 엘가나는 자신이 그녀의 슬픔을 상쇄시켜 주기에 충분하지 않느냐고 말한다: 내가 그대에게 열 아들보다 낫지 아니하냐? "나의 모든 사랑이 그대에게 있음을 그대도 아나니, 그것으로 그대를 위로하게 하라." 우리의 십자가에 대해 지나치게 슬퍼하지 않도록 하기 위해, 우리는 우리가 받은 은혜와 위로를 항상 기억해야 한다. 왜냐하면 은혜와 위로는 잃어버린 채 십자가만 짊어지고 있는 경우가 종종 있기 때문이다. 균형을 유지하기 위해서는 우리는 양쪽을 다 고려해야만 한다. 그렇게 하지 않으면 우리는 하나님의 섭리를 공정치 못한 것으로 받아들이게 되고 동시에 자기 자신을 슬픔과 괴로움 속에 빠뜨려 버리게 된다. 하나님이 이 두 가지를 병행하게 하셨으니(전 4:14), 우리도 그래야 한다.

[9]그들이 실로에서 먹고 마신 후에 한나가 일어나니 그 때에 제사장 엘리는 여호와의 전 문설주 곁 의자에 앉아 있었더라 [10]한나가 마음이 괴로워서 여호와께 기도하고 통곡하며 [11]서원하여 이르되 만군의 여호와여 만일 주의 여종의 고통을 돌보시고 나를 기억하사 주의 여종을 잊지 아니하시고 주의 여종에게 아들을 주시면 내가 그의 평생에 그를 여호와께 드리고 삭도를 그의 머리에 대지 아니하겠나이다 [12]그가 여호와 앞에 오래 기도하는 동안에 엘리가 그의 입을 주목한즉 [13]한나가 속으로 말하매 입술만 움직이고 음성은 들리지 아니하므로 엘리는 그가 취한 줄로 생각한지라 [14]엘리가 그에게 이르되 네가 언제까지 취하여 있겠느냐 포도주를 끊으라 하니 [15]한나가 대답하여 이르되 내 주여 그렇지 아니하니이다 나는 마음이 슬픈 여자라 포도주나 독주를 마신 것이 아니요 여호와 앞에 내 심정을 통한 것뿐이오니 [16]당신의 여종을 악한 여자로 여기지 마옵소서 내가 지금까지 말한 것은 나의 원통함과 격분됨이 많기 때문이니이다 하는지라 [17]엘리가 대답하여 이르되 평안히 가라 이스라엘의 하나님이 네가 기도하여 구한 것을 허락하시기를 원하노라 하니 [18]이르되 당신의 여종이 당신께 은혜 입기를 원하나이다 하고 가서 먹고 얼굴에 다시는 근심 빛이 없더라

한나가 과도하게 슬퍼하는 것에 대해 엘가나가 부드럽게 책망했었는데, 여기에서 우리는 그러한 책망이 좋은 효과를 거두었음을 발견하게 된다.

I. 이로 인해 한나는 음식을 먹게 되었다. 그녀는 먹고 마셨다(9절). 그녀는 슬픔 가운데 마음을 완악케 하지 않았으며, 책망을 받은 것으로 인해 의기소침

해지지 않았다. 자신이 가족들과 함께 식탁을 함께 하지 않은 것으로 인해 남편이 불편해하는 것을 깨닫게 되었을 때, 한나는 할 수 있는 대로 자신의 마음을 쾌활케 하면서 식탁으로 왔다. 우리의 격정(激情)을 다스리는 것은 식욕을 다스리는 것만큼이나 큰 자기부인(self-denial)이다.

Ⅱ. 이로 인해 한나는 기도하게 되었다. 그녀는 이렇게 생각한다. "내가 화를 내는 것이 과연 잘 하는 일인가? 스스로 마음을 썩이는 일이 과연 잘 하는 일인가? 무거운 짐을 이렇게 내 어깨에 둘러메는 것보다 기도로써 여호와께 맡기는 것이 낫지 않을까?" 엘가나는 말했었다: 내가 그대에게 열 아들보다 낫지 아니하냐? 그와 함께 그녀는 이렇게 생각했을 것이다. '남편이 그러하든 그러하지 않든 하나님은 정말로 그러하시므로 나는 주님께 의뢰할 것이라. 그리고 나는 그분 앞에 나의 억울함을 쏟아내고 그분이 주실 위로를 구할 것이라.' 만일 한나가 이 문제를 가지고 은혜의 보좌 앞에 나아가 특별한 간구를 드려야만 한다면, 바로 지금이 그 때였다. 그들은 지금 실로의 성막 문 앞에 있다. 이 곳은 기도의 집(the house of prayer)으로서, 하나님께서 자기 백성들과 만날 것이라고 약속하셨던 바로 그 장소였다. 그들은 하나님의 은혜와 모든 선한 것을 얻고 또 그분과 교제하는 표로서 바로 전에 화목제를 드렸었다. 그리고 자신들이 드린 제물이 열납되었음을 믿으면서 그 제물을 나누어 먹었었다. 그러므로 지금이야말로 그러한 제물을 힘입어 기도할 수 있는 가장 적합한 때가 아닐 수 없었다. 왜냐하면 화목제를 통해 죄에 대한 속죄가 이루어질 뿐만 아니라 우리의 기도에 대한 들으심과 응답하심을 얻기 때문이다. 모든 간구에 있어 우리는 그 제물을 바라보아야만 한다. 여기에서 한나의 기도와 관련하여 우리는 다음의 사실들을 관찰할 수 있다.

1. 한나의 기도 속에는 뜨겁고 살아 있는 헌신이 있었다. 우리는 그것을 다음과 같은 몇 가지 예에서 찾아볼 수 있는데, 이를 통해 우리는 어떻게 기도해야 할 것인가에 대해 배울 수 있다.

(1) 한나는 기도 가운데 자신의 신앙적 감정을 담기 위해 마음의 슬픔과 괴로움을 그대로 사용한다: 한나가 마음이 괴로워서 여호와께 기도하고(10절). 우리도 하나님께 대한 간구를 한층 생생하게 하기 위해 우리의 고통을 이와 같이 사용하여야 한다. 우리 구주께서도 고뇌 가운데 힘쓰고 애써 더욱 간절히 기도하셨다(눅 22:44).

(2) 한나의 기도 속에는 눈물이 섞여 있었다. 그것은 마른 기도가 아니었다. 그녀는 슬픔 가운데 울며 기도했다. 한 사람의 참된 이스라엘 백성으로서 그녀는 고통 받는 영혼을 아시는 우리 하나님의 자비를 바라보며 울며 간구하였다(호 12:4). 그녀의 눈에서 눈물이 흘러나오는 것처럼 그녀의 마음에서 기도가 나왔다.

(3) 한나는 매우 특별한 그러나 매우 겸손한 간구를 드렸다. 그녀는 성막에서 봉사할 만한 아들 하나를 구했다. 하나님은 기도에 있어 '일반적인 선한 것들' 만을 구하도록 하지 않고, 우리가 가장 필요로 하며 소원하는 '특별한 선한 것' 을 구하도록 허락하신다. 그러나 한나는 라헬과는 달리 "내게 자식들을 낳게 하라"고 말하지 않았다(창 30:1). 그녀는 오직 한 아들로서 만족하고 감사할 것이었다.

(4) 한나는 만일 하나님이 아들을 주시면 그를 하나님께 드리겠다고 엄숙하게 서원했다(11절). 그는 혈통상 레위인으로서 하나님을 섬기는 일에 드려질 것이었다. 그러나 그는 한 걸음 더 나아가 어머니의 서원에 의해 나실인이 되어 어린 나이에 하나님께 바쳐질 것이었다. 아마도 한나는 자신의 계획을 사전에 남편에게 알리고 그의 동의와 허락을 받았을 것이다. 부모는 자신의 자녀를 산 제물과 영적 제사장으로 하나님께 바칠 권리를 갖고 있다. 그러므로 자녀는 살아 있는 모든 날 동안 하나님을 신실하게 섬길 의무를 갖는다. 우리가 하나님의 특별한 은혜를 구할 때, 그것을 하나님을 섬기는 일에 즐거이 사용할 조건의 끈으로 우리 영혼을 묶는 것은 지극히 합당한 일이다. 이것은 하나님의 선물을 받을 만한 공로를 말하는 것이 결코 아니다. 다만 그와 같이 하여 하나님의 선물과 위로를 받기에 적합하게 되는 것을 말하는 것일 뿐이다. 은혜를 바라보면서 우리가 마땅히 감당해야 할 의무를 다짐하자.

(5) 한나는 이 모든 것을 아무도 듣지 못할 정도로 아주 조용하게 말했다. 그녀의 입술은 움직였으나 음성은 들리지 않았다(13절). 이와 같은 방식으로 그녀는 하나님이 마음과 소원을 아신다는 자신의 믿음을 나타냈다. 하나님께는 말이나 생각이나 일반이다. 하나님은 큰 소리로 부르짖어야만 들을 수 있는 이방의 신들 가운데 하나가 아니다(왕상 18:27). 그것은 또한 한나가 하나님께 나아감에 있어 가졌던 겸손과 거룩한 부끄러움의 한 예였다. 그녀는 목소리를 상달하게 하려는 자들 가운데 하나가 아니었다(사 58:4). 그것은 은밀한 기도였다. 비

록 공적인 장소에서 드려졌다 할지라도 그것은 바리새인들이 사람들에게 보이기 위해 기도한 것과는 달리 은밀하게 드려진 기도였다. 그러므로 그것은 참된 기도였다. 우리가 기도하는 것을 부끄러워할 이유는 없지만, 그러나 우리는 모든 종류의 외식을 피해야만 한다. 하나님과 우리 영혼 사이에 오고 간 것은 오직 우리 안에만 간직해야 한다.

2. 이로 인해 한나는 심한 꾸지람을 듣게 되었다. 당시 이스라엘의 대제사장이요 사사는 엘리였다. 그는 성전(temple)의 의자에 앉아 그 곳의 제반 사무를 감독했다(9절). 성막이 여기에서 성전(temple, 혹은 여호와의 전)으로 불리는데, 그것은 지금 성막이 고정되어 있었으며(광야에서처럼 수시로 이동하지 않았다는 뜻) 또한 성전의 모든 일을 담당하고 있었기 때문이었다. 엘리는 이 곳에 앉아 방문객을 접견한다든지 혹은 각종 지시를 내리는 등의 일을 했다. 엘리는 한나가 기도하는 것을 보면서 그 가운데 뭔가 잘못된 점이 있음을 발견했다. 그녀의 이상한 태도로 인해 엘리는 그녀가 술에 취했다고 생각했다(14절): 네가 언제까지 취하여 있겠느냐. 오순절 날 베드로와 제자들이 성령의 충만함을 받고 성령이 말하게 하심을 따라 다른 언어들로 말하기를 시작했을 때, 여기와 똑같은 비난이 가해졌다(행 2:13). 아마도 이 때와 같이 타락한 시대에 성막 문에서 술 취한 여자를 보는 것은 그다지 희귀한 일이 아니었을 것이다. 그렇지 않았다면 홉니와 비느하스가 자신들의 더러운 정욕을 채워줄 먹잇감을 거기에서 그토록 쉽게 찾을 수는 없었을 것이다(2:22). 엘리는 한나를 그런 여자들 가운데 하나로 생각했다. 이와 같이 깨끗하고 무죄한 사람이 의심을 받는 것은 죄가 관영할 때 나타나는 한 가지 결과이다. 전염병이 유행할 때는 모든 사람이 그 병에 감염된 것이 아닌가 의심을 받게 된다.

(1) 이것은 엘리의 잘못이었다. 좀 더 자세히 관찰하지 않고 너무 성급하게 그토록 심한 꾸지람을 한 것은 큰 잘못이었다. 만일 그의 눈이 이미 제대로 못 볼 정도로 희미해졌다면, 그는 진작 도울 자를 곁에 두었어야 했다. 술에 취한 자들은 보통 시끄럽고 소란스럽게 마련이지만, 이 가련한 여인은 조용하고 차분하게 있었다. 그의 잘못이 더욱 큰 것은 그가 무식한 자까지도 불쌍히 여겨야 하는 여호와의 제사장이었기 때문이다(히 5:2). 우리도 다른 사람들을 너무 경솔하게 비난하거나 혹은 그들이 잘못했다고 성급하게 믿어버리는 잘못을 범할 수 있다 ― 그러한 비난의 근거가 불분명하며 아직 입증되지 않았음에도 불구

하고. 사랑은 우리로 하여금 모든 일에 있어 가장 좋은 쪽을 바라보도록 명령하며 또한 다른 사람들에 대해 흠을 잡거나 비판하는 것을 금지한다. 바울은 고린도 교회에 대해 좋지 않은 소식을 들었을 때, 그것이 사실이 아니기를 바라면서 어느 정도(부분적으로, partly)만 믿었다(고전 11:18). 특별히 우리는 다른 사람들의 신앙적인 행동들에 대해 함부로 비난하지 않도록 주의해야 한다. 그렇게 하지 않으면 올바른 열정으로 말미암은 것에 대해 그리고 하나님이 기쁘시게 받으시는 것에 대해 자칫 위선이나 열광주의나 미신이라는 이름을 붙일 수 있다.

(2) 이것은 한나에게 큰 고통을 가져다 주었다. 이것은 아미 지고 있는 무거운 짐에다가 또 다른 짐을 더하는 것이었으며, 또한 그녀의 마음의 상처에다가 초를 붓는 것이었다. 한나는 먹지도 않고 마시지도 않는 것으로 인해 엘가나로부터 책망을 받았는데, 지금 엘리로부터 너무 많이 먹고 마셨다고 꾸지람을 받는 것은 너무도 가혹한 것이었다. 선한 사람이 이와 같이 오해를 받는 것은 결코 새로운 일이 아니다. 그리고 어느 때든지 우리가 이와 같은 일을 당할지라도 이상하게 생각해서는 안 된다.

3. 한나는 엘리의 꾸지람에 대해 겸손하게 변명한다. 그녀는 그러한 꾸지람을 놀라울 만큼 잘 감당했다. 한나는 엘리의 꾸지람에 대해 반박하면서 그의 아들들의 방탕을 지적하며 그를 비난하지 않았다. 한나는 엘리에게 자기 가정이나 잘 돌아보고 자기 아들들이나 제대로 가르치라고 말하지 않았으며, 또한 은혜의 보좌에서 가련하고 슬픔에 찬 예배자에 대해 이렇게 함부로 말하는 것은 얼마나 나쁜 일이냐고 따지지 않았다. 부당하게 비난을 당할 때, 우리는 입술에 갑절의 파수꾼을 세울 필요가 있다. 그렇게 함으로써 우리가 비난에 대해 비난으로 되갚는 일을 하지 않게 될 것이다. 한나는 스스로 변명하는 것으로 충분하다고 생각했고, 우리도 그래야 한다(15, 16절).

(1) 한나는 최대한의 경의를 표함과 함께 그의 꾸지람에 대해 분명하게 부인한다. 한나는 그를 '내 주여'라고 부르는데, 이러한 호칭 속에는 그녀가 그의 의견을 얼마나 존중하고 있는지 그리고 그녀가 그의 비난을 얼마나 무겁게 받아들이는지가 암시되어 있다. "내 주여, 아닙니다. 당신이 의심하는 것은 사실이 아닙니다. 저는 포도주도 마시지 않았고 독주도 마시지 않았으며 어떤 술도 마시지 않았습니다. 하물며 과도하게 마신 것은 더더욱 아닙니다. 그러므로 당

신의 여종을 벨리알의 딸로 여기지 마옵소서." 술에 사로잡힌 자들은 벨리알의 자녀이며(특별히 여자인 경우는 더욱 그러하다), 악한 자의 자녀이며, 불순종의 자녀임을 주목하라. 그들은 특별히 술에 취해 있을 때 멍에를 참고 견디려고 하지 않을 것이다. 스스로를 다스릴 수 없는 자들이 어떻게 다른 사람과 멍에를 함께 할 수 있겠는가? 한나는 만일 자신이 정말로 술에 취한 것이었다면 그것은 큰 죄일 것이며 따라서 그가 자신을 하나님의 집 마당에 가둔다 할지라도 그것은 지극히 정당한 일이라는 것을 기꺼이 인정한다. 그러나 한나가 스스로를 변명하기 위해 말하는 태도 자체가 그녀가 결코 술에 취하지 않았음을 입증하기에 충분했다.

(2) 한나는 엘리의 의심을 불러일으켰던 자신의 행동에 대해 설명한다. "나는 마음이 슬픈 여자요 낙망과 슬픔 가운데 있는 사람입니다. 이것이 내가 다른 사람들과 다르게 보이는 이유입니다. 눈이 빨개진 것은 포도주 때문이 아니라 눈물 때문입니다. 지금 나는 마치 술주정뱅이나 바보들이 그러는 것처럼 스스로에게 중얼거리고 있는 것이 아니라, 마음의 언어를 들으시고 이해하시는 여호와 앞에 나의 영혼을 쏟아 놓고 있는 중입니다. 이는 나의 원통함과 격분됨이 많기 때문입니다." 한나는 보통 때와는 달리 매우 격정적으로 기도했는데, 바로 이것이 그녀가 이상하게 보인 이유였다. 다른 사람들로부터 부당하게 비난을 당할 때, 우리는 그들이 오해한 것에 대해 정당하게 설명함으로써 우리 자신을 위해서 뿐만 아니라 우리의 형제인 그들을 만족시키기 위해 노력해야 한다.

4. 엘리는 자신의 성급한 비난에 대하여 자상하고 자애로운 축복의 말로 보상한다(17절). 그는 (이와 같은 경우 많은 사람들이 그러는 것과는 달리) 자신의 잘못을 인정하고 바로잡는 것을 수치스러운 일로 받아들이지 않았으며, 그로 인해 언짢은 마음을 갖지 않았다. 도리어 그녀에 대해 못마땅하게 여겼던 것만큼 지금은 그녀를 격려해 주었다. 엘리는 "평안히 가라"고 말함으로써 그녀의 순전함을 기쁘게 받아들였음을 나타냈을 뿐만 아니라, 이스라엘의 대제사장으로서 여호와의 이름으로 그녀를 축복했다. 그리고 그는 비록 그녀가 기도한 내용이 무엇이었는지 잘 알지 못했다 할지라도, 그녀의 기도에 '아멘' 함으로써 그녀의 믿음과 경건을 인정했다: 이스라엘의 하나님이 네가 기도하여 구한 것을 허락하시기를 원하노라. 잘 알지 못함으로 인해 우리를 책망한 사람들에

게 우리가 온유하고 겸손한 태도를 보임으로써, 우리는 그들을 친구로 만들 수 있을 뿐만 아니라 우리에 대한 비난을 우리에 대한 기도로 바꿀 수 있다.

5. 이제 한나는 매우 만족스러운 마음으로 돌아가게 되었다(18절). 그녀는 엘리에게 계속해서 자신을 선히 여겨주며 또 위하여 기도해 달라고 간청하면서, 돌아가 남은 화목제물을 먹었다(이것은 다음 날 아침까지 남겨두어서는 안 되었다). 그리고 한나는 자신의 얼굴에 마음의 고통과 괴로움을 나타내는 근심 빛을 더 이상 나타내지 않았다. 오직 그녀의 얼굴은 마치 모든 일이 다 잘 된 것처럼 즐거움과 쾌활함으로 가득 찼다. 그 이유는 무엇인가? 도대체 무슨 일이 일어났는가? 이러한 갑작스런 변화는 어디에서 온 것인가? 기도로써 한나는 자신의 모든 사정과 형편을 하나님께 맡기면서 더 이상 그것으로 괴로워하지 않았다. 한나는 자신을 위해 기도했으며, 또 엘리 역시 그녀를 위해 기도했다. 그리고 한나는 하나님이 자신이 기도한 것에 대해 자비를 베푸시고 어떤 방식으로든 자신의 문제를 해결해 주실 것을 굳게 믿었다. 하나님을 경외하는 자에게 있어 기도는 곧 마음의 평안이다. 하나님이 "너희가 나를 헛되이 찾았느니라"고 결코 말하지 않을 것을 믿고 기도할 때마다, 야곱의 씨는 그와 같은 사실을 종종 발견하곤 했다. 빌립보서 4장 6절과 7절을 보라(아무것도 염려하지 말고 다만 모든 일에 기도와 간구로 너희 구할 것을 감사함으로 하나님께 아뢰라 그리하면 모든 지각에 뛰어난 하나님의 평강이 그리스도 예수 안에서 너희 마음과 생각을 지키시리라). 기도는 얼굴빛을 부드럽게 만들어 줄 것이며, 또한 마땅히 그래야 한다.

[19]그들이 아침에 일찍이 일어나 여호와 앞에 경배하고 돌아가 라마의 자기 집에 이르니라 엘가나가 그의 아내 한나와 동침하매 여호와께서 그를 생각하신지라 [20]한나가 임신하고 때가 이르매 아들을 낳아 사무엘이라 이름하였으니 이는 내가 여호와께 그를 구하였다 함이더라 [21]그 사람 엘가나와 그의 온 집이 여호와께 매년제와 서원제를 드리러 올라갈 때에 [22]오직 한나는 올라가지 아니하고 그의 남편에게 이르되 아이를 젖 떼거든 내가 그를 데리고 가서 여호와 앞에 뵙게 하고 거기에 영원히 있게 하리이다 하니 [23]그의 남편 엘가나가 그에게 이르되 그대의 소견에 좋은 대로 하여 그를 젖 떼기까지 기다리라 오직 여호와께서 그의 말씀대로 이루시기를 원하노라 하니라 이에 그 여자가 그의 아들을 양육하며 그가 젖 떼기까지 기다리다가 [24]

젖을 뗀 후에 그를 데리고 올라갈새 수소 세 마리와 밀가루 한 에바와 포도주 한 가죽부대를 가지고 실로 여호와의 집에 나아갔는데 아이가 어리더라 [25]그들이 수소를 잡고 아이를 데리고 엘리에게 가서 [26]한나가 이르되 내 주여 당신의 사심으로 맹세하나이다 나는 여기서 내 주 당신 곁에 서서 여호와께 기도하던 여자라 [27]이 아이를 위하여 내가 기도하였더니 내가 구하여 기도한 바를 여호와께서 내게 허락하신지라 [28]그러므로 나도 그를 여호와께 드리되 그의 평생을 여호와께 드리나이다 하고 그가 거기서 여호와께 경배하니라

I. 절기가 끝나자 엘가나의 가족이 집으로 돌아감(19절). 그들이 성막에서 어떻게 시간을 잘 활용하였는지 주목하라. 매일 심지어 집에 돌아가는 날까지도 그들은 하나님 앞에 경배했다. 그리고 그렇게 하기 위해 그들은 아침 일찍 일어났다. 하나님과 함께 하루를 시작하는 것은 참으로 좋은 일이다. 처음이 되시는 분에게 처음 시간을 드리자. 그들은 자녀들과 함께 가야 하는 긴 여행을 앞두고 있었지만, 함께 하나님께 경배 드리기 전까지는 움직이려 하지 않았다. 기도와 꼴(짐승의 먹이)은 결코 여행을 방해하지 않는다. 그들은 수일(數日)을 하나님을 경배하는 일로 보냈지만, 지금 집으로 돌아가는 자리에 또다시 경배를 드린다. 우리는 선한 일에 싫증을 내어서는 안 된다.

II. 기다리던 아들의 탄생, 그리고 그 아들에게 이름을 지어줌. 마침내 여호와께서 한나를 기억하셨다. 그토록 사모하고 열망한 대로(11절) 그녀는 한 아들을 임신하고 낳았다. 비록 하나님이 자기 백성의 무거운 짐과 고통과 근심과 기도를 오랫동안 잊어버린 것처럼 보인다 할지라도, 마침내 하나님은 그러한 것들을 결코 잊어버리지 않았음을 나타내실 것이다. 이 아들을 어머니는 사무엘이라 이름지었다(20절). 어떤 이들은 이 이름의 어원이 이스마엘의 그것과 동일한 것으로 생각하는데(하나님이 들으셨다), 이는 한나의 기도가 특별하게 들으심을 얻었고 그에 대한 응답으로 아들을 낳았기 때문이었다. 반면 어떤 이들은 한나가 그와 같은 이름을 지은 것은 '하나님께 구하여' 얻은 것을 나타내기 위해서였다고 생각한다. 그러나 결국 두 가지는 동일한 것이다. 한나는 그러한 이름을 지어줌으로써 자신의 기도에 응답하신 하나님의 호의를 영원히 기념하고자 했던 것이다. 이와 같이 그녀는 아들의 이름을 부를 때마다 자신이 안위를 받고 또 하나님께 영광을 돌리고자 생각했다. 이와 관련하여 우리는 우

리의 기도를 응답해 주신 하나님의 은혜에 대해 특별한 감사의 표현으로 기억해야만 한다. 시편 116:1, 2을 보라(여호와께서 내 음성과 내 간구를 들으시므로 내가 그를 사랑하는도다 그의 귀를 내게 기울이셨으므로 내가 평생에 기도하리로다). 하나님이 베풀어 주신 수많은 구원들과 그때그때 필요에 따라 공급해 주신 것들에 대해 우리는 그것들을 사무엘(하나님께 구하였다)이라 부를 수 있을 것이다. 또 우리가 특별한 방식으로 그분께 헌신하는 것은 무엇이든지 그와 같은 이름으로 부를 수 있다. 한나는 아들에게 이와 같은 이름을 지어줌으로써 그로 하여금 자신이 받은 하나님의 은혜를 한 순간도 잊어버리지 않도록 하고자 했다. 그럼으로써 그는 자신이 하나님께 구하여 얻은 아들이요 동시에 하나님께 드려진 아들이라는 사실을 항상 기억할 수 있었다. 자신이 기도로 얻은 아들이라는 사실을 아는 자들은 결코 나쁜 길로 가지 않을 것이다. 르무엘의 어머니는 자신의 아들에게 그가 서원대로 얻은 아들임을 일깨워준다(잠 31:2).

III. 한나가 사무엘을 철저하게 양육하고 돌봄. 그것은 그녀에게 사무엘이 너무나 사랑스러웠기 때문만이 아니라 그가 하나님께 바쳐진 아들이었기 때문이기도 했다. 따라서 그녀는 하나님을 위해 아들을 양육했고 그 아들을 다른 사람의 품에 맡기지 않았다. 우리가 자녀를 잘 돌봐야만 하는 것은 그들이 우리 자녀라고 하는 자연법칙의 관점에서 뿐만이 아니라 그들이 하나님께 드려졌다고 하는 은혜 언약의 관점에서도 그러하다. 에스겔 16:20, 21을 보라(또 네가 나를 위하여 낳은 네 자녀를 그들에게 데리고 가서 드려 제물로 삼아 불살랐느니라 네가 네 음행을 작은 일로 여겨서 나의 자녀들을 죽여 우상에게 넘겨 불 가운데로 지나가게 하였느냐). 이와 같은 관점에서 우리는 자녀를 양육하는 일이 거룩하고 성별된 일이라는 사실을 알 수 있다. 엘가나는 매년 성막에서 예배 드리기 위해 올라갔다(21절). 특별히 그는 자신의 서원, 아마도 한나의 서원과는 별개의 또 다른 서원(만일 하나님이 그녀를 통해 아들을 주신다면 어떻게 하겠다는)을 지키기 위해 성막에 올라갔다. 그러나 한나는, 비록 하나님의 집에 가고 싶은 간절한 열망을 가지고 있었다 할지라도, 남편에게 자신은 그냥 집에 머물러 있겠다고 간청했다. 왜냐하면 남자와는 달리 여자에게는 일 년에 세 번 절기 때마다 성막에 올라가야 하는 의무가 없었기 때문이었다. 한나는 늘 성막에 올라가는 것이 습관화되어 있었지만 지금은 그냥 집에 남아있기를 원했는데, 그 이유는

1. 만일 성막에 올라간다면 아들을 오랜 시간 잘 돌볼 수 없을 것이기 때문이었다. 여인이 어찌 젖먹이를 잊을 수 있겠는가? 우리는 그녀가 계속해서 집에 있었을 것이라고 추측할 수 있다. 왜냐하면 만일 그녀가 다른 곳에 갈 수 있었다면 실로에도 갈 수 있었을 것이기 때문이었다. 하나님이 원하시는 것은 제물이 아니라 자비라는 사실을 기억하라. 어린 자녀를 양육하고 돌보는 일로 인해 공적 예배에 참석하지 못하는 자들은 여기의 예(例)로부터 위로를 받을 수 있을 것이다. 그리고 그들이 한쪽 눈을 하나님께 향한 채로 그렇게 할 때 하나님이 그들을 은혜 가운데 받으실 것이며 그들은 탈취물을 나눌 것이라는 사실을 우리는 믿는다.

2. 아들이 실로에 갈 수 있을 뿐만 아니라 그 곳에 남아있을 정도로 충분히 클 때까지 그녀는 그 곳에 올라가지 않으려고 했기 때문이었다. 한나는 일단 아들을 실로에 데려가면 다시는 그 아들을 보지 못하게 될지 모른다고 생각했다. 서원을 지킬 것을 굳게 결심한 사람이라 할지라도 그렇게 하는 것을 연기할 만한 정당한 이유를 찾을 수 있다. 모든 것은 때에 맞을 때 아름다운 법이다. 제물로 드려지는 짐승은 먼저 그 어미와 어느 정도 시간을 같이 있게 한 후에 드려져야 한다(레 22:27, 수소나 양이나 염소가 나거든 이레 동안 그것의 어미와 같이 있게 하라 여덟째 날 이후로는 여호와께 화제로 예물을 드리면 기쁘게 받으심이 되리라). 과일도 익었을 때가 가장 맛있는 법이다. 엘가나는 한나가 제안한 것에 기꺼이 동의한다(23절): 그대의 소견에 좋은 대로 하라. 아내를 집에 남겨두는 것이 정말로 내키지 않는 일이었지만, 그는 그 일을 전적으로 아내의 뜻에 맡겼다. 이와같이 멍에를 함께한 자들이 특별히 경건과 사랑의 일에 있어 상대의 입장을 이해하며 서로 조화를 이루는 것은 얼마나 선하고 아름다운 일인가! 엘가나는 기도를 덧붙인다: 오직 여호와께서 그의 말씀대로 이루시기를 원하노라. 다시 말해서 그의 기도는 이런 것이었다. "하나님이여 이 아이를 어린 시절의 위험에서 보호하소서. 그럼으로써 하나님 앞에 드린 엄숙한 서원을 합당한 때에 지키게 하시고 모든 일이 하나님의 뜻대로 이루어지도록 하옵소서." 자녀를 진심으로 하나님께 바친 자들은 그 자녀들을 위해 편안하게 기도할 수 있음을 주목하라.

IV. **사무엘이 성소(聖所)에서 섬기는 일을 시작함**. 우리는 모든 첫아들이 그랬던 것처럼(눅 2:22, 23) 그가 난지 40일 되었을 때 여호와 앞에 드려졌을 것이라고 당연히 추측할 수 있다. 그러나 여기에서 이것이 언급되지 않았는데, 그것은 그 일이 특별한 일이 아니었기 때문이다. 그러나 이제 젖을 떼자 그는 하나님께 드려지게 되었다. 어떤 이들은 어린 사무엘이 세 살이 되기 전에, 즉 어머니의 품으로부터 젖을 떼자마자 하나님께 드려졌다고 생각한다(통상 유대인들은 세 살 이전에 아이에게서 젖을 뗀다). 본문에서도 아이가 하나님께 드려질 때까지 한나가 젖을 먹인 것으로 언급한다(23절). 반면 다른 이들은 사무엘이 어린아이의 티를 벗은 후 그러니까 여덟 살에서 열 살 정도 되었을 때 하나님께 드려졌다고 생각한다. 그러나 내가 볼 때 사무엘 같이 비범한 아이가 세 살에 성막에 드려져서 제사장의 자녀들과 함께 교육받았다고 보는 것이 결코 불가능하다고는 생각되지 않는다. 24절에 "아이가 어리더라"라고 언급되어 있지만, 자기 나이에 비해 매우 총명했던 그에게는 아무런 문제도 없었을 것이다. 신앙적인 교육은 이르면 이를수록 좋다. 그 아이는 아이였다. 따라서 히브리 본문은 그것을 '그가 배울 나이에'라고 읽는다. 그가 누구에게 지식을 가르치며 누구에게 도를 전하여 깨닫게 하려는가 젖 떨어져 품을 떠난 자들에게 하려는가(사 28:9). 한나가 어떻게 아이를 드렸는지 관찰하라.

1. 그녀는 수소 세 마리와 소제 등의 제물과 함께 그렇게 했다(24절). 아마도 아이의 나이에 따라 각 일 년마다 한 마리씩 드렸을는지 모른다. 아니면 한 마리는 번제로 또 한 마리는 속죄제로, 그리고 나머지 한 마리는 화목제로 드렸을는지도 모른다. 그녀는 아들을 하나님께 드림으로써 하나님을 '빚진 자'로 만들었다거나, 혹은 이러한 죽은 제물(수소와 소제물)을 통해 산 제물(아들)이 열납될 것이라고는 결코 생각하지 않았다. 우리와 하나님 사이의 모든 언약은 '그 위대한 희생제물'에 의해 이루어져야만 한다.

2. 그녀는 자신의 기도에 응답해 주신 하나님의 선하심에 대한 감사와 함께 그렇게 했다. 이러한 감사를 그녀는 엘리에게 나타냈는데, 그것은 엘리가 그녀로 하여금 평화의 응답의 소망을 불러일으켜 주었기 때문이었다(26, 27절). "이 아이를 위하여 내가 기도하였더니. 여기에서 기도로 얻은 아이를 여기에서 기도를 들으시는 하나님께 드리나이다. 나의 주여 당신은 나를 잊으셨을 것이나 나는 지금은 쾌활해 보이지만 3년 전에 여기에서 울며 기도하던 바로 그 여자입니다. 바로 이 아이가 그 때 위하여 기도했던 바로 그 아이입니다." 이와 같이 한나는 주께서 자신의 기도에 응답하신 것을 겸손하게 증거하면서 하나

님께 영광을 돌린다. 여기에 하나님에 대한 살아 있는 증거가 있다. "나는 하나님이 은혜로우신 분이심을 증거하는 증인입니다(시 66:16-19을 보라). 이와 같은 자비와 위로를 내가 기도하였더니 내가 구하여 기도한 바를 여호와께서 내게 허락하셨나이다." 시 34:2, 4, 6을 보라. 한나는 엘리가 전에 자신에게 가졌던 의심을 새삼스럽게 다시 끄집어내지 않는다. 그녀는 다음과 같이 말하지 않는다: "내가 3년 전에 당신으로부터 그토록 가혹한 꾸지람을 받았던 바로 그 여자입니다. 이제 그에 대해 어떻게 생각하십니까?" 선한 사람들이 실수하거나 혹은 간과한 것에 대해 우리는 그들을 비난해서는 안 된다. 그들은 스스로 그러한 것들에 대해 회개할 것이다. 그들로 하여금 그러한 것들에 대해 또 다시 듣게 하지 말자.

3. 그녀는 이 아이를 온전히 여호와께 드리면서 그렇게 했다(28절): 그러므로 나도 그를 여호와께 드리되 그의 평생을 여호와께 드리나이다. 한나는 '드린다'(lend)는 말을 반복해서 말하고 있는데, 그것은 결코 취소하지 않을 것이기 때문이었다. 여기에서 'lend' 곧 '빌려준다'라는 단어가 사용되었는데, 그것은 우리가 다른 사람에게 무엇을 빌려주었을 때 그러는 것처럼 그녀가 나중에 다시 돌려받을 생각을 하고 있었기 때문이 아니었다. 다만 여기에서 '샤올'이란 단어를 사용한 것은 그것이 그녀가 앞에서 사용한 것(20절, 이는 내가 그를 여호와께 '구하였다' 함이라)과 동일한 단어였기 때문이었다. 내가 구하여(카알 형인 샤알티) 기도한 바를 여호와께서 허락하셨으므로 나도 그를 여호와께 드리나이다(동일한 단어의 히필형인 히쉴티). 사무엘이란 이름 역시 같은 어원을 가지고 있다. 그러므로 그 아이는 하나님께 구한(asked of God) 아이일 뿐만 아니라 또한 하나님께 빌려준(lent of God) 아이이기도 한 것이다. 다음을 주목하라.

(1) 우리가 하나님께 드리는 것은 무엇이든지 우리가 먼저 하나님께 구했고 또 받은 것이다. 우리가 주의 손에서 받은 것으로 주께 드렸을 뿐이니이다(대상 29:14, 16).

(2) 본문에 따르면 우리가 하나님께 드리는 것은 무엇이든지 그분께 '빌려 준' 것이 될 수 있다. 비록 우리가 그것을 빌려준 것으로 생각하면서 나중에 되돌려 달라고 요구하지 않는다 할지라도, 그러나 하나님은 분명히 그것을 이자와 함께 갚아주실 것이다. 특별히 가난한 자들에게 준 것은 더욱 그러하다(잠 19:17, 가난한 자를 불쌍히 여기는 것은 여호와께 꾸어 드리는 것이니 그의 선행을

그에게 갚아 주시리라). 우리가 세례를 통해 우리 자녀를 하나님께 드릴 때, 우리는 그들이 먼저 최상의 권리로써 하나님의 것이며 그러고 나서 우리의 자녀로서 우리의 위로와 즐거움이 된다는 사실을 기억해야 한다. 한나는 아이를 여호와께 드리되, 일정 기간 동안만 그렇게 한 것이 아니라 평생을(durante vita) 그렇게 했다. 그의 평생을 여호와께 드리나이다(평생 나실인으로). 하나님과 우리 사이의 언약도 마치 혼인언약처럼 그와 같아야 한다. 평생 동안(살아 있는 동안) 우리는 그분의 것이 되어야 하며 결코 그분을 버리지 말아야 한다.

V. 사무엘이 하나님께 경배함. 사무엘은 그 정도 나이의 아이에게 기대될 수 있는 이상의 행동을 했다. 그것은 그가 거기서 여호와께 경배한 것이었는데, 다시 말해서 그가 자신의 기도를 말한(he said his prayers) 것이었다. 아이 사무엘은 의심의 여지 없이 매우 비범한 아이였다(아주 어려서부터 신앙적인 소양을 특별하게 나타내는 아이들이 있음을 우리는 알고 있다). 그리고 그의 어머니는 아들을 성소(聖所)에 보낼 것을 계획하면서 그 곳에서 감당하게 될 일을 위해 그를 특별하게 훈련시켰을 것이다. 어린 자녀들은 일찌감치 하나님께 경배하는 법을 배워야 한다. 부모들은 자녀들이 하나님을 경배하도록 가르치며 이끌어야 한다. 그러면 하나님이 그들을 은혜 가운데 받으시고, 더 나은 일을 할 수 있도록 가르치실 것이다.

제
— 2 —
장

개요

　　본 장의 내용은 다음과 같다. I. 아들을 주신 은혜에 대하여 한나가 하나님께 감사의 노래를 부름(1-10절). II. 엘리의 축복과 함께 그들이 집으로 돌아옴(11, 20절). 그들의 집이 번성케 됨(21절). 사무엘의 성장과(11, 18, 21, 26절) 어머니 한나의 돌봄(19절). III. 엘리의 아들들의 큰 악(12-17, 22절). IV. 그에 대한 엘리의 미온적인 책망(23-25절). V. 하나님이 선지자를 통해 엘리에게 아들들의 악행으로 인해 그의 집이 멸망당할 것을 경고하심(27-36절).

[1]한나가 기도하여 이르되 내 마음이 여호와로 말미암아 즐거워하며 내 뿔이 여호와로 말미암아 높아졌으며 내 입이 내 원수들을 향하여 크게 열렸으니 이는 내가 주의 구원으로 말미암아 기뻐함이니이다 [2]여호와와 같이 거룩하신 이가 없으시니 이는 주 밖에 다른 이가 없고 우리 하나님 같은 반석도 없으심이니이다 [3]심히 교만한 말을 다시 하지 말 것이며 오만한 말을 너희의 입에서 내지 말지어다 여호와는 지식의 하나님이시라 행동을 달아 보시느니라 [4]용사의 활은 꺾이고 넘어진 자는 힘으로 띠를 띠도다 [5]풍족하던 자들은 양식을 위하여 품을 팔고 주리던 자들은 다시 주리지 아니하도다 전에 임신하지 못하던 자는 일곱을 낳았고 많은 자녀를 둔 자는 쇠약하도다 [6]여호와는 죽이기도 하시고 살리기도 하시며 스올에 내리게도 하시고 거기에서 올리기도 하시는도다 [7]여호와는 가난하게도 하시고 부하게도 하시며 낮추기도 하시고 높이기도 하시는도다 [8]가난한 자를 진토에서 일으키시며 빈궁한 자를 거름더미에서 올리사 귀족들과 함께 앉게 하시며 영광의 자리를 차지하게 하시는도다 땅의 기둥들은 여호와의 것이라 여호와께서 세계를 그것들 위에 세우셨도다 [9]그가 그의 거룩한 자들의 발을 지키실 것이요 악인들을 흑암 중에서 잠잠하게 하시리니 힘으로는 이길 사람이 없음이로다 [10]여호와를 대적하는 자는 산산이 깨어질 것이라 하늘에서 우레로 그들을 치시리로다 여호와께서 땅 끝까지 심판을 내리시고 자기 왕에게 힘을 주시며 자기의 기름 부음을 받은 자의 뿔을 높이시리

로다 하니라

여기에서 우리는 한나의 감사를 보게 되는데, 그것은 '기도의 영'에 의해서 뿐만 아니라 또한 '예언의 영'에 의해 감동을 받은 것이다. 그녀가 하나님의 자비를 간청한 것에 대하여는 이미 앞에서 살펴보았는데(1:11), 여기의 본문은 그에 대해 찬송으로 보답하는 것이다. 두 경우 모두 깊은 감동으로 (전자의 경우에는 그녀 자신의 필요에 대해, 그리고 후자의 경우에는 하나님의 선하심에 대해) 마음에 가득한 것을 입으로 말한 것이었다(마 12:34). 다음을 주목하라.

1. 하나님으로부터 은혜를 받았을 때 그녀는 그 사실을 인정하면서 감사와 함께 찬송을 드린다. 그녀는 아홉 명의 문둥병자들과는 달랐다(눅 17:17). 찬송은 우리가 마땅히 드려야 할 소작료나 공물과도 같은 것이다. 만일 그것을 지불하지 않는다면 우리는 부당하게 행동하는 것이 될 것이다.

2. 그녀가 받은 은혜는 자신의 기도에 대해 하나님이 응답하신 사실이었다. 따라서 그녀는 이에 대해 특별하게 감사해야할 의무가 자신에게 있다고 생각했다. 기도로써 얻은 것에 대하여 우리는 즐거움으로 받으면서 동시에 찬송을 드려야만 한다.

3. 여기에서 그녀의 감사는 기도로 불려진다: 한나가 기도하여 이르되. 왜냐하면 감사는 기도의 본질적인 부분 가운데 하나이기 때문이다. 하나님께 기도할 때마다 우리는 은혜 베푸시는 자이신 그분께 감사를 표현해야만 한다. 아니, 우리가 이미 받은 은혜에 대해 감사할 때, 하나님은 그것을 지속적인 은혜를 간구하는 것으로 받아들일 것이다.

4. 하나님으로부터 받은 이와 같은 특별한 은혜로부터, 그녀는 당신의 교회의 유익을 위해 세상을 다스리는 그분의 영광스러운 일들을 언급하는 자리까지 나아간다. 이와 같이 우리는 작은 것으로부터 큰 것을 발견하는 넓은 시야를 가져야 한다.

5. 그녀의 기도는 마음으로 하는 기도였다. 아무도 그녀의 음성을 들을 수 없었다. 그러나 감사를 드릴 때 그녀는 분명한 음성으로 말했으며 따라서 모든 사람이 들을 수 있었다. 한나가 간구의 기도를 드릴 때는 신음하는 것처럼 분명치 않은 소리로 그렇게 했지만, 지금 그녀는 하나님을 찬양하기 위해 자신의

입술을 크게 벌렸다.

6. 한나의 이와 같은 감사가 여기에 기록으로 남겨진 것은 '더 약한 성'(여성)으로 하여금 은혜의 보좌에 동참하도록 격려하기 위한 것이었다. 하나님은 여성들의 기도와 찬양도 존중하실 것이다. 누가복음 1장에 나오는 동정녀 마리아의 노래는 여기의 한나의 노래와 매우 큰 유사성을 갖는다(눅 1:46). 이러한 감사의 노래에서 우리는 다음과 같은 세 가지 사실들을 보게 된다.

I. 하나님의 영광스러운 완전하심과 그분이 자신을 위해 행하신 일들에 대한 한나의 환희의 노래(1-3절).

1. 한나가 하나님의 어떤 위대한 일들에 대해 말하고 있는지 주목하라. 그녀는 자신이 받은 그 특별한 은혜(기도의 응답으로 아들을 얻은 은혜)에 대해 거의 주의를 기울이지 않는다. 그녀는 자녀를 사랑하는 부모들이 흔히 그러는 것처럼 사무엘이 가장 사랑스럽고 뛰어난 아이라고 자랑하지 않는다. 대부분의 사람들은 선물을 주신 자는 잊어버리고 단지 선물 그 자체에만 관심이 집중되는 경향이 있지만, 한나는 선물을 주신 자를 찬양하면서 선물 자체에 대하여는 큰 주의를 기울이지 않는다. 모든 시내는 우리를 물의 근원으로 인도한다. 또 하나님으로부터 받는 모든 호의들로 인해 우리는 하나님 안에 있는 무한하신 완전함을 칭송하게 된다. 거기에 다른 사무엘은 있을는지 모르지만, 그러나 다른 여호와는 없다. 주 밖에 다른 이가 없나이다. 하나님은 다른 어떤 것과도 비교할 수 없는 존재로서 그리고 비할 데 없이 완전하신 분으로서 찬송을 받으셔야 한다. 이러한 영광은 그와 같은 자는 아무도 없으며 또 그밖에는 아무도 없음을 시인함으로써 오직 그의 이름에 돌려져야 한다. 다른 모든 것들은 단지 흉내내는 것들에 불과하다(시 18:31, 여호와 외에 누가 하나님이며 우리 하나님 외에 누가 반석이냐). 여기에서 한나는 하나님의 네 가지 영광스러운 속성을 찬양한다.

(1) 하나님의 흠 없는 순전하심. 이것은 하늘에서 항상 하나님의 얼굴을 뵈옵는 자들에 의해 가장 칭송되는 속성이다(사 6:3; 계 4:8). 이스라엘이 애굽인들을 물리치고 환호할 때 하나님은 거룩함으로 영광스러운 자로서 칭송되었다(출 15:11). 여기의 한나의 환희의 노래에서도 마찬가지였다: 여호와와 같이 거룩하신 이가 없으시니. 이러한 속성은 하나님의 의로운 본성이며, 그 자신과의 무한한 일치이며, 그의 통치와 심판에 있어서의 공평이다. 이것을 기억할 때 우리는 감사를 드려야만 한다.

(2) 하나님의 전능하신 능력. 우리 하나님 같은 반석(혹은 힘 — 여기에서 반석으로 번역된 단어는 종종 힘으로도 번역된다)도 없으심이니이다. 한나는 하나님 곁에 머묾으로써 그의 강력한 도우심을 경험했다. 그리고 그에 대해 말하면서 모세의 글을 인용하고 있는 것으로 보인다(신 32:31, 진실로 그들의 반석이 우리의 반석과 같지 아니하니 우리의 원수들이 스스로 판단하도다).

(3) 하나님의 측량할 수 없는 지혜. 만유의 심판주이신 여호와는 지식의 하나님이시다. 하나님은 모든 사람의 특성과 모든 주장의 시비곡직을 분명하고 완전하게 통찰하시며, 하나님으로부터 지식과 명철을 구하는 자에게 그것을 주신다.

(4) 하나님의 오류 없는 공의: 그는 행동을 달아 보시느니라. 하나님은 영원한 계획 속에서 자신의 행동을 달아보시며, 또한 판단의 저울로 인간의 행동을 달아보신다. 그럼으로써 그는 각 사람이 행한 대로 갚으실 것이며(시 62:12), 결코 잘못 판단하지 않으실 것이다.

2. 한나가 어떻게 이러한 일들로 스스로를 위로하고 있는지 주목하라. 우리가 하나님께 영광을 돌릴 때 우리는 하나님의 위로를 받게 된다.

(1) 한나는 거룩한 기쁨 가운데 그렇게 했다: 내 마음이 여호와로 말미암아 즐거워하며. 그녀가 즐거워한 것은 자신의 아들로 말미암은 것이 아니라 하나님으로 말미암은 것이었다. 그분은 우리의 기쁨 중의 기쁨이 되어야만 하며(시 43:4), 우리의 기쁨은 어떤 경우에도 멈춰서는 안 된다. "나는 주의 구원으로 인해 — 나에게 베풀어주신 이 특별한 은혜로 인해서 뿐만 아니라 당신의 백성 이스라엘의 구원으로 인해, 그리고 특별히 이 아이가 도구가 될 구원을 인해, 그리고 무엇보다도 그리스도에 의해 이루어질 구원을 인해 — 기뻐하나이다."

(2) 한나는 거룩한 환희 가운데 그렇게 했다. "내 뿔이 여호와로 말미암아 높아졌도다. 다시 말해서 나의 평판이 '한 아들'을 얻음으로 인해 높아졌을 뿐만 아니라 또한 '그와 같은 아들'을 가짐으로 인해 크게 높아졌도다." 우리는 성경에서 다윗이 하나님을 찬양하는 가운데 악기 중의 하나인 뿔을 높이 들도록 지명한 어떤 노래하는 자들을 볼 수 있다(대상 25:5). 그러므로 내 뿔이 높아졌다는 것은 "나의 찬미가 보통 이상의 곡조까지 올라갔음"을 의미한다. 여호와로 말미암아 높아졌도다: 하나님은 우리의 모든 높임의 영광을 받으셔야 하며, 그 안에서 우리는 환희의 외침을 소리 높이 외쳐야 한다. 내 입이 크게 열렸으니:

즉 "이제 나는 이것으로써 나를 책망한 자들에게 대답해야만 한다." 화살통에 화살이 가득한 자, 즉 자기 집에 자녀들이 가득한 자는 성문에서 원수와 담판할 때에 수치를 당하지 아니할 것이다(시 127:5).

3. 여기에서 한나가 어떻게 하나님을 대적하며 거역하는 자들을 침묵시키고 있는지 주목하라(3절): 심히 교만한 말을 다시 하지 말 것이며 오만한 말을 너희의 입에서 내지 말지어다. 브닌나와 그 자녀들은 더 이상 하나님께 대한 한나의 믿음과 기도를 비난해서는 안 된다. 마침내 한나는 자신의 믿음과 기도가 결코 헛되지 않았음을 알게 되었다. 미가 7:10을 보라: 나의 대적이 이것을 보고 부끄러워하리니 그는 전에 내게 말하기를 네 하나님 여호와가 어디 있느냐 하던 자라 그가 거리의 진흙 같이 밟히리니 그것을 내가 보리로다. 그러나 이 노래에서 한나가 브닌나와 그녀의 악의(惡意)보다 더 크게 주목하고 있었던 것은 하늘을 대적하여 입을 벌리는(시 73:9) 블레셋을 비롯한 하나님과 이스라엘의 모든 원수들의 오만이었을 것이다. "이것으로 그들을 부끄럽게 하며 침묵하게 하소서. 이와 같이 나를 위하여 나의 원수를 심판하신 자는 당신의 백성들을 위하여 그들의 모든 원수들을 심판하실 것이니이다."

Ⅱ. 인간사(人間事)를 처리하는 가운데 나타난 신적 섭리의 지혜와 주권을 한나가 주목함. 그것은 인간사의 흥망성쇠와 갑작스런 변화와 역전 등과 같은 것에서 나타나는 것인데, 우리는 이와 같은 것들을 형통한 날과 곤고한 날이 급속하게 뒤바뀌는 것에서 발견할 수 있다. 형통한 날에는 기뻐하고 곤고한 날에는 되돌아 보아라 이 두 가지를 하나님이 병행하게 하신 것은(전 7:14), 기뻐하는 자들로 기뻐하지 않는 자처럼 하게 하며 우는 자들로 울지 않는 자처럼 하게 하려 함이다.

1. 하나님이 기뻐하시면, 강한 자는 곧 약하여지고 약한 자는 곧 강하여진다(4절). 한편으로, 하나님이 말씀하시면 용사의 활은 꺾인다. 그들의 무장은 해제되며, 전에 했던 것처럼 그리고 계획했던 바대로 행할 수 없게 된다. 그들은 모든 면에서 자신들 편에 승산이 있었던 자들이었으며 승리를 확신했으나 결국 전쟁에 패배하고 말 것이다. 시편 46장 9절과 37장 15절, 17절을 보라. 모든 사람들은 나이가 들고 병이 듦으로써 곧 약해진다. 그리고 그들은 활이 오랫동안 강하게 유지되지 못한다는 사실을 발견한다. 자기 힘을 자랑하는 많은 용사들은 그것이 거짓된 활이었으며 그것을 의지할 때 결국 실패하고 말았음을 깨달

았다. 다른 편으로, 하나님이 말씀하시면 허약하여 비틀거리는 자 곧 연약하여 똑바로 걸어갈 수 없는 자들이 몸과 마음에 힘으로 띠를 띠고 위대한 일을 이룰 수 있게 된다. 병들어 연약해진 자들이 활력을 되찾을 것이요(욥 33:25), 슬픔으로 나락에 떨어진 자들이 위로를 회복할 것이며, 이로써 약한 손과 떨리는 무릎이 굳세게 될 것이다(사 35:3). 이와 같이 승리가 연약한 자들의 편으로 돌아서며, 심지어 저는 자들이 전리품을 취하게 된다(사 33:23).

2. 부자는 곧 가난하여지고 가난한 자는 갑자기 부자가 된다(5절). 하나님의 섭리는 때때로 사람의 재산을 날려버리고, 그들의 노력을 헛되게 만들어 버리며, 꺼지지 않는 불로 그들의 소산을 불살라 버린다. 그럼으로써 풍성했던 자들 곧 창고가 가득하고 자루가 가득하며 집도 좋은 것으로 가득하고(욥 22:18) 그 배가 감추인 보화로 가득한(잠 17:14) 자들이 극심한 궁핍과 곤궁 가운데 떨어지고, 양식을 얻기 위해 품을 팔며, 부끄러움을 무릅쓰고 땅을 파야만 하게 된다. 재물은 홀연히 날아가 버리면서(잠 23:5), 그것에 소망을 두었던 자들을 비참하게 만들어 버린다. 풍족한 가운데 있으면서 가난을 몰랐던 자들에게 궁핍은 갑절의 고통을 가져다 줄 것이다. 그러나 다른 한편, 때때로 하나님의 섭리는 주린 자들로 하여금 주림을 그치게 한다. 이제 그들은 예전처럼 양식을 얻기 위해 품을 파는 일을 더 이상 하지 않게 된다. 그들은 하나님의 축복으로 산업에 풍족함을 얻어 더 이상 주리지도 않고 목마르지도 않게 될 것이다. 이것은 단지 운이 좋다거나 혹은 인간의 지혜나 어리석음의 탓으로 돌려져서는 안 된다. 명철자들이라고 재물을 얻는 것도 아니며 지식인들이라고 은총을 입는 것도 아니다(전 9:11). 또한 가난해지는 것이 항상 사람의 잘못으로 말미암는 것도 아니다. 다만 여호와께서 어떤 사람들은 가난하게 하시고 또 어떤 사람들은 부하게 하신다(7절). 어떤 사람을 가난하게 만드는 것은 다른 사람을 부하게 만드는 것이며, 이것은 하나님께서 하시는 일이다. 하나님은 어떤 사람들에게 재물을 얻을 능력을 주시면서 동시에 다른 사람들로부터 재물을 지키는 능력을 빼앗는다. 우리가 가난한가? 하나님이 우리를 가난하게 만드셨다. 바로 이것이 우리가 그러한 상태에 만족하면서 불평하지 말고 살아야 할 이유이다. 우리가 부요한가? 하나님이 우리를 부요하게 만드셨다. 바로 이것이 우리가 감사하면서 하나님이 주신 풍족함 가운데 그분을 기쁘게 섬겨야 할 이유이다. 이러한 일들은 동일한 사람에게서도 일어날 수 있다. 마치 욥의 경우처럼, 부요했던 자들을 하

나님이 가난하게 만드시며 얼마 후 또다시 부요하게 만드신다. 하나님은 주셨다가, 취하시며, 다시 주신다. 그러므로 부자들은 스스로 안전하다고 여기면서 자신들의 부함을 자랑해서는 안 된다. 왜냐하면 하나님이 그들을 곧 가난하게 만드실 수 있기 때문이다. 가난한 자들은 절망과 비관 속에 빠져서는 안 된다. 왜냐하면 하나님이 적당한 때에 그들을 다시 부요하게 만드실 수 있기 때문이다.

3. 자녀가 없는 가정은 번성하게 되고, 많은 자녀가 있는 가정은 쇠약해진다. 이것이 한나의 감사의 직접적인 이유였다. 전에 임신하지 못하던 자는 일곱을 낳았고. 이것은 그녀 자신을 의미하는 것이었다. 왜냐하면 비록 지금은 단지 한 아들만을 얻었을 뿐이지만, 그를 나실인으로 하나님께 바침으로써 그 아들은 그녀에게 일곱 명의 자녀만큼이나 귀한 아들이었기 때문이다. 혹은, 어쩌면 이 것은 그녀가 믿음으로 말한 것이었을는지도 모른다. 지금 한나에게는 단지 한 아들만이 있을 뿐이지만 그녀는 더 많은 자녀를 바라보았다. 그리고 그녀의 소망은 결코 헛되지 않았다. 그녀는 다섯 명의 자녀를 더 갖게 되었다(21절). 따라서 만일 우리가 사무엘은 두 몫으로 친다면, 한나는 스스로에게 약속한 일곱 자녀를 갖게 된 것이다: 전에 임신하지 못하던 자는 일곱을 낳았고. 그러나 다른 한편, 많은 자녀를 둔 자는 쇠약해지고 잉태치 못하게 되었다. 한나는 더 이상 말하지 않는다. 브닌나는 이제 힘을 잃고 기가 꺾이게 된다. 유대인들의 전승에 따르면 한나가 한 자녀를 낳을 때마다 브닌나는 두 자녀를 땅에 묻었다고 한다. 보잘것없던 가정이 크게 번성하고 또 번성했던 가정이 쇠약해지는 경우를 우리는 많이 볼 수 있다(욥 22:23; 시 107:38 이하).

4. 하나님은 삶과 죽음을 주관하시는 주권적인 하나님이시다(6절): 여호와는 죽이기도 하시고 살리기도 하시며.

(1) 우리는 여기에서 인간의 삶과 죽음에 있어서의 하나님의 주권적이며 우주적인 통치권을 볼 수 있다. 하나님은 태어나는 것과 죽는 것을 주관하신다. 어떤 사람이 죽을 때 죽음의 화살을 그에게로 향하게 한 것은 바로 하나님이시다. 여호와는 죽이기도 하시고. 죽음은 하나님의 명령에 따라 움직이는 그분의 사자(使者, messenger)이다. 하나님으로 말미암지 않고는 누구도 진토로 돌아가지 않는다. 왜냐하면 사망과 음부의 열쇠가 그의 손에 있기 때문이다(계 1:18). 사람이 태어날 때마다 그들을 살리는 자는 그분이시다. 아무도 영의 길을

알지 못하지만, 그러나 우리가 그것을 아는 것은 그것이 모든 영들의 아버지로부터 오기 때문이다. 만일 어떤 사람이 병에서 회복되고 절박한 위험에서 벗어났다면, 그를 그렇게 이끈 분은 하나님이시다. 왜냐하면 죽음으로부터의 출구가 그분께 있기 때문이다.

(2) 우리는 여기에서 하나님이 이 사람과 저 사람을 구분하시는 것을 볼 수 있다. 하나님은 예컨대 전쟁이나 역병 같은 똑같은 위험에 놓여 있던 사람들 가운데 어떤 사람은 죽이시고 또 어떤 사람은 살리신다. 두 사람이 한 침상에 누워있을 때 한 사람은 죽고 다른 한 사람은 사는데, 그와 같이 되는 것은 그것이 하나님 보시기에 선하기 때문이다. 어떤 사람은 꼭 살아야만 할 것 같은데 무덤으로 내려가고, 다른 사람은 꼭 죽어야만 할 것 같은데 산다. 이는 사는 것과 죽는 것이 사람의 생각에 따라 좌우되는 것이 아니기 때문이다. 어떤 사람들에게 하나님의 섭리는 죽이는 것으로 또 그들의 안위를 파멸시키는 것으로 나타나지만, 동시에 다른 사람들에게는 살리는 것으로 나타나기도 한다.

(3) 우리는 여기에서 하나님이 동일한 사람에게 다르게 행동하시는 것을 볼 수 있다. 하나님은 죽여 무덤에 내려가게도 하시고(즉 죽음의 문턱까지 데려가기도 하시고), 사형선고를 받아 살 소망이 끊어진 상태에서조차도 다시 살리시고 일으키기도 하신다(고후 1:8, 9). 주께서 사람을 티끌로 돌아가게 하시고 말씀하시기를 너희 인생들은 돌아가라 하셨사오니(시 90:3). 하나님에게 있어 너무 어려워서 하실 수 없는 일은 아무것도 없다. 죽은 자를 살리는 것이나 마른 뼈에 생기를 불어넣는 것이나 다 마찬가지이다.

5. 높이는 것과 낮추는 것 역시 하나님으로부터 말미암는다. 그분은 어떤 사람은 낮추시고 어떤 사람은 높이시며(7절), 교만한 자는 겸비케 하시고 겸손한 자에게는 은혜와 존귀를 주신다. 또 하나님과 다투며 다른 사람을 짓밟는 자들은 진토에 던지시지만(욥 40:12, 13), 반면 하나님 앞에 스스로 겸비한 자들은 높이 들어 구원에 이르게 하신다(약 4:10). 이러한 일은 동일한 사람에게도 똑같이 이루어진다. 하나님께서 낮추신 자가 스스로를 겸비케 할 때, 하나님은 그를 다시 높이신다. 이것이 8절에서 좀 더 확장되어 설명된다. 하나님은 가난한 자를 진토에서(낮고 비천하며 싫어함과 경멸을 당하는 상태에서) 일으키시며 빈궁한 자를 거름더미에서 올리사 귀족들과 함께 앉게 하신다. 시편 113편 7절과 8절을 보라(가난한 자를 먼지 더미에서 일으키시며 궁핍한 자를 거름 더미에서 들어

세워 지도자들 곧 그의 백성의 지도자들과 함께 세우시며). 사람이 높아지는 것은 우연히 오는 것이 아니라 하나님의 계획으로 말미암는 것이다. 그러므로 어떤 때는 도무지 불가능한 상황에서 그리고 사람들이 생각할 때 별로 자격이 없는 것처럼 여기지는 사람들이 높아지기도 한다. 요셉과 다니엘, 그리고 모세와 다윗 같은 사람들이 바로 그와 같은 경우였다. 그들은 감옥에서 왕궁으로 옮겨지기도 하고, 양치기에서 왕이 되기도 했다. 그들 주위에 있던 귀인과 방백들은 그들을 경멸했지만, 그러나 하나님은 그들을 존귀로 높이 세우시고 영광의 보좌를 유업으로 받도록 하셨다. 그러므로 우리는 하나님의 섭리로 말미암아 이와 같이 높아진 사람들이 진토와 거름더미에서 일으킴을 받은 것을 비난하며 멸시해서는 결코 안 된다. 왜냐하면 그들의 시작이 미천할수록 그들은 더 많은 은혜와 호의를 받았기 때문이었다. 그리고 그들의 높아짐을 통해 하나님께서 영광을 받으신다 ― 그것이 합법적이며 명예로운 방법으로 된 것이라면.

6. 이 모든 섭리들에 대해 우리가 인정할 수밖에 없는 한 가지 이유가 제시되고 있는데, 그것은 땅의 기둥들이 여호와의 것이라는 사실이다.

(1) 만일 우리가 이것을 문자적으로 이해한다면, 이것은 무엇에 의해서도 지배당하지 않는 하나님의 전능하신 능력을 의미한다. 그는 모든 창조세계를 떠받치고 계시며, 자신이 기초를 놓으신 땅을 지금도 당신의 권능의 말씀으로 지탱하고 계신다. 우리의 생각과 상상력을 초월하시는 자 그리고 땅을 아무것도 없는 곳에 매다시는(욥 26:7) 자가 나라와 족속들의 일에 있어 하실 수 없는 일이 무엇이겠는가?

(2) 반면 만일 우리가 이것을 상징적으로 이해한다면, 이것은 어떤 것에 의해서도 논박될 수 없으며 누구와도 비견될 수 없는 하나님의 주권을 의미한다. 방백들과 땅의 큰 자들, 그리고 국가와 정부의 통치자들이 땅의 기둥들이다(시 75:3). 세상의 모든 일들이 이들에 의해 움직이는 것처럼 보이지만, 그러나 그들은 여호와의 것이다(시 47:9). 그들은 하나님으로부터 권력을 부여받는다. 그러므로 하나님은 당신이 기뻐하는 자를 그러한 자리에 나아가게 하실 수 있으시다. 그렇다면 누가 감히 "네가 무엇이관대?"라고 말할 수 있겠는가?

III. 하나님의 모든 신실한 친구들은 보호를 받으며 높아지게 될 것이고 반면 원수들은 멸망을 당할 것이 예언됨. 하나님이 '행하신' 일을 통해서 그리고 '행하고 계신' 일을 통해서 확실한 증거를 받은 그녀는 그분이 '행하실' 일에 대하여 즐거운 소망으로 결론을 짓는다(9, 10절). 이스라엘 백성들이 자꾸 우상숭배로 기우는 가운데 참된 믿음의 백성들의 경건의 감정은 종종 예언의 수준까지 고양(高揚)되곤 했다(패트릭 주교는 말한다).

1. 이 예언은 좀 더 직접적으로 이스라엘이 사무엘과 그에 의해 기름 부음 받은 다윗에 의해 통치될 것을 의미하는 것일 수 있다. 하나님의 거룩한 자들인 이스라엘 백성들은 보호를 받고 구원을 받아야만 한다. 반면 그들의 원수인 블레셋 사람들은 정복을 당하고 굴복되어야 하는데, 특별히 우레에 의해 그러하다(10절). 그들의 영토는 확장되어야 하고, 다윗 왕은 강하여지고 크게 높아져야 하며, 이스라엘은 (사사들의 때에는 너무나 작고 보잘것없는 나라였으며 생존하기도 급급했던 나라였지만) 이제 속히 크고 놀라운 나라가 되며 모든 이웃 나라들을 압도해야만 한다. 이것은 특별한 변화였다. 그리고 사무엘의 탄생은 그 자체로 이러한 날의 여명(黎明)이었다.

2. 그러나 우리는 이 예언이 더 먼 미래, 즉 그리스도의 나라를 내다보고 있다는 사실을 기억해야만 한다. 한나는 지금 그 은혜의 나라에 대해 넓은 시야로 말하고 있는 것이다. 그리고 여기에서 우리는 **메시야 혹은 그의 기름 부음 받은 자**라는 이름을 처음으로 만나게 된다. 유대교와 기독교의 고대 주석가들은 이것이 다윗을 넘어 다윗의 아들을 바라보고 있는 것으로 해석한다. 그리고 우리는 여기에서 성육신 이전과 이후의 영광스러운 일들이 언급되는 것을 보게 되는데, 왜냐하면 그 나라의 통치방법이 '영원한 말씀'에 의한 것이나 '육신이 되신 말씀'에 의한 것이나 동일한 것이기 때문이다. 그 나라와 관련하여 여기에서 우리는 다음과 같은 사실들을 분명히 알 수 있다.

(1) 그 나라의 모든 충성된 백성들은 철저하고 강력하게 보호받을 것이다(9절): 그가 그의 거룩한 자들의 발을 지키실 것이요. 세상에는 하나님의 거룩한 자들이며 그분이 택하시고 성별하신 자들인 한 백성이 있다. 그리고 하나님은 그들의 발, 다시 말해서, 몸의 가장 낮은 지체인 발에 이르기까지 그들에게 속한 모든 것을 지키시고 보호하실 것이다. 만일 하나님이 그들의 발을 지켜주실 것이라면 하물며 그들의 머리와 마음이야 더 말해 무엇하겠는가? 또 발을 지켜주신다는 것을 우리는 하나님이 그들이 서 있는 땅을 안전하게 하시며 그들의 걸음을 붙잡아 주실 것을 말씀하는 것으로 이해할 수 있다. 하나님이 그들의 감정과 행동 위에 은혜의 파수꾼을 세우심으로써, 그들의 발은 길을 잃고 방황

하거나 넘어지지 않게 될 것이다. 그들의 발이 미끄러지려고 할 때(시 73:2), 하나님의 인자하심이 그들을 붙잡으시고(시 94:18) 보호하사 넘어지지 않게 하신다(유 1:24). 시편 37장 23절과 24절을 보라(여호와께서 사람의 걸음을 정하시고 그의 길을 기뻐하시나니 그는 넘어지나 아주 엎드러지지 아니함은 여호와께서 그의 손으로 붙드심이로다).

(2) 그 나라를 대적하는 모든 세력들은 결코 그 나라를 파멸시킬 수 없을 것이다. 누구도 힘으로 그 나라를 이기지 못할 것이다. 교회를 위해 하나님의 힘이 약속된다. 그러할진대 인간의 힘이 교회를 대적하여 이기지 못할 것이다. 교회는 힘이 부족하며 친구들의 수도 적고 연약해 보이지만, 그러나 이김은 인간의 힘으로 말미암지 않는다(사 33:16). 하나님은 자신을 위해 인간의 힘을 필요로 하시지도 않으며, 또 자신을 대적하는 인간의 힘을 두려워하시지도 않는다.

(3) 그 나라의 모든 원수들은 필경 깨어지고 멸망을 당할 것이다: 악인들을 흑암 중에서 잠잠하게 하시리니. 그들은 자신들의 길을 보지 못하며 스스로를 위해 아무것도 말하지 못하는 소경과 벙어리가 될 것이다. 저주받은 죄인들은 완전한 어둠에 떨어지고, 그 곳에서 그들은 영원히 아무 말도 하지 못하게 될 것이다(마 22:12, 13). 악인들은 여호와를 대적하는 자라고 일컬어짐과 함께 산산이 깨어질 것이라고 예언된다(10절). 그 나라를 대적하는 자들의 계획은 사람들 사이에서 깨어질 것이며 그들 자신이 멸망을 당할 것이다. 전능자를 대적하여 무기를 든 자들이 어떻게 승리할 수 있겠는가? 누가복음 19장 27절을 보라(그리고 내가 왕 됨을 원하지 아니하던 저 원수들을 이리로 끌어다가 내 앞에서 죽이라 하였느니라). 하나님은 그와 같이 행할 수 있는 많은 방법들을 가지고 계시는데, 그 가운데 하나가 하늘로부터 우레를 내리는 것이다. 그렇게 하심으로써 그들을 두려움과 놀람 속에 빠뜨릴 뿐만 아니라 결국 멸망케 하는 것이다. 하나님의 우레 앞에 누가 설 수 있겠는가?

(4) 그 나라의 정복은 땅 끝까지 확장될 것이다: 여호와께서 땅 끝까지 심판을 내리시고. 다윗의 승리와 통치영역도 멀리까지 이르렀지만, 땅의 가장 먼 지역들은 메시야의 소유로서 그에게 약속된다(시 2:8). 그리고 그들은 메시야의 황금 홀(笏) 앞에 항복하고 그의 철장(鐵杖)에 의해 멸망을 당한다. 하나님은 만유의 심판주로서, 자기 백성들을 위하여 그리고 자신과 자신의 백성의 원수들

을 대적하여 심판을 행하실 것이다(시 110:5, 6).

(5) 메시야의 능력과 존귀가 점점 더 커지고 융성해질 것이다. 그가 자기 왕에게 힘을 주시며, 즉 하나님은 당신의 위대한 일을 이루기 위해(시 89:21, 그리고 눅 22:43을 보라) 그를 강하게 하셔서 능히 비천한 일을 감당하게 하실 것이다. 그리고 자기의 기름 부음을 받은 자의 머리를 들게 하시고(시 110:7), 뿔(즉 능력과 존귀)을 높이시며, 그를 땅의 왕들보다 더 높게 만드실 것이다(시 89:27). 바로 이것이 한나의 승리의 노래의 면류관이며, 그녀가 환희하는 가장 큰 주제였다. 그녀의 뿔이 높아진 것은(1절) 그녀가 메시야의 뿔이 이와 같이 높아질 것을 내다보았기 때문이었다. 이것이 그녀의 소망을 확증해 준다. 그리스도의 나라의 백성들은 안전할 것이며, 그 나라의 원수들은 멸망을 당할 것이다. 왜냐하면 기름 부음을 받은 자 곧 그리스도께서 힘으로 띠를 띠고, 땅 끝까지 구원하실 자를 구원하시고 멸망시킬 자를 멸망시킬 것이기 때문이다.

[11]엘가나는 라마의 자기 집으로 돌아가고 그 아이는 제사장 엘리 앞에서 여호와를 섬기니라 [12]엘리의 아들들은 행실이 나빠 여호와를 알지 못하더라 [13]그 제사장들이 백성에게 행하는 관습은 이러하니 곧 어떤 사람이 제사를 드리고 그 고기를 삶을 때에 제사장의 사환이 손에 세 살 갈고리를 가지고 와서 [14]그것으로 냄비에나 솥에나 큰 솥에나 가마에 찔러 넣어 갈고리에 걸려 나오는 것은 제사장이 자기 것으로 가지되 실로에서 그 곳에 온 모든 이스라엘 사람에게 이같이 할 뿐 아니라 [15]기름을 태우기 전에도 제사장의 사환이 와서 제사 드리는 사람에게 이르기를 제사장에게 구워 드릴 고기를 내라 그가 네게 삶은 고기를 원하지 아니하고 날 것을 원하신다 하다가 [16]그 사람이 이르기를 반드시 먼저 기름을 태운 후에 네 마음에 원하는 대로 가지라 하면 그가 말하기를 아니라 지금 내게 내라 그렇지 아니하면 내가 억지로 빼앗으리라 하였으니 [17]이 소년들의 죄가 여호와 앞에 심히 큼은 그들이 여호와의 제사를 멸시함이었더라 [18]사무엘은 어렸을 때에 세마포 에봇을 입고 여호와 앞에서 섬겼더라 [19]그의 어머니가 매년 드리는 제사를 드리러 그의 남편과 함께 올라갈 때마다 작은 겉옷을 지어다가 그에게 주었더니 [20]엘리가 엘가나와 그의 아내에게 축복하여 이르되 여호와께서 이 여인으로 말미암아 네게 다른 후사를 주사 이가 여호와께 간구하여 얻어 바친 아들을 대신하게 하시기를 원하노라 하였더니 그들이 자기 집으로 돌아가매 [21]여호와께서 한나를 돌보시사 그로 하여금 임신하여 세 아

들과 두 딸을 낳게 하셨고 아이 사무엘은 여호와 앞에서 자라니라 [22]엘리가 매우 늙었더니 그의 아들들이 온 이스라엘에게 행한 모든 일과 회막 문에서 수종 드는 여인들과 동침하였음을 듣고 [23]그들에게 이르되 너희가 어찌하여 이런 일을 하느냐 내가 너희의 악행을 이 모든 백성에게서 듣노라 [24]내 아들들아 그리하지 말라 내게 들리는 소문이 좋지 아니하니라 너희가 여호와의 백성으로 범죄하게 하는도다 [25]사람이 사람에게 범죄하면 하나님이 심판하시려니와 만일 사람이 여호와께 범죄하면 누가 그를 위하여 간구하겠느냐 하되 그들이 자기 아버지의 말을 듣지 아니하였으니 이는 여호와께서 그들을 죽이기로 뜻하셨음이더라 [26]아이 사무엘이 점점 자라매 여호와와 사람들에게 은총을 더욱 받더라

여기에서 우리는 '엘가나 가정의 선한 성품과 태도'와 '엘리 가정의 악한 성품과 태도'가 서로 대조되어 있는 것을 보게 된다. 이 두 가지 이야기가 전체 단락을 통해 눈에 두드러지게 서로 엮여 있는 것을 우리는 볼 수 있는데, 아마도 그것은 역사가(사무엘서 저자)가 그 두 가지를 서로 대조시키기 위한 목적으로 그렇게 한 것으로 보인다. 엘가나 가정의 헌신과 선한 행실은 엘리 집의 죄를 더욱 두드러지게 만드는 반면 엘리의 아들들의 악함은 사무엘의 경건을 한층 더 빛나게 만든다.

I. 엘가나의 가정이 얼마나 선하고 경건한 길로 나아가고 있는지 주목하라.

1. 그들이 어린 아들을 여호와의 집에 두었을 때, 엘리는 그들을 축복하면서 집으로 돌아가도록 했다(20절). 엘리는 권세를 가진 자로서 축복하였다: 여호와께서 이 여인으로 말미암아 네게 다른 후사를 주사 이가 여호와께 간구하여 얻어 바친 아들을 대신하게 하시기를 원하노라. 만일 한나에게 그 때 여러 자녀가 있었다면, 성막에서 봉사하도록 하기 위해 그 중 하나를 떼어낸 것은 그다지 큰 헌신이 아니었을 것이다. 그러나 그녀에게 오직 한 아들, 사랑하는 독자 그녀의 이삭만이 있었을 때, 그 아들을 여호와께 드리는 것은 결코 그 상을 잃을 수 없는 위대한 경건의 행동이 아닐 수 없었다. 아브라함이 이삭을 바쳤을 때 수많은 자손의 약속을 받았던 것처럼(창 22:16, 17), 한나 역시도 사무엘을 산 제물로서 여호와께 드렸을 때 그러했다. 여호와께 꾸어 드리는 것은 이자와 함께 되돌려 받게 될 것이며, 그것은 우리에게 말할 수 없이 큰 이익이 될 것이다. 한나는 하나님께 한 아들을 드렸다가 다섯 자녀로 보상받았다(21절): 여호와께

서 한나를 돌보시사 그로 하여금 임신하여 세 아들과 두 딸을 낳게 하셨고. 하나님께 꾸어 드리는 것이나 그분을 위해 무엇을 잃어버리는 것에 의해 우리는 아무것도 잃지 않는다. 도리어 우리는 백배로 돌려받게 될 것이다(마 19:29).

2. 그들은 집으로 돌아왔다. 이것이 11절과 20절에 두 번 언급되고 있다. 하나님의 집에 올라가 하나님을 송축하며 또 하나님으로부터 축복을 받는 것은 너무나 즐거운 일이었다. 그러나 그들에겐 돌봐야 할 가정이 있었으므로 그들은 그 곳으로 돌아왔다. 그들은 사랑하는 어린 아들을 남겨두고 기쁨으로 돌아왔는데, 그것은 그 곳이 너무나 선한 장소였음을 알고 있었기 때문이었다. 부모가 돌아갈 때 사무엘은 울면서 따라가려고 하지 않고 도리어 기꺼이 그 곳에 머물고자 한 것으로 보이는데, 이와 같이 그는 일찌감치 어린아이의 일을 벗어버리고 장성한 자처럼 행동했다.

3. 그들은 매년 드리는 제사를 위해 계속해서 하나님의 집에 올라갔다(19절). 그들은 자신의 아들이 그 곳에서 섬기고 있으므로 자신들은 그 곳에 갈 필요가 없다든가 혹은 아들을 제물로 드렸으므로 다른 제물은 드릴 필요가 없다고 생각하지 않았다. 도리어 그들은 하나님께 가까이 나아가는 것이 얼마나 유익한 일인지를 깨닫게 되었고 그럼으로써 정해진 절기를 결코 빠뜨리지 않았다. 그들은 실로에 자신들을 끌어당기는 자석을 하나 더 가지고 있었던 것이었다. 우리는 그들이 아이를 보기 위해 그 곳에 일 년에 한 번 이상 갔을 것이라고 추측할 수 있다. 왜냐하면 그 곳은 라마에서 불과 15km정도밖에 떨어져 있지 않았기 때문이다. 그러나 여기에서 그들이 매년 드리는 제사 때에 실로에 올라간 것이 특별하게 언급되고 있는데, 그것은 그 때 그들이 매년제를 위한 제물을 가지고 갔기 때문이며, 또 그 때 한나가 아들이 입을 작은 겉옷과 그에 속한 모든 것을 가져다 주었기 때문이다(19절). 한나는 사무엘이 성막에서 하나님 섬기는 예법을 배우는 동안에 옷을 마련해 주는 등의 일을 감당하였고, 그럼으로써 사무엘은 자신의 직무를 수행함에 있어 좀 더 깔끔하고 깨끗하게 보일 수 있었고 이것이 그에게 상당한 격려가 되었을 것이다. 부모는 자녀들과 함께 있든지 떨어져 있든지 그들에게 필요한 것들을 부족하지 않도록 잘 살펴 주어야 한다. 더욱이 성실하고 유망하며 하나님께 봉사하는 일을 감당하는 자녀의 경우에는 갑절의 보살핌을 받을 자격이 있다.

4. 아이 사무엘은 모든 일에 있어 매우 훌륭하게 행했다. 여기에서 그는 네

번 언급되고 있는데, 이로부터 우리는 다음과 같은 두 가지 사실을 듣게 된다.

(1) 그가 여호와 앞에서 섬김. 그는 자신의 능력과 형편을 따라 여호와 앞에서 섬겼다(11, 18절). 그는 교리문답을 배웠으며, 정기적인 기도와 예배를 드렸고, 또한 글 읽는 법을 배움과 함께 율법서를 읽으면서 즐거움을 얻었다. 이와 같이 사무엘은 여호와 앞에서 섬겼다. 사무엘은 엘리의 아들들 앞에서가 아니라 엘리 앞에서, 다시 말해서 엘리의 감독 하에 그리고 엘리가 지시하는 대로 섬겼다. 어느 면으로든지 엘리의 아들들은 사무엘의 스승이 되기에 적절치 않았다. 아마도 사무엘은 엘리 바로 옆에 있으면서 그가 부를 때마다 달려와 수종들었고, 이것이 여호와 앞에서 섬겼다고 일컬어졌을 것이다. 그는 레위인의 직무를 수행하기 위한 나이에는 훨씬 못 미쳤지만, 아마도 제단 주변에서의 사소한 일들은 그에게 맡겨졌을 것이다. 그는 등대에 불을 붙인다든지 접시를 붙잡고 있다든지 잔심부름을 한다든지 혹은 문을 닫는 등의 일을 할 수 있었을 것이다. 그가 이러한 일들을 경건한 마음으로 행했으므로 그것이 여호와 앞에서 섬기는 것으로 일컬어졌다. 이와 같이 사무엘이 자신의 일을 잘 감당했으므로 엘리는 그로 하여금 제사장처럼 세마포 에봇을 입도록 했는데(제사장이 아니었음에도 불구하고), 그것은 하나님이 사무엘과 함께 하심을 그가 보았기 때문이었다. 어린아이들은 일찌감치 여호와 앞에서 섬기는 것을 배워야만 한다는 사실을 주목하라. 부모는 자녀를 그렇게 훈련해야 하며, 그러면 하나님은 그들을 받으실 것이다. 특별히 자녀들로 하여금 사무엘이 엘리에게 그랬던 것처럼 스승을 존경하도록 가르쳐라. 자녀를 신앙적으로 가르치는 것은 빠르면 빠를수록 좋다. 시편 8:2과 마태복음 21:15-16을 보라.

(2) 그가 여호와로부터 축복을 받음. 그는 마치 여린 나무처럼 여호와 앞에서 자랐고(21절) 또 힘과 키에 있어 그리고 특별히 지혜와 명철과 일을 수행하는 능력에 있어 계속해서 자라나갔다(26절). 할 수 있는 대로 힘을 다해 하나님을 섬기는 젊은이들은 계속해서 자라나가는 은혜를 받고 그럼으로써 하나님을 더 잘 섬기게 될 것이라는 사실을 주목하라. 하나님의 집에 심겨진 자는 번성하게 될 것이다(시 92:13). 아이 사무엘이 점점 자라매 여호와와 사람들에게 은총을 더욱 받더라(26절). 자신들이 유순하고 정결하며 선한 사람이 되면 하나님과 사람들에게 사랑을 받게 될 것이라는 사실은 아이들로 하여금 그와 같이 되도록 하는 일에 큰 격려와 자극이 된다. 그와 같은 아이들은 하늘과 땅 양쪽으로부터 사

랑을 받게 된다. 그리고 우리는 여기에서 사무엘에게 언급된 것이 우리 구주께도 똑같이 언급되는 것을 보게 된다(눅 2:52, 예수는 지혜와 키가 자라가며 하나님과 사람에게 더욱 사랑스러워 가시더라).

Ⅱ. 이제 엘리 가정이 성막 문에 앉아 있었음에도 불구하고 얼마나 잘못된 길로 가고 있었는지 살펴보자. 그들은 교회에 가까이 있었으나 하나님으로부터는 멀리 떨어져 있었다.

1. 엘리의 아들들의 끔찍한 악행(12절): 그들은 **벨리알의 아들**이었다(12절의 '행실이 나빠'가 KJV에서는 'the sons of belial'로 되어 있음). 우리는 이 사실이 여기에서 매우 분명하게 표현되고 있는 것을 볼 수 있다. 틀림없이 엘리 자신은 매우 선한 사람이었으며 아들들에게 선한 교훈을 가르치고 좋은 모범을 보였으며 그들을 위해 많이 기도했을 것이다. 그럼에도 불구하고 그들은 장성하자 **벨리알의 아들**이요 악하고 불경스러우며 방탕한 자들이 되었다: 그들이 여호와를 알지 못하더라. 물론 그들은 하나님과 그의 율법에 대한 관념적인 지식, 즉 지식의 모양(롬 2:20)은 가지고 있었을 것이다. 그러나 그러한 지식이 행함과 합치되지 않았기 때문에 그들은 하나님을 전혀 알지 못하는 자들이었다고 일컬어졌다. 그들은 마치 하나님에 대해 아무것도 알지 못하는 자처럼 살았다. 부모가 자녀에게 선한 품성을 줄 수는 없다는 사실, 그리고 그러한 품성이 자녀의 피 속에 흐르게 할 수는 없다는 사실을 주목하라. 참된 경건으로 살았던 사람들로부터 패역하며 불경건한 자녀가 나오는 경우를 우리는 종종 볼 수 있는데, 이는 **빠른 경주자**라고 선착하는 것이 아니기 때문이다(전 9:11). 엘리는 이스라엘의 대제사장이요 사사였다. 그리고 그의 아들들은 혈통적으로 제사장이었다. 그들의 신분은 신성하고 영예로운 것이었으며, 그러한 신분을 가진 자들로서 그들은 마땅히 품위를 지켜야만 했다. 그들은 사역자(섬기는 자)면서 동시에 통치자였다. 그럼에도 불구하고 그들은 **벨리알의 아들**이었으며, 그들의 권력과 지식과 영예가 그들을 더욱 악하게 만들었다. 그들이 실로의 제단으로부터 멀리 떨어져 살고 있던 사람들이 그랬던 것처럼 다른 신들에게 가서 그것들을 섬기지는 않았는데, 그것은 그들이 하나님의 집으로부터 재물과 명예를 얻었기 때문이었다. 그러나 더 나쁜 것은 그들이 하나님께 대한 예배를 마치 하나님이 이방종교의 쓰레기 잡신들 가운데 하나인 것처럼 그렇게 만든 사실이었다. 우상 숭배나 신성모독 특별히 제사장들의 신성모독만큼 하나님의 이

름을 더럽히는 것은 아무것도 없다. 이제 엘리의 아들들의 악행을 살펴보자. 그것을 보는 것은 참으로 슬픈 일이 아닐 수 없다.

(1) 그들은 여호와께 드리는 제물을 모독했다. 그들은 제물을 사사로이 취했으며 자신들의 향락을 위해 사용했다. 하나님은 제물로부터 그들의 몫을 적당하게 지정해 주셨다. 그러나 그들은 그것으로 만족하지 못했다. 그들은 이스라엘의 하나님을 섬긴 것이 아니라 자기들의 배를 섬긴 것이었으며(롬 16:18), 이사야 선지자가 말한 것처럼 탐욕이 심하여 족한 줄을 알지 못하는 개와 같은 자들이었다(사 56:11).

[1] 그들은 제사를 드리는 자들로부터 화목제의 희생제물을 강탈했다. 제사장의 몫은 흔든 가슴과 든 뒷다리였지만(레 7:34), 그들은 이것으로 만족하지 못했다. 제사를 드리는 자가 율법의 규례에 따라 친구들과 함께 먹기 위해 고기를 삶을 때, 그들은 사환을 보내 세 살 갈고리로 솥에 찔러 넣어 갈고리에 걸려 나오는 것을 가져오도록 했다(13, 14절). 백성들은 제사장에 대한 존경심으로 인해 이러한 일을 묵인하였고, 결국 이와 같은 명백한 잘못은 일종의 관례와 같은 것이 되었다.

[2] 그들은 하나님의 권리까지도 침범했다. 그들은 사람을 괴롭히고서도 그것을 작은 일로 여겨 또 하나님까지도 괴롭혔다(사 7:13). 여기에서 이스라엘의 명예를 위하여 다음의 사실이 주목되어야만 한다. 비록 백성들이 제사장들의 부당한 요구에 순순히 따랐다 할지라도, 그러나 그들은 하나님께 드려져야 하는 것이 강탈되지 않도록 매우 세심한 주의를 기울였다: 반드시 먼저 기름을 태운 후에 네 마음에 원하는 대로 가지라(16절). 제단에 드려져야 할 것이 먼저 드려져야 한다. 왜냐하면 바로 그것이 주된 일이기 때문이다. 만일 하나님께 기름이 드려지지 않는다면 그들은 평안히 고기를 먹을 수 없었다. 제사장이 백성들에 의해 이와 같이 훈계를 받아야만 하는 것은 참으로 수치스러운 일이었다. 그러나 엘리의 아들들은 그러한 훈계에 주의를 기울이지 않았다. 제사장이 먼저 섬김을 받을 것이며, 기름조차도 제사장이 합당하게 여기는 것은 응당 취할 것이다. 왜냐하면 제사장은 삶은 고기에 싫증이 났으므로 구운 고기를 먹어야만 하기 때문이다. 그리고 그렇게 하기 위해 백성들은 마땅히 제사장에게 삶지 않은 날고기를 주어야만 한다. 그리고 만일 제사를 드리는 자가 이에 대해 이의를 제기하면 — 자신을 위해서가 아니라 제단을 위해 그렇게 할 때조차도 — 제사

장의 사환은 매우 거만하게 굴면서 그것을 취하든지 아니면 강제로 **빼앗았다**. 이보다 더 하나님을 모독하고 백성들에게 악행을 가하는 일은 없을 것이다. 그 결과는 다음과 같았다.

　첫째로, 하나님이 불쾌하게 여기심: 이 소년들의 죄가 여호와 앞에 심히 큼은(17절). 성물을 모독하는 것과 하나님께 드리는 제물로 자신의 욕심을 채우는 것보다 더 하나님을 격분케 하는 것은 아무것도 없다.

　둘째로, 백성들의 신앙이 손상을 당함: 사람들이 여호와의 제물을 싫어하였더라. 그들로 인해 많은 선한 사람들이 제물 드리는 것을 싫어하게 되고 또 무의식적으로 제물을 경멸하게 되었다. 하나님이 제정하신 규례를 나쁘게 생각하는 것은 죄가 아닐 수 없었다. 그러나 사람들로 하여금 그렇게 생각하도록 만든 제사장들의 죄는 훨씬 더 큰 것이었다. 사람들의 신앙을 손상시키는 일에 있어 목회자의 탐욕과 음란과 오만보다 더 큰 것은 아무것도 없다. 이러한 슬픈 이야기 한 중간에 사무엘의 믿음과 헌신에 관한 언급이 반복되어 나온다. 그러나 사무엘은 여호와 앞에서 **섬겼더라**(18절). 이것은 그를 악한 무리 가운데서 보호하신 하나님의 권능의 실례(實例)였다. 그리고 이것은 백성들의 마음속에서 성소에 대한 신뢰가 허물어지는 것을 막는 데 도움이 되었다. 엘리의 아들들로 인해 실망했을 때 그들은 사무엘의 진지한 믿음에 탄복하지 않을 수 없었으며 그로 인해 신앙에 손상을 입지 않을 수 있었다.

　(2) 그들은 예배를 드리러 온 여자들을 성막 문에서 겁탈했다(22절). 아내들이 있었음에도 불구하고 그들은 마치 살진 숫말 같았다(렘 5:8). 제사장으로서 창기의 집에 가는 것도 참으로 혐오스러운 악이었을 것이다. 그러나 제사장의 신분을 이용하여 경건하고 신앙적인 여자들을 겁탈하는 것은 제사장이라고 일컬어지는 사람들이 범한 것이라고는 결코 상상할 수 없는 너무나 무서운 불경 행위(不敬行爲)가 아닐 수 없었다. 하늘이여 놀랄지어다 땅이여 두려워 떨지어다! 어떤 말로도 이와 같은 악행을 충분히 표현할 수는 없을 것이다.

　2. 엘리가 아들들의 이러한 악행을 꾸짖음. 엘리는 매우 늙었으므로(22절) 성막의 제반 사무를 이제까지처럼 감독할 수 없었다. 그러므로 그는 모든 일을 아들들에게 맡겼는데, 그들은 늙고 노쇠해진 아버지를 얕보면서 자기들 마음대로 행동했다. 결국 엘리는 아들들의 악행에 대해 듣게 되었으며, 따라서 우리는 이로 인해 그의 마음이 찢어질듯 아팠을 것이며 또한 그를 더욱 늙고 노

쇠하게 만들었을 것이라고 상상할 수 있다. 그러나 엘리는 아들들이 여자들을 겁탈한 사실을 듣기 전에는 그다지 책망하지 않다가, 그에 대해 들은 후에야 비로소 그들을 저지할 필요가 있음을 느낀 것으로 보인다. 만일 엘리가 아들들의 탐욕과 향락을 진작 책망했다면 이후의 악행은 미리 막을 수 있었을는지 모른다. 젊은이들은 자신들의 잘못된 행동에 대해 그것이 시작될 때, 즉 마음이 완악해지기 전에 책망을 받아야만 한다. 여기에서 엘리가 아들들을 책망하는 것과 관련하여 다음을 주목하라.

(1) 그것은 매우 정당하고 합리적인 것이었다. 그가 말한 것은 매우 적절했다.

[1] 엘리는 아들들에게 그 일은 너무나 명백해서 부인될 수 없으며 또 너무나 공공연하여 감추어질 수 없다고 말한다. "내가 너희의 악행을 이 모든 백성에게서 듣노라(23절). 그것은 한두 사람의 추측이 아니라 많은 사람들이 공공연히 증거하는 바니라. 모든 이웃들이 너희를 비난하며 나에게 불평을 토로하면서 너희의 악행을 막아 달라고 호소하고 있느니라."

[2] 엘리는 그들의 악행이 가져오는 나쁜 결과에 대해 말한다. 그들만 죄를 범하는 것으로 끝나는 것이 아니라 그들의 죄로 인해 이스라엘로 하여금 범죄하게 만들었으며, 따라서 그들 자신의 죄뿐만 아니라 백성들의 죄에 대해서도 책임을 지게 될 것이다. "많은 사람을 돌이켜 죄악에서 떠나게 해야 할(말 2:6) 너희들이 여호와의 백성으로 범죄하게 만들고(24절) 이스라엘 나라를 온전히 바로잡는 대신 도리어 타락하게 만들었도다. 너희는 백성들에게 하나님을 섬기는 일에 있어 너무나 나쁜 본을 보임으로써 그들을 다른 신들에게 가도록 만들었느니라."

[3] 엘리는 그들에게 자신들의 악행이 가져올 위험에 대해 경고한다(25절). 엘리가 그의 아들들에게 이야기하는 것 속에서 우리는 나중에 하나님이 사무엘을 통해 그에게 말씀하신 것이 암시되는 것을 볼 수 있다: 그 죄악은 제물로나 예물로나 영원히 속죄함을 받지 못하리라(3:14). 사람이 사람에게 범죄하면, 재판장(즉 제사장, 하나님은 제사장으로 하여금 여러 가지 송사에 판결을 하도록 명하셨다, 신 17:9)이 송사를 맡아 재판을 하고 사건을 중재하며 죄를 범한 자에게 벌을 내릴 것이다. 그러나 만일 사람이 여호와께 범죄하면(다시 말해서 만일 제사장이 여호와의 성물을 더럽힌다든지 혹은 다른 사람들을 위해 하나님의

일을 수행하는 자가 스스로 하나님을 모독한다면), 누가 그를 위하여 간구하겠느냐? 엘리 자신이 재판장(혹은 사사, judge)이었다. 그는 종종 범죄한 자들을 위해 기도하며 중보를 해 주었다. 그러나 지금 그는 이렇게 말하고 있는 것이다. "여호와께 범죄한 다시 말해서 하나님과 직접적으로 관련된 것들에 대해 율법과 하나님의 영광에 대해 범죄한 너희를 내가 어떻게 간구하며 중보해 줄 수 있겠느냐?" 그들의 상태는 아버지조차도 그들을 위한 변론자로서 좋은 말을 해 줄 수 없을 정도로 너무나 통탄할 만한 것이었다. 구원과 속죄 자체에 대해 죄를 범하는 것은 가장 위험한 것으로서, 그것은 언약의 피를 짓밟는 것이며 다시 속죄하는 제사가 없는 것이다(히 10:26).

(2) 그것은 지나치게 가볍고 부드러운 것이었다. 엘리는 아들들을 호되게 책망했어야 했다. 그들의 죄는 호된 책망을 받아 마땅했으며, 그들의 기질이 그와 같은 호된 책망을 필요로 했다. 그가 아들들을 부드럽게 대함으로써 그들은 더욱 마음을 완악하게 할 뿐이었다. 엘리가 "내게 들리는 소문이 좋지 아니하니라"라고 말한 것은 지나치게 안이한 책망이었다. 그는 이렇게 말했어야 했다. "내게 들리는 소문은 너무나 수치스러운 일로서 결코 용납될 수 없는 것이로다!" 그들을 이렇게 부드럽게 대한 것이 그가 아들들을 사랑했기 때문이든지 아니면 아들들을 두려워했기 때문이든지 간에, 그와 같이 한 것은 그가 하나님과 성소의 위엄에 대한 열정이 부족했음을 보여주는 분명한 증거였다. 엘리는 아들들을 하나님의 판단에 넘겼다. 그러나 그는 이스라엘의 대제사장이요 사사(재판장, judge)로서 아들들의 죄를 자신이 직접 처결하고 마땅히 징벌을 내렸어야만 했다. 그가 말한 것은 하나도 틀린 것이 없었지만 그러나 그것으로 충분하지 않았다. 어떤 때는 가혹하리 만치 호되게 책망해야만 할 때가 있음을 기억하라. 오직 그렇게 해서라야만 구원받을 수 있는 사람들이 있기 때문이다(유 1:23).

3. 엘리의 아들들이 아버지의 책망에 대해 마음을 완악하게 함. 엘리의 관대한 책망은 그들에게 아무런 효과도 나타내지 못했다: 그들이 자기 아버지의 말을 듣지 아니하였으니(25절). 그들은 아버지의 권위에도 또 애정에도 아무런 주의를 기울이지 않았는데, 그것은 그들이 멸망의 길로 가고 있음을 보여주는 명백한 증표였다. 그것은 여호와께서 그들을 죽이시기로 뜻하셨기 때문이었다. 그들은 오랫동안 자신들의 마음을 완악하게 하였다. 그러므로 이제 하나님은 공의의

심판을 행하시는 가운데 그들의 마음을 완악하게 하셨고 양심을 마비시키셨으며 그들로부터 은혜를 거둬들이셨다. 그들은 하나님의 은혜에 저항하다가 결국 은혜를 빼앗기게 된 것이다. 지혜의 책망에 대해 귀를 막아버리는 자들은 결국 멸망을 당하고 만다는 사실을 주목하라. 여호와께서 그들을 멸하시기로 작정하셨다(대하 25:16). 잠언 29:1을 보라(자주 책망을 받으면서도 목이 곧은 사람은 갑자기 패망을 당하고 피하지 못하리라). 이러한 이야기에 바로 뒤이어 엘리의 아들들의 완악함을 부끄럽게 하기 위해 사무엘의 온전함에 관한 언급이 다시 반복된다(26절): 아이 사무엘이 점점 자라매 여호와와 사람들에게 은총을 더욱 받더라. 사무엘에게 하나님의 은혜가 임했다. 하나님은 대제사장의 아들들에게 은혜를 거둬들이시고 그것을 보잘것없는 외딴 지역의 한 레위인의 아들에게 주셨다.

[27]하나님의 사람이 엘리에게 와서 그에게 이르되 여호와의 말씀에 너희 조상의 집이 애굽에서 바로의 집에 속하였을 때에 내가 그들에게 나타나지 아니하였느냐 [28]이스라엘 모든 지파 중에서 내가 그를 택하여 내 제사장으로 삼아 그가 내 제단에 올라 분향하며 내 앞에서 에봇을 입게 하지 아니하였느냐 이스라엘 자손이 드리는 모든 화제를 내가 네 조상의 집에 주지 아니하였느냐 [29]너희는 어찌하여 내가 내 처소에서 명령한 내 제물과 예물을 밟으며 네 아들들을 나보다 더 중히 여겨 내 백성 이스라엘이 드리는 가장 좋은 것으로 너희들을 살지게 하느냐 [30]그러므로 이스라엘의 하나님 나 여호와가 말하노라 내가 전에 네 집과 네 조상의 집이 내 앞에 영원히 행하리라 하였으나 이제 나 여호와가 말하노니 결단코 그렇게 하지 아니하리라 나를 존중히 여기는 자를 내가 존중히 여기고 나를 멸시하는 자를 내가 경멸하리라 [31]보라 내가 네 팔과 네 조상의 집 팔을 끊어 네 집에 노인이 하나도 없게 하는 날이 이를지라 [32]이스라엘에게 모든 복을 내리는 중에 너는 내 처소의 환난을 볼 것이요 네 집에 영원토록 노인이 없을 것이며 [33]내 제단에서 내가 끊어 버리지 아니할 네 사람이 네 눈을 쇠잔하게 하고 네 마음을 슬프게 할 것이요 네 집에서 출산되는 모든 자가 젊어서 죽으리라 [34]네 두 아들 홉니와 비느하스가 한 날에 죽으리니 그 둘이 당할 그 일이 네게 표징이 되리라 [35]내가 나를 위하여 충실한 제사장을 일으키리니 그 사람은 내 마음, 내 뜻대로 행할 것이라 내가 그를 위하여 견고한 집을 세우리니 그가 나의 기름 부음을 받은 자 앞에서 영구히 행하리라 [36]그리고 네 집에

남은 사람이 각기 와서 은 한 조각과 떡 한 덩이를 위하여 그에게 엎드려 이르되 청하노니 내게 제사장의 직분 하나를 맡겨 내게 떡 조각을 먹게 하소서 하리라 하셨다 하니라

엘리는 자신의 아들들에게 마땅히 엄중한 경고를 내리며 호되게 책망해야 했으나 그렇게 하지 않고 너무 부드럽게 책망했다. 그러므로 하나님이 그에게 한 선지자를 보내셔서 그를 호되게 책망하면서 경고를 내리도록 하셨는데, 그것은 그가 자기 아들들을 멋대로 행동하도록 방치함으로써 악행하는 손을 더욱 강하게 만들어 주었기 때문이었다. 만일 선한 사람들이 자신들의 책무를 다하지 못하고 태만과 부주의로 인해 죄인들로 하여금 더욱 죄를 범하도록 방조한다면, 그들은 이와 같은 책망과 경고를 듣게 되고 또 그로 말미암아 쓰라린 아픔을 겪게 될 것임을 기억해야만 한다. 엘리의 가정은 지금 이 땅의 다른 어떤 가정보다도 더 하나님께 가까웠으므로 마땅히 하나님으로부터 징벌을 받게 될 것이었다(암 3:2, 내가 땅의 모든 족속 가운데 너희만을 알았나니 그러므로 내가 너희 모든 죄악을 너희에게 보응하리라 하셨나니). 그 메시지는 엘리 자신에게 직접 전달되었는데, 그것은 하나님께서 그를 회개시켜 구원코자 하셨기 때문이었다. 반면 그 메시지가 그의 아들들에게 전달되지 않은 것은 하나님이 그들을 멸하시기로 작정하셨기 때문이었다. 또한 이것은 엘리로 하여금 그의 책무를 마지막으로 일깨워주고 그럼으로써 그에게 심판이 임하는 것을 막기 위한 방편이었을 수 있지만, 그러나 우리는 이것이 효과를 거두었다는 증거를 어디에서도 발견하지 못한다. 선지자가 엘리에게 전달한 메시지는 매우 우울한 것이었다.

I. 선지자는 엘리에게 하나님께서 그의 조상들과 그의 가정을 위해 행하신 위대한 일들을 일깨워준다. 하나님이 애굽 곧 멍에의 집에서 아론에게 나타나셨는데, 그것은 하나님이 그를 위해 계획하신 더 큰 은혜의 증표였다(27절). 하나님은 아론에게 제사장직을 주시고 또 그 직분을 그의 가정에 상속하도록 하심으로써 그의 가정을 이스라엘의 모든 가정 위에 뛰어나게 하셨다. 하나님은 그로 하여금 하나님의 제단에 제물을 드리고 향을 사르며 판결의 흉패가 달린 에봇을 입게 하는 등 그에게 영광스러운 일을 맡기셨다. 또 하나님은 그에게 모든 화제의 제물로부터 분깃을 주심으로써 그것을 먹도록 하셨다(28절). 그

들로 하여금 충성된 일꾼이 되도록 하기 위해 하나님께서 무엇을 더 하셔야만 한단 말인가? 우리가 하나님으로부터 받은 특별한 은혜 특히 영적 제사장의 은혜는, 만일 우리가 우리의 면류관을 더럽히고 믿음을 배반한다면 우리의 죄를 더욱 가중시키며 또한 심판의 날에 우리를 더욱 참소하게 될 것이다(신 32:6; 삼하 12:7, 8).

Ⅱ. 선지자는 엘리와 그의 가정의 무거운 책임을 지적한다. 그의 아들들이 악을 행했으며, 그는 그에 대해 묵인함으로써 그 죄에 동참하는 결과가 되었다. 그러므로 하나님의 책망은 그들 모두에게 해당하는 것이었다(29절).

1. 그의 아들들은 하나님의 성물을 더럽혔다. "너희는 내가 명한 나의 예물을 밟았도다. 나의 규례를 마치 쓰레기처럼 밟았을 뿐만 아니라 너희가 미워하는 물건처럼 발로 차 버렸도다." 그들이 회막 문에서 여자들을 겁탈했을 때, 그리고 여호와께 성결이라고 씌어진(슥 14:20) 솥으로부터 고기를 강제로 빼앗아 갈 때, 그리고 제단 위에서 불태우도록 규정된 기름을 자기들 마음대로 취했을 때, 그들은 여호와께 드리는 제물에 대해 상상할 수 있는 최대의 경멸을 가한 것이었다.

2. 엘리는 아들들의 오만과 불경건을 징벌하지 않음으로써 결과적으로 그들의 악행을 방조한 꼴이 되었다. "너는 네 아들들을 나보다 더 중히 여겼느니라." 다시 말해서 "너는 나에게 드려지는 예물들이 네 아들들에 의해 더럽혀짐으로 수치를 당하는 것보다 네 아들들이 목매달아 죽임을 당하든 제사장직을 박탈당하든 법적 징벌에 의해 수치를 당하는 것을 더 염려하였느니라." 자녀가 악한 길로 행할 때 그것을 허용하거나 묵인하며 또 그들을 제지하고 징벌하기 위해 자신의 권위를 사용하지 않는 자들은 결과적으로 하나님보다 자기 자녀를 더 중히 여기는 것이며, 하나님의 영광보다 자녀의 명예를 우선하는 것이며, 하나님을 영화롭게 하기보다는 자녀를 기쁘게 하는 일에 더 착념하는 것이다.

3. 그들 모두가 탈취한 성물을 함께 나누었다. 비록 아들들의 악행을 싫어하고 책망했다 할지라도 그들이 강제로 빼앗은 것으로 만든 구운 고기를 엘리 자신이 거절하지 않았던 것은 참으로 두려운 일이 아닐 수 없다(15절). 엘리는 비대한 사람이었다(4:18). 따라서 그 가문(family) 전체에 대해 너희가 내 백성 이스라엘이 드리는 가장 좋은 것으로 너희들을 살지게 하였도다라는 책망을 받는다. 하

나님은 그들의 먹을 것을 충분히 주셨지만, 그들은 그것으로 만족하지 않았다. 그들은 스스로를 살지게 만들었으며, 하나님을 섬겨야 할 것으로 자신들의 정욕을 섬겼다. 호세아 4:8을 보라(그들이 내 백성의 속죄제물을 먹고 그 마음을 그들의 죄악에 두는도다).

III. 선지자는 엘리의 가문에서 대제사장직의 계승이 끊어질 것을 선언한다 (30절). "자신과 이스라엘의 영광을 위해 질투하시는 이스라엘의 하나님 여호와께서 네게 주신 직분을 철회하실 것을 말씀하시고 네게 알리도록 하셨느니라." 내가 전에 네 집과 네 조상 이다말의 집이 내 앞에 영원히 행하리라 하였으나(엘리는 아론의 작은 아들 이다말의 자손이다). 어떤 이유로 대제사장직이 엘르아살 가문에서 이다말 가문으로 옮겨졌는지 우리는 알지 못하지만, 그러나 그와 같은 일이 분명히 일어난 것으로 보인다. 따라서 엘리는 그 자신이 대제사장이었으며 그러한 직분을 자신의 후손에게 계승시키는 위치에 서 있었다. 그러나 그와 같은 약속에 수반되는 조건을 주목하라. 그들이 내 앞에 영원히 행하리라(걸으리라, walk). 다시 말해서, "그들이 신실하게 섬길 때 그들은 그 영예를 갖게 될 것이다." 하나님 앞에서 행하는 것(걷는 것)은 언약의 큰 조건이다 (창 17:1, 아브람이 구십구 세 때에 여호와께서 아브람에게 나타나서 그에게 이르시되 나는 전능한 하나님이라 너는 내 앞에서 행하여 완전하라). 그들의 얼굴을 내게 향하게 하라. 그러면 나의 얼굴을 영원히 그들에게 향하게 하리라(시 41:12). 그들이 그렇게 하지 않는다면, 나도 그렇게 하지 않을 것이다. 그러나 지금 하나님은 이렇게 말씀하신다: 이제 나 여호와가 말하노니 결단코 그렇게 하지 아니하리라. "너희가 나를 버렸으므로 나도 너희를 버릴 것이라. 너희가 내 앞에서 행하지 않았으므로 이제 결코 내 앞에서 행하지 못하게 될 것이라." 그와 같이 악한 종들을 하나님은 버리시고 당신을 섬기는 직분에서 쫓아내실 것이다. 어떤 이들은 이 말씀이 더 멀리까지 확장된다고 생각한다. 즉 엘리의 후손이 대제사장직을 박탈당하는 것이 가깝게는 아비아달의 빈자리를 엘르아살의 후손인 사독이 차지했을 때 성취되었을 뿐만 아니라, 그리스도의 제사장직에 의해 레위의 제사장직이 폐지되는 것으로 마침내 완전하게 성취되었다고 보는 것이다.

IV. 선지자는 그들이 제사장직을 빼앗기는 이유를 분명하게 제시한다. 그것은 하나님의 통치의 영원불변의 법칙으로서 모든 사람에게 적용된다(가인도

이에 의해 심판을 받았다, 창 4:7): 나를 존중히 여기는 자를 내가 존중히 여기고 나를 멸시하는 자를 내가 경멸하리라.

1. 일반적인 차원에서 우리는 여기에서 다음과 같은 사실을 발견할 수 있다.

(1) 하나님이 존귀함과 비천함의 근원이시다. 하나님은 가장 비천한 자를 높이실 수 있으며 또한 가장 큰 자를 경멸의 자리에 던지실 수 있다.

(2) 우리가 하나님을 대하는 것처럼 하나님은 우리를 대하실 것이다. 시편 18:25, 26을 보라.

2. 특별한 차원에서 이것은 다음과 같은 사실을 교훈한다.

(1) 이것은 우리로 하여금 진지한 경건을 계속해서 추구하도록 장려한다. 즉 우리가 하나님을 존귀케 할 때 그것은 우리 자신의 존귀함으로 돌아오게 되는 것이다. 우리가 하나님의 영광을 구하며 그것을 위해 봉사할 때, 하나님은 이 세상과 오는 세상에서 우리의 영광을 확고하게 하실 것이다. 진정으로 위대해지는 길은 진정으로 선하게 되는 것이다. 만일 우리가 하나님을 영화롭게 하기 위해 자신을 부인하며 스스로를 겸비케 하며 오직 그분만을 바라본다면, 하나님은 우리를 가장 영화롭고 존귀한 자리에 세우실 것이다. 요한복음 12:26을 보라(사람이 나를 섬기려면 나를 따르라 나 있는 곳에 나를 섬기는 자도 거기 있으리니 사람이 나를 섬기면 내 아버지께서 그를 귀히 여기시리라).

(2) 이것은 우리로 하여금 하나님의 이름을 더럽히며 불경건하게 행하는 것을 멀리하도록 경고한다. 즉 우리가 하나님을 멸시할 때(천사들이 경배하는 가장 크고 선하신 자를 멸시할 때) 그것은 우리 자신의 멸시와 수치로 돌아오게 되는 것이다. 왜냐하면 그와 같이 행하는 자들은 경멸을 당할 것이기 때문이다. 그들은 하나님에 의해 경멸을 당하게 될 뿐만 아니라 또한 모든 세상에 의해 경멸을 당하게 될 것이다. 그들이 자랑하던 영예는 진토 가운데 떨어질 것이며, 그들은 모든 사람들에 의해 멸시당하는 자신을 보게 될 것이며, 그들의 이름은 수치를 당하게 될 것이다. 그들이 죽을 때 모든 사람들이 그들을 잊을 것이며, 다시 일어날 때 그들에게 영원한 수치와 경멸이 있을 것이다. 그들이 악의로 하나님께 가한 멸시와 하나님의 완전한 공의가 그들 머리 위로 돌아갈 것이다(시 79:12, 주여 우리 이웃이 주를 비방한 그 비방을 그들의 품에 칠 배나 갚으소서).

V. 선지자는 엘리의 가문에 임할 특별한 심판을 예언한다. 그의 자손에게 참

으로 두려운 저주가 임할 것인데, 이를 통해 하나님은 예배 문제에 있어 자신이 얼마나 질투하는 하나님인가 하는 것과, 또한 하나님의 영광을 보호하고 증진시켜야 할 자들이 그 책임을 망각하고 배신할 때 하나님이 그것을 얼마나 무겁고 심각하게 받아들이는가 하는 것을 보여주신다. 만일 하나님의 일꾼들이 타락하여 그분의 이름을 더럽힌다면, 그들은 이 세상과 오는 세상에서 다른 죄인들보다 더 가혹한 징벌을 받게 될 것이다. 그들로 하여금 여기에서 엘리의 집에 선고된 재앙을 읽고 두려워 떨게 하라. 그들에게 선고된 내용은 다음과 같다.

1. 그들의 힘이 끊어질 것이다(31절): 내가 네 팔과 네 조상의 집 팔을 끊어. 그들은 자신들의 모든 권위를 잃게 될 것이고, 제사장의 직분을 박탈당하게 될 것이며, 백성들에 대한 영향력을 더 이상 갖지 못하게 될 것이다. 하나님이 그들로 하여금 멸시와 천대를 당하게 하실 것이다. 말라기 2:8, 9을 보라(너희는 옳은 길에서 떠나 많은 사람을 율법에 거스르게 하는도다 나 만군의 여호와가 이르노니 너희가 레위의 언약을 깨뜨렸느니라 너희가 내 길을 지키지 아니하고 율법을 행할 때에 사람에게 치우치게 하였으므로 나도 너희로 하여금 모든 백성 앞에서 멸시와 천대를 당하게 하였느니라 하시니라). 엘리의 아들들은 백성들을 압제하고 그들의 권리를 침해하기 위해 자신들의 힘을 남용했으며, 그들의 아버지는 그들을 제지하고 징벌하기 위해 자신의 힘을 사용하지 않았다. 그러므로 마땅히 뻗어야 할 때 뻗지 않은 팔이 끊어져야 하는 것은 지극히 당연한 일이었다.

2. 그들의 생명이 단축될 것이다. 엘리는 나이가 많은 사람이었다. 그러나 그는 하나님을 섬기며 이스라엘의 신앙을 굳게 세우는 일에 노인으로서의 지혜와 경험과 경륜을 사용하는 대신에 노인의 노쇠함에 빠진 채 자신의 책무를 게을리하고 말았다. 그러므로 여기에서 그의 자손 가운데 어느 누구도 노인이 되지 못할 것이라고 선고되었다(31, 32절). 여기에서 "네 집에 노인이 하나도 없게 될 것이라"는 말씀이 두 번 반복되고 있으며, 또한 "네 집에서 대대로 출산되는 모든 자가 한창 일할 나이인 젊은 나이에 죽으리라"는 말씀이 33절에서 또다시 언급된다. 비록 그의 가문이 꺼지지는 않는다 할지라도, 이제 그 가문은 더 이상 유력한 가문이 되지 못할 것이요 그 후손 가운데 어느 누구도 특출한 자가 나오지 못할 것이다. 패트릭 주교는 유대 저술가들의 글을 인용하여 이 일로부터 오랜 후 예루살렘에 통상적으로 18세 이상을 살지 못하는 한 가문이 있

었는데 조사해보니 그들이 여기에서 이와 같은 선고를 받은 엘리 집의 후손임이 드러났다고 말한다.

3. 그들의 모든 위로가 끊어질 것이다.

(1) 그들이 성소에서 풍족함과 형통 가운데 누렸던 위로: 너는 내 처소의 환난을 볼 것이요. 이 말씀은 블레셋 사람들의 침입으로 인해 이스라엘이 곤궁에 빠지고(13:19) 이로써 제사장의 수입이 의심의 여지 없이 크게 줄어들었을 때 성취되었다. 또한 법궤를 빼앗긴 것은 엘리의 마음을 크게 낙망시킬 정도로 하나님의 처소에 대해 가해진 큰 적대행위였다. 한 가정에 있어 이스라엘의 평강을 보는 것이 축복인 것처럼(시 128:5, 6), 반대의 경우는 특별히 제사장의 가정에게 있어 쓰디쓴 심판이 아닐 수 없다.

(2) 자녀의 위로: "내 제단에서 내가 끊어 버리지 아니할 네 사람이 가정의 오점과 짐이 될 것이며 친척들에게 걸림돌과 고통거리가 될 것이다. 그는 어리석음과 질병과 악함과 가난으로 네 눈을 쇠잔하게 하고 네 마음을 슬프게 할 것이다." 자녀가 죽는 것은 우리에게 큰 슬픔이다. 그러나 자녀가 악한 길로 갈 때 그것은 종종 더 큰 슬픔이 된다.

4. 그들은 모든 재산을 다 잃어버리고 극도의 궁핍 속에 떨어지게 될 것이다(36절). "네 집에 남은 사람이 극도의 궁핍 속에서 아무런 삶의 즐거움도 누리지 못할 것이다. 그는 먹을 것을 구하기 위해 너희 뒤를 이을 가문에게 가서 머리를 조아리며 굽실거릴 것이다."

(1) 그는 보잘것없는 것을 구걸할 것이다 — 은 한 조각(이 단어는 가장 작은 조각을 의미한다)과 떡 한 덩이. 그들의 죄가 어떤 결과를 가져오는지 보라. 엘리의 아들들은 고기의 제일 좋은 조각들(부위들)을 먹었을 것이다. 그러나 그들의 자손들은 떡 한 덩이로 기뻐하게 될 것이다. 궁핍은 방종에 대한 정당한 징벌이다. 오직 산해진미라야만 만족하는 자들이 최소한의 것조차도 핍절한 상태로 떨어지는데, 이와 같이 행하시는 하나님은 의로우시다.

(2) 그는 가장 천한 직책을 구걸할 것이다. 원문대로 읽으면 다음과 같다. 내게 제사장의 직분에 속한 어떤 것을 맡겨 주소서. 마치 탕자와 같이, 나를 고용된 종들 가운데 하나로 받아주소서. 우리가 풍족함과 권세를 남용할 때 우리는 그것을 빼앗기게 된다. 그들은 높은 자리나 혹은 제단에서의 어떤 자리는 감히 생각도 하지 못하고, 오직 비천하기 짝이 없는 일 즉 일은 고되면서도 삯은 적어 겨우

떡을 먹을 수 있는 그러한 일을 간청하게 될 것이다. 아마도 이 예언은 엘리의 후손인 아비아달이 모반으로 인해 솔로몬에 의해 제사장직을 파면 당했을 때 완전하게 성취되었을 것이다(왕상 2:26, 27). 우리는 이로 인해 그의 후손이 여기에 묘사된 극단적인 궁핍에 떨어지게 되었을 것이라고 충분히 상상할 수 있다.

5. 하나님이 속히 홉니와 비느하스의 죽음과 함께 이러한 심판을 실행하기 시작하실 것이며, 그러한 슬픈 소식을 엘리 자신이 살아서 듣게 될 것이다: 네 두 아들 홉니와 비느하스가 한 날에 죽으리니 그 둘이 당할 그 일이 네게 표징이 되리라(34절). 네가 그 소식을 들을 때 이렇게 말하라: "이제 하나님의 말씀이 이루어지기 시작하는도다. 이로써 한 가지 심판이 이루어졌으니 다른 심판들도 차례대로 이루어지리로다." 홉니와 비스하스는 여러 차례 함께 죄를 범했다. 그러므로 여기에서 그들이 같은 날 함께 죽을 것이라고 예언되었다. 이 가라지들을 한데 묶어 불사르라. 이 일은 그대로 성취되었다(4:11).

VI. 엘리의 집에 대한 이 모든 심판의 와중에도 하나님이 이스라엘에게 자비를 베푸실 것이 약속된다(35절). 내가 나를 위하여 충실한 제사장을 일으키리니.

1. 이 말씀은 엘르아살 가문 출신의 사독을 통해 성취되었다. 그는 솔로몬의 통치가 시작될 때 아비아달의 자리를 대신하여 대제사장이 되었는데, 자신의 직책에 충실했으며 또한 레위 계통의 제사장직이 계속되는 동안 대제사장들이 그의 후손으로부터 말미암았다. 목회자들의 악함으로 인해 그 자신들이 파멸될 수는 있어도 목회직 자체가 파멸되지는 않음을 주목하라. 직분자들이 아무리 악할지라도 직분 자체는 세상 끝날까지 영원히 계속될 것이다. 만일 어떤 사람이 자신의 사명을 저버리면, 다른 사람이 일어나 그를 대신하여 그 일을 감당할 것이다. 하나님의 일이 그 일을 수행할 손의 부족함으로 인해 땅에 떨어지는 일은 결코 없을 것이다. 여기에서 그 대제사장은 하나님의 기름 부음 받은 자(즉 다윗과 그의 씨) 앞에서 행하리라고 언급되는데, 그것은 그가 일반적인 송사(訟事)를 위해서가 아니라 왕을 위하여 국가의 일을 묻기 위해 사용하는 판결의 흉패를 착용할 것이기 때문이다. 비록 많은 가문들이 타락의 길로 간다 할지라도, 하나님은 자신을 위해 그 일을 계승할 자들을 확보하실 것이다. 만일 어떤 사람이 자신의 조상들보다 더 악해지면, 다른 사람이 더 선해짐으로써 균형을 이루게 될 것이다.

2. 이 말씀은 그리스도의 제사장직에서 완전하게 성취되었다. 레위 계통의 제사장직이 폐지됨과 함께 하나님이 그를 자비하고 충성된 대제사장으로 세우셨는데, 그는 모든 일에 있어 아버지의 뜻을 행하셨으며 하나님은 그를 위해 반석 위에 견고한 집을 세우심으로 음부의 문이 이기지 못하도록 하셨다.

제
— 3 —
장

개요

앞 장에서 우리는 단지 혈통상 레위인이었음에도 불구하고 세마포 에봇을 입고 여호와 앞에서 섬겼던 어린 제사장으로서의 사무엘의 모습을 살펴보았다. 이제 본 장에서 우리는 어린 선지자로서의 그의 모습을 발견하게 될 것이다. 하나님은 특별한 방식으로 그에게 자신을 계시하셨으며, 그로 인해 이스라엘에서 예언이 다시 활성화되게 되었다(비록 그로 말미암아 예언이 시작된 것은 아니라 할지라도). 본 장의 내용은 다음과 같다. I. 하나님이 첫 번째로 사무엘에게 특별한 방식으로 자신을 나타내심(1-10절). II. 하나님이 사무엘을 통해 엘리에게 전한 메시지(11-14절). III. 사무엘이 그 메시지를 엘리에게 그대로 전달함, 그리고 엘리가 하나님의 의를 받아들임(15-18절). IV. 사무엘이 이스라엘의 선지자로 세워짐(19-21절).

[1]아이 사무엘이 엘리 앞에서 여호와를 섬길 때에는 여호와의 말씀이 희귀하여 이상이 흔히 보이지 않았더라 [2]엘리의 눈이 점점 어두워 가서 잘 보지 못하는 그 때에 그가 자기 처소에 누웠고 [3]하나님의 등불은 아직 꺼지지 아니하였으며 사무엘은 하나님의 궤 있는 여호와의 전 안에 누웠더니 [4]여호와께서 사무엘을 부르시는지라 그가 대답하되 내가 여기 있나이다 하고 [5]엘리에게로 달려가서 이르되 당신이 나를 부르셨기로 내가 여기 있나이다 하니 그가 이르되 나는 부르지 아니하였으니 다시 누우라 하는지라 그가 가서 누웠더니 [6]여호와께서 다시 사무엘을 부르시는지라 사무엘이 일어나 엘리에게로 가서 이르되 당신이 나를 부르셨기로 내가 여기 있나이다 하니 그가 대답하되 내 아들아 내가 부르지 아니하였으니 다시 누우라 하니라 [7]사무엘이 아직 여호와를 알지 못하고 여호와의 말씀도 아직 그에게 나타나지 아니한 때라 [8]여호와께서 세 번째 사무엘을 부르시는지라 그가 일어나 엘리에게로 가서 이르되 당신이 나를 부르셨기로 내가 여기 있나이다 하니 엘리가 여호와께서 이 아이를 부르신 줄을 깨닫고 [9]엘리가 사무엘에게 이르되 가서 누웠다가 그가 너를 부르시거든 네가 말하기를 여호와여 말씀하옵소서 주의 종이 듣겠나

이다 하라 하니 이에 사무엘이 가서 자기 처소에 누우니라 ¹⁰여호와께서 임하여 서서 전과 같이 사무엘아 사무엘아 부르시는지라 사무엘이 이르되 말씀하옵소서 주의 종이 듣겠나이다 하니

하나님이 첫 번째로 자신을 사무엘에게 나타내시는 것과 관련하여 우리는 여기에서 다음과 같은 사실을 발견할 수 있다.

1. 사무엘은 하나님을 섬기는 일에 있어 매우 열심이었다(1절): 아이 사무엘이 (아이였음에도 불구하고) 엘리 앞에서 여호와를 섬길 때에는. 이것은 아이 사무엘이 엘리의 아들들을 부끄럽게 만드는 것으로서 그들의 죄를 더욱 가중시키는 것이었다. 그들은 여호와께 반역했지만, 사무엘은 그분을 잘 섬겼다. 그들은 아버지의 훈계를 멸시했지만, 사무엘은 순종했다. 사무엘은 엘리 앞에서, 즉 그의 감독과 지시 아래 섬겼다. 사무엘이 엘리의 아들들의 악한 본을 따르지 않고 계속해서 선한 길로 성장해 간 것은 참으로 칭찬할 만한 일이 아닐 수 없다. 그리고 그것은 하나님이 그에게 계획하신 존귀의 신호탄이었다. 이와 같이 작은 일에 충성된 그에게 곧이어 큰 일이 맡겨질 것이었다. 어린 자들은 겸손과 부지런함을 배워야만 한다. 바로 그것이 성공과 존귀에 이르는 가장 확실한 길이다. 다른 사람들을 다스리기에 가장 적합한 자는 바로 순종하는 법을 배운 자이다.

2. 당시 예언은 매우 드문 일이었으며 따라서 사무엘을 부르신 것은 사무엘 자신에게도 큰 놀라움이었을 뿐만 아니라 이스라엘에게 큰 은혜였다: 그 때에는 여호와의 말씀이 희귀하여. 예나 지금이나 하나님의 사람은 어떤 특별한 상황에서 '메시지를 전하는 자'(messenger)로 쓰임 받는다(2:27의 경우처럼). 그러나 당시에 사람들이 하나님의 뜻을 묻거나 혹은 들을 수 있는 고정된 선지자는 없었다. 당시 예언이 매우 희귀하였기 때문에 그것의 가치를 올바로 아는 자들은 그것을 매우 귀중하게 여겼다. 당시 예언이 매우 귀중했던 것은 그것이 은밀했기 때문이었다: 그 때 '공개된 이상'(open vision)이 없었다. 다시 말해서, 그 때 이상을 받은 자로서 공적으로 알려진 자가 없었다. 아마도 성막에 만연했던 그리고 의심의 여지 없이 온 나라를 부패시켰던 더러움과 불경건으로 인해 하나님은 예언의 영을 거둬들이셨을 것이다 — 좀 더 충실한 제사장의 일어남과 관련한 하나님의 뜻이 선포될 때까지 그리고 그에 대한 보증으로서 '이

충실한 선지자' (곧 사무엘)가 세움을 입을 때까지.

하나님이 사무엘에게 자신을 계시하는 방식이 여기에서 매우 상세하게 언급되고 있는데, 그것은 이것이 매우 희귀한 일이었기 때문이었다.

I. **엘리가 자리에 듦.** 사무엘은 그의 침상 곁에서 시중들고 있었고, 성소의 예배에 참석했던 사람들은 각자의 처소로 돌아갔을 것이라고 우리는 추측할 수 있다(2절): 엘리는 자기 처소에 누웠고. 엘리는 일찌감치 자리에 들었는데, 그것은 그가 너무나 나이 들어 일에 피곤했기 때문이기도 했지만 또한 아마도 편안함을 너무나 좋아했기 때문일는지도 모른다. 아마도 그는 자기 처소에 오랜 시간 머물곤 했을 것이며, 이로 인해 그의 아들들은 자기들 마음대로 할 자유를 더 많이 갖게 되었을 것이다. 그리고 그가 자신의 처소에 머물기를 더욱 추구한 것은 그의 눈이 어두워지기 시작했기 때문이었는데, 아마도 이러한 병은 그가 아들들의 잘못을 눈감아 주었기 때문에 생긴 것이었을 것이다.

II. **사무엘이 엘리의 처소 옆에 붙어 있는 작은 방에서 잠자기 위해 누움.** 그가 엘리 옆에 이와 같이 가까이 있었던 것은 그의 시종(侍從)으로서 그가 밤에 자신을 필요로 할 때 (예컨대 그가 잠이 오지 않을 때 옆에서 책을 읽어주는 것과 같은 일을 위해) 언제든지 부를 수 있도록 하기 위함이었다. 엘리는 이러한 일을 자신의 아들이나 혹은 가문 중의 어떤 사람에게가 아니라 사무엘에게 맡겼는데, 그것은 사무엘이 매우 온순하고 순종적이었기 때문이었다. 엘리에게 있어 아들들은 슬픔을 가져다 주었지만, 어린 시종은 항상 그를 기쁘게 해 주었다. 자녀로 인해 고통을 당하고 있다 할지라도 만일 주위에 자신의 위로가 될 만한 사람이 있다면 그는 마땅히 하나님께 감사해야 한다. 하나님의 등불은 아직 꺼지지 아니하였으며 사무엘은 하나님의 궤 있는 여호와의 전 안에 누웠더니(3절). 사무엘은 성소(聖所) 곁의 어느 곳에 누운 것으로 보인다. 그는 촛대의 곁가지에 있는 불이 아직 꺼지기 전에(촛대 중심에 있는 불은 결코 꺼지지 않았다) 그 불빛에 의지하여 침상으로 갔는데, 그 때는 아마도 한밤중이었을 것이다. 그 시간까지 사무엘은 책을 읽거나 혹은 기도를 하거나 혹은 성소를 청소하는 등의 일을 하다가 조용히 침상으로 갔을 것이다. 이와 같이 우리의 책무를 성실하고 부지런하게 감당할 때, 우리는 하나님의 은혜로우신 찾아오심을 기대할 수 있다.

III. **하나님이 사무엘의 이름을 부르심.** 그러나 사무엘은 엘리가 부른 것으로 생각하고 그에게로 달려갔다(4, 5절). 사무엘은 하나님 앞에 깨어 있는 자였기 때문에 여호와께서 부르실 때 즉시 침상에서 깨어 일어났다. 이와 관련하여 패트릭 주교는 하나님이 지성소에서 그를 불렀을 것이라고 추측하는데, 그것은 갈대아 역본이 읽는 바와 동일하다: 한 음성이 여호와의 성전으로부터 들렸는지라. 그러나 엘리는 가까이 있었음에도 불구하고 아무 소리도 듣지 못했다. 아마도 그 음성은 다른 방식으로 임했을는지 모른다. 여기에서 우리는 다음과 같은 사실을 살펴볼 수 있다.

1. 사무엘의 부지런함. 그는 엘리의 시중을 들기 위해 항상 준비되어 있었다. 자신을 부른 것이 엘리라고 생각하면서 사무엘은 따뜻한 침상에서 급히 일어나 그에게로 달려갔다. 그것은 그가 무엇을 원하는지 알기 위함이었으며 또한 혹시 그에게 어떤 좋지 않은 일이 생기지 않았는지 염려한 때문이었다. 사무엘은 대답한다. "내가 여기 있나이다." 이것은 종이 주인의 부름을 받았을 때 달려와 대답하는 것의 좋은 모범이면서 동시에 젊은이가 노인에 대해 마땅히 순종해야 할 뿐만 아니라 유순하고 조심스럽게 대해야 함을 보여주는 좋은 모범이다.

2. 전능자의 이상에 대한 사무엘의 무지. 사무엘은 하나님의 부르심을 단순히 엘리의 부름으로만 생각했다. 우리는 이러한 잘못들을 우리가 생각하는 것 이상으로 자주 범하곤 한다. 하나님은 당신의 말씀을 통해 우리를 부르신다. 그러나 우리는 그것을 단순히 목사의 부름으로만 받아들이면서 그에 따라 응답한다. 하나님은 당신의 섭리들을 통해 우리를 부르신다. 그러나 우리는 단지 그분이 사용하시는 도구들만을 볼 뿐이다. 그의 음성이 부르짖는다. 그러나 단지 여기저기 흩어져 있는 일부 지혜자만이 그것이 하나님의 음성임을 깨닫는다. 엘리는 자신이 부르지 않았다고 말했다. 그러나 그는 사무엘에게 자신을 귀찮게 했다고 꾸짖는다든지 '바보 같은 놈'이라고 호통친다든지 혹은 '네가 꿈을 꾸었노라'고 말하지 않고, 다만 자신을 위해서는 아무것도 할 것이 없으니 돌아가서 다시 누우라고 부드럽게 말했다. 종이 주인의 부름에 항상 준비되어 있어야 한다면, 주인은 항상 종의 안위를 잘 살펴주어야만 한다. 그럼으로써 네 남종과 여종이 너와 함께 안식하게 하라. 그러므로 사무엘은 가서 누웠다. 하나님은 말씀의 사역에 의해 많은 사람들을 부르신다. 그리고 그들은 사무엘처럼 "내가 여기 있나이다"라고 대답한다. 그러나 그 부르심 속에서 하나님을 보

지 못하고 또 그분의 음성을 분별하지 못하기 때문에 곧 그것을 잃어버리고 만다. 그리고 그들은 다시 눕는다. 그럼으로써 그들의 자각(自覺)은 아무 열매도 맺지 못한다.

Ⅳ. 동일한 부르심이 반복되고 사무엘이 똑같은 실수를 되풀이함(6-9절).

1. 하나님은 다시 사무엘을 부르시고(6절) 이어 세 번째로 부르신다(8절). 하나님의 은혜의 부르심은 그 은혜가 효력을 발생할 때까지 다시 말해서 우리가 그 부르심 앞에 나아올 때까지 반복된다는 사실을 주목하라. 왜냐하면 우리를 부르시는 것과 관련한 하나님의 계획과 목적은 반드시 이루어질 것이기 때문이다.

2. 사무엘은 자신을 부르신 자가 여호와란 사실을 여전히 알지 못했다(7절): 사무엘이 아직 여호와를 알지 못하고. 그는 기록된 말씀에 대하여 그리고 그 안에 나타난 하나님의 뜻에 대하여는 잘 알고 있었다. 그러나 하나님이 자신의 종 선지자들에게, 특별히 세미한 음성으로 자신을 나타내는 방식은 아직 이해하지 못했다. 이 모든 것은 그에게 새롭고 낯선 것이었다. 아마도 그는 꿈이나 이상 가운데 나타나는 하나님의 계시에 대하여는 알고 있었을 것이다. 그러나 이와 같이 세미한 음성으로 자신을 나타내는 것은 그 자신이 알지 못했을 뿐만 아니라 들어본 적도 없는 매우 낯선 방식이었다. 하나님의 일에 대한 가장 위대한 지식을 가진 자들은 자신들이 어린아이로서 의의 말씀에 대해 잘 알지 못했던 때를 기억할 필요가 있다. 어린아이 때는 깨닫는 것이 어린아이와 같다가. 그러나 우리는 그러한 때를 결코 무시해서는 안 된다. 사무엘이 (난외주에 나와 있는 것처럼) 여호와를 알기 전에 그리고 여호와의 말씀도 아직 그에게 나타나기 전에 이와 같이 행했는지라. 이와 같이 사무엘은 잘 알지 못하여 몇 차례에 걸쳐 실수를 했지만, 그러나 나중에는 자신의 임무를 더 잘 이해하게 되었다. 신실한 믿음의 백성들도 마음속에 나타나는 성령의 증거에 대해 때때로 실수를 범하며 이로 인해 성령의 위로를 잃어버리곤 한다. 또한 이와 비슷하게 죄인들도 자신들의 양심 속에서 벌어지는 성령의 역사에 대해 때때로 실수를 범하며 이로 인해 회개의 축복을 잃어버리기도 한다. 하나님은 한 번 말씀하시고 다시 말씀하시되 사람은 관심이 없도다(욥 33:14).

3. 사무엘은 두 번째와 세 번째에도 엘리에게 달려갔다. 아마도 그 음성은 엘리의 음성과 비슷했었던 것 같다. 사무엘은 큰 확신을 갖고 엘리에게 말한

다: 당신이 나를 부르셨기로(6-8절). 부름을 받았을 때 즉시 달려온 것으로 미루어(비록 엘리가 부른 것으로 오해하기는 했지만) 우리는 사무엘이 매우 책임감이 강하고 적극적인 성격이었으며, 바로 이것이 하나님의 은혜를 입게 된 이유였음을 알 수 있다. 하나님은 이런 사람을 쓰시기로 선택하신다. 그러나 사무엘로 하여금 이와 같이 여러 차례 엘리에게 가도록 만드신 것 속에는 하나님의 특별한 섭리가 있었다. 왜냐하면 이렇게 하여 마침내 엘리가 여호와께서 이 아이를 부르신 줄을 깨닫게 되었기 때문이다(8절).

(1) 이것은 엘리에게 있어 굴욕적인 일이었다. 왜냐하면 하나님이 무언가 말씀하실 것이 있을 때 그 일을 위해 자신을 택하지 않고 자신에게 수종드는 종인 아이 사무엘을 택하셨을 때, 그것은 그의 가문의 지위가 떨어지고 있음을 보여주는 확실한 증표일 수밖에 없었기 때문이다. 그리고 그것이 자신에게 주어지는 메시지임에도 불구하고 한 아이에 의해 전달된 것은 그를 더욱 초라하게 만드는 것이었다. 엘리로서는 이것을 '하나님의 노여움의 명백한 증표'로 간주할 만한 충분한 이유를 가지고 있었다.

(2) 이로써 엘리는 하나님이 사무엘에게 무슨 말씀을 하셨는지 들을 준비를 갖추게 되었다. 그는 사무엘이 전달하는 메시지의 진실성과 확실성을 조금도 의심할 수 없게 되었다. 그로서는 그것이 사무엘의 상상에서 나온 것이라고 받아들일 만한 여지가 전혀 없게 된 것이다. 메시지가 전달되기 전에도 엘리는 하나님이 자신에게 무언가 말씀하시려고 한다는 사실을 인식하고 있었지만 사무엘 자신으로부터 듣기까지는 그것이 무엇인지는 알지 못하고 있었다. 이와 같이 하나님이 쓰시는 자의 약점과 실수까지도 무한하신 지혜에 의해 지배되어 그분의 목적을 이루는데 사용된다.

V. 마침내 사무엘이 하나님으로부터 메시지를 받을 준비를 갖추게 됨. 그것은 그 자신만 듣고 그만인 메시지가 아니라 한 사람의 완전한 선지자로서 공표(公表)되어야 할 공개적인 이상(open vision)이었다.

1. 엘리는 사무엘이 들은 것이 하나님의 음성임을 깨닫고 어떻게 대답할 것인지 가르쳐 주었다(9절). 엘리는 올바로 가르쳐 주었다. 비록 하나님의 부르심이 자신을 지나쳐 사무엘에게 향한 것이 수치스러운 일이었다 할지라도, 엘리는 그것을 기꺼이 받아들였다. 만일 그가 사무엘에게 향한 이러한 영예를 시기했다면, 그는 사무엘로부터 그러한 영예를 빼앗기 위해 자신이 할 수 있는

일을 행했을 것이다. 또한 사무엘 자신이 그것이 무엇인지 알지 못했으므로 그 것은 단지 꿈에 불과하며 그러니까 신경 쓰지 말고 누워 잠이나 자라고 말했을 것이다. 그러나 엘리는 그렇게 행동할 만큼 나쁜 사람은 아니었다. 그는 사무 엘이 잘 되도록 하기 위해 자신이 할 수 있는 최선의 충고를 해 주었다. 이와 같이 연장자는 젊은이들이 잘 되도록 하는 일에 최선을 다해 도와야 한다 ― 비록 그들로 인해 자신들의 빛이 어두워질지 모른다는 생각이 든다 할지라도. 비록 우리 뒤에 오는 자들이 얼마 안 가 우리 앞으로 나아가게 된다 할지라도 그들을 가르치고 지도하는 일에 인색하지 말자(요 1:30). 엘리가 사무엘에게 준 가르침은, 하나님이 다음 번에 부르실 때 여호와여 말씀하옵소서 주의 종이 듣 겠나이다라고 대답하라는 것이었다. 그는 자신을 하나님의 종으로 불러야만 하 며, 또한 하나님의 뜻을 알고자 간절히 열망해야만 한다. "여호와여 말씀하옵소 서. 내게 말씀하옵소서. 지금 말씀하옵소서." 그리고 그는 들을 준비를 갖추고 청종할 자세를 가져야만 한다: 주의 종이 듣겠나이다. 하나님이 말씀하시는 것 을 청종할 준비를 갖추었을 때 비로소 우리는 하나님이 우리에게 말씀하실 것 을 기대할 수 있다(시 85:8; 합 2:1). 우리가 하나님의 말씀을 읽거나 혹은 듣는 자리에 나아갈 때, 우리는 그 말씀의 빛과 능력 앞에 자신을 복종시키면서 이 와 같이 준비된 마음으로 나아가야 한다: 여호와여 말씀하옵소서 주의 종이 듣겠 나이다.

2. 하나님이 네 번째 부르실 때에는 이전과는 좀 다른 방식으로 말씀하신 것 으로 보인다. 이번의 부르심이 이전의 경우와 마찬가지로 그의 이름을 부르는 것이기는 했지만 그러나 이번에는 하나님이 임하여 서서 부르셨다. 이것은 어떤 신적 영광이 그에게 나타났음을, 다시 말해서 마치 엘리바스의 경우처럼 사무 엘 앞에 한 이상(vision)이 서 있었음을 암시한다(욥 4:16, 그 영이 서 있는데 나 는 그 형상을 알아보지는 못하여도 오직 한 형상이 내 눈 앞에 있었느니라). 이로 인 해 사무엘은 자신을 부른 것이 엘리가 아니었음을 납득하게 되었다. 왜냐하면 그는 이제 요한계시록 1:12에 표현된 것처럼 자신에게 말한 음성을 보았기 때문 이었다. 또한 이번에는 하나님이 사무엘아 사무엘아 하면서 그의 이름을 두 번 부르셨는데, 그것은 하나님이 그의 이름을 부르기를 즐거워하셨기 때문이었든 지 아니면 그로 하여금 그에게 말씀하시는 자가 누구인지를 분명히 알게 하도 록 하시기 위함이었던 것 같다. 하나님이 한두 번 하신 말씀을 내가 들었나니(시

(62:11). 하나님이 그를 이름으로 아시기를 기뻐하신 것은 그에게 참으로 큰 영광이 아닐 수 없었다(출 33:12). 그리고 하나님이 그를 이름으로 부르셨을 때, 마치 바울을 부르실 때 사울아 사울아 하셨던 것처럼, 그 부르심은 매우 강력하고 효과적인 것이었다. 하나님이 아브라함을 부르실 때에도 이와 같이 이름으로 부르셨다(창 22:1).

3. 사무엘은 지시받은 대로 말씀하옵소서 주의 종이 듣겠나이다라고 대답했다. 우리들은 자녀들의 입 속에다 경건한 믿음을 적절하게 표현하는 말과 선한 말을 일찌감치 넣어 주어야만 한다. 그렇게 함으로써 그들은 신적이며 거룩한 것들과 좀 더 친숙해지도록 준비되고 훈련받게 될 것이다. 연소한 자들에게 무엇을 말할 것인지를 가르쳐라. 왜냐하면 그들은 아둔하여 무엇을 말해야 하는지(욥 37:19) 잘 알지 못하기 때문이다. 이제 사무엘은 이전에 엘리가 부른 것으로 생각했을 때처럼 일어나 달려가지 않고, 조용히 누워 귀를 기울였다. 우리의 영이 더 평온하고 침착할수록 우리의 영은 신적인 일을 위해 더 잘 준비되게 된다. 모든 어수선한 생각과 열정들을 내려놓으라. 그러면 우리 영혼 속에 있는 모든 것들은 고요하고 잔잔하게 될 것이며, 그 때 우리는 하나님의 음성을 듣기에 적합하게 될 것이다. 하나님이 말씀하실 때 모든 것은 잠잠해야 한다. 그러나 여기에서 사무엘이 한 마디를 빠뜨렸음을 주목하라. 그는 여호와여 말씀하옵소서라고 말하지 않고 말씀하옵소서 주의 종이 듣겠나이다라고만 말했다. 그것은 말씀한 분이 하나님인지 불확실했기 때문인 듯하다. 이렇게 하여 사무엘은 이제 하나님으로부터 메시지를 받고 또 하나님의 말씀과 전능자의 이상을 접할 준비를 갖추게 되었는데, 이 일은 여호와의 전에서 하나님의 등불이 꺼지기 전에(3절) 일어났다. 어떤 유대 작가들은 하나님의 등불이 꺼지기 전에란 말씀에 신비한 의미를 부여한다. 즉 엘리의 몰락 이전에 그리고 그로 인해 언젠가 우림과 둠밈이 빛을 잃어버리기 이전에 하나님이 사무엘을 부르셔서 그를 신탁(神託)으로 삼으셨다고 보는 것이다. 해는 뜨고 지되(전 1:5), 다시 말해서, 하나님이 한 의로운 자의 태양을 지게 하기 전에 다른 의로운 자의 태양을 뜨게 하셨다고 그들은 말한다.

11여호와께서 사무엘에게 이르시되 보라 내가 이스라엘 중에 한 일을 행하리니 그것을 듣는 자마다 두 귀가 울리리라 12내가 엘리의 집에 대하여 말한 것을 처음부터 끝까지 그 날에 그에게 다 이루리라 [13]내가 그의 집을 영원토록 심판하겠다고 그에게 말한 것은 그가 아는 죄악 때문이니 이는 그가 자기의 아들들이 저주를 자청하되 금하지 아니하였음이니라 [14]그러므로 내가 엘리의 집에 대하여 맹세하기를 엘리 집의 죄악은 제물로나 예물로나 영원히 속죄함을 받지 못하리라 하였노라 하셨더라 [15]사무엘이 아침까지 누웠다가 여호와의 집의 문을 열었으나 그 이상을 엘리에게 알게 하기를 두려워하더니 [16]엘리가 사무엘을 불러 이르되 내 아들 사무엘아 하니 그가 대답하되 내가 여기 있나이다 하니 그가 [17]이르되 네게 무엇을 말씀하셨느냐 청하노니 내게 숨기지 말라 네게 말씀하신 모든 것을 하나라도 숨기면 하나님이 네게 벌을 내리시고 또 내리시기를 원하노라 하는지라 [18]사무엘이 그것을 그에게 자세히 말하고 조금도 숨기지 아니하니 그가 이르되 이는 여호와이시니 선하신 대로 하실 것이니라 하니라

I. 하나님이 엘리의 집에 관하여 사무엘에게 전달하신 메시지. 지금 하나님이 사무엘에게 오신 것은 그가 당대에 얼마나 위대한 사람이 될 것인지, 또 어떤 사람이 되어야 하는지, 그리고 그가 이스라엘에 얼마나 큰 축복이 될 것인지에 대해 말씀하기 위함이 아니었다. 젊은이들은 일반적으로 자신들의 미래에 대해 듣는데 큰 호기심을 갖는다. 그러나 하나님이 사무엘에게 오신 것은 그의 호기심을 만족시키기 위해서가 아니라 그로 하여금 하나님의 일을 맡겨 다른 사람에게 보내기 위함이었다. 어쨌든 사무엘이 받은 첫 번째 메시지는 의심할 바 없이 그에게 매우 큰 인상을 가져다 주었을 것이며, 그것은 훗날 그 자신에게도 큰 유익이 되었을 것이다. 왜냐하면 사무엘의 아들들 역시도, 비록 엘리의 아들들만큼 악하지는 않았다 할지라도, 그다지 선하지는 않았기 때문이다(8:3). 사무엘이 받은 메시지는 2장에서 하나님의 사람이 전달한 메시지에 비해 비교적 짧은 것이었다(2:27). 왜냐하면 사무엘은 아직 어렸기 때문에 긴 메시지를 기억할 것으로 기대할 수 없었기 때문이다. 그리고 하나님은 이러한 상황을 고려하셨다. 우리는 아이들의 기억력을 지나치게 과장해서는 안 되며, 이것은 신적인 일들에 대해서도 마찬가지이다. 사무엘이 받은 메시지는 앞 장의 메시지를 확증하고 거기에서 선언한 징벌을 재확인하는 것으로서 진노의 메시지요 슬픈 메시지였다. 그것은 엘리가 하나님의 사람에 의해 전달된 메시지에 그다지 큰 주의를 기울이지 않았기 때문이었다. 신적 경고에 대해 주의를

적게 기울일수록 그것은 더욱 확실하고 무겁게 임하게 될 것이다. 죄와 징벌과 관련하여 앞장에서 언급된 것이 여기에서 다시 언급된다.

1. 죄와 관련하여: 내가 그의 집을 영원토록 심판하겠다고 그에게 말한 것은 그가 아는 죄악 때문이니(13절). 죄에 대하여 하나님의 사람이 말했고 또 여러 차례 그 자신의 양심이 말했다. "그것은 우리가 아는 죄이며 우리가 그것에 대해 알고 있노라"라고 말할 수 있는 것이라면 그것은 얼마나 큰 죄이며 타락인가? 한 마디로 말해 그 죄악은 이것이었다: 그가 자기의 아들들이 저주를 자청하되 금하지 아니하였음이니라. 혹은 히브리 원문처럼, 그가 아들들에 대해 눈살을 찌푸리지 아니하였음이니라. 만일 엘리가 아들들의 악행에 대해 노여움을 나타냈다면 이렇게까지 되지는 않았을 것이다. 그러나 그는 그렇게 하지 않았다. 그는 악행으로 인해 아들들을 책망했지만 징벌하지는 않았으며 또한 그러한 악행을 행할 권세를 박탈하지도 않았다. 아버지로서 그리고 이스라엘의 대제사장과 사사로서 그는 마땅히 그렇게 했어야 했다. 다음을 주목하라.

(1) 죄인들은 자신들의 악행으로 스스로를 하찮은 존재로 만든다. 그들은 스스로를 타락시키며(왜냐하면 사람이 시험을 받는 것은 자기 욕심에 끌려 미혹되기 때문이다, 약 1:14), 그럼으로써 자신의 가치를 떨어뜨리고 스스로를 비천하게 만들 뿐만 아니라 거룩하신 하나님과 사람들과 천사들 앞에서 스스로를 가증한 존재가 되게 만든다. 죄는 비천한 것이며, 사람을 다른 어떤 것보다도 더 저급하게 만들어 버린다(시 15:4). 엘리의 아들들은 하나님을 경멸하였으며 그분께 드리는 제물을 백성들 앞에서 하찮은 것으로 만들었다. 그러나 그 수치는 그들 자신에게 돌아갔다: 그들은 스스로를 하찮은 존재로 만들어 버렸다.

(2) 다른 사람들의 죄를 제지할 수 있는 권세가 있음에도 불구하고 그렇게 하지 않은 자들은 스스로를 그러한 죄책(罪責)의 동참자로 만들며 또한 종범(從犯)의 책임을 지게 될 것이다. 만일 권세자들의 칼이 악을 행하는 자들에게 두려움이 되지 않는다면, 그들은 이에 대해 책임을 피할 수 없게 될 것이다.

2. 징벌과 관련하여: 내가 엘리의 집에 대하여 말한 것을 처음부터 끝까지 그 날에 그에게 다 이루리라(12절). 나는 그의 집을 영원히 심판할 것이라고, 다시 말해서, 저주가 그의 집에 대대로 임할 것이라고 그에게 말했다. 이러한 저주의 구체적인 내용에 대하여 우리는 앞에서 다루었으므로 여기에서 다시 반복할 필요는 없다. 그러나 앞의 내용에 덧붙여진 것이 있는데, 그것은 다음과 같다.

(1) 징벌이 실행되기 시작할 때 그것은 모든 이스라엘에게 매우 두렵고 경악할만한 것이 될 것이다(11절): 보라 내가 이스라엘 중에 한 일을 행하리니 그것을 듣는 자마다 두 귀가 울리리라. 모든 이스라엘 백성들은 엘리의 아들들이 죽고 그의 목이 부러지며 또 그의 집이 흩어지는 것을 듣고 두려움과 경악에 사로잡히게 될 것이다. 여호와여 주의 심판은 어찌 그리 두려운지요! 만일 풍요한 때에 이렇게 된다면 하물며 기근의 때에는 어떻게 될 것인가? 다른 사람들에게 하나님의 심판이 임할 때 우리는 그것을 보며 거룩한 두려움을 가져야 한다(시 119:120).

(2) 하나님의 징벌에 대한 이러한 첫 열매는 그러한 징벌이 계속해서 진행되고 결국 완전하게 이루어질 것에 대한 확실한 보증이 될 것이다: 내가 경고한 모든 것에 대하여, 내가 시작했다면 계속해서 진행하고 결국 완성에 이르게 할 것이다(12절). 하나님이 징벌을 시작하기에 앞서 어느 정도의 시간이 남아있음이 암시되지만, 그러나 그것이 징벌을 면제하는 것이나 혹은 집행을 유예하는 것은 결코 아니다. 마침내 징벌을 시작할 때 하나님은 그것을 철저히 이루실 것이다.

(3) 이러한 징벌이 번복되거나 혹은 그것을 실행하는 것이 지연되거나 경감될 어떤 희망의 여지도 존재하지 않는다(14절).

[1] 하나님은 징벌을 결코 철회하지 않으실 것인데, 그것은 맹세로 그것을 확증하셨기 때문이다: 내가 엘리의 집에 대하여 맹세한 것을. 하나님은 자비를 베푸는 일에 있어서나 심판을 행하는 일에 있어 자신이 맹세한 것을 결코 되돌리지 않으신다.

[2] 하나님은 예물 같은 것에 의해 결코 화해되지 않을 것이다: 엘리 집의 죄악은 제물로나 예물로나 영원히 속죄함을 받지 못하리라. 죄에 대한 어떤 속죄도 또 징벌에 대한 어떤 경감도 결코 없을 것이다. 이것은 우리에게 율법에 따른 제사의 불완전함을 보여준다. 제사에 의해 씻어지지 않는 죄악들이 있었던 것이다. 그러나 그리스도의 피는 모든 죄를 깨끗하게 하며, 믿음으로 말미암아 죄의 삯인 영원한 죽음으로부터 해방된 모든 자들을 영원히 안전케 한다.

Ⅱ. 이 메시지를 엘리에게 전달함.

1. 사무엘이 겸손하게 그것을 숨김(15절).

(1) 그는 아침까지 누워 있었다. 우리는 그가 자신이 들은 것을 깊이 생각하면

서, 스스로 되새기며, 또 어떻게 하는 것이 좋을지를 숙고하면서 깨어있는 상태로 누워 있었을 것이라고 추측할 수 있다. 우리가 하나님 말씀의 영적 양식을 받은 후에는 잠잠히 그것을 소화할 시간을 갖는 것이 좋다.

(2) 그는 여호와의 집의 문을 열었다. 그것은 사무엘이 아침마다 늘상 하는 일이었다. 다른 때 같으면 한 아이에게 있어 이와 같이 성막의 문을 여는 일은 매우 특별하고 자랑스러운 일이었겠지만, 그러나 이 날 아침 그가 이 일을 한 것은 그의 겸손을 보여주는 것이 아닐 수 없었다. 하나님은 그를 이스라엘의 모든 아이들 위에 높이셨고 영예롭게 하셨다. 그러나 그는 그러한 영예를 자랑하지 않았고, 허영심으로 부풀어 오르지도 않았으며, 이처럼 하찮은 일을 하기에 자신은 너무나 위대하고 선하다고 스스로를 생각하지 않았다. 그렇게 하는 대신 사무엘은 늘 하던 대로 즐거이 가서 성막의 문을 열었다. 하나님께서 자신을 나타내신 자들에 대하여 하나님은 그들이 스스로를 낮추기를 원하신다. 그리고 그들이 하나님의 영광을 위해, 비록 그것이 하나님 집의 문지기라 할지라도, 기꺼이 몸을 숙이고 겸손하게 봉사하기를 원하신다. 어쩌면 사람들은 사무엘이 하나님의 이상(vision)으로 가득 차서 자신의 일상적인 임무를 잊어버리고 동료들에게 달려가 지난 밤에 하나님과 나눈 대화에 대해 이야기할 것이라고 예상할는지 모른다. 그러나 사무엘은 겸손하게 그것을 스스로 간직하고 아무에게도 말하지 않았다. 그렇게 하는 대신 그는 조용히 자신에게 맡겨진 일을 감당했다. 우리는 하나님과 나눈 은밀한 교제를 옥상에서 떠벌려서는 안 된다.

(3) 그는 그 이상을 엘리에게 알게 하기를 두려워했다. 만일 사무엘이 엘리가 자신에게 화를 내며 꾸짖을 것을 두려워했다면, 우리는 엘리가 자신의 악한 아들들에 대하여는 지나치게 관대하면서 이토록 착한 시종 아이에게는 지나치게 가혹했다고 의심할 만한 충분한 이유를 갖게 될 것이다. 그러나 우리는 사무엘이 두려워한 것이 그와 같은 이유에서라기보다는, 노인 엘리를 슬프게 하며 괴롭게 할 것을 염려하여 머뭇거렸을 것이라고 추측한다. 만일 사무엘이 그 메시지를 가지고 엘리에게 즉각 달려갔다면, 그것은 마치 그가 재앙의 날이 속히 오기를 열망하고 엘리의 집이 무너진 터 위에 자신의 집을 속히 세우기를 바란 것처럼 보일 것이었다. 그랬기 때문에 사무엘은 자신이 받은 이상(vision)을 전달하는 것을 주저하였던 것이다. 선한 사람은 나쁜 소식을 전하면서 즐거워하지 않는다. 하물며 사무엘에게 있어 자신이 사랑하며 존경하는 스승인 엘리에

게 전하는 것이야 얼마나 더 그랬겠는가?

2. 엘리가 사무엘에게 메시지에 관해 상세히 물음(16, 17절). 사무엘이 일어나 움직이는 소리를 듣자마자 엘리는 그를 불렀다. 아마도 자신의 침상 곁으로 불렀을 것이다. 전날 밤 하나님이 그를 불렀음을 알고 있었으므로, 엘리는 속히 말하도록 재촉했을 뿐만 아니라(청하노니 내게 숨기지 말라) 그가 머뭇거리며 움츠리는 것을 발견하고 위협을 가하면서까지(네게 말씀하신 모든 것을 하나라도 숨기면 하나님이 네게 벌을 내리시고 또 내리시기를 원하노라) 재촉했다. 엘리에게는 그 메시지가 자신에게 좋은 소식이 아니라 나쁜 소식일 거라고 생각할 만한 충분한 이유가 있었다. 그러나 그것이 하나님께로부터 온 메시지이기 때문에 그는 그것을 아무렇지도 않게 무시해 버릴 수가 없었다. 선한 사람은 하나님의 모든 뜻을 알기를 열망한다 ― 그것이 자신에게 좋은 것이든 혹은 나쁜 것이든. 네게 말씀하신 모든 것을 하나라도 숨기면 하나님이 네게 벌을 내리시고 또 내리시기를 원하노라라는 엘리의 위협은 충성되지 못한 파수꾼에게 내려지는 무서운 심판을 생각나게 한다. 만일 그들이 죄인들에게 경고하지 않는다면, 계속해서 범죄 가운데 행하는 자들에게 임할 진노와 저주가 그들의 머리 위에 떨어지게 될 것이다.

3. 마침내 사무엘이 자신이 받은 메시지를 그대로 전달함(18절): 사무엘이 그것을 그에게 자세히 말하고 조금도 숨기지 아니하니. 엘리에게 모든 것을 말해야만 함을 알게 되었을 때, 그는 완곡하게 말하거나 혹은 실제보다 좋게 꾸미려고 하거나 혹은 무디게 하거나 혹은 도금을 하려고 하지 않고, 자신이 받은 그대로 분명하고 명백하게 꺼리지 않고 하나님의 뜻을 전했다. 그리스도의 사역자들은 이와 같이 그의 메시지를 충성되게 전해야 한다.

4. 엘리가 그 메시지에 순복함. 그는 사무엘의 정직성을 의심하지 않았으며, 그러한 선고(宣告)의 정당성에 이의를 제기하지 않았다. 그는 그러한 징벌에 대해 가인이 그랬던 것처럼 자신이 받아야 할 것보다 그리고 자신이 감당할 수 있는 것보다 훨씬 더 크다고 불평하지 않았다. 도리어 그는 자신의 죄에 대한 징벌을 기꺼이 순복하고 받아들였다. 이는 여호와이시니 선하신 대로 하실 것이니라(18절). 그는 자신에게 임한 선고(宣告)와 자신의 후손에게 수치와 가난이 계승되는 것을 단지 일시적인 것으로 이해하면서, 그것이 하나님의 호의로부터의 최종적인 분리라는 사실은 결코 깨닫지 못했다. 그러므로 그는 기꺼이 순

복하고 불평하지 않았는데, 그것은 그가 자기 가족의 잘못을 잘 알고 있었기 때문이었다. 또 그는 하나님께서 엄숙한 맹세로 확증하셨기 때문에 그러한 선고를 철회해 달라고 간청하지도 않았다. 그리하여 엘리는, 마치 아론이 이와 비슷한 상황에서 그랬던 것처럼(레 10:3, 아론이 잠잠하니라), 하나님의 뜻에 인종(忍從)하였다. 자신의 짤막한 말을 통해 엘리는,

(1) 다음과 같은 확실한 사실을 인정한다. "이는 여호와시니 판결을 선언한 자는 바로 그분이시로다. 그의 법정에는 어떤 항소도 없고 그의 선고에는 어떤 이의도 없도다. 판결을 실행할 자는 그분이시니 그의 권세에 누가 항거하며 그의 공의를 누가 비난하며 그의 주권에 대해 누가 쟁론하리요. 이는 여호와시니 그가 이같이 자신을 거룩하게 하며 영화롭게 할 것이요 그것이 또한 마땅하도다. 이는 여호와시니 그에게는 어떤 불의도 없고 피조물에게 어떤 악도 행하지 않으셨고 또 행하지 않으실 것이며 마땅히 받아야 할 죗값 이상의 것을 결코 요구하지 않으실 것이라."

(2) 또한 그로부터 이러한 확실한 사실을 추론한다. "선하신 대로 하실 것이니라. 나는 그분이 하시는 일에 대해 아무 할 말이 없도다. 그는 모든 길에 의로우시며 모든 일에 거룩하시므로 그의 뜻이 이루어지이다. 나는 여호와의 노여움을 담당할 것이니 이는 내가 그분께 범죄하였음이라." 이와 같이 우리는 하나님의 책망 앞에 잠잠해야 하며, 우리를 지으신 자와 더불어 다투어서는 안 된다.

¹⁹사무엘이 자라매 여호와께서 그와 함께 계셔서 그의 말이 하나도 땅에 떨어지지 않게 하시니 ²⁰단에서부터 브엘세바까지의 온 이스라엘이 사무엘은 여호와의 선지자로 세우심을 입은 줄을 알았더라 ²¹여호와께서 실로에서 다시 나타나시되 여호와께서 실로에서 여호와의 말씀으로 사무엘에게 자기를 나타내시니라

사무엘은 이와 같이 하나님의 이상(vision)에 대해 정통하며 잘 알게 되었다. 우리는 여기에서 선지자로서 그에게 주어진 영예에 대하여 보게 된다.

I. 하나님이 사무엘을 존귀케 하심. 사무엘에게 호의를 베푸시기 시작한 하나님은 계속해서 그를 영화롭게 하시며 그의 일에 면류관을 씌우셨다: 사무엘이 자라매 여호와께서 그와 함께 계셔서(19절). 우리가 지혜와 은혜 가운데 자라는 것은 전적으로 하나님이 우리와 함께 하심으로 말미암는다. 바로 이것이 우

리의 자람에 있어서의 모든 것이다.

1. 하나님은 사무엘에게 계속해서 자신을 나타내심으로써 그를 존귀케 하셨다. 사무엘은 자신에게 맡겨진 메시지를 신실하게 전달했으며, 따라서 하나님은 그를 계속해서 당신의 일에 사용하셨다: 여호와께서 실로에서 다시 나타나시되 여호와께서 실로에서 여호와의 말씀으로 사무엘에게 자기를 나타내시니라(21절). 당신의 오심을 올바로 맞이하는 자들에게 하나님은 반복적으로 자신을 나타내신다.

2. 하나님은 사무엘을 통해 말씀하신 것을 그대로 이루심으로써 그를 존귀케 하셨다: 그의 말이 하나도 땅에 떨어지지 않게 하시니(19절). 사무엘이 선지자로서 말한 것은 무엇이든지 참된 것으로 드러났으며 때가 되면 그대로 성취되었다. 아마도 사무엘의 예언의 진실성을 드러내는 몇 가지 두드러진 사례가 있었을 것이며, 그로 인해 그의 사역이 전반적인 신뢰를 얻게 되었을 것이다. 하나님은 자신의 종의 말을 세워 주며 자신의 사자들의 계획을 성취하게 하실 것이다(사 44:26). 그리고 자신이 말한 것을 반드시 행하실 것이다.

II. 이스라엘이 사무엘을 존귀케 함. 사무엘이 여호와의 선지자로 세우심을 입은 줄을 온 이스라엘이 알게 되었으며 또한 인정하게 되었다(20절).

1. 그는 유명하게 되었다. 예배를 드리러 실로에 올라온 모든 사람들이 그를 주목하고 칭찬했으며, 집으로 돌아갈 때 그에 관해 서로 이야기했다. 연소자가 일찍부터 경건의 길로 나아갈 때 그것은 그들에게 가장 큰 영예가 되며 또한 그들로 하여금 좋은 명성을 얻도록 만들어 준다. 하나님은 당신을 존귀케 하는 자들을 존귀케 하실 것이다.

2. 그는 자신의 세대에 매우 유용한 사람이 되었다. 일찍부터 선하게 '되기' 시작한 자는 곧 선한 일을 '행하게' 된다. 사무엘은 하나님으로부터 받은 확고한 위임과 사람들로부터의 확고한 평판으로 인해 이스라엘에서 찬란한 빛으로 빛날 기회를 갖게 되었다. 늙은 엘리가 폐하여졌을 때, 젊은 사무엘이 세움을 입었다. 왜냐하면 하나님은 자신을 위해 반드시 증인을 두시며, 또한 자신의 교회를 위해 반드시 인도자를 두시기 때문이다.

제
— 4 —
장

개요

엘리의 집의 멸망과 관련하여 앞에서 예언된 것들이 여기에서 성취되기 시작한다. 비록 오랫동안 이루어지지 않는 것처럼 보인다 할지라도 그리 오래지 않아 분명히 이루어진다. 본 장의 내용은 다음과 같다. I. 이스라엘이 블레셋과의 싸움으로 인해 입은 수치와 손실(1, 2절). II. 이스라엘이 스스로를 강하게 하기 위해 세운 어리석은 계획, 즉 하나님의 궤를 홉니와 비느하스의 어깨에 메고 진으로 가져옴(3, 4절); 이로 인해 이스라엘의 사기는 높아지고(5절) 블레셋은 두려움에 빠지게 되나 그러한 두려움으로 인해 그들이 도리어 분발하게 됨(6-9절). III. 이로 인한 치명적인 결과: 이스라엘은 패배를 당하고 궤는 빼앗김(10, 11절). IV. 이 소식이 실로에 전해짐. 1. 온 성읍이 혼란에 빠짐(12, 13절). 2. 엘리가 실신하고 넘어져 목이 부러짐(14-18절). 3. 이 모든 일을 들을 때 엘리의 며느리에게 해산의 고통이 임하고 아들을 낳았으나 그녀는 곧 죽음(19-22절). 이 모든 것들은 듣는 자들의 귀를 쑤시고 아프게 만드는 것들이었다.

¹사무엘의 말이 온 이스라엘에 전파되니라 이스라엘은 나가서 블레셋 사람들과 싸우려고 에벤에셀 곁에 진 치고 블레셋 사람들은 아벡에 진 쳤더니 ²블레셋 사람들이 이스라엘에 대하여 전열을 벌이니라 그 둘이 싸우다가 이스라엘이 블레셋 사람들 앞에서 패하여 그들에게 전쟁에서 죽임을 당한 군사가 사천 명 가량이라 ³백성이 진영으로 돌아오매 이스라엘 장로들이 이르되 여호와께서 어찌하여 우리에게 오늘 블레셋 사람들 앞에 패하게 하셨는고 여호와의 언약궤를 실로에서 우리에게로 가져다가 우리 중에 있게 하여 그것으로 우리를 우리 원수들의 손에서 구원하게 하자 하니 ⁴이에 백성이 실로에 사람을 보내어 그룹 사이에 계신 만군의 여호와의 언약궤를 거기서 가져왔고 엘리의 두 아들 홉니와 비느하스는 하나님의 언약궤와 함께 거기에 있었더라 ⁵여호와의 언약궤가 진영에 들어올 때에 온 이스라엘이 큰 소리로 외치매 땅이 울린지라 ⁶블레셋 사람이 그 외치는 소리를 듣고 이르되 히브리 진영에서 큰 소리로 외침은 어찌 됨이냐 하다가 여호와의 궤가 진영에 들어

온 줄을 깨달은지라 ⁷블레셋 사람이 두려워하여 이르되 신이 진영에 이르렀도다 하고 또 이르되 우리에게 화로다 전날에는 이런 일이 없었도다 ⁸우리에게 화로다 누가 우리를 이 능한 신들의 손에서 건지리요 그들은 광야에서 여러 가지 재앙으로 애굽인을 친 신들이니라 ⁹너희 블레셋 사람들아 강하게 되며 대장부가 되라 너희가 히브리 사람의 종이 되기를 그들이 너희의 종이 되었던 것 같이 되지 말고 대장부 같이 되어 싸우라 하고

사무엘에 관하여 언급하는 본 단락의 첫 구절, 즉 "그의 말이 온 이스라엘에 전파되니라"라는 말씀은 이어지는 이야기와 아무 관련 없는 것으로 보인다. 다시 말해서 이스라엘이 나가서 블레셋과 싸운 것이 그의 지시에 따른 것으로는 보이지 않는다는 것이다. 비록 그가 선지자로서 겨우 첫 발을 내딛는 정도의 위치에 있었다 할지라도 만일 이스라엘이 그에게 물었다면, 그의 조언은 언약궤를 메고 간 것보다 더 큰 도움을 백성들에게 줄 수 있었을 것이다. 그러나 아마도 이스라엘의 방백들은 그의 연소함으로 인해 그를 가볍게 생각하고 그에게 신탁(神託)을 구하지 않았으며, 그 역시 아직 국가적인 일에 개입하지 않았다. 또한 우리는 이 일로부터 몇 년이 지난 후에나 그의 이름이 언급되는 것을 발견하게 된다(7:3). 그러므로 "그의 말이 온 이스라엘에 전파되었다"는 것은 단지 모든 지역으로부터의 경건한 백성들이 그를 선지자로 여기며 그에게 물었다는 뜻일 것이다. 그리고 아마도 그것은 엘리의 집이 멸망을 당할 것이라는 그의 예언을 의미하는 것일 것이다. 그것이 널리 알려지고 이야기되었다. 그리고 그와 관련한 사건들을 진지하게 관찰한 모든 사람들은 그 예언이 그러한 사건들 속에서 그대로 이루어졌다는 사실을 알게 되었다.

I. 이스라엘이 블레셋과 전쟁을 벌임(1절). 이것은 블레셋의 압제의 멍에를 벗어버리기 위한 시도였다. 만일 이스라엘이 먼저 회개하고 스스로를 바로잡았다면 그래서 이 일을 올바로 시작했다면 그들은 멋지게 승리할 수 있었을 것이다. 패트릭 주교는 이 일이 블레셋의 40년간의 압제(삿 13:1)의 중간 즈음에 그리고 삼손의 죽음 직후에 일어난 것으로 계산하는데, 그는 삼손이 죽으면서 많은 블레셋 사람들을 죽인 것으로 인해 이스라엘 백성들이 이러한 시도를 할 수 있는 용기를 얻게 되었을 것이라고 추측한다. 그러나 라이트푸트 박사는 삼손이 죽은 지 40년이 지난 후 이 일이 일어난 것으로 생각하는데, 그것은 엘리

가 그만큼의 기간 동안 사사로서 다스렸기 때문이다(18절).

Ⅱ. 이스라엘이 전쟁에서 패함(2절).   공격하는 입장에 있었던 이스라엘이 침을 받아 그 자리에서 4,000명이 죽임을 당했다. 하나님은 그들에게 하나가 천을 쫓을 것이라고 약속하셨지만, 지금은 그와 반대로 이스라엘이 블레셋 앞에 패하고 말았다. '저주받은 물건'(accursed thing)인 죄가 이스라엘 진에 있었으며, 이로 인해 원수들이 승리하게 된 것이었다.

Ⅲ. 이스라엘이 다음 싸움을 위해 의논한 방책.   그들은 금식하고 기도하며 스스로의 삶을 바로잡는 대신 군사회의를 소집했다. 그토록 악하고 잘못된 선생들 아래서 그들이 무슨 선한 것을 배웠겠는가?

1. 그들은 하나님이 자신들 편을 들어주지 않은 것으로 인해 하나님과 다투었다(3절): 여호와께서 어찌하여 우리에게 오늘 블레셋 사람들 앞에 패하게 하셨는고? 만일 이것이 하나님의 노여움의 원인이 무엇인지 알고자 하는 것이었다면, 그들이 그것을 아는 것은 그리 어려운 일이 아니었다. 그것은 너무나 분명하고 명백한 것이었다. 그것은 이스라엘이 범죄했다는 사실이었다 ― 비록 그들이 그것을 기꺼이 인정하려고 하지 않았다 할지라도. 그러나 도리어 그들은 그에 대해 뻔뻔스럽게 하나님께 항의하며, 하나님이 하신 일을 불쾌하게 여기며, 그 문제에 대해 하나님과 쟁론하고 있는 것처럼 보인다. 그들은 자신들의 고통 속에 하나님의 손이 있음을 인정한다(여기까지는 옳았다): 우리를 치신 자는 여호와시로다. 그러나 그것을 감수하는 대신 그들은 그에 대해 다투며, 하나님과 하나님의 섭리에 대해 분개하며, 자신들이 초래한 하나님의 정당한 분노를 깨닫지 못하고 있다. "어찌하여 이스라엘 백성인 우리가 블레셋 사람들 앞에 패하였는가? 그것은 얼마나 불합리하며 부당한 일인가!" 사람이 미련하므로 자기 길을 굽게 하고 마음으로 여호와를 원망하느니라(잠 19:3).

2. 그들은 언약궤를 자신들의 진(陣)에 가져옴으로써 하나님으로 하여금 자신들 편에 서도록 만들 수 있을 것으로 생각했다. 이스라엘의 장로들은 그런 제안을 할 만큼 너무도 무지하고 어리석었고(3절), 백성들은 즉시로 그것을 실행에 옮겼다(4절). 그들은 언약궤를 가져오기 위해 실로로 사람들을 보냈으며, 엘리는 그것을 거절하지 못하고 언약궤와 함께 자신의 악한 두 아들 홉니와 비느하스를 보냈다. 엘리는 그들이 어디로 가든 하나님의 저주가 그들과 함께 하는 것을 알고 있었음에도 불구하고, 결국 그들이 가는 것을 허락하고 말았다.

여기에서 다음을 보라.

(1) 언약궤에 대한 그들의 깊은 존경심. "오! 그것을 가져오라. 그러면 그것이 우리를 위해 놀라운 일을 행할 것이다." 언약궤는 본시 하나님의 임재의 가시적(可視的)인 증표였다. 하나님은 자신이 그룹들 사이에 계시는 것으로 말씀하곤 하셨는데, 그룹들은 언약궤 위에 있으면서 그것이 움직이는 대로 함께 움직였다. 지금 그들은 이 거룩한 궤에 큰 경의를 표함으로써 자신들이 진정한 이스라엘 백성으로 입증되고 그럼으로써 전능하신 하나님으로 하여금 자신들에게 호의를 베풀도록 만들 것이라고 생각했다. 경건의 능력을 부인하며 또 참된 믿음의 중심에서 멀어진 자들이 외적인 의식(儀式)과 형식을 지키는 것에 크게 착념하는 것은 일반적인 현상이다. 많은 사람들이 성전과 언약궤의 주인이신 하나님께 대하여는 별로 주의를 기울이지 않으면서 외적인 열심을 가지고 성전을 향해 부르짖으며 언약궤를 부여잡는다. 그것은 기독교의 이름을 열렬하게 붙잡고 있기만 하면 모든 것이 속죄될 것이라고 생각하는 것과 마찬가지이다. 그렇게 함으로써 그들은 사실상 언약궤의 우상을 만들고 그것이 마치 이스라엘의 하나님의 형상인 것처럼 바라본 것이었다 — 마치 이방인들이 우상을 만들고는 그것들을 자신들의 신들로 여기며 바라보았던 것처럼.

(2) 언약궤에 대한 그들의 어리석은 생각. 그들은 언약궤를 진(陣)으로 가져오기만 하면 그것이 틀림없이 자신들을 원수들의 손으로부터 구원해 줄 것이며 자신들에게 승리를 되돌려줄 것이라고 생각했다.

[1] 언약궤가 출발할 때 모세는 여호와여 일어나 주의 대적들을 흩으소서라고 기도했다. 그러나 모세는 자신들과 함께 움직이는 것은 언약궤가 아니라 하나님 자신이며, 그분이 자신들에게 승리를 주시는 것을 잘 알고 있었다. 그러나 지금의 경우에는 하나님이 그들에게 호의를 베풀 아무런 이유가 없었다. 언약궤 자체가 그들에게 무슨 유익을 가져다 줄 수 있단 말인가? 그것은 알맹이 없는 껍데기에 불과했다.

[2] 하나님은 언약궤를 가져가도록 허락하지 않으셨다. 하나님은 율법 가운데 그들에게 분명하게 말씀하시기를, 그들이 가나안 땅에 정착할 때 언약궤도 하나님이 택하실 장소에 정착되어야 한다고 하셨다(신 12:5, 11). 그러므로 그들이 언약궤 있는 곳으로 와야지, 언약궤가 그들이 있는 곳으로 가서는 안 되는 것이었다. 언약궤에 대한 정당하고 합법적인 점유권이 그들에게 없으며 또

한 그것을 마음대로 옮길 어떤 권세도 그들에게 없을진대, 그렇다면 그들이 언약궤를 자신들의 진으로 가져온다고 하여 어떤 유익을 기대할 수 있단 말인가? 그들은 그와 같이 행동함으로써 하나님을 영화롭기 하기는커녕 도리어 하나님을 욕되게 하였다.

[3] 설령 언약궤로부터 어떤 유익을 기대할 수 있다 할지라도, 언약궤를 옮긴 자가 홉니와 비느하스일진대 거기에 무슨 축복을 기대할 것이 있겠는가? 언약궤가 악한 제사장들의 수중에 있음에도 불구하고 이스라엘에게 어떤 축복이 임한다면, 그것은 그들의 악행을 묵인하고 장려하는 꼴이 될 것이다.

IV. 언약궤가 진영에 들어오자 이스라엘에 큰 기쁨이 임함(5절). 여호와의 언약궤가 진영에 들어올 때에 온 이스라엘이 큰 소리로 외치매 땅이 울린지라. 지금 그들은 승리를 확신하였으므로, 싸움이 시작되기도 전에 승리의 환호를 소리 높여 외쳤다. 그들은 승리를 추호도 의심하지 않았으며, 이러한 큰 소리를 통해 스스로의 용기를 북돋우면서 동시에 적들에게 위협을 가하고자 하였다. 육신적인 사람들은 종교에 있어서의 외적인 화려한 행사로 인해 크게 환호한다 — 마치 그런 것들이 자신들을 확실하게 구원할 것처럼 그리고 하나님의 보좌인 언약궤가 자신들을 하늘나라로 데려갈 것처럼.

V. 언약궤가 이스라엘 진영에 들어오자 블레셋 사람들이 혼란에 빠짐. 양쪽 군대가 서로 근접해서 진을 치고 있었기 때문에, 블레셋 사람들은 이스라엘 백성들이 외치는 환호소리를 들을 수 있었다. 그리고 곧 그들은 이스라엘 백성들이 소리지르는 이유를 알게 되었으며(6절), 이 일로 인해 벌어질 결과에 대해 두려운 마음을 갖게 되었다. 왜냐하면

1. 전에는 이런 일이 전혀 없었기 때문이었다. 신이 진영에 이르렀도다 하고 이르되 우리에게 화로다(7절), 그리고 또다시 이르기를 우리에게 화로다(8절). 이스라엘의 하나님의 이름은 심지어 다른 신들을 섬기는 자들에게까지도 두려운 것이었으며, 이교도조차도 이스라엘의 하나님과 다툴 때 두려움을 가질 수밖에 없었다. 인간의 자연적인 양심 역시도 하나님과 적대관계에 있는 자들은 두려움 가운데 있음을 보여준다. 여기에서 블레셋 사람들이 하나님의 임재에 대해 가졌던 투박한 관념을 주목하라. 그들은 마치 언약궤가 진에 들어오기 전에는 이스라엘의 하나님이 그 곳에 계시지 않은 것처럼 생각했다. 하기야 이스라엘 백성들까지도 그와 비슷한 관념을 가졌을진대, 블레셋 사람들이야 더 말해

무엇하겠는가! 그들은 말한다. "오, 이것은 이전의 모든 계략보다 더 강력한 새로운 계략이로다. 전날에는 이런 일이 없었도다. 이것은 우리 군사들의 사기를 떨어뜨리고 손을 약하게 만들기 위해 그들이 취할 수 있는 가장 효과적인 방책이로다."

2. 예전에 이러한 일로 인해 여러 가지 기사(奇事)들이 일어났기 때문이었다: 그들은 광야에서 여러 가지 재앙으로 애굽인을 친 신들이니라(8절). 블레셋 사람들은 이스라엘의 하나님에 대해 잘 알지 못했던 것처럼 이스라엘의 역사에 대해서도 역시 잘 알지 못했다. 애굽에 재앙이 내린 것은 언약궤가 만들어지기 이전에 그리고 이스라엘이 광야로 들어가기 이전에 이루어진 일이었다. 그러나 블레셋 사람들은 이스라엘에 의해 혹은 이스라엘을 위해 이루어진 기사(奇事)들과 관련하여 다소 혼동된 지식을 가지고 있었으며, 모든 기사(奇事)들의 원인을 여호와가 아니라 언약궤에 돌리고 있다. 지금 그들은 이렇게 말하고 있다. 누가 우리를 이 능한 신들의 손에서 건지리요? 이스라엘 백성 자신들이 언약궤를 우상화하고 있었던 것처럼 그들도 언약궤 자체를 신으로 여기고 있었다. 그러나 그들이 이 능한 신들이라고 말할 때 그들이 실제로 그렇게 믿었다기보다는 단지 희롱으로 그렇게 말하고 있었던 것으로 보인다. 왜냐하면 그들은 퇴각하거나 혹은 강화(講和)를 위한 조건을 제안하는 대신(만일 그들이 정말로 이스라엘의 하나님의 능력을 확신했다면 마땅히 이와 같이 행동했을 것이다), 서로 격려하면서 더욱 용감하게 싸웠기 때문이다. 이러한 엄청난 난관은 도리어 그들의 결의를 더욱 굳건하게 만들어 주었다(9벌): 너희 블레셋 사람들아 강하게 되며 대장부가 되라. 블레셋의 장군들은 병사들로 하여금 이스라엘의 주가 되어 그들을 다스렸던 사실을 기억하게 함으로써, 그리고 만일 그들이 지금 기가 꺾여 패주함으로써 이스라엘이 그들의 주가 되어 다스리게 된다면 그것은 얼마나 참을 수 없는 수치와 고통이 될 것인가를 기억하게 함으로써, 그들의 마음속에 담대함을 고취시켰다.

[10]블레셋 사람들이 쳤더니 이스라엘이 패하여 각기 장막으로 도망하였고 살륙이 심히 커서 이스라엘 보병의 엎드러진 자가 삼만 명이었으며 [11]하나님의 궤는 빼앗겼고 엘리의 두 아들 홉니와 비느하스는 죽임을 당하였더라

여기에서 우리는 싸움의 결과에 대한 짤막한 언급을 보게 된다.

I. 이스라엘의 패배. 이스라엘 군대는 흩어지고 완전히 참패를 당했다. 그들은 전처럼(2절) 다시 자신들의 진영으로 돌아오지 않고 각자의 장막으로 도망쳤다. 모든 병사들은 완전히 전의(戰意)를 상실한 채 자기 목숨 구하는 일에만 급급하여 허겁지겁 자신들의 집으로 돌아가 버렸고, 전쟁터에서 30,000명의 병사들이 살육을 당했다(10절).

1. 이스라엘은 하나님의 백성이요 블레셋은 할례 받지 못한 백성으로서 이스라엘이 더 나은 조건을 가지고 있었음에도 불구하고 그들은 더 나쁜 결과 즉 참패를 당하고 말았다. 이스라엘은 침략자들에 대항하여 자신들의 정당한 자유와 권리를 지키려고 했지만, 실패하고 말았다. 그것은 그들의 반석이 그들을 팔았기 때문이었다(신 32:30). 비록 좋은 조건을 가지고 있다 할지라도 일을 수행하는 자들의 악함으로 인해 실패하는 경우가 종종 있다.

2. 이스라엘이 더 큰 확신을 갖고 있었으며 또 사기가 충천해 있었음에도 불구하고 그들은 더 나쁜 결과 즉 참패를 당하고 말았다. 블레셋 사람들이 두려워 떨고 있었을 때 그들은 함성을 질렀다. 그러나 하나님이 그렇게 하기를 기뻐하셨을 때 블레셋의 두려움은 승리의 환호로 변하였고 이스라엘의 함성은 애곡(哀哭)으로 변하였다.

3. 이스라엘이 하나님의 궤를 가지고 있었음에도 불구하고 그들은 더 나쁜 결과 즉 참패를 당하고 말았다. 외적인 특권은, 그러한 특권을 함부로 남용하며 그에 합당하게 살아가지 않는 자들에게 아무런 안전도 제공해 주지 않을 것이다. 이스라엘 진영에 언약궤가 있다고 할지라도 거기에 아간이 있는 한 그것이 이스라엘의 힘에 아무것도 더하여 주지 않을 것이다.

II. 언약궤를 블레셋에게 빼앗김. 그리고 언약궤 곁에 있었던 것으로 보이는 홉니와 비느하스는 그것을 빼앗길 위험에 처하자 그것을 지키기 위해 애쓰다가(왜냐하면 언약궤를 통해 생계를 유지했기 때문에) 함께 죽임을 당했다(11절). 이러한 슬픈 이야기를 시편 기자는 이렇게 노래한다. 그가 그의 능력을 포로에게 넘겨주시며 그의 영광을 대적의 손에 붙이시고 그들의 제사장들은 칼에 엎드러졌도다(시 78:61, 64).

1. 제사장들이 죽임을 당한 것은 그들의 악함을 생각할 때 이스라엘에게는 큰 손실이 아니었지만, 그러나 엘리의 집에 대하여는 무서운 심판이었다. 그것

을 통해 하나님이 말씀하신 것이 그대로 성취되었다: 네 두 아들 홉니와 비느하스가 한 날에 죽으리니 그 둘이 당할 그 일이 네게 표징이 되리라(2:34), 그리고 네 집에서 출산되는 모든 자가 젊어서 죽으리라(2:33). 만일 엘리가 자신의 책임을 다하면서 그들을 부정하게 여겨 제사장의 직분을 행하지 못하게 했다면(느 7:64), 그들은 — 비록 불명예 가운데에서라 할지라도 — 살 수 있었을 것이다. 그러나 그가 그렇게 하지 않았기 때문에, 이제 하나님이 직접 그 일을 담당하심으로써 할례 받지 못한 자들의 칼을 통해 그들을 세상 밖으로 쫓아내셨다. 여호와는 자신이 행하시는 심판을 통해 스스로를 알리신다. 칼은 이 사람이든 저 사람이든 가리지 않고 삼킨다. 그러나 엘리의 아들들의 경우에는 칼이 보응을 위해 그들을 점찍어 놓고 기다렸다. 그들은 자신들이 마땅히 있어야 할 장소에 있지 않았다. 그들이 진영(陣營)에서 무엇을 하겠는가? 사람들이 마땅히 감당해야 할 책무로부터 떠날 때, 그들은 스스로를 하나님의 보호로부터 닫아 버리게 된다. 그러나 이것이 전부가 아니었다. 그들은 언약궤를 하나님의 허락도 없이 위험 속으로 가져감으로써 언약궤를 배반했으며, 이로써 자신들의 죄의 분량을 채웠다.

2. 그러나 언약궤를 빼앗긴 것은 이스라엘에게 매우 큰 심판이었으며 그들에 대한 하나님의 뜨거운 노여움의 확실한 증표였다. 이제 그들은 외적인 특권들을 신뢰한 — 자신들의 악함으로 인해 그러한 특권들을 빼앗겼음에도 불구하고 — 어리석음을 깨닫게 되었다. 하나님이 그들을 떠나셨음에도 불구하고 그들은 언약궤가 자신들을 구원해 줄 것이라고 생각했다. 이제 그들은 언약궤를 자기들 마음대로 진으로 가져온 경솔함과 어리석음을 큰 후회와 함께 반성하면서, 그것을 하나님이 본래 두신 장소에 다시 갖다놓을 수 있기를 백 번 천 번 갈망했다. 이제 그들은 하나님이 헛되고 어리석은 인간들에 의해 조종당하지 않는다는 사실을 깨닫게 되었다. 그리고 비록 하나님이 우리를 언약궤에 맨다 할지라도 그분은 그것에 매이지 않으시며, 또한 악한 백성들에 의해 그것이 더럽혀지고 그럼으로써 그들의 미신을 묵인해 주기보다는 차라리 그것을 철천지원수들의 손에 넘겨 주실 것이라는 사실을 그들은 깨닫게 되었다. 가시적(可視的)인 신앙고백의 외투 속에서 하나님의 진노를 피할 것으로 생각해서는 안 된다. 왜냐하면 그리스도와 더불어 먹고 마셨던 사람들 가운데에도 바깥 어둠 속으로 던져질 자들이 있을 것이기 때문이다.

¹²당일에 어떤 베냐민 사람이 진영에서 달려나와 자기의 옷을 찢고 자기의 머리에 티끌을 덮어쓰고 실로에 이르니라 ¹³그가 이를 때는 엘리가 길 옆 자기의 의자에 앉아 기다리며 그의 마음이 하나님의 궤로 말미암아 떨릴 즈음이라 그 사람이 성읍에 들어오며 알리매 온 성읍이 부르짖는지라 ¹⁴엘리가 그 부르짖는 소리를 듣고 이르되 이 떠드는 소리는 어찌 됨이냐 그 사람이 빨리 가서 엘리에게 말하니 ¹⁵그 때에 엘리의 나이가 구십팔 세라 그의 눈이 어두워서 보지 못하더라 ¹⁶그 사람이 엘리에게 말하되 나는 진중에서 나온 자라 내가 오늘 진중에서 도망하여 왔나이다 엘리가 이르되 내 아들아 일이 어떻게 되었느냐 ¹⁷소식을 전하는 자가 대답하여 이르되 이스라엘이 블레셋 사람들 앞에서 도망하였고 백성 중에는 큰 살륙이 있었고 당신의 두 아들 홉니와 비느하스도 죽임을 당하였고 하나님의 궤는 빼앗겼나이다 ¹⁸하나님의 궤를 말할 때에 엘리가 자기 의자에서 뒤로 넘어져 문 곁에서 목이 부러져 죽었으니 나이가 많고 비대한 까닭이라 그가 이스라엘의 사사가 된 지 사십 년이었더라

여기에서 블레셋과의 싸움의 끔찍한 결과가 실로에 전해진다. 나쁜 소식은 더 빨리 전파되는 법이다. 그 소식은 곧 모든 이스라엘에 퍼지게 되었다. 전쟁터에서 자신의 장막으로 도망쳐 온 모든 병사들이 이웃들에게 너무나 분명한 증거와 함께 이 소식을 전했다. 그러나 실로만큼 더 밀접하게 관련된 장소는 없었다. 그리하여 그 곳으로 즉각 급보가 전달되게 되었다. 그 소식을 전한 사람은 베냐민 사람이었다. 유대인들은 그가 사울이었을 것이라고 상상한다. 그는 자기의 옷을 찢고 자기의 머리에 티끌을 덮어썼다(12절). 이러한 표지로 그는 자신을 바라보는 모든 사람들에게 슬픈 소식을 선포하면서, 자신이 그로 인해 얼마나 괴로워하고 있는지를 나타냈다. 그는 곧장 실로로 달려갔는데, 우리는 여기에서 다음과 같은 사실을 듣게 된다.

I. 그 성읍이 어떻게 그 소식을 받았나. 엘리는 성문에 앉아 있었다(13, 18절). 그러나 사자(使者)는 먼저 그에게 보고하기를 꺼려하면서, 그를 지나쳐, 점점 악화되어가는 모든 상황과 함께 그 소식을 성읍에 전했다. 그리하여 전에 예언된 것처럼, 그 소식을 듣는 자마다 두 귀가 울리게 되었다(3:11). 그들의 마음은 두려움에 떨었으며 모든 얼굴은 새파랗게 질렸다. 온 성읍이 울부짖었는데(13절), 정말로 그럴 만한 상황이었다. 왜냐하면 이것은 온 이스라엘에게 임한 재

앙이었을 뿐만 아니라, 실로에게 있어서는 특별한 의미 즉 '실로의 멸망'을 의미하는 것이기 때문이었다. 언약궤가 블레셋 사람들의 손으로부터 곧 되돌아오기는 했지만, 그러나 다시 실로로 돌아오지는 못했다. 그들의 촛대가 옮겨졌는데, 그것은 그들이 **첫사랑**을 버렸기 때문이었다. 그리고 그들의 성읍은 점차 침체되고 쇠락하여 아무것도 아닌 것이 되어버리고 말았다. 이제 하나님은 실로의 성막을 버리셨으며, 그들은 하나님으로 하여금 그렇게 하도록 만들었다. 그리고 340년 동안 언약궤를 맡는 축복을 누렸던 에브라임 지파는 그러한 영예를 잃어버리게 되었으며(시 78:60, 67), 얼마 후 그 영예는 유다 지파 즉 그의 사랑하시는 산 시온으로 옮겨졌다(시 78:68). 이는 실로 사람들이 자신들에게 임하는 재앙의 날을 알지 못했기 때문이었다. 오랜 후 예루살렘은 이렇게 실로가 버림받은 것을 기억하고 경고로 삼으라는 말씀을 받게 된다: 너희는 내가 처음으로 내 이름을 둔 처소 실로에 가서 내 백성 이스라엘의 악에 대하여 내가 어떻게 행하였는지를 보라(렘 7:12). 그러므로 언약궤를 빼앗긴 소식을 들었을 때 그들이 그토록 울부짖었던 것은 그럴 만한 충분한 이유가 있는 일이었다.

Ⅱ. 늙은 엘리에게 어떤 일이 일어났나.

1. 그는 두려운 마음으로 소식을 기다렸다. 비록 늙고 비둔하며 눈이 어두워졌다 할지라도 그는 이스라엘의 영광이 위기에 처했음을 생각할 때 가만히 자기 방에 앉아 있을 수가 없었고 그래서 속히 보고를 받기 위해 길 옆에 앉아 있었다: 이는 그의 마음이 하나님의 궤로 말미암아 떨렸음이라(13절). 만일 언약궤가 블레셋 사람들의 손에 떨어지게 된다면 그래서 그 불경스러운 승리의 소식이 가드에 전해지고 아스글론의 거리에서 선포된다면 그것은 하나님께 대하여 얼마나 불명예스러운 일이며 또 이스라엘에게 얼마나 치명적인 손실이 될 것인가를 그는 조심스럽게 생각하고 있었다. 그는 또한 언약궤에 어떤 급박한 위험이 생겼음을 어렴풋이 느끼고 있었다. 이스라엘이 언약궤를 진으로 가져갔으며(특별히 그의 두 아들과 함께), 블레셋은 그것을 노리고 있었다. 지금 엘리의 마음속에는 "너는 내 처소의 환난을 볼 것"(2:32)이라는 경고의 말씀이 떠오르고 있었을 것이다. 그리고 아마도 언약궤를 진(陣)으로 가져가는 것을 막는 일에 자신의 권세를 사용하지 않은 것으로 인해 자신을 책망하고 있었을 것이다. 이 모든 것들이 그를 떨게 만들었다. 선한 자들은 자신의 세속적인 유익이나 관심보다도 하나님의 교회의 유익을 먼저 생각하며, 어느 때든지 그것이 위험에 빠

질 때 그로 인해 고통하며 두려워하게 되는 사실을 주목하라. 언약궤가 안전하지 못한 상태에 있다면 어떻게 우리 마음이 편안할 수 있겠는가?

  2. 그는 큰 슬픔과 함께 소식을 받았다. 엘리는 비록 볼 수는 없었다 할지라도 부르짖으며 소동하는 소리는 들을 수 있었다. 그는 그것이 애곡하며 신음하며 고통하는 소리임을 인식했다. 마치 신중한 통치자처럼 그는 묻는다(14절): 이 떠드는 소리는 어찌 됨이냐? 엘리는 진중(陣中)에서 온 자로부터 이야기를 듣게 되는데, 그는 자신이 눈으로 본 것을 매우 분명하고 확실하게 이야기한다(16, 17절). 이스라엘 군대가 패하고 엄청나게 많은 병사들이 살육을 당했다는 소식은 사사인 그에게 너무나 슬프고 고통스러운 소식이었다. 또한 자신의 두 아들이 회개하지 못한 채 죽었다는 소식은 아버지인 그의 마음을 갈가리 찢어 놓았을 것이다. 그러나 그의 마음을 진동하게 만든 것은 이러한 것들이 아니었다. 그에게는 더 중요한 문제가 있었는데, 그것은 다른 것들을 삼켜버릴 만한 것이었다. 그는 — 다윗이 압살롬에 대한 소식을 듣고 그렇게 했던 것과는 달리 — 자기 아들들의 죽음으로 인해 격정적으로 애곡하면서 이야기를 가로막지 않고, 소식을 전하는 자의 입으로부터 언약궤에 관한 이야기가 나올 때까지 기다렸다. 만일 그가 "그러나 하나님의 궤는 안전합니다. 우리는 지금 그것을 이 곳으로 가져오고 있는 중입니다"라고 말한다면, 이로 인한 기쁨이 다른 모든 재앙들로 인한 슬픔을 덮어버리고 엘리의 마음을 안도케 해주었을 것이다. 그러나 소식을 전하는 자는 하나님의 궤는 빼앗겼나이다라는 말과 함께 자신의 이야기를 끝마친다. 그 말을 듣자 엘리는 심장에 큰 충격을 받았으며, 그와 함께 정신을 잃으면서 의자에서 굴러 떨어졌다. 그러면서 그는 한 마디 말도 하지 못한 채 곧바로 숨을 거두고 말았다. 그의 심장이 먼저 타격을 받고 그러고 나서 목이 부러졌다. 이스라엘의 대제사장이요 사사는 이렇게 쓰러졌다. 그의 무거운 머리가 떨어졌으니 이는 그가 98년을 살았기 때문이요, 그의 머리로부터 면류관이 떨어졌으니 이는 그가 사사로서 40년을 다스렸기 때문이다. 이와 같이 그의 태양은 지평선 아래로 졌고, 그의 아들들의 어리석음과 악함은 마침내 그의 멸망이 되고 말았다. 이와 같이 때때로 하나님은 올바로 행동하지 못한 선한 자들에게 이 땅에서 당신의 노여움의 증표를 주시는데, 이는 다른 이들로 하여금 듣고 두려워하며 경고로 삼도록 하기 위함이다. 비참하게 죽지만 그러나 영원히 죽는 것은 아닌 그런 죽음이 있으며, 또 갑작스럽게 종말에 이

르지만 그 종말이 곧 평안인 그런 경우도 있다. 라이트푸트 박사는 엘리의 죽음이 그 목이 꺾여져야 했던 대속하지 않은 나귀의 죽음과 같았다고 생각한다(출 13:13, 나귀의 첫 새끼는 다 어린 양으로 대속할 것이요 그렇게 하지 아니하려면 그 목을 꺾을 것이며). 그러나 우리는 그의 죽음을 초래한 것은 그의 아들들의 죽음이 아니라 언약궤를 빼앗긴 것이었음을 주목해야 한다. 요컨대 그는 이렇게 말하고 있었던 것이다. "나로 언약궤와 함께 쓰러지게 하라. 하나님의 성물을 잃어버렸을진대 내 어찌 평안히 살 수 있으리요?" 언약궤가 사라졌을진대, 이 세상의 모든 것이여 ─ 심지어 생명까지도 ─ 안녕!

[19]그의 며느리인 비느하스의 아내가 임신하여 해산 때가 가까웠더니 하나님의 궤를 빼앗긴 것과 그의 시아버지와 남편이 죽은 소식을 듣고 갑자기 아파서 몸을 구푸려 해산하고 [20]죽어갈 때에 곁에 서 있던 여인들이 그에게 이르되 두려워하지 말라 네가 아들을 낳았다 하되 그가 대답하지도 아니하며 관념하지도 아니하고 [21]이르기를 영광이 이스라엘에서 떠났다 하고 아이 이름을 이가봇이라 하였으니 하나님의 궤가 빼앗겼고 그의 시아버지와 남편이 죽었기 때문이며 [22]또 이르기를 하나님의 궤를 빼앗겼으므로 영광이 이스라엘에서 떠났다 하였더라

우리는 여기에서 엘리의 집이 황폐하게 되는 것과 관련한 또 하나의 우울한 이야기를 보게 된다. 또한 여기에서 우리는 언약궤를 빼앗긴 소식이 이스라엘 백성들 가운데 얼마나 큰 슬픔을 가져다 주었는가 하는 것을 볼 수 있다. 본 단락의 이야기는 이스라엘에 이 모든 재앙을 가져다 준 장본인으로서 엘리의 불의한 아들들 가운데 하나였던 비느하스의 아내와 관련된 것이다. 그녀는 젊었음에도 불구하고 늙은 시아버지와 마찬가지로 생명을 잃었다. 젊은 이도 노인과 마찬가지로 슬픔으로 인해 무덤으로 내려갈 수 있다. 슬픔은 죽음을 만든다. 여기에 언급된 것을 통해 우리는 비느하스의 아내와 관련하여 다음과 같은 사실을 알 수 있다.

Ⅰ. 그녀는 매우 유약한 심령을 가진 여자였다. 마치 운명의 장난처럼 그녀에게 지금 해산의 날이 임박해 있었다. 구주께서도 그 날에는 아이 밴 자들과 젖 먹이는 자들에게 화가 있으리로다라고 말씀하셨는데(마 24:19), 지금이 바로 그런 때였다. 비록 사내아이라 할지라도 아이를 낳는 것이 기쁨이 되지 못할 것이

며, 사람들은 잉태하지 못하는 자가 복이 있다(눅 23:29)고 말할 것이다. 이러한 불행한 때에 경악할 만한 소식이 전해졌고, 그로 인해 그녀에게 해산의 고통이 임하게 되었다(크게 놀라거나 혹은 어떤 격렬한 감정으로 인해 종종 그렇게 되는 경우가 있다). 시아버지와 사랑하는 남편의 죽음 그리고 특별히 언약궤를 빼앗겼다는 소식을 들었을 때, 그녀에게 갑작스럽게 진통이 임한 것이다. 그 소식은 그녀의 영혼을 사로잡았으며, 곧이어 그녀는 자신의 생명을 붙잡으려는 아무런 노력도 하지 않은 채 정신이 혼미해져가면서 죽어갔다. 왜냐하면 그녀는 자신의 삶에 가장 큰 위로와 기쁨들을 잃어버렸기 때문이었다. 이와 같이 견딜 수 없는 고통의 순간에 있는 자들은 스스로 은혜의 언약으로부터 위로받을 것을 기억해야 한다. 우리의 인생에는 통상적인 슬픔뿐만 아니라 우리가 미처 내다보지 못하는 어떤 특별한 것이 있는 법이다. 그와 같은 고통의 순간에 믿음은 혼미해져 가는 것으로부터 우리를 지켜줄 것이다.

Ⅱ. 비록 악한 남편의 배필이 되었다 할지라도 그녀는 매우 은혜로운 심령을 가진 여자였다. 남편과 시아버지의 죽음에 대한 소식을 들었을 때 나타낸 반응을 통해 우리는 그녀가 '혈육적인 사랑'이 많은 사람이었음을 알 수 있다. 그러나 언약궤를 빼앗겼다는 말을 들었을 때 나타낸 훨씬 더 격렬한 반응은 그녀가 하나님과 성물(聖物)에 대해 정말로 '경건하고 신앙적인 사랑'을 가지고 있었음을 보여준다. 전자는 그녀의 산고(産苦)를 재촉했지만, 그러나 그녀의 마음을 더 깊이 사로잡고 있었던 것은 바로 후자였음이 그녀가 죽어가면서 한 말에 의해 분명하게 나타난다(22절): 영광이 이스라엘에서 떠났도다. 언약궤를 빼앗기는 재앙과 비교할 때 그녀 가정의 파멸은 그다지 큰 문제가 아니었던 것이다. 바로 이것으로 인해 그녀는 슬퍼하였고, 그 슬픔으로 인해 그녀는 죽은 것이다.

1. 이것은 그녀로 하여금 막 태어난 아기에게조차 관념치 않도록 만들었다. 옆에서 그녀를 돕고 있던 여인들은 (아마도 이들은 성읍에서 신분이 높은 여인들이었을 것이다) 그녀가 해산의 고통으로 인해 그러는 줄로 여기면서 "두려워하지 말라. 이제 최악의 때는 지나갔고 네가 아들을 낳았느니라"(아마도 그녀의 첫째 아이였을 것이다)라고 말하면서 격려했지만, 그녀는 그에 대해 대답하지도 않고 관념치도 않았다. 만일 그녀에게 다른 고통이 없었다면 해산의 고통은 곧 잊어버렸을 것이다. 여자가 해산하게 되면 그 때가 이르렀으므로 근심하나 아기

를 낳으면 세상에 사람 난 기쁨으로 말미암아 그 고통을 다시 기억하지 아니하느니라 (요 16:21).

(1) 그러나 자신이 죽어가고 있는데 그 기쁨이 무엇이란 말인가? 이런 때에는 영적이며 하나님으로부터 말미암는 기쁨이 아니면 어떤 기쁨도 우리에게 도움이 되지 못한다. 이 땅의 기쁨의 맛을 느끼기에 죽음은 너무도 심각한 문제이다. 죽음 앞에 있을 때 이 땅의 기쁨의 맛은 고작 밋밋하고 씁쓸할 뿐이다.

(2) 또 언약궤를 빼앗긴 것으로 인해 애통하고 있는 자에게 그 기쁨이 무엇이란 말인가? 언약궤를 잃어버리고 그것이 블레셋 땅에 포로로 끌려갔을 때, 이스라엘에 그리고 실로에 한 아기가 태어났다고 하여 얼마나 큰 위로가 되겠는가? 만일 우리에게 하나님의 말씀과 규례가 결핍되어 있다면, 그리고 특별히 그분의 은혜로운 임재와 그 얼굴에서 비추는 빛의 위로가 결핍되어 있다면, 세상적인 위로들로부터 우리가 무슨 기쁨과 즐거움을 취할 수 있단 말인가? 마음이 상한 자에게 노래하는 것은 추운 날에 옷을 벗음 같고 소다 위에 식초를 부음 같으니라(잠 25:20).

2. 이로 인해 그녀는 아이에게 이 재앙을 영원히 기억할 이름을 지어주게 되었다. 이제 남편이 죽었기 때문에 아이에게 이름을 지어주는 것은 그녀의 역할이 되었다. 그녀는 사람들에게 아이를 '영광이 어디에 있나?' 혹은 '아! 영광을 위하여!' 혹은 '영광이 없도다'를 의미하는 이가봇이라고 부르라고 말했는데(21절), 이와 관련하여 그녀 자신이 죽어가는 입술로 이렇게 설명한다. "하나님의 궤를 빼앗겼으므로 영광이 이스라엘에서 떠났도다(22절). 아이를 영광스럽지 못한 이름으로 불러라. 이는 이 아이가 그와 같기 때문이라. 이스라엘의 아름다운 것이 없어졌고 그것을 되찾을 소망이 보이지 않는구나. 이스라엘 백성의 이름으로 하여금, 특별히 제사장의 이름으로 하여금 영광스러운 이름이 되지 못하게 할 것이니 지금 언약궤를 빼앗겼음이라." 다음을 주목하라.

(1) 이스라엘의 영광은 물질적인 부요함보다도 하나님의 규례의 순전함과 풍부함 그리고 하나님의 임재의 증표들이었다.

(2) 신실한 이스라엘 백성들에게 있어 그와 같은 것들을 잃어버리는 것보다 더 괴롭고 고통스러운 것은 아무것도 없다. 만일 하나님이 떠나신다면, 영광도 떠나가고, 모든 선한 것들이 떠나간다. 만일 하나님이 우리를 떠나시면 우리에게 화가 있으리로다.

제
— 5 —
장

개요

이제 우리는 하나님의 궤에 무슨 일이 일어났는지를 물을 때가 되었다. 우리가 그 거룩한 보물에 대해 더 듣게 될 것이라고 기대하는 것은 너무나 당연한 일이다. 이제 단에서 브엘세바에 이르기까지 모든 이스라엘이 언약궤를 되찾겠다는 (그리고 만일 되찾지 못한다면 차라리 죽을 것이라는) 결의와 함께 한 사람처럼 뭉쳤다는 소식을 들을 수 있지 않겠는가? 그러나 우리는 그러한 종류의 어떤 움직임도 발견하지 못한다. 그들에게는 언약궤를 되찾겠다는 열정과 용기가 거의 남아있지 않았다. 뿐만 아니라 우리는 그들이 언약궤를 되찾기 위해 어떤 값을 치를 것인지를 블레셋 사람들과 더불어 논의하고자 했다든지 혹은 그것을 대신하여 다른 것을 제공할 것을 제안했다든지 하는 이야기를 전혀 듣지 못한다. "우리가 그것을 잃어버렸으니 이제 어쩔 수 없도다" — 이것이 전부였다. 지금 이스라엘 백성들은 언약궤를 잃어버린 것에 대해 애통할 만큼의 부드러운 마음은 갖고 있었으면서도 그것을 되찾기 위한 시도를 시작할 만큼의 굳건함은 갖고 있지 못했다. 만일 그들이 언약궤를 돕지 않는다면 언약궤가 스스로를 도울 것이다. 이스라엘 백성들이 이렇게 순순히 하나님의 영광과 분리될 수 있었다면, 그것은 이스라엘이란 이름에 너무도 걸맞지 않은 일이었다. 그러므로 사람들이 하나님을 위해 나서지 않으므로 하나님 자신이 그 일을 맡으시고 스스로를 위해 쟁론하실 것이다. 본 장의 내용은 다음과 같다. I. 블레셋 사람들이 하나님의 궤를 가져다가 다곤의 신전에 둠(1, 2절). II. 언약궤가 블레셋 사람들에게 재앙을 가져다 줌. 1. 그들의 신 다곤에게(3-5절). 2. 독한 종기로써 블레셋 사람들을 괴롭게 하되, 처음에 아스돗 사람들에게(6, 7절), 그리고 가드 사람들에게(8, 9절), 그리고 마지막으로 에그론 사람들에게(10절). 이렇게 하여 마침내 그들은 언약궤를 이스라엘 땅으로 돌려보낼 것을 결정하게 됨. 이는 하나님이 심판하실 때 이기려 하심이라.

¹블레셋 사람들이 하나님의 궤를 빼앗아 가지고 에벤에셀에서부터 아스돗에 이르니라 ²블레셋 사람들이 하나님의 궤를 가지고 다곤의 신전에 들어가서 다곤 곁에

두었더니 ³아스돗 사람들이 이튿날 일찍이 일어나 본즉 다곤이 여호와의 궤 앞에서 엎드러져 그 얼굴이 땅에 닿았는지라 그들이 다곤을 일으켜 다시 그 자리에 세웠더니 ⁴그 이튿날 아침에 그들이 일찍이 일어나 본즉 다곤이 여호와의 궤 앞에서 또다시 엎드러져 얼굴이 땅에 닿았고 그 머리와 두 손목은 끊어져 문지방에 있고 다곤의 몸뚱이만 남았더라 ⁵그러므로 다곤의 제사장들이나 다곤의 신전에 들어가는 자는 오늘까지 아스돗에 있는 다곤의 문지방을 밟지 아니하더라

I. 블레셋 사람들이 언약궤에 대해 승리를 거둠. 그들은 싸우기 전에 큰 두려움에 사로잡혀 있었기 때문에(4:7) 지금 언약궤를 포획(捕獲)한 것으로 인해 더욱 기쁘고 자랑스러웠다. 그들이 언약궤를 자신들의 수중에 넣었을 때 하나님은 그들로 하여금 그것에 대해 어떤 모독을 가한다든지 혹은 산산이 부숴버리는 것을 허락지 않으셨다 ― 이스라엘 백성들이 이방의 우상들에 대해 그렇게 하도록 명령받은 것과는 달리. 대신에 그들은 언약궤에 대해 어느 정도의 존경심을 나타내면서 조심스럽게 그것을 안전한 장소에 갖다 놓았다. 그들이 호기심으로 언약궤를 열어보고 그 안에 있는 두 개의 돌판 위에 하나님께서 손가락으로 쓰신 것을 읽었는지 여부는 언급되지 않는다. 어쩌면 그들은 금으로 싼 외관과 그것을 덮고 있는 그룹들만을 보았을는지 모른다 ― 마치 성경 속에 담겨 있는 고귀한 보화보다 겉으로 드러나는 화려한 양장(洋裝)에 더 마음이 가는 어린아이처럼. 그들은 언약궤를 아스돗으로 가져갔는데, 그 곳은 자신들의 다섯 성읍 가운데 한 곳으로서 다곤의 신전이 있는 곳이었다. 거기에서 그들은 하나님의 궤를 다곤 곁에 두었다(2절). 그들이 그렇게 한 것은,

1. 하나의 '신성한 물건'으로서 다곤과 합하여 어떤 종교적인 경의를 표하고자 한 것이었을 것이다. 왜냐하면 이방의 신들은 다른 신들을 싫어하는 것으로 여겨지지 않았기 때문이다. 이방 나라들은 자신들의 신들을 바꾸지 않는 가운데에서도 신들의 숫자를 늘리기도 하고 번식시키기도 했다. 그러나 하나님의 궤를 다곤 곁에 둔다면 그것은 이스라엘의 하나님에 대해 어느 정도 경의를 표하는 것이 될 것이라는 그들의 생각은 너무나 잘못된 생각이었다. 왜냐하면 이스라엘의 하나님은 홀로 경배 받으셔야만 하기 때문이다. 오직 그분만 홀로 경배하지 않는 것은 그분을 전혀 경배하지 않는 것이다.

2. 혹은 자신들의 신 다곤을 영화롭게 하기 위해 언약궤를 일종의 승리의 전

리품으로서 그 곳에 둔 것이었을는지 모르는데, 아마도 이것이 좀 더 가능성이 높아 보인다. 틀림없이 그들은 전에 삼손을 붙잡았을 때 그렇게 했던 것처럼(삿 16:23, 24) 다곤에게 큰 제사를 드리려고 계획하고 있었을 것이다. 그 때 이스라엘의 영웅에 대해 승리한 것을 자랑했던 것처럼 지금은 이스라엘의 하나님에 대해 승리한 것을 자랑하고 있는 것이다. 이것은 하나님의 크신 이름을 얼마나 수치스럽게 만드는 일인가! 이것은 하나님의 영광의 보좌를 얼마나 부끄러운 것으로 만드는 일인가! 하나님의 임재의 상징인 언약궤가 쓰레기 같은 신인 다곤의 포로가 될 것인가?

(1) 그렇다. 왜냐하면 하나님은 언약 자체가 무시되고 깨어질 때 언약궤는 아무 가치가 없음을 보이실 것이기 때문이다. 거룩한 상징성을 갖고 있는 물건이라 할지라도 하나님이 그것에 매이는 것도 아니며 또 우리가 그것을 신뢰할 수 있는 것도 결코 아니다.

(2) 잠시 동안 그렇다. 하나님은 이와 같이 자신을 모독하는 자들과 더불어 결산(決算)하심을 통해 더 큰 영광을 받으실 수 있으며 또 그들로 인해 하나님의 존귀하심이 더 드러날 수 있다. 하나님은 언약궤를 블레셋 사람들의 손에 넘겨주심으로써 언약궤를 배반한 이스라엘을 징벌하셨다. 그리고 잠시 후 그것을 모독한 자들을 응징하시고 그들의 손으로부터 다시 빼앗으실 것이다. 이와 같이 사람의 노여움조차 하나님을 찬양하게 될 것이며(시 76:10), 하나님께서 자신의 영광을 방치하는 것처럼 보일 때조차도 그분은 그것을 굳게 지키고 계신다. 먹는 자로부터 먹는 것이 나올 것이다.

II. 언약궤가 다곤에 대해 승리를 거둠. 다곤은 언약궤 앞에 두 번 엎드러졌다. 만일 블레셋 사람들이 경의를 표하기 위해 언약궤를 그 곳에 둔 것이었다면, 이로써 하나님은 그들의 경의를 무가치하게 여기며 또한 받지도 않으심을 보여주셨다. 왜냐하면 하나님은 다른 신과 더불어 경배 받으시는 것이 아니라, 모든 신들 위에 홀로 경배 받으실 것이기 때문이다. 하나님은 (홀 주교가 표현한 것처럼) 자신과 벨리알을 혼인시키려고 시도하는 모든 자들을 부끄럽게 만드실 것이다. 그러나 그들이 실제로 의도한 것은 언약궤를 모독하고자 한 것이었다. 그리고 잠깐 동안은 다곤이 언약궤와 나란히 서 있었지만 그리고 언약궤 위에 서 있는 것처럼 보였지만(마치 자신의 발등상처럼), 그러나 다음 날 아침 다곤을 경배하는 자들이 기도하기 위해 신전(神殿)에 왔을 때 그들은 자신들의 승리가 잠깐뿐이었음을 알게 되었다(욥 20:5).

1. 다곤, 즉 그의 형상이 여호와의 궤 앞에서 엎드러져 그 얼굴이 땅에 닿았다(3절). 하나님이 언약궤를 잊어버리신 듯 보였지만, 그러나 그분이 자신의 영광을 드러내기 위해 마침내 나타나신 것과 관련하여 시편 기자가 어떻게 말하고 있는지 주목하라. 하나님이 자신의 능력을 포로로 넘겨 주시고 모든 것이 파멸로 가는 것처럼 보였을 때, 그 때에 주께서 잠에서 깨어난 것처럼 포도주를 마시고 고함치는 용사처럼 일어나셨다(시 78:59-65). 이렇게 하심으로써 하나님은 유대 교회가 완전히 허물어지는 것을 막으셨는데, 그것은 원수들이 격동할 것을 염려하셨기 때문이었다(신 32:26, 27). 이방인들은 자신들의 신들의 형상을 세움에 있어 그것을 단단히 고정하기 위해 큰 주의를 기울였다. 이사야 선지자는 그것을 주목하면서 "그가 못을 단단히 박아 우상을 흔들리지 아니하게 하는도다"(사 41:7)라고 말하면서, 46:7에서 그것을 또다시 언급한다. 그러나 다곤을 아무리 단단히 고정시켜 세웠다 할지라도 아무 소용 없었다. 하나님의 궤가 그의 신전에서 그를 굴복시켰다. 다곤은 마치 정복자를 향해 항복하면서 신하의 예를 표하고 있는 것처럼 언약궤를 향해 그 앞에 엎드러져 있었다. 이와 같이 사탄의 나라는 그리스도의 나라 앞에, 거짓은 진리 앞에, 신성모독은 경건한 신앙 앞에, 그리고 신실한 자들의 마음속에서 타락은 은혜 앞에 분명히 엎드러질 것이다. 참된 신앙과 종교가 허물어지며 침몰하는 것처럼 보이는 때라 할지라도, 우리는 곧 승리의 날이 오리라는 것을 확신할 수 있다. 진리는 위대하며, 반드시 승리할 것이다. 다곤이 하나님의 궤 앞에 경배의 자세를 취하며 엎드러진 것은, 말하자면 그를 경배하는 자들이 모든 신들보다 크신 이스라엘의 하나님 앞에 굴복한 것이었다. 출애굽기 18:11을 보라.

2. 다곤의 제사장들은 자신들의 우상이 바닥에 엎드러진 것을 발견하고 그 사실이 알려지기 전에 서둘러 제자리에 세워 놓았다. 쓰러진 신이 다시 세워지기 위해 도움을 필요로 했던 것은 참으로 어리석고 가련한 일이 아닐 수 없다. 그리고 자신들의 도움을 받아야만 하는 우상에게 도리어 도움을 구하며 기도하는 자들은 또 얼마나 얼빠진 자들인가! 그리고 다곤 자신이 언약궤 앞에 가만히 서 있지도 못하는데 어떻게 그들은 자신들의 승리를 다곤의 능력에 돌릴 수 있었단 말인가? 그러나 그들은 다곤을 여전히 자신들의 신이라고 고집하면서 다시 제자리에 세워 놓았다. 여기에서 홀 주교는 다음과 같은 사실을 주목

한다. "은혜가 결핍되어 있는 자들이 지혜도 결핍되어 있는 것은 하나님으로부터 말미암음이다. 그리고 사람들로 하여금 돌과 나무를 경배하도록 만드는 것은 미신(迷信)의 역사이다." 그것들을 만드는 자들이 또한 그와 같으리라. 적그리스도의 나라를 따르는 자들은 오늘날도 다곤을 일으켜 다시 제자리에 세워 놓으려고 애쓰면서, 짐승이 받은 치명적인 상처를 치유하려고 노력한다. 그러나 이 일이 하나님으로 말미암았다면, 다곤은 결코 이길 수 없을 것이요 언약궤 앞에 필경 멸망당할 것이다.

3. 그 날 밤 다곤은 두 번째로 엎드러졌다(4절). 다음 날 그들은 일찍 일어났다. 그들이 일찍 일어난 것은 자신들의 신에게 기도하기 위해 통상적으로 그렇게 한 것이었든지 아니면 다곤이 지난 밤 아무 일 없이 자기 자리에 그대로 서 있는지 확인하지 않고는 견딜 수가 없어 평소보다 일찍 일어난 것이었을 것이다. 그러나 그들은 오늘의 상황이 어제보다 더 악화된 것을 발견하고는 혼란에 빠져버리고 말았다. 우상을 만든 재료가 부서지기 쉬운 것이든 아니든 간에, 그것의 머리와 두 손목은 끊어져 문지방에 있고 몸뚱이 외에는 아무것도 남지 않았다. KJV의 난외주(欄外註)에는 다곤의 '물고기 부분' 외에는 아무것도 남지 않은 것으로 되어 있는데, 그것은 많은 학자들이 추측하는 바와 같이 마치 인어(人魚)처럼 윗부분은 사람의 모양을 하고 있고 아랫부분은 물고기의 모양을 하고 있었기 때문이다. 이와 같이 우상숭배자들은 피조물의 형상뿐만 아니라 존재하지 않는 것 즉 단순한 상상의 산물의 형상을 숭배할 정도로 미망(迷妄)에 사로잡혀 있고, 헛된 생각에 빠져 있으며, 또한 그 마음은 어리석음으로 어두워져 있다. 이같이 엎드러짐으로써 그 흉한 괴물은,

(1) 매우 우스꽝스럽고 경멸할 만한 존재임이 드러났다. 엎드러짐으로 인해 몸이 조각남으로써 이제 다곤은 매우 기괴한 모양이 되었으며, 사람의 모양을 하고 있는 부분과 물고기의 모양을 하고 있는 부분이 얼마나 엉터리로 결합되어 있었는가 하는 것이 드러났다. 아마도 무지한 숭배자들은 그것이 기적에 의해 결합되었을 것이라고 믿어왔을 것이다.

(2) 매우 무능한 존재로서 믿음과 기도의 대상이 될 만한 가치가 없는 존재임이 드러났다. 왜냐하면 머리와 손이 없다는 것은 아무런 지혜와 권능이 없다는 사실을 보여주는 것이기 때문이다. 그러므로 그는 자신을 숭배하는 자들에게 어떤 조언도 해줄 수 없으며, 또한 그들을 위해 어떤 일도 해줄 수 없는 무

능한 존재인 것이다. 그들은 다곤을 다시 제자리에 놓음을 통해 이러한 사실을 알 수 있었다. 차라리 그들은 그것이 엎드러졌을 때 그대로 내버려 두는 것이 나았을 것이다. 그러나 하나님과 더불어 다투며 그분이 무너뜨린 것을 다시 세우는 자들은 결코 형통하지 못할 것이다(말 1:4). 그들이 하나님의 언약궤를 비방하며 멸시했을 때 하나님은 이와 같이 하심으로써 언약궤를 영예롭게 하시며 존귀케 하셨다. 또한 하나님은 자신에 대항하여 세워진 모든 것의 종말이 어떻게 될 것이라는 것을 분명하게 보여주셨다. 너희 허리를 동이라 그러나 끝내 패망하리라 너희 허리에 띠를 띠라 그러나 끝내 패망하리라(사 8:9).

4. 이로부터 다곤 신전의 문지방은 신성한 것으로서 결코 밟아서는 안 되는 것으로 여겨지게 되었다(5절). 어떤 이들은 다곤 숭배자들의 이러한 미신적인 관습이 스바냐 1:9 말씀 속에 암시되어 있다고 생각하는데, 거기에서 하나님은 그들을 모방하여 문지방을 뛰어넘어가는 자들을 징벌하실 것을 경고하신다(그 날에 문턱을 뛰어넘어서 포악과 거짓을 자기 주인의 집에 채운 자들을 내가 벌하리라). '다곤에 대한 언약궤의 승리'를 보여주는 이러한 완벽한 증거로 인해 블레셋 사람들이 그와 같이 무능한 우상을 숭배하는 자신들의 어리석음을 깨닫고 이스라엘의 하나님께 경의를 표하게 되었을 것이라고 사람들은 생각할 것이다. 그러나 그렇게 하는 대신 그들은 더 마음을 굳게 하여 우상숭배에 집착하고, 악한 사람들과 속이는 자들이 늘 그러는 것처럼 더욱 악하여졌다(딤후 3:13). 문지방으로 인해 목이 잘린 다곤을 경멸하는 대신 도리어 그들은 문지방 자체를 거의 숭배할 지경까지 갔다. 문지방이 다곤의 목을 자른 단두대와 같은 것이 되었기 때문에 그들은 결코 그 위에 발을 대지 않을 것이었다. 이것은 언약의 피를 밟고 진정으로 거룩한 것을 짓밟는 자들을 얼마나 부끄럽게 만드는가? 그러나 이러한 미신적인 관습은 도리어 다곤의 수치를 영속화하는데 도움이 될 뿐이었다. 왜냐하면 이러한 관습을 행해지는 이유가 그들의 후손들에게 전해질 것이기 때문이다. 자녀들이 왜 다곤 신전의 문지방을 밟아서는 안 되는지 이유를 물을 때, 그들은 다곤이 여호와의 언약궤 앞에 엎드러진 사실을 말하지 않을 수 없을 것이다. 이와 같이 하나님은 그들의 미신을 통해서도 영광을 받으실 것이다. 그들이 토막 난 우상을 다시 수리했는지 여부에 대해 우리는 듣지 못한다. 아마도 그들은 먼저 하나님의 궤를 멀리 보내고 나서, 토막 난 조각들을 짜 맞추고, 그것을 다시 제자리에 갖다 놓았을 것이다. 왜냐하면

그들은 자기의 영혼을 구원하지 못하며 우리의 오른손에 거짓 것이 있지 아니하냐 하지도 못하는 자들이기 때문이다(사 44:20).

[6]여호와의 손이 아스돗 사람에게 엄중히 더하사 독한 종기의 재앙으로 아스돗과 그 지역을 쳐서 망하게 하니 [7]아스돗 사람들이 이를 보고 이르되 이스라엘 신의 궤를 우리와 함께 있지 못하게 할지라 그의 손이 우리와 우리 신 다곤을 친다 하고 [8]이에 사람을 보내어 블레셋 사람들의 모든 방백을 모으고 이르되 우리가 이스라엘 신의 궤를 어찌하랴 하니 그들이 대답하되 이스라엘 신의 궤를 가드로 옮겨 가라 하므로 이스라엘 신의 궤를 옮겨 갔더니 [9]그것을 옮겨 간 후에 여호와의 손이 심히 큰 환난을 그 성읍에 더하사 성읍 사람들의 작은 자와 큰 자를 다 쳐서 독한 종기가 나게 하신지라 [10]이에 그들이 하나님의 궤를 에그론으로 보내니라 하나님의 궤가 에그론에 이른즉 에그론 사람이 부르짖어 이르되 그들이 이스라엘 신의 궤를 우리에게로 가져다가 우리와 우리 백성을 죽이려 한다 하고 [11]이에 사람을 보내어 블레셋 모든 방백을 모으고 이르되 이스라엘 신의 궤를 보내어 그 있던 곳으로 돌아가게 하고 우리와 우리 백성이 죽임 당함을 면하게 하자 하니 이는 온 성읍이 사망의 환난을 당함이라 거기서 하나님의 손이 엄중하시므로 [12]죽지 아니한 사람들은 독한 종기로 치심을 당해 성읍의 부르짖음이 하늘에 사무쳤더라

다곤의 엎드러짐을 통해 (만일 그들이 그 일을 선용하여 자신들의 우상 숭배를 회개하고 이스라엘의 하나님 앞에 겸손하게 나아와 그의 얼굴을 찾았다면) 그들은 하나님의 언약궤를 모독한 것으로 인해 그리고 명백한 징벌에도 불구하고 완악한 마음으로 우상 숭배에 집착하는 것으로 인해 하나님이 지금 그들에게 내리려고 하는 보응을 막을 수도 있었을 것이다. 여호와여 주의 손이 높이 들릴지라도 그들이 보지 아니하오나 백성을 위하시는 주의 열성을 보면 부끄러워할 것이라(사 26:11). 만일 그들이 하나님의 영광을 보지 않을 것이라면 그들은 하나님의 무거운 손을 느끼게 될 것인데, 지금 블레셋 사람들이 이와 같았다. 여호와의 손이 아스돗 사람에게 엄중히 더하사(6절, 원문대로 하면 여호와의 손이 아스돗 사람들에게 무거우므로), 하나님은 그들의 어리석음을 깨우쳐 주셨을 뿐만 아니라 그들의 오만에 대해 엄히 응징하셨다.

1. 하나님이 그들을 망하게 하셨다. 다시 말해서 그들 가운데 많은 사람들을

갑작스런 죽음으로 치셨는데, 추측컨대 언약궤를 탈취한 것으로 인해 가장 환호했던 자들을 그렇게 하셨을 것이다. 이것은 다른 사람들을 친 질병과는 분명하게 구별된다. 다른 사람들에게 임한 질병은 가드에서는 심히 큰 환난으로(9절), 그리고 11절에서는 사망의 환난으로 일컬어진다. 그리고 죽지 아니한 사람들은 독한 종기로 치심을 당했다고 분명하게 언급되는데(12절), 아마도 그것은 심한 역병(疫病)이었을 것이다. 그들은 자신들의 칼이 이스라엘 백성들 가운데 큰 살육을 행한 것을 자랑했다(4:10). 그러나 하나님은 이스라엘로 하여금 그들을 향해 칼을 뽑도록 하지 않으셨음에도 불구하고(이스라엘은 그와 같은 일을 행할 만한 자격이 없었다), 하나님 자신이 칼을 가지고 계시며 그것으로 그들 가운데 두려운 징벌을 가할 수 있음을 보여주셨다. 그가 자신의 칼을 갈 때, 그의 손은 정의를 붙들고 원수들에게 복수할 것이다(신 32:41, 42). 하나님과 그의 언약궤, 그리고 그의 백성 이스라엘과 다투는 자들은 마침내 반드시 파멸에 이를 것임을 주목하라. 만일 깨닫고 돌이키지 않는다면 반드시 멸망을 당하게 될 것이다.

2. 망하지 않은 자들을 하나님이 독한 종기로 치셨으므로(6절) 성읍의 부르짖음이 하늘에 사무칠(하늘까지 올라갈) 정도로 그들의 고통이 심했다(12절). 다시 말해서 부르짖는 소리가 아주 먼 곳에까지 들릴 정도로 그들의 고통과 괴로움이 컸는데, 아마도 그들은 다곤에게가 아니라 하늘의 하나님에게 부르짖었을 것이다. 시편 기자는 블레셋 사람들에게 임한 고통스러운 심판을 다음과 같이 묘사한다: 그의 대적들을 쳐 물리쳐서 영원히 그들에게 욕되게 하셨도다(시 78:66). 독한 종기는 (아마도 이것은 치질이었을 것으로 보이는데, 당시에 치질은 매우 고통스러운 병으로 여겨진 것 같다) 신명기 28장에서 저주의 열매 가운데 하나로서 열거된다(27절). 그것은 고통스러울 뿐만 아니라 부끄러운 병이기도 하다. 혐오스러운 자에게는 혐오스러운 질병이 주어진다. 그들이 하나님의 궤에 행한 것처럼 하나님은 독한 종기로써 그들의 교만을 꺾으시며 그들을 부끄럽게 하셨다. 그 병은 전염되는 것이었으며 아마도 그들 가운데 새로운 질병이었을 것이다. 아스돗과 그 인근의 해안가가 침을 받았다. 하나님의 규례(ordinance, 여기에서는 언약궤를 지칭하는 것임)를 경멸하며 대수롭지 않게 여기는 것으로 인해 많은 사람들이 약하고 병들게 되며 또 잠자는 자가 많아지게 된다(고전 11:30).

3. 아스돗 사람들은 곧 그것이 이스라엘의 하나님의 손임을 깨달았다(7절). 이와 같이 그들은 이스라엘의 하나님의 주권과 능력을 인정하고, 자신들 역시 그분의 통치영역 안에 있음을 고백하지 않을 수 없었다. 그러나 그들은 다곤을 버리고 여호와께 굴복하지 않았다. 도리어 하나님이 그들의 뼈와 살을 건드리셨음에도 불구하고 그들은 면전에서 그분을 저주할 준비가 되어 있었다. 그리고 하나님과 더불어 화목하며 더 나은 관계 속에서 하나님의 궤가 자신들 가운데 머물러 줄 것을 간청하는 대신에, 그들은 마치 자신들의 돼지를 잃었을 때 그리스도로 하여금 자신들의 지역에서 떠날 것을 요구했던 거라사 사람들처럼 언약궤를 치워버리기를 열망했다. 육신적인 사람들은 하나님의 심판으로 인해 고통을 당할 때 그분의 언약과 통치 속으로 들어가는 대신 가능하면 그분을 자신들로부터 멀리 떼어내려고 한다. 이와 같이 아스돗 사람들은 "이스라엘 신의 궤를 우리와 함께 있지 못하게 할지라"라고 결의한다.

4. 이렇게 하여 그들은 언약궤를 붙잡아두는 장소를 바꿀 것을 결정한다. 그들은 큰 회의를 소집하고, 모든 방백들에게 "우리가 이스라엘 신의 궤를 어찌하랴?"라고 묻는다. 그리고 마침내 언약궤를 가드로 옮길 것을 합의한다(8절). 그들은 언약궤를 둔 장소에 문제가 있었으며 따라서 다곤 신전으로부터 멀리 떨어진 장소에 둔다면 아무 문제 없을 것이라는 어떤 미신적인 생각을 가지고 있었다. 따라서 마땅히 그래야 하는 대로 그것을 원래의 장소로 돌려보내는 대신, 그들은 그것을 다른 장소로 보낼 것을 궁리했다. 이렇게 하여 거인 종족으로 유명한 장소인 가드가 선정되었다. 그러나 그들의 강력한 힘과 큰 키조차도 역병과 독종을 막아줄 장벽이 되지 못했다. 가드 사람들은 작은 자와 큰 자가, 난쟁이와 거인이 모두 함께 하나님의 심판 앞에 침을 받았다(9절). 아무도 하나님의 심판보다 크지 않았으며, 아무도 하나님의 심판에서 면제될 만큼 작지 않았다.

5. 마침내 그들 모두는 언약궤로 인해 지쳤고 따라서 그것으로부터 벗어나기를 간절히 원했다. 하나님의 궤는 가드로부터 에그론으로 보내졌다. 전체 회의의 결정에 의한 것이었으므로 에그론 사람들은 거절할 수 없었다. 그러나 그들은 그와 같은 끔찍한 선물을 자신들에게 보낸 자들을 향해 분노를 터트리지 않을 수 없었다(10절): 그들이 이스라엘 신의 궤를 우리에게로 가저다가 우리와 우리 백성을 죽이려 한다. 언약궤 안에는 율법의 돌판들이 들어 있었다. 신실한 이

스라엘 백성들에게 있어 하나님의 말씀보다 더 환영할 만한 것은 아무것도 없다(그들에게 그것은 생명으로 이르게 하는 생명의 향기이다). 그러나 하나님과 더불어 불화 가운데 있기를 고집하는 할례 받지 못한 블레셋 사람들에게 있어 그것보다 더 두렵고 또 가까이 하고 싶지 않은 것은 아무것도 없다. 그들에게 그것은 사망으로 이르게 하는 사망의 향기이기 때문이다. 그리하여 언약궤를 본래 있던 장소로 돌려보내는 문제를 의논하기 위해 즉시 전체 회의가 소집되었다(11절). 그들이 그에 관해 의논하고 있는 동안 하나님의 손은 계속해서 심판을 행하고 계셨다. 그러므로 심판을 피하기 위한 그들의 책략은 도리어 심판이 더욱 넓게 시행되도록 만들 뿐이었다. 그들 가운데 많은 사람들이 죽음에 떨어졌으며, 또한 더 많은 사람들이 독한 종기로 인해 극심한 괴로움을 겪게 되었다(12절). 그들은 어떻게 해야 할 것인가? 언약궤를 빼앗은 승리의 환호는 곧 애곡으로 바뀌었으며, 그것을 빼앗기 위해 애썼던 것처럼 지금은 그것으로부터 벗어나기 위해 애쓰고 있다. 하나님은 예루살렘을 모든 민족에게 무거운 돌이 되게 하리니 그것을 드는 모든 자는 크게 상할 것이라(슥 12:3). 하나님은 예루살렘을 드는 모든 자들에게 그것이 무거운 돌이 되게 하실 수 있다는 사실을 주목하라. 하나님을 대적하여 싸우는 자들은 그분을 대적하여 마음을 완악하게 하고도 형통한 자가 아무도 없다는 사실을 곧 알게 될 것이다. 부정과 기만으로 얻은 재물, 특별히 하나님을 모독하며 하나님의 것을 약탈하여 얻은 것은 비록 탐욕스럽게 삼켰다 할지라도 반드시 토해내게 될 것이다. 왜냐하면 그렇게 토해낼 때까지 그의 뱃속은 결코 편안함을 느낄 수 없을 것이기 때문이다(욥 20:15-20)

제
— 6 —
장

개요

본 장에서 우리는 언약궤가 이스라엘 땅으로 돌아오는 것을 보게 된다. 여기에서 우리는 기쁜 마음으로 그것이 가는 방향을 따라 함께 가고자 한다. 본 장의 내용은 다음과 같다. I. 블레셋 사람들이 언약궤를 떠나보냄; 제사장들의 조언에 의해(1-11절), 자신들의 죄를 속죄하기 위한 풍성한 예물과 함께(3-5절), 그러나 만일 신의 섭리가 암소를 이끌지 않는다면 즉 암소들이 본능에 반하여 이스라엘 땅으로 가지 않는다면 언약궤를 다시 가져올 계획과 함께(8-9절). II. 이스라엘 백성들이 언약궤가 받음. 1. 큰 기쁨과 찬송의 제물과 함께(12-18절). 2. 언약궤를 들여다보는 무모한 호기심과 함께, 이로 인해 많은 사람이 죽게 되고 사람들은 두려움으로 인해 그것을 다른 성읍으로 보냄(19-21절).

[1]여호와의 궤가 블레셋 사람들의 지방에 있은 지 일곱 달이라 [2]블레셋 사람들이 제사장들과 복술자들을 불러서 이르되 우리가 여호와의 궤를 어떻게 할까 그것을 어떻게 그 있던 곳으로 보낼 것인지 우리에게 가르치라 [3]그들이 이르되 이스라엘 신의 궤를 보내려거든 거저 보내지 말고 그에게 속건제를 드려야 할지니라 그리하면 병도 낫고 그의 손을 너희에게서 옮기지 아니하는 이유도 알리라 하니 [4]그들이 이르되 무엇으로 그에게 드릴 속건제를 삼을까 하니 이르되 블레셋 사람의 방백의 수효대로 금 독종 다섯과 금 쥐 다섯 마리라야 하리니 너희와 너희 통치자에게 내린 재앙이 같음이니라 [5]그러므로 너희는 너희의 독한 종기의 형상과 땅을 해롭게 하는 쥐의 형상을 만들어 이스라엘 신께 영광을 돌리라 그가 혹 그의 손을 너희와 너희의 신들과 너희 땅에서 가볍게 하실까 하노라 [6]애굽인과 바로가 그들의 마음을 완악하게 한 것 같이 어찌하여 너희가 너희의 마음을 완악하게 하겠느냐 그가 그들 중에서 재앙을 내린 후에 그들이 백성을 가게 하므로 백성이 떠나지 아니하였느냐 [7]그러므로 새 수레를 하나 만들고 멍에를 메어 보지 아니한 젖 나는 소 두 마리를 끌어다가 소에 수레를 메우고 그 송아지들은 떼어 집으로 돌려보내고 [8]여호와의 궤를 가져다가 수레에 싣고 속건제로 드릴 금으로 만든 물건들은 상자에

담아 궤 곁에 두고 그것을 보내어 가게 하고 [9]보고 있다가 만일 궤가 그 본 지역 길로 올라가서 벧세메스로 가면 이 큰 재앙은 그가 우리에게 내린 것이요 그렇지 아니하면 우리를 친 것이 그의 손이 아니요 우연히 당한 것인 줄 알리라 하니라

1절의 언급을 통해 우리는 하나님의 궤가 얼마나 오랫동안 블레셋 사람들의 손에 붙잡혀 있었나 하는 것을 알게 된다 — 여호와의 궤가 블레셋 사람들의 지방에 있은 지 일곱 달이라. 원문대로 읽으면 "블레셋 사람들의 들"이 되는데, 이를 근거로 어떤 이들은 블레셋 사람들이 언약궤를 모든 성읍에 갖다 두었지만 결국 그것이 성읍 주민들에게 역병을 가져다 주었으므로 마침내 그것을 빈들로 보냈고, 그 곳에서도 수많은 쥐들이 몰려와 거의 익어 추수하게 된 곡식밭을 망가뜨렸을 것이라고 추측한다. (그들에 따르면) 이러한 심판으로 블레셋 사람들이 고통을 당했으나(5절) 이것이 앞 장(5장)에서 언급되지 않았다. 이와 같이 하나님은 그들이 어디로 언약궤를 옮기든지 그것이 그들에게 저주가 된다는 사실을 분명하게 알게 하셨다. 네가 성읍에서도 저주를 받으며 들에서도 저주를 받을 것이요(신 28:16). 그러나 대부분의 사람들은 그것을 블레셋 사람들의 지방을 의미하는 것으로 받아들인다.

1. 일곱 달 동안 이스라엘은 하나님의 임재의 특별한 증표인 언약궤가 부재(不在)하는 징벌을 받았다. 언약궤 없는 성막은 얼마나 황량했겠는가! 거룩한 성읍은 폐허가 되었으며 거룩한 땅은 광야가 되었다. 이스라엘의 선한 백성들 특별히 사무엘 같은 사람들에게 일곱 달의 기간은 매우 우울한 시기였을 것이다. 그러나 그들은, 우리 역시도 비슷한 고통 가운데 그러는 것처럼, 다음과 같은 사실로 인하여 위로를 받았을 것이다 — 즉 언약궤가 어디에 있든지 여호와는 자신의 성전에 계시며 그의 보좌는 하늘에 있다는 사실, 그리고 믿음과 기도로써 우리는 거기에 계신 그분께 담대하게 나아갈 수 있다는 사실. 비록 언약궤와 멀리 떨어져 있다 할지라도 우리는 하나님을 가까이할 수 있다.

2. 일곱 달 동안 블레셋 사람들은 언약궤와 함께 있는 것으로 인해 징벌을 받았다. 그들이 언약궤를 곧 본래의 자리로 돌려보내지 않았기 때문에, 그만한 기간 동안 그것은 그들에게 재앙이었다. 죄인들은 죄와 떨어지기를 완강하게 거부함으로써 자신들의 고통을 연장시킨다. 만일 바로의 마음이 이스라엘 백성들을 보내는 일에 그토록 완악하지 않았다면, 애굽에 내린 재앙의 숫자는 열

개까지는 되지 않았을 것이다. 그러나 마침내 그들은 언약궤를 돌려보내기로 결정했다. 달리 방법이 없었다. 만일 계속해서 언약궤를 붙잡고 있는다면 결국 그들은 다 망할 것이었다.

I. 그들은 이 문제와 관련하여 제사장들과 복술자들에게 묻는다(2절). 이와 같은 문제와 관련한 전례(前例)에 대해 그리고 속죄와 예배의식에 대해 그들이 가장 잘 알 것으로 생각되었기 때문이었다. 이스라엘은 특별히 종교적인 각종 규례들로 유명했기 때문에, 그들은 이스라엘의 율법과 관습에 대해 비상한 관심을 갖고 그것을 알고자 했을 것이다. 그러므로 그들에게 물은 것은 참으로 적절한 일이었다: 우리가 여호와의 궤를 어떻게 할까? 모든 나라들마다 각자 자신들의 제사장들을 가지고 있으며, 그들을 지혜와 지식의 사람들로 여기며 존중한다. 블레셋 사람들에게는 복술자(diviners)가 있었는가? 우리에게는 성직자(divines)가 있다. 그들에게 우리는 "무엇을 가지고 우리가 여호와 앞에 나아가며 가장 높으신 하나님 앞에 절할꼬?"라고 물어야 한다.

II. 제사장들과 복술자들은 매우 충분한 답변을 준다. 그들은 이 문제에 대해 만장일치의 합의를 본 것으로 보인다. 그러나 그들이 자기 나라의 영적 지도자로서 자문을 받기 전에 공식적으로(ex officio) 이와 관련한 의견을 표명하지 않았던 것은 기이한 일이다

1. 그들은 바로와 애굽인들의 예를 감안하여 언약궤를 반드시 돌려보내야만 한다고 촉구한다(6절). 아마도 어떤 사람들은 굴복하기를 꺼렸을 것이며 또 어떤 사람들은 좀 더 가지고 있으면서 시험해 보고자 했을 것인데, 이들에게 그들은 다음과 같이 말한다: 애굽인과 바로가 그들의 마음을 완악하게 한 것 같이 어찌하여 너희가 너희의 마음을 완악하게 하겠느냐. 그들은 모세 시대의 역사를 잘 알고 있었으며, 그 때 벌어졌던 사건을 전례로서 적절히 인용할 수 있었다. 우리도 이와 같이 완악한 죄인들에 대한 하나님의 심판의 말씀을 통해 우리의 마음이 완악해지지 않도록 경고를 받아야 한다. 우리 자신의 경험을 통해 배우는 것이 다른 사람들의 경험을 통해 배우는 것보다 치러야 할 대가가 훨씬 더 비싸다. 애굽 사람들은 마침내 이스라엘 백성들로 하여금 가도록 허락할 수밖에 없었다. 그러므로 블레셋 사람들도 언약궤로 하여금 속히 본래 장소로 돌아가도록 허락해야만 한다.

2. 그들은 언약궤를 돌려보낼 때 그와 함께 속건제를 드릴 것을 권고한다(3

절). 다른 나라들의 신들은 어떠하든지 간에, 그들은 이스라엘의 하나님이 질투하는 하나님이며 자기 백성들로부터 속죄제와 속건제를 요구함에 있어 매우 엄격하다는 사실을 알고 있었다. 그러므로 언약궤를 탈취함으로써 그것을 모독한 것에 대해 하나님이 크게 분개할 것이기 때문에 마땅히 속건제를 드리는 것이 지혜로운 일이며 그렇지 않으면 결코 병을 고침 받지 못할 것이라고 했다. 손상된 공의는 속죄(혹은 배상, satisfaction)를 요구한다. 여기까지는 '자연의 빛'이 그들을 인도했다. 그러나 어떻게 속죄할 것인가를 궁리하기 시작했을 때, 그들은 너무도 헛된 망상 속으로 빠져 들어가고 말았다. 이와 같이 블레셋 사람들이 언약궤에 대해 그랬던 것처럼 고의적인 죄로 불의 가운데 진리를 막는(롬 1:18) 자들조차도 속죄제 외에는 그와 더불어 화목하는 길이 없음을 깨닫고 인정할 수 있다. 우리는 죄를 치워버리는 길은 오직 하나뿐임을 안다.

3. 그와 같은 속건제는 자신들에게 임한 재앙이 언약궤를 모독한 죄에 대한 징벌이며 자신들은 하나님 앞에 범죄함으로 인해 정복과 굴복을 당했음을 인정함으로써, 강한 정복자요 공의로운 보응자이신 이스라엘의 하나님께 영광을 돌리는 것이 되어야 했다(5절). 그들은 독한 종기의 형상, 즉 그들을 괴롭게 만드는 돌기와 쓰라림의 형상을 만들어야 한다. 그렇게 함으로써 그들은 스스로의 행동을 통해 자신들의 부끄러운 질병의 수치를 자신들의 손으로 영속화시켰다(시 78:66). 또한 그들은 땅을 망쳐놓은 쥐의 형상을 만들어야 한다. 그렇게 함으로써 그들은 심지어 승리의 날에조차 이처럼 작고 보잘것없는 동물을 통해 자신들을 응징하시고 겸비케 하실 수 있는 이스라엘의 하나님의 전능하신 능력을 시인하고 인정했다. 이러한 형상들은 가장 값진 금속인 금으로 만들어야 한다. 그것은 그들이 이스라엘의 하나님과 화목하기 위해 어떤 값이든 기쁘게 치를 수 있음을 나타내기 위한 것으로서, 아무리 많은 정금으로 살지라도 너무 비싼 값이라고 말할 수 없는 것이었다. 금 독종의 숫자는 블레셋 방백의 수효대로 다섯이어야만 한다. 모두가 이를 받아들인 것으로 미루어 그들 모두가 독종에 의해 괴로움을 겪었을 것으로 보인다. 그들은 금 쥐 역시도 다섯이어야 한다고 권고했다. 그러나 나라 전체가 쥐들에 의해 망가뜨려졌기 때문에, 그들은 견고한 성읍들과 시골마을들의 수를 따라(18절) 더 많은 숫자의 금 쥐들을 보냈을 것이다. 제사장들은 그들 모두에게 임한 것이 동일한 재앙이었음을 상기시킨다. 그들은 피차 비난할 수 없었다. 왜냐하면 그들 모두가 범죄했기 때문이

다. 자신들의 범과로 인해 속건제를 드려야 한다는 그들의 제안은 당시의 신적 계시와 조화를 이루는 것이었다. 그러나 속건제물로서 이와 같은 것들을 드리는 것은 매우 이질적인 것으로서, 그들이 모세의 율법에 규정된 화해의 방법에 대해 총체적으로 무지했음을 보여준다. 왜냐하면 모세의 율법에서 생명을 속하는 것은 금이 아니라 피이기 때문이다.

4. 그들은 이렇게 함으로써 역병에서 벗어날 수 있는 길로 접어들게 될 것이라고 격려한다: 너희의 병이 나을 것이다(3절). 아마도 그 병은 의사들이 처방한 모든 치료방법에도 불구하고 끄떡도 하지 않았을 것이다. 그들은 말한다. "그러므로 언약궤를 돌려보내라. 그리하면 그의 손을 너희에게서 옮기지 아니하는 이유를 알리라. 다시 말해서, 너희에게 이와 같은 재앙이 임한 것이 너희가 언약궤를 붙잡고 있기 때문인지 아닌지가 이에 의해 드러날 것이다. 만일 그렇다면 너희가 그것을 돌려보낼 때 재앙은 그칠 것이다." 때로 하나님은 자기 백성들로 하여금 그들이 잘못을 고칠 때 구원이 임하는지 임하지 않는지 시험해 보라고 말씀하신다. 만군의 여호와가 이르노라 이것으로 나를 시험할지니(말 3:10; 학 2:18, 19). 그러나 그들은 확신을 갖지 못한 채 의심하면서 말한다(5절): 그가 혹 그의 손을 너희와 너희의 신들과 너희 땅에서 가볍게 하실까 하노라. 지금 그들은 그 심판이 하나님의 손으로부터 온 것인지 아닌지 불분명하며, 설령 언약궤를 돌려준다 할지라도 어쩌면 재앙이 즉각 멈추지 않을지도 모른다고 생각하고 있는 것처럼 말한다. 그러나 언약궤를 돌려주는 것만이 자비를 얻는 가장 확실한 길이었다. 원인을 제거하라. 그러면 결과가 그칠 것이다.

5. 그러나 그들은 역병으로 자신들을 친 것이 이스라엘의 하나님의 손인지 아닌지 또다시 시험한다. 그들은 언약궤를 존중하여 새 수레 위에 올려놓고, 멍에를 메어보지 않은 젖 나는 소 두 마리로 하여금 끌도록 했다(7절). 소들은 자기들이 늘 먹던 구유로 인해 그리고 매일같이 젖을 먹이는 새끼들로 인해, 뿐만 아니라 이스라엘 땅으로 향하는 길은 익숙지 않음으로 인해 틀림없이 집으로 향할 것이었다. 아무도 그 소들을 이끌어서는 안 되며, 그것들은 자기들이 원하는 대로 길을 가야만 한다. 이 모든 것을 고려할 때 모든 사람은 그 소들이 다시 자기 집으로 돌아갈 것이라고 생각할 것이다. 그러나 만일 이스라엘의 하나님이 보이지 않는 힘으로 그것들의 자연적인 본능과 성향과는 반대되게 이스라엘 땅 특별히 벤세메스로 이끌지 않는다면, 그들은 앞의 의견을 철회

하고 자신들을 친 것이 하나님의 손이 아니라 우연히 당한 것으로 믿을 것이다 (8, 9절). 이와 같이 하나님은 할례 받지 못한 블레셋 사람들에게 언약궤와 관련하여 앞에서 모독을 받으신 후에 지금은 시험의 대상이 되셨다. 그들의 신다곤이 이와 같은 논쟁의 대상이 될지라도 과연 그들은 만족하며 감수할 것인가? 악인들이 얼마나 하나님의 손의 징벌을 벗어나려고 하는지, 그리고 고통 가운데 있을 때 얼마나 그것을 우연히 당한 것으로 믿고 싶어하는지 보라. 만일 그렇게 한다면 그들은 자신들에게 임한 징벌의 막대기로부터 아무 소리도 듣지 못하게 될 것이다.

[10]그 사람들이 그같이 하여 젖 나는 소 둘을 끌어다가 수레를 메우고 송아지들은 집에 가두고 [11]여호와의 궤와 및 금 쥐와 그들의 독종의 형상을 담은 상자를 수레 위에 실으니 [12]암소가 벧세메스 길로 바로 행하여 대로로 가며 갈 때에 울고 좌우로 치우치지 아니하였고 블레셋 방백들은 벧세메스 경계선까지 따라 가니라 [13]벧세메스 사람들이 골짜기에서 밀을 베다가 눈을 들어 궤를 보고 그 본 것을 기뻐하더니 [14]수레가 벧세메스 사람 여호수아의 밭 큰 돌 있는 곳에 이르러 선지라 무리가 수레의 나무를 패고 그 암소들을 번제물로 여호와께 드리고 [15]레위인은 여호와의 궤와 그 궤와 함께 있는 금 보물 담긴 상자를 내려다가 큰 돌 위에 두매 그 날에 벧세메스 사람들이 여호와께 번제와 다른 제사를 드리니라 [16]블레셋 다섯 방백이 이것을 보고 그 날에 에그론으로 돌아갔더라 [17]블레셋 사람이 여호와께 속건제물로 드린 금 독종은 이러하니 아스돗을 위하여 하나요 가사를 위하여 하나요 아스글론을 위하여 하나요 가드를 위하여 하나요 에그론을 위하여 하나이며 [18]드린 바 금 쥐들은 견고한 성읍에서부터 시골의 마을에까지 그리고 사람들이 여호와의 궤를 큰 돌에 이르기까지 다섯 방백들에게 속한 블레셋 사람들의 모든 성읍들의 수대로였더라 그 돌은 벧세메스 사람 여호수아의 밭에 오늘까지 있더라

우리가 여기에서 듣게 되는 내용은 다음과 같다.

I. 블레셋 사람들이 어떻게 언약궤를 돌려보냈나 하는 것에 대하여(10, 11절). 그들에게 있어 언약궤를 떠나보낼 때의 기쁨은 그것을 탈취했을 때만큼이나 컸다. 하나님이 이스라엘을 속박의 집으로부터 끌어내신 것처럼, 지금 하나님은 언약궤를 포로된 상태로부터 끌어내고 계셨다. 그리고 이스라엘 백성

이 애굽을 떠날 때 애굽 사람들이 기뻐하였던 것처럼(시 105:38, 그들이 떠날 때에 애굽이 기뻐하였으니 그들이 그들을 두려워함이로다), 지금 블레셋 사람들은 언약궤를 떠나보내면서 기뻐하고 있다.

1. 그들은 언약궤에 대한 속전(贖錢)으로 단 한 푼의 돈이나 어떤 대가도 받지 못했다. 만일 그렇게 할 수 있었다면 왕의 몸값 이상을 받을 수 있었을 것이다. 그것은 마치 고레스에 대해 예언된 것과 같았다: 그가 사로잡힌 내 백성을 값이나 갚음이 없이 놓으리라(사 45:13).

2. 도리어 그들은 언약궤로부터 벗어나기 위해, 애굽 사람들이 그랬던 것처럼, 이스라엘 백성들에게 많은 양의 금을 보내주었다. 블레셋 사람들의 승리의 전리품으로서 그들의 땅으로 끌려간 언약궤는 이와 같이 블레셋 사람들의 수치를 증거하는 영원한 전리품 및 기념비와 함께 돌아왔다. 하나님은 자신의 언약궤를 대적하는 교회의 원수들의 승리에 의해 자신의 영광을 결코 잃지 않으실 것이다. 도리어 하나님은 당신의 영광을 무너뜨리고자 애쓰는 자들로 인해 영광을 얻으실 것이다.

II. 암소들이 어떻게 언약궤를 이스라엘 땅으로 끌고 왔나에 대하여(12절). 암소가 (이스라엘 땅이 시작되는 성읍이면서 동시에 제사장들의 성읍인) 벧세메스 길로 바로 행하여 대로로 가며 갈 때에 울고 좌우로 치우치지 아니하였고. 이것은 짐승까지도 주관하시는 하나님의 능력을 보여주는 놀라운 실례(實例)가 아닐 수 없다. 모든 상황을 고려할 때 멍에를 메어보지 않는 가축이 모는 자도 없는 상태에서 그토록 정확하고 차분하게 그리고 똑바로 나아간다는 것은 완전한 기적이었다. 길들여진 짐승의 자연적인 성향으로 보거나 새끼들에 대한 자연적인 애정으로 볼 때, 그것들은 당연히 자기 집으로 돌아갔어야 했다. 그럼에도 불구하고 그것들은 아무런 인도자도 없는 상태에서 13km 내지 16km 떨어진 성읍인 벧세메스로 똑바로 나아갔는데, 결코 길을 잃어버리지도 않았고 풀을 뜯어먹기 위해 밭으로 내려가지도 않았으며 새끼들에게 젖을 먹이기 위해 집이 있는 쪽으로 돌이키지도 않았다. 그것들은 새끼들로 인해 음매 하고 울면서 계속 나아갔다. 이를 통해 우리는 그것들이 자기 새끼를 결코 잊지 않았음을 알 수 있다. 짐승이라 할지라도 새끼들로부터 멀어질 때 자연적인 슬픔을 느꼈던 것이다. 그러므로 여기에서 자연의 가장 강한 본능 가운데 하나가 억압되는 것을 통해 우리는 자연을 다스리는 하나님의 능력이 훨씬 더 크다는 사실을 보게 된다. 이와 관련하여 라이트푸트 박사는 다음과 같이 말한다. 즉 이 두 마리의 암소는, 홉니와 비느하스조차도 알지 못했던, 자신의 위대한 주인을 알았다는 것이다(사 1:3, 소는 그 임자를 알고 나귀는 그 주인의 구유를 알건마는 이스라엘은 알지 못하고 나의 백성은 깨닫지 못하는도다). 이에 더하여 나는 그것들이 언약궤를 이스라엘 땅으로 가져옴으로써 이스라엘의 어리석음을 드러내며 그들을 부끄럽게 했다는 사실을 덧붙이고 싶다. 왜냐하면 이스라엘 가운데 누구도 그것을 다시 가져올 시도조차 하지 못했기 때문이다. 하나님의 섭리는 심지어 짐승의 움직임까지도 관여하며, 그런 것들을 통해서도 자신의 목적을 이루신다. 블레셋의 방백들은 이스라엘의 하나님의 능력에 경탄하면서 암소들을 따라갔다. 이와 같이 언약궤에 대해 승리를 거두었다고 환호했던 그들이 이제는 마치 비천한 종처럼 그것을 뒤따라가게 되었다.

Ⅲ. 이스라엘이 어떻게 언약궤를 기쁨으로 맞이하였느냐에 대하여. 벧세메스 사람들이 골짜기에서 밀을 베다가(13절). 그들은 일상적인 일을 수행하고 있었다. 그러면서 그들은 언약궤에 대하여는 아무런 관심도 기울이지 않았으며 또한 그것과 관련하여 무슨 일이 일어났는지 조사하지도 않았다. 만일 그렇게 했다면 그들은 언약궤가 돌아오기에 앞서 그와 관련한 여러 가지 정보들을 알 수 있었을 것이고, 그것을 맞이하고 인수(引受)하기 위해 나올 수 있었을 것이다. 그러나 그들은 마치 자신들은 판벽한 집에 거주하면서 하나님의 전은 황폐하도록 내버려둔(학 1:4) 백성들처럼 무관심했다. 하나님은 ― 원수들이 그의 교회를 대적하며 싸운다 할지라도 그리고 자기 백성들이 교회를 대수롭지 않게 여기며 방치한다 할지라도 ― 자신의 때에 자신의 교회의 구원을 이루실 것이다. 어떤 이들은, 언약궤가 돌아오는 것을 발견한 자들이 성읍의 거리에서 놀면서 게으름을 피우는 자들이 아니라 밭에서 곡식을 거두고 있던 사람들이었던 사실을 주목한다. 이와 같이 그리스도의 탄생 소식도 목자들이 밤에 자기 양 떼를 지키고 있을 때 전해졌다. 마귀는 유혹과 함께 게으른 자들을 찾아온다. 반면 하나님은 은혜와 함께 부지런한 자들을 찾아오신다. 암소들을 이스라엘 땅으로 인도한 보이지 않는 손이 이제는 그것들을 여호수아의 밭으로 이끌어 그 곳에 서도록 이끌었다. 어떤 사람들은 그 밭의 주인이 매우 선한 사람이므로 하나님이 그를 영화롭게 하기 위해 그렇게 하신 것이라고 생각한다. 그러나 나는 그 밭에 큰 돌이 있었기 때문에 그래서 언약궤를 놓기에 편리했기 때문에 그런

것이라고 생각한다. 큰 돌은 14절, 15절, 18절에 언급된다.

1. 밀을 베는 자들은 언약궤를 보고 기뻐했다(13절). 언약궤로 인한 기쁨이 추수로 인한 기쁨보다 더 컸으므로 그들은 그것을 맞이하기 위해 하던 일을 중단했다. 여호와께서 언약궤를 포로된 자리에서 돌아오게 하실 때 그들은 마치 꿈꾸는 자와 같았으며 그 입에 웃음이 가득한 자와 같았다(시 126:1-2, 여호와께서 시온의 포로를 돌려 보내실 때에 우리는 꿈꾸는 것 같았도다 그 때에 우리 입에는 웃음이 가득하고 우리 혀에는 찬양이 찼었도다). 비록 언약궤를 되찾아올 정도의 열정과 용기는 갖고 있지 못했다 할지라도, 그것이 돌아왔을 때 그들은 마음으로 환영하며 기쁨으로 맞이했다. 근신과 고통의 날이 지나 언약궤가 돌아오고 거룩한 규례가 회복되는 것은 모든 신실한 이스라엘 백성들에게 큰 기쁨이 아닐 수 없다.

2. 그들은 하나님을 존귀케 하기 위해 암소들을 번제로 드렸고, 또 수레의 나무를 패서 번제를 위한 장작으로 삼았다(14절). 아마도 블레셋 사람들은 암소들을 보낼 때 그것이 속죄를 위한 속건제물의 일부가 되는 것을 의도했을 것이다(3, 7절). 그러나 벧세메스 사람들은 그것을 번제물로 사용하는 것이 적절하다고 생각했는데, 왜냐하면 다른 용도로 쓰기에 결코 적합하지 않았기 때문이었다. 일단 하나님의 임재의 거룩한 상징을 싣는 일에 사용된 수레가 차후 다른 일반적인 물건을 싣는 도구로 사용되는 것은 적절치 않은 일이 될 것이었다. 또한 암소 역시도 하늘의 직접적인 인도를 받은 이를테면 하나님의 종으로서, 마땅히 희생 제물로 드려져야 했다. 엄격하게는 오직 수컷만이 번제로 드려질 수 있었지만, 그것들은 암컷이었음에도 불구하고 의심의 여지 없이 열납되었을 것이다.

3. 그들은 금 보물을 담은 상자와 함께 언약궤를 빈들에 있는 큰 돌 위에 놓았다(15절). 그 곳은 여호와의 궤를 놓기에는 너무나 황량하고 보잘것없는 장소였지만, 그러나 다곤의 신전이나 블레셋 사람들의 손에 있는 것보다는 훨씬 나은 곳이었다. 하나님의 언약궤는 장엄하고 찬란한 곳에 놓이는 것이 바람직할 것이다. 그러나 아무것도 없는 장소에 놓이는 것보다는 나무가 우거진 들의 큰 돌 위에 놓이는 것이 더 나을 것이다. 하나님의 규례에 있어 그것을 거행하는 장소가 우리 눈에 보기에 초라하고 보잘것없다고 해서 그것의 내재적(內在的)인 광채가 감소되는 것은 결코 아니다. 언약궤를 싣고 온 수레와 소를 불태

우는 것은 그것들이 언약궤를 다시 이스라엘 땅 밖으로 싣고 나가지 못하도록 하고자 하는 소망을 나타내는 것이었을 것이며, 또한 언약궤를 큰 돌 위에 놓은 것은 그것이 다시금 굳건한 기초 위에 세워지기를 소망하는 뜻이었을 것이다. 교회는 반석 위에 세워진다.

4. 그들은 (어떤 이들이 생각하는 대로) 큰 돌 위에서, 혹은 (좀 더 개연성 높게는) 제사를 드리기 위한 목적으로 땅에 세운 제단 위에서 하나님께 감사의 제사를 드렸다(15절). 지금의 제사는 특별한 경우였다. 일반적인 경우라면 성막 마당에 있는 제단에서 제사를 드려야 하지만, 지금의 경우는 거기에 해당되지 않았다. 왜냐하면 이제 실로의 제단은 폐지되었기 때문이다. 하나님 자신이 실로를 버리셨으며, 실로의 주된 영광이었던 언약궤가 지금 그들과 함께 있었다. 벧세메스는 비록 단 지파의 경내에 있었다 할지라도 유다에게 속해 있었다. 그러므로 언약궤가 이 곳 벧세메스로 왔다는 것은 그것이 장차 유다 지파의 경내에 정착할 것을 암시하는 것이었다. 요셉의 장막을 버리시며 에브라임 지파를 택하지 아니하시고 오직 유다 지파와 그가 사랑하시는 시온 산을 택하시며(시 78:67, 68). 벧세메스는 유다의 기업으로부터 아론의 아들들에게 할당된 성읍들 가운데 하나였다(수 21:16). 언약궤가 제사장의 성읍 외에 어디로 간단 말인가? 그 곳에는 언약궤를 받아 내려놓고 또 제사를 드릴 수 있는 자들이 준비되어 있었다.

5. 블레셋의 방백들은 에그론으로 돌아갔다. 추측컨대 그들은 자신들이 본 하나님의 영광과 이스라엘 사람들의 열심으로 인해 큰 감동을 받았을 것이다. 그럼에도 불구하고 그들은 다곤을 숭배하는 것을 버리지 않았다. 어떤 나라가 자신들이 섬기는 신을 바꾼 경우는 거의 드물다. 어느 나라가 그들의 신들을 신 아닌 것과 바꾼 일이 있느냐(렘 2:11). 그들은 지금 이스라엘의 하나님이 거룩함으로 영광스러우며 찬송할 만한 위엄이 있으시다고(출 15:11) 생각할 수밖에 없었다. 그럼에도 불구하고 그들은 에그론의 신 바알세붑이 최소한 이스라엘의 하나님만큼 선하다고 생각하면서 그가 자신들의 신이므로 그를 더욱 붙좇을 것을 결심한다.

6. 그 돌이 계속해서 동일한 장소에 남아있었던 사실이 특별히 언급된다: 그 돌은 벧세메스 사람 여호수아의 밭에 오늘까지 있더라(18절). 그것은 그 돌이 이 큰 사건에 대한 영구적인 기념비의 역할을 했기 때문이며, 또한 이 일이 후손

들에게 전달됨에 있어 중요한 근거가 되었기 때문이다. 아버지들은 자녀들에게 다음과 같이 말했을 것이다. "이 돌이 하나님의 언약궤가 블레셋 사람들의 손으로부터 돌아왔을 때 놓여졌던 바로 그 돌이다. 너희는 이 일을 결코 잊어서는 안 되느니라."

[19]벧세메스 사람들이 여호와의 궤를 들여다 본 까닭에 그들을 치사 (오만) 칠십 명을 죽이신지라 여호와께서 백성을 쳐서 크게 살륙하셨으므로 백성이 슬피 울었더라 [20]벧세메스 사람들이 이르되 이 거룩하신 하나님 여호와 앞에 누가 능히 서리요 그를 우리에게서 누구에게로 올라가시게 할까 하고 [21]전령들을 기럇여아림 주민에게 보내어 이르되 블레셋 사람들이 여호와의 궤를 도로 가져왔으니 너희는 내려와서 그것을 너희에게로 옮겨 가라

1. 벧세메스 사람들의 죄: 벧세메스 사람들이 여호와의 궤를 들여다 본 까닭에 (19절). 모든 이스라엘 사람들은 언약궤에 대해 너무나 많은 이야기를 들었으며, 그것에 대해 깊은 경외심을 가지고 있었다. 그러나 그것은 성소의 휘장 안에 위치해 있었으며, 심지어 대제사장조차도 오직 일 년에 한 번만 볼 수 있을 뿐이었다(그것도 향을 피운 연기가 가득한 가운데). 아마도 이로 인해 이스라엘 백성들은 (마치 우리가 금지된 것에 대해 더욱 하고 싶어하는 마음을 갖는 것처럼) 더욱 언약궤를 보고 싶어하는 마음을 갖게 되었을 것이다. 이런 이유로 벧세메스 사람들이 그 궤를 본 것을 기뻐했을 것이라고 우리는 추측할 수 있다(13절). 그러나 그들은 보는 것만으로 만족하지 않았다. 언약궤를 보는 것까지는 괜찮았지만, 그러나 그들은 거기에서 더 나아갔다. 그들은 못으로 박았거나 혹은 꺽쇠 같은 것으로 고정시킨 덮개를 뜯어내고 그 안을 들여다보았다. 아마도 그들은 혹시 블레셋 사람들이 그 안에 있는 언약의 두 돌판을 취하거나 혹은 어떤 손상을 가하지는 않았는지 살핀다는 핑계로 그렇게 했을 것이다. 그러나 실제 이유는 하나님이 감추고자 하는 것을 억지로 들여다보고자 하는 그들의 죄악된 호기심을 만족시키기 위한 것이었다. 헛된 인간이 자신에게 속하지 않은 비밀한 것들을 몰래 들여다보며 간섭하는 것은 하나님께 대한 큰 모독임을 주목하라(신 29:29; 골 2:18). 우리 모두는 금지된 지식을 탐내다가 멸망에 떨어졌다. 여기에서 언약궤를 들여다본 것이 큰 죄가 되는 것은 그렇게 하

는 것이 언약궤를 대수롭지 않게 여기는 생각으로부터 말미암은 것이었기 때문이다. 결국 언약궤에 대한 무시(無視)와 불경(不敬)이 이와 같은 스스럼없는 행동을 낳은 것이었다. 어쩌면 그들은 자신들이 제사장이라는 사실로 인해 그렇게 경솔한 행동을 했을는지 모른다. 그러나 직분의 존엄함이 그러한 경솔한 행동을 정당화시켜 주는 것은 아니다. 도리어 성물에 대한 그들의 부주의하고 불경한 행동을 더욱 정죄하며 심화시킬 뿐이었다. 그들은 자신들이 먼저 모범을 보임으로써 다른 사람들로 하여금 언약궤로부터 어느 정도 떨어져서 그것을 거룩한 경외심을 가지고 바라보도록 가르쳤어야만 했다. 어쩌면 그들은 자신들이 언약궤를 기쁨으로 맞이하였고 또 지금 그것을 환영하면서 제사를 드리고 있는 것을 빙자하여 언약궤가 자신들에게 빚을 지고 있으며 따라서 자신들은 그에 대한 보답으로서 그 안을 열어볼 수 있는 권리를 가질 수 있다고 생각했을는지 모른다. 그러나 하나님을 위해 많은 봉사를 했다 할지라도 그것이 성물에 대한 불경(不敬)과 무시(無視)를 정당화시켜 주지는 않는다. 또 어쩌면 그들은 지금 언약궤가 처한 초라한 상황, 즉 이제 막 포로된 자리에서 나와 아직 정착하지 못한 상황으로 인해 그렇게 했을는지 모른다. 지금 언약궤는 차가운 돌 위에 놓여 있었으므로 그들은 그것을 마음대로 다루어도 좋을 것이라고 생각했을 것이다. 그리고 그들이 언약궤를 이토록 가까이 접할 수 있는 기회는 또다시 없을 것이었다. 그러나 하나님의 규례를 시행하는 양식이 초라하다고 하여 거룩한 규례를 대수롭지 않은 것으로 생각하는 것은 하나님을 모독하는 것이다. 만일 그들이 지금 언약궤를 믿음의 눈으로 바라보며 단순히 겉모양으로 판단하지 않았다면, 그들은 지금의 언약궤가 예전 그 어떤 때와 비교해도 결코 뒤지지 않는 찬란한 위엄으로 빛나고 있는 것을 볼 수 있었을 것이다. 언약궤는 블레셋에 대해 승리를 거두었으며, 그 자신의 능력으로 '멍에의 집'으로부터 나왔다(마치 그리스도께서 무덤으로부터 나오셨듯이). 만일 그들이 이러한 사실을 고려했다면, 그들은 언약궤를 마치 보통 궤짝 들여다보듯이 그렇게 들여다보지는 않았을 것이다.

2. 이러한 죄로 인해 그들에게 임한 징벌: 여호와께서 백성을 쳐서 크게 살육하셨으므로(19절). 하나님은 자신의 언약궤를 영화롭게 하는 일에 얼마나 질투하는 분이신가! 하나님은 자신의 언약궤가 모독을 받는 것을 참지 않으실 것이다. 스스로 속이지 말라 하나님은 업신여김을 받지 아니하시나니(갈 6:7). 하나님

의 선하심을 경외하지 않으며 그의 은혜의 증표를 경건한 마음으로 사용하지 않는 자들은 결국 그의 공의와 진노의 증표 아래 서게 될 것이다. 금지된 것을 엿보며 거룩한 불에 너무 가까이 다가가는 자들은 결국 그것이 얼마나 위험하며 치명적인 일인가 하는 것을 깨닫게 될 것이다. 그들을 치사 (오만) 칠십 명을 죽이신지라(19절). 원문(原文)에서 침을 받아 죽은 자의 숫자와 관련한 언급은 매우 통상적이지 않은 방식으로 표현된다. 그렇게 많은 사람들이 죄를 범했으며 또 죽음을 당했겠는가 하는 생각으로 인해 많은 학자들이 이것을 그대로 받아들여야 할지에 대해 의문을 제기한다. 원문(原文)에는 이렇게 되어 있다: 그가 백성들 가운데(혹은 사이에) 칠십 명, 오만 명을 치셨다. 시리아역과 아라비아역은 그것을 '오만 칠십 명'으로 읽는다. 또 갈대아역은 그것을 '칠십 명의 장로들과 오만 명의 일반 백성'이라고 읽는다. 어떤 이들은 '오만 명의 가치를 가진 칠십 명'이라고 읽는데, 그것은 그들이 제사장들이었기 때문이다. 어떤 이들은 칠십 명은 언약궤를 들여다봄으로써 죽임을 당한 벧세메스 사람이고, 오만 명은 언약궤에 의해 살육을 당한 블레셋 사람들이라고 생각한다. 또 어떤 이들은 "그가 칠십 명을, 다시 말해서, 일천 명 중에서 오십 명을(스무 명에 한 명씩 계산하여) 치셨다"라고 읽는다. 그런가 하면 70인역은 오늘날 대체로 우리가 그렇게 하는 것처럼 "그가 칠십 명, 그리고 오만 명을 치셨다"라고 읽으며, 요세푸스는 단지 칠십 명만이 침을 받아 죽임을 당했다고 말한다.

3. 이러한 혹심한 징벌로 인해 벧세메스 사람들에게 임한 두려움: 벧세메스 사람들이 이르되 이 거룩하신 하나님 여호와 앞에 누가 능히 서리요(20절). 어떤 이들은 이것이 하나님께 대한 불평 즉 하나님이 자신들을 지나치게 가혹하며 부당하게 대하고 있음을 표현하는 것이라고 생각한다. 자신들과 더불어 그리고 자신들의 죄와 더불어 다투는 대신 그들은 하나님과 더불어 그리고 그분의 심판과 더불어 다투고 있었다는 것이다 — 이와 유사한 상황에서 다윗이 분하게 여겼던 것처럼(삼하 6:8, 9). 그러나 나는 그것이, 아무도 그 앞에 설 수 없는 거룩하신 주 하나님으로서, 그분께 대한 그들의 경건한 두려움의 표현이라고 생각한다. 그들은 그러한 무서운 심판으로부터 다음과 같은 사실을 추론했다: "언약궤의 하나님 앞에 누가 능히 서리요?" 하나님을 예배하기 위해 그분 앞에 서는 것은 (그의 이름이 송축 받으실지로다) 불가능하지 않다. 우리는 그리스도를 통해 그렇게 하도록 초청되고 격려받는다. 그러나 하나님과 더불어 다투

기 위해 그분 앞에 서는 것은 불가능하다. 하나님의 영광의 보좌 앞에 누가 능히 설 수 있으며, 그것을 온전히 바라볼 수 있겠는가?(딤전 6:16). 하나님의 공의의 법정 앞에 누가 능히 설 수 있으며, 거기에서 선을 주장할 수 있겠는가?(시 130:3; 143:2). 하나님이 분노의 팔을 휘두르실 때 누가 능히 설 수 있으며, 그것을 견디거나 대적할 수 있겠는가?(시 76:7).

4. 이로 인해 언약궤로부터 벗어나고자 하는 그들의 열망. 그들은 묻는다: 그를 우리에게서 누구에게로 올라가시게 할까(20절). 차라리 그들은 "우리가 어떻게 그와 더불어 화목하며 그의 호의를 회복할까?"라고 물었어야 했다(미 6:6, 7). 그러나 그들은, 마치 블레셋 사람들이 그랬던 것처럼, 언약궤에 대해 싫증을 내기 시작한다. 만일 그들이 적절한 존경심으로 언약궤를 대했다면, 그것이 그들 가운데 거처를 정하게 되고 그래서 그들 모두가 언약궤로 인해 축복을 받게 되었을지 누가 알겠는가? 그러나 하나님의 말씀이 죄인들의 양심에 두려움으로 역사하자, 그들은 허물과 수치를 스스로에게 돌리지 않고 말씀과 더불어 다투며 그것을 배척해 버렸다(렘 6:10). 그들은 강력한 성읍인 기럇여아림의 장로들에게 전령을 보내 언약궤를 그 곳으로 가져갈 것을 간청한다(21절). 그들은 언약궤를 기럇여아림으로 가져다주기 위해 감히 손을 댈 엄두도 내지 못하고 다만 위험한 물건을 대하는 것처럼 멀찌감치 떨어져 서 있었다. 이와 같이 어리석은 자들은 이쪽 극단에서 저쪽 극단으로, 즉 경솔한 담대함에서 노예적인 두려움으로 달려간다. 기럇여아림 즉 '숲의 성읍'은 유다에 속해 있었다(수 15:9, 60). 그 곳은 벧세메스로부터 실로로 가는 중간에 위치해 있었다. 그러므로 벧세메스 사람들이 기럇여아림 사람들에게 언약궤를 가져가도록 요청한 것은 아마도 실로의 장로들이 그 곳에 와서 그 곳으로부터 다시 언약궤를 가져갈 것을 생각하고 그렇게 한 것으로 추측되지만, 그러나 하나님의 의도는 다른 쪽에 있었다. 이와 같이 언약궤가 이 곳에서 저 곳으로 옮겨지며 공적인 돌봄을 받지 못한 것은 이스라엘에 왕이 없었음을 보여주는 증표였다.

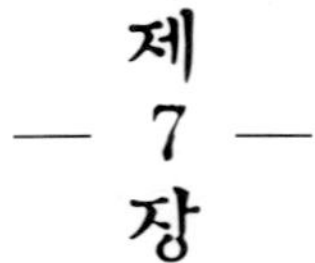

제 7 장

개요

본 장의 내용은 다음과 같다. I. 언약궤가 여러 해 동안 기럇여아림에 은둔해 있음으로 인해 그것의 영광이 가려짐(1, 2절). II. 사무엘이 이스라엘의 마지막 사사로 세움 받아 공적인 사역을 감당함. 본 장에서 우리는 그가 가장 활발하게 활동했던 그의 전성시대와 관련한 제반 이야기들을 보게 된다. 우리가 앞에서 보았던 것은 그의 어린 시절의 이야기이며(2장과 3장), 앞으로 보게 될 것은 노년 시절의 이야기이다(8:1). 그는 다음과 같은 일들을 활발하게 감당한다. 1. 이스라엘로 하여금 우상 숭배를 버리도록 함(3, 4절). 2. 이스라엘 가운데 올바른 종교를 회복시킴(5, 6절). 3. 블레셋이 침략하자 백성들을 위해 기도함(7-9절), 그리고 하나님이 그의 기도에 응답하여 이스라엘에게 영광스러운 승리를 주심(10, 11절). 4. 승리에 대한 감사의 기념비를 세움(12절). 5. 승리의 결과(13, 14절). 6. 백성들을 재판하며 다스림(15-17절). 이 모든 것들은 하나님이 그에게 일찌감치 은혜를 주심을 통해 계획하신 일들이었다.

¹기럇여아림 사람들이 와서 여호와의 궤를 옮겨 산에 사는 아비나답의 집에 들여놓고 그의 아들 엘리아살을 거룩하게 구별하여 여호와의 궤를 지키게 하였더니 ²궤가 기럇여아림에 들어간 날부터 이십 년 동안 오래 있은지라 이스라엘 온 족속이 여호와를 사모하니라

언약궤는 이제 기럇여아림으로 가게 되고, 이후 오랫동안 그 곳에 그대로 있게 된다. 대략 40년 후 다윗이 그 곳으로부터 언약궤를 가져올 때까지(대상 13:6) 우리는 그것에 대해 오직 한 번만을 제외하고는(삼상 14:18) 전혀 듣지 못하게 된다.

I. 언약궤가 기럇여아림으로 옮겨짐. 벧세메스 사람들은 스스로의 어리석음으로 말미암아 축복이 될 수 있었던 언약궤를 애물단지로 만들고 말았다. 이제 우리는 그것이 생명에 이르는 생명의 향기가 될 사람들 가운데 있게 되는 것

을 보게 될 것이다. 최근 얼마 동안 많은 사람들에게 그것은 사망에 이르는 사망의 향기가 되었었기 때문이다.

1. 기럇여아림 사람들은 언약궤를 즐거이 자신들 가운데로 가져간다(1절): 기럇여아림 사람들이 와서 여호와의 궤를 옮겨 갔더니. 그들의 이웃인 벧세메스 사람들은 언약궤를 보내는 것이 그것을 받아들일 때만큼 기쁘지 않았다. 그들은 언약궤로 인해 벧세메스에 임한 살육이 '독단적인 힘의 행동'이 아니라 '필연적인 공의의 행동'이었으며, 그로 인해 징벌을 당한 자들은 언약궤가 아니라 스스로를 비난해야만 한다는 사실을 잘 알고 있었다. 우리는 하나님께서 나의 노여움을 일으키지 말라 그리하면 내가 너희를 해하지 아니하리라(렘 25:6)라고 말씀하신 것을 신뢰해야만 한다. 자신의 성물과 규례를 모독한 자들에 대한 하나님의 심판은 우리로 하여금 성물이나 규례 그 자체를 두려워하게 만드는 것이 아니라, 그러한 것들을 더럽히며 잘못 사용하는 것을 두려워하게 만든다.

2. 기럇여아림 사람들은 언약궤를 자신들 가운데 가져감에 있어 마치 귀한 손님에게 그렇게 하듯이 참된 애정과 존경과 공경심을 가지고 세심한 주의를 기울였다.

(1) 그들은 언약궤를 안치할 적절한 장소를 마련했다. 그들에게는 언약궤를 둘 만한 공적인 건물이 없었다. 그래서 그들은 언약궤를, 성읍에서 가장 높은 지역에 위치해 있으며 그리고 아마도 가장 좋은 집이었을 것으로 보이는, 아비나답의 집에 두었다. 아마도 그 집의 주인은 성읍의 주민들 가운데 경건에 있어 가장 탁월하며 언약궤를 가장 연모(戀慕)하는 사람이었을 것이다. 제사장의 성읍이었음에도 불구하고 벧세메스 사람들은 언약궤를 빈들의 돌 위에 그대로 방치한 채 아무도 자기 집으로 맞이해들이지 않았다. 그러나 기럇여아림 사람들은 일반 백성들이었음에도 불구하고 그것을 위한 처소를 마련했다. 그리고 아마도 그 곳은 그것이 안치된 집 가운데 가장 잘 구비(具備)된 처소였을 것이다. 다음을 주목하라.

[1] 하나님은 자신의 궤를 위한 안식처를 찾으신다. 만일 어떤 사람들이 하나님의 궤를 자신들로부터 밀어낸다면, 다른 사람들이 그것을 맞아들일 마음을 갖게 될 것이다.

[2] 하나님의 궤가 개인의 집에 놓여지는 것은 결코 새로운 일이 아니다. 그리스도와 사도들은 마음대로 사용할 수 있는 공적인 장소를 갖지 못했을 때 이

집에서 저 집으로 다니며 복음을 전파했다.

[3] 때때로 일반 이스라엘 백성들이 신앙과 헌신에 있어 제사장들을 능가하며 그들을 부끄럽게 만든다.

(2) 그들은 하나님의 궤를 지킬 적절한 사람을 마련했다: 그의 아들 엘리아살을 거룩하게 구별하여 여호와의 궤를 지키게 하였더니. 그 일을 맡은 사람은 아버지가 아니었다. 아버지에게 그 일이 맡겨지기 않은 것은 아마도 그가 늙어 노쇠했기 때문이거나 아니면 돌봐야 할 집안 일이 많았기 때문이었을 것이다. 그러나 아들은 추측컨대 매우 경건하고 헌신적인 젊은이이며 이 일을 열정적으로 사모했을 것이다. 그의 임무는 그 궤를 악독한 블레셋 사람들에게 탈취당하지 않도록 지키며, 또한 지나치게 호기심 많은 이스라엘 백성들로 하여금 만지거나 들여다보지 못하도록 지키는 것이었다. 그는 하나님의 궤가 안치된 방을 — 비록 그 곳이 외딴 곳이라 할지라도 — 깨끗하고 품위 있게 유지하고, 그럼으로써 그것이 아무도 주의를 기울이지 않는 방치된 물건처럼 보이지 않도록 해야 했다. 여기에 등장하는 엘르아살이 레위 지파 출신인지, 그리고 한 걸음 더 나아가서 아론 가문 출신인지 하는 것은 나타나지 않는다. 그가 꼭 그래야만 할 필요는 없었다. 왜냐하면 여기에는 제사를 드리기 위한 단이나 혹은 향을 피우기 위한 단이 존재하지 않았기 때문이다. 오직 어떤 경건한 이스라엘 백성들이 이 곳에 와서 언약궤 앞에서 기도할 때 그가 그들을 수종들며 도왔을 것이라고 우리는 추측할 수 있다. 이러한 목적을 위해 기럇여아림 사람들은 엘르아살을 거룩하게 구별하였다. 다시 말해서 그 자신의 동의에 의해 그들이 그에게 이러한 임무를 주면서 하나님의 궤를 상시적으로 지키도록 위임한 것이었다. 그들은 이 일을 위해 모든 성읍 주민들의 이름으로 그를 따로 구별하여 세웠다. 이것은 비정상적인 것이었지만, 그러나 지금의 곤궁한 상황으로 인해 용서될 수 있는 것이었다. 언약궤가 이제 막 포로 된 자리에서 나온 상황에서 어떻게 갑자기 장엄한 의식이 거행될 것을 기대할 수 있겠는가? 우리는 주어진 상황을 그대로 받아들이면서, 그 가운데 최선의 것을 만들어야만 한다.

II. 언약궤가 기럇여아림에 계속 남아 있게 됨. 언약궤는 다시 실로로 돌아가는 것이 바람직하지 않았을까? 그러나 실로는 황폐하여졌다(렘 7:14). 그렇다면 최소한 놉이나 기브온 혹은 어디든지 성막과 제단이 있는 곳에 함께 있어야 하지 않았을까? 그러나 하나님의 궤는 그것을 적절한 장소로 가져갈 공적 정신을 가진 사람들의 부족으로 인해 이 곳에 그대로 있을 수밖에 없었던 것으로 보인다.

1. 언약궤가 이 곳에 머문 기간은 매우 길었다. 40년 이상 하나님의 궤는 은밀하며 외딴 장소인 '숲의 성읍'(곧 기럇여아림)에 놓여 있었다. 이 기간 동안 사람들의 발길이 거의 닿지 않고 또 특별한 주의가 기울여지지 않은 채 하나님의 궤는 그대로 그 곳에 방치되어 있었다. 궤가 기럇여아림에 들어간 날부터 이십 년 동안 오래 있은지라(2절). 기럇여아림으로 간 언약궤는 나중에 다윗이 그 곳으로부터 가지고 나올 때까지 계속 그 곳에 머물렀다. 사무엘이 다스렸던 모든 기간 동안 그것이 지성소로 옮겨지지 않은 것은 참으로 이상한 일이 아닐 수 없는데, 어쨌든 그것은 이스라엘 백성들 사이에 거룩한 열정이 약했음을 보여주는 증거이다. 하나님은 그러한 것을 그대로 내버려 두셨다. 그것은 언약궤를 방치한 것으로 인해 그들을 징벌하기 위함이며, 또한 언약궤의 제도가 단지 그리스도의 예표이며 장차 올 좋은 것을 보여주는 그림자일 뿐임을 강조하기 위함이었다(히 9:23; 12:27). 제사장 출신이 아닌 한 사람을 거룩히 구별하여 하나님의 궤를 지키게 한 것은 제사장들에 대한 정당한 책망이며 동시에 그들의 수치였다.

2. 이 기간 가운데 20년이 지나서야 비로소 이스라엘 집이 하나님의 궤의 필요성을 깨닫게 되었다. 70인역은 오늘날 우리가 가지고 있는 성경(KJV)보다 본문의 의미를 좀 더 명확하게 드러낸다: 그리고 20년이 지난지라 그리고 이스라엘 온 집이 다시 여호와를 찾은지라(한글 개역개정판도 이 부분이 다소 모호하게 되어있음). 이처럼 오랜 기간 동안 하나님의 궤는 외딴 곳에 방치되어 있었다. 성막에 언약궤가 없는 동안 하나님의 특별한 임재의 증표가 부재(不在)하며 속죄일이 지켜질 수 없었음에도 불구하고, 이스라엘 백성들은 그것이 없음으로 인한 문제점을 느끼지 못했으며 또한 그것이 어떻게 되었는지 아무도 묻지 않았다. 마치 형식주의에 빠진 제사장이 하나님의 임재나 열납하심의 증거 없이도 눈에 보이는 외적인 의식(儀式)으로 만족하는 것처럼, 그들은 언약궤 없는 제단에 만족하고 있었다. 그러나 마침내 그들은 여호와를 찾으며 애통하기 시작하면서 스스로를 돌아보게 되었는데, 아마도 그것은 성령의 특별한 역사가 함께 했던 사무엘의 설교로 말미암은 것이었을 것이다. 이렇게 하여 온 이스라엘 가운데 전반적인 회개와 갱신의 기운이 일어나기 시작했으며, 그들은 자기

들이 찌른 바 그를 바라보고 그를 위하여 애통하기를 시작했다(슥 12:10). 라이트 푸트 박사는 이것이 우리가 성경을 읽는 가운데 가장 주목할 만한 사건 가운데 하나로서, 이와 비견될 만한 유일한 것이 사도행전 2장과 3장의 '대회심 사건'(the great conversion)이라고 생각한다. 다음을 주목하라.

(1) 하나님의 성물이나 규례를 존중히 여기는 자들은 그러한 것들이 결핍된 것에 대해 매우 애통해할 것이다.

(2) 참된 회개와 회심은 여호와를 찾으며 애통하는 것으로부터 시작된다. 죄로 인해 우리가 하나님을 떠나가게 만든다는 사실과 우리가 계속해서 그분을 멀리할 때 우리는 파멸될 수밖에 없다는 사실, 그리고 그가 다시 우리에게 호의를 베푸심으로 은혜 가운데 돌아오시기까지는 우리에게 안식이 없다는 사실을 우리는 인식해야 한다. 이스라엘 백성들에게 있어 언약궤를 가지고 있으면서 그것을 들여다보거나 혹은 그것으로 인해 교만한 마음을 갖는 것보다는 차라리 언약궤를 갖고 있지 않으면서 그것을 찾아 애통하는 것이 훨씬 더 나았다. 은혜의 수단들이 너무 풍부하여 그것에 대해 싫증을 내는 것보다 차라리 희귀한 상태에서 그것을 간절히 사모하는 것이 훨씬 나을 것이다.

[3]사무엘이 이스라엘 온 족속에게 말하여 이르되 만일 너희가 전심으로 여호와께 돌아오려거든 이방 신들과 아스다롯을 너희 중에서 제거하고 너희 마음을 여호와께로 향하여 그만을 섬기라 그리하면 너희를 블레셋 사람의 손에서 건져내시리라 [4]이에 이스라엘 자손이 바알들과 아스다롯을 제거하고 여호와만 섬기니라 [5]사무엘이 이르되 온 이스라엘은 미스바로 모이라 내가 너희를 위하여 여호와께 기도하리라 하매 [6]그들이 미스바에 모여 물을 길어 여호와 앞에 붓고 그 날 종일 금식하고 거기에서 이르되 우리가 여호와께 범죄하였나이다 하니라 사무엘이 미스바에서 이스라엘 자손을 다스리니라

사무엘상 4:1 이후로 우리는 그의 이름이 언급되는 것을 보지 못하는데, 그러면 그동안 그는 어디에 있었으며 또 무엇을 하고 있었을까? 의심의 여지 없이 그는 백성들 가운데 많은 수고와 노력을 기울였을 것이다. 그러나 그러한 수고의 열매가 나타날 때까지 백성들 가운데 행한 그의 노고는 전혀 언급되지 않았다. 백성들이 여호와를 찾아 애통하기 시작했음을 인식했을 때, 그는

하나님의 신실한 종으로서 그리고 이스라엘의 신실한 친구로서 마치 쇠가 달구어졌을 때 치듯이 백성들을 위해 두 가지 일에 힘을 쏟았다.

I. 그는 백성들을 우상으로부터 떼어놓는 일에 힘을 쏟았다. 왜냐하면 진정한 갱신은 바로 여기서부터 시작되기 때문이다. 그는 한 사람의 순회전도자로서 이 곳저곳을 다니며 이스라엘 온 족속에게(3절) 말하는 가운데 어디를 가든지 훈계한 내용은 다음과 같은 것이었다. 만일 너희가 전심으로 여호와께 돌아오려거든,

1. 너희의 우상들을 부인하고 버려야 한다. 이방 신들을 너희 중에서 제거하라. 왜냐하면 너희 하나님은 어떤 다른 신도 용납하지 않으시기 때문이다. 너희로부터 그것들을 제거하라. 각각의 신들을 너희 가운데로부터 제거하라. 너희가 있는 장소에서 그것들을 벗어버리고 나라 밖으로 몰아내기 위해 너희가 할 수 있는 일을 하라. 이방 신 바알들과 이방 여신 아스다롯들을 제거하라. 여기에서 특별히 아스다롯이 거명되고 있는데, 그것은 그들이 대부분 짝하고 있었던 가장 사랑받는 우상이 바로 그것이었기 때문이다. 참된 회개는 달콤한 죄와 직면하여, 특별한 열정과 결심을 가지고 가장 쉽게 우리를 둘러싸는 죄를 제거하는 것임을 주목하라.

2. 진지한 숙고와 굳은 결심을 가지고 하나님께 돌아와야 한다. 왜냐하면 그 두 가지(진지한 숙고와 굳은 결심)야말로 마음을 준비하는, 다시 말해서 마음을 여호와께 향하게 하며, 위치시키며, 확고히 하는 것이기 때문이다.

3. 온전히 하나님만을 섬겨야 한다. 오직 그분만을 섬기고 다른 것들을 섬기지 말라. 만일 그렇게 하지 않으면 너희는 그분을 전혀 섬기지 않는 것이며, 그분을 기쁘시게 할 수 없다.

4. 오직 이것만이 형통과 구원에 이르는 유일한 그리고 가장 확실한 길이다. 이 길을 취하라. 그리하면 너희를 블레셋 사람의 손에서 건져내시리라. 그가 너희를 블레셋 사람의 손에 넘겨준 것은 너희가 그를 버리고 다른 신들을 섬겼기 때문이다.

이것이 사무엘의 설교의 요지(要旨)였으며, 이러한 설교로 인해 놀라운 결과가 일어났다(4절): 이에 이스라엘 자손이 바알들과 아스다롯을 제거하고. 그들은 다른 신들에게 예배하는 것을 중단했을 뿐만 아니라, 그것들의 형상을 파괴하고 제단을 허물며 그것들을 완전히 버렸다. 우리가 다시 우상과 무슨 상관이 있으

리요(호 14:8; 사 30:22).

II. 그는 백성들로 하여금 영원히 하나님을 따르며 그분을 섬기도록 하는 일에 힘을 쏟았다.   그는 백성들로 하여금 선한 마음을 갖도록 하는 일에 자신이 할 수 있는 모든 일을 행했다.

1. 사무엘은 온 이스라엘을(최소한 백성들의 대표로서 장로들을) 미스바로 모이도록 소환하면서, 거기에서 그들을 위해 기도할 것을 약속한다(5절). 그들이 원근각처로부터 모여 사무엘과 함께 하나님의 호의(好意)를 구하는 것은 참으로 가치 있는 일이 아닐 수 없었다. 사역자들은 설교를 듣는 자들을 위해 하나님의 은혜로 자신들의 설교가 효과적인 설교가 되도록 기도해야 함을 주목하라. 또한 종교적인 집회로 함께 모일 때 우리는 설교를 듣는 것 못지않게 공동기도에 함께 동참하는 것 역시 매우 중요하다는 사실을 기억해야 한다. 사무엘은 백성들을 위하여 기도하기를, 하나님의 은혜로 그들이 우상을 버리고 그럼으로써 하나님의 섭리로 말미암아 블레셋 사람들로부터 구원받도록 간청했다. 만일 사역자들이 백성들을 위해 더욱 기도한다면, 그것은 백성들을 더욱 유익하게 하는 일이 될 것이다.

2. 백성들은 사무엘의 부름에 순종하여 미스바에 모였을 뿐만 아니라 매우 기꺼이 그 모임의 목적에 순응했다(6절).

(1) 그들은 물을 길어 여호와 앞에 부었다. 그것은 다음과 같은 의미를 갖는 것이었다.

[1] 죄에 대한 애통과 통회. 그들은 자신들이 마치 땅에 쏟아짐으로 다시 담을 수 없게 된 물처럼(삼하 14:14) 하나님 앞에 미천하고 비참한 존재임을 인정했다(시 22:14). 갈대아 역본은 이것을 이렇게 읽는다: 그들은 여호와 앞에 회개하면서 자신들의 마음을 쏟아 부었다. 그들은 눈물을 강같이 흘렸으며 경건한 슬픔에 잠겼는데, 그것은 여호와 앞에서 그분을 바라보았기 때문이었다.

[2] 하나님의 자비를 구하는 진지한 기도와 간구. 기도하는 것은 하나님 앞에 자신의 영혼을 쏟아 붓는 것이다(시 62:8).

[3] 철저한 갱신. 그들은 모든 죄를 버리며 또한 죄의 찌끼까지도 더 이상 품고 있지 않겠다는 자신들의 의지를 이와 같은 방식으로 표현했다. 그들은 자신들의 죄를 철저하게 고백했으며, 모든 죄를 버릴 것을 굳게 결의했다. 라이트푸트 박사가 지적한 것처럼, 지금 이스라엘은 우상들로부터 세례를 받고 있었다.

[4] 어떤 이들은 이것이, 사무엘이 그들에게 확신시켜 준 하나님의 자비에 대한 소망 가운데, 그들이 가졌던 기쁨을 나타내는 것이라고 생각한다. 이러한 의식은 장막절을 기념하는 데 사용되었다(요 7:37, 37). 그리고 이사야 12:3을 보라(그러므로 너희가 기쁨으로 구원의 우물들에서 물을 길으리로다). 만일 우리가 이와 같은 의미로 받아들인다면 그 구절은 이렇게 읽혀야 한다: 금식한 후에 그들이 물을 길어. 이렇게 본다면, 그들은 금식과 함께 애통해하고 난 후에 용서와 화해에 대한 자신들의 소망을 그와 같이 표현한 것이다.

(2) 그들은 금식했다. 그들은 음식을 멀리하여 자신들의 영혼을 괴롭게 함으로써 회개와 함께 열렬한 헌신을 표현했다.

(3) 그들은 자신들의 죄를 공적으로 자백했다: 우리가 여호와께 범죄하였나이다. 그렇게 함으로써 그들은 영광은 하나님께 돌리고 수치와 부끄러움은 스스로에게 돌렸다. 만일 우리도 이와 같이 우리의 죄를 자백하면, 하나님은 미쁘시고 의로우사 우리 죄를 사하실 것이다(요일 1:9).

3. 그 때 사무엘은 미스바에서 백성들을 '판결' 했다(judged, 개역개정판 성경에는 '다스리니라' 로 되어 있음). 즉 그들의 죄가 회개함으로 인해 사하여졌으며 또 그들이 하나님과 더불어 화해되었음을 사무엘이 하나님의 이름으로 확증해 주었다. 그것은 사죄의 판결이었다. 혹은 그 구절은 그들이 우상을 버리지 않았다는 정보를 받고 사무엘이 율법에 따라 그들을 '재판' 한(judged) 것을 말하는 것인지도 모른다. 스스로를 재판하지 않았던 자들을 그가 재판했다. 또 어쩌면 사무엘이 지금 그들 가운데 공의의 법정을 설치하고, 기간을 정한 후, (나중에 볼 수 있는 것처럼, 7:16) 순회재판을 행한 것을 의미하는 것인지도 모른다. 그렇게 본다면 지금 사무엘은 백성들로 하여금 다시금 죄 속으로 되돌아가지 못하도록 하기 위해 통치자로서의 수레바퀴를 굴리기 시작하고 있는 것이다.

⁷이스라엘 자손이 미스바에 모였다 함을 블레셋 사람들이 듣고 그들의 방백들이 이스라엘을 치러 올라온지라 이스라엘 자손들이 듣고 블레셋 사람들을 두려워하여 ⁸이스라엘 자손이 사무엘에게 이르되 당신은 우리를 위하여 우리 **하나님** 여호와께 쉬지 말고 부르짖어 우리를 블레셋 사람들의 손에서 구원하시게 하소서 하니 ⁹사무엘이 젖 먹는 어린 양 하나를 가져다가 온전한 번제를 여호와께 드리고 이스

라엘을 위하여 여호와께 부르짖으매 여호와께서 응답하셨더라 ¹⁰사무엘이 번제를 드릴 때에 블레셋 사람이 이스라엘과 싸우려고 가까이 오매 그 날에 여호와께서 블레셋 사람에게 큰 우레를 발하여 그들을 어지럽게 하시니 그들이 이스라엘 앞에 패한지라 ¹¹이스라엘 사람들이 미스바에서 나가서 블레셋 사람들을 추격하여 벧갈 아래에 이르기까지 쳤더라 ¹²사무엘이 돌을 취하여 미스바와 센 사이에 세워 이르되 여호와께서 여기까지 우리를 도우셨다 하고 그 이름을 에벤에셀이라 하니라

I. 블레셋 사람들이 이스라엘을 치러 올라옴(7절). 그들은 이스라엘이 회개와 기도를 위해 모인 것을 마치 전쟁을 위해 모인 것인 양 불쾌하게 여기면서, 만일 그렇다면 자기 나라 밖에서 전쟁하는 것이 자신들에게 유리할 것이라고 생각했다. 그들에게는 이렇게 의심할 만한 정당한 이유가 없었다. 그러나 다른 사람들에게 위해를 가하기 좋아하는 자들은 다른 사람들이 자신들에게 위해를 가하고자 계획하고 있다고 성급하게 상상한다.

1. 때때로 선으로부터 악이 나오는 것처럼 보이는 경우가 있음을 주목하라. 미스바에서의 종교적인 모임으로 인해 이스라엘 백성들에게 문제가 발생하게 되었는데, 이로 말미암아 그들은 차라리 그냥 집에 머물러 있었으면 좋았을 것이며 따라서 자신들을 소환한 사무엘을 비난하고자 하는 시험을 떨어질 수도 있었다. 그러나 하나님의 길에 서 있는 가운데에서도 난관이 다가올 수 있다는 사실을 우리는 기억해야 한다. 아니, 죄인들이 회개하고 새로워지기 시작할 때, 그들은 사탄이 자신들을 대적하고 낙담시키기 위해 광분하며 역사할 것이라는 사실을 미리 예상해야만 한다.

2. 그러나 마침내 그러한 악으로부터 선이 나오게 된다. 이스라엘은 가장 좋은 때에 위협을 받고 있었다. 그들은 회개하며 기도하고 있었다. 적을 맞이함에 있어 지금이야말로 그 어떤 때보다도 가장 잘 준비된 때였다. 또한 블레셋은 이스라엘과 전쟁을 벌임에 있어 지금보다 더 나쁜 때를 선택한 적은 결코 없었다. 왜냐하면 지금 이스라엘은 하나님과 더불어 화목을 이루고 있었기 때문이었다. 하나님은 블레셋으로 하여금 이스라엘을 치러 올라오는 것을 허용하셨다. 그것은 자기 백성들의 회개와 갱신에 대하여 즉각 '호의의 증표'로 관을 씌우시며, 또한 만일 회개하면 하나님께서 그들을 블레셋 사람들의 손으로부터 구원하실 것이라는 당신의 사자(使者)의 말을 확증하는 기회로 삼기 위함이

었다. 이와 같이 하나님은 사람의 분노까지도 당신을 높이는 재료로 삼으시며, 원수들의 악한 계획조차도 당신의 은혜로운 계획을 이루는 일에 사용되도록 만드신다(미 4:11, 12).

Ⅱ. 이러한 난관 속에서 이스라엘이 사무엘을 온전히 좇음. 비록 그가 장군도 아니었으며 용맹한 전사로 이름을 떨친 것도 아니었지만, 그들은 블레셋 사람들로 인해 두려워 떨면서 사무엘로 하여금 자신들을 위해 기도해 달라고 간청했다: 당신은 우리를 위하여 우리 하나님 여호와께 쉬지 말고 부르짖어(8절). 그들은 지금 무장하고 있지 않았으며, 전쟁을 위해 아무 준비도 되어 있지 않았다. 그들이 여기 모인 것은 금식하며 기도하기 위함이었지, 싸우기 위함이 아니었다. 그러므로 지금 이스라엘이 갖고 있는 무기는 눈물과 기도가 전부였으며, 그들이 지금 의지할 것이라곤 이것밖에 없었다. 그들은 사무엘이 하늘의 하나님과 깊은 관계를 맺고 있음을 잘 알고 있었으므로, 자신들을 위해 그러한 관계를 활용해 줄 것을 진심으로 간청했다. 그들에게는 그것을 기대할 만한 분명한 이유가 있었다. 왜냐하면 그들을 위해 기도할 것과(5절) 또 그들이 블레셋 사람들의 손에서 구원받게 될 것을(3절) 그가 약속했었기 때문이며, 또한 그가 여호와로부터 받아 말한 모든 것을 그들이 잘 준수해왔기 때문이었다. 이와 같이 율법수여자요 사사로서 그리스도께 진심으로 순복하는 자들은 그(그리스도)의 중보를 의심할 필요가 없다. 그들은 사무엘이 자신들을 위해 기도하기를 그치지 말아 줄 것을 간절히 열망했다. 만일 그들에게 어떤 군사적인 준비가 되어 있었다면 그들은 그것을 의지했을 것이다. 그러나 그들은 사무엘에게 계속해서 간절히 기도해 줄 것을 간청했는데, 아마도 그들은 모세가 팔을 내릴 때마다 아말렉이 이겼던 사실을 생각하고 그랬는지 모른다. 모든 신자들에게 있어 위에 계신 우리의 위대한 중보자가 결코 쉬지 않으시며 또 잠잠치 않으시는 것은 얼마나 큰 위로인가! 그는 우리를 위해 항상 하나님 앞에 나타나시는 분이시다.

Ⅲ. 사무엘이 이스라엘을 위해 제사를 드리면서 하나님께 중보의 기도를 드림(9절). 그는 젖 먹는 어린 양을 취하여 여호와께 번제 곧 온전한 번제로 드렸다. 그리고 제물이 연기와 함께 타는 동안 이스라엘을 위한 그의 기도도 하늘로 올라가고 있었다. 다음을 주목하라.

1. 사무엘은 제물과 함께 중보의 기도를 드렸다. 그리스도께서도 자신의 속

죄의 효력을 힘입어 중보의 기도를 드리셨다. 그리고 모든 기도에 있어 우리는 우리의 위대한 희생제물을 바라보아야만 하는데, 우리의 기도에 대한 하나님의 '들으심'과 '받으심'이 바로 그것에 의존한다. 기도 없는 제물은 공허한 그림자에 불과하며, 제물 없는 기도는 아무런 효력을 갖지 못한다. 그러므로 그리스도의 희생제사에 대한 믿음과 더불어 기도할 때, 우리는 하나님의 응답으로서 위대한 일들을 기대할 수 있게 될 것이다.

2. 사무엘이 드린 제물은 번제였다. 그것은 순전히 하나님의 영광을 위해 드려진 것으로서, 그가 기도에 있어 의지했던 위대한 근거가 바로 하나님의 영광이었음을 암시해 주는 것이었다. "여호와여, 이제 주의 이름을 위하여 주의 백성을 도우소서." 우리가 하나님께 영광을 돌리기 위해 힘쓸 때, 우리는 그가 우리의 기도에 대한 응답으로 자신의 영광을 위해 일하실 것을 기대할 수 있다.

3. 그가 드린 것은 고작 한 마리의 젖 먹는 어린 양이었다. 하나님이 보시는 것은 제물의 크기나 숫자가 아니라 마음의 온전함이다. 하나님의 어린 양을 상징하는 이 한 마리의 어린 양은 믿음과 기도 없이 드리는 수천 마리의 숫양과 황소보다도 더 받으심직한 것이었다. 사무엘은 제사장이 아니었다. 그는 레위인이었으며 선지자였다. 그가 제사를 드린 것은 특별한 경우였다. 그것은 특별한 지시에 의해 행해진 것이었으며, 따라서 하나님께 열납되었다. 또한 이것은 제사장들을 부끄럽게 만드는 것이기도 했는데, 그것은 그들이 스스로 부패하였기 때문이었다.

IV. 하나님께서 사무엘의 기도에 응답하심(9절). 여호와께서 응답하셨더라. 그 자신의 이름이 사무엘 즉 하나님께 구했다였다. 그의 기도에 대한 응답으로 하나님은 그에게 큰 자비를 베푸셨다. 그의 이름을 부르는 자들 중에는 사무엘이 있도다(시 99:6)라는 말씀처럼 기도로 낳은 아들들은 또한 기도하는 것에도 뛰어났다. 그 응답은 실제적인 응답이었다. 블레셋 사람들은 어지러움에 빠져(10, 11절) 완전히 패하였으며, 이로 인해 사무엘의 기도와 하나님의 능력과 이스라엘의 용맹이 높이 드러나게 되었다.

1. 사무엘의 기도가 높이 드러남. 그가 제사를 드리면서 기도하던 바로 그 시간에 싸움이 시작되었으며, 싸움이 시작되자마자 승기(勝機)는 순식간에 이스라엘 쪽으로 기울었다. 이와 같이 그가 아직 말하고 있는 동안 하나님이 들으시

고 우레 가운데 응답하셨다(사 65:24, 그들이 부르기 전에 내가 응답하겠고 그들이 말을 마치기 전에 내가 들을 것이며). 이로써 하나님은 사무엘의 기도와 제사를 귀하게 받으셨음을 보여주셨다. 그리고 그와 함께 이스라엘로 하여금, 예전에 타락한 두 제사장의 어깨에 언약궤를 메고 나와 블레셋과 싸울 때 그들이 패한 것은 다름 아닌 그들의 어설픈 믿음에 대한 하나님의 응징이었다는 사실을 알게 하셨다. 그리고 동시에 지금은 경건한 선지자의 마음과 입으로부터 나오는 믿음의 기도를 그들이 겸손하게 의지하고 있는 것을 기쁘게 받으셨음을 보여주셨다.

2. 하나님의 능력이 크게 드러남. 하나님은 이 일을 직접 자신이 맡으셨다. 그리고 그들을 큰 우레로 어지럽게 하심으로써 극도의 두려움과 공포 속에 정신을 잃게 만드셨다. 하나님은 어떤 경우에는(수 10:11의 경우처럼) 우박덩어리를 사용하심으로써 직접 죽이기도 하시지만, 여기에서는 단지 두려움을 가져다주기 위해 큰 우레를 사용하셨다. 그럼으로써 그들은 이스라엘의 칼에 매우 손쉬운 먹잇감이 되었으며, 혼란에 빠져 패하고 말았다. 요세푸스는 이에 더하여, 블레셋 사람들이 공격을 개시하기 시작할 때 그들 아래에서 땅이 흔들림으로 많은 장소에서 땅이 갈라져 그들을 삼켰으며 우레의 공포 외에도 불길이 일어나 그들의 얼굴과 손을 태움으로써 그들은 도망칠 수밖에 없게 되었다고 하였다. 이렇게 하여 그들은 하나님의 직접적인 손에 의해 패퇴당하고 말았다. 그들은 하나님의 궤를 두려워했던 것만큼(4:7) 하나님 자신을 두려워하지는 않았다.

3. 이스라엘의 용맹이 높이 드러남. 그들은 승리를 마무리짓는 데 사용되었으며, 압제자에 대해 승리를 결정짓는 즐거움을 갖게 되었다: 이스라엘 사람들이 미스바에서 나가서 블레셋 사람들을 추격하여 벧갈 아래에 이르기까지 쳤더라(11절). 회개와 갱신을 통해 하나님께 돌아온 그들은 너무나 빨리 그 열매를 맛보았다. 이제 하나님으로 하여금 자신들과 함께 하게 함으로써, 어떤 원수도 그들 앞에 설 수 없게 되었다.

V. 사무엘이 이러한 승리에 대해 감사의 기념비를 세움(12절). 이것은 하나님께 영광을 돌리기 위한 것이었으며 동시에 이스라엘을 격려하기 위한 것이었다. 그는 에벤에셀 즉 도움의 돌을 세웠다. 만일 백성들이 완악한 마음으로 이와 같은 승리의 감격을 잃어버린다면, 이 돌이 그에 대한 기억을 되살려줌으

로써 감사의 마음을 회복시켜 줄 것이었다. 그리고 그들의 감사치 않음에 대해 경고하는 '서 있는 증인'이 될 것이었다.

1. 이 기념비가 세워진 장소는 20년 전 이스라엘이 블레셋 사람들 앞에 크게 패배한 바로 그 장소였다(4:1, 이스라엘은 나가서 블레셋 사람들과 싸우려고 에벤에셀 곁에 진 치고). 전에 패배를 초래한 죄는 이제 그들의 회개로 인해 용서되었다. 그리고 그러한 용서는 그들이 패배를 당한 바로 그 장소에서의 영광스러운 승리로 인해 분명하게 확증되었다. 호세아 1:10을 보라(그러나 이스라엘 자손의 수가 바닷가의 모래 같이 되어서 헤아릴 수도 없고 셀 수도 없을 것이며 전에 그들에게 이르기를 너희는 내 백성이 아니라 한 그 곳에서 그들에게 이르기를 너희는 살아 계신 하나님의 아들들이라 할 것이라).

2. 사무엘 자신이 기념비를 세우는 일을 감당했다. 그는 하나님의 자비를 얻는 일에 도구로 사용되었으므로 이러한 감사의 기념비를 세울 특별한 책임이 자신에게 있다고 생각했다.

3. 사무엘은 '여호와께서 여기까지 우리를 도우셨다'고 고백하면서 그 기념비를 에벤에셀이라 명명했다. 이로써 그는 승리의 영광을 오직 하나님께만 돌리면서 지나간 일에 대해 감사를 표한다. 하나님은 이제까지의 모든 호의 위에 이번의 승리를 더하셨다. 그렇지만 그는 미래에 대하여는 다소 의심의 여지를 풍긴다: "지금까지는 모든 일이 잘 이루어졌다. 그러나 하나님이 장차 무슨 일을 하실지 우리는 알지 못한다. 그러나 지금까지 이루어진 일로 인해 그분을 찬양하자." 비록 하나님의 자비와 구원이 완성되지 않았다 할지라도 아니 설령 그것이 불확실하게 보인다 할지라도, 우리는 그것이 시작된 것에 대해 마땅히 감사해야 한다. 바울은 말한다: 하나님의 도우심을 받아 내가 오늘까지 서서 (행 26:22).

¹³이에 블레셋 사람들이 굴복하여 다시는 이스라엘 지역 안에 들어오지 못하였으며 여호와의 손이 사무엘이 사는 날 동안에 블레셋 사람을 막으시매 ¹⁴블레셋 사람들이 이스라엘에게서 빼앗았던 성읍이 에그론부터 가드까지 이스라엘에게 회복되니 이스라엘이 그 사방 지역을 블레셋 사람들의 손에서 도로 찾았고 또 이스라엘과 아모리 사람 사이에 평화가 있었더라 ¹⁵사무엘이 사는 날 동안에 이스라엘을 다스렸으되 ¹⁶해마다 벧엘과 길갈과 미스바로 순회하여 그 모든 곳에서 이스라엘을 다

스렸고 [17]라마로 돌아왔으니 이는 거기에 자기 집이 있음이니라 거기서도 이스라엘을 다스렸으며 또 거기에 여호와를 위하여 제단을 쌓았더라

우리는 여기에서 이후 사무엘이 이스라엘에 행한 선한 봉사에 대한 짤막한 언급을 보게 된다. 백성들로 하여금 우상을 버리고 하나님께 돌아오도록 한 후 그는 계속되는 자신의 사역을 통해 그들을 은혜 받을 만한 그릇이 되도록 이끌었다. 앞 장의 경우에서나 이후 다른 경우에서나 그는 백성들에게 있어 큰 축복이었다. 그러나 그는 본서를 기록하면서 당시의 일들을 상세하게 기록하지는 않는다. 여기에는 언급되어 있지 않지만 다른 곳을 통해 우리는 선지자 사무엘의 시대에 이스라엘 백성들이, 비록 언약궤가 멀리 떨어져 있었으며 실로가 황폐화되었음에도 불구하고, 유월절 규례를 보통 이상으로 특별하게 지켰음을 알 수 있다(대하 35:18). 의심의 여지 없이 그는 이스라엘을 위해 많은 일들을 행했을 것이다. 그러나 우리가 여기에서 듣게 되는 것은 그가 단지 다음과 같은 일들의 도구로 사용되었다는 것뿐이다.

1. 이스라엘의 평안을 확고히 하는 일(13절): 이에 블레셋 사람들이 굴복하여 다시는 이스라엘 지역 안에 들어오지 못하였으며. 그들은 이스라엘을 침입하거나 혹은 습격하지 못했다. 그들은 지금 하나님이 이스라엘을 위해 싸우고 계시며 또 그의 손이 블레셋을 대적하고 계신다는 사실을 인식하고 있었다. 그리하여 그들은 두려움 가운데 떨면서 하나님의 진노를 불러들이지 않고자 스스로 조심하고 있었다. 사무엘은 이스라엘의 보호자요 구원자였는데, 기드온처럼 칼의 힘이나 삼손처럼 팔의 힘이 아니라 하나님께 대한 기도의 힘으로 백성들 가운데 개혁과 갱신의 일을 수행했다. 참된 신앙과 경건은 나라의 안전을 지키는 최선의 방책이다.

2. 빼앗겼던 성읍들을 회복하는 일(14절). 사무엘의 영향 아래 이스라엘은 블레셋 사람들이 부당하게 탈취하여 오랫동안 점령하고 있었던 성읍들을 되돌려줄 것을 요구할 용기를 갖게 되었으며, 블레셋 사람들은 감히 반론을 제기하지 못하고 그러한 요구에 순순히 굴복할 수밖에 없었다. 어떤 이들은 그들이 심지어 에그론과 가드까지(블레셋의 다섯 곳의 주요 성읍 가운데 두 곳으로서 비록 훗날 그들이 다시 탈취해 갔다 할지라도) 내어주었다고 보는 반면 또 어떤 이들은 이 때 블레셋 사람들의 손으로부터 되찾은 것은 에그론과 가드 사이

에 있었던 몇몇 작은 촌락들이었다고 본다. 어쨌든 이스라엘은 종교의 갱신과 개혁을 통해 빼앗긴 것들을 되찾았으며 또한 원수들의 땅을 얻었다. 그리고 "이스라엘과 아모리 사람, 즉 가나안 원주민들 가운데 남아있는 자들 사이에 평화가 있었다"는 언급이 특별하게 덧붙여진다. 이스라엘이 그들과 어떤 동맹을 맺은 것은 아니었다. 그럼에도 불구하고 그들은 잠잠했으며, 과거에 때때로 그랬던 것과는 달리 지금은 이스라엘에게 그다지 해악을 끼치지 않았다. 이와 같이 사람의 행위가 여호와를 기쁘시게 하면 그 사람의 원수라도 그와 더불어 화목하게 하시느니라(잠 16:7).

3. 공의를 집행하는 일(15, 16절): 그가 이스라엘을 다스렸더라(재판했더라, judged). 그는 선지자로서 백성들에게 마땅히 행할 것들을 가르치면서 죄에 대하여는 엄히 책망했는데, 이것이 재판하는 것(judging, 다스리는 것)으로 일컬어진다(겔 20:4; 22:2). 모세가 백성들에게 하나님의 율례와 법도를 알게 했을 때, 그가 이스라엘을 재판했다고 언급된다(출 18:16). 이와 같이 사무엘은 마지막 순간까지, 심지어 사울이 왕이 된 후에도, 백성들을 재판했다(다스렸다, judged). 그래서 그는 사울이 왕으로 취임했을 때에도 선하고 의로운 길을 가르치는 것을 그치지 않겠다고 백성들에게 약속했다(12:23). 사무엘은 또한 치리자로서 하급 법정으로부터 상소를 받고 그에 대해 판결을 내렸으며, 소송사건을 심리하여 확정하고, 죄인을 심리하여 율법에 따라 무죄방면하거나 유죄판결을 내렸다. 사무엘은 나이가 들어 사울에게 넘겨 줄 때까지 평생 이 일을 수행했다. 그리고 나중에 특별한 필요가 있을 때에는 다시금 이러한 권위를 행사하기도 했는데, 심지어 아각과 사울 자신까지도 재판했다. 또한 한창 왕성하게 일할 때에는 모든 지역을(최소한 그의 영향 아래 있는 지역을) 순회하며 재판하는 일을 감당했다. 그는 벧엘과 길갈과 미스바에 법정을 설치했는데, 그 곳은 모두 베냐민 지파의 경내에 있는 성읍들이었다. 반면 그의 상시적인 거주지는 고향 라마에 있었으며 거기에서 이스라엘을 다스렸는데(judged, 재판했는데), 백성들에게 어떤 문제가 생기면 그들은 그것을 가지고 이 곳으로 찾아왔다.

4. 이스라엘의 신앙과 종교를 지키며 유지하는 일. 사무엘은 자신의 집이 있는 라마에 여호와를 위하여 제단을 쌓았다. 그것은 놉이나 기브온 혹은 성막에 있는 제단을 무시해서가 아니라, 신적 공의에 의해 실로가 황폐화된 상태에서 제사를 드리도록 선택된 장소가 아직 없었기 때문이었다(신 12:11, 너희는 너희

의 하나님 여호와께서 자기 이름을 두시려고 택하실 그 곳으로 내가 명령하는 것을 모두 가지고 갈지니). 그는 오직 한 장소에서만 제사를 드려야 한다고 가르치는 율법이 당분간 중단된 것으로 간주했다. 그러므로 선지자로서 그리고 신적 지시에 의해, 사무엘은 예전의 족장들이 그랬던 것처럼 자신의 가족과 그 곳에 찾아오는 모든 사람들을 위해 자신이 살고 있는 곳에 제단을 쌓았다. 위대한 자들은 자신이 살고 있는 지역의 신앙을 유지하고 지키기 위해 자신의 재물과 권력과 영향력을 사용해야만 한다.

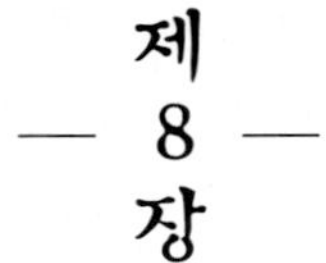

제 8 장

개요

앞 장에서 이스라엘은 사무엘의 다스림 아래 모든 것이 형통했다. 그러나 그가 그토록 빨리 나이가 들어 퇴장하고 그럼으로써 모든 일이 다시 예전으로 되돌아가는 것은 참으로 안타까운 일이다. 그렇지만 결국 그와 같이 되었다. 이스라엘에 있어 형통한 날이 오래 지속되는 것은 드문 일이다. 본 장의 내용은 다음과 같다. I. 사무엘이 늙어 노쇠해짐(1절). II. 그의 아들들의 타락(2, 3절). III. 이스라엘이 현재의 통치체제에 대해 불만을 갖고 변화를 열망함. 1. 그들이 왕을 세워 달라고 사무엘에게 청원함(4, 5절). 2. 사무엘이 이 문제를 하나님께 가져감(6절). 3. 하나님이 그들에게 답변할 것을 사무엘에게 지시하심: 책망으로써(7, 8절), 그리고 통치체제를 바꿈으로써 초래하게 될 결과들을 제시하며 그들이 그 아래서 얼마나 고통을 당하게 될 것이지를 충고함으로써(9-18절). 4. 그들이 계속해서 자신들의 청원을 고집함(19, 20절). 5. 사무엘이 그들에게 왕을 세워줄 것을 약속함(21, 22절). 이를 통해 우리는 사람이 유복한 상태에 있을 때 자신이 그러한 상태에 있음을 아는 것이 참으로 어렵다는 사실을 보게 된다.

[1]사무엘이 늙으매 그의 아들들을 이스라엘 사사로 삼으니 [2]장자의 이름은 요엘이요 차자의 이름은 아비야라 그들이 브엘세바에서 사사가 되니라 [3]그의 아들들이 자기 아버지의 행위를 따르지 아니하고 이익을 따라 뇌물을 받고 판결을 굽게 하니라

우리는 여기에서 결코 낯설지 않은 두 가지 슬픈 일을 보게 된다.

1. 선하고 유능한 사람이 나이가 들고 늙어 일할 수 없게 되는 것(1절): 사무엘이 늙으매. 그는 나이가 들고 늙어 더 이상 이스라엘을 다스릴(재판할) 수 없게 되었다. 그는 아직 60세가 채 되지 않은 것 같다. 그러나 그는 모든 면에서 빠른 사람이었다. 그는 아이일 때에도 생각이 깊었고 또 많은 책무를 맡은 사람이었다. 어쩌면 이로 인해 다른 사람들보다 좀 더 빨리 노쇠해진 것인지도 모른다. 먼저 익은 과일이 먼저 떨어지는 법이다. 그는 공적인 일을 감당하는

데 자신의 모든 힘과 정신을 다 소진했다. 그러므로 이제는 예전처럼 자신의 일을 감당할 수 없게 되었다. 그의 머리가 많은 나이에 의해 잘려지고 말았다. 그러므로 지금 한창 나이인 사람들은 바쁘게 일해야 한다. 왜냐하면 세월이 흐름과 함께 더 이상 그렇게 할 수 없게 될 날이 곧 올 것이기 때문이다.

2. 의인의 자녀가 곁길로 빠지면서 부모의 길을 따르지 않는 것. 사무엘은 아들들에게 선한 가르침을 주었으며, 그들은 백성들 가운데 좋은 평판을 얻음과 함께 아버지로 하여금 잘 할 수 있을 것이라는 밝은 소망을 갖도록 해 주었다. 이로 인해 사무엘은 그들을 사사로 세우면서, 얼마동안은 곁에 두며 자신을 보조하도록 하다가 후에 라마로부터 멀리 떨어진 브엘세바에 자신의 대리자로 파견했다(2절). 그것은 아마도 남부지역에 거주하는 사람들이 재판을 받기 위해 멀리까지 여행할 수 없었으므로 그의 아들들을 파견해 줄 것을 탄원했기 때문이었을 것이다. 사무엘이 그들에게 그와 같은 직무를 위임한 것은 그들이 자신의 아들들이기 때문이 아니라(그는 기드온이 그랬던 것처럼 사사의 직분을 세습시키고자 하는 야심을 갖고 있지 않았다) 그러한 직무에 적합한 자들이었기 때문이었을 것이다. 노(老) 사사의 마음을 편하게 해주고 또 그의 짐을 덜어줄 자로서 그들보다 더 적합한 사람들은 없었다(다른 조건이 동일하다면). 그들은 위대한 지도자 사무엘의 아들들로서 틀림없이 백성들로부터 존경을 받았을 것이며 그것은 그들에게 큰 이점이 되었을 것이다. 그러므로 만일 자신들의 책무를 올바로 수행했다면 오래지 않아 그들은 백성들 가운데 큰일을 감당하는 위대한 존재가 되었을 것이다. 그러나 슬프게도 그들은 아버지의 길을 따르지 않았다(3절). 그들의 행실이 아버지의 행실과 반대였을 때, 그들이 그토록 위대한 지도자의 아들이었다는 사실은 도리어 그들의 부끄러움이요 수치였다 ― 만일 반대의 경우였다면 그것은 그들의 영예였을 것이다. 좋은 혈통을 가진 자가 타락하면 그것은 그에게 더 큰 수치가 된다. 위대한 인물이라고 해서 자녀들까지 그와 같은 것은 아니다. 선한 자들에게 있어 자기 자손들이 자신들과 같은 길을 가지 아니하고 도리어 자신들을 밟고, 욥이 말한 것처럼 자신들의 길을 망쳐놓는 것을 보는 것은 참으로 슬픈 일이 아닐 수 없다. 특별히 처음에는 올바른 길로 나아감으로써 부모와 친구들로 하여금 큰 기대를 품게 만들었다가 나중에 곁길로 빠짐으로써 그들의 슬픔이 되고 마는 경우가 얼마나 많은가! 사무엘의 아들들의 예를 통해 우리는 다음과 같은 사실을 발견할 수 있다.

(1) 부모 곁에 있는 동안 좋은 교육을 받고 올바로 행동하던 아이들이 세상 속으로 멀리 나아갔다가 나쁜 길로 빠지는 것은 결코 드문 일이 아니라는 사실. 그러므로 아무도 자기 자신에 대해 혹은 자녀들에 대해 안심해서는 안 된다. 오직 우리는 하나님의 은혜만을 의지해야 한다.

(2) 낮고 비천한 상태일 때에는 올바로 행동하다가 높은 자리에 올라가게 되면 잘못된 행동을 하게 되는 것 또한 드문 일이 아니라는 사실. 명예가 사람의 마음을 변하게 하는데, 특별히 나쁜 쪽으로 그렇게 되는 경우가 대부분이다. 사무엘의 아들들이 엘리의 아들들만큼 악을 행하며 타락한 것으로는 보이지 않는다. 그러나 어떤 관점으로 보든지 그들은 타락한 사사였다. 그들은 갈대아 역에 표현된 것처럼 이익을 따라 그리고 불의의 맘몬을 따라 움직였다. 돈을 사랑하는 것이 일만 악의 뿌리이다. 돈은 모든 사람을 파괴할 수 있지만, 특별히 사사(재판관, judge)의 경우에는 더욱 그러하다. 사무엘은 어떤 뇌물도 받지 않았다(욥 12:3). 틀림없이 사무엘은 자신의 아들들을 사사로 세울 때 뇌물에 대해 경고했을 것이다. 그럼에도 불구하고 그들은 뇌물을 받고 판결을 굽게 했다. 판결을 내릴 때 그들은 율법이 아니라 뇌물을 보았으며, 누가 옳은가를 묻지 않고 누가 더 많은 돈을 바쳤는가를 물었다. 공의가 굽어짐으로 옳은 자와 그른 자가 뒤바뀌는 것은 참으로 슬픈 일이 아닐 수 없다.

[4]이스라엘 모든 장로가 모여 라마에 있는 사무엘에게 나아가서 [5]그에게 이르되 보소서 당신은 늙고 당신의 아들들은 당신의 행위를 따르지 아니하니 모든 나라와 같이 우리에게 왕을 세워 우리를 다스리게 하소서 한지라 [6]우리에게 왕을 주어 우리를 다스리게 하라 했을 때에 사무엘이 그것을 기뻐하지 아니하여 여호와께 기도하매 [7]여호와께서 사무엘에게 이르시되 백성이 네게 한 말을 다 들으라 이는 그들이 너를 버림이 아니요 나를 버려 자기들의 왕이 되지 못하게 함이니라 [8]내가 그들을 애굽에서 인도하여 낸 날부터 오늘까지 그들이 모든 행사로 나를 버리고 다른 신들을 섬김 같이 네게도 그리하는도다 [9]그러므로 그들의 말을 듣되 너는 그들에게 엄히 경고하고 그들을 다스릴 왕의 제도를 가르치라 [10]사무엘이 왕을 요구하는 백성에게 여호와의 모든 말씀을 말하여 [11]이르되 너희를 다스릴 왕의 제도는 이러하니라 그가 너희 아들들을 데려다가 그의 병거와 말을 어거하게 하리니 그들이 그 병거 앞에서 달릴 것이며 [12]그가 또 너희의 아들들을 천부장과 오십부장을 삼을

것이며 자기 밭을 갈게 하고 자기 추수를 하게 할 것이며 자기 무기와 병거의 장비도 만들게 할 것이며 [13]그가 또 너희의 딸들을 데려다가 향료 만드는 자와 요리하는 자와 떡 굽는 자로 삼을 것이며 [14]그가 또 너희의 밭과 포도원과 감람원에서 제일 좋은 것을 가져다가 자기의 신하들에게 줄 것이며 [15]그가 또 너희의 곡식과 포도원 소산의 십일조를 거두어 자기의 관리와 신하에게 줄 것이며 [16]그가 또 너희의 노비와 가장 아름다운 소년과 나귀들을 끌어다가 자기 일을 시킬 것이며 [17]너희의 양 떼의 십분의 일을 거두어 가리니 너희가 그의 종이 될 것이라 [18]그 날에 너희는 너희가 택한 왕으로 말미암아 부르짖되 그 날에 여호와께서 너희에게 응답하지 아니하시리라 하니 [19]백성이 사무엘의 말 듣기를 거절하여 이르되 아니로소이다 우리도 우리 왕이 있어야 하리니 [20]우리도 다른 나라들 같이 되어 우리의 왕이 우리를 다스리며 우리 앞에 나가서 우리의 싸움을 싸워야 할 것이니이다 하는지라 [21]사무엘이 백성의 말을 다 듣고 여호와께 아뢰매 [22]여호와께서 사무엘에게 이르시되 그들의 말을 들어 왕을 세우라 하시니 사무엘이 이스라엘 사람들에게 이르되 너희는 각기 성읍으로 돌아가라 하니라

우리는 여기에서 완전히 새롭고 놀라운 사건, 즉 이스라엘에서 왕정(王政)이 세워지는 사건이 시작되는 것을 보게 된다. 아마도 이 문제는 왕정을 호의적인 시각으로 바라본 자들에 의해 때때로 논의된 것 같다. 그러나 지금까지 그 문제가 공식적으로 제기되거나 혹은 토론에 부쳐진 것을 우리는 발견하지 못한다. 비록 이스라엘을 다스렸다고 언급되었다 할지라도(삿 9:22), 아비멜렉은 이름뿐인 왕에 불과했다. 그리고 아마도 그의 몰락으로 인해 상당 기간 동안 이스라엘에서 왕의 칭호는 마치 로마인들이 타르퀴니우스(Tarquinius)로 인해 그랬던 것처럼 불쾌한 것으로 여겨졌을 것이다. 그러나 이제 그러한 불쾌함은 사라지고, 이스라엘은 거대한 혁명을 향해 대담한 발걸음을 내딛기 시작하고 있었다.

I. 장로들이 사무엘에게 이 문제를 청원함(4, 5절). 그들은 일치된 뜻을 갖고 함께 모였다. 그들은 폭동을 일으키거나 혹은 소요를 일으키는 방식이 아니라 그에게 합당한 존경심을 가지고 라마에 있는 그의 집으로 찾아왔다. 그들의 청원에는 다음과 같은 내용이 담겼다.

1. 자신들의 불만을 진정함. 간단히 말해서, "당신은 늙고 당신의 아들들은 당

신의 행위를 따르지 않는다"는 것이었다. 이스라엘에 왕이 없으므로 주변 나라들에 의해 압제를 당하거나 혹은 내부적인 혼란에 빠졌을 때, 그들에게는 여러 차례 정당하게 왕을 요구할 기회가 있었다. 그러나 지금의 경우 그들이 변화를 열망하는 중심에는 파당정신이 들어 있었다.

(1) 사무엘이 늙은 것은 사실이었다. 그러나 많은 나이가 그로 하여금 순회 여행을 하는 것과 재판석에 오랜 시간 앉아있는 것을 힘들게 만들었다면, 동시에 그것은 또한 그로 하여금 더욱 지혜롭고 또 풍부한 경험을 갖도록 해줌으로써 그들을 더욱 잘 다스릴 수 있도록 만들어 주었을 것이다. 만일 그가 늙었다면 그것은 그들을 위해 봉사하다가 그렇게 된 것이었다. 그러므로 평생을 자신들을 위해 선을 행하며 봉사한 사람을 늙었다고 하여 버리는 것은 너무도 몰인정하고 감사를 모르며 부당한 일이 아닐 수 없었다. 하나님은 그가 어렸을 때에도 사람들에게 무시당하지 않도록 지켜주셨다(3:20). 그런데 지금 나이가 들어 갑절의 존경을 받아야 마땅함에도 불구하고 그들은 그렇게 하지 않았다. 만일 노인들이 노쇠함으로 인해 무시와 업신여김을 당한다면 그들은 그것을 이상하게 생각할 필요가 없다. 왜냐하면 사무엘조차도 그와 같은 취급을 받았기 때문이다.

(2) 사무엘의 아들들이 아버지와 같지 않았던 것 또한 사실이었다. 그들로 인해 가장 큰 고통을 겪은 사람은 다름 아닌 사무엘 자신이었다. 그러나 그들은 이것이 그의 잘못이라고 말할 수는 없었다. 사무엘은 — 엘리와는 달리 — 아들들의 잘못을 묵인하지 않았다. 그리고 자신의 아들들에 대한 백성들의 비판을 기꺼이 받아들일 준비가 되어 있었다. 그러므로 추측컨대 그들의 뇌물수수에 대한 백성들의 비난에 대해 사무엘이 그들의 직책을 박탈하고 징벌을 내리는 것이 가장 바람직했을 것이다. 그러나 이스라엘의 장로들은 그와 같은 조치로도 만족하지 않을 것이었다. 그들의 머릿속에는 다른 계획이 들어 있었다.

2. 왕을 세워 줌으로써 이러한 불만을 해소시켜 달라는 요구: 모든 나라와 같이 우리에게 왕을 세워 우리를 다스리게 하소서. 그들이 사무엘을 대적하여 폭동을 일으킴으로써 스스로 무력을 통해 왕을 세우지 않은 것까지는 잘한 일이었다. 그렇게 하는 대신 그들은 하나님의 선지자 사무엘을 의뢰하며 겸손히 그에게 요청했다. 그러나 이어지는 이야기로 볼 때 그것은 잘못된 그리고 악한 제안이었으며 또 하나님을 불쾌하게 만드는 제안이었다. 하나님은 사무엘이 죽

은 후 자신의 마음에 합한 자를 왕으로 세울 계획을 갖고 계셨다. 그러나 그들은 하나님의 계획을 앞질러, 사무엘이 늙자 왕을 세우고자 했다. 그들에게는 하늘과 직접 교통하면서 자신들을 재판하는(다스리는, judge) 선지자가 있었다. 이런 면에서 그들은 모든 나라 가운데 가장 위대하며 행복한 나라였다. 어떤 나라도 그들만큼 하나님이 가까이하신 나라는 없었다(신 4:7, 우리 하나님 여호와께서 우리가 그에게 기도할 때마다 우리에게 가까이하심과 같이 그 신이 가까이함을 얻은 큰 나라가 어디 있느냐). 그러나 이것만으로 그들은 만족할 수 없었다. 그들은 다른 나라들처럼 외적인 화려함과 권력을 가지고 자신들을 다스릴 왕을 가져야만 하였다. 망토를 걸친 초라한 선지자는 — 비록 전능자의 이상(vision)에 정통하다 할지라도 — 겉모습으로 판단하는 자들의 눈으로 볼 때에는 너무도 보잘것없었다. 반면 자주 옷을 걸치고 호위병과 신하들에 둘러싸인 왕은 너무도 크고 위대하며 자신들에게 꼭 있어야 할 존재로 보였다. 사무엘에게 왕의 직책과 위엄을 맡아줄 것을 요청하는 것은 아무 소용없는 일임을 그들은 잘 알고 있었다. 따라서 그들은 그에게 한 사람을 지명해 줄 것을 요청했다. 그들은 "지혜롭고 선하며 당신의 아들들보다 더 올바로 재판할 왕을 세워주소서"라고 말하지 않고, 단지 "우리에게 왕을 세워주소서"라고만 말했다. 그들은 겉모양만 그럴듯하면 누구든지 상관치 않을 것이었다. 이같이 어리석게 그들은 자신들에게 주어진 자비와 은혜를 내팽개쳐 버렸다. 그리고 이스라엘의 위엄을 주변 나라들처럼 높이겠다는 핑계로 실제로는 자신들의 특별함을 버리고 자신들의 면류관을 땅에 던짐으로써 그것을 더럽히고 말았다.

II. 이러한 청원에 대해 사무엘이 분개함(6절). 사무엘이 그러한 청원을 어떻게 받아들였는지 살펴보자.

1. 그로 인해 사무엘의 마음은 찢어질 듯하였다. 그에게 이것은 경악이었을 것이다. 그는 사전(事前)에 아무것도 알지 못했으며, 이로 인해 그는 더욱 슬펐을 것이다. 사무엘이 분개한 것은 그들이 자신의 노쇠함과 아들들의 부정을 비판한 때가 아니라(그는 자신과 자신의 가족에 대한 비판은 참고 견딜 수 있었다), "우리에게 왕을 주어 우리를 다스리게 하라"고 그들이 말했을 때였다(왜냐하면 이것은 하나님과 그분의 명예에 관한 것이었기 때문이다).

2. 그로 인해 사무엘은 무릎을 꿇고 기도하게 되었다. 그는 즉석에서 대답하지 않고 그들의 제안에 대해 숙고할 시간을 가졌다. 그리고 그는 이 문제를 여

호와 앞에 내어놓으면서 어떻게 해야 할지 지시를 구하며 기도했다. 사무엘은 기도를 많이 하는 사람이었다. 모든 일에 기도와 간구로 하나님께 아뢸 때 우리는 위로와 격려를 받는다(빌 4:6). 어떤 문제가 우리를 괴롭힐 때 하나님 앞에 그 것을 아뢰는 것은 우리의 의무면서 동시에 우리의 유익이 된다. 그럴 때 그분 은 우리에게 안식을 주신다.

Ⅲ. 이 문제와 관련하여 하나님이 주신 경고. 곤궁 가운데 하나님을 찾는 자들은 그분이 가까이 계시며 또 응답하실 준비를 하고 계시다는 사실을 발견 하게 될 것이다. 하나님이 사무엘에게 말씀하신 내용은 다음과 같았다.

1. 노여움을 가라앉힐 것에 대하여. 사무엘은 장로들의 제안으로 인해 큰 혼 란에 빠졌다. 그는 자신의 선지자 직분이 이렇게 경홀히 여김을 당한 것과 이 스라엘을 위해 행한 자신의 모든 선이 이와 같이 배은망덕하게 돌아온 것에 대 해 큰 충격을 받았다. 그러나 하나님은 그것을 불쾌하게 생각하거나 혹은 이상 하게 생각하지 말라고 말씀하신다.

(1) 그는 그들이 자신을 경홀히 여긴 것으로 인해 불쾌하게 생각해서는 안 된다. 왜냐하면 그들이 경홀히 여긴 것은 하나님 자신이었기 때문이다. "그들 이 너를 버림이 아니요 나를 버림이요(7절), 또 너만 모욕을 당하는 것이 아니라 나도 너와 함께 모욕을 당하고 있느니라." 만일 우리가 받는 무례와 모욕, 그 리고 우리에게 가해지는 경멸에 하나님이 함께 하신다면, 우리는 기꺼이 그것 을 참고 견딜 수 있다. 그를 위해 수치를 견딜 때(시 69:7), 우리는 스스로 비참하 게 생각할 필요가 없고 도리어 영예로운 것으로 생각하면서 기뻐해야 한다(골 1:24, 나는 이제 너희를 위하여 받는 괴로움을 기뻐하고 그리스도의 남은 고난을 그 의 몸된 교회를 위하여 내 육체에 채우노라). 사무엘은 그들이 자신의 다스림에 대해 싫증을 낸다고 불평해서는 안 된다(비록 그것이 정당한 불평이며 또 온유 하게 불평하는 것이라 할지라도). 왜냐하면 실제로 그들이 싫증내고 있는 것은 하나님 자신의 다스림이었기 때문이다. 그들이 실제로 싫어한 것은 바로 이것 이었다: 그들이 나를 버려 자기들의 왕이 되지 못하게 함이니라. 하나님은 온 세계 모든 이방을 다스리신다(시 47:8). 그러나 이스라엘을 다스리는 것은 특별한 의미를 갖는 것으로서, 신정(theocracy) 즉 신적 통치였다. 이스라엘 가운데 사 사들을 부르시고 그들에게 책무를 맡기는 것은 하나님으로부터 직접적으로 오 는 것이었다. 또한 이스라엘의 모든 일은 그분의 특별한 지시 아래 있었다. 이

스라엘의 정체성이 그런 것처럼 모든 통치는 "여호와께서 이같이 말씀하시니라"에 의해 이루어졌다. 그러나 이것이 그들의 영광이요 안전이었음에도 불구하고 그들은 이러한 방식의 통치에 대해 싫증을 느꼈다. 이스라엘이 죄로 인해 하나님의 진노를 불러일으킬 때, 그들은 다른 나라들보다 더 큰 재앙에 노출되곤 하였다. 그들이 범죄함으로 인해 치러야 할 대가는 다른 나라들보다 훨씬 더 비쌌던 것이다. 아마도 이것이 그들이 다른 나라들과 동일한 조건을 갖기를 열망했던 진정한 이유였을 것이다.

(2) 그는 이 문제로 인해 이상하게 생각하거나 혹은 놀라서는 안 된다. 왜냐하면 그들은 늘 그러했기 때문이다. 내가 그들을 애굽에서 인도하여 낸 날부터 오늘까지 그들이 모든 행사로 나를 버리고 다른 신들을 섬김 같이 네게도 그리하는도다(8절). 처음에 그들은 사무엘에게 매우 공손하며 고분고분했다. 따라서 사무엘은 그들의 고질적인 완악한 심령이 치유되었다고 생각하기 시작했다. 그러나 지금 사무엘은 스스로 속았음을 알게 되었으므로 그 일로 인해 결코 놀라서는 안 된다. 모세와 아론은, 그들이 항상 통치자들에 대해 완악하며 무례했다고 증거한다. 그들이 나를 버리고 다른 신들을 섬김 같이 네게도 그리하는도다. 새로운 신들을 좇는 죄와 비교할 때 새로운 통치체제를 구하는 것 따위는 아무것도 아니었다. 사무엘은 그들이 배신하기 잘하는 백성이라는 사실을 충분히 예상했어야 했다. 왜냐하면 그들은 모태에서부터 배역한 자라 불리는 자들이었기 때문이다(사 48:8). 이것은 그들의 어릴 때부터의 습관이었다(렘 22:21).

2. 그들의 요구에 어떻게 대답할지에 대하여. 만일 하나님이 지시하지 않으셨다면 사무엘은 그들의 요구에 대해 어떻게 대답해야 할지 알지 못했을 것이다. 만일 사무엘이 그러한 움직임에 대항하여 맞선다면, 그것은 그가 선지자가 되는 것보다 권력과 통치권을 더 좋아하며 또한 자신의 아들들을 두둔하는 것으로 비쳐질 것이었다. 반대로 그러한 움직임에 굴복한다면, 그것은 그가 자신의 사명을 배반하는 것이며 또한 그들의 잘못된 행동에 대한 방조자가 되는 것이었다. 아론은 우리를 위해 신들을 만들라는 백성들의 요구를 만족시켜 주는 가운데 죄를 범했다. 그러므로 사무엘은 우리를 위해 왕을 만들라는 백성들의 요구를 무작정 받아들여서는 결코 안 되었다. 다만 하나님께서 그들에게 주시는 대답을 분명하게 전달해야만 했다.

(1) 사무엘은 그들에게 "너희가 왕을 갖게 될 것"이라고 말해야 한다. 백성이

네게 한 말을 다 들으라(7, 9절). 하나님이 그들의 요구를 기쁘게 받아들이신 것은 결코 아니었다. 때로 사랑 가운데 우리의 요구에 귀를 막으시는 경우가 있는 것처럼 때로 하나님은 진노 가운데 우리의 요구를 들어주시기도 한다. 지금의 경우가 바로 그러했다. 전에 네가 이르기를 내게 왕과 지도자들을 주소서 하였느니라 내가 분노하므로 네게 왕을 주었느니라(호 13:10, 11). 하나님이 메추라기를 주실 때에도 그와 비슷했다(시 106:15; 78:29). 하나님은 사무엘에게 이 문제와 관련하여 그들의 요구를 들어주라고 말씀하셨다.

[1] 그렇게 함으로써 그들은 자기 몽둥이에 자기가 맞게 될 것이며 또한 하나님의 통치를 저버리고 왕의 통치를 선택한 대가가 얼마나 큰지를 깨닫게 될 것이다. 역대하 12:8을 보라(그러나 그들이 시삭의 종이 되어 나를 섬기는 것과 세상 나라들을 섬기는 것이 어떠한지 알게 되리라 하셨더라). 사울 아래서의 자신들의 상태가 사무엘 아래서의 그것보다 모든 면에서 훨씬 못했음을 그들은 오래지 않아 알게 되었다.

[2] 또한 그것은 더 나쁜 일을 막기 위함이었다. 만일 그들의 요구가 받아들여지지 않았다면, 어쩌면 그들은 사무엘에 대항하여 폭동을 일으키거나 아니면 다른 나라들처럼 왕을 갖기 위하여 자신들의 종교를 배반하고 열방의 신들을 받아들였을는지 모른다. 그렇게 되는 것보다는 그들의 요구를 들어주어 그들로 하여금 왕을 갖도록 해주는 것이 나을 것이었다.

[3] 하나님은 이런 일을 통해서도 자신에게 영광이 돌려지도록 하실 것이며, 백성들의 어리석은 계획조차도 결국은 하나님의 지혜로운 목적을 위해 쓰이도록 만드실 것이다.

(2) 그러나 동시에 사무엘은 만일 그들이 왕을 갖게 된다면 그들은 곧 그로 인해 많은 괴로움을 겪게 될 것이며 자신들의 선택을 후회할 때는 이미 때가 늦을 것이라는 사실을 그들에게 말해야만 한다. 그는 다음과 같은 사실, 즉 만일 그들이 자신들을 다스릴 왕을 갖게 된다면 마치 동방의 왕들이 자기 신민(臣民)을 다스릴 때처럼 그들의 멍에가 너무나 무겁게 될 것이라는 사실을 엄히 경고해야 한다(9절). 그들은 단지 왕의 외적인 화려함과 장엄함만을 보면서, 그 왕이 자신들의 나라를 이웃나라들 가운데 크고 강대하게 만들어 줄 것이며 원수들로 인한 두려움을 깨뜨려 줄 것이라고 생각했다. 이에 대해 사무엘은 그들로 하여금 그러한 화려함의 대가(代價)가 얼마나 큰지, 그리고 어떻게 그러

한 전횡적인 권력을 견딜 것인지 생각해 보라고 말해야만 한다. 자신들의 마음을 세상적인 것에 과도하게 두는 자들은 스스로의 욕망을 조절하기 위해 그것이 가져다 주는 이점과 함께 해악까지도 같이 고려하고 비교해 보아야만 한다. 세상과 육체의 통치에 굴복하는 자들은 그것들이 얼마나 가혹한 주인이며 또 죄의 지배가 얼마나 포악한지에 대해 분명하게 인식할 필요가 있다. 그럼에도 불구하고 그들은 하나님의 통치와 그것을 서로 바꿀 것이다.

Ⅳ. 사무엘이 하나님의 마음을 그들에게 전달함(10절). 사무엘이 왕을 요구하는 백성에게 여호와의 모든 말씀을 말하여. 사무엘은 하나님이 그것을 당신을 버리는 것으로 생각하고 계시며 또한 그것을 다른 신들을 섬기는 것과 비교하심으로써 매우 분개하고 계신다는 사실을 그들에게 말했다. 또 만일 그들이 계속해서 고집하면 그들의 요구를 들어줄 것과 그러나 동시에 그들이 선택한 것의 결과가 어떨 것인지 분명하게 말하도록 명령하셨음을 그는 그들에게 확실하게 말했다. 그러므로 하나님이 원하시는 것은 그들이 스스로 자신들의 요구를 다시 생각해 보고 그럼으로써 자신들의 요구를 철회하고 이제까지처럼 계속해서 나아가기를 구하는 것이었다. 이에 따라 사무엘은 그들을 다스릴 왕의 제도가 어떠할 것인지(왕의 일반적인 권리가 아니라) 다른 나라들의 모범을 따라 매우 구체적으로 제시한다(11절). 여기에서 사무엘은 (패트릭 주교가 설명하는 것처럼) 왕의 정당한 권리에 대하여는 말하지 않는다. 왜냐하면 왕의 권리는 다른 곳, 즉 모세의 율법 가운데 왕의 의무를 이야기하는 부분에서 충분히 묘사되었기 때문이다. 너희를 다스릴 왕의 제도는 이러하니라. 다시 말해서, "이와 같이 그는 너희의 가장 소중한 것들로 값을 치르고 자신의 위엄을 세울 것이며, 또 권력을 가진 자들이 대체로 그러는 것처럼 자신의 권력을 남용할 것이다. 그리고 그가 군대를 자기 손아귀에 쥐고 있으므로 너희는 그에게 복종하지 않을 수 없게 될 것이다."

1. 만일 그들이 다른 나라들처럼 왕을 갖게 된다면 그들은 다음과 같은 사실을 기억해야 한다.

(1) 왕은 자신을 위해 수종들 많은 종들과 시종들, 병거와 말을 돌볼 일꾼들, 자신과 함께 말을 달릴 고관들, 그리고 병거 앞에 포진할 수많은 병사들을 거느릴 것이다. 이와 같이 많은 종자(從者)들을 거느리는 것이 방백들의 주된 위엄이며 대인들이 생각하는 영광이다. 왜 왕이 이런 것들을 가져야만 하는가?

그가 왜, 자유자로 태어났으며 많은 교육을 받은 너희 아들들을 데려다가 자기를 위해 종으로 삼는단 말인가?(11절). 그들은 왕을 수종들어야만 하며, 왕이 시키는 대로 해야만 한다. 자신과 부모를 위해 일하던 자들이 이제 왕을 위해 왕의 밭을 갈고 왕의 추수를 해야만 하며(12절), 그것을 또한 출세하는 것으로 여기게 될 것이다(16절). 이것은 얼마나 엄청난 변화인가!

(2) 왕은 호화로운 식탁을 차릴 것이다. 그는 사무엘이 늘 그랬던 것처럼 (9:13) 다른 사람들과 함께 제물을 나누는 것으로는 결코 만족하지 않을 것이다. 그는 다양한 진미의 요리와 맛있는 고기와 달콤한 향료를 만들게 할 것이다. 그러면 누가 그를 위해 이런 것들을 준비해야 한단 말인가? 왜 그가 그토록 솜씨 좋으며 재능 있는 너희 딸들을 데려가야 한단 말인가? 너희는 너희 딸들이 너희 가정의 식탁을 차리기를 원하지 않는가? 원하든 원치 않든 너희 딸들은 그의 요리사와 떡 굽는 자와 과자 만드는 자가 될 것이다.

(3) 왕은 수비대와 주둔군 등의 군대를 필요로 하게 될 것이다. 그러므로 너희 아들들은 성읍의 장로가 되어 평화롭고 영예롭게 사는 대신 천부장과 오십부장이 될 것이며, 왕의 뜻대로 배치되고 움직여질 것이다.

(4) 왕은 존귀하고 위엄 있는 많은 신하들을 거느리며 그들의 위엄에 합당한 토지를 줌으로써 그들을 부유하게 할 것이다. 그러면 너희의 기업을 통하지 않고서야 어떻게 그렇게 할 수 있겠는가?(14절). 그가 너희의 밭과 포도원과 감람원에서 제일 좋은 것을 가져갈 것이다. 그것들은 너희가 조상들로부터 상속받은 것이요 자손들에게 남겨주기 원하는 것 아니냐? 그리고 왕이 자신을 위해 그것들을 취할 뿐만 아니라(차라리 이것은 참을 만하다), 자기 신하들에게도 줄 것이다. 그러므로 왕의 신하들이 너희의 주인이 될 것이요 너희는 그들의 일꾼이 될 것이다. 너희는 그와 같이 되기를 원하는가?

(5) 왕은 자신의 위엄과 권력을 유지하기 위해 많은 수입을 필요로 할 것이다. 그러한 수입이 너희로부터 나오지 않으면 어디에서 나오겠는가? 왕은 땅의 소출(15절)과 양 떼(17절)로부터 십분의 일을 취할 것이다. 너희는 하나님께서 교회를 유지하기 위해 명하신 십일조만으로도 너무나 벅차고 아깝게 생각하지 않느냐? 그러나 만일 왕을 갖게 되면 너희는 또 다른 십분의 일을 내야만 하게 될 것이다. 왕은 자신의 위엄을 유지하기 위해 더욱 엄격하게 십분의 일을 징수할 것이다. 왕을 갖게 됨으로써 너희가 기대하는 화려함의 비용을 고

려하면서, 과연 그것이 그만한 비용을 치를 만한 가치가 있는 것인지 깊이 생각해보라.

2. 이러한 것들이 그들의 불만이 될 것이나,

(1) 그들은 하나님 외에 어디에도 하소연할 곳이 없게 될 것이다. 한 번 그들은 왕 자신에게 직접 하소연한 적이 있었다. 그 때 그들은 "너희의 멍에가 무거우나 이제 나는 너희의 멍에를 더욱 무겁게 할지라"라는 대답을 들었다(왕상 12:11).

(2) 하나님께 부르짖어도 그 날에 여호와께서 그들에게 응답하지 아니하실 것이다(18절). 뿐만 아니라 그들은 하나님께 응답받을 것을 기대할 수도 없게 될 것이다. 그것은 그들이 하나님의 부르심과 경고에 귀를 막아버렸기 때문이다. 그러므로 특별히 이러한 고통은 그들이 하나님을 버림으로써 그리고 그분이 미리 말씀하시고 경고하신 것을 믿지 않음으로써 스스로 초래한 것이다. 만일 우리가 우리 자신의 비정상적인 욕망과 계획으로 말미암아 고통 가운데 빠지게 되었다면, 기도응답과 신적 도우심을 얻지 못하는 것은 지극히 정당한 일이다. 그리고 하나님이 우리에게 호의를 베풀지 않으신다면 우리는 우리의 문제를 우리 자신의 손으로 해결해야만 한다. 이것은 얼마나 나쁜 일인가!

V. 백성들이 완악한 마음으로 계속해서 왕을 요구함(19, 20절). 이와 같은 결과들에 대한 설명은 결코 속이지 아니하시며 또 속지도 않으시는 하나님 자신으로부터 온 것이었다. 그렇다면 사람들은 이러한 하나님의 경고로 인해 그들이 스스로 자신들의 요구를 철회할 것이라고 생각할 것이다. 그러나 그들은 옳건 그르건 계속해서 자신들의 요구를 고집했다. 하나님 혹은 사무엘이 뭐라고 말하든 간에, 아니로소이다 우리도 우리 왕이 있어야 할 것입니다(19절). 그 대가(代價)가 무엇이든지 간에 그리고 그로 인해 우리와 우리 자손이 어떤 고통을 받게 되든지 간에, 우리는 왕을 가질 것입니다. 그들의 어리석음을 보라.

1. 그들의 이성(理性)은 어두워졌으며, 무엇이 자신들에게 참으로 유익한 것인지를 그들은 도무지 알지 못했다. 그들은 사무엘의 논증을 반박할 수 없었으며, 그 논증의 설득력을 인정하지 않을 수 없었다. 그럼에도 불구하고 그들은 더욱 강경하고 고집스럽게 자신들의 요구를 관철시키고자 했다. 그들은 전에는 "구하노니 우리에게 왕을 세워주소서"라고 말했다. 그러나 이제는 "아니로소이다 우리도 우리 왕이 있어야 하리이다. 우리에게 왕이 있어야 하리니 이는 우리

가 그렇게 뜻하기 때문이니이다. 우리는 우리의 요구와 상반되는 말은 어떤 것이라도 듣지 않을 것이니이다"로 바뀌었다. 인간의 과도한 욕망이 얼마나 어리석은 것인지 그리고 그것이 어떻게 인간의 이성을 마비시켜 버리는지 보라.

2. 그들은 하나님의 때를 기다릴 수 없었다. 하나님은 율법 가운데 때가 되면 이스라엘이 왕을 갖게 될 것이라고 말씀하셨다(신 17:14, 15). 그리고 어쩌면 그들은 그 때가 임박했음을 알리는 몇몇 징조들을 보았을는지 모른다. 그러나 그들은 너무 조급했다. "바로 지금 우리는 그 왕을 가져야만 할 것이라." 만일 10년 내지 12년 정도만 기다릴 수 있었다면, 그들은 하나님이 자비 가운데 세우신 왕인 다윗을 맞이할 수 있었을 것이다. 만일 그랬다면 사울을 왕으로 세움으로써 야기된 모든 재앙들을 피할 수 있었을 것이다. 갑작스런 결정이나 성급한 욕망은 우리를 오래토록 후회하게 만든다.

3. 그들이 왕을 세우는 목적은 다른 나라들처럼 되기 위한 것뿐만 아니라 또한 자신들을 다스리며(judge) 전쟁이 났을 때 그들 앞에 나가서 싸우도록 하기 위함이었다. 그들은 얼마나 어리석고 미련한 백성인가! 어떻게 그들은 전에 사무엘의 기도와 하나님의 우레로 싸운 것보다(7:10) 더 훌륭한 싸움을 기대할 수 있단 말인가? 왕이 가져다 줄 승리는 더 확실한 것인가? 그들은 다른 나라들이 가졌던 것과 동일한 불확실성으로 전쟁의 승패를 시험해보고 싶었는가? 그들은 이제 자신들의 특권에 싫증난 것처럼 보인다. 그 결과가 무엇인가? 그들의 첫째 왕이 전쟁하는 가운데 죽임을 당했으며 가장 훌륭한 왕들 가운데 한 사람인 요시야도 또한 그랬다 — 반면 사사들 가운데는 어느 누구도 그런 일을 당하지 않았다.

VI. 사무엘이 요구를 들어줄 것을 약속하면서 그들을 돌려보냄.

1. 사무엘은 백성의 말을 다 듣고 여호와께(여호와의 귀에) 아뢰었다(21절). 사무엘의 보고 없이도 하나님은 모든 것을 완전하게 아신다. 그러나 사무엘은 선지자로서 하나님과 이스라엘 사이에서 신실하게 자신의 직무를 감당하는 가운데 백성들의 대답을 하나님께 전달했다. 그리고 그는 하나님의 차후의 지시를 기다렸다. 하나님은 우리가 처한 상황과 사정을 잘 아신다. 그러나 동시에 우리로부터 직접 들으시기를 원하신다. 사무엘이 여호와의 귀(in the ears of the Lord)에 아뢰었다는 것은 그것이 은밀하게 이루어졌음을 암시한다. 왜냐하면 백성들은 이 문제와 관련하여 하나님의 지시를 구하는데 사무엘과 함께 하지

않았기 때문이다. 동시에 그것은 하나님께서 당신이 기뻐하시는 자들에게 베푸시는 거룩한 친밀함을 암시한다. 그들은 마치 친구가 친구에게 귓속말을 하는 것처럼 여호와의 귀에 말한다. 이와 같은 교제는 그들에게 있어 세상이 알지 못하는 양식이다(요 4:32).

2. 그들이 고집스럽게 요구하므로 하나님은 사무엘에게 그들의 요구를 들어주라고 지시하셨다(22절). "그들의 말을 들어 왕을 세우라. 그들로 하여금 왕을 최대한도로 섬기게 하라. 그들이 왕을 통해 그토록 보고자 열망했던 외적인 화려함과 권력이 결국 자신들의 재앙이요 무거운 짐일 뿐임을 알게 될 때 스스로에게 감사하게 하라." 이렇게 하여 하나님은 그들을 그 마음의 정욕대로 내어버려 두셨다. 사무엘은 그들에게 이 모든 것을 말하면서, 일단은 각자 자기 성읍으로 돌아가도록 했다. 왜냐하면 누구를 왕으로 임명할 것인가 하는 문제는 하나님께 맡겨야 했기 때문이다. 이제 그들에게는 더 할 일이 없었다. 하나님께서 자신이 친히 선택한 자를 사무엘에게 알리면, 그들은 그로부터 듣게 될 것이었다. 그러기까지 그들은 평안히 있으면서 결과만 기다리면 되는 것이었다.

제
— 9 —
장

개요

    사무엘은 이스라엘에게 그들이 왕을 갖게 될 것이라고 약속했다. 다음 이야기가 백성들 가운데 누구를 후보자로 세울 것인가를 결정하는 것이거나 혹은 어떤 사람들이 왕이 되겠다고 사무엘에게 — 나아가서 하나님에게 — 스스로 자기 자신을 추천하는 것이 아닌 것은 참으로 이상한 일이다. 왜 그들은 '유다의 홀'에 대한 야곱의 예언을 기억하면서 유다지파의 방백을 찾지 않았을까? 이스라엘에 "만일 하나님이 나를 선택하신다면 내가 왕이 되리라"라고 말하면서 스스로 왕이 되겠다고 나서는 대담한 야심가는 없었나? 그렇다. 아무도 없었다. 그것이 책망 받을 만한 소심함인지 혹은 칭찬 받을 만한 겸손함인지 나는 알지 못한다. 그러나 분명히 이것은 다른 나라의 역사 속에서는 거의 찾아보기 어려운 것이다. 왕정이 세워지려고 하는데, 스스로 왕이 되겠다고 나서는 사람은 아무도 없었다. 대부분의 통치권은 어떤 개인의 '통치하고자 하는' 야심으로부터 시작된다. 그러나 이스라엘의 경우는 백성들의 '통치 받고자 하는' 야심으로부터 시작되었다. 만일 왕을 세워줄 것을 청원한 장로들 가운데 어떤 사람이 나중에 자신을 왕으로 세워줄 것을 청원했다면, 이러한 움직임의 근저에 있었던 것이 바로 그 사람의 야심이었을 것이라고 우리는 의심할 수밖에 없을 것이다. 그러나 결코 그런 것이 아니었다(이 점에 있어 그들은 칭찬받을 만했다). 하나님은 율법 가운데 왕을 세우는 일을 자신이 직접 맡으셨다(신 17:15, 반드시 네 하나님 여호와께서 택하신 자를 네 위에 왕으로 세울 것이며). 따라서 그들은 하늘로부터의 선택을 들을 때까지 모두 조용히 앉아 있었다. 본 장에서 우리는 이스라엘의 첫째 왕인 사울의 이야기가 시작됨과 함께 하나님의 오묘한 섭리가 그의 발걸음을 사무엘에게로 인도하는 것을 보게 된다. 그리고 다음 장에서 우리는 그가 은밀하게 기름부음을 받고 이어 제비뽑기에 의해 왕으로 선택되는 것을 보게 될 것이다. 본 장의 내용은 다음과 같다. I. 사울의 가계(家系)와 용모에 대한 짤막한 이야기(1, 2절). II. 그가 사무엘을 만나게 되는 상세한 이야기. 1. 하나님이 계시를 통해 그에 관하여 사무엘에게 미리 말씀하심(15, 16절). 2. 하나님이 섭리를 통해 그를 사무엘에게로 인도하심. (1) 그가 아버지의 암나귀들을 찾아오도록 보냄 받았으나 찾지 못해 애를 태움(3-5절). (2) 사환의 충고에 의해 이 일을 사무엘에게 물어보기로 결정함(6-10절). (3) 물 긷는 소녀들의 지시에 의해 사무엘을 찾아냄(11-14절). (4) 사무엘이 그에 관해 하나님으로부터 미리 지시를 받고(17절) 성문과(18-21절) 객실에서(22-24절) 존귀하게 대접함, 그리고 마침내 개인적인 만남을 갖게 되는데, 여기에서 그로 하여금 왕이 될 것이라는 놀라운 소식을 들을 준비를 하도록 함(25-27절). 이스라엘의 왕을 세우는 이 큰 사건의 시작은 매우 희망적이었다 ― 만일 그것이 백성들의 죄로부터 시작된 것만 아니었다면.

[1]베냐민 지파에 기스라 이름하는 유력한 사람이 있으니 그는 아비엘의 아들이요 스롤의 손자요 베고랏의 증손이요 아비아의 현손이며 베냐민 사람이더라 [2]기스에게 아들이 있으니 그의 이름은 사울이요 준수한 소년이라 이스라엘 자손 중에 그보다 더 준수한 자가 없고 키는 모든 백성보다 어깨 위만큼 더 컸더라

1. 사울은 좋은 가문 출신이었다(1절). 그는 베냐민 지파에 속했다. 바울이라고도 불리는 신약의 사울 역시도 베냐민 지파 출신이었다. 그는 그 사실을 매우 자랑스럽게 이야기하는데, 그것은 베냐민이 사랑받는 아들이었기 때문이었다(롬 11:1; 빌 3:5). 베냐민 지파는 치명적인 기브아 전쟁으로 말미암아 매우 작은 숫자로 축소되었으며, 그 때 남아있던 600명의 군사들에게 아내를 마련해주느라 큰 소동이 있었다. 본 장에서 베냐민 지파가 이스라엘 지파 중에서 가장 작은 지파로 일컬어지고 있는데(21절), 그것은 바로 이런 이유 때문이었다. 사울은 마치 메마른 땅에서 나온 싹처럼 돋아 올랐다. 베냐민은 그 숫자가 가장 적은 지파였음에도 불구하고 존귀에 있어 첫째가 되었는데, 이는 하나님께서 부족한 지체에게 귀중함을 더하셨기 때문이었다(고전 12:24). 그의 아버지 기스는 유력한 사람(힘이 강한 사람, might man of power), 혹은 난외(欄外)에 나와 있는 것처럼 물질이 강한 사람(might man of substance) 즉 담대한 정신과 강한 육체와 많은 토지를 갖고 있는 부유한 사람이었다. 베냐민 지파의 기업 전체가 기브아 전쟁으로 인해 남은 600명에게 분배되었으므로, 우리는 그들의 기업이 다른 지파 형제들의 기업보다 훨씬 더 컸을 것이라고 추측할 수 있다. 아마도 이러한 큰 기업의 이점은 작은 숫자의 불리함을 어느 정도 만회해 주었을 것이다.

2. 사울은 용모가 매우 준수한 사람이었다(2절). 여기에서 그의 지혜와 덕과

학식과 경건과 교양에 대한 언급은 나오지 않는다. 다만 그는 키가 크고 예의 바르며 단정한 사람으로서, 잘 생긴 얼굴과 좋은 체격과 훌륭한 몸가짐과 균형 잡힌 몸을 가진 사람으로 언급된다. 이스라엘 자손 중에 그보다 더 준수한 자가 없었다. 그는 나면서부터 걸출하며 뛰어난 사람이었다. 키가 모든 백성보다 어깨 위만큼 더 컸으며 블레셋의 영웅인 가드의 거인들과 비견될 만했다. 만일 하나님이 당신의 마음에 따라 왕을 택하셨다면, 용모와 키가 아니라 순전함과 진실함을 보셨을 것이다(16:7, 12). 그러나 외모만 보며 판단하는 백성들의 마음에 따라 왕을 택할 때, 하나님은 이와 같이 키가 큰 사람을 선택하셨다. 사울이 키가 큰 만큼 힘도 세었는지 여부는 아직 나타나지 않았다. 그러나 삼손은 그랬다. 그렇지만 이스라엘 백성들은 그를 경멸하고 결박하여 블레셋 사람들의 손에 팔아넘겼다. 그러므로 그들은 단지 키가 큰 것만으로는 만족하지 않을 것이었다. 그들은 다른 나라들이 보통 그렇게 하는 것처럼 힘이 세고 풍채가 좋은 사람을 왕으로 세우고자 하고 있었다.

³사울의 아버지 기스가 암나귀들을 잃고 그의 아들 사울에게 이르되 너는 일어나 한 사환을 데리고 가서 암나귀들을 찾으라 하매 ⁴그가 에브라임 산지와 살리사 땅으로 두루 다녀 보았으나 찾지 못하고 사알림 땅으로 두루 다녀 보았으나 그 곳에는 없었고 베냐민 사람의 땅으로 두루 다녀 보았으나 찾지 못하니라 ⁵그들이 숩 땅에 이른 때에 사울이 함께 가던 사환에게 이르되 돌아가자 내 아버지께서 암나귀 생각은 고사하고 우리를 위하여 걱정하실까 두려워하노라 하니 ⁶그가 대답하되 보소서 이 성읍에 하나님의 사람이 있는데 존경을 받는 사람이라 그가 말한 것은 반드시 다 응하나니 그리로 가사이다 그가 혹 우리가 갈 길을 가르쳐 줄까 하나이다 하는지라 ⁷사울이 그의 사환에게 이르되 우리가 가면 그 사람에게 무엇을 드리겠느냐 우리 주머니에 먹을 것이 다하였으니 하나님의 사람에게 드릴 예물이 없도다 무엇이 있느냐 하니 ⁸사환이 사울에게 다시 대답하여 이르되 보소서 내 손에 은 한 세겔의 사분의 일이 있으니 하나님의 사람에게 드려 우리 길을 가르쳐 달라 하겠나이다 하더라 ⁹(옛적 이스라엘에 사람이 하나님께 가서 물으려 하면 말하기를 선견자에게로 가자 하였으니 지금 선지자라 하는 자를 옛적에는 선견자라 일컬었더라) ¹⁰사울이 그의 사환에게 이르되 네 말이 옳다 가자 하고 그들이 하나님의 사람이 있는 성읍으로 가니라

Ⅰ. **여기에서 우리는 미미한 상태에서 시작하여 큰 인물로 떠오른 한 사람을 볼 수 있다.** 이스라엘의 왕으로 선택될 때까지 사울이 어떤 특별한 지위나 높은 직책을 맡고 있었던 것으로는 나타나지 않는다. 대부분의 사람들은 점진적으로 높은 직위로 올라가게 마련이지만, 사울은 보통사람들과 같은 위치에 있다가 단번에 왕의 보좌에 올랐다. 한나가 노래한 것처럼, 하나님은 가난한 자를 진토에서 일으키셔서 귀족들과 함께 앉게 하셨다(2:8). 당시 사울은 이미 결혼하여 어느 정도 성장한 자녀들이 있었음에도 불구하고 아버지의 집에 살면서 아버지를 섬기고 있었던 것으로 보인다. 사람이 한순간에 높은 위치로 올라가는 것은 우연이나 인간의 가능성으로 말미암는 것이 아니라, 만유의 재판관(the Judge)되시는 하나님으로 말미암는다.

Ⅱ. **또 우리는 여기에서 사소한 일로부터 시작되어 엄청난 결과를 가져온 한 사건을 볼 수 있다.** 역사는 얼마나 미미한 일들로부터 시작되는가! 사울이 왕이 되는 과정을 따라가 볼 때, 우리는 그가 처음에 보잘것없는 일을 하고 있었음을 발견하게 된다.

1. 사울의 아버지는 아들을 한 명의 사환과 함께 잃어버린 몇 마리의 암나귀를 찾아오도록 보낸다. 아마도 그 때 그들은 베냐민 사람 기스의 땅으로부터 암나귀들을 잃어버렸음을(혹은 도둑맞았음을) 널리 알릴 방법이 없었던 것으로 보인다. 그들에게는 소나 나귀를 잃어버렸을 때 그것들을 반드시 찾아야만 하며 그대로 내버려둔 채 잊어버려서는 안 된다는 매우 훌륭한 율법이 있었다. 우리는 여기에서 자신의 짐승을 잃어버린 자들이 그것을 찾는 것은 지극히 합당한 일이라는 사실과, 짐승 떼의 상태를 살피는 것이 결코 쓸데없는 일이 아니라는 사실, 그리고 자녀들은 마땅히 부모가 처한 문제를 돕는 일에 적극적으로 나서야 한다는 사실을 쉽게 발견할 수 있다. 사울은 기꺼이 아버지의 암나귀들을 찾기 위해 나섰다(3, 4절). 사울이 나귀를 돌본 것은 특별히 그가 겸손한 마음을 가지고 있었기 때문이라기보다는 그 당시의 일이 대부분 그와 같이 단순하고 소박한 일이었기 때문이었을 것이다. 그러나 그가 아버지에게 순종한 것은 매우 칭찬할 만한 일이었다. 네가 자기의 일에 능숙한 사람을 보았느냐 이러한 사람은 왕 앞에 설 것이요 천한 자 앞에 서지 아니하리라(잠 22:29). 사울이 그런 사람이었다. 함께 동행한 사환은 단지 종으로서 충성했지만, 사울은 아들로서 그러했다. 사울과 사환은 암나귀들을 찾아 멀리까지 (아마도 걸어서) 여행

했지만, 아무 소득도 얻지 못했다. 그들은 암나귀들을 찾지 못했다. 사울은 자신이 찾는 것을 얻지 못했지만, 그러나 불평할 필요는 조금도 없었다. 왜냐하면 이를 통해 그는 전혀 꿈조차 꾸지 못했던 왕국(kingdom)을 만났기 때문이다.

2. 암나귀들을 찾지 못하자 사울은 아버지에게로 돌아갈 것을 결심한다(5절). 그렇게 한 것은 그들이 너무 오랜 동안 지체하면 늙은 아버지가 — 마치 야곱이 요셉에 대해 그랬던 것처럼 — 혹시 악한 짐승이 그들을 잡아먹지 않았을까 혹은 어떤 나쁜 일이 생기지 않았을까 걱정할 것을 염려하는 마음 때문이었다. 돌아가자 내 아버지께서 암나귀 생각은 고사하고 우리를 위하여 걱정하실까 두려워하노라. 자녀들은 부모로 하여금 놀라게 하거나 혹은 걱정하게 만들어서는 결코 안 된다.

3. 이에 사환은 지금 자신들이 라마에 있으므로 사무엘을 찾아 이 문제에 관해 물어보자고 제안한다(아마도 사환은 사울보다 더 믿음이 좋았던 것으로 보인다). 여기에서 다음을 주목하라.

(1) 그들은 사무엘이 살고 있는 성읍에 가까이 와 있었으므로 이 문제를 그에게 물어보자고 생각했다(6절): 이 성읍에 하나님의 사람이 있는데. 어느 곳에 있든지 우리는 지혜롭고 선한 사람들과 교우(交友)할 수 있는 기회를 찾을 필요가 있다. 그러나 하나님의 사람이 바로 옆에 있음에도 불구하고 지혜를 얻기 위해 한 발자국도 나아가지 않는 사람들이 너무나 많이 있다.

(2) 사환은 사무엘에 대해 개인적인 친분은 없고 단지 명성만 들었을 뿐임에도 불구하고 그에 관해 매우 존경하는 태도로 말한다: 그는 하나님의 사람으로서 존경을 받는 사람이라. 하나님의 사람들은 존경을 받을 만한 사람들로서, 우리는 마땅히 그런 눈으로 바라봐야 한다. 하나님의 일들에 정통하며 하나님 나라를 위해 봉사하는 사람들은 참으로 위대하며 존경받을 만한 자들이다. 그가 말한 것은 반드시 다 응하나니 — 바로 이것이 하나님의 사람으로서 사무엘의 위대함이었다. 그가 아직 어린 선지자였을 때에도 여호와께서 그와 함께 계셔서 그의 말이 하나도 땅에 떨어지지 않게 하셨다(3:19). 그리고 이것은 지금까지도 여전히 사실이었다.

(3) 사울과 사환은 어느 길로 가야 할 것인가와 관련하여 그에게 물을 것을 합의한다. 그가 혹 우리가 갈 길을 가르쳐 줄까 하나이다. 그들이 하나님의 사람을

찾아가는 목적은 고작 집으로 돌아가야 할 것인지, 아니면 암나귀들을 찾을 희망이 있는 것인지 그렇다면 어느 길로 가야만 잃어버린 암나귀들을 찾을 수 있는지에 대해 묻고자 하는 것이었다. 위대한 선지자를 찾는 목적이 고작 이런 따위의 일이란 말인가! 그들은 이렇게 말했어야 했다. "이제 암나귀를 찾는 일은 포기하자. 그리고 그분에게 가서 하나님에 대한 선한 지식을 배우자. 그분의 입으로부터 나오는 율법의 교훈과 올바른 삶의 길에 대해 듣자. 이와 같은 기회가 다시는 오지 않을는지 어떻게 알겠는가? 그렇게 하면 우리의 여행은 결코 헛된 여행이 되지 않으리라." 만일 그들이 이렇게 말했다면, 하나님의 사람을 찾고자 하는 그들의 계획은 참으로 이스라엘 백성다운 것이 되었을 것이다. 그러나 이스라엘의 영광인 예언을 이와 같이 보잘것없는 일을 위해 사용하고자 하는 그들의 모습을 통해 우리는 그들의 영적 상태의 단면을 볼 수 있다. 대부분의 사람들은 자신들의 책무에 대해 듣기보다는 운명에 대해 듣기를 더 좋아하며, 어떻게 구원받을 것인지에 대해 듣기보다는 어떻게 부자가 될 수 있는지에 대해 듣기를 더 좋아한다. 어찌 하나님의 사람들의 책무가 고작 잃어버린 나귀들을 찾기 위한 길을 지시하는 것이겠는가? 그보다도 그들에게 진정으로 물어야 할 것은 잃어버린 영혼을 찾기 위한 길을 지시받는 것이어야 할 것이다.

(4) 사울은 하나님의 사람에게 드려야 할 예물에 대해 생각한다(7절): 우리가 가면 그 사람에게 무엇을 드리겠느냐? 그들은 여로보암의 아내가 아히야에게 드렸던 것처럼(왕상 14:3) 떡과 과자를 드릴 수는 없었다. 왜냐하면 갖고 있던 모든 떡이 다 떨어졌기 때문이었다. 그러나 사환은 자신의 주머니에 한 세겔의 사분의 일이 있음을 생각해 내고는, 이것을 하나님의 사람에게 드리고 자신들의 갈 길을 지시받자고 말한다(8절). 이에 사울은 말한다. "네 말이 옳다 가자." 어떤 이들은 사울이 사무엘에게 비용을 드리는 것에 대해 말할 때, 그가 사무엘 자신이나 혹은 그의 아들들에 대해 마치 돈을 위해 점을 치는(미 3:11) 거짓 선지자처럼 판단했다고 생각한다. 사울이 사무엘에게 오면서 그를 선지자라기보다는 '점치는 자'로 생각했고, 그럼으로써 한 세겔의 사분의 일을 주는 것으로 충분하다고 생각했다는 것이다. 그러나 그것(선지자에게 예물을 드리는 것)은 그 시대의 일반적인 관례에 따른 것으로 보인다. 영적인 것을 심는 자는 영원한 것뿐만 아니라 세상적인 것까지도 거둠으로써 자연스럽게 평균케 될 것

이었다. 사무엘은 그들의 돈을 필요로 하지 않았다. 설령 돈을 가지고 오지 않았더라도 그들에게 가르침을 주는 것을 결코 거절하지 않았을 것이다(어쩌면 그는 그 돈을 가난한 자들에게 주었을는지 모른다). 그들이 사무엘에게 돈을 드린 것은 그의 선지자 직분을 존중하며 귀히 여기는 증표로서 그렇게 한 것이었다. 그리고 그가 그 돈을 거절하지 않은 것은 그들이 그렇게 할 수 있었기 때문이었다. 비록 작은 돈일지라도 그것은 마치 과부의 동전과도 같은 것이었다. 사울은 사환이 제안하기 전까지는 하나님의 사람에게 갈 생각을 전혀 하지 않았다. 그러므로 하나님의 사람에게 드릴 예물이 없다고 말한 것은 단순히 그에게 갈 수 없는 이유를 말하기 위한 것이었던 것으로 보인다. 사울은 돈을 가지고 있지 않았지만 사환이 자신의 돈을 드릴 것을 제안하자 이렇게 말한다. "네 말이 옳다 가자." 대부분의 사람들은 '값싼 종교'(cheap religion)를 좋아하며, 또한 그 비용을 다른 사람들에게 전가시키기를 좋아한다.

(5) 여기에서 역사가(사무엘서 저자)는 당시 선지자를 불렀던 이름에 주의를 환기시킨다(9절): 지금 선지자라 하는 자를 옛적에는 선견자라 일컬었더라. 이것은 당시에 선지자란 이름이 전혀 사용되지 않았음을 뜻하는 것이 아니라, 선견자란 이름이 더 많이 사용되었음을 뜻하는 것이다. 선지자는 먼저 선견자(보는 자, seer)여야만 한다. 사람들에게 하나님의 일들에 대해 말하도록 부름 받은 자들은 스스로 그러한 일들을 볼 수 있는 통찰력(insight)을 가져야만 한다.

[11]그들이 성읍을 향한 비탈길로 올라가다가 물 길으러 나오는 소녀들을 만나 그들에게 묻되 선견자가 여기 있느냐 하니 [12]그들이 대답하여 이르되 있나이다 보소서 그가 당신보다 앞서 갔으니 빨리 가소서 백성이 오늘 산당에서 제사를 드리므로 그가 오늘 성읍에 들어오셨나이다 [13]당신들이 성읍으로 들어가면 그가 먹으러 산당에 올라가기 전에 곧 만나리이다 그가 오기 전에는 백성이 먹지 아니하나니 이는 그가 제물을 축사한 후에야 청함을 받은 자가 먹음이니이다 그러므로 지금 올라가소서 곧 그를 만나리이다 하는지라 [14]그들이 성읍으로 올라가서 그리로 들어갈 때에 사무엘이 마침 산당으로 올라가려고 마주 나오더라 [15]사울이 오기 전날에 여호와께서 사무엘에게 알게 하여 이르시되 [16]내일 이맘 때에 내가 베냐민 땅에서 한 사람을 네게로 보내리니 너는 그에게 기름을 부어 내 백성 이스라엘의 지도자로 삼으라 그가 내 백성을 블레셋 사람들의 손에서 구원하리라 내 백성의 부르짖음이

내게 상달되었으므로 내가 그들을 돌보았노라 하셨더니 [17]사무엘이 사울을 볼 때에 여호와께서 그에게 이르시되 보라 이는 내가 네게 말한 사람이니 이가 내 백성을 다스리리라 하시니라

I. 사울이 사무엘을 찾음(11-14절). 사울이 살던 기브아는 사무엘이 거주하고 있는 라마에서 불과 30km밖에 떨어져 있지 않았으며 또한 그가 종종 이스라엘을 재판했던 미스바와도 그리 멀지 않은 곳에 있었다. 그런데도 사울은 공적인 일에는 전혀 관심을 갖지 않은 채 매우 조용하게 살았고 또한 그로 인해 사무엘을 한 번도 보지 못했던 것으로 보인다. 왜냐하면 그들이 서로 만났을 때(18절) 사울은 사무엘을 전혀 알아보지 못했기 때문이다. 그러므로 이 문제와 관련하여 둘 사이에 어떤 은밀한 약속이나 공모가 있었던 것이 아닌지 의심할 만한 근거는 전혀 없다. 그리스도에 관하여 세례 요한은 이렇게 말한다. "나도 그를 알지 못하였으나"(요 1:31). 그렇지만 사울이 사무엘을 전혀 알지 못했다는 것은 결코 칭찬할 만한 일은 아니다.

1. 물 길으러 나온 라마의 소녀들이 사울과 사환에게 사무엘과 관련한 정보를 주었다. 그들이 가르쳐준 정보는 매우 상세하고 구체적이었다(12, 13절). 우리는 하나님의 선지자들을 찾고 있는 자들에게 도움을 베풀 수 있도록 항상 준비되어 있어야 한다. 소녀들이 말해 준 내용은 다음과 같았다.

(1) 오늘 산당(high place)에서 제사가 드려진다. 그것이 통상적인 잔치이든 혹은 기도와 감사를 드리는 특별한 날이든, 오늘 산당에서 제사가 드려질 것이었다. 지금 성막에는 언약궤가 없었으며 제단도 예전의 명성을 잃어버렸다. 그러므로 하나님께서 당신의 이름을 두실 다른 장소를 선택하실 때까지 모든 제사가 꼭 실로의 제단에 한정될 필요가 없게 되었다. 따라서 이제 다른 곳에서 제사를 드리는 것이 허용되었다. 사무엘도 라마에 제단을 세웠으며(7:17), 우리는 여기에서 그가 그 제단을 사용하여 제사를 드리는 것을 보게 된다.

(2) 사무엘이 오늘 성읍에 들어왔다 ― 순회여행으로부터든 혹은 그의 재판석으로부터든. 그는 공적인 사람이었으므로 그의 움직임은 이처럼 대중들에게 알려졌다.

(3) 지금이 바로 사람들이 여호와 앞에 음식을 먹으러 모이는 시간이다. "지금 당신들은 그가 산당에 올라가기 전에 만날 수 있을 것입니다." 소녀들은

장엄한 잔치가 벌어지는 시간을 알고 있었다.

　(4) 사무엘이 오기 전에는 아무도 음식을 먹지 않을 것이다. 그것은 그가 가장 존귀한 사람이므로 사람들은 마땅히 그를 기다려야만 했기 때문이었다. 어떤 이들이 생각하는 것처럼, 어쩌면 사무엘 자신이 이 잔치를 배설한 사람이며 사람들이 드린 제물은 그의 몫이었을는지 모른다. 또한 그가 올 때까지 사람들이 기다려야만 했던 것은 그가 하나님의 사람으로서(누가 잔치를 배설했든지 간에) 제물을 축사해야만 했기 때문이었다.

　[1] 이것은 일반적인 식사였을 수 있다. 그렇다면 이것은 우리가 식사를 하기 전에 먼저 음식에 축복을 기원해야 할 의무를 보여주는 실례가 될 것이다. 축복하지 않은 음식으로부터 우리는 어떤 유익도 기대할 수 없으며, 우리가 이를 위해 기도하지 않는다면 그러한 축복을 기대할 아무런 근거가 없게 된다. 이와 같이 우리는 유익을 주시는 하나님께 영광을 돌리며, 우리가 그분께 의존한다는 것과 그분께 대한 우리의 의무를 기꺼이 인정해야 한다.

　[2] 이것은 종교적인 모임이었을 수 있다. 제물이 드려졌을 때 사무엘이 축복했다. 다시 말해서 그는 제물에 대해 기도함으로써 그 제물과 함께 영적 제사(이것이 본질이다)를 올려드린 것이었다. 그리고 이러한 거룩한 의무를 마친 후 그들은 함께 먹었다. 영혼으로 하여금 먼저 섬김을 받도록 하라. 음식을 나누어 먹는 것 역시 거룩한 의식의 일부였는데, 그 음식은 마치 기독교의 성만찬처럼 반드시 특별한 방식으로 축복되어야만 했다. 그들은 제물로 인해 하나님과 더불어 화목되었으며 또한 그 제물의 효익(效益)에 참예하는 증표로서 잔치를 벌였다. 그리고 사무엘은 그 잔치를 축복했다. 즉 하나님의 특별한 임재로써 예식을 빛나게 해 달라고 기도했다. 홀 주교(bishop Hall)는 소녀들이 이러한 거룩한 잔치의 행습을 상세하게 이야기하는 것을 통해 다음과 같은 사실을 추론한다. "훌륭한 경건이 실천되는 곳에서는 가장 미천한 사람들까지도 그러한 경건에 크게 영향을 받는다. 그러므로 종교적인 지역에 사는 것은 얼마나 큰 유익인지 모른다. 만일 우리 주위에서 모든 선한 것이 떨어져 나간다면 우리 역시도 비난을 피할 수 없게 될 것이다."

　2. 사울과 사환은 소녀들이 지시한 대로 따랐다. 그럼으로써 그들은 성읍의 회당이랄 수 있는 산당으로 올라가고 있는 사무엘을 때맞춰 만나게 되었다(14절). 이것은 전적으로 우연히 이루어진 일로 보이지만, 그러나 큰 사건을 이루

기 위해 신적 섭리가 작동한 것이었다. 지혜로우신 하나님은 극히 사소하고 우연적인 일들을 통해 크고 확실한 목적을 이루신다. 하늘 아버지의 허락 없이는 참새 한 마리도 땅에 떨어지지 않는다.

Ⅱ. 사무엘이 사울과 관련한 특별한 계시를 받음. 그는 선견자(보는 자, seer)였으므로, 이것을 특별한 방법으로 볼 수 있었다.

1. 하나님은 전날 사무엘에게, 내일 이맘때 이스라엘 백성들이 다른 나라들처럼 되고자 갖기를 원했던 왕이 될 사람을 보내실 것을 말씀하셨다(15, 16절). 하나님은 그의 귀에 말씀하셨다(KJV에는 'Now the LORD had told Samuel in his ear' 로 되어 있음). 아마도 이것은 그가 왕을 세우는 문제와 다른 국가적인 문제들에 대한 하나님의 지시를 구하기 위해 은밀하게 기도하고 있을 때, 그의 마음에 은밀한 속삭임으로 비밀스럽게 말씀하신 것이거나 혹은 세미한 음성으로 부드럽게 그의 귀에 전달된 것일 것이다. 사무엘은 여호와의 귀에 말했었다(8:21). 그리고 지금 하나님은 친교와 친밀함의 표시로 그의 귀에 말씀하셨는데, 그것은 여호와께서는 자기의 비밀을 그 종 선지자들에게 보이지 아니하시고는 결코 행하지 않기 때문이다(암 3:7). 하나님이 그에게 미리 말씀하신 것은 이 일이 그에게 '예기치 못한 일'이 되지 않도록 하기 위함이었다. 그러므로 그가 제사를 드리고 잔치를 배설한 것은 어쩌면 이 일을 예상하면서 그렇게 한 것인는지 모른다. 또한 그 구절을 히브리 원문대로 읽으면 다음과 같다: 그가 사무엘의 귀를 열어주셔서 이르기를. 여기에서 우리는 하나님이 자신을 계시하시는 방법을 볼 수 있다. 하나님은 말씀하실 뿐만 아니라 또한 우리의 귀를 열어주신다. 본래적으로 우리는 귀에 덮개를 가지고 있으므로 하나님이 말씀하시는 것을 인식하지 못한다(욥 33:14). 그러나 우리 영혼에 자신을 나타내실 때, 하나님은 에바다(열려라)라고 말씀하시면서 우리의 귀를 열어주신다. 즉 하나님이 마음의 수건을 벗겨주시는 것이다(고후 3:16, 그러나 언제든지 주께로 돌아가면 그 수건이 벗겨지리라). 비록 기뻐하지 않으시는 가운데 백성들의 요구를 허락하고 계시다 할지라도, 여기에서 하나님은 이스라엘에게 부드럽게 말씀하신다. 왜냐하면 하나님은 진노 중에서도 자비를 잊지 않으시기 때문이다.

(1) 하나님은 그들을 거듭해서 '내 백성'이라고 부르신다. 불평하기 잘 하며 하나님의 진노를 불러일으키기 잘 하는 백성이라 할지라도 그들은 여전히 하나님의 백성이다.

(2) 하나님은 그들의 지도자가 될 사람을 보내신다. 그렇게 하심으로써 그들로 하여금 머리 없는 몸이 되지 않게 하시며 또한 그들을 블레셋 사람들의 손으로부터 구원하고자 하셨다. 이것은 왕을 갖기를 열망하는 가운데 백성들이 미처 생각하지 못한 것이었다.

(3) 하나님은 이스라엘 백성들과 그들의 부르짖음을 간과하지 않으신 가운데 그렇게 하셨다: 내가 내 백성을 보았고 그들의 부르짖음이 내게 상달되었느니라. 하나님은, 마치 고집 센 아이가 울며 보챌 때 혹시 마음이 상할까 염려하여 달래는 엄마처럼, 백성들의 부르짖음을 들어주셨다. 그리고 (패트릭 주교가 관찰하는 바와 같이) 비록 왕들로 인해 압제를 당하여 부르짖을 때 듣지 않으시겠노라고 말씀하셨음에도 불구하고(8:18), 하나님은 그러한 왕들을 주변 나라들의 압제로부터 그들을 구원하는 도구로 삼으셨다. 이것은 백성들이 기대한 것 이상의 것이었다.

2. 거리에서 사울이 다가올 때 하나님은 다시 사무엘의 귀에 말씀을 주셨다 (17절): 보라 이는 내가 네게 말한 사람이니. 사울이 유달리 키가 큰 사람이었으므로 사무엘이 그를 직시하며 (어제 하나님이 이스라엘의 왕이 될 자를 보내시겠다고 말씀하시더니 혹시 이 사람이 그가 아닌지 의심하면서) 유심히 살펴보았을 것이라고 생각하는 것은 매우 자연스러운 일이다. 이러한 상황에서 하나님은 명백하게 "내 백성 이스라엘을 다스릴 자가 바로 이 사람"이라고 말씀하셨으며, 이로 인해 그의 의심은 완전히 풀려지게 되었다.

[18]사울이 성문 안 사무엘에게 나아가 이르되 선견자의 집이 어디인지 청하건대 내게 가르치소서 하니 [19]사무엘이 사울에게 대답하여 이르되 내가 선견자이니라 너는 내 앞서 산당으로 올라가라 너희가 오늘 나와 함께 먹을 것이요 아침에는 내가 너를 보내되 네 마음에 있는 것을 다 네게 말하리라 [20]사흘 전에 잃은 네 암나귀들을 염려하지 말라 찾았느니라 온 이스라엘이 사모하는 자가 누구냐 너와 네 아버지의 온 집이 아니냐 하는지라 [21]사울이 대답하여 이르되 나는 이스라엘 지파의 가장 작은 지파 베냐민 사람이 아니니이까 또 나의 가족은 베냐민 지파 모든 가족 중에 가장 미약하지 아니하니이까 당신이 어찌하여 내게 이같이 말씀하시나이까 하니 [22]사무엘이 사울과 그의 사환을 인도하여 객실로 들어가서 청한 자 중 상석에 앉게 하였는데 객은 삼십 명 가량이었더라 [23]사무엘이 요리인에게 이르되 내가 네게 주며

네게 두라고 말한 그 부분을 가져오라 [24]요리인이 넓적다리와 그것에 붙은 것을 가져다가 사울 앞에 놓는지라 사무엘이 이르되 보라 이는 두었던 것이니 네 앞에 놓고 먹으라 내가 백성을 청할 때부터 너를 위하여 이것을 두고 이 때를 기다리게 하였느니라 그 날에 사울이 사무엘과 함께 먹으니라 [25]그들이 산당에서 내려 성읍에 들어가서는 사무엘이 사울과 함께 지붕에서 담화하고 [26]그들이 일찍이 일어날새 동틀 때쯤이라 사무엘이 지붕에서 사울을 불러 이르되 일어나라 내가 너를 보내리라 하매 사울이 일어나고 그 두 사람 사울과 사무엘이 함께 밖으로 나가서 [27]성읍 끝에 이르매 사무엘이 사울에게 이르되 사환에게 우리를 앞서게 하라 하니라 사환이 앞서가므로 또 이르되 너는 이제 잠깐 서 있으라 내가 하나님의 말씀을 네게 들려 주리라 하더라

마침내 하나님의 섭리로 인해 사무엘과 사울은 서로 만나게 되었다. 그리고 우리는 여기에서 그들이 성문에서, 잔치 자리에서, 그리고 단둘이 은밀하게 무슨 이야기를 나누었는지에 대한 이야기를 듣게 된다.

I. 성문에서. 성문을 지났을 때 사울은 사무엘을 발견했다(18절). 사울은 그가 사무엘이란 것은 거의 생각지 못한 채 그에게 사무엘의 집으로 가는 길을 물었다: 선견자의 집이 어디인지 청하건대 내게 가르치소서. 그렇게 한 것은 사울이 그 곳에서 사무엘을 만날 수 있을 것으로 기대했기 때문이었다. 그토록 위대한 인물이었음에도 불구하고 사무엘은 별로 특별할 것이 없는 외양(外樣)을 가지고 있었다. 그는 특별한 위엄을 과시하지도 않았으며 많은 수행원을 거느리지도 않았다. 특별한 존귀의 표를 나타내지도 않았으며 자신의 신분을 드러내는 특별한 의복을 입지도 않았다. 교회에 갈 때뿐만 아니라 어디에 있든지 보통 사람과 하등 다를 것이 없었다. 그럼으로써 사울은 그를 만나게 될 것이란 말을 들었음에도 불구하고 지금 함께 있는 사람이 그가 아닐까 하는 생각을 전혀 하지 못했다. 도리어 그는 선지자라기보다는 성문 문지기로 보였다. 따라서 사울은 그에게 선견자의 집으로 가는 길을 물었던 것이다. 이와 같이 위대한 가치를 가지고 있는 것이 매우 보잘것없는 외양 속에 감추어져 있는 경우가 종종 있다. 사무엘은 그가 찾고 있는 것이 집이 아니라 사람임을 알고 있었고 따라서 이렇게 대답했다: "내가 바로 네가 찾고 있는 그 선견자니라(19절)." 사울이 사무엘을 알기 전에 사무엘이 먼저 사울을 알았다. 이와 같이 영광의

나라로 부름 받은 모든 자들이 하나님을 알게 되지만 그러나 먼저 하나님이 그들을 아셨다는 사실을 우리는 기억해야 한다(갈 4:9, 이제는 너희가 하나님을 알 뿐 아니라 더욱이 하나님이 아신 바 되었거늘).

1. 사무엘은 사울에게 호의를 베풀면서 다음 날까지 머물 것을 말한다. 이 날의 가장 중요한 부분은 제사를 드리는데 사용되었으며, 나머지 시간은 거룩한 잔치에 사용될 것이었다. 그리하여 사무엘은 이렇게 말한다. "내일 내가 너를 가게 하리니 오늘은 여기 머물라. 지금 너는 내 앞서 산당으로 올라가라. 거기에서 함께 기도하자. 그러고 나서 우리가 함께 이야기하게 될 것이니라." 사울에게는 잃어버린 암나귀들을 찾는 것 외에는 아무 생각도 없었다. 그러나 사무엘은 사울로 하여금 그러한 염려를 내려놓고 먼저 경건의 연습을 하도록 한다. 그래서 그에게 자신보다 앞서 산당으로 올라가라고 말했는데, 그것은 아마도 그가 노중에 처리해야 할 어떤 일이 있었기 때문이었을 것이다.

2. 사무엘은 잃어버린 암나귀들과 관련하여 사울을 안심시켜준다(20절): 사흘 전에 잃은 네 암나귀들을 염려하지 말라 찾았느니라. 사무엘은 사울이 생각하고 있는 것을 벌써 알고 있었으며 또한 아직 묻지 않은 질문에 먼저 대답을 줄 수 있었는데, 이로써 사울은 그가 선지자임을 인식할 수 있었다. 그리고 그로부터 사울은 만일 하나님의 사람이 이렇게 할 수 있다면 더욱이 하나님은 멀리서도 우리의 생각을 밝히 아실(시 139:2) 것임을 추론할 수 있었다.

3. 사무엘은 사울이 특별한 존재가 될 것임을 암시함으로써 그를 놀라게 한다. "온 이스라엘이 사모하는 자가 누구냐? 지금 백성들이 세우려고 하는 것이 왕이 아니더냐? 백성들의 요구에 부합할 자로서 이스라엘 가운데 너와 같은 자가 없느니라." 지금 이스라엘이 사울을 통치자로서 주목하고 있었던 것은 아니었다. 왜냐하면 그들은 왕을 선택하는 일을 전적으로 하나님께 맡겼기 때문이다. 그러나 그들은 사울 같은 사람을 원하고 있었다. 그리고 그가 특별한 자리로 나아가게 된다면 아브넬이나 기타 다른 사람들의 경우처럼 그의 가족 또한 특별한 위치에 있게 될 것이다.

4. 이러한 예기치 못한 암시에 사울은 매우 겸손하게 대답한다(21절). 사울은 자신이 키가 크므로 사무엘이 자신을 희롱하는 것이라고 생각하면서, 자신은 왕이 되기에 매우 적합하지 않은 사람이라고 여겼다. 역사가(사무엘서 저자)는 그의 아버지를 유력한 사람이라고 부르지만(1절), 사울 자신은 자신의 지

파와 가문을 가장 미약한 것으로 언급한다. "야곱의 말째 아들 베냐민은 장성했을 때에도 '작은 자'(little one, 창 44:20)로 불렸으며, 베냐민 지파는 기브아 전쟁으로 인해 그 수가 크게 감소되었나이다. 나는 베냐민 사람이며, 나의 가족은 베냐민 지파 모든 가족 중에 가장 미약하나이다." 여기에서 베냐민 지파 모든 가족 중에 가장 미약하다고 한 것은 사회적 신분이나 혹은 많은 일에 있어 그러하다는 것이 아니라 아마도 다른 가족보다 어린 가문(younger house)이었다는 뜻일 것이다. 기드온도 스스로에 대하여 이와 같이 이야기했다(삿 6:15). 겸손은 존귀의 앞잡이이다.

Ⅱ. 잔치자리에서. 사무엘은 사울과 사환을 잔치가 배설된 곳으로 데려갔다. 사울이 왕이 되는 것은 사무엘의 입장에서 볼 때는 자신의 위치가 약화되는 것을 의미하는 것이었다. 그럼에도 불구하고 사무엘은 사울을 시기하거나 혹은 그에 대하여 악한 마음을 품지 않았다. 도리어 사무엘은 하나님의 뜻에 부응하여 그를 존귀케 하는 일에 앞장섰다. 만일 이 사람이 하나님께서 선택하신 자라면, 설령 자신이 잘 아는 친구나 혹은 동료가 아니라 할지라도, 기꺼이 그를 자신의 식탁에(아니 자신의 가슴에) 즐거이 초대할 수 있었다. 사울에게 음식을 대접한 것은 매우 시의적절하게 친절을 베푼 것이었다. 왜냐하면 사울이 7절에서 말한 것에 비추어 볼 때, 그들이 가지고 있던 모든 양식과 돈이 다 떨어졌기 때문이었다. 그러나 이것이 다가 아니었다. 사무엘은 사울을 보통사람으로가 아니라 특별한 사람으로 대했는데, 그것은 그와 백성들로 하여금 앞으로 되어질 일에 대해 준비시키기 위함이었다. 사무엘이 사울에게 나타낸 존귀의 표시는 다음과 같은 두 가지였다.

1. 사무엘은 사울을 상석에 앉게 했다. 사무엘은 청한 자들에게 (말하자면) 이 사람에게 자리를 내 주라(눅 14:9)고 말했는데, 이것은 그를 모든 사람들 가운데 가장 영예롭게 만드는 것이었다. 아마도 거기에는 성읍의 지도자로서 잔치의 상석에 앉을 만한 자들이 있었을 것이다. 그러나 잔치의 주인인 사무엘은 사울과 그의 사환을(만일 사울이 왕이라면 사환은 총리로서 존중되어야 했기 때문이다) 상석에 앉게 했다(22절). 신적 섭리에 의해 존귀한 위치를 부여받은 자들에게 우리는 마땅히 사회적 존경을 나타내야 한다.

2. 사무엘은 사울에게 가장 좋은 음식을 주었다. 전날 그가 올 것이라는 예고를 하늘로부터 받고(16절), 사무엘은 요리인에게 그를 위해 가장 좋은 부분

을 따로 구별해 놓을 것을 명했다. 왕으로 선택된 자를 위해 특별히 구별된 음식은 무엇이었을까? 사람들은 그것이 매우 훌륭하고 맛있는 음식일 것이라고 상상할 것이다. 그러나 그것이 아니었다. 그것은 양고기 가운데 평범한 넓적다리에 불과했다(23, 24절). 화목제물의 오른쪽 넓적다리는 하나님께 드리는 표로서 제사장에게 드려야 했다(레 7:32). 그리고 왼쪽 넓적다리는 항상 상석에 앉은 자에게 주어졌는데, 다른 때에는 대부분 사무엘의 몫이었을 것이다. 그러므로 지금 그것을 사울에게 주는 것은 자신의 위치를 은연중 그에게 양도하는 것이었다. 어떤 이들은 이 음식에 특별한 의미가 있는 것으로 생각한다. 넓적다리(shoulder)는 힘을 나타내며 거기에 붙은 가슴은 애정을 의미한다는 것이다. 그는 그 어깨(shoulder)에 정사를 멜 왕이 될 자로서 자신의 어깨로 그 무게를 감당해야만 했다. 또한 그는 백성을 소중하게 여기며 자기 가슴에 담을 자가 되어야만 했다.

III. 단둘이 은밀하게. 그 날 저녁과 다음 날 아침에 사무엘은 평평한 지붕에서 사울과 더불어 이야기했다(25, 26절). 우리는 여기에서 사무엘이 왕을 세워주기를 원하는 백성들의 열망과 그러한 열망의 동기 그리고 그에 대한 하나님의 허락하심 등에 관하여 모두 이야기했을 것이라고 추측할 수 있다. 사울은 공적인 일에 대하여 거의 관심을 기울이지 않은 채 매우 한적하게 살고 있었기 때문에 아마도 이 모든 것이 처음 듣는 이야기였을 것이다. 사무엘은 하나님께서 왕으로 택하신 자가 바로 그라고 말하면서 사울을 납득시키고자 했을 것이다.

그러나 사울은 사무엘이 잘못된 생각을 하고 있다고 반론을 펴면서, 자신은 결코 그의 손으로부터 통치권을 취하지 않을 것이라고 말했을 것이다. 이에 사무엘은 자신도 기꺼이 통치권을 양도하기를 원한다고 말하면서 사울을 설득했을 것이라고 우리는 추측할 수 있다. 다음 날 아침 일찍 사무엘은 사울을 집으로 돌려보내면서 그와 함께 얼마동안 동행했다. 그리고 난 후 사환을 먼저 가게 하도록 사울에게 명하고, 단둘이 있게 되었다(27절). 여기에서 사무엘은 우리가 다음 장 앞 부분에서 보게 될 것처럼 사울에게 기름을 붓고 거기에서 여호와의 말씀을 나타냈다.

이것은 그가 바로 왕으로 선택된 자라는 사실을 충분하게 납득시켜 주는 것이었다. 왜냐하면 사무엘이 희롱으로 이러한 거룩한 의식을 행하지는 않을 것이기 때문이다. 우리의 위대한 선지자이신 그리스도께서 우리에게 여호와의 말씀을 나타내시는 것은 성령의 기름 부음을 통해서이며(요일 2:27), 바로 이 기름 부음이 우리에게 모든 것을 가르치는 것이다.

제
— 10 —
장

개요

사무엘은 사울과 함께 아마도 밭을 가로지르는 한적한 길과 포도원의 소로를 걸었을 것이다. 그러는 동안 사울은 사무엘로부터 하나님의 말씀을 들을 것을 기대하면서 함께 걸었을 것이다. 본 장의 내용은 다음과 같다. I. 사무엘이 사울에게 기름을 부음(1절). 사무엘이 나타날 표적들에 대해 말하면서(2-6절), 지시를 내림(7-8절). II. 표적들이 그대로 이루어짐(9-13절). III. 사울이 아버지의 집에 돌아옴(14-16절). IV. 사울이 제비뽑기에 의해 왕으로 선출되고 그의 직무가 시작됨(17-25절). V. 사울이 자신의 성읍으로 돌아옴(26-27절). 여기에서 이루어진 일은 참으로 엄청난 일이었다. 이스라엘 가운데 왕이 세워졌을 뿐만 아니라 왕정 자체가 세워진 것이었다. 그러므로 이러한 모든 일이 진행되어가는 가운데 하나님의 많은 섭리들이 나타나게 된다.

¹이에 사무엘이 기름병을 가져다가 사울의 머리에 붓고 입맞추며 이르되 여호와께서 네게 기름을 부으사 그의 기업의 지도자로 삼지 아니하셨느냐 ²네가 오늘 나를 떠나가다가 베냐민 경계 셀사에 있는 라헬의 묘실 곁에서 두 사람을 만나리니 그들이 네게 이르기를 네가 찾으러 갔던 암나귀들을 찾은지라 네 아버지가 암나귀들의 염려는 놓았으나 너희로 말미암아 걱정하여 이르되 내 아들을 위하여 어찌하리요 하더라 할 것이요 ³네가 거기서 더 나아가서 다볼 상수리나무에 이르면 거기서 하나님을 뵈오려고 벧엘로 올라가는 세 사람을 만나리니 한 사람은 염소 새끼 셋을 이끌었고 한 사람은 떡 세 덩이를 가졌고 한 사람은 포도주 한 가죽부대를 가진 자라 ⁴그들이 네게 문안하고 떡 두 덩이를 주겠고 너는 그의 손에서 받으리라 ⁵그 후에 네가 하나님의 산에 이르리니 그 곳에는 블레셋 사람들의 영문이 있느니라 네가 그리로 가서 그 성읍으로 들어갈 때에 선지자의 무리가 산당에서부터 비파와 소고와 저와 수금을 앞세우고 예언하며 내려오는 것을 만날 것이요 ⁶네게는 여호와의 영이 크게 임하리니 너도 그들과 함께 예언을 하고 변하여 새 사람이 되리라 ⁷이 징조가 네게 임하거든 너는 기회를 따라 행하라 하나님이 너와 함께 하시느니

라 [8]너는 나보다 앞서 길갈로 내려가라 내가 네게로 내려가서 번제와 화목제를 드리리니 내가 네게 가서 네가 행할 것을 가르칠 때까지 칠 일 동안 기다리라

여기에서 사무엘은 그가 왕이 될 것이라는 사실에 대하여 하나님으로부터의 분명한 확증을 주는 가운데 자신의 선지자 직분을 실행하고 있다.

I. 사무엘이 사울에게 기름을 붓고 입을 맞춤(1절).　이것이 어떤 장엄한 예식을 통해 이루어진 것은 아니었다. 그러나 그것은 하나님의 지시에 따라 이루어진 것이었으며, 이러한 사실은 외적인 장엄함을 충분히 보상하고도 남는 것이었다. 그리고 한적한 곳에서 혹은 유대인들이 말하는 것처럼 샘가에서 은밀하게 이루어진 것이라 하여 그 효력이 약화되는 것도 아니었다. 하나님의 규례는 위대하고 존귀한 것이다 ― 비록 그것이 시행되는 장소가 미천하고 보잘것없다 할지라도.

1. 사울에게 기름을 부음으로써 사무엘은 그를 왕으로 세우는 것이 하나님 자신의 행동임을 그에게 확증해 주었다: 여호와께서 네게 기름을 부으사 그의 기업의 지도자로 삼지 아니하셨느냐. 대제사장이 기름 부음을 받음으로써 그 직책을 수행함에 있어 필수불가결한 은사들을 수여받는 것을 나타낸 것처럼 왕이 기름 부음을 받는 것 역시 마찬가지였다. 하나님은 자신이 부르신 자들을 위해 그에 합당한 권능을 부여하신다. 따라서 합당한 권능은 하나님의 부르심에 대한 좋은 증거가 된다. 당시에 이루어졌던 이러한 기름 부음들은 우리의 위대한 메시야, 곧 교회의 왕이시요 우리의 대제사장이신 '기름 부음 받은 자'를 가리키는 것이었다. 그는 유대 교회의(즉 구약의) 모든 제사장과 왕들과는 비교할 수 없을 정도로 한량없이 성령의 기름으로 부음을 받으셨다. 여기에서 사무엘이 사용한 것은 틀림없이 보통 기름이었을 것이며, 또한 우리는 여기에서 그가 어떤 축복이나 혹은 기도를 드렸다는 말씀을 읽지 못한다. 사울이 기름 부음 받은 것은 깨지기 쉬운 작은 기름병에 불과했는데, 그것은 그의 나라가 곧 금이 가고 깨어질 것이며 그 규모가 작을 것이기 때문이었다. 다윗이 기름뿔로 부음을 받은 것과 비교할 때 그에게 임한 성령은 아주 적은 양에 불과했다. 그리고 그것은 솔로몬이나 예후와 비교할 때도 마찬가지였다.

2. 사울에게 입을 맞춤으로써 사무엘은 하나님이 그를 왕으로 선택하신 것에 대해 자신도 기꺼이 동의함을 확증해 주었다. 비록 그가 왕이 됨으로써 자

신의 권력이 축소되고 또 자신과 자신의 가족의 영광이 가려진다 할지라도, 사무엘은 그에 대해 기꺼이 동의할 뿐만 아니라 마음으로 즐거이 받아들였다. 사무엘은 말한다. "여호와께서 네게 기름을 부으사 그의 기업의 지도자로 삼지 아니하셨느냐; 내가 이 일을 크게 즐거워하는 것을 이 입맞춤으로 보증하노라." 그것은 충성을 다짐하는 신하의 입맞춤과 비슷한 것이었다. 이것으로 사무엘은 그를 왕으로 뿐만 아니라 '자신의' 왕으로 인정한 것이었다. 이러한 의미로 우리는 아들에게 입 맞추라는 명령을 받는다(시 2:12). 하나님께서 아들에게 기름을 부으셨다. 그러므로 우리는 그와 같이 그분을 인정하고 그에게 충성을 다짐하는 입맞춤을 해야 한다. 이것으로 사무엘은 사울에게 다음과 같은 사실을 일깨워준다.

(1) 그가 부름 받은 통치권의 특성에 대하여. 그는 지도자로서 그리고 명령을 내리는 자로서 기름 부음을 받았으며, 이것은 존귀와 권력을 의미하는 것이었다. 동시에 그것은 전쟁을 지휘하는 자로서의 기름 부음으로서 책임과 고통과 위험을 의미하는 것이었다.

(2) 그가 부름 받은 통치권의 기원에 대하여. 여호와께서 네게 기름을 부으셨느니라. 그를 통해 하나님이 다스리신다. 그러므로 그는 하나님을 위해, 하나님을 의지하면서, 그리고 하나님의 영광을 바라보며 다스려야 한다.

(3) 그가 부름 받은 통치권의 목적에 대하여. 그는 주인의 재산을 맡은 청지기 같이 최선을 다해 그의 기업을 관리하며 돌보며 보호하며 주관해야 한다. 그리고 이 모든 일에 대하여 마지막에 결산하게 될 것이다.

Ⅱ. 사울에게 더 큰 확신을 주기 위해 사무엘이 그 날 있게 될 몇 가지 표적을 이야기함. 그러한 표적들은 사무엘의 전체적인 말을 확증하고 그가 참된 선지자임을 증명해 줄 뿐만 아니라 그가 특별히 사울과 관련하여 한 말 즉 그가 왕이 될 것이란 말을 확증해 줄 것이었다.

1. 사울은 얼마 후 자신과 관련하여 아버지가 걱정하고 있다는 소식을 전해 줄 사람들을 만나게 될 것이다(2절). 이들을 그는 라헬의 묘실 곁에서 만나게 될 것이다. 사무엘이 그에게 가리킨 첫 번째 장소는 그의 조상들 가운데 한 사람의 묘실이었다. 라헬은 베냐민을 낳다가 산고(産苦) 가운데 죽었다. 거기에서 그는 자신도 역시 언젠가는 죽을 수밖에 없는 존재라는 교훈을 배워야만 했다. 지금 그의 눈 앞에는 면류관이 있지만, 그러나 그는 자신의 모든 영광이 티

끌 가운데 놓이게 될 자신의 무덤(묘실)을 기억해야만 한다. 여기에서 그는 두 사람을 만나게 될 것인데, 아마도 그들은 잃어버린 암나귀들을 찾았으며 그의 아버지가 내 아들을 위해 내가 무엇을 하리요? 하며 걱정하고 있음을 알려주기 위해 보냄 받은 자들이었을 것이다. 그는 이들 두 심부름꾼을 만남으로써 자신에게 일어난 일을 좀 더 분명하게 확신할 수 있게 될 것이다. 비록 사소한 일이라 할지라도 이와 같은 사건을 통해 신적 섭리를 보게 되고 그럼으로써 분명한 믿음과 확신을 갖게 되는 것은 좋은 일이다.

2. 이어 그는 희생제물을 가지고 벧엘로 올라가는 세 사람을 만나게 될 것이다(3, 4절). 아마도 벧엘에는 종교적인 예배를 위한 산당이 있었던 것으로 보인다. 이스라엘을 다스릴 자로 선택된 자가 하나님께 예배하러 가는 사람들을 만나는 것은 매우 좋은 징조가 아닐 수 없었다. 이들 세 사람이 가지고 있던 염소와 떡과 포도주는 희생제물(sacrifice)과 소제(meat offerings)와 관제(drink offerings)로서 쓰기 위한 것으로 추측된다. 사무엘은 그들이 떡 두 덩이를 줄 것이라고 말하면서 그것을 받으라고 말한다. 이러한 선물은 언뜻 볼 때 걸인에게 자선을 베푸는 것으로 보인다. 금후 사울은 자신이 이러한 자선을 베풂 받은 때를 기억하고 가난한 자들에게 항상 겸손하고 자비로워야만 한다. 그러나 아마도 이것은 왕에게 드리는 예물이었을 것이다. 사울은 그것을 자신에게 드려진 첫 예물로서 받아야만 한다. 그들은 자신들이 무슨 일을 하고 있는지 그리고 왜 이 일을 하는지 몰랐을 것이다. 단지 하나님이 그들의 마음을 움직이셔서 이 일을 하도록 하셨다. 따라서 이것은 또 하나의 확실한 표적이 되는 것이었다. 새로 기름 부음 받은 왕에게 드려지는 첫 번째 공물인 이 떡 두 덩이는 그로 하여금 자신의 면류관으로 사치와 향락을 좇는데 쓰지 말고 오직 검소하고 소박한 음식으로 만족할 것을 가르쳤다. 떡은 생명을 유지시켜 주는 것이다.

3. 모든 표적들 가운데 가장 두드러진 표적은 그가 일단의 선지자들의 무리와 함께 예언의 영의 영향 아래 있게 되는 것이었다. 하나님이 우리 안에서 성령으로 일하시는 것은 다른 어떤 것보다도 더 우리의 믿음을 확고하게 만들어 준다. 여기에서 사무엘은 사울에게 다음과 같은 것들을 이야기한다(5, 6절).

(1) 그 일이 어디에서 일어날 것인지: 그 후에 네가 하나님의 산에 이르리니 그곳에는 블레셋 사람들의 영문이 있느니라. 블레셋 사람들의 영문(주둔지,

garrison)이 있다는 언급으로 미루어 그 곳은 사울 자신의 성읍인 기브아 근처인 것으로 추측된다(13:3). 블레셋 사람들이 이 곳에 영문을 세우게 된 것은 사무엘과 그들 사이에 맺어진 협정으로 인한 것이었든지, 아니면 사무엘 시대 초기에 패퇴를 당한 후 다시 이 곳을 빼앗아 세운 것이었을 것이다. 아마도 후자일 가능성이 좀 더 높아 보이는데, 그렇다면 하나님은 그들을 응징할 자를 바로 이 곳에서 세우신 것이다. 그 곳에 선지자 학교가 세워짐으로써 하나님의 산이라고 일컬어지게 된 장소가 있었다. 블레셋 사람들은 종교를 매우 존중하였으므로 하나님의 선지자 학교가 병사들이 주둔하고 있는 영문 주위에 있는 것을 허락하였다. 그들은 그것을 다른 곳으로 옮기도록 강요하지도 않았을 뿐만 아니라 제반 활동을 제한하거나 방해하지 않았다.

 (2) 그 일이 어떤 상황에서 일어날 것인지. 사울은 음악과 함께 예언을 하면서 내려오는 선지자의 무리를 만나 그들과 연합하게 될 것이다. 이 선지자들은 다가올 일에 대해 미리 말하도록 영감 받은 것도 아니었으며, 하나님이 그들에게 꿈으로나 이상으로나 자신을 계시한 것도 아니었다. 다만 율법을 연구하고 다른 사람들에게 가르치며 경건생활과 함께 특별히 하나님을 찬양하는 일을 하는 사람들로서, 이러한 점에서 그들은 하나님의 영의 특별한 도우심과 인도하심 아래 있던 자들이었다. 이스라엘에게 있어 선지자뿐만 아니라 선한 가르침을 베풀어 주며 좋은 모범이 되어 주고 신앙을 지키도록 도와주었던 선지자의 무리가 있었던 것은 참으로 복된 일이었다. 지금은 여호와의 말씀이 사무엘이 처음 세워질 때처럼 그렇게 희귀하지는 않았다. 이러한 선지자 학교 혹은 종교적인 집(religious houses)을 세우는 일에 도구로 사용된 사람이 바로 사무엘이었는데, 아마도 이로부터 회당이 기원된 것으로 보인다. '전쟁의 사람'으로서 블레셋 사람들을 쫓아내지는 않았지만 '하나님의 사람'으로서 여러 개의 선지자 학교를 세운(이것이 훨씬 더 중요한 일이었다) 사무엘 같은 사람의 통치에 이스라엘이 싫증낸 것은 얼마나 안타까운 일인가! 당시 음악은 사람의 마음을 선한 영의 영향 아래 있도록 만드는 수단으로 사용되었는데, 우리는 이와 같은 경우를 엘리사에게서 볼 수 있다(왕하 3:15). 또한 음악은 사울의 경우에서 잘 나타난 것처럼 악한 영을 쫓아내는 데에도 효과적이었다. 이 선지자들은 지금 산당으로부터 (아마도 제사를 드리고 난 후) 시편을 노래하면서 내려오고 있었다. 거룩한 규례를 통해 우리는 거룩한 기쁨과 찬미로 충만되어 내려와야 한

다. 시편 138:5을 보라. 사울은 그들과 연합하고자 하는 마음으로 크게 감동될 것이며, 거기에서 이제까지 일개 사인(私人)으로 살아왔던 것으로부터 변하여 다른 사람이 될 것이다. 하나님의 영은 규례를 통해 사람들을 변화시키며 놀랍게 바꾼다. 사울은 성도의 교제 가운데 하나님을 찬송하면서 '다른 사람'(another man)이 되었다. 그러나 그것이 '새 사람'(new man)인지 아닌지는 불확실하다(한글개역개정판은 6절에 '새 사람'으로 되어 있지만 KJV에는 'another man'으로 되어 있음).

III. 사무엘이 사울에게 신적 섭리의 인도를 따라 그리고 자신이 가르치는 바를 따라 통치를 수행하도록 지시함.

1. 그는 통상적인 경우에 섭리를 따라야만 한다(7절). "너는 기회를 따라 행하라. 네 자신의 분별력이 인도하는 바를 따르라."

2. 그러나 특별한 상황에서는 사무엘이 오기를 기다려야 한다. 예컨대 그는 길갈에서 운명적인 위기상황을 맞이하고 거기에서 하나님의 특별한 도우심을 필요로 하게 될 것인데, 거기에서 사울은 사무엘을 칠일 동안 기다려야만 한다(8절). 우리는 나중에 그가 이 일에 실패함으로써 스스로 몰락의 길을 걷게 된 사실을 보게 될 것이다(13:11). 우리는 여기에서 비록 그가 왕이라 할지라도 사무엘의 지시와 가르침을 따라 행동해야만 한다는 사실을 분명하게 알 수 있다. 가장 크고 위대한 자라 할지라도 자신은 하나님과 그분의 말씀에 복종해야 할 위치에 있다는 사실을 스스로 인정해야 한다.

[9]그가 사무엘에게서 떠나려고 몸을 돌이킬 때에 하나님이 새 마음을 주셨고 그 날 그 징조도 다 응하니라 [10]그들이 산에 이를 때에 선지자의 무리가 그를 영접하고 하나님의 영이 사울에게 크게 임하므로 그가 그들 중에서 예언을 하니 [11]전에 사울을 알던 모든 사람들이 사울이 선지자들과 함께 예언함을 보고 서로 이르되 기스의 아들에게 무슨 일이 일어났느냐 사울도 선지자들 중에 있느냐 하고 [12]그 곳의 어떤 사람은 말하여 이르되 그들의 아버지가 누구냐 한지라 그러므로 속담이 되어 이르되 사울도 선지자들 중에 있느냐 하더라 [13]사울이 예언하기를 마치고 산당으로 가니라 [14]사울의 숙부가 사울과 그의 사환에게 이르되 너희가 어디로 갔더냐 사울이 이르되 암나귀들을 찾다가 찾지 못하므로 사무엘에게 갔었나이다 하니 [15]사울의 숙부가 이르되 청하노니 사무엘이 너희에게 이른 말을 내게 말하라 하니라 [16]사울이

그의 숙부에게 말하되 그가 암나귀들을 찾았다고 우리에게 분명히 말하더이다 하고 사무엘이 말하던 나라의 일은 말하지 아니하니라

사울은 너무나 놀란 채 사무엘을 떠난다. 아마도 그는 자신에게 일어난 일에 대해 그것이 꿈인지 생시인지 거의 분별하지 못할 정도였을 것이다. 이제 여기에서 우리는 다음과 같은 이야기를 듣게 된다.

 I. 돌아가는 노중에 무슨 일이 생겼는지에 대해(9절). 사무엘이 말한 모든 표적들이 그대로 이루어졌다. 그러나 모든 표적들 가운데 그에게 가장 큰 확신을 가져다 준 것은 하나님이 자신에게 다른 마음(another heart)을 주셨음을 그가 즉각적으로 알게 된 것이었다. 그의 가슴속에 예전에 전혀 알지 못했던 새 불이 붙었다. 잃어버린 암나귀들을 찾는 일 따위는 이제 그의 마음속에 없었다. 오직 그는 블레셋 사람들과 싸우는 일, 이스라엘의 제반 문제들을 제거하고 고치는 일, 법을 만드는 일, 공의를 집행하는 일, 공공의 안녕을 확립하는 등의 일만을 생각하게 되었다. 지금 그의 머리를 가득 채우고 있는 것은 바로 이런 일들이었다. 지금 그는 예전에는 상상도 하지 못할 만큼의 용맹과 담대함으로 가득 차 있었다. 그는 더 이상 저급하고 미천하며 협소한 그리고 오직 자신의 곡식과 가축만 생각하는 농부의 마음을 갖고 있지 않았다. 지금 그의 마음은 정치가의 마음이요 장군의 마음이며 왕의 마음이었다. 하나님은 어떤 일을 위해 부르시는 사람을 그 일에 합당하도록 만들어 주신다. 하나님께 힘을 다해 봉사하고자 진지하게 열망하는 자들이 다른 지위와 위치로 나아갈 때, 하나님은 그들에게 다른 마음을 주신다.

 II. 사울이 집 가까이 왔을 때 무슨 일이 생겼는지에 대해. 그들은 산(hill), 즉 기브아 혹은 게바(이것은 산을 의미하는 단어인데, 이와 관련하여 갈대아 역본은 이것을 고유명사로 읽는다)에 이르렀다(10절). 여기에서 사울은 사무엘이 이야기한 선지자들을 만났는데, 그 때 하나님의 영이 그에게 강하게 그리고 갑자기 임했다. 그러나 하나님의 영이 그에게 계속해서 머물러 있었던 것은 아니었다. 그것이 갑자기 임했던 것처럼 또한 속히 사라졌다. 그러나 지금 그것은 사울에게 기이한 효과를 가져다 주었다. 왜냐하면 그는 곧바로 선지자의 무리와 연합하여 그들과 함께 큰 기쁨과 영적 황홀경 속으로 들어갔기 때문이었다. 하나님의 영이 사울에게 크게 임하므로 그가 그들 중에서 예언을 하니.

1. 사울의 예언은 많은 사람들의 관심을 끌었다(11, 12절). 지금 그는 자신을 잘 알고 있는 사람들 가운데 있었는데, 그가 선지자 무리와 함께 있는 것을 보고 그들은 서로 말하기를, 와서 이 기이한 광경을 보라고 하였다. 이것은 그들로 하여금 비록 사울이 그들 가운데 한 사람이었다 할지라도 하나님이 그에게 선지자의 영예를 주신 것을 봄으로써 장차 그를 왕으로 받아들이도록 준비시켜 주는 것이었다. 70명의 장로들도 '재판하는 자'가 되기에 앞서 예언을 했다(민 11:25).

(1) 그들은 모두 사울이 선지자 무리 가운데 있는 것을 보고 놀란다: 기스의 아들에게 무슨 일이 일어났느냐? 선지자 학교가 자신의 집 근처에 있었음에도 불구하고, 사울은 그들과 더불어 특별한 교제를 갖지도 않았으며 그들에게 특별한 존경심을 나타내지도 않았다. 어쩌면 그는 그들에 대해 때때로 대수롭지 않게 말했을는지 모른다. 지금 사울이 선지자 무리와 함께 예언하고 있는 것을 보면서 그들은 놀라지 않을 수 없었다. 그것은 신약에서 그와 동일한 이름을 가진 자가 전에 핍박하던 복음을 전파하는 것을 볼 때 사람들이 크게 놀랐던 것과 비슷했다(행 9:21, 듣는 사람이 다 놀라 말하되 이 사람이 예루살렘에서 이 이름을 부르는 사람을 멸하려던 자가 아니냐). 하나님이 다른 마음을 주시면, 그것은 곧 스스로 드러나게 마련이다.

(2) 그들 가운데 특별히 지혜로운 한 사람이 묻는다. "그들의 아버지(혹은 가르치는 자)가 누구냐? 하나님이 아니시냐? 그들은 모두 하나님으로부터 배운 것이 아니냐? 그들의 모든 은사들은 하나님께 받은 것이 아니냐? 하나님의 능력이 모자라시냐? 하나님이 기뻐하시면 다른 사람들을 선지자로 만든 것처럼 사울을 선지자로 만들 수 없겠느냐?" 혹은 이렇게 물었을는지 모른다. "사무엘이 그들의 아버지가 아니냐? 하나님 아래서 사무엘이 그들의 아버지가 아니냐? 그리고 사울이 최근 그와 함께 있지 않았느냐? 지난 밤 사무엘의 지붕 아래 있었던 자가 예언하는 것이 어찌 놀랄 일이란 말이냐?"

(3) 이렇게 하여 이스라엘 가운데 널리 사용되는 속담이 생겨나게 되었다. 악한 사람이 선하게 되든지 혹은 최소한 선한 무리 가운데 끼여 있는 것을 볼 때 갖게 되는 놀라움을 표현할 때, 그들은 "사울도 선지자들 중에 있느냐?"라는 속담을 사용하게 되었다. 사울이 선지자들 가운데 끼여 있었다는 것은 속담이 될 정도로 놀라운 일이었다. 그러므로 가장 악한 자라 할지라도 절망할 필요는

없다. 또한 경건이 외적으로 드러나는 것이나 혹은 어느 날 갑자기 일어나는 돌연한 변화를 지나치게 신뢰해서도 안 된다. 왜냐하면 비록 사울이 선지자들 가운데 있었다 할지라도 그는 여전히 사울이었기 때문이다.

2. 사울은 자신이 기름 부음 받은 것을 비밀에 부쳤다.

(1) 사울은 예언을 하면서 아마도 하나님 앞에 모든 말을 토설하며 모든 일을 그분의 호의(好意)에 맡긴 것으로 보인다. 왜냐하면 예언을 마친 후 하나님의 자비에 감사를 드리면서 계속해서 자비를 베풀어 주실 것을 간구하기 위해 곧바로 산당으로 올라갔기 때문이다(13절).

(2) 그는 자신에게 일어난 일을 친척들에게 의도적으로 감추었다. 사울의 숙부는 사울에게 "너희가 어디로 갔더냐?"고 묻는다(14절, 아마도 산당에서 만났든지 아니면 집에 돌아오자마자 만났을 것이다). 사울은 사환이 알고 있었으므로 사무엘과 함께 있었던 사실은 인정했지만 그러나 왕과 관련한 일은 한 마디로 말하지 않았다. 우리는 이를 통해 다음과 같은 사실을 알 수 있다.

[1] 사울의 겸손. 대부분의 사람들은 이러한 놀라운 일을 당할 때 우쭐대며 지붕에 올라가 나팔을 불 것이다. 그러나 사울은, 비록 마음속으로는 기쁨을 억누를 수 없었을는지 모르나, 주변 사람들에게 자랑하지 않았다. 영광의 나라를 기업으로 받을 자들은 세상이 자신들을 알지 못한다 할지라도 얼마든지 기뻐할 수 있다(요일 3:1).

[2] 사울의 신중함. 만일 사울이 이 일을 자랑하며 떠벌리고 다녔다면 분명히 시기하는 자가 생겼을 것이다. 그리고 어떤 어려움이 생겼을는지 누가 알겠는가? 사무엘은 사울에게 이 일을 은밀히 전달했으며 따라서 사울은 이 일을 비밀에 부쳐야 한다는 사실을 알게 되었다. 이와 같이 사울에게는 다른 마음, 곧 '통치자로서의 합당한 마음'이 있었음을 우리는 알 수 있다.

[3] 사울의 하나님을 의지하는 믿음. 그는 스스로 일을 꾸미기 위해 돌아다니지 않았다. 다만 하나님께서 사무엘을 통해 이 일을 이루시도록 맡기면서, 자신은 조용히 앉아 이 일이 어떻게 이루어지는지를 지켜보았다.

[17]사무엘이 백성을 미스바로 불러 여호와 앞에 모으고 [18]이스라엘 자손에게 이르되 이스라엘 하나님 여호와께서 이같이 말씀하시기를 내가 이스라엘을 애굽에서 인도하여 내고 너희를 애굽인의 손과 너희를 압제하는 모든 나라의 손에서 건져내었

느니라 하셨거늘 [19]너희는 너희를 모든 재난과 고통 중에서 친히 구원하여 내신 너희의 하나님을 오늘 버리고 이르기를 우리 위에 왕을 세우라 하는도다 그런즉 이제 너희의 지파대로 천 명씩 여호와 앞에 나아오라 하고 [20]사무엘이 이에 이스라엘 모든 지파를 가까이 오게 하였더니 베냐민 지파가 뽑혔고 [21]베냐민 지파를 그들의 가족별로 가까이 오게 하였더니 마드리의 가족이 뽑혔고 그 중에서 기스의 아들 사울이 뽑혔으나 그를 찾아도 찾지 못한지라 [22]그러므로 그들이 또 여호와께 묻되 그 사람이 여기 왔나이까 여호와께서 대답하시되 그가 짐보따리들 사이에 숨었느니라 하셨더라 [23]그들이 달려 가서 거기서 그를 데려오매 그가 백성 중에 서니 다른 사람보다 어깨 위만큼 컸더라 [24]사무엘이 모든 백성에게 이르되 너희는 여호와께서 택하신 자를 보느냐 모든 백성 중에 짝할 이가 없느니라 하니 모든 백성이 왕의 만세를 외쳐 부르니라 [25]사무엘이 나라의 제도를 백성에게 말하고 책에 기록하여 여호와 앞에 두고 모든 백성을 각기 집으로 보내매 [26]사울도 기브아 자기 집으로 갈 때에 마음이 하나님께 감동된 유력한 자들과 함께 갔느니라 [27]어떤 불량배는 이르되 이 사람이 어떻게 우리를 구원하겠느냐 하고 멸시하며 예물을 바치지 아니하였으나 그는 잠잠하였더라

우리는 여기에서 사울이 미스바에서 열린 이스라엘 장로들의 총회 즉 각 지파의 대표자들의 총회에서 공식적으로 왕에 지명되는 것을 보게 된다. 아마도 이러한 범국가적인 총회는 사울이 기름 부음 받은 후 가능한 빨리 소집되었을 것이다. 왜냐하면 어차피 통치체제를 바꾸어야만 한다면, 그것은 빠르면 빠를수록 좋기 때문이다. 이런 일을 진행함에 있어 오래 끄는 것은 나쁜 결과를 초래할 수 있다. 하나님이 특별한 방식으로 임재하신 장엄한 총회에서(그래서 백성을 여호와 앞에 불러 모았다고 언급한다, 10:17) 사무엘은 하나님을 대신하여 활동한다.

I. 사무엘은 백성들이 왕의 통치를 열망하면서 선지자의 통치를 저버린 것에 대해 책망한다.

1. 사무엘은 그들이 하나님의 통치 아래에서 얼마나 행복했던가 하는 것을 보여준다(18절). 하나님이 그들을 다스렸을 때, 그는 그들을 모든 압제자의 손으로부터 구원하셨다. 무엇을 더 바란단 말인가? 전능하신 하나님이 하신 이와 같은 일을 어느 누가(아무리 강하고 용맹한 자라 할지라도) 흉내라도 낼 수 있

겠는가?

2. 또한 그는 백성들이 자신들을 구원해 줄 왕을 열망하는 것이 얼마나 하나님을 모독하는 것인가 하는 것을 보여준다. 왜냐하면 하나님이 당신 자신의 능력으로 그리고 자신이 직접 부르시고 세우신 자들을 통해 그들을 모든 재난과 고통 중에서 친히 구원하셨기 때문이다(19절). 사무엘은 단호한 어조로 말한다. 너희는 오늘 너희 하나님을 버렸도다. 너희가 사실상 그렇게 한 것이다. 그러므로 너희의 그러한 행동으로 인해 하나님이 너희를 버리신다 할지라도 그것은 결코 부당한 일이 아닌 것이다." 믿음에 의지하는 것보다 자기 생각에 의지하는 것이 더 낫다고 생각하는 것, 그리고 전능자의 팔에 의지하는 것보다 자기 육체의 팔에 의지하는 것이 더 낫다고 생각하는 것은 깨진 항아리를 얻기 위해 생수의 샘을 버리는 것과 같다. 어떤 이들은 하나님을 버림으로써 그분으로 하여금 자신들을 다스리지 못하게 하는 이들의 완악함 속에서 그리스도를 배척하는 전조(前兆)를 발견한다.

Ⅱ. 사무엘은 그들로 하여금 제비뽑기로 왕을 선택하도록 한다.　사무엘은 하나님이 누구를 선택하셨는지 알고 있었으며 또한 이미 그에게 기름을 부었다. 그러나 그는 또한 백성들의 불신앙적이며 불평하기 좋아하는 기질도 알고 있었다. 백성들 가운데에는 하나님이 선택하신 자와 관련하여 사무엘 한 사람의 증거만으로는 결코 받아들이려고 하지 않을 자들이 틀림없이 있을 것이었다. 따라서 사무엘은 모든 지파들과 또 선택된 지파 가운데 모든 가족들을 제비뽑기에 참여시킴으로써 그들을 만족시키고자 했다(19절). 이렇게 하여 모든 지파 가운데 베냐민 지파가 뽑혔고(20절), 또 베냐민 지파 가운데 기스의 아들 사울이 뽑혔다(21절). 이런 방법으로 하나님께서 사울을 왕으로 임명하셨다는 사실이 백성들에게 분명하게 드러났다. 왜냐하면 제비는 여호와로 말미암는 것이기 때문이다. 또한 이것은 모든 이의(異意)와 반론(反論)을 막아줄 것이었다. 제비 뽑는 것은 다툼을 그치게 하여 강한 자 사이에 해결하게 하느니라(잠 18:18). 베냐민 지파가 뽑혔을 때 그들은 자신들이 곧 몰락할 가족을 왕가(王家)로 세우고 있다는 사실을 쉽게 예견할 수 있었다. 왜냐하면 임종의 자리에서 야곱이 예언의 영으로 통치권이 유다에게 돌아갈 것이라고 말했기 때문이다. 유다는 사자처럼 통치할 지파인 반면 베냐민은 단지 이리처럼 물어뜯을 지파에 불과했다(창 49:10; 27절). 그러므로 이러한 말씀을 아는 자들은 멀지 않아

제자리로 돌아오게 될 일을 행하고 있는 것을 결코 기뻐할 수 없을 것이었다.

III. 이렇게 해서 마침내 사울이 왕으로 세워졌다. 제비가 그에게 떨어졌을 때, 모든 사람들은 그가 자신의 이름이 호명되자마자 즉시로 대답하며 나설 것이라고 예상했다. 그러나 아무도 그를 찾을 수 없었다(21절). 그가 짐 보따리 사이에 숨었던 것이다(22절). 훗날 그토록 집착하며 놓으려 하지 않았던 권력을 지금은 그다지 좋아하지 않았던 것이다.

1. 사울이 숨었던 것은 그렇게 함으로써 그들로 하여금 다른 사람을 선택하도록 하거나 혹은 자신의 겸손을 이와 같은 방식으로 표현하고자 함이었을 것이다. 사울은 지금까지 이루어진 일로 미루어 자신이 선택될 것을 알고 있었다. 지금 이 순간 사울은 왕이 되는 것을 정말로 꺼려하며 주저하고 있었다고 우리는 추측할 수 있다. 아마도 다음과 같은 이유 때문에 그랬을 것이다.

(1) 자신이 그와 같은 큰일을 맡기에 적합지 않다고 스스로 생각했기 때문에. 그는 많은 교육을 받지도 않았으며 왕궁에서 자라지도 않았으므로 혹시 어떤 치명적인 실책을 저지르지나 않을까 두려워했을 것이다.

(2) 자신이 왕이 됨으로써 자신에 대해 좋지 않은 감정을 가진 사람들이 시기할까 하여.

(3) 백성들이 왕을 구한 것은 잘못된 일이며 하나님이 그들의 요구를 받아들이신 것은 진노 가운데 그렇게 하신 것이라는 사실을 알고 있었기 때문에. 사울은 사무엘에게 들음으로써 이러한 사실을 알고 있었다.

(4) 이 때 이스라엘의 형편이 매우 안 좋은 상태에 있었기 때문에. 지금 블레셋은 매우 강력했으며 암몬이 위협하고 있었다. 지금 왕이 되는 것은 폭풍 가운데 돛을 다는 것처럼 위험한 일이었으므로 그로서는 정말로 많은 용기가 필요했다.

2. 그러나 그 선택이 하나님 자신에 의해 되어진 것이라고 믿는 사람들은 제비가 떨어진 자를 찾지 않은 채 가만히 있을 수가 없었다. 대제사장의 판결의 흉패를 통해서든 아니면 사무엘의 예언의 영을 통해서든, 그들은 여호와께 물었다. 그러자 하나님은 그가 짐 보따리 사이에 숨어 있음을 가르쳐 주셨고, 그들은 거기에서 그를 데려왔다(23절). 아무도 겸손과 겸양 때문에 패자가 되지는 않는다는 사실을 주목하라. 명예는 마치 그림자와 같다. 그러므로 만일 우리가 명예를 쫓아간다면 명예는 우리로부터 도망칠 것이지만, 반대로 우리가 명예

로부터 도망친다면 명예는 우리를 쫓아올 것이다.

IV. 사무엘은 그를 백성들에게 소개하고 백성들은 그를 영접한다. 그는 사람들에게 잘 보이도록 하기 위해 의자나 높은 단에 올라갈 필요가 없었다. 그는 다른 사람들보다 어깨 위만큼 더 컸기 때문에(23절) 맨땅에 그냥 서 있어도 다른 사람들보다 훨씬 더 잘 보였다. 사무엘은 말한다. "보라, 너희가 원한 대로 하나님이 너희를 위해 택하신 왕이니라. 위엄있는 용모와 당당한 풍채에 있어 모든 백성 중에 짝할 이가 없느니라. 그는 수풀 가운데 우뚝 선 백향목 같도다. 너희 눈으로 보고 판단하라. 그는 참으로 용맹하고 당당한 자가 아니냐?" 이에 백성들은 하나님의 선택과 그를 왕으로 받아들이는 것에 대해 동의를 표했다. 모든 백성이 왕의 만세를 외쳐 부르니라. 다시 말해서 그들은 이렇게 외친 것이다. "왕이여, 건강하고 형통한 가운데 오래도록 우리를 다스리소서." 신하는 통상적으로 왕에 대한 애정과 충성을 이와 같은 기원으로 표명한다. 사람들이 그를 위하여 항상 기도하리로다(시 72:15). 시편 20:1을 보라(환난 날에 여호와께서 네게 응답하시고 야곱의 하나님의 이름이 너를 높이 드시며). 사무엘은 그들이 곧 왕에 대해 염증을 느끼게 될 것이라고 말했었다. 그러나 지금 그들의 마음은 전혀 그럴 것 같지 않았다: 왕이여 만세수를 하옵소서.

V. 사무엘은 나라의 제도를 백성에게 말하고 그것을 책에 기록한다(25절). 전에 그는 왕의 제도와 관련하여 왕이 어떻게 자신의 권력을 남용할 것인가에 대해 그들에게 말했었다(8:11). 이제 그는 백성들에게 나라의 제도에 관하여, 다시 말해서 국가의 법과 재판과 정체성에 대하여, 그리고 통치자가 어느 정도의 권력을 주장할 수 있는지, 그리고 백성들이 주장할 수 있는 소유권의 한계는 어디까지인지 등에 관하여 말한다. 사무엘은 백성들 사이의 소유의 경계를 확정함으로써 피차간에 침해하지 못하도록 하였다. 백성들은 먼저 서로간의 소유와 권리에 대해 올바로 이해해야만 했다. 그리고 피차 다툼의 소지를 없애기 위해 그 약정을 분명하게 기록했다. 패트릭 주교는 생각하기를, 사무엘이 여기에서 왕이 휘두르게 될 전횡적인 권력과 관련하여 자신이 앞에서 말한 것을(8:11) 다시 반복해서 말하고 또 기록한 것은 그것으로 하여금 장차 고통과 재앙이 올 때 그 책임이 그들 자신에게 있음을 증거하도록 하기 위함이라고 본다. 왜냐하면 장차 다가오게 될 고통에 대해 경고 받았음에도 불구하고 그들은 결국 왕을 갖고야 말았기 때문이다.

VI. 모든 의식이 끝나고 총회가 해산되었다. 사무엘이 모든 백성을 각기 집으로 보내매. 여기에서 새로 선택된 왕의 위엄을 유지하기 위한 기금(基金)을 조성하는 따위의 일과 관련한 어떤 논의도 결정도 움직임도 없었다. 그들 모두는 왕의 이름이 그들 가운데 있음을 기뻐하면서 각자 자기 집으로 돌아갔다. 사울 역시도 기브아의 집으로 돌아갔는데, 그는 왕이 된 것으로 인해 득의양양해 하며 위세를 부리지 않았다. 기브아에는 왕궁도 보좌도 집무실도 없었지만 그는 그 곳으로 갔다. 만일 그가 자신의 뿌리를 잊지 않는 왕이라면, 그는 자신의 보잘것없는 가족과 친척들을 부끄럽게 여기지 않을 것이며 또한 자신의 성읍을 왕도로 만들 것이다(그러나 많은 사람들은 갑자기 높은 위치에 올라가게 되면 자신의 가족이나 친척을 부끄럽게 여기곤 한다). 이와 같은 겸손한 마음으로 인해 그의 승귀(陞貴, 갑자기 왕의 자리에 올라가게 된 것)는 더욱 아름답고 빛나는 것이 되었다. 그를 둘러싸고 있는 환경은 변했지만 그의 마음은 변하지 않았다. 이 얼마나 아름답고 좋은 일인가!

1. 백성들은 새 왕에 대해 어떤 마음을 갖고 있었는가? 대부분의 백성들은 그다지 많은 관심을 기울이지 않았던 것으로 보인다: 그들은 각자 자기 집으로 돌아갔다. 그들의 마음은 공적인 일보다도 개인적인 일로 더 많이 채워져 있었다. 이것이 일반적인 추세였다.

(1) 그러나 그를 따라갈 정도로 신실한 사람들이 일부 있었다: 마음이 하나님께 감동된 유력한 자들(26절). 이들은 대다수의 백성이 아니라 소수의 무리였다. 그들이 마치 호위병처럼 사울을 따라 기브아로 간 것은 그들 스스로 왕을 선택한 것으로 인해 너무나 좋아서였기 때문이든지 아니면 다른 사람들보다 분별력이 있어서 만일 그가 왕이라면 마땅히 그에 합당한 존경을 받아야 한다고 생각했기 때문이었을 것이다. 그들은 여기에서 자신들의 책무를 행하기 위해 하나님으로부터 마음이 감동된(만져진, touched) 사람들이었다. 우리 안에 어떤 선한 것이 있다면 언제든지 그것은 하나님의 은혜로 말미암은 것으로 여겨져야 한다. 어느 때든지 우리의 마음이 올바른 길로 기울었다면 그것은 하나님께서 우리의 마음을 감동시키셨기(만지셨기, touch) 때문이다. 그렇게 하신 분이 하나님이시라면, 한 번의 만짐(touch)으로 충분하다.

(2) 반면 악의적인 마음으로 그를 멸시한 사람들도 있었다. 어떤 멍에도 지려고 하지 않는 벨리알의 자식들(불량배들)은 하나님 혹은 사무엘이 한 일에

대해 조금도 기뻐하지 않았다. 그들이 사울을 멸시한(27절) 것은 그의 지파와 가문이 미천했기 때문이다. 또한 그가 많은 재산을 갖고 있지 못했으며, 좋은 교육을 받지 못했기 때문이었다. 그들은 말한다: 이 사람이 어떻게 우리를 구원하겠느냐? 그들은 자신들을 구원할 다른 사람을 제시하지도 못하면서 그렇게 말했다. 설령 그들이 어떤 사람을 제시한다 할지라도 그로 말미암아 이루어지는 구원은 하나님으로부터 오는 것이 아니라 사람으로부터 오는 것일 터였다. 그들은 사울과 그의 통치를 기뻐하지 않았으며, 그에게 예물을 바치지도 않았으며, 그가 보좌에 오르는 것에 대해 흔쾌한 마음을 갖지도 않았다. 어쩌면 이들은 가장 열렬하게 왕을 요구한 자들이었을는지 모른다. 그러나 지금 왕이 세워지자 그들은 그와 더불어 다투고 있다. 다른 사람들이 그를 좋아했다는 것 또한 그들이 그를 싫어한 이유 가운데 하나였을는지 모른다. 이와 같이 우리의 '승귀(昇貴)되신 구속자'(exalted Redeemer)에 대한 사람들의 태도 역시 가지각색이다. 하나님은 그를 거룩한 시온 산 위에 왕으로 세우셨다. 그에게 복종하며 그를 즐거워하며 그에게 예물을 바치며 그가 어디로 가든지 따르는 남은 자들이 있다. 그들은 하나님이 그 마음을 감동시키신(만지신) 자들이며, 주의 권능의 날에 거룩한 옷을 입고 즐거이 헌신하는(시 110:3) 자들이다. 반면 그를 멸시하며 "이 사람이 어떻게 우리를 구원하겠는가?"라고 묻는 자들이 있다. 그들은 그로 인해 마음이 상한 자들이며, 그의 외적인 초라함으로 인해 실족을 당한 자들이다. 그로 말미암아 그들은 결국 깨어지게 될 것이다.

2. 사울은 자신이 왕이 되는 것을 못마땅하게 여긴 자들에 대해 어떻게 했는가? 그는 잠잠하였더라(27절). 난외(欄外)에는 다음과 같이 기록되어 있다: "그는 마치 귀머거리처럼 가만히 있었다." 그는 그에 대해 별로 분개하지 않았으며, 그 일에 거의 주의를 기울이지 않는 것처럼 보였다. 이것은 그의 겸손과 겸양과 관대한 성품의 증거였으며, 또한 그가 왕의 칭호로 만족하고 있음을 보여주는 것이었다. 정당하지 못한 방법으로 권력을 얻은 자들은 대체로 명예에 극도로 집착하며 자신을 모독하는 자들에게 극도의 복수심을 불태운다. 그리스도께서는 멸시를 당하실 때 잠잠하셨는데, 그것은 참음의 날이었기 때문이다. 그러나 보응의 날이 올 것이다.

제
— 11 —
장

개요

본 장에서 우리는 사울의 통치의 첫 열매로서 그가 길르앗 야베스를 암몬 사람들의 손으로부터 구원하는 이야기를 보게 된다. 이로부터 우리는 이스라엘이 왕을 요구한 것이 매우 잘한 일이라는 결론을 내려서는 안 된다. 왕이 없이도 하나님은 그들을 구원하실 수 있고 또 그렇게 하실 것이기 때문이다. 도리어 여기에서 우리는 하나님의 선하심을 찬미해야 한다. 왜냐하면 이스라엘이 하나님을 버렸음에도 불구하고 하나님은 이스라엘을 버리지 않으셨기 때문이다. 또한 우리는 여기에서 왕이 될 자를 선택하심에 있어서의 하나님의 지혜를 인정해야 한다. 설령 그에게 왕이 될 만한 어떤 것이 없었다 할지라도, 하나님은 그를 그 일에 적합하도록 만드셨다. 큰일을 위해 하나님은 그를 부르시고 권능을 부어주셨으며, 그럼으로써 면류관을 쓰기에 합당한 자로 세우셨다. 본 장의 내용은 다음과 같다. I. 요단 건너편에 있는 성읍인 길르앗 야베스가 암몬 사람들로 인해 극도의 위기상황에 처함(1-3절). II. 그들을 구원하기 위해 사울이 신속하게 대응함, 그리고 이로 인해 그가 자신을 드러냄(4-10절). III. 그의 시도가 큰 성공을 거두고 이로 인해 하나님이 그를 드러내심(11절). IV. 사울이 자신을 비방한 자들에 대해 관용을 베풂(12, 13절). V. 그가 왕으로 세워진 것이 공식적으로 확인되고 인정됨(14, 15절).

[1]암몬 사람 나하스가 올라와서 길르앗 야베스에 맞서 진 치매 야베스 모든 사람들이 나하스에게 이르되 우리와 언약하자 그리하면 우리가 너를 섬기리라 하니 [2]암몬 사람 나하스가 그들에게 이르되 내가 너희 오른 눈을 다 빼야 너희와 언약하리라 내가 온 이스라엘을 이같이 모욕하리라 [3]야베스 장로들이 그에게 이르되 우리에게 이레 동안 말미를 주어 우리가 이스라엘 온 지역에 전령들을 보내게 하라 만일 우리를 구원할 자가 없으면 네게 나아가리라 하니라 [4]이에 전령들이 사울이 사는 기브아에 이르러 이 말을 백성에게 전하매 모든 백성이 소리를 높여 울더니

암몬 자손은 의인 롯의 후손이며 이런 이유로 이스라엘이 함부로 대

하지 않았음에도 불구하고 그들은 자신들과 접경(接境)한 이스라엘의 지파들에 대해 항상 적대적이었다. 신명기 2:19을 보라(암몬 족속에게 가까이 이르거든 그들을 괴롭히지 말고 그들과 다투지도 말라 암몬 족속의 땅은 내가 네게 기업으로 주지 아니하리니 이는 내가 그것을 롯 자손에게 기업으로 주었음이라). 입다의 시대에 이스라엘은 암몬의 콧대를 꺾어 놓았었다. 그러나 이제 이스라엘의 죄로 인해 그들은 다시금 이스라엘에 대항할 기회를 얻게 되었고 그 때의 패배를 설욕하고자 하였다. 전에 길르앗 야베스 성읍은 기브아의 악행에 대항하여 싸우는 전쟁에 동참하지 않음으로 인해 이스라엘의 공의의 칼에 진멸을 당했었다(삿 21:10). 그리고 그 때 칼을 피한 자들의 자손들이 다시 번성하여 수가 많아졌으나 또다시 지금 암몬 사람들에 의해 멸망을 당할 위기에 처하게 되었다. 그들에게는 마치 불운이 따라다니는 것 같았다. 암몬의 왕(대상 19:1) 나하스는 길르앗 야베스를 포위했다.

I. 포위를 당한 길르앗 야베스가 암몬에게 협상을 제의함(1절). "우리와 언약하자 그리하면 우리가 조건에 따라 항복하고 너를 섬기리라." 그들은 이스라엘 백성으로서의 능력을 모두 잃어버리고 말았다. 그렇지 않았다면 한 번 싸워 보지도 않은 채 이렇게 모든 용기를 상실하고 순순히 항복하지는 않았을 것이다. 만일 그들이 하나님과의 언약을 깨뜨리지 않고 또 하나님을 섬기는 것을 저버리지 않았다면, 그들은 이와 같이 이방 나라에게 그들을 섬기겠노라고 하면서 언약을 맺자고 애걸할 필요가 없었을 것이다.

II. 포위한 암몬이 길르앗 야베스에게 야비하고 야만적인 조건을 제시함. 그들은 길르앗 야베스 사람들의 오른 눈을 모두 뽑는 조건 위에서 목숨을 살려주고 종으로 삼겠다고 으름장을 놓았다(2절). 길르앗 사람들은 생명의 대가(代價)로 자유와 재산을 포기해야만 하였다. 만일 암몬 사람들이 즉각 공격을 개시했다면 상황은 곧바로 종료되었을 것이며, 길르앗 사람들은 구원을 호소할 전령들을 보내지 않았을 것이다. 그러나 길르앗 사람들의 굴욕적인 태도로 인해 암몬 사람들은 더욱 오만해졌으며, 그들은 길르앗 사람들을 종으로 삼는 것만으로는 만족하려고 하지 않았다.

  1. 그들은 길르앗 사람들의 오른 눈을 뽑음으로써 가혹한 고통과 괴로움을 가하고자 하였다.

  2. 그들이 오른 눈을 뽑고자 한 것은 길르앗 사람들로 하여금 노동은 할 수

있도록 하면서 반면 자신들을 대항하여 싸우는 일은 할 수 없도록 만들기 위함이었다(만일 노동까지도 할 수 없게 된다면 그들에게 손해가 될 것이었다). 당시에 전투에 임하는 병사들은 왼손에 방패를 들었는데, 이로 인해 왼쪽 눈은 가려질 수밖에 없었다. 그러므로 오른쪽 눈이 없는 병사는 사실상 소경이나 다름없었다.

3. 그들은 온 이스라엘을 나약한 겁쟁이로 모욕하고자 하였다. 왜냐하면 그들은 이스라엘의 중요한 성읍 가운데 하나인 길르앗의 주민들이 이와 같이 비참하게 고통을 당하게 있음에도 불구하고 온 이스라엘이 아무런 도움도 베풀지 못할 것이라고 생각했기 때문이다.

Ⅲ. 포위를 당한 길르앗이 암몬이 제시한 조건을 검토하기 위해 칠 일의 말미를 줄 것을 요청하고 허락을 받음(3절).　만일 나하스가 이러한 말미를 주지 않았다면 길르앗 사람들은 공포로 인해 절망과 자포자기 상태에 빠지게 되었을 것이며, 그럼으로써 항복하기보다는 암몬 사람들의 손에 들려진 칼에 의해 무참하게 죽임을 당했을 것이라고 우리는 추측할 수 있다. 나하스는 그토록 짧은 시간에 이스라엘이 길르앗을 구원하기 위해 올 줄은 꿈에도 생각하지 못했다. 그는 암몬이 훨씬 더 유리한 위치를 확보하고 있다고 생각하면서 허세 속에서 그들에게 칠 일의 말미를 허락해 주었다. 그렇게 함으로써 그는 이스라엘을 더욱 모욕하고(길르앗을 구원할 수 없는 무력함으로 인해), 자신의 승리를 더욱 빛나게 만들고자 하였다. 그러나 여기에는 하나님의 섭리가 있었다. 그는 자아도취 가운데 방심했다가 그로 인해 결국 패배를 당하게 되었다.

Ⅳ. 이 일이 기브아에 전해짐. 야베스 장로들은 이스라엘 온 지역에 전령들을 보내겠다고 말했다(3절). 그럼에도 불구하고 나하스는 자신만만했다. 왜냐하면 그는 생각하기를 설령 길르앗 사람들의 요청을 들어준다 할지라도 그것은 단지 시간문제일 뿐이며, 또한 이스라엘에는 전체적인 통치자가 없으므로 아무도 그들을 구원하기 위해 앞장서서 나설 수 없을 것이라고 여겼기 때문이다. 아마도 나하스는 이스라엘에 왕이 새롭게 세워졌다는 사실을 아직 듣지 못했던 것 같다. 전령들은 곧바로 기브아로 달려가 이 소식을 전했고, 소식을 들은 백성들은 소리를 높여 울었다(4절). 형제들이 처한 위험과 비참한 상태에 관한 소식을 들었을 때, 그들은 형제들을 도울 엄두도 내지 못한 채 단지 소리를 높여 울 수밖에 없었으며, 피를 흘리는 대신 눈물을 흘릴 수밖에 없었다. 그들은

길르앗 야베스 사람들을 도울 수 없음으로 인해 절망 가운데 울었으며, 또한 그 국경도시가 함락된 후 적들이 계속해서 침략해 들어올 것을 두려워하며 울었다.

[5]마침 사울이 밭에서 소를 몰고 오다가 이르되 백성이 무슨 일로 우느냐 하니 그들이 야베스 사람의 말을 전하니라 [6]사울이 이 말을 들을 때에 하나님의 영에게 크게 감동되매 그의 노가 크게 일어나 [7]한 겨리의 소를 잡아 각을 뜨고 전령들의 손으로 그것을 이스라엘 모든 지역에 두루 보내어 이르되 누구든지 나와서 사울과 사무엘을 따르지 아니하면 그의 소들도 이와 같이 하리라 하였더니 여호와의 두려움이 백성에게 임하매 그들이 한 사람 같이 나온지라 [8]사울이 베섹에서 그들의 수를 세어 보니 이스라엘 자손이 삼십만 명이요 유다 사람이 삼만 명이더라 [9]무리가 와 있는 전령들에게 이르되 너희는 길르앗 야베스 사람에게 이같이 이르기를 내일 해가 더울 때에 너희가 구원을 받으리라 하라 전령들이 돌아가서 야베스 사람들에게 전하매 그들이 기뻐하니라 [10]야베스 사람들이 이에 이르되 우리가 내일 너희에게 나아가리니 너희 생각에 좋을 대로 우리에게 다 행하라 하니라 [11]이튿날 사울이 백성을 삼 대로 나누고 새벽에 적진 한가운데로 들어가서 날이 더울 때까지 암몬 사람들을 치매 남은 자가 다 흩어져서 둘도 함께 한 자가 없었더라

우리는 여기에서 사울의 영광스러운 모습을 보게 되는데, 그것은 그에게 부어진 새로운 영의 열매였다. 그의 다음과 같은 모습을 주목하라.

I. 그의 겸손. 비록 왕으로 기름 부음을 받고 또 백성들에 의해 그렇게 받아들여졌음에도 불구하고, 그는 짐승을 돌보는 것을 자신의 격에 맞지 않는 일로 여기지 않고 저녁 때에 종들과 함께 밭으로부터 소 떼를 몰고 왔다(5절). 비천한 위치에서 갑자기 높은 위치로 올라갈 때, 대부분의 사람들은 자만심을 갖거나 득의양양해하는 경향이 있다. 그러나 여기에서 우리는 사울은 전혀 그렇지 않았음을 알 수 있다. 그는 아직 왕으로서의 일을 본격적으로 시작하지 않았다. 그는 모든 일을 사무엘에게 맡겼다. 그러는 가운데 아무 일도 하지 않은 채 빈둥거리는 대신 그는 전에 하던 일을 계속 했다. 어쩌면 벨리알의 아들들(불량배들)은 이로 인해 사울을 더욱 경멸했을는지 모른다. 그러나 행실이 바르고 지혜로우며 일하는 것을 좋아하는 자들은 이것을 결코 나쁘게 생각하지 않을

것이었다. 사울은 왕으로서의 위엄을 유지할 만한 수입원을 가지고 있지 않았다. 그러나 그는 백성들에게 짐이 되는 것을 원치 않았다. 이런 이유로, 마치 신약의 바울이 그랬던 것처럼, 그는 자신의 손으로 일을 했다. 만일 자신의 가사(家事)를 등한히 한다면 그가 어떻게 자신과 자신의 가족을 부양하겠는가? 솔로몬은 짐승 떼를 잘 돌봐야만 하는 한 가지 이유로서 면류관이 대대로 이어지지 않는 것을 제시한다(잠 27:23-24, 네 양 떼의 형편을 부지런히 살피며 네 소 떼에게 마음을 두라 대저 재물은 영원히 있지 못하나니 면류관이 어찌 대대에 있으랴). 사울의 면류관도 대대로 이어지지 못했다. 그러므로 그가 이렇게 짐승 떼를 돌본 것은 참으로 합당한 일이었다.

II. 이웃에 대한 그의 관심. 사람들이 울고 있는 것을 보고 사울은 묻는다. "백성이 무슨 일로 우느냐? 나로 알게 하라. 해결할 수 있는 문제라면 내가 도울 것이요, 해결할 수 없는 문제라면 나도 함께 울리라." 백성들이 울 때 함께 우는 지도자가 훌륭한 지도자다.

III. 이스라엘의 평안과 영광을 위한 그의 열심. 암몬 사람들의 오만방자함과 길르앗의 고통에 대해 들었을 때, 하나님의 영이 임하여 그의 마음에 위대한 생각이 떠올랐으며 또한 분노가 크게 불붙었다(6절). 그는 암몬 사람들의 오만방자함과 길르앗 야베스 사람들의 소심하고 나약한 정신에 대하여 분노했다. 또한 암몬 사람들의 침략과 그로 인해 처하게 된 위급상황을 자신에게 좀 더 빨리 알리지 않은 것으로 인해 분노했다. 뿐만 아니라 그는 기브아 사람들이 전쟁을 준비해야 마땅한 상황에서 울고 있는 것을 보면서 분노했다. 지금 사울의 가슴에 붙은 불은 거룩하고 용맹한 불이었으며, 과연 이스라엘의 왕다운 모습을 보여주는 것이었다.

IV. 중대한 상황에서 그가 행사한 권위와 권력. 사울은 비록 사가(私家)에 은거하고 있었음에도 불구하고 국가의 일에 큰 관심을 기울이고 있었다는 사실과 또한 소 떼를 들판으로 모는 것처럼 백성들을 전쟁터로 이끌고 갈 수 있음을 이스라엘로 하여금 알게 하였다(5, 7절). 그는 이스라엘 모든 지역에 전령들을 보내어 싸울 만한 모든 자들로 하여금 즉시 무장을 갖추고 베섹에 집결하도록 명령을 내렸다. 이로써 사울의 권력은 그 자신의 지파를 넘어 이스라엘 모든 지파까지 포괄되는 것이 분명히 드러났다. 여기에서 다음을 주목하라.

1. 그의 겸손. 그는 백성들에게 자신과 사무엘을 따를 것을 명령한다. 그는

왕의 직분을 행사함에 있어 결코 선지자의 직분을 무시하지 않았다.

2. 그의 온유함. 자신의 명령에 불순종하는 자들에게 형벌을 경고하는 가운데에서 우리는 그의 온유함을 볼 수 있다. 그는 한 겨리의 소를 잡아 각을 뜨고 그것을 이스라엘 각 성읍에 보내면서, 국가적 책임을 거절하는 자들에게 "너희가 이와 같이 되리라" 하지 않고 "너희 소가 이와 같이 되리라"라고 경고했다. 하나님은 이스라엘 백성들에게 큰 심판을 경고하시면서 "네 소를 네 목전에서 잡았으나 네가 먹지 못할 것"이라고 하셨다(신 28:31). 명령이 강력한 힘을 갖기 위해서는 반드시 형벌이 따라야만 한다. 그러나 지금 사울이 말한 형벌은 다른 경우와 비교할 때 그다지 가혹한 것은 아니었다. 사사기 21:5을 보라(이스라엘 자손이 이르되 이스라엘 온 지파 중에 총회와 함께 하여 여호와 앞에 올라오지 아니한 자가 누구냐 하니 이는 그들이 크게 맹세하기를 미스바에 와서 여호와 앞에 이르지 아니하는 자는 반드시 죽일 것이라 하였음이라). 사울은 자신의 통치가 예전의 통치에 비해 부드럽고 온유할 것임을 보여주고 싶었다. 이러한 소환명령의 결과는 놀라웠다. 온 나라로부터 수많은 사람들이 자원하여 한 사람처럼 나아왔다. 그리고 그 이유는 여호와의 두려움이 백성에게 임했기 때문이었다(7절). 사울은 백성들로 하여금 자신을 두려워하도록 도모하지 않았다. 그럼에도 불구하고 백성들은, 사울을 왕으로 삼고 자신들을 서로 지체로 만드신 하나님을 두려워하는 가운데 그의 명령을 준수하도록 감화(感化)되었다. 올바른 신앙을 갖고 또 하나님을 두려워하는 자들은 국가적인 일에 협조하는 선한 백성과 선한 병사가 될 것이다. 또한 하나님을 두려워하는 자들은 이웃에 대한, 특별히 통치자에 대한 의무를 잘 이행하는 자들이 될 것이다.

V. 그의 신중한 처사(8절). 사울은 자신에게 나아온 자들을 계수(計數)했다. 그렇게 한 것은 자신들의 힘이 어느 정도이며 또 그 힘을 어떻게 최적의 방법으로 배치할 것인지를 알기 위함이었다. 자기 백성의 수를 아는 것은 왕의 영예이다. 그러나 만왕의 왕의 영예는 헤아릴 수 없을 정도로 많은 군대를 가지고 있다는 사실이다(욥 25:3, 그의 군대를 어찌 계수할 수 있으랴). 여기에서 우리는 유다가 특별히 눈에 두드러지지 않는 사실을 발견할 수 있다. 왜냐하면 집결지가 유다 지파에 속한 베섹이었음에도 불구하고 유다 사람이 30,000명으로서 전체 숫자 330,000명의 11분의 1에 불과했기 때문이다. 지금 유다 지파는 숫자가 부족했든지 혹은 용기가 부족했든지 아니면 열정이 부족했다. 홀이 다

윗으로 인해 유다에 돌아가지 직전 그들은 이렇게 초라한 모습이었다.

VI. 그의 믿음과 확신, 그리고 이에 근거한 용기와 확고한 결의. 사울이 이스라엘 각 지역에 보낸 전령들은 길르앗 야베스로부터 소식을 가져온 바로 그 전령들이었던 것으로 보인다. 또한 구원의 확증과 함께(아마도 사무엘이 그들에게 확신과 용기를 주었을 것이다) 길르앗으로 보낸 전령 역시 그들이었을 것이다. "내일(7일의 말미가 끝나기 전에) 해가 더울 때에 너희가 구원을 받으리라(9절). 너희 편에서 할 일을 준비하라. 우리가 반드시 성공하리라. 너희를 포위한 자들을 우리가 둘러쌀 때 너희는 즉시 그들을 향해 공격하라." 사울은 하나님의 분명한 소명과 하나님이 자신과 함께 하신다는 사실을 확실하게 알고 있었기 때문에 승리를 조금도 의심하지 않았다. 이것은 포위를 당한 길르앗 사람들에게 '좋은 소식'(복음, good news)이었다. 그들의 오른 눈은 다가올 고통으로 인한 비탄으로 애곡하다가 말라버렸다. 또 그들은 구원의 소망이 사라져감과 함께 다가오는 대재앙을 예상하면서 두려움 속에 고통하고 있었다. 그러나 사정이 절박하면 절박할수록 구원의 갈망은 더 큰 법이다. 구원의 소식을 들었을 때 그들은 그것을 확신하면서 크게 기뻐했다. 길르앗 사람들은 적의 진영에 전령을 보내 내일 그들에게 나아갈 것이라고 하였다(10절). 암몬 사람들은 이것을 길르앗 사람들이 절망 가운데 항복하는 것으로 받아들이면서 더욱더 기고만장해졌다. 그들은 정탐꾼을 보낸다든지 하는 등의 주의를 기울이지 않았으며 그로 인해 불의의 기습을 당하게 되었다. 그러나 그것은 지나친 자만심으로 인한 자업자득이었다. 포위를 당한 자가 자신들을 구원하기 위해 올 군대에 대하여 미리 말해줄 의무는 없지 않은가!

VII. 이 일을 수행함에 있어서의 그의 열심과 부지런함. 설령 사울이 어려서부터 전사(戰士)로 자랐으며 또 소 떼를 모는 것만큼이나 자주 군대를 지휘한 경험이 있었다 할지라도, 지금보다 더 신속하고 빈틈없이 일을 추진할 수는 없었을 것이다. 여호와의 영이 임하시면 아무 경험이 없는 자라 할지라도 전문가가 될 수 있다. 사울은 지금 거대한 군대를 수하에 거느리고 요단을 건너 거의 100km에 이르는 먼 길을 행군하고 있다. 그가 거느린 군대는 기병은 없이 오직 보병뿐이었다. 그는 전군을 삼 대(三隊)로 나누었다(11절). 여기에서 다음을 주목하라.

1. 사울은 믿을 수 없을 정도로 신속하게 적을 향해 달려갔다. 그는 하루 낮

과 밤을 행군하여 자신과 이스라엘의 운명이 결정될 목표 지역에 도달했다. 아니, 그는 자신이 약속한 것 이상으로 행동했다. 그는 다음 날 해가 더울 때에 그들을 돕겠다고 약속했지만(9절) 새벽에 적진으로 들어갔다(11절). 하나님은 당신이 도우시고자 하는 자를 새벽이 도우신다(시 46:5, 하나님이 그 성 중에 계시매 성이 흔들리지 아니할 것이라 새벽에 하나님이 도우시리로다).

2. 사울은 믿을 수 없을 정도도 용맹하게 적을 공략했다. 그는 새벽 일찍이, 즉 암몬 사람들이 길르앗 야베스 주민들에 대해 승리하는 것을 꿈꾸며 잠들어 있을 때, 그리고 사울과 이스라엘 군대가 삼대(三隊)로 나누어 행군해 왔고 지금 자신들을 포위하고 있다는 사실을 미처 알기 전에 그들을 공격했다. 그러므로 암몬 사람들은 사울과 이스라엘 군대에 대해 대항할 마음도 시간도 가질 수 없었다.

마지막으로, 하나님은 사울을 존귀케 하기 위해 그에게 승리의 면류관을 씌워주셨다. 암몬 사람들은 완전하게 패퇴를 당했고, 길르앗 야베스는 구원을 받았다. 암몬 사람들은 큰 살육을 강하고 남은 자가 다 흩어져서 둘도 함께 한 자가 없을 정도로 완전한 패배를 당했고(11절), 이와 함께 사울은 완전한 승리를 거두었다. 아마도 사울이 이 일에 적극적으로 나선 것은 다음과 같은 이유 때문이었을 것이다.

1. 베냐민 지파와 길르앗 야베스 성읍 사이의 특별한 관계. 길르앗 야베스는 이스라엘이 기브아를 공격할 때 동참하지 않았고 이로 인해 엄청난 징벌을 받았다. 아마도 지금 기브아의 사울이 신속하게 그리고 굳은 결의를 가지고 길르앗 야베스를 구원하기 위해 달려온 것은 그들의 은덕(恩德)을 잊지 않고 있었기 때문이었을 것이다. 그러나 그것이 전부는 아니었다. 그 때 살아남았던 베냐민 사람들의 3분의 2가 길르앗 야베스 여자들을 아내로 맞이했다(삿 21:14). 그러므로 당시 대부분의 베냐민 사람들의 어머니는 길르앗 야베스 사람들이었으며, 따라서 베냐민 사람인 사울은 그들에 대해 특별한 마음을 가지고 있었을 것이다. 또한 우리는 나중에 길르앗 야베스 사람들이 사울에게 받은 은덕에 보답하는 것을 보게 될 것이다(31:11-12, 길르앗 야베스 주민들이 블레셋 사람들이 사울에게 행한 일을 듣고 모든 장사들이 일어나 밤새도록 달려가서 사울의 시체와 그의 아들들의 시체를 벧산 성벽에서 내려 가지고 야베스에 돌아가서 거기서 불사르고).

2. 백성들이 왕을 세워줄 것을 요구한 이유가 바로 암몬 사람들의 침략이었기 때문에. 사무엘이 12:12에서 백성들에게 말한 것을 통해 우리는 그러한 사실을 알 수 있다(너희가 암몬 자손의 왕 나하스가 너희를 치러 옴을 보고 너희의 하나님 여호와께서는 너희의 왕이 되심에도 불구하고 너희가 내게 이르기를 아니라 우리를 다스릴 왕이 있어야 하겠다 하였도다). 그러므로 만일 그가 이러한 위기상황에서 아무 일도 하지 않았다면, 그는 백성들을 실망시켰을 것이며 그로 인해 백성들의 신망을 영영히 잃어버리고 말았을 것이다.

¹²백성이 사무엘에게 이르되 사울이 어찌 우리를 다스리겠느냐 한 자가 누구니이까 그들을 끌어내소서 우리가 죽이겠나이다 ¹³사울이 이르되 이 날에는 사람을 죽이지 못하리니 여호와께서 오늘 이스라엘 중에 구원을 베푸셨음이니라 ¹⁴사무엘이 백성에게 이르되 오라 우리가 길갈로 가서 나라를 새롭게 하자 ¹⁵모든 백성이 길갈로 가서 거기서 여호와 앞에서 사울을 왕으로 삼고 길갈에서 여호와 앞에 화목제를 드리고 사울과 이스라엘 모든 사람이 거기서 크게 기뻐하니라

여기에서 우리는 사울이 얻은 영광스러운 승리가 어떻게 활용되었는지를 볼 수 있다. 오른 눈을 뽑힐 뻔한 위기에서 겨우 벗어난 길르앗 야베스 사람들이 무자비한 적들에게 보복하면서 다시는 자신들을 괴롭히지 못하도록 만들고자 했을지라도, 우리는 그것을 충분히 그럴 수 있는 것으로 받아들일 수 있을 것이다. 그러나 그들은 승리를 외부적으로 활용하지 않았다. 지금 그들은, 마치 삼손이 자신의 두 눈을 뽑은 블레셋 사람들에게 그렇게 했듯이(삿 16:28), 암몬 사람들에게 보복을 가함으로써 그들의 오른 눈을 못 쓰게 만들어 버릴 것인가? 그러나 여기에서 우리는 그들이 승리를 내부적으로 활용했음을 보게 된다.

I. 백성들은 이러한 상황을 '사울의 명예를 위한 열심'과 '그에게 가해진 무례에 대한 분개'를 나타내는 기회로 삼았다. 아마도 사무엘은 전쟁의 현장에는 가지 않았을 것이지만(그 곳은 그가 행군하기에는 너무 먼 거리였다), 승리하고 돌아오는 자들을 맞이하는 자리에는 있었던 것으로 보인다. 사람들은 사사인 사무엘에게 사울이 왕이 되는 것을 비웃으며 비방한 자들을 끌어내어 죽이겠다고 말했다(12절). 사울의 왕권이 확고하게 되는 데에는 제비에 의해 뽑

힌 것과 사무엘이 기름 부은 것 외에도 (사람들이 통상적으로 말하는 대로) 그 자신의 행운이 따라주었다. 그들은 사울이 보잘것없이 보였던 때에는 그를 반대하는 자들을 이와 같이 엄벌할 용기를 갖지 못했지만, 이제 승리로 인해 그가 위대하게 나타나자 이들을 죽이겠다고 하였다.

II. 사울은 사무엘의 대답을 기다리지 않고 자신이 스스로 그러한 움직임을 중지시킴으로써 이러한 상황을 자신의 관대함을 나타내는 기회로 삼았다(13절). 이 날에는 사람을 죽이지 못하리니 ― 자신을 비방한, 그럼으로써 하나님 자신을 비방한 자들까지도. 이 날에 사람을 죽여서는 안 되는 이유는 다음과 같았다.

1. 이 날은 기쁨과 승리의 날이기 때문에. "이 날에는 사람을 죽이지 못하리니 여호와께서 오늘 이스라엘 중에 구원을 베푸셨음이니라. 하나님이 우리 모두를 선대하셨으니 우리도 피차 가혹하게 행하지 말자. 하나님이 오늘 전체 이스라엘의 마음을 기쁘게 하셨으니 우리도 몇몇 백성들의 마음을 슬프게 만들지 말자."

2. 이 날의 일로 그들이 더 나은 마음을 갖기를 그가 바랐기 때문에. 그들은 사울이 하나님 안에서 자신들을 구원할 수 있음을 확신하고 그럼으로써 전에는 경멸했지만 이제는 존경하게 될 것이었다. 만일 그들이 마음을 새롭게 갖게 된다면 사울은 이후 그들로부터 어떤 훼방도 받지 않게 될 것이며 그의 위치는 더욱 확고하게 될 것이다. 원수가 변하여 친구가 된다면, 그것은 우리에게 그를 죽여 없애는 것보다 훨씬 더 큰 유익을 가져다 줄 것이다. 모든 선한 통치자들은 자신의 권력이 반대자를 멸하기 위한 것이 아니라 교화시키기 위한 것임을 잘 알고 있다.

III. 사무엘은 이러한 상황을, 백성들을 길갈에서 여호와 앞에 모이도록 하는 기회로 삼았다(124, 15절). 그렇게 한 이유는 다음과 같았다.

1. 승리를 주신 하나님께 공식적으로 감사를 표하기 위해. 거기에서 그들은 크게 기뻐하면서, 하나님께서 베풀어 주신 위로를 찬미하기 위해 화목제를 드렸다.

2. 사울의 왕권을 확고히 하기 위해. 그렇게 함으로써 그로 하여금 다시 사가(私家)로 돌아가지 못하도록 하고자 하였다. 사무엘은 나라를 새롭게 하고자 했다. 그는 자신이 사울에게 모든 권세를 양여했음을 다시 한 번 확실히 했으

며, 백성 또한 그에 찬동(贊同)함을 재확인했다. 그리고 그와 함께 하나님이 그를 임명하신 것을 재확인했다. 그들은 사울을 왕으로 삼았다. 그것은 그에게 기꺼이 복종하고자 그들 스스로의 행동으로 그렇게 한 것이었다.

제 12 장

개요

우리는 앞 장 끝 부분에서 길갈에서 모인 범국가적인 총회를 살펴보았다. 이제 본 장에서 우리는 사무엘이 사울에게 모든 통치권을 양여하면서 행한 설교를 보게 된다. 본 장의 내용은 다음과 같다. I. 자신이 다스리는 동안 어떤 부정과 불법도 행하지 않았음을 사무엘 자신이 증거함(1-5절). II. 사무엘이 그들로 하여금 하나님께서 그들과 그들의 조상들을 위해 행하신 큰일들을 상기하도록 함(6-13절). III. 사무엘이 백성들 앞에 선과 악 그리고 축복과 저주를 놓음(14-15절). IV. 사무엘이 백성들로 하여금 자신의 말에 주의하도록 일깨우면서 하나님께 우레를 내려주실 것을 구함(16-19절). V. 사무엘이 백성들을 격려함(20-25절). 이것은 백성들 앞에서 행한 사무엘의 고별설교이면서 동시에 사울의 즉위식 설교였다.

¹사무엘이 온 이스라엘에게 이르되 보라 너희가 내게 한 말을 내가 다 듣고 너희 위에 왕을 세웠더니 ²이제 왕이 너희 앞에 출입하느니라 보라 나는 늙어 머리가 희어졌고 내 아들들도 너희와 함께 있느니라 내가 어려서부터 오늘까지 너희 앞에 출입하였거니와 ³내가 여기 있나니 여호와 앞과 그의 기름 부음을 받은 자 앞에서 내게 대하여 증언하라 내가 누구의 소를 빼앗았느냐 누구의 나귀를 빼앗았느냐 누구를 속였느냐 누구를 압제하였느냐 내 눈을 흐리게 하는 뇌물을 누구의 손에서 받았느냐 그리하였으면 내가 그것을 너희에게 갚으리라 하니 ⁴그들이 이르되 당신이 우리를 속이지 아니하였고 압제하지 아니하였고 누구의 손에서든지 아무것도 빼앗은 것이 없나이다 하니라 ⁵사무엘이 백성에게 이르되 너희가 내 손에서 아무것도 찾아낸 것이 없음을 여호와께서 너희에게 대하여 증언하시며 그의 기름 부음을 받은 자도 오늘 증언하느니라 하니 그들이 이르되 그가 증언하시나이다 하니라

    I. 사무엘은 지금부터 말하려고 하는 바의 서론으로서 최근의 변혁과 그로 인해 새롭게 바뀐 통치체제에 대하여 짤막하게 언급한다(1, 2절).

1. 먼저 그는 자신에 대해 말한다. 그는 백성을 위해 봉사하는 일에 일생을 바쳤다. 그는 일찍부터 사역을 시작했으며 오랫동안 계속해서 그 일을 감당했다. "내가 어려서부터 오늘까지 너희를 이끄는 인도자로서 그리고 하나님의 양 떼를 이끄는 목자로서(시 80:1) 너희 앞에 출입하였거니와." 어린 시절 예언의 빛으로 비추임을 받은 이후 그는 이스라엘을 비추는 빛이 되었다. 이제 그의 전성기는 지나갔다: 나는 늙어 머리가 희어졌고. 그와 함께 백성들은 그를 탐탁지 않게 여겼고, 그럼으로써 그는 자신의 구부정한 어깨로 통치권을 짊어지기가 너무 무겁다는 사실을 실감하면서 더욱 물러나고자 하는 마음을 갖게 되었다. 그는 늙었다. 그러나 바로 그 때문에 그는 백성들을 더 잘 지도하며 충고해 줄 수 있었으며, 백성들은 그가 말하는 것에 대해 가슴에 더 잘 새길 수 있었다. 왜냐하면 나이가 많은 자가 말할 것이요 연륜이 많은 자가 지혜를 가르칠 것이기 때문이다(욥 32:7). 그러므로 우리는 나이가 많은 통치자나 사역자를 특별히 존경해야 한다. "나는 늙었으므로 오래 살지 못할 것이며 어쩌면 다시 너희에게 말할 기회가 없을는지 모르겠노라. 그러므로 내가 말하는 것을 가슴에 새기라."

2. 그리고 자신의 아들들에 대해 말한다. "보라 내 아들들도 너희와 함께 있느니라. 만일 원한다면 너희는 그들이 잘못한 것에 대해 책임을 물을 수 있느니라. 그들은 지금 너희와 함께 있으며 이러한 변혁과 관련하여 다른 나라로 도망치지 않았느니라. 그들은 이제 너희와 같은 지위에 있는 자들로서 너희처럼 새 왕의 수하에 있느니라. 만일 너희가 그들의 잘못을 입증한다면 이제 너희는 그들을 율법의 절차에 따라 기소하고 징벌하며 배상케 할 수 있느니라."

3. 또 새 왕에 대해 말한다. 그는 백성들 위에 왕을 세움으로써 그들의 요구를 만족시켜 주었다(1절). "비록 나와 나의 가족이 버림을 당하는 일이라 할지라도 가능하면 너희를 기쁘게 하고 편안케 하기를 원하여 너희가 내게 한 말을 내가 다 듣고 너희 위에 왕을 세웠더니. 이제부터 너희에게 명령을 내리는 자는 내가 아니라 왕이니라." 이제 통치권의 변혁이 이루어졌다. "이제 왕이 너희 앞에 출입하느니라(2절)." 왕이 공식적으로 세워졌으며 공적인 직무로서 백성들을 위해 봉사할 모든 준비가 갖추어졌다. "이로써 너희는 통치체제에 있어 다른 나라들처럼 되었으며 하나님의 다스림을 저버렸느니라. 그렇지만 종교생활에 있어 다른 나라들처럼 되지 않도록 그리고 하나님을 예배하는 것을 저버리

지 않도록 스스로 주의하라."

Ⅱ. 사무엘은 직무를 수행하는 동안 어떤 부정도 행하지 않았음을 엄숙하게 호소한다(3절).　내게 대하여 증언하라 내가 누구의 소를 빼앗았느냐?　다음을 주목하라.

1. 그가 이러한 호소를 한 목적. 그는 이러한 호소로써 다음과 같은 것을 의도했다.

(1) 잘못한 것이 아무것도 없음에도 불구하고 자신을 버림으로써 자신에게 가한 위해(危害)를 백성들로 하여금 깨닫게 하기 위함(그의 통치는 아무 허물도 없었음에도 불구하고 백성들은 그것을 보잘것없고 유약한 것으로 여겼다). 또한 사무엘은 그들이 단 한 마리의 소나 나귀조차도 빼앗지 않은 자로부터 돌이켜 밭과 포도원으로부터 각종 소출을 빼앗아 갈, 아니 심지어 그들의 아들과 딸들까지도 빼앗아갈(8:11) 자에게 감으로써 스스로에게 가한 위해를 깨닫게 하고자 했다. 왜냐하면 왕의 행사는 사무엘의 행사와는 전혀 다를 것이었기 때문이다.

(2) 자신의 이름이 더럽혀지지 않게 하기 위함. 사무엘이 백성들에게 버림을 당했다는 이야기를 듣는 자들은 그가 틀림없이 어떤 부정한 일을 행했기 때문이며 만일 그렇지 않다면 그렇게 버림을 당했을 리 없었을 것이라고 생각할 것이다. 그러므로 사무엘로서는 자신이 뒤로 물러나게 된 것이 자신의 부정 때문이 아니라 왕을 열망하는 백성들의 요구를 들어주기 위함 때문이었다는 사실을 분명한 기록으로 남길 필요가 있었다. 모든 사람들은, 특별히 공적인 위치에 있는 자들은 부당한 비방과 의심으로 인해 자신의 이름이 더럽혀지지 않도록 해야 한다. 그렇게 함으로써 자신들의 모든 공적인 사역을 기쁨으로 그리고 명예롭게 마칠 수 있게 될 것이다.

(3) 자신의 이름이 선한 이름이 되도록 한 것처럼 또한 자신의 후계자에게 선한 모범을 남기고자 함. 만일 후계자가 사무엘의 본을 따라 행한다면 그 또한 올바르게 그의 사역을 감당하게 될 것이다.

(4) 자신의 설교 말미에서 백성들을 책망하기 위함. 그렇게 하기 위해 사무엘은 자신이 부정을 행하지 않았음을 역설하는 것으로 자신의 설교를 시작했다. 다른 사람의 죄를 책망하고자 하는 사람은 먼저 자신은 그렇지 않음을 입증해야만 한다.

2. 그의 호소에서 다음을 주목하라.

(1) 여기에서 사무엘은 무엇을 근거로 자신의 정당성을 주장하고 있나? [1] 그는 어떤 명목으로도 자신의 것이 아닌 소나 나귀를 취하지 않았고, 세금으로든 벌금으로든 어떤 가축도 압류하지 않았으며, 백성들에게 보수도 주지 않은 채 강제로 노역을 시키지도 않았다. [2] 그는 자신이 부리는 자들을 속이지도 않았으며 수하에 있는 자들을 압제하지도 않았다. [3] 그는 뇌물을 받고 공의를 굽게 하지도 않았으며, 개인적인 감정으로 편향되거나 혹은 자신의 양심에 반하여 판결을 내리지도 않았다.

(2) 또한 사무엘은 백성들에게 자신이 잘못한 것이 있으면 증언하라고 단호하게 말한다. "내가 여기 있나니 내게 대하여 증언하라. 너희가 보기에 내가 책임져야 할 것이 있다면 정당한 심판자인 여호와와 왕 앞에서 증언하라." 사무엘은 만일 자신에게 어떤 잘못이 있다면 사울 앞에서 스스로 해명해야 할 의무가 있음을 인정함으로써 그를 존귀케 했다.

Ⅲ. 이러한 호소를 통해 그의 순정성(純正性)이 명예롭게 입증되었다. 사무엘은 헤어지는 자리에서 백성들이 자신에게 존경을 표해 줄 것을 기대하지 않았으므로 자신이 그들에게 행한 모든 선한 봉사에 대해 말하지 않았다. 그가 바란 모든 것은 단지 그들이 자신에 대해 공정하게 평가해 주는 것으로서, 다음과 같은 사실을 기꺼이 인정해 주는 것뿐이었다.

1. 그가 결코 백성들을 압제하지 않았으며 그의 권력을 백성들에게 해가 되도록 사용하지 않았다는 사실.

2. 그의 통치의 대가(代價)가 백성들에게 지나치게 값비싼 것이 아니었다는 사실. 자신의 위엄을 유지하기 위해 당신이 누구의 손에서든지 아무것도 빼앗은 것이 없나이다. 마치 느헤미야처럼 그는 총독의 녹을 요구하지도 않았고(느 5:18), 공정하고 관대했으며, 아무의 은이나 금이나 의복을 탐하지 아니하였다(행 20:33).

Ⅳ. 이렇게 하여 사무엘의 순정성에 대한 영예로운 증언이 기록으로 남겨지게 되었다(5절). "마음을 살피시는 여호와께서 증언하시며 또한 행동을 달아보는 그의 기름 부음을 받은 자도 증언하느니라." 이에 백성들이 일치하여 대답한다: "그가 증언하시나이다." 우리가 정직하게 살았다는 것에 대해 우리 이웃이 증언하며 또한 특별히 우리 자신의 양심이 증언할 때, 우리는 우리 앞에 제기

되는 어떤 경멸과 멸시 앞에서도 평안히 거할 수 있다. 데메드리오는 행복한 사람이다. 왜냐하면 뭇 사람에게도 그리고 진리 자체로부터도 선한 증언을 받았기 때문이다(요삼 1:12).

[6]사무엘이 백성에게 이르되 모세와 아론을 세우시며 너희 조상들을 애굽 땅에서 인도하여 내신 이는 여호와이시니 [7]그런즉 가만히 서 있으라 여호와께서 너희와 너희 조상들에게 행하신 모든 공의로운 일에 대하여 내가 여호와 앞에서 너희와 담론하리라 [8]야곱이 애굽에 들어간 후 너희 조상들이 여호와께 부르짖으매 여호와께서 모세와 아론을 보내사 그 두 사람으로 너희 조상들을 애굽에서 인도해 내어 이 곳에 살게 하셨으나 [9]그들이 그들의 하나님 여호와를 잊은지라 여호와께서 그들을 하솔 군사령관 시스라의 손과 블레셋 사람들의 손과 모압 왕의 손에 넘기셨더니 그들이 저희를 치매 [10]백성이 여호와께 부르짖어 이르되 우리가 여호와를 버리고 바알들과 아스다롯을 섬김으로 범죄하였나이다 그러하오나 이제 우리를 원수들의 손에서 건져내소서 그리하시면 우리가 주를 섬기겠나이다 하매 [11]여호와께서 여룹바알과 베단과 입다와 나 사무엘을 보내사 너희를 너희 사방 원수의 손에서 건져내사 너희에게 안전하게 살게 하셨거늘 [12]너희가 암몬 자손의 왕 나하스가 너희를 치러 옴을 보고 너희의 하나님 여호와께서는 너희의 왕이 되심에도 불구하고 너희가 내게 이르기를 아니라 우리를 다스릴 왕이 있어야 하겠다 하였도다 [13]이제 너희가 구한 왕, 너희가 택한 왕을 보라 여호와께서 너희 위에 왕을 세우셨느니라 [14]너희가 만일 여호와를 경외하여 그를 섬기며 그의 목소리를 듣고 여호와의 명령을 거역하지 아니하며 또 너희와 너희를 다스리는 왕이 너희의 하나님 여호와를 따르면 좋겠지마는 [15]너희가 만일 여호와의 목소리를 듣지 아니하고 여호와의 명령을 거역하면 여호와의 손이 너희의 조상들을 치신 것 같이 너희를 치실 것이라

사무엘은 자신의 순정성(純正性)을 역설한 후 자신에 대한 백성들의 배은망덕을 비난하는 대신 도리어 그들이 자신들의 의무를 잘 수행하도록 교훈한다. 그렇게 함으로써 통치체제가 바뀌었음에도 불구하고 그들에게 큰 문제가 생기지 않도록 하고자 했다.

I. 사무엘은 그들로 하여금 하나님이 그들과 그들의 조상들에게 베푸셨던 선한 일들을 기억하도록 일깨워준다. 그리고 그들에게 이스라엘의 개략적인 역

사를 제시하고 하나님이 그들에게 행하신 큰 일들을 돌아보도록 함으로써 그들로 하여금 영원토록 하나님을 사랑하고 섬기도록 하고자 했다. 그는 말한다(7절). "그런즉 가만히 서 있으라, 하나님이 말씀하시는 것에 대해 경의를 표하는 증표로서 그리고 마음을 다해 차분하게 주의를 기울이는 증표로서 가만히 서 있으라. 그리고 나로 너희와 담론(reason)하도록 하라." 신앙은 담론(변론)하는 것을 포함한다(사 1:18, 여호와께서 말씀하시되 오라 우리가 서로 변론하자 너희의 죄가 주홍 같을지라도 눈과 같이 희어질 것이요 진홍 같이 붉을지라도 양털 같이 희게 되리라). 사역자의 일은 훈계하고 지도할 뿐만 아니라 설득하고 납득시키기 위해 사람들과 더불어 담론(reason, 변론)하는 것이다. 이성(reason)으로 하여금 사람들을 다스리도록 하라. 그러면 그들은 선하게 될 것이다. 그는 여호와의 공의로운 행동, 즉 "그가 자신의 약속을 이루기 위해 주신 축복과 백성들의 죄에 대해 내리신 징벌"에 대해 담론(변론)한다. 하나님의 호의들이 그의 공의로우신 일로 일컬어지는데(삿 5:11), 그것은 그것들 안에서 하나님의 공의가 나타났기 때문이다. 사무엘은 그들로 하여금 하나님께서 그들 시대에 행하신 일뿐만 아니라 예전 조상들의 시대에 행하셨던 일까지도 기억하도록 일깨워준다. 그것은 하나님이 예전에 베푸셨던 호의들이 오늘날까지도 유익을 끼쳐주고 있기 때문이다. 우리는 그의 설교가 여기에 기록된 것보다 훨씬 더 방대했었을 것으로 추측할 수 있다.

1. 그는 그들로 하여금 애굽에서 구원받은 것을 일깨워준다. 야곱과 그의 가족들은 미천하고 미약한 모습으로 '속박의 집'(house of bondage)으로 내려왔다. 그들이 압제를 당하자 하나님께 부르짖었고 하나님은 그들을 위해 모세와 아론을 보내주셨다. 그들은 처음에는 보잘것없는 모습으로 시작했지만 백성들의 구원자가 되었으며, 백성들을 가나안 땅에 정착하도록 함으로써 나라를 세우는 자들이 되었다(6, 8절).

2. 그는 그들로 하여금 그들의 조상들이 하나님을 잊어버리고 다른 신들을 섬김으로써 초래한 고통과 재앙을 일깨워준다(9절). 그들은 압제자들의 손에 범죄자와 포로로서 팔림으로써 스스로를 노예로 만들었다. 그들은 전쟁의 황폐 속에 스스로를 내어주었으며, 주변 나라들에 의해 압제와 고통을 당하였다.

3. 그는 그들로 하여금 조상들이 우상 숭배에 대해 회개하면서 스스로를 겸비케 했던 것을 일깨워준다. 백성이 여호와께 부르짖어 이르되 우리가 여호와를

버리고 바알들과 아스다롯을 섬김으로 범죄하였나이다(10절). 그들로 하여금 조상들의 죄를 흉내내지 못하도록 하라. 그러나 그들은 계속해서 조상들의 잘못을 반복했다. 고통의 날에 그들은 하나님을 찾고 그분을 섬기겠노라고 약속했다. 후손들은 이와 같은 조상들의 모습 속에서 교훈을 배워야만 한다.

4. 그는 그들로 하여금 하나님이 그들을 위해 행하신 영광스러운 구원과, 축복 가운데 주신 승리와, 고통의 날 후에 주신 평안을 일깨워준다(11절). 하나님은 여기에서 기드온과 입다 등 그들 시대에 위대한 정복자였던 몇몇 특별한 사사들의 이름을 거명한다. 여기에 거명된 이름들 가운데 우리는 베단이란 이름을 발견할 수 있는데, 우리는 이 이름의 주인공과 관련한 언급을 다른 어디에서도 읽지 못한다. 아마도 그는 비록 사사기에 기록되진 않았어도 백성들을 구원하는 데 도구로 사용된 뛰어난 인물이었을 것이다 — 이스라엘을 구원했다고만 언급될 뿐인 삼갈처럼(삿 3:31). 아마도 이 베단은 어떤 사사가 이쪽 지역에서 활동하고 있던 때에 다른 쪽 지역에서 활동하면서 백성들을 지키며 구원했을 것이다. 뛰어난 학자 풀(Poole)과 같은 이는 그가 야일과 동일한 인물이라고 생각하는 반면, 또 어떤 이들은 그가 '벤 단'(Ben Dan, 단의 아들)인 삼손과 동일 인물이라고 생각한다 — 또한 하나님의 영이 '베단'(Be-Dan) 즉 단에서 혹은 단의 진영에서 그에게 임했다. 사무엘은 또한 자기 자신을 언급하고 있는데, 그것은 스스로를 찬양하기 위한 것이 아니라 블레셋 사람들을 물리치는 일에 자신을 도구로 사용하신 하나님의 영광을 찬미하기 위한 것이었다.

5. 마지막으로 그는 그들로 하여금 하나님이 베푸신 최근의 호의를 일깨워준다. 그들이 하나님께 암몬 왕 나하스의 손으로부터 구원해 줄 자를 간청했을 때 하나님은 그들의 요구를 들으시고 왕을 세워 주셨다(12, 13절). 여기에서 바로 이것이 그들이 왕을 열망한 직접적인 원인이었다는 사실이 분명하게 드러난다. 나하스가 그들을 위협했다. 그들은 사무엘에게 장군(general)을 지명해 줄 것을 요청했다. 사무엘은 그들에게 하나님이 대장이시며 따라서 다른 이가 필요하지 않다고 말하면서 그들에게 부족한 것은 하나님의 능력으로 채워질 것이라고 말했다: 여호와가 너희 왕이시로다. 그러나 그들은 계속해서 요구했다. "아니니이다. 우리를 다스릴 왕이 있어야 하겠나이다." 이에 그가 말했다. "자, 너희가 구한 왕이 여기에 있도다 — 그로 너희의 부끄러움으로 일컬어지게 하라. 그러나 하나님이 세우시는 왕이 있으리라 — 그로 하나님의 존귀와

그의 은혜의 영광으로 일컬어지게 하라." 그들이 사실상 하나님을 저버렸을 때조차도 하나님은 그들을 저버리지 않으셨다.

II. 사무엘은 그들과 그들의 왕이 이제 선한 태도를 가져야 함을 보여준다. 그들은 이제 하나님을 의지할 필요가 없다든지 혹은 이제 자신들의 왕을 가졌으므로 자신들의 운명은 자신들의 손에 달려 있다고 생각해서는 결코 안 된다. 결코 그렇지 않다. 그들의 판단은 여전히 하나님으로부터 말미암아야 하는 것이다. 사무엘은 그들에게 다음과 같은 사실을 분명하게 말한다.

1. 하나님께 순종하는 것이 곧 그들의 복이 될 것이다(14절). 만일 그들이 하나님께 반역하면서 우상에게 간다든지 혹은 계명을 깨뜨림으로써 패역을 행한다든지 하지 않고 계속해서 하나님께 충성하며 그의 진노를 두려워하고 그분의 일에 봉사하며 그의 뜻에 순종하면, 그들과 그들의 왕이 함께 반드시 복을 받게 될 것이다. 여기에서 그 약속이 어떻게 표현되고 있는지 주목하라: 그리하면 너희가 계속해서 너희 하나님 여호와를 따르게 될 것이라. 다시 말해서 그것은 다음과 같은 뜻이었다.

(1) "너희가 계속해서 하나님께 너희의 의무를 행하는 길로 나아가게 될 것이며, 바로 그것이 너희의 존귀와 위로가 될 것이다." 참된 믿음 안에 거하는 자들에게 하나님께서 계속해서 그 안에 거하도록 은혜를 공급해 주시는 사실을 주목하라. 신실하게 하나님을 따르는 자들은 계속해서 그분을 따를 수 있도록 하나님께서 힘을 부어주실 것이다. 하나님을 따르는 것은 그 자체가 보상(報償)이라는 사실을 주목하라. 그것은 명령이면서 동시에 약속이다.

(2) "너희가 계속해서 하나님의 인도와 보호 아래 거하게 될 것이다." 너희가 여호와를 따르게 될 것이라는 것은 원어적으로 볼 때 "그가 너희를 인도하며 형통케 하기 위해 그리고 너희의 길을 평탄케 하기 위해 너희 앞서 가실 것이다"라는 의미이다. 너희가 여호와와 함께 하는 동안 여호와는 너희와 함께 하실 것이다.

2. 하나님께 불순종하는 것이 곧 그들의 파멸이 될 것이다(15절). "너희가 왕을 가졌다는 사실이 하나님의 심판으로부터 너희를 안전하게 해 줄 것이라고 생각하지 말라. 그리고 그렇게 하여 너희가 다른 나라들처럼 되었다고 하여 너희가 그들처럼 싼 값으로 죄를 지을 수 있다고 생각하지 말라. 너희가 만일 여호와의 명령을 거역하면, 사사들의 시대에 너희의 조상들이 여호와를 거역할 때마

다 그의 손이 그들을 치신 것 같이 너희를 치실 것이라." 우리가 하나님의 지배를 떨쳐버렸다고 하여 그의 공의를 피할 수 있을 것으로 생각한다면, 그것은 오산이다. 하나님이 우리를 다스리지 않을 때에라도, 그분은 여전히 우리를 심판하실 것이다.

[16]너희는 이제 가만히 서서 여호와께서 너희 목전에서 행하시는 이 큰 일을 보라 [17]오늘은 밀 베는 때가 아니냐 내가 여호와께 아뢰리니 여호와께서 우레와 비를 보내사 너희가 왕을 구한 일 곧 여호와의 목전에서 범한 죄악이 큼을 너희에게 밝히 알게 하시리라 [18]이에 사무엘이 여호와께 아뢰매 여호와께서 그 날에 우레와 비를 보내시니 모든 백성이 여호와와 사무엘을 크게 두려워하니라 [19]모든 백성이 사무엘에게 이르되 당신의 종들을 위하여 당신의 하나님 여호와께 기도하여 우리가 죽지 않게 하소서 우리가 우리의 모든 죄에 왕을 구하는 악을 더하였나이다 [20]사무엘이 백성에게 이르되 두려워하지 말라 너희가 과연 이 모든 악을 행하였으나 여호와를 따르는 데에서 돌아서지 말고 오직 너희의 마음을 다하여 여호와를 섬기라 [21]돌아서서 유익하게도 못하며 구원하지도 못하는 헛된 것을 따르지 말라 그들은 헛되니라 [22]여호와께서는 너희를 자기 백성으로 삼으신 것을 기뻐하셨으므로 여호와께서는 그의 크신 이름을 위해서라도 자기 백성을 버리지 아니하실 것이요 [23]나는 너희를 위하여 기도하기를 쉬는 죄를 여호와 앞에 결단코 범하지 아니하고 선하고 의로운 길을 너희에게 가르칠 것인즉 [24]너희는 여호와께서 너희를 위하여 행하신 그 큰 일을 생각하여 오직 그를 경외하며 너희의 마음을 다하여 진실히 섬기라 [25]만일 너희가 여전히 악을 행하면 너희와 너희 왕이 다 멸망하리라

여기에서 사무엘은 다음의 두 가지를 목표로 하고 있다.

I. 백성들로 하여금 왕을 요구한 악을 깨닫게 함. 그들은 왕으로 인하여 그리고 왕과 함께 하나님 앞에서 크게 기뻐하였으며(11:15), 또한 하나님께서 열납하실 것을 바라보면서 찬미의 제사를 드렸다. 이로 인하여 어쩌면 그들은 자신들이 왕을 구한 것이 결코 잘못된 일이 아니었다고 생각하게 되었을는지 모른다. 그리고 실제로 모든 일이 잘 되어 갔다. 따라서 여기에서 사무엘은 그것이 여호와 보시기에 큰 악임을 일깨워준다. 비록 모든 일이 형통하고 성공적이라 할지라도, 그것이 잘못된 방법을 통해 그렇게 된 것이라면 우리는 그것을

결코 정당화해서는 안 된다. 이제 그들은 왕을 가지게 되었다. 그리고 만일 그들이 올바로 행동한다면 왕은 그들에게 큰 축복이 될 수도 있을 것이다. 그러나 사무엘은 그들로 하여금 왕을 구한 것이 큰 악이었음을 깨닫게 해 주고자 했다. 하나님의 섭리 가운데 그가 불쾌하게 여기시는 것으로 인해 어떤 특별한 문제가 발생하지 않았다고 할지라도, 우리는 그것을 결코 좋게 생각해서는 안 된다. 다음을 주목하라.

1. 그들이 왕을 요구한 것에 대한 하나님의 불쾌하심의 표현. 사무엘의 말에 따라 하나님은 그 시기(時期)에는 거의 내린 적이 없는 큰 우레와 비를 보내셨다(16-18절). 우레와 비는 자연적인 현상이지만, 지금 사무엘은 그들로 하여금 왕을 구한 것이 큰 악임을 깨닫게 하기 위해 그것을 사용하고 있다. 그것이 밀 베는 때, 즉 여느 때와는 다른 시기에 맑고 쾌청한 가운데 갑자기 내렸다는 사실과 사무엘에 의해 미리 예고되었다는 사실은 그것이 하나님의 전능하신 능력에 의한 것임을 나타내는 것이었다. 설령 지금이 우레와 비가 흔히 내리는 때였다 할지라도 그것은 충분히 백성들을 각성시킬 수 있을 것이었다(우리에게도 종종 그와 같은 경우가 있지 않은가?) 그러나 그것이 완전한 이적(異蹟)이 되도록 하기 위해,

(1) 사무엘은 그것이 내리기 전에 미리 예고하였다(16, 17절): 너희는 이제 가만히 서서 (여호와께서 너희 목전에서 행하시는 이 큰 일을) 보라. 앞에서 사무엘은 그들에게 서서 들으라고 말했었다(7절). 그러나 그의 담론이 그들에게 아무런 영향도 끼치지 못함을 보자(그들은 너무도 어리석고 무지한 자들이었다), 그는 지금 그들에게 서서 보라고 말하고 있다. 세미한 음성으로 말씀하시는 것과 이슬처럼 떨어지는 교훈을 외면한다면, 그들은 하나님께서 무시무시한 우렛소리와 큰 비로 말씀하시는 것을 듣게 될 것이다. 사무엘은 자신이 말하는 것의 진실성을 입증할 표적으로서 이것에 호소하였다. 내가 여호와께 아뢰리니 여호와께서 우레와 비를 보내사 너희가 왕을 구한 일 곧 여호와의 목전에서 범한 죄악이 큼을 너희에게 밝히 알게 하시리라. 그리고 이로 인해 그가 참 선지자임이 증명되었다. 표적과 기사가 일어난 것이었다.

(2) 사무엘은 그것이 내리기를 하나님께 아뢰었다. 사무엘은 여호와께 아뢰었고, 그의 기도에 대한 응답으로(그래서 그의 말이 미처 끝나기도 전에) 여호와께서 우레와 비를 보내셨다. 이를 통해 사무엘은 하나님이 어떤 자연적인 원인

이 없이도 갑자기 강력한 힘으로 무시무시한 우레와 비를 만드시고 그것을 자신의 곳간에서 꺼내실 수 있다는 사실을 보여주었다(시 135:7). 또한 그는 하나님이 하늘에서 큰 관심을 가지사 사람의 목소리를 들으시고(수 10:14) 우렛소리의 은밀한 곳에서(시 81:7) 응답하신다는 사실을 보여주었다. 기도의 아들 사무엘은 여전히 특별한 기도의 능력으로 유명했다. 이와 같이 특별한 우레와 비를 보냄으로써,

[1] 하나님은 이스라엘 백성들에 대한 자신의 불쾌하심을 나타내셨다 — 하나님이 전에 블레셋 사람들에 대한 불쾌하심을 나타내신 것과 마찬가지 방식으로(그 때에도 역시 사무엘의 기도로 말미암았다). 그 날에 여호와께서 블레셋 사람에게 큰 우레를 발하여 그들을 어지럽게 하시니 그들이 이스라엘 앞에 패한지라(7:10). 지금은 이스라엘이 하나님을 반역하며 그분의 성령을 근심케 하였고, 이에 하나님은 그들의 대적이 되셔서 얼마 전에 그들의 원수들을 치는 데 사용했던 무기로써 그들을 치셨다(사 63:10. 그들이 반역하여 주의 성령을 근심하게 하였으므로 그가 돌이켜 그들의 대적이 되사 친히 그들을 치셨더니).

[2] 하나님은 그들로 하여금 자신들을 구원해 줄 자로서 하나님이나 혹은 사무엘이 아니라 왕을 열망한 어리석음을 깨닫게 하셨다. 그들은 하나님의 무기 혹은 기도의 능력보다도 육체의 무기를 더 구한 것이었다. 그들의 왕이 하나님처럼 우렛소리를 낼 수 있겠는가?(욥 40:9) 선지자가 기도를 통해 지배할 수 있는 힘들을 그들의 통치자가 지배할 수 있겠는가?

[3] 하나님은 비록 지금 그들의 상태가 마치 밀을 베는 때처럼 쾌청하고 형통하게 보일지라도 만일 하나님이 원하시면 즉시로 폭풍우로 그들을 괴롭게 할 수 있음을 나타내셨다.

2. 이것이 백성들에게 끼친 영향. 이 일로 인해 백성들은 크게 놀라게 되었다.

(1) 모든 백성이 여호와와 사무엘을 크게 두려워하게 되었다(18절). 지금 백성들은 왕을 갖게 되었고 따라서 오직 왕만을 두려워해야 한다고 생각할 준비가 되어 있었다. 이에 대해 하나님은 그들이 정말로 두려워해야 할 자는 하나님과 하나님을 대리하는 선지자란 사실을 알게 하셨다. 지금 그들은 왕으로 인해 기뻐하고 있었다. 이에 하나님은 그들에게 두려움과 함께 기뻐할 것을 가르치셨다.

(2) 백성들은 왕을 요구한 죄와 어리석음을 인정했다: 우리가 우리의 모든 죄에 왕을 구하는 악을 더하였나이다(19절). 어떤 이들은 폭풍우나 우레가 아닌 부드러운 방법으로는 자신들의 죄를 보지 못한다. 사무엘은 이 일이 완료되고 왕이 확실하게 세워질 때까지 그들로부터 이러한 고백을 강요하지 않았다. 만일 이러한 고백을 억지로 강요했다면, 그는 백성들을 회개케 하기보다는 오로지 자신의 지위만을 확보하는 일에 급급해하는 것으로 보일 수 있었다. 지금 그들은 스스로 자랑하면서 자신들의 죄악이 드러나지 아니하고 미워함을 받지도 않는다고 우쭐거리고 있었다(시 36:2).

(3) 백성들은 사무엘로 하여금 자신들을 위해 기도해 줄 것을 진심으로 간청했다(19절): 당신의 종들을 위하여 당신의 하나님 여호와께 기도하여 우리가 죽지 않게 하소서. 그들은 자신들이 하나님의 진노 아래 있음을 인식했으며, 따라서 하나님이 자신들의 기도를 들으실 것을 기대할 수 없었다. 그리하여 그들은 사무엘로 하여금 자신들을 위해 기도해 줄 것을 간청했다. 불과 얼마 전까지 대수롭지 않게 여겼던 그를 지금 그들은 간절히 필요로 하고 있었다. 이와 같이 그리스도의 통치를 대수롭지 않게 여겼던 많은 사람들이 그분으로 하여금 자신들을 위해 하나님의 진노를 옮겨 달라고 중보기도해 줄 것을 갈망하게 될 것이다. 그리고 기도하는 백성들을 경멸하며 조롱했던 자들이 그들의 기도를 높이 평가하면서 자신들에게도 그 분깃을 나누어 줄 것을 간청할 때가 올 것이다. 그들은 말한다. "당신의 하나님 여호와께 기도하여 주시오. 우리는 그를 어떻게 불러야 할지 알지 못하오. 그러나 만일 당신이 그분과 특별한 관계를 갖고 있다면 부디 우리를 위해 도움의 손길을 베풀어 주시오."

II. 백성들로 하여금 신앙을 굳게 붙잡고 영원토록 여호와를 따르도록 함. 사무엘의 설교의 목표는 여호수아의 그것과 동일했다(수 23:1; 24:1).

1. 백성들에게 임한 두려움은 그들로 하여금 하나님으로부터 도망치도록 하는 것이 아니라 하나님께로 돌이키도록 의도된 것이었다(20절). "너희가 이 모든 악을 행하였을지라도 또 하나님이 이 일로 인해 진노하셨을지라도 두려워하지 말라. 그러므로 여호와를 섬기는 것을 포기하지 말고 또 그분을 따르는 데서 돌아서지 말라." 사무엘은 백성들에게 "두려워하지 말라"고 말한다. 다시 말해서 "놀람으로 인해 절망하지 말며 두려워하지 말라, 폭풍우가 지나면 날씨는 쾌청해질 것이다. 두려워하지 말라. 비록 기뻐하지 않으신다 할지라도 하나님은 자

신의 크신 이름을 위해서라도 자기 백성을 결코 버리지 않으실 것이다(22절). 그러므로 너희는 그를 버리지 말아라." 언약 속에서 어떤 범죄로 인해 우리가 하나님을 불쾌하게 만들 수는 있다 할지라도 그러나 그로 인해 우리가 언약 밖으로 쫓겨나지는 않는다. 그러므로 하나님의 책망으로 인해 은혜의 소망까지 잃는다면 그것은 큰 잘못이다. 하나님의 선택의 확실성은 그것이 값없이 주어지는 것이란 사실에 기인한다. 그러므로 우리는 하나님이 자기 백성을 버리지 않으실 것이라고 믿고 바랄 수 있다. 그들을 자기 백성으로 삼으신 것이 하나님의 기쁘신 뜻이었기 때문이다. 만일 하나님이 선행을 보고 선택하셨다면, 이제는 악행으로 인해 버림을 당할 것을 두려워해야만 할 것이다. 그러나 자기 이름을 위하여 그들을 선택하셨으므로 하나님은 결코 그들을 버리지 않으실 것이다.

2. 사무엘은 백성들에게 우상 숭배에 대해 경고한다. "여호와를 따르는 데에서 돌아서지 말고 오직 너희의 마음을 다하여 여호와를 섬기라"(20, 21절). 만일 너희가 하나님으로부터 돌아선다면 너희는 그것이 헛된 것으로서 너희가 바라는 것에 응답할 수도 없고 도로지 너희를 속일 뿐이라는 것을 알게 될 것이다. 그것은 부러진 화살이요 깨어진 물통이다." 우상은 자기를 찾는 자들에게 아무 유익도 줄 수 없으며 곤궁 가운데 있는 자를 구원하지도 못한다. 그것은 헛된 것이기 때문이다. 우상은 세상에 아무것도 아니다(고전 8:4).

3. 사무엘은 그들을 위해 계속해서 관심과 돌봄을 베풀 것을 약속하면서 그들을 위로한다(23절). 그들은 그르 하여금 자신들을 위해 기도해 줄 것을 열망했다(19절). 사무엘은 이렇게 말할 수 있었다. "너희가 나를 밀어내고 그 자리에 세워놓은 왕인 사울에게 가서 그에게 기도해 달라고 부탁하라." 그러나 사무엘은 자신을 홀대한 것으로 인해 그들을 비난하기는커녕 도리어 그들이 간청한 것보다 훨씬 더 큰 것을 약속한다.

(1) 백성들은 '호의'로서 기도해 줄 것을 간청했다. 그러나 사무엘은 '의무'로서 기도해 줄 것을 약속한다. 기도하는 것을 게을리하는 것은 그로서는 상상도 할 수 없는 일이었다. 그는 말한다. "나는 너희를 위해 기도할 것이라. 내가 기도하지 않음으로써 하나님께 범죄하는 것을 하나님이 금하실 것이라." 이스라엘을 위해, 특별히 우리의 책임 아래 있는 자들을 위해 기도하지 않는 것은 하나님께 대한 죄라는 사실을 주목하라. 선한 자들은 (기도를) 빼먹는 죄까지도 두려워한다.

(2) 백성들은 '이번에' 그리고 '지금 상황에서' 기도해 줄 것을 간청했다. 그러나 사무엘은 살아 있는 동안 계속해서 기도하기를 중단하지 않을 것을 약속한다. 우리는 쉬지 말고 기도해야 한다. 우리가 일반적인 의미에서 기도하기를 중단한다면, 그리고 특별한 의미에서 교회를 위해 기도하는 것을 중단한다면, 우리는 죄를 범하는 것이다.

(3) 백성들은 오직 기도해 줄 것만을 간청하였다. 그러나 사무엘은 그들을 위해 더 많은 것을 약속한다. 그는 기도만이 아니라 가르치는 것까지 약속해 주었다. 그들이 사사로서의 그의 통치를 원하지 않았다고 해서 그가 선지자로서 가르치는 것까지 포기한 것은 아니었다. 백성들은 그가 오로지 선하고 의로운 길만을 가르쳤다는 것을 확신할 수 있었다. 의로운 길은 분명히 선한 길이다. 의무를 따라 행하는 길은 즐거운 길이요 유익한 길이다.

4. 사무엘은 실제적인 신앙생활과 진지한 경건을 당부하면서 자신의 말을 끝맺는다(24, 25절). 우리가 따라야 할 가장 큰 의무는 여호와를 경외하는(두려워하는) 것이다. 그는 20절에서 "노예적인 두려움으로 두려워하지 말라"고 말했었다. 그런데 지금 여기에서는 "경건한 두려움으로 여호와를 두려워하라(경외하라)"고 말한다. 이것의 열매와 증거로서 종교적인 예배와 경건한 교제 가운데, 그리고 밖으로 드러나는 외적인 고백만이 아니라 진리와 성실 안에서, 그리고 외식과 나누임이 아니라 온 마음을 다하여 그분을 섬기라. 여기에서 사무엘은 두 가지를 촉구한다.

(1) 하나님이 너희를 위해 행하신 큰 일들을 생각하면서 감사하는 가운데 영원토록 그분을 섬길 것.

(2) 만일 계속해서 악을 행한다면 하나님이 얼마나 큰 것으로 치실 것인가를 생각하면서 두려움 가운데 그분을 섬길 것. "너희와 너희 왕이 하나님의 심판으로 멸망을 당할 것이라." 이처럼 충성된 파수꾼으로서 그는 백성들에게 경고를 내리면서 동시에 자기 영혼을 구원했다.

제
— 13 —
장

개요

　　다른 나라들처럼 왕을 열망했던 자들은 만일 왕을 갖게 된다면 자신들이 매우 크고 강대한 나라가 될 것이란 환상을 품고 있었다. 그러나 본 장에서 우리는 그것이 단지 환상에 불과했음을 보게 된다. 사무엘이 사울과 함께 있는 동안에는 모든 일이 잘 되었다 (11:7). 그러나 이제 사울이 홀로 다스리기 시작하자 모든 일은 내리막길로 향하게 되었으며, 그와 함께 사무엘의 말이 그대로 이루어지게 되었다: "너희와 너희의 왕이 함께 멸망하리라(쇠락하리라)." 우리는 여기에서 이스라엘의 상태가 계속해서 쇠락해 가는 모습을 보게 된다. 본 장의 내용은 다음과 같다. I. 여기에서 사울이 매우 분별없는 왕으로 나타남. 1. 모략에 있어 분별이 없음(1-3절). 2. 이웃나라에 의해 침략을 당함(4, 5절). 3. 그의 병사들이 도주함(6, 7절). 4. 그의 정신이 혼란에 빠지고 그런 가운데 자의적으로 제사를 드림(8-10절). 5. 사무엘에게 책망을 받음(11-13절). 6. 하나님으로부터 버림을 당함(14절). II. 여기에서 백성들이 매우 가련한 존재로 나타남. 1. 두려움 가운데 흩어짐(6, 7절). 2. 병사들의 숫자가 감소됨(15, 16절). 3. 노략꾼들에 의해 노략을 당함(17, 18절). 4. 변변한 무장을 갖추지 못함(19-23절). 이 모든 것은 그들이 하나님의 통치를 버리고 스스로 다른 나라들처럼 되고자 함으로써 얻어진 결과였다. 모든 영광이 그들로부터 떠나가고 있었다.

[1]사울이 왕이 될 때에 사십 세라 그가 이스라엘을 다스린 지 이 년에 [2]이스라엘 사람 삼천 명을 택하여 그 중에서 이천 명은 자기와 함께 믹마스와 벧엘 산에 있게 하고 일천 명은 요나단과 함께 베냐민 기브아에 있게 하고 남은 백성은 각기 장막으로 보내니라 [3]요나단이 게바에 있는 블레셋 사람의 수비대를 치매 블레셋 사람이 이를 들은지라 사울이 온 땅에 나팔을 불어 이르되 히브리 사람들은 들으라 하니 [4]온 이스라엘이 사울이 블레셋 사람들의 수비대를 친 것과 이스라엘이 블레셋 사람들의 미움을 받게 되었다 함을 듣고 그 백성이 길갈로 모여 사울을 따르니라 [5]블레셋 사람들이 이스라엘과 싸우려고 모였는데 병거가 삼만이요 마병이 육천 명

이요 백성은 해변의 모래 같이 많더라 그들이 올라와 벧아웬 동쪽 믹마스에 진 치매 ⁶이스라엘 사람들이 위급함을 보고 절박하여 굴과 수풀과 바위 틈과 은밀한 곳과 웅덩이에 숨으며 ⁷어떤 히브리 사람들은 요단을 건너 갓과 길르앗 땅으로 가되 사울은 아직 길갈에 있고 그를 따른 모든 백성은 떨더라

우리는 이스라엘 백성들이 하나님께 언제 어떻게 범죄했는지, 그래서 사무엘이 경고한 대로(12:15) 하나님의 징계의 손길이 어떤 연고로 그들을 향하게 되었는지에 대해 듣지 못한다. 그러나 그들이 하나님을 멀리하고 떠난 것은 틀림없는 사실이었다. 만일 그렇지 않았다면 하나님이 그들을 여기에 나타나는 것처럼 이렇게까지 내버려 두시지는 않았을 것이다.

I. 사울은 매우 나약하고 분별이 없어졌으며 매사를 신중하게 처리하지 못했다. 1절 상반절을 원문대로 직역하면 "사울은 일 년의 아들이었다"(Saul was the son of one year)가 된다. (이 구절과 관련하여 한글개역개정판에는 "사울이 왕이 될 때에 사십 세라"로 되어 있는 반면, KJV에는 "Saul reigned one year"라고 되어 있음). 이 구절은 통상적으로 그의 통치기간을 의미하는 것으로 이해되지만, 그러나 일반적으로 이것은 어떤 사람이 태어나서부터 지금까지 경과된 기간을 나타내는 데 사용되는 표현이다. 따라서 어떤 이들은 이 구절을 상징적으로 이해한다(예컨대, 그는 한 살짜리 아이처럼 천진난만했다). 갈대아역(Chaldee)이 그와 같은 경우인데, 그것은 이 구절을 다음과 같이 풀어 쓴다: 그는 한 살짜리 아들처럼 순진무구했다. 이와 같이 만일 우리가 이것을 상징적인 의미로 받아들인다면, 이것은 마치 한 살짜리 아이가 어떤 일을 하는 것이 적절치 않은 것처럼 그가 너무나 무지하고 분별이 없었음을 의미하는 것이 될 수 있다. 그리고 이어지는 이야기들을 살펴볼 때 우리는 이것이 지금의 사울의 모습과 더 잘 부합한다는 사실을 부인하기 어렵다. 그러나 그렇게 보기보다 우리가 그것을 KJV처럼 "사울이 일 년을 다스렸다"(Saul reigned one year)로 이해하는 것이 더 나은 것으로 여겨진다. 그 일 년은 특별히 주목할 만한 일이 없이 그대로 지나갔다. 그러나 둘째 해에 그는 다음과 같이 행동했다.

1. 그는 3,000명의 무리를 택하여 그 중 2,000명은 자신 휘하에 두고 1,000명은 자신의 아들 요나단의 휘하에 두었다(2절). 그리고 나머지 사람들은 각자의 장막으로 돌려보냈다. 만일 사울이 이들을 자기 자신과 자기 주변의 사람들을

보호하기 위한 목적으로 택했다면 그것은 참으로 분별없는 일일 것이다. 왜냐하면 그 수가 필요 이상으로 지나치게 많았기 때문이다. 반면 만일 그것이 블레셋 사람들로부터의 침입에 대비하기 위한 것이었다면 그것은 더욱 분별없는 일이 될 것이다. 왜냐하면 그 수가 너무 적었기 때문이다. 아마도 이렇게 택함 받은 소수의 병사들만 신뢰하면서 나머지 용맹스러운 병사들을(이들은 얼마 전 암몬 사람들을 물리친 자들이었다) 집으로 돌려보낸 것은 많은 사람들로 하여금 모욕과 증오심을 갖게 만들었을 것이다. 특정 집단만을 신뢰하는 통치자는 전체 공동체 안에서의 자신의 지도력을 스스로 약하게 만든다.

2. 그는 자기 아들 요나단에게 게바에 있는 블레셋 사람의 수비대를 공격하여 함락시킬 것을 명령했다(3절). 나는 이것이 블레셋과 맺은 조약을 위반하는 것으로서 상호간의 신뢰를 배반하는 비열한 것이 아니기를 바란다. 내가 그러한 의심을 갖는 이유는 이스라엘이 블레셋 사람들의 미움을 받게 되었다 혹은 문자적으로 이스라엘이 블레셋 사람들에게 악취가 나는 행동을 했다(그 말을 전혀 신뢰할 수 없는 정직하지 못한 사람들처럼)라고 언급되고 있기 때문이다(4절). 만일 그렇다면 우리는 이 일을 행한 요나단이 아니라 그의 상관이며 아버지로서 그에게 명령을 내린 사울을 비난해야만 할 것이다. 이스라엘 백성으로서 거짓으로 그리고 정직하지 않게 행하는 것만큼 더 이스라엘의 이름을 역겹게 만드는 것도 없다. 만일 참된 종교를 고백하는 사람이 속임과 거짓을 행하며 약속을 깨고 신뢰를 배반한다면, 그로 인해 상처를 받게 되는 것은 종교 그 자체이다. 그리고 그것은 블레셋 사람들에게 미움을 받게 된다. (그 안에 악한 것이 없을 것으로 마땅히 기대되어야 하는) 이스라엘 사람을 믿지 못한다면 도대체 누구를 믿을 수 있겠는가?

3. 이렇게 블레셋 사람들을 격앙시키고 나서야 비로소 그는 군대를 일으키기 시작했다. 만일 그가 지혜로웠다면 진작 그렇게 했을 것이다. 사울이 행한 일에 대해 보복하기 위해 블레셋 사람들이 거대한 군대를 이끌고 그를 치려고 하자, 그는 히브리 사람들은 들으라고 외치면서 온 땅에 나팔을 불었다(3절). 그리하여 많은 사람들이 길갈에 있는 사울에게로 왔다(4절). 그러나 대다수의 사람들은 (사울을 싫어해서든 혹은 블레셋 사람들을 두려워해서든) 뒤로 물러났을 것이라고 우리는 추측할 수 있다. 이들은 만일 그가 진작 불렀다면, 암몬 사람들에 대항하기 위해 부름 받았을 때처럼 주저없이 따를 자들이었다.

Ⅱ. 사울의 도발에 대하여 블레셋 사람들은 강력한 힘을 결집하여 대항했다. 우리는 지금 그들이 동맹국들로부터 큰 도움을 받고 있다고 추측할 수 있다. 왜냐하면 그들은 6,000명의 마병(馬兵) 외에도 30,000승의 병거(兵車)를 거느리고 있었기 때문이다(5절, 이것은 정말로 믿을 수 없을 정도로 많은 숫자이다). 그것들 가운데 대부분은 전쟁을 위한 수레(戰車)가 아니라 엄청난 숫자의 병사들의 가방과 짐을 나르기 위한 수레였을 것이라고 우리는 추측할 수 있다. 그리고 그들의 숫자는 마치 해변의 모래처럼 많았다. 그들은 자신들의 나라의 명예를 위한 열심에 불타고 있었으며 또한 이스라엘이 자신들의 수비대를 야비하게 함락시킨 것에 대해 격분하고 있었다. 만일 사울이 블레셋 사람들을 이렇게 격앙시키기 전에 하나님의 모략을 물었다면, 그와 그의 백성들은 그들 자신의 어리석음으로 인해 스스로 자초한 이러한 위기를 좀 더 잘 감당할 수 있었을 것이다.

Ⅲ. 이스라엘 백성들이 지금처럼 사기를 잃고 소심과 비겁에 빠진 적은 일찍이 없었다. 상당수의 사람은 길갈에 있는 사울에게로 왔지만, 블레셋 사람들의 숫자와 규모에 대해 듣고선 마음이 혼미해지게 되었다. 어떤 이들은 그 곳에 사울과 함께 사무엘이 없었기 때문에 더욱 그렇게 생각했다. 그들은 불과 얼마 전에 사무엘에 대해 싫증을 느끼며 왕을 열망했던 자들이었다. 그런데 지금 그가 눈에 띄지 않자 그들은 더욱 불안에 휩싸이게 되었다. 조만간 사람들은 하나님과 그분의 선지자들이 자신들의 가장 좋은 친구였다는 사실을 알게 될 것이다. 지금 블레셋 사람들과 싸우려고 하고 있음에도 불구하고 사무엘은 그 곳에 없었고, 그 사실을 알았을 때 그들은 무엇을 어떻게 해야 할지 알지 못했다: 모든 백성이 두려움으로 떨더라.

1. 어떤 사람들은 숨었다. 죽기를 각오하고 블레셋 사람들과 싸우는 대신 그들은 굴과 수풀에 숨었다(6절). 죄가 어떤 결과를 만들어 내는지 보라. 죄는 사람들을 곤궁 속으로 몰아넣으며, 그들의 용기를 빼앗고 낙망 가운데 빠지게 만든다. 단 한 사람이라 할지라도 믿음의 사람은 이렇게 외칠 수 있다: 천만인이 나를 에워싸 진 친다 하여도 나는 두려워하지 아니하리이다(시 3:6). 그러나 지금 우리는 수천 명의 나약한 이스라엘 백성들이 블레셋의 큰 무리가 다가오는 것을 보면서 두려워 떨고 있는 것을 보고 있다. 죄는 사람들을 겁쟁이로 만든다.

2. 또 어떤 사람들은 도망쳤다(7절): 어떤 히브리 사람들은 요단을 건너 갓과 길

르앗 땅으로 가되. 그들은 가능한 한 위험으로부터 멀리 떨어진 곳으로 도망쳤는데, 그 곳은 얼마 전 자신들이 암몬 사람들로부터 승리를 거둔 바로 그 장소였다. 불과 얼마 전 승리의 개가를 불렀던 장소가 이제는 도피처가 된 것이다.

3. 사울과 함께 있던 자들은 두려워 떨면서 그를 따르고 있었다. 그들은 죽임을 당하는 것 외엔 어떤 기대도 할 수 없었으며, 그들의 손과 마음은 많은 병사들의 흩어짐으로 인해 약해질 대로 약해져 있었다. 그리고 사울 자신 역시도 (비록 꿋꿋하게 서 있을 정도의 자존심은 가지고 있었다 할지라도) 두려워 떠는 병사들로 하여금 다시금 사기를 회복하도록 만들 만한 용기와 기개를 가지고 있지 못했다.

8사울은 사무엘이 정한 기한대로 이레 동안을 기다렸으나 사무엘이 길갈로 오지 아니하매 백성이 사울에게서 흩어지는지라 9사울이 이르되 번제와 화목제물을 이리로 가져오라 하여 번제를 드렸더니 10번제 드리기를 마치자 사무엘이 온지라 사울이 나가 맞으며 문안하매 11사무엘이 이르되 왕이 행하신 것이 무엇이냐 하니 사울이 이르되 백성은 내게서 흩어지고 당신은 정한 날 안에 오지 아니하고 블레셋 사람은 믹마스에 모였음을 내가 보았으므로 12이에 내가 이르기를 블레셋 사람들이 나를 치러 길갈로 내려오겠거늘 내가 여호와께 은혜를 간구하지 못하였다 하고 부득이하여 번제를 드렸나이다 하니라 13사무엘이 사울에게 이르되 왕이 망령되이 행하였도다 왕이 왕의 하나님 여호와께서 왕에게 내리신 명령을 지키지 아니하였도다 그리하였더라면 여호와께서 이스라엘 위에 왕의 나라를 영원히 세우셨을 것이거늘 14지금은 왕의 나라가 길지 못할 것이라 여호와께서 왕에게 명령하신 바를 왕이 지키지 아니하였으므로 여호와께서 그의 마음에 맞는 사람을 구하여 여호와께서 그를 그의 백성의 지도자로 삼으셨느니라 하고

여기에서 우리는 다음과 같은 이야기를 보게 된다.

I. 사무엘이 오기 전에 사울이 제사를 드리는 잘못을 범함. 사울에게 기름을 부을 때 사무엘은 그에게 길갈에서 7일을 기다릴 것을 명령하면서, 그 때 자신이 그 곳에 와서 번제와 화독제를 드리고 또 어떻게 행할 것인지를 지시하겠다고 약속했다(10:8). 비록 앞에 삽입되어 있다 할지라도 이러한 명령은 아마도 나중에 그에게 내려진 것일 것이거나, 혹은 길갈에서의 모든 공적 모임에

서 준수되어져야 할 일반적인 규칙으로 주어진 것이거나, 혹은 (아마도 이것이 가장 개연성이 높아 보인다) 지금의 특별한 상황 속에서 최근에 다시 반복된 것일 것이다(다시 언급되지 않았다 할지라도). 왜냐하면 사무엘이 올 때까지 기다려야만 한다는 사실을 사울 자신이 분명하게 이해하고 있었기 때문이다. 만일 그렇지 않았다면 그는 자신이 기다리지 않은 것으로 인해 그렇게 장황한 핑계를 대려고 하지는 않았을 것이다(11절). 어쨌든 사울은 사무엘의 명령을 어겼다. 그는 일곱째 날까지 기다렸지만, 그 날이 끝날 때까지 기다릴 만한 참을성은 가지고 있지 못했다. 어쩌면 그는 사무엘이 약속을 지키지도 않고 나라에 대해 무관심하며 왕권을 존중해 주지도 않는다고 비난하면서, 자신이 사무엘을 기다리는 것보다 마땅히 그가 자신을 기다려야만 한다고 생각했을는지 모른다.

1. 사울은 사무엘이 없는 상태에서 감히 제사를 드렸다. 여기에서 잘못된 것은 사울 자신이 이 일을 행했다는 사실이다. 그는 제사장도 아니며 선지자도 아님에도 불구하고 자신이 왕이기 때문에 어떤 일이라도 할 수 있는 것처럼 여겼다. 제사를 드리는 것은 왕의 직무를 초월하는 것인데, 훗날 웃시야 왕도 이와 비슷한 잘못을 저질렀다(대하 26:16 이하).

2. 사무엘이 와서 자신의 행할 바를 지시해 주겠다고 말했음에도 불구하고, 사울은 그의 지시가 없는 상태에서 블레셋 사람들과 싸우고자 결심했다. 사울은 여호와의 선지자를 기다릴 필요가 없다고 생각할 만큼(자신을 위해 기도해 주는 것이든 혹은 자신의 행할 바를 지시해 주는 것이든) 자만심에 가득 차 있었다. 바로 이것이 사울이 범한 잘못이었으며, 다음과 같은 사실들로 인해 그의 잘못은 더욱 두드러진다.

(1) 그는 사무엘에게 어떤 사자(使者)도 보내지 않았다. 만일 그가 사무엘에게 지금의 상황을 설명하면서 그의 생각이 어떤지 알아보고 또 그로부터 새로운 지시를 받아오기 위해 사자를 보냈더라면 문제가 이렇게까지 악화되지는 않았을 것이다.

(2) 사무엘이 왔을 때 그는 자신이 한 일에 대해 회개하기보다는 도리어 자랑하는 듯 보였다. 그는 사무엘을 맞이하기 위해 나갔는데, 사무엘로 하여금 자신이 그를 필요로 하지 않게 된 것을 알도록 할 기회를 갖게 된 것에 대해 기뻐하는 듯 보였다(그는 마치 자신이 사무엘과 동등하게 제사를 드릴 수 있는 자

로 여기는 것 같았다). 이것을 문자적으로 읽으면 사울이 그를 축복하기 위해 나갔다가 되는데, 그는 지금 마치 자신이 제사뿐만 아니라 축복하는 권세까지 가지고 있는 완전한 제사장이나 된 것처럼 스스로 생각하는 듯 했다 — 도리어 사무엘로부터 축복을 받기 위해 나가야 했음에도 불구하고.

(3) 그는 사무엘이 약속을 어겼다고 말하면서 모든 책임을 그에게 돌렸다: 당신은 정한 날 안에 오지 아니하고(11절). 그러므로 만일 잘못된 일이 있다면 하나님의 사역자인 사무엘이 모든 비난을 짊어져야만 했다 — 그가 자신의 말대로 칠 일이 다 가기 전에 왔음에도 불구하고. 이와 같이 말세에 기롱하는 자들은 그리스도의 강림의 약속이 깨어졌다고 생각한다. 그것은, 그분이 정한 때에 반드시 오실 것임에도 불구하고, 그들의 때에 오지 않았기 때문이다.

(4) 사무엘로부터 불순종에 대한 책망을 받았을 때, 그는 자신이 한 일에 대해 스스로 정당화하면서 그에 대해 전혀 회개하려는 기색을 보이지 않았다. 사람을 파멸로 이끄는 것은 죄를 짓는 것이 아니라 죄를 짓고도 회개하지 않는 것이며, 또한 넘어지고도 다시 일어나지 않는 것이다. 그가 어떻게 핑계를 대고 있는지 보라(11, 12절).

[1] 그는 자신의 행동이 사려 깊은 행동이었다고 주장한다. 수많은 사람들이 흩어지고 있었으며, 그것을 막고 백성들을 자기와 함께 있게 하기 위해서는 달리 어쩔 수가 없었다는 것이다. 사무엘은 국가적인 위기상황에 아무 일도 하지 않고 있었을지 모르나, 자신은 결코 그렇게 하지 않았다는 것이었다.

[2] 그는 자신의 행동이 하나님을 향한 경건의 행동이었다고 주장한다. 자신은 하나님께 기도와 제사를 드리기 전에는 결코 블레셋 사람들과 싸우지 않겠노라고 생각했으며, 따라서 그것은 믿음의 행동으로 간주되어야 한다는 것이었다. "블레셋 사람들이 나를 치러 길갈로 내려오겠거늘 내가 여호와께 은혜를 간구하지 못하였도다. 그러므로 나는 아직 준비되지 못하였도다. 아직 기도를 드리지 못했는데 나로 하여금 전쟁에 나가란 말인가?" 이와 같이 그는 하나님의 명령에 대한 불순종을 하나님의 호의를 구한다는 핑계로 덮어버렸다. 외식하는 자들은 종교적인 외양(外樣)을 크게 중시함으로써 율법의 더 중한 것을 게을리 하는 것에 대한 핑계로 삼는다. 그러나 결국 그는 그것이 자신의 양심에 거리끼는 일이었음을 인정한다: 내가 부득이하여 번제를 드렸나이다. 지금 그는 자신이 믿음으로 더 나은 것을 선택했노라고 항변하고 있는 것이든지, 아니면 적어

도 그렇게 하지 말았어야 했음을 알지만 그러나 어쩔 수 없이 그렇게 할 수밖에 없었노라고 말하고 있는 것이다. 어리석은 자여! 하나님께서 자신의 명령을 어기면서 드린 제사를 기쁘시게 받으실 것으로 생각하다니!

Ⅱ. 이 일로 인해 사울에게 내려진 선고(宣告). 사무엘은 사울이 번제물 옆에서 있는 것을 발견하고는 그에게 평강의 인사 대신 무거운 소식을 전했다. 그리고 그로 하여금 악인의 제사는 여호와께 가증한 것이란 사실을 일깨워주었다.

1. 그는 왕에게 당신이 악하도다라고 말하면서 사울의 죄를 지적한다. 이것은 다름 아닌 여호와의 선지자로서 한 말이었다(욥 34:18). 그는 사울이 자신에게 적이 되었으며(왕이 망령되이 행하였도다), 또한 하나님께 반역을 행했노라고 (왕이 왕의 하나님 여호와께서 왕에게 내리신 명령을 지키지 아니하였도다) 책망한다. 하나님의 명령을 불순종하는 것은 스스로 망령되이(어리석게, foolishly) 행하는 것이라는 사실을 주목하라. 죄는 어리석은 것이며, 죄인들은 가장 어리석은 자들이다.

2. 그는 사울에게 우울한 판결을 내린다(14절). "왕의 나라가 길지 못할 것이라. 그리고 여호와께서 그의 마음에 맞는 사람 곧 그의 뜻과 길을 행할 자를 구할 것이라." 이러한 선고(宣告)는 실제로 메네 데겔과 동일한 것이었다. 그러나 지금은 사울에게 있어 회개의 여지가 남아 있는 것으로 보인다. 만일 회개한다면 이러한 선고는 번복될 수 있을 것이었다. 그러나 다음 번의 불순종으로 인한 선고는 번복될 수 없는 것이 되었다(15:29). 왕으로 즉위(卽位)했다가 이렇게 빨리 왕의 자리에서 퇴위(退位)될 바에야 차라리 초야에 묻혀 나귀들이나 돌보며 지내는 것이 훨씬 더 나았을 것이다. 그렇지만 단 한 번의 실수로, 그것도 그리 커 보이지도 않고 나름대로 변명의 여지도 다분히 있는 실수로 인해 그와 그의 집에 이렇게 가혹한 선고를 내리는 것은 너무 심한 것이 아니었을까? 결코 그렇지 않다. 여호와는 그 모든 행사에 의로우시며, 어느 누구에게도 그릇 행하시지 않는다. 이는 주께서 말씀하실 때에 의로우시다 하고 주께서 심판하실 때에 순전하시다 하게 하려 함이라. 이를 통해,

(1) 사무엘은 작은 죄는 없다는 사실을 보여준다. 왜냐하면 아무리 작은 죄라 할지라도 그것은 결국 하나님을 대적하는 것이기 때문이다. 모든 죄는 우리로부터 천국을 빼앗아간다.

(2) 사무엘은 비록 사소한 문제에서라 할지라도 분명한 명령에 대한 불순종

은 우리의 첫 번째 조상들의 경우처럼 그 명령을 내린 자에 대한 도전이라는 사실을 보여준다.

(3) 사무엘은 우리에게 영들을 분별할 것을 경고한다. 사람들에게는 작은 범죄로 보일 수 있는 것이라 할지라도, 중심을 보시는 이에게 그것은 극악한 범죄가 될 수도 있기 때문이다.

(4) 하나님은 자신의 자비의 광채를 더욱 부각시키신다. 즉 하나님은 사소해 보이는 실수로 인해 사울을 버리기도 하셨지만, 반면 다윗과 므낫세 등의 경우에는 도저히 용서받을 수 없을 것 같은 큰 죄를 용서해 주셨다. 우리는 여기에서 하나님의 자비의 광채가 더욱 두드러지는 것을 보게 되는 것이다.

(5) 우리는 항상 하나님을 바라야 한다는 사실을 배운다(호 12:6). 사울은 불과 두세 시간을 참고 기다리지 못함으로써 왕권을 잃어버리고 말았다.

[15]사무엘이 일어나 길갈에서 떠나 베냐민 기브아로 올라가니라 사울이 자기와 함께 한 백성의 수를 세어 보니 육백 명 가량이라 [16]사울과 그의 아들 요나단과 그들과 함께 한 백성은 베냐민 게바에 있고 블레셋 사람들은 믹마스에 진 쳤더니 [17]노략꾼들이 세 대로 블레셋 사람들의 진영에서 나와서 한 대는 오브라 길을 따라서 수알 땅에 이르렀고 [18]한 대는 벧호론 길로 향하였고 한 대는 광야쪽으로 스보임 골짜기가 내려다 보이는 지역 길로 향하였더라 [19]그 때에 이스라엘 온 땅에 철공이 없었으니 이는 블레셋 사람들이 말하기를 히브리 사람이 칼이나 창을 만들까 두렵다 하였음이라 [20]온 이스라엘 사람들이 각기 보습이나 삽이나 도끼나 괭이를 벼리려면 블레셋 사람들에게로 내려갔었는데 [21]곧 그들이 괭이나 삽이나 쇠스랑이나 도끼나 쇠채찍이 무딜 때에 그리하였으므로 [22]싸우는 날에 사울과 요나단과 함께 한 백성의 손에는 칼이나 창이 없고 오직 사울과 그의 아들 요나단에게만 있었더라 [23]블레셋 사람들의 부대가 나와서 믹마스 어귀에 이르렀더라

여기에서 우리는 다음과 같은 이야기를 보게 된다.

1. 사무엘이 불쾌한 마음 가운데 떠남. 사울은 어찌할 바를 모른 채 멍하니 서 있었으며, 이제 홀로 남겨지게 되었다: 사무엘이 일어나 길갈에서 떠나(15절). 사무엘이 사울과 함께 기도했는지 혹은 그에게 어떤 지시를 내려주었는지 여부는 나타나지 않는다. 그러나 사무엘이 사울의 성읍인 베냐민 기브아로 올라

간 것으로 미루어, 우리는 그가 사울을 완전히 버린 것은 아니며 차후에 호의를 베풀 기회를 기다리고 있었던 것으로 추측할 수 있다. 아니면 사울을 위해 기도하기 위해 그 곳에 있는 선지자 학교로 가고자 그 곳으로 갔을는지도 모른다.

2. 사울이 사무엘을 따라 기브아로 감. 그리고 거기에서 자신과 함께한 자들의 수를 세어보니 그 수가 고작 600명에 불과했다(15, 16절). 이처럼 그들은 죄로 인해 미약(微弱)해졌다.

3. 블레셋 사람들이 자신들과 인접한 모든 지역을 노략함. 그들의 군대 혹은 상비군(常備軍)은 믹마스의 요충지에 진을 치고 있었으며, 그 곳으로부터 세 대(隊)의 무리가 노략질과 함께 자기들의 군대가 사용할 물품을 가져가기 위해 각기 다른 길로 내려왔다(17, 18절). 이로 인해 이스라엘은 노략을 당하여 피폐하여짐과 함께 두려움에 사로잡히게 되었으며, 반면 블레셋은 모든 물품이 넉넉하여 사기가 충천하게 되었다. 이 모든 것은 죄로 인해 그들 스스로 자초한 것이었다(사 42:24, 야곱이 탈취를 당하게 하신 자가 누구냐 이스라엘을 약탈자들에게 넘기신 자가 누구냐 여호와가 아니시냐 우리가 그에게 범죄하였도다).

4. 이스라엘 사람들이 제대로 무기를 갖추지 못함. 사울과 함께 전쟁터에 나간 이스라엘 사람들은 칼이나 창이 아니라 고작 물매와 몽둥이만을 가지고 있을 뿐이었다. 제대로 된 무기를 갖고 있는 사람은 오직 사울과 요나단뿐이었다(19, 22절). 여기에서 다음을 보라.

(1) 블레셋 사람들이 자신들에게 힘이 있을 때 사용한 대단히 교묘한 책략. 그들은 이스라엘에 있는 모든 대장간을 폐쇄시키고, 철공들을 자신들의 땅으로 데려갔다. 그리고 모든 이스라엘 백성들로 하여금 놋이나 철을 거래하지 못하도록 금지하였다 ― 아셀에 대하여 축복하기를 네 문빗장은 철과 놋이 될 것(신 33:25)이라고 할 만큼 이스라엘에 놋과 철이 풍부하게 매장되어 있는 광산들이 많이 있었음에도 불구하고(신 8:9). 이것은 블레셋 사람들의 대단히 교묘한 책략이었다. 이렇게 함으로써 그들은 이스라엘 백성들로 하여금 전쟁에 필요한 무기를 만들지 못하게 만들 뿐만 아니라 심지어 농기구까지도 자신들에게 의존하도록 만들었다. 따라서 이스라엘 백성들이 각종 쇠붙이를 벼리기 위해서는 처처에 주둔해 있는 그들의 수비대 가운데 한 곳을 찾아가야만 하였다(20, 21절). 당시 이스라엘 사람들은 날을 세우기 위한 줄칼조차도 갖고 있지

못했던 것이다. 그리고 틀림없이 블레셋 사람들은 그러한 일의 대가로 많은 비용을 청구하였을 것이다.

(2) 왕이 되었음에도 불구하고 이러한 잘못된 일을 바로잡지 않은 사울의 어리석음. 사무엘이 그렇게 하지 않은 것은 나름대로 이해될 수 있는 소지가 있다. 그가 사용한 무기는 전혀 다른 종류의 것이었기 때문이다. 그는 칼과 창 대신에 자신의 기도의 응답으로 임한 우레와 번개를 무기로 사용하였다. 그러나 열방의 왕들과 같은 왕으로 자임(自任)한 사울에게 있어 자신의 병사들에게 칼과 창을 지급하지 않은 것은 어떤 변명으로도 용서될 수 없는 직무유기가 아닐 수 없었다. 그는 왕이 되자마자 암몬 사람들을 물리쳤는데, 만일 하고자 했다면 그들로부터 취한 노략물로부터 자신의 병사들에게 충분히 칼과 창을 지급할 수 있었다.

(3) 이러한 상태에 있으면서도 스스로 돕고자 하는 생각도 마음도 갖고 있지 않았던 이스라엘 사람들의 나약하고 퇴락(頹落)한 정신상태. 이스라엘의 사만 명 중에 방패와 창이 없었던 때는 그야말로 최악의 때였다(삿 5:8). 그런데 지금은 그 때와 비교해서 더 나을 것이 없었다. 왜냐하면 지금 이스라엘에 왕과 그의 아들 외엔 어떤 병사도 옆구리에 칼을 차고 있지 못했기 때문이다. 틀림없이 사무엘의 때부터 이렇게 되기 시작했을 것이다. 왜냐하면 그가 손에 칼이나 창을 잡고 있었다는 이야기를 우리는 어디에서도 보지 못하기 때문이다. 만일 그들의 정신이 퇴락(頹落)되지 않았다면, 이런 상태로 계속해서 있을 수는 없었을 것이다. 그들을 이렇게 만든 것은 바로 그들의 죄였다.

제
— 14 —
장

개요

우리는 앞 장에서 이스라엘 군대가 매우 처참한 상태에 빠져 있었음을 살펴보았다. 그들은 지혜도 힘도 선함도 없었으며, 블레셋 군대에 의해 끊어짐을 당하는 것 외에는 달리 기대할 것이 없는 듯 보였다. 그러나 본 장에서 우리는 전혀 새로운 국면이 전개되는 것을 보게 된다. 여기에서 우리는 특별한 수단이 없음에도 불구하고 작동하는 '무한한 힘'(infinite power)과 특별한 공로가 없음에도 불구하고 주어지는 '무한한 선하심'(infinite goodness)이 찬란하게 빛나고 있는 것을 발견한다. 여전히 사무엘의 말은 유효했다: "여호와께서는 그의 크신 이름을 위해서라도 자기 백성을 버리지 아니하실 것이요"(12:22). 본 장의 내용은 다음과 같다. I. 요나단이 아버지에게조차 알리지 않은 채 믿음과 용기로써 블레셋 군대를 짓밟고 승리를 거둠(1-3절); 그가 자신의 하나님 여호와 안에서 스스로 마음을 굳세게 하고 오직 무기를 든 소년과만 함께 용맹스럽게 적진을 공격함(4-7절); 그가 블레셋 사람들에게 싸움을 걸고(8-12절) 분노로써(아니 그보다는 믿음으로써) 그들을 공격함으로 그들이 도망치고 서로 싸우게 됨(13-15절); 이로써 사울과 그의 군대가 공격에 가담하게 되고 승리를 얻게 됨(16-23절). II. 사울의 성급함과 어리석음, 곧 백성들로 하여금 밤이 될 때까지 어떤 음식도 먹지 못하도록 엄명을 내린 것으로 인해 이스라엘 군대가 곤비한 상황에 빠짐. 1. 이로 인해 요나단이 범법자가 됨(24-30절). 2. 이로 인해 음식 먹는 것을 금지한 시한(時限)이 종료됨과 함께 백성들이 고기를 피째 먹는 시험에 떨어지게 됨(31-35절). 3. 요나단이 어떤 음식도 먹지 말도록 엄명이 내려진 것을 알지 못한 채 꿀을 먹은 것으로 인해 죽임을 당할 위기에 처하게 되나, 백성들이 그를 구원함(36-46절). III. 사울의 공로(47, 48절)와 그의 가계(49-52절)에 대한 일반적인 설명.

¹하루는 사울의 아들 요나단이 자기의 무기를 든 소년에게 이르되 우리가 건너편 블레셋 사람들의 부대로 건너가자 하고 그의 아버지에게는 아뢰지 아니하였더라 ²사울이 기브아 변두리 미그론에 있는 석류나무 아래에 머물렀고 함께 한 백성은

육백 명 가량이며 ³아히야는 에봇을 입고 거기 있었으니 그는 이가봇의 형제 아히둡의 아들이요 비느하스의 손자요 실로에서 여호와의 제사장이 되었던 엘리의 증손이었더라 백성은 요나단이 간 줄을 알지 못하니라 ⁴요나단이 블레셋 사람들에게로 건너가려 하는 어귀 사이 이쪽에는 험한 바위가 있고 저쪽에도 험한 바위가 있는데 하나의 이름은 보세스요 하나의 이름은 세네라 ⁵한 바위는 북쪽에서 믹마스 앞에 일어섰고 하나는 남쪽에서 게바 앞에 일어섰더라 ⁶요나단이 자기의 무기를 든 소년에게 이르되 우리가 이 할례 받지 않은 자들에게로 건너가자 여호와께서 우리를 위하여 일하실까 하노라 여호와의 구원은 사람이 많고 적음에 달리지 아니하였느니라 ⁷무기를 든 자가 그에게 이르되 당신의 마음에 있는 대로 다 행하여 앞서 가소서 내가 당신과 마음을 같이 하여 따르리이다 ⁸요나단이 이르되 보라 우리가 그 사람들에게로 건너가서 그들에게 보이리니 ⁹그들이 만일 우리에게 이르기를 우리가 너희에게로 가기를 기다리라 하면 우리는 우리가 있는 곳에 가만히 서서 그들에게로 올라가지 말 것이요 ¹⁰그들이 만일 말하기를 우리에게로 올라오라 하면 우리가 올라갈 것은 여호와께서 그들을 우리 손에 넘기셨음이니 이것이 우리에게 표징이 되리라 하고 ¹¹둘이 다 블레셋 사람들에게 보이매 블레셋 사람이 이르되 보라 히브리 사람이 그들이 숨었던 구멍에서 나온다 하고 ¹²그 부대 사람들이 요나단과 그의 무기를 든 자에게 이르되 우리에게로 올라오라 너희에게 보여 줄 것이 있느니라 한지라 요나단이 자기의 무기를 든 자에게 이르되 나를 따라 올라오라 여호와께서 그들을 이스라엘의 손에 넘기셨느니라 하고 ¹³요나단이 손 발로 기어 올라갔고 그 무기를 든 자도 따랐더라 블레셋 사람들이 요나단 앞에서 엎드러지매 무기를 든 자가 따라가며 죽였으니 ¹⁴요나단과 그 무기를 든 자가 반나절 갈이 땅 안에서 처음으로 쳐죽인 자가 이십 명 가량이라 ¹⁵들에 있는 진영과 모든 백성들이 공포에 떨었고 부대와 노략꾼들도 떨었으며 땅도 진동하였으니 이는 큰 떨림이었더라

여기에서 우리가 주목할 내용은 다음과 같다.

I. 블레셋 사람들을 억제하신 하나님의 선하심. 그들은 용맹한 전사들로 구성된 엄청난 군대를 가지고 있었지만, 반면 사울에게는 두려움에 떨고 있는 소수의 병사들만이 있을 뿐이었다. 그러므로 그들이 사울과 이스라엘 군대를 집어삼키는 것은 아주 쉬운 일이었다. 교회의 원수들의 적의(敵意)를 제한하고

그들로 하여금 하나님의 교회를 허물어뜨리지 못하도록 가로막는 것은 다름 아닌 하나님의 보이지 않는 힘이란 사실을 우리는 기억해야 한다.

II. 사울의 나약함. 지금 그는 극도로 곤궁한 상태에 빠져 있었으며 스스로를 도울 수 없었다.

1. 그는 고작 600명의 병사들과 함께 한 나무 아래 장막을 쳤다(2절). 그가 그토록 신뢰하여 택한 3,000명의 군사들은(13:2) 지금 어디에 있는가? 그토록 신뢰했던 자들이었지만 정작 가장 필요로 할 때에 그들은 그의 곁에 없었다. 그는 기브아에 머물러 있을 수가 없었고, 성읍에서 가장 멀리 떨어져 있으며 사람들의 눈에 띄지 않는 곳으로 갈 수밖에 없었다. 거기에서 그는 석류나무 아래, (문자적으로) 림몬 아래(Ha-Rimmon), 즉 600명의 베냐민 사람들이 피신했던 동굴이 있었던 기브아 근처의 림몬에 머물렀다(삿 20:47). 어떤 이들은 사울이 은신처로서 그 곳으로 갔을 것으로 생각한다. 이와 같이 지금 사울의 마음은 심히 곤궁하고 절망적이었다. 지금 그는 하나님의 불쾌하심(displeasure) 아래 있었다. 그와 함께 시시각각 블레셋 사람들이 다가오고 있었으며, 이렇게 사무엘의 경고가 이루어져 가고 있었다(13:14). 이처럼 하나님의 보호로부터 떠난 자들은 결코 안전할 수 없는 것이다.

2. 그는 제사장과 언약궤를 모셔오기 위해 사람을 보냈고, 그렇게 하여 실로에서 제사장이 오고 또 기럇여아림에서 언약궤가 왔다(3, 18절). 사울은 이전에 자기가 스스로 제사를 드림으로써 범죄한 적이 있었다(13:9). 그는 지금 그와 같은 잘못을 반복하지 않고자 단단히 결심한다. 따라서 많은 사람들이 스스로의 마음을 겸손하게 하거나 변화시키지 않은 채 특별히 문제된 부분만을 고침으로써 전능하신 하나님과 타협하고자 하는 것처럼, 그는 제사장을 데려오기 위해 사람을 보낸다. 여호와의 선지자인 사무엘은 그를 버렸다. 그러나 그는 여호와의 제사장 아히야를 데려오도록 명령함으로써 그러한 문제를 극복할 수 있을 것으로 생각한다. 사울은 아히야로 하여금 사무엘이 그랬던 것과는 반대로 자신을 견책하지 못하도록 하면서, 도리어 자신이 그에게 명령을 내린다(18, 19절). 많은 사람들은 자신들이 마음대로 다룰 수 있으며 또한 자신들에게 부드러운 말만을 해 주는 사역자를 갖기를 좋아한다. 그렇게 함으로써 신실한 사역자와의 반목과 갈등을 상쇄시키기를 바란다. 사울은 또한 언약궤를 가져오도록 명령했는데, 어쩌면 그것은 언약궤를 공적으로 사용하지 못하도록

금했던 사무엘을 비판하기 위한 것이었거나 아니면 그의 힘을 약화시키기 위해 그렇게 한 것이었는지 모른다. 언약궤를 또다시 자신들의 진영으로 가져오는 것은 얼마나 어리석은 일인가! 불과 얼마 전에 그들은 그렇게 하여 아무 소득도 얻지 못했을 뿐만 아니라 언약궤를 블레셋 사람들의 손에 빼앗겼던 뼈아픈 경험을 하지 않았던가! 그러나 신앙의 본질을 잃어버린 사람이 껍데기에 집착하는 것은 흔히 있는 일이다(여기에서 버림받은 왕이 버림받은 제사장을 불러오는 것처럼).

Ⅲ. 사울의 아들 요나단의 믿음과 용기. 요나단은 왕이 될 재목으로서는 아버지보다 훨씬 더 나았다. 그것은 마치 (홀 주교가 말한 것처럼) 돌배나무에서 열린 꿀배와 같았다.

1. 요나단은 아무에게도 알리지 않고 블레셋 사람들의 진으로 가고자 결심했다. 그는 자신의 계획을 아버지에게 알리지 않았다. 그것은 아버지가 허락하지 않을 것임을 알고 있었기 때문이었다. 또 사람들에게도 알리지 않은 것은 그들이 적극 만류할 것이었기 때문이었다. 요나단은 사람들의 반대를 개의치 않기로 마음먹었기 때문에 그들의 충고나 만류하는 말을 일체 듣지 않기로 결심했다(1, 3절). 그는 심지어 제사장의 의견조차도 묻지 않았다. 그럼에도 불구하고 그는 자신에게 임한 신적 충동을 분명하게 인식하면서 나라를 위해 봉사하고자 하는 소망 가운데 스스로를 위험의 한가운데로 던져 넣었다. 적진(敵陣)으로 접근하는 길은 험난하기 짝이 없었다(4, 5절). 따라서 그들의 진은 그야말로 난공불락의 요새와 같았다. 그러나 이조차도 그를 단념시키지 못했다. 깎아지른 듯한 험준한 바위는 도리어 그의 결심을 더욱 자극하고 굳게 할 뿐이었다. 강하고 위대한 정신을 소유한 사람들은 반대에 부딪힐 때 더욱 분발하며, 그러한 반대를 돌파하는 것으로 즐거움을 삼는다.

2. 요나단은 자기의 무기를 든 소년을 격려하여 자신의 담대한 계획에 동참하도록 한다(6절). "자, 우리가 목숨을 걸고 적진으로 건너가자. 그리고 그들을 혼란에 빠뜨리기 위해 우리가 할 수 있는 일을 하자." 요나단이 어떻게 그를 설득했는지 주목하라.

(1) "그들은 할례 받지 못한 자들이다. 그들은 우리와는 달리 육체에 언약의 표를 갖고 있지 않다. 두려워 말라. 모든 일이 잘 될 것이다. 그들은 우리와는 달리 하나님의 언약의 보호 아래 있지 않으며 하나님을 자기들의 하나님으로

부를 수 없다.” 우리의 원수들이 이와 같이 하나님께 대해 외인(外人)일진대, 우리가 그들을 두려워해야 할 이유는 전혀 없다.

(2) “하나님은 우리 두 사람으로 하여금 수많은 군대를 대적하여 승리케 하실 수 있다. 여호와께는 어떤 제한도 없으시며, 이스라엘의 거룩하신 자에게는 어떤 한계도 없으시다. 여호와의 구원은 사람이 많고 적음에 달려 있는 것이 아니다.” 이것은 일반적인 차원에서는 쉽게 받아들여질 수 있는 사실이다. 도구들이 어떻든지 간에 전능자에게는 매한가지이다. 그러나 이것을 특정한 상황에 적용시키는 것은 결코 쉽지 않은 일이다. 비록 우리가 소수(少數)이며 약하다 할지라도 하나님이 우리를 구원하실 뿐만 아니라 우리를 통해 구원하신다는 사실을 믿는 것은 결코 쉽지 않은 믿음이다. 그러나 이것이야말로 분명한 믿음의 증표이다. 이러한 믿음으로 나약한 자를 강하게 하고 두려워 떠는 자를 격려하자. 이러한 믿음으로 기도와 간구에 더욱 착념하고 두려움을 몰아내자. 힘이 강한 자와 약한 자 사이에는 주밖에 도와 줄 이가 없사오니(대하 14:11).

(3) “하나님께서 당신의 영광을 위해 우리를 사용하사 이 일을 행하실지 누가 알겠는가? 갈대아역이 읽는 바와 같이, 여호와께서 우리를 위하여 그리고 우리와 함께 일하시면서 표적과 이적을 행하실까 하노라.” 비록 우리가 확신을 가질 수 있는 결정적인 토대는 없다 할지라도, 우리는 하나님이 우리를 위해 일하실 것이란 희망만으로도 우리 스스로를 격려할 수 있다. 적극적인 믿음은 가능성만 갖고도 모험을 한다. 요나단의 무기 든 소년은 주인의 무기만 든 것이 아니라 마음까지 함께 하면서 그가 어디로 가든지 함께 할 것을 약속했다(7절). 우리는 요나단이 이와 같은 담대한 모험을 감행하는 것과 관련하여 어떤 신적 충동이나 감동을 느꼈을 것이며, 또한 자신의 종의 동의(同意)로 인해 더욱 격려를 받고 용기를 갖게 되었을 것이라고 생각할 수 있다. 만일 그렇지 않았다면, 이 일은 하나님을 신뢰하는 것이라기보다는 도리어 하나님을 시험하는 것이 되었을 것이다. 아마도 그는 여호수아가 모세의 말(신 32:30)을 인용하여 이야기한 너희 중 한 사람이 천 명을 쫓을 것이라는 말을 가슴깊이 되새기고 있었을 것이다.

3. 요나단은 이 일을 행함에 있어 신적 섭리를 따르고자 결심했다. 그는 신적 섭리가 자신을 주목하면서(시 32:8) 인도할 것을 믿었다. 따라서 그는 주의 깊게 신적 섭리를 따르며, 그것으로부터 하나님이 인도하시는 암시들을 얻고

자 하였다. 그가 어떻게 스스로를 신적 섭리 위에 놓았는지, 또 어떻게 그것에 따라 행동하고자 결심했는지 주목하라. 그는 자신의 종에게 말한다. "보라, 우리가 적들을 대면하여 바라보는 것을 조금도 두려워하지 않는 것처럼 그들에게 우리 자신을 노출시키자(8절). 만일 그들이 조심스럽게 우리더러 거기 서 있으라고 말한다면, 우리는 신적 섭리가 우리로 하여금 가만히 있으라고 지시하는 것으로 받아들이면서 더 이상 앞으로 나아가지 않을 것이다(9절). 반대로 만일 그들이 거만하게 대하면서 첫 번째 마주치는 병사가 우리더러 올라오라고 말한다면, 우리는 그들을 치는 것을 하나님의 뜻으로 받아들이면서 하나님이 우리와 함께 하실 것을 조금도 의심하지 않으면서 앞으로 전진하여 힘차게 공격을 개시할 것이다(10절)." 이와 같은 마음을 가짐에 있어 요나단은 다음과 같은 사실을 굳게 믿었다.

(1) 하나님은 모든 사람들의 마음과 입술을 주관하신다. 심지어 하나님을 알지 못하며 하나님에 대해 무관심한 자들에게까지 그러하며, 그들의 마음과 입술까지도 사용하셔서 당신의 계획을 이루신다 — 비록 그들이 그렇게 의도하지 않았고 또한 그렇게 생각하지 않았다 할지라도. 요나단은 만일 하나님이 기뻐하시면 제사장의 입을 통해서 자신의 뜻을 알리실 수 있는 것처럼 또한 블레셋 사람의 입을 통해서도 그렇게 하실 수 있음을 알고 있었다.

(2) 하나님은 자신들의 모든 인생길에서 그분을 인정하며 그분의 인도하심을 구하며 온 마음으로 그것을 따르고자 하는 자들의 발걸음을 여러 가지 방법으로 인도하실 것이다. 때때로 우리는 우리 자신이 어떤 특별한 일을 행하지 않았을 때 어떤 예기치 못한 그러나 신묘막측하게 펼쳐지는 신적 섭리에 의해 인도되는 경험을 하게 되는데, 우리는 그러한 경우에 최고의 위로를 발견하게 된다.

4. 요나단은 신적 섭리에 의한 표징을 얻었으며 그러한 표징에 응답했다. 요나단과 그의 무기 든 소년은 블레셋 사람들이 잠자고 있을 때 급습(急襲)하지 않고, 대낮에 그들에게 스스로를 노출시켰다(11절). 그리하여 블레셋의 파수병들은,

(1) 요나단과 그의 무기든 소년을 깔보면서, 이스라엘의 병사들을 '숨어서 기어 다니는' 겁쟁이 군대로 조롱했다: 보라 히브리 사람이 그들이 숨었던 구멍에서 나온다 하고(11절).

(2) 요나단과 그의 무기든 소년에게 올라오라고 도전했다(12절): 우리에게로 올라오라 너희에게 보여 줄 것이 있느니라. 그들은 요나단과 무기든 소년을 마치 자신들을 구경하러 온 어린아이들처럼 대했다. 그러나 블레셋의 파수병들의 의도는 마치 골리앗처럼 그들을 공중의 새들의 먹이로 주려는 것이었다(17:44). 파수병들은 요나단과 무기든 소년을 조롱하면서, 그들을 자신들의 먹잇감으로 만드는 것을 조금도 의심하지 않았다. 그러나 도리어 이 일로 요나단은 큰 용기를 갖게 되었다. 그리고 그와 함께 그는 자신의 종을 격려했다. 앞에서 요나단은 확신까지는 갖지 못한 채 말했었다(6절): 여호와께서 우리를 위하여 일하실까 하노라. 그러나 지금은 확신을 갖고 말한다(12절): 나를 따라 올라오라 여호와께서 그들을 이스라엘의 손에 넘기셨느니라. 요나단은 여호와께서 그들을 자신의 손에 넘기셨다고 말하지 않고(그는 자신의 영광을 구하지 않았다), 이스라엘의 손에 넘기셨다고 말했다. 그가 목표로 했던 것은 개인적인 유익이 아니라 오직 공적인 유익이었기 때문이었다. 이와 같이 그의 믿음이 강화(強化)됨으로써 어떤 어려움도 그의 앞을 가로막을 수 없게 되었다. 요나단은 자신을 가려줄 것이 아무것도 없었음에도 불구하고 바위를 기어 올라갔다(13절). 그를 따르는 사람은 한 사람의 종자(從者) 외에는 아무도 없었으며, 인간적인 가능성으로 볼 때 그의 앞에는 죽음 외에 아무것도 없는 것처럼 보였다.

5. 요나단은 이 일에 놀라운 성공을 거두었다. 블레셋 사람들은 요나단을 죽이거나 체포하기 위해 내려오는 대신 도리어 그의 첫 번째 타격에 속절없이 그 앞에 엎드러졌다(13절).

(1) 수많은 사람들이 요나단과 무기 든 소년에 의해 살육을 당했다(14절). 20명의 블레셋 사람들이 즉시 엎드러졌다. 어떤 이들은 요나단이 그들의 수비대한 곳을 친 적이 있었기 때문에(13:3) 그의 이름이 그들에게 큰 두려움이 되었을 것이라고 생각하지만, 그러나 그들을 그토록 쉽게 굴복시킬 수 있었던 것은 결코 요나단의 이름 때문이 아니었다. 그가 이러한 승리를 얻을 수 있었던 것은 다름 아닌 하나님의 오른손과 팔 때문이었다.

(2) 그러자 나머지 사람들이 큰 공포에 떨며 서로 충돌하게 되었다(15절): 들에 있는 진영과 모든 백성들이 공포에 떨었고 부대와 노략꾼들도 떨었으며 땅도 진동하였으니 이는 큰 떨림이었더라. 그들이 두려워해야 할 '눈에 보이는 이유'는 없었다. 그들은 숫자도 많았고 사기도 높았으며 유리한 위치에 자리잡고 있었다.

이스라엘 군대는 그들을 피하여 후퇴해 있었다. 이스라엘 가운데 어느 누구도 그들을 대적하려고 하지 않았다. 오직 한 사람의 지휘관과 그를 따르는 또 한 사람만이 있을 뿐이었다. 그러나 그들은 마치 사시나무처럼 떨었다. 모두가 공포에 떨었다. 심지어 가장 용맹하며 제 일선에 배치되어 있었던 노략꾼들까지도 무릎이 서로 부딪칠 정도로 공포에 떨었다. 그러나 왜 이런 두려움이 생겼으며 도대체 어디에서 이런 두려움이 왔는지 아무도 알지 못했다. 그것은 통상적으로 번역되는 것처럼 큰 떨림을 의미하는 것일 뿐만 아니라, (원문대로) 하나님의 떨림을 의미하는 것이다. 그들은 그러한 떨림에 저항할 수도 없었으며, 스스로 명쾌하게 설명할 수도 없었다. 그것은 초자연적인 것으로서 하나님의 손으로부터 직접 온 것이었다. 마음을 지으신 분은 그것을 떨게 하는 방법도 알고 계신다. 혼란을 극대화하기 위해 심지어 땅까지도 마치 그들 모두를 삼킬 듯이 떨었다(진동하였다). 영원하신 하나님을 두려워하지 않는 자들을 하나님은 고작 실체도 없는 것을 두려워하도록 만드실 수 있으시다. 잠언 21:1과 이사야 33:14을 보라.

[16]베냐민 기브아에 있는 사울의 파수꾼이 바라본즉 허다한 블레셋 사람들이 무너져 이리 저리 흩어지더라 [17]사울이 자기와 함께 한 백성에게 이르되 우리에게서 누가 나갔는지 점호하여 보라 하여 점호한즉 요나단과 그의 무기를 든 자가 없어졌더라 [18]사울이 아히야에게 이르되 하나님의 궤를 이리로 가져오라 하니 그 때에 하나님의 궤가 이스라엘 자손과 함께 있음이니라 [19]사울이 제사장에게 말할 때에 블레셋 사람들의 진영에 소동이 점점 더한지라 사울이 제사장에게 이르되 네 손을 거두라 하고 [20]사울과 그와 함께 한 모든 백성이 모여 전장에 가서 본즉 블레셋 사람들이 각각 칼로 자기의 동무들을 치므로 크게 혼란하였더라 [21]전에 블레셋 사람들과 함께 하던 히브리 사람이 사방에서 블레셋 사람들과 함께 진영에 들어왔더니 그들이 돌이켜 사울과 요나단과 함께 한 이스라엘 사람들과 합하였고 [22]에브라임 산지에 숨었던 이스라엘 모든 사람도 블레셋 사람들이 도망함을 듣고 싸우러 나와서 그들을 추격하였더라 [23]여호와께서 그 날에 이스라엘을 구원하시므로 전쟁이 벧아웬을 지나니라

우리는 여기에서 요나단과 그의 무기를 든 소년이 블레셋 사람들에게

가한 타격으로 말미암아 계속해서 어떤 일이 벌어졌는지에 대해 보게 된다.

I. 하나님의 능력으로 인해 블레셋 사람들이 서로가 서로를 향해 칼로 침. 그들은 마치 햇볕 아래 있는 눈처럼 녹아내려갔으며 서로 무너져 흩어졌는데(16절), 그것은 각각 칼로 자기의 동무들을 쳤기(20절) 때문이었다. 자신들을 쫓아오는 자들에게 대항하기 위해 돌아서는 대신 공포에 질려 도망칠 때, 그들은 자기들 뒤에 오는 자들이 모두 적인 줄 여기고 그에 따라 행동했던 것이다. 블레셋 사람들은 매우 안전한 상태에 있었다. 왜냐하면 모든 칼과 창이 그들의 손에 있었기 때문이었다. 이스라엘에서는 사울과 요나단 외에는 누구도 칼과 창을 가지고 있지 못했다. 그러나 지금 하나님은 그들의 칼과 창이 그들 자신의 멸망의 도구가 되게 하심으로써 그리고 그것이 이스라엘의 손에 있을 때보다 자신들 손에 있을 때 더 치명적이 되도록 하심으로써 그러한 믿음이 얼마나 어리석은 것이었는가 하는 것을 보여주신다. 우리는 다른 곳에서도 이와 비슷한 경우를 찾아볼 수 있다(삿 7:22; 대하 20:23).

II. 이로 인해 이스라엘 사람들이 분기(奮起)함.

1. 기브아에서 파수를 서던 사울의 파수꾼들이 즉시로 이 일을 알게 되었다(16절). 그들은 적의 무리가 큰 혼란 가운데 빠졌으며 그들 가운데 큰 살육이 발생했다는 사실을 알아차렸다. 이에 그들은 즉시 점호를 실시했고, 오직 요나단과 그의 무기를 든 자 외에는 모두 그대로 있음을 알게 되었다(17절). 이에 그들은 이 일이 하나님께서 하시는 일임을 확신하면서 그와 동시에 크게 분기하고 일어나게 되었다.

2. 사울은 이 일과 관련하여 하나님께 묻기 시작했지만 곧 단념했다. 아마도 지금 사무엘은 먼 곳에 있지 않았을 것이다(왜냐하면 13:15에 그가 베냐민의 기브아에 왔다고 언급되어 있기 때문이다). 그럼에도 불구하고 지금 사울의 마음은 그에게 물을 만큼 낮아져 있지 않았다. 대신에 사울은 지금 혼란에 빠져 있는 블레셋을 공격하는 것이 자신에게 있어 안전할지 여부를 알고자 하여 언약궤를 가져오라고 명령했다(18절). 많은 사람들은 하나님께 자신들의 안전에 대하여는 물으면서 마땅히 감당해야 하는 책임에 대하여는 묻지 않는다. 그러나 적진에서 소동이 점점 커지는 것을 보면서 그는 돌연히 제사장에게 하던 일을 중단할 것을 명령한다. "네 손을 거두라(19절), 더 이상 묻지 말라, 응답을 위해 더 기다리지 말라." (어떤 이들이 생각하는 것처럼) 만일 사울이 지금 제사

장이 기도하기 위해 든 손을 내리도록 명령한 것이라면, 그것은 참으로 어리석기 짝이 없는 일이었다. 왜냐하면 여호수아가 아말렉과 더불어 싸우는 동안 모세는 계속해서 손을 들고 있었기 때문이었다. 아마도 사울이 그렇게 한 것은 다음과 같은 이유 때문이었을 것이다.

(1) 상황이 너무나 명백하므로 더 이상 응답을 기다릴 필요가 없다. 그러나 사울은 하나님께서 자신에게 어떤 일을 하도록 허락하실지 여부를 물었어야 했다.

(2) 상황이 너무나 급박하므로 지체하고 있을 여유가 없다. 그는 기도가 끝날 때까지 그리고 하나님이 주시는 응답을 들을 때까지 기다릴 수 없을 정도로 조급해 있었다. 헛되며 육신적인 마음을 가진 자들은 사소한 일로 인해서도 신앙적인 행사로부터 멀어진다. 참된 믿음의 백성은 이와 같이 조급하게 굴지 않으며, 어떤 일이라도 하나님과 함께 하는 시간을 낼 수 없을 만큼 급박하다고는 결코 생각하지 않는다.

3. 사울과 그의 군대는 적들에 대해 강력한 공격을 가했다. 지금 그들에게는 하나님께서 전쟁의 날에 불도록 지시하신(민 10:9) 은(銀) 나팔이 없었기 때문에, (20절을 문자적으로 읽을 때) 모든 백성들이 다 같이 함성을 질렀다. 그들의 숫자가 그리 많지 않았기 때문에 그들은 곧 함께 모일 수 있었다. 그들은 지금 매우 사기가 높고 용감했다. 우리 주 예수께서는 우리의 영적 원수들을 정복하시고 패주시키고 흩으셨다. 그러므로 우리는 뒤쫓아가 탈취물을 나누기만 하면 된다. 그런데 이러한 때 만일 우리가 팔장을 끼고 가만히 있는다면, 실로 겁쟁이가 아니면 무엇이겠는가?

4. 모든 히브리 사람들이 — 심지어 거의 기대할 수 없는 사람들까지도 — 블레셋 사람들을 향하여 공격을 가하기 시작했다.

(1) 전에 이스라엘 진영을 이탈하여 적에게 가서 그들과 함께 있던 자들도 이제 그들에 대항하여 싸웠다(21절). 어떤 이들은, 이들이 블레셋 사람들에게 포로로 잡혀 있던 자들이었는데 이제는 그들의 옆구리를 찌르는 가시가 되었다고 생각한다. 그러나 그렇게 보기보다는, 전에 자발적으로 투항하여 블레셋 사람들에게 갔던 자들이 이제 그들이 무너지는 것을 보면서 이스라엘 백성의 마음을 회복하고 이스라엘을 위해 용감하게 행동한 것으로 보는 것이 좀 더 타당한 것으로 여겨진다.

(2) 이스라엘 진영을 도망쳐 나와 산지에 숨었던 자들도 자신들의 위치로 돌아와 추격하는 자들과 합류했다(22절). 이들은 이제 위험은 지나가고 승리가 확실해진 것으로 생각하면서 자신들의 비겁함을 속죄하고자 했다. 그들이 지금 돌아왔다고 해서 그것이 그렇게 칭찬할 만한 일은 아니었다. 그러나 만일 지금이라도 돌아오지 않았다면 그것은 그들에게 있어 더 큰 수치와 비난거리가 될 것이었다. 의로운 싸움이며 또한 승리가 내다보이는 싸움임에도 불구하고 하나님을 위해 행동하지 않는 자들은 정말로 비겁하고 얼빠진 자들이 아닐 수 없다. 이와 같이 이스라엘의 모든 손이 블레셋 사람들에 대항하여 싸웠으며, 모든 이스라엘 사람들이 칼이나 창도 없이 무수한 사람을 죽였다. 그러나 그 날에 이스라엘을 구원하신 것은 여호와라고 언급된다(23절). 여호와께서 그들을 통해 그렇게 하셨다. 왜냐하면 그가 없이는 그들은 아무것도 할 수 없었기 때문이었다. 구원은 여호와께로 말미암는다.

²⁴이 날에 이스라엘 백성들이 피곤하였으니 이는 사울이 백성에게 맹세시켜 경계하여 이르기를 저녁 곧 내가 내 원수에게 보복하는 때까지 아무 음식물이든지 먹는 사람은 저주를 받을지어다 하였음이라 그러므로 모든 백성이 음식물을 맛보지 못하고 ²⁵그들이 다 수풀에 들어간즉 땅에 꿀이 있더라 ²⁶백성이 수풀로 들어갈 때에 꿀이 흐르는 것을 보고도 그들이 맹세를 두려워하여 손을 그 입에 대는 자가 없었으나 ²⁷요나단은 그의 아버지가 백성에게 맹세하여 명령할 때에 듣지 못하였으므로 손에 가진 지팡이 끝을 내밀어 벌집의 꿀을 찍고 그의 손을 돌려 입에 대매 눈이 밝아졌더라 ²⁸그 때에 백성 중 한 사람이 말하여 이르되 당신의 부친이 백성에게 맹세하여 엄히 말씀하시기를 오늘 음식물을 먹는 사람은 저주를 받을지어다 하셨나이다 그러므로 백성이 피곤하였나이다 하니 ²⁹요나단이 이르되 내 아버지께서 이 땅을 곤란하게 하셨도다 보라 내가 이 꿀 조금을 맛보고도 내 눈이 이렇게 밝아졌거든 ³⁰하물며 백성이 오늘 그 대적에게서 탈취하여 얻은 것을 임의로 먹었더라면 블레셋 사람을 살륙함이 더욱 많지 아니하였겠느냐 ³¹그 날에 백성이 믹마스에서부터 아얄론에 이르기까지 블레셋 사람들을 쳤으므로 그들이 심히 피곤한지라 ³²백성이 이에 탈취한 물건에 달려가서 양과 소와 송아지들을 끌어다가 그것을 땅에서 잡아 피째 먹었더니 ³³무리가 사울에게 전하여 이르되 보소서 백성이 고기를 피째 먹어 여호와께 범죄하였나이다 사울이 이르되 너희가 믿음 없이 행하였도다 이제

큰 돌을 내게로 굴려 오라 하고 [34]또 사울이 이르되 너희는 백성 중에 흩어져 다니며 그들에게 이르기를 사람은 각기 소와 양을 이리로 끌어다가 여기서 잡아 먹되 피째로 먹어 여호와께 범죄하지 말라 하라 하매 그 밤에 모든 백성이 각각 자기의 소를 끌어다가 거기서 잡으니라 [35]사울이 여호와를 위하여 제단을 쌓았으니 이는 그가 여호와를 위하여 처음 쌓은 제단이었더라

우리는 여기에서 이스라엘 자녀들이 승리의 날에 도리어 고통을 당한 이야기를 보게 된다. 기쁨의 잔 속에 이와 같이 불순물이 섞여 있는 경우가 종종 있다. 우리는 가장 형통할 때에조차도 지도자들의 잘못된 판단이나 처신으로 인해 이러한 일이 생기는 경우를 종종 만나게 된다.

I. 사울은 그 날 백성들에게 어떤 음식도 먹지 말 것을 저주와 함께 엄히 명령했다(24절).   여기에서 우리는 다음과 같은 사실들을 가정(假定)할 것이다.

1. 왕으로서 그는 자신의 병사들에게 이러한 금령(禁令)을 내림과 함께 그것을 저주로서 속박할 권능을 가지고 있었다. 따라서 병사들은 그러한 명령에 복종하였으며, 하나님도 제비에 의해 요나단이 '금지된 것' 을 취함으로 (비록 알지 못하고 그랬다 할지라도) 금령을 어겼음을 드러내심으로써 그것을 인정하셨다.

2. 사울은 좋은 의도로 그러한 명령을 내렸다. 만일 그렇게 하지 않았다면 병사들은 (아마도 상당 기간 충분한 식량을 공급받지 못했을 것이므로) 블레셋 사람들이 도망치고 난 진영에서 여러 가지 음식을 발견하게 되면 급히 음식을 먹고자 하다가 적을 추격할 기회를 잃어버리게 될 것이며, 또한 그들 가운데 일부는 그 날 더 이상 전투를 계속할 수 없을 정도로 너무 많이 먹게 될 것이기 때문이었다. 이러한 사태를 방지하기 위해 그는 병사들에게 어떤 음식도 입에 대지 말 것을 명령했으며, 자신도 그렇게 했다. 그러나 그의 이와 같은 가혹한 명령은,

(1) 너무나 지혜롭지 못한 것이었다. 왜냐하면 그렇게 함으로써 시간은 벌 수 있을지 모르지만 추격할 힘은 잃어버릴 수밖에 없었기 때문이다.

(2) 백성들에게 너무나 독단적이며 몰인정한 것이었다. 이것은 곡식을 밟는 소의 입에 망을 씌우는 것보다 더 나쁜 일이었다. 만일 병사들에게 잔치를 벌이지 못하도록 했다면 그것은 칭찬할 만한 일이었겠지만, 그러나 너무나 굶주린

병사들에게 맛보는 것까지도 금지한 것은 실로 잔인한 처사였다.

(3) 금지명령에 저주를 덧붙이며 거기에다가 맹세까지 강요한 것은 신앙적으로 합당한 처사가 아니었다. 만일 그가 저주 외에 다른 징계방법을 갖고 있지 않았다면 어떻게 군대의 규율을 유지할 수 있었겠는가? 그러한 금령을 위반한 것에 대해 죽음의 대가를 치러야만 한다면(그것도 저주와 함께), 그것은 지나친 처사라 하지 않을 수 없다. 상급자가 하급자에 대해 꾸짖고 책망하며 벌을 내릴 수는 있어도 저주할 수는 없다. 우리가 지켜야 할 규칙은 축복하며 저주하지 말라가 아닌가? 다윗이 저주하기를 좋아했던 원수에 대해 말할 때, 아마도 그것은 사울을 의미하는 것이었을 것이다(시 109:17-18, 그가 저주하기를 좋아하더니 그것이 자기에게 임하고 축복하기를 기뻐하지 아니하더니 복이 그를 멀리 떠났으며 또 저주하기를 옷 입듯 하더니 저주가 물 같이 그의 몸 속으로 들어가며 기름 같이 그의 뼈 속으로 들어갔나이다).

II. 병사들은 사울의 명령에 순종했지만, 그로 인해 큰 고통을 겪지 않을 수 없었다.

1. 병사들은 배고픔 속에서 먹고자 하는 욕망을 억눌러야만 했다. 적들을 추격하는 가운데 그들은 야생 꿀로 가득한 수풀로 들어가게 되었다. 그러한 꿀들은 아마도 블레셋 병사들이 도망치면서 자신들이 먹으므로 원기를 회복하고 또 뒤쫓는 이스라엘 병사들을 곤란하게 만들기 위해 벌집을 건드려 나무에서 떨어뜨린 것이었을 것이다. 가나안은 꿀이 흐르는 땅이었는데, 여기에서 우리는 그 실례(實例)를 보게 된다. 그들은 반석 곧 굳은 반석에서 꿀을 빨았다(신 32:13). 그러나 저주에 대한 두려움으로 그들은 꿀을 맛볼 수조차 없었다(25, 26절). 그들은 이스라엘 백성이란 이름을 가질 만한 자격이 있는 자들이었다. 그들은 배고픔이 가장 극심하며 먹는 즐거움이 격렬하게 유혹할 때, 금령을 어기는 것과 그로 인해 저주를 받게 되는 것을 두려워하여 그리고 그 식탁이 올무가 될까 두려워하여 자신과 자신의 식욕을 부인하였다.

2. 요나단은 그러한 금령을 알지 못한 채 저주 아래 떨어졌다. 그는 아버지가 내린 명령과 거기에 부과된 저주를 듣지 못했다. 왜냐하면 적진을 공격하고 난 후 계속해서 적들을 추격하고 있었기 때문이었다. 따라서 요나단의 경우는 정당하게 저주의 형벌이 면제되는 것으로 간주될 수 있었다. 그러나 나중에 요나단 자신은 그러한 저주의 형벌을 당연한 것으로 받아들이면서 그에 대해 어

떤 이의도 제기하지 않는다. 어쨌든 요나단은 아무것도 알지 못한 채 지팡이 끝으로 꿀을 찍어 입에 넣었고(27절), 즉시로 온 몸이 새로워지는 것을 느낄 수 있었다: (배고픔과 기진함으로 점점 흐려져 가고 있었던) 그의 눈이 밝아졌더라. 지금 그의 모습은 활기차고 생기가 넘쳐 흘렀는데, 옆에 있는 사람이 느낄 수 있을 정도였다(29절): 보라 내가 이 꿀 조금을 맛보고도 내 눈이 이렇게 밝아졌거든. 백성 가운데 한 사람이 왕의 명령을 알려줄 때까지 요나단은 이것이 금지된 일이라는 사실을 알지 못했고 또 어떤 두려움도 느끼지 않았다. 그러나 이제 그는 자신이 올무 속에 빠졌음을 알게 되었다. 이와 같이 아버지의 사려 깊지 못한 성급한 행동으로 인해 많은 아들들이 고통과 난관 속에 빠지곤 한다. 요나단의 경우에도 아버지의 어리석음으로 인해 자신에게 상속될 면류관을 잃어버리고 말았다. 아마도 지금 이 사건은 그에 대한 하나의 불길한 징조가 될 수 있을 것이다.

3. 병사들은 블레셋 사람들을 추격하는 가운데 점점 더 기진해져 갔다. 요나단은 왕의 금령으로 인해 이러한 결과, 즉 배고픔으로 인해 병사들의 사기가 땅에 떨어지고 기력이 쇠하게 될 것이라는 것을 미리 내다보았었다. 신선한 음식이 공급되지 않으면 아무 일도 할 수 없게 되는 것이 우리 몸의 본질이다. 일용할 양식이 없이는 하루의 일을 행할 수 없다. 그러므로 하늘에 계신 우리 아버지는 일용할 양식을 주신다. 사람의 마음을 강하게 만드는 것은 바로 떡(양식)이다. 그러므로 요나단의 추론은 지극히 정당한 것이었다: 하물며 백성이 오늘 그 대적에게서 탈취하여 얻은 것을 임의로 먹었더라면 블레셋 사람을 살륙함이 더욱 많지 아니하였겠느냐(30절). 그러나 이스라엘 병사들은 너무나 기진하고 피곤했고(갈대아 역본이 읽는 대로), 따라서 자신들이 감당해야 할 일보다 먹는 것을 더 생각하기 시작했다.

4. 왕의 금령(禁令)으로 인한 최악의 결과는 저녁 때에 발생했다. 금령의 시한이 끝나고 다시 음식을 먹을 수 있게 되었을 때 그들은 너무나 배고픈 나머지 피째 고기를 먹었는데, 이것은 하나님의 율법을 명백히 위반한 것이었다(32절). 너무나 배가 고프면 사람들은 이것저것 안 가리는 법이다. 여기의 경우가 그러했다. 그들은 정식대로 도살하지도 않았으며(왜냐하면 그들은 소를 땅에서 도살하고 난 후 피가 다 쏟아져 나오도록 그것을 매달지 않았기 때문이다), 또한 정식대로 요리할 때까지 기다리지도 않았다. 그들은 고기가 채 절반도 삶

아지거나 구워지기도 전에 허겁지겁 먹어댔다(32절). 사울은 그에 대한 보고를 듣고 백성들을 꾸짖었다(33절): 너희가 범죄하였도다. 그러나 여호와의 백성을 범죄케 만든 자신의 어리석음은 반성하지 않았다. 이러한 불법을 중단시키기 위해 사울은 자기 앞에 큰 돌을 가져다 놓을 것을 명령하면서, 소를 도살하는 모든 자들로 하여금 이 곳으로 소를 가져와서 자신이 보는 가운데 그 큰 돌위에서 도살하도록 하였다(33절). 이에 백성들은 왕의 명령대로 했다(34절). 이와 같이 왕이 제대로 자신의 역할을 감당함으로써 백성들의 잘못된 행동은 쉽사리 바로잡혀지게 되었다. 통치자가 자신에게 부여된 권력을 올바로 사용하면, 백성들은 생각 이상으로 훨씬 더 쉽게 더 나은 상태가 된다.

Ⅲ. **이러한 상황에서 사울이 제단을 쌓았다**(35절). 아마도 이것은 승리에 대한 감사의 제사를 드리기 위함이었거나, 아니면 백성들이 범한 죄를 속죄하는 제사를 드리기 위함이었을 것이다. 이는 그가 여호와를 위하여 처음 쌓은 제단이었더라. 아마도 짐승을 도살하기 위해 굴려 온 돌을 보고 그는 그것을 제단으로 바꿀 생각을 갖게 되었을 것이다. 그렇지 않았다면 그는 결코 그와 같은 생각을 하지 않았을 것이다. 사울은 하나님으로부터 돌아서고 있었다. 그런데 지금 그는 제단들을 쌓기 시작했다. 그는 경건의 능력은 부인하면서 경건의 모양을 내는 일에는 매우 열심이었다. 호세아 8:14을 보라(이스라엘은 자기를 지으신 이를 잊어버리고 '왕궁들' 을 세웠으며. KJV에는 'temples' 라고 되어 있음). 어떤 사람들은 본문을 이렇게 읽는다: 그가 그 제단을 쌓기 시작했더라. 그는 첫째 돌을 놓았지만, 그러나 승리를 얻는 일에 너무나 급급한 나머지 그것이 완성되는 것을 기다릴 수가 없었다.

[36]사울이 이르되 우리가 밤에 블레셋 사람들을 추격하여 동틀 때까지 그들 중에서 탈취하고 한 사람도 남기지 말자 무리가 이르되 왕의 생각에 좋은 대로 하소서 할 때에 제사장이 이르되 이리로 와서 하나님께로 나아가사이다 하매 [37]사울이 하나님께 묻자오되 내가 블레셋 사람들을 추격하리이까 주께서 그들을 이스라엘의 손에 넘기시겠나이까 하되 그 날에 대답하지 아니하시는지라 [38]사울이 이르되 너희 군대의 지휘관들아 다 이리로 오라 오늘 이 죄가 누구에게 있나 알아보자 [39]이스라엘을 구원하신 여호와께서 살아 계심을 두고 맹세하노니 내 아들 요나단에게 있다 할지라도 반드시 죽으리라 하되 모든 백성 중 한 사람도 대답하지 아니하매 [40]이에

그가 온 이스라엘에게 이르되 너희는 저쪽에 있으라 나와 내 아들 요나단은 이쪽에 있으리라 백성이 사울에게 말하되 왕의 생각에 좋은 대로 하소서 하니라 [41]이에 사울이 이스라엘의 하나님 여호와께 아뢰되 원하건대 실상을 보이소서 하였더니 요나단과 사울이 뽑히고 백성은 면한지라 [42]사울이 이르되 나와 내 아들 요나단 사이에 뽑으라 하였더니 요나단이 뽑히니라 [43]사울이 요나단에게 이르되 네가 행한 것을 내게 말하라 요나단이 말하여 이르되 내가 다만 내 손에 가진 지팡이 끝으로 꿀을 조금 맛보았을 뿐이오나 내가 죽을 수밖에 없나이다 [44]사울이 이르되 요나단아 네가 반드시 죽으리라 그렇지 않으면 하나님이 내게 벌을 내리시고 또 내리시기를 원하노라 하니 [45]백성이 사울에게 말하되 이스라엘에 이 큰 구원을 이룬 요나단이 죽겠나이까 결단코 그렇지 아니하나이다 여호와의 살아 계심을 두고 맹세하옵나니 그의 머리털 하나도 땅에 떨어지지 아니할 것은 그가 오늘 하나님과 동역하였음이니이다 하여 백성이 요나단을 구원하여 죽지 않게 하니라 [46]사울이 블레셋 사람들 추격하기를 그치고 올라가매 블레셋 사람들이 자기 곳으로 돌아가니라

I. 블레셋 사람들에 대한 사울의 오만. 병사들이 저녁 식사를 마치자마자 사울은 밤새도록 블레셋 사람들을 추격하여 한 사람도 남기지 말자고 제안했다(36절). 여기에서 사울은 큰 열정을 보였지만 그러나 그다지 신중한 처사는 아니었다. 왜냐하면 지금 병사들은 극도로 지쳐 있었기 때문이었다. 경솔하고 어리석은 사람은 대체로 다른 사람들의 사정을 고려하지 않는 경향이 있다. 그럼으로써 자기 기분대로만 하려고 할 뿐, 그로 인해 다른 사람들이 겪게 되는 고통은 헤아리지 않는다. 반면 병사들은 왕에 대해 너무도 순종적이었다. 그들은 왕의 제안에 결코 반대하려고 하지 않고 오직 최선을 다하여 왕이 간다면 자신들도 왕을 따를 것을 굳게 결심했다: 왕의 생각에 좋은 대로 하소서. 오직 제사장만이 하나님 앞에 나아가 신탁을 묻는 것이 좋겠다고 생각했다(이 일은 앞에서 돌연 중단되었었다, 19절): 이리로 와서 하나님께로 나아가사이다. 이와 같이 통치자들은 자기 옆에 하나님의 뜻을 물을 사람들을 둘 필요가 있다. 제사장이 이렇게 제안했을 때 사울은 부끄러움으로 인해 그러한 제안을 거절할 수 없었고 그래서 하나님께 물었다(37절): 내가 블레셋 사람들을 추격하리이까 주께서 그들을 이스라엘의 손에 넘기시겠나이까?

II. 사울이 요나단을 처형하려고 함. 이후 이야기는 모두 이와 관련한 내용이

다. 그리고 그러는 동안 블레셋 사람들은 무사히 도주했다. 우리는 성급한 결정으로 인해 어떤 손해가 야기될지 알지 못한다.

1. 하나님은 '기뻐하지 않으심'의 표를 나타내심으로써 사울로 하여금 문제의 원인을 찾도록 만드셨다. 사울이 제사장을 통해 신탁(信託)을 물었을 때, 하나님은 아무 대답도 하지 않으셨다(37절). 하나님이 우리의 기도를 거부하실 때 그것은 우리로 하여금 어떤 죄로 인해 그렇게 되었는지 찾아보도록 만드는 것이라는 사실을 주목하라. 오늘 이 죄가 누구에게 있나 알아보자(38절). 하나님이 귀가 어두워서 우리의 기도를 듣지 못하는 것이 아니다. 우리와 하나님 사이를 갈라놓는 것은 다름 아닌 죄이다. 만일 하나님이 우리의 기도를 외면하신다면, 우리는 마땅히 우리에게 어떤 죄가 있지 않은지 의심해야만 한다. 그리고 우리는 그것을 찾아서 제거해 버려야만 한다. 사울은 금단의 열매를 먹음으로써 이스라엘 진(陣)을 괴롭게 만든 아간이 누구이든지 간에, 설령 그가 자신과 백성들에게 너무도 소중한 요나단이라 할지라도 그는 반드시 죽을 것이라고(그가 바로 요나단이라고는 꿈에도 생각지 못한 채) 여호와의 이름으로 맹세했다: 내 아들 요나단에게 있다 할지라도 반드시 죽으리라. 그러나 백성들은 아무 대답도 하지 않았다. 즉 요나단이 금령을 어긴 것을 아는 자들 가운데 어느 누구도 그 사실을 왕에게 말하지 않았다.

2. 금령(禁令)을 어긴 자가 요나단이었음이 제비뽑기에 의해 드러났다. 사울은 자신과 요나단이 이쪽에 서고 백성들은 저쪽에 서게 한 후 제비를 뽑도록 하였다(40절). 이렇게 한 것은 아마도 사울이 요나단의 무죄함을 확신했기 때문이었을 것이다. 백성들은 왕이 말하는 것에 대해 감히 아무 대꾸도 하지 못하고 잠잠히 따를 수밖에 없었다: 왕의 생각에 좋은 대로 하소서. 사울은 제비를 뽑기 전에 하나님이여 실상을 보이소서(41절), 즉 이 일이 누구로 말미암은 것인지 밝히 드러나게 해 달라고, 혹은 난외(欄外)처럼 누가 무죄한 자인지 드러나게 해 달라고 기도했다. 우리는 여기에서 공평과 정의의 분위기가 지배하고 있음을 보게 된다. 재판장은 진실이 드러나기를 열망해야 한다 ― 그로 인해 누가 고통을 당하게 되든지 간에. 제비는 반드시 기도와 함께 던져져야 한다. 왜냐하면 그것은 하나님의 섭리에 엄숙하게 호소하는 것이며 동시에 우리가 그것을 통해 하나님의 지시와 인도하심을 간구하는 것이기 때문이다(행 1:24). 이런 이유로 어떤 이들은 순전히 제비나 우연에 의존하는 놀이를 정죄한다. 이

렇게 하여 마침내 요나단이 뽑혔다(42절). 여기에서 우리는 신적 섭리가 (죽음에 처할 만한 일을 하지 않은 사람을 구원하기 위한 다른 길을 예비하면서) 합법적인 권위를 인정하고 있는 것과 또한 일반적으로 공적 공의를 수행하는 것을 지지하는 것을 보게 된다.

3. 요나단은 모든 일을 솔직하게 고백했다. 이에 사울은 그에게 저주와 함께 죽음을 선고한다. 요나단은 사실을 부인하지도 않았으며 감추려고도 하지 않았다. 다만 그만한 일로 죽어야만 하는 것이 너무 가혹하다고 생각했다(43절). 그는 매우 정당하게 왕의 금령을 알지 못했노라고 호소할 수도 있었으며 또한 자신의 공로를 내세울 수도 있었지만 그렇게 하지 않고 다만 자신의 형벌을 기꺼이 받아들인다: "하나님과 아버지의 뜻이 이루어지이다." 이와 같이 요나단은 죽음의 사자들을 블레셋 사람들에게 보낼 때와 마찬가지로 그들을 자신이 맞이할 때에도 큰 용맹과 담대함을 나타냈다. 때로 굴복하는 것이 싸우는 것보다 더 큰 용기를 필요로 하는 경우도 있다. 아들이 이렇게 순순히 복종하고 있음에도 불구하고 사울은 자신의 마음을 누그러뜨리지 않았다. 도리어 또 다른 저주와 함께 요나단에게 죽음을 선고한다(44절): 요나단아 네가 반드시 죽으리라 그렇지 않으면 하나님이 내게 벌을 내리시고 또 내리시기를 원하노라.

(1) 사울은 하나님께 묻지도 않고 너무 성급하게 형벌을 내렸다. 요나단은 그러한 판결에 항변할 만한 충분한 이유를 가지고 있었다. 요나단이 행한 것은 그 자체로서 악한 행동은 아니었다. 금령과 관련하여 그는 전혀 알지 못했으며, 따라서 그는 반역이나 불순종의 죄책을 지지 않을 수 있었다.

(2) 사울은 격노한 가운데 형벌을 내렸다. 설령 요나단이 죽을 만한 죄를 저질렀다 할지라도, 온유함과 동정심으로 판결하는 것이 재판장으로서의 (더욱이 아버지로서의) 마땅한 모습이었을 것이다. 분노로서 그리고 지나치게 가혹하게 집행될 때 공의는 그 가치를 잃어버린다.

(3) 사울은 저주로써 자신의 판결을 뒷받침했다. 만일 요나단에게 자신의 판결이 시행되지 않는다면 자신에게 저주가 임할 것을 선언한 것이다. 결국 그의 말대로 저주가 그의 머리 위로 돌아가고 말았다. 요나단은 형벌을 받지 않았고, 하나님은 사울에게 그대로 (아니 그 이상으로) 행하셨다. 왜냐하면 그는 하나님께 버림을 받음으로써 '저주받은 자'가 되었기 때문이다. 우리는 어떤 경우라도 이와 같은 저주를 함부로 발설해서는 안 된다. 그럼으로써 하나님이 그

러한 저주에 대해 '아멘' 하심으로 우리의 혀가 우리를 해하는 것이 되지 않도록 (시 64:8) 해야 한다. 저주의 돌은 그것을 굴린 자에게로 돌아갈 것이다. 그러나 우리는 사울이 요나단에 대해 그토록 가혹하게 판결할 때에도 그의 중심은 아들을 불쌍히 여김으로써 그 형벌을 실제로 자신에게 돌린 것으로 생각할 만한 이유를 가지고 있다. 하나님은 그로 하여금 자신의 성급한 판결의 쓰라림을 느끼도록 하셨고, 그럼으로써 비슷한 잘못을 다시 범하지 않도록 하셨다. 이 모든 사건들을 통해 하나님은 또한 그로 하여금 사무엘 없이 자의적으로 제사를 드린 잘못을 바로잡으셨다. 처음부터 이토록 잘못 시작된 원정(遠征)이 어떻게 아무 탈 없이 끝날 수 있었겠는가?

4. 백성들이 요나단을 사울의 손에서 구원해 주었다(45절). 지금까지 그들은 사울에 대해 너무나도 순종적이었다. 그들은 왕이 생각하며 판단하는 대로 묵묵히 따랐다(36, 40절). 그러나 요나단이 위험에 처하자 사울의 말은 더 이상 그들에게 법이 아니었다. 이제 그들은 전력을 다해 왕의 판결이 집행되는 것을 반대하였다. "이스라엘의 축복이요 이스라엘의 소중한 자인 요나단이 죽겠나이까? 나라를 위해 그토록 용맹하게 싸웠으며 그로 인해 우리가 승리하고 또 우리의 생명이 보전되었는데, 그런 자의 생명이 고작 사소한 금령위반으로 인해 희생되어야 한단 말입니까? 그럴 수 없나이다. 우리는 하나님이 기뻐하시고 영예롭게 하신 자가 이렇게 희생당하는 것을 가만히 앉아서 볼 수 없나이다." 하나님께서 '공적 선'(public good)을 위해 도구로 사용하신 자들을 보호하기 위해 이스라엘 백성들이 이렇게 열심을 내는 것은 참으로 아름다운 일이 아닐 수 없다. 사울은 요나단이 반드시 죽을 것이라고 맹세했다. 그러나 그들은 사울의 맹세에 대항하여 요나단이 결코 죽어서는 안 된다고 맹세했다: 여호와의 살아 계심을 두고 맹세하옵나니 그의 (머리뿐만 아니라) 머리털 하나도 땅에 떨어지지 아니할 것임이니이다. 그들은 폭력이 아니라 이성(理性)과 굳은 결의로 요나단을 구원했다. 요세푸스(Josephus)는 요나단이 저주에서 풀려지도록 그들이 하나님께 기도했다고 말한다. 그들은 요나단이 '오늘 하나님과 동역' 했다고 탄원했다. 다시 말해서 그들은 요나단을 위해 이렇게 탄원한 것이다. "그는 하나님의 대의(大義)를 가졌으며 하나님은 그의 열심을 인정하셨나이다. 그러므로 사소한 금령위반으로 희생되기에 그의 생명은 너무 비싸나이다." 우리는 사울이 혈육의 정을 완전히 잊어버리지는 않았으며 따라서 기꺼이 그를 살려

주었고 또 그렇게 된 것을 기뻐하였을 것이라고 추측할 수 있다. 아버지의 마음을 아는 자라면 누군들 그를 비난할 수 있겠는가?

5. 이 일로 인해 블레셋 사람들을 추격하고자 했던 계획은 무위로 돌아갔다(46절): 사울이 블레셋 사람들 추격하기를 그치고. 그리고 승리를 완결지을 기회도 놓쳤다. 이스라엘의 방패들이 서로 충돌하고 있을 때, 그로 인한 손실은 그대로 이스라엘에게 돌아왔다.

[47]사울이 이스라엘 왕위에 오른 후에 사방에 있는 모든 대적 곧 모압과 암몬 자손과 에돔과 소바의 왕들과 블레셋 사람들을 쳤는데 향하는 곳마다 이겼고 [48]용감하게 아말렉 사람들을 치고 이스라엘을 그 약탈하는 자들의 손에서 건졌더라 [49]사울의 아들은 요나단과 이스위와 말기수아요 그의 두 딸의 이름은 이러하니 맏딸의 이름은 메랍이요 작은 딸의 이름은 미갈이며 [50]사울의 아내의 이름은 아히노암이니 아히마아스의 딸이요 그의 군사령관의 이름은 아브넬이니 사울의 숙부 넬의 아들이며 [51]사울의 아버지는 기스요 아브넬의 아버지는 넬이니 아비엘의 아들이었더라 [52]사울이 사는 날 동안에 블레셋 사람과 큰 싸움이 있었으므로 사울이 힘 센 사람이나 용감한 사람을 보면 그들을 불러모았더라

여기에서 우리는 사울의 왕실과 진영에 대한 일반적인 이야기를 보게 된다.

1. 사울의 왕실과 가족에 관한 이야기. 여기에 사울의 아들들과 딸들(49절), 그리고 그의 아내와 군사령관인 사촌(50절)의 이름이 기록되어 있다. 또한 사무엘하 21:8에는 그의 두 번째 아내인 리스바와 그녀로부터 낳은 자녀들이 언급된다.

2. 사울의 진영과 전쟁에 관한 이야기.

(1) 그가 어떻게 군대를 모집했는지에 대하여. 사무엘이 왕의 행사에 대해 미리 경고했던 것처럼(8:11), 사울은 힘 센 사람이나 용감한 사람을 보면 그들을 불러 모았다(52절). 그리고 상비군(常備軍)이 필요할 때는 그들 가운데 가장 뛰어난 사람들을 선택했다.

(2) 그가 어떻게 군대를 활용했는지에 대하여. 사울은 사방에 있는 적들의 위협으로부터 나라를 지켰으며 그들의 침입을 막아냈다(47, 48절). 아마도 그

는 이스라엘의 경계를 침략하는 자들에 대해 단지 수비적으로만 대응한 것으로 추측된다. 사울은 어디로 향하든지 적들을 저지하고 좌절시킴으로써 그들을 괴롭게 했다. 그러나 그가 대부분 맞싸운 적은 블레셋 사람들이었다: 사울이 사는 날 동안에 블레셋 사람과 큰 싸움이 있었으므로(52절). 그는 왕의 위엄을 뽐낼 만한 여유를 거의 갖지 못했으며, 또한 주변 사람들로부터 부러움을 살 만한 특별한 것도 없었다. 왜냐하면 왕이 된 후로 그 영화(榮華)를 즐길 기회를 거의 갖지 못했기 때문이었다. 그는 자신을 괴롭게 하지 않고는 적들을 괴롭게 할 수 없었다. 그의 면류관은 가시로 장식된 면류관이었다.

제
— 15 —
장

개요

본 장에서 우리는 사울이 아말렉 사람들을 완전히 진멸하지 않음으로써 하나님의 명령을 불순종하고 그로 인해 왕의 자리에서 최종적으로 버림을 당하는 것을 보게 된다. 여러 전쟁에서의 승리를 통해 그는 자신의 이름과 영광을 드높이고 영속시키고자 했다. 그러나 그로 인해 그는 스스로를 파멸시키고 자신의 영광을 티끌 가운데 내던지고 말았다. 본 장의 내용은 다음과 같다. I. 하나님이 사울에게 아말렉 사람들을 완전히 진멸하라는 명령을 내리심(1-3절). II. 사울이 원정을 준비함(4-6절). III. 사울의 승리, 그리고 하나님의 명령을 부분적으로 시행함(7-9절). IV. 사무엘이 사울을 책망함, 그리고 여러 가지 어리석은 변명에도 불구하고 그에게 징벌을 선언함(10-31절). V. 사무엘이 아각을 죽임(32-33절). VI. 사무엘과 사울의 최종적인 결별(34-35절).

[1]사무엘이 사울에게 이르되 여호와께서 나를 보내어 왕에게 기름을 부어 그의 백성 이스라엘 위에 왕으로 삼으셨은즉 이제 왕은 여호와의 말씀을 들으소서 [2]만군의 여호와께서 이같이 말씀하시기를 아말렉이 이스라엘에게 행한 일 곧 애굽에서 나올 때에 길에서 대적한 일로 내가 그들을 벌하노니 [3]지금 가서 아말렉을 쳐서 그들의 모든 소유를 남기지 말고 진멸하되 남녀와 소아와 젖 먹는 아이와 우양과 낙타와 나귀를 죽이라 하셨나이다 하니 [4]사울이 백성을 소집하고 그들을 들라임에서 세어 보니 보병이 이십만 명이요 유다 사람이 만 명이라 [5]사울이 아말렉 성에 이르러 골짜기에 복병시키니라 [6]사울이 겐 사람에게 이르되 아말렉 사람 중에서 떠나가라 그들과 함께 너희를 멸하게 될까 하노라 이스라엘 모든 자손이 애굽에서 올라올 때에 너희가 그들을 선대하였느니라 이에 겐 사람이 아말렉 사람 중에서 떠나니라 [7]사울이 하윌라에서부터 애굽 앞 술에 이르기까지 아말렉 사람을 치고 [8]아말렉 사람의 왕 아각을 사로잡고 칼날로 그의 모든 백성을 진멸하였으되 [9]사울과 백성이 아각과 그의 양과 소의 가장 좋은 것 또는 기름진 것과 어린 양과 모든 좋은 것을 남기고 진멸하기를 즐겨 아니하고 가치 없고 하찮은 것은 진멸하니라

I. 사무엘은 사울에게 하나님의 명령에 순종할 것을 하나님의 이름으로 엄숙하게 요구한다. 이를 통해 하나님께서 그가 자신에게 순종하는지 그렇지 않은지 시험하실 것임을 분명하게 암시한다(1절). 이와 같이 이를 통해 그의 순종 여부가 시험될 것인 만큼, 만일 사울이 이 명령에 불순종한다면 그의 죄는 훨씬 더 가중될 것이었다.

1. 사무엘은 사울에게 하나님이 그를 위해 어떤 일을 행하셨는지를 일깨워 준다. "여호와께서 나를 보내어 당신에게 기름을 부어 그의 백성 이스라엘 위에 왕으로 삼으셨나이다. 하나님이 당신에게 권력을 주셨으므로, 하나님은 당신이 그 권력을 하나님을 위해 사용하기를 기대하시나이다. 하나님이 당신을 존귀케 하셨으므로 이제 당신은 어떻게 하나님을 존귀케 할 것인지를 생각해야 하나이다. 하나님이 당신을 이스라엘 위에 왕으로 세우셨으므로 당신은 이스라엘의 분쟁을 조정하고 다툼을 해결해야 하나이다. 왕이 이스라엘에게 명령을 내리는 위치에 세워졌으나, 왕 또한 이스라엘의 하나님의 백성 가운데 한 사람이요 그분에 의해 명령을 받아야만 한다는 사실을 잊지 마소서." 사람이 높은 지위에 오른다고 하여 하나님께 순종하지 않아도 되는 것은 아니다. 도리어 그렇기 때문에 더욱더 하나님께 순종해야 한다. 사무엘 자신이 사울에게 기름을 붓는 일에 쓰임받은 사람이므로 이러한 명령을 전달하는 데 가장 적합한 사람이었다.

2. 사무엘은 사울에게 그와 같은 사실을 기억하여 하나님이 무엇을 명령하시든지 그대로 순종할 것을 말한다: 이제 왕은 여호와의 말씀을 들으소서. 만일 하나님이 우리에게 어떤 호의를 베푸셨다면, 그것은 또한 우리에게 그분께 순종해야만 하는 강력한 의무가 부과되었음을 의미하는 것이기도 하다. 우리는 그분의 호의에 보답해야만 한다(시 116:12, 내게 주신 모든 은혜를 내가 여호와께 무엇으로 보답할까).

II. 사무엘은 사울에게 한 가지 특별한 임무를 부여한다. 그리고 사울은 그것을 통해 자신이 지금까지 행한 것보다 더 확실한 순종을 나타내 보여야만 했다. 사무엘은 사울에게 내려지는 명령에다가 하나님의 권위를 덧붙인다: 만군의 여호와(그리고 이스라엘 군대의 여호와)께서 이같이 말씀하시기를. 또한 사무엘은 사울에게 그러한 명령의 이유를 제시함으로써 그 일이 결코 부당하거나 지나치게 가혹한 일이 아님을 보인다: 아말렉이 이스라엘에게 행한 일을 내가 기억하노니(2절). 하나님은 예전에 아말렉과 다투신 일이 있었는데, 그것은 하나님께서 자기 백성 이스라엘을 애굽에서 건져내셨을 때 그들이 위해(危害)를 가했기 때문이었다. 우리는 이에 대한 이야기를 출애굽기 17:8 이하와 신명기 25:18에서 볼 수 있다. 그들은 비열하게도 뒤에 처진 약한 자들을 쳤으며, 하나님을 두려워하지 않았다. 그로 인해 하나님은 대대로 아말렉과 싸울 것과 때가 되면 천하에서 아말렉에 대한 기억을 지워버릴 것을 맹세하셨다. 지금 사울에게 부여된 임무가 바로 이 일이었다(3절). "가서 아말렉을 쳐라. 지금 이스라엘은 강하며, 아말렉의 죄의 분량은 찼느니라. 이제 가서 그 저주 받은 나라를 완전히 도말하라." 사울은 남녀와 소아와 젖 먹는 아이를 동정심 때문에 남기지 말고 모두 죽이도록, 그리고 우양과 낙타와 나귀를 탐심 때문에 남기지 말고 모두 죽이도록 명령을 받았다. 다음을 주목하라.

1. 하나님의 이스라엘에게 가한 위해(危害), 특별히 애굽에서 나올 때 가해진 위해의 대가는 조만간 분명하게 치러지게 될 것이다.

2. 하나님은 멸망키로 작정된 자들에 대해서도 종종 오래 참으신다. 그리고 형벌이 선언되었다 할지라도 그것이 속히 집행되지 않는 경우가 많이 있다.

3. 비록 하나님이 오래 참으신다 할지라도 언제까지나 참으시는 것은 아니다. 이스라엘을 대적한 것에 대해 보응하는 날이 마침내 올 것이다. 하나님의 공의는 비록 천천히 임한다 할지라도 확실하게 임한다.

4. 심판이 늦춰질수록 많은 경우 그것은 더욱 격심하게 임한다.

5. 하나님은 어떤 일을 맡길 때 그 일에 가장 적합한 사람을 선택하신다. 이 일은 '피의 일'(bloody work)이었다. 그러므로 난폭하고 포악한 성격을 가진 사울에게 이 일이 맡겨졌다.

III. 이에 사울은 군대를 소집하고 아말렉 땅을 공격한다. 사울이 데려간 군대는 20만 명의 보병으로 구성된 큰 군대였다(4절). 그가 앞에서 블레셋과 싸울 때 그리고 승리 여부를 단지 운에 맡겨야 했던 때 그와 함께 했던 군대는 고작 600명에 불과했다(13:15). 그러나 지금은 하늘의 분명한 명령에 의해 아말렉과 싸우는 것이었고, 이스라엘의 승리가 명약관화한 상황이었다. 따라서 사울이 소집하자 수많은 사람들이 모였다. 그러나 다른 때는 어떻든지 간에 지금 유다는 그다지 명예롭지 못한 모습을 보이고 있었다. 왜냐하면 그들의 숫자는 고작 전체 병력의 20분의 1에 불과했기 때문이다. 레위 지파는 제외하고 나머지 열 지파에서 모인 숫자가 20만 명이었던 반면 유다 지파는 고작 일만 명에 불과했다. 유다 지파가 존귀케 되는 날이 가까웠지만 그러나 아직 이르지는 않았다. 사울은 들라임에서 그들을 계수했는데, 그것은 어린 양이라는 뜻을 가진 말이었다. 사울은 마치 어린 양처럼(라틴 역) 혹은 유월절 어린 양을 세듯이(갈대아 역), 즉 어린 양 하나에 열 사람씩 할당하면서 계수했는데, 이러한 계수방법은 후대에 유대인들이 흔히 사용하는 방식이 되었다. 사울은 모든 군대를 아말렉의 수도인 아말렉 성으로 데리고 갔다(5절).

IV. 사울은 겐 사람들에게 살육이 시행되는 동안 아말렉 사람들로부터 떠날 것을 충고한다(6절).   이 부분에 있어 사울은 매우 세심하며 칭찬할 만했는데, 아마도 사무엘의 지시를 따라 그렇게 한 것이었을 것이다. 겐 사람들은 모세의 장인인 이드로의 종족이었다. 그들은 장막에 거했기 때문에 상황에 따라 다른 지역으로 이동하는 것이 매우 용이했다. 이 때 그들 중 많은 사람들이 아말렉 사람들 가운데 거주하고 있었다. 그들은 이 곳에서 비록 장막을 치고 살았다 할지라도 자연적인 요새를 구축했는데, 그것은 그들이 바위 위에 보금자리를 폈다고 언급되어 있기 때문이다(민 24:21). 그들은 어떤 곳에서도 살 수 있는 강하고 견고한 백성들이었다. 발람은 그들이 쇠약해질 것이라고 예언했다(민 24:22, 한글개역개정판에서는 가인이 쇠약하리니라고 되어 있지만 KJV에는 the Kenite shall be wasted 즉 겐 사람들이 쇠약하리니라고 되어 있다). 그러나 사울은 그들을 쇠약하게 만들어서는 안 되었다.

1. 사울은 겐 사람들의 조상들이 이스라엘이 애굽에서 나올 때 베풀어 주었던 친절을 인정한다. 이드로와 그의 가족들은 이스라엘이 광야를 지나가는 동안 도움과 협력을 아끼지 않았으며 이스라엘의 눈이 되어 주었다. 그리고 여러 세대 후까지 그들에게 이 일은 결코 잊혀지지 않았다. 이와 같이 선한 사람들은 오랜 후의 자손들에게 이르기까지 신적 축복을 유산으로 남긴다. 우리 후손들은 우리가 죽은 후에도 우리가 행한 일의 열매를 거두게 될 것이다. 하나님은 자기 백성들에게 베풀어 준 친절을 잊을 만큼 불의한 분이 아니시다. 그들은 다른 날, 최소한 마지막 큰 날에 기억하신 바 될 것이며 또한 의인의 부활의 보답을 받게 될 것이다. 내가 주릴 때 너희가 내게 먹을 것을 주었도다. 겐 사람들의 조상들이 베풀어 준 친절을 기억하사 그들에게 은혜를 베푸시는 것과 또한 아말렉 사람들의 조상들이 가한 위해에 대해 징벌을 내리시는 모습 속에서 우

리는 하나님의 의를 발견한다. 하나님은 호의를 베풀기도 하지만 동시에 진노를 발하기도 하신다. 하나님은 자기 백성들의 형편을 돌아보시며, 그들을 축복하는 자에게 복을 주시고 그들을 저주하는 자에게 저주를 내리신다(민 24:9; 창 12:3). 이스라엘은 자신들에게 베풀어진 친절에 대해서도 보답할 수 없으며 또한 자신들에게 가해진 위해에 대해서도 복수하지 못하지만, 그러나 하나님은 두 가지를 모두 하실 것이다.

2. 사울은 겐 사람들로 하여금 아말렉 사람들로부터 장막을 옮길 것을 충고한다: 떠나 가라 그들과 함께 너희를 멸하게 될까 하노라. 멸망의 심판이 다가올 때 하나님은 선한 자와 악한 자를 구별하실 것이며, 진노의 날에 온유한 자들을 감추실 것이다. 그러므로 하나님의 원수들과 함께 있는 것은 대단히 위험한 일이며, 그들로부터 나오는 것이 우리의 책무이며 우리에게 유익한 일이다. 만일 그렇게 하지 않는다면 그들의 죄와 재앙에 함께 참예하게 될 것이다(계 18:4). 유대 격언에 다음과 같은 말이 있다: 악인에게 화가 있으며 또한 그의 이웃에게 화가 있도다.

V. 사울은 아말렉 사람들에게 승리를 거두었다. 그것은 적과 더불어 벌인 전쟁이라기보다는 차라리 저주 받은 악인들에게 형을 집행하는 것에 더 가까웠다. 근거가 정당하며 소명이 분명할 때 그 결과는 명약관화한 것이었다: 사울이 아말렉 사람을 치고(7절), 그의 모든 백성을 진멸하였더라(8절). 그들은 조상들의 죗값을 매우 비싸게 치렀다. 때로 하나님은 자녀들을 위해 죄를 쌓으신다. 그들은 우상 숭배자들이었으며 다른 죄들도 많이 범했다. 그러므로 그들이 하나님의 진노 아래 떨어지는 것은 지극히 합당한 일이었다. 그러나 하나님이 그들과 더불어 회계하실 때 하나님은 그들의 조상들이 이스라엘에게 가한 고통까지 함께 계산하셨다. 주여, 주의 판단은 헤아릴 수 없으며 주의 의는 변박할 수 없나이다!

VI. 그러나 사울은 자신의 임무를 절반만 수행한다(9절).

1. 사울은 아각을 살려 두었다. 그것은 그가 자신 같은 왕이었기 때문이며 또한 아마도 거액의 몸값을 받을 수 있었기 때문이었을 것이다.

2. 사울은 가축들 가운데 가장 좋은 것은 남기고 하찮은 것들만 진멸했다. 우리는 많은 아말렉 사람들이 재산을 가지고 다른 지역으로 도망갔을 것이라고 추측할 수 있다. 왜냐하면 이후에도 아말렉에 관한 이야기가 등장하기 때문

이다. 그러나 이것은 잘못된 일이었다. 자신의 손 안에 떨어진 자들을 진멸하지 않은 것은 사울의 잘못이었다. 지금 진멸되는 것은 사실상 하나님의 공의의 제물이었다(보응하는 것은 하나님께 속한 것이기 때문이다). 그러므로 사울이 자신의 밭과 식탁을 위해 가장 기름지고 좋은 것들을 남겨두면서, 찢어지고 병들고 절고 깡마른 것들만 진멸하는 것으로 충분하다고 생각한 것은 사실상 하나님보다 자신을 더 영화롭게 한 것이었다.

[10]여호와의 말씀이 사무엘에게 임하니라 이르시되 [11]내가 사울을 왕으로 세운 것을 후회하노니 그가 돌이켜서 나를 따르지 아니하며 내 명령을 행하지 아니하였음이니라 하신지라 사무엘이 근심하여 온 밤을 여호와께 부르짖으니라 [12]사무엘이 사울을 만나려고 아침에 일찍이 일어났더니 어떤 사람이 사무엘에게 말하여 이르되 사울이 갈멜에 이르러 자기를 위하여 기념비를 세우고 발길을 돌려 길갈로 내려갔다 하는지라 [13]사무엘이 사울에게 이른즉 사울이 그에게 이르되 원하건대 당신은 여호와께 복을 받으소서 내가 여호와의 명령을 행하였나이다 하니 [14]사무엘이 이르되 그러면 내 귀에 들려오는 이 양의 소리와 내게 들리는 소의 소리는 어찌 됨이니이까 하니라 [15]사울이 이르되 그것은 무리가 아말렉 사람에게서 끌어 온 것인데 백성이 당신의 하나님 여호와께 제사하려 하여 양들과 소들 중에서 가장 좋은 것을 남김이요 그 외의 것은 우리가 진멸하였나이다 하는지라 [16]사무엘이 사울에게 이르되 가만히 계시옵소서 간 밤에 여호와께서 내게 이르신 것을 왕에게 말하리이다 하니 그가 이르되 말씀하소서 [17]사무엘이 이르되 왕이 스스로 작게 여길 그 때에 이스라엘 지파의 머리가 되지 아니하셨나이까 여호와께서 왕에게 기름을 부어 이스라엘 왕을 삼으시고 [18]또 여호와께서 왕을 길로 보내시며 이르시기를 가서 죄인 아말렉 사람을 진멸하되 다 없어지기까지 치라 하셨거늘 [19]어찌하여 왕이 여호와의 목소리를 청종하지 아니하고 탈취하기에만 급하여 여호와께서 악하게 여기시는 일을 행하였나이까 [20]사울이 사무엘에게 이르되 나는 실로 여호와의 목소리를 청종하여 여호와께서 보내신 길로 가서 아말렉 왕 아각을 끌어 왔고 아말렉 사람들을 진멸하였으나 [21]다만 백성이 그 마땅히 멸할 것 중에서 가장 좋은 것으로 길갈에서 당신의 하나님 여호와께 제사하려고 양과 소를 끌어 왔나이다 하는지라 [22]사무엘이 이르되 여호와께서 번제와 다른 제사를 그의 목소리를 청종하는 것을 좋아하심 같이 좋아하시겠나이까 순종이 제사보다 낫고 듣는 것이 숫양의 기름보다 나으니 [23]이는 거

역하는 것은 점치는 죄와 같고 완고한 것은 사신 우상에게 절하는 죄와 같음이라 왕이 여호와의 말씀을 버렸으므로 여호와께서도 왕을 버려 왕이 되지 못하게 하셨나이다 하니

여기에서 사무엘은 사울에게 아말렉 사람들을 진멸하는 일과 관련하여 그것을 올바로 수행했는지 설명할 것을 요구한다. 여기에서 우리는 하나님의 공의의 엄정함과 인간의 마음의 얄팍함을 보게 된다. 본 단락에서 우리는 다음과 같은 이야기를 듣게 된다.

I. 이 일로 하나님과 사무엘 사이에 은밀히 어떤 말이 오고갔는지에 대해(10, 11절).

1. 하나님은 사울을 버리기로 결심하시고 이것을 사무엘에게 알려주신다: 내가 사울을 왕으로 세운 것을 후회하노니. 하나님의 후회는 우리의 경우처럼 마음의 변화가 아니라, 방법 혹은 처분의 변화이다. 하나님은 자신의 뜻을 바꾸시지 않는다. 다만 그것을 이루시는 방법을 바꾸실 따름이다. 변한 것은 하나님이 아니라 사울이었다: 그가 돌이켜서 나를 따르지 아니하며. 사울의 부분적인 순종과 지나친 탐심에 대해 하나님은 이와 같은 판단을 내리셨다. 그리고 사울은 그렇게 하여 하나님을 자신의 적으로 만들고 말았다. 하나님은 사울에게 왕권과 함께 그에 속한 존귀와 권세를 주신 것을 후회하셨다. 그러나 하나님은 어떤 사람에게 지혜와 은혜와 당신을 경외하며 사랑하는 마음을 주신 것에 대해서는 결코 후회하지 않으셨다. 하나님의 은사와 부르심에는 후회함이 없다.

2. 사무엘은 애통해하며 그렇게 되지 않기를 탄원한다. 하나님의 호의가 사울에게서 떠나고 하나님께서 그를 버리시기로 결심한 것으로 인해 사무엘이 근심하면서, 그렇게 되지 않기를 탄원하는 가운데 온 밤을 여호와께 부르짖었다. 다른 사람들이 침상에 누워 잠자고 있을 때, 그는 무릎을 꿇고 기도하면서 하나님과 더불어 씨름하고 있었다. 그는 자신이 백성들을 다스리는 위치에서 배제되었을 때는 이렇게 탄원하지 않았었다. 또 자신을 이은 사울이 이토록 빨리 밀려나는 것으로 인해 (많은 사람들이 그렇게 하는 것처럼) 은밀히 기뻐하지도 않았다. 반대로 사무엘은 사울의 왕권이 굳게 서기를 진심으로 기도했으며, 재앙의 날이 오기를 바라는 마음은 추호도 갖지 않았다. 선한 자들은 죄인들이 심판 받는 것을 슬퍼하며 근심한다. 하나님은 죄인들이 멸망당하는 것을 결코

기뻐하지 않으신다. 그러므로 우리도 마땅히 그래야 한다.

Ⅱ. 사무엘과 사울 사이에 어떤 말이 오고 갔는지에 대해. 사무엘은 이러한 무거운 소식을 가지고 하나님으로부터 보냄을 받아 마치 에스겔처럼 비통한 마음으로 사울을 만나기 위해 갔다. 지금 사울은 길갈로 왔는데(12절), 이 곳은 그가 왕으로 세움 받은(11:15) 바로 그 장소였다. 만일 이번의 순종의 시험을 잘 통과했다면 그의 왕권은 확고하게 세워졌을 것이었다. 그러나 사무엘은 사울이 유다 산지의 성읍인 갈멜에 하나님의 영광보다 자신의 영광을 구하여 자신의 승리를 기념하는 기념비 혹은 일종의 개선문(凱旋門)을 세웠다는 소식을 들었다. 그는 스스로를 위해 이 장소(혹은 문자적으로 손)를 세웠으며(그는 자신의 승리를 자랑하기보다는 죄를 회개하고 하나님과 더불어 화목하는 것이 더 필요했다), 또한 큰 위용을 떨치며 길갈에 행진해 들어갔다. 사무엘은 여기에서 사울을 만났다.

1. 사울은 사무엘에게 자신이 하나님의 명령대로 순종했음을 자랑스럽게 말한다. "원하건대 당신은 여호와께 복을 받으소서. 당신이 내게 부여한 임무를 내가 큰 성공으로 이루었나이다. 내가 여호와의 명령을 행하였나이다." 만일 이 때 그의 양심이 조금이라도 남아 있었다면, 그는 이렇게까지 말하지는 않았을 것이다. 사울은 이렇게 하여 사무엘의 책망을 면하려고 하였다. 이와 같이 죄인들은 스스로를 정당화함으로써 하나님의 심판을 피하려고 생각한다. 하나님의 심판을 피하는 유일한 길은 스스로를 심판하는 것뿐이다. 자신의 신앙과 경건을 자랑하는 자들에 대해 우리는 그 안에 위선과 편파성(불공평)이 없는지 의심할 필요가 있다.

2. 사무엘은 명백한 증거를 제시하며 그가 불순종했노라고 선언한다. "당신이 여호와의 명령을 수행했단 말입니까? 그러면 내 귀에 들려오는 이 양의 소리와 내게 들리는 소의 소리는 어찌 됨이니이까?"(14절). 사울은 전능하신 하나님이 자신이 행한 선한 일에 크게 빚지고 있다고 생각했다. 그러나 사무엘은 하나님이 그에게 빚을 진 것이 아니라 도리어 그로 인해 비통해하고 계심을 보여준다. 그리고 그 증거로서 양과 소의 우는 소리를 제시하는데, 아마도 이러한 짐승들은 사울의 지시에 따라 승리의 개선행렬의 제일 후미에서 따라오고 있었을 것이다. 결국 그것들은 사울의 주장을 반박하는 증인들이었다. 사무엘은 사울의 주장을 더 이상 논박할 필요조차 없었다. 짐승들이 내는 소음이 (마치 금과 은

의 녹처럼, 약 5:3) 사울의 입을 다물게 하는 증거가 될 것이었다. 위선자들의 그럴듯한 주장과 변명이 명백하고 부인할 수 없는 증거에 의해 반증되고 뒤집히는 일은 결코 새로운 일이 아니다. 많은 사람들이 자신들은 하나님의 명령을 잘 순종하였노라고 자랑한다. 그렇다면 그들의 주장을 반박하는 증인인 육체의 탐닉과 세상을 사랑하는 것과 정욕과 무자비함 그리고 거룩한 의무를 게을리하는 것은 도대체 무엇이란 말인가?

3. 이에 대해 사울은 자신의 정당성을 주장한다(15절). 양과 소가 아말렉으로부터 온 것이라는 사실은 사울도 부인할 수 없었다. 그러나

(1) 그것은 자신의 잘못이 아니다. 왜냐하면 그것들을 살려준 사람들은 자신이 아니라 백성들이었기 때문이다: 그것은 무리가 아말렉 사람에게서 끌어 온 것인데. 사울은 마치 백성들이 소와 양을 진멸하지 않고 데려오는 것이 사무엘이 명령한 것을 어기는 것이라는 사실을 알고 있었으면서도 자신과는 상관없이 그들이 자의적으로 그렇게 했다는 듯이 말한다. 스스로를 정당화하려는 자들은 보통 다른 사람들을 정죄하면서, 비난의 화살을 자신들에게 돌리기보다는 다른 쪽으로 돌리는 경향이 있다. 죄는 누구도 자기 집 문 앞에 두기를 싫어하는 천덕꾸러기이다. 자신의 잘못을 고백하지 않고 다른 사람을 비난하는 것은 회개하지 않는 심령의 궁색한 핑계에 불과하다.

(2) 그것은 선한 의도로 한 일이다. "백성이 당신의 하나님 여호와께 제사하려 하여 남긴 것이나이다. 그는 당신의 하나님이십니다. 그러므로 당신은 하나님의 영광을 위해 한 일에 대해 책망해서는 안 됩니다." 이것은 거짓 핑계에 불과했다. 왜냐하면 사울과 백성이 소와 양을 살려 둔 것은 자신들의 유익을 위한 것이었기 때문이다. 그러나 설령 그들의 말이 사실이라 할지라도 그것은 너무나 어리석은 행동이었다. 왜냐하면 하나님은 번제를 드리기 위해 도둑질하는 것을 미워하시기 때문이다. 하나님은 이 짐승들을 전쟁터에서 희생제물로 드릴 것을 지시하셨다. 그러므로 이것들을 제단에서 희생제물로 드리기 위해 가져왔다고 하여 특별히 하나님이 고마워해야 할 이유는 없었다. 하나님은 자신이 정한 방식대로, 그리고 자신이 지시한 규례를 따라 섬김을 받으실 것이다. 좋은 의도가 잘못된 행동을 정당화시켜 주지는 않는다.

4. 사무엘은 사울의 변명을 무시하고, 그에게 하나님의 이름으로 심판을 선언한다. 사무엘은 지금부터 자신이 말하는 것은 여호와께서 자신에게 말씀하

신 것임을 명확히 밝힘으로써 자신의 권위를 분명하게 전제한다(16절). 만일 그렇지 않았다면 사울을 그토록 가혹하게 책망하지는 않았을 것이었다. 사역자가 자신들에게 너무 가혹하게 행한다고 불평하는 자들은 다음과 같은 사실을 기억해야 한다. 즉 그들이 하나님의 말씀을 붙잡고 있는 한 그들은 하나님의 사자(messenger)로서 들은 대로 말하여야 한다는 사실과 따라서 자신들은 여기의 사울처럼 **말씀하소서**(16절)라고만 말해야 한다는 사실이다. 사무엘은 자신의 메시지를 신실하게 전달한다.

(1) 사무엘은 사울이 '스스로 작게 여길 그 때에' 하나님이 그를 왕으로 세우셨음을 일깨워준다(17절). 하나님은 그가 낮은 상태에 있을 때 그를 주목하셨으며, 그가 겸손한 영을 가지고 있을 때 그에게 상급을 베푸셨다. 존귀함과 부요함의 자리에 오른 자들은 때때로 자신들이 미천한 상태에 있었던 때를 기억해야 한다. 그럼으로써 자고(自高)하지 않게 될 것이다. 그리고 자신들을 그와 같은 위치로 높여주신 하나님을 위해 무슨 일을 할 것인지 항상 생각해야 한다.

(2) 사무엘은 사울에게 하나님이 명령하신 것이 얼마나 쉬운 일이었는지를 지적한다: 여호와께서 왕을 길로 보내시며(KJV에는 'the LORD sent thee on a journey' 즉 '여호와께서 왕을 여행 보내시며' 라고 되어 있다). 사울에게 부여된 임무는 너무나 쉽고 승리가 확실한 것이었다. 그러므로 그것은 '전쟁'(war)이라기보다는 차라리 '여행'(journey)으로 불릴 만한 것이었다. 하나님과 이스라엘의 철천지원수를 진멸하는 것은 영예로운 일이었다. 만일 사울이 자신을 부인하고 또한 자신의 유익을 고려하지 않은 채 아말렉에 속한 모든 것을 진멸했다면, 그는 결코 이 일로 실패자가 되지 않았을 것이다. 의심의 여지 없이 하나님은 그의 모든 필요를 채워 주셨을 것이며, 따라서 그는 전리품을 취할 필요가 없었을 것이었다.

(3) 사무엘은 사울에게 이번 원정(遠征)에서 이익을 취함으로써 스스로를 부요하게 만들려고 했던 것이 얼마나 용서받을 수 없는 일인지를 보여준다(19절). "어찌하여 왕이 탈취하기에만 급하여 하나님의 영광을 위해 진멸되어야만 하는 것들을 자신이 쓰려고 그 용도를 바꾸었나이까?" 돈을 사랑함이 일만 악의 뿌리가 되는 것을 보라. 무엇이 죄로 심히 죄 되게 하는지, 그리고 무엇이 어떤 것을 여호와 보시기에 악한 것으로 만드는지 주목하라. 그것은 불순종이다: 왕이

여호와의 목소리를 순종치 않았나이다.

5. 사울은 계속해서 자신을 옹호한다(20, 21절). 그는 자신의 죄과(罪過)를 부인한다(20절): "나는 실로 여호와의 목소리를 청종하였나이다. 나는 해야 할 일을 모두 했나이다." 그는 자신이 생각하기에 해야만 하는 일은 다 했다고 여겼다. 그는 하나님의 말씀보다 자신의 생각을 앞세운 것이다. 하나님은 그에게 모든 것을 진멸하라고 명령하셨지만 그는 그 일을 시행하는 가운데 아각을 살려 두었다. 그는 아각을 죽이는 것보다 살려 두는 것이 더 좋다고 생각했다. 이와 같이 육신적이고 패역한 심령은 하나님의 명령보다 자기 생각을 앞세운다. 또 사울은 아말렉 사람들을 완전히 진멸하였다고 주장한다. 그러나 자신들이 탈취한 것에 대하여 그는 그것이 완전히 진멸되어야만 했다는 사실을 인정한다. 이와 같이 그는 하나님의 뜻을 알고 있었으며 결코 그 명령을 오해하고 있었던 것이 아니었다. 그러나 사울은 그것을 쓸데없는 낭비라고 생각했다. 모세의 때에 미디안 사람들의 짐승을 공물로 드리기 위해 취한 적이 있었다(민 31:32 이하). 그렇다면 지금 아말렉 사람들의 짐승은 왜 안 된단 말인가? 공중의 새와 들짐승에게 주는 것보다는 이스라엘 백성이 취하는 것이 더 낫지 않은가? 그리하여 사울은 백성들이 그러한 짐승들을 데려가는 것을 묵인했다. 그러나 어쨌든 그 일을 행한 것은 자신이 아니라 백성들이다. 더욱이 그것은 여기 길갈에서 여호와께 제물로 드리기 위한 것이었다. 불순종의 아들들로 하여금 자신들의 죄를 깨닫도록 하고, 또 그들의 무화과나무 잎을 벗겨 주는 일이 얼마나 어려운 일인지 주목하라.

6. 사무엘은 사울의 변명에 대해 분명한 답변을 준다(22, 23절). 그는 사울의 양심에 호소한다: 여호와께서 번제와 다른 제사를 그의 목소리를 청종하는 것을 좋아하심 같이 좋아하시겠나이까? 설령 사울이 신앙의 깊은 진리는 잘 알지 못하는 사람이었다 할지라도, 다음과 같은 사실은 분명히 알고 있었을 것이다.

(1) 순종보다 하나님을 더 기쁘시게 하는 것은 아무것도 없다는 사실. 제사나 제물이나 숫양의 기름보다도 하나님은 순종을 더 기뻐하신다. 여기에서 우리는 모든 신앙생활 가운데 우리가 무엇을 추구하며 또 무엇을 목표로 해야 하는지를 배울 수 있다. 만일 하나님이 우리와 우리의 섬김을 기뻐하신다면 그것은 얼마나 복된 일인가! 그러나 그렇지 않다면 그 모든 것이 우리에게 무슨 유익이 있겠는가?(사 1:11). 여기에서 우리는 하나님의 뜻에 대한 겸손하며 성실

한 순종이 모든 번제와 다른 제사들보다 더 받으심직하며 하나님을 기쁘시게 하는 것이라는 사실을 듣는다. 우리 자신을 도덕적인 법칙에 일치시키는 것이 각종 의식(儀式)을 준수하는 것보다 하나님께 더 합당한 것이다(미 6:6-8; 호6:6). 제사가 단지 실제적인 율법에 의한 것이라면 순종은 영원한 본성적인 법에 의한 것이다. 순종은 죄가 없던 때에도 있었지만, 그러나 제사는 죄가 세상에 들어온 것을 전제하며 또한 그 죄를 제거하기 위한 미약한 시도이다. 우리는 제사보다 순종을 통해 하나님을 더 영화롭게 할 수 있으며 또한 자기를 더 많이 부인할 수 있다. 황소와 어린 양을 번제로 드리는 것이 모든 높아진 생각을 하나님께 복종시키며 자신의 의지를 하나님의 의지에 굴복시키는 것보다 훨씬 더 쉽다. 순종은 천사들의 송축(시 103:20)이며, 또한 우리의 송축이 될 것이다.

(2) 불순종보다 하나님을 더 분노케 하는 것은 아무것도 없다는 사실. 불순종은 우리의 의지를 하나님의 의지와 경쟁시키는 것이다. 불순종은 여기에서 '거역'과 '완고'로 불리면서 그것은 '점치는 죄'와 '사신 우상에게 절하는 죄'와 같다고 언급된다(23절). 참되신 하나님께 불순종하면서 살아가는 것은 다른 신들을 섬기는 것만큼이나 악한 것이다. 하나님의 명령을 거역하면서 자신의 부패한 성향을 좇는 자들은 사실상 드라빔(문자적으로)이나 혹은 점쟁이에게 묻는 것과 같다. 우리 모두를 죄인으로 만드는 것은 바로 불순종이다(롬 5:19). 그것은 죄의 악독이며, 율법을 위반하는 것이며, 하나님과 원수되는 것이다(롬 8:7). 사울은 왕이었다. 그러나 만일 하나님의 명령에 불순종한다면, 그의 왕권의 위엄과 권세조차도 거역과 완고의 죄로부터 그를 면제해 주지 못할 것이다. 이것이 말하는 것은 백성이 왕을 거역하는 것이 아니라 왕이 하나님을 거역하는 것이다.

7. 사무엘은 사울의 운명에 대하여 다음과 같이 선언한다. "왕이 여호와의 말씀을 버렸으므로, (혹은 갈대아 역처럼) 왕이 여호와의 말씀을 멸시하였으므로, (혹은 70인역처럼) 왕이 여호와의 말씀을 아무것도 아닌 것으로 만들었으므로, 여호와께서도 왕을 버려, 그리고 왕을 멸시하고 아무것도 아닌 것으로 만들어, 왕이 되지 못하게 하셨나이다. 당신을 왕으로 삼은 분이 당신을 폐하시기로 결정하셨나이다." 하나님께서 자신을 다스린다는 사실을 기꺼이 받아들이지 않는 자는 다른 사람들을 다스릴 자격이 없으며 또한 그렇게 하기에 합당하지도 않다.

²⁴사울이 사무엘에게 이르되 내가 범죄하였나이다 내가 여호와의 명령과 당신의 말씀을 어긴 것은 내가 백성을 두려워하여 그들의 말을 청종하였음이니이다 ²⁵청하오니 지금 내 죄를 사하고 나와 함께 돌아가서 나로 하여금 여호와께 경배하게 하소서 하니 ²⁶사무엘이 사울에게 이르되 나는 왕과 함께 돌아가지 아니하리니 이는 왕이 여호와의 말씀을 버렸으므로 여호와께서 왕을 버려 이스라엘 왕이 되지 못하게 하셨음이니이다 하고 ²⁷사무엘이 가려고 돌아설 때에 사울이 그의 겉옷자락을 붙잡으매 찢어진지라 ²⁸사무엘이 그에게 이르되 여호와께서 오늘 이스라엘 나라를 왕에게서 떼어 왕보다 나은 왕의 이웃에게 주셨나이다 ²⁹이스라엘의 지존자는 거짓이나 변개함이 없으시니 그는 사람이 아니시므로 결코 변개하지 않으심이니이다 하니 ³⁰사울이 이르되 내가 범죄하였을지라도 이제 청하옵나니 내 백성의 장로들 앞과 이스라엘 앞에서 나를 높이사 나와 함께 돌아가서 내가 당신의 하나님 여호와께 경배하게 하소서 하더라 ³¹이에 사무엘이 돌이켜 사울을 따라가매 사울이 여호와께 경배하니라

마침내 사울은 회개의 옷을 입게 된다. 그러나 그의 회개는 단지 부분적인 것이었을 뿐 진정한 것이 아니었음이 분명하게 드러난다. 다음을 주목하라.

I. 사울은 매우 빈약하게 회개했다. 그는 왕의 자리에서 폐위될 것이란 경고를 받고 난 후에야 비로소 자신의 잘못을 인정하게 되었다. 이것은 그에게 있어 매우 민감한 부분이었다. 이러한 민감한 부분이 건드려지고 난 후에야 비로소 누그러졌을 뿐 그 때까지는 아니었다. 사무엘이 여호와께서 왕을 버려 왕이 되지 못하게 하셨다고 말하자 그는 '내가 범죄하였나이다' 라고 인정한 것이다 (24절). 그의 고백은 자발적이지도 않았으며 솔직하지도 않았다. 그것은 마치 고문이나 강요에 의해 억지로 한 것과 같은 것이었다. 여기에서 우리는 그의 고백이 위선적인 것이었음을 보여주는 몇 가지 표적을 보게 되는데, 그것은 아합의 경우보다 더한 것이었다.

1. 사울은 오로지 사무엘에게 옳게 보이려고 그리고 그의 호의를 얻으려고 간청하며 몸부림치고 있는 것처럼 보인다. 사울은 백성들로부터 자신의 체면을 유지하기 위해 사무엘을 작은 신으로 만들었다. 왜냐하면 사무엘이 선지자이며 또한 사울을 왕으로 세우는 일에 도구로 쓰임 받았던 사실을 모든 백성들

이 알고 있었기 때문이었다. 사울은 사무엘에게 내가 여호와의 명령과 당신의 말씀을 어겼나이다(24절)라고 고백했는데, 이것은 사무엘을 기쁘게 하려고 생각한 것이었으며 일종의 뇌물과 같은 것이었다. 다윗은 나단의 책망을 통해 죄를 깨닫게 되었음에도 불구하고 그의 눈은 오직 나단이 아니라 하나님께만 향하고 있었음을 고백한다: 내가 주께만 범죄하여 주의 목전에 악을 행하였사오니(시 51:4). 그러나 사울은 무지하게도 자신의 죄를 사무엘의 말을 어긴 것으로 고백한다 ― 사무엘의 말은 고작 여호와의 명령을 선포한 것에 불과한 것이었음에도 불구하고. 또한 사울은 (오직 하나님 한 분만이 아니라 누구라도 죄를 사해 줄 수 있다는 듯이) 사무엘에게 자신의 죄를 사해 달라고 간청한다(25절): 청하오니 지금 내 죄를 사하고. 이와 같이 스스로를 속이는 자들은 자신들이 어떤 죄에 빠졌을 때 진실한 회개를 통해 하나님과 화목하는 것은 생각지 않고 그럴듯한 회개의 모양을 갖추면서 교회 혹은 사역자들과 화목하는 것으로 충분하다고 생각한다. 지금의 사울의 태도에 대해 가장 관대하게 이해할 때, 우리는 사울이 사무엘을 자신과 하나님 사이의 일종의 중보자로 생각하면서 그를 통해 하나님께 간청하고 있는 것으로 이해할 수도 있을 것이다. 그러나 그렇다 할지라도 그것은 너무나 빈약한 것이었다.

2. 사울은 자신의 잘못을 고백하는 중에도 핑계 대는 일을 잊지 않고 있는데, 이것은 결코 참된 회개자의 모습이 아니다(24절): 내가 여호와의 명령과 당신의 말씀을 어긴 것은 내가 백성을 두려워하여 그들의 말을 청종하였음이니이다. 그것은 순전히 사울 자신이 한 일이지 백성들이 한 일이 아니었다고 생각할 만한 충분한 근거를 우리는 가지고 있다. 설령 백성들이 그렇게 하고자 했다 할지라도 사울은 백성들 가운데 자신의 권위를 굳게 세울 줄 알았으며 또 그는 결코 백성들을 두려워하는 사람이 아니었다 ― 앞에 기록된 이야기들을 통해 우리는 이러한 사실을 분명하게 알 수 있다. 그러므로 그의 핑계는 거짓이었다. 그가 어떻게 꾸며대든지 실제로 그는 백성들을 조금도 두려워하지 않았다. 그러나 죄인들이, 자신들이 한 일은 누구도 반박할 수 없는 어쩔 수 없는 일이었다고 변명하는 것은 흔히 있는 일이다. 그러나 그들은 하나님이 중심을 보신다는 사실을 생각하지 못한다.

3. 사울의 모든 관심은 백성들 가운데 자신의 영예를 잃지 않고 또 체면을 유지하는 것이었다. 왜냐하면 그렇지 못할 때 혹시 백성들이 자신에 대해 반역

을 하든지 혹은 최소한 자신을 경멸할 것이라 생각했기 때문이었다. 그러므로 사울은 사무엘에게 자신과 함께 돌아가 승전 감사 행사에 협력해 줄 것을 간곡히 애걸했다(25절). 사울은 사무엘의 겉옷자락을 붙잡고 애걸했는데(27절), 그렇게 한 것은 사무엘을 배려해서가 아니라 만일 그가 자신을 버린다면 백성들 역시 그렇게 할 것을 두려워했기 때문이었다. 어떤 사역자나 특별한 사람에 대해 실제로는 미워하고 있으면서도 오로지 자신의 체면이나 이익을 위해 겉으로는 존경하는 것처럼 꾸미는 일은 흔히 있는 일이다. 그럼에도 불구하고 사울의 말은 너무나 후안무치한 것이었다(30절): 내가 범죄하였을지라도 이제 청하옵나니 내 백성의 장로들 앞과 이스라엘 앞에서 나를 높이사. 과연 이것이 회개자의 언어란 말인가? 결코 그럴 수 없다. 그는 이렇게 말했어야 했다: "내가 범죄하였사오니 이제 나를 부끄럽게 하소서. 모든 수치와 부끄러움은 나의 몫이니이다. 어느 누구보다도 나 자신이 나를 가장 미워하나이다." 그렇지만 우리 역시도 이러한 사울의 위선과 비슷한 모습을 보일 때가 종종 있다는 사실을 기억해야 한다. 유죄판결을 받은 사람이 사람들 앞에서 체면을 잃지 않으려고 전전긍긍하는 것은 너무나 흔한 일이다. 수치와 부끄러움을 자신의 몫으로 돌리는 것이야말로 회개자의 진정한 영예이다.

Ⅱ. 이렇게 외양(外樣)뿐인 빈약한 회개로 인해 사울은 아무것도 얻지 못했다.

1. 사무엘은 앞(23절)에서 선언했던 것을 다시 한 번 반복함으로써 그러한 선언이 철회될 가능성을 전혀 남기지 않았다(26절). 자기의 죄를 숨기는 자는 형통하지 못하리라(잠 28:13). 사무엘은 사울과 함께 돌아가기를 거부하고 자기 길로 가려고 돌아섰다(27절). 지금 이 순간 사무엘은, 하나님의 영광보다 자신의 탐욕을 위한 싸움에서 승리한 것을 감사하는 일에 동참함으로써 하나님이 버린 자를 옹호하는 것은 적절치 못한 일이라고 생각했다. 그러나 나중에 사무엘은 돌이켜 사울을 따라 갔는데(31절), 그것은 (아마도 신적 지시에 의해) 다시 생각하여 혹시 백성들 가운데 폭동이 일어나지 않을까 염려했기 때문이거나, 아니면 사울을 영예롭게 하기 위함이 아니라(31절에 사울이 여호와께 경배했다고 언급되어 있으나, 그것을 사무엘이 주관했다고는 언급되지 않은 사실을 주목하라) 아각에게 공의를 시행하기 위해서 그렇게 했을 것이다(32절).

2. 여기에서 우리는 사무엘의 선언에 대한 하나의 표적을 보게 되는데, 그것은 사울 자신의 섣부른 행동에 의해 야기된 것이었다. 사무엘이 사울로부터 돌

아설 때, 사울은 그와 결별하는 것을 꺼려하여 그를 붙잡으려고 하다가 그만 그의 옷을 찢고 만 것이다(27절). 이에 사무엘은 선지자로서 이러한 우발적인 사건에다가 특별한 의미를 부여하였다. 사무엘은 그것을, 그로부터 나라를 떼어내는 것을 의미하는 것으로서(28절) 그리고 그 일은 그 자신의 행위로 말미암은 것으로 해석했다. "여호와께서 오늘 이스라엘 나라를 왕에게서 떼어 왕보다 나은 왕의 이웃에게 주셨나이다." 사울보다 나은 이웃은 바로 다윗이었는데, 그는 나중에 사울의 겉옷자락을 베었으며(24:4), 이에 사울은 나는 네가 반드시 왕이 될 것을 안다고 말했다(24:20). 이 때 어쩌면 사울은 자신이 사무엘의 옷을 찢은 이 표적을 떠올렸을는지 모른다.

3. 사무엘은 자신이 선언한 것이 결코 변개되지 않을 것임을 엄숙히 선언함으로써 그것을 다시 한 번 확증한다(29절): 이스라엘의 힘(the strength of Isael, 한글개역개정판에는 이스라엘의 지존자라고 되어 있음)은 거짓이나 변개함이 없으시니. 어떤 역본들은 이것을 이스라엘의 영원 혹은 이스라엘의 승리로 읽는다. 그런가 하면 아라비아 역본은 거룩한 자로, 시리아 역본은 가장 고귀한 자로, 그리고 패트릭 주교는 이스라엘의 승리의 왕으로 읽는다. "하나님은 당신을 버리기로 작정하셨으며 결코 변개치 않으실 것입니다. 그는 사람이 아니시므로 결코 변개하지 않으심이니이다." 사람들은 변덕이 심하며, 마음을 바꾸며, 연약하며, 자신의 목적을 성취하지 못한다. 그리고 자신들의 계획을 허무는 일들이 일어나는데도 그것을 예견하지 못한다. 그러나 하나님은 그렇지 않으시다. 지금 사울은 진정한 회개를 하지 않았다. 그러므로 하나님의 선언 역시도 변개되지 않을 것이다.

[32]사무엘이 이르되 너희는 아말렉 사람의 왕 아각을 내게로 끌어 오라 하였더니 아각이 즐거이 오며 이르되 진실로 사망의 괴로움이 지났도다 하니라 [33]사무엘이 이르되 네 칼이 여인들에게 자식이 없게 한 것 같이 여인 중 네 어미에게 자식이 없으리라 하고 그가 길갈에서 여호와 앞에서 아각을 찍어 쪼개니라 [34]이에 사무엘은 라마로 가고 사울은 사울 기브아 자기의 집으로 올라가니라 [35]사무엘이 죽는 날까지 사울을 다시 가서 보지 아니하였으니 이는 그가 사울을 위하여 슬퍼함이었고 여호와께서는 사울을 이스라엘 왕으로 삼으신 것을 후회하셨더라

여기에서 사무엘은 선지자로서 왕들보다 우위(優位)에 있는 존재로 제시된다(렘 1:10, 보라 내가 오늘 너를 여러 나라와 여러 왕국 위에 세워 네가 그것들을 뽑고 파괴하며 파멸하고 넘어뜨리며 건설하고 심게 하였느니라 하시니라).

I. 사무엘이 (의심의 여지 없이 하늘의 특별한 지시에 의해) 아각 왕을 죽임. 그는 아각을 찍어 쪼갰다. 어떤 이들은 그가 단지 그렇게 하도록 명령했을 뿐이라고 생각한다. 혹은 하나님의 손상된 공의에 대한 희생제물로서(33절) 그리고 희생제물을 드릴 때에는 그것을 통상적으로 쪼개는 것처럼, 그가 자신의 손으로 직접 그렇게 한 것인지도 모른다. 여기에서 다음을 주목하라.

1. 아각의 헛된 소망이 어떻게 좌절되었는지. 아각은 자신이 왕이며 그러므로 마땅히 정중하게 대접받아야 한다고 생각하는 것처럼 당당한 태도로, 혹은 결코 고난을 겪어본 적도 없고 자기 발바닥으로 땅을 밟아 보지도 아니한 연약한(신 28:56) 여인이 동정심을 유발시키고자 하는 것처럼 나약한 태도로, 즐거이 왔다. 그는 말한다: "진실로 전쟁의 광기가 끝나고 사망의 괴로움이 지났도다"(32절). 전쟁의 사람(man of war)인 사울의 칼을 피하고 나서, 그는 평화의 사람(man of peace)인 노(老) 선지자 사무엘로부터 어떤 위해도 당하지 않을 것으로 생각했다. 여기에서 다음의 사실들을 관찰하라.

(1) 죽음이 괴로운 것(쓴 것)이라는 사실. 죽음은 본질적으로 두려운 것이다. 어떤 역본들은 본문을 진실로 사망은 쓰도다(surely death is bitter)라고 읽는다. 그리고 이와 관련하여 70인역은 앞 구절을 아각이 떨면서 오며라고 읽는다. 아무리 용맹한 자라 할지라도 죽음 앞에서는 낙망하게 된다.

(2) 많은 사람들이 사실은 그렇지 않음으로 불구하고 사망의 괴로움(죽음의 쓴 것)이 지나갔다고 생각하는 사실. 악한 날이 매우 가까이 있음에도 불구하고 그들은 그 날이 멀리 있다고 생각한다. 비록 '죽음의 쓴 것'이 아직 지나가지 않았다 할지라도 참된 신자들은 은혜로 말미암아 다음과 같이 말할 수 있다: 사망아 너의 쏘는 것이 어디 있느냐?

2. 아각의 예전의 악행들이 어떻게 징벌을 받았는지. 사무엘은 그의 조상들의 죄뿐만 아니라 그 자신의 죄까지도 회계(會計)하기 위해 그를 소환한다: 네 칼이 여인들에게 자식이 없게 한 것 같이(33절). 그는 자기 조상들의 잔인함을 똑같이 답습했으며, 그의 수하(手下)에 있는 자들도 같은 일을 행했다. 그러므로 아말렉에 의해 흘려진 모든 의로운 피가 이 세대에 돌아가게 된 것이었다(마

23:36). 아각은 자신에 대하여는 호화롭고 사치스러웠으나 다른 사람들에 대하여는 잔인하며 무자비했다. 사람들은 보통 그러하다. 자신의 식욕을 만족시키는 일에 열중하는 사람들은 보통 다른 사람들에게 분노를 쏟아 붓는 일에도 열중한다. 그러나 그들은 핏값을 치르게 될 것이다. 비록 왕이라 할지라도 그들이 흘린 혹은 흘리게 만든 무죄한 피에 대하여 만왕의 왕 앞에서 그 값을 계산해야만 한다. 하나님께서 결코 용서치 않겠다고 하신 것은 므낫세 왕의 바로 이러한 죄였다(왕하 24:4, 그가 무죄한 자의 피를 흘려 그의 피가 예루살렘에 가득하게 하였음이라 여호와께서 사하시기를 즐겨하지 아니하시니라). 요한계시록 13:10을 보라.

II. 사무엘이 사울 왕을 버림. 사무엘은 사울을 두고 떠났으며(34절), 도움이나 혹은 조언을 베풀기 위해 다시 가서 보지 않았다(35절). 그것은 사울이 더 이상 사무엘과 교제하기를 원치 않았기 때문이며 또한 그로부터 조언을 듣고자 하지 않았기 때문이었다. 사무엘은 사울이 하나님으로부터 버림을 받았다고 간주했으며 따라서 자신도 그를 버렸다. 때때로 우연히 보는 일은 있었을지라도(19:24의 경우와 같이), 애정의 마음을 갖고 그를 만나기 위해 일부러 온 적은 결코 없었다. 그러나 사무엘은 사울을 위해 슬퍼했는데, 그것은 크고 위대한 일을 위해 합법적으로 세워진 자가 그토록 어리석게 스스로를 파멸로 몰고 간 것은 너무도 애통한 일이라고 생각했기 때문이다. 또한 사무엘은 지금 이스라엘의 형편을 생각하며 슬퍼했다. 왜냐하면 사울이란 존재가 이스라엘에 축복이 되어야 했음에도 불구하고 결국 저주와 재앙이 되고 말았음이 분명하게 나타났기 때문이다. 또한 사무엘은 사울이 진심으로 회개하지 않음으로 인해 그의 영원한 운명을 위해 슬퍼했다. 사무엘이 사울을 위해 슬피 울 때, 아마도 그것은 그를 위해 기도한 것이었을 것이다. 그러나 하나님은 사울을 이스라엘 왕으로 삼으신 것을 후회하시면서 그 일을 다시 되돌리시기로 작정하셨다. 그러므로 사울을 위한 사무엘의 기도는 결국 효과를 거두지 못하고 말았다. 여기에서 다음을 주목하라.

1. 비록 우리가 죄인들과 더불어 친밀한 교제를 나누어서는 안 된다 할지라도, 우리는 그들이 버림을 받는 것을 슬퍼하며 애통해해야 한다. 이와 같이 예레미야 선지자는 자신의 백성을 떠나기로 결심했지만 그러나 그들을 위해 주야로 울었다(렘 9:1, 2).

2. 비록 그들이 스스로를 위해 슬퍼하며 울지 않는다 할지라도, 우리는 그들이 버림을 받는 것을 슬퍼하며 애통해해야 한다. 사울은 자신 앞에서 펼쳐진 하나님의 불쾌하심의 증표에 대해 별로 관심을 기울이지 않은 것으로 보인다. 그러나 사무엘은 그를 위해 주야로 슬퍼하며 애곡했다. 그리스도께서 예루살렘을 바라보며 애곡하셨을 때, 그 도성은 마치 아무 일 없다는 듯이 무사태평했다.

— 제 16 장 —

개요

본 장에서 우리는 구약 전체를 통해 가장 위대한 인물 가운데 한 사람인 다윗의 이야기가 시작되는 것을 보게 된다. 그는 예수 그리스도의 뛰어난 모형으로서 칼(sword)과 붓(pen)으로 하나님의 영광과 이스라엘의 유익을 위해 전심으로 섬겼다. 본 장의 내용은 다음과 같다. I. 이새의 아들들 가운데 한 아들에게 왕으로 기름을 붓도록 하나님이 사무엘에게 임무를 부여하심(1-5절). II. 이새의 막내아들 다윗이 기름 부음 받을 자로 결정됨 (6-13절). III. 사울이 번뇌케 됨, 그리고 음악으로 그의 증상을 경감시키는 일이 다윗에게 맡겨짐(14-23절). 그토록 크고 위대한 인물의 시작은 이와 같이 작고 미약했다.

[1]여호와께서 사무엘에게 이르시되 내가 이미 사울을 버려 이스라엘 왕이 되지 못하게 하였거늘 네가 그를 위하여 언제까지 슬퍼하겠느냐 너는 뿔에 기름을 채워 가지고 가라 내가 너를 베들레헴 사람 이새에게로 보내리니 이는 내가 그의 아들 중에서 한 왕을 보았느니라 하시는지라 [2]사무엘이 이르되 내가 어찌 갈 수 있으리이까 사울이 들으면 나를 죽이리이다 하니 여호와께서 이르시되 너는 암송아지를 끌고 가서 말하기를 내가 여호와께 제사를 드리러 왔다 하고 [3]이새를 제사에 청하라 내가 네게 행할 일을 가르치리니 내가 네게 알게 하는 자에게 나를 위하여 기름을 부을지니라 [4]사무엘이 여호와의 말씀대로 행하여 베들레헴에 이르매 성읍 장로들이 떨며 그를 영접하여 이르되 평강을 위하여 오시나이까 [5]이르되 평강을 위함이니라 내가 여호와께 제사하러 왔으니 스스로 성결하게 하고 와서 나와 함께 제사하자 하고 이새와 그의 아들들을 성결하게 하고 제사에 청하니라

사무엘은 공적인 일을 위한 자리에는 더 이상 나타나지 않을 것을 결심한 채 라마에 있는 자신의 집에 은거하고 있었다. 거기에서 그는 19:20에 나타나는 것처럼 '선지자의 아들들'(the sons of the prophets)을 가르치고 훈련하는 일에만 전적으로 몰두하고 있었다. 그는 젊은 통치자들을 기르는 것보다

젊은 선지자들을 기르는 것으로 더 만족하고자 스스로 다짐했다. 그리고 우리는 하나님께서 사무엘이 죽는 날까지 그를 나라와 관련한 공적인 일에 부르신 것을 발견하지 못한다 — 여기에서 다윗에게 기름을 붓는 일만을 제외하고.

I. 하나님은 사울이 버림받은 것으로 인해 사무엘이 그토록 오랫동안 슬퍼하며 애통해하는 것을 책망하신다. 하나님이 사무엘을 책망하신 것은 그가 이런 상황에서 슬퍼했기 때문이 아니었다. 하나님이 책망하신 것은 그가 너무나 오래도록 계속해서 슬퍼했기 때문이었다: 네가 그를 위하여 언제까지 슬퍼하겠느냐(1절). 사무엘은 자신이 백성들에 의해 밀려나고 자신의 아들들이 사사의 자리에서 면직을 당할 때에도 이렇게까지 슬퍼하지는 않았다. 그러나 사울과 그의 씨가 버림을 당한 것을 인하여는 오래도록 애통해하며 슬퍼했다. 그것은 전자가 단지 백성들의 어리석은 불만에 의해 된 일이었던 반면 후자는 하나님의 의로우신 진노로 인해 된 일이었기 때문이다. 그러나 언제까지 슬퍼만 하고 있어서는 안 되었다. 이제 그는 자신을 되찾을 때가 되었다. 그 이유는 무엇인가?

1. 하나님이 그를 버리셨기 때문이다. 그러므로 사무엘은 하나님의 공의를 기꺼이 받아들이고 그에 대한 애정을 잊어야만 한다. 사울의 파멸로 인해 하나님이 영광을 받으신다면, 사무엘은 기꺼이 그 사실을 받아들여야만 한다. 그런데 그가 왜 그토록 오랫동안 슬퍼해야 하는가? 이미 판결은 내려졌으며, 그의 기도와 눈물조차도 그것을 되돌릴 수는 없다(삼하 12:22, 23).

2. 이로 인해 이스라엘이 실패하는 것은 아니기 때문이다. 그러므로 사무엘은 자신의 사적인 감정보다 공적인 일을 우선해야 한다. "내가 한 왕을 준비하였노니 사울을 위하여 슬퍼하며 애통해하지 말아라. 백성들이 스스로 왕을 준비하였으나 그것이 그릇되었음이 나타났느니라. 이제 내가 내 마음에 합한 자를 준비하리라." 시편 89:20과 사도행전 13:22을 보라. "사울이 버림받았다 할지라도 이스라엘이 목자 없는 양 같이 되지는 않을 것이다. 내가 그들을 위해 다른 자를 준비하였노니, 그로 인한 네 기쁨이 사울로 인한 슬픔을 삼키고도 남을 것이니라."

II. 하나님은 이새의 아들들 가운데 한 아들에게 기름을 붓도록 하기 위해 사무엘을 베들레헴으로 보낸다. 아마도 이새는 사무엘에게 전혀 알지 못하는 사람은 아니었던 것으로 보인다. 너는 뿔에 기름을 채워 가지고 가라. 사울은 '기름병'에 채운 기름으로 부음을 받았다. 그것은 양도 적고 깨지기 쉬운 것이었다.

그러나 다윗은 '기름뿔'에 채운 기름으로 부음을 받았는데, 그것은 양도 많고 잘 깨지지 않는 영속적인 것이었다. 이로부터 우리는 그 종 다윗의 집에 구원의 뿔을 일으키셨다는 말씀을 듣게 된다(눅 1:69).

Ⅲ. 사무엘은 이 일이 매우 위험한 일이라고 항변한다(2절). 사울이 들으면 나를 죽이리이다. 이를 통해 우리는 다음과 같은 사실을 알 수 있다.

1. 버림받은 이후 그가 더욱 악독하고 포악해졌다는 사실. 만일 그렇지 않다면 사무엘이 이렇게 말하지는 않았을 것이다. 감히 사무엘을 죽일 것이라니 사울의 불신앙이 도대체 어디까지 나아갔단 말인가?

2. 사무엘의 믿음이 우리가 기대하는 것만큼 강하지는 않았다는 사실. 만일 그렇지 않다면 그가 사울의 격노(激怒)를 이렇게까지 두려워하지는 않았을 것이다. 그를 보내신 자가 그를 지키며 보호해 주시지 않겠는가? 그러나 가장 위대한 인물이라 할지라도 믿음에 있어 완전한 것도 아니며 죽는 것을 두려워하지 않는 것도 아니다. 그렇지만 이것은 사무엘이 하늘의 지시, 즉 자신을 필요 이상으로 드러내지 않고 이 문제를 조용하게 처리하는 방법을 하늘로부터 지시받고자 한 것으로 이해될 수도 있다.

Ⅳ. 하나님은 사무엘에게 그 일을 제사로 위장하도록 지시한다. 너는 암송아지를 끌고 가서 말하기를 내가 여호와께 제사를 드리러 왔다 하고. 실제로 그가 제사를 드린 것은 사실이었다. 그는 전에 사울에게 기름을 부을 때에도 제사를 드렸었다(11:15). 그는 선지자로서 하나님이 지시하실 때 언제든지 그리고 어디서든지 제사를 드릴 수 있었다. 그러므로 비록 또 다른 목적이 있었다 할지라도 그것을 숨기는 것이 적절하다고 생각할 때, 내가 제사를 드리러 왔다고 말하는 것은 ― 실제로 그렇게 했을 때 ― 거짓말을 해서는 안 된다는 율법과 결코 상치되지 않는다. 하나님은 사무엘에게 이새(아마도 그는 성읍에서 가장 크고 존귀한 자였을 것이다)와 그의 가족에게 제사 드릴 것을 알리면서 제사 후 벌이는 잔치에 초대하고 내가 네게 행할 일을 가르칠 것이라고 말하라고 지시하셨다. 하나님의 방법으로 하나님의 일을 수행하는 자들은 그 일을 가장 잘 할 수 있도록 그 때 그 때 하나님의 인도하심이 따를 것이다.

Ⅴ. 그리하여 사무엘은 베들레헴으로 갔다. 그는 많은 수행원을 거느리고 위세를 떨치면서 가지 않았다. 단지 제사에 쓰기 위한 암송아지를 끌기 위한 사환 한 사람만을 데리고 갔을 뿐이었다. 그러나 베들레헴의 장로들은 그의 방

문에 대해 두려워 떨었다. 그것은 하나님이 자신들에 대해 기뻐하지 않으시고 그를 통해 어떤 심판을 선언하려고 하는 것이 아닌가 생각했기 때문이었다. 죄는 두려움을 야기시킨다. 실제로 죄는 우리로 하여금 하나님의 사자들을 두려워하게 만들고 또한 하나님의 말씀에 대해 떨게 만든다. 어쩌면 그들이 두려워한 것은 이 일로 인해 사울의 분노를 일으키지 않을까 염려했기 때문인지도 모른다. 그들은 사울이 사무엘에 대해 얼마나 격앙되어 있는지 잘 알고 있었다. 그러므로 만일 그들이 사무엘을 환대한다면 그로 인해 사울과 더불어 다툼이 생길 수도 있을 것이었다. 그들은 사무엘에게 묻는다. "평강을 위하여 오시나이까? 당신은 지금 평강 가운데 거하십니까? 혹시 사울을 피하여 오시는 것은 아니십니까? 진노의 메시지가 아니라 평강으로 우리에게 오시나이까?" 우리는 하나님의 선지자들로 더불어 좋은 교제를 나누기를 진심으로 갈망해야 하며, 또한 우리를 대적하는 하나님의 말씀이나 선지자들의 기도를 두려워해야 한다. 다윗의 자손이 유대인의 왕으로 탄생하셨을 때 온 예루살렘이 소동하였다(마 2:3). 사무엘은 자신의 집에 은거하고 있었으며, 따라서 그가 이토록 먼 곳에 온 것은 결코 범상한 일이 아니었다. 그러므로 그들은 이 일이 매우 특이한 일이라고 결론을 내리면서, 사무엘이 자신들을 납득시킬 때까지 최악의 상황을 상상하면서 두려워했다. "평강을 위함이니라 내가 여호와께 제사하러 왔느니라(5절). 내가 너희를 대적하는 진노의 메시지를 가지고 온 것이 아니라 평강과 화해를 위한 수단 즉 제사를 드리러 왔느니라. 그러므로 너희는 나를 환대해도 좋으며 나의 방문에 대해 두려워할 필요가 없느니라. 그러므로 스스로 성결케 하고 나와 함께 제사에 참여할 준비를 하라. 이로 인해 너희에게 큰 유익이 있으리라." 하나님께 제사를 드리기 전에 먼저 스스로를 성결케 해야만 한다는 사실을 주목하라. 우리가 영적 제사를 드릴 때, 그것은 우리 자신을 세상으로부터 성별시킴으로써 하나님께 대한 우리의 헌신을 새롭게 하는 것을 의미하는 것이다. 우리 주 예수께서 세상에 오셨을 때, 사람들은 그가 세상을 정죄하기 위해 온 것이 아닌가 생각하면서 두려워 떨었다. 그러나 그는 평강을 위해 왔다고 말씀하면서 자신의 몸을 희생제물로 드리셨다: 주께서 내게 한 몸을 예비하셨나이다. 우리가 스스로를 성결케 하자. 그렇게 함으로써 우리는 그의 제사를 통해 유익을 얻게 될 것이다. 여기에서 제사를 드리기 위해 오는 자들은 평강으로 와야 한다는 사실을 주목하라. 제사를 드리는 것과 같은 종교적인 행사는 결코 떠들썩하고 요란해서는 안 된다.

VI. 사무엘은 이새와 그의 아들들에게 특별한 주의를 기울였다. 왜냐하면 자신의 은밀한 일이 그들과 관련된 것이었기 때문이었다. 아마도 사무엘은 처음 도착하자마자 이새에게 이 사실을 알리고 그의 집에 숙소를 정한 것으로 보인다. 사무엘은 모든 장로들에게 자신들을 성결케 하라고 말했지만, 실상 기도와 교훈을 통해 이새와 그의 아들들을 성결케 했다. 아마도 사무엘은 그들을 전부터 알고 있었던 것 같다. 그리고 이새의 가정은 매우 경건한 신앙적인 가정으로 나타난다(우리는 20:29에서 그 가정에서 드려졌던 제사에 대하여 읽을 수 있다). 사무엘은 그 가정이 제사를 드리기 위해 준비하는 것을 도와주었다. 그리고 아마도 다윗이 선택되고 기름 부음을 받은 것은 공적인 제사가 드려지기 이전에 혹은 거룩한 잔치(holy feast) 이전에 이새의 가정 제사에서 되어진 것으로 보인다. 아마도 사무엘은, 마치 욥이 아들들의 명수대로 그리고 각 아들들을 위해 개별적으로 번제를 드렸던 것처럼(욥 1:5), 이새의 아들들을 한 사람씩 자기 앞에 나오게 하여 개별적으로 제물을 드린 것으로 보인다. 어떤 가정에 특별한 축복이 임할 때 그들은 스스로를 성결케 해야만 한다.

[6]그들이 오매 사무엘이 엘리압을 보고 마음에 이르기를 여호와의 기름 부으실 자가 과연 주님 앞에 있도다 하였더니 [7]여호와께서 사무엘에게 이르시되 그의 용모와 키를 보지 말라 내가 이미 그를 버렸노라 내가 보는 것은 사람과 같지 아니하니 사람은 외모를 보거니와 나 여호와는 중심을 보느니라 하시더라 [8]이새가 아비나답을 불러 사무엘 앞을 지나가게 하매 사무엘이 이르되 이도 여호와께서 택하지 아니하셨느니라 하니 [9]이새가 삼마로 지나게 하매 사무엘이 이르되 이도 여호와께서 택하지 아니하셨느니라 하니라 [10]이새가 그의 아들 일곱을 다 사무엘 앞으로 지나가게 하나 사무엘이 이새에게 이르되 여호와께서 이들을 택하지 아니하셨느니라 하고 [11]또 사무엘이 이새에게 이르되 네 아들들이 다 여기 있느냐 이새가 이르되 아직 막내가 남았는데 그는 양을 지키나이다 사무엘이 이새에게 이르되 사람을 보내어 그를 데려오라 그가 여기 오기까지는 우리가 식사 자리에 앉지 아니하겠노라 [12]이에 사람을 보내어 그를 데려오매 그의 빛이 붉고 눈이 빼어나고 얼굴이 아름답더라 여호와께서 이르시되 이가 그니 일어나 기름을 부으라 하시는지라 [13]사무엘이 기름 뿔병을 가져다가 그의 형제 중에서 그에게 부었더니 이 날 이후로 다윗이 여

호와의 영에게 크게 감동되니라 사무엘이 떠나서 라마로 가니라

　　　　만일 이새의 아들들디 하나님께서 자신들 가운데 한 사람을 왕으로 준비하셨다는 말을 들었다면(1절에 나와 있는 대로), 우리는 그들 모두가 할 수 있는 한 가장 멋진 모습으로 꾸미고 자신이 바로 그 사람이 되기를 소망했을 것이라고 추측할 수 있다. 그러나 우리는 여기에서 다음과 같은 이야기를 듣게 된다.

I. 자신이 뽑히기 위해 멋진 모습으로 서 있었던 형들은 모두 그대로 통과됨.

1. 맏아들 엘리압이 제일 먼저 사무엘 앞에 나아왔다. 아마도 거기에는 이새 외에는 아무도 없었을 것인데, 사무엘은 엘리압을 보고 이가 바로 그 사람임에 틀림없다고 생각했다: 여호와의 기름 부으실 자가 과연 주님 앞에 있도다. 선지자라 할지라도 하나님의 지시 없이 말할 때 가끔 다른 사람들처럼 잘못 말하는 경우가 있다(나단 역시도 그런 적이 있었다, 삼하 7:3). 그러나 하나님은 사무엘의 마음에 조용히 속삭여 주심으로써 그의 잘못을 바로잡아 주셨다: 그의 용모와 키를 보지 말라(7절). 용모와 키에 있어 특출했던 사울에게 그토록 뼈저리게 좌절을 경험한 사무엘이 이번 일과 관련하여 똑같은 기준으로 판단하려고 했던 것은 참으로 이상한 일이 아닐 수 없었다. 하나님이 백성들을 기쁘게 하고자 왕을 세우실 때에는 외모가 준수한 사람을 선택하셨었다. 그러나 이번의 경우처럼 자신의 마음에 합한 자를 세울 때에는 외모를 따라 선택하지 않으실 것이다. 사람은 눈에 보이는 대로 판단하지만 하나님은 그렇게 하지 않으신다(사 11:3). 내가 보는 것은 사람과 같지 아니하니 사람은 외모를 보거니와 나 여호와는 중심을 보느니라. 다시 말해서,

(1) 하나님은 중심(마음)을 아신다. 우리는 어떤 사람에 대하여 그가 어떻게 보이는지 말할 수 있지만, 하나님은 그가 어떤 사람인지 말할 수 있으시다. 사람은 눈을 보고(원문대로), 거기에 나타나는 총명함과 생기 있는 모습을 좋아한다. 그러나 하나님은 마음을 보시고, 그 생각과 의도를 아신다.

(2) 하나님은 중심으로 사람을 판단하신다. 하나님이 기뻐하시는 것 그리고 그분 앞에서 값진(벧전 3:4) 것은 선한 성품과 거룩함이지, 외모의 화려함이나 용모와 키가 아니다. 그러므로 우리는 내면에 있는 것이 참된 아름다움이라는 사실을 기억하고, 사람을 판단할 때 할 수 있는 대로 외모가 아니라 마음으로

그렇게 하도록 해야 한다.

2. 엘리압에 이어 아비나답과 삼마 그리고 계속해서 다른 네 아들, 그러니까 전부 일곱 아들이 사무엘 앞에 서게 되었다. 그러나 사무엘은 하나님의 지시에 따라 처음과는 달리 좀 더 주의 깊게 살피면서 그들 모두에 대하여 하나님의 택하신 자가 아님을 밝혔다: 여호와께서 이들을 택하지 아니하셨느니라(8, 10절). 사람들은 자신의 직위나 재산을 아들들에게 나누어줄 때 그들의 태어난 순서에 따라 그렇게 하지만, 하나님은 그렇지 않다. 큰 자가 어린 자를 섬기리라. 만일 사무엘이나 이새로 하여금 선택하도록 했다면, 틀림없이 이들 가운데 하나가 선택되었을 것이다. 그러나 하나님은 가장 가능성이 많아 보이는 자들을 그냥 지나가게 하심으로써 자신의 주권을 더욱 빛나게 하셨다.

II. 마침내 다윗이 뽑힘. 다윗은 이새의 막내아들이었다. 그의 이름은 '사랑받는 자'를 의미하는데, 그는 '하나님이 사랑하시는 아들'(즉 예수 그리스도)의 모형이었다.

1. 다윗은 양을 지키면서 들판에 있었다(11절). 지금 아버지의 집에서는 제사와 잔치가 벌어지고 있었음에도 불구하고 그는 밖에 남아 있었다. 일반적으로 막내는 가정에서 가장 귀염을 많이 받게 마련이지만, 다윗은 모든 형제들 가운데 보살핌을 가장 덜 받은 것으로 보인다. 그들은 다윗이 얼마나 뛰어난 인물인지 제대로 알지 못했다. 뛰어난 천재가 세상에 알려지지 않은 채 묻혀 있는 것은 흔히 있는 일이다. 하나님은 종종 이러한 자들을 높이 세우심으로써 부족한 지체에 존귀를 더하신다. 다윗의 자손은 사람들에 의해 멸시를 당했으며, 건축자들에 의해 버려진 돌이었다. 그러나 하나님은 그에게 모든 이름 위에 뛰어난 이름을 주셨다. 마치 모세가 이드로의 양무리를 지키다가 부르심을 입은 것처럼, 다윗은 이스라엘을 기르도록 하기 위해 양들을 따르는 가운데(시 78:71) 취하심을 입었다. 이것은 그가 겸손하고 근면한 사람이었다는 증거로서, 하나님은 이러한 기질을 존귀케 하시기를 기뻐하신다. 왕권을 위한 최고의 준비로서 사람들은 '군사적인 생활'을 생각하지만 하나님은 '목자적인 생활'을 보신다(목자로서 양을 치는 가운데 하나님과 교제하며 묵상하는 기회를 많이 갖기 때문이다). 다윗은 제사 드리는 시간이었음에도 불구하고 양을 지키고 있었다. 하나님은 제사보다 자비를 원하신다.

2. 사무엘은 자신에게 맡겨진 일에 너무나 충성스러웠다: 사람을 보내어 그를

데려오라 그가 여기 오기까지는 우리가 식사 자리에 앉지 아니하겠노라(아마도 이것은 제사와 관련한 잔치가 아니라 통상적인 식사였을 것이다). 만일 다른 형제들이 하나님에 의해 택함 받은 자가 아니라면, 그가 바로 택함 받은 자임에 틀림없을 것이다. 식탁에 앉는 것이 전혀 계획되어 있지 않았던 그가 이제 가장 중요한 인물로서 모든 사람들이 기다리는 자가 되었다. 낮은 자리에 앉은 자를 하나님이 높이실 때 누가 그것을 막을 수 있겠는가?

3. 다윗은 매우 보잘것없는 외양(外樣)으로 왔다. 그는 옷에 전혀 주의를 기울이지 않았다. 의심의 여지 없이 그가 입은 옷은, 통상적으로 목자들이 양을 돌볼 때 입는 옷이 그런 것처럼, 매우 초라하고 남루했을 것이다. 요셉과는 달리(창 41:14) 다윗은 옷을 갈아입지 않은 채 매우 소박한 외양으로, 그러나 쾌활하고 사랑스러운 모습으로 왔다: 그의 빛이 붉고 눈이 빼어나고 얼굴이 아름답더라(12절). 다시 말해서 그는 해맑은 안색과 아름다운 눈과 사랑스러운 얼굴을 가지고 있었다. 그의 외모는 특별했으며, 그의 모습은 너무도 매력적이었다. 그는 자신의 외모를 가꾸기 위해 특별한 기교를 부리지 않았으며, 자신에게 맡겨진 일로 인해 늘 햇볕과 바람에 노출되어 있었다. 그럼에도 불구하고 자연적으로 그의 마음의 아름다움이 외모까지 그대로 나타났다. 사무엘 앞에 인도되고 그로부터 극진한 대접을 받을 때 다윗의 얼굴은 겸손과 수줍음으로 붉어졌을 것인데, 아마도 그것이 그를 더욱 매력적으로 보이게 만들었을 것이다.

4. 이렇게 하여 다윗이 기름 부음을 받게 되었다. 여호와께서 (9:15에서처럼) 사무엘의 귀에다가 이가 그니 일어나 기름을 부으라고 말씀하셨다(12절). 사무엘은 그가 아직 배움이 적다느니, 아직 어리다느니, 혹은 그의 집에서 특별히 중요한 위치에 있지 않다느니 등의 항변을 하지 않고, 하나님의 명령에 순종하여 기름 뿔병을 가져다가 그에게 부었다(13절). 이것은 다음과 같은 사실을 의미한다.

(1) 하나님이 그에게 왕권을 주셨다는 사실. 이것은 사울이 죽은 후 현실화될 것으로서, 사무엘은 기름을 부음으로써 그에게 충분한 확신을 주었다. 지금 당장 그가 왕권을 차지하는 것은 아니었다. 다만 적당한 때가 되면 그에게 이양될 것이었다.

(2) 하나님이 그에게 나라를 통치하는 데 필요한 은혜와 은사들을 주셨다는

사실. 그리고 이렇게 함으로써 그는 메시야, 즉 성령을 한량없이 부음 받은 '기름 부음 받은 자'의 모형이 되었다. 다윗은 그의 형제 중에서 기름 부음을 받았다고 언급되고 있는데, 아마도 형들은 이것이 통치권을 부여받는 것이란 사실을 충분히 이해하지 못했고 또 요셉이 입었던 채색옷과 같은 특별한 표적을 보지 못했기 때문에 동생에 대해 (요셉의 형들이 그랬던 것처럼) 시기심을 갖지 않았을 것이다. 그러나 패트릭 주교는 이것을 다음과 같이 읽는다: 그가 자기 형제들 가운데로부터 기름 부음을 받았더니. 다시 말해서, 사무엘이 다윗을 형들로부터 따로 불러내어, 형들은 전혀 알지 못하도록 하고 은밀하게 기름을 부었다는 것이다(우리는 17:28에서 엘리압이 이 사실을 알지 못하고 있는 것처럼 보인다는 사실을 볼 수 있다). 이 때 다윗의 나이는 20세 정도였을 것으로 추산된다. 그렇다면 사울로 인한 그의 고난의 기간은 10년이 된다. 왜냐하면 사울이 죽을 때 그의 나이가 30세였기 때문이다. 한편 라이트푸트 박사는 그의 고난 기간을 5년 정도로 추산하면서, 지금 그의 나이가 25세 정도일 것이라고 생각한다.

5. 기름 부음의 결과: 이 날 이후로 다윗이 여호와의 영에게 크게 감동되니라(13절). 그에게 임한 기름 부음은 단지 공허한 의식(儀式)에 불과한 것이 아니었다. 그와 함께 신적 권능이 따랐다. 그리고 비록 외적인 상황은 특별히 달라진 것이 없다 할지라도, 그는 자기 안에서 지혜와 용기와 나라에 대한 관심이 크게 증진되는 것을 느꼈는데, 이러한 것들은 모두 통치자의 자질들이었다. 이러한 일들로 인해 그는 하나님이 자신을 선택하셨음을 충분히 납득할 수 있었다. 우리가 영광의 나라에 들어가도록 예정된 사실에 대한 최고의 증거는 우리가 약속의 성령에 의해 인치심을 받은 것과 우리의 마음속에서 하나님의 은혜의 역사를 경험하는 것이다. 어떤 이들은 사자와 곰을 죽인 용기와 음악에 대한 특별한 재능이 성령이 그에게 임한 결과이면서 동시에 증거가 된다고 생각한다. 어쨌든 이로 인해 그는 이스라엘의 노래 잘 하는 자가 되었다(삼하 123:1). 이 일을 마친 후 사무엘은 무사히 라마로 돌아갔다. 그리고 우리는 그가 죽을 때까지 단 한 번을 제외하고는(19:18) 그에 대해 더 이상 듣지 못한다. 이제 그는 평안히 죽기 위해 은거(隱居)의 삶으로 돌아갔는데, 그것은 그의 눈이 홀이 유다 지파로 돌아가는 것과 함께 구원을 보았기 때문이었다.

¹⁴여호와의 영이 사울에게서 떠나고 여호와께서 부리시는 악령이 그를 번뇌하게 한지라 ¹⁵사울의 신하들이 그에게 이르되 보소서 하나님께서 부리시는 악령이 왕을 번뇌하게 하온즉 ¹⁶원하건대 우리 주께서는 당신 앞에서 모시는 신하들에게 명령하여 수금을 잘 타는 사람을 구하게 하소서 하나님께서 부리시는 악령이 왕에게 이를 때에 그가 손으로 타면 왕이 나으시리이다 하는지라 ¹⁷사울이 신하에게 이르되 나를 위하여 잘 타는 사람을 구하여 내게로 데려오라 하니 ¹⁸소년 중 한 사람이 대답하여 이르되 내가 베들레헴 사람 이새의 아들을 본즉 수금을 탈 줄 알고 용기와 무용과 구변이 있는 준수한 자라 여호와께서 그와 함께 계시더이다 하더라 ¹⁹사울이 이에 전령들을 이새에게 보내어 이르되 양 치는 네 아들 다윗을 내게로 보내라 하매 ²⁰이새가 떡과 한 가죽부대의 포도주와 염소 새끼를 나귀에 실리고 그의 아들 다윗을 시켜 사울에게 보내니 ²¹다윗이 사울에게 이르러 그 앞에 모셔 서매 사울이 그를 크게 사랑하여 자기의 무기를 드는 자로 삼고 ²²또 사울이 이새에게 사람을 보내어 이르되 원하건대 다윗을 내 앞에 모셔 서게 하라 그가 내게 은총을 얻었느니라 하니라 ²³하나님께서 부리시는 악령이 사울에게 이를 때에 다윗이 수금을 들고 와서 손으로 탄즉 사울이 상쾌하여 낫고 악령이 그에게서 떠나더라

여기에서 우리는 사울의 해는 점점 지는 반면 다윗의 해는 점점 떠오르는 것을 보게 된다.

Ⅰ. 우리는 여기에서 스스로 파멸을 자초한 사울을 보게 된다(14절). 여호와의 영이 사울에게서 떠나고. 그가 하나님과 그분에 대한 의무를 저버리자, 하나님은 그에 대한 정당한 심판으로서 그가 왕으로서 백성을 다스릴 때나 전쟁을 수행할 때 그를 인도하고 격려하며 활력을 불어넣어 주었던 성령의 도우심을 그로부터 거두셨다. 그는 자신의 모든 좋은 자질들을 잃어버렸다. 이것은 그가 하나님을 버린 결과이면서 동시에 하나님으로부터 버림받은 것에 대한 증거였다. 이제 하나님은 사울로부터 모든 은총을 거두셨다(삼하 7:15에 표현된 것처럼). 여호와의 영이 우리로부터 떠날 때 모든 선한 것들도 함께 떠난다. 만일 우리가 고의적인 죄로 성령을 근심케 하고 성령의 불을 꺼 버린다면, 결국 성령은 떠나고 말 것이다. 여호와의 영이 사울에게서 떠난 결과는 이것이었다: 여호와께서 부리시는 악령이 그를 번뇌하게 한지라. 선한 영을 쫓아낸 자는 당연히 악한 영의 먹이가 된다. 만일 하나님과 그분의 은혜가 우리를 다스리지 않

는다면, 죄와 사탄이 우리를 지배하게 될 것이다. 마귀는 하나님이 허락하시는 가운데 사울의 몸의 부패한 기질과 마음의 정욕을 통해 그를 번뇌케 하고 두렵게 했다. 그는 초조해하며, 조바심 내며, 불평을 쏟아내며, 벌벌 떨며, 의심을 품으며, 때때로 부들부들 떨면서 공포에 사로잡혔다. 요세푸스는 말하기를, 그는 때때로 숨이 막힌 사람처럼 되었으며 완전히 귀신들린 사람처럼 발작을 했다고 한다. 이로 인해 그는 왕의 직무를 수행하기 어렵게 되었고, 매사에 조급해졌으며, 원수들에게 조롱거리가 되었으며, 주위 사람들에게 짐이 되게 되었다.

Ⅱ. 우리는 여기에서 사울의 의사가 된 다윗을 보게 된다. 다윗은 누구도 손을 쓸 수 없었을 때 고약한 질병으로 고통 가운데 있는 사울을 돕기 위해 왕궁으로 들어가게 되었다. 다윗은 얼마 전에 은밀하게 왕으로 지명되었다. 그러한 그가 왕궁으로 가서 넓은 세상을 보게 되는 것은 매우 유익한 일이 아닐 수 없었다. 그가 이렇게 왕궁으로 가게 된 것은 그 자신이나 혹은 그의 친구들의 계략을 통해 그렇게 된 것이 아니었다. 당신의 섭리를 이루기 위한 일에 쓰기로 작정한 자들을 하나님이 은혜 가운데 그 일을 위해 준비시키시며, 또한 그 일을 감당할 수 있도록 만들어 가시는 사실을 주목하라. 지금 사울은 고약한 병에 걸렸다. 그리고 그의 신하들은 그 병에 대해 (우연이 아니라) 하나님께서 부리시는 악령이 왕을 번뇌하게 한다고 정직하게 그리고 용기 있게 말했다(15절).

1. 사울의 증상을 완화시키기 위해 모든 신하들이 조언한 방법은 음악이었다(16절): 우리 주께서는 당신 앞에서 모시는 신하들에게 명령하여 수금을 잘 타는 사람을 구하게 하소서. 만일 그들이 사울로 하여금 악령이 여호와로부터 말미암았으니 참된 회개를 통해 하나님과 화평을 회복하도록 조언하고 또 사무엘에게 사람을 보내어 하나님과 왕 사이를 중보하며 기도해 줄 것을 요청했다면 얼마나 더 좋았을까! 만일 그렇게 했다면 어쩌면 지금의 병이 깨끗이 나을 뿐만 아니라 선한 영이 그에게 돌아왔을는지도 모른다. 그러나 신하들의 계획은 단지 사울의 증상을 완화시킴으로써 그의 기분을 상쾌하게 만들고자 하는 것일 뿐이었다. 많은 사람들은 이와 같이 영혼에 대한 관심보다 육체의 문제를 우선함으로써 영원한 멸망의 길로 가고 만다. 그러나 그들이 사울의 증상을 완화시키기 위하여 음악의 도움을 구하고자 한 것 자체가 잘못된 일은 아니었다(다만

그와 함께 선지자의 도움을 구했어야 했다). 그리고 (홀 주교가 관찰한 것처럼) 그들이 무당이나 점쟁이를 불러 주술의 힘으로 악령들을 쫓아내고자 하지 않은 것은 참으로 잘한 일이었다. 그리스도인이라는 이름을 가진 일부 사람들이 고통 속에서 마귀에게 도움을 청하면서 지옥을 자신들의 도피처로 삼는 것은 참으로 가증스러운 악행이다. 이와 같이 사탄과 의합(意合)하는 자들이 그 사슬을 끊고 나오는 것은 그 자체가 기적이 아닐 수 없을 것이다.

2. 신하 가운데 한 사람이, 다윗에 대하여 그가 바로 사무엘이 말했던 자(15:28) 곧 사울을 대신하여 왕이 될 자라는 사실을 조금도 생각지 못한 채, 이 일에 적합한 사람으로서 그를 천거하였다. 여기에서 다윗을 천거한 신하는 다윗에 대해, 그가 이 일에 적합할 뿐만 아니라 용기와 무용과 구변이 있는 준수한 자며 무엇보다도 여호와께서 그와 함께 하신다(바로 이것이 그의 최고의 특성이었다)고 말했다(18절). 이를 통해 우리는 다음과 같은 사실을 알 수 있다. 즉 비록 다윗이 기름 부음을 받은 후 다시 양을 지키는 일로 돌아갔고, 자기 머리에 어떤 기름의 흔적도 남기지 않았으며 매우 세심하게 이 비밀을 지키고자 했다 할지라도, 기름 부음의 결과 임한 성령의 역사는 결코 감추어질 수 없었으며 이로 인해 그는 외딴 곳에서라 할지라도 빛나지 않을 수 없었고, 그 결과 모든 이웃이 그 안에서 갑작스럽게 이루어진 이러한 놀라운 일들을 놀람과 함께 주목하게 되었다는 사실이다. 비록 목자의 옷을 걸쳤으나 다윗은 주변 사람들에 의해 주목 받는 뛰어난 인물이 되었다.

3. 이렇게 하여 다윗은 왕궁으로 가게 되었다.

(1) 다윗의 아버지 이새는 사울에게 보낼 선물과 함께 기꺼이 아들을 왕궁으로 보낸다(20절). 그 선물은 당시의 풍습에 따라 떡과 포도주였다(10장 3절과 4절과 비교하라). 이것은 왕에 대한 공경심과 충성심을 나타내는 것으로서 받을 만한 것이었다. 아마도 이새는 여기에 자신의 아들 다윗을 준비시키는 하나님의 섭리가 있음을 인식했을 것이다. 그래서 그는 아들이 부름을 받았을 때 매우 기꺼운 마음으로 그러한 섭리를 따랐다. 어떤 이들은 이새가 "네 아들 다윗을 보내라"는 메시지를 받았을 때 자기 아들이 기름 부음을 받은 것을 사울이 눈치채고 아들을 해치기 위해 보내라는 것이 아닌지 의심하면서 이를 무마하기 위해 선물을 보냈을 것으로 추측하기도 한다. 그러나 아마도 소식을 전하는 자가 다윗이 부름 받는 이유에 대해 설명해 주었을 것이다.

(2) 사울은 다윗은 크게 총애한다(21절). 사울은 다윗을 크게 사랑하여 자기의 무기를 드는 자로 삼고, (통상적인 왕의 행사와는 정반대로, 8:11) 그의 아버지에게 아들로 하여금 자신을 위해 일하도록 허락해 달라고 요청했다: 원하건대 다윗을 내 앞에 모셔 서게 하라. 사울로서는 다윗을 총애할 만한 충분한 이유가 있었다. 그것은 다윗이 자신을 위해 음악으로 큰 도움을 베풀어 주었기 때문이었다(23절). 여기에서는 다윗이 단지 수금을 탔다고만 언급되어 있지만, 요세푸스도 지적하는 것처럼 수금과 함께 목소리로 하나님을 찬미하는 노래를 불렀을 것으로 보인다. 다윗의 음악은 사울에게 약이었다.

[1] 음악은 혼란과 슬픔 속에 빠져 있는 마음을 진정시켜 주고 또 활력을 불어 넣어 주는 자연적인 힘을 가지고 있다. 엘리사도 자신의 영을 고요하게 하기 위해 음악을 사용하였다(왕하 3:15). 음악으로 인해 다른 사람들보다 더 많은 영향을 받는 사람들이 있는데, 아마도 사울 역시 그러한 사람들 가운데 하나였을 것이다. 음악이 악령들에게 마법을 거는 것은 아니다. 단지 사람의 영을 고요하게 만들고 육신적인 영의 격정을 진정시킬 뿐이다. 햇빛은 칼로도 자를 수 없고, 물로도 끌 수 없으며, 바람으로도 불어버릴 수 없다. 그러나 창문을 닫음으로써 우리는 그것이 방안에 들어오지 못하도록 할 수 있다. 음악이 마귀에 대해 어떤 일을 할 수는 없다. 그러나 우리는 음악을 통해 마귀가 사람의 마음에 접근하는 통로를 차단할 수 있다.

[2] 다윗의 음악은 특별했다. 그리고 그는 하나님이 함께 하시는 자로서 왕궁에서 좋은 평판을 얻을 수 있었다. 하나님은 다윗으로 하여금 다른 사람들보다 더 훌륭한 연주를 할 수 있도록 하셨다. 심지어 다윗에 대해 적의(敵意)를 품게 된 이후에도, 사울은 그 외에 어느 누구도 이 일을 할 수 없다는 사실을 잘 알고 있었다(19:9, 10). 이렇게 좋은 용도로 사용될 수 있는 음악이 사치와 허영을 위해, 그리고 그 마음을 하나님으로부터 멀어지게 하는 일에 잘못 사용되는 것은 참으로 안타까운 일이다. 만일 음악을 이렇게 사용한다면, 그것은 악령이 아니라 도리어 선한 영을 쫓아내게 될 것이다.

제 17 장

개요

다윗은 하나님이 존귀케 하기를 기뻐하신 자이며 또한 하나님의 마음에 합한 자였다. 앞 장에서 우리는 그가 기름 부음을 받은 후 신적 섭리 가운데 왕궁에서 유명한 자가 되었음을 살펴보았다. 이제 본 장에서 우리는 그가 어떻게 진(陣)에서 더 유명하게 되었는지를 보게 된다. 이와 같이 왕궁과 진에서 유명하게 되는 것을 통해, 그는 큰 인물로 각인될 뿐만 아니라 보좌에 합당한 자로서 부각되게 되었다. 왕궁에서 그는 단지 사울의 의사에 불과했다. 그러나 진(陣)에서는 이스라엘의 투사요 영웅이었다. 거기에서 그는 가드의 골리앗과 싸워 승리를 거두었다. 여기에서 다음을 주목하라. I. 골리앗의 장대한 체구와 이스라엘 군대에 대한 그의 도전(1-11절). II. 하나님의 섭리가 다윗을 진으로 인도했을 때 그의 보잘것없는 체구(12-30절). III. 골리앗에 대항하는 다윗의 비할 데 없는 용맹(31-39절). IV. 골리앗을 공격함에 있어서의 다윗의 믿음(40-47절). V. 다윗이 한 개의 돌로 얻은 영광스러운 승리, 그리고 이로 인해 이스라엘이 블레셋에 대해 승기를 잡음(48-54절). VI. 이 일로 인해 다윗이 왕궁에서 큰 주목을 받음(55-58절).

[1]블레셋 사람들이 그들의 군대를 모으고 싸우고자 하여 유다에 속한 소고에 모여 소고와 아세가 사이의 에베스담밈에 진 치매 [2]사울과 이스라엘 사람들이 모여서 엘라 골짜기에 진 치고 블레셋 사람들을 대하여 전열을 벌였으니 [3]블레셋 사람들은 이쪽 산에 섰고 이스라엘은 저쪽 산에 섰고 그 사이에는 골짜기가 있었더라 [4]블레셋 사람들의 진영에서 싸움을 돋우는 자가 왔는데 그의 이름은 골리앗이요 가드 사람이라 그의 키는 여섯 규빗 한 뼘이요 [5]머리에는 놋 투구를 썼고 몸에는 비늘 갑옷을 입었으니 그 갑옷의 무게가 놋 오천 세겔이며 [6]그의 다리에는 놋 각반을 쳤고 어깨 사이에는 놋 단창을 메었으니 [7]그 창 자루는 베틀 채 같고 창 날은 철 육백 세겔이며 방패 든 자가 앞서 행하더라 [8]그가 서서 이스라엘 군대를 향하여 외쳐 이르되 너희가 어찌하여 나와서 전열을 벌였느냐 나는 블레셋 사람이 아니며 너희는 사울의 신복이 아니냐 너희는 한 사람을 택하여 내게로 내려보내라 [9]그가 나와 싸

워서 나를 죽이면 우리가 너희의 종이 되겠고 만일 내가 이겨 그를 죽이면 너희가 우리의 종이 되어 우리를 섬길 것이니라 ¹⁰그 블레셋 사람이 또 이르되 내가 오늘 이스라엘의 군대를 모욕하였으니 사람을 보내어 나와 더불어 싸우게 하라 한지라 ¹¹사울과 온 이스라엘이 블레셋 사람의 이 말을 듣고 놀라 크게 두려워하니라

블레셋이 이스라엘에 의해 큰 타격을 당한 것은 그리 오래 전의 일이 아니었다. 그 때 만일 사울이 그토록 경솔한 명령을 내리지 않았다면 그들은 완전한 패배를 당했을 것이다. 그러나 우리는 여기에서 그들이 다시 일어나 이스라엘을 대적하는 것을 보게 된다.

I. 블레셋 사람들이 군대를 끌고 와서 이스라엘에 도전함(1절). 그들은 이스라엘의 변경 지역을 습격하여 일부 지역을 이미 자신들의 소유로 삼은 것으로 보인다. 왜냐하면 그들이 지금 진을 치고 있는 곳이 유다에 속한 지역이었기 때문이다. 만일 이스라엘 백성들이 하나님께 신실하였다면, 블레셋 군대는 결코 이스라엘 땅을 밟을 수 없었을 것이다. 아마도 블레셋 사람들은 사무엘이 사울과 불화하여 그를 버리고 더 이상 돕거나 조언을 해 주지 않으며, 또한 사울은 번뇌 가운데 빠져 왕의 직무를 제대로 수행할 수 없게 되었다는 소식을 들었을 것이다. 그리고 이러한 소식을 들었을 때 지난번의 패배를 되갚을 수 있는 좋은 기회가 왔다고 생각했을 것이다. 이와 같이 교회의 원수들은 호시탐탐 교회를 대적할 기회를 엿본다. 그리고 그들에게 있어 교회의 보호자들이 하나님의 성령을 근심케 하거나 혹은 선지자들과 불화하여 그들을 떠나게 하는 것보다 더 좋은 기회는 없다. 사울은 군대를 소집하고 그들과 맞섰다(2, 3절). 여기에서 우리는 다음의 사실들을 볼 수 있다.

1. 지금 악령이 사울에게서 떠났다는 사실(16:23). 다윗의 수금이 사울의 증상을 상당히 완화시켰다. 그리고 아마도 전쟁으로 인한 경각심이 그 증상이 재발되는 것을 막았을 것이다. 일은 우울증에 대한 좋은 치료제이다. 만일 우리에게 해야 할 어떤 일이 있다면, 우리의 마음은 우울증과 번뇌에 빠지게 될 위험이 훨씬 줄어들게 될 것이다. 하나님은 이스라엘에게 자비를 베푸사 잠시 동안 심판을 연기하셨다. 만일 이 중요한 때에 왕이 정신착란에 빠져버린다면, 이스라엘에 불어닥칠 혼란과 고통이 얼마나 극심하겠는가?

2. 지금 다윗은 왕궁을 떠나 베들레헴에 돌아가 있었다는 사실(15절). 사울

의 증세는 완화되어 더 이상 다윗의 도움을 필요로 하지 않게 되었다. 비록 기름 부음을 받았다고 하는 은밀한 이유와 함께 왕의 무기 드는 자의 위치를 허락받음으로 계속해서 왕궁에 머물 수 있었음에도 불구하고, 다윗은 베들레헴의 집으로 돌아와 아버지의 양을 지키는 일을 다시 계속했다. 그토록 유망한 자리에 서 있는 젊은이가 부모에 대한 애정과 함께 겸손한 마음을 갖는 것은 참으로 드문 일이다. 다윗은 높아졌을 때 다시 내려올 줄 아는 지혜를 가지고 있었으며, 왕궁의 모든 즐거움과 화려함보다 목자로서의 전원생활을 더 좋아했다. 그는 정말로 존귀케 될 만한 자격을 갖춘 사람이었으나 그러한 것에 그다지 관심을 두지 않았다.

II. 블레셋 사람들이 골리앗을 내세워 이스라엘에 도전함. 그들은 골리앗을 통해 자신들의 명성과 영토를 되찾기를 희망하면서 이스라엘 앞에 그를 내세웠다. 아마도 이스라엘 군대가 블레셋에 비해 그 숫자나 힘에 있어 우위에 있었던 것으로 보인다. 그래서 블레셋 사람들은 어느 정도 거리를 두고 접근하지 않은 채 골리앗을 내세워 일대일의 싸움으로 결말을 짓고 승리를 얻고자 했다. 골리앗과 관련하여 다음을 주목하라.

1. 그의 거대한 체구. 골리앗은 여호수아 시대에 가드에 거처를 정한(수 11:22) 아낙 자손이었다. 그들은 거기에서 거인 종족으로서의 혈통을 계속 이어나갔으며, 골리앗은 그들 가운데 한 사람으로서 아마도 가장 큰 자였을 것이다. 그의 키는 여섯 규빗 한 뼘(span)이었다(4절). 컴벌랜드 주교(bishop Cumberland)는 1규빗은 50센티미터 이상이며, 한 뼘(span)은 2분의 1 규빗이라고 주장한다. 그의 계산대로 한다면 그의 키는 3미터를 훨씬 넘게 된다. 그는 이와 같이 괴물 같은 몸을 가졌으며, 그러한 몸은 보는 사람들로 하여금 두려움을 갖게 하기에 충분했다.

2. 그가 갖춘 무장(武裝). 그의 타고난 체구뿐만 아니라 그가 갖춘 무장까지도 그를 더욱 두려운 존재로 보이도록 만들었다. 그는 방어를 위한 무장을 완전하게 갖추었다(5, 6절). 머리에는 놋 투구를 썼고 몸에는 비늘 갑옷을 입었으니. 그가 입은 비늘 갑옷은 마치 물고기의 비늘처럼 생긴 놋 조각들이 서로 겹쳐 있는 갑옷이었다. 그리고 그의 다리는 보통 사람들에 의해 쉽게 공격을 당할만한 위치에 있었으므로 놋 구두를 신고 발목 주위에 놋 각반을 쳤다. 그가 입은 갑옷의 무게가 오천 세겔이라고 언급되고 있는데, 그것을 지금의 수치로 환산

하면 70kg이 넘는다. 이와 함께 다른 장비의 무게를 합할 때 그가 갖춘 장비는 보통 사람이 감당하기에는 너무나 엄청난 것이었다. 반면 어떤 이들은 오천 세겔이 갑옷의 무게가 아니라 갑옷의 값을 의미하는 것으로 이해되어야 한다고 생각한다. 그의 갑옷을 만드는데 오천 세겔의 비용이 들었다고 보는 것이다. 한편 그가 지닌 공격 무기 역시 특별했는데, 여기에서는 단지 그가 들고 있는 창만이 상세하게 묘사되고 있다(7절). 창 자루는 마치 베틀 채 같았다. 보통 사람들은 간신히 들 수 있을 만한 것을 그는 마음대로 휘두를 수 있었다. 그의 모든 장비 가운데 가장 가벼운 것이 방패였는데, 자신의 위용을 과시하기 위해 부하로 하여금 그것을 들게 했다. 사실 놋으로 온 몸을 감싼 그에게 방패는 별로 필요 없었을 것이다.

3. 그의 도전. 골리앗은 블레셋을 대표하는 전사(戰士)로 선택되어 이스라엘 군대를 모욕하면서 도전했다(8-10절). 그는 이스라엘 진과 블레셋 진 사이에 있는 골짜기로 나아왔다. 아마도 그의 목소리는 그의 체구만큼이나 컸을 것이다. 그는 모든 사람들이 듣도록 큰 소리로 외쳤다: **사람을 보내어 나와 더불어 싸우게 하라.** 그는 모든 사람들보다 키가 크고 힘이 셌기 때문에 자신만만했다. (홀 주교는 말하기를) 그의 심장은 교만으로 가득 찬 고깃덩어리였다. 그는 이스라엘 가운데 자신과 같은 거인이 없으므로 이스라엘을 얕보았으며, 자신과 싸울 만큼 용기 있는 사람이 있으면 나와 보라고 모욕하였다.

(1) 그는 이스라엘이 군대를 이끌고 온 어리석음을 꾸짖는다: "너희가 어찌하여 나와서 전열을 벌였느냐? 너희가 감히 블레셋에 대항하려 하는 것이냐?" 그는 또 이렇게 소리를 지른다: "두 군대가 서로 맞싸울 필요가 무엇인가? 양쪽에서 한 사람씩 나와 싸움으로써 쉽게 결말을 낼 수 있지 않겠는가?"

(2) 그는 자신이 제안하는 결투의 결과로 전쟁을 종결짓자고 제안한다. "만일 너희의 전사(戰士)가 나를 죽인다면 우리가 너희의 종이 될 것이며, 내가 그를 죽인다면 너희가 우리의 종이 될 것이다." 이것은 단지 허장성세에 불과한 것이었다고 패트릭 주교는 말한다. 왜냐하면 어떤 나라도 이와 같이 모든 운명을 한 사람에게 맡기는 모험을 하지는 않을 것이기 때문이며, 또한 정당화될 수도 없는 것이기 때문이다. 골리앗의 이러한 공언(公言)에도 불구하고, 그가 죽었을 때 블레셋 사람들은 그의 공언대로 이스라엘의 종이 되려고 하지 않았다. 나는 블레셋 사람이 아니며 너희는 사울의 신복이 아니냐라고 말하면서 한 사

람의 이스라엘 사람과 결투를 벌이고자 하는 것에 대하여, 그는 스스로 자신이 큰 은덕이라고 베푸는 양 생각했을 것이다. 왜냐하면 그는 이스라엘 백성들을 단지 노예로밖에는 생각하지 않았기 때문이었다. 갈대아 역본은 여기에서, 골리앗이 자신이 바로 홉니와 비느하스를 죽이고 법궤를 빼앗은 장본인이라고 자랑하면서 그러나 블레셋이 자신의 공로에 합당한 보상을 베풀어 주지 않았는데 사울은 왕이 되었으니 "그러므로 사울은 나의 도전을 받아들이라"고 말하는 것으로 기록한다.

4. 이로 인해 이스라엘에 임한 두려움: 사울과 온 이스라엘이 블레셋 사람의 이 말을 듣고 놀라 크게 두려워하니라(11절). 만일 백성들이 사울이 그의 위세를 꺾어버리는 것을 보았다면 이토록 낙담하지는 않았을 것이다. 지도자가 겁쟁이이면서 부하들이 용맹하기를 바라는 것은 어불성설이다. 우리는 앞에서 암몬 사람 나하스가 이스라엘에 대해 도전할 때, 사울이 너무도 담대하게 대처했던 것을 보았었다(11:6). 그것은 그 때 여호와의 영이 그에게 임했기 때문이었다. 그러나 지금 여호와의 영은 그를 떠났다. 그러자 단지 큰 체구를 가진 한 사람의 요란한 말에 그는 완전히 낙담해 버리고 말았다. 그렇다면 지금 요나단은 어디에 있는가? 그는 지난번 전쟁에서 전체 블레셋 군대와 더불어 그토록 용맹하게 싸우지 않았던가? 의심의 여지 없이 지금 그는 앞에서와 같은 하나님의 충동을 느끼지 못했을 것이다. 요컨대 가장 위대한 사람도 가장 용맹한 사람도 결국 하나님이 만드시는 것이다. 지금 요나단은 가만히 있어야만 했다. 왜냐하면 골리앗과 싸우는 영광은 다윗을 위해 준비된 것이었기 때문이었다. 성령의 바람은 자신이 원하는 때에 그리고 원하는 곳으로 분다. 지금 경건한 이스라엘 백성들은 자신들의 왕이 사무엘과 불화 상태에 빠진 것을 얼마나 안타깝게 생각하고 있었겠는가!

¹²다윗은 유다 베들레헴 에브랏 사람 이새라 하는 사람의 아들이었는데 이새는 사울 당시 사람 중에 나이가 많아 늙은 사람으로서 여덟 아들이 있는 중 ¹³그 장성한 세 아들은 사울을 따라 싸움에 나갔으니 싸움에 나간 세 아들의 이름은 장자 엘리압이요 그 다음은 아비나답이요 셋째는 삼마며 ¹⁴다윗은 막내라 장성한 세 사람은 사울을 따랐고 ¹⁵다윗은 사울에게로 왕래하며 베들레헴에서 그의 아버지의 양을 칠 때에 ¹⁶그 블레셋 사람이 사십 일을 조석으로 나와서 몸을 나타내었더라 ¹⁷이새가

그의 아들 다윗에게 이르되 지금 네 형들을 위하여 이 볶은 곡식 한 에바와 이 떡 열 덩이를 가지고 진영으로 속히 가서 네 형들에게 주고 [18]이 치즈 열 덩이를 가져다가 그들의 천부장에게 주고 네 형들의 안부를 살피고 증표를 가져오라 [19]그 때에 사울과 그들과 이스라엘 모든 사람들은 엘라 골짜기에서 블레셋 사람들과 싸우는 중이더라 [20]다윗이 아침에 일찍이 일어나서 양을 양 지키는 자에게 맡기고 이새가 명령한 대로 가지고 가서 진영에 이른즉 마침 군대가 전장에 나와서 싸우려고 고함치며, [21]이스라엘과 블레셋 사람들이 전열을 벌이고 양군이 서로 대치하였더라 [22]다윗이 자기의 짐을 짐 지키는 자의 손에 맡기고 군대로 달려가서 형들에게 문안하고 [23]그들과 함께 말할 때에 마침 블레셋 사람의 싸움 돋우는 가드 사람 골리앗이라 하는 자가 그 전열에서 나와서 전과 같은 말을 하매 다윗이 들으니라 [24]이스라엘 모든 사람이 그 사람을 보고 심히 두려워하여 그 앞에서 도망하며 [25]이스라엘 사람들이 이르되 너희가 이 올라 온 사람을 보았느냐 참으로 이스라엘을 모욕하러 왔도다 그를 죽이는 사람은 왕이 많은 재물로 부하게 하고 그의 딸을 그에게 주고 그 아버지의 집을 이스라엘 중에서 세금을 면제하게 하시리라 [26]다윗이 곁에 서 있는 사람들에게 말하여 이르되 이 블레셋 사람을 죽여 이스라엘의 치욕을 제거하는 사람에게는 어떠한 대우를 하겠느냐 이 할례 받지 않은 블레셋 사람이 누구이기에 살아 계시는 하나님의 군대를 모욕하겠느냐 [27]백성이 전과 같이 말하여 이르되 그를 죽이는 사람에게는 이러이러하게 하시리라 하니라 [28]큰형 엘리압이 다윗이 사람들에게 하는 말을 들은지라 그가 다윗에게 노를 발하여 이르되 네가 어찌하여 이리로 내려왔느냐 들에 있는 양들을 누구에게 맡겼느냐 나는 네 교만과 네 마음의 완악함을 아노니 네가 전쟁을 구경하러 왔도다 [29]다윗이 이르되 내가 무엇을 하였나이까 어찌 이유가 없으리이까 하고 [30]돌아서서 다른 사람을 향하여 전과 같이 말하매 백성이 전과 같이 대답하니라

40일 동안 양 군대는 각자 유리한 위치에 진을 친 채, 피차 큰 충돌은 하지 않으면서 서로 대치만 하고 있었다. 아마도 그들은 피차의 요구조건을 조정하면서 교섭을 하고 있었든지 아니면 보급품을 기다리고 있었을 것이다. 그렇지만 아마도 소규모의 지엽적인 충돌은 자주 있었을 것이다. 그러는 동안 아침과 저녁 하루에 두 번씩 골리앗이 전장(戰場)에 나타나 계속해서 모욕하며 도전했다. 그는 이스라엘이 아무런 반응도 보이지 못하는 것으로 인해 더욱 의

기양양해졌으며, 이스라엘 백성은 더욱 마음이 약해지고 두려워 떨었다. 이로써 하나님은 그의 멸망의 때가 무르익음과 함께 이스라엘의 구원을 좀 더 극적으로 만들고자 계획하셨다. 그러는 동안 다윗은 아버지의 양 떼를 지키고 있었다. 그러나 신적 섭리는 그 40일의 말미 즈음에 다윗으로 하여금 승리의 월계관을 쓰도록 하기 위해 그를 전쟁터로 이끄신다. 우리는 여기에서 다음과 같은 내용을 보게 된다.

I. 다윗 가족의 현재 모습. 그의 아버지는 나이가 많아 늙었다(12절): 이새는 사울 당시 사람 중에 나이가 많아 늙은 사람으로서. 그는 나이가 많음으로써 당시의 통례에 따라 공적 의무가 면제되어 전쟁에 나가지 않고, 대신에 자신의 아들들을 보냈다. 그는 자신의 나이에 합당한 존귀를 가진 사람이었으며, 백발은 그에게 있어 영광의 면류관이었다. 다윗의 세 형은 (아마도 왕궁에서의 동생의 위치를 시기하여) 아버지를 설득하여 다윗으로 하여금 집으로 돌아오도록 하고 자신들은 사울을 따라 진영(陣營)에 나갔는데(13, 14절), 그렇게 함으로써 동생의 빛은 가려지는 반면 자신들은 드러나게 되기를 바랐을 것이다. 반면 다윗은 왕 앞에서 수행한 일로 인해 조금이라도 교만해진다든지 혹은 더 높은 지위를 탐낸다든지 하는 것과는 너무나 거리가 멀었다. 그는 왕궁을 떠나 아버지의 집으로 돌아왔는데, 그 곳은 왕궁의 화려함과는 거리가 먼 한적한 곳일 뿐만 아니라 아버지의 양을 지키는 수고와 책임과 위험(34절에 나타나는 것처럼)이 있는 곳이었다. 그의 겸손은 왕궁의 존귀를 초월한 것이었기에 더욱 칭찬할 만했다. 정복자의 존귀보다 더 존귀한 것이 바로 겸손의 상급이다. 겸손은 존귀의 앞잡이니라. 이제 다윗은 기도와 묵상의 기회를 좀 더 많이 가질 수 있게 되었는데, 이러한 신앙적인 일들은 어떤 군사적인 활동보다도 그로 하여금 자신에게 맡겨진 일을 위해 더 잘 준비되도록 만들어 줄 것이었다.

II. 아버지가 다윗에게 진영에 있는 형들을 만나고 오라는 명령을 내림. 다윗은 호기심을 만족시키기 위해 혹은 경험을 얻거나 구경을 하기 위해 자신을 보내 달라고 요청하지 않았다. 다만 아버지가 사소하고 보잘것없는 심부름으로 보낸 것이었다(그것은 사환 가운데 아무라도 갈 수 있는 그런 심부름이었다). 다윗은 형들을 위해 얼마간의 떡과 볶은 곡식을(17절), 그리고 천부장을 위해 치즈 열 덩이를(18절) 가져가야만 했다. 다윗은 자신의 집을 가장 빛나게 할 사람이었음에도 불구하고 아직까지는 심부름꾼 역할이나 해야만 하였다.

다윗은 이러한 짐을 싣고 갈 만한 나귀조차 가지고 있지 않았으므로, 모든 짐을 자신의 등에 짊어지고 진영으로 가야만 했다. 우리는 이새가 다윗이 기름 부음 받은 것을 비밀에 부치면서 그가 사람들에 의해 주목과 시기의 대상이 되지 않도록 하기 위해 이와 같이 비천한 모습을 하도록 했을 것이라고 추측할 수 있다. 다윗은 형들이 잘 있는지 그리고 오랜 군영생활과 부족한 보급으로 인해 몸이 쇠약해지지는 않았는지 살펴야만 했다. 그렇게 함으로써 필요하다면 더 많은 식량과 물품을 보낼 수 있을 것이었다. 또한 다윗은 형들이 혹시 어떤 것을 전당잡히지는 않았는지 살피고, 그래서 만일 전당잡힌 것이 있다면 그것을 되찾아 주어야만 하였다. 어떤 이들은 18절을 그들 무리를 주목해 보고라고 읽으면서, 이것을 형들이 주변 사람들과 더불어 어떤 생활을 하고 있는지 살펴보라는 뜻으로 이해하기도 한다. 어쩌면 다윗이 (마치 요셉이 그랬던 것처럼) 전에 형들에 대해 좋지 않은 보고를 했고, 그래서 이새가 다시 그를 보내 형들의 형편을 살펴보라고 한 것이었는지도 모른다. 자녀들이 부모로부터 멀리 떨어져 있을 때 특별히 유혹이 많은 장소에 있을 때, 부모가 그 자녀들에 대해 얼마나 근심하며 염려하는지 주목하라. 부모는 자녀들이 어떻게 행동하고 있는지 그리고 특별히 어떤 친구들과 사귀고 있는지 몹시 알고 싶어한다. 그러므로 자녀들은 항상 이 사실을 생각하고 그에 따라 행동해야 한다. 그리고 비록 부모의 눈으로부터는 떨어져 있다 할지라도 항상 하나님 눈 아래 있다는 사실을 기억해야 한다.

Ⅲ. 아버지의 명령에 대한 다윗의 성실한 순종. 다윗은 아침에 일찍이 일어났는데(20절), 그것은 그의 책임감과 성실성을 보여주는 것이었다. 그는 또한 자신의 양들을 양 지키는 자에게 맡겼다. 이와 같이 그는 작은 일에 충성된 자로서 많은 것을 맡아 다스리기에 합당한 자였다. 또한 그는 다른 사람들에게 명령을 내리기 전에 먼저 자신이 순종하는 법을 배웠다. 하나님의 섭리는 그를 가장 시의적절한 때에 진영으로 이끄셨다. 지금 양 진영은 전열을 갖춘 채 대치하고 있었으며, 그야말로 일촉즉발의 상태였다(21절). 지금 양 진영은 전투를 위한 모든 준비가 다 갖추어져 있었다. 이새는 자신의 아들을 이토록 급박한 순간에 보내는 줄은 거의 생각하지 못했지만, 그러나 지혜로우신 하나님은 이스라엘에게 승리를 주시면서 동시에 자기 마음에 합한 자를 부각시키고자 한 계획을 이루기 위해 시간과 모든 환경과 모든 상황을 주관하셨다.

1. 다윗은 매우 활발하며 적극적이었다(22절). 그는 자신에게 맡겨진 짐을 잘 간수하였다가, 이제 그것을 짐 지키는 자의 손에 맡겼다. 그리고 무거운 짐을 메고 먼 길을 왔음에도 불구하고, 형들에게 문안하고 또 그 곳에서 무슨 일이 벌어지고 있는지 보기 위해 군대로 달려갔다. 네가 자기의 일에 능숙한(부지런한, diligent) 사람을 보았느냐 이러한 사람은 왕 앞에 설 것이요 천한 자 앞에 서지 아니하리라(잠 22:29).

2. 골리앗은 너무도 호전적이며 도전적이었다(23절). 지금 양 군대가 전열을 갖추고 있는 상태에서, 먼저 그가 또다시 도전하려고 나타났다. 그는 자신의 영광과 승리를 조금도 의심치 않았지만 실상 멸망을 향해 달려가고 있었다.

3. 이스라엘 백성들은 너무도 두려워 정신을 잃을 지경이었다. 골리앗은 40일 동안 오만한 몸짓과 위협하는 말 가운데서도 실상 아무런 행동도 하지 않았다. 그러므로 이스라엘 백성들은 그것을 보면서 충분히 그를 무시해 버릴 수도 있었다. 그럼에도 불구하고 골리앗이 다가오자, 그들은 그 사람을 보고 심히 두려워하여 그 앞에서 도망했다(24절). 만일 이스라엘의 반석이 이스라엘을 팔고 또 내주지 않았다면(그들이 먼저 배반하여 버렸기 때문에), 한 명의 블레셋 사람이 이와 같이 이스라엘 백성 천을 쫓고 만을 도망하게 할 수는 결코 없었을 것이다(신 32:30).

4. 사울은 골리앗을 죽이는 자에게 큰 상급을 걸었다. 만일 사울이 하나님을 가까이했다면, 이와 같이 무례하기 짝이 없는 블레셋 사람의 도전을 쉽게 받아들일 수 있었을 것이다. 그러나 여호와의 영이 그에게서 떠나자, 그는 골리앗의 도전을 감히 받아들이지도 못하고 또 요나단을 내보내지도 못했다. 대신에 누구든지 골리앗을 죽이는 자에게 자신이 줄 수 있는 최고의 상급을 주겠다고 약속했다(25절). 누구든지 나서서 골리앗과 싸워 이긴다면 그는 왕의 딸과 결혼하고 큰 재산을 갖게 될 것이었다. 그리고 그 일에 성공하든지 혹은 실패하든지, 그의 아버지의 집은 이스라엘 중에서 세금을 면제받게 될 것이며 귀족의 칭호를 받게 될 것이었다.

5. 다윗은 골리앗의 오만불손한 도전으로부터 하나님과 이스라엘의 영광을 지키기 위한 열정에 불타올랐다. 다윗은 이미 알고 있었음에도 불구하고 이 블레셋 사람을 죽이는 자에게 어떤 상급이 약속되어 있는지 물었다(26절). 그것은 그가 재물과 영예에 야심을 품고 있었기 때문이 아니라, 자신이 지금 이스

라엘과 이스라엘의 하나님께 가해진 모욕에 대해 얼마나 분개하고 있는지를 사울에게 알리고자 했기 때문이었다. 다윗은 이미 사울을 잘 알고 있었으므로 스스로 사울에게 가서 자신이 이 일을 맡겠노라고 나설 수도 있었다. 그러나 그는 겸손으로 인해 그렇게 하지 않았다. 왕 앞에서 스스로 높은 체하지 말며 대인들의 자리에 서지 말라(잠 25:6). 이것은 그의 아들인 솔로몬의 잠언이기 이전에 그 자신의 삶의 원칙이었다. 그러나 그는 하나님과 이스라엘을 위한 열정으로 인해 골리앗과의 큰 싸움에 나서게 되었다. 다윗의 거룩한 분노에 불을 붙인 것은 아마도 다음과 같은 두 가지 사실 때문이었을 것으로 보인다.

(1) 이스라엘을 향해 도전하는 자가 할례 받지 못한 자이며, 하나님을 알지 못하는 자이며, 언약 밖에 있는 자라는 사실.

(2) 지금 도전을 받고 있는 자들이 살아계신 하나님의 군대로서 그분께 드려진 그리고 그분에 의해 쓰임 받는 자들이라는 사실. 따라서 이스라엘에게 가해진 모욕은 곧 살아계신 하나님께 가해진 모욕이었기 때문에 다윗은 결코 참을 수 없었다. 그리하여 어떤 사람이 골리앗을 죽이는 자에게 약속된 상급을 말해 주었음에도 불구하고(27절), 그는 자신의 분노가 마침내 사울의 귀에 들려지기를 기대하면서 다른 사람에게 또 물었다(30절).

6. 맏형 엘리압은 다윗을 꾸짖으면서 그가 하려고 하는 일을 막으려고 했다. 그는 다윗이 주제넘게 나선다고 생각하면서 화를 내며 욕설을 퍼부었다(28절).

(1) 이것은 엘리압의 시기심으로 말미암은 것이었다. 그는 형제들 가운데 맏이었으며 다윗은 막내였다. 아마도 그는 (대개 형들이 동생들에 대해 그러는 것처럼) 사사건건 동생을 짓밟고 꾸짖었을 것이다. 이와 같이 스스로를 아랫사람들보다 높이고자 하는 자들은 의로운 섭리에 의해 도리어 자신들은 낮아지고 자신들이 학대했던 자들은 도리어 높아지는 것을 보게 될 것이다. 큰 자가 어린 자를 섬길 때가 올 것이다. 지금 엘리압은 골리앗에 대해 자신도 감히 하지 못하는 말을 동생이 담대하게 말하는 것을 듣자 분노를 폭발시키고 있다. 그는 다윗이 전에 왕궁에서 존귀와 영예를 얻었던 것을 알고 있었다. 그런데 만일 지금 그가 진영에서조차 또다시 존귀와 영예를 얻는다면, 자신들의 영광은 가려지고 녹이 슬게 될 것이었다. 그러므로 지금 그에게 있어 다윗이 골리앗을 이기는 장본인이 될 바에는 차라리 골리앗이 계속해서 이스라엘을 모욕하는 것이 더 나을 것이었다(바로 이것이 시기심의 본질이다). 분은 잔인하고

노는 창수 같거니와 투기 앞에야 누가 서리요(잠 27:4). 특별히 야곱과 요셉과 다윗이 경험했던 것처럼, 형제지간의 시기심은 더욱 예리하고 미묘한 법이다. 잠언 18:19을 보라(노엽게 한 형제와 화목하기가 견고한 성을 취하기보다 어려운즉 이러한 다툼은 산성 문빗장 같으니라). 여기에서 엘리압이 다윗에게 사용하고 있는 언어는 너무도 거칠고 가혹한 것이었다. 그것은 부당하고 몰인정할 뿐만 아니라 고마운 마음이라고는 조금도 담겨있지 않은 그러한 언어였다. 왜냐하면 지금 다윗은, 과거에 요셉이 그랬던 것처럼, 형들의 안위와 필요를 살피기 위해 아버지로부터 보냄을 받아 이 곳에 온 것이었기 때문이었다. 엘리압은 다윗을 낙담시켜 그 일을 포기하도록 하고 또 그의 가슴 속에 타오르고 있는 거룩한 불을 끄려고 했을 뿐만 아니라, 거기에다가 주변 사람들에게 다윗은 고작 게으르고 교만하기 짝이 없는 그래서 전혀 관심을 가질 필요조차 없는 애송이로 보이도록 하고자 했다. 그는 주변 사람들에게 그가 하는 일이라야 고작 양떼를 지키는 일일 뿐이며 더구나 그는 부주의하며 성실하지 못한 목동이라는 인상을 은근히 심어주고자 했다. 다윗은 자신의 일을 잘 맡겨놓고 왔음에도 불구하고(20절), 책망과 함께 다음과 같은 힐문을 들어야만 했다: 들에 있는 양들을 누구에게 맡겼느냐. 지금 다윗이 진영에 온 것은 아버지의 명령에 순종하고 또한 형들의 안위와 필요를 살피기 위함이었다. 이러한 사실을 알고 있었음에도 불구하고, 엘리압은 다윗을 호되게 꾸짖었다: "네가 온 것은 단지 네 호기심을 만족시키고 전쟁을 구경하기 위한 것이로다." 그리고 이로부터 그는, 마치 다윗의 마음속에 들어갔다 나온 것처럼, 그의 마음의 교만과 완악함을 추론했다. 다윗은 하나님께 호소하면서(시 17:3; 131:1) 자신의 겸손과 진심의 증거를 보일 수 있었다. 그럼에도 불구하고 그는 자신의 형으로부터 이러한 가혹한 정죄와 꾸지람을 피할 수 없었다. 교만과 시기심으로 흥분 가운데 있는 자의 어리석음과 악함과 불합리함을 보라. 그의 시기심은 얼마나 근거 없는 것이며, 꾸지람은 얼마나 정당하지 못한 것인가! 또 그의 말은 얼마나 공정하지 못하며, 그의 욕설은 얼마나 쓴가! 그리고 그의 언어는 얼마나 억지스러운가! 하나님은 은혜 가운데 우리로 하여금 그러한 마음을 갖지 않도록 지켜주신다.

(2) 이것은 다윗의 온유함과 참을성과 불굴성을 시험하기 위한 것이었다. 짧막한 시험이었지만 다윗은 그것을 훌륭하게 해 냈다.

[1] 다윗은 놀랄 만한 침착성으로 자신의 감정을 잘 다스렸다(29절). "내가 무

엇을 하였나이까? 내가 무슨 잘못을 하였기에 이렇게 꾸지람을 받아야 한단 말입니까? 내가 진영에 온 것에 어찌 이유가 없으리이까? 골리앗의 도전으로 인해 이스라엘의 영광이 상처를 입었는데, 내가 이에 대해 분개하는 것에 어찌 이유가 없으리이까?" 다윗은 그렇게 할 만한 권리와 근거를 가지고 있었다. 그리고 그 사실을 알고 있었으므로, 그는 욕설에 대하여 욕설로 되갚지 않고 형의 꾸지람에 대해 부드러운 말로 대답했다. 다윗이 이렇게 자신의 감정을 정복한 것은 어떤 면에서 볼 때 골리앗을 정복한 것보다 더 영예로운 일이었다. 노하기를 더디하는 자는 용사보다 낫고 자기의 마음을 다스리는 자는 성을 빼앗는 자보다 나으니라(잠 16:32). 지금 블레셋 사람들이 몰려오고 있는 마당에 다윗은 형과 다투고 있을 시간이 없었다. 교회의 원수들이 더 많은 위협과 공격을 가할수록 교회의 지체들은 서로 더 많이 참아야 한다.

[2] 다윗은 놀랄 만한 의지력으로 자신을 낙담시키는 모든 것을 돌파하였다. 그는 형의 악의적인 꾸지람과 욕설에도 불구하고 골리앗과 싸우고자 했던 생각을 포기하지 않았다. 공공의 선을 위해 큰 일을 하고자 하는 자들은 자신들을 옹호해 주고 도와줄 것으로 기대했던 자들이 도리어 반대하며 훼방할 때 그것을 이상하게 생각해서는 안 된다. 원수들의 위협뿐만 아니라 친구들의 냉대와 비협조에도 불구하고, 겸손하게 자신들의 일을 계속해 나가야 한다.

³¹어떤 사람이 다윗이 한 말을 듣고 그것을 사울에게 전하였으므로 사울이 다윗을 부른지라 ³²다윗이 사울에게 말하되 그로 말미암아 사람이 낙담하지 말 것이라 주의 종이 가서 저 블레셋 사람과 싸우리이다 하니 ³³사울이 다윗에게 이르되 네가 가서 저 블레셋 사람과 싸울 수 없으리니 너는 소년이요 그는 어려서부터 용사임이니라 ³⁴다윗이 사울에게 말하되 주의 종이 아버지의 양을 지킬 때에 사자나 곰이 와서 양 떼에서 새끼를 물어가면 ³⁵내가 따라가서 그것을 치고 그 입에서 새끼를 건져 내었고 그것이 일어나 나를 해하고자 하면 내가 그 수염을 잡고 그것을 쳐죽였나이다 ³⁶주의 종이 사자와 곰도 쳤은즉 살아 계시는 하나님의 군대를 모욕한 이 할례 받지 않은 블레셋 사람이리이까 그가 그 짐승의 하나와 같이 되리이다 ³⁷또 다윗이 이르되 여호와께서 나를 사자의 발톱과 곰의 발톱에서 건져내셨은즉 나를 이 블레셋 사람의 손에서도 건져내시리이다 사울이 다윗에게 이르되 가라 여호와께서 너와 함께 계시기를 원하노라 ³⁸이에 사울이 자기 군복을 다윗에게 입히고 놋 투구를

그의 머리에 씌우고 또 그에게 갑옷을 입히매 ³⁹다윗이 칼을 군복 위에 차고는 익숙하지 못하므로 시험적으로 걸어 보다가 사울에게 말하되 익숙하지 못하니 이것을 입고 가지 못하겠나이다 하고 곧 벗고

마침내 사울이 다윗을 부르고(31절), 다윗은 골리앗과 싸우는 일을 자신이 맡겠다고 나선다(32절): 그로 말미암아 사람이 낙담하지 말 것이라. 만일 다윗이 그로 말미암아 왕이 낙심하지 말 것이라고 말했다면 그것은 왕의 용맹을 상당히 폄훼하는 말이 되었을 것이다. 따라서 다윗은 일반적인 표현으로 말했다: 그로 말미암아 사람이 낙담하지 말 것이라. 오늘 아침까지도 양을 지키던 어린 목동이 이스라엘의 모든 용사들보다도 더 큰 용기를 가지고 있었으며 또 그들을 격려하고 있었다. 이와 같이 하나님은 종종 세상의 약하고 미련한 것들을 통해 선한 말씀을 전하시고 또 위대한 일을 이루신다. 다윗이 원한 것은 단지 골리앗과 싸우는 것을 왕이 허락해 주는 것뿐이었다. 다윗은 왕이 제시한 상급에 대하여는 아무 말도 하지 않았다. 그것은 그의 마음이 상급에 있지 않았기 때문이었다. 다윗은 오직 하나님과 이스라엘의 영예를 지키는 일에만 관심을 가졌을 뿐이었다. 다윗은 또한 왕이 약속을 지킬 것인지에 대해서도 묻지 않았다. 그는 다음과 같은 두 가지 일에만 모든 관심을 기울였을 뿐이었다.

I. 자신이 나가서 골리앗과 싸우는 것에 대한 사울의 반대를 극복하는 것.

사울은 말한다. "오! 네가 훌륭한 마음을 가졌다만, 너는 결코 그 블레셋 사람의 상대가 되지 못하느니라. 지금 그와 싸우는 것은 계란으로 바위를 치는 것과 마찬가지이니, 네 목숨을 그렇게 헛되이 버리지 말고 나중을 위해 남겨두는 것이 좋으리라. 너는 소년이요 아직 어리고 분별이 부족하며 약하고 무기를 다루는 일에 능숙하지 못하지만, 그는 어려서부터 철저하게 훈련된 용사이니라(33절). 그가 너와 비교할 수 없을 정도로 힘이 세고 강한데 어떻게 네가 이길 것이라고 기대할 수 있겠느냐?" 형의 꾸짖음에 대해 온유함으로 대답했던 것처럼, 다윗은 사울의 염려에 대해 믿음으로 대답하면서 그를 충분히 납득시키기 위해 자기 안에 있는 소망의 이유(즉 골리앗을 이길 수밖에 없는 이유)를 말한다. 사울은 하나님의 말씀을 잘 알지도 못했으며, 또한 그것을 깊이 새겨듣는 사람도 아니었다. 그랬기 때문에 다윗은 사울을 설득함에 있어 하나님의 말씀으로부터 시작하지 않았다(그의 마음은 하나님의 말씀에 집중되어 있었음에

도 불구하고). 대신에 그는 자신의 경험으로부터 시작한다. 아직 어리며 전쟁에 나가 싸운 경험은 없다 할지라도, 그는 골리앗을 죽이는 일과 같은 일을 많이 경험했다. 왜냐하면 자신의 양들을 훔치려는 사자와 곰에 대해 그는 (하나님의 도우심으로) 그것들과 맞서는 용기와 함께 그것들을 때려죽이는 힘을 가지고 있었기 때문이었다(34-36절). 다윗은 그 할례 받지 못한 블레셋 사람을 이러한 짐승들과 비교하면서, 그를 그것들과 같은 굶주린 짐승으로밖에는 간주하지 않는다. 그러면서 자신이 그를 쉽사리 이길 수 있음을 조금도 의심하지 않는다. 이러한 말로써 다윗은 골리앗과 싸우는 것과 같은 위험한 모험에 있어 자신이 아무런 경험도 없는 것이 결코 아니라는 사실을 사울에게 납득시키고자 했다.

1. 다윗은 떳떳하고 용기 있게 자신의 관하여 이야기한다. 그는 자신이 아버지의 양을 지키는 자라는 사실을 말하는데 조금도 부끄러워하지 않는다(바로 전에 그의 형 엘리압은 이 사실을 지적하면서 그를 꾸짖었었다). 그는 지금 자신 안에서 솟아오르고 있는 용기와 담대함이 바로 목동의 경험으로부터 왔다는 사실을 전혀 숨기려고 하지 않았다. 지금 그를 둘러싸고 있는 사람들은 그가 보통 목동이 아니라는 사실을 알게 되었다. 우리의 직업 혹은 소명이 무엇이든지간에 또 그것이 아무리 초라하고 보잘것없는 것이라 할지라도, 우리는 그 안에서 뛰어나도록 일해야 하며 또 그렇게 되도록 최선을 다해야 한다.

(1) 다윗은 양을 지킬 때 (자신의 양이 아니라 아버지의 양이었음에도 불구하고) 결코 주의를 게을리하지 않았으며 또한 가장 부드럽게 양 떼를 돌봤다. 그는 자신의 목숨이 위험한 상황에서도 위험에 빠진 양을 건져 내는 일을 결코 포기하지 않았다. 왕은 백성들의 생명과 피를 소중하게 여길 줄 알아야만 하는데, 다윗의 이러한 성품이야말로 왕이 되기에 참으로 적합한 것이었다. 또한 그의 이러한 성품은 선한 목자로서 자기 양 떼를 먹이시며 어린 양을 그 팔로 모아 품에 안으시는(사 40:11), 그리고 친히 위험을 무릅쓰실 뿐만 아니라 양들을 위해 자기 목숨을 내어주신 그리스도의 모형이 될 만한 것이었다. 또한 다윗은 영혼들로 하여금 우는 사자의 먹이가 되지 않도록 끊임없이 보살피고 경성해야 하는 목회자들의 좋은 모범이 된다.

(2) 다윗은 자신의 양을 지키는데 매우 담대하고 용감했다. 자신이 골리앗을 이길 수 있는 증거로서 지금 다윗이 제시하고자 하는 것이 바로 이것이었다:

"주의 종이 위험에 빠진 양을 건져 냈을 뿐만 아니라, 사자와 곰을 죽였나이다."

2. 다윗은 이 일에 믿음을 적용시킨다. 그는 사자와 곰의 발톱에서 자신을 건져 내신 이가 바로 여호와임을 인정한다(37절). 다윗은 이 큰 일로 인해 하나님을 찬미하면서, 그로부터 하나님이 또한 자신을 그 블레셋 사람의 손에서도 건져 내실 것을 추론한다. "사자와 곰은 단지 나와 양들의 원수에 불과했으며, 내가 그것들을 물리친 것은 단지 나 자신의 생명과 재산을 지키기 위한 것이었나이다. 그러나 이 블레셋 사람은 하나님과 이스라엘의 원수로서 살아계신 하나님의 군대에게 도전하고 있으며, 내가 그를 물리치는 것은 하나님과 이스라엘의 영광을 위한 것이나이다." 다음을 주목하라.

(1) 우리는 과거의 경험을 우리가 어떤 일을 감당함에 있어 필요한 믿음과 용기를 격려하고 고취하는 것으로서 활용해야 한다. 과거 우리를 건져 주셨던 분은 지금도 건져 주시며 또 앞으로도 건져 주실 것이다.

(2) 보잘것없는 미물까지도 돌보시고 보호하시는 하나님의 일반섭리를 볼 때, 우리는 이스라엘을 둘러싸고 있는 특별섭리를 더욱 의지할 수 있게 된다. 파도와 들짐승의 격노(激怒)의 한계를 정하시는 자는 악인의 분노를 제한하실 수 있으시며 또 그렇게 하실 것이다. 바울이 내가 사자의 입에서 건짐을 받았으므로 또한 주께서 나를 모든 악한 일에서 건져 내실 것이라고 말할 때(딤후 4:17, 18), 아마도 그는 여기의 다윗을 염두에 두었던 것으로 보인다. 또한 어쩌면 다윗은 여기에서 삼손의 이야기를 생각하고 더욱 용기를 갖게 되었을는지 모른다. 왜냐하면 삼손이 사자 한 마리를 죽인 것은 앞으로 많은 블레셋 사람들을 죽일 것을 미리 보여주는 분명한 전조(前兆)였기 때문이다. 이렇게 하여 다윗은 사울의 모든 염려를 불식시키고, 그로부터 골리앗과 싸울 허락을 받았다. 그와 함께 사울은 진심으로 다윗의 승리를 기원해 주었다: 가라 여호와께서 너와 함께 계시기를 원하노라. 다윗에게는 정말로 여호와께서 함께 하실 만한 무엇이 있었다.

Ⅱ. 사울이 입고 나가도록 준 갑옷을 벗어버리는 것(38절). 이에 사울이 자기 군복을 다윗에게 입히고. 아마도 그것은 사울 자신이 입고 있었던 것은 아니었을 것이다. 왜냐하면 사울과 다윗은 키와 몸집에 있어 많은 차이가 났기 때문이었다. 아마도 그것은 무기고에 보관되어 있었던 것일 것인데, 사울은 지금 자신이 투구와 갑옷을 입히고 있는 자가 장차 자신의 면류관과 왕복을 상속받

게 될 것이란 사실은 추호도 생각하지 못하고 있었다. 어떻게 골리앗을 꺾을 것인지를 아직 결정하지 못한 다윗은 군복 위에 칼을 차 보았지만, 걸리적거리기만 할 뿐 아무런 도움도 되지 못하는 사실을 알게 되었다. 그것은 도움은 고사하고 무거운 짐만 될 뿐이었으므로, 다윗은 사울로부터 그것을 벗어버려도 좋다는 허락을 받고자 하였다: 익숙하지 못하니 이것을 입고 가지 못하겠나이다. 아마도 사울이 준 갑옷은 매우 훌륭하고 튼튼한 것이었을 것이다. 그러나 그것이 다윗에게 맞지 않는다면 혹은 다윗이 그것을 능숙하게 다룰 줄 모른다면, 아무리 훌륭하고 튼튼한들 그것이 무슨 소용이 있겠는가? 자신들의 분수와 형편 이상의 것을 꿈꾸며 왕의 의복과 갑옷을 탐내는 자들은, 우리에게 맞으며 또 익숙한 것이 우리에게 가장 좋은 것이라는 사실을 잊고 있는 것이다. 만일 우리가 그런 욕심을 가지고 있었다면, "익숙하지 못하니 이것을 입고 가지 못하겠나이다"라고 말하면서 예전의 옷을 다시 입기를 소망해야 한다. 우리에게 맞지 않는 옷은 벗어버리고 나가는 것이 훨씬 더 나은 법이다.

[40]손에 막대기를 가지고 시내에서 매끄러운 돌 다섯을 골라서 자기 목자의 제구 곧 주머니에 넣고 손에 물매를 가지고 블레셋 사람에게로 나아가니라 [41]블레셋 사람이 방패 든 사람을 앞세우고 다윗에게로 점점 가까이 나아가니라 [42]그 블레셋 사람이 둘러보다가 다윗을 보고 업신여기니 이는 그가 젊고 붉고 용모가 아름다움이라 [43]블레셋 사람이 다윗에게 이르되 네가 나를 개로 여기고 막대기를 가지고 내게 나아왔느냐 하고 그의 신들의 이름으로 다윗을 저주하고 [44]그 블레셋 사람이 또 다윗에게 이르되 내게로 오라 내가 네 살을 공중의 새들과 들짐승들에게 주리라 하는지라 [45]다윗이 블레셋 사람에게 이르되 너는 칼과 창과 단창으로 내게 나아 오거니와 나는 만군의 여호와의 이름 곧 네가 모욕하는 이스라엘 군대의 하나님의 이름으로 네게 나아가노라 [46]오늘 여호와께서 너를 내 손에 넘기시리니 내가 너를 쳐서 네 목을 베고 블레셋 군대의 시체를 오늘 공중의 새와 땅의 들짐승에게 주어 온 땅으로 이스라엘에 하나님이 계신 줄 알게 하겠고 [47]또 여호와의 구원하심이 칼과 창에 있지 아니함을 이 무리에게 알게 하리라 전쟁은 여호와께 속한 것인즉 그가 너희를 우리 손에 넘기시리라

드디어 우리는 그 유명한 다윗과 골리앗 간의 싸움에 이르게 되었다.

여기에서 우리는 양자 간에 서로 주고받은 말을 보게 된다.

I. 양자 간에 서로 싸울 준비를 마침. 골리앗은 지난 40일 동안 계속해서 그랬던 것처럼 이미 준비가 다 되어 있었다. 그는 완전하게 무장을 갖추고 있었다. 우리는 여기에서 그가 점점 가까이 나아왔다는 언급을 보게 되는데(41절), 아마도 그의 도전이 받아들여졌다는 신호가 전달된 것으로 보인다. 골리앗은 자신의 투구와 갑옷조차도 믿지 못하겠다는 듯이 방패 든 사람을 앞세우고 자신의 손에는 칼과 창과 단창을 들고 왔다(45절). 한편 다윗은 어떤 무장을 갖추고 있었나? 그는 목자의 모습 그대로일 뿐 아무런 무장도 갖추고 있지 않았다. 갑옷도 흉패도 없었으며, 오직 목자의 옷 그대로였다. 창 대신에 막대기를, 칼과 활 대신에 물매를, 화살통 대신에 목자의 제구 주머니를, 화살 대신에 시내에서 주운 매끄러운 돌 다섯 개를 가지고 나갔다(40절). 이로 볼 때 우리는 그가 신뢰한 것이 자신의 어떤 것이 아니라 전적으로 하나님의 능력이었음을 알 수 있다. 또한 우리는 골리앗과 싸울 생각을 마음속에 넣어 주신 분이 어떤 무기를 사용할지에 대한 생각도 그의 머릿속에 넣어 주셨을 것이라고 추측할 수 있다.

II. 서로 충돌하기에 앞서 나눈 대화.

1. 골리앗은 너무도 오만하고 자신만만했다.

(1) 골리앗은 상대방을 바라보며 코웃음을 쳤다(42절). 그는 키가 크고 힘이 센 사람이 나올 것이라고 예상하면서 주위를 둘러보았다. 그러나 상대가 너무나 보잘것없는 외모를 가진 사람인 것을 보았을 때, 그는 코웃음을 치지 않을 수 없었다. 그는 이렇게 보잘것없는 상대와 결투하는 것이 마치 자신과는 격이 맞지 않는다는 듯이, 그리고 도리어 자신의 승리의 영광을 떨어뜨릴 뿐이라는 듯이 생각했다. 골리앗은 다윗의 외모를 둘러보았다. 그는 자신의 힘에 미치지 못하는 아직 어린 자에 불과했다. 그는 붉고 용모가 아름다웠으므로, 전쟁터에 나와 싸우기보다는 차라리 사교모임에서 이스라엘의 처녀들과 어울려 춤이나 추는 것이 더 적합할 것이었다. 또한 그는 다윗의 복장을 보고 크게 분개했다(43절): "네가 나를 개로 여기고 막대기를 가지고 내게 나아왔느냐? 네가 그 막대기로 양 모는 개를 다루듯이 그렇게 쉽게 나를 칠 것이라고 생각하느냐?"

(2) 골리앗은 자신의 승리를 조금도 의심치 않았다. 그는 자기가 섬기는 신들의 이름으로 다윗을 저주했다. 그는 승리를 확신하면서 눈을 부릅뜨고 소리

를 질렀다(44절): "오라 내가 네 살을 공중의 새들과 들짐승들에게 주리라. 네 살은 그것들에게 맛있는 음식이 되리라." 이와 같이 어리석은 자들은 자신들의 어리석은 확신 가운데 스스로 멸망에 이르고 만다.

2. 한편 다윗은 너무도 믿음으로 충만했다. 그의 말 속에는 자기과시 따위는 조금도 없었다. 오직 하나님만이 있을 뿐이었다(45-47절).

(1) 다윗은 하나님으로부터 자신의 권위를 끌어낸다. "나는 하늘로부터의 위임을 받아 여호와의 이름, 곧 나를 부르시고 이 일을 위해 기름을 부으시고 만군의 주님이신, 그래서 자신이 기뻐하시는 일을 행할 능력이 있으시며 언약의 특별은혜로 말미암아 이스라엘 군대의 하나님이 되신, 그러므로 이스라엘을 보호하시며 이스라엘을 모욕하는 너를 대적하시는 자의 이름으로 네게 나아가노라." 골리앗이 칼과 창을 의지한 것처럼, 다윗은 하나님의 이름을 의지하였다. 시편 20:7과 118:10, 11을 보라.

(2) 다윗은 하나님을 의지하여 승리를 확신했다(46절). 다윗은 골리앗과 마찬가지로 (그러나 전혀 다른 근거 위에서) 분명한 확신을 가지고 말한다. "오늘 여호와께서 너를 내 손에 넘기시리니, 너와 다른 블레셋 병사들의 시체가 새와 들짐승의 먹이가 될 것이다." 바로 이것이 다윗의 믿음이었다.

(3) 다윗은 찬송과 영광을 모두 하나님께 돌린다. 골리앗과는 달리, 다윗은 자신의 영광이 아니라 하나님의 영광을 구했다. 다윗은 자신의 승리를 통해,

[1] 온 세상이 하나님이 계시며 또한 이스라엘의 하나님은 살아계시며 참되신 유일하신 하나님이시며, 그러므로 다른 모든 신이라 일컬어지는 것들은 헛것이요 거짓일 뿐이란 사실을 알게 될 것이라고 했다.

[2] 모든 이스라엘이 여호와의 구원하심이 칼과 창에 있지 않다는(47절) 사실과 하나님이 기뻐하시면 그런 것들 없이도 얼마든지 자기 백성을 구원하실 수 있다는(시 46:9) 사실을 알게 될 것이라고 했다. 지금 다윗은 나라의 원수와 싸우기 위해 나가는 전사(戰士)라기보다는 하나님께 공의의 희생 제사를 드리기 위해 나가는 제사장으로서 말하고 있는 것처럼 보인다.

⁴⁸블레셋 사람이 일어나 다윗에게로 마주 가까이 올 때에 다윗이 블레셋 사람을 향하여 빨리 달리며 ⁴⁹손을 주머니에 넣어 돌을 가지고 물매로 던져 블레셋 사람의 이마를 치매 돌이 그의 이마에 박히니 땅에 엎드러지니라 ⁵⁰다윗이 이같이 물매와 돌

로 블레셋 사람을 이기고 그를 쳐죽였으나 자기 손에는 칼이 없었더라 51다윗이 달려가서 블레셋 사람을 밟고 그의 칼을 그 칼 집에서 빼내어 그 칼로 그를 죽이고 그의 머리를 베니 블레셋 사람들이 자기 용사의 죽음을 보고 도망하는지라 52이스라엘과 유다 사람들이 일어나서 소리 지르며 블레셋 사람들을 쫓아 가이와 에그론 성문까지 이르렀고 블레셋 사람들의 부상자들은 사아라임 가는 길에서부터 가드와 에그론까지 엎드러졌더라 53이스라엘 자손이 블레셋 사람들을 쫓다가 돌아와서 그들의 진영을 노략하였고 54다윗은 그 블레셋 사람의 머리를 예루살렘으로 가져가고 갑주는 자기 장막에 두니라 55사울은 다윗이 블레셋 사람을 향하여 나아감을 보고 군사령관 아브넬에게 묻되 아브넬아 이 소년이 누구의 아들이냐 아브넬이 이르되 왕이여 왕의 사심으로 맹세하옵나니 내가 알지 못하나이다 하매 56왕이 이르되 너는 이 청년이 누구의 아들인가 물어보라 하였더니 57다윗이 그 블레셋 사람을 죽이고 돌아올 때에 그 블레셋 사람의 머리가 그의 손에 있는 채 아브넬이 그를 사울 앞으로 인도하니 58사울이 그에게 묻되 소년이여 누구의 아들이냐 하니 다윗이 대답하되 나는 주의 종 베들레헴 사람 이새의 아들이니이다 하니라

본 단락의 내용은 다음과 같다.

1. 두 전사(戰士) 간의 쟁투(48절). 골리앗은 큰 위용을 나타내며 앞으로 나아왔다. 그는 마치 난쟁이와 싸우러 나온 거인처럼 자신의 위용을 과시했다. "블레셋 사람이 일어나 다윗에게로 마주 가까이 올 때에"란 표현 속에 그와 같은 사실이 암시되어 있는데, 마치 놋과 철로 뒤덮인 산이 다윗과 싸우기 위해 쿵쿵거리며 오는 것 같았다. 한편 다윗은 마치 사형을 집행하기라도 하는 것처럼 조금도 두려워하지 않고 기운차게 달려갔다. 그는 가벼운 의복을 입고 골리앗과 싸우기 위해 빨리 달려갔다. 아마도 이스라엘 병사들은 멸망의 구렁텅이로 자기 자신을 던져버리는 이 가련한 젊은이를 동정심과 안타까움으로 지켜보았을 것이다. 그러나 그는 자신이 믿고 의지하는 자를 분명히 알고 있었다. 그리고 자기가 누구를 위해 싸우고 있는지 역시 분명히 알고 있었다.

2. 골리앗의 패배. 다윗은 서두르지 않았다. 왜냐하면 그는 아무런 두려움도 갖고 있지 않았기 때문이었다. 그는 단 일격으로 대적의 머리를 박살낼 것을 확신하고 있었다. 골리앗이 자신의 위용을 과시하고 있는 동안, 다윗은 어떤 과시나 허세도 없이 속히 자신의 일을 수행했다. 다윗은 눈 깜빡할 사이에 물

맷돌을 던져 골리앗의 이마에 명중시켰고, 순식간에 그는 땅에 엎드러지고 말았다(49절). 그는 이스라엘에 물매를 잘 던지는 자들이 많이 있다는 사실을 알고 있었을 것이다(삿 20:16). 그러나 그는 그 사실을 잊어버렸든지 아니면 너무나 기고만장하여 투구에서 이마를 가리는 부분을 열어놓고 다가가다가 다윗의 기술이라기보다는 하나님의 섭리에 의해 바로 그 자리에 돌이 박힐 정도로 강하게 일격을 당하고 말았다. 사람의 생명이란 것이 얼마나 깨어지기 쉬우며 불확실한 것인지 보라. 스스로 가장 안전하다고 생각할 때조차도 너무나 빨리 그리고 너무나 쉽게 그리고 지극히 사소한 일을 통해 생명의 문이 닫히고 죽음의 문이 열린다. 골리앗 역시도 '영(spirit)을 주장함으로써 영을 존속시킬' 권능을 갖지 못했다(전 8:8, 개역개정판에서는 **바람을 주장하여 바람을 움직이게 할 사람도 없고**). 강한 자는 자신의 힘을 자랑하지 말고, 갑옷을 입은 자는 자신의 갑옷을 자랑하지 말아야 한다. 하나님과 하나님의 백성을 모욕한 자들에 대하여 하나님이 어떻게 그들의 교만을 꺾으시고 그들에게 멸시를 쏟아부으셨는지 보라. 하나님께 대하여 마음을 완악하게 하고도 형통한 자는 아무도 없다. 어떤 랍비는 골리앗이 내게로 오라 내가 네 살을 공중의 새들과 들짐승들에게 주리라고 말하면서 급하게 머리를 쳐들다가 자신의 투구를 떨어뜨렸고, 이로써 그의 이마가 다윗의 표적이 된 것이라고 생각한다. 다윗은 승리를 완결짓기 위해 그의 칼을 빼내어 그의 머리를 베었다(51절). 다윗이 자기 칼을 가지고 갈 필요가 어디에 있었는가? 한 번 사용할 때가 올 때, 원수의 칼을 사용하는 것으로 충분했다. 하나님의 원수가 자기 칼에 스스로 베임을 당하고 자기 혀에 스스로 해함을 당함으로써(시 64:8) 하나님은 더욱 영광을 받으셨다. 다윗이 골리앗을 이긴 것은 장차 다윗의 자손이 사탄과 모든 어둠의 권세들을 이길 것에 대한, 그리고 우리도 그를 통해 승리자가 될 것에 대한 예표였다. 통치자들과 권세들을 무력화하여 드러내어 구경거리로 삼으시고 십자가로 그들을 이기셨느니라(골 2:15).

3. 그로 말미암아 블레셋 병사들이 도주함. 그들은 전적으로 골리앗의 힘을 의지하고 있었다. 그래서 골리앗이 죽는 것을 보았을 때, 그들은 골리앗이 제안했던 대로(9절) 모든 무기를 버리고 스스로 이스라엘의 종이 되지는 않았지만 완전히 전의(戰意)를 상실한 채 그토록 강한 자를 꺾은 자와 싸우는 것은 오직 멸망을 자초하는 일일 뿐이라고 생각하면서 급히 도주했다: 블레셋 사람들이

자기 용사의 죽음을 보고 도망하는지라 (51절). 그러자 이스라엘 병사들은 사기가 충천하여, 함성을 지르며 그들 성읍의 성문까지 쫓아갔다(52절, 아마도 다윗이 추격하는 일에 앞장섰을 것이다). 그들은 돌아오는 길에 블레셋 병사들의 장막을 노략하고 그들이 버리고 간 모든 물품을 취했다(53절). 이로써 이스라엘 병사들은 블레셋 병사들로부터 취한 노략물로 풍성해지게 되었다.

4. 전리품에 대한 다윗의 처리(54절). 다윗은 골리앗의 머리를 예루살렘으로 가져갔는데, 그것은 시온에 거주하고 있었던 여부스 족속을 두렵게 만들기 위함이었다. 아마도 그는 다른 성읍들에 개선할 때에도 그것을 가져갔을 것으로 보인다. 갑주는 자기 장막에 두니라. 그리고 골리앗의 칼은 승리의 영광을 하나님께 돌리기 위해 특별히 성별하여 성막의 에봇 뒤에 두었다(21:9).

5. 다윗이 주목을 받게 됨. 다윗은 전에 왕궁에 있었기는 했지만 지금은 그곳을 떠나 아버지 집에 와 있는 상태였다(15절). 따라서 사울은 다윗을 잊어버리고 말았다. 그것은 극심한 정신적 질병으로 오랜 시간 마음의 번뇌 가운데 있었을 때 자신을 위해 악기를 연주하던 자가 블레셋의 용사를 꺾은 장본인이라고는 꿈에도 생각하지 못했기 때문이었을 것이다. 그래서 사울은, 마치 한 번도 본 적이 없는 것처럼, 그가 누구의 아들이냐고 물었다. 아브넬은 다윗을 전혀 알지 못했다. 그래서 자신은 알지 못한다고 대답한 후, 다윗을 왕에게로 인도했다. 이에 다윗은 자신에 대하여 겸손하게 대답한다(58절): 나는 주의 종 베들레헴 사람 이새의 아들이니이다. 이제 다윗은 전보다 더 큰 영예와 함께 왕궁에 들어가게 된다.

제 18 장

개요

앞 장에서 우리는 다윗의 승리를 보았다. 이제 우리는 여기에서 그러한 승리가 가져다 준 밝은 면과 어두운 면을 보게 된다. I. 밝은 면. 1. 다윗이 계속해서 사울 곁에 있게 됨(2절). 2. 다윗이 요나단과 친구가 됨(1, 3, 4절). 3. 다윗이 백성들로부터 사랑을 받게 됨(5, 7, 16절). II. 어두운 면. 우리는 옳은 일을 했음에도 불구하고 그로 인해 시기를 받게 되는 경우를 종종 볼 수 있다. 내가 또 본즉 사람이 모든 수고와 모든 재주로 말미암아 이웃에게 시기를 받으니 이것도 헛되어 바람을 잡는 것이로다(전 4:4). 다윗의 경우도 마찬가지였다. 1. 사울이 다윗을 미워하여 자기 손으로 죽이려 함(8-11절). 2. 사울이 다윗을 두려워하여 그에게 위해를 가할 방법을 궁리함(12-17절). 사울이 다윗에게 자기 맏딸과 결혼할 것을 제안함. 그러나 [1] 다윗을 격분시키기 위해 맏딸을 다른 사람에게 줌(19절). [2] 그의 목숨을 위태롭게 할 조건과 함께 동생을 주겠다고 제안함(20-25절). 그러나 다윗은 그러한 조건을 용감하게 이행함(26, 27절), 그리고 점점 더 존경받는 사람이 됨(28-30절). 다윗의 해는 계속해서 떠오르고 있었지만, 그러나 그의 길에는 수많은 난관과 반대가 기다리고 있었다(생명의 면류관을 얻고자 하는 자는 이러한 난관과 반대를 예상해야만 한다).

¹다윗이 사울에게 말하기를 마치매 요나단의 마음이 다윗의 마음과 하나가 되어 요나단이 그를 자기 생명 같이 사랑하니라 ²그 날에 사울은 다윗을 머무르게 하고 그의 아버지의 집으로 다시 돌아가기를 허락하지 아니하였고 ³요나단은 다윗을 자기 생명 같이 사랑하여 더불어 언약을 맺었으며 ⁴요나단이 자기가 입었던 겉옷을 벗어 다윗에게 주었고 자기의 군복과 칼과 활과 띠도 그리하였더라 ⁵다윗은 사울이 보내는 곳마다 가서 지혜롭게 행하매 사울이 그를 군대의 장으로 삼았더니 온 백성이 합당히 여겼고 사울의 신하들도 합당히 여겼더라

다윗은 사울의 손으로부터 면류관을 취하도록 기름 부음을 받았다.

그런데 그 면류관은 사실상 요나단의 머리 위에 있는 것이나 마찬가지였다. 그
럼에도 불구하고 우리는 여기에서 다음과 같은 이야기를 보게 된다.

**I. 지금 면류관을 소유하고 있는 사울이 다윗을 신뢰하여 자기 옆에 있게 함
으로써(하나님이 그렇게 움직이셨다) 다윗이 장차 왕의 직무를 위해 준비할 수
있게 됨.** 이제 사울은 다윗을 왕궁으로 데리고 갔고, 다시 아버지의 집으로
돌아가는 것을 허락하지 않았다(2절). 다윗이 자신에게 맡겨진 일을 지혜롭게
행하였으므로 사울은 그를 군대의 장으로 삼았다(5절). 그러나 그가 군사령관
이 된 것은 아니었고(그 자리에 있었던 사람은 아브넬이었다), 아마도 호위대
장이었을 것이다. 어쩌면 다윗의 나이가 아직 어렸음에도 불구하고 사울이 그
를 군대의 우두머리로 삼았을는지도 모른다. 사울은 다윗에게 나라의 일을 맡
겼다: 다윗은 사울이 보내는 곳마다 가서. 이를 통해 다윗은 용맹하고 담대한 사
람일 뿐만 아니라 자기의 책무를 잘 수행하는 사람임이 드러났다. 다른 사람들
을 다스리고자 하는 사람은 먼저 순종하는 법을 배워야 한다. 우리는 앞에서
다윗이 그의 아버지 이새의 충실한 아들이었던 사실을 살펴보았다. 이제 다윗
은 그의 주인 사울의 충실한 종이 되었다. 한 쪽에서 잘하는 사람은 다른 쪽에
서도 역시 잘할 것이다.

**II. 면류관을 상속받을 자인 요나단이 다윗과 언약을 맺음으로써(하나님이
그렇게 움직이셨다) 다윗의 길이 좀 더 분명해 짐.** 왜냐하면 그의 경쟁자가 그
의 친구가 되었기 때문이다.

1. 요나단은 다윗에 대하여 특별한 애정을 갖게 되었다(1절): 다윗이 사울에
게 말하기를 마치매 요나단의 마음이 다윗의 마음과 하나가 되어 요나단이 그를 자기
생명 같이 사랑하니라. 다윗이 사울에게 말한 것이 골리앗과의 싸움 이전의 대
화(17:34, 37)를 의미하는 것인지 아니면 이후의 대화(17:51)를 의미하는 것인
지는 확실치 않다. 그러나 어떤 경우든 간에 다윗은 매우 침착하고 겸손하며
경건하게 말했다. 또한 그는 담대하게 그리고 호감 가는 어투로 매우 자연스럽
고 꾸밈없이 적절한 표현으로 말했는데, 더 놀라운 것은 그가 그다지 많은 교
육을 받은 것도 아니며 외양도 별로 특별할 것이 없었다는 사실이다. 어쨌든
다윗의 말이 마치자, 즉시로 요나단의 마음이 다윗의 마음과 하나가 되었다. 요나
단 역시도 전에 지금 다윗이 골리앗을 물리친 것과 같은 믿음과 용기를 가지고
블레셋 군대를 공격했던 적이 있었다. 이와 같이 그들 사이에는 매우 유사한

기질과 성격이 있었으며, 아마도 이로 인해 그들의 마음이 그렇게 쉽고 빠르게 연합될 수 있었을 것이다. 그들은 비록 몸은 둘이었으나 마음은 하나였다. 사실 요나단이야말로 다윗을 가장 싫어할 이유를 가진 사람이었다. 왜냐하면 자신의 차지가 될 면류관이 다윗에게 돌아갈 것이었기 때문이다. 그럼에도 불구하고 그보다 더 다윗을 아끼고 사랑한 사람은 아무도 없었다. 어떤 사람을 아끼고 사랑함에 있어 지혜와 은혜의 원리에 의해 지배되는 자들은 어떤 세속적인 이유 때문에 그러한 사랑을 저버리지 않는다. 고상한 생각이 저급한 생각을 삼키는 법이다.

2. 요나단은 다윗에게 귀한 선물을 주었다(4절). 요나단은 이토록 훌륭한 정신을 가진 사람이 가난한 목동의 초라한 옷을 입고 있는 것을 볼 때 마음이 편치 않았다. 그래서 그는 왕궁에 출입하는 자로서 합당한 의복(즉 그의 겉옷)을 다윗에게 주었다. 그리고 전사로서 합당한 장비도 주었는데, 지팡이와 물매 대신 칼과 활을, 그리고 목자의 제구 주머니 대신 띠를 주었다. 요나단은 너무나 따뜻한 마음으로 자기가 착용하고 있던 것을 벗어 다윗에게 주었고(이것은 장차 일어날 일에 대한 전조였다), 그것들은 다윗에게 너무나 꼭 맞았다. 사울의 것은 맞지 않았지만 요나단의 것은 잘 맞았다. 그들의 마음이 서로 일치되었던 것처럼 그들의 몸의 크기 역시 똑같았다. 사울이 이러한 '존귀의 표적'을 다윗에게 입혀 주었을 때, 다윗은 그것을 벗어버렸다. 왜냐하면 그것을 입기 전에 먼저 그에 합당한 일을 수행해야만 했기 때문이었다. 그러나 이제 다윗은 통치자로서 그리고 전사로서의 자격을 입증했다. 그러므로 그는 통치자와 의복과 전사의 장비를 갖추는 것을 부끄러워하지 않았다. 다윗은 요나단의 옷을 입었다. 이제 모든 사람이 그를 '요나단의 둘째 자아'(Jonathan's second self)로서 주목할 것이다. 이와 같이 우리 주 예수께서도 우리에게 옷을 입혀 주시기 위해 자신은 벗으심으로써, 그리고 우리를 부요케 하기 위해 자신은 가난하게 되심으로써 우리에게 대한 자신의 사랑을 나타내셨다. 아니, 우리 주 예수께서는 요나단보다 더한 일을 하셨다. 요나단은 다윗의 옷을 입지 않았지만, 그분은 우리의 누더기 옷을 입으셨다.

3. 요나단은 다윗과의 우정을 영원한 것으로 만들고자 했다. 그들은 첫 만남에서 서로 마음이 일치되어 언약을 맺었다(3절). 피차에 대한 그들의 마음은 참으로 진실했다. 그리고 진실한 마음을 갖고 있는 자는 그것을 확증하는 것을

주저하지 않는다. 참된 사랑은 영원히 계속되기를 열망한다. 그리스도를 자기 생명처럼 사랑하는 자들은 영원한 언약 가운데 그분과 연합되기를 소망할 것이다.

Ⅲ. 온 나라가 다윗을 축복함. 모든 사람이 다 호의를 갖고 축복하는 것은 참으로 드문 일이다. 그러나 다윗에 대하여는 온 백성이 합당히 여겼고 사울의 신하들도 합당히 여겼다(5절). 전자는 마음으로 그를 사랑했고, 후자는 자신들이 부끄러웠기 때문에 그를 칭찬하지 않을 수 없었다. 다윗이 이렇게 갑자기 자신에게 쏟아지는 영예와 사랑을 감당할 수 있었던 것은 분명 하나님의 은혜로 말미암은 것이었다. 이렇게 빨리 올라가는 자들은 선한 머리와 선한 마음을 가질 필요가 있다. 풍요함 가운데 거하는 방법을 아는 것은 궁핍함 가운데 거하는 방법을 아는 것보다 더 어렵다.

[6]무리가 돌아올 때 곧 다윗이 블레셋 사람을 죽이고 돌아올 때에 여인들이 이스라엘 모든 성읍에서 나와서 노래하며 춤추며 소고와 경쇠를 가지고 왕 사울을 환영하는데 [7]여인들이 뛰놀며 노래하여 이르되 사울이 죽인 자는 천천이요 다윗은 만만이로다 한지라 [8]사울이 그 말에 불쾌하여 심히 노하여 이르되 다윗에게는 만만을 돌리고 내게는 천천만 돌리니 그가 더 얻을 것이 나라 말고 무엇이냐 하고 [9]그 날 후로 사울이 다윗을 주목하였더라 [10]그 이튿날 하나님께서 부리시는 악령이 사울에게 힘 있게 내리매 그가 집 안에서 정신 없이 떠들어대므로 다윗이 평일과 같이 손으로 수금을 타는데 그 때에 사울의 손에 창이 있는지라 [11]그가 스스로 이르기를 내가 다윗을 벽에 박으리라 하고 사울이 그 창을 던졌으나 다윗이 그의 앞에서 두 번 피하였더라

이제 다윗의 고난이 시작된다. 그러한 고난은 승리의 영광에 이어 오는 것일 뿐만 아니라 그것으로부터 야기된 것이기도 했다.

I. 다윗은 백성들로부터 너무나 큰 환영을 받았다. 승리를 거둔 후 사울은 온 나라의 축하를 받기 위해 다윗을 옆에 세우고 이스라엘의 성읍들을 다니며 개선행진을 했다. 사울이 어떤 성읍에 공적으로 입성할 때, 그 성읍의 여인들이 경의를 표하기 위해 나왔다(6절). 그들은 춤을 추며 노래를 불렀는데, 그 노래의 내용은 "사울이 죽인 자는 천천이요 다윗은 만만이로다"였다(그 노래는 다윗

의 용맹을 찬미하는 것이었는데, 사울의 공적보다 다윗의 공적을 더 높인 것은
정당한 것이기는 했지만 지혜로운 것은 아니었다). 우리는 이와 비슷한 숫자를
에브라임과 므낫세의 후손과 관련하여 언급한 모세의 말 속에서 찾아볼 수 있
다(신 33:17, 에브라임의 자손은 만만이요 므낫세의 자손은 천천이리로다).

II. 이로 인해 사울은 몹시 불쾌하게 여기면서 다윗을 시기하게 되었다(8, 9
절).   사울은 여인들이 다만 최근의 일(즉 다윗이 골리앗을 죽인 일)만을 언급
하고 있을 뿐 자신이 행했던 예전의 공적들을 깎아내리려고 한 것은 결코 아니
었다는 사실을 생각했어야 했다. 그리고 다윗이 골리앗을 죽임으로써 블레셋
군대를 물리치고 승리할 수 있었다는 것은 누구도 부인할 수 없는 분명한 사실
이었다. 그러므로 여인들이 다윗에게 돌린 칭송은 결코 부당한 것이 아니었다.
이 노래를 지은 자는 단지 시적인 표현을 사용하고 있는 것일 뿐 결코 사울과
다윗을 악의적으로 비교하려고 의도했던 것은 아니었을 것이다. 혹 설령 그랬
다 할지라도 그런 말에 지나치게 마음을 두는 것은 왕답지 못한 것이었다. 그
러나 사울은 크게 분노했고, 그 바탕에 어떤 반역의 징조가 있지 않나 의심했
다: 그가 더 얻을 것이 나라 말고 무엇이냐? 이로 인해 사울은 질투의 눈으로 다윗
을 주목하기 시작했다(9절). 이제 사울은 다윗에 대해 예전과 같은 호의를 갖
지 않게 되었다. 교만한 사람은 자신이 아닌 다른 사람이 칭송받는 것을 참지
못한다. 그리고 그와 함께 자신의 영예가 사라졌다고 생각한다. 만일 어떤 사
람이 자신이 모욕을 당했다고 생각하며 분개하면서 주변 사람들을 시기하고
의심한다면 그래서 모든 행동이 어그러지게 나타난다면, 그것은 하나님의 영
이 떠났음을 보여주는 분명한 표적이다. 왜냐하면 위로부터 내려오는 지혜는
우리를 그와는 전혀 다른 모습으로 만들어가기 때문이다.

III. 사울은 격노 가운데 다윗을 죽이려고 했다(10, 11절).   투기는 사람을 격
노케 하나니. 투기로 인해 사울은 다윗에 대해 격노하면서 그를 죽이고자 안달
을 하게 되었다.

1. 그의 발작이 재발했다. 다윗에게 악의를 품은 바로 다음 날, 하나님께서
부리시는 악령이 다시 사울에게 임했다. 시기와 무자비함에 빠지는 자들은 마
귀로 하여금 틈 탈 기회를 주며, 더러운 영으로 하여금 더 악한 일곱 영과 함께
다시 돌아오도록 만든다. 시기가 있는 곳에 혼돈이 있다. 사울은 종교적인 무
아지경(ecstasy)에 빠진 것처럼 가장했다: 그가 집 안에서 정신없이 떠들어대므로

(KJV에는 "그가 집 안에서 정신없이 '예언'하므로"라고 되어 있음. He 'prophesied' in the midst of the house). 즉 사울은 선지자의 흉내를 냄으로써, 다윗으로 하여금 경계심을 풀도록 하고 그럼으로써 올무에 걸리도록 만들고자 했다. 그리고 아마도 다윗을 죽이는 것은 신적 충동에 의한 것이며 예언의 영이 임한 결과인 것처럼 꾸미려고 했을 것이다. 그러나 실상 그를 자극한 것은 지옥의 악령이었다.

2. 다윗은 비록 전보다 훨씬 더 높은 영예와 존귀를 갖게 되었음에도 불구하고 자기 주인을 위해 다시 수금을 타는 것을 부끄럽게 여기지 않았다: 다윗이 평일과 같이 손으로 수금을 타는데. 어떤 사람에 대하여 선한 일을 행하며 또 도움을 베풀 수 있을 때, 우리가 높은 위치에 있다고 하여 그 일을 하찮은 일로 여겨서는 안 된다.

3. 사울은 마침내 다윗을 죽일 기회를 얻게 되었다. 미친 사람의 손에 들린 칼은 너무도 위험하다. 특별히 그가 악의(惡意)와 증오심으로 미친 사울 같은 사람일 때에는 더욱 그러하다. 사울의 손에는 창이 들려 있었는데, 그는 갑작스런 충동이 아니라 계획적으로 다윗을 죽이기 위해 그것을 던졌다: "내가 다윗을 벽에 박으리라" 하면서 그는 맹렬한 힘으로 창을 던졌다. 다윗이 시편 가운데 내 원수를 보소서 그들이 나를 심히 미워하나이다(25:19)라고 했던 것처럼, 사울은 다윗을 너무나 미워하였다. 어떤 생명도 악의와 증오심의 희생제물이 되기에는 너무나 귀한 법이다. 설령 나라를 위해 행한 다윗의 위대한 봉사조차도 사울의 격노를 진정시키게 만들 수 없었다 할지라도, 적어도 사울은 지금 자신이 겪고 있는 끔찍한 고통을 경감시켜주기 위해 애쓰는 그의 노고만큼은 생각했어야 했다(이 일은 다윗 외에 어느 누구도 할 수 없는 일이었다). 선을 악으로 갚는 자들은 정말로 마귀적인 영에 사로잡힌 자들이다. 사울을 돕기 위해 수금을 들고 있는 다윗과 다윗을 죽이기 위해 창을 들고 있는 사울을 비교해 보라. 그리고 핍박받는 하나님의 백성들의 온유함과 그들을 핍박하는 자들의 포학무도함을 비교해 보라. 피 흘리기를 좋아하는 자는 온전한 자를 미워하고 정직한 자의 생명을 찾느니라(잠 29:10).

4. 다윗은 사울의 창을 두 번(즉 여기에서와 19:10에서) 피했다. 다윗은 그 창을 뽑아 다시 사울에게 던지지 않고, 그냥 도망쳤다. 그는 사울과 싸우지 않고 단지 자신의 목숨을 보존하기 위해 피신했을 뿐이었다. 다윗에게는 힘도 있

었고 용기도 있었다. 또 자신에게 가해진 위해(危害)에 대해 저항하고 보복할 수 있는 권리도 있었다. 그럼에도 불구하고 그는 자신의 목숨을 보존하는 이상의 행동은 하지 않았다. 다윗은 틀림없이 사울의 손과 그 손에 들려 있는 창을 보았을 것이다. 그리고 그는 골리앗을 향해 달려갈 때와 똑같은 용기로써 사울의 창으로부터 피해 달아났다. 그러나 그의 안전은 자기 종을 칼과 창으로부터 구원하시는 하나님의 섭리의 눈에 돌려져야 한다. 그리고 이런 '아슬아슬한 피함'을 통해 그에게 어떤 특별한 계획이 부여되어 있다는 사실이 서서히 드러나고 있었다.

¹²여호와께서 사울을 떠나 다윗과 함께 계시므로 사울이 그를 두려워한지라 ¹³그러므로 사울이 그를 자기 곁에서 떠나게 하고 그를 천부장으로 삼으매 그가 백성 앞에 출입하며 ¹⁴다윗이 그의 모든 일을 지혜롭게 행하니라 여호와께서 그와 함께 계시니라 ¹⁵사울은 다윗이 크게 지혜롭게 행함을 보고 그를 두려워하였으나 ¹⁶온 이스라엘과 유다는 다윗을 사랑하였으니 그가 자기들 앞에 출입하기 때문이었더라 ¹⁷사울이 다윗에게 이르되 내 맏딸 메랍을 네게 아내로 주리니 오직 너는 나를 위하여 용기를 내어 여호와의 싸움을 싸우라 하니 이는 그가 생각하기를 내 손을 그에게 대지 않고 블레셋 사람들의 손을 그에게 대게 하리라 함이라 ¹⁸다윗이 사울에게 이르되 내가 누구며 이스라엘 중에 내 친속이나 내 아버지의 집이 무엇이기에 내가 왕의 사위가 되리이까 하였더니 ¹⁹사울의 딸 메랍을 다윗에게 줄 시기에 므홀랏 사람 아드리엘에게 아내로 주었더라 ²⁰사울의 딸 미갈이 다윗을 사랑하매 어떤 사람이 사울에게 알린지라 사울이 그 일을 좋게 여겨 ²¹스스로 이르되 내가 딸을 그에게 주어서 그에게 올무가 되게 하고 블레셋 사람들의 손으로 그를 치게 하리라 하고 이에 사울이 다윗에게 이르되 네가 오늘 다시 내 사위가 되리라 하니라 ²²사울이 그의 신하들에게 명령하되 너희는 다윗에게 비밀히 말하여 이르기를 보라 왕이 너를 기뻐하시고 모든 신하도 너를 사랑하나니 그런즉 네가 왕의 사위가 되는 것이 가하니라 하라 ²³사울의 신하들이 이 말을 다윗의 귀에 전하매 다윗이 이르되 왕의 사위 되는 것을 너희는 작은 일로 보느냐 나는 가난하고 천한 사람이라 한지라 ²⁴사울의 신하들이 사울에게 말하여 이르되 다윗이 이러이러하게 말하더이다 하니 ²⁵사울이 이르되 너희는 다윗에게 이같이 말하기를 왕이 아무 것도 원하지 아니하고 다만 왕의 원수의 보복으로 블레셋 사람들의 포피 백 개를 원하신다 하라 하였으니

이는 사울의 생각에 다윗을 블레셋 사람들의 손에 죽게 하리라 함이라 [26]사울의 신하들이 이 말을 다윗에게 아뢰매 다윗이 왕의 사위 되는 것을 좋게 여기므로 결혼할 날이 차기 전에 [27]다윗이 일어나서 그의 부하들과 함께 가서 블레셋 사람 이백 명을 죽이고 그들의 포피를 가져다가 수대로 왕께 드려 왕의 사위가 되고자 하니 사울이 그의 딸 미갈을 다윗에게 아내로 주었더라 [28]여호와께서 다윗과 함께 계심을 사울이 보고 알았고 사울의 딸 미갈도 그를 사랑하므로 [29]사울이 다윗을 더욱더욱 두려워하여 평생에 다윗의 대적이 되니라 [30]블레셋 사람들의 방백들이 싸우러 나오면 그들이 나올 때마다 다윗이 사울의 모든 신하보다 더 지혜롭게 행하매 이에 그의 이름이 심히 귀하게 되니라

이제 사울은 사실상 다윗에 대하여 전쟁을 선포한 것과 마찬가지였다. 그는 다윗에게 창을 던짐으로써 공공연한 적대행위를 시작했다. 이제 우리는 여기에서 어떻게 사울이 그러한 적대행위를 계속해서 가했으며 또한 그러한 적대행위에 대해 다윗이 어떻게 대처했는지 하는 것을 보게 된다.

I. 사울이 다윗에 대한 적의(敵意)를 어떻게 나타냈는지 보라.

1. 다윗을 두려워함(12절). 여호와께서 사울을 떠나 다윗과 함께 계시므로 사울이 그를 두려워한지라. 아마도 사울은 다윗이 자신에게 악행을 가할 것이며 결국 자신의 면류관을 강탈해 갈 것이라고 여기면서 두려워했을 것이다. 다른 사람에 대해 악을 꾀하는 사람들은 대체적으로 그들이 자신들에 대해 악을 꾀하고 있다고 억지로라도 생각한다. 그러나 다윗이 사울의 창을 단지 피하기만 했을 뿐 별도의 공격을 가하지 않은 것은(11절) 그에게 그러한 생각이 전혀 없었음을 보여주는 명백한 증거였다. 그러나 마치 헤롯이 세례 요한을 두려워했던 것처럼(막 6:20), 사울은 실제로 다윗을 두려워했다. 사울은 하나님이 이제 자신을 떠나 다윗과 함께 계신다는 사실을 인식했고, 바로 그 이유 때문에 그를 더욱 두려워했다. 하나님이 함께 하시는 자야말로 참으로 위대하며 존경할 만한 인물이라는 사실을 주목하라. 다윗이 지혜롭게 행하면 행할수록 사울은 더욱 그를 두려워했다(15절). 사람들은 다른 사람을 두려워하게 만드는 방법은 그들을 위협하고 협박하는 것이라고 생각한다. 그러나 오직 바보들만 두려워할 뿐 지혜롭고 선한 자들은 그런 것을 대수롭게 여기지 않는다. 반면 우리를 두려워하게 만들고자 하는 자들로 하여금 우리를 두려워하게 만들고 또 우리

를 사랑하게 만들고자 하는 자들로 하여금 우리를 사랑하게 만드는 방법은 우리가 지혜롭게 행하는 것이다. 지혜는 얼굴을 빛나게 하고, 사람들에게 존경을 받게 한다.

2. 다윗을 천부장으로 삼음으로써 자기로부터 멀리 떨어져 있게 함(13절). 사울이 다윗을 천부장으로 삼은 것은 그를 가까이 두고 보는 것이 싫었기 때문이며 또한 그렇게 함으로써 그를 다른 궁중 사람들로부터 떼어놓기 위함이었다. 그러나 그렇게 함으로써 도리어 그것이 다윗에게 좋은 결과가 되었다. 왜냐하면 그렇게 함으로써 다윗은 백성들과 가까이 접촉할 수 있는 기회를 갖게 되었기 때문이었다. 그 결과 백성들은 그를 더욱 사랑하게 되었는데, 그것은 그가 백성들 가운데 출입했기 때문이었다(16절). 다시 말해서 다윗은 병사들뿐만 아니라 일반 백성들까지 통할하면서 그들에게 큰 만족을 주었던 것이다.

3. 다윗으로 하여금 블레셋과의 모든 싸움을 도맡아 감당하도록 함(17절). 사울은 만일 다윗이 그렇게 한다면 그것은 왕과(오직 너는 나를 위하여 용기를 내어) 하나님을(여호와의 싸움을 싸우라) 위해 큰 일을 수행하는 것이 될 것이라고 은근히 암시하면서 동시에 그것은 다윗 그 자신에게도 매우 유익한 일이 될 것이라고 이야기한다. 왜냐하면 만일 그렇게 한다면 그는 자신의 맏딸과 결혼할 자격을 얻게 될 것이기 때문이었다. 사실 이것은 다윗이 골리앗을 죽임으로써 이미 얻은 자격이었다. 왜냐하면 이미 사울은 골리앗을 죽이는 자에게 자기 딸을 주겠다고 공적으로 약속했기 때문이었다(17:25). 그러나 다윗은 너무도 겸손하여 그러한 요구를 하지 않았다. 이제 사울이 또다시 그와 같은 제안을 했을 때 그것은 다윗으로 하여금 위험한 일을 수행하다가 적들의 손에 죽기를 바랐기 때문이었다: 내 손을 그에게 대지 않고 블레셋 사람들의 손을 그에게 대게 하리라. 그러나 사울은 하나님이 다윗과 함께 계시는 것을 보고 있었다. 그런데 도대체 그는 어떻게 그러한 기대를 가질 수 있었단 말인가?

4. 자기 딸을 줄 시기가 되었을 때 다른 사람에게 줌으로써 다윗과의 약속을 깨뜨림(19절). 이것은 다윗으로 하여금 불만을 품고 폭동을 일으키도록 충동하기 위한 것이었다. 이것은 다윗의 명예와 사랑을 건드리는 것으로서, 그에게 가할 수 있는 최대의 수모와 모욕이었다. 그러므로 사울은 이로 말미암아 다윗이 분개하여 말이나 혹은 행동으로 어떤 빌미가 될 만한 일을 행할 것이며 그럼으로써 율법에 따라 그를 제거할 기회를 얻게 될 것이라고 생각했다. 이와

같이 악인은 항상 다른 사람에게 해악을 끼치려고 한다.

5. 그렇게 해서도 소기의 목적을 이루지 못하자 다윗에게 (그를 은밀히 사랑했던) 다른 딸을 줄 것을 제안함(20절). 이 역시 다윗에게 올무가 되도록 하기 위한 것이었다(21절).

(1) 아마도 사울은 자기 딸이 결혼한 후에도 남편보다 아버지의 편을 들어줄 것으로 기대했던 것으로 보인다. 그렇게 함으로써 그는 다윗을 제거할 기회를 얻을 수 있을 것이라고 생각했다.

(2) 사울이 제시한 결혼 조건은 다윗을 죽게 만들려는 계략이었다. 그것은 100명의 블레셋 사람을 죽이는 것이었다(사울은 자신이 블레셋 사람들을 대단히 증오하는 것처럼 가장하기 위해 그러한 조건을 제시했다). 그리고 그들이 할례 받지 않은 자임을 증명하기 위해 그들의 포피를 잘라 가져와야만 하였다. 이것은 할례를 미워하는 블레셋 사람들을 극도로 모욕하는 것이었다. 그러므로 이와 같은 일을 행한 다윗에게 그들은 극도로 분노할 것이고 무슨 수를 써서라도 반드시 복수하려고 할 것이었다. 바로 이것이 사울이 노린 것이었다: 이는 사울의 생각에 다윗을 블레셋 사람들의 손에 죽게 하리라 함이라(25절). 여기에서 우리는 다음과 같은 것들을 볼 수 있다.

[1] 악인이 어떻게 스스로를 속이는지. 악령이 그를 실제적으로 사로잡고 있을 때 외에는, 그는 감히 자기 손으로 다윗의 생명을 해하려고 하지 못했다. 왜냐하면 그와 같이 무죄하고 뛰어난 사람을 죽이는 것에 대해 상당한 두려움을 갖지 않을 수 없었기 때문이었다. 대신에 사울은 그를 블레셋 사람들에게 노출시키는 것은 별로 나쁜 일이 아니라고 생각했다(내 손을 그에게 대지 않고 블레셋 사람들의 손을 그에게 대게 하리라). 그러나 그와 같은 악한 계획 역시 하나님 앞에서 실제로 자기 손으로 죽이는 것과 똑같은 살인이다.

[2] 악인이 어떻게 다른 사람들을 속이는지. 사울은 다윗을 죽이려고 꾀하고 있으면서도 그것을 특별한 호의(好意)로 가장했다. 마음속 깊이 다윗을 미워하고 있으면서도 그는 네가 오늘 다시 내 사위가 되리라(21절)라고 말했다. 다윗이 자신의 원수와 관련하여 그의 입은 우유 기름보다 미끄러우나 그의 마음은 전쟁이요(시 55:21)라고 말할 때 어쩌면 이 일을 지칭하고 있었던 것이었는지도 모른다. 사울이 다윗을 설득하여 자기 딸 미갈과 결혼하도록 하는 일에 자신의 신하들을 사용한 것은(22절) 아마도 맏딸을 주겠다는 약속을 어긴 것(19절) 때문

이거나 아니면 그 조건이 너무나 힘든 것이어서 혹시 그가 거절하지 않을까 해서 그렇게 했을 것이다.

Ⅱ. 다윗이 사울의 이와 같은 행동에 대해 어떻게 대응했는지 보라.

1. 다윗은 모든 일을 지혜롭게 행했다(14절). 그는 사울이 자신을 시기하고 있음을 인식했으며, 따라서 모든 말과 행동에 있어 매우 신중하게 처신했다. 그는 자신에게 부과되는 과중한 부담으로 인해 불평하지 않았으며, 어떤 무리의 우두머리가 되지도 않았다. 도리어 자신에게 맡겨진 모든 일들을 왕과 나라를 위해 최선을 다해 지혜롭게 감당했다. 그러자 여호와께서 그와 함께 계셔서 그는 자신에게 맡겨진 모든 일들을 성공적으로 수행하게 되었다. 그로 인해 사울의 적의(敵意)가 더욱 불타게 되기는 했지만, 어쨌든 그는 하나님의 호의를 받았다. 이것을 시편 101:2과 비교해 보라. 거기에서 다윗은 내가 스스로 지혜롭게 행하리이다라고 스스로 다짐하고 있는데(한글개역성경에는 내가 완전한 마음으로 행하리이다라고 되어 있음), 그는 지금 여기에서 그러한 다짐대로 행동하고 있었다. 또한 거기에서 그는 주께서 어느 때나 내게 임하시겠나이까?라고 기도했는데, 하나님은 여기에서 그 기도에 응답해 주셨다: 여호와께서 그와 함께 계시니라(14절). 때로 어리석은 자에게 눈먼 행운이 따르는 것처럼 보인다 할지라도, 하나님은 스스로 지혜롭게 행하는 자들을 축복하시고 인정해 주실 것이다.

2. 왕의 사위가 될 것을 두 번 제안 받았을 때, 다윗은 그러한 제안을 최고의 겸손으로 받아들였다. 사울이 맏딸을 주겠다고 제안했을 때(18절) 다윗은 내가 누구며 이스라엘 중에 내 친속이나 내 아버지의 집이 무엇이기에 내가 왕의 사위가 되리이까?라고 말했다. 그리고 왕이 보낸 신하들이 다른 딸을 제안했을 때 다윗은 사울이 약속한 맏딸을 다른 사람에게 보냄으로써 자신을 모욕한 것을 생각하지 않고 같은 마음으로 왕의 사위 되는 것을 너희는 작은 일로 보느냐 나는 가난하고 천한 사람이라고 말했다. 그는 미갈이 자신을 사랑하고 있는 것을 알고 있었지만, 사울의 동의 없이 그녀를 얻으려고 하지 않고 때가 될 때까지 기다렸다. 여기에서 우리는 다음과 같은 사실들을 볼 수 있다.

(1) 다윗이 자신에게 제안된 영예, 즉 왕의 사위가 되는 것을 얼마나 높이 말하고 있는지. 사울은 그 근본이 다윗처럼 미천한 신분이었으며 갑자기 왕이 된 사람이었다. 또한 그는 왕의 직무를 그다지 잘 수행하지도 못했다. 그럼에도 불구하고 다윗은 그와 그의 가족에 대해 최고의 경의를 표하며 말한다. 신앙은

우리에게 무례한 것을 가르치지 않으며 또한 우리로 하여금 그렇게 행동하는 것을 허락하지 않는다. 우리는 마땅히 존경할 자를 존경해야 한다.

(2) 다윗이 자신에 대해 얼마나 겸손하게 말하고 있는지. 내가 누구며 이스라엘 중에 내 친속이나 내 아버지의 집이 무엇이기에 내가 왕의 사위가 되리이까? 이것은 스스로를 초라하고 비루하게 여기는 마음에서 나온 것이 아니었다. 왜냐하면 그는 자신이 얼마나 존귀한 자인가 하는 것에 대한 분명한 의식을 가지고 있었기 때문이었다. 또한 이것은 사울에 대한 투기에서 나온 것도 아니었다(비록 그가 풀 밑에 있는 뱀을 두려워할 충분한 이유가 있었다 할지라도). 다만 그것은 참되고도 깊은 겸손으로부터 나온 것이었다: 내가 누구뇨? 나는 가난하고 천한 사람이라. 다윗은 어느 누구보다도 스스로를 높이 평가할 만한 충분한 이유를 가진 사람이었다. 그는 유다지파의 존귀한 가문 출신이요, 아름다운 외모를 가진 사람이었다. 또한 뛰어난 전사(戰士)요 상당한 정치적 수완을 가진 사람이었다. 그는 골리앗의 머리를 벤 사람이며 미갈의 마음을 얻은 사람이었다. 그는 자신이 하나님의 계획에 의해 이스라엘의 보좌에 앉도록 선택되었음을 알고 있었다. 그럼에도 불구하고 그는 말한다: 내가 누구며 이스라엘 중에 내 친속이나 내 아버지의 집이 무엇이기에 내가 왕의 사위가 되리이까? 하나님이 아무리 우리를 높이신다 할지라도 항상 우리는 우리 자신에 대해 낮게 생각해야 한다. 자기를 높이는 자는 낮아질 것이요 자기를 낮추는 자는 높아지리라. 만일 다윗이 왕의 사위가 되는 것을 이렇게 높였다면, 우리는 (율법이 아니라 복음으로) 만왕의 왕의 아들이 된 것을 얼마나 높여야 마땅하겠는가! 아버지께서 어떠한 사랑을 우리에게 베푸셨는지 생각해 보라! 우리가 누구관대 이렇게 우리를 존귀케 하시나이까?

3. 왕의 딸과 결혼하기 위해서는 블레셋 사람 100명을 죽여야 한다는 조건이 제시되었을 때, 다윗은 그러한 조건에 기꺼이 동의했다(26절): 다윗이 왕의 사위 되는 것을 좋게 여기므로. 그리하여 다윗은 기한이 끝나기 전에 200명의 블레셋 사람을 죽임으로서 조건을 갑절로 충족시켰다(27절). 다윗은 사울이 자신을 해하기 위해 그러한 조건을 제시했다고 조금도 의심하지 않은 것으로 보인다(그렇게 추론할 만한 근거가 충분히 있었음에도 불구하고). 도리어 사울이 자신의 영예를 높여주기 위해 그런 조건을 제시한 것으로 여기면서 용맹한 전사(戰士)로서 그리고 참된 연인(戀人)으로서 즐거이 그 일을 떠맡은 것으로 보인

다. 여기에서 다윗은 다음과 같은 것들을 나타냈다.

(1) 하나님의 보호에 대한 큰 믿음. 다윗은 하나님이 자신과 함께 계시는 것을 알고 있었다. 그러므로 사울이 바라는 것이 무엇이든지 간에 다윗은 블레셋 사람들의 손에 떨어질 것을 두려워하지 않았다.

(2) 나라의 유익을 위한 큰 열정. 다윗은 자기 목숨이 위험에 떨어지는 한이 있더라도 이와 같이 나라를 위해 싸우는 일을 결코 거절하지 않았다.

(3) 영예에 대한 올바른 관념. 영예는 거저 주어지는 것이라기보다는 그에 합당한 자에게 주어지는 것이다. 다윗은 이렇게 비싼 값을 치르고 왕의 사위가 되는 영예를 얻게 되는 것을 기쁘게 받아들였다. 그는 어떻게 왕의 사위가 되는 영예를 얻을 것인가 하는 것보다 그러한 영예를 얻기 위해 어떤 공로를 세울 것인가 하는 것에 더 많은 관심을 두었다. 그는 그러한 공로를 세우기 전까지는 그와 같은 영예를 즐겁게 취하지 않을 것이었다.

4. 미갈과 결혼한 후에도 다윗은 계속해서 이스라엘을 위해 일했다. 블레셋의 방백들이 또다시 싸움을 걸어오기 시작했을 때, 다윗은 그들을 막을 준비가 되어 있었으며 사울의 모든 신하보다 더 지혜롭게 행하였다(30절). 율법은 사람이 결혼을 하면 그 첫 해는 전쟁에 나가는 것을 면제해 주었다(신 24:5). 그러나 다윗은 나라를 너무도 사랑했기 때문에 그러한 면제의 특권을 사용하지 않았다. 높은 자리에 오르기를 원하는 동안에는 나라를 위해 열심히 일하다가 그러한 위치에 오르고 나면 더 이상 그렇게 하지 않는 경우를 우리는 많이 본다. 그러나 다윗은 조금도 다르게 행동하지 않았다.

Ⅲ. 하나님이 사울의 악한 계교로부터 어떻게 다윗을 지켜 주셨는지 보라.

1. 사울이 다윗에게 딸을 준 것은 그로 하여금 올무에 빠지도록 하기 위함이었다. 그러나 그것이 도리어 다윗에게 큰 은덕을 베푸는 결과가 되었다. 왜냐하면 나중에 사울과 그의 아들들이 함께 죽임을 당했을 때(31:2), 다윗에게 있어 그가 사울의 사위라는 사실은 왕권을 계승함에 있어 상당한 도움이 되었기 때문이다(사람들은 그가 왕의 사위였기 때문에 왕권을 계승함에 있어 비교적 거부감을 덜 가질 수 있었다).

2. 사울이 다윗에게 너무나 위험한 임무를 맡긴 것은 그로 하여금 원수들의 손에 떨어지도록 하기 위함이었다. 그러나 그로 인해 백성들은 다윗을 더욱 신뢰하며 사랑하게 되었다. 다윗이 블레셋 사람들과 더 많이 싸우면 싸울수록,

백성들은 그를 더 사랑하게 되었으며 그의 이름은 더욱 귀하게 되었다(30절). 그럼으로써 면류관을 향한 길을 한층 용이하게 만들어 주었다. 이와 같이 하나님은 사람의 분노까지도 사용하셔서 당신을 찬미하게 하시며, 또한 당신의 계획을 이루도록 하신다.

제 19 장

개요

다윗이 사울의 딸과 결혼했음에도 불구하고, 우리는 사울의 적대감과 그로 인한 다윗의 고난이 갈수록 더 커지는 것을 보게 된다. 우리는 본 장에서 다윗이 사울의 칼로부터 네 번 피하는 것을 보게 된다: 첫 번째는 요나단의 지혜로운 중재(仲裁)로(1-7절), 두 번째는 그 자신의 민첩함으로(8-10절), 세 번째는 미갈을 통해(11-17절), 네 번째는 사무엘의 보호와 사울의 일시적인 변화를 통해(18-24절). 이와 같이 하나님은 여러 가지 방법으로 자기 백성을 보호하신다. 하나님의 섭리는 결코 부족한 법이 없다.

1사울이 그의 아들 요나단과 그의 모든 신하에게 다윗을 죽이라 말하였더니 사울의 아들 요나단이 다윗을 심히 좋아하므로 2그가 다윗에게 말하여 이르되 내 아버지 사울이 너를 죽이기를 꾀하시느니라 그러므로 이제 청하노니 아침에 조심하여 은밀한 곳에 숨어 있으라 3내가 나가서 네가 있는 들에서 내 아버지 곁에 서서 네 일을 내 아버지와 말하다가 무엇을 보면 네게 알려 주리라 하고 4요나단이 그의 아버지 사울에게 다윗을 칭찬하여 이르되 원하건대 왕은 신하 다윗에게 범죄하지 마옵소서 그는 왕께 득죄하지 아니하였고 그가 왕께 행한 일은 심히 선함이니이다 5그가 자기 생명을 아끼지 아니하고 블레셋 사람을 죽였고 여호와께서는 온 이스라엘을 위하여 큰 구원을 이루셨으므로 왕이 이를 보고 기뻐하셨거늘 어찌 까닭 없이 다윗을 죽여 무죄한 피를 흘려 범죄하려 하시나이까 6사울이 요나단의 말을 듣고 맹세하되 여호와께서 살아 계심을 두고 맹세하거니와 그가 죽임을 당하지 아니하리라 7요나단이 다윗을 불러 그 모든 일을 그에게 알리고 요나단이 그를 사울에게로 인도하니 그가 사울 앞에 전과 같이 있었더라

사울과 요나단은 다윗과 관련하여 서로 다른 생각을 가지고 있었다.

I. 사울은 다윗에 대하여 너무도 잔인했다. 사울은 자신의 아들과 모든 신하들에게 다윗을 죽이라고 말했다(1절). 다윗을 제거하고자 했던 모든 계획이

실패로 돌아가자, 사울은 다윗을 불법자로 선언하면서 주위에 있는 모든 사람들에게 조속히 다윗을 죽일 것을 명령했다. 사울이 자신의 악함을 인정하면서도 스스로 부끄러움을 느끼지 않은 것은 참으로 이상한 일이었다. 또한 자신의 모든 신하들이 다윗을 사랑하는 것을 알면서(그 스스로 그렇게 말했었다, 18:22), 그토록 잔인한 명령을 내림으로써 그들이 반란을 일으키는 것을 두려워하지 않은 것 역시 이상한 일이었다. 사울의 악의가 아직까지는 그렇게 주도면밀하지 않았던지 혹은 공의가 그렇게까지 타락하지는 않았기 때문일 것이다. 만일 그렇지 않았다면 사울은 다윗을 법정에 세우고, 몇몇 사람을 매수하여 거짓 증인으로 세워 그를 참소하도록 한 후(나봇의 경우처럼), 율법을 빙자하여 제거했을 것이다. 뿐만 아니라 요나단이 다윗을 너무도 사랑하는 것을 뻔히 알면서도 사울은 요나단에게 다윗을 죽이라고 명령했는데, 그가 다윗을 죽일 것으로 기대한 것 역시 이상한 일이었다. 사울은 요나단이 왕위 계승자이므로 그 역시 자기처럼 다윗을 미워하고 있을 것이라고 생각했던 것으로 보인다. 그러나 하나님의 섭리는 요나단을 움직여 그로 하여금 다윗을 안전하게 지키도록 했다.

Ⅱ. 요나단은 다윗에 대해 너무도 진실한 사랑과 우정의 마음을 품었다. 필요할 때 친구가 진짜 친구다(A friend in need is a friend indeed). 요나단은 다윗에게 바로 그런 친구였다. 다윗의 영광이 자신의 영광을 가림에도 불구하고, 요나단은 계속해서 다윗을 기뻐했을 뿐만 아니라 다윗을 제거하려는 물결이 거세게 밀려올 때 그를 위해 용감하게 나섰다.

1. 요나단은 다윗에게 위험을 알려줌으로써 그의 안전을 지켜주었다(2절): 아침에 조심하여 은밀한 곳에 숨어 있으라. 요나단은 사울의 신하들 가운데 어떤 자가 사울에게 잘 보이기 위해서든 혹은 다윗을 시기해서든 사울의 명령을 실행할는지 모른다는 것을 잘 알고 있었다.

2. 요나단은 아버지를 설득하여 다윗과 화해하도록 하는 무거운 짐을 기꺼이 떠맡았다. '다음 날 아침' 요나단은 자기 아버지와 더불어 다윗에 대해 이야기했다(3절). 그는 '그날 밤' 이야기하지 않았는데, 그것은 어쩌면 사울이 술에 취해 있었으므로 대화하기 적절치 않았기 때문이든지, 아니면 다음 날 아침이 되면 또 마음이 바뀔 것을 우려했기 때문이든지, 아니면 다음 날 아침까지 다윗에 대해 이야기할 적절한 기회를 얻지 못했기 때문이었을 것이다.

(1) 다윗을 위한 요나단의 중재(仲裁)는 대단히 조심스럽고 신중했다. 요나단은 온유와 지혜로써 다윗을 위해 중재했다. 아버지의 격노를 불러일으킬 위험이 있다는 사실을 잘 알고 있었음에도 불구하고, 요나단은 다윗에 대해 대단히 좋게 말함으로써 친구에 대한 신실함을 나타냈다. 그것은 얼마나 아름다운 우정인가!

[1] 요나단은 다윗이 나라를 위해 그리고 특별히 왕을 위해 행했던 선한 일들을 호소한다: 그가 왕께 행한 일은 심히 선함이니이다(4절). 요나단은 사울이 병들었을 때 다윗이 수금을 타면서 그것을 고쳐준 것과 골리앗과 싸워 이김으로써 결과적으로 나라와 왕의 생명을 구해 준 것을 이야기해 주었을 것이다. 요나단은 다윗과 관련하여 아버지 자신이 누구보다도 가장 잘 알고 있지 않느냐고 호소한다: 왕이 이를 보고 기뻐하셨거늘. 요나단은 또한 "여호와께서 다윗을 통해 온 이스라엘에게 큰 구원을 이루셨다"고 말함으로써 그가 왕의 충성된 신하일 뿐만 아니라 하늘의 은혜를 입은 자이며 이스라엘의 친구임을 호소하면서, 따라서 그를 죽이라고 명령하는 것은 훌륭한 신하에 대한 올바른 태도가 아닐 뿐만 아니라 하나님을 거스르는 것이며 나라에 큰 위해를 끼치는 일이라고 호소했다.

[2] 요나단은 다윗의 무죄함을 호소한다. 설령 그가 전에 선한 일들을 많이 행했다 할지라도 만일 지금 어떤 죄를 범했다면, 그것은 전연 별개의 문제가 될 것이다. 그러나 요나단은 다윗이 왕께 득죄하지 아니하였다고(4절) 하면서, 그의 피는 무죄한 피이므로 만일 그를 죽인다면 그것은 까닭 없이 죽이는 것이 된다고(5절) 호소한다. 따라서 요나단은 아버지의 명령에 항변할 수 있는 정당한 근거를 갖게 되었다. 왜냐하면 다윗을 죽이는 것은 무죄한 피를 흘림으로써 자신의 가정에 치명적인 죄책(罪責)을 상속시키는 결과가 되는 것이었기 때문이었다.

(2) 요나단의 중재는 매우 설득력이 있었으므로 사울에게 상당한 효과를 가져왔다. 하나님은 사울의 마음을 움직여 요나단의 말에 귀를 기울이게 하셨다. 우리는 비록 아랫사람으로부터라 할지라도 선한 충고나 책망에 대해 기꺼이 귀를 기울여야만 한다(이와 마찬가지로 부모들도 역시 자녀들에 대해 그래야 한다). 이와 같이 정당한 말은 큰 힘을 가지고 있다. 사울은 다윗에 대한 자신의 적대감이 아무 근거 없는 것이란 사실을 인식하고,

[1] 다윗을 죽이라는 명령을 철회했다(6절): 여호와께서 살아 계심을 두고 맹세하거니와 그가 죽임을 당하지 아니하리라. 여기에서 사울이 정식으로 맹세한 것인지 그렇지 않은지는 분명하게 나타나지 않는다. 추측컨대 지금 이 순간 사울은 아마도 정식으로 맹세한 것이었을 것이다. 지금은 그렇게 할 만큼 중요한 순간이었기 때문이다. 그러나 사울은 다른 때에 경솔하고 불경스럽게 맹세한 적이 있었고, 그러한 사실은 우리로 하여금 지금 이 맹세의 진정성을 의심하도록 만든다. 맹세를 장난처럼 쉽게 하고 또 그것을 하찮은 것처럼 팔아버리는 사람들이 있다는 사실은 얼마나 슬픈 일인가! 어떤 이들은 사울이 다윗을 가까이 끌어들여 죽일 목적으로 이렇게 맹세한 것이 아닌지 의심한다. 그러나 그가 비록 악한 사람이기는 했지만 그렇게까지 추악하고 비열한 사람은 아니었을 것이다. 그러므로 우리는 그가 지금은 그렇게 생각하고 맹세했지만 얼마 후 그 마음이 바뀌었다고 추측한다.

[2] 다윗으로 하여금 다시 왕궁으로 돌아오도록 했다: 요나단이 그를 사울에게로 인도하니 그가 사울 앞에 전과 같이 있었더라(7절). 다윗은 이제 폭풍이 다 지나갔기를 바라면서, 자신의 친구 요나단이 그의 아버지의 마음을 평온하게 하는 도구가 되기를 소망했을 것이다.

[8]전쟁이 다시 있으므로 다윗이 나가서 블레셋 사람들과 싸워 그들을 크게 쳐죽이매 그들이 그 앞에서 도망하니라 [9]사울이 손에 단창을 가지고 그의 집에 앉았을 때에 여호와께서 부리시는 악령이 사울에게 접하였으므로 다윗이 손으로 수금을 탈 때에 [10]사울이 단창으로 다윗을 벽에 박으려 하였으나 그는 사울의 앞을 피하고 사울의 창은 벽에 박힌지라 다윗이 그 밤에 도피하매

I. 다윗은 계속해서 왕과 나라를 위해 선한 사역을 감당했다. 비록 사울이 자신에 대해 선을 악으로 갚고 또 그가 자신의 유능함을 시기했다 할지라도, 다윗은 그것을 언짢게 여기며 나라를 위한 사역을 그만두지 않았다. 선을 행하다가 악으로 보답 받은 자들은 우리의 하늘 아버지가 얼마나 풍성한 은혜를 베푸시는 자인가 하는 것을 기억하고 선한 일을 계속하는 것을 중단하지 말아야 한다. 사울이 자신에게 많은 고통과 수모를 가져다 주었음에도 불구하고,

1. 다윗은 나라를 위하여 계속해서 담대하게 칼을 사용했다(8절). 블레셋과

의 전쟁이 다시 시작되었으며, 이로 인해 다윗의 이름이 다시 떨쳐지는 기회가 생기게 되었다. 다윗은 큰 용맹으로 블레셋 사람들을 물리쳤으며, 많은 사람들을 죽이고 도망치게 만들었다.

2. 다윗은 왕을 위하여 계속해서 기쁘게 수금을 탔다(9절). 그는 이제 수금을 타는 정도의 일은 자신이 할 만한 일이 못된다고 탄원할 수도 있었다. 그러나 겸손한 사람은 자신이 행할 수 있는 선을 하찮은 것으로 그래서 자신이 감당하기에는 격에 맞지 않는 것으로 생각하지 않는다. 또한 다윗은 전에 그와 같은 일을 수행하다가 사울로부터 죽임을 당할 뻔한(18:10) 일을 회상하며 그 일을 거절할 수도 있었다. 그러나 그는 악에 대하여 선으로 갚는 법을 배웠으며, 자신이 맡은 소임을 감당하는 동안 하나님께서 안전하게 지켜 주실 것을 믿었다. 다윗이 자신의 원수가 병들었을 때 어떤 마음을 가졌는지 주목하라(시 35:13-14, 나는 그들이 병들었을 때에 굵은 베 옷을 입으며 금식하여 내 영혼을 괴롭게 하였더니 내 기도가 내 품으로 돌아왔도다 내가 나의 친구와 형제에게 행함 같이 그들에게 행하였으며 내가 몸을 굽히고 슬퍼하기를 어머니를 곡함 같이 하였도다). 아마도 이것은 사울이 병들었을 때를 언급하고 있는 것이었을 것이다.

Ⅱ. 사울은 계속해서 다윗에 대해 악의를 품었다. 얼마 전에 창조주의 이름으로 그가 죽임을 당하지 아니하리라고 맹세했던 그가 지금은 자기 손으로 그를 죽이려고 혈안이 되어 있다. 여자의 후손에 대한 뱀의 적개심은 이렇게 끝이 없는 것이다. 또한 하나님의 은혜가 떠날 때 인간의 마음은 이렇게까지 악해질 수 있는 것이다(렘 17:9, 만물보다 거짓되고 심히 부패한 것은 마음이라). 다윗이 최근의 블레셋과의 전쟁에서 얻은 새로운 영예로 인해 사울의 악의가 해소되기는커녕 도리어 시기심이 새롭게 불붙음과 함께 그를 더욱 미워하게 되었다. 그리고 그가 이렇게 악한 격정에 휩싸였을 때 악령이 그에게 접했다고 언급되는 것은 조금도 놀라운 일이 아니다(9절). 왜냐하면 만일 우리가 해가 지도록 분을 품는다면, 그것은 곧 마귀에게 틈을 주는 것이기 때문이다(엡 4:26, 27). 마음의 격정은, 비록 사탄의 역사로 말미암는 것이라 할지라도, 대체로 인간 자신의 죄와 어리석음에 기인한다. 사울은 다윗을 두려워하며 시기하였는데, 그러한 두려움과 시기는 바로 그 자신을 고통스럽게 만들었다. 그래서 그는 손에 단창을 들지 않고는 자기 집에서조차 편히 앉아 있을 수 없었다. 스스로를 보호하기 위한 것처럼 가장했지만 실상은 다윗을 죽이기 위한 것이었다. 그는 다윗을

벽에 박아버리기 위해 힘껏 단창을 던졌는데, 다윗이 피했음에도 불구하고 그것이 벽에 박힐 정도의 큰 힘이었다(10절). 그 안에 있는 마귀가 그토록 강했으며, 그 자신의 격노와 격정 역시 그렇게 강했던 것이다. 어쩌면 사울은 다윗을 죽인다 할지라도 지금 자신의 정신이 온전치 않으므로 하나님과 사람 앞에 용서될 수 있을 것으로, 다시 말해서 그것을 자신의 정신착란의 탓으로 돌릴 수 있을 것으로 생각했을는지 모른다. 그러나 인간이 어떻게 핑계를 대든 하나님은 결코 속지 않으신다.

Ⅲ. 하나님은 계속해서 다윗을 돌보시며 주목하셨다. 사울의 창은 다윗을 비켜갔으며, 다윗은 하나님의 섭리에 의해 그날 밤 도피했다. 다윗은 자신의 시편 가운데 이러한 하나님의 보호하심을 종종 언급하면서, 하나님이 자신의 방패와 바위와 요새가 되사 자신의 영혼을 사망에서 건져 주신다고 노래했다.

[11]사울이 전령들을 다윗의 집에 보내어 그를 지키다가 아침에 그를 죽이게 하려 한지라 다윗의 아내 미갈이 다윗에게 말하여 이르되 당신이 이 밤에 당신의 생명을 구하지 아니하면 내일에는 죽임을 당하리라 하고 [12]미갈이 다윗을 창에서 달아 내리매 그가 피하여 도망하니라 [13]미갈이 우상을 가져다가 침상에 누이고 염소 털로 엮은 것을 그 머리에 씌우고 의복으로 그것을 덮었더니 [14]사울이 전령들을 보내어 다윗을 잡으려 하매 미갈이 이르되 그가 병들었느니라 [15]사울이 또 전령들을 보내어 다윗을 보라 하며 이르되 그를 침상째 내게로 들고 오라 내가 그를 죽이리라 [16]전령들이 들어가 본즉 침상에는 우상이 있고 염소 털로 엮은 것이 그 머리에 있었더라 [17]사울이 미갈에게 이르되 너는 어찌하여 이처럼 나를 속여 내 대적을 놓아 피하게 하였느냐 미갈이 사울에게 대답하되 그가 내게 이르기를 나를 놓아 가게 하라 어찌하여 나로 너를 죽이게 하겠느냐 하더이다 하니라

Ⅰ. 사울이 계속해서 다윗을 죽이려고 함. 다윗이 자신이 던진 창을 피하고 도피했을 때, 사울은 그가 곧바로 집으로 돌아갔을 것으로 추측했다(실제로 다윗은 집으로 돌아왔다). 그리하여 사울은 몇몇 전령들을 뒤따라 보내어 그의 집 문 앞에서 기다리고 있다가 다음 날 아침 그가 움직이기 시작할 때 즉시로 암살하도록 명령했다(11절). 요세푸스(Josephus)는 사울이 그렇게 한 것은 다윗을 체포하여 법정으로 끌고 가서 그를 반역자로 정죄하여 죽이기 위한 것

이었다고 말한다. 그러나 우리는 여기에서 사울이 선택한 방법은 더 간단한 방법이었다는 사실을 볼 수 있다. 사울은 전령들에게 다윗을 죽이라고 명령한 것이다. 다윗이 시편 59편에서 자신의 원수들을 피 흘리기를 즐기는 자(2절)라고 말했는데, 그 시편은 사울이 전령들을 보내어 그들로 하여금 자신을 죽이려고 자신의 집을 감시하게 한 지금의 상황을 언급하는 것이었을 것이다. 시편 59편 2절과 3절과 7절을 보라. 다윗은 그들의 입술에 칼이 있다고 한탄한다.

II. 다윗이 이러한 위험으로부터 놀라운 방법으로 구원을 받음. 여기에서 다윗을 구원하는 도구로 사용된 사람은 바로 미갈이었다. 그녀는 사울이 다윗에게 올무가 되도록 하기 위해 준 사람이었으나, 도리어 그를 돕고 보호해 주는 자가 되었다. 마귀는 종종 자기가 쏜 화살에 자기가 맞는다. 자기 남편이 지금 위험 가운데 있다는 사실을 미갈이 어떻게 알게 되었는지는 분명하게 나타나지 않는다. 어쩌면 왕궁에서 보낸 통지를 받았든지 아니면 잠자리에 들 때 집 주변을 지키는 병사들의 움직임을 알아채고 그런 위험을 알게 되었을 것이다 — 비록 그들이 누가 들으리요 하면서 매우 은밀하고 조용하게 움직였다 할지라도(시 59:7). 그녀는 자신의 아버지가 다윗에 대해 크게 분개하고 있다는 사실을 알고 있었다. 그리하여 곧바로 위험을 인식하고 남편의 안전을 위해 분주하게 움직였다.

1. 미갈은 다윗으로 하여금 위험에서 벗어나도록 했다. 그녀는 남편에게 위험이 임박했음을 말해주었다(11절): 당신이 이 밤에 당신의 생명을 구하지 아니하면 내일에는 죽임을 당하리라. 요세푸스가 부연 설명한 것처럼, 그녀는 다윗에게 만일 당신이 내일 태양을 보게 된다면 바로 그것이 태양을 보는 마지막 날이 될 것이라고 말하면서 남편을 피신시켰다. 다윗 자신은 도망치는 것보다는 싸우는 것에 더 능한 사람이었다. 그로서는 자신의 집을 둘러싸고 있는 자들로부터 도망치는 것보다는 차라리 칼로써 스스로를 지키는 것이 더 합법적이고 쉬운 일이었을 것이다. 그러나 미갈이 다윗을 창에서 달아 내렸는데(12절), 그것은 사울이 보낸 전령들이 모든 문을 지키고 있었기 때문이었다. 그리하여 다윗은 사울의 위협으로부터 피하여 도망하게 되었다. 다윗이 시편 59편을 지은 것이 도피하기 전 자신의 침실에서 지은 것인지 아니면 도피한 후 은신처에서 지은 것이든지 간에, 그 시편은 그의 심령이 이토록 큰 위험 속에서도 평온했으며 그의 믿음은 하나님께 굳게 고정되어 있었음을 보여준다. 그리고 자신을 향

한 음모가 아침에 자신을 죽이려는 것이었음에도 불구하고, 그는 거기(시편 59편)에서 아침에 주의 인자하심을 높이 부르리라(16절)고 노래한다.

2. 미갈은 사울과 사울이 보낸 전령들을 기만했다. 다음 날 아침 그 집의 문이 열렸음에도 불구하고 다윗이 나타나지 않자, 전령들은 그를 찾기 위해 집을 수색하려고 했으며 또 실제로 그렇게 했다. 그러나 미갈은 그가 병들어 침상에 누워 있다고 말하면서(14절), 믿지 못하겠거든 와서 보라고 말했다. 이미 그녀는 나무로 만든 우상을 침상에 누이고, 의복으로 덮어 마치 다윗이 잠자고 있는 것처럼 꾸며 놓았다. 또 염소 털로 우상의 머리에 씌워 다윗의 머리처럼 보이도록 함으로써 그들을 속일 수 있었다. 이러한 미갈의 거짓과 기만은 결코 정당화될 수 없다. 하나님의 진리는 그녀의 거짓말을 필요로 하지 않는다. 그러나 그녀는 이렇게 함으로써 다윗으로 하여금 안전하게 도피할 수 있도록 시간을 벌어주고자 했다. 만일 다윗이 사라진 것을 전령들이 알았다면, 그들은 의심의 여지 없이 즉시로 그를 추격했을 것이다. 다윗이 병들었다는 말을 들었을 때 전령들은 더 이상 그를 번거롭게 하지 않았는데, 그런 면에서 그들은 상당히 인간적인 면모를 가지고 있었다. 그들은 이렇게 병들어 고통 가운데 있는 자를 기꺼이 동정했던 것이다. 그러나 사울은 그 소식을 듣고는 그가 병들었든지 그렇지 않든지 당장 끌어오라고 명령했다: 그를 침상째 내게로 들고 오라 내가 그를 죽이리라(15절). 이와 같이 병든 자와 더불어 싸우며, 자연적으로 죽어가고 있는 자에게 반드시 죽이고야 말겠다고 맹세하는 것은 참으로 야비하고 야만적인 일이다. 이처럼 사울은 다윗의 피에 목말라 있었으며, 그를 향한 복수심에 굶주려 있었다. 사울은 지금 자신의 손으로 직접 다윗을 죽여야만 만족할 수 있을 터였다 — 불과 얼마 전에 내 손을 그에게 대지 아니하리라고 말했음에도 불구하고. 이와 같이 사람이 한 번 격정의 노예가 되고 나면, 그러한 격정은 점점 더 격렬해지고 난폭해진다. 전령들이 두 번째로 보냄 받았을 때, 모든 속임수가 다 드러나게 되었다(16절). 그러나 이 때쯤 다윗은 안전한 곳으로 피신했을 것으로 생각했기 때문에, 미갈은 모든 것이 다 드러났음에도 불구하고 크게 염려하지 않았다. 사울은 다윗을 도와 피신하게 한 것으로 인해 딸을 크게 꾸짖었다(17절): 너는 어찌하여 이처럼 나를 속여 내 대적을 놓아 피하게 하였느냐? 사울은 미갈이 자신의 딸이므로 당연히 남편을 배반하고 자신의 편이 되어 줄 것으로 기대할 만큼 어리석은 사람이었다. 그녀로서는 남편과 함께 하기 위해

아버지와 아버지의 집을 버릴 수밖에 없지 않았겠는가? 스스로 이성과 종교의 띠에 묶여 있지 않은 자들은 다른 사람들도 또한 그럴 것이라고 쉽게 판단한다. 아버지의 꾸짖음에 변명하는 가운데, 미갈은 남편의 명성에는 그다지 괘념하지 않는다. 그녀의 변명은 이러했다: 그가 내게 이르기를 나를 놓아 가게 하라 어찌하여 나로 너를 죽이게 하겠느냐 하더이다. 그녀는 자신이 자원하여 다윗의 피신을 도와준 것이 아니었음을 은연중 강조한다(실제로 그녀가 그렇게 했음에도 불구하고). 그녀는 만일 자신이 그를 가도록 하지 않았다면 그가 자신을 죽였을 것이라고 암시하는데, 그것은 참으로 부당하고 야비한 말이었다. 그것은 다윗의 인품과 배치되는 것으로서, 결과적으로 그에 대한 사울의 격노를 정당화시켜 줄 수 있는 말이었다. 다윗은 미갈이 지금 여기에서 말하고 있는 것처럼 그렇게 야만적인 남자요 전제군주적인 남편이 결코 아니었다. 다윗의 자손이 그랬던 것처럼, 다윗 역시도 자신의 친구와 원수 양쪽으로부터 고통을 당했다.

[18]다윗이 도피하여 라마로 가서 사무엘에게로 나아가서 사울이 자기에게 행한 일을 다 전하였고 다윗과 사무엘이 나욧으로 가서 살았더라 [19]어떤 사람이 사울에게 전하여 이르되 다윗이 라마 나욧에 있더이다 하매 [20]사울이 다윗을 잡으러 전령들을 보냈더니 그들이 선지자 무리가 예언하는 것과 사무엘이 그들의 수령으로 선 것을 볼 때에 하나님의 영이 사울의 전령들에게 임하매 그들도 예언을 한지라 [21]어떤 사람이 그것을 사울에게 알리매 사울이 다른 전령들을 보냈더니 그들도 예언을 했으므로 사울이 세 번째 다시 전령들을 보냈더니 그들도 예언을 한지라 [22]이에 사울도 라마로 가서 세구에 있는 큰 우물에 도착하여 물어 이르되 사무엘과 다윗이 어디 있느냐 어떤 사람이 이르되 라마 나욧에 있나이다 [23]사울이 라마 나욧으로 가니라 하나님의 영이 그에게도 임하시니 그가 라마 나욧에 이르기까지 걸어가며 예언을 하였으며 [24]그가 또 그의 옷을 벗고 사무엘 앞에서 예언을 하며 하루 밤낮을 벗은 몸으로 누웠더라 그러므로 속담에 이르기를 사울도 선지자 중에 있느냐 하니라

I. 다윗의 피난처. 밤에 자신의 집에서 도망쳐 나온 후 다윗은 자신의 생명을 보존하기 위해 친척들이 있는 베들레헴이나 혹은 자신에게 환호했던 이스라엘의 어떤 성읍으로 가지 않았다. 대신에 그는 곧바로 사무엘에게로 갔고,

그에게 사울이 자신에게 행한 일을 다 이야기했다(18절).

1. 그것은 사무엘이 자신에게 면류관을 보증해 준 장본인이었기 때문이다. 그러나 지금 그러한 보증에 대한 다윗의 믿음은 무너지기 시작하고 있었다. 다윗은 지금 '허둥대는 가운데' (어떤 이들은 '도주하는 가운데' 라고 읽는다. 시 116:11, 한글개역개정판은 '내가 놀라서 이르기를' 이라고 되어 있음) "모든 사람이 거짓말쟁이라" 라고 말할 준비가 되어 있었다(내 생명을 해하지 않겠다고 약속했던 사울뿐만 아니라 나에게 보좌를 약속했던 사무엘까지도). 이러한 고통의 날에 다윗이 사무엘에게 가지 않으면 어디로 가겠는가? 사무엘에게 피신함으로써 다윗은 하나님의 날개 그늘에 의지하면서 그분을 자신의 피난처로 삼았다. 다윗에게 있어 여기보다 더 안전한 곳이 어디에 있겠는가?

2. 그것은 사무엘이 선지자로서 이러한 고통의 날에 자신이 어떻게 행동해야 할지에 대해 가장 잘 조언해 줄 수 있었기 때문이다. 지금 다윗은 하나님으로부터의 지시와 가르침을 받기 위해 사무엘 앞에 나아온 것이다. 만일 우리의 기도에 대해 평안의 응답을 받고자 기대한다면, 우리는 먼저 하나님의 말씀에 우리의 귀를 열어야만 한다.

3. 그것은 사무엘이 있는 곳에 선지자 학교가 있었기 때문이다. 이 곳에서 그는 선지자의 무리와 함께 하나님을 찬미할 수 있었는데, 그것은 지금의 고통 속에서 그가 상상할 수 있는 가장 큰 위로와 기쁨이었다. 다윗은 사울의 왕궁에서 거의 기쁨과 만족을 누리지 못했다. 그래서 그는 그것을 찾기 위해 사무엘의 교회로 온 것이다. 하나님과 교제하는 삶을 누리는 자에게 이 세상의 기쁨은 얼마나 작고 보잘것없는 것인가! 고통의 날에 다윗이 피하여 숨은 곳은 바로 이러한 곳이었다(시 27:4-6).

Ⅱ. 이 곳에서 다윗은 어떤 방법으로 보호를 받았나. 다윗과 사무엘이 나욧으로 가서 살았더라(혹은 거하였더라)(18절). 나욧은 라마의 선지자 학교가 있는 특별한 장소로서(10:10), 블레셋 사람들조차도 이 곳은 건드리지 않았다. 그러나 사울은 정탐꾼의 보고를 통해 정보를 받고(19절) 전령들을 보내 다윗을 잡아오도록 했다(20절). 그러나 그들이 아무런 소득도 얻지 못하자 사울은 더 많은 전령들을 보냈으며, 이들 역시 돌아오지 않자 사울은 또다시 세 번째로 전령들을 보냈다. 그리고 이들의 소식도 알 수 없게 되자, 이번에는 사울 자신이 직접 갔다(22절). 이처럼 사울은 다윗의 피에 목말라 있었으며 그를 죽이기 전

에는 결코 쉴 수 없었다. 그러므로 계속되는 하나님의 섭리에 의해 그를 잡으려는 계획이 번번이 좌절되었음에도 불구하고, 사울은 다윗이 하늘의 특별한 보호 아래 있다는 사실을 깨달을 수 없었다. 이와 같은 일에 왕이 직접 나선다는 것은 참으로 격에 맞지 않는 일이었다. 그러나 핍박자들은 자신들의 악의를 만족시키기 위해서는 어떤 일도 마다하지 않는다. 사울의 모든 관심은 오로지 다윗을 잡는 일에 집중되어 있었으며, 그 일로 인해 다른 모든 공무(公務)는 제쳐놓았다. 지금 다윗은 사자의 입에 떨어질 위기에 처했다(전에 자신이 지키는 양들이 그랬던 것처럼). 이런 위기상황에서 그는 어떻게 구원을 받았는가? 그가 자신의 양들을 구원할 때처럼 사자를 쳐 죽이는 방법도 아니었고, 엘리야의 경우처럼 하늘로부터 불이 내려와 사울이 보낸 전령들을 사르는 방법도 아니었다. 지금 다윗이 구원받은 방법은 사자를 잠시 양으로 변화시키는 방법이었다.

1. 사울이 보낸 전령들이 선지자의 무리와 함께 있는 다윗에게 왔을 때, 하나님의 영이 그들에게 임하여 그들도 예언을 했다(20절). 다시 말해서 그들도 다른 무리들과 합하여 하나님을 찬미한 것이다. 다윗을 잡는 대신 도리어 그들이 잡힌 것이다. 이렇게 하여,

(1) 하나님은 다윗을 지켜주셨다. 전령들은 예언의 영에 의해 황홀경(ecstasy)에 빠져 자신들의 사명을 잊어버리고 다윗에 대해 괘념하지 않게 되었든지, 아니면 잠시 선한 마음을 갖게 됨으로써 그와 같은 악한 일을 수행할 생각을 하지 못하게 되었을 것이다.

(2) 하나님은 선지자의 무리와 성도의 교제를 존귀케 하셨다. 또한 하나님은 신실한 백성들의 무리 가운데 임재하시는 증표로서 악인들에게 두려움을 보내실 수 있다는 사실과 그들로 하여금 하나님이 진리의 백성들 가운데 계시다는 사실을 인정할 수밖에 없도록 만드실 수 있다는 사실을 보여주셨다(고전 14:24, 25). 여기에서 신앙적인 회합의 중요성을 주목하라. 우리는 여기에서 신앙적인 회합의 선한 영향력이 그것을 받기에 합당치 않아 보이는 자들에게까지도 미치는 것을 볼 수 있다. 성도들이 모인 곳이 아니면 도대체 어디에서 우리가 성령의 영향력을 기대할 수 있단 말인가?

(3) 하나님은 인간들의 영을 통제하는 자신의 권능을 나타내셨다. 마음과 입술을 지으신 자는 그것들을 당신의 목적에 합당하게 사용할 수 있으시다. 발람은 이스라엘을 저주하도록 부름을 받았으나, 축복의 예언을 말하지 않을 수 없

었다. 어떤 유대 저술가들은 여기의 전령들이 다윗이 이스라엘의 왕이 될 것을 예언했을 것이라고 생각한다.

2. 사울도 자신이 보낸 전령들과 마찬가지로 예언의 영에 붙잡혔다(심지어 그 곳에 도착하기도 전에). 사람들은 사울 같이 악한 자가 어떻게 선지자로 변화될 수 있느냐고 생각할 것이다. 그러나 하나님이 다윗을 보호하기 위해 이런 방법을 택하셨을 때, 사울 역시도 (홀 주교가 표현한 것처럼) 나욧의 연기가 냄새나는 곳에 이르기가 무섭게 자신이 보낸 전령들처럼 예언을 하지 않을 수 없었다(23절). 사울은 자신의 왕복(王服)과 갑옷을 벗어버렸다. 그것은 이런 일을 하기에 그것이 너무 호화로웠거나 아니면 너무 무거웠기 때문이었다. 그리고 그는 황홀경(trance) 혹은 무아지경(rapture)에 빠졌는데, 그런 상태가 하루 밤낮 동안 계속되었다. 다메섹의 성도들은 '신약의 사울' 의 격노로부터 구원을 받았다. 그 때 '신약의 사울' 은 성령의 특별한 역사로 인해 변화를 받았는데, 그것은 지금의 경우(즉 '구약의 사울' 의 경우)와는 전혀 다른 성격의 변화였다. 지금의 경우는 놀라운 일이기는 하지만 '거룩하게 만드는 것' (즉 聖化)은 아니었다. 이것은 단지 하루 동안의 변화일 뿐 영원한 변화는 결코 아니었다. 큰 은사를 소유하고 있으면서도 은혜는 갖고 있지 못한 사람들이 많이 있다. 또 그리스도의 이름으로 예언을 하면서도 그분에 의해 "내가 너희를 도무지 알지 못하노라"라고 일컬음을 받는 사람들도 많이 있다(마 7:22, 23). 어쨌든 이렇게 하여 "사울도 선지자 중에 있느냐"라는 속담이 다시 회자(膾炙)되게 되었다. 사무엘상 10장 12절을 보라. 그러나 지금의 경우는 그 때와는 아주 달랐다. 오히려 정반대였다. 비록 선지자의 무리와 함께 있었음에도 불구하고, 지금 사울은 하나님으로부터 버림을 받았으며 악령에 의해 충동되고 있었다.

제
— 20 —
장

개요

다윗은 사울의 광포로부터 몇 번이나 겨우 목숨을 건졌다. 마침내 다윗은 사울 곁을 떠나, 스스로를 보호하기 위해 무기를 들어야 할 때가 되지 않았는가 생각하기 시작한다. 그러나 그는 신실한 친구 요나단과 의논하지 않고는 결코 그 일을 행하려고 하지 않는다. 본 장에서 우리는 다윗이 어떻게 이 일을 행했으며 또 그들 사이에 어떤 일이 오갔는지에 관한 이야기를 보게 된다. 우리는 앞에서 '부자연스러운'(unnatural) 증오심을 살펴보았는데, 이제 여기에서는 '초자연적인'(supernatural) 사랑을 보게 될 것이다. I. 다윗이 요나단에게 자신이 처한 고통을 하소연함(1-8절). II. 요나단이 다윗에게 자신의 아버지가 그에 대해 어떤 마음을 품고 있는지를 알려줄 것을 약속함, 그리고 그와 더불어 우정의 언약을 새롭게 함(9-23절). III. 요나단이 자신의 아버지가 다윗을 미워하며 죽이기로 굳게 결심했음을 알게 됨(24-34절). IV. 요나단이 미리 약속한 방법대로 이 사실을 다윗에게 알려줌(35-42절).

¹다윗이 라마 나욧에서 도망하여 요나단에게 이르되 내가 무엇을 하였으며 내 죄악이 무엇이며 네 아버지 앞에서 내 죄가 무엇이기에 그가 내 생명을 찾느냐 ²요나단이 그에게 이르되 결단코 아니라 네가 죽지 아니하리라 내 아버지께서 크고 작은 일을 내게 알리지 아니하고는 행하지 아니하나니 내 아버지께서 어찌하여 이 일은 내게 숨기리요 그렇지 아니하니라 ³다윗이 또 맹세하여 이르되 내가 네게 은혜 받은 줄을 네 아버지께서 밝히 알고 스스로 이르기를 요나단이 슬퍼할까 두려운즉 그에게 이것을 알리지 아니하리라 함이니라 그러나 진실로 여호와의 살아 계심과 네 생명을 두고 맹세하노니 나와 죽음의 사이는 한 걸음 뿐이니라 ⁴요나단이 다윗에게 이르되 네 마음의 소원이 무엇이든지 내가 너를 위하여 그것을 이루리라 ⁵다윗이 요나단에게 이르되 내일은 초하루인즉 내가 마땅히 왕을 모시고 앉아 식사를 하여야 할 것이나 나를 보내어 셋째 날 저녁까지 들에 숨게 하고 ⁶네 아버지께서 만일 나에 대하여 자세히 묻거든 그 때에 너는 말하기를 다윗이 자기 성읍 베들레헴

으로 급히 가기를 내게 허락하라 간청하였사오니 이는 온 가족을 위하여 거기서 매년제를 드릴 때가 됨이니이다 하라 ⁷그의 말이 좋다 하면 네 종이 평안하려니와 그가 만일 노하면 나를 해하려고 결심한 줄을 알지니 ⁸그런즉 바라건대 네 종에게 인자하게 행하라 네가 네 종에게 여호와 앞에서 너와 맹약하게 하였음이니라 그러나 내게 죄악이 있으면 네가 친히 나를 죽이라 나를 네 아버지에게로 데려갈 이유가 무엇이냐 하니라

I. 다윗은 요나단에게 자신이 지금 처한 고통을 토로한다. 사울이 나욧에서 황홀경에 빠져 누워 있는 동안, 다윗은 왕궁으로 돌아와 요나단과 이야기할 기회를 갖게 되었다. 왕이 자신의 대적이 되어 있는 상황에서 왕궁에 이렇게 귀한 친구가 있었던 것은 다윗에게 참으로 다행스런 일이었다. 우리를 미워하고 경멸하는 자들이 있다고 하여 그로 인해 낙망해서는 안 된다. 왜냐하면 우리를 사랑하고 격려해 주는 자들이 또한 있기 때문이다. 하나님은 우리가 한 쪽이 부족할 때 다른 쪽을 채워 주신다. 그러므로 우리도 그래야 한다. 요나단은 항상 다윗을 사랑한 친구로서, 지금 고통의 때에도 여전히 다윗을 사랑했다. 그는 다윗이 승리했을 때 두 팔을 벌려 환영해 주었던 것처럼(18:1), 지금 고통의 순간에도 똑같이 두 팔을 벌려 환영해 주었다. 그는 정말로 위급한 때를 위하여 태어난 형제였다(잠 17:17).

1. 다윗은 요나단에게 자신의 순전함을 호소한다. 다윗은 그에 대한 증거로서 많은 말을 할 필요가 없었다. 만일 자신이 혹시 그의 아버지에게 잘못한 것이 있다면 기꺼이 그 앞에 나아가 용서를 구할 것이다(1절): 내가 무엇을 하였느냐?

2. 다윗은 자신의 순전함에도 불구하고 사울이 자신의 목숨을 찾는 사실을 요나단에게 납득시키고자 한다. 그러나 요나단은 아버지에 대한 혈육의 정으로 인해 자신의 아버지가 그와 같이 악한 일을 계획했거나 혹은 행했다고 믿고 싶어하지 않았다(2절). 요나단은 그렇지 않을 것이라고 생각했다. 왜냐하면 아버지의 그러한 계획과 관련하여 자신은 아무것도 아는 것이 없었기 때문이었다(통상적으로 아버지가 크고 작은 모든 일을 자신과 의논했음에도 불구하고). 요나단은 성실한 아들답게 가능한 한 자기 아버지의 수치를 벗겨 주려고 노력했다. 사랑은 악한 것을 생각지 아니한다(고전 13:5). 특별히 부모에게 대해서

는 더욱 그러하다. 따라서 다윗은 자신이 위험 가운데 있음을 맹세로써 확증한다(3절): 여호와의 살아 계심과 네 생명을 두고 맹세하노니 나와 죽음의 사이는 한 걸음 뿐이니라. 사울이 이 일을 요나단에게 말하지 않은 이유는 간단했다. 그는 다윗과 요나단 사이의 우정을 잘 알고 있었다. 따라서 다른 모든 일에 있어서는 아들과 의논했지만 이 일에 있어서만큼은 그렇게 하지 않았다. 정당하고 영예로운 일이라면 누구보다도 요나단이 가장 잘 도와줄 것이었다. 그러나 다윗을 죽이는 것과 같은 비열한 일에 있어서는 요나단이 결코 자신의 편이 되어주지 않을 것이라는 사실을 사울은 잘 알고 있었다.

II. 요나단은 기꺼이 도와주겠다고 말한다(4절). 네 마음의 소원이 무엇이든지 내가 너를 위하여 그것을 이루리라. 요나단은 다윗의 소원과 관련하여 그것이 합법적이어야 한다든지 혹은 정당한 것이어야 한다든지 따위의 단서를 붙일 필요가 없었다. 왜냐하면 불법적이거나 혹은 정당하지 않은 것은 그가 결코 요구하지 않을 것이라는 사실을 잘 알고 있었기 때문이었다. 바로 이것이 참된 우정이다. 그리스도께서도 우리에게 대한 자신의 사랑을 이와 같이 확증하셨다: 구하라 그러면 너희에게 주실 것이요. 우리 역시도 그의 계명들을 지킴으로써 그에 대한 우리의 사랑을 확증해야 한다.

III. 다윗은 사울이 정말로 자신을 죽이려고 하고 있는지 그렇지 않은지 하는 것을 요나단이 스스로 알게 되기를 원하면서 동시에 그것을 자신에게 알려주기를 원한다. 아마도 다윗이 이런 제안을 한 것은 자신이 확실하게 알기 위한 것보다 요나단으로 하여금 확실하게 알게 하도록 하기 위한 것이었을 것이다. 왜냐하면 사울이 자신을 죽이려고 하고 있다는 사실을 그 자신은 이미 확실하게 알고 있었기 때문이었다.

1. 다윗이 제안한 방법은 매우 자연스러운 방법이었다. 또한 그것은 사울이 다윗에 대해 어떤 마음을 품고 있는지를 분명하게 드러내 줄 만한 것이었다. 다음 날과 그 다음 날은 초하루의 제사와 관련하여 사울이 공적으로 식사를 하도록 되어 있는 날이었다. 이 때 특별한 제사가 드려지고 제사가 끝난 후 잔치가 있을 것이었다. 사울은 하나님으로부터 버림을 받았으며 여호와의 영은 이미 그를 떠났다. 그럼에도 불구하고 그는 계속해서 거룩한 잔치를 지키고 있었다. 이와 같이 참된 덕행은 다 없어졌어도 여전히 외적인 의식(儀式)은 지키고 있는 경우를 우리는 종종 볼 수 있다. 이러한 잔치 자리에 사울이 자기의 모든

자녀들을 참석하도록 하고 다윗도 사위로서 참석하도록 했든지, 아니면 모든 신하들을 참석시키면서 다윗을 신하 가운데 한 사람으로 참석시켰을 것이다. 어떤 경우든지 간에, 다윗은 이틀 동안 그 자리에 참석하지 않기로 결심했다 (다윗은 전에 결코 그런 적이 없었다, 5절). 다윗은 거룩한 잔치가 끝날 때까지 자리를 비움으로써 다음과 같은 사실을 알고자 하였다. 만일 자신이 참석하지 않은 핑계를 사울이 허락하고 기꺼이 받아들인다면, 다윗은 사울이 마음을 바꾸고 자신과 화해하려고 하고 있는 것이라고 결론을 내릴 것이었다. 반면 만일 이 일로 인해 그가 분개하며 분노를 폭발시킨다면, 다윗은 사울이 여전히 자신을 죽이려고 하고 있다고 쉽게 결론 내릴 수 있을 것이었다(7절). 왜냐하면 그 것은 그가 자신을 사랑하지 않는다는 사실을 확실하게 드러내는 것이며 또한 자신의 참석은 그로 하여금 자신을 죽일 수 있는 절호의 기회를 주는 것 외에 아무것도 아니었기 때문이다.

2. 다윗은 자신의 성읍 베들레헴으로 가서 거기에서 친족들과 함께 초하루를 기념해야 한다고 핑계를 댔는데, 우리는 그 핑계가 진실한 것이었다고 생각할 만한 충분한 이유를 가지고 있다. 왜냐하면 매달 드리는 초하루의 제사 외에도 매년제가 드려져야 했기 때문이었다(6절, 매년제는 온 가족이 함께 모여 드리는 것이었다). 그들은 온 가족이 함께 모여 일 년에 하루를 감사의 날로 지키면서, 지금까지 베풀어 주신 모든 은혜에 감사하며 또 앞으로도 계속해서 은혜를 베풀어 주시기를 기원했다. 이러한 사실로 볼 때 우리는 다윗의 가족 (family)이 매우 신앙적인 가족이었다는 사실을 알 수 있다. 그것은 가족이면서 동시에 교회였다.

3. 요나단을 설득하기 위한 다윗의 논지는 너무도 간절했다(8절).

(1) 다윗은 요나단과 더불어 맺은 우정의 언약을 거론한다. 그것은 요나단 자신의 제안으로 맺은 언약이었다: 네가 네 종에게 여호와 앞에서 너와 맹약하게 하였음이니라.

(2) 다윗은 자신의 말이 정당하지 못함에도 불구하고 무조건 지지해 달라고 강요하지 않는다: 만일 내게 죄악이 있으면 네가 친히 나를 죽이라. "만일 나에게 어떤 죄가 있다면 나는 우리가 서로 언약했다고 하여 나의 죄에 너를 동참시키기를 원하지도 않으며 기대하지도 않노라. 너는 나의 죄와 아무 상관이 없으며, 나의 죄에 대해 벌을 내림에 있어 너의 손이 첫 번째가 되기를 원하노라."

정직한 사람은 친구에게 자신을 위해 정직하지 않은 일을 해 달라고 강요하지 않는다.

9요나단이 이르되 이 일이 결코 네게 일어나지 아니하리라 내 아버지께서 너를 해치려 확실히 결심한 줄 알면 내가 네게 와서 그것을 네게 이르지 아니하겠느냐 하니 10다윗이 요나단에게 이르되 네 아버지께서 혹 엄하게 네게 대답하면 누가 그것을 내게 알리겠느냐 하더라 11요나단이 다윗에게 이르되 오라 우리가 들로 가자 하고 두 사람이 들로 가니라 12요나단이 다윗에게 이르되 이스라엘의 하나님 여호와께서 증언하시거니와 내가 내일이나 모레 이맘때에 내 아버지를 살펴서 너 다윗에게 대한 의향이 선하면 내가 사람을 보내어 네게 알리지 않겠느냐 13그러나 만일 내 아버지께서 너를 해치려 하는데도 내가 이 일을 네게 알려 주어 너를 보내어 평안히 가게 하지 아니하면 여호와께서 나 요나단에게 벌을 내리시고 또 내리시기를 원하노라 여호와께서 내 아버지와 함께 하신 것 같이 너와 함께 하시기를 원하노니 14너는 내가 사는 날 동안에 여호와의 인자하심을 내게 베풀어서 나를 죽지 않게 할 뿐 아니라 15여호와께서 너 다윗의 대적들을 지면에서 다 끊어 버리신 때에도 너는 네 인자함을 내 집에서 영원히 끊어 버리지 말라 하고 16이에 요나단이 다윗의 집과 언약하기를 여호와께서는 다윗의 대적들을 치실지어다 하니라 17다윗에 대한 요나단의 사랑이 그를 다시 맹세하게 하였으니 이는 자기 생명을 사랑함 같이 그를 사랑함이었더라 18요나단이 다윗에게 이르되 내일은 초하루인즉 네 자리가 비므로 네가 없음을 자세히 물으실 것이라 19너는 사흘 동안 있다가 빨리 내려가서 그 일이 있던 날에 숨었던 곳에 이르러 에셀 바위 곁에 있으라 20내가 과녁을 쏘려 함 같이 화살 셋을 그 바위 곁에 쏘고 21아이를 보내어 가서 화살을 찾으라 하며 내가 짐짓 아이에게 이르기를 보라 화살이 네 이쪽에 있으니 가져오라 하거든 너는 돌아올지니 여호와께서 살아 계심을 두고 맹세하노니 네가 평안 무사할 것이요 22만일 아이에게 이르기를 보라 화살이 네 앞쪽에 있다 하거든 네 길을 가라 여호와께서 너를 보내셨음이니라 23너와 내가 말한 일에 대하여는 여호와께서 너와 나 사이에 영원토록 계시느니라 하니라

I. 요나단은 고통 가운데 있는 다윗에게 자신의 진심을 토로한다. 요나단에 대해 갖고 있는 굳은 신뢰에도 불구하고, 다윗으로서는 요나단이 그의 아버지

의 영향과 그 스스로의 이해관계로 인해 자신에 대해 왜곡된 마음을 갖거나 혹은 냉담해질 것을 염려할 만한 어느 정도의 이유가 있었다. 따라서 요나단은 다윗에 대한 자신의 우정을 다시 한 번 확실히 하는 것이 필요하다고 생각했다. "이 일이 결코 네게 일어나지 아니하리라(9절). 내가 너에 대하여, 혹시 네가 어떤 죄를 짓지 않았는가 의심함으로써 내 손으로 너를 죽이거나 혹은 내 아버지에게 넘겨주지 않을까 염려하지 말라. 아직도 너에게 어떤 의구심이 남아있다면, 오라 우리가 들로 가자(11절). 그리고 거기에서 충분히 이야기하자." 요나단이 다윗에게 들로 가자고 한 것은 다윗이 가진 의구심으로 인해 그와 더불어 다투기 위함이 아니라 자신의 우정을 다시 한 번 확실히 하기 위함이었다. 요나단은 자기 아버지가 다윗에 대해 어떤 마음을 갖고 있는지를 알아보고, 그것이 선한 것이든 악한 것이든 곧바로 알려주겠노라고 다윗에게 신실하게 약속했다. "내 아버지를 살펴서 네게 대한 의향이 선하면 내가 네게 알게 할 것이요 너는 마음을 편히 가져도 좋으리라(12절). 그러나 만일 악하면, 내가 네게 알려주어 너로 하여금 평안히 가게 하리라(13절)." 이와 같이 요나단은 만일 실제로 위험이 있다면 다윗을 그러한 위험으로부터 건져줄 것이요, 단지 그것이 상상에 불과한 것이라면 그를 '헛된 상상으로 인한 두려움' 으로부터 건져줄 것이었다. 자신의 약속을 확고히 하기 위해 요나단은,

　1. 증인으로서의 하나님께 호소한다(12절): "이스라엘의 하나님 여호와여, 주께서는 지금 나의 의도가 정직하다는 것과 내가 말하는 것이 거짓이 아니라는 것을 아시나이다." 요나단은 다윗을 향한 뜨거운 열정으로 이와 같이 간결하고 단호하게 말했다.

　2. 재판장으로서의 하나님께 호소한다: "만일 내가 거짓을 말하며 이 말을 깨뜨려 버린다면, 여호와께서 나 요나단에게 벌을 내리시고 또 내리시기를 원하노라(13절)." 이와 같이 요나단은 다윗이 자신의 진심을 충분히 확신할 수 있도록 엄숙하고 분명하게 말했다. 또한 하나님도 이와 같이 우리에 대한 자신의 약속을 확고히 하사 우리로 하여금 큰 안위를 받게 하셨다(히 6:17, 18). 요나단은 이러한 엄숙한 말에다가 진심에서 우러나온 기도를 더하였다: "여호와께서 내 아버지와 함께 하신 것 같이 너와 함께 하사 너를 보호하시고 형통케 하시기를 원하노라." 여기에서 요나단은 다윗이 자기 아버지의 위치를 갖게 될 것이란 믿음과 함께 지금 자기 아버지보다 더 형통하기를 바라는 마음을 나타냈다.

II. 요나단은 다윗과의 우정의 언약이 자기 자손에게까지 이어지도록 한다
(14-16절).   요나단은 다윗으로 하여금 자신이 죽고 난 후에도 자신의 가족에게 인자함(kindness)을 베풀 것을 약속하게 한다(15절): 너는 네 인자함을 내 집에서 영원히 끊어 버리지 말 것을 약속하라. 이것은 그가 자신이 죽고 난 후에도 자녀들이 안전하기를 바라는 혈육의 정으로부터 한 말이었다. 또한 우리는 여기에서 요나단이 장차 다윗이 높은 위치에 나아갈 것과 자신의 씨에 대해 인자를 베풀거나 혹은 해악을 끼치는 것이 바로 그의 손에 달렸음을 믿은 것을 볼 수 있다: 여호와께서 너 다윗의 대적들을 지면에서 다 끊어 버리신 때에도. 때가 되면 여호와께서 다윗의 대적들을 멸망시키실 날이 올 것이다. 그 때에 "너는 네 인자함을 내 집에서 영원히 끊어 버리지 말며, 내 아버지의 잘못으로 인해 나의 자녀에게 복수하지 말라." 이와 같이 다윗의 집은 대대로 요나단의 집과 하나로 묶여져야 한다. 요나단은 다윗의 집과 언약을 맺었다(16절). 참된 친구는 자신들의 우정이 자손들에게까지 이어지기를 바란다. 네 친구와 네 아비의 친구를 버리지 말라(잠 27:10).

1. 이러한 인자함(kindness)을 요나단은 여호와의 인자하심이라고 부른다. 그것은 그러한 인자함이 하나님이 언약을 세우시는 자들에게 보여주시는 것과 같은 종류의 인자함이기 때문이었다. 하나님은 그들의 하나님이실 뿐만 아니라 또한 그들의 후손들의 하나님이시다. 그들은 조상으로 인해 복을 받은 자들이다.

2. 요나단은 일종의 '저주의 기원'으로써 그러한 인자를 확고히 한다(16절): (그는 다윗 자신에 대하여는 조금도 의심하지 않았지만) 다윗의 자손들이 자신의 자손들에게 위해(危害)를 가하지 않도록. 여호와께서는 다윗의 대적들을 치실지어다. 요나단은 나중에 다윗의 어떤 자손이 자신의 왕권을 공고히 하기 위해, 마치 아비멜렉이 기드온의 아들들에게 그랬던 것처럼(삿 9:5), 자신의 자손들에게 위해를 가하지 않을까 염려했고, 지금 그것을 미리 방지하고자 하고 있었던 것이었다. 그러나 요나단이 다윗과 더불어 우정의 언약을 맺고 그것을 자손들에게까지 이어지도록 한 것은 참으로 고결한 마음으로 말미암은 것이었다. 그것은 그가 다윗을 자기 생명처럼 사랑했기 때문이며(17절), 그러므로 그와 그의 자손이 다윗으로부터 사랑과 인자를 받기를 열망했기 때문이었다. 다윗은 지금 왕의 미움을 받아 극심한 고통 가운데 있었다. 그러나 요나단의 눈에 그

는 너무나 사랑스러운 자였으며, 자기 아버지가 극도로 미워함에도 불구하고 그를 진정으로 사랑했다. 이와 같이 요나단의 우정은 너무도 순수한 기초 위에 세워져 있었다. 자신이 먼저 다윗에게 맹세를 한 후, 그는 다윗으로 하여금 자신에게 맹세하도록 했다. 그리고 그는 다시 맹세했고(17절), 이에 다윗이 동의했다(다윗은 정직한 마음을 가진 사람이었기에 다시 한 번 확실하게 하는 것을 조금도 주저하지 않았다). 그들이 서로 헤어질 때 요나단은 하나님께 대한 엄숙한 호소와 함께 말을 맺는다: 너와 내가 말한 일에 대하여는 여호와께서 너와 나 사이에 영원토록 계시느니라(23절). 즉 "만일 우리 가운데 어느 쪽이든지 이 우정의 맹약(盟約)을 깨뜨린다면, 하나님이 영원히 심판하실 것이라." 다윗이 므비보셋에게 인자를 베푼 것은 바로 이 언약을 기억했기 때문이었다(삼하 9:7; 21:7).

Ⅲ. 요나단은 다윗에게, 자신의 아버지가 그에 대해 어떤 마음을 가지고 있는지를 알려줄 방법을 제시한다. 다윗은 초하루의 첫째 날 혹은 적어도 둘째 날 자리에 없을 것이므로, 사울이 그에 대해 물을 것이다(18절). 셋째 날 다윗은 요나단과 약속한 장소에 숨어 있어야 했다(19절). 그 때 요나단은 기분전환을 위해 활과 화살을 갖고 그 곳으로 올 것이다(20절). 요나단은 화살을 찾아오도록 하기 위해 한 아이를 보낼 것인데, 만일 화살이 그 아이에 못미쳐 떨어지면 그것은 다윗이 안전하다는 것을 나타내는 표시가 될 것이며 다윗은 염려하지 않고 돌아와도 될 것이었다(21절). 그러나 만일 화살이 그 아이를 지나서 떨어지면, 그것은 위험을 알리는 표시로서 다윗은 자신의 생명을 보존하기 위해 자신의 길을 가야만 할 것이었다(22절). 요나단이 이러한 방법을 제시한 것은 다윗과 직접 만나 이야기할 기회가 없을는지도 모른다고 생각했기 때문이었다.

24다윗이 들에 숨으니라 초하루가 되매 왕이 앉아 음식을 먹을 때에 25왕은 평시와 같이 벽 곁 자기 자리에 앉아 있고 요나단은 서 있고 아브넬은 사울 곁에 앉아 있고 다윗의 자리는 비었더라 26그러나 그 날에는 사울이 아무 말도 하지 아니하였으니 이는 생각하기를 그에게 무슨 사고가 있어서 부정한가보다 정녕히 부정한가보다 하였음이더니 27이튿날 곧 그 달의 둘째 날에도 다윗의 자리가 여전히 비었으므로 사울이 그의 아들 요나단에게 묻되 이새의 아들이 어찌하여 어제와 오늘 식사에 나오지 아니하느냐 하니 [28]요나단이 사울에게 대답하되 다윗이 내게 베들레헴으로 가기를 간청하여 [29]이르되 원하건대 나에게 가게 하라 우리 가족이 그 성읍에서 제사할 일이 있으므로 나의 형이 내게 오기를 명령하였으니 내가 네게 사랑을 받거든 내가 가서 내 형들을 보게 하라 하였으므로 그가 왕의 식사 자리에 오지 아니하였나이다 하니 [30]사울이 요나단에게 화를 내며 그에게 이르되 패역무도한 계집의 소생아 네가 이새의 아들을 택한 것이 네 수치와 네 어미의 벌거벗은 수치 됨을 내가 어찌 알지 못하랴 [31]이새의 아들이 땅에 사는 동안은 너와 네 나라가 든든히 서지 못하리라 그런즉 이제 사람을 보내어 그를 내게로 끌어 오라 그는 죽어야 할 자이니라 한지라 [32]요나단이 그의 아버지 사울에게 대답하여 이르되 그가 죽을 일이 무엇이니이까 무엇을 행하였나이까 [33]사울이 요나단에게 단창을 던져 죽이려 한지라 요나단이 그의 아버지가 다윗을 죽이기로 결심한 줄 알고 [34]심히 노하여 식탁에서 떠나고 그 달의 둘째 날에는 먹지 아니하였으니 이는 그의 아버지가 다윗을 욕되게 하였으므로 다윗을 위하여 슬퍼함이었더라

요나단은 여기에서 자신이 그토록 믿기 싫어했던 사실, 즉 자신의 아버지가 다윗에 대해 뿌리 깊은 적대감을 갖고 있으며 기회만 되면 죽이려고 하고 있다는 사실을 분명하게 인식하게 된다.

I. 첫째 날 다윗이 잔치에 불참했으나, 사울은 그에 대해 아무 말도 하지 않았다. 왕은 평시와 같이 벽 곁 자기 자리에 앉았다(25절). 그러나 그의 마음은 다윗에 대한 시기심과 악의로 가득 차 있었다. 그는 먼저 다윗과 화해하고 나서 예물을 드렸어야 했다. 그러나 그렇게 하는 대신 그는 다윗의 피를 마시고자 했다. 이와 같은 악한 마음으로 드려지는 제사는 얼마나 가증한 것인가! 잠언 21:27을 보라(악인의 제물은 본래 가증하거든 하물며 악한 뜻으로 드리는 것이랴). 왕이 자리에 앉아 있는 동안 요나단은 서 있었는데, 그것은 아버지로서 그리고 통치자로서 그에게 경의를 표하는 행동이었다. 모든 사람이 각자 자신의 자리에 있었지만, 다윗의 자리는 비어 있었다. 전에는 그런 적이 없었다. 거룩한 의무를 준행하는 일에 다윗보다 더 적극적인 사람은 없었다. 만일 지금 다윗이 자리에 있었다면, 그의 생명은 대단히 위태로웠을 것이었다. 그는 스스로의 생명을 보존하기 위해 참석하지 않았다. 분명한 위험이 예상될 때, 우리는 이러한 자리를 피할 수 있다. 아니, 이러한 경우 우리는 위험의 입 속으로 우리 자

신을 던져 넣어서는 결코 안 된다. 그리스도께서도 자신의 때가 왔음을 알 때까지는 이와 비슷한 상황에서 종종 피하셨다. 그러나 그 날 사울은 다윗이 자신을 피했음을 눈치채지 못하고 이렇게 말했다. "그에게 무슨 사고가 있어서 부정한가보다(26절). 어떤 의식적(儀式的)인 부정함이 그에게 임했으므로 자신의 옷을 빨고 물로 몸을 씻을 때까지 성물을 먹지 못하게 되었나보다." 사울은 다윗이 율법에 대해 어떤 양심의 거리낌이 있으므로 부정한 가운데 음식을 먹기보다는 차라리 잔치에 참석하지 않기를 선택한 것으로 생각했다. 하나님을 송축할지니, 하나님은 오늘날 어떤 부정함도 우리가 하나님께 나아가는 것을 가로막지 못하게 하셨다. 도리어 우리로 하여금 믿음과 회개로써 열린 샘으로부터 씻음을 받도록 하셨다(시 26:6).

II. 둘째 날 비로소 사울은 다윗에 대해 물었다(27절). 사울은 요나단에게 묻는다: 이새의 아들이 어찌하여 어제와 오늘 식사에 나오지 아니하느냐? 다윗은 그의 사위였다. 그럼에도 불구하고 그는 멸시하는 태도로 다윗을 이새의 아들이라고 부른다. 사울은 마치 다윗이 종교적인 잔치에 불참한 것에 대해 불쾌하다는 듯이 그에게 대해 묻는다. 가장(家長)은 자기 가족들이 하나님을 예배하는 데 빠지지 않도록 살펴야 한다(공적 예배든 가정 내의 예배든). 우리에게 있어 불가피한 경우를 제외하고 엄숙한 규례 가운데 하나님을 예배하는 자리에 빠지는 것은 나쁜 일이다. 도마는 제자들이 모이는 자리에 한 번 빠지는 바람에 부활하신 그리스도를 보는 기회를 놓치고 말았다. 그러나 여기에서 사울을 불쾌하게 만든 것은 다윗을 죽일 기회를 놓쳤다는 사실이었다.

III. 이에 요나단이 다윗을 위해 변명해 주었다(28, 29절).

1. 요나단은 이렇게 말한다. "다윗이 불참한 것은 그럴만한 이유가 있기 때문입니다. 비록 이 자리는 아니라 할지라도 그는 다른 장소에서 거룩한 잔치에 참여할 것입니다. 그는 형의 부름을 받아 형제지간의 우의(友誼)를 지키고 친척들에게 인사하기 위해 갔습니다. 어떤 주인이라도 자기 종의 이런 형편을 이해하고 인정해 줄 것입니다."

2. 요나단은 또 다윗을 위해 이렇게 변호한다. "다윗은 저에게 허락해 줄 것을 겸손하게 요청했고, 제 허락을 받고서 갔습니다. 저는 그의 상관이므로 그가 제게 허락을 요청하는 것은 정당한 일이었습니다." 이와 같이 요나단은 다윗에 대해 좋게 말해 주었다. 요컨대 다윗은 국가에 대해 존경심도 없고 의무

도 게을리하는 그런 사람이 결코 아니었다는 것이었다.

IV. 이에 사울은 분격하며, 마치 먹이를 놓친 사자처럼 으르렁거렸다. 지금 다윗은 그의 손이 미치는 범위 밖에 있었다. 그러므로 사울은 그로 인한 분노를 요나단에게 쏟아부으면서(30, 31절), 상스러운 말을 퍼부었다. 그것은 보통 사람들에게조차도 합당치 않은 말이었는데, 하물며 자신의 아들이며 왕자인 요나단에게는 더 말할 나위가 없었다. 요나단은 자신을 그토록 지극히 섬기는 자요, 자신의 왕권을 이을 자이며, 또한 이스라엘의 자랑이요 가장 큰 버팀목이었다. 더구나 지금 이 자리는 거룩한 잔치가 베풀어지는 자리로서 사사로운 감정의 표출은 자제되어야만 하는 자리였으며 또한 여러 대신(大臣)들이 즐거운 기분으로 앉아 있는 자리였다. 그럼에도 불구하고 사울은 사실상 요나단을 다음과 같이 불렀다.

1. 사생아: 패역무도한 계집의 소생아(30절). 이것은 짐승 같은 격정에서 쏟아내는 어리석고 추악한 말로서, 오늘날 '창녀의 아들' 이란 말과 같은 말이었다. 사울은 요나단이 그의 어머니의 수치로서 태어났다고 말했는데, 이것은 그가 사울의 적통 아들이 아니었던 것이 아닌지 의심케 할 만한 말이었다. 사울이 요나단에 대해 이와 같이 말한 것은 그가 자신이 그토록 미워하는 자를 사랑하고 또 자기 가족을 멸망시킬 자를 도와주었기 때문이었다.

2. 반역자. 사울은 요나단을 향해 문자적으로 너 패역무도한 반역의 아들아 (Thou son of a perverse rebellion)라고 불렀는데, 그것은 다시 말하면 너 패역무도한 반역자야하는 것이었다. 사울에게 요나단보다 더 신임할 만하며 사랑했던 의논 상대(혹은 지휘관)는 없었다. 그런데 사울은 지금 광포한 격정 가운데 요나단을 '자신의 생명과 왕권을 노리는 반역자' 로 표현하고 있다.

3. 어리석은 놈. "네가 네 자신의 수치를 위하여 이새의 아들을 택하였도다. 그가 이 땅에 사는 동안은 너와 네 나라가 든든히 서지 못하리라(30, 31절)." 요나단은 자신과 자신의 가족을 위해 정말로 현명하게 행동했다. 그는 자신과 가족을 위해 다윗과 언약을 세웠는데, 다윗은 하늘에 의해 왕으로 운명지워진 자였다. 그럼에도 불구하고 바로 이것 때문에 그는 가장 어리석은 자로 낙인찍힌다. 하나님의 사람을 나의 사람으로 삼고, 하나님이 함께 하시는 자와 함께 하는 것이야말로 가장 지혜로운 일이다. 그로 인해 잠깐 동안 우리의 세속적인 이익에 손해가 오고 또 다른 사람들에 의해 비방을 받게 되기도 하지만, 그러나 마침

내 그것이 우리에게 가장 유익한 것이었다는 사실이 분명하게 드러나게 될 것이다. 아마도 사울은 자신이 기름 부음을 받은 바로 그 손에 의해 다윗이 왕이 되도록 기름 부음을 받았다는 사실을 알았을 것이다. 그럼에도 불구하고 그는 하나님의 섭리를 꺾으려고 하였다. 그렇다면 누가 어리석은 자인가? 그것은 요나단이 아니라 바로 그 자신이었다. 그는 다윗이 죽어야만 하며, 그 일을 요나단이 해야만 한다고 생각했다. 지금 사울이 얼마나 잘못된 마음에 사로잡혀 있는지 보라. 우리는 여기에서 사람이 자기 마음을 다스리지 못할 때 얼마나 나쁜 결과가 오게 되는지를 배우게 된다. 분노는 사람을 미치게 만든다. 형제를 미워하는 자마다 살인하는 자니.

V. 요나단은 아버지의 광분으로 인해 큰 슬픔에 사로잡혔다. 자신의 아버지가 자신의 친구를 그토록 미워하며 죽이려고 하는 것이 그를 너무나 고통스럽게 만들었다. 요나단은 다윗을 위해 슬퍼하였다(34절). 왜냐하면 그는 하나님의 친구요 하나님이 함께 하시는 자인데, 그런 그가 그토록 욕을 당해야만 했기 때문이었다. 그는 또한 자기 자신을 위해 슬퍼했는데, 그것은 자신의 아버지가 자신을 그토록 수치스럽게 했기 때문이었다. 그것은 너무나 부당한 처사였지만, 그러나 그로서는 달리 어쩔 도리가 없었다.

1. 이로 인해 요나단은 죄에 빠질 위험 속에 놓이게 된다. 이와 같은 상황에서 지혜롭고 선한 자들은 자신의 감정을 다스리기 위해 많은 애를 쓰게 된다. 아버지의 꾸지람에 대해 요나단은 아무 대꾸도 하지 않았다. 아랫사람으로서 자신에게 쏟아지는 경멸과 모욕을 온유와 침묵으로 참는 것은 칭찬할 만한 일이 아닐 수 없다. 그러나 다윗이 죽어야 한다는 아버지의 말에 대하여는 그는 참을 수 없었다. 요나단은 다소 흥분한 어조로 말한다(32절): 그가 죽을 일이 무엇이니이까 무엇을 행하였나이까? 고결한 영혼을 가진 자들은 자신이 욕을 당할 때는 참을 수 있지만 자신의 친구가 욕을 당할 때는 쉽게 참지 못한다.

2. 이로 인해 요나단은 죽음에 빠질 위험 속에 놓이게 된다. 사울은 극도로 격분하여 요나단에게 단창을 던졌다(33절). 사울은 요나단에게 자신의 왕권을 물려 주려고 마음을 먹고 있었던 것으로 보인다(31절). 그랬던 그가 지금은 요나단을 죽이려고 하고 있다. 분노는 사람을 얼마나 어리석은 자로 그리고 얼마나 잔인한 짐승으로 만드는가! 우리는 분노의 코에 고삐를 끼우고 그 목에 굴레를 씌워야 한다. 요나단은 자신의 아버지가 다윗을 죽이기로 결심한 것을 충

분히 깨닫고, 즉시로 그 자리를 떠났다. 그는 식탁에서 일어났으며, 더 이상 음식을 먹지 않았다. 왜냐하면 슬픔으로 애곡하는 동안에는 성물을 먹어서는 안 되기 때문이었다. 우리는 이로 인해 잔치가 엉망이 되고 참석한 모든 자들이 불안에 떨었을 것이라고 쉽게 추측할 수 있다. 잔인한 자는 자기의 몸을 해롭게 하느니라(잠 11:17).

[35]아침에 요나단이 작은 아이를 데리고 다윗과 정한 시간에 들로 나가서 [36]아이에게 이르되 달려가서 내가 쏘는 화살을 찾으라 하고 아이가 달려갈 때에 요나단이 화살을 그의 위로 지나치게 쏘니라 [37]아이가 요나단이 쏜 화살 있는 곳에 이를 즈음에 요나단이 아이 뒤에서 외쳐 이르되 화살이 네 앞쪽에 있지 아니하냐 하고 [38]요나단이 아이 뒤에서 또 외치되 지체 말고 빨리 달음질하라 하매 요나단의 아이가 화살을 주워 가지고 주인에게로 돌아왔으나 [39]그 아이는 아무것도 알지 못하고 요나단과 다윗만 그 일을 알았더라 [40]요나단이 그의 무기를 아이에게 주며 이르되 이것을 가지고 성읍으로 가라 하니 [41]아이가 가매 다윗이 곧 바위 남쪽에서 일어나서 땅에 엎드려 세 번 절한 후에 서로 입 맞추고 같이 울되 다윗이 더욱 심하더니 [42]요나단이 다윗에게 이르되 평안히 가라 우리 두 사람이 여호와의 이름으로 맹세하여 이르기를 여호와께서 영원히 나와 너 사이에 계시고 내 자손과 네 자손 사이에 계시리라 하였느니라 하니 다윗은 일어나 떠나고 요나단은 성읍으로 들어가니라

1. 요나단이 다윗과 약속한 것을 신실하게 이행함. 그는 다윗과 약속한 시간에 약속된 장소로 갔다(35절). 그는 자신이 쏜 화살을 찾아오도록 하기 위해 아이를 보내면서(36절), 화살을 아이 앞으로 쏨으로써 다윗에게 '운명적인 암호'를 보냈다(37절): 화살이 네 앞쪽에 있지 아니하냐? 아이는 이 말의 피상적인 의미만을 이해했을 뿐이었다. 반면 이 말의 진정한 의미를 이해한 것은 다윗이었다. 요나단은 아무것도 알지 못하는 아이를 돌려보냈다. 그리고 아무도 없는 것을 확인하고는, 요나단과 다윗은 잠깐 동안의 만남을 가졌다.

2. 두 친구의 슬픈 이별. 다윗과 요나단은, 숲에서 은밀하게 만난(23:16) 단 한 번의 경우를 제외하고는, 두 번 다시 만나지 못했다.

(1) 다윗은 친구로서라기보다 아랫사람으로서 요나단에게 경의를 표하며 말한다: 다윗이 땅에 엎드려 세 번 절한 후에. 이것은 요나단이 베풀어 준 모든 은혜

에 반드시 보답하겠다는 의사표시와 같은 것이었다.

(2) 그들은 입 맞추며 울면서, 우리가 상상할 수 있는 가장 큰 애정을 품고 각자의 길로 돌아섰다. 그들은 서로 목을 끌어안고 울었는데, 다윗이 더욱 심하게 울었다(41절). 그토록 진실한 친구들이 이별할 때, 그 슬픔은 두 사람 모두에게 똑같을 것이었다. 그러나 다윗의 경우가 더 비통스러웠다. 왜냐하면 요나단이 자신의 가족과 친구들에게로 돌아갈 때, 다윗은 누구로부터도 심지어 하나님의 성소(聖所)로부터도 위로를 받지 못하는 상태로 남겨지게 될 것이었기 때문이다. 그러므로 다윗의 슬픔이 더 클 수밖에 없었다. 혹은 다윗의 기질이 좀 더 부드럽고, 그의 열정이 더 강렬했기에 그랬을는지도 모른다.

(3) 그들은 우정의 언약을 다시 한 번 되새기면서, 그것을 이처럼 슬픈 이별의 순간에 위로로 삼는다. "우리 두 사람이 여호와의 이름으로 맹세하기를, 우리와 우리 자손이 대대로 서로 신실하며 피차 인자를 베풀기로 언약하였도다." 이와 같이 우리가 몸 안에 있는 동안, 하나님이 우리와 맺으신 영원한 언약 바로 이것이 우리의 위로가 되는 것이다.

제
— **21** —
장

개요

이제 다윗은 사울의 왕궁과 이스라엘 진영으로부터 버려져 완전히 홀로 남게 되었다. 또한 그는 자신의 반쪽과 같은 사랑하는 친구 요나단과도 작별을 했다. 지금부터 본서 말미에 이르기까지 그는 범법자요 반역자로 간주되고 그렇게 취급을 당하게 된다. 그리고 거기에서 우리는 자신의 목숨을 보존하기 위해 이 곳 저 곳을 떠돌아다니는 다윗과 그를 쫓는 사울을 보게 된다. 본 장과 이어지는 장들에 나타나는 다윗의 고난은 시편의 열쇠가 될 뿐만 아니라 모든 세대의 성도들을 위한 고난과 인내의 모범이 된다. 또한 특별히 그는 영원한 왕으로 기름 부음을 받으셨음에도 불구하고 스스로 낮추심으로써 지극히 높임을 받으신 그리스도의 모형이 된다. 그러나 예수 그리스도의 고난의 모범은 흠이 없는 완전한 것이었지만, 그의 모범은 그렇지 않았다. 본 장에서 우리는 피신하는 다윗을 보게 된다. I. 제사장 아히멜렉에게 피신함, 그리고 그로부터 먹을 것과 무기를 얻음 (1-9절). II. 가드 왕 아기스에게 피신함, 그리고 그 곳에서 미친 체함(10-15절). 고난은 곧 시험이다. 왜냐하면 많은 사람들이 고난으로 인해 죄 가운데 떨어지기 때문이다.

¹다윗이 놉에 가서 제사장 아히멜렉에게 이르니 아히멜렉이 떨며 다윗을 영접하여 그에게 이르되 어찌하여 네가 홀로 있고 함께 하는 자가 아무도 없느냐 하니 ²다윗이 제사장 아히멜렉에게 이르되 왕이 내게 일을 명령하고 이르시기를 내가 너를 보내는 것과 네게 명령한 일은 아무것도 사람에게 알리지 말라 하시기로 내가 나의 소년들을 이러이러한 곳으로 오라고 말하였나이다 ³이제 당신의 수중에 무엇이 있나이까 떡 다섯 덩이나 무엇이나 있는 대로 내 손에 주소서 하니 ⁴제사장이 다윗에게 대답하여 이르되 보통 떡은 내 수중에 없으나 거룩한 떡은 있나니 그 소년들이 여자를 가까이만 하지 아니하였으면 주리라 하는지라 ⁵다윗이 제사장에게 대답하여 이르되 우리가 참으로 삼 일 동안이나 여자를 가까이 하지 아니하였나이다 내가 떠난 길이 보통 여행이라도 소년들의 그릇이 성결하겠거든 하물며 오늘 그들의 그릇이 성결하지 아니하겠나이까 하매 ⁶제사장이 그 거룩한 떡을 주었으니 거

기는 진설병 곧 여호와 앞에서 물려 낸 떡밖에 없었음이라 이 떡은 더운 떡을 드리는 날에 물려 낸 것이더라 7그 날에 사울의 신하 한 사람이 여호와 앞에 머물러 있었는데 그는 도엑이라 이름하는 에돔 사람이요 사울의 목자장이었더라 8다윗이 아히멜렉에게 이르되 여기 당신의 수중에 창이나 칼이 없나이까 왕의 일이 급하므로 내가 내 칼과 무기를 가지지 못하였나이다 하니 9제사장이 이르되 네가 엘라 골짜기에서 죽인 블레셋 사람 골리앗의 칼이 보자기에 싸여 에봇 뒤에 있으니 네가 그것을 가지려거든 가지라 여기는 그것밖에 다른 것이 없느니라 하는지라 다윗이 이르되 그같은 것이 또 없나니 내게 주소서 하더라

I. 다윗은 당시 하나님의 성막이 세워져 있었던 놉으로 피신하는데, 그 곳은 베냐민 지파에 속한 한 성읍이었던 것으로 추측된다. 당시 실로는 이미 폐지되었으므로(실로는 더 이상 성막이 있는 성읍이 아니었다는 의미), 언약궤는 여전히 기럇여아림에 있었음에도 불구하고 성막은 때때로 이 곳 저 곳으로 옮겨졌다. 다윗은 사울의 격노를 피하여 이 곳으로 와서(1절), 제사장 아히멜렉에게 도움을 청했다. 선지자 사무엘도 그를 지켜줄 수 없었으며, 왕자인 요나단도 그렇게 할 수 없었다. 따라서 다윗은 다음으로 제사장 아히멜렉에게 의뢰했다. 그는 이제 자신이 망명자 신세가 될 수밖에 없음을 예견하면서 성막으로 왔다. 그가 성막으로 온 것은,

1. 성막에 대하여 애절한 작별인사를 고하기 위함이었다. 왜냐하면 이제 그는 언제 다시 성막을 보게 될지 알 수 없었기 때문이었다. 또한 우리가 여러 시편들에게 보는 것처럼, 그의 망명생활 가운데 하나님의 집으로부터 떨어져 있으면서 공적 예배와 각종 규례에 참여할 수 없는 것보다 그를 더 고통스럽게 만드는 것은 없었기 때문이었다. 다윗은 친구 요나단과 더불어 애절한 작별인사를 나누었다. 이제 그는 성막과 더불어 그와 비슷한 작별인사를 나누지 않고는 결코 먼 길을 떠날 수 없었다.

2. 자신의 형편이 너무나 힘들고 위험했기 때문에 어떻게 해야 할지 또 어디로 가야 할지에 대해 여호와께 묻기 위함이었다. 다음 장에 아히멜렉이 그를 위해 여호와께 물었다고 언급되어 있는데(22:10), 이 일은 예전에도 종종 있었던 일로서(22:15) 그가 늘상 하는 일이었다. 고난의 날에 찾아갈 하나님이 있다는 사실은 우리에게 얼마나 큰 위로가 되는가! 그분에게 우리의 사정을 아뢰는 가

운데, 우리는 그분의 인도하심을 구하며 또 기대할 수 있다.

Ⅱ. 제사장 아히멜렉은 너무나 초라한 행색을 한 다윗을 보고 놀란다. 그는 다윗이 왕궁에서 부끄러운 이름이 되었다는 이야기를 들었으며, 따라서 경계하는 눈빛으로 그를 바라보았다(대부분의 사람들이 자신의 친구가 세상에서 부끄러운 이름이 될 때 그렇게 하는 것처럼). 그는 다윗을 환대했다가 혹시 사울의 분노를 격발시키지 않을까 두려워하면서 너무도 초라한 모습의 다윗을 응시하였다: 어찌하여 네가 홀로 있고 함께 하는 자가 아무도 없느냐? 다윗은 몇 사람을 데리고 갔지만(막 2:26), 그들은 단지 그의 종들일 뿐이었다. 예전에 여호와께 물으러 올 때처럼 궁중의 신료(臣僚)들이나 자기 신분에 적합한 사람들과 함께 오지 않았다. 다윗은 시편 42편에서 자신이 무리와 함께 하나님의 집에 가곤 했었다고 말한다(4절). 그러나 지금 그는 단지 둘 내지 세 명의 종만을 데리고 있을 뿐이었으므로, 아히멜렉은 "어찌하여 네가 홀로 있느냐?"라고 물었던 것이다. 그는 목자의 고적한 생활에서 갑자기 이스라엘의 전사(戰士)로 높아졌다가, 이제는 마치 지붕 위의 참새처럼 망명자의 처참한 상태로 떨어지고 말았다. 이 세상에서는 이런 일이 종종 일어나는 법이며, 그러므로 세상의 웃음조차도 너무나 불확실한 것이다. 오늘 모든 사람으로부터 칭송을 받는 자가 내일 버림을 당할 수도 있다.

Ⅲ. 다윗은 공적인 일을 위해 왕으로부터 보냄을 받은 것처럼 꾸미면서 아히멜렉에게 당장 먹을 것을 좀 달라고 간청한다(2, 3절).

1. 여기에서 다윗은 그 답지 않게 행동했다. 그는 아히멜렉 제사장에게 거짓말을 했다. 사울이 어떤 특별한 일을 처리하도록 하기 위해 자신을 보냈으며, 지금 자신을 수행하는 자들은 자신이 다른 장소로 먼저 보냈고, 자신은 이 일을 비밀에 부쳐야 하므로 비록 제사장에게라 할지라도 상세히 이야기할 수 없노라고 하였다. 이것은 모두 거짓이었다. 우리는 이에 대해 어떻게 말해야 할 것인가? 성경은 이 일을 숨기지 않고 그대로 드러낸다. 그러면 우리는 이 일을 정당화할 수 있을 것인가? 결코 그렇게 할 수 없다. 그것은 잘못된 일이었으며, 그 결과도 좋지 않았다. 왜냐하면 이 일로 여호와의 제사장들이 죽임을 당했기 때문이었다(나중에 다윗은 이 소식을 듣고 모든 것이 자신의 탓이라며 가슴을 친다, 삼하 22:22). 다윗은 굳이 제사장에게 거짓말을 할 필요가 없었다. 만일 다윗이 사실을 말했다면, 우리는 아히멜렉 제사장이 마치 사무엘이 그랬던 것처

럼 흔쾌히 그에게 피난처를 마련해 주었을 것이라고 추측할 수 있다. 그리고 그를 위해 하나님께 묻고 또 그에게 올바른 조언을 해주기 위해서, 제사장은 마땅히 일의 전말을 제대로 알았어야만 했다. 우리와 신실한 사역자들 사이에 어떤 거짓이나 막힘도 있어서는 안 된다. 다윗은 큰 믿음과 용기를 가진 사람이었지만, 지금 그는 두려움 때문에 이렇게 초라한 모습으로 추락해 있었다. 그리고 그것은 그의 연약한 믿음에 기인하는 것이었다. 만일 그가 하나님을 제대로 믿고 의지했다면, 그는 자신의 목숨을 보존하기 위해 이런 종류의 속임수를 사용하지는 않았을 것이다. 이것이 기록된 것은 우리도 큰 위험의 때에 이와 같이 행동하도록 하기 위함이 아니라, 이를 통해 교훈을 받도록 하기 위함이다. 그런즉 선 줄로 생각하는 자는 넘어질까 조심하라. 그러므로 매일같이 기도하자: 우리를 시험에 들게 하지 마옵시며. 여기에서 우리는 다음과 같은 사실로 인해 탄식하게 된다.

(1) 선한 자들도 종종 연약함 가운데 떨어진다는 사실. 이 세상에서 가장 선한 것이라 할지라도 결코 완전하지는 못하다. 그러나 이런 연약함이 많은 곳에서도 참된 은혜는 있는 법이다.

(2) 선한 자들을 이와 같은 곤궁한 상태로 떨어뜨리는 악한 때가 있다는 사실. 극심한 억압과 고통은 종종 지혜로운 자까지도 어리석게 행동하도록 만든다.

2. 다윗은 아히멜렉에게 두 가지를 구했는데, 그것은 떡과 칼이었다.

(1) 다윗은 떡을 구했다: 떡 다섯 덩이나 무엇이나 있는 대로 내 손에 주소서(3절). 당시 먼 길을 여행하는 것은 무척 고된 일이었다. 왜냐하면 당시에는 돈이라는 것이 별로 없었고 또 여관 같은 것도 흔하지 않았으므로 사람들은 대체로 필요한 것을 스스로 준비해야 했기 때문이었다. 다윗은 의인의 자손이 때로 걸식하는 경우가 있다 할지라도 언제까지나 그렇게 하는 것은 아니라는 사실을 잘 알고 있었을 것이다(시 37:25).

[1] 제사장은 보통 떡은 없고 다만 거룩한 떡 즉 진설병만 있을 뿐이라고 대답한다(4절). 그것은 성소에 있는 금으로 만든 떡상에 일주일 동안 진설해 놓았다가 물려낸 것으로서, 제사장과 그 가족으로 하여금 먹도록 되어 있는 것이었다. 제사장은 아마도 좋은 집에서 살고 있지는 않았던 것으로 보이지만, 그러나 손님을 잘 대접하고자 하는 마음은 가지고 있었다. 그는 다윗과 함께 있

는 소년들이 얼마 동안 여인을 가까이 하지 않았어야 이 떡을 먹을 수 있다고 생각한다. 이러한 조건은 하나님께서 이스라엘에게 율법을 주실 때(출 19:15) 요구하셨던 것인데, 그러나 우리는 다른 곳에서 이것이 의식적(儀式的)인 정결과 관련되는 경우를 발견하지 못한다. 따라서 여기에서 제사장은 필요 이상의 다소 지나친 조건을 이야기한 것으로 보인다.

[2] 다윗은 자신과 자신을 따르는 소년들이 합법적으로 거룩한 떡을 먹을 수 있다고 변론한다. 왜냐하면 그들은 지난 3일 동안 여인을 가까이하지 않음으로써 그가 말한 조건을 충족시킬 뿐만 아니라 소년들의 그릇(즉 그들의 몸)이 언제나 성결과 존귀 가운데 거룩했기 때문이었다. 디모데전서 4장 4절과 5절을 보라(하나님께서 지으신 모든 것이 선하매 감사함으로 받으면 버릴 것이 없나니 하나님의 말씀과 기도로 거룩하여짐이라). 그러므로 하나님이 그들을 특별히 돌보고 계심으로써 그들에게는 부족한 것이 아무것도 없게 될 것이며, 하나님은 제사장을 통해 그렇게 하고자 하신다. 그들은 이와 같이 거룩하므로 거룩한 떡을 먹기에 부족함이 없었다. 가난하고 경건한 이스라엘 백성들은 사실상 하나님 앞에 제사장들이었다. 먹을 것이 없어 굶주릴 때, 그들은 제사장에게 주어진 떡을 먹을 수 있었다. 신자(信者)들은 영적 제사장들이므로, 여호와께 드려진 제물은 그들의 기업이 될 것이다. 그러므로 그들이 그들의 하나님의 떡을 먹는 것은 정당한 일이다. 다윗은 그 떡은 어떤 의미로 보통 떡과 마찬가지라고 말한다. 이제 그것이 원래 가졌던 종교적인 용도는 끝났다. 특별히 (KJV의 난외주에 나와 있는 것처럼) 그 때 성소의 떡상 위에는 그 날 성별된 다른 떡(더운 떡, 6절)이 있었다. 이것이 다윗의 변론이었다. 다윗의 자손(즉 예수 그리스도)도 이 이야기를 인용하면서, 이로부터 자비가 제사보다 우선하며 또 의식(儀式)을 지키는 것보다 도덕적인 책무를 행하는 것이 더 중요하다는 사실을 보여준다. 바리새인들은 예수의 제자들이 안식일에 밀 이삭을 잘라 먹은 것을 비난했는데, 그 때 예수는 제자들의 그러한 행동을 정당화하기 위해 다윗의 이야기를 인용했다(마 12:3, 4).

[3] 이에 아히멜렉은 그 떡을 준다: 제사장이 그 거룩한 떡을 주었으니(6절). 어떤 이들은 아히멜렉이 여호와께 물은 것이(22:10) 바로 이에 대한 일이었을 것이라고 생각한다. 신실한 종으로서 그는 주인의 물건을 주인의 허락 없이 자기 마음대로 처리하려고 하지 않았을 것이다. 이 떡은 성별된 것이었기에 더욱 다

윗에게 합당한 것이었다고 우리는 추측할 수 있다. 다윗은 거룩한 물건들을 너무도 귀하게 여겼다. 진설병은 모두 열두 개였지만 아히멜렉은 그 가운데 다섯 개를 다윗에게 주었는데(3절), 그것은 그것이 그의 집에 있는 전부였기 때문이다. 그러나 그는 하나님의 섭리를 믿었다.

(2) 다윗은 칼을 구했다. 당시 신분이 높은 사람들은, 비록 군대의 지휘관이라 할지라도, 평상시에는 칼을 휴대하고 다니지 않았다. 요나단이, 전에 그랬던 것처럼(18:4), 다윗으로 하여금 가지고 가도록 자신의 칼을 주지 않았던 것은 이상한 일이었다. 어쨌든 다윗은 지금 아무런 무기도 가지고 있지 않았고, 그는 그것을 급히 오느라고 그랬노라고 꾸며댄다(8절). 성령의 검과 믿음의 방패로 무장한 자들은 어떤 경우에도 그러한 무장을 해제당할 수 없으며 또한 그러한 무기를 잃어버리지도 않는다. 그러나 제사장들은 칼을 가지고 있지 않았던 것으로 보인다. 그들의 싸우는 무기는 육체에 속한 무기가 아니었다. 그러므로 성막에는 어떤 칼도 없었다. 다만 다윗이 골리앗을 죽이고 얻은 영광스러운 승리를 기념하기 위해 그의 칼(골리앗의 칼)이 에봇 뒤에 놓여 있었을 뿐이었다. 제사장에게 칼을 달라고 요청했을 때, 어쩌면 다윗은 그 칼을 염두에 두고 있었을는지 모른다. 왜냐하면 그 칼에 대해 들었을 때 다윗이 그 같은 것이 또 없나니 그것을 내게 주소서라고 말했기 때문이었다(9절). 다윗은 전에 사울의 군장(軍裝)을 사용할 수 없었다. 왜냐하면 그것이 익숙하지 않았었기 때문이었다. 그러나 다윗은 골리앗의 칼을 사용해 보았고 그것으로 그의 목을 베었었다. 이를 통해 우리는 다윗이 지금은 그러한 칼을 충분히 차고 다니며 휘두를 수 있을 만큼 키와 힘이 커졌음을 알 수 있다. 하나님이 그의 손을 가르쳐 싸우게 하심으로 그는 놀라운 일들을 행할 수 있었다(시 18:34). 우리는 이 칼과 관련하여 두 가지 사실을 주목할 수 있다.

[1] 하나님이 특별한 호의의 표시로서 그것을 다윗에게 주셨다는 사실. 그러므로 그 칼을 뽑을 때마다 아니 그 칼을 볼 때마다, 그는 자신을 향한 하나님의 특별한 돌보심과 보호하심을 되새기며 믿음에 큰 담력을 가질 수 있었다.

[2] 그것은 감사의 표시로서 다윗이 하나님의 영광을 위해 봉헌한 것이었다는 사실. 그런데 이제 그것은 고난 가운데 빠진 다윗을 지켜줄 것이었다. 우리가 하나님의 영광을 위해 혹은 그분을 섬기기 위해 드린 것은 결국 우리 자신의 위로와 유익으로 되돌아오게 된다는 사실을 주목하라. 우리가 하나님께 드

린 것은 다시 우리의 것이 된다.

이렇게 하여 다윗은 음식과 무기를 얻게 되었다. 그러나 불행하게도 거기에 사울의 신하 한 사람이 있었다. 그는 도엑이란 이름을 가진 사람이었는데, 이 일을 사울에게 고발함으로써 다윗과 아히멜렉에게 큰 위해(危害)를 끼칠 자였다. 그는 에돔 사람이었다(7절). 비록 지금 사울 아래에서 출세하기 위해 유대 종교로 개종했다 할지라도, 그는 이스라엘에 대한 에돔의 뿌리 깊은 증오심을 여전히 가지고 있었다. 그는 목자장(牧者長)이었는데, 아마도 당시에 상당히 영예로운 자리였던 것으로 보인다. 그가 어떤 용무로 이 곳에 왔든지 간에(어떤 부정함을 씻기 위해 왔든지 혹은 어떤 서원을 위해 왔든지), 그는 지금 제사장을 만나기 위해 대기하고 있지 않을 수 없었다(지금 제사장이 다윗과 함께 있었기 때문에). 그러나 어쨌든 그는 여호와 앞에 머물러 있었다고 언급된다(7절). 그는 성막에 와야만 했지만, 그러나 예배 드리는 일에는 싫증을 내었다. 그는 코웃음을 치며 "이 일이 얼마나 번거로운고"라고 말했다(말 1:13). 그는 여호와 앞이 아니라 차라리 다른 장소에 있었으면 더 좋을 뻔했다. 그리하여 자신의 용무에 착념하는 대신, 그는 다윗에게 해악을 끼치면서 동시에 자신을 기다리게 만든 아히멜렉에게 복수할 계획을 꾸미고 있었다. 하나님의 성소라 할지라도 이런 종류의 양의 옷을 입은 이리들로부터 안전한 것은 결코 아니다. 갈라디아서 2:4을 보라(이는 가만히 들어온 거짓 형제들 때문이라 그들이 가만히 들어온 것은 그리스도 예수 안에서 우리가 가진 자유를 엿보고 우리를 종으로 삼고자 함이로되).

[10]그 날에 다윗이 사울을 두려워하여 일어나 도망하여 가드 왕 아기스에게로 가니 [11]아기스의 신하들이 아기스에게 말하되 이는 그 땅의 왕 다윗이 아니니이까 무리가 춤추며 이 사람의 일을 노래하여 이르되 사울이 죽인 자는 천천이요 다윗은 만만이로다 하지 아니하였나이까 한지라 [12]다윗이 이 말을 그의 마음에 두고 가드 왕 아기스를 심히 두려워하여 [13]그들 앞에서 그의 행동을 변하여 미친 체하고 대문짝에 그적거리며 침을 수염에 흘리매 [14]아기스가 그의 신하에게 이르되 너희도 보거니와 이 사람이 미치광이로다 어찌하여 그를 내게로 데려왔느냐 [15]내게 미치광이가 부족하여서 너희가 이 자를 데려다가 내 앞에서 미친 짓을 하게 하느냐 이 자가 어찌 내 집에 들어오겠느냐 하니라

비록 왕으로 택함을 받았음에도 불구하고 다윗은 지금 한낱 망명자의 위치로 추락해 있었다. 그는 큰 보화의 주인이 될 사람이었지만 지금은 고작 떡이나 구걸하는 자였으며, 왕으로 기름 부음을 받았지만 지금은 자기 나라에서 쫓겨나 도망다니는 신세가 되었다. 이와 같이 하나님의 섭리는 종종 당신의 약속과는 정반대로 움직이곤 하는데, 그것은 자기 백성들의 믿음을 시험하며 또한 당신의 계획을 이룸으로써 자신의 이름을 영화롭게 하기 위함이다.

1. 다윗이 블레셋 사람들의 땅으로 피신함. 다윗은 블레셋 땅으로 가서 가드 왕 아기스의 왕궁이나 진영에 숨어 있기를 소망했다(10절). 이스라엘의 사랑받는 자가 이스라엘 땅을 버리고 떠나지 않을 수 없었으며, 블레셋의 가장 큰 원수가 블레셋 가운데로 피난처를 찾아 들어갈 수밖에 없었다(무엇이 그를 블레셋으로 가도록 이끌었는지 나는 모른다). 이스라엘 백성들이 그를 사랑했음에도 불구하고 이스라엘 왕이 개인적으로 미워함으로써, 그는 자기 나라를 떠나지 않을 수 없었다. 마찬가지로 블레셋 사람들이 미워함에도 불구하고, 가드의 왕은 개인적으로 다윗에게 호감을 갖고 그의 공적을 높이 평가했다. 특별히 다윗이 가드의 골리앗을 죽임으로써 그가 다윗에게 더 호감을 갖게 된 것으로 보이는데, 아마도 그는 골리앗과 그다지 좋은 관계가 아니었던 것으로 여겨진다. 다윗은 아기스를 신뢰하면서 곧바로 그에게로 갔는데(나중에도 이와 같은 일이 있을 것이다, 27:2-3), 아기스는 다윗이 오는 것을 막지 않았다. 다만 자신의 백성들이 다윗에 대해 냉랭한 태도를 갖는 것으로 인해 곤혹스러울 뿐이었다. 핍박받는 하나님의 백성들은 종종 이스라엘 백성들로부터보다 블레셋 사람들로부터, 그리고 유대 회당에서보다 이방 극장에서 더 나은 대접을 받곤 한다. 유다의 왕은 예레미야를 옥에 가두었지만, 바벨론의 왕은 그를 풀어 주었다.

2. 아기스의 신하들이 다윗이 온 것에 대해 반감을 가짐. 그리하여 그들은 아기스에게 불평을 제기한다(11절). "이는 다윗이 아니니이까? 이가 블레셋과 싸워 승리를 거둔 바로 그 자가 아니니이까? '사울의 죽인 자는 천천이요 다윗은 만만이로다' 한 바로 그 자가 아니니이까? (우리가 이스라엘 땅으로부터 들은 정보가 사실이라면) 그 땅의 왕인(혹은 왕이 될) 자가 바로 이 사람이 아니니이까? 그는 우리 나라의 원수임에 틀림없습니다. 우리가 그런 사람을 환대하며 보호해 주는 것이 과연 명예로운 일이며 또 지혜로운 일이니이까?" 아마도 아

기스는 다윗을 환대하는 것이 좋은 책략이라고 말하면서 신하들을 설득하려고 했을 것이다. 왜냐하면 그가 지금 사울의 적이 되었기 때문이며 또한 자신들이 그를 환대해 주면 이제부터 그는 자신들의 친구가 될 것이기 때문이었다. 어떤 나라에서 반역자로 낙인찍힌 자가 그 나라와 원수지간인 나라로부터 보호를 받는 것이 흔히 있는 일이다. 그러나 아기스의 신하들은 아기스의 책략에 반대하면서, 다윗이 자신들 가운데 머무는 것은 절대로 있을 수 없는 일이라고 생각했다.

3. 이로 인해 다윗이 두려움이 빠짐. 다윗은 아기스에 대해서는 어느 정도 신뢰할 수 있었다. 그러나 그의 신하들이 자신을 경계하는 것을 깨달았을 때, 다윗은 아기스가 자신을 그들의 손에 내어주지 않을까 두려워하기 시작했다: 다윗이 이 말을 그의 마음에 두고 가드 왕 아기스를 심히 두려워하여(12절). 그리고 아마도 골리앗의 칼을 차고 있었기 때문에, 다윗은 자신의 위험을 더 강렬하게 느꼈을 것이다. 가드 사람들은 골리앗의 칼을 잘 알고 있었다. 따라서 다윗으로서는 자신이 그 칼로 골리앗의 머리를 벤 것처럼 이번에는 그들이 그 칼로 자신의 머리를 벨 것을 염려하지 않을 수 없었다. 그는 시편 118편 9절에서 "여호와께 피하는 것이 고관들을 신뢰하는 것보다 낫도다"라고 말했는데, 그는 지금 이 사실을 경험을 통해 배우고 있었다. 높은 지위에 있는 사람들은 거짓말을 잘 한다. 따라서 우리가 그들을 믿고 의지한다면, 그 결과는 우리의 두려움이 될 것이다. 다윗이 시편 56편(믹담 곧 황금시)을 지은 것은 바로 이 때, 즉 그가 블레셋 사람들의 수중에 있을 때였다. 여기에서 다윗은 하나님 앞에 자신의 고통을 토설하며 이렇게 다짐한다: 내가 하나님을 의지하였은즉 두려워하지 아니하리니 사람이 (아니, 거인의 자손이라 할지라도) 내게 어찌하리이까.

4. 다윗이 미친 체함: 다윗이 그들 앞에서 그의 행동을 변하여 미친 체하고(13절). 다윗은 아기스의 신하들로 하여금 고통과 수치로 인해 자신의 정신이 온전치 못하게 된 것으로 믿도록 하기 위해, 이와 같이 바보 혹은 미친 사람의 흉내를 냈다. 그러나 이와 같이 자신을 은폐하는 것은 결코 정당화될 수 없다(자기 자신을 이와 같이 추하게 만들며 허위로 꾸미는 것은 부끄러운 일일 뿐만 아니라 또한 진리와 부합되지 않는 일이기도 하다. 따라서 이와 같은 행동은 다윗 같이 진실하고 명예로운 사람에게는 어울리지 않는 행동이 아닐 수 없다). 그러나 어느 정도 용서될 수 있는 여지는 충분히 있다고 보여진다. 왜냐하

면 그것은 노골적인 거짓말은 아니었기 때문이다. 그것은 전쟁할 때 흔히 사용하는 일종의 전략과 같은 것으로서, 다윗은 지금 자신의 목숨을 보존하기 위해 적들에게 이러한 전략을 사용하고 있는 것이었다. 다윗이 자신의 목숨을 보존하기 위해 여기에서 취하고 있는 행동은 — 비록 부분적으로 용서될 수 있는 여지가 충분히 있는 것이라 할지라도 — 실제적으로 인간의 육체적 욕망을 좇아 살아가는 술주정뱅이들의 행동이다. 그들은 스스로를 바보로 만들며, 자신들의 행동을 수시로 바꾼다. 그들의 말과 행동은 대체로 바보처럼 어리석고 우스꽝스러우며 또한 미친 사람처럼 광포하고 격렬하다. 다윗 같이 지각 있고 영예로운 사람이 이와 같이 행동하는 것을 볼 때, 나는 놀라는 마음을 갖지 않을 수 없다.

　5. 이런 방법으로 위기를 모면함(14, 15절). 나는 다윗의 미친 행동이 단지 허위로 꾸민 것에 불과한 것이라는 사실을 아기스가 알고 있었다고 생각하고 싶다. 아마도 그는 다윗을 보호해 주고자 하여 자신의 신하들에게 자신이 정말로 그가 미쳤다고 생각하고 있는 것처럼 꾸민 것으로 보인다(우리가 나중에 보게 될 것처럼 블레셋의 방백들이 다윗에게 호의를 보이지 않을 때에조차도 아기스는 그에게 큰 호의를 베풀었다, 삼상 28:1-2; 29:6). 그래서 아기스는 다윗을 전혀 두려워할 필요가 없으며, 이렇게 정신이 온전치 못한 자가 자신들에게 무슨 위해(危害)를 끼칠 수 있겠느냐고 되묻고 있는 것처럼 보인다. 신하들은 아기스가 다윗을 환대하고자 하는 마음을 갖고 있지 않은가 의심한다. 이에 아기스는 대답한다. "결코 그렇지 않다. 그는 미친 사람이니라. 나는 그와 아무 상관도 없느니라. 너희는 내가 그를 후대할까 염려할 필요가 없느니라." 아기스는 적당히 신하들의 비위를 맞추며 일을 잘 진행시켜 나간다. "내게 미치광이가 부족하여서 너희가 이 자를 데려다가 내 앞에서 미친 짓을 하게 하느냐 이 자가 어찌 내 집에 들어오겠느냐? 나는 그에게 아무런 호의도 베풀지 않을 것이다. 그러니 너희도 그에게 위해를 가하지 말 것이라. 만일 그가 미친 사람이라면 그는 마땅히 동정을 받아야 할 것이니라." 그래서 그는 다윗을 쫓아냈다(다윗이 이때의 일을 기록한 시편 34편의 표제처럼). 우리는 그것(시편 34편)을 통해, 비록 그의 행동이 바뀌었음에도 불구하고 그의 정신(혹은 영혼)은 조금도 바뀌지 않았다는 사실을 알 수 있다. 도리어 그와 같은 극도의 난관 속에서도 그는 여호와를 의지하는 가운데 자신의 마음을 굳게 붙잡았다. 다윗은 다음과 같은 확

신과 함께 그 시편을 끝맺는다: 그에게 피하는 자는 다 벌을 받지 아니하리로다. 비록 (그 자신이 지금 그런 것처럼) 외로움과 고통과 핍박 가운데 잠시 빠질 수 있다 할지라도, 그들 곧 하나님께 피하는 자들은 결코 버림을 당하지 않을 것이다.

제 — 22 — 장

개요

아기스로부터 쫓겨난 다윗은 다시 이스라엘 땅으로 돌아와 사울에게 쫓겨 다니게 된다. I. 다윗이 아둘람 굴에 근거지를 정하자 그의 친척들(1절)과 소외된 자들(2절)이 모여듦, 연로한 부모는 좀 더 안전한 곳으로 옮기고(3, 4절) 선지자 갓의 조언을 받음(5절). II. 사울이 다윗을 쫓기로 결심함, 그리고 신하들과 요나단에게 불평을 함(6-8절). III. 도엑으로부터 아히멜렉이 다윗에게 은혜를 베풀었다는 이야기를 들음, 그리하여 아히멜렉을 포함하여 85명의 제사장을 죽이고 그들에게 속한 모든 것을 진멸함(9-19절). IV. 이로 인해 아비아달이 다윗에게 피신함(20-23절).

¹그러므로 다윗이 그 곳을 떠나 아둘람 굴로 도망하매 그의 형제와 아버지의 온 집이 듣고 그리로 내려가서 그에게 이르렀고 ²환난 당한 모든 자와 빚진 모든 자와 마음이 원통한 자가 다 그에게로 모였고 그는 그들의 우두머리가 되었는데 그와 함께 한 자가 사백 명 가량이었더라 ³다윗이 거기서 모압 미스베로 가서 모압 왕에게 이르되 하나님이 나를 위하여 어떻게 하실지를 내가 알기까지 나의 부모가 나와서 당신들과 함께 있게 하기를 청하나이다 하고 ⁴부모를 인도하여 모압 왕 앞에 나아갔더니 그들은 다윗이 요새에 있을 동안에 모압 왕과 함께 있었더라 ⁵선지자 갓이 다윗에게 이르되 너는 이 요새에 있지 말고 떠나 유다 땅으로 들어가라 다윗이 떠나 헤렛 수풀에 이르니라

I. 다윗이 아둘람 굴로 도망함(1절). 이 곳이 자연적인 요새였는지 혹은 인공적인 요새였는지 하는 것은 나타나지 않는다. 아마도 이 곳으로 진입하는 길은 대단히 험했을 것이다. 따라서 다윗은 이 곳에서 골리앗의 칼로 사울의 군대를 능히 막을 수 있을 것으로 생각했고, 그래서 하나님이 자신을 위하여 어떻게 하실지를 알 때까지(3절에 표현된 것처럼) 이 곳에 피신해 있고자 하였다. 다윗으로 하여금 왕으로 삼겠다는 약속은 그 때까지 보호해 줄 것에 대한 약속까

지 포함하는 것이다. 그러나 다윗은 스스로의 안전을 위해 적절한 수단을 사용했다. 만일 그렇게 하지 않았다면 그는 하나님을 시험하는 것이 되었을 것이다. 그는 사울을 죽이기 위한 계획은 전혀 세우지 않았다. 오로지 자기 자신을 지키려고만 했을 뿐이었다. 사사로서 혹은 장군으로서 나라를 위해 큰 일을 할 수 있는 자가 지금 여기 굴에 갇혀 아무짝에도 쓸모 없는 그릇처럼 내던져져 있었다. 때때로 찬란한 빛이 이와 같이 어두워지고 또 말(뒷박) 아래 감춰질 때, 우리는 그것을 이상하게 생각해서는 안 된다. 히브리서 기자가 구약의 위대한 인물들에 대해 이야기하면서 그들이 광야와 산과 동굴과 토굴에 유리하였느니라(11:38)라고 말할 때, 아마도 그는 지금의 다윗의 경우를 생각하고 있었을 것이다. 다윗이 시편 142편을 지은 것 또한 바로 이 때였는데, 여기에는 다윗이 굴에 있을 때에 지은 마스길 곧 기도라는 표제가 붙어 있다. 여기에서 다윗은 나를 아는 이도 없고 피난처도 없다(4절)고 불평하고 있지만, 곧이어 의인들이 나를 둘러 쌀(7절) 것이란 희망을 피력한다.

　II. 다윗의 친척들이 이 곳으로 옴. 그의 형제와 아버지의 온 집이 그의 보호를 받기 위해 그리고 그를 돕기 위해 그리고 그와 함께 기업을 나누기 위해 이 곳으로 왔다. 형제는 위급한 때를 위하여 났느니라(잠 17:17). 지금 요압과 아비새와 다른 친척들이 다윗과 함께 큰 일을 이룰 것을 기대하면서 고난을 각오하고 그에게로 왔다. 다윗의 용사들 가운데 처음 세 용사는 그가 아둘람 굴에 있을 때 처음 찾아왔던 자들이었다(대상 11:15 이하).

　III. 여기에서 다윗이 스스로를 보호하기 위한 '힘'(혹은 세력)을 일으킴(2절). 다윗은 최근의 경험을 통해 도망다니는 것만으로는 스스로를 보호할 수 없으며 따라서 어떤 '힘'(force)이 필요하다는 사실을 깨닫게 되었다. 그는 그 힘으로 왕을 공격하거나 혹은 왕에게 어떤 폭력을 가하지는 않을 것이었다. 또한 나라의 평안을 깨뜨리는 일도 결코 하지 않을 것이었다. 다만 그 힘을 자신들을 지키기 위한 일에만 사용할 것이었다. 그러나 아무리 방어를 위한 것이라 할지라도, 거기에 모인 무리들은 다윗에게 있어 크게 신뢰할 만한 것이 되지 못했다. 왜냐하면 지금 새롭게 형성된 무리는 큰 자, 부유한 자, 건장한 자들의 무리가 아니었기 때문이다. 그들은 환난 당한 자, 빚진 자, 마음이 원통한 자들이었다. 그들은 파산한 자들이요 안식을 잃은 영혼들이었다. 그들은 궁여지책으로 사는 자들이었으며 스스로 무엇을 해야 할지 모르는 자들이었다. 다윗이 아둘람 굴을 근거지로 정했을 때 이러한 자들이 찾아왔는데, 그 수가 대략 400명 정도 되었다. 때로 하나님이 얼마나 약한 도구를 사용하셔서 당신의 계획을 이루시는지 주목하라. 장차 다윗의 자손도 이렇게 고통 가운데 있는 영혼들을 기꺼이 받아들일 것이다. 그는 그러한 자들의 우두머리가 되실 것이요, 그들은 그의 다스림을 받게 될 것이다.

IV. 다윗이 자신의 부모를 안전한 곳에 모심. 사울이 다윗과 그에게 속한 모든 자들에게 격분하고 있는 동안에는, 그는 이스라엘 땅 어디에서도 안전한 장소를 찾을 수 없었다. 따라서 다윗은 자신의 부모를 모시고 모압 왕에게 가서 그의 보호 아래 맡겼다(3, 4절). 여기에서 다음을 주목하라.

1. 연로한 부모에 대한 다윗의 따뜻한 관심. 사울과 더불어 다투는 동안 예상되는 고통과 두려움에 그들이 그대로 노출되는 것은 정말로 적절치 않은 일이었다(그들은 연로함으로 말미암아 그러한 고통과 두려움을 결코 감당할 수 없었다). 따라서 다윗이 해야 하는 첫 번째 일은 그들을 위한 안전한 장소를 찾는 일이었다(자신은 어찌 되든 간에). 자녀들은 이것으로부터 효를 행하며 부모에게 보답하는 것을 배워야 한다(딤전 5:4). 아무리 높은 위치에 올라갔다 할지라도 그리고 아무리 큰 일을 맡았다 할지라도, 자녀들은 결코 연로한 부모를 잊어서는 안 된다.

2. 하나님께서 자신의 고통을 해결해 주실 것을 믿는 다윗의 겸손한 믿음: 하나님이 나를 위하여 어떻게 하실지를 내가 알기까지. 다윗은 자신을 전적으로 하나님께 맡긴 자답게 그리고 자신의 길을 하나님께 위임한 자답게 매우 겸손하게 자신의 소망을 표현한다. 그는 좋은 결과를 기대하고 있는데, 그것은 자신의 기술이나 무기나 공로로 말미암는 것이 아니라 하나님의 지혜와 권능과 선하심으로 말미암는 것이었다. 내 부모는 나를 버렸으나 여호와는 나를 영접하시리이다(시 27:10).

V. 다윗이 선지자 갓으로부터 조언과 도움을 받음. 아마도 갓은 사무엘 밑에서 교육받은 '선지자의 무리' 가운데 한 사람으로서, 그에 의해 다윗의 영적 인도자로 세워진 사람이었을 것이다. 선지자로서 그는 다윗을 위해 기도하며 그에게 하나님의 뜻을 알려줄 것이었다. 그리고 다윗은 — 비록 그 자신도 선지자였지만 — 그의 도움을 기쁘게 받아들였다. 그는 다윗에게 — 자신의 무죄함을 확신하는 자답게, 그리고 하나님의 보호하심을 확신하면서, 그리고 현재

와 같은 고통의 상황 속에서도 나라를 위해 특별한 일을 하기를 열망하는 것처럼 — 유다 땅으로 들어갈 것을 조언했다(5절). 다윗은 자신의 정직함을 주장하는 것을 부끄러워할 필요도 없었으며 또한 자신에게 주어지는 도움을 거절할 필요도 없었다. 다윗은 갓의 말에 용기를 얻어 공개적으로 자신을 드러낼 것을 결심한다. 이와 같이 선한 자의 발걸음은 여호와께서 정하시고 인도하신다(시 37:23, 여호와께서 사람의 걸음을 정하시고 그의 길을 기뻐하시나니).

[6]사울이 다윗과 그와 함께 있는 사람들이 나타났다 함을 들으니라 그 때에 사울이 기브아 높은 곳에서 손에 단창을 들고 에셀 나무 아래에 앉았고 모든 신하들은 그의 곁에 섰더니 [7]사울이 곁에 선 신하들에게 이르되 너희 베냐민 사람들아 들으라 이새의 아들이 너희에게 각기 밭과 포도원을 주며 너희를 천부장, 백부장을 삼겠느냐 [8]너희가 다 공모하여 나를 대적하며 내 아들이 이새의 아들과 맹약하였으되 내게 고발하는 자가 하나도 없고 나를 위하여 슬퍼하거나 내 아들이 내 신하를 선동하여 오늘이라도 매복하였다가 나를 치려 하는 것을 내게 알리는 자가 하나도 없도다 하니 [9]그 때에 에돔 사람 도엑이 사울의 신하 중에 섰더니 대답하여 이르되 이새의 아들이 놉에 와서 아히둡의 아들 아히멜렉에게 이른 것을 내가 보았는데 [10]아히멜렉이 그를 위하여 여호와께 묻고 그에게 음식도 주고 블레셋 사람 골리앗의 칼도 주더이다 [11]왕이 사람을 보내어 아히둡의 아들 제사장 아히멜렉과 그의 아버지의 온 집 곧 놉에 있는 제사장들을 부르매 그들이 다 왕께 이른지라 [12]사울이 이르되 너 아히둡의 아들아 들으라 대답하되 내 주여 내가 여기 있나이다 [13]사울이 그에게 이르되 네가 어찌하여 이새의 아들과 공모하여 나를 대적하여 그에게 떡과 칼을 주고 그를 위하여 하나님께 물어서 그에게 오늘이라도 매복하였다가 나를 치게 하려 하였느냐 하니 [14]아히멜렉이 왕에게 대답하여 이르되 왕의 모든 신하 중에 다윗 같이 충실한 자가 누구인지요 그는 왕의 사위도 되고 왕의 호위대장도 되고 왕실에서 존귀한 자가 아니니이까 [15]내가 그를 위하여 하나님께 물은 것이 오늘이 처음이니이까 결단코 아니니이다 원하건대 왕은 종과 종의 아비의 온 집에 아무것도 돌리지 마옵소서 왕의 종은 이 모든 크고 작은 일에 관하여 아는 것이 없나이다 하니라 [16]왕이 이르되 아히멜렉아 네가 반드시 죽을 것이요 너와 네 아비의 온 집도 그러하리라 하고 [17]왕이 좌우의 호위병에게 이르되 돌아가서 여호와의 제사장들을 죽이라 그들도 다윗과 합력하였고 또 그들이 다윗이 도망한 것을 알고도 내게 알

리지 아니하였음이니라 하나 왕의 신하들이 손을 들어 여호와의 제사장들 죽이기를 싫어한지라 ¹⁸왕이 도엑에게 이르되 **너는** 돌아가서 제사장들을 죽이라 하매 에돔 사람 도엑이 돌아가서 제사장들을 쳐서 그 날에 세마포 에봇 입은 자 팔십오 명을 죽였고 ¹⁹제사장들의 성읍 놉의 남녀와 아이들과 젖 먹는 자들과 소와 나귀와 양을 칼로 쳤더라

우리는 지금까지 다윗의 고난의 과정을 살펴보았다. 이제 우리는 여기에서 사울이 악해져가는 과정을 보게 된다. 사울은 다른 일은 다 제쳐놓고 오로지 다윗을 쫓는 일에만 전적으로 몰두한 것으로 보인다. 마침내 사울은 다윗이 나타났다는 소문을 듣는다(다시 말해서 다윗이 자신을 공개적으로 드러내면서 사람들을 모았다는 뜻). 이에 사울은 신하들을 부르고, 자신은 기브아 높은 곳에 있는 한 나무 아래 앉았다. 그의 손에는 홀(笏) 대신 단창이 들려 있었는데, 그것은 그가 어떤 방식으로 통치할 것인가 하는 것을 보여주는 일종의 암시와 같은 것이었다. 우리는 이를 통해 지금의 그의 마음상태(혹은 마음의 착란상태)를 엿볼 수 있는데, 그것은 자신의 길을 가로막는 자는 누구든지 죽이겠다는 뜻이 담겨있는 것처럼 보인다. 이러한 피의 법정에서,

I. 사울은 다윗과 요나단에 관한 정보를 찾는다(7, 8절). 그는 다음과 같은 두 가지 사실을 의심하면서 신하들을 재촉한다.

1. 자신의 신하 다윗이 매복하고 있다가 자기를 죽이려고 한다. 이것은 전혀 사실이 아니었다. 사실은 그가 다윗을 죽이려고 하고 있었다. 다윗을 옭아맬 어떤 꼬투리도 발견할 수 없었기 때문에, 사울은 이와 같이 그가 자신을 죽이려고 한다고 꾸민 것이었다.

2. 자신의 아들 요나단이 다윗으로 하여금 이렇게 하도록 부추기면서 그와 연합하여 자신을 죽이려고 음모를 꾸미고 있다. 이것 역시도 터무니없는 거짓이었다. 다윗과 요나단 사이에 우정의 맹약은 있었지만, 악한 일을 위해 공모한 일은 결코 없었다. 그들의 언약 속에 사울에게 어떤 위해를 가하는 따위의 내용은 전혀 없었다. 설령 사울이 죽은 후 요나단이 하나님의 분명한 뜻에 순복하여 다윗에게 왕권을 양보한다 할지라도, 그것이 사울에게 무슨 위해(危害)가 된단 말인가? 그러나 왕과 나라를 위해 충성을 다하는 자들이 이와 같이 터무니없이 매도되는 일은 결코 드문 일이 아니다. 예수 그리스도의 경우도 이와

비슷했다. 사울은 요나단과 다윗이 자신을 죽일 음모를 꾸미면서 자신의 왕권을 빼앗으려고 한다고 생각했다. 그러면서 신하들에게, 그들 역시도 이러한 사실을 분명히 알면서도 자신에게 아무런 정보도 알려주지 않는다고 역정을 냈다(실제로 이런 일이 전혀 없었음에도 불구하고). 있지도 않은 일을 억지로 갖다 붙이는 모습 속에서 우리는 시기심과 악의의 본질을 볼 수 있다. 사울은 자기 주변에 있는 자들이 자기가 말하는 것처럼 말하지 않는다고 하여 그들을 모두 원수처럼 대했다. 사울은 신하들에게 이렇게 말했다.

(1) 그들은 너무나 지혜롭지 못하며, 그들 지파와(왜냐하면 그들은 베냐민 지파 사람들이었는데, 만일 다윗이 왕이 되면 지금 베냐민 지파에 있는 영광이 유다 지파에게로 넘어갈 것이기 때문이다) 가족의 이익에 반하여 행동한다. 왜냐하면 사울이 그들에게 준 밭과 포도원과 그리고 천부장이나 백부장 등과 같은 높은 지위를 다윗은 결코 그들에게 주지 않을 것이기 때문이다.

(2) 그들은 충성스럽지 않다: 너희가 다 공모하여 나를 대적하며. 시기(猜忌)의 영에 사로잡힌 자의 끊임없는 흥분과 억지를 보라. 관원(통치자, ruler)이 거짓말을 들으면 그의 하인들은 다 악하게 되느니라(잠 29:12). 다시 말해서, 지금 사울의 눈에 신하들은 모두 악하며 충성스럽지 못하게 보였던 것이다.

(3) 그들은 자신에게 조금도 은혜를 베풀지 않는다. 사울은 나를 위하여 슬퍼하는 자가 하나도 없다 혹은 어떤 학자들이 읽는 것처럼 나를 위하여 염려하는 자가 하나도 없다고 말하면서 그들에게 압박을 가했다. 사울은 이러한 말로써 신하들을 충동하여, 그들로 하여금 자신의 악의(惡意)를 수행하는 도구로 만들고자 하였다.

II. 사울은 도엑으로부터 제사장 아히멜렉과 관련한 정보를 듣는다.

1. 도엑이 아히멜렉을 참소함(9, 10절). 그 일과 관련해서는 그 자신이 직접 보고 들은 증인이었다. 사울이 그와 같이 역정을 내지 않았다면 어쩌면 도엑은 그에게 그러한 정보를 제공하지 않았을는지 모른다. 왜냐하면 만일 그가 기꺼이 그렇게 하고자 했다면 좀 더 일찍 모든 일을 고할 수도 있었을 것이기 때문이었다. 지금 그는 모든 사람이 입을 다물고 있는다면 그들 모두가 반역자로 간주될 수도 있다고 생각하면서, 아히멜렉이 다윗에게 베풀어 준 모든 호의들을 사울에게 이야기한다. 그는 사울에게, 아히멜렉이 다윗을 위해 여호와께 묻고(통상 제사장은 공적인 사람을 위해 그리고 공적인 일과 관련한 것 외에는 그

와 같은 일을 하지 않는다) 또한 떡과 칼을 주었다고 말한다. 그것은 모두 사실이었지만, 그러나 완전한 진실은 아니었다. 도엑은 사울에게, 다윗이 아히멜렉으로 하여금 왕의 보냄을 받아 왔다고 믿도록 만든 사실까지도 말했어야 했다. 그렇게 함으로써 아히멜렉이 다윗에게 행한 것은 결국 사울을 위한 일이며, 그러므로 모든 비난은 아히멜렉이 아닌 다윗에게 돌려지도록 했어야 했다.

2. 아히멜렉이 왕 앞에 불려 와 심문을 받음. 왕은 아히멜렉과 함께 그 때 성소에 있었던 다른 제사장들까지도 모두 소환했는데, 그것은 그들 모두가 다윗을 돕거나 혹은 부추겼을 것이라고 추측했기 때문이었다. 그들에게는 지금 어떤 죄의식도 없었고, 따라서 그들은 자신들의 위험을 전혀 깨닫지 못하고 있었다. 그랬기 때문에 사울이 불렀을 때 그들 가운데 어느 누구도 다윗에게로 피신하려고 하지 않고(만일 그들이 다윗과 동조했다면 지금과 같은 상황에서 틀림없이 그렇게 했을 것이다) 왕 앞에 나아왔다: 왕이 사람을 보내어 아히둡의 아들 제사장 아히멜렉과 그의 아버지의 온 집 곧 놉에 있는 제사장들을 부르매 그들이 다 왕께 이른지라(11절). 사울은 극도의 분노 가운데 오만불손한 태도로 아히멜렉에게 묻는다(12절): 너 아히둡의 아들아 들으라. 사울은 제사장을 부르면서 그의 직책은 고사하고 이름으로도 부르지 않는다. 하나님의 제사장들에게 어떤 경의도 표하지 않는 것을 통해, 우리는 사울이 하나님을 두려워하는 마음을 이미 내팽개쳐 버렸다는 사실을 알 수 있다. 그는 마치 제사장들을 모독하며 모멸을 가하는 것으로 쾌감을 얻고 있는 것 같았다. 아히멜렉은 심판의 자리에서 머리를 들며 이렇게 말한다. "내 주여 내가 여기 있나이다. 나는 잘못한 일이 없으며 나에게 가해진 참소를 들을 준비가 되어 있나이다." 그는 사울의 왕권에 수반되는 재판권을 반대하지도 않았으며, 또한 제사장으로서의 면책특권을 주장하지도 않았다. 다만 지금 왕으로서의 모든 통치권이 사울에게 있으므로, 비록 제사장이라 할지라도 그는 자신을 일반 이스라엘 백성과 똑같은 자리에 놓았다. 모든 사람으로 하여금 (심지어 성직자라 할지라도) 더 높은 권세에 복종하게 하라.

3. 아히멜렉에게 기소문(起訴文)이 낭독됨(13절). 그 기소문의 내용은 그가 반역자로서 이새의 아들과 결탁하여 왕을 몰아내고 죽이고자 음모를 꾸몄다는 것이었다. "다윗의 계획은 (사울은 말한다) 나를 대적하여 일어나는 것인데, 네가 음식과 무기를 주어 그를 도왔도다." 가장 정직한 행동에 대해 이토록 터무

니없는 의미를 부여하는 것을 주목하라. 이런 폭군의 통치 아래 살고 있는 사람들은 얼마나 안전하지 못한가! 지금 우리가 살고 있는 좋은 통치체제로 인해 우리는 얼마나 감사해야 마땅한가!

4. 이러한 기소문에 대해 아히멜렉은 자신의 결백을 주장한다(14, 15절). 그는 자신이 그와 같은 행동을 한 '사실'은 인정했지만, 그러나 그러한 행동을 반역이나 혹은 악의를 가지고 혹은 왕을 대적할 어떤 계획을 가지고 한 것은 결코 아니라고 항변했다. 사울과 다윗 사이에 다툼이 있다는 사실을 자신은 전혀 알지 못했으며 따라서 늘 하던 대로 호의를 가지고 맞이했노라고 호소한다. 여기에서 아히멜렉이 '다윗이 자신에게 한 거짓말'(즉 사울이 특별한 일로 자신을 보냈다고 말했던 것)에 대하여는 전혀 언급하고 있지 않는 사실을 주목하라. 실제로 다윗이 그에게 그와 같은 거짓말을 했음에도 불구하고 그는 그것을 사울에게 말하지 않았는데, 그것은 자신을 옹호하기 위해 선한 사람의 약함을 드러내는 따위의 일을 그가 꺼렸기 때문이었다. 도리어 그는 모든 사람이 다 알고 있는 사실, 즉 사울의 모든 신하들 가운데 가장 충성된 자가 바로 다윗이 아니냐고 되묻는다. 또 왕이 자신의 딸을 줌으로써 그를 존귀케 했고, 종종 그에게 중요한 일을 맡겼으며, 그를 크게 신뢰하지 않았느냐고 되묻는다. "그는 왕의 사위도 되고 왕의 호위대장도 되고 왕실에서 존귀한 자가 아니니이까. 그러므로 그를 존귀하게 맞이하는 것은 누구라도 합당하게 생각할 것입니다." 계속해서 아히멜렉은 예전에 왕이 그를 보낼 때마다 그를 위해 하나님께 물었던 것처럼, 그 때도 마찬가지로 그와 같이 결백한 마음으로 그렇게 했노라고 탄원한다. 또한 그는 자신이 왕을 대적하여 음모를 꾸미고 있다는 혐의에 항변한다: "결단코 아니니이다. 나는 다만 나의 직무를 수행했을 뿐 반역의 일에 대하여는 전혀 아는 바가 없나이다." 아히멜렉은 왕의 호의를 간청한다: 원하건대 왕은 종과 종의 아비의 온 집에 아무것도 돌리지 마옵소서. 그와 함께 그는 자신의 결백을 주장하면서 자신의 말을 끝맺는다: 왕의 종은 이 모든 크고 작은 일에 관하여 아는 것이 없나이다. 자신의 결백을 주장함에 있어 누가 이보다 더 확실하게 말할 수 있겠는가? 만일 정직한 이스라엘 백성들로 이루어진 배심원에 의해 재판을 받았다면, 그는 틀림없이 무죄판결을 받았을 것이다. 과연 그에게 무슨 잘못이 있었단 말인가? 그러나,

5. 사울이 아히멜렉에게 유죄판결을 내림(16절): 너는 반역자로서 반드시 죽

을 것이요 너와 네 아비의 온 집도 그러하리라. 이것보다 더 부당한 판결이 도대체 어디에 있겠는가? 또 내가 해 아래에서 보건대 재판하는 곳 거기에도 악이 있고 정의를 행하는 곳 거기에도 악이 있도다(전 3:16). 이것이 부당한 판결이었던 것은,

(1) 사울 혼자서 임의로 판결했기 때문이다. 그는 어떤 재판관이나 선지자와도, 심지어 자신의 참모들과도 의논하지 않았다.

(2) 명백한 항변에 대하여는 그것을 뒤집을 만한 어떤 시도가 이루어져야 하기 때문이다. 그래서 충분한 증거와 근거가 있을 때 비로소 그러한 항변은 기각될 수 있는 것이다. 그러나 사울은 단지 고압적인 태도로 판결을 내렸을 뿐이었다.

(3) 너무나 성급하고 급작스럽게 판결이 선고되었기 때문이다. 사울은 이 사건을 면밀히 검토할 만한 시간적 여유를 갖지 않았으며, 피소자(被訴者)로 하여금 판결에 항소할 수 있는 기회조차 주지 않았다.

(4) 도엑에 의해 고발을 당한 유일한 피소자인 아히멜렉에 대하여 뿐만 아니라 이 사건과 아무 관련도 없는 그의 아버지의 온 집에까지 판결이 내려졌기 때문이다. 아버지로 인해 자녀가 죽임을 당해야만 한단 말인가?

(5) 감정적 격분에 의해 판결이 선언되었기 때문이다. 그 판결은 공의를 따라 이루어진 것이 아니었다. 다만 사울의 야수와 같은 격분을 만족시키기 위해 이루어진 것이었다.

6. 사울은 자신의 판결을 즉시 집행하라고 (단지 구두로) 명령했다.

(1) 사울은 자신의 호위병들에게 형을 집행할 것을 명령했지만, 그러나 그들은 그렇게 하는 것을 심히 꺼렸다(17절). 이렇게 함으로써 사울은 제사장들을 더욱 욕되게 하고자 하였다. 왜냐하면 제사장들을 전사(戰士)나 혹은 통상적인 공의의 집행자에 의해 죽임을 당하도록 하지 않고 자신의 호위병들의 손에 피를 흘리도록 했기 때문이었다.

[1] 왕에게 있어 "여호와의 제사장들을 죽이라"는 명령보다 더 야만적인 명령은 결코 없을 것이다. 이것은 다른 것과는 비교할 수 없을 정도로 불경스럽고 불신앙적인 명령이었다. 만일 사울이 제사장의 거룩한 직무와 그들이 하나님과 더불어 맺고 있는 특별한 관계를 잊어버리지 않았다면, 아마도 그는 여기에서 그들로 인해 자신이 불쾌한 마음을 갖게 된 것에 대해 어느 정도의 유감을 표명하는 것으로 끝냈을 것이다. 호위병들에게 죽일 것을 명령하는 자리에서

그들을 일컬어 '여호와의 제사장들' 이라고 부른 것을 통해 우리는 바로 그 사실 때문에 그가 그들을 그토록 증오했다는 사실을 알 수 있다. 하나님은 그를 버리시고 그 자리에 다른 사람을 기름 부어 세우도록 명령하셨다. 따라서 그는 하나님 자신에 대하여는 어떻게 할 수 없으므로, 이러한 상황을 여호와의 제사장들에게 복수하는 기회로 삼은 것으로 보인다. 악한 영에 사로잡힌 자가 어떤 악한 일인들 하지 못할 것이 있겠는가? 사울은 제사장들을 죽일 것을 명령하면서, 그들이 다윗이 도망한 것을 알면서도 자신에게 고하지 않았다고 트집을 잡았다(제사장들은 아무것도 알지 못했음에도 불구하고). 이 얼마나 거짓되고 터무니없는 말인가! 악의(惡意)과 살육은 통상적으로 거짓의 기초 위에 세워지는 법이다.

[2] 호위병들이 왕의 명령을 실행하기를 꺼린 것은 참으로 훌륭한 일이었다. 호위병들은 자신들의 주인과는 달리 올바른 생각과 믿음을 가지고 있었다. 그들은 자신들이 징벌을 당하거나 혹은 죽음에 처하여질 것이라는 것을, 그렇게까지는 아니라 하더라도 최소한 자신들의 지위를 박탈당하게 될 것이라는 것을 충분히 예상할 수 있었다. 그럼에도 불구하고 그들은 여호와의 제사장들을 감히 죽이려고 하지 않았는데, 그것은 그들이 제사장의 직분을 존귀하게 여겼기 때문이며 또한 그들의 무죄함을 확신했기 때문이었다.

(2) 사울은 (참소자인) 도엑에게 제사장들을 죽일 것을 명령했고, 그는 그대로 복종했다. 호위병들의 꺼림과 주저함을 통해 사울은 마땅히 양심에 찔림을 받고 그처럼 야만스런 행동을 계속하지 말았어야 하지 않았겠는가? 그러나 그의 마음은 완악해질 대로 완악해져 있었으며, 그의 생각은 어두워질 대로 어두워져 있었다. 만일 호위병들이 그 일을 실행하지 않을 것이라면, 증인의 손이 먼저 대어질 것이었다(신 17:7, 이런 자를 죽이기 위하여는 증인이 먼저 그에게 손을 댄 후에 뭇 백성이 손을 댈지니라). 잔인한 폭군들은 자신들 만큼이나 잔인한 자들을 통해 자신들의 잔인성을 대행시킨다. 도엑은 명령을 받자마자 즉시로 85명의 제사장을 기꺼이 그리고 아무런 주저함도 없이 자신의 손으로(나타난 바대로 볼 때) 죽였다. 그들은 세마포를 입고 제사장의 직무를 감당하는 자들로서(18절), 20세에서 50세 사이의 사람들이었다. 그리고 아마도 그들은 늘 하던 규례대로 이 때 사울 앞에 나왔다가 죽임을 당한 것으로 보인다. 아무리 피에 목마른 자라 할지라도 이 정도면 질리기에 충분하지 않겠는가? 그러나 핍박

의 거머리는 계속 소리지른다: "더 많은 피를 달라. 더 많은 피를 달라." 도엑은 (틀림없이 사울의 명령에 따라) 제사장의 성읍인 놉으로 가서 **남자와 여자와 아이들과 젖 먹는 자들과 가축들을 모조리 칼로 쳤다**(19절). 아, 야만스런 잔인성이여! 어찌 이와 같은 것을 두려움 없이 상상할 수 있단 말인가! 이토록 불경스럽고 비인간적인 것이 도대체 어떻게 인간의 마음속에 들어갈 수 있단 말인가! 우리는 여기에서 다음과 같은 사실들을 볼 수 있다.

[1] 사울의 필사적인 악독함. 여호와의 영이 떠나자 그의 악독은 극도의 상태에까지 이르게 되었다. 하나님이 진노하사 그 마음의 정욕대로 내버려 둔 자들은 도대체 어디까지 악해질 수 있는 것일까? 그토록 동정심이 많아 (하나님의 명령에 불순종하면서까지) 아각과 아말렉의 가축들을 살려 주었던 자가 어떻게 지금은 일말의 자비도 없이 여호와의 제사장들과 그들에게 속한 모든 것을 진멸할 수 있었단 말인가?

[2] 하나님이 전에 엘리의 집에 선언하셨던 위협과 경고가 그대로 이루어짐. 왜냐하면 아히멜렉은 엘리의 자손이었기 때문이다. 비록 사울이 이 일을 행함에 있어 불의했다 할지라도, 하나님은 그것을 허용하심에 있어 의로우셨다. 지금 하나님은 엘리에게 내리셨던 선언을 시행하심으로써 이 소식을 듣는 자들의 귀가 울리도록 하셨다(3:11-13). 하나님의 말씀은 하나도 땅에 떨어지지 않는다.

[3] 이스라엘에 대한 하나님의 심판. 그들은 하나님이 계획하신 때가 이르기 전에 왕을 구하는 죄를 범했는데, 우리는 이것을 그에 대한 하나님의 정당한 징벌이라고 간주할 수 있다. 그 때 이스라엘의 종교적 상태는 얼마나 한탄스러운 것이었는가! 비록 하나님의 궤가 오랫동안 외딴 곳에 놓여져 있었다 할지라도, 그들에게 제단이 있고 또 그 곳에서 섬기는 제사장이 있었다는 사실은 그들에게 상당한 위로가 될 만한 것이었다. 그러나 이제 이스라엘 백성들은 제사장들과 그들의 후손들이 그들의 피 위에 뒹굴며, 제사장의 성읍이 폐허가 된 것을 보게 되었다. 그와 함께 하나님의 제단이 수종드는 자들이 없음으로 인해 버려지게 되고, 이 모든 일이 자신들의 왕의 부당하고 잔인한 명령에 의해 이루어진 것을 분명히 보게 되었다. 이제 그들은 경건한 이스라엘 백성의 마음으로 돌아오지 않을 수 없었다. 사무엘과 그의 아들들이 다스릴 때가 차라리 지금보다 천 배나 더 나을 것이었다. 이스라엘을 대적하는 가장 악독한 원수라

할지라도 그들에게 이보다 더 큰 악독을 행할 수는 없을 것이었다.

[20]아히둡의 아들 아히멜렉의 아들 중 하나가 피하였으니 그의 이름은 아비아달이라 그가 도망하여 다윗에게로 가서 [21]사울이 여호와의 제사장들 죽인 일을 다윗에게 알리매 [22]다윗이 아비아달에게 이르되 그 날에 에돔 사람 도엑이 거기 있기로 그가 반드시 사울에게 말할 줄 내가 알았노라 네 아버지 집의 모든 사람 죽은 것이 나의 탓이로다 [23]두려워하지 말고 내게 있으라 내 생명을 찾는 자가 네 생명도 찾는 자니 네가 나와 함께 있으면 안전하리라 하니라

1. 아히멜렉의 아들 아비아달의 피신. 그는 제사장의 성읍이 진멸될 때 그곳을 피했다. 아마도 그의 아버지가 사울의 부름을 받아 갔을 때, 그는 제단에서 수종들기 위해 집에 남았다가 첫 번째 화를 피하게 되었을 것이다. 그러나 도엑과 피에 굶주린 개들이 놉에 왔을 때, 그는 위험을 알아채고 스스로를 보호하기 위해 도망쳤다. 그런 그가 다윗에게 가지 않으면 어디로 가겠는가?(20절). 다윗의 아들을 위해 고난을 받는 자들은 그 영혼을 그에게 의탁할지어다(벧전 4:19).

2. 다윗의 분개. 아비아달은 사울이 여호와의 제사장들에게 행한 끔찍한 만행을 다윗에게 이야기했다(21절) ― 마치 요한이 목 베임을 당했을 때 그의 제자들이 예수께 와서 이야기했던 것처럼(마 14:12). 이에 다윗은 재앙 자체에 대해 크게 애통해했지만, 특별히 자신 때문에 그렇게 된 것으로 인해 더욱 애통해하지 않을 수 없었다: 네 아버지 집의 모든 사람 죽은 것이 나의 탓이로다(22절). 어떤 연유로든지 자신 때문에 교회에 어떤 재앙이 임한다면, 선한 사람에게 있어 그것은 너무나 큰 고통이 아닐 수 없다. 다윗은 도엑의 사람됨을 잘 알고 있었으므로 성소에서 그를 보았을 때 이와 같은 재앙이 일어나지 않을까 크게 염려했었다: 그 날에 에돔 사람 도엑이 거기 있기로 그가 반드시 사울에게 말할 줄 내가 알았노라. 다윗은 그를 에돔 사람 도엑이라고 불렀는데, 그것은 그가 이스라엘의 신앙을 고백하며 이스라엘 백성의 탈을 쓰고 있었음에도 불구하고 여전히 에돔 사람의 심장(마음)을 가지고 있었기 때문이었다.

3. 다윗이 아비아달을 보호해 줌. 아비아달이 두려워 떠는 것을 보면서, 다윗은 두려워하지 말라고 말하면서 마치 자신을 보살피는 것처럼 그를 보살폈다:

네가 나와 함께 있으면 안전하리라(23절). 다윗은 자신이 지금 안전한 가운데 있음을 확언하면서, 아비아달로 하여금 이제부터 자신의 보호 아래 있게 될 것임을 약속한다. 하나님은 다윗의 자손에게 내가 너를 나의 손 그늘에 숨겨 주겠다고 약속하면서(사 49:2), 그에게 속한 모든 자들도 그와 함께 안전할 것을 확언하셨다(시 91:1). 이제 다윗 옆에는 선지자뿐만 아니라 제사장(대제사장)도 있게 되었다. 그들에게 다윗은 축복이었으며, 그들 또한 다윗에게 축복이었다. 그리고 둘(선지자와 제사장) 모두 다윗의 성공을 미리 보여주는 좋은 징조이기도 했다. 그렇지만 사무엘상 28장 6절을 통해 볼 때, 사울 옆에도 역시 대제사장이 있었던 것으로 보인다. 왜냐하면 그가 우림으로 하나님께 물었다고 기록되어 있기 때문이다. 우리는 이와 관련하여 사울이 엘르아살 가문으로서 사독의 아버지인 아히둡을 대제사장으로 발탁한 것으로 추측한다(대상 6:8). 왜냐하면 경건의 능력을 부인하는 자라 할지라도 경건의 모양(형식, form)까지 완전히 무시할 수는 없었기 때문이었다. 다윗이 시편 52편을 기록한 것은 표제에 나타나 있는 것처럼 바로 이 때였다. 여기에서 다윗은 도엑을 악하며 강포한 자일 뿐만 아니라 또한 거짓되고 속이는 자라고 표현하는데, 그것은 비록 그가 말한 것이 피상적으로는 사실이라 할지라도 악을 행하기 위한 목적으로 그가 거기에다가 거짓의 색깔을 입혔기 때문이었다. 그러나 그러한 때 즉 제사장직이 마른 가지처럼 되었을 때조차도, 다윗은 스스로를 하나님 집의 푸른 감람나무 같다고 여겼다(시 52:8). 이러한 위급한 상황이 계속되는 가운데에서도 다윗은 하나님과 교제하는 시간과 마음을 잃지 않았으며, 그 가운데에서 위로를 발견했던 것이다.

제
— 23 —
장

개요

우리는 여기에서 여호와의 제사장들의 피에 취한 사울이 다윗의 생명을 찾기에 급급하고 있는 것을 보게 된다. 다윗은 선한 일을 행함에도 불구하고 계속해서 고난을 당한다. 본 장의 내용은 다음과 같다. I. 다윗이 블레셋 사람들의 손으로부터 그일라 성읍을 구원함으로써 왕과 나라를 위해 선한 일을 함(1-6절). II. 그럼에도 불구하고 왕의 악의(惡意)와 그일라 주민들의 배신으로 인해 다윗이 위험에 처하게 됨, 그러나 하나님의 지시에 의해 그러한 위험으로부터 벗어남(7-13절). III. 요나단이 수풀에 있는 다윗을 찾아가 격려함(14-18절). IV. 십 사람들이 다윗의 은신처에 관한 정보를 사울에게 제공하고, 이에 사울은 다윗을 잡으려고 쫓아감(19-25절). 다윗이 사울의 손으로부터 가까스로 피함(26-29절). "의인은 고난이 많을지라도 여호와께서 그것으로부터 건져내시느니라."

[1]사람들이 다윗에게 전하여 이르되 보소서 블레셋 사람이 그일라를 쳐서 그 타작마당을 탈취하더이다 하니 [2]이에 다윗이 여호와께 묻자와 이르되 내가 가서 이 블레셋 사람들을 치리이까 여호와께서 다윗에게 이르시되 가서 블레셋 사람들을 치고 그일라를 구원하라 하시니 [3]다윗의 사람들이 그에게 이르되 보소서 우리가 유다에 있기도 두렵거든 하물며 그일라에 가서 블레셋 사람들의 군대를 치는 일이리이까 한지라 [4]다윗이 여호와께 다시 묻자온대 여호와께서 대답하여 이르시되 일어나 그일라로 내려가라 내가 블레셋 사람들을 네 손에 넘기리라 하신지라 [5]다윗과 그의 사람들이 그일라로 가서 블레셋 사람들과 싸워 그들을 크게 쳐서 죽이고 그들의 가축을 끌어 오니라 다윗이 이와 같이 그일라 주민을 구원하니라 [6]아히멜렉의 아들 아비아달이 그일라 다윗에게로 도망할 때에 손에 에봇을 가지고 내려왔더라

이제 우리는 왜 선지자 갓이 (의심의 여지 없이 신적 지시에 의해) 다윗에게 유다 땅으로 가라고 했는지 그 이유를 알게 된다(5절). 그것은 다윗으

로 하여금 나라의 안전을 돌보도록 하기 위함이었다(사울이 그 일을 게을리했으므로). 다윗은 선으로 악을 갚아야 했으며, 이 점에서 원수된 자들을 위해 자신의 목숨을 내어주신 자의 모형이었다.

I. 블레셋 사람들이 그일라 성읍에 침입하여 그 인근 지역을 약탈했다는 소식이 다윗에게 전하여짐. 여기에서 다윗은 나라의 자유를 지키며 수호하는 자로서 나타난다. 블레셋 사람들로 하여금 이렇게 이스라엘을 침입하도록 자극한 것은 어쩌면 하나님과 다윗이 사울을 떠났기 때문인지도 모른다. 통치자가 하나님의 백성들과 사역자들을 핍박하기 시작할 때, 그는 사방으로부터 괴로운 일들에 직면하게 될 것이다. 나라가 평온하기 위해서는 먼저 그 나라 안에 있는 교회가 평온해야 한다. 만일 사울이 다윗을 대적하여 싸운다면, 블레셋 사람들이 사울의 나라를 대적하여 싸울 것이다.

II. 다윗은 기꺼이 그들을 구원하기 위해 싸우러 가기를 원했지만, 그러나 먼저 그와 관련한 하나님의 뜻을 묻고자 함. 우리는 여기에서 다음과 같은 것들을 보게 된다.

1. 다윗의 넓은 아량과 애국심. 다윗의 머리와 손은 자신의 일을 감당하기에도 벅찼으며, 그가 가지고 있는 병력이라야 고작 스스로를 지키기에도 부족할 정도였다. 그럼에도 불구하고 그는 나라의 안전을 염려하였으며, 나라의 안전이 유린당하는 것을 앉아서 바라보고만 있을 수 없었다. 아니, 나라를 지키는 책임을 맡은 사울이 자신을 미워하며 죽이려고 쫓아다니고 있음에도 불구하고, 다윗은 자신의 모든 힘을 다해 공동의 적에 대항하여 기꺼이 왕과 나라를 위해 최선의 봉사를 했다. 그는 자신의 개인적인 복수를 위해 공공의 안녕을 희생시키는 생각을 용감하게 거부했던 것이다. 자신들이 일한 것에 상응한 대접을 받지 못한다고 생각하면서 찌무룩하며 선을 행하기를 거절하는 자들은 다윗과는 너무나 다른 사람들이다.

2. 하나님께 대한 다윗의 경건과 관심. 다윗은 선지자 갓을 통해 하나님께 물었다. 왜냐하면 (6절을 통해 볼 때) 다윗이 그일라에 오기 전까지는 아비아달이 에봇을 가지고 그에게로 오지 않은 것으로 보이기 때문이다. 다윗은 묻는다: 내가 가서 이 블레셋 사람들을 치리이까? 그는 자신의 의무(사울의 할 일을 대신 감당하는 것과 그의 허락 없이 행동하는 것이 합당한지)와 일의 결과(사울처럼 위험한 적이 등 뒤에 있는 상황에서 한 줌밖에 안 되는 병력으로 블레셋

과 싸워 이길 수 있는지)에 대해 묻는다. 우리의 모든 길에서 하나님을 인정하며 그분의 지시를 구하는 것은 우리의 의무이다. 그리고 우리가 그렇게 할 때 그것이 우리의 위로가 될 것이다.

Ⅲ. 하나님이 다윗에게 블레셋 사람들을 칠 것을 두 번에 걸쳐 지시하심. 가서 블레셋 사람들을 치고 그일라를 구원하라(2절). 그리고 그에 더하여 하나님은 승리를 약속하셨다. 그러나 다윗의 사람들이 이에 반대하였다(3절). 자신의 군대를 갖기 시작했을 때, 그는 그들을 다루는 것이 결코 쉽지 않다는 사실을 발견하게 되었다. 그들은 반대하며 말하기를, 이스라엘 가운데에도 너무나 많은 적들이 있는 상황에서 블레셋 사람들까지 적으로 만들 필요는 없다고 하였다. 사울의 쫓는 무리만으로도 그들의 마음이 몹시 낙망되었는데, 하물며 블레셋 군대까지도 대적해야만 한다면 그들의 마음이 얼마나 더 낙망되었겠는가? 따라서 다윗은 그들을 납득시키기 위해 다시 한 번 여호와께 물었다. 그리하여 다윗은 사울의 허락과 상관없이 싸우라고 하는 하나님의 분명한 위임(일어나 그일라로 내려가라)뿐만 아니라 승리에 대한 분명한 확증까지 받았다: 내가 블레셋 사람들을 네 손에 넘기리라(4절). 다윗의 군대 가운데 가장 소심한 자라 할지라도 이러한 하나님의 분명한 확증 앞에서는 새로운 용기로 가득 차지 않을 수 없었을 것이다.

Ⅳ. 이에 다윗이 블레셋 사람들과 싸우러 가서 그들을 패주시키고 그일라를 구원함(5절). 여기에서 다윗은 블레셋 사람들의 땅까지 돌격했던 것으로 보인다. 왜냐하면 그들이 그일라 사람들의 타작마당을 약탈한 것에 대한 보복으로 그들의 가축을 끌어왔기 때문이었다. 여기에서 한 가지 특기할 만한 언급이 나오는데, 그것은 다윗이 블레셋 사람들을 물리친 후 그일라에 머물고 있는 동안 아비아달이 손에 에봇을 가지고 그에게로 왔다는 언급이다(6절). 에봇은 곧 대제사장의 에봇으로서, 거기에는 우림과 둠밈이 있었다. 이것은 다윗의 도피 생활 가운데 큰 위로가 아닐 수 없었다. 그가 하나님의 집에 갈 수 없었을 때, 하나님의 집의 최고의 보물들 즉 대제사장과 그의 판결의 흉패가 그에게로 온 것이다.

⁷다윗이 그일라에 온 것을 어떤 사람이 사울에게 알리매 사울이 이르되 하나님이 그를 내 손에 넘기셨도다 그가 문과 문 빗장이 있는 성읍에 들어갔으니 갇혔도다 ⁸

사울이 모든 백성을 군사로 불러모으고 그일라로 내려가서 다윗과 그의 사람들을 에워싸려 하더니 [9]다윗은 사울이 자기를 해하려 하는 음모를 알고 제사장 아비아달에게 이르되 에봇을 이리로 가져오라 하고 [10]다윗이 이르되 이스라엘 하나님 여호와여 사울이 나 때문에 이 성읍을 멸하려고 그일라로 내려오기를 꾀한다 함을 주의 종이 분명히 들었나이다 [11]그일라 사람들이 나를 그의 손에 넘기겠나이까 주의 종이 들은 대로 사울이 내려 오겠나이까 이스라엘의 하나님 여호와여 원하건대 주의 종에게 일러 주옵소서 하니 여호와께서 이르시되 그가 내려오리라 하신지라 [12]다윗이 이르되 그일라 사람들이 나와 내 사람들을 사울의 손에 넘기겠나이까 하니 여호와께서 이르시되 그들이 너를 넘기리라 하신지라 [13]다윗과 그의 사람 육백 명 가량이 일어나 그일라를 떠나서 갈 수 있는 곳으로 갔더니 다윗이 그일라에서 피한 것을 어떤 사람이 사울에게 말하매 사울이 가기를 그치니라

I. 사울이 다윗을 죽일 궁리를 함(7, 8절). 다윗이 그일라에 온 것을 어떤 사람이 사울에게 알리매. 그런데 사울은 다윗이 그일라에 무엇을 가져다주었는지에 대하여는 듣지 못했단 말인가? 다윗이 블레셋 사람들의 손으로부터 그일라를 구원하여 냈다는 이야기는 듣지 못했단 말인가? 그 일로 인해 사울은 다윗에게 존귀와 영예의 상을 베푸는 것이 마땅하지 않은가? 그러나 그렇게 하기는 고사하고 사울은 그것을 다윗을 죽이는 기회로 삼는다. 그는 참으로 감사할 줄 모르는 파렴치한 사람으로서, 이런 사람에게는 어떤 봉사나 은혜를 베푸는 것도 영원히 합당치 못할 것이다. 그래서 다윗은 자신의 원수들에 대해 한탄하며 말하기를, 그들은 자신에게 선을 악으로 갚고(시 35:12) 자신의 사랑에도 불구하고 자신을 대적할 뿐이라고 했던 것이다(시 109:4). 그리스도께서도 이와 같이 야비한 취급을 받으셨다(요 10:32, 예수께서 대답하시되 내가 아버지로 말미암아 여러 가지 선한 일로 너희에게 보였거늘 그 중에 어떤 일로 나를 돌로 치려 하느냐). 여기에서 다음을 주목하라.

1. 사울이 얼마나 이스라엘의 하나님을 욕되게 하고 있는지. 그는 하나님의 섭리가 마치 자신의 악의(惡意)를 정당화시켜 주며 또 지지해 주는 양 생각하면서 의기양양해한다: 하나님이 그를 내 손에 넘기셨도다(7절). 그는 마치 하나님으로부터 버림받은 자가 이번의 경우에는 하나님으로부터 인정과 호의를 받고 있으며, 반대로 다윗은 얼빠진 상태에 빠져 있다는 듯이 말한다. 그는 지금보

다 더 좋은 상황에서도 번번이 다윗을 놓쳤던 사실을 잊어버린 채, 승리하기도 전에 미리 승리감에 헛되이 도취되어 있었다. 그는 조그마한 고지를 점령했다고 생각함으로써 제멋대로 하나님을 자기 입장과 연결시켰던 것이다. 반면 다윗은 "여호와여 악인의 소원을 허락하지 마시며 그의 악한 꾀를 이루지 못하게 하소서 그들이 스스로 높일까 하나이다"라고 기도한다(시 140:8). 우리가 어떤 좋은 기회를 얻었다고 하여 그것이 우리의 불의한 계획을 정당화시켜 준다거나 혹은 승리를 보장해 주는 것으로 생각해서는 결코 안 된다.

2. 사울이 얼마나 하나님의 이스라엘을 욕되게 하고 있는지. 그는 이스라엘로 하여금 다윗을 대적하게 함으로써 그들을 '자신의 악의를 수행하는 종'으로 만들어 버렸다. 사울은 모든 백성으로 하여금 그일라로 집결하도록 명령했고, 그들은 전속력으로 그 곳으로 행군해 가야만 하였다. 그는 블레셋 사람들과 싸우러 가는 것처럼 꾸몄지만, 실상은 다윗과 그의 사람들을 포위하기 위한 것이었다. 왜냐하면 사울이 다윗에 대해 은밀하게 해하려 했다고 언급되어 있기 때문이다(9절). 폭군 아래 있는 백성들은 얼마나 불쌍한가! 어떤 사람들은 그의 폭정에 의해 고통을 받고, 또 어떤 사람들은 (이것은 더 나쁜 일이다) 그러한 폭정의 종과 도구가 되기 때문이다.

II. 다윗이 하나님과 의논함. 다윗은 자신에게 전해진 정보에 의해 사울이 자신을 죽이려고 음모를 꾸미고 있다는 사실을 알게 되었다(9절). 그리하여 그는 어떻게 해야 할지를 알기 위해 자신의 위대한 보호자에게 물었다. 에봇이 자신에게 오자마자 그는 그것을 사용한다: 에봇을 이리로 가져오라. 우리의 손에는 살아 있는 신탁(神託)인 성경이 있다. 어떻게 해야 좋을지 알 수 없을 때 성경으로부터 조언을 구하자. "성경을 이리로 가져오라."

1. 하나님께 대한 다윗의 말은,

(1) 매우 엄숙하고 공손했다. 그는 두 번에 걸쳐 하나님을 '이스라엘의 하나님 여호와'라고 부르면서, 세 번에 걸쳐 자신을 '주의 종'(thy servant)이라고 부른다(10, 11절). 하나님께 말하는 자들은 하나님과 자신들 사이의 간격이 얼마나 먼 것인가 하는 것을 알아야만 하며, 또한 지금 자신들의 말을 듣고 계시는 분이 누구인가 하는 것을 분명히 알아야만 한다.

(2) 매우 구체적이고 명확했다. 그는 이렇게 아뢴다(10절). "주의 종이 소식을 전하는 자로부터 분명히 들었나이다(그는 헛된 풍문에 근거해서 에봇에 묻

고자 하지 않았다). 사울이 그일라에 대해 음모를 꾸미고 있는데, 그것은 나 때문에 (전에 놉을 멸망시켰던 것처럼) 그일라를 멸망시키는(그는 '나를 멸망시키는'이라고 말하지 않았다) 것이나이다." 다윗은 자신의 안전을 바라는 것보다도 그들의 안전을 더 바라는 것처럼 보인다. 그는 자신이 그들 가운데 있음으로 인해 그들에게 어떤 고통이 닥치느니 차라리 스스로를 다른 곳으로 노출시킬 것이었다. 넓은 마음을 가진 사람들은 대체로 이와 같이 생각한다. 지금의 상황에서 어떻게 될 것인지를 묻는 그의 질문은 매우 구체적이었다. 하나님은 우리 역시도 그렇게 하기를 원하신다: "여호와여 이 일에 나를 인도하소서. 내가 지금 어찌 할 바를 알지 못하나이다." 다윗은 질문의 순서를 바꾸었지만, 하나님은 제대로 된 순서로 대답해 주셨다. 첫 번째 질문은 마땅히 "주의 종이 들은 대로 사울이 내려오겠나이까?" 하는 것이어야 했다. 그에 대한 신탁의 대답은 "그렇다. 그가 내려올 것이다. 그는 그렇게 하기로 이미 결심했으며, 준비하고 있고, 그렇게 할 것이다. 네가 성읍을 떠났다는 소식을 듣지 않는 한 그는 반드시 올 것이다"였다. 그리고 두 번째 질문은 다음과 같은 것이었다. "좋습니다. 그러나 만일 사울이 내려온다면 그일라 사람들은 나와 함께 사울에 대항하여 성을 지킬 것입니까 아니면 성문을 열고 나를 그의 손에 넘겨주겠습니까?" 만일 다윗이 그일라 사람들에게 이와 같이 물었다면, 그들은 답변을 할 수 없었을 것이다. 왜냐하면 자신들의 마음조차 스스로 알지 못할 뿐만 아니라, 또 실제로 그와 같은 상황이 닥칠 때 어떻게 행동하게 될 것인지 자신들도 알지 못했기 때문이다. 어쩌면 다윗을 보호해 주겠다고 말하고 나서는 나중에 배반하게 되는지도 모른다. 그러나 하나님은 다윗에게 분명하고 확실하게 말씀해 주실 수 있었다. "사울이 성읍을 포위하고 너를 넘겨줄 것을 요구할 때, 설령 지금은 너를 마치 구원자처럼 생각하며 호의를 보이고 있다 할지라도 사울의 폭압에 저항하기보다는 결국 너를 넘겨주고 말 것이다." 다음을 주목하라.

[1] 하나님은 모든 인간을 아시되, 자기가 자기를 아는 것보다 더 잘 아신다. 하나님은 인간의 키와 힘과 그 안에 있는 것과 특정한 상황에서 어떻게 행동할 것인가를 아신다.

[2] 그러므로 하나님은 어떤 일이 일어날 것인가 하는 것뿐만 아니라 그 일을 막지 않으면 어떻게 될 것인가 하는 것까지 아신다. 따라서 하나님은 경건한

백성들을 시험에서 건지는 방법을 아시며, 또한 모든 사람들에게 그들이 일한 바에 따라 갚으시는 방법을 아신다.

2. 이렇게 하여 자신의 위험을 인식하게 된 다윗은 그일라를 떠났다(13절). 이제 다윗을 따르는 자가 600명에 이르게 되었다. 다윗은 이들과 함께 떠났는데, 어디로 가야할지 알지 못했지만 하나님의 보호하심을 믿으면서 그분의 섭리를 따르기로 작정했다. 이렇게 하여 사울의 계획은 물거품이 되고 말았다. 그는 하나님이 다윗을 자신의 손에 넘겨주셨다고 생각했지만, 실상 하나님은 다윗을 마치 사냥꾼의 올무에서 벗어난 새처럼 그의 손으로부터 건져 내셨다. 다윗이 그일라를 떠난 사실을 들었을 때, 사울은 애초에 계획한 것처럼(8절) 대규모 군대와 함께 그 곳으로 가려던 계획을 포기하고 급작스럽게 계획을 바꾸어 자신의 호위병들만 거느린 채 계속해서 다윗을 쫓기로 결심했다.

[14]다윗이 광야의 요새에도 있었고 또 십 광야 산골에도 머물렀으므로 사울이 매일 찾되 하나님이 그를 그의 손에 넘기지 아니하시니라 [15]다윗이 사울이 자기의 생명을 빼앗으려고 나온 것을 보았으므로 그가 십 광야 수풀에 있었더니 [16]사울의 아들 요나단이 일어나 수풀에 들어가서 다윗에게 이르러 그에게 하나님을 힘 있게 의지하게 하였는데 [17]곧 요나단이 그에게 이르기를 두려워하지 말라 내 아버지 사울의 손이 네게 미치지 못할 것이요 너는 이스라엘 왕이 되고 나는 네 다음이 될 것을 내 아버지 사울도 안다 하니라 [18]두 사람이 여호와 앞에서 언약하고 다윗은 수풀에 머물고 요나단은 자기 집으로 돌아가니라

I. 다윗의 피신. 다윗은 광야에도 있었고, 산골에도 머물렀으며(14절), 수풀에도 있었다(15절).

1. 여기에서 다윗의 칭찬받을 만한 점을 찾아보자. 우리는 그에게서 뛰어난 덕과 겸손과 겸양과 왕에 대한 충성심과 하나님의 섭리를 꾸준히 따르는 점 등을 발견할 수 있다. 그는 사울과 싸우기 위해 병력을 끌어 모으지 않았으며, 그와 더불어 들에서 전투를 벌이지 않았으며, 어떤 계략을 사용하여 그를 덮치지도 않았으며, 자신의 억울한 누명과 여호와의 제사장들의 참혹한 죽음에 대해 복수하지도 않았으며, 자신의 고난과 (그의 폭정으로 인한) 나라의 재앙에 종지부를 찍기 위해 그와 더불어 맞싸우지도 않았다. 그는 그러한 시도조차 전혀

하지 않았다. 그는 하나님의 방법을 따르며 하나님의 때를 기다렸다. 비록 다른 사람들로부터 용기 없는 자라는 비난을 받는다 할지라도, 광야와 수풀에 숨어 스스로의 목숨을 지키는 것으로 만족할 뿐이었다.

2. 또한 우리는 다윗의 가혹한 운명으로 인해 애통하는 마음을 갖지 않을 수 없다. 정직한 자가 이와 같이 고통을 당하며, 존귀한 자가 이와 같이 수치를 당하며, 많은 공로를 세운 자가 이와 같이 악으로 보답을 받으며, 하나님과 나라를 위해 일하기를 기뻐하는 자가 이와 같이 쫓겨남을 당하여 오지를 떠도는 것을 볼 때 어찌 애통하는 마음을 갖지 않을 수 있겠는가? 이에 대해 우리는 어떻게 말해야 할까? 가장 선한 자가 이와 같이 가장 악한 대접을 받을 때, 그것을 이 세상의 악함 때문이라고 생각하자. 신적 섭리가 그렇게 허용했노라고 받아들이자. 다윗이 바로 그러했다. 그러므로 이를 통해 선이 영광을 받으며, 거룩함이 존귀함을 얻으며, 의가 말(됫박) 아래 감추어지지 않고 태양처럼 빛나는 그 나라를 더욱 사모하자.

II. 사울의 집요한 추격. 사울은 다윗을 마치 철천지 원수처럼 미워했다. 그는 매일 다윗을 찾았는데, 그의 악독은 그처럼 쉼이 없었다(14절). 또 그는 오로지 다윗의 목숨을 찾았는데, 그의 악독은 그처럼 잔혹했다(15절). 육체를 따라 난 자가 성령을 따라 난 자를 박해하는(갈 4:29) 것은 예전에도 그랬고, 지금도 그러하며, 앞으로도 그럴 것이다.

III. 하나님이 다윗을 지키심. 하나님은 다윗의 강력한 보호자로서 그를 사울의 손에 넘겨주지 않으셨다(그의 희망과는 달리, 7절). 만일 하나님이 다윗을 사울의 손에 넘겨주지 않는다면, 사울은 결코 다윗을 해할 수 없을 것이었다(요 19:11, 예수께서 대답하시되 위에서 주지 아니하셨더라면 나를 해할 권한이 없었으리니).

IV. 요나단이 다윗을 위로함. 그는 다윗의 신실하며 변함없는 친구였다. 참된 친구는 서로 만날 방법을 찾아낼 것이다. 아마도 다윗이 만남을 위한 시간과 장소를 지정하고 그에 요나단이 따른 것으로 보인다. 비록 아버지의 진노를 불러일으킨다 할지라도 그리고 만일 발각되면 죽임을 당할 수도 있었음에도 불구하고, 요나단은 기꺼이 다윗을 만났다. 참된 우정은 위험 때문에 움츠리지 않고 기꺼이 위험을 감수할 것이다. 또한 스스로 낮아지는 것을 두려워하지 않고 기꺼이 낮아지며, 친구를 위해 기꺼이 왕궁을 수풀로 바꿀 것이다. 요나단을 보는 것만으로도 다윗은 다시 힘을 얻을 수 있었다. 그러나 그것 외에도 요 나단은 다윗에게 큰 격려의 말을 해 주었다.

1. 경건한 친구로서 요나단은 다윗을 믿음의 기초이며 위로의 근원이신 하 나님께로 이끌었다: 그에게 하나님을 힘 있게 의지하게 하였는데. 다윗은 강한 믿 음을 가진 자였다. 그럼에도 불구하고 자신의 믿음에 부족한 부분을 온전케 하 기 위해서는 친구의 도움이 꼭 필요하였다. 그리고 여기에서 요나단은 하나님 의 약속과 그가 받은 거룩한 기름 부음과 하나님의 함께하심과 하나님의 선하 심에 대한 수많은 경험들을 일깨워 줌으로써 다윗을 격려하며 도움을 베풀어 주었다. 이와 같이 요나단은 피조물 안에서가 아니라 하나님 안에서 다윗의 마 음을 격려해 줌으로써 그의 손을 굳세게 해 주었다. 요나단에게는 다윗을 굳세 게 해 줄 수 있는 것이 아무것도 없었다. 그러나 그는 하나님은 그렇게 하실 수 있다는 사실을 확신했다.

2. 자기를 부인하는 친구로서 요나단은 다윗이 왕의 보좌에 오르는 것을 내 다보며 기뻐했다(17절). 사실 그것은 그 자신의 몫이었음에도 불구하고 그는 그렇게 했다. "너는 살아서 왕이 될 것이다. 그리고 나는 네 다음이 될 것이며, 결코 너의 경쟁자가 되지 않을 것이다." 요나단의 이러한 넓은 아량은 다윗에 게 큰 만족이 되었으며, 그의 길을 더 분명하게 해 주었다. 요나단은 사울도 이 사실을 잘 알고 있다고 말한다. 그는 사울이 때때로 그렇게 말하는 것을 들었 던 것이다. 우리는 이를 통해 그가 얼마나 악한 사람이며(하나님이 사랑하는 자를 핍박하므로) 또한 어리석은 사람인가(하나님이 결정하셨고 또 반드시 그 렇게 될 일을 막으려고 하므로) 하는 것을 보게 된다. 하나님이 계획하시고 이 루어 가시는 것을 그가 어떻게 막을 수 있겠는가?

3. 변함없는 친구로서 요나단은 다윗과 더불어 우정의 맹약을 새롭게 했다. 그들은 지금 여호와 앞에서(즉 하나님을 증인으로 세우고) 세 번째로 언약을 맺고 있다(18절). 참된 사랑은 굳은 우정의 약속을 주고받으며 반복적으로 맹 세하기를 기뻐한다. 우리와 하나님 사이의 언약 역시도 종종 새롭게 되어야 하 며, 그럼으로써 하나님과의 교제가 계속 유지되게 될 것이다. 다윗과 요나단은 잠깐의 만남을 뒤로 하고 헤어지게 되는데, 이제 그들은 이 세상에서는 다시는 만나지 못하게 된다. 그러므로 요나단이 "나는 네 다음이 될 것이라"고 말한 것 은 '예상'(expect)이 아니라 '바람'(wish)을 말한 것이었다.

[19]그 때에 십 사람들이 기브아에 이르러 사울에게 나아와 이르되 다윗이 우리와 함께 광야 남쪽 하길라 산 수풀 요새에 숨지 아니하였나이까 [20]그러하온즉 왕은 내려오시기를 원하시는 대로 내려오소서 그를 왕의 손에 넘길 것이 우리의 의무니이다 하니 [21]사울이 이르되 너희가 나를 긍휼히 여겼으니 여호와께 복 받기를 원하노라 [22]어떤 사람이 내게 말하기를 그는 심히 지혜롭게 행동한다 하나니 너희는 가서 더 자세히 살펴서 그가 어디에 숨었으며 누가 거기서 그를 보았는지 알아보고 [23]그가 숨어 있는 모든 곳을 정탐하고 실상을 내게 보고하라 내가 너희와 함께 가리니 그가 이 땅에 있으면 유다 몇 천 명 중에서라도 그를 찾아내리라 하더라 [24]그들이 일어나 사울보다 먼저 십으로 가니라 다윗과 그의 사람들이 광야 남쪽 마온 광야 아라바에 있더니 [25]사울과 그의 사람들이 찾으러 온 것을 어떤 사람이 다윗에게 아뢰매 이에 다윗이 바위로 내려가 마온 황무지에 있더니 사울이 듣고 마온 황무지로 다윗을 따라가서는 [26]사울이 산 이쪽으로 가매 다윗과 그의 사람들은 산 저쪽으로 가며 다윗이 사울을 두려워하여 급히 피하려 하였으니 이는 사울과 그의 사람들이 다윗과 그의 사람들을 에워싸고 잡으려 함이었더라 [27]전령이 사울에게 와서 이르되 급히 오소서 블레셋 사람들이 땅을 침노하나이다 [28]이에 사울이 다윗 뒤쫓기를 그치고 돌아와 블레셋 사람들을 치러 갔으므로 그 곳을 셀라하마느곳이라 칭하니라 [29]다윗이 거기서 올라가서 엔게디 요새에 머무니라

1. 십 사람들이 다윗을 배신하고 사울에게 그를 넘겨줄 것을 제안함(19, 20절). 다윗은 십 광야에 은신해 있었는데(14, 15절), 그것은 그 지역 사람들이 자신과 같은 지파 사람들이었으므로 그들을 더욱 신뢰했기 때문이었다. 그들은 자신들의 지파의 자랑인 다윗과 함께 하는 기회를 갖게 된 것으로 인해 기뻐할 만한 충분한 이유를 가지고 있었다. 그는 자신들의 지역을 조금도 약탈하지 않았으며, 군대를 거느리고 다니면서 지역 주민을 괴롭히는 일 따위는 추호도 하지 않았다. 도리어 항상 주민들을 보호할 준비가 되어 있었으며, 또 필요하다면 언제든지 그들에게 도움을 베풀어 줄 것이었다. 그러나 사울의 환심을 사기 위해 그들은 그에게로 가서 다윗이 은신하고 있는 곳을 상세히 알려 주었을 뿐만 아니라(19절), 그로 하여금 군사들을 데리고 올 것을 청하면서 다윗을 그의 손에 넘겨줄 것을 약속했다(20절). 그들을 조사하고 위협하기 위해 사울이 사람을 보낸 것도 아니었다. 단지 자기들의 생각에 따라 그리고 어떤 상을

요구함도 없이(유다가 그랬던 것과는 달리 ─ 너희가 내게 무엇을 주려느냐?), 그들은 피에 목마른 사울에게 다윗을 넘겨 주겠다고 제안했다.

2. 사울이 그들의 제안을 고맙게 받아들임. 사울은 마침내 십 광야에서 다윗을 잡을 수 있게 되었다고 생각했다. 사울은 그들에게 자신의 기쁜 마음을 이렇게 표현한다(21절): 너희가 나를 긍휼히 여겼으니 여호와께 복 받기를 원하노라(그의 입술은 하나님께 가까이 있었지만 그의 마음은 하나님으로부터 너무나 멀리 떨어져 있었다). 그는 스스로를 불쌍한 사람이요 마땅히 동정을 받을 만한 사람이라고 생각한다. 그러나 그를 그렇게 만든 것은 바로 그 자신의 시기심과 악한 성품이었다. 그것만 아니었다면 그는 평안 가운데 누구의 동정도 받을 필요가 없는 삶을 누렸을 것이다. 동시에 그는 주위에 있는 사람들이 자신에게 거의 관심을 기울여 주지 않는 것에 대해 에둘러 불만을 표하고 있는 것으로 보인다. "아무도 나를 긍휼히 여기지 않건만, 너희는 나를 긍휼히 여겼도다." 사울은 그들에게 다윗이 주로 어디에 나타나는지 좀 더 세밀하게 알아볼 것을 지시한다(22절). 그는 말한다. "왜냐하면 내가 듣건대 그는 매우 교묘하게 움직인다고 하기 때문이니라." 실상 다윗이 교묘하게 움직이는 것은 스스로의 안전을 지키기 위한 것이었음에도 불구하고, 사울은 마치 다윗이 악행을 행하기 위해 교묘하게 움직이는 것처럼 말한다. 사울이 즉시로 그들과 함께 내려가지 않고 확실하게 다윗을 잡기 위해 그들로 하여금 좀 더 세밀하게 알아볼 것을 지시하면서 시간을 끈 것은 참으로 이상한 일이었다. 어쨌든 그렇게 하여 다윗은 자신의 목숨을 지키기 위해 도망칠 수 있는 시간적 여유를 갖게 되었다. 그러나 십 사람들은 다윗이 다닐 만한 모든 장소에 정탐꾼을 배치했고, 따라서 다윗이 그 땅에 있기만 한다면 사울은 언제든지 달려와서 그를 붙잡을 수 있었다(23절). 이제 사울은 자신의 먹잇감을 확실하게 붙잡았다고 생각하면서, 그 먹잇감을 게걸스럽게 먹는 것을 상상하면서 즐거워하였다.

3. 다윗이 급박한 위험 속에 빠짐. 십 사람들이 자신을 배신했다는 사실을 알게 된 다윗은 하길라 산을 떠나 마온 황무지로 피하였다(24절). 다윗이 시편 54편을 기록한 것은 표제에 나타나 있는 것처럼 바로 이 때였는데, 여기에서 다윗은 십 사람들을 '낯선 자'(strangers)라고 부른다. 이스라엘 백성이었음에도 불구하고 그들을 그렇게 부른 것은 그들이 자신을 너무나 야만적으로 대했기 때문이었다. 그러나 다윗은 스스로를 하나님의 보호 아래 놓는다. "보라 하

나님은 나를 돕는 이시니 모든 일이 잘 될 것이라." 사울은 다윗이 마온 황무지로 갔다는 정보를 받고는 즉시로 뒤쫓았다(25절). 그럼으로써 사울은 다윗과 산 하나만을 사이에 둘 정도로 가깝게 접근하게 되었다(26절). 다윗과 그의 사람들은 도망치는 가운데 산 이쪽에 있고, 사울과 그의 사람들은 뒤쫓는 가운데 산 저쪽에 있었다. 다윗은 두려움 가운데 있었고, 사울은 희망 가운데 있었다. 그러나 그 산은, 마치 이스라엘 백성과 애굽 군대 사이에 있었던 구름기둥처럼, 일종의 하나님의 섭리의 상징이었다. 그 산은 다윗에게는 '숨겨주는 것'이 되었고 사울에게는 '가로막는 것'이 되었다. 지금 다윗은 마치 한 마리의 새처럼 그의 산으로 도망치면서(시 11:1), 큰 바위의 그늘과 같은 하나님께로 숨을 곳을 찾았다. 사울은 많은 병력으로 다윗과 그의 사람들을 포위하려고 했지만, 그 산의 험준함으로 인해 실패하고 말았다. 이를 기념하기 위해 그 장소에 '셀라하마느곳' 즉 '나눔의 바위'라는 새 이름이 주어지게 되었는데, 그것은 그것이 사울과 다윗을 나누었기 때문이었다.

　4. 다윗이 이런 위험으로부터 구원을 받음. 사울이 다윗을 거의 잡으려는 순간, 하나님의 섭리가 그를 다른 곳으로 옮겨 놓았다. 블레셋 사람들이 땅을 침노했다는 소식이 전해진 것이다(27절). 어쩌면 침노자들에 의해 빼앗긴 혹은 적어도 짓밟힌 지역은 사울 자신의 땅이 포함된 지역이었을는지 모른다. 왜냐하면 본 장 앞 부분에 기록된 것처럼 그일라 사람들의 고통과 다윗이 그들을 구원해 준 것에 대해서는 별로 주의를 기울이지 않던 사울이 이번의 경우에는 다윗을 쫓던 것을 중단하면서까지 블레셋 사람들과 싸우러 갔기 때문이다. 이러한 사실로부터 우리는 이번의 경우는 그 자신의 땅이 직접적으로 결부된 것이 아닌지 의심하게 된다. 여하간 사울은 블레셋 사람들과 싸우러 가야 할 필요성을 느꼈으며(28절), 이렇게 하여 다윗은 멸망당하기 직전에 구원을 받게 되었다. 결국 사울은 자신의 먹잇감을 놓치게 되었으며, 하나님은 다윗의 놀라운 보호자로서 영광을 받으셨다. 블레셋 사람들이 땅을 침노했을 때, 거기에 다윗을 도와주려는 의도는 추호도 없었다. 그러나 모든 일을 주관하시며 때를 정하시는 하나님의 섭리가 그 일로 하여금 다윗에게 큰 도움이 되도록 만드셨다. 자신의 백성을 보호하기 위한 수단과 방법에 있어 하나님은 무궁무진한 지혜를 갖고 계신다. 이 사울이 길을 돌이킨 것처럼, 또 한 사람의 사울도 주의 제자들에 대하여 위협과 살기가 등등하여 가다가 길을 돌이켰다(행 9:1).

5. 다윗이 엔게디 황무지에서 발견한 천연요새에 은거지를 정함(29절). 라이트푸트 박사는 다윗이 시편 63편을 기록한 유대 광야가 바로 이 곳이었을 것으로 생각한다. 우리는 그 시편에서 다른 어떤 시편에서보다도 더 큰 믿음과 경건의 감정이 숨쉬고 있는 것을 보게 되는데, 그것은 다윗이 바로 그 황무지에서 하나님과 깊은 교제를 계속해서 나누었기 때문일 것이다.

제
— 24 —
장

개요

　　지금까지 우리는 다윗을 죽이려고 계속해서 쫓아다녔지만 (수치스럽게도) 결코 그렇게 할 수 없었던 사울의 모습을 살펴보았다. 이제 본 장에서 우리는 사울을 죽일 수 있는 절호의 기회를 얻었지만 (영예롭게도) 그 기회를 사용하지 않은 다윗의 모습을 보게 될 것이다. 다윗의 목숨이 보존된 것이 하나님의 섭리로 말미암은 것이었던 것처럼, 지금 그가 사울의 목숨을 아낀 것은 그 안에서 역사하신 하나님의 은혜로 말미암은 것이었다. 본 장의 내용은 다음과 같다. I. 사울이 계속해서 다윗을 죽이려고 쫓아다님(1, 2절). II. 다윗이 사울을 죽이지 않고 다만 그의 겉옷자락만을 벰(3-8절). III. 이를 통해 다윗이 자신의 순전함을 호소함(9-15절). IV. 이로 인해 사울이 잠깐 동안 선한 마음을 갖게 됨(16-22절).

¹사울이 블레셋 사람을 쫓다가 돌아오매 어떤 사람이 그에게 말하여 이르되 보소서 다윗이 엔게디 광야에 있더이다 하니 ²사울이 온 이스라엘에서 택한 사람 삼천 명을 거느리고 다윗과 그의 사람들을 찾으러 들염소 바위로 갈새 ³길 가 양의 우리에 이른즉 굴이 있는지라 사울이 뒤를 보러 들어가니라 다윗과 그의 사람들이 그 굴 깊은 곳에 있더니 ⁴다윗의 사람들이 이르되 보소서 여호와께서 당신에게 이르시기를 내가 원수를 네 손에 넘기리니 네 생각에 좋은 대로 그에게 행하라 하시더니 이것이 그 날이니이다 하니 다윗이 일어나서 사울의 겉옷 자락을 가만히 베니라 ⁵그리 한 후에 사울의 옷자락 벰으로 말미암아 다윗의 마음이 찔려 ⁶자기 사람들에게 이르되 내가 손을 들어 여호와의 기름 부음을 받은 내 주를 치는 것은 여호와께서 금하시는 것이니 그는 여호와의 기름 부음을 받은 자가 됨이니라 하고 ⁷다윗이 이 말로 자기 사람들을 금하여 사울을 해하지 못하게 하니라 사울이 일어나 굴에서 나가 자기 길을 가니라 ⁸그 후에 다윗도 일어나 굴에서 나가 사울의 뒤에서 외쳐 이르되 내 주 왕이여 하매 사울이 돌아보는지라 다윗이 땅에 엎드려 절하고

I. 사울이 다시 다윗을 쫓음(1, 2절). 블레셋 사람들을 쫓는 일을 성공적으로 마치고 돌아오자마자, 사울은 마치 이 모든 가증한 일을 행하기 위해 구원을 받은 자처럼(렘 7:10) 계속해서 다윗을 쫓기로 결심한다. 블레셋 사람들의 빈번한 습격으로 인해 마땅히 사울은 다윗을 다시금 불러들여 군대에서의 지위를 회복시켜 줄 필요를 느꼈어야 했다. 그러나 그렇게 하기는 고사하고 그는 다윗을 전보다 더 미워하며 죽이려고 하였다. 그러는 가운데 다윗이 엔게디 광야에 있다는 소식을 듣고, 그는 택한 사람 3,000명을 데리고 다윗을 잡으러 들염소 바위로 갔다. 이런 곳에 있는 사람을 굳이 잡아 죽이려고 그렇게까지 안달할 필요가 무엇이겠는가? 이런 곳에 숨어 있는 자가 왕에게 무슨 해를 끼칠 수 있겠는가? 그러나 사울은 다윗이 그런 곳에 갇혀 있는 것만으로는 결코 만족할 수 없었다. 다윗이 살아 있는 한 사울은 결코 안심할 수 없었다.

II. 하나님의 섭리가 사울의 발걸음을 다윗과 그의 사람들이 숨어 있는 굴 속으로 인도함(3절). 유대 광야에는 거대한 바위나 산의 중턱에 큰 굴들이 많이 있었는데, 그것들은 원래는 천연적인 굴이었지만 사람들이 양들로 하여금 한낮의 뜨거움을 피하도록 하기 위해 인공적으로 크게 만든 것들이었다. 우리는 아가에서 정오에 양을 쉬게 하는 장소와 관련한 말씀을 읽을 수 있는데(1:7), 아마도 이러한 굴을 지칭하는 것일 것이다. 그리고 이러한 굴은 양의 우리로 일컬어진 것으로 보인다. 그러한 굴들 가운데 한 곳에 다윗과 그의 사람들이 있었다. 아마도 그를 따랐던 600명 전체가 다 그 곳에 있지는 않았을 것이다. 특별한 동료 몇 사람만 다윗과 함께 그 곳에 있었고, 나머지는 다른 장소에 있었을 것이다. 사울은 지나가다가 몸을 돌이켜 혼자 그 굴로 들어갔는데, 다윗을 찾기 위해 그렇게 한 것이 아니라 발을 가리우기 위해(cover his feet, KJV) 즉 잠시 잠을 자기 위해 그렇게 한 것이었다. 아마도 그것은 그 곳이 서늘하고 조용한 장소로서 한낮의 열기를 피할 수 있는 곳이었기 때문일 것이다(한글개역개정판에는 '뒤를 보기 위해' 라고 되어 있음). 아마도 그는 자신의 병사들에게 계속해서 행군하라고 명령하면서, 몇 명의 부하에게만 굴 입구에서 대기하도록 지시했을 것이다. 어떤 이들은 발을 가리우는 것을 용변을 보는 것으로 이해하여, 사울이 그 굴에 들어간 것은 용변을 보기 위한 것이었을 것이라고 생각한다. 그러나 전자(前者)의 해석이 좀 더 가능성이 높아 보인다.

III. 다윗의 사람들이 지금이야말로 사울을 죽일 절호의 기회라고 말하면서

그를 죽일 것을 촉구함(4절). 그들은 다윗에게 지금이야말로 그가 오랫동안 기다려왔던 바로 그 날이라고 일깨워 주었다. 즉 그가 왕으로 기름 부음을 받을 때 하나님께서 전반적으로 말씀하신 것이 이루어지는 날로서, 고난에 종지부를 찍고 보좌로 나아가는 길을 여는 날이라는 것이었다. 지금 사울의 목숨은 다윗에게 달려 있었다. 누구라도 지금의 상황에서 다윗이 사울에게 자비를 베풀 것으로 생각하지 않을 것이다. 지금 다윗이 사울에게 자비를 베풀 이유가 어디에 있겠는가? 다윗의 사람들은 말한다. "지금 그를 단 칼에 베어 버리십시오." 여기에서 우리가 다음과 같은 것에 대해 얼마나 쉽게 오해하는지 주목하라.

1. 하나님의 약속에 대하여. 하나님은 다윗에게 사울의 손으로부터 건져주실 것을 확약(確約)하셨다. 그런데 그의 사람들은 이것을 사울을 죽여도 좋다는 뜻으로 해석했다.

2. 하나님의 섭리에 대하여. 지금 사울을 죽이는 것이 다윗의 손에 있었다. 그로 말미암아 다윗의 사람들은 그를 죽이는 것이 합법적이라고 결론지었다.

IV. 다윗이 사울의 겉옷자락을 벰. 그러나 다윗은 곧바로 이 일을 행한 것을 후회한다: 그리 한 후에 사울의 옷자락 벰으로 말미암아 다윗의 마음이 찔려(5절). 이것이 사울을 실제로 해한 것이 아니었음에도 불구하고 그리고 그를 죽이는 것이 자신의 권한에 있음을 보여주는 분명한 증거가 됨에도 불구하고(11절) 그러나 그것이 왕의 위엄을 모독하는 것이었기에, 다윗은 그렇게 한 것을 후회했다. 사소해 보이는 죄로 인하여서도 마음에 찔림을 받는 것은 참으로 선한 일이다. 그것은 양심이 깨어 있다는 증거이며, 또한 우리로 하여금 더 큰 죄를 범하는 것을 막아줄 것이다.

V. 다윗이 사울을 해하지 못하도록 자신과 자신의 사람들을 설득함.

1. 다윗은 자기 자신을 스스로 설득한다(6절): 내가 이 일을 행하는 것은 여호와께서 금하시는 것이니. 죄는 우리를 소스라치게 놀라게 하는 것으로서, 우리는 죄의 유혹에 대하여 단호한 결심뿐만 아니라 거룩한 분노로써 저항해야만 한다. 지금 다윗은 사울을 자신의 원수이며 왕이 되는 길을 가로막는 유일한 사람으로서가 아니라(만일 그렇게 생각했다면 이 순간 유혹에 넘어갔을 것이다), 하나님의 기름 부음 받은 자(다시 말해서, 하나님이 평생 동안 통치자로 임명하신 자이며 그러므로 하나님의 율법으로부터 특별한 보호를 받고 있는

자)이며 자신이 충성을 바쳐야 할 자신의 주인으로 생각하고 있었다. 이것으로 부터 종과 신하는 아무리 힘든 상황에서도 자신의 주인에게 충성과 책임을 다해야 한다는 사실을 배워야 한다(벧전 2:18, 사환들아 범사에 두려워함으로 주인들에게 순종하되 선하고 관용하는 자들에게만 아니라 또한 까다로운 자들에게도 그리하라).

2. 다윗은 자신의 사람들을 설득한다: 다윗이 이 말로 자기 사람들을 금하여 사울을 해하지 못하게 하니라(7절). 다윗은 이러한 악한 일을 자신만 하지 않는 것으로 만족하지 않았다. 그는 또한 자기 사람들에게도 그렇게 하지 말도록 했다. 이와 같이 다윗은 선을 악으로 갚은 자에게 또다시 선으로 갚았다. 이렇게 함으로써 다윗은 자신을 핍박한 자들을 구원하신 예수 그리스도의 모형이 되면서 동시에 선으로 악을 이겨야 하는 모든 그리스도인들에게 좋은 모범이 되었다.

VI. 다윗이 자신의 순전함을 호소함. 다윗은 사울을 뒤따라 굴에서 나왔다. 비록 사울을 죽일 수 있는 기회는 사용하지 않았지만, 다윗은 이 기회를 활용하여 그의 적개심을 불식시키고 자신이 왕이 의심하는 그러한 사람이 결코 아니라는 사실을 납득시키고자 했다.

1. 다윗은 자신의 모습을 드러냄으로써 자신이 사울을 존귀하게 여기고 있다는 사실을 보여주었다. 다윗으로서는 자신이 무슨 말을 할지라도 사울이 자신을 보자마자 즉시로 죽일 것이라고 생각할 만한 충분한 이유가 있었다. 그럼에도 불구하고 다윗은 사울이 자신의 변론을 들을 만큼 충분히 지각 있는 사람이라고 생각했기 때문에 기꺼이 자신들 드러낼 수 있었다.

2. 다윗은 매우 공손한 태도를 보였다: 다윗이 땅에 엎드려 절하고(8절). 다윗은 마땅히 존경할 자를 존경하였다. 이것으로부터 우리는 상전(上典)에게 겸손과 공손으로 대해야 한다는 사실을 배워야 한다 — 심지어 사울처럼 우리에게 위해(危害)를 가하는 자들에게까지도.

⁹다윗이 사울에게 이르되 보소서 다윗이 왕을 해하려 한다고 하는 사람들의 말을 왕은 어찌하여 들으시나이까 ¹⁰오늘 여호와께서 굴에서 왕을 내 손에 넘기신 것을 왕이 아셨을 것이니이다 어떤 사람이 나를 권하여 왕을 죽이라 하였으나 내가 왕을 아껴 말하기를 나는 내 손을 들어 내 주를 해하지 아니하리니 그는 여호와의 기

를 부음을 받은 자이기 때문이라 하였나이다 ¹¹내 아버지여 보소서 내 손에 있는 왕의 옷자락을 보소서 내가 왕을 죽이지 아니하고 겉옷 자락만 베었은즉 내 손에 악이나 죄과가 없는 줄을 오늘 아실지니이다 왕은 내 생명을 찾아 해하려 하시나 나는 왕에게 범죄한 일이 없나이다 ¹²여호와께서는 나와 왕 사이를 판단하사 여호와께서 나를 위하여 왕에게 보복하시려니와 내 손으로는 왕을 해하지 않겠나이다 ¹³옛 속담에 말하기를 악은 악인에게서 난다 하였으니 내 손이 왕을 해하지 아니하리이다 ¹⁴이스라엘 왕이 누구를 따라 나왔으며 누구의 뒤를 쫓나이까 죽은 개나 벼룩을 쫓음이니이다 ¹⁵그런즉 여호와께서 재판장이 되어 나와 왕 사이에 심판하사 나의 사정을 살펴 억울함을 풀어 주시고 나를 왕의 손에서 건지시기를 원하나이다 하니라

우리는 여기에서 사울에게 호소하는 다윗의 열정적이며 감동적인 말을 듣게 된다. 이러한 말을 통해 다윗은 사울로 하여금 그가 자신을 핍박하면서 죽이려고 쫓아다니는 것이 너무나 그릇된 일이라는 사실을 납득시키고자 하였다.

I. 다윗은 사울을 아버지라고 부른다(11절). 그것은 그가 단지 왕으로서 나라의 아버지였을 뿐만 아니라 특별히 자신에게 장인이 되기 때문이었다. 아들은 아버지로부터 긍휼과 사랑을 기대할 수 있다. 왕에게 있어 자신의 충성된 신하가 멸망당하기를 바라는 것은 마치 아버지에게 있어 아들이 멸망당하기를 바라는 것만큼이나 기괴한 일이다.

II. 다윗은 왕이 자신에 대해 오해하고 격노한 것에 대한 책임을 신하들에게 돌린다. 다윗이 왕을 해하려 한다고 하는 사람들의 말을 왕은 어찌하여 들으시나이까(9절). 이것은 만일 왕이 어떤 잘못된 일을 행한다면 그 책임은 마땅히 왕 주변에 있는 사람들에게(그렇게 조언한 사람들에게든 혹은 그렇게 하지 말도록 조언했어야 했던 사람들에게든) 돌려져야 한다는 것으로서, 왕에 대한 공경의 표현이었다. 다윗으로서는 사울이 자신을 핍박한 것이 전적으로 그 자신의 시기심과 악의로 말미암은 것이라고 생각할 만한 충분한 근거를 가지고 있었다. 그럼에도 불구하고 그는 다른 사람들이 왕으로 하여금 다윗이 왕의 원수이며 따라서 마땅히 죽여야 한다고 믿도록 만들었다고 겸손하게 가정(假定)한다. 형제들을 참소하는 큰 참소자인 사탄은 자신의 수하(手下)들을 처처에 풀어 놓

있는데, 특별히 왕궁에까지 풀어 놓았다. 그리하여 통치자들의 귀에 하나님의 백성이 가이사의 원수이며 왕과 왕의 나라에 해로운 자들이라고 참소함으로써, 그들로 하여금 양과 염소의 가죽을 입고 환난과 학대를 받도록(히 11:37) 만들었다.

Ⅲ. 다윗은 자신의 순전함과 함께 왕에게 해를 끼칠 마음은 조금도 가지고 있지 않다는 사실을 분명하게 말한다. "내 손에 악이나 죄과가 없는 줄을 오늘 아실지니이다(11절). 나에게는 어떤 잘못도 죄도 없나이다. 만일 내 가슴에 창이 있다면 왕께서는 '왕은 내 생명을 찾아 해하려 하시나 나는 왕에게 범죄한 일이 없나이다' 라는 나의 말에 아무런 거짓도 없다는 사실을 분명히 보실 수 있을 것이니이다." 베냐민 사람 구시와 관련하여 기록한 것이 시편 7편인데(많은 사람들이 구시를 사울로 생각한다), 아마도 다윗이 그 시편을 기록한 것은 바로 이 때쯤이었을 것이다. 거기에서 다윗은 다음과 같이 하나님께 호소한다(3-5절): 여호와 내 하나님이여 내가 이런 일을 행하였거나 내 손에 죄악이 있거나 화친한 자를 악으로 갚았거나 내 대적에게서 까닭 없이 빼앗았거든 원수가 나의 영혼을 쫓아 잡아 내 생명을 땅에 짓밟게 하고 내 영광을 먼지 속에 살게 하소서.

Ⅳ. 다윗은 왕이 자신에 대해 갖고 있는 적대감이 그릇된 추측에 근거한 것임을 입증하기 위해 부인할 수 없는 증거를 제시한다. 다윗은 지금까지 왕을 해하려고 한다는 혐의를 받아왔다. 그는 말한다. "보소서 내 손에 있는 왕의 옷자락을 보소서(11절). 바로 이것이 더할 나위 없이 완전한 증거니이다. 만일 나에게 씌워진 혐의가 사실이라면 지금 내 손에 들려 있는 것은 왕의 겉옷자락이 아니라 왕의 머리일 것이니이다. 왜냐하면 마음만 먹었다면 이 겉옷자락을 베는 것만큼이나 쉽게 왕의 머리를 벨 수 있었을 것이기 때문이니이다." 이러한 증거를 확실하게 하기 위해,

1. 다윗은 하나님의 섭리가 자신에게 이와 같은 기회를 주셨음을 밝힌다. "오늘 여호와께서 왕을 내 손에 넘기셨나이다. 그리하여 많은 사람들이 나에게 왕의 목을 치는 것이야말로 하나님의 뜻이라고 말하였나이다." 사울은 약간의 유리한 상황에서도 하나님이 그를 내 손에 넘기셨도다(23:7)라고 외치면서 그와 같은 이점을 최대한 활용하려고 했던 적이 있었다. 그러나 다윗은 전혀 그렇게 하지 않았다.

2. 다윗은 자신의 수하(手下)들이 왕을 죽이라고 간절히 청하였음을 밝힌다:

어떤 사람이 나를 권하여 왕을 죽이라 하였으나. 다윗은 지금 사울이 사람들의 말에 귀를 기울인 것을 에둘러 비난하고 있다. 그는 말한다. "나 역시도 그렇게 했다면, 왕은 지금 살아 계시지 못했을 것이니이다."

3. 다윗은 자신이 그렇게 하지 않은 것은 자신의 분명한 원칙에 근거한 것임을 밝힌다. 즉 자기가 왕을 죽이지 않은 것은 왕의 부하들이 근처에 있었기 때문이 아니라(왕을 죽이면 그들이 복수할까 두려워하여), 하나님을 두려워했기 때문이었다는 것이다(왜냐하면 하나님이 그렇게 하는 것을 금하시기 때문에). "그러므로 나는 수하들에게 말하기를 '그는 여호와께서 기름 부어 세우신 자로서 나의 주인이며 또한 마땅히 내가 믿음과 충성을 바쳐야 할 자이므로 나는 그의 머리카락 하나도 건드리지 않겠노라' 하였나이다." 이와 같이 다윗은 극도의 억울함과 고통 속에서도 자신의 분명한 원칙을 결코 잊지 않았다.

V. 다윗은 자기 손으로 결코 왕에게 복수하지 않겠다는 분명한 결심을 선언한다. "여호와께서 나를 위하여 왕에게 보복하시려니와, 다시 말해서 여호와께서 나를 왕의 손으로부터 구원하시려니와, 그러므로 어떤 일이 있어도 내 손으로는 왕을 해하지 않겠나이다"(12절). 그리고 그것을 13절에서 다시 한 번 반복한다: 옛 속담에 말하기를 악은 악인에게서 난다 하였으니 내 손이 왕을 해하지 아니하리이다. 옛 사람들의 지혜는 속담을 통해 후대에게 전해진다. 우리 역시도 속담의 전승을 통해 많은 지혜들을 조상들로부터 받았는데, 우리는 그러한 속담들을 통해 많은 조언과 훈계를 받게 된다. 우리는 여기에서 다윗 시대에 있었던 속담 한 가지를 보게 된다: 악은 악인에게서 나느니라. 그 뜻은 다음과 같다.

1. (어떤 이들이 이해하는 것처럼) 자신의 죄로 인해 마침내 자신이 파멸될 것이다. 광포한 자들은 결국 자기 칼로 자기 목을 치게 될 것이다. 만일 그들에게 밧줄을 준다면 그들은 그것으로 스스로 목을 맬 것이다. 이와 같은 첫 번째 의미는 다윗이 내 손으로는 왕을 해하지 않겠나이다라고 말한 이유와 잘 부합되는 것으로 보인다.

2. 악인은 악을 행할 것이다. 사람의 행동은 그 자신의 원칙과 성향에 따라 이루어지는 법이다. 이러한 두 번째 의미 역시 전후 문맥과 잘 부합된다. 만일 다윗이 악인이었다면, 그는 왕을 죽이는 것과 같은 악한 일을 행했을 것이다. 그러나 그는 감히 그렇게 하지 않았는데, 그것은 하나님을 두려워했기 때문이었다. 혹은 다음과 같이 생각해 볼 수도 있다. 악인이 우리에게 어떤 해악을 끼

친다 할지라도(우리는 이러한 일을 이상하게 생각해서는 안 된다. 가시덤불에 누워있는 자는 가시에 찔리게 마련이다), 우리는 결코 보복을 해서는 안 된다. 욕설을 욕설로 갚아서는 안 된다. 비록 악인에게서 악이 나왔다 할지라도, 우리가 그에 대한 보복으로 악을 행해서는 안 된다. 개가 양을 보고 짖을지라도, 양은 개를 보고 짖지 않는다. 이사야 32:6-8을 보라.

VI. 다윗은 왕에게 있어 자신처럼 보잘것없는 사람을 징벌하는 것은 너무도 격에 맞지 않는 일임을 납득시키고자 애쓴다(14절). 이스라엘 왕이 누구의 뒤를 쫓나이까 죽은 개나 벼룩을 쫓음이니이다. 그의 종에 불과하며 보잘것없는 목동 출신이며 지금은 쫓겨나 도망다니는 신세이며 어떤 저항도 할 수 없고 또 하려고도 하지 않는 자와 다투는 것은 이스라엘의 위대한 왕에게 너무도 격에 맞지 않는 일이다. 그런 자와 싸워 이기는 것은 조금도 영광이 되지 못할 뿐만 아니라 도리어 사람들의 비방거리가 될 뿐이다. 만일 왕이 조금이라도 위신을 생각한다면, 그런 따위의 존재는 아예 무시해 버렸어야 할 것이다. 스스로를 죽은 개로 표현한 것처럼, 다윗은 어떤 큰 야망을 품는 것과는 너무나 거리가 멀었다. 므비보셋도 스스로를 그렇게 불렀다(삼하 9:8). 사울에게 약간의 너그러움만 있었더라도 이러한 겸손한 말을 들었을 때 마음이 움직이지 않을 수 없었을 것이다. 사자에게는 먹이를 쓰러뜨린 것으로 충분하다. 사울에게 죽은 개를 짓밟는 것이 무슨 자랑거리가 되겠는가? 또한 왕에게 고작 벼룩 한 마리 사냥하는 것이 무슨 기쁨이 되겠는가? 벼룩은 무엇인가? 우리가 그것을 찾으려고 해도 쉽게 찾아지지 않는 것이며, 또 찾았다고 해도 쉽게 잡을 수 없는 것이다. 또 잡았다고 해도 너무나 보잘것없는 것이다. 하물며 왕에게 벼룩이 뭐 그리 대단한 것인가? 독수리는 파리를 향해 돌진하지 않는다. 다윗은 사울에게 있어 자신은 고작 벼룩 한 마리에 불과한 존재로 생각한다.

VII. 다윗은 두 번에 걸쳐 의로운 재판장이신 하나님께 호소한다(12, 15절). 여호와께서 재판장이 되어 나와 왕 사이에 심판하사 나의 사정을 살펴 억울함을 풀어 주시고 나를 왕의 손에서 건지시기를 원하나이다. 하나님의 공의는 압제당하는 무죄한 자들의 피난처와 위로가 된다. 사람들이 이 땅에서 우리를 그릇되게 판단할지라도, 하나님은 마지막 큰 심판의 날에 올바로 판단하실 것이다. 다윗은 자신의 모든 사정을 하나님께 맡기면서, 그의 때를 기다리는 가운데 그 안에서 안식한다.

[16]다윗이 사울에게 이같이 말하기를 마치매 사울이 이르되 내 아들 다윗아 이것이 네 목소리냐 하고 소리를 높여 울며 [17]다윗에게 이르되 나는 너를 학대하되 너는 나를 선대하니 너는 나보다 의롭도다 [18]네가 나 선대한 것을 오늘 나타냈나니 여호와께서 나를 네 손에 넘기셨으나 네가 나를 죽이지 아니하였도다 [19]사람이 그의 원수를 만나면 그를 평안히 가게 하겠느냐 네가 오늘 내게 행한 일로 말미암아 여호와께서 네게 선으로 갚으시기를 원하노라 [20]보라 나는 네가 반드시 왕이 될 것을 알고 이스라엘 나라가 네 손에 견고히 설 것을 아노니 [21]그런즉 너는 내 후손을 끊지 아니하며 내 아버지의 집에서 내 이름을 멸하지 아니할 것을 이제 여호와의 이름으로 내게 맹세하라 하니라 [22]다윗이 사울에게 맹세하매 사울은 집으로 돌아가고 다윗과 그의 사람들은 요새로 올라가니라

I. 다윗의 말에 사울의 마음이 녹아짐.   다윗에 대해 그토록 무자비했던 것을 생각할 때, 지금 사울이 그의 말을 끝까지 참을성 있게 들은 것은 참으로 놀랄 만한 일이 아닐 수 없었다. 하나님께서 사울과 그의 사람들을 제지하셨던 것이다. 우리는 사울이 이 일로 말미암아, 특별히 자신의 생사여부가 다윗의 손에 달려 있었다는 사실을 깨달았을 때, 큰 충격을 받았을 것으로 추측할 수 있다. 만일 이 일로 인해서도 마음이 움직이지 않았다면, 그의 마음은 돌보다 더 딱딱한 것이었을 것이다.

1. 사울은 눈물을 흘렸다. 이것은 거짓으로 꾸며낸 것이 아니라 자신의 잘못을 발견했을 때 흘린 실제적인 눈물이었다. 사울은 다윗의 넓은 마음에 압도되어 말한다: 내 아들 다윗아 이것이 네 목소리냐? 또 그는 자신의 어리석음과 배은망덕을 생각하며 소리를 높여 울었다(16절). 죄로 인해 애통해하며 울면서도 그것을 진심으로 회개하지 않는 사람들이 많이 있다. 그들은 죄로 인해 쓰라린 눈물을 흘리지만, 그러나 여전히 죄를 사랑하며 그 가운데 거한다.

2. 사울은 다윗의 순전함과 자신의 잘못을 솔직하게 인정한다(17절): 나는 너를 학대하되 너는 나를 선대하니 너는 나보다 의롭도다. 하나님은 다윗에게 네 의를 빛 같이 나타내시겠다고 말씀하심으로써(시 37:6) 그로 하여금 소망 가운데 거하게 하셨는데, 지금 그 말씀을 이루어주셨다. 사울의 이와 같은 분명한 고백은 다윗의 순전함을 증명하기에는 충분했지만, 그러나 그것이 진정한 회개임을 증명하기에는 충분하지 못했다. 사울은 차라리 "너는 의롭고 나는 악하도

다"라고 말했어야 했다. 그러나 그가 인정한 최고 한도는 "너는 나보다 의롭도다"였다. 악인은 자신의 잘못을 자백함에 있어 이 정도가 고작일 것이다. 그는 자신이 다른 사람들만큼 선하지 않다고 말하며, 또 자신보다 더 선하며 의로운 사람들이 있다는 것을 인정한다. 그러나 그것이 전부이다. 지금 사울은 다윗과 관련하여 자신이 잘못했음을 인정한다(18절): 네가 나 선대한 것을 오늘 나타냈나니 여호와께서 나를 네 손에 넘기셨으나 네가 나를 죽이지 아니하였도다. 우리도 종종 다른 사람들이 우리에게 대해 악한 감정을 품고 있는 것으로 의심할 때가 있다. 나중에 그것이 잘못된 생각이었음이 밝혀질 때, 우리는 사울이 여기에서 그랬던 것처럼 속히 그러한 의심을 거두어들여야만 한다.

3. 사울은 다윗이 자신을 선대한 것에 대해 여호와께서 갚아 주실 것을 기원한다. 그는 다윗이 자신을 살려준 것은 원수지간에서는 도저히 찾아볼 수 없는 특별한 호의(好意)임을 기꺼이 인정한다. 어느 누구도 이와 같은 상황에서 그렇게 하지는 않을 것이다. 따라서 자신으로서는 이렇게 큰 호의에 대해 보답할 능력도 없거니와 또한 그렇게 할 마음이 그다지 내키는 것도 아니었으므로, 그는 자신의 빚을 하나님께 돌린다: 네가 오늘 내게 행한 일로 말미암아 여호와께서 네게 선으로 갚으시기를 원하노라(19절). 가난한 거지는 자신에게 자선을 베푸는 자에게 단지 기도밖에는 아무것도 할 수 없다. 지금 사울의 경우도 그 이상은 아니었다.

4. 사울은 다윗이 왕이 될 것을 예언한다(20절): 나는 네가 반드시 왕이 될 것을 잘 아노라. 사무엘의 예언으로 인해 사울은 전부터 이 사실을 알고 있었다. 그리고 바로 이 이유 때문에 더욱더 다윗을 핍박하는 죄와 어리석음을 범했던 것이다. 다윗이 그랬던 것처럼 사울 역시도 "내가 손을 들어 여호와의 기름 부음을 받은 자를 치는 것은 여호와께서 금하시는 것"이라고 말했어야 했다. 그러나 사울은 다윗을 보호하시는 하나님의 특별한 섭리와 그의 왕다운 덕망(원수의 목숨을 살려주는 데에서 입증된)을 보고서야 비로소 그 사실을 알게 되었다. 이제야 그는 그 사실을 알게 된 것이다. 다시 말해서, 이제 그는 이미 알고 있었던 것을 온전한 정신으로 기꺼이 인정하게 된 것이다. 이와 관련하여 하나님께서 조만간 사탄의 회당에 속한 자들로 하여금 하나님의 사랑하시는 자를 알고 시인하며 그 발 앞에 엎드려 절하게 만드실 것임을 주목하라(계 3:9, 보라 사탄의 회당 곧 자칭 유대인이라 하나 그렇지 아니하고 거짓말 하는 자들 중에서 몇을 네게

주어 그들로 와서 네 발 앞에 절하게 하고 내가 너를 사랑하는 줄을 알게 하리라). 자신이 결국 왕이 될 것이라고 하는 사울의 이와 같은 인정으로 인해 다윗은 큰 격려를 받음과 함께 그의 믿음과 소망에 큰 힘을 얻게 되었을 것이다.

5. 사울은 다윗으로 하여금 이후로 자신의 후손을 선대하며 그의 이름을 멸하지 말 것을 맹세하도록 한다(21절). 다윗 역시도 사울에게 자신을 죽이지 않겠다는 맹세를 요구할 수 있었다. 그는 그렇게 요구할 만한 충분한 이유와 근거를 가지고 있었다. 그러나 다윗은 그러한 맹세를 요구하지 않는다(만일 공의와 명예의 법이 그를 속박하지 못한다면 맹세인들 그를 속박할 수 있겠는가?). 그러나 사울은 다윗이 양심적인 사람이라는 사실을 알고 있었으므로, 그로부터 맹세를 받는다면 자신의 이름과 후손이 안전하게 될 것이라고 생각했다. 사울은 불순종으로 인해 자신의 영혼을 파멸의 길로 끌고 갔지만, 회개함으로 그러한 파멸을 막는 것에는 조금도 마음을 쓰지 않았다. 그러면서도 자신의 이름이 멸절되지 않고 후손이 끊어지지 않는 일에는 너무도 크게 마음을 쓰고 있었다. 그럼에도 불구하고 다윗은 사울에게 맹세했다(22절). 다윗으로서는 복수뿐만 아니라 신중한 고려에 의해서도 사울의 가문을 완전히 진멸시키고자 하는 유혹을 받을 수 있었다. 그러나 그는 그렇게 하고자 하지 않았다. 왜냐하면 그러한 잔인한 방법을 사용하지 않고서도 하나님께서 자신의 나라를 굳게 세워 주실 수 있으며 또 그렇게 하실 것임을 알고 있었기 때문이었다. 다윗은 나중에 이 맹세를 철저하게 준수했다. 그는 므비보셋을 돌봐 주었을 뿐만 아니라, 이스보셋을 죽인 자들을 반역자로 규정하고 처단했다. 기브온 사람들을 진멸한 죄를 속죄하기 위해 일곱 명의 사울의 후손을 목매단 것은 하나님의 지시에 의한 것으로서 다윗 자신의 자발적인 행동이 아니었으므로, 그것은 이 맹세를 깨뜨린 것이 아니었다.

Ⅱ. 사울과 다윗이 평화롭게 헤어짐.

1. 사울은 (현재로서는) 다윗을 핍박하는 것을 단념한다. 그의 마음이 납득된(convinced) 것은 사실이었지만(다윗이 결코 자신을 해하려고 하지 않는다는 사실을), 그러나 회심된(converted) 것은 결코 아니었다. 그는 다윗에 대해 시기심을 품었던 사실을 부끄럽게 여기면서, 그러나 여전히 가슴에 쓴 뿌리를 간직한 채 집으로 돌아왔다. 아마도 그는 다윗을 만났을 때 그 자리에서 죽일 마음을 갖지 않은 것을 뒤늦게 후회했을 것이다. 하나님은 핍박자의 손을 묶어

놓는 많은 방법을 알고 계신다.

2. 다윗은 계속해서 자신의 안전을 위해 옮겨 다닌다. 그는 아직까지 사울을 믿을 수 없다는 사실을 알고 있었고, 따라서 요새로 올라갔다(22절). 원수와 화해하고 곧바로 자비를 기대하는 것은 위험한 일이다. 우리는 믿는 자들이었음에도 불구하고 예수께서 자신의 몸을 의탁치 않으셨던 사람들을 알고 있다(요 2:24, 예수는 그의 몸을 그들에게 의탁하지 아니하셨으니 이는 친히 모든 사람을 아심이요). 비둘기 같이 순결한 자들은 또한 뱀 같이 지혜로워야 한다. 본래 다윗은 비둘기처럼 순결한 자이지만, 지금 이 순간에는 뱀처럼 지혜롭게 행동하고 있었다.

제
— 25 —
장

개요

우리는 여기에서 사울의 핍박으로 인한 다윗의 고난이 잠시 중단되고 다른 이야기가 전개되는 것을 보게 된다. 신적 섭리가 다윗에게 은혜를 베푸사 그로 하여금 잠깐 동안의 숨 돌릴 여유를 갖도록 했다. 그럼에도 불구하고 본 장 역시 다윗의 고난과 관련한 이야기이다. 고통스러운 일이 한 가지 지나갔다고 하여 모든 일이 다 끝난 것은 결코 아니다. 또 다른 곳에서 폭풍이 일어날 수 있는데, 여기의 다윗의 경우가 그랬다. I. 사무엘의 죽음에 관한 소식으로 인해 다윗은 슬퍼하며 탄식할 수밖에 없었다(1절). 그러나 , II. 본 장은 다윗이 나발로부터 받은 모욕을 주로 기록한다. 1. 나발이 누구이며 어떤 사람인지가 언급됨(2, 3절). 2. 다윗이 그에게 몇 가지 필요한 것을 정중하게 요청함(4-9절). 3. 나발의 모욕적인 답변(10-12절). 4. 이로 인한 다윗의 분개(13, 21-22). 5. 아비가일이 자신의 가정에 재앙이 임하는 것을 막기 위해 지혜롭게 행동함(14-20절). 6. 아비가일이 다윗을 진정시키기 위해 간곡히 호소함(23-31절). 7. 다윗이 아비가일의 호소를 호의적으로 받아들임(32-35절). 8. 나발의 죽음(36-38절). 9. 다윗이 아비가일을 아내로 맞아들임(39-44절).

¹사무엘이 죽으매 온 이스라엘 무리가 모여 그를 두고 슬피 울며 라마 그의 집에서 그를 장사한지라 다윗이 일어나 바란 광야로 내려가니라

우리는 여기에서 사무엘의 죽음과 장사(葬事)에 대한 짤막한 이야기를 보게 된다.

1. 너무도 위대한 인물이요 나라를 위해 봉사할 만한 충분한 자격을 갖춘 인물이었음에도 불구하고, 그는 생애의 말년을 은거(隱居)의 삶으로 보냈다. 그것은 그가 나이가 많고 늙어 아무 일도 할 수 없었기 때문이 아니라(이후에도 그는 선지자 학교를 이끌었다, 19:20) 이스라엘이 그를 버렸기 때문이었다. 또 한 가지 이유는 그가 말년을 조용히 보내며 기도에 전념하는 가운데 하나님과

더 깊은 교제를 나누기 원했기 때문인데, 하나님은 이러한 그의 열망을 기꺼이 받아들여주셨다.

2. 다윗의 굳건한 후원자였으므로 사울이 그토록 미워했음에도 불구하고, 그는 사울의 극심한 폭정 하에서조차 편안하게 죽었다. 그는 때때로 사울이 자신을 죽일 것을 염려하기는 했지만(16:2), 어쨌든 사울의 치하에서 편안히 눈을 감았다. 사울은 사무엘을 좋아하지는 않았다. 그러나 헤롯이 세례 요한을 두려워했던 것처럼 그는 사무엘을 두려워했다. 그것은 모든 사람들이 그를 선지자로 알고 있었기 때문이었다. 그가 사무엘을 해칠 수 없었던 것은 바로 이와 같은 이유 때문이었다.

3. 모든 이스라엘 백성이 그의 죽음을 애곡했다. 그의 죽음은 그들 모두에게 너무도 큰 손실이었다. 그의 공로가 너무나 컸기 때문에, 그의 죽음의 자리에서 모든 백성들이 이와 같이 그에게 경의를 표했다. 그가 이스라엘의 사사로서 섬겼던 모든 일들을 감안할 때, 이와 같이 그의 이름에 경의를 표하며 그를 추모하는 것은 지극히 당연한 일이었다. 만일 이렇게 하지 않았다면, 그들은 배은망덕한 자들이 되었을 것이다. 선지자의 아들들(the sons of the prophets, 선지자 학교의 학생들)은 자신들의 학교의 설립자요 지도자를 잃었다. 이제 그들 역시도 모든 면에서 약화(弱化)될 수밖에 없었는데, 그 역시도 국가적인 손실이 아닐 수 없었다. 그러나 그것이 전부는 아니었다. 사무엘은 이스라엘을 위해 쉬지 않고 기도하는 사람이었다. 그는 매일같이 이스라엘을 위해 기도했다(12:23). 그가 죽는다면, 이스라엘은 그들이 가진 가장 좋은 친구와 이별하게 되는 것이었다. 그를 잃은 손실이 더욱 쓰라렸던 것은 이 때가 바로 사울의 광포가 가장 극심했던 때이면서 동시에 다윗이 쫓겨나 있었던 때였기 때문이었다. 지금보다 더 사무엘이 필요한 때는 없었다. 그러나 그는 지금 떠났다. 이스라엘은 사무엘을 버리면서 왕을 구했던 자신들의 죄와 어리석음을 기억하면서 더욱 가슴을 치며 애곡했을 것이다. 다음을 주목하라.

(1) 충성된 사역자를 눈물 없이 장사 지낼 수 있는 자들, 그리고 자신들을 위해 기도하며 주의 길을 가르쳐 주던 자를 잃고서도 별다른 슬픔을 느끼지 않는 자들은 매우 굳은 마음을 가진 자들이다.

(2) 하나님의 섭리로 우리의 친척이나 친구가 우리로부터 떠나갈 때, 우리는 그들이 우리와 함께 있던 동안 우리가 그들에게 행했던 잘못들을 생각하며 더

욱 겸비한 마음을 가져야 한다.

4. 그들은 사무엘을 나욧에 있는 선지자 학교에 장사 지내지 않고, 라마에 있는 그의 집에(혹은 아마도 그의 집에 부속된 동산에) 장사지냈다.

5. 그리고 다윗은 바란 광야로 내려갔다. 그렇게 했던 것은 어쩌면 사무엘의 죽음을 더욱 애도하기 위한 것이었을는지 모른다. 아니면 이제까지 자신을 지지해 주었던 큰 후원자를 잃음으로 인해 자신의 위험이 전보다 더 커졌음을 인식하고 이스라엘의 경계를 벗어나 광야로 물러간 것인지도 모른다(아마도 이것이 좀 더 가능성이 높은 것으로 보인다). 그가 게달의 장막에 거한 것은 바로 지금이었다(시 120:5). 이스라엘이 애굽에서 나왔을 때, 그들은 바로 이 광야의 일부를 방랑했었다. 이 곳은 이스라엘 백성에 대한 하나님의 돌보심을 기억나게 해 주는 곳이었다. 그리고 이 곳에서 다윗은 지금 광야와 같은 자신의 처지 가운데 하나님께서 큰 위로와 격려를 베푸실 것을 기대할 수 있을 것이었다.

[2]마온에 한 사람이 있는데 그의 생업이 갈멜에 있고 심히 부하여 양이 삼천 마리요 염소가 천 마리이므로 그가 갈멜에서 그의 양 털을 깎고 있었으니 [3]그 사람의 이름은 나발이요 그의 아내의 이름은 아비가일이라 그 여자는 총명하고 용모가 아름다우나 남자는 완고하고 행실이 악하며 그는 갈렙 족속이었더라 [4]다윗이 나발이 자기 양 털을 깎는다 함을 광야에서 들은지라 [5]다윗이 이에 소년 열 명을 보내며 그 소년들에게 이르되 너희는 갈멜로 올라가 나발에게 이르러 내 이름으로 그에게 문안하고 [6]그 부하게 사는 자에게 이르기를 너는 평강하라 네 집도 평강하라 네 소유의 모든 것도 평강하라 [7]네게 양 털 깎는 자들이 있다 함을 이제 내가 들었노라 네 목자들이 우리와 함께 있었으나 우리가 그들을 해하지 아니하였고 그들이 갈멜에 있는 동안에 그들의 것을 하나도 잃지 아니하였나니 [8]네 소년들에게 물으면 그들이 네게 말하리라 그런즉 내 소년들이 네게 은혜를 얻게 하라 우리가 좋은 날에 왔은즉 네 손에 있는 대로 네 종들과 네 아들 다윗에게 주기를 원하노라 하더라 하라 [9]다윗의 소년들이 가서 다윗의 이름으로 이 모든 말을 나발에게 말하기를 마치매 [10]나발이 다윗의 사환들에게 대답하여 이르되 다윗은 누구며 이새의 아들은 누구냐 요즈음에 각기 주인에게서 억지로 떠나는 종이 많도다 [11]내가 어찌 내 떡과 물과 내 양 털 깎는 자를 위하여 잡은 고기를 가져다가 어디서 왔는지도 알지 못하는 자들

에게 주겠느냐 한지라

이제 나발의 이야기가 시작된다.

I. 그가 누구이며 어떤 사람인가에 대한 짤막한 설명(2, 3절).   만일 다윗과의 관계만 아니었다면 그는 우리가 전혀 알지 못했을 그런 사람이었다.

1. 그의 이름. 그의 이름은 나발이었는데, 그것은 어리석은 자란 뜻이었다. 그의 부모가 그와 같은 이름을 붙여줌으로써 그의 인생에 좋지 않은 징조가 되게 한 것은 참으로 이상한 일이었다. 그러나 사실은 우리 모두가 그러한 이름으로 일컬어질 만하다는 사실을 우리는 기억해야 한다. 왜냐하면 사람은 그 출생함이 마치 들나귀 새끼 같고(욥 11:12), 마음에는 미련한 것이 얽혔기(잠 22:15) 때문이다.

2. 그의 가문. 그는 갈렙 족속이었지만, 그러나 갈렙과는 전혀 다른 부류의 사람이었다. 그는 갈렙의 기업은 상속받았지만(왜냐하면 마온과 갈멜은 갈렙에게 기업으로 주어진 헤브론 인근에 있는 지역이었기 때문이었다, 수 15:54-55; 14:14), 그의 덕은 상속받지 못했다. 그는 그의 가문의 수치였으며, 따라서 갈렙 족속이라는 좋은 가문은 그에게 결코 영예로운 것이 아니었다. 타락한 자에게 좋은 가문은 도리어 그를 더욱 부끄럽게 만드는 것이 된다. 70인역과 몇몇 고대 역본들은 갈렙이란 단어를 보통명사로 읽는다. 그럼으로써 그것을 '갈렙 족속'이 아니라, 퉁명스러운 성격을 가진 사람으로서 무뚝뚝하며 도발적이며 항상 으르렁거리는 개 같은 사람으로 읽는 것이다. 그는 안드로쿠니코스(anthrokunikos), 즉 냉소주의적인 사람이었다.

3. 그의 재산. 그는 매우 큰 자, 즉 매우 부유한 자였다(왜냐하면 세상의 눈으로 볼 때 부유함은 사람을 크게 보이도록 만들기 때문이다). 그러나 올바른 시각으로 본다면 그는 정말로 보잘것없는 사람이었다. 부유함은 하나님이 나발 같은 사람에게도 종종 주시는 일반적인(혹은, 별로 특별할 것이 없는) 축복이다. 하나님은 그에게 지혜나 은혜와 같은 것은 주시지 않으셨다.

4. 그의 아내. 그의 아내는 아비가일로서, 매우 총명한 여자였다. 그녀의 이름은 아버지의 기쁨이란 뜻이다. 그러나 그녀의 아버지는 자신의 딸을 지혜보다 재물을 더 사랑하며 추구하는 남자와 결혼시킴으로써 자신의 딸로부터 많은 기쁨을 기대할 수 없었다. 많은 자녀들이 세속적인 재물의 쓰레기더미에 던

져지고 그것과 결혼하면서, 정말로 바랄 만한 것들로부터 멀어지는 것을 우리는 종종 본다. 기업을 상속받음과 함께 지혜까지 상속받는다면 얼마나 좋겠는가? 그러나 지혜는 상속받지 못하고 기업만 상속받는다면 그것이 무슨 소용이 있겠는가? 많은 아비가일이 나발에게 속박되어 있다. 그렇다면 그녀의 총명이 (비록 그것이 아무리 크다 할지라도) 어떻게 빛을 발할 수 있겠는가?

5. 그의 성품. 그에게는 명예나 혹은 성실에 관한 개념이 없었다. 그는 명예에 관해 아무것도 알지 못하는 사람이었다. 왜냐하면 그는 무뚝뚝하며 퉁명스러운 사람이었기 때문이다. 또 그는 성실에 관해서도 아무것도 알지 못하는 사람이었다. 왜냐하면 그는 모든 행사에 악하고 무정하고 포악하며, 재물을 모으기 위해서는 어떤 위계와 폭력도 개의치 않는 사람이었기 때문이다. 이것이 모든 사람을 아시는 분에 의해 주어진 나발의 성품이었다.

II. 다윗이 나발에게 약간의 양식을 요청함.

1. 다윗은 지금 사실상 나발에게 구걸을 할 정도로 곤궁한 상황에 있었던 것으로 보인다. 나발 같이 야비한 사람에게는 그토록 풍부하고 다윗 같이 덕망있는 사람에게는 이토록 부족하다면, 우리는 이 세상의 재물에 대해 도대체 무슨 가치를 부여해야 한단 말인가? 전에도 한 번 다윗은 떡을 구걸한 적이 있었다. 그러나 그 때는 대제사장 아히멜렉에게 그렇게 한 것이었다. 대제사장 앞에서는 누구라도 몸을 굽히는 것을 꺼려하지 않을 것이다. 그러나 나발 같은 사람에게 구걸하는 것은, 특별히 다윗 같은 사람으로서는 참으로 꺼려지는 일이 아닐 수 없었을 것이다. 그렇지만 하나님의 섭리가 그를 이와 같은 곤궁한 상황으로 이끌었을 때, 그는 구걸하는 것을 더 이상 부끄럽게 여기지 않았다. 시편 37장 25절을 보라(내가 어려서부터 늙기까지 의인이 버림을 당하거나 그의 자손이 걸식함을 보지 못하였도다).

2. 다윗은 적당한 때를 택하여 나발에게 소년들을 보낸다. 그 때는 양털을 깎을 때로서 나발이 많은 일꾼을 고용할 때였다. 나발은 일꾼들을 위해 풍성한 식탁을 준비할 것이며 즐거운 분위기가 가득할 것이었다. 만일 다윗이 다른 때에 소년들을 보냈다면, 나발은 아무것도 준비된 것이 없노라고 둘러댈 것이었다. 그러나 지금은 그런 핑계를 댈 수 없는 때였다. 압살롬의 경우에서도 나타난 바와 같이(삼하 13:24), 양털을 깎을 때에는 보통 잔치를 배설하는 것이 통례였다. 왜냐하면 양털은 가나안의 주산물(主産物) 가운데 하나였기 때문이다.

3. 다윗은 소년들로 하여금 나발에게 최대한 공손하게 그리고 큰 경의를 표하면서 자신의 요구사항을 전달할 것을 당부한다. "너희는 갈멜로 올라가 나발에게 이르러 내 이름으로 그에게 문안하라. 그리고 내가 너희를 보냈음을 그에게 말하고 그와 그의 가족의 안부를 물으라"(5절). 계속해서 다윗은 소년들에게 당부한다(6절): 그 사는 자에게 이렇게 말하라. 성경해석자들은 여기에 '부하게'(in prosperity)란 구절을 덧붙임으로써, 마치 나발처럼 이 세상의 풍성한 재물을 가지고 부요하게 사는 사람이 참으로 사는 것처럼 보이게 만들었다. 그러나 실상은 일락 가운데 사는 자는 살았으나 죽은 것이다(딤전 5:6). 나발을 일컬어 '그 사는 자'(the man that liveth, '그 살아 있는 자' 혹은 '그 생명을 가진 자'라고도 해석할 수 있음)라고 부른 것은 내가 보기에 지나친 찬사로 보인다. 다윗은 더 좋은 것을 알고 있었다. 즉 세상의 웃음 가운데 사는 것이 아니라 하나님의 은혜 가운데 사는 것이 참된 생명(삶)이라는 것을 그는 잘 알고 있었다. 그리고 그로부터 돌아온 퉁명스러운 답변을 감안할 때, 정말로 그것은 그와 같은 구더기에게는 너무나 격에 맞지 않는 인사였다. 그렇지만 어쨌든 다윗의 기원은 참으로 칭찬할 만한 것이었다. "너는 평강하라 네 영혼도 평강하고 육체도 평강하라 네 집도 평강하라 네 소유의 모든 것도 평강하라." 그에게 내가 그의 건강과 번성을 마음으로 빌어 주고 있음을 전해라. 다윗은 소년들에게 자신을 '당신의 아들 다윗'으로 부르도록 지시하고 있는데(8절), 이를 통해 우리는 다윗이 그의 나이와 신분을 감안하여 그를 아버지처럼 존대하면서 그로부터 아버지와 같은 넉넉한 아량을 기대했음을 알 수 있다.

4. 다윗은 나발의 목자들이 자신과 자신의 사람들로부터 큰 은혜를 입었음을 이야기한다. 호의를 베푼 자는 또한 호의를 받을 것을 기대할 수 있다. 다윗의 병사들이 나발의 목자들 가운데 있었을 때,

(1) 그들은 목자들을 해하지 않았으며, 어떤 손해도 끼치지 않았고, 분란을 일으키지도 않았으며, 어린 양 한 마리도 빼앗지 않았다. 그러나 다윗의 사람들의 상황을 감안할 때, 즉 지금 그들이 처해 있는 곤궁함과 그들이 진 빚과 억울함과 부족한 양식 등을 감안할 때, 그들이 약탈행위를 하지 않은 것은 상당히 엄격한 통제와 관리가 아니고서는 거의 생각하기 어려운 일이 아닐 수 없었다.

(2) 그들은 나발의 목자들이 다른 사람들에 의해 위해(危害)를 당하는 것을

막아주었다. 다윗은 이러한 사실을 단지 암시 정도로만 말하고 있는데, 그것은 자신의 선행을 자랑하려고 하지 않았기 때문이었다: 그들이 갈멜에 있는 동안에 그들의 것을 하나도 잃지 아니하였나니(7절). 그러나 나발의 하인들은 한 걸음 더 나아가 상세하게 이야기했다(16절): 우리가 양을 지키는 동안에 그들이 우리와 함께 있어 밤낮 우리에게 담이 되었음이라. 블레셋 사람들이 타작마당을 탈취할 때 (23:1) 그리고 양의 우리를 약탈하고자 했을 때, 다윗의 병사들이 나발의 목자들을 보호해 주었다. 이러한 약탈자들로부터 나발의 양 떼는 다윗에 의해 보호를 받았고, 따라서 다윗은 "우리로 네게 은혜를 얻게 하라"고 말하고 있는 것이다. 은혜를 베푼 자가 은혜 얻기를 기대하는 것은 지극히 당연한 일이 아니겠는가?

5. 다윗은 극히 겸손하게 은혜를 구한다. 비록 기름 부음 받은 왕이었음에도 불구하고, 그는 왕궁의 진미를 구하지 않았다. 다만 "당신의 손에 있는 대로 주면 우리는 그저 감사할 따름이라"고 말할 뿐이었다. 구걸하는 자가 이것저것 가려가면서 구걸하겠는가? 첫 번째로 섬김 받아 마땅한 자들이 지금은 남들이 먹다 남은 것으로 만족하며 감사할 것이었다. 그들은 "우리가 좋은 날에 왔은즉" 이라고 말한다. 그 날은 잔치가 벌어지는 날로서, 음식이 풍성할 뿐만 아니라 인심도 넉넉해져서 모든 사람이 다같이 즐길 만한 때였다. 다윗은 마치 빚을 갚으라고 독촉하듯이 요구하지 않았다. 또한 왕으로서 조공을 바치라든지 혹은 장군으로서 기부금을 내라는 듯이 요구하지 않았다. 다만 친구에게 온정을 베푸는 것처럼 그렇게 온정을 베풀어 달라고 요청했다. 다윗의 소년들은 양식을 잔뜩 싣고 돌아갈 것을 조금도 의심하지 않은 채, 자신들이 받은 메시지를 충실하고 훌륭하게 전달했다.

III. 다윗의 겸손한 청원에 대한 나발의 퉁명스러운 답변(10, 11절).   나발은 너무도 무례하고 악한 태도로 대답했다. 다윗은 스스로를 '그의 아들'로 칭하면서 떡과 생선을 요청했다. 그러나 나발은 떡과 생선을 주는 대신 돌과 전갈을 주었다. 그는 다윗의 요청을 거부했을 뿐만 아니라 그를 모독하기까지 했다. 만일 나발이 아히멜렉처럼 다윗에게 양식을 보냈다가 사울의 보복을 당할 것을 두려워하여 양식을 보내는 것을 꺼려했다면, 그는 정중하게 답변할 수도 있었다. 다윗이 정중하고 겸손하게 요청했던 만큼 그 역시도 정중하고 겸손하게 거절했어야 했다. 그러나 그렇게 하는 대신 그는 탐욕스러운 자가 어떤 도

움을 요청받을 때 종종 그러는 것처럼 울화통을 터뜨리며 퉁명스럽게 대답했
다. 그는 가난한 자를 모욕함으로써 그들을 구제하는 일을 스스로 피하고자 했
다. 그러나 하나님은 이와 같은 것으로 모욕을 당하지 않으실 것이다.

1. 나발은 다윗에 대해 마치 하찮은 사람을 대하는 것처럼 깔보면서 말한다.
블레셋 사람들조차 다윗에 대해 이는 그 땅의 왕 다윗이 아니니이까 무리가 춤추
며 이 사람의 일을 노래하여 이르되 사울이 죽인 자는 천천이요 다윗은 만만이로다
하지 아니하였나이까(21:11)라고 말했었다. 그러나 다윗의 가까운 이웃이요 같
은 지파 출신인 나발은 마치 다윗을 전혀 알지 못하는 양 혹은 그가 많은 공적
을 세운 사실을 전혀 알지 못하는 양 말한다: 다윗은 누구며 이새의 아들은 누구
냐? 그는 나라를 위해 그토록 많은 공적을 세운 다윗을 몰랐을 수가 없다. 다만
좁은 소견으로 인해 그에게 입은 은혜의 일부라도 갚으려는 생각을 전혀 하지
않고 있는 것뿐이었다. 그는 다윗에 대해 마치 그가 하찮고 미천하여 전혀 관
심을 가질 필요가 없는 사람인 양 깔보면서 말했다. 위대하며 많은 공적을 세
운 인물이 이와 같이 사람들에 의해 외면을 당하는 것은 흔히 있는 일이다.

2. 나발은 다윗을 마치 나쁜 사람인 양 비난한다. 요컨대 주인을 떠나 떠도
는 부랑자 따위에 불과하지 않느냐는 투였다. 그는 자선을 베풀기 싫어하는 사
람들이 흔히 사용하는 무뚝뚝하며 퉁명스러운 말을 자연스럽게 사용한다. 요
즈음에 각기 주인에게서 억지로 떠나는 종이 많도다(마치 예전에는 그런 사람들이
전혀 없었다는 듯이). 마치 다윗 자신도 그런 사람들 가운데 하나라는 듯이 그
는 말한다: "그는 자신의 주인인 사울 아래에서 자기 자리를 지켰어야 했었도
다. 그랬더라면 먹을 것을 구걸하기 위해 나에게 사람을 보낼 필요도 없었을
것 아닌가?" 다윗처럼 선하고 위대한 사람이 나발처럼 야비하고 악한 사람에
게 이와 같이 비방과 모욕을 당하는 것을 볼 때, 누구라도 피가 끓어오르는 것
을 느끼지 않을 수 없을 것이다. 그러나 어리석은 자는 어리석은 말을 하며, 악
한 자는 악한 말을 하는 법이다(사 32:5-7). 설령 어떤 사람이 스스로의 어리석
음으로 인해 궁핍에 빠지게 되었다 할지라도, 마땅히 동정을 하고 도움을 베풀
지언정 발로 짓밟고 굶어죽도록 내버려 두지는 않지 않는가? 그러나 다윗이 이
렇게 곤궁한 상태에 빠지게 된 것은 그 자신의 잘못이나 경솔함 때문이 아니
라, 순전히 나라를 위해 힘쓴 것과 하나님이 그에게 기름을 부어 존귀케 하신
것 때문이었다. 그럼에도 불구하고 그는 이와 같이 도망자요 부랑자로 취급받

고 있다. 우리는 이로부터 우리에 대한 비난과 비방에 대해 인내와 즐거움으로 참고 견디면서 그 가운데에서도 평강을 누리는 법을 배워야 한다. 그러한 비난과 비방은 종종 이 땅의 가장 위대한 사람들의 것이기도 했다. 가장 위대하고 훌륭한 사람들이었음에도 불구하고 만물의 찌꺼기처럼 취급되었던 사람들도 많이 있었다(고전 4:13).

3. 나발은 식탁에 놓인 음식에 대한 소유권을 지나치리만치 내세우면서, 어느 누구를 막론하고 자신들과 함께 음식을 나누는 것을 결코 허용하지 않겠다는 듯이 행동한다. 그는 모든 음식이 자신의 것임을 자랑하면서 "이것은 내 떡이며 내 고기이며 내 물로서, 양털 깎는 자들을 위해 준비한 것이로다"라고 말한다. 누가 그 사실을 부인했는가? 누가 그의 권리를 반박했는가? 그러나 나발은 그로 인해 자신의 것을 움켜쥐고 다윗에게 아무것도 주지 않는 것이 정당화될 것으로 생각한다. 내 것을 가지고 내 마음대로 할 수 없단 말인가? 그러나 만일 우리가 우리의 소유에 대한 절대적인 주인이며 따라서 우리 마음대로 할 수 있다고 생각한다면, 그것은 잘못된 생각이다. 결코 그렇지 않다. 우리는 다만 청지기일 따름이다. 우리는 그것이 우리의 것이 아니라 그분의 것으로서 우리에게 맡겨진 것이라는 사실을 기억하고, 그에 합당하게 사용해야 한다. 재물은 '타 알로트리아' 즉 '남의 것'이다(눅 16:12, 너희가 만일 남의 것에 충성하지 아니하면 누가 너희의 것을 너희에게 주겠느냐). 그것은 '다른 자의 것'이다. 그러므로 우리는 그것이 우리의 것이라고 너무 많이 말해서는 안 된다.

[12]이에 다윗의 소년들이 돌아서 자기 길로 행하여 돌아와 이 모든 말을 그에게 전하매 [13]다윗이 자기 사람들에게 이르되 너희는 각기 칼을 차라 하니 각기 칼을 차매 다윗도 자기 칼을 차고 사백 명 가량은 데리고 올라가고 이백 명은 소유물 곁에 있게 하니라 [14]하인들 가운데 하나가 나발의 아내 아비가일에게 말하여 이르되 다윗이 우리 주인에게 문안하러 광야에서 전령들을 보냈거늘 주인이 그들을 모욕하였나이다 [15]우리가 들에 있어 그들과 상종할 동안에 그 사람들이 우리를 매우 선대하였으므로 우리가 다치거나 잃은 것이 없었으니 [16]우리가 양을 지키는 동안에 그들이 우리와 함께 있어 밤낮 우리에게 담이 되었음이라 [17]그런즉 이제 당신은 어떻게 할지를 알아 생각하실지니 이는 다윗이 우리 주인과 주인의 온 집을 해하기로 결정하였음이니이다 주인은 불량한 사람이라 더불어 말할 수 없나이다 하는지라

I. 나발이 전령들을 모욕했다는 소식이 다윗에게 전해짐(12절). 이에 다윗의 소년들이 돌아서. 다윗의 소년들은 나발로부터 돌아섬으로써 자신들의 불쾌한 마음을 드러냈지만, 그러나 스스로를 잘 다스림으로써 폭언에 대하여 폭언으로 갚지 않았다. 또 그들은 강제로 탈취하려고도 하지 않고 다만 다윗에게 돌아와 그의 뜻에 맡겼다. 그리스도의 종들도 이와 같은 모욕을 받았을 때 모든 것을 그에게 맡긴 채 그가 나타나실 때까지 기다려야 한다. 누가복음 14장에 나오는 종은 자신이 받은 모욕을 주인에게 그대로 고했을 뿐, 자기가 직접 보복하려고 하지 않았다(21절, 종이 돌아와 주인에게 그대로 고하니 이에 집 주인이 노하여 그 종에게 이르되 빨리 시내의 거리와 골목으로 나가서 가난한 자들과 몸 불편한 자들과 맹인들과 저는 자들을 데려오라 하니라).

II. 다윗의 성급한 결심. 다윗은 칼을 차면서 400명의 자기 사람들에게도 그렇게 하라고 명령했다(13절). 그리고 우리는 21절과 22절에서 다윗이 한 말을 듣게 된다.

1. 다윗은 나발에게 호의를 베푼 것을 후회한다. 그는 말한다. "이 자의 소유물을 광야에서 지켜 그 모든 것을 하나도 손실이 없게 한 것이 진실로 허사라. 나는 그에게 은혜를 베풀어 그를 친구로 삼고자 하였으나, 쓸모없는 일이었도다. 그는 감사할 줄도 모르며 은혜를 갚을 줄도 모르는 사람이로다. 그렇지 않다면 우리를 이 같이 대접할 수는 없었을 것이라. 그가 악으로 나의 선을 갚는도다." 그러나 이와 같은 경우를 당했다 할지라도, 우리는 우리가 베푼 선에 대해 후회해서도 안 되며 또한 다른 경우에 선을 베푸는 것을 그만두어서도 안 된다. 하나님은 악하며 감사할 줄 모르는 자들에게도 선을 베푸신다. 그렇다면 우리도 그렇게 해야 하지 않겠는가?

2. 다윗은 나발과 그에게 속한 모든 것을 멸하기로 결심한다(22절). 여기에서 다윗은 정말로 그답지 않게 행동했다. 그의 결심은 나발의 집의 모든 남자들을 심지어 사내아이에 이르기까지 모두 죽이겠다는 것으로서, 너무나 잔인한 것이었다. 게다가 다윗은 자신의 결심을 하나님께 대한 맹세로 확증하기까지 했다: 내가 그에게 속한 모든 남자 가운데 한 사람이라도 아침까지 남겨 두면 하나님은 다윗에게 벌을 내리시고 또 내리시기를 원하노라. 오 다윗이여, 이것이 정녕 그대의 말이란 말인가? 하나님의 마음에 합한 자의 입술에서 어떻게 이런 끔찍한 말이 나올 수 있단 말인가? 고난의 학교에서 그토록 오랫동안 인내를

배운 그가 어떻게 이렇게 감정적일 수 있단 말인가? 지금 이렇게 말하고 있는 자가 수욕을 당할 때 벙어리와 같고 귀머거리와 같았던(시 38:12) 바로 그 사람이며, 또한 자신의 생명을 그토록 쫓던 자를 살려 주었던 바로 사람이란 말인가? 그런데, 그런 그가 지금은 자신이 보낸 전령들을 모욕했다고 해서 그에게 속한 모든 것을 남기지 않고 멸하겠다고 말하고 있는가? 다른 때에는 그토록 냉정하고 사려 깊었던 그가 지금은 고작 퉁명스러운 말 몇 마디에 격노(激怒)하여 집 전체를 피로 물들이려고 하고 있는가? 오, 주여! 사람이 도대체 무엇이란 말입니까? 가장 선한 자조차도 하나님이 그냥 내버려 두시면 이렇게 된단 말입니까? 사울로부터 다윗은 항상 위해(危害)를 당할 것을 예상했다. 그래서 다윗은 항상 그런 것들에 대비하여 준비하면서, 스스로 파수꾼을 세우고 자신의 감정을 지켰다. 그러나 나발로부터는 호의를 기대했다. 그런데 돌아온 것은 모욕이었으며, 이것은 다윗에게 너무도 예상 밖의 일이었다. 다윗은 이에 대해 조금도 준비되어 있지 않았으며, 그러므로 갑작스럽고 예상치 못한 공격으로 인해 감정적인 혼돈 속에 빠져버린 것이었다. 그러므로 우리는 항상 깨어 기도해야 한다. 우리를 시험에 들게 하지 마옵시고!

Ⅲ. 나발의 하인 가운데 한 사람이 이 일을 아비가일에게 알림(14절). 만일 이 하인이 이 일을 나발에게 알리면서 그의 무례함으로 인해 큰 위험이 닥치게 되었음을 이야기했다면, 그는 "오늘날 종들은 너무나 건방져서 주인에게 이래라 저래라 하니 정말로 참을 수가 없도다"라고 말하면서 하인을 문 밖으로 쫓아냈을 것이다. 그러나 아비가일은 매우 총명한 여자였으므로 비록 하인이 전한 말이었다 할지라도 그 일을 곰곰이 생각해 보았다.

1. 하인은 다윗과 그의 사람들이 나발의 목자들을 잘 돌봐 주었다고 칭찬했다(15, 16절). "그들은 우리를 너무도 잘 돌봐 주었나이다. 자신들은 위험에 노출되면서까지도 우리를 보호해 주었고 우리의 담이 되어 주었나이다." 선한 일을 하면 결국 칭찬을 받게 되는 법이다. 나발 자신은 뭐라고 말했든지 간에, 그의 하인은 다윗이 양심적인 사람이며 또한 영예로운 사람임을 증거했다.

2. 하인은 나발이 다윗의 전령들에게 무례히 행하였음을 지적한다. "주인이 그들을 모욕하였나니(14절, 문자적으로는, 주인이 과도한 격노로써 그들을 덮쳤나니), 늘상 하던 대로 그렇게 했나이다(17절). 주인은 벨리알의 아들로서 너무나 까다롭고 고집 센 사람이며 더불어 말할 수 없는 사람입니다." 아비가일

자신도 그 사실을 누구보다 잘 알고 있었다.

3. 하인은 아비가일에게 이 일이 얼마나 중대한 일인지를 깨닫게 해 줌으로써 그녀와 집 전체에 큰 유익을 끼쳤다. 그는 다윗이 극도로 분개한 것을 알았다. 그리고 아마도 다윗이 병사들과 함께 이 곳으로 오고 있다는 소식을 들은 것으로 보인다. 왜냐하면 그는 다윗이 자신들을 해하기로 결정했노라고 확정적으로 말하고 있기 때문이다: 이는 다윗이 우리 주인과 주인의 온 집을 해하기로 결정하였음이니이다(17절). 따라서 그는 여주인으로 하여금 그들 모두의 안전을 위해 무엇을 해야 할지 고려해 줄 것을 간청했다. 그들로서는 다윗의 보복을 대적할 힘도 없었으며 또한 사울에게 사람을 보내 보호해 달라고 요청할 시간적 여유도 없었다. 그러므로 다윗의 마음을 진정시키기 위해 어떤 조치가 취해져야만 하였다.

[18]아비가일이 급히 떡 이백 덩이와 포도주 두 가죽 부대와 잡아서 요리한 양 다섯 마리와 볶은 곡식 다섯 세아와 건포도 백 송이와 무화과 뭉치 이백 개를 가져다가 나귀들에게 싣고 [19]소년들에게 이르되 나를 앞서 가라 나는 너희 뒤에 가리라 하고 그의 남편 나발에게는 말하지 아니하니라 [20]아비가일이 나귀를 타고 산 호젓한 곳을 따라 내려가더니 다윗과 그의 사람들이 자기에게로 마주 내려오는 것을 만나니라 [21]다윗이 이미 말하기를 내가 이 자의 소유물을 광야에서 지켜 그 모든 것을 하나도 손실이 없게 한 것이 진실로 허사라 그가 악으로 나의 선을 갚는도다 [22]내가 그에게 속한 모든 남자 가운데 한 사람이라도 아침까지 남겨 두면 하나님은 다윗에게 벌을 내리시고 또 내리시기를 원하노라 하였더라 [23]아비가일이 다윗을 보고 급히 나귀에서 내려 다윗 앞에 엎드려 그의 얼굴을 땅에 대니라 [24]그가 다윗의 발에 엎드려 이르되 내 주여 원하건대 이 죄악을 나 곧 내게로 돌리시고 여종에게 주의 귀에 말하게 하시고 이 여종의 말을 들으소서 [25]원하옵나니 내 주는 이 불량한 사람 나발을 개의치 마옵소서 그의 이름이 그에게 적당하니 그의 이름이 나발이라 그는 미련한 자니이다 여종은 내 주께서 보내신 소년들을 보지 못하였나이다 [26]내 주여 여호와께서 살아 계심을 두고 맹세하노니 내 주도 살아 계시거니와 내 주의 손으로 피를 흘려 친히 보복하시는 일을 여호와께서 막으셨으니 내 주의 원수들과 내 주를 해하려 하는 자들은 나발과 같이 되기를 원하나이다 [27]여종이 내 주께 가져온 이 예물을 내 주를 따르는 이 소년들에게 주게 하시고 [28]주의 여종의 허물을 용서하

여 주옵소서 여호와께서 반드시 내 주를 위하여 든든한 집을 세우시리니 이는 내 주께서 여호와의 싸움을 싸우심이요 내 주의 일생에 내 주에게서 악한 일을 찾을 수 없음이니이다 ²⁹사람이 일어나서 내 주를 쫓아 내 주의 생명을 찾을지라도 내 주의 생명은 내 주의 하나님 여호와와 함께 생명 싸개 속에 싸였을 것이요 내 주의 원수들의 생명은 물매로 던지듯 여호와께서 그것을 던지시리이다 ³⁰여호와께서 내 주에 대하여 하신 말씀대로 모든 선을 내 주에게 행하사 내 주를 이스라엘의 지도자로 세우실 때에 ³¹내 주께서 무죄한 피를 흘리셨다든지 내 주께서 친히 보복하셨다든지 함으로 말미암아 슬퍼하실 것도 없고 내 주의 마음에 걸리는 것도 없으시리니 다만 여호와께서 내 주를 후대하실 때에 원하건대 내 주의 여종을 생각하소서 하니라

우리는 여기에서 아비가일이 곧 닥치게 될 멸망으로부터 남편과 집을 보존하기 위해 지혜롭게 행동하는 것을 보게 된다. 그녀는 자신의 역할을 감탄할 만큼 잘 감당했다. 어리석은 자가 일을 망쳐 놓는 데에는 잠깐이면 충분하지만, 그것을 다시 수습하는 일은 참으로 많은 수고와 노고가 필요한 법이다. 아비가일에게 나발 같은 남편이 있었던 것이 불행한 일인지 혹은 나발에게 아비가일 같은 아내가 있었던 것이 행운이었는지 모를 일이다. 어진 여인은 그 지아비의 면류관이니라(잠 12:4). 그런 아내는 남편을 빛낼 뿐만 아니라 보호하기까지 하며, 또한 선을 행하고 악을 행하지 않는다. 이런 경우 지혜는 전쟁에서의 무기보다도 더 낫다.

1. 아비가일은 지체하지 않고 즉시로 행동했는데, 바로 이것이 그녀의 지혜였다(18절). 위급한 때에는 우물쭈물하고 있을 여유가 없다. 적과 화친하고자 하면 그들이 아직 멀리 있을 때 사람을 보내야 한다(눅 14:32).

2. 아비가일은 자신이 직접 나섰는데, 이 역시 그녀의 지혜였다. 그녀는 매우 총명하며 말솜씨가 있는 여자로서 어떤 하인보다도 일을 더 잘 처리할 수 있을 것이었다. 현숙한 여인은 집안일을 남에게 떠맡기지 않고 스스로 살핀다.

아비가일은 남편의 잘못을 대신 속죄해야만 했다. 나발은 다윗의 전령들에게 (그리고 궁극적으로 다윗에게) 두 가지 측면에서 모욕을 가했는데, 첫 번째는 그들이 요청한 양식을 거절한 것이며, 두 번째는 그들에게 매우 무례한 언사를 사용한 것이었다.

I. 아비가일은 많은 양식을 준비함으로써 그들의 요청을 거절한 것에 대해 속죄하고자 했다. 만일 나발이 손에 잡히는 대로 적당히 주었다면, 그들은 감사하며 돌아갔을 것이다. 그러나 그렇게 하지 않음으로 인해 아비가일은 자기 집에 있는 것 가운데 가장 좋은 것으로 또 풍성하게 준비해야만 했다(18절). 그래서 그녀는 당시 손님을 맞이하는 통상적인 풍속대로 떡과 고기뿐만 아니라 건포도와 무화과까지 준비했다. 나발은 물조차 주는 것을 아까워했지만, 아비가일은 포도주 두 가죽부대를 취하여 다른 양식들과 함께 나귀들에 실려 자기 앞서 가도록 했다. 그렇게 한 것은 은밀한 선물이 노를 쉬게 하기 때문이었다(잠 21:14). 야곱도 이와 같은 방법으로 에서의 노를 가라앉혔다. 악한 자는 그 그릇이 악하지만, 존귀한 자는 존귀한 일을 계획하면서도 아무것도 잃지 않는 것은 그가 항상 존귀한 일에 설 것이기 때문이다(사 32:7, 8). 아비가일이 이렇게 남편의 물건을 허락 없이(만일 남편에게 미리 알렸다면 그는 틀림없이 허락하지 않았을 것이다) 처분한 것은 결코 불법이 아닐 뿐만 아니라 매우 칭찬할 만한 일이었다. 왜냐하면 그것은 자신의 허영심과 자만심을 만족시키기 위한 것이 아니라 남편과 남편의 집을 지키기 위한 것이었기 때문이다. 만일 그녀가 그렇게 하지 않았다면 나발과 나발의 집은 필연적으로 멸망을 당했을 것이다. 남편과 아내는 세상의 소유물에 있어 공통의 이해관계를 가지고 있다. 그러므로 만일 어느 한 쪽이 과도하게 허비하거나 낭비하면, 그것은 상대방의 것을 도둑질하는 것과 일반이다.

II. 아비가일은 가장 정중한 태도와 공손한 언사로써 남편이 모욕적인 언사를 사용한 것에 대해 속죄하고자 했다. 그녀는 나발에 대해 크게 분개하면서 그와 그의 집을 멸하기 위해 달려오고 있는 다윗을 만났다(20절). 그녀는 최고의 공손과 경의를 표하면서 겸손하게 호의를 간구했다. 그녀의 태도는 너무도 유순했다: 그녀는 다윗 앞에 엎드려 얼굴을 땅에 댔으며(23절), 또 다윗의 발에 엎드렸다(24절). 이와 같은 유순한 태도는 큰 잘못까지도 능히 무마시킨다. 그녀는 스스로 참회자와 탄원자의 태도를 취했다. 그리고 그렇게 하는 것이 자신의 집을 살리는 길이라고 생각했을 때, 그렇게 하는 것을 자신의 종들 앞에서나 다윗의 병사들 앞에서나 결코 부끄럽게 여기지 않았다. 그녀는 다윗에게 자신의 말을 들어 달라고 겸손하게 간청한다: 여종에게 주의 귀에 말하게 하시고 이 여종의 말을 들으소서(24절). 그러나 그녀는 다윗으로 하여금 주의를 기울여 줄 것과 인내심을 가지고 자신의 말을 들어 줄 것을 간청할 필요조차 없었다. 왜냐하면 그녀의 말은 너무나도 명쾌하고 감동적이어서 그의 주의를 사로잡기에 충분했기 때문이었다. 그녀는 해야 할 말을 빠짐없이 다 했으며, 모든 말은 적절하게 배치되고 표현되었다. 그녀는 가장 분명하게 그리고 가장 감동적으로 이야기했으며, 그럼으로써 어디에서도 찾아볼 수 없는 천부적인 수사학(修辭學)으로 최선의 결과를 만들어 내었다.

1. 그녀는 시종일관 다윗을 '내 주'라고 부름으로써 그 위대한 이름에 합당한 존경과 경의를 표하며 말한다. 그것은 남편이 "다윗은 누구며 이새의 아들은 누구냐?"고 했던 죄를 속죄하기 위한 것이었다. 다윗이 이 일로 지나치게 격노한 것은 책망 받을 만한 일이었다. 그럼에도 불구하고 그녀는 그에 대해 다윗을 책망하지 않는다. 또 그녀는 다윗이 나쁜 성격을 가졌다고 말하지도 않는다. 다만 다윗 자신의 양심이 스스로를 책망할 것이라고 확신하면서, 그의 마음을 누그러지게 하고 평정을 되찾게 만들고자 노력한다.

2. 그녀는 전령들을 잘못 대접한 책임을 스스로 떠맡는다. "내 주여 원하건대 이 죄악을 나 곧 내게로 돌리소서(24절). 내 주께서 이 일로 화를 내실 것이라면 부디 제게 화를 내시고, 그 죄를 여종의 죄로 여기시옵소서"(28절). 야비한 정신을 가진 사람은 자신의 잘못으로 인해 다른 사람들이 얼마나 큰 고통을 당하는가 하는 것에 대해 거의 관심을 기울이지 않지만, 고결한 정신을 가진 사람은 다른 사람들이 저지른 잘못으로 인한 고통을 기꺼이 감내한다. 우리는 여기에서 아비가일이 가졌던 아내로서의 애정과 자신의 집을 지키고자 하는 뜨거운 열정을 볼 수 있다. 나발이 어떤 사람이었든, 어쨌든 그는 그녀의 남편이었다.

3. 그녀는 남편의 잘못이 그의 천부적인 우둔함과 미련함 때문이라며 용서를 구한다(25절). "원하옵나니 내 주는 이 불량한 사람 나발을 개의치 마옵소서. 그가 이와 같이 무례하게 행동한 것은 이번이 처음이 아니니이다. 그는 지혜가 부족한 가운데 태어났나이다. 그의 이름이 나발이라(나발은 미련한 자를 의미한다). 미련함이 그와 함께 하나이다. 이 일은 그의 악의(惡意)로 말미암은 것이 아니라 그의 미련함으로 말미암은 것이니이다. 그는 다만 단순하고 미련할 뿐 악의를 가지고 그렇게 한 것은 아니오니, 부디 그를 용서하여 주소서. 그는 자신이 한 일을 알지 못하나이다." 그녀가 말한 것은 모두 사실이었다. 그리고

그녀가 그렇게 말한 것은 남편의 잘못을 변명하고 그의 멸망을 막기 위한 것이 었다. 그렇지 않았다면 그녀는 남편의 성격을 이렇게까지 나쁘게 말하지는 않았을 것이다.

4. 그녀는 이 일에 관하여 자신은 전혀 알지 못했음을 호소한다. "여종은 내 주께서 보내신 소년들을 보지 못하였나이다. 만일 보았더라면 그들은 선한 답변을 듣게 되었을 것이요 빈손으로 돌아가지는 않았을 것이나이다." 여기에서 그녀는 비록 남편이 미련하고 일을 잘 처리할 줄 모르지만 그러나 아내의 충고를 들을 만큼의 지혜는 있음을 은연중 암시한다.

5. 그녀는 다윗이 자신의 말을 듣고 마음이 바뀌기 시작하고 있는 것이 틀림없다고 (아마도 그의 표정을 보고) 생각한다(26절): 내 주의 손으로 피를 흘려 친히 보복하시는 일을 여호와께서 막으셨으니. 그녀는 다윗의 마음을 누그러뜨림에 있어 자신의 언변을 의지하지 않고 하나님의 은혜를 의지하면서, 하나님의 은혜가 그에게 강력하게 역사할 것을 조금도 의심치 않았다. 그녀는 계속해서 말한다. "내 주의 원수들과 내 주를 해하려 하는 자들은 나발과 같이 되기를 원하나이다. 다시 말해서 만일 당신이 복수하는 것을 참는다면 하나님께서 대신 복수하실 것이요 당신의 모든 원수들에 대해 그렇게 할 것이니이다." 혹은 그 말에 다음과 같은 의미가 내포되어 있는 것일 수도 있다. 즉, 나발처럼 우둔하고 무능한 사람에게 복수하는 것은 다윗에게 있어 너무나 격에 맞지 않는 일이라는 것이다. 그는 아무런 호의도 베풀지 않은 것처럼 또한 아무런 위해(危害)도 끼칠 수 없는 자에 불과한데, 그러므로 다윗의 모든 원수들이 나발처럼 그에게 대항할 수 없게 되기를 바란다는 것이다. 어쩌면 그녀는 다윗으로 하여금 그가 전에 사울을 살려 주었던 일을 일깨워 주고 있는 것인지도 모른다. "당신은 전에 당신을 잡아먹으려고 달려드는 사자에게 복수하는 것을 참지 않으셨나이까? 그런데 지금은 고작 당신에게 짖을 뿐인 개의 피를 흘리실 것이니이까?" 그가 지금 하려고 하는 일 즉 피를 흘리고 복수하는 일을 언급하자, 다윗의 온유하고 부드러운 마음은 움직이지 않을 수 없었다. 우리는 그러한 사실을 그의 대답(33절)에서 볼 수 있다.

6. 그녀는 가져온 예물을 주면서, 그러나 이것은 다윗이 받기에는 너무도 합당치 못한 것이니 그러므로 그를 따르는 소년들에게 주라고 말한다(27절). 그리고 특별히 나발에게 왔다가 무례한 대접을 받았던 열 명의 전령들에게 줄 것을

바랐을 것이다.

7. 그녀는 다윗의 위대한 업적들을 칭송하면서, 개인적인 복수로 인해 그 영광이 훼손되지 않기를 소망한다. "내 주는 블레셋 사람들과 대항하여 여호와의 싸움을 싸우셨나니, 그러므로 당신을 모욕하는 자들과 싸우는 것도 하나님께 맡기실 것이라(28절). 내 주의 일생에 내 주에게서 악한 일을 찾을 수 없음이니이다. 당신은 지금까지 이 나라 백성 어느 누구에게도 악을 행하지 않으셨나이다(비록 그들이 당신을 핍박했을지라도). 그러므로 지금 당신을 죽이려고 하는 사울의 악행을 정당화시켜 줄 일을 부디 시작하지 마옵소서."

8. 그녀는 다윗의 현재의 고난이 영광 가운데 끝나게 될 것을 예언한다. "한 사람이 일어나서 내 주를 쫓아 내 주의 생명을 찾을지라도(아비가일이 여기에서 사울의 이름을 거명하지 않은 것은 그가 현재 왕의 자리에 있었기 때문이었다), 당신은 당신을 모욕하는 모든 자들에 대해 눈을 부릅뜨고 바라보실 필요가 없나이다. 왜냐하면 지금 당신을 괴롭게 하는 이 모든 폭풍들은 곧 끝날 것이기 때문이니이다." 아비가일은 다음과 같은 것을 확신을 갖고 말한다.

(1) 하나님이 당신을 안전하게 지키실 것: 내 주의 생명은 내 주의 하나님 여호와와 함께 생명 싸개 속에 싸였을 것이요. 다시 말해서, 우리가 우리에게 싸여진 것 혹은 우리에게 귀중한 것을 붙잡고 있는 것처럼(시 116:15), 하나님이 당신의 영혼을 생명 가운데 붙잡으실 것이라는 것이다(시 66:9). 갈대아 역은 이 구절을 "당신의 영혼은 생명의 창고 안에 보관될 것"이라고 읽는다. "당신은 신적 섭리의 특별한 보호 아래 살아 남게 될 것이나이다." 생명 싸개는 곧 우리 하나님 여호와와 함께 있는 것이다. 왜냐하면 우리의 호흡과 시간들이 그의 손 안에 있기 때문이다. 하나님이 보호자가 되시는 자들은 안전하다. 그들은 항상 평안 가운데 거할 수 있다. 하나님의 백성들은 이것이 '현재의 생명' 뿐만 아니라 '장차 올 생명'에도 해당된다고 믿기 때문에 그들의 묘비에다가 이렇게 새겨 넣는다: "여기에 우리는 몸을 묻었지만, 그러나 그 영혼은 우리 하나님 여호와와 함께 생명 싸개 속에 싸여 있음을 믿노라." 몸은 썩어 없어질지라도, 영혼은 생명 싸개 안에서 안전하다.

(2) 하나님이 당신으로 하여금 모든 원수들을 이기게 하실 것: 내 주의 원수들의 생명은 물매로 던지듯 여호와께서 그것을 던지시리이다(29절). 돌이 물매 속에 싸여지는 것은 던져지기 위함이다. 이와 같이 경건한 영혼은 알곡처럼 창고에

들여지게 될 것이지만, 악한 영혼은 가라지처럼 불에 던져지게 될 것이다.

(3) 하나님이 그에게 부요와 권세를 주실 것. "여호와께서 반드시 내 주를 위하여 든든한 집을 세우시리니, 어떤 원수도 이를 훼방하지 못할 것이니이다. 그러므로 여종의 허물을 용서하여 주옵소서. 다시 말해서, 당신이 자비를 얻기를 바라는 것처럼 자비를 베풀어 주소서. 하나님이 당신을 큰 사람으로 만드실 것이요, 허물을 간과하는 것은 큰 사람의 영광이니이다."

9. 그녀는 다윗으로 하여금 그가 받은 모욕에 대해 복수하는 것보다 용서하는 것이 훨씬 더 낫다는 사실을 깨닫게 해준다(30, 31절). 아비가일은 이 말을 마지막까지 남겨 두었다가 비로소 이야기한다. 그가 자신의 격정(激情)에 덜 휩싸일수록 나중에 평안 가운데 거하게 되고 양심에 거리끼는 것이 없게 될 것이며, 지혜로운 사람이라면 마땅히 자신의 격정을 잘 다스리도록 주의를 기울여야만 한다는 것이다.

(1) 그녀는 만일 다윗이 지금 복수를 한다면 이 일이 나중에 그에게 큰 고통이 될 것이며 또 그의 마음에 거리끼는 것이 될 것이라고 말한다. 격정 가운데 어떤 일을 행하고는 나중에 수천수만 배 후회하는 일은 결코 드문 일이 아니다. 복수의 단 맛은 즉시로 쓴 맛으로 변한다.

(2) 그녀는 만일 다윗이 지금 복수를 하지 않고 그냥 지나간다면 이 일이 나중에 결코 고통이 되지 않을 것이며 반대로 순간적인 격정을 이긴 것으로 인해 말할 수 없는 만족을 얻게 될 것이라고 말한다. 죄의 유혹을 받을 때 우리는 그 결과가 어떻게 될 것인지를 깊이 생각해야만 한다. 나중에 양심의 가책을 받게 될 일 그래서 되돌아보며 후회하게 될 일이라면, 우리는 결코 그 일을 행해서는 안 된다: 내 마음이 나를 책망하지 않을 것이라.

10. 그녀는 훗날 자신에게 호의를 베풀어 줄 것을 간청한다: 여호와께서 내 주를 후대하실 때에 원하건대 내 주의 여종을 생각하소서. "당신이 스스로의 영예를 훼손하고 자신의 양심을 스스로 괴롭게 만들며 당신의 역사에 오점이 될 일로부터 당신을 지켰사오니, 부디 나를 기억하소서." 우리로 하여금 죄에 빠지지 않도록 지켜주는 일에 도구가 된 자들을 우리는 마땅히 감사와 존경의 마음으로 기억해야 한다.

[32]다윗이 아비가일에게 이르되 오늘 너를 보내어 나를 영접하게 하신 이스라엘의

하나님 여호와를 찬송할지로다 [33]또 네 지혜를 칭찬할지며 또 네게 복이 있을지로다 오늘 내가 피를 흘릴 것과 친히 복수하는 것을 네가 막았느니라 [34]나를 막아 너를 해하지 않게 하신 이스라엘의 하나님 여호와의 살아 계심을 두고 맹세하노니 네가 급히 와서 나를 영접하지 아니하였더면 밝는 아침에는 과연 나발에게 한 남자도 남겨 두지 아니하였으리라 하니라 [35]다윗이 그가 가져온 것을 그의 손에서 받고 그에게 이르되 네 집으로 평안히 올라가라 내가 네 말을 듣고 네 청을 허락하노라

슬기로운 자의 책망은 청종하는 귀에 금 고리와 정금 장식이니라(잠 25:12). 아비가일은 다윗의 격정(激情)에 대해 지혜롭게 훈계했으며, 다윗은 평소 자신의 원칙대로 그러한 훈계에 열린 마음으로 귀를 기울였다(시 141:5): 의인이 나를 칠지라도 은혜로 여기며 책망할지라도 머리의 기름 같이 여겨서 내 머리가 이를 거절하지 아니할지라. 아비가일은 최선의 훈계를 하였고, 다윗은 그것을 기꺼이 받아들였다.

I. 다윗은 자신을 위해 이렇게 훌륭한 '막는 자'를 보내주신 하나님께 감사를 드린다(32절). 오늘 너를 보내어 나를 영접하게 하신 이스라엘의 하나님 여호와를 찬송할지로다. 다음을 주목하라.

1. 어떤 사람이 우리의 영혼이나 몸에 은혜와 호의를 베풀 때, 우리는 하나님께 감사를 드려야 한다. 누구든 충고나 지시나 위로나 경고나 혹은 시의적절한 책망을 가지고 우리를 찾아올 때, 우리는 하나님이 그를 보냈음을 알아야 한다.

2. 우리는 우리로 하여금 죄의 길로 달려가는 발걸음을 막아 주시는 하나님의 섭리에 대해 큰 감사를 드려야만 한다.

II. 다윗은 아비가일이 때맞춰 나타나 행악으로 달려가는 자신의 발걸음을 막아 준 것으로 인해 그녀에게 감사한다(33절). 또 네 지혜를 칭찬할지며 또 네게 복이 있을지로다. 다른 사람으로부터의 책망을 참을성 있게 듣는 사람은 많이 있지만, 그러나 그것을 감사와 함께 받아들이면서 그렇게 책망하는 사람을 칭찬하는 사람은 너무나 적다. 다윗은 아비가일로 인해 자신과 자신의 사람들이 죄의 길에 빠지지 않게 된 것을 너무나 기뻐했다.

III. 다윗은 자신이 얼마나 큰 위험 가운데 빠져 있었는가 하는 것을 인식하

고 있었던 것으로 보인다. 그랬기 때문에 그러한 위험으로부터 건짐 받았을 때 더 기뻐할 수 있었다.

1. 다윗은 그것이 매우 큰 죄였다고 말한다. 그는 피를 흘리기 위해 달려가고 있었는데, 그것은 정상적인 상태였다면 그가 크게 두려워했을 죄였다. 우리는 다음과 같은 그의 기도 속에서 그러한 사실을 알 수 있다: 나의 구원의 하나님이여 피 흘린 죄에서 나를 건지소서(시 51:14). 또한 그는 자신의 손으로 복수하고자 달려가고 있었다. 그러나 그것은 "원수 갚는 것이 내게 있으니 내가 갚으리라"고 말씀하신 하나님의 보좌를 찬탈하는 것이다. 그 죄가 이와 같이 큰 것이었던 만큼, 그것을 막아주신 하나님의 은혜 또한 그와 같이 큰 것이었다. 다윗은 또한 자신이 행하려고 했던 일이 결과적으로 아비가일 같이 총명하고 선한 여인에게 큰 해악을 끼치는 것이었기에 그 일이 더욱 악한 것이었다고 생각한 듯하다: 하나님께서 나를 막아 너를 해하지 않게 하셨도다(34절). 혹은 어쩌면 다윗은 아비가일과 처음 마주쳤을 때 나발에 대한 보복으로 그녀에게 위해를 가할 생각을 가졌고, 그랬기 때문에 그녀의 말을 참을성 있게 듣도록 인내심을 허락하신 하나님의 은혜에 대해 더욱 감사하고 있는 것인지도 모른다.

2. 다윗은 그것이 매우 급박한 위험이었다고 말한다: 네가 급히 와서 나를 영접하지 아니하였더면 밝는 아침에는 과연 나발에게 한 남자도 남겨 두지 아니하였으리라(34절). 우리가 죄를 범하는 자리에 더 가까이 갔을수록, 그것을 막아준 은혜는 더욱 클 것이다. 나는 거의 넘어질 뻔 하였으나(시 73:2), 그녀가 나를 붙잡아 주었도다.

IV. 다윗은 아비가일을 평강의 말과 함께 돌려보낸다(35절). 다윗은 그녀의 지혜로운 말에 자신이 완전히 설복되었음을 기꺼이 인정한다: "내가 네 말을 듣고 복수하고자 했던 것을 시행하지 않을 것이라. 네 청을 허락하노니, 너와 네가 말한 것을 내가 기쁘게 받아들이노라." 다음을 주목하라.

1. 지혜롭고 선한 사람은 모든 면에서 자기보다 낮은 사람의 말이라 할지라도 그리고 극도의 흥분과 격정 가운데에서라도 이치에 합당한 말이라면 기꺼이 그것을 듣고 따를 것이다.

2. 맹세가 죄가 되는 행동까지 강제로 속박할 수는 없다. 다윗은 나발을 죽일 것을 엄숙하게 맹세했다. 그는 그러한 맹세를 함으로써 악을 행했다. 그러나 만일 그러한 맹세를 이행한다면, 그것은 더 큰 악이 될 것이다.

3. 지혜롭고 성실한 훈계를 기꺼이 받아들일 때, 그로부터 우리는 기대한 것보다 훨씬 더 좋은 결과를 얻게 될 것이다. 잠언 28장 23절을 보라(사람을 경책하는 자는 혀로 아첨하는 자보다 나중에 더욱 사랑을 받느니라).

[36]아비가일이 나발에게로 돌아오니 그가 왕의 잔치와 같은 잔치를 그의 집에 배설하고 크게 취하여 마음에 기뻐하므로 아비가일이 밝는 아침까지는 아무 말도 하지 아니하다가 [37]아침에 나발이 포도주에서 깬 후에 그의 아내가 그에게 이 일을 말하매 그가 낙담하여 몸이 돌과 같이 되었더니 [38]한 열흘 후에 여호와께서 나발을 치시매 그가 죽으니라 [39]나발이 죽었다 함을 다윗이 듣고 이르되 나발에게 당한 나의 모욕을 갚아 주사 종으로 악한 일을 하지 않게 하신 여호와를 찬송할지로다 여호와께서 나발의 악행을 그의 머리에 돌리셨도다 하니라 다윗이 아비가일을 자기 아내로 삼으려고 사람을 보내어 그에게 말하게 하매 [40]다윗의 전령들이 갈멜에 가서 아비가일에게 이르러 그에게 말하여 이르되 다윗이 당신을 아내로 삼고자 하여 우리를 당신께 보내더이다 하니 [41]아비가일이 일어나 몸을 굽혀 얼굴을 땅에 대고 이르되 내 주의 여종은 내 주의 전령들의 발 씻길 종이니이다 하고 [42]아비가일이 급히 일어나서 나귀를 타고 그를 뒤따르는 처녀 다섯과 함께 다윗의 전령들을 따라가서 다윗의 아내가 되니라 [43]다윗이 또 이스르엘 아히노암을 아내로 맞았더니 그들 두 사람이 그의 아내가 되니라 [44]사울이 그의 딸 다윗의 아내 미갈을 갈림에 사는 라이스의 아들 발디에게 주었더라

이제 우리는 나발의 장례식과 아비가일의 결혼식에 참석하게 된다.

I. 나발의 장례식.　유다는 유다서에서 두 번 죽은 사람에 대하여 말한다(12절, 그들은 '죽고 또 죽어' 뿌리까지 뽑힌 열매 없는 가을 나무요). 그런데 나발은 세 번 죽은 사람이었다 — 비록 지금 다윗의 칼로부터 건짐을 받아 처참한 죽음을 면하게 되었다 할지라도. 우리는 여기에서 악인이 목숨을 건진 것은 장차 더 큰 신적 진노를 받기 위해 잠깐 유보된 것일 뿐이라는 사실을 보게 된다.

1. 그는 술 취함으로 죽었다(36절). 아비가일이 집에 돌아와 보니, 나발은 많은 사람들과 함께 큰 잔치를 베풀고 있었다. 나발은 자기 아내가 어디에 갔다 왔는지 알지 못했던 것으로 보인다. 나발은 지금, 자신이 죽음 문턱까지 이르렀던 사실은 꿈에도 생각하지 못한 채, 연락(宴樂) 가운데 빠져 있었다. 죄인들

은 종종 극도의 위험과 멸망이 임박해 있는데도 그것을 알지 못한 채 모든 것이 가장 평안하고 안전한 줄 여긴다. 다음을 주목하라.

(1) 나발은 지나치게 호화로운 잔치를 배설했다: 그가 왕의 잔치와 같은 잔치를 그의 집에 배설하고. 그 잔치에 초대된 사람은 고작 양털 깎는 자들이었을 텐데, 그럼에도 불구하고 그는 너무나 호화롭고 풍성한 잔치를 베풀었다. 만일 나발이 하나님께서 왜 자신에게 그렇게 많은 기업을 주셨는지 생각했다면, 그리고 그것으로 자신을 자랑하기 위함이 아니라 선을 베풀기 위해 잔치를 배설했다면, 그와 같은 풍성함은 어느 정도 용납될 수 있는 소지도 있었을 것이다. 경건의 일을 위해서나 자선을 베푸는 일에는 너무도 인색한 사람이 자신의 헛된 기분과 정욕을 만족시키는 데에는 너무도 후한 것은 결코 드문 일이 아니다. 하나님과 가난한 자를 위해서는 동전 한 푼까지도 아까워하는 자들이 육체의 모양을 내는 데에는(갈 6:12) 주머니에서 금을 쏟아 내며 은을 저울에 달아(사 46:6) 내어주곤 한다. 만일 나발이 자신의 이름처럼 그렇게 어리석지 않았다면, 적어도 다윗의 격노로부터 자신이 안전한지를 확인할 때까지는 이렇게 즐거워하며 연락에 도취되어 있지는 않았을 것이다. 이와 마찬가지로 (홀 주교가 관찰한 것처럼) 육신적인 사람은 너무도 어리석어서, 하나님과의 화평에 대하여는 최소한의 관심조차 기울이지 않은 채 스스로를 향락에 던져 버리고 만다.

(2) 나발은 동물적인 식욕에 탐닉하는 가운데 크게 취했다: 그가 크게 취하여(36절). 이것은 그가 정말로 나발(즉 어리석은 자)이었음을 보여주는 분명한 증표였다. 그는 자신의 풍성한 재물을 허랑방탕하게 허비하며 스스로를 짐승처럼 만들지 않고서는 친구들과 함께 즐길 수가 없었다. 어떤 사람이 어리석은 자이며 또 그가 가진 모든 재산이 곧 말라버릴 것임을 보여줌에 있어 술을 지나치게 많이 마시는 것보다 더 확실한 증표는 없다. 나발은 자신이 자선을 베푸는 일에 너무나 인색하다는 사실을 조금도 생각지 못했던 것처럼 또한 자신이 사치에 탐닉하는 일에 지나치게 허비하고 있다는 사실 역시 조금도 생각지 못했다. 남편이 이런 상태에 있는 것을 보았을 때(잔치를 배설한 주인이 이렇게 나쁜 모범을 보일 때 그 잔치에 참여한 다른 사람들도 별로 나을 것이 없었을 것이다), 아비가일로서는 어질러진 집안을 어느 정도 정리하는 것 이상 특별히 더 할 것이 없었다. 그녀는 다윗과 관련하여 자신이 어떤 일을 했는지, 그가 다윗을 격노케 한 것이 얼마나 어리석은 일이었는지, 그가 얼마나 큰 위험

에 직면해 있었는지, 그리고 그가 어떻게 목숨을 구할 수 있었는지 등에 대해 남편에게 아무 말도 하지 않았다. 왜냐하면 그가 너무나 취해 있었으므로 무슨 말을 듣든지 제대로 이해할 수 없을 것이기 때문이었다. 아무리 좋은 충고라 할지라도 술에 취한 자에게 충고를 주는 것은 마치 돼지 앞에 진주를 던지는 것과 같다. 술이 깰 때까지 기다리는 것이 훨씬 더 낫다.

2. 그는 낙담으로 다시 한 번 죽었다(37절). 다음 날 아침 약간 제정신이 돌아왔을 때, 그는 자신의 어리석음으로 인해 자신과 자신의 집이 멸망의 문턱까지 갔던 사실과 그 일을 아내가 어렵게 막은 것에 대해 듣게 되었다. 그러자 그는 낙담하여 몸이 돌과 같이 되었다(37절). 어떤 이들은 아비가일이 다윗의 마음을 진정시키기 위해 준 상당한 분량의 예물로 인해 그의 마음이 터진 것이었을 것으로 추측한다. 그러나 그렇게 보는 것보다는 자신이 멸망 직전까지 갔다가 가까스로 건짐 받은 것을 알게 됨으로 인해 극도의 두려움과 당황 속에 빠진 것으로 보는 것이 좀 더 타당한 것으로 보인다. 그는 말을 잃고 시무룩해졌으며, 자신의 어리석음으로 인해 수치 가운데 빠지게 되었고, 또한 아내의 지혜로 말미암아 위신이 크게 깎이게 되었다. 그의 상황이 얼마나 급속하게 바뀌었는지 주목하라. 그의 마음은 포도주에 취하여 밤새도록 희희낙락하다가, 다음 날 아침 돌처럼 무거워졌다. 이와 같이 육신적인 즐거움은 속이는 것이며, 어리석은 자의 웃음은 덧없는 것이다. 웃을 때에도 마음에 슬픔이 있고 즐거움의 끝에도 근심이 있느니라(잠 14:13). 이와 같이 술에 탐닉하는 자들은 자신들의 어리석음을 깨닫게 될 때 종종 슬픔 가운데 빠진다. 그러나 하나님 안에서의 기쁨은 항상 우리의 마음을 가볍게 만들어 준다. 아비가일은 비록 뛰어난 지혜와 언변을 가지고 있었음에도 불구하고 남편으로 하여금 회개에 이르도록 할 수 없었다. 아내의 진심된 책망으로 도리어 그는 절망 속에 빠져 버리고 말았다.

3. 마침내 그는 정말로 죽었다: 한 열흘 후에 여호와께서 나발을 치시매 그가 죽으니라(38절). 그는 열흘 정도 눌림과 고통 속에 빠져 있다가 결국 죽고 말았다. 아마도 그는 자리에서 일어나 보지도 못한 채 죽은 것으로 보인다. (홀 주교가 말한 것처럼) 은혜 없이 산 자들은 죽을 때에도 위로 없이 죽는다. 죄 가운데 빠져 살아갈 때 우리가 무엇을 더 기대할 수 있단 말인가? 여기에 나발을 위한 애곡(哀哭)은 나타나지 않는다. 그는 애곡조차도 받지 못한 채 세상을 하직하고 말았다. 나발의 죽음에 대한 소식을 들었을 때, 다윗은 이 일로 인해 하

나님께 감사를 드렸다(39절). 그는 다음과 같은 사실들로 인해 하나님을 찬송했다.

(1) 그로 하여금 나발을 죽이는 것을 막아주심으로: 종으로 악한 일을 하지 않게 하신 여호와를 찬송할지로다. 다윗은 나발이 자신의 손에 죽지 않고 자연적으로 죽은 것으로 인해 기뻐했다. 죄로부터 우리를 지켜주신 하나님의 선하심으로 인해 우리는 항상 그분을 찬송해야 한다.

(2) 하나님이 이 일을 맡으사 그의 명예를 지켜주심으로. 하나님은 다윗을 모욕한 자가 아무런 징벌도 받지 않고 그냥 지나가는 것을 결코 허락지 않으셨다. 이로써 그는 하나님이 대신하여 싸워 주시는 자라는 사실이 분명히 드러나게 되었으며, 그로 인해 그의 위치는 더욱 확고해지고 모든 사람들이 그를 더욱 두려워하게 되었다.

(3) 이로써 하나님이 그와 그의 사람들의 믿음을 격려해 주심으로. 이제 그들은 설령 어떤 위해를 당한다 할지라도 가만히 앉아서 그 일을 하나님께 맡기면 하나님께서 적당한 때에 갚아 주실 것을 확신할 수 있게 되었다.

II. 아비가일의 결혼식. 다윗은 아비가일의 미모와 언변과 행실에 있어서의 사려 깊음으로 인해 그녀에게 매혹되어 있었다. 그는 그녀가 과부가 되었다는 소식을 듣자마자 그녀에 대한 자신의 마음을 알렸다(39절). 다윗은 아비가일이 나발 같은 불량한 남편에게도 그토록 좋은 아내였기 때문에 자신에게도 좋은 아내가 될 것이라는 사실을 조금도 의심하지 않았다. 또한 다윗은 그녀가 자신이 왕이 될 것을 확신하고 있었던 사실을 특별히 주목했다.

1. 다윗은 자신이 직접 가지 않고 대리인을 통해 청혼(請婚)했다.

2. 아비가일은 극히 겸손하고 겸비하게 청혼을 받아들였다(41절). 그녀는 스스로를 그와 같이 존귀한 자리에 서기에 합당치 않은 자로 보았다. 자신은 단지 다른 종들의 발을 씻기기 위해 그의 가장 비천한 종들 가운데 하나가 되는 것만으로도 기쁠 따름이라고 하였다. 이와 같이 스스로를 겸비케 할 수 있는 사람이야말로 존귀케 되는 데 가장 합당한 사람이다.

3. 다윗의 청혼을 수락한 아비가일은 시종(侍從)들을 데리고 그에게로 가서 그의 아내가 되었다(42절). 그녀는 다윗이 처한 현재의 고난으로 인해 그를 업신여기지 않았으며, 어떻게 자신을 먹여 살릴 것인지 묻지도 않았다. 도리어 아비가일은 다윗을 매우 높이 평가했는데, 그것은

(1) 그가 매우 선한 사람이라는 사실을 알고 있었기 때문이었다.

(2) 때가 되면 그가 매우 큰 인물이 될 것을 믿었기 때문이었다. 그녀는 믿음으로 다윗과 결혼했다. 비록 지금은 아무런 집도 가지고 있지 않다 할지라도, 결국 그를 향한 하나님의 약속이 온전히 이루어질 것임을 그녀는 조금도 의심치 않았다. 이와 같이 그리스도와 연합된 자들은 장차 그와 함께 다스릴 것을 믿고 지금 그와 함께 고난당하는 것을 기꺼이 감당해야 한다.

Ⅲ. 다윗의 아내들과 관련한 이야기.

1. 한 사람은 다윗이 아비가일과 결혼하기 전에 떠나간 아내이다. 그녀는 젊은 시절 결혼한 첫 아내로서, 사울의 딸 미갈이었다. 만일 미갈이 계속해서 다윗 곁에 있었다면, 그는 그녀에게 충실했을 것이다. 그러나 사울이 그녀를 다른 사람에게 주었다(44절). 그것은 다윗에 대한 자신의 적대감의 증표였으며 또한 장인과 사위의 관계를 끊는 것이었다.

2. 아비가일 외에 또 한 사람의 아내가 있었는데(43절), 그녀의 이름이 아비가일보다 먼저 거명되는(27:3) 것으로 미루어 아비가일보다 먼저 결혼한 것으로 보인다. 다윗은 당시의 부패한 관습을 따랐지만, 그러나 처음부터 그랬던 것은 결코 아니었다. 이제는 메시야가 오셨고 개혁의 때이므로 결코 그렇게 해서는 안 된다(마 19:4-5, 예수께서 대답하여 이르시되 사람을 지으신 이가 본래 그들을 남자와 여자로 지으시고 말씀하시기를 그러므로 사람이 그 부모를 떠나서 아내에게 합하여 그 둘이 한 몸이 될지니라 하신 것을 읽지 못하였느냐). 어쩌면 사울이 다윗으로부터 미갈을 빼앗은 것으로 인해(미갈은 그에게 있어 유일하게 정당한 아내였다), 이와 같이 다윗이 여러 아내를 두게 된 계기가 만들어지게 된 것인지도 모른다. 왜냐하면 부부간의 애정의 매듭이 풀어졌을 때 그것을 다시 견고하게 묶는 것은 너무도 어려운 일이기 때문이다. 그는 자신의 첫 번째 아내를 지킬 수 없었다. 어쩌면 그 사실이 그로 하여금 두 번째 아내를 지켜야 하는 의무를 면제시켜 줄 것이라고 생각하게 만들었을는지도 모른다. 그러나 만일 다른 사람의 잘못으로 인해 우리의 잘못이 가려질 것이라고 생각한다면, 우리는 스스로 속이는 것이다.

$$— \; \underset{\text{장}}{\overset{\text{제}}{26}} \; —$$

개요

사울로 인한 다윗의 고난이 여기에서 다시 시작된다. 폭풍우가 지났지만, 그러나 또다시 먹구름이 몰려오고 있었다. 사울이 다윗을 핍박한 잘못을 인정하면서 장차 그가 왕이 될 것을 안다고 말한 후, 여기에서 또다시 다윗을 핍박하기 시작한다. 그는 명예도 덕도 완전히 다 잃어버리고 말았다. I. 십 사람들이 다윗이 있는 곳을 알려주고(1절), 이에 사울이 많은 병사들을 이끌고 그를 잡으러 감(2, 3절). II. 다윗이 사울의 움직임을 알아채고(4절), 그의 진을 관찰함(5절). III. 다윗과 아비새가 밤에 사울의 진에 감, 그리고 사울과 그의 호위병들이 모두 잠에 떨어진 것을 발견함(6, 7절). IV. 다윗이 사울을 죽이지 않고 다만 그의 창과 물병만 가져옴(8-12절). V. 다윗이 이것을, 자신이 그에게 아무런 해도 끼칠 생각을 갖고 있지 않음을 보여주는 또 하나의 증거로 삼음(13-20절). VI. 이에 사울이 자신의 잘못을 깨닫고, 다시 한 번 그를 핍박하는 것을 중단함(21-25절). 본 장의 이야기는 우리가 앞에서 살펴본 24장의 이야기와 대단히 유사하다. 두 곳 모두에서 다윗은 사울의 손으로부터 구원을 받았고, 사울 또한 다윗의 손으로부터 구원을 받았다.

[1]십 사람이 기브아에 와서 사울에게 말하여 이르되 다윗이 광야 앞 하길라 산에 숨지 아니하였나이까 하매 [2]사울이 일어나 십 광야에서 다윗을 찾으려고 이스라엘에서 택한 사람 삼천 명과 함께 십 광야로 내려가서 [3]사울이 광야 앞 하길라 산 길 가에 진 치니라 다윗이 광야에 있더니 사울이 자기를 따라 광야로 들어옴을 알고 [4]이에 다윗이 정탐꾼을 보내어 사울이 과연 이른 줄 알고 [5]다윗이 일어나 사울이 진 친 곳에 이르러 사울과 넬의 아들 군사령관 아브넬이 머무는 곳을 본즉 사울이 진영 가운데에 누웠고 백성은 그를 둘러 진 쳤더라

1. 사울이 다윗의 움직임에 대한 정보를 받고 공격적으로 행동함. 십 사람들이 사울에게 와서 다윗이 지금 머물고 있는 장소를 알려주었는데, 그 곳은 그들이 전에 다윗을 배신할 때 알려 주었던 장소와 동일한 장소였다(23:19). 어

쩌면 사울은 십 사람들에게, 자신이 다윗을 해칠 계획을 계속해서 갖고 있으므로 그들이 도와주었으면 좋겠다는 암시를 은근히 심어주었을는지 모른다(비록 본문에 언급되어 있지는 않지만). 혹은 그들이 사울에 대해 대단히 호의적인 마음을 갖고 어떻게 하면 그를 기쁘게 할 수 있는지를 생각하면서, 또 다윗과 화해하는 것은 불가능한 일이라고 판단하여 계속해서 그에게 적대감을 가지고 지금 다시 한 번 사울을 충동하고 있는 것인지도 모른다(1절). 확실한 것은 아니지만 만일 십 사람들이 사울을 충동하지 않았다면, 어쩌면 그는 다윗에 대해 갖고 있었던 좋은 마음(24:17)을 계속해서 갖고 있으면서 그에게 이와 같은 새로운 핍박을 가하지는 않았을는지도 모른다. 우리 마음속에 타락의 덤불이 너무 많으므로, 시험의 불씨가 가까이 오지 못하도록 우리는 항상 하나님께 기도해야만 한다. 만일 시험의 불씨가 떨어진다면, 우리는 지옥의 불길에 휩싸이게 될 것이다. 사울은 그러한 정보를 받자마자 즉시로 3,000명의 병사를 데리고 다윗이 숨어있는 장소로 내려갔다(2절). 이와 같이 성별되지 못한 심령은 전에 가지고 있던 좋은 마음을 너무나 빨리 잃어버리고, 마치 개처럼 그 토한 곳으로 즉시 되돌아간다.

　2. 다윗이 사울의 움직임을 간파하고 수비적으로 행동함. 그는 사울과 대결을 벌이기 위해 나아가지 않았다. 그는 사울을 멸망시키고자 하지 않았다. 다만 자신의 안전을 지키고자 도모할 뿐이었다. 그래서 다윗은 **광야**에 있었다(3절). 그 곳에서 힘을 기르며, 조용히 은거하는 가운데 자신의 용맹을 통제하며, 어설픈 저항을 통해 보여주는 것과는 다른 진정한 용기를 보여주었다.

　(1) 다윗은 정탐꾼을 통해 사울이 내려온 것을 알게 되었다(4절): 이에 다윗이 정탐꾼을 보내어 사울이 과연 이른 줄 알고. 그는 확실한 증거를 얻기 전까지는 사울이 그토록 야비한 행동을 했으리라고는 결코 믿지 않으려고 했다.

　(2) 다윗은 자신의 눈으로 직접 사울의 진을 관찰했다(5절). 그는 사울과 그의 병사들이 장막을 치고 있는 장소로 갔다. 그리고 황혼 무렵의 어스름에서도 그들의 진을 잘 살필 수 있도록 가까이 접근했다.

⁶이에 다윗이 헷 사람 아히멜렉과 스루야의 아들 요압의 아우 아비새에게 물어 이르되 누가 나와 더불어 진영에 내려가서 사울에게 이르겠느냐 하니 아비새가 이르되 내가 함께 가겠나이다 ⁷다윗과 아비새가 밤에 그 백성에게 나아가 본즉 사울이

진영 가운데 누워 자고 창은 머리 곁 땅에 꽂혀 있고 아브넬과 백성들은 그를 둘러 누웠는지라 [8]아비새가 다윗에게 이르되 하나님이 오늘 당신의 원수를 당신의 손에 넘기셨나이다 그러므로 청하오니 내가 창으로 그를 찔러서 단번에 땅에 꽂게 하소서 내가 그를 두 번 찌를 것이 없으리이다 하니 [9]다윗이 아비새에게 이르되 죽이지 말라 누구든지 손을 들어 여호와의 기름 부음 받은 자를 치면 죄가 없겠느냐 하고 [10]다윗이 또 이르되 여호와께서 살아 계심을 두고 맹세하노니 여호와께서 그를 치시리니 혹은 죽을 날이 이르거나 또는 전장에 나가서 망하리라 [11]내가 손을 들어 여호와의 기름 부음 받은 자를 치는 것을 여호와께서 금하시나니 너는 그의 머리 곁에 있는 창과 물병만 가지고 가자 하고 [12]다윗이 사울의 머리 곁에서 창과 물병을 가지고 떠나가되 아무도 보거나 눈치 채지 못하고 깨어 있는 사람도 없었으니 이는 여호와께서 그들을 깊이 잠들게 하셨으므로 그들이 다 잠들어 있었기 때문이었더라

I. 다윗이 스루야의 아들 친척 아비새만을 데리고 밤에 사울의 진에 들어감. 다윗은 이것을 아비새와 아히멜렉 두 사람에게 제안했는데(6절), 아히멜렉은 이것이 너무 위험한 일이라고 생각했든지 아니면 자신보다 아비새가 그 일을 수행하기에 더 합당하다고 생각했든지 간에 그 일에서 스스로 물러났다. 다윗이 스스로의 용기로서 이 일을 수행하고자 나선 것인지 아니면 자신의 생각 속에 어떤 특별한 감동이나 혹은 신탁에 의해 그렇게 한 것인지는 분명하게 나타나지 않는다. 어쨌든 다윗은, 기드온이 그랬던 것처럼, 신적 보호에 대한 특별한 확신을 갖고 수비병들을 뚫고 들어갔다.

II. 사울 진영의 모습. 사울은 진영 가운데 (혹은 어떤 이들이 읽는 것처럼, 자신의 병거 안에서) 자신의 막사가 공격을 받을 것에 대비하여 창을 땅에 꽂아 놓은 상태로 잠들어 있었다. 그리고 모든 병사들, 심지어 경계를 위해 세워 놓은 병사들까지도 모두 잠들어 있었다(12절). 이와 같이 그들의 눈은 감겨 있었고 손은 묶여 있었는데, 그것은 여호와께서 그들을 깊이 잠들게 하셨기 때문이었다. 다윗과 아비새가 그들 가운데 서로 이야기하며 다녔음에도 불구하고 아무도 깨어나지 못할 정도로 깊이 잠든 데에는 무언가 특별한 것이 있었다. 하나님께서 사랑하시는 자에게 잠을 주실 때, 그 잠은 곧 안식을 주는 것이요 또한 원기를 회복케 하는 것이다. 그러나 하나님은 그 잠을, 하나님의 원수들에게는 묶

는 것이 되도록 만드실 수 있다. 마음이 강한 자도 가진 것을 빼앗기고 잠에 빠질 것이며 장사들도 모두 그들에게 도움을 줄 손을 만날 수 없도다 야곱의 하나님이여 주께서 꾸짖으시매 병거와 말이 다 깊이 잠들었나이다(시 76:5, 6). 이것은 여호와께로 말미암은 깊은 잠이었는데, 그분은 자연적인 것에 대하여까지도 명령을 발하실 수 있으시며 또한 그것으로 자신의 뜻을 이루도록 만드실 수 있는 분이시다. 하나님은 당신이 멸하고자 하시는 자를 혼미한 심령으로 묶으신다(롬 11:8). 사울과 그의 모든 병사들은 얼마나 무력한 상태에 빠졌는가! 그들은 사실상 무장해제를 당했으며, 또한 사슬에 묶인 것과 마찬가지였다. 그럼에도 불구하고 그들에게 어떤 위해(危害)도 가해지지 않았다. 그들은 단지 깊은 잠에 떨어져 있었을 뿐이었다. 강한 자를 약하게 하며, 지혜로운 자를 미련하게 만들며, 파수꾼의 경성함을 허사로 만드는 것은 하나님께 너무나 쉬운 일이다. 그러므로 하나님의 친구들은 마땅히 그분을 더욱 신뢰해야 할 것이며, 하나님의 원수들은 마땅히 그분을 더욱 두려워해야 할 것이다.

Ⅲ. 아비새가 사울을 죽일 것을 주장함. 아비새는 사울의 머리맡에 있는 창을 뽑아 들고 다윗으로 하여금 그를 찔러 죽이는 것을 허락해 달라고 말한다(8절). 그는 다윗으로 하여금 그의 손으로 직접 사울을 죽이도록 촉구하지 않았다. 왜냐하면 그가 전에 이와 비슷한 상황에서 사울을 죽이는 것을 꺼리는 것을 분명히 보았기 때문이었다. 지금 아비새는 다윗에게, 자신이 사울을 죽일테니 부디 그렇게 하는 것을 허락해 달라고 간청하고 있는 것이다. 사울은 잔인하고 화해 불가능할 뿐만 아니라 거짓되고 믿을 수 없는 원수이며 상식도 호의도 통하지 않는 자로서, 하나님이 지금 그를 그의 손에 넘기셨으며 사실상 치도록 명령하고 계신다는 것이었다. 지난번의 기회 즉 다윗이 숨어 있었던 굴에 사울이 들어온 것은 사실상 우연적인 것이었다. 그러나 지금의 상황은 무언가 특별한 것이 있었다. 사울과 그의 호위병들이 떨어진 깊은 잠은 분명히 여호와께로부터 말미암은 것이었다. 그러므로 다윗에게 이런 기회를 준 것은 결코 우연이 아니라 분명 특별한 섭리였다. 따라서 이번 기회를 절대 놓쳐서는 안 된다는 것이 아비새의 주장이었다.

Ⅳ. 다윗이 충성의 원칙을 굳게 고수하면서 사울을 해치는 것을 허락치 않음 (9절). 다윗은 아비새에게 사울을 죽이지 말 것을 명령한다. 그는 스스로 그렇게 하지 않을 뿐만 아니라 다른 사람이 그렇게 하는 것 또한 결코 허락지 않

을 것이었다. 그리고 그는 그렇게 하는 이유로서 두 가지를 제시한다.

1. 그렇게 하는 것은 하나님의 기름 부으심을 모독하는 죄가 될 것이다. 사울은 여호와의 기름 부음 받은 자며, 이스라엘의 하나님의 특별한 임명에 의해 이스라엘의 왕이 된 자이다. 그러므로 그의 권세는 하나님의 기름 부으심으로부터 말미암은 것으로서, 그에게 대항하는 것은 곧 하나님의 기름 부으심에 대항하는 것이다(롬 13:2, 그러므로 권세를 거스르는 자는 하나님의 명을 거스름이니 거스르는 자들은 심판을 자취하리라). 그러므로 사울을 대적하는 것은 누구를 막론하고 죄가 될 수밖에 없다. 다윗이 두려워한 것은 바로 이 죄였다. 그는 자신의 안전보다도 죄에 더 큰 관심을 기울였던 것이다.

2. 그렇게 하는 것은 하나님의 섭리보다 앞서 나가는 죄가 될 것이다. 하나님은 나발의 경우를 통해, 복수하는 것을 하나님께 맡기면 하나님께서 적당한 때에 복수해 주신다는 것을 충분히 보여주셨다. 그러므로 다윗은 나발의 예를 통해 격려를 받고, 하나님께서 사울에게 복수해 주실 때까지 기다리면서 자신의 손으로는 결코 복수하지 않겠다고 결심했다(10절). "나발의 경우에 그렇게 하셨던 것처럼 여호와께서 갑자기 그를 치시든지 혹은 전장에 나가서 망하든지 그렇지 않으면 자연적으로 죽을 날이 이를 것이라. 그러므로 나는 정당하지 않은 방법으로 약속된 면류관의 길을 재촉하기보다는 기꺼이 그 때까지 기다릴 것이라." 그 시험은 실로 너무나 강렬한 것이었다. 그러나 만일 그 시험에 굴복했다면, 그는 하나님께 죄를 범한 것이 되었을 것이다. 그러므로 그는 극도의 굳은 마음으로 그 시험을 대적하였다(11절). "내가 손을 들어 여호와의 기름 부음 받은 자를 치는 것을 여호와께서 금하시나니, 나는 결코 그렇게 하지 않을 것이요 또 그렇게 하도록 허락하지도 않을 것이라." 이와 같이 다윗은 자신의 유익보다 양심을 따랐으며, 이 일에 있어 온전히 하나님을 의지했다.

V. 다윗이 이 일을 자신의 순전함을 증명하는 기회로 삼음. 다윗과 아비새는 사울의 머리맡에 있었던 창과 물병을 가지고 돌아왔다(12절). 그런데도 아무도 이 일을 눈치 채지 못한 것은 참으로 이상한 일이었다. 의사가 최고로 강한 마취제를 먹였다 할지라도 이토록 깊은 잠에 떨어질 수는 없었을 것이다. 사울은 자신을 지켜주던 창과, 자신에게 활력을 불어넣어 주던 물병을 잠자는 동안 도둑맞고 말았다. 이와 같이 우리도 깨어 있지 않는다면 우리의 힘과 위로를 잃어버리게 될 것이다.

[13]이에 다윗이 건너편으로 가서 멀리 산 꼭대기에 서니 거리가 멀더라 [14]다윗이 백성과 넬의 아들 아브넬을 대하여 외쳐 이르되 아브넬아 너는 대답하지 아니하느냐 하니 아브넬이 대답하여 이르되 왕을 부르는 너는 누구냐 하더라 [15]다윗이 아브넬에게 이르되 네가 용사가 아니냐 이스라엘 가운데에 너 같은 자가 누구냐 그러한데 네가 어찌하여 네 주 왕을 보호하지 아니하느냐 백성 가운데 한 사람이 네 주 왕을 죽이려고 들어갔었느니라 [16]네가 행한 이 일이 옳지 못하도다 여호와께서 살아 계심을 두고 맹세하노니 여호와의 기름 부음 받은 너희 주를 보호하지 아니하였으니 너희는 마땅히 죽을 자이니라 이제 왕의 창과 왕의 머리 곁에 있던 물병이 어디 있나 보라 하니 [17]사울이 다윗의 음성을 알아 듣고 이르되 내 아들 다윗아 이것이 네 음성이냐 하는지라 다윗이 이르되 내 주 왕이여 내 음성이니이다 하고 [18]또 이르되 내 주는 어찌하여 주의 종을 쫓으시나이까 내가 무엇을 하였으며 내 손에 무슨 악이 있나이까 [19]원하건대 내 주 왕은 이제 종의 말을 들으소서 만일 왕을 충동시켜 나를 해하려 하는 이가 여호와시면 여호와께서는 제물을 받으시기를 원하나이다마는 만일 사람들이면 그들이 여호와 앞에 저주를 받으리니 이는 그들이 이르기를 너는 가서 다른 신들을 섬기라 하고 오늘 나를 쫓아내어 여호와의 기업에 참여하지 못하게 함이니이다 [20]그런즉 청하건대 여호와 앞에서 먼 이 곳에서 이제 나의 피가 땅에 흐르지 말게 하옵소서 이는 산에서 메추라기를 사냥하는 자와 같이 이스라엘 왕이 한 벼룩을 수색하러 나오셨음이니이다

다윗은 자신이 사울의 진영에 갔었음을 입증할 수 있는 충분한 증거들을 가지고 무사히 돌아왔다. 이제 그는 적당한 위치 즉 그들이 자신의 말을 들을 수는 있지만 그러나 접근할 수는 없는(13절) 위치에 서서 그동안 일어났던 일을 이야기하기 시작한다.

I. 다윗은 아브넬을 꾸짖는다. 그는 아브넬과 다른 호위병들이 깊은 잠에 떨어진 것은 하나님의 전능한 능력으로 말미암은 것이며 또한 그 곳에 하나님의 직접적인 손이 있었음을 잘 알고 있었다. 그럼에도 불구하고 다윗은 그가 호위대장으로서 합당하지 못하다고 꾸짖는다. 왜냐하면 그의 주인인 왕이 무방비 상태로 잠들어 있을 때, 그 역시 잠자고 있었기 때문이었다. 다윗은 적진에서 빠져나오자마자 그들에게 소리를 질렀는데, 먼 거리에서 외치는 희미한 소리에 잠이 깬 것으로 미루어 그들을 깊은 잠에 떨어지게 만든 것은 과연 하

나님의 손이었음이 분명하게 드러났다(14절). 아브넬은 일어나, 누가 소리를 지르며 왕의 휴식을 방해하느냐고 물었다. 이에 다윗은 "나다"라고 말하면서, 왕을 보호해야 할 때 잠자고 있었던 것을 꾸짖는다. 아마도 아브넬은 다윗을 대수롭지 않은 적으로 간주하고 별 위험 없을 것으로 여기면서 경계를 게을리 했던 것으로 보인다. 그러나 그는 마땅히 깨어 있었어야 했다. 다윗은 다음과 같이 말함으로써 그를 혼란에 빠뜨렸다.

1. 너는 너의 명예를 지키지 못했다(15절). "네가 사람이 아니냐? (문자적으로, 개역개정판에는 '네가 용사가 아니냐'로 되어 있음) 네가 군대를 검열하는 책임을 맡은 사람이 아니냐? 네가 용사의 명성을 가진 자가 아니냐? 너처럼 용기와 행실에 있어 존경을 받는 자가 누구냐? 그러나 지금 네가 영원한 수치 가운데 떨어졌도다. 오 게으름뱅이 장군이여!"

2. 너는 마땅히 죽어야 할 자다(16절). "왕이 너희들 가운데 있으면서 잠들어 있을 때 네가 보호하지 않았으니 너는 군법에 의해 마땅히 죽을 자이니라. 이 증표를 보라. 왕의 창이 어디에 있는지 찾아보라. 왕이 원수로 여기는 자의 손에 있지 않은가? 이 창을 취한 자들은 또한 왕의 목숨도 손쉽게 취할 수도 있었느니라. 이제 누가 진짜 왕의 친구인지 생각해 보라, 너는 왕을 보호하는 일을 게을리하며 위험 가운데 방치했지만 나는 그가 무방비 상태에 있을 때 그를 보호하였노라. 너는 나를 마땅히 죽어야 할 자로 여기며 쫓아다니면서 왕으로 하여금 나를 대적하도록 충동했지만, 이제 누가 정말로 죽어야 마땅한 자인지 보라." 우리는 여기에서 다른 사람을 부당하게 정죄하던 자가 스스로 정죄에 빠지게 되는 일이 종종 있다는 사실을 보게 된다.

Ⅱ. 다윗은 진지하면서도 다정한 음성으로 사울을 설득한다. 이 때쯤 사울은 잠에서 깨어 일어나 밖에서 들려오는 소리에 귀를 기울이면서 그것이 누구의 음성인지 분별할 수 있을 만큼 정신이 들게 되었다(17절): 내 아들 다윗아 이것이 네 음성이냐? 그는 지난번과 똑같은 말투로 지금 자신의 마음이 상당히 누그러졌음을 나타냈다(16절). 그는 다윗의 아내를 다른 사람에게 주었음에도 불구하고 그를 '아들'로 부른다. 또한 그의 피에 목말랐음에도 불구하고 그의 음성을 듣고 기뻐한다. 자신의 잘못에 대한 어떤 자각(自覺)도 없이 입으로만 좋게 말하는 사람은 정말로 악한 사람이다. 다윗이 방금 전에 사울의 목숨을 취할 수 있는 기회를 가졌었던 것처럼, 지금은 그의 양심을 건드릴 수 있는 좋

은 기회를 갖게 되었다. 지금의 기회를 이용하여 다윗은 사울이 계속해서 자신에게 가하는 핍박과 관련하여 변론하면서 이제 그로 하여금 모든 핍박을 중단하고 화해할 것을 설득하고자 하였다.

1. 다윗은 사울과의 불화로 말미암아 야기된 서글픈 상황을 호소한다. 그는 다음과 같은 두 가지 사실로 인해 애통해한다.

(1) 자신의 주인과 자신의 일로부터 쫓겨난 사실. "내 주는 어찌하여 주의 종을 쫓으시나이까(18절). 만일 다시 일하도록 허락된다면 예전처럼 기쁨으로 왕을 섬길 것이니이다. 그러나 나는 종으로 여김을 받는 대신 도리어 반역자로 여김을 받고 쫓기나이다. 그러므로 내 주가 나의 원수가 되었으며, 내가 공경하며 따를 자가 나를 쫓아내므로 내가 도망하는 자가 되었나이다."

(2) 자신의 하나님과 하나님을 섬기는 일로부터 쫓겨난 사실(19절). 다윗에게 있어 더 애통스러웠던 것은 전자(前者)보다 바로 이것이었다. "그들이 오늘 나를 쫓아내어 여호와의 기업에 참여하지 못하게 했으며, 나에게 있어 가나안 땅을 너무 뜨거워 거할 수 없는 곳으로 만들었나이다. 그들이 나를 광야와 산지로 쫓아냈으며, 나라로부터 완전히 쫓아내었나이다." 그를 정말로 고통스럽게 만든 것은 그 자신의 기업으로부터 쫓겨난 것이라기보다는 여호와의 기업 즉 거룩한 땅으로부터 쫓겨난 것이었다. 우리는 우리의 재물에 대한 하나님의 소유권을 인정해야 한다. 우리는 우리의 재물로부터 우리 자신의 유익보다 하나님의 유익을 먼저 구해야 하며, 그럴 때 비로소 우리는 그것으로 하나님께 영광을 돌릴 수 있게 된다. 다윗은 약속의 땅으로부터 쫓겨나 이방인들 가운데 살도록 강요되는 것보다 이방의 우상 숭배자들 가운데 거하면서 그들의 우상 숭배에 동참하도록 유혹받는 것이 더 고통스럽다고 토로한다. 그의 원수들이 사실상 '가서 다른 신들을 섬기도록' 그를 내쫓았다. 어쩌면 다윗은 그들 가운데 어떤 자들이 그와 같은 취지로 자신에 대해 말하는 것을 들었을는지 모른다. 우리로 하여금 하나님께 나아가는 것을 막는 것은 우리와 하나님 사이를 이간하는 것이요 우리를 이교도로 만드는 것이다. 만일 다윗이 하나님으로부터 특별한 은혜를 받지 못했거나 혹은 굳센 믿음 위에 서 있지 못했다면, 어쩌면 그는 자신의 왕과 백성들이(그들은 이스라엘 백성이요 참 하나님을 섬기는 자들이었다) 자신에게 가하는 악행으로 인해 그들이 고백하는 신앙에 대해 회의(懷疑)를 갖고 스스로 우상 숭배자들과 삶을 함께하는 자리로 나아갔을는지 모른

다. "이스라엘 백성들이 과연 이와 같다면, 나는 블레셋 사람들과 함께 살다가 그들과 함께 죽겠노라." 그러나 그들에게는 안 된 일일지 모르지만, 그들의 행동은 다윗에게 아무런 효과도 끼치지 못했다. 우리로 하여금 죄에 빠지도록 만드는 것이 우리에게 가할 수 있는 가장 큰 행악이란 사실을 우리는 기억해야 한다. 자신으로 하여금 죄의 시험 속으로 떨어지도록 만든 자들에 대해 다윗은 이렇게 말한다: 그들이 여호와 앞에 저주를 받으리로다. 하나님이 받으시는 자를 하나님으로부터 밀쳐내며 하나님이 사랑하시는 자를 마귀에게 보내는 자들은 저주 아래 떨어지게 될 것이다.

2. 다윗은 자신의 순전함을 주장한다: 내가 무엇을 하였으며 내 손에 무슨 악이 있나이까?(18절). 그는 어떤 개인이나 왕이나 나라에 대하여 어떤 위해(危害)도 가하지 않았으며 또 그럴 계획조차 갖고 있지 않았다. 사울 자신도 얼마 전에 그에 대해 그렇게 증거했었다(24:17): 너는 나보다 의롭도다. 사울에게 있어 다윗에 대해 아무런 죄도 찾지 못함에도 불구하고 그를 범죄자로 규정하면서 쫓는 것은 너무나 불합리하며 악한 일이 아닐 수 없었다.

3. 다윗은 사울로 하여금 그가 자신을 쫓는 것은 잘못된 일일 뿐만 아니라 너무나도 격에 맞지 않는 일이라는 사실을 설득하고자 애쓴다. "산에서 메추라기를 사냥하는 자와 같이 이스라엘 왕이 한 벼룩을 수색하러 나오셨나이다(20절). 큰 위엄을 가지신 이스라엘의 왕에게 있어 벼룩을 쫓는 것은 너무나 초라하며 격에 맞지 않는 사냥이 아니니이까?" 다윗은 스스로를 순전하며 아무런 해도 끼칠 줄 모르는 메추라기에 비유한다. 사람들이 메추라기를 잡으려고 쫓을 때, 그 새는 도망치기만 할 뿐 아무런 저항도 하지 않는다. 이런 보잘것없는 메추라기 한 마리를 사냥하기 위해 이렇게 많은 군사들을 데리고 왔단 말인가? 이것은 그의 위엄에 얼마나 큰 손상이 되는가? 그처럼 나약하고 순전한 자를 짓밟는 것은 그의 위대한 이름에 얼마나 큰 오점을 남기는 일인가? 너희는 의인을 정죄하고 죽였으나 그는 너희에게 대항하지 아니하였느니라(약 5:6).

4. 다윗은 불화의 핵심이 무엇인지 궁구(窮究)하면서 그것을 해결할 방법을 찾고자 한다(19절). 사울 자신은 다윗을 핍박하는 것이 공의 때문이라든지 혹은 나라의 안위를 위해 그렇게 하지 않을 수 없다는 따위의 말을 할 수 없었다. 다윗도 이 모든 일이 사울 자신의 시기심과 악의 때문이라고 말하고 싶지 않았다(비록 그것이 사실이라 할지라도). 따라서 다윗은 이 일이 하나님의 의로운

심판이든지 아니면 악인들의 불의한 음모에 돌려져야 한다고 결론짓는다.

　(1) "만일 여호와께서 나를 불쾌하게 여기시므로 왕을 충동시켜 나를 해하려 한 것이라면(비록 내가 왕에게는 죄가 없다 할지라도 하나님께 범죄함으로 이와 같이 징벌하시는 것이라면), 혹은 이 일이 왕을 불쾌하게 여기시므로 여호와께서 부리신 악령으로 말미암아 야기된 일이라면, 여호와께서는 우리 두 사람으로부터 제물을 받으시기를 원하나이다. 우리 두 사람이 하나님께 제물을 드림으로 그와 더불어 화해하며 화목을 이룰 수 있을 것이니이다. 그러면 어떤 죄든지 용서받게 될 것이요 우리 두 사람을 그토록 괴롭게 만들었던 모든 고통도 끝나게 될 것이니이다." 화해와 화평을 이룸에 있어서의 올바른 방법을 보라. 우리의 위대한 제물이신 그리스도로 말미암아 먼저 하나님을 우리의 친구로 만들자. 그러면 다른 모든 불화는 끝나게 될 것이다(엡 2:16; 잠 16:7).

　(2) 그러나 "만일 악한 자들이 왕을 충동하여 격노케 한 것이라면, 그들이 여호와 앞에 저주를 받을 것이라." 다시 말해서 그들은 매우 악한 자들이기 때문에 마땅히 왕의 궁정으로부터 버림을 당하고 쫓겨나야 할 것이라는 것이었다. 다윗은 왕으로 하여금 명예롭지 못하며 정직하지 않게 행동하도록 조언한 악한 참모들을 에둘러 비난한다. 또한 그들은 여호와 앞에 저주를 받은 자들이므로 마땅히 왕의 주변에서 물러나고 그 앞에 나아오지 못하도록 하여야 한다고 주장하면서, 다음과 같이 간청한다(20절): 그런즉 청하건대 여호와 앞에서 먼 이 곳에서 이제 나의 피가 땅에 흐르지 말게 하옵소서. 이와 같이 다윗은 자신의 생명을 위해 그리고 자신에 대해 호의적인 마음을 가져줄 것을 위해 애절하게 탄원한다.

[21]사울이 이르되 내가 범죄하였도다 내 아들 다윗아 돌아오라 네가 오늘 내 생명을 귀하게 여겼은즉 내가 다시는 너를 해하려 하지 아니하리라 내가 어리석은 일을 하였으니 대단히 잘못되었도다 하는지라 [22]다윗이 대답하여 이르되 왕은 창을 보소서 한 소년을 보내어 가져가게 하소서 [23]여호와께서 사람에게 그의 공의와 신실을 따라 갚으시리니 이는 여호와께서 오늘 왕을 내 손에 넘기셨으되 나는 손을 들어 여호와의 기름 부음을 받은 자 치기를 원하지 아니하였음이니이다 [24]오늘 왕의 생명을 내가 중히 여긴 것 같이 내 생명을 여호와께서 중히 여기셔서 모든 환난에서 나를 구하여 내시기를 바라나이다 하니라 [25]사울이 다윗에게 이르되 내 아들 다윗

아 네게 복이 있을지로다 네가 큰 일을 행하겠고 반드시 승리를 얻으리라 하니라 다윗은 자기 길로 가고 사울은 자기 곳으로 돌아가니라

I. 사울이 다윗을 핍박한 자신의 잘못과 어리석음을 고백하면서 다시는 핍박하지 않겠다고 약속함. 다윗은 전에도 사울의 목숨을 살려준 적이 있었는데, 이번의 경우는 지난번의 경우보다 더 강력한 영향력을 미침으로써 그로부터 더 강력한 고백을 이끌어 냈다(21절).

1. 사울은 다윗의 호의로 인해 자신의 마음이 완전히 녹았음을 고백한다. "나는 네가 나의 생명을 미워할 줄 생각했으나, 너는 오늘 내 생명을 귀하게 여겼도다."

2. 사울은 다윗을 핍박한 것이 매우 잘못된 행동이었음을 인정한다. 자신에 대해 큰 호의를 갖고 있는 자를 원수로 여겨 쫓음으로써, 자신은 하나님의 율법에 반하여(내가 범죄하였도다) 행동했을 뿐만 아니라 또한 자기 자신의 유익에도 반하게(내가 어리석은 일을 하였도다) 행동했음을 인정했다. 그는 말한다. "내가 너와 나 자신에게 대단히 잘못하였도다." 특별히 하나님의 백성들을 미워하며 핍박하는 것은 매우 어리석은 일이며 또한 대단히 잘못하는 일이라는 사실을 주목하라(욥 19:28).

3. 사울은 다윗에게 왕궁으로 돌아가자고 청한다: 내 아들 다윗아 돌아오라. 명철한 자는, 다윗처럼 스스로 지혜롭게 행하며 하나님을 자신의 편으로 삼는 자를 주위에 두는 것이 매우 유익한 일이라는 사실을 알게 될 것이다.

4. 사울은 이제부터는 다윗을 핍박하지 않고 지켜 주겠노라고 약속한다: 내가 다시는 너를 해하려 하지 아니하리라. 그러나 우리는 사울의 이와 같은 고백과 약속이 참된 회개로부터 나온 것이 아니라고 생각할 만한 충분한 이유를 가지고 있다.

II. 다윗이 사울의 고백을 듣고 계속해서 자신의 마음을 이야기함. 그는 사울의 병사 가운데 한 사람으로 하여금 창을 가져가도록 했다(22절). 그리고 나서(23절)

1. 다윗은 모든 불화에 대해 재판장이신 하나님께 호소한다: 여호와께서 사람에게 그의 공의와 신실을 따라 갚으시리니. 그는 하나님께서 그렇게 하실 것을 믿음으로 확신하고 있는데, 그것은 하나님이 모든 사람의 마음과 행동을 정확무

오하게 알고 계시며, 또한 각 사람을 그 행한 바에 따라 정당하게 갚아 주실 것이기 때문이었다. 또한 기도로써 그는 하나님이 그렇게 하실 것을 간절히 열망한다. 이렇게 함으로써 다윗은 사실상 사울을 대적하여 기도하는 결과가 되었다. 왜냐하면 사울은 다윗에 대해 너무도 불의하고 부당하게 대했기 때문이다(시 28:4, 그들이 하는 일과 그들의 행위가 악한 대로 갚으시며 그들의 손이 지은 대로 그들에게 갚아 그 마땅히 받을 것으로 그들에게 갚으소서). 그러나 다윗의 기본적인 의도는 자신을 위해 기도하는 것이었다. 그는 하나님으로 하여금 자신의 의와 신실을 따라 보호해 주실 것과, 사울이 자신에게 행한 모든 것으로 인해 자신에게 보응해 주실 것을 간구하고 있었다.

2. 다윗은 사울에게 자신이 여전히 그를 존경하고 있음을 일깨워준다: 나는 손을 들어 여호와의 기름 부음을 받은 자 치기를 원하지 아니하였음이니이다. 여기에서 다윗은 사울의 생명을 지켜준 것은 바로 그에게 부어진 기름이었음을 말하면서, 그러므로 그는 여호와께 빚을 졌고 따라서 마땅히 감사를 표해야 함을 암시한다(만일 그가 보통 사람이었다면 다윗이 그렇게까지 호의를 베풀지는 않았을 것이다). 그리고 어쩌면 다윗은 여기에서 한 걸음 더 나아가 자신 또한 여호와의 기름 부음 받은 자이므로 동일한 원칙에 따라 사울 역시도 (자신이 그의 생명에 대해 그렇게 했던 것처럼) 마땅히 자신의 생명을 함부로 해쳐서는 결코 안 된다는 사실을 암시하고자 했는지도 모른다.

3. 사울의 약속을 크게 신뢰하지 않은 채, 다윗은 스스로를 하나님의 보호 아래 두면서 그분의 호의를 간구한다(24절). "왕은 나의 생명을 중히 여기지 않으셨으나, 여호와께서는 중히 여기셔서 모든 환난에서 나를 구하여 내시기를 바라나이다." 이와 같이 자신이 사울에게 호의를 베풀었으므로, 다윗은 하나님으로 하여금 사울의 빚을 대신 갚아줄 것을 간청한다. 이와 같은 거룩한 확신을 가진 사람은 선을 행함으로 고난 받는(벧전 3:17) 것을 기꺼이 감당한다.

Ⅲ. 다윗이 결국 큰 일을 행하게 될 것을 사울이 예언함. 그는 다윗에게 축복한다(25절): 내 아들 다윗아 네게 복이 있을지로다. 지금 사울은 다윗의 순전함에 대해 너무도 분명하게 확신하고 있었으므로, 자신의 병사들 앞에서조차 자신을 정죄하고 다윗을 칭찬하는 것을 부끄럽게 여기지 않았다. 따라서 병사들은 자신들이 이토록 칭찬받는 사람을 죽이기 위해 달려왔음을 생각할 때 스스로 얼굴을 붉히지 않을 수 없었을 것이다. 마침내 사울은 다윗의 승귀(昇貴)와

승리를 예언한다: 네가 큰 일을 행하겠고. 양심적으로 참된 선을 행하는 자는 결국 하나님의 도우심으로 말미암아 참으로 큰 일을 행하게 될 것이라는 사실을 주목하라. 그는 계속해서 덧붙인다: 네가 반드시 승리를 얻으리라. 이것은 결과적으로 자신을 대적하는 말이며 또한 스스로 발설하기 싫은 말이었지만, 결국 그는 이렇게 말하지 않을 수 없었다. 다윗에게 있는 왕의 자질들로 인해 — 사울을 살려준 넓은 마음, 아브넬을 꾸짖는 장군다운 권위, 공공의 선을 위한 관심, 하나님이 함께 하시는 여러 가지 표적들 — 사울은 그가 결국 왕의 자리에 오르게 될 것이라는 사실을 인정하지 않을 수 없었다.

IV. 상처가 완화되고 서로 우호적인 마음으로 헤어짐. 사울은 자신의 계획을 이루지 못한 채, 그리고 다윗을 죽이려고 쫓아갔던 일을 부끄러워하면서 기브아로 돌아왔다. 그러나 다윗은 사울의 말을 액면 그대로 받아들일 수 없었고 따라서 그와 함께 돌아오지 않았다. 한 번 잘못을 행한 사람을 너무 쉽게 믿는 것은 결코 지혜로운 일이 아니다. 그래서 다윗은 다른 길로 갔다. 그리고 이러한 이별 후 사울과 다윗이 다시 만났는지 여부는 성경에 나타나지 않는다.

제 27 장

개요

다윗은 하나님의 마음에 합한 자였다. 그럼에도 불구하고 그에게도 여러 가지 잘못이 있었다. 그러한 것들이 성경에 기록된 것은 우리로 하여금 본받도록 하기 위함이 아니라 경고를 받도록 하기 위함이다. 우리는 본 장에서 이러한 사실을 보게 되는데, 본 장의 이야기에서 우리는 다음과 같은 내용을 발견할 수 있다. I. 다윗이 자신과 가족들의 안전을 지키기 위해 신중하게 행동함(2-4절), 그리고 가나안 사람들에 대항하여 용맹하게 싸움(8-9절). 이것은 그에게 있어 칭찬할 만한 일이었다. II. 그러나 우리는 본 장에서 그에게 있어 불명예스러운 일도 발견한다. 1. 그가 자신의 구원에 대해 절망하기 시작함(1절). 2. 그가 이스라엘을 버리고 블레셋 사람의 땅에 가서 거함(1, 5-7절). 3. 그가 자신의 원정(遠程)에 대해 애매한 말로 (만일 그것이 거짓말이 아니라면) 아기스를 속임(10-12절).

[1]다윗이 그 마음에 생각하기를 내가 후일에는 사울의 손에 붙잡히리니 블레셋 사람들의 땅으로 피하여 들어가는 것이 좋으리로다 사울이 이스라엘 온 영토 내에서 다시 나를 찾다가 단념하리니 내가 그의 손에서 벗어나리라 하고 [2]다윗이 일어나 함께 있는 사람 육백 명과 더불어 가드 왕 마옥의 아들 아기스에게로 건너가니라 [3]다윗과 그의 사람들이 저마다 가족을 거느리고 가드에서 아기스와 동거하였는데 다윗이 그의 두 아내 이스르엘 여자 아히노암과 나발의 아내였던 갈멜 여자 아비가일과 함께 하였더니 [4]다윗이 가드에 도망한 것을 어떤 사람이 사울에게 전하매 사울이 다시는 그를 수색하지 아니하니라 [5]다윗이 아기스에게 이르되 바라건대 내가 당신께 은혜를 입었다면 지방 성읍 가운데 한 곳을 내게 주어 내가 살게 하소서 당신의 종이 어찌 당신과 함께 왕도에 살리이까 하니 [6]아기스가 그 날에 시글락을 그에게 주었으므로 시글락이 오늘까지 유다 왕에게 속하니라 [7]다윗이 블레셋 사람들의 지방에 산 날 수는 일 년 사 개월이었더라

I. 믿음이 약해진 결과 다윗이 큰 두려움에 사로잡힘. 다윗이 그 마음에 생각하기를 내가 후일에는 사울의 손에 붙잡히리니(1절). 그는 사울의 쉬지 않는 격노와 악의 그리고 이스라엘 백성들의 배신을 생각하며 (특별히 십 사람들의 두번에 걸친 배신을 생각하며) 스스로 자신에게 이야기한다. 또한 그는 자신의 병력을 바라보며 그 숫자가 너무나 보잘것없음을 생각한다. 오랜 동안 새로운 병력이 보충되지 않았으며, 최소한의 근거지조차 확보할 수 없었다. 따라서 그는 우울한 기분으로 다음과 같은 어두운 결론을 내린다: 내가 어느 날 사울의 손에 멸망을 당할 것이라. 믿음이 적은 자여 왜 의심하였느냐? 그는 왕으로 기름 부음을 받지 않았던가? 그것은 왕이 될 때까지 그의 생명이 보존될 것을 의미하지 않는가? 비록 사울의 약속은 믿지 못한다 할지라도, 하나님의 약속은 확실히 믿을 수 있지 않은가? 신적 섭리의 특별한 돌보심을 지금까지 그토록 많이 경험한 것으로도 부족했단 말인가? 지금까지 구원해 주신 분이 이제도 그리고 앞으로도 그렇게 하시지 않겠는가? 그러나 불신앙은 심지어 선한 자에게까지도 너무나 쉽게 다가오는 죄이다. 그것을 극복하는 것은 결코 쉽지 않은 문제이다. 주여, 우리의 믿음을 더하소서!

II. 그로 인해 다윗이 도달한 결론. 사울이 자신의 처소로 돌아가자, 다윗은 이 기회에 블레셋 땅으로 피하여 들어가기로 결심한다. 그는 에봇이나 혹은 선지자에게 묻지 않고, 오로지 자신의 마음을 따라 다음과 같이 결론을 내린다: 블레셋 사람들의 땅으로 피하여 들어가는 것이 좋으리로다. 매우 선한 사람이라 할지라도 오랜 동안의 시련과 고난 가운데 믿음과 인내가 고갈되는 위험에 빠지는 것은 결코 드문 일이 아니다.

1. 사울은 다윗을 이러한 극한의 상황까지 몰고감으로써 스스로 자신과 자신의 나라에 원수가 되고 말았다. 그는 다윗같이 뛰어난 장군을 추방시킴으로써 적진에 가담하도록 했으며, 그것은 결과적으로 자신의 힘을 약화시키는 것이었다.

2. 다윗 역시도 그와 같은 선택을 함으로써 스스로 자신에게 떳떳할 수 없었다. 하나님은 다윗에게 그의 깃발을 유다 땅에 세우라고 지시하셨다(22:5). 거기에서 하나님은 그를 놀라운 방법으로 지켜 주셨으며, 때때로 이스라엘을 위해 선한 일을 하도록 인도하셨다. 그런데 그는 왜 이러한 장소를 버릴 생각을 했단 말인가? 이스라엘 땅의 경계를 벗어나고도 어떻게 이스라엘의 하나님의

보호를 받으리라고 기대할 수 있었단 말인가? 얼마 전에 그는 블레셋 사람들 가운데 있으면서 미친 체하고서야 비로소 그들의 손을 간신히 벗어날 수 있었다. 그런데 지금은 어떻게 그들 가운데 있으면서 안전할 것을 기대할 수 있단 말인가? 설령 지금 그들로부터 은혜를 입는다 할지라도, 장차 왕이 된 후 받은 은혜를 되갚기는 고사하고 오히려 그들과 전쟁을 해야만 하게 될 것이다. 그런데도 지금 그들의 은혜를 받아야만 하는가? 이제 그는, 자신에게 다른 신들을 섬기라고 말하는 자들의 비위를 맞추려고 노력하지 않을 수 없게 될 것이다. 그들은 이것을 가지고 그를 책망할 수도 있게 될 것이며, 이로써 그와 그의 사람들의 손은 어쩔 수 없이 약하게 될 것이다. 이러한 사실들을 생각할 때 우리는 다음과 같이 기도하지 않을 수 없다. 주여, 우리를 시험에 들게 하지 마옵소서.

Ⅲ. 다윗이 가드로부터 호의적인 영접을 받음. 아기스는 기꺼이 다윗을 환영했다. 그것은 그토록 용맹스러운 자를 맞이하는 것을 자랑스럽게 여기는 관대한 마음으로부터 말미암은 것이었을 뿐만 아니라, 또한 그로 하여금 영원히 자신을 섬기도록 하고 그럼으로써 그의 본을 따라 더 많은 사람들이 자기 나라를 버리고 자신에게로 올 것을 희망하는 정책적인 이유로부터 말미암은 것이기도 했다. 의심의 여지 없이 아기스는 다윗을 보호해 주겠다고 엄숙하게 약속해 주었을 것이다. 다윗은 사울의 약속은 믿을 수 없었지만 그의 약속은 믿을 수 있었고, 그래서 결국 가드로 가게 되었다. 블레셋 사람의 말이 이스라엘 사람의 말보다 더 신뢰성이 있고, 이스라엘의 성읍들이 그를 거절했을 때 이방인의 성읍 가드가 그의 피난처가 된 것을 생각할 때, 우리는 얼굴을 붉히지 않을 수 없다.

1. 다윗은 자신의 사람들을 데리고 갔다(2절). 그것은 그들로 하여금 자신을 지키도록 할 뿐만 아니라 또한 그들 역시도 자신과 함께 있을 때 안전할 것이었기 때문이었다. 또한 다윗은 그렇게 함으로써 자신으로부터 많은 역할을 기대하는 아기스로부터 좀 더 많은 환심을 사고자 한 것으로 보인다.

2. 다윗과 그의 사람들은 각자 자신의 가족들을 데리고 갔다(3절). 가장(家長)은 마땅히 자신에게 맡겨진 가족들을 돌보고 보호하고 부양하며 또한 함께 거주해야 한다.

Ⅳ. 사울이 다윗을 쫓는 것을 단념함. 사울이 다시는 그를 수색하지 아니하니라(4절). 이것은 그가 얼마 전에 자신의 잘못을 고백했음에도 불구하고 만일 다

윗이 자신의 손이 닿는 곳에 있다면 또다시 그를 죽이고자 도모했을 것임을 암시한다. 그러나 이제 더 이상 자신의 손이 닿는 곳에 있지 않았으므로, 사울은 다윗을 쫓는 것을 단념한다. 이와 같이 어떤 사람이 피상적으로는 죄를 떠난 것처럼 보이지만 실상은 그렇지 않은 경우를 우리는 종종 볼 수 있다. 만일 할 수만 있다면 그는 또다시 죄를 범했을 것이다. 사울은 다윗이 이스라엘을 떠나 블레셋으로 간 것으로 만족하며 더 이상 그를 쫓지 않았다. 왜냐하면 비록 자신의 손으로 죽일 수는 없었다 할지라도, 조만간 그가 블레셋 사람들의 손에 떨어지게 될 것을 기대할 수 있었기 때문이었다(전에 그랬던 것처럼, 18:25). 또한 그를 자신의 손으로 죽일 수 있다면 더 좋았겠지만, 그러나 블레셋 사람들이 그렇게 해 준다면 사울은 그것으로 만족할 것이었다. 왜냐하면 이렇게 하나 저렇게 하나 결국 마찬가지였기 때문이다.

V. 다윗이 가드를 떠나 시글락으로 감.

1. 다윗의 요청은 대단히 분별력 있는 것이었으며, 또한 매우 겸손했다(5절).

(1) 그것은 실로 분별력 있는 것이었다. 다윗은 사울 왕궁에서의 시기를 잘 알고 있었으며, 아기스의 왕궁에서도 똑같은 일이 일어날 수 있다는 사실을 충분히 예견할 수 있었다. 그러므로 다윗은 왕궁의 높은 지위를 사양하고, 지방의 한적한 곳에서 조용히 머물기를 원했다. 자신이 머무는 한적한 곳에서 그는 신앙생활을 좀 더 자유롭게 할 수 있었으며, 또한 자신의 사람들에게도 그렇게 하도록 배려할 수 있었다. 그리고 그런 곳에서라면 가드에서 행해지는 블레셋 사람들의 우상 숭배로 인해 그의 의로운 영이 괴로움을 당할 일도 없을 것이었다.

(2) 또한 다윗은 매우 겸손하게 요청했다. 그는 자신이 가고자 하는 지역을 특정해서 지정하지 않는다. 다만 지방 성읍 가운데 한 곳을 허락해 줄 것을 간청할 뿐이었으며, 그 곳이 어느 곳이든 그는 만족할 것이었다(구걸하는 자는 이것저것 따지면서 구걸해서는 안 된다). 다윗은 다음과 같은 이유를 제시한다: 당신의 종이 어찌 당신과 함께 왕도에 살리이까. 견고하게 서 있기를 원하는 자는 결코 높은 곳을 탐해서는 안 된다는 사실을 주목하라. 겸손한 자는 왕도(王都)에 거주하는 것을 꿈꾸지 않는다.

2. 다윗의 요청에 대해 아기스는 매우 관대하며 호의적으로 허락해 주었다 (6, 7절): 아기스가 그 날에 시글락을 그에게 주었으므로.

(1) 이로써 이스라엘은 예전의 권리를 되찾게 되었다. 왜냐하면 시글락은 본래 유다 지파의 기업에 속해 있었다가(수 15:31), 나중에 다른 몇몇 성읍들과 함께 시므온의 기업으로 할당된(수 19:5) 성읍이었기 때문이다. 그러나 블레셋은 이스라엘과 싸워 정당하게 그 성읍을 점령한 것이 아니라, 아마도 정당하지 못하게 취했던 것으로 보인다. 아기스는 지각이 있고 또한 명예를 아는 자였기 때문에 이번 기회에 그 성읍을 돌려 주었다. 의로우신 하나님은 의롭게 판단하신다.

(2) 이로써 다윗은 좋은 근거지를 얻게 되었다. 그 곳은 가드로부터는 상당히 멀리 떨어져 있는 반면 이스라엘과는 인접해 있는 곳이었다. 따라서 다윗은 이 곳에서 자기 나라 사람들과 연락을 취할 수 있었으며, 이스라엘 백성들은 이제 다가오고 있는 격동의 때에 그에게로 피신해 올 수 있었다. 다윗은 사울이 살아 있는 동안에는 자신의 병력을 증가시키지 않은 것으로 보인다(30:10에 보면 그는 여전히 600명의 병사만을 거느리고 있을 뿐이었다). 그러나 사울이 죽자마자 시글락은 다윗에게 호감을 갖고 있는 자들이 집결하는 장소가 되었다. 아니, 다윗은 사울 때문에 그냥 조용히 있었는데, 많은 무리가 최소한 자신들의 계획을 그에게 나타내기 위해 그에게로 몰려온 것이었다(대상 12:1-22). 그리고 이 일로 인해 다윗은 또 다른 이득을 얻게 되었는데, 그것은 이후로 시글락이 유다의 왕들의 소유가 되었기 때문이다(6절). 겸손과 겸양 그리고 스스로 한적한 곳으로 물러가고자 한 것으로 인해 잃은 것은 아무것도 없었다. 헛된 명예를 피할 때 참된 유익이 따르는 법이다. 이 곳에서 다윗은 보좌로 나아갈 때까지 상당 기간 머물며 기다렸다(7절). 믿는 자는 결코 서두르지 않는 법이다.

⁸다윗과 그의 사람들이 올라가서 그술 사람과 기르스 사람과 아말렉 사람을 침노하였으니 그들은 옛적부터 술과 애굽 땅으로 지나가는 지방의 주민이라 ⁹다윗이 그 땅을 쳐서 남녀를 살려두지 아니하고 양과 소와 나귀와 낙타와 의복을 빼앗아 가지고 돌아와 아기스에게 이르매 ¹⁰아기스가 이르되 너희가 오늘은 누구를 침노하였느냐 하니 다윗이 이르되 유다 네겝과 여라무엘 사람의 네겝과 겐 사람의 네겝이니이다 하였더라 ¹¹다윗이 그 남녀를 살려서 가드로 데려가지 아니한 것은 그의 생각에 그들이 우리에게 대하여 이르기를 다윗이 행한 일이 이러하니라 하여 블레

셋 사람들의 지방에 거주하는 동안에 이같이 행하는 습관이 있었다 할까 두려워함이었더라 [12]아기스가 다윗을 믿고 말하기를 다윗이 자기 백성 이스라엘에게 심히 미움을 받게 되었으니 그는 영원히 내 부하가 되리라고 생각하니라

본 단락에는 다윗이 블레셋 사람들의 땅에 있는 동안 행한 일들이 담겨 있는데, 우리는 여기에서 그가 저주 받은 나라들의 남은 자들을 공격하여 승리를 거둔 것과 그것을 아기스에게 보고한 내용을 보게 된다.

1. 우리는 다윗의 이러한 행동이 너무나 잔인하며 부당한 것이라고 정죄해서는 안 된다. 왜냐하면 그가 진멸한 백성들은 하늘이 오래 전에 멸망하기로 결정한 백성들이었으며, 또한 이 일을 행한 자는 하늘로부터 기름 부음을 받은 자였기 때문이다. 그러므로 그 일은 마땅히 행해져야 하는 일이었으며, 그는 그 일을 하기에 가장 적합한 자였다. 여호와의 전쟁을 수행하도록 기름 부음을 받은 자에게 있어 그 일을 수행하기를 꺼려하는 가운데 가만히 앉아 있는 것은 결코 합당한 일이 아니었다. 그는 이스라엘을 위해 위험을 무릅씀으로써만 사울로부터 안전할 것을 바랄 수 있었다. 그는 하나님과 이들 나라들과의 오랜 다툼에 대해 복수하였으며, 그렇게 함으로써 동시에 자신과 자신의 군대를 위한 식량을 조달했다. 왜냐하면 그들은 자신들의 칼에 의지하여 살아야만 했기 때문이었다. 아말렉 사람들은 완전히 진멸되어야만 했다. 그술 사람들과 기르스 사람들은 아마도 아말렉의 일부였을 것이다. 사울은 그들을 남겨둔 것으로 인해 버림을 받았는데, 다윗은 사울의 '순종의 부족분'을 보충하고 있었다. 다윗은 그들을 쳐서 아무도 남기지 않았다(8, 9절). 일에는 보상이 따르는 법이다. 이 일로 그는 많은 전리품을 취할 수 있었으며, 그것은 그의 군대를 유지하는 일에 사용되었다.

2. 그러나 이러한 원정(遠征)에 대해 보고하는 가운데 애매한 말로 아기스를 속인 것은 결코 정당화될 수 없다.

(1) 다윗은 아기스가 이 일의 진실을 아는 것을 꺼려한 것으로 보인다. 그래서 다윗은 그들을 살려 가드로 데려가지 않았는데(11절), 그것은 그가 자신이 한 일을 나쁜 일로 여기며 부끄러워했기 때문이 아니라, 블레셋 사람들이 이 일을 알면 자신들이 그들 가운데 거함으로 인해 그들 자신과 그들의 동맹국들이 위험 가운데 있음을 깨닫고 자신을 추방할까 염려했기 때문이었다. 블레셋

사람들이 다음과 같이 생각하는 것은 아주 쉬운 일이었다: 그의 행한 일이 이러하다면 그것이 또한 그의 행하는 습관일 것이라. 따라서 다윗은 이 일이 그들에게 드러나지 않도록 하고자 했고, 그렇게 하기 위해서는 그들 모두를 칼로 치는 방법 외에는 다른 방법이 없었던 것으로 보인다.

(2) 다윗은 애매한 말로 진실을 은폐한다. 어느 길로 침노하였느냐는 질문을 받았을 때, 다윗은 유다 남쪽이라고 대답했다(10절). 그가 유다의 남쪽에 위치한 지역들을 침노한 것은 사실이었다. 그러나 그렇게 말함으로써 그는 아기스로 하여금 자신이 유다 남부에 살고 있는 사람들, 예컨대 두 번에 걸쳐 자신을 배신한 십 사람 등과 같은 사람들을 침노한 것처럼 믿도록 만들었다. 실제로 아기스는 그렇게 이해했다. 따라서 그는 이 일로 인해 다윗이 자기 백성 이스라엘에게 심히 미움을 받게 되었으며 이제 영원히 자신의 편이 되었다고 생각했다. 아기스가 다윗에 대해 믿음과 좋은 마음을 갖고 성실하게 보호해 준 사실은 다윗의 거짓의 죄를 더욱 가중시킨다. "나로 하여금 거짓말하는 길로부터 멀어지게 하소서"라고 기도할 때, 어쩌면 그는 지금의 상황을 회개하는 마음으로 회상하면서 기도하고 있었던 것이었는지도 모른다.

제
— 28 —
장

개요

사울의 생애와 통치에 종지부를 찍을, 그리고 그럼으로써 다윗으로 하여금 보좌로 나아갈 길을 여는 전쟁이 이제 준비되고 있다. 이 전쟁에서, I. 블레셋 사람들이 먼저 싸움을 걸어오며, 그들의 왕 아기스는 다윗을 자신의 편으로 삼는다(1, 2절). II. 이스라엘 사람들이 방어를 준비하며, 그들의 왕 사울은 마귀를 조언자로 삼음으로써 자신의 죄의 분량을 채운다. 1. 사울의 절망적인 상태(3-6절). 2. 사울이 신접한 여인에게 사무엘을 불러달라고 청함(7-14절). 3. 그의 대답(15-19절). 4. 그로 인해 사울이 낙담에 빠짐(20-25절).

¹그 때에 블레셋 사람들이 이스라엘과 싸우려고 군대를 모집한지라 아기스가 다윗에게 이르되 너는 밝히 알라 너와 네 사람들이 나와 함께 나가서 군대에 참가할 것이니라 ²다윗이 아기스에게 이르되 그러면 당신의 종이 행할 바를 아시리이다 하니 아기스가 다윗에게 이르되 그러면 내가 너를 영원히 내 머리 지키는 자를 삼으리라 하니라 ³사무엘이 죽었으므로 온 이스라엘이 그를 두고 슬피 울며 그의 고향 라마에 장사하였고 사울은 신접한 자와 박수를 그 땅에서 쫓아내었더라 ⁴블레셋 사람들이 모여 수넴에 이르러 진 치매 사울이 온 이스라엘을 모아 길보아에 진 쳤더니 ⁵사울이 블레셋 사람들의 군대를 보고 두려워서 그의 마음이 크게 떨린지라 ⁶사울이 여호와께 묻자오되 여호와께서 꿈으로도, 우림으로도, 선지자로도 그에게 대답하지 아니하시므로

I. 블레셋 사람들이 이스라엘을 치고자 계획함. 그들은 이스라엘과 싸우려고 결정했다(1절). 만일 이스라엘 백성들이 하나님을 버리지 않았다면, 그들을 괴롭히는 블레셋 사람은 아무도 남아있지 않았을 것이다. 만일 사울이 하나님을 버리지 않았다면, 지금쯤에는 블레셋 사람들로부터의 모든 위험을 완전히 떨쳐버릴 수 있었을 것이다. 사울과 그의 군대보다도 더 두려워하는 다윗을 자신

들의 편으로 끌어들이자, 그들은 이 기회를 활용하여 이스라엘을 공격하려고 계획했다.

Ⅱ. 아기스가 다윗의 도움을 기대함. 아기스가 다윗에게 이르되 너는 밝히 알라 너와 네 사람들이 나와 함께 나가서 군대에 참가할 것이니라(1절). "내가 너를 보호해 주었다면, 너에게 이와 같은 요구를 할 수 있을 것이라." 그는 어디를 가든지 형통하는 다윗 같은 사람을 자기편에 둘 수 있다면 매우 큰 힘이 될 것이라고 생각했다. 이에 다윗은 모호하게 대답한다. "우리는 일이 어떻게 진행되는지 살펴볼 것입니다. 나중에 이에 대해 충분히 이야기할 시간이 있을 것입니다. 그러면 당신의 종이 행할 바를 아시리이다"(2절). 이것은 다음과 같은 뜻이었다. "나에게 시간적 여유를 주신다면 내가 어떻게 하는 것이 당신에게 가장 큰 도움이 될지를 생각해 보겠나이다." 이와 같이 다윗은 아기스의 요구를 딱 잘라 거부하지도 않으면서 동시에 그를 돕겠다는 약속으로 스스로를 속박하지도 않았다. 그럼에도 불구하고 아기스는 그 말을 자신을 돕겠다는 약속으로 이해하면서, 그렇게 하면 그를 호위대장이나 혹은 나라의 총리로 삼겠다고 약속했다.

Ⅲ. 양쪽 군대가 서로 진을 치고 대치함. 블레셋 사람들이 모여 수넴에 이르러 진 치매(4절). 이 곳은 이스라엘 북쪽에 있는 잇사갈 지파에 속한 지역이었다. 이와 같이 당시 이스라엘 땅은 제대로 방비되지 못한 채 블레셋 사람들이 쉽게 내부까지 들어올 수 있었던 것으로 보인다. 사울은 다윗을 쫓는 동안 자신의 백성들을 이와 같이 무방비 상태로 방치하였다. 한편 사울은 길보아 산지 인근에 병력을 집결시킨 채 블레셋과 일전을 준비하였다. 그러나 여호와의 영이 그를 떠났으므로 그는 전의(戰意)를 거의 상실한 상태였다.

Ⅳ. 이러한 상황에서 사울이 어찌할 바를 알지 못하며 두려워함. 사울이 블레셋 사람들의 군대를 보고 두려워서 그의 마음이 크게 떨린지라(5절). 사울은 정탐꾼들의 보고뿐만 아니라 자신의 눈으로 직접 봄으로써 그들이 자신들보다 숫자도 많고, 더 잘 무장되었으며, 사기도 높은 것을 알고 두려워하며 크게 떨었다. 만일 하나님을 가까이 했다면, 그는 지금 블레셋 군대를 보면서 두려워할 필요가 없었을 것이다. 그러나 하나님으로 하여금 자신을 버리도록 만듦으로써 그의 세력은 약해졌고, 군대는 숫자도 줄고 모양도 초라해졌으며, (더욱 나쁜 것은) 정신이 꺾이고 마음까지도 낙담되었다. 결국 죄로 인해 그는 마치 바

람에 흔들리는 나뭇잎처럼 두려워 떨게 된 것이었다. 그는 자신이 남겨둔 아말렉 사람들의 '죄로 물든 피'와 자신이 흘린 제사장들의 '무죄한 피'를 잊어버리지 않았을 것이다. 지금 그의 눈 앞에 자신이 저지른 죄들이 펼쳐지고 있었다. 그로 인해 그는 혼란에 빠지고, 분별력을 잃었으며, 용기를 잃어버리고, 심판에 대한 두려운 마음이 불길같이 타오르게 되었다. 고난은 불순종의 자녀들에게 두려움을 가져다 준다는 사실을 주목하라. 이와 같이 괴로운 상황 속에서 사울은 여호와께 물었다(6절). 형통할 때는 하나님의 신탁과 제단을 대수롭지 않게 여기던 자가 이와 같이 곤궁한 상황에서 하나님을 찾는다. 여호와여 그들이 환난 중에 주를 앙모하였사오며 주의 징벌이 그들에게 임할 때에 그들이 간절히 주께 기도하였나이다(사 26:16). 하나님을 찾았으나 만나지 못한 자가 있는가? 그렇다. 사울이 바로 그러했다: 여호와께서 꿈으로도, 우림으로도, 선지자로도 그에게 대답하지 아니하시므로. 하나님은 사울의 기도 혹은 물음에 괘념치 않으셨으며, 어떻게 해야 할지에 대해 아무런 지시도 내리지 않으셨고, 그로 하여금 하나님이 함께 하실 것을 기대할 만한 어떤 격려도 주시지 않으셨다. 사울 같은 자가 내게 물은들 내가 조금인들 용납하랴(겔 14:3). 아니다. 그는 평화의 대답을 기대할 수 없었다. 왜냐하면,

1. 전혀 묻지 않은 것처럼 물었기 때문이다. 역대상 10장 14절에 보면 그는 여호와께 묻지 않았다고 언급되어 있는데, 그것은 만일 하나님이 대답하지 않으시면 마귀에게 물으려는 은밀한 계획과 함께 냉담한 마음으로 물었기 때문이었다. 그는 믿음으로 묻지 않고, 두 마음을 품고 물었다.

2. 너무 늦게 물었기 때문이다. 이미 시험의 때는 끝났으며, 그는 최종적으로 버림을 당했다. 우리는 하나님을 찾되 만날 만한 때에 그렇게 해야 한다. 왜냐하면 만날 수 없게 될 때가 올 것이기 때문이다.

3. 하나님께 묻는 모든 방법들의 효익(效益, benefit)을 이미 상실했기 때문이다. 사무엘과 다윗을(그들은 모두 선지자였다) 그토록 미워하고 핍박한 그가 어떻게 선지자를 통한 응답을 기대할 수 있단 말인가? 대제사장을 죽인 그가 어떻게 우림을 통한 응답을 기대할 수 있단 말인가? 은혜의 영을 대적하여 범죄한 그가 어떻게 꿈을 통한 응답을 기대할 수 있단 말인가? 결코 그럴 수 없다. 스스로 속이지 말라 하나님은 업신여김을 받지 아니하시나니 사람이 무엇으로 심든지 그대로 거두리라(갈 6:7).

V. 다음에 전개될 이야기를 위해 전에 일어났던 일 두 가지가 언급됨(3절).

1. 사무엘의 죽음. 사무엘의 죽음은 블레셋 사람들에게는 담대함을 가져다 준 반면 사울에게는 두려움을 가져다 주었다. 만일 사무엘이 살아 있었다면, 아마도 사울은 그의 존재와 도움과 충고와 기도가 괴로움 가운데 빠져 있는 자신에게 큰 도움이 될 것이라고 생각했을 것이다.

2. 사울이 이스라엘 땅에서 마술을 일소함. 사울은 신접한 자들을 멸절하도록 칙령을 내렸는데, 그들은 율법에 따라 마땅히 살려 두어서는 안 될 자들이었다(출 22:18, 너는 무당을 살려두지 말라). 어떤 이들은 그가 사무엘의 영향 아래 있었던 그의 통치 초기에 이 일을 행했을 것이라고 생각한다. 반면 다른 이들은 그 일이 여기에 기록된 것으로 미루어 최근에 시행된 것일 것이라고 생각한다(9절). 어쩌면 그 자신이 악령에 의해 고통을 당할 때 혹시 자신이 마술에 걸린 것이 아닌가 의심하고 그런 이유로 신접한 자들을 모두 진멸한 것이었는지도 모른다. 하나님의 영광을 위해서는 아무런 관심도 없고 또 죄에 대하여 별로 대적하는 마음도 가지고 있지 않다가, 자기 자신이 어떤 죄로 인해 고통을 당할 때야 비로소 그 죄를 대적하고 물리치기 위해 열심을 내는 경우가 종종 있다(그들은 자신들이 욕을 먹을 때 비로소 욕하는 자를 고발하고, 자신들이 술주정뱅이로부터 모욕을 당할 때 비로소 술주정뱅이를 고발한다). 그러나 어쨌든 사울이 이와 같이 악을 행하는 자들을 억제하기 위해 자신의 권력을 사용한 것은 분명 칭찬할 만한 일이었다. 자신의 죄에 대하여는 관대하면서도 다른 사람의 죄에 대하여는 냉혹한 경우가 종종 있음을 주목하라. 사울은 자신의 나라로부터는 마귀를 쫓아내고 있었으면서도, 끊임없는 시기심과 악의로 말미암아 정작 자신의 마음속으로는 그것을 불러들이고 있었다.

[7]사울이 그의 신하들에게 이르되 나를 위하여 신접한 여인을 찾으라 내가 그리로 가서 그에게 물으리라 하니 그의 신하들이 그에게 이르되 보소서 엔돌에 신접한 여인이 있나이다 [8]사울이 다른 옷을 입어 변장하고 두 사람과 함께 갈새 그들이 밤에 그 여인에게 이르러서는 사울이 이르되 청하노니 나를 위하여 신접한 술법으로 내가 네게 말하는 사람을 불러 올리라 하니 [9]여인이 그에게 이르되 네가 사울이 행한 일 곧 그가 신접한 자와 박수를 이 땅에서 멸절시켰음을 아나니 네가 어찌하여 내 생명에 올무를 놓아 나를 죽게 하려느냐 하는지라 [10]사울이 여호와의 이름으로

그에게 맹세하여 이르되 여호와께서 살아 계심을 두고 맹세하노니 네가 이 일로는 벌을 당하지 아니하리라 하니 [11]여인이 이르되 내가 누구를 네게로 불러 올리랴 하니 사울이 이르되 사무엘을 불러 올리라 하는지라 [12]여인이 사무엘을 보고 큰 소리로 외치며 사울에게 말하여 이르되 당신이 어찌하여 나를 속이셨나이까 당신이 사울이시니이다 [13]왕이 그에게 이르되 두려워하지 말라 네가 무엇을 보았느냐 하니 여인이 사울에게 이르되 내가 영이 땅에서 올라오는 것을 보았나이다 하는지라 [14]사울이 그에게 이르되 그의 모양이 어떠하냐 하니 그가 이르되 한 노인이 올라오는데 그가 겉옷을 입었나이다 하더라 사울이 그가 사무엘인 줄 알고 그의 얼굴을 땅에 대고 절하니라

I. 사울이 신접한 여인을 찾음(7절). 하나님께서 그에게 응답하지 않으셨을 때, 만일 그가 스스로 겸비하여 회개하면서 하나님을 찾았다면 결국 하나님이 그의 기도를 들으셨을지 누가 알겠는가? 그러나 하늘로부터도 땅으로부터도 아무 위로를 발견하지 못하자(사 8:21, 22), 그는 지옥의 문을 두드리면서 거기에서 자신의 친구가 되어 자신을 위해 조언해 줄 자를 찾아보려고 마음을 먹는다: 나를 위하여 신접한 여인을 찾으라(7절). 한편 그의 신하들은 그의 이러한 악한 일에 지나치리 만큼 고분고분하게 순종하면서 엔돌에 있는 한 여인을 추천한다(엔돌은 그다지 멀리 떨어져 있지 않은 성읍이었다). 이에 사울은 그녀에게 가서 묻기로 마음을 먹는다. 여기에서 우리는 사울의 행동과 관련하여 다음과 같은 잘못을 발견한다.

1. 이스라엘의 하나님을 모독함. 하나님께서 그에게 진노하사 외면하실 때, 그는 다른 존재가 자신에게 은혜를 베풀 수 있을 것이라고 생각했다.

2. 스스로 자가당착에 빠짐. 그는 마술의 가증함을 알고 있었다. 그렇지 않았다면 신접한 자들을 진멸하지는 않았을 것이었다. 그런데 그는 과거에 가증한 것으로 정죄했던 것을 지금은 신탁(神託)으로 여기며 의지하고 있었다. 지금 자신이 유혹받고 있지 않은 어떤 죄에 대하여 열렬히 정죄하다가 나중에 그러한 죄에 빠지게 되는 것은 흔히 있는 일이다. 만일 사울이 신접한 자들을 진멸하고 있을 때 어떤 사람이 그가 나중에 그들 가운데 한 사람에게 물을 것이라고 말했다면, 아마도 그는 하사엘처럼 "무엇이라고, 내가 개란 말이냐?"라고 말했을 것이다. 그러나 하나님을 버리고 또 하나님에게 버림을 당한 자가 어떤

일을 하게 될지 누가 알 수 있겠는가?

Ⅱ. 신접한 여인이 한 사람 있다는 말을 듣자마자 즉시로 그녀에게 달려감. 그러나 사울은 밤에, 변장을 하고, 오직 두 신하만을 데리고, 그리고 아마도 걸어서 그녀에게 갔다(8절).

1. 사울은 지금 얼마나 스스로를 비참하게 만들고 있는가? 사울에게 있어 자신의 운명을 알기 위해 몰래 신접한 여인을 찾아가는 것보다 더 추하고 비참한 모습은 일찍이 없었다.

2. 사울은 지금 얼마나 스스로를 위장하고 있는가? 악한 일은 어둠의 일로서, 빛을 미워하여 빛으로 나오지 않는다. 사울은 왕의 예복이 아니라 보통 군인의 복장으로 그녀에게 갔다. 그것은 그 신접한 여인이 사울의 정체를 안다면 분명 그녀는 그를 돕는 것을 꺼려하거나 혹은 그가 자신을 올무에 빠뜨리기 위해 온 것으로 여기면서 두려워할 것이었기 때문이었다. 뿐만 아니라 사울이 그렇게 한 것은 백성들이 이 사실을 알고 자신을 혐오하게 될 것을 우려했기 때문이기도 했다. 비록 악을 행하는 자라 할지라도 그것을 부끄럽게 여기며 얼굴을 붉히는 것은 자연적인 양심의 능력이다.

Ⅲ. 사울은 그녀에게 자신의 용건을 말하면서, 그녀가 이 일로 결코 벌을 받지 않을 것을 약속한다.

1. 사울이 요청한 것은 죽은 자로부터 어떤 한 사람을 불러올려 달라는 것이었다. 이것은 초혼술(招魂術) 즉 죽은 자를 불러 점을 치는 것으로서, 율법에 의해 명백히 금지된 것이었다(신 18:11). 어떤 사람이 너희에게 말하기를 주절거리며 속살거리는 신접한 자와 마술사에게 물으라 하거든 백성이 자기 하나님께 구할 것이 아니냐 산 자를 위하여 죽은 자에게 구하겠느냐 하라(사 8:19). 나를 위하여 신접한 술법으로 내가 네게 말하는 사람을 불러 올리라(8절). 이것은 당시에 사후(死後)에도 영혼이 계속 존재하며 죽음이 끝이 아니라는 사실이 당연한 것으로 받아들여졌음을 전제한다. 또한 이를 통해 우리는, 당시 사람들이 죽은 영혼이 많은 것을 알고 있는 것으로 여겼음을 알 수 있다. 그러나 선한 자의 영혼이 악령의 부림에 의해 올라온다든지 혹은 하나님이 세우신 선지자에 의해 도움을 거절당한 자가 악마적인 방법에 의해 도움을 받을 수 있다고 생각하는 것은 너무도 터무니없는 것이다.

2. 그녀는 이 낯선 자가 자신에게 올무를 놓아 죽이려고 하는 것이 아닌가

의심하며 두려워한다(9절): 네가 사울이 행한 일 곧 그가 신접한 자와 박수를 이 땅에서 멸절시켰음을 아나니. 신접한 여인에게 도움을 청하고 있었던 바로 그 시간에 그는 그들을 진멸하라는 자신의 칙령을 그들 가운데 한 사람의 입을 통해 듣게 되었는데, 이 또한 그의 죄가 얼마나 큰 것인지를 그대로 보여주는 것이었다. 그녀가 죽음의 위험을 이야기한 것은 아마도 복채(卜債, 점치는 값)를 높이기 위한 것이었을 것이다. 왜냐하면 비록 여기에 복채에 대한 언급은 나와 있지 않다 할지라도, 틀림없이 그녀는 상당한 액수의 복채를 요구했을 것이기 때문이다. 사울의 칙령으로부터 자신을 보호하는 일에 그녀가 얼마나 세심한 주의를 기울이는지 주목하라. 그러면서도 그녀는 하나님의 율법을 지키는 것과 그렇게 하지 않을 때 하나님이 진노하시는 것에 대하여는 거의 생각하지 않고 있었다. 그녀는 사울이 내린 칙령에 대해서는 주의하면서도 하나님이 말씀하신 것에 대하여는 주의하지 않았으며, 육신의 올무는 두려워하면서도 영혼의 올무는 두려워하지 않았다. 죄인들은 일반적으로 하나님의 의로운 심판으로부터 오는 형벌보다도 사람으로부터 오는 형벌을 더 두려워한다.

3. 사울은 결코 그녀를 배신하지 않겠다고 맹세로써 약속한다(10절). 그녀를 벌하는 것이 왕으로서의 그의 책임이었으며 그 또한 사실을 잘 알고 있었음에도 불구하고, 그는 그렇게 하지 않겠다고 맹세한다. 그는 하나님의 명령에 의해 자신이 반드시 해야만 하는 일을 마치 스스로의 맹세에 의해 하지 않아도 되는 양 행동한다. "네가 이 일로는 벌을 당하지 아니하리라"라고 말한 것은 그가 가진 권세를 넘어서는, 그래서 그로서는 결코 할 수 없는 말이었다. 하나님의 보응으로부터 스스로도 안전하지 못한 그가 어떻게 다른 사람을 안전하게 해줄 수 있단 말인가?

IV. 사울이 만나고 싶어한 사람은 얼마 전에 죽은 사무엘이었다. 신접한 여인은 초혼술(招魂術)을 사용하여 사울의 요구를 만족시키면서 둘을 만나게 해준다.

1. 사울이 신접한 여인에게 안전을 약속하자, 그녀는 초혼술을 시작하면서 매우 자신만만하게 "내가 누구를 네게로 불러 올리랴?"라고 묻는다(11절). 악을 행함에도 불구하고 처벌받지 않음을 확신할 때, 사람들의 마음은 더욱더 담대해지고 완악해진다.

2. 사울은 사무엘과 이야기하기를 원한다: 사무엘을 불러 올리라. 자신에게 기

름을 부은 자가 바로 사무엘이었으며 전에는 신실한 친구이자 조언자였으므로, 사울은 그와 더불어 의논하기를 원했다. 사무엘이 기브아에서 멀지 않은 라마에 있는 동안 그리고 그 곳에서 선지자 학교를 주관하고 있는 동안, 우리는 사울이 어떤 어려운 문제에 처했을 때 그에게 묻기 위해 그 곳으로 갔다는 이야기를 듣지 못했다. 그 때에는 그를 다윗의 편이라고 생각하면서 미워하며 등한히 했었다. 그러나 지금 그가 죽자 사울은 말한다: "오, 사무엘이여 한 번만! 어떤 수를 쓰더라도 사무엘을 불러 올리라." 하나님의 사역자들과 성도들을 살아 있는 동안에는 멸시하며 핍박하다가 죽은 후에는 그리워하는 경우가 많이 있음을 주목하라. 나사로를 보내어 그 손가락 끝에 물을 찍어 내 혀를 서늘하게 하시고 또 나사로를 내 아버지의 집에 보내소서(눅 16:24-27). 의인의 무덤은 화려하게 장식되는 법이다.

3. 여기에서 우리는 어떤 부분이 빠져 있는 것을 발견한다. "사무엘을 불러 올리라"란 말 뒤에 곧바로 "여인이 사무엘을 보고"란 말이 이어진다(12절). 둘 사이에는 마땅히 그녀가 행한 일, 예컨대 그녀가 어떤 주문이나 마술을 사용했는지 혹은 최소한 그녀가 말하거나 행동한 것에 대한 작은 암시라도 있어야 했다. 그러나 이에 대하여 침묵함으로써 성경은 우리로 하여금 사탄의 깊은 것(계 2:24)을 알고자 하는 탐심이나 혹은 불법의 비밀에 대한 호기심을 충족시키는 것을 허락하지 않는다. 로마교회의 고해성사와 관련한 어떤 책들에 기록된 죄의 상세한 묘사는 도리어 사람들에게 그러한 죄를 범하도록 부추긴다는 주장이 종종 제기되어 왔다. 그러므로 성경은 죄에 대한 세부적인 묘사를 감춤으로써 우리로 하여금 악한 데 미련하도록 만든다(롬 16:19).

4. 신접한 여인은 혼령(魂靈)을 보고 자신을 찾아온 자가 바로 사울이라는 사실을 알게 되는데, 아마도 그녀에게 접신한 악령이 알려준 것으로 보인다(12절): 당신이 어찌하여 나를 속이셨나이까 당신이 사울이시니이다. 이와 같이 그녀는 사울이 변장하고 있는 중에도 그를 알아볼 수 있는 능력이 있음을 나타냈다. 그러면서도 그녀는 나중에 사울이 이 일로 자신을 해하지 않을까 두려워했다. 만일 자신이 본 자가 진짜 사무엘이라고 믿었다면, 그녀는 악한 왕인 사울보다도 선한 선지자인 그를 더 두려워했어야 했을 것이다. 그러나 대부분의 사람들은 만왕의 왕의 진노보다도 지상의 왕의 진노를 더 두려워한다.

5. 사울은 그녀에게 두려워하지 말고 그 일을 계속하라고 말하면서, 무엇을

보았느냐고 묻는다(13절). 이에 그녀는 대답한다. 내가 신들이(즉, 영이) 땅에서 올라오는 것을 보았나이다. 천사들(angels)은 영적 존재이므로 종종 '신들'(gods)이라고 불렸다. 땅으로부터 올라오는 가련한 신들이여! 그러나 그녀는 저주받은 신들을 경배하는 이교도의 언어로 말한다. 만일 사울이 사무엘과 대화하기 위하여 무덤으로부터 그의 몸을 불러낼 필요가 있다고 생각했다면, 그는 신접한 여인을 그의 무덤이 있는 라마로 데려갔을 것이다. 그러나 사울은 오직 그의 영혼만을 불러내고자 하였고, 만일 그것이 보이는 형태를 띤다면 그저 통상적인 유사성 정도로 충분할 것이었다. 이에 하나님은 마귀로 하여금 사무엘의 모양을 취한 채 응답하는 것을 허용하셨고, 그렇게 함으로써 진리를 좇지 않는 자로 하여금 헛된 미혹에 빠져 거짓 것을 믿도록 내버려 두셨다. 어떤 영이 땅으로부터 올라왔다면, 그것은 결코 사무엘의 영혼일 수 없음을 그들은 쉽게 알아챌 수 있었다. 왜냐하면 사람의 영은 (더구나 사무엘 같이 선한 사람의 영은) 위로 올라가기 때문이다(전 3:21, 인생들의 혼은 위로 올라가고 짐승의 혼은 아래 곧 땅으로 내려가는 줄을 누가 알랴). 그럼에도 불구하고 만일 사람들이 속는다면, 그것은 하나님이 "그들은 속을지어다"라고 말씀하셨기 때문이다. 하나님의 허용 아래 마귀가 사무엘로 스스로를 위장하는 것은 결코 이상한 일이 아니다. 왜냐하면 그는 자신을 광명의 천사로 가장할 수 있기 때문이다. 그리고 이와 같은 상황에서 사울로 하여금 마귀에게 물음으로 절망에 빠지도록 하기 위하여, 하나님이 마귀에게 그와 같은 것 즉 사무엘로 위장하는 것을 허용하신 것 또한 이상한 일이 아니다. 왜냐하면 그는 결코 올바른 방법으로 하나님께 묻지 않을 것이었기 때문이었다. 신들이 땅으로부터 올라온다는 말을 들었을 때, 사울은 그 모양이 어떤지 묻는다. 지금 그의 마음은 어떤 혐오감이나 혹은 공포심을 거의 느끼지 않고 있는데, 그것은 그의 마음이 죄의 속이는 것에 의해 철저히 완악해져 있기 때문이다. 사울에게는 그 혼령(魂靈)의 모양을 보는 것이 허용되지 않았던 것으로 보이며, 따라서 그는 겉옷을 입은 한 노인을 보았다는 신접한 여인의 말에 의존할 수밖에 없었다. 그가 입은 겉옷은 재판관(혹은 사사, judge)의 복장으로서 사무엘이 종종 입었던 것이었다. 어떤 이들은 이와 같은 엄위한 광경으로 인해 그녀가 그 혼령(魂靈)을 엘로힘(신 혹은 신들)이라고 불렀다고 생각한다. 왜냐하면 통치자들이 종종 그와 같은 이름으로 불렸기 때문이다(시 82:1, 하나님은 신들의 모임 가운데에 서시며 하나님은 그들 가운데에서 재판하시느니라).

6. 사울은 여자의 말에 따라 그것이 사무엘이라고 생각하면서 얼굴을 땅에 댄다. 그것은 사무엘에게 경의를 표하기 위한 것이었든지(이것이 일반적으로 받아들여지는 입장이다), 아니면 아마도 이제 그로부터 주절거리며 속살거리는 음성을 듣기 위한 것이었을 것이다(왜냐하면 신접한 자들은 통상적으로 주절거리며 속살거리는 음성으로 말하기 때문이다, 사 8:19). 그리고 사울은 속살거리는 소리를 주의 깊게 듣기 위해 몸을 구부린 것으로 보인다(아마도 신접한 여인이 서 있는 쪽으로). 왜냐하면 신접한 자의 목소리는 땅으로부터 나오며 티끌로부터 주절거리는 것으로 언급되기 때문이다(사 29:4). 하나님의 말씀에 몸을 구부리지 않는 자들은 그러한 것에 몸을 구부리게 될 것이다.

[15]사무엘이 사울에게 이르되 네가 어찌하여 나를 불러 올려서 나를 성가시게 하느냐 하니 사울이 대답하되 나는 심히 다급하니이다 블레셋 사람들은 나를 향하여 군대를 일으켰고 하나님은 나를 떠나서 다시는 선지자로도, 꿈으로도 내게 대답하지 아니하시기로 내가 행할 일을 알아보려고 당신을 불러 올렸나이다 하더라 [16]사무엘이 이르되 여호와께서 너를 떠나 네 대적이 되셨거늘 네가 어찌하여 내게 묻느냐 [17]여호와께서 나를 통하여 말씀하신 대로 네게 행하사 나라를 네 손에서 떼어 네 이웃 다윗에게 주셨느니라 [18]네가 여호와의 목소리를 순종하지 아니하고 그의 진노를 아말렉에게 쏟지 아니하였으므로 여호와께서 오늘 이 일을 네게 행하셨고 [19]여호와께서 이스라엘을 너와 함께 블레셋 사람들의 손에 넘기시리니 내일 너와 네 아들들이 나와 함께 있으리라 여호와께서 또 이스라엘 군대를 블레셋 사람들의 손에 넘기시리라 하는지라

우리는 여기에서 사울과 사탄 간의 대화를 보게 된다. 사울이 변장을 하고 왔음에도 불구하고(8절), 사탄은 즉시로 그를 알아보았다(12절). 반면 사탄도 사무엘의 겉옷으로 위장하고 왔지만, 사울은 그를 알아볼 수 없었다. 바로 이것이 우리가 이 세상의 어둠의 주관자들과 씨름함에 있어서의 불리한 점이다. 그들은 우리를 알고 있지만, 우리는 그들의 계략과 간계를 알지 못한다.

I. 사무엘로 위장한 유령 혹은 혼령은 왜 자신을 불러 올렸느냐고 묻는다(25절). 네가 어찌하여 나를 불러 올려서 나를 성가시게 하느냐. 여기에서 우리는 이

것이 사무엘로 위장한 악령이라는 사실을 분명히 알 수 있다. 왜냐하면 (패트리 주교가 관찰한 것처럼) 선한 자들의 안식을 훼방하면서 자기들 마음대로 그들을 세상으로 다시 불러 올리는 것은 신접한 자들의 권세 밖의 일이기 때문이다. 뿐만 아니라 그가 진짜 사무엘이었다면 자신을 불러 올린 힘이 마술적인 주술이었음을 인식했을 것이다. 그러나 사울에게 이것은 참으로 효과적인 술책이었다. 왜냐하면 그로 하여금 경의를 표하도록 했을 뿐만 아니라, 그를 마귀적인 올무에 단단히 묶을 수 있었기 때문이었다.

Ⅱ. 사울은 이러한 가짜 사무엘에게 자신의 곤궁한 상황을 토로한다. 그가 토로한 요지는 이것이었다: "나는 심히 다급하여 어찌 할 바를 알지 못하나니 블레셋 사람들이 나를 향하여 군대를 일으켰기 때문이니이다. 그러나 만일 나에게 하나님이 함께 하시는 표징이 있다면 나는 그들을 잘 막아낼 수 있겠나이다. 그러나 하나님은 나를 떠나셨나이다." 사울은 이러한 다급한 상황 즉 블레셋 사람들이 그를 향하여 군대를 일으키기 전까지는 하나님이 떠난 것을 한탄하지 않다가, 이와 같은 상황에 처하고서야 비로소 그것을 한탄하기 시작했다. 형통할 때는 하나님께 전혀 묻지 않던 그가 이와 같은 곤궁한 상황에서 하나님이 꿈으로나 선지자로나 전혀 응답하지 않으시자 극심한 혼돈 가운데 빠져 버리고 만 것이다. 그는 참회자처럼 하나님이 이와 같이 하시는 것이 그분의 의로우심이라는 사실을 인정하지 않는다. 도리어 격노한 자처럼 왜 하나님이 몰인정하게 자신을 떠났느냐고 따지고 드는 듯하다. 그래서 당신을 불러 올렸나이다. 그는 하나님의 종인 사무엘이 마치 하나님으로부터 외면을 당한 자에게 호의를 베풀어 줄 수 있을 것처럼 혹은 죽은 선지자가 살아 있는 선지자들보다 더 큰 도움을 베풀어 줄 수 있을 것처럼 생각하여 그렇게 했다. 여기에서 우리는 그가 사실상 마귀와 만나고자 했다고 생각할 수 있다(비록 그가 사무엘로 위장했다 할지라도). 왜냐하면 그는 지금 하나님이 아닌 다른 존재로부터의 조언을 갈구하고 있는데, 그것은 결과적으로 하나님과 맞서는 자인 마귀로부터의 조언을 갈구하는 것이었기 때문이다. "하나님이 나를 거부하였으므로 나는 그대에게 가노라." 하늘이 나를 거부한다면, 나는 지옥으로 향하겠노라.

Ⅲ. 사무엘의 겉옷을 입은 악령은 사울에게 차가운 위로를 준다. 그렇게 한 것은 분명 그로 하여금 절망 가운데 자살하도록 몰고가기 위한 것이었다. 만일 진짜 사무엘이었다면, 사울이 어떻게 해야 할 것을 물었을 때 그는 사울에게

회개하여 하나님과 화목하고 다시 다윗을 불러들일 것을 말하면서, 이렇게 할 때 하나님의 은혜를 회복할 수 있는 희망을 갖게 될 것이라고 말했을 것이다. 그러나 그렇게 하는 대신 악령은 사울의 경우는 아무런 희망도 가질 수 없는 절망적인 것으로 표현한다. 그는 가룟 유다에게 했던 것과 똑같은 방법으로 사울에게 역사한다. 그는 가룟 유다에게 처음에는 '유혹자'(tempter)로서 스승을 팔도록 설득하고, 그 다음에는 '괴롭게 하는 자'(tormentor)로서 그로 하여금 스스로 목매달도록 만들었다.

1. 그는 사울의 현재의 곤궁한 처지에 대해 비난을 가한다(16절). 그는 하나님이 사울을 떠났을 뿐만 아니라 그의 원수가 되었으므로 하나님으로부터 어떤 위로의 응답도 기대해서는 안 된다고 말한다: "네가 어찌하여 내게 묻느냐? 하나님이 너의 원수가 되었거늘 내가 어찌 너의 친구가 될 수 있겠느냐, 혹은 하나님이 너를 떠났거늘 내가 어찌 너의 조언자가 될 수 있겠느냐?"

2. 그는 다윗이 왕으로 기름 부음을 받았음을 말하면서 그를 비난한다(17절). 사울의 귀에 이보다 더 불쾌한 소리는 없을 것이었다. 그는 사울에게 다윗과 화해하라는 말은 한 마디도 하지 않고, 다만 그를 더욱 격앙시키면서 다윗과의 벌어진 틈을 더욱 넓게 만들 뿐이었다. 그러면서 사울로 하여금 자신을 사무엘로 믿도록 만들기 위해, 그는 자신을 통해 말씀하시는 분이 하나님임을 확언한다. 마귀는 종교의 색채를 띠면서 말하는 방법을 알며, 또한 거짓 사도들로 하여금 스스로를 그리스도의 사도로 위장하도록 하면서 그들의 언어를 모방하도록 가르칠 수 있다. 주문(呪文)이나 마법(魔法) 따위를 별로 나쁠 것이 없다고 생각하면서 함부로 사용하는 자들은 설령 마귀가 거기에서 나쁘지 않은 말을 사용하고 있다 할지라도 그 속에 악한 계획이 내포되어 있다는 사실을 결코 잊어서는 안 된다.

3. 그는 아말렉 사람들을 진멸하라는 하나님의 명령을 순종치 않은 것에 대해 그를 비난한다(18절). 사무엘이 사울의 죄를 꾸짖으며 회개하도록 했을 때, 사탄은 사울로 하여금 그 죄에 대해 핑계를 대며 스스로 정당화하도록 도와주었었다. 그런데 지금 그는 사울로 하여금 하나님의 자비에 대해 절망하도록 만듦으로써 그 죄를 더욱 크게 만들고 있다. 사탄의 유혹에 귀를 기울인 자가 결국 무엇을 얻게 되는지 보라. 사탄 자신이 그를 모욕하며 참소하게 될 것이다. 이와 관련하여, 다른 사람을 죄의 길로 부추기고는 나중에 그에 대해 비난하는

자들은 누구와 비슷한지 보라.

4. 그는 사울의 다가오는 파멸을 예언한다(19절).

(1) 사울의 군대가 블레셋 사람들에 의해 패배를 당하게 될 것이다. 이것이 두 번 언급된다: 여호와께서 이스라엘을 블레셋 사람들의 손에 넘기시리니. 그는 블레셋 군대의 강력한 힘과 많은 숫자, 그리고 이스라엘 군대의 나약함과 사울의 두려움, 그리고 특별히 하나님이 그들을 떠나신 사실 등으로 미루어 충분히 이러한 결과를 내다볼 수 있었다. 그럼에도 불구하고 스스로를 선지자로 위장하기 위해, 그는 두 번에 걸쳐 이 일을 하나님께 돌린다: 여호와께서 그렇게 하실 것이라.

(2) 사울과 그의 아들들이 죽을 것이다. 내일, 즉 잠시 후에(지금은 자정을 넘긴 시간이었을 것으로 추측되는데, 이것이 지금 시작되고 있는 바로 다음 날을 의미하는 것으로 엄격하게 받아들여져야 하는지는 분명치 않다) 너와 네 아들들이 나와 함께 있으리라. 즉 몸으로부터 분리되어 죽은 상태에 있게 될 것이다. 만일 그가 진짜 사무엘이었다면, 하나님이 그에게 계시하여 주시지 않는 한 이러한 결과를 예언할 수는 없었을 것이다. 그리고 설령 그가 악한 영이라 할지라도, 하나님은 그를 통해 결과를 예언할 수 있으셨다. 우리는 열왕기상에서 아합이 길르앗 라못에서 죽임을 당하는 일에 도구가 된 한 악령을 볼 수 있는데(22:20 이하), 아마도 여기의 악령 또한 하나님의 허용에 의해 사울이 멸망을 당하는 데 도구로 사용되고 있는 것으로 보인다. 아합에게 역사한 악령은 아첨하는 말을 한 반면 사울에게 역사한 악령은 두려움을 가져다 주었는데, 결국 그들은 두 사람을 다 멸망시킬 수 있었다. 사탄의 권세 아래 있는 자들은 얼마나 불쌍한가? 왜냐하면 노하든지 웃든지 거기에 안식이 없기 때문이다(잠 29:9, 한글개역개정판에는 노하든지 웃든지 그 다툼은 그침이 없느니라라고 되어 있음).

[20]사울이 갑자기 땅에 완전히 엎드러지니 이는 사무엘의 말로 말미암아 심히 두려워함이요 또 그의 기력이 다하였으니 이는 그가 하루 밤낮을 음식을 먹지 못하였음이니라 [21]그 여인이 사울에게 이르러 그가 심히 고통 당함을 보고 그에게 이르되 여종이 왕의 말씀을 듣고 내 생명을 아끼지 아니하고 왕이 내게 이르신 말씀을 순종하였사오니 [22]그런즉 청하건대 이제 당신도 여종의 말을 들으사 내가 왕 앞에 한

조각 떡을 드리게 하시고 왕은 잡수시고 길 가실 때에 기력을 얻으소서 하니 [23]사울이 거절하여 이르되 내가 먹지 아니하겠노라 하니라 그의 신하들과 여인이 강권하매 그들의 말을 듣고 땅에서 일어나 침상에 앉으니라 [24]여인의 집에 살진 송아지가 있으므로 그것을 급히 잡고 가루를 가져다가 뭉쳐 무교병을 만들고 구워서 [25]사울 앞에와 그의 신하들 앞에 내놓으니 그들이 먹고 일어나서 그 밤에 가니라

우리는 여기에서 사울이 그 혼령(魂靈)의 끔찍한 메시지를 어떻게 받아들였는가 하는 것을 보게 된다. 사울은 자신이 어떻게 해야 할지에 대해 듣기를 원했지만(15절), 결국 들은 것은 그가 어떻게 될 것인가에 대한 것뿐이었다. 하나님이 아닌 다른 존재로부터 어떤 선한 조언이나 위로를 기대하는 자들은 여기의 사울처럼 처참한 좌절에 빠지게 될 것이다. 다음을 주목하라.

I. 사울이 무거운 짐에 억눌림(20절). 하루 밤낮을 음식을 먹지 못했으므로, 그는 정말로 이 일을 감당할 수 없었다. 그는 진(陣)에서부터 음식을 먹지 않은 상태로 이 곳에 왔고 계속해서 음식을 먹지 않았다. 그것은 음식이 없었기 때문이 아니라 식욕이 없었기 때문이었다. 블레셋의 강력한 힘(5절)에 대한 두려움이 그의 식욕을 빼앗아갔든지, 아니면 신접한 여인을 찾아가 물으려고 생각한 이후 양심의 갈등으로 인해 음식을 볼 때마다 욕지기가 났기 때문인지도 모른다. 이로 인해 그는 마치 무장한 사람처럼 다가오는 새로운 두려움에 의해 손쉬운 먹잇감이 되고 말았다. 그는 마치 블레셋 사람들이 쏜 화살에 맞은 것처럼 갑자기 땅에 완전히 엎드러졌으며, 기력이 다하여 이러한 무거운 메시지를 도저히 감당할 수 없었다. 이제 그는 신접한 여인에게 더 이상 물을 필요가 없었다. 그는 그녀가 자신에게 좋은 위로자가 되지 못한다는 사실을 알게 되었다. 하나님이 죄인들에게 두려운 말씀을 하실 때, 그분은 동시에 희망의 문도 여신다(그것은 회개에 의해 열려지는 문이다). 그러나 도움을 얻기 위해 지옥의 문을 두드리는 자들은 그 곳에서 오직 어둠만을 볼 뿐, 티끌만한 빛줄기도 발견하지 못하게 될 것이다.

II. 신접한 여인이 사울로 하여금 음식을 먹고 기운을 차리도록 강권함. 신접한 여인은 사울로 하여금 혼령과 이야기하도록 홀로 내버려 두었던 것으로 보인다. 그러나 그가 땅에 쓰러져 신음하는 소리를 듣고 그에게 큰 괴로움이 임한 것을 알았을 때, 그녀는 즉시로 그에게 달려왔다(21절). 그녀는 사울로 하여

금 다시 기력을 회복하도록 하는 일에 최선을 다하고 있는데, 그것은 그가 자신의 집에서 큰 병을 얻거나 혹은 특별히 자신의 집에서 죽는 것을 크게 염려했기 때문이었다. 만일 사울이 그녀의 집에서 죽는다면 그녀는 그 일로 인해 반역자로서 벌을 받지 않을 수 없었기 때문이다(비록 무당의 일로는 벌을 받는 것을 피했다 할지라도). 그녀가 사울을 보살피고자 애쓴 것은 그에게 친절을 베풀고자 하는 좋은 마음에서라기보다는 아마도 바로 이러한 사실 때문이었을 것이다. 그토록 추악한 위로자를 찾아간 것으로 인해 그는 얼마나 비참한 상태에 빠지고 말았는가!

1. 그녀는 사울의 기력을 회복시키고자 애쓴다. 그녀는 자신이 생명의 위험을 무릅쓰고 그의 말에 순종하였으니(21절), 이제 그 또한 생명을 보존하기 위해 자신의 말에 귀를 기울여야만 한다고 탄원한다(22절). 그녀의 집에 살진 송아지가 한 마리 있었는데, 그녀는 그것을 잡아 사울에게 대접했다. 요세푸스는 이 여자의 특별하고도 후한 접대를 넓은 마음으로 칭찬하면서, 그녀가 행한 일이야말로 괴로움 가운데 있는 자에게 자비를 베푸는 것에 대한 훌륭한 모범이라고 말한다.

2. 사울은 음식 먹는 것을 거절한다: 사울이 거절하여 이르되 내가 먹지 아니하겠노라 하니라(23절). 그는 명예롭게 칼에 죽는 것보다 차라리 초라한 모양으로 굶어죽는 것을 선택한 것처럼 보인다. 만일 그가 단지 육체적인 기운이 부족한 것일 뿐이라면, 음식만으로 충분할 것이었다. 그러나 어쩌랴! 그의 문제는 그것을 훨씬 뛰어넘는 것이었다. 상처받은 양심에 아무리 맛있는 고기인들 무슨 소용이 있겠는가? 그것은 질산에 초를 붓는 것과 같은 것이며 또한 무거운 마음을 가진 사람 앞에서 노래를 부르는 것과 같은 것이니, 얼마나 어울리지 않는 것인가!

3. 그녀는 마침내 신하들의 도움으로 사울을 설복하여 기력을 회복하도록 한다. 그들은 억지로가 아니라 애정 어린 충고로 사울을 강권했는데(23절), 우리는 이와 같은 이성적이며 정중한 강권을 예수 그리스도의 비유 속에 나오는 다음과 같은 말에서 찾아 볼 수 있다: 길과 산울타리 가로 나가서 사람을 강권하여 데려다가 내 집을 채우라(눅 14:23). 옳은 말에는 큰 힘이 있어서, 사람이 그러한 말에 강권함을 받을 때 그것은 그에게 큰 유익이 된다(욥 6:25). 사울은 음식을 먹고 어느 정도 기력을 회복했으며, 그리하여 그와 그의 신하들은 음식을 먹고

난 후 일어나서 그 밤에 갔다(25절). 그들이 밤에 돌아온 것은 속히 자신들의 일을 돌아보기 위함이기도 했지만 동시에 사람들의 눈에 띄지 않기 위함이기도 했다. 요세푸스는 여기에서 사울의 용맹과 담대함을 크게 칭송한다. 왜냐하면 곧 자신의 생명과 왕권을 잃어버리게 될 것을 알고 있었음에도 불구하고, 자신의 군대를 버리지 않고 다시 진(陣)으로 돌아와 전쟁을 준비했기 때문이었다. 그러나 나는 그의 마음의 완악함에 더 놀란다. 왜냐하면 그러한 징벌이 최소한 어느 정도 연기되도록 하기 위해서라도, 그는 마땅히 회개하면서 하나님께 간청을 올렸어야만 했기 때문이다. 그러나 그는 그렇게 하지 않았다. 도리어 그는 절망적인 마음으로 파멸을 향해 곤두박질쳤다. 어쩌면 지금 그는 최고조의 격노(激怒)와 시기심 가운데 빠져 있는지도 모른다. 자신과 더불어 자신의 아들들까지도(다윗을 사랑한 것으로 인해 그가 못마땅하게 여긴 요나단까지 포함하여) 죽을 것이라는 말을 들었을 때, 그는 차라리 자신의 가혹한 운명을 그대로 받아들이기로 작정한 것처럼 보인다. 만일 자신이 멸망을 당한다면, 자신의 가정과 나라가 어떻게 되는지 그는 상관하지 않았다. 내가 죽고 난 후 세상이 불바다가 되든 말든 그것이 나와 무슨 상관이 있는가. 그는 다윗처럼 이렇게 간구하지 않았다. "주의 손을 내게 대시고 주의 백성에게 대지 마소서."

— 제 29 장 —

개요

우리는 앞 장에서 하나님으로부터 버림을 받은 사울이 위급한 상황에서 얼마나 큰 혼란과 당황 속에 빠져 버렸는지 살펴보았다. 이제 본 장에서 우리는 하나님을 가까이 했던 다윗이 하나님의 섭리에 의해 위급한 상황으로부터 어떻게 벗어나게 되는지를 보게 될 것이다. 여기에서 우리는 다윗과 관련하여 다음과 같은 내용을 보게 된다. I. 블레셋 사람들과 함께 전장(戰場)에 나아감(1, 2절). II. 블레셋의 방백들이 그의 출전(出戰)을 반대함(3-5절). III. 결국 아기스로부터 돌아가라는 명령을 받음(6-11절).

[1]블레셋 사람들은 그들의 모든 군대를 아벡에 모았고 이스라엘 사람들은 이스르엘에 있는 샘 곁에 진 쳤더라 [2]블레셋 사람들의 수령들은 수백 명씩 수천 명씩 인솔하여 나아가고 다윗과 그의 사람들은 아기스와 함께 그 뒤에서 나아가더니 [3]블레셋 사람들의 방백들이 이르되 이 히브리 사람들이 무엇을 하려느냐 하니 아기스가 블레셋 사람들의 방백들에게 이르되 이는 이스라엘 왕 사울의 신하 다윗이 아니냐 그가 나와 함께 있은 지 여러 날 여러 해로되 그가 망명하여 온 날부터 오늘까지 내가 그의 허물을 보지 못하였노라 [4]블레셋 사람의 방백들이 그에게 노한지라 블레셋 방백들이 그에게 이르되 이 사람을 돌려보내어 왕이 그에게 정하신 그 처소로 가게 하소서 그는 우리와 함께 싸움에 내려가지 못하리니 그가 전장에서 우리의 대적이 될까 하나이다 그가 무엇으로 그 주와 다시 화합하리이까 이 사람들의 머리로 하지 아니하겠나이까 [5]그들이 춤추며 노래하여 이르되 사울이 죽인 자는 천천이요 다윗은 만만이로다 하던 그 다윗이 아니니이까 하니

I. 다윗이 처한 난처한 상황. 다윗도 지금 자신이 대단히 난처한 상황에 처했다는 사실을 잘 알고 있었을 것이다. 그럼에도 불구하고 우리는 그가 하나님께 물었다든지 혹은 이러한 상황을 극복하기 위한 어떤 계획을 가지고 있었다는 이야기를 듣지 못한다. 블레셋 군대와 이스라엘 군대는 서로 진을 치고 싸울

준비를 했다(1절). 다윗에게 은혜를 베풀었던 아기스는 그로 하여금 병력을 이끌고 와서 자신을 도울 것을 요구하였다. 이에 따라 다윗은 자신의 병력을 이끌고 왔으며, 아기스와 함께 뒤에 배정된 그의 위치에 자리를 잡았다(2절).

1. 이스라엘 군대와 블레셋 군대가 서로 싸울 때 만일 다윗이 자신의 위치를 떠나 뒤로 물러간다면, 그는 씻을 수 없는 치욕 아래 떨어지게 될 것이었다. 즉 겁쟁이요 배신자일 뿐만 아니라 아기스에 대한 배은망덕의 비난을 피할 수 없게 될 것이었다. 왜냐하면 아기스는 그의 보호자요 은인이었을 뿐만 아니라 그를 크게 신뢰한 사람이었으며, 그는 아기스로부터 매우 명예로운 직무를 부여받고 있었기 때문이었다. 이와 같이 파렴치한 일을 다윗으로서는 결코 할 수 없었다.

2. 만일 다윗이 블레셋과 합세하여 이스라엘과 싸운다면, 그는 이스라엘의 원수요 자기 나라를 배신한 자라는 오명을 뒤집어쓰게 될 것이었다. 그럼으로써 이스라엘 백성들은 그를 증오하게 될 것이며, 그가 왕이 되는 것을 일제히 반대할 것이다. 할례 받지 못한 자들의 깃발 아래 이스라엘과 싸운다면, 그는 이스라엘 백성이라는 이름을 가질 자격을 갖지 못할 것이며 더욱이 이스라엘의 왕의 존귀와 신임은 바랄 수도 없게 될 것이었다. 뿐만 아니라 만일 이 싸움에서 사울이 죽음을 당한다면(실제로 그렇게 되었다), 그를 죽인 책임이 다윗에게 돌아갈 것이었다(그가 실제로 죽인 것처럼). 그러므로 다윗으로서는 이럴 수도 저럴 수도 없는 입장이었으며, 바로 이것이 그가 처한 난처한 상황이었다. 한쪽 길은 수치와 불명예의 길이었으며, 다른 쪽 길은 죄의 길이었다. 선한 자에게 있어 자기 앞에 고난이 놓여 있는 것보다 죄가 놓여 있는 것이 더 힘들고 어려운 법이다. 다윗은 아무에게도 묻지 않고 스스로 유다 땅을 떠나 할례 받지 않은 자들에게로 감으로써 이와 같은 곤란한 상황을 자초하고 말았다. 악한 자들과 연합하여 함께 삶을 나누는 자에게 아무런 죄책도 없고 또 어떤 고통이나 문제도 일어나지 않는다면, 오히려 그것이 이상한 일일 것이다. 다윗이 스스로 어떤 일을 맡겠다고 나섰는지 여부는 확실하게 나타나지 않는다. 아마도 그는 왕의 머리를 지키는 역할을 맡을 것을 계획하면서(전에 이와 같은 직책이 그에게 맡겨진 적이 있었다, 28:2), 이스라엘과는 직접 맞부딪치지 않으려고 했을 것이다. 그러나 죄의 가장자리까지 가깝게 다가가면서 그 죄 속으로 떨어지지 않는 것은 대단히 어려운 일이다. 그리하여 하나님은 그의 어리석음

에 대해 징벌하시기 위해 그로 하여금 이러한 곤란한 상황에 빠지도록 내버려 두셨다. 그러나 그의 마음이 하나님께 대하여 올바로 서 있었기 때문에, 하나님은 그로 하여금 감당치 못할 시험 당하는 것을 허락하지 않으시고 그를 위하여 피할 길을 주셨다(고전 10:13, 사람이 감당할 시험 밖에는 너희가 당한 것이 없나니 오직 하나님은 미쁘사 너희가 감당하지 못할 시험 당함을 허락하지 아니하시고 시험 당할 즈음에 또한 피할 길을 내사 너희로 능히 감당하게 하시느니라).

Ⅱ. 이러한 난처한 상황을 벗어날 문이 열림. 하나님은 블레셋 방백들의 마음을 움직이셔서 그들로 하여금 다윗이 이 전쟁에 참가하는 것을 반대하도록 하셨다. 이와 같이 곤궁한 상황에서 어찌 할 바를 알지 못하고 있었을 때, 다윗은 주변에서 일어나는 불화와 반목으로 인해 도움을 얻게 되었다.

1. 군대를 검열하면서 방백들은 "이 히브리 사람들이 무엇을 하려느냐?"라고 묻는다(3절). 그것은 "우리가 그들을 어떻게 믿을 수 있겠느냐? 혹은 우리가 그들로부터 무슨 역할을 기대할 수 있겠느냐?"라고 묻는 것이었는데, 그것은 참으로 정당한 질문이 아닐 수 없었다. 히브리인이 자신의 땅을 떠나면 그것은 곧 그의 활동영역을 벗어나는 것이다(그가 히브리인의 정신을 계속해서 가지고 있는 한). 만일 그가 블레셋 사람들의 진(陣)에 있다면, 그는 그 곳에서 결코 편안하게 있을 수 없을 것이다. 다윗은 행악자들과 함께 있는 것을 미워하였지만, 지금 그는 그들에게 와서 그들과 함께 거하고 있었다(시 26:5, 내가 행악자의 집회를 미워하오니 악한 자와 같이 앉지 아니하리이다). 이러한 상황에서 아기스는 다윗에 대해 매우 호의적으로 이야기해 주었다. 그는 다윗을 자기 나라의 부당한 핍박으로부터 도망쳐 나와 자신의 보호 아래 들어오기를 갈망한 망명자로 여겼다. 따라서 그는 공의에 따라 다윗을 보호할 의무가 자신에게 있다고 여겼으며 또한 그에게 적당한 역할을 맡길 수 있다고 생각했다. 그는 말한다. "그가 나와 함께 있은 지 여러 날 여러 해로되 그가 망명하여 온 날부터 오늘까지 내가 그의 허물을 보지 못하였노라"(3절). 즉 다윗이 그에게 온 이후 상당한 시간이 흘렀지만(왕궁에서 여러 날 함께 있었으며 시글락에서 한 두 해 있었다), 그는 다윗에게서 아무 허물도 찾지 못했으며 그의 충성심을 의심할 만한 어떤 꼬투리도 발견하지 못했다. 이를 통해 우리는 다윗이 매우 조심스럽게 처신했으며 또한 여전히 그의 마음속에 품고 있던 자기 백성들에 대한 애정을 세심하게 숨겨왔음을 알 수 있다. 지혜 없는 자들과 함께 있을 때 우리는 지혜롭게 행해야

만 하며, 우리 앞에 악인이 있을 때 우리는 우리의 입을 지킬 필요가 있다.

2. 방백들은 다윗을 집으로 돌려보내야 한다고 단호히 주장한다. 그렇게 주장함에 있어 그들은 다음과 같은 이유를 제시한다.

(1) 그는 예전에 블레셋의 원수였기 때문이다. 그들은 다윗이 자신들에 대해 승리를 거둔 것을 기념하여 불려진 노래를 제시한다: 사울이 죽인 자는 천천이요 다윗은 만만이로다(5절). "우리 백성을 멸망시킨 자를 신임하며 그에게 피난처를 제공해 주는 것은 우리의 수치일 것입니다. 뿐만 아니라 그 때 사울을 위해 그토록 용맹하게 싸웠던 자가 지금은 그에 대항하여 진심으로 싸울 것이라고 생각할 수도 없습니다." 대중의 칭송과 갈채가 다음 순간 수치와 불명예로 바뀐다면, 과연 누가 그러한 칭송을 좋아하겠는가?

(2) 그는 자신들에게 가장 위험한 적이 될 수 있기 때문이다(4절). "전쟁하는 동안 그가 우리의 적이 되어 우리가 앞에서 싸우는 동안 그가 뒤에서 우리를 칠는지 어찌 알겠습니까? 우리로서는 그가 그렇게 할 것이라고 생각할 만한 충분한 이유를 갖고 있으며, 그는 우리를 배신함으로써 자신의 주인과 화해할 수도 있을 것입니다. 그가 자기 나라를 여전히 사랑하고 있는지 여부는 차치하고라도, 우리를 속이는 것이 자신에게 이익이 될 것이라고 생각할 수 있는 자를 우리가 어떻게 믿을 수 있겠습니까?" 화해한 적을 믿는 것은 실로 위험한 일이다.

[6]아기스가 다윗을 불러 그에게 이르되 여호와께서 살아 계심을 두고 맹세하노니 네가 정직하여 내게 온 날부터 오늘까지 네게 악이 있음을 보지 못하였으니 나와 함께 진중에 출입하는 것이 내 생각에는 좋으나 수령들이 너를 좋아하지 아니하니 [7]그러므로 이제 너는 평안히 돌아가서 블레셋 사람들의 수령들에게 거슬러 보이게 하지 말라 하니라 [8]다윗이 아기스에게 이르되 내가 무엇을 하였나이까 내가 당신 앞에 오늘까지 있는 동안에 당신이 종에게서 무엇을 보셨기에 내가 가서 내 주 왕의 원수와 싸우지 못하게 하시나이까 하니 [9]아기스가 다윗에게 대답하여 이르되 네가 내 목전에 하나님의 전령 같이 선한 것을 내가 아나 블레셋 사람들의 방백들은 말하기를 그가 우리와 함께 전장에 올라가지 못하리라 하니 [10]그런즉 너는 너와 함께 온 네 주의 신하들과 더불어 새벽에 일어나라 너희는 새벽에 일어나서 밝거든 곧 떠나라 하니라 [11]이에 다윗이 자기 사람들과 더불어 아침에 일찍이 일어나서

떠나 블레셋 사람들의 땅으로 돌아가고 블레셋 사람들은 이스르엘로 올라가니라

아기스가 다윗을 신뢰한 이유가 방백들이 그를 불신한 이유보다 더 컸다 할지라도, 여전히 아기스는 블레셋의 다섯 방백들 가운데 하나일 뿐이었다(비록 그들 가운데 우두머리로서 왕이란 칭호를 가진 유일한 자였다 할지라도). 따라서 아무리 그가 다윗을 좋아한다 할지라도, 그는 방백회의의 다수 의견에 따라 다윗을 돌려보내지 않을 수 없었다. 왕이라고 해서 항상 자신이 원하는 대로 할 수 있는 것은 아니다. 특별히 자신과 관련된 일의 경우는 더욱 그러하다.

I. 아기스는 다윗을 돌려보내되 매우 영예롭게 그렇게 한다. 그는 다윗의 역할을 해제시켰는데, 그것은 완전한 해제는 아니었고 단지 이제 시작되고 있는 전쟁에서의 역할만 그렇게 했을 뿐이었다.

1. 그는 다윗으로 인해 자신이 크게 기뻐하며 만족하고 있음을 나타낸다: 네가 내 목전에 하나님의 전령(혹은 천사 또한 사자, angel) 같이 선한 것을 내가 아나(9절). 지혜롭고 선한 자는 어디를 가든지 모든 사람들로부터 존경을 받는 법이다. 비록 다른 종교를 고백하는 자들이라 할지라도 사람과 사물에 대해 올바로 평가할 줄 아는 자들로부터도 역시 마찬가지이다. 아기스가 다윗에 대해 말한 것을 하나님께서 스가랴 선지자를 통해 말씀하신다(슥 12:8): 다윗의 족속은 하나님 같고 무리 앞에 있는 여호와의 사자 같을 것이라(the house of David shall be as God, as the angel of the LORD before them: KJV). 그러나 전자 곧 아기스의 칭찬은 궁중의 형식적인 치하인 반면 후자는 하나님의 약속이다.

2. 그는 다윗이 선하게 행동했음을 증거한다(6절). 그는 매우 호의적인 말로 이야기한다: 네가 정직하여 내게 온 날부터 오늘까지 네게 악이 있음을 보지 못하였으니. 다윗은 아기스에게보다 사울에게 훨씬 더 선하게 행동했다. 그럼에도 불구하고 사울은 다윗에 대해 이와 같이 증거하지 않았다. 하나님의 백성들은 항상 모든 사람들에 대해 해가 되지 않도록 그래서 가능하면 모든 사람들로부터 선한 증거를 얻도록 행동해야 한다. 스스로 자신의 책임을 다하는 자들에 대해 우리는 마땅히 칭찬을 아끼지 말아야 한다.

3. 그는 다윗을 돌려보내는 것이 방백들 때문임을 밝힌다. 그들로서는 다윗이 자신들과 함께 있는 것을 결코 받아들일 수 없었다. "왕은 그대를 전적으로

사랑하며 왕의 생명까지라도 그대의 손에 기꺼이 맡길 수 있노라. 그러나 수령들이 그대를 좋아하지 아니하니, 우리는 그들의 뜻을 거스를 수도 없고 반대할 수도 없노라. 그러므로 이제 너는 평안히 돌아가라." 아기스로서는 방백들 사이에서 분란이 일어나거나 혹은 폭동이 일어나는 것보다는 차라리 사랑하는 자를 돌려보내는 것이 더 나은 일이었다. 아기스는 방백들이 불안해하는 이유를 암시한다. 그것은 다윗 자신 때문이라기보다는 그를 따르는 병사들 때문이었다(아기스는 그들을 '네 주의 신하들' 다시 말해서 '사울의 신하들'이라고 부른다, 10절). 방백들은 다윗은 믿을 수 있었지만 다윗의 병사들은 믿을 수 없었다.

4. 그는 다윗에게 새벽에 밝자마자 떠날 것을 명령한다(10절). 만일 다윗이 돌아가지 않고 계속해서 꾸물거린다면, 방백들은 더욱 분개하며 경계심을 늦추지 않을 것이었다. 따라서 아기스는 다윗으로 하여금 가능한 일찍 돌아가도록 함으로써 그러한 것을 막고자 하였다.

Ⅱ. 다윗은 아기스의 명령에 대해 항의하는 모양을 취한다.   그는 자신의 속마음은 숨긴 채, 겉으로 항의하는 시늉을 하면서 말한다. "뭐라고요? 내가 내 주 왕을 떠나야만 한다고요? 내가 마땅히 왕을 보호할 책임이 있거늘 왕이 전쟁터에서 스스로 몸을 드러내는 이 때에 내가 떠나야만 한다는 말입니까? 왜 내가 나가서 내 주 왕의 원수들과 더불어 싸울 수 없단 말입니까?"(8절). 다윗은 이 중요한 순간에 아기스를 떠나 자신의 처소로 돌아가기를 간절히 열망했음에도 불구하고 그와 함께 있기를 열망하는 것처럼 꾸몄는데, 그것은 아기스로 하여금 자신의 본심을 알지 못하도록 하기 위함이었다.

Ⅲ. 다윗은 하나님의 지혜로운 섭리로 말미암아 이러한 곤경에서 벗어난다. 그는 올가미에서 벗어나고 진퇴양난의 곤경에서 빠져 나왔을 뿐만 아니라 자신의 성읍을 구원할 수 있었다. 이와 같이 블레셋의 방백들이 그를 믿지 못한 것은 도리어 그에게 여러 가지 면에서 큰 유익이 되었다. 여호와께서 사람의 걸음을 정하시고 그의 길을 기뻐하시나니(시 37:23). 하나님이 우리에게 어떻게 행하실지 지금은 알지 못하지만, 그러나 장차 알게 될 것이요 그 모든 것이 선(善)을 위한 것이었음을 보게 될 것이다.

제
— 30 —
장

개요

블레셋 군대로부터 떠났을 때, 다윗은 이스라엘 진으로 가지 않고 엄격한 중립을 지키며 조용히 자신의 성읍인 시글락으로 돌아왔다. 이제 여기에서 우리는 다음과 같은 이야기를 듣게 된다. I. 시글락이 약탈을 당해 황폐한 상태로 버려짐, 이에 다윗과 병사들이 극심한 비탄에 빠짐(1-6절). II. 다윗이 잃어버린 것들을 되찾아 오는 과정. 1. 다윗이 하나님께 묻고 그분으로부터 허락을 받음(7, 8절). 2. 다윗이 적들을 쫓음(9, 10절). 3. 다윗이 적의 낙오자로부터 정보를 얻음(11-15절). 4. 다윗이 약탈자들을 공격하고 패퇴시킴(16, 17절). 5. 그들이 끌고 갔던 것을 모두 되찾음(18-20절). III. 다윗이 전리품을 분배한 방식(21-31절).

¹다윗과 그의 사람들이 사흘 만에 시글락에 이른 때에 아말렉 사람들이 이미 네겝과 시글락을 침노하였는데 그들이 시글락을 쳐서 불사르고 ²거기에 있는 젊거나 늙은 여인들은 한 사람도 죽이지 아니하고 다 사로잡아 끌고 자기 길을 갔더라 ³다윗과 그의 사람들이 성읍에 이르러 본즉 성읍이 불탔고 자기들의 아내와 자녀들이 사로잡혔는지라 ⁴다윗과 그와 함께 한 백성이 울 기력이 없도록 소리를 높여 울었더라 ⁵(다윗의 두 아내 이스르엘 여인 아히노암과 갈멜 사람 나발의 아내였던 아비가일도 사로잡혔더라) ⁶백성들이 자녀들 때문에 마음이 슬퍼서 다윗을 돌로 치자 하니 다윗이 크게 다급하였으나 그의 하나님 여호와를 힘입고 용기를 얻었더라

I. 다윗이 없는 틈을 타 아말렉 사람들이 시글락을 습격하여 폐허로 만듦.

그들은 방비가 소홀해진 틈을 타 시글락 성읍을 급습하였고, 약탈을 하고 불을 질렀으며, 모든 여자와 아이들을 사로잡아 끌고 갔다(1, 2절). 이같이 하여 그들은 다윗이 얼마 전에 자신들을 침노했던 것에 대해 복수하고자 했다(27:8). 주변에 많은 적을 가진 자는 자신과 관련된 것을 무방비 상태로 내버려 두어서는 안 된다. 다른 사람에게 타격을 가한 자는 그 또한 자신에게 타격을 가할 것

을 예상하고 그에 따라 준비해야 한다. 여기에서 다음을 주목하라.

1. 이것은 사울이 아말렉을 진멸하지 않음으로 말미암아 벌어진 일이었다. 만일 사울이 아말렉을 완전히 멸망시켰다면, 이러한 재앙은 일어나지 않았을 것이다.

2. 다윗이 블레셋 사람들과 합세하여 이스라엘과 싸우기 위해 나아갔던 것은 얼마나 위험한 일이었는가? 하나님은 이를 통해 그가 집에 남아 자신의 일에만 착념했어야 했다는 것을 보여주셨다. 우리가 마땅히 해야 할 일 때문에 집을 떠난다면, 우리는 하나님이 우리가 없는 동안 가족들을 잘 보살펴 주실 것을 즐거운 마음으로 기대할 수 있다. 그러나 그렇지 않은 경우에는, 그럴 수 없을 것이다.

3. 하나님은 아말렉 사람들의 마음을 움직이셔서 그들로 하여금 여자와 아이들을 죽이지 않고 포로로 끌고 가도록 역사하셨다. 다윗이 그들을 침노하였을 때에는 모든 사람을 칼로 쳤다(27:9). 그러므로 그들이 시글락에 대해 똑같이 보복하지 않은 것은 하나님이 그들을 억제하신 것 외에는 달리 설명되지 않는다. 왜냐하면 하나님은 모든 인간의 마음을 자신의 손으로 붙잡고 계시며 또한 극도로 잔인한 자들이 격노하여 날뛸 때에도 여기까지는 허락하지만 그 이상은 안 된다라고 말씀하시는 분이시기 때문이다. 여자와 아이들을 살려둔 것이 그들을 이끌고 개선하기 위해서였든지 아니면 그들을 팔거나 노예로 부리기 위함이었든지 간에, 우리는 여기에 하나님의 손이 개입했다는 사실을 인정해야 한다. 지금 아말렉 사람들을 통해 하나님이 계획하고 계시는 것은 다윗의 집을 멸망시키려는(destruction) 것이 아니라 고치려는(correction) 것이었다.

II. 다윗과 병사들이 극심한 비탄에 빠짐. 다윗과 그의 사람들이 돌아와 자신들의 집이 폐허가 되고 가족들이 포로로 끌려간 것을 발견했을 때, 그들은 극도의 혼란에 빠져 버리고 말았다. 그들은 3일 동안 행군하여 블레셋 진영으로부터 시글락으로 돌아왔다. 그들은 몹시 지쳐 있었으나, 집에 돌아와 가족들과 즐거워하며 편히 쉴 소망에 부풀어 있었다. 그러나 그들 앞에 황량하고 처참한 장면이 펼쳐졌으며(3절), 이로 인해 그들은 비록 용맹한 전사(戰士)들이었음에도 불구하고 모두 (다윗도 예외가 아니었다) 더 이상 울 기력이 없을 때까지 울었다(4절). 다윗의 두 아내 아히노암과 아비가일이 포로로 끌려갔다는 언급은 이 사건이 다윗의 마음에 다른 어떤 사건보다 더 큰 고통과 비탄을 가져다 주었음을 암시한다. 가장 담대하고 용맹한 자라 할지라도 가족과 친구들이 당한 재앙으로 인해 애곡하는 것은 조금도 수치스러운 일이 아니다. 다음을 주목하라.

1. 이 재난은 그들이 없을 때 일어났다. 아말렉은 전통적으로 자신들에게 유리할 때 이스라엘을 공격하곤 하였다.

2. 그들은 아무것도 모르고 있다가 성읍에 도착하고서야 비로소 처참한 광경을 목격했다. 집을 떠날 때는 나중에 이러한 끔찍한 사건과 마주치게 될 줄은 꿈에도 생각하지 못한다. 즐거운 마음으로 집을 떠난 사람이 쓸쓸한 발걸음으로 돌아올 수도 있다. 그러므로 너는 내일 일을 자랑하지 말라 하루 동안에 무슨 일이 일어날는지 네가 알 수 없음이니라(잠 27:1). 여행을 마치고 돌아왔을 때 우리의 장막이 평안히 있는 것을 보게 된다면(여기의 다윗의 경우와는 달리), 우리는 마땅히 하나님께 감사드려야 한다.

Ⅲ. 병사들이 다윗에 대해 불평하며 소요(騷擾)를 일으킴(6절).   다윗은 큰 곤경에 처하게 되었는데, 그것은 병사들이 가족을 잃음으로 분노하여 그를 돌로 치려고 했기 때문이었다. 그들이 다윗을 돌로 치려고 한 것은 다음과 같은 이유 때문이었다.

1. 이 모든 재앙이 다윗 때문에 일어났다고 생각함. 그들은 다윗이 아말렉 사람들을 자극했을 뿐만 아니라, 수비하는 사람들을 남겨놓지 않고 분별없이 시글락을 떠났기 때문에 이와 같은 재앙이 닥쳤다고 생각했다. 우리도 이와 같이 하기 쉽다. 즉 우리에게 어떤 재앙이 닥칠 때, 이를 통해 우리로 하여금 격정을 가라앉히고 인내하도록 만드는 신적 섭리와 하나님의 역사는 간과한 채, 어떤 면으로든 그러한 재앙의 원인이 되는 자들에게 우리의 분노를 쏟아 붓는 것이다.

2. 그들은 다윗을 따르면 높은 자리에 앉게 될 것을 기대했는데, 이제 그러한 기대가 절망으로 바뀌기 시작했기 때문이었다. 이 일이 있기 전에 그들은 자신들이 모두 방백이나 고관(高官)이 될 것으로 기대했다. 그러나 지금 그들은 모두 거지꼴이 되었고 이로 인해 너무나 실망한 나머지 극도의 격분에 빠지고 말았다. 그리하여 그들은 지금까지 크게 의지해 왔던 그를 자신들의 손으로 죽이려고 하는 지경에까지 이르게 되었다. 통제되지 않는 격정은 사람들을 큰 어리석음과 불합리 속으로 빠뜨려 버린다. 이것은 하나님의 마음에 합한 자가 받아

야만 했던 쓰라린 시험이었으며, 그에게 있어 피할 수 없는 그리고 부딪쳐 나가야만 하는 시련이었다. 사울은 그를 나라로부터 쫓아냈으며, 블레셋 사람들은 그들의 진(陣)으로부터 쫓아냈고, 아말렉 사람들은 그의 성읍을 약탈하고 아내들을 포로로 끌고 갔다. 그러나 이것이 전부가 아니었다. 그를 더욱 괴롭게 만든 것은 그가 믿었던 친구들이었다. 그들은 그의 신임을 받는 자들이었으며, 그로부터 보호를 받았으며, 그의 떡을 먹는 자들이었다. 그런데 그의 마음을 위로하며 그의 괴로움을 경감(輕減)시켜 주는 대신, 그들은 그에게 발꿈치를 들고 돌을 들어 치려고 위협했다. 큰 믿음은 이러한 가혹한 연단을 각오해야 한다. 그러나 우리는 다윗이 이러한 극한상황에 떨어진 것은 그가 보좌에 오르기 직전이었다는 사실을 주목할 필요가 있다. 어쩌면 바로 이 순간 보좌로 나아가는 문이 열리는 데 최후의 일격이 가해진 것인지도 모른다. 여명이 동터오기 직전이 가장 어두운 법이다

Ⅳ. 다윗이 이러한 괴로움 속에서 하나님의 섭리와 은혜를 의지함. 그러나 다윗이 그의 하나님 여호와를 힘입고 용기를 얻었더라(6절). 다윗의 병사들은 가족들을 잃음으로 인해 어찌할 바를 알지 못했다. 문자 그대로, 사람들의 영혼이 썼다(The soul of the people was bitter). 그들 자신의 불평과 초조함이 그들의 괴로움에다가 쑥과 쓸개를 더했으며, 갑절의 괴로움을 안겨 주었다.

1. 그러나 다윗은 다른 어떤 사람보다도 더 애통할 만한 상황이었음에도 불구하고 잘 참고 견뎠다. 병사들은 자신들의 격정을 거리낌 없이 토로했지만, 그는 자신을 다스리면서 하나님 안에서 스스로를 위로했다. 병사들은 서로가 서로를 향해 낙담케 했지만, 그는 자신의 마음을 고요하고 침착하게 지켰다.

2. 병사들의 위협하는 말에 대해 다윗은 별다른 대응을 하지 않은 것으로 보인다. 그들이 그를 돌로 치자고 말했을 때, 그는 그러한 모욕적인 말에 보복하려고도 하지 않았으며 또한 그들의 위협으로 인해 두려움에 빠지지도 않았다. 다만 그는 그의 하나님 여호와를 힘입고 용기를 얻을 뿐이었다. 그는 하나님의 능력과 섭리 그리고 그분의 공의와 선하심을 믿었으며, 또한 낮추셨다가 높이시는 하나님의 방법과 자기 백성들을 돌보시는 은혜와 자신에게 왕권을 주신 그분의 특별한 약속을 분명하게 믿었다. 이런 것들을 생각할 때 그는 지금의 고난이 잘 해결될 것을 의심치 않으면서 스스로를 굳게 지켰다. 여호와를 자신의 하나님으로 삼는 자들은 최악의 상황에서도 그분과의 관계로부터 위로와 격려

를 얻을 수 있다는 사실을 주목하라. 하나님의 백성들은 어떤 일이 일어나든지 하나님 안에서 스스로 위로하며 격려해야 한다. 그리고 그들은, 하나님을 사랑하는 자 곧 그 뜻대로 부르심을 입은 자들을 하나님께서 어둠으로부터 빛으로, 고난으로부터 평강으로, 악으로부터 선으로 이끄실 수 있으며 또 그렇게 할 것이라는 사실을 확신해야 한다(롬 8:28). 다윗은 "내가 두려워하는 날에는 내가 주를 의지하리이다"라고 고백한다(시 56:3). 바로 이것이 그의 습관이었으며, 또한 그는 이로부터 늘 위로를 얻었다(시 56:3). 그는 지혜가 부족할 때에도 믿음은 부족하지 않았다.

[7]다윗이 아히멜렉의 아들 제사장 아비아달에게 이르되 원하건대 에봇을 내게로 가져오라 아비아달이 에봇을 다윗에게로 가져가매 [8]다윗이 여호와께 묻자와 이르되 내가 이 군대를 추격하면 따라잡겠나이까 하니 여호와께서 그에게 대답하시되 그를 쫓아가라 네가 반드시 따라잡고 도로 찾으리라 [9]이에 다윗과 또 그와 함께 한 육백 명이 가서 브솔 시내에 이르러 뒤떨어진 자를 거기 머물게 했으되 [10]곧 피곤하여 브솔 시내를 건너지 못하는 이백 명을 머물게 했고 다윗은 사백 명을 거느리고 쫓아가니라 [11]무리가 들에서 애굽 사람 하나를 만나 그를 다윗에게로 데려다가 떡을 주어 먹게 하며 물을 마시게 하고 [12]그에게 무화과 뭉치에서 뗀 덩이 하나와 건포도 두 송이를 주었으니 그가 밤낮 사흘 동안 떡도 먹지 못하였고 물도 마시지 못하였음이니라 그가 먹고 정신을 차리매 [13]다윗이 그에게 이르되 너는 누구에게 속하였으며 어디에서 왔느냐 하니 그가 이르되 나는 애굽 소년이요 아말렉 사람의 종이더니 사흘 전에 병이 들매 주인이 나를 버렸나이다 [14]우리가 그렛 사람의 남방과 유다에 속한 지방과 갈렙 남방을 침노하고 시글락을 불살랐나이다 [15]다윗이 그에게 이르되 네가 나를 그 군대로 인도하겠느냐 하니 그가 이르되 당신이 나를 죽이지도 아니하고 내 주인의 수중에 넘기지도 아니하겠다고 하나님의 이름으로 내게 맹세하소서 그리하면 내가 당신을 그 군대로 인도하리이다 하니라 [16]그가 다윗을 인도하여 내려가니 그들이 온 땅에 편만하여 블레셋 사람들의 땅과 유다 땅에서 크게 약탈하였음으로 말미암아 먹고 마시며 춤추는지라 [17]다윗이 새벽부터 이튿날 저물 때까지 그들을 치매 낙타를 타고 도망한 소년 사백 명 외에는 피한 사람이 없었더라 [18]다윗이 아말렉 사람들이 빼앗아 갔던 모든 것을 도로 찾고 그의 두 아내를 구원하였고 [19]그들이 약탈하였던 것 곧 무리의 자녀들이나 빼앗겼던 것은 크고 작

은 것을 막론하고 아무것도 잃은 것이 없이 모두 다윗이 도로 찾아왔고 [20]다윗이 또 양 떼와 소 떼를 다 되찾았더니 무리가 그 가축들을 앞에 몰고 가며 이르되 이는 다윗의 전리품이라 하였더라

솔로몬은 잠언을 통해 이렇게 말한다. 대저 의인은 일곱 번 넘어질지라도 다시 일어나려니와 악인은 재앙으로 말미암아 엎드러지느니라(24:16). 다윗의 경우가 꼭 이와 같았다. 그는 많은 고난을 겪었지만, 여호와께서 그 모든 것으로부터 그를 구원하셨다. 그리고 우리는 여기에서 그에 대한 또 하나의 실례를 보게 된다.

 I. 다윗은 여호와께 두 가지를 묻는다. 첫째 질문은 자신의 책임과 관련하여 "내가 이 군대를 추격할 것입니까?" 하는 것이었고, 둘째 질문은 결과와 관련하여 "내가 그들을 따라잡겠나이까?" 하는 것이었다(8절). 다윗에게 있어 자기 옆에 대제사장과 함께 어떤 문제에 대해 물을 수 있는 판결흉패가 있었던 것은 정말로 큰 힘이었다(민 27:21). 우리는 다윗이 아비아달과 에봇을 시글락에 남겨두고 떠났었다고 생각하기 어렵다. 왜냐하면 만일 그랬다면 아말렉 사람들이 그들(대제사장과 에봇)을 가져갔을 것이었기 때문이다(하나님께서 특별한 섭리로 감추시지 않은 한 — 물론 이러한 가능성 또한 완전히 배제될 수는 없다). 반면 다윗이 그들과 함께 블레셋 진영에 갔었다고 결론을 내린다면, 그가 그들을 통해 아기스의 일과 관련하여 여호와께 묻지 않은 것은 참으로 큰 유기(遺棄: 마땅히 했어야만 할 일을 하지 않은 잘못)가 될 것이다. 어쩌면 그는 할례 받지 않은 자들 사이에서 그렇게까지 자신의 종교를 나타내는 것을 부끄럽게 여겼을는지 모른다. 그러나 이제 다윗은 이 재난이 자신의 잘못을 바로잡기 위해 온 것임을 깨닫기 시작한다. 따라서 그가 한 첫 번째 일은 에봇을 가져오도록 하는 것이었다. 만일 우리가 고난으로부터 유익을 얻는다면, 즉 지금의 경우처럼 고난을 통해 자신의 잘못을 깨닫고 그럼으로써 여호와께 묻는 자리로 다시 나아가게 된다면, 그것은 참으로 좋은 일이다. 역대상 15장 13절을 보라(전에는 너희가 메지 아니하였으므로 우리 하나님 여호와께서 우리를 찢으셨으니 이는 우리가 규례대로 그에게 구하지 아니하였음이라 하니). 다윗으로서는 아말렉 사람들과의 이번 싸움이 정당한 전쟁(just war)이라는 사실을 의심할 여지가 없었다. 세상에서 가장 사랑스러운 자들을 구출하는 일일진대, 그는 당장이라

도 달려가고 싶어 견딜 수가 없었다. 그러나 그는 하나님께 묻지 않고는 그 일을 시작하려고 하지 않았으며, 그렇게 함으로써 자신이 하나님을 의지하며 순종하는 것을 나타내고자 하였다. 우리 역시도 우리의 모든 길에서 하나님을 인정한다면, 우리는 그분이 모든 것을 회복시켜 주실 것이란 확신과 함께 우리의 발걸음을 인도해 주실 것을 (여기에서 다윗에 대해 그렇게 하셨던 것처럼) 기대할 수 있게 된다.

Ⅱ. 다윗은 모든 병사들을 데리고 아말렉 사람들을 추격한다(9, 10절). 다윗이 인내와 믿음으로 병사들 사이에 야기된 소요(騷擾)를 얼마나 빨리 그리고 얼마나 쉽게 그리고 얼마나 효과적으로 가라앉혔는지 보라. 그들이 그를 돌로 치자고 말했을 때(6절) 만일 그가 그들을 목매달라고 명령한다든지 혹은 소요의 주동자를 즉시 처단하라고 명령했다면, 아마도 그로 인해 치명적인 결과가 야기되었을 것이다. 그리고 다윗과 병사들이 다투고 있는 동안, 아말렉 사람들은 포로들을 데리고 자신들의 땅으로 완전히 가 버렸을 것이다. 그러나 다윗이 귀머거리처럼 아무것도 듣지 않고 자신의 분노를 가라앉히면서 그의 하나님 여호와를 힘입어 용기를 얻는 동안, 병사들의 소요는 그의 온유함과 하나님의 능력으로 잠잠해졌다. 그리고 그들을 이와 같이 온유하게 대함으로써, 조금 전까지 소요를 일으키던 그들이 지금은 그를 따를 준비를 갖추게 되었다. 어떤 통치체제를 막론하고 가장 안전한 정책은 유화정책이다. 모든 병사들은 다윗과 함께 아말렉 사람들을 추격하는 일에 기꺼이 동참했으며, 다윗 역시 그들 모두를 필요로 했다. 그러나 그는 도중에 그들 가운데 삼분의 일을 떨어뜨릴 수밖에 없었다. 600명 가운데 200명이 오랜 행군으로 인한 피로와 가족을 잃은 낙담으로 인해 브솔 시내를 건널 수 없었으며, 따라서 그 곳에 머물게 되었다.

1. 이것은 다윗의 믿음을 시험하는 것이었다. 이렇게 많은 병사들이 지쳐 낙오하고 있음에도 불구하고, 그가 하나님의 말씀에 의지하여 계속 나아갈 것인지 하는 것이었다. 사람들로 인해 실망과 낙심에 빠짐에도 불구하고 하나님의 능력을 신뢰하며 계속해서 앞으로 나아갈 때, 우리는 하나님께 영광을 돌리게 된다.

2. 이것은 다윗의 온유함을 보여주는 좋은 실례(實例)였다. 지금 그들이 수행해야 하는 일은 매우 급박한 일이었지만, 다윗은 결코 병사들을 과도하게 다그치지 않았다. 이와 같이 다윗의 자손도 자신을 따르는 자들이 영적 싸움에

있어 모두가 똑같이 강하며 용맹한 것은 아니라는 사실을 잘 알고 계신다. 그렇기 때문에 우리가 약할 때, 그분은 우리를 부드럽게 대해 주실 뿐만 아니라 더 나아가 우리의 힘과 능력이 되어 주신다(고후 12:9, 10).

Ⅲ. 하나님의 섭리로 인해 다윗은 도중에 적의 동향에 대한 정보를 알려주고 또 그 곳으로 인도해 줄 사람을 만나게 된다. 겨우 목숨을 부지한 한 애굽 소년이 다윗에게 큰 도움을 주게 되는데, 이와 같이 하나님은 세상의 미련한 것들을 택하여 지혜로운 자들을 부끄럽게 하신다. 다음을 주목하라.

1. 그의 주인의 무자비함. 주인은 그를 부려먹을 대로 부려먹고는, 그가 병들자 들판에서 죽도록 그냥 내버려 두었다(그렇게 서둘러야만 할 상황이 아니었음에도 불구하고). 주인은 그를 수레에 태워 집으로 데려갈 수도 있었으며, 적어도 그가 먹을 어느 정도의 양식이라도 남겨 두었어야 했다. 그 주인은 이스라엘 백성의 마음이 아니라 아말렉 사람의 마음을 가진 사람이었으며, 따라서 이와 같이 자신의 종을 짐승처럼 대할 수 있었다. 의인은 자기의 가축의 생명을 돌보나 악인의 긍휼은 잔인이니라(잠 12:10). 이 아말렉 주인은 이제 이스라엘 포로들로 인해 많은 종들을 얻게 되었으므로 애굽 소년 따위야 어떻게 되든 상관할 필요가 없다고 생각했을 것이다. 그래서 그 애굽 소년은 먹을 것이 없어 들판에서 죽도록 기꺼이 내버려 두면서도, 자신은 먹고 마셨다(16절). 하나님의 섭리는 이렇게 야비하게 학대당한 종으로 하여금 아말렉 군대와 그의 주인을 멸망시키는 일에 도구로 쓰임 받도록 하셨다. 왜냐하면 하나님은 학대받는 종들의 부르짖음을 들으시는 분이시기 때문이다.

2. 그에 대한 다윗의 동정심. 다윗으로서는 그를 시글락을 멸망시킨 자들 가운데 하나로서 생각할 만한 충분한 이유를 가지고 있었다. 그럼에도 불구하고 고통 속에 빠진 그를 발견했을 때, 다윗은 그를 불쌍히 여기면서 그에게 떡과 물뿐만 아니라(11절) 무화과와 건포도까지(12절) 주었다. 지금 그들은 매우 화급한 상태였으며 또 자신들의 식량조차 충분치 못했지만, 우리가 알지 못하였노라고 하면서 사망으로 끌려가는 자를 건져 주는 일을 외면하지 않았다(잠 24:11, 12). 고통 가운데 빠진 사람을 보고서도 동정심의 문을 닫아버리는 자는 이스라엘 백성이라 불리기에 합당치 못한 자이다. 애굽 소년을 살려준 것은 또한 매우 유익한 일이기도 했다. 왜냐하면 보잘것없는 자였음에도 불구하고 그는 그들을 위해 큰 도움을 베풀 수 있는 자였기 때문이다. 처음 그를 살려 주었을

때는 잘 알지 못했지만, 그 사실은 얼마 후 분명히 드러나게 되었다. 그러므로 우리는 비록 모르는 자라 할지라도 그에게 해를 끼치거나 혹은 친절 베풀기를 외면해서는 결코 안 된다. 왜냐하면 나중에 해를 끼치거나 친절 베푸는 권세가 그의 손에 있게 될지 아무도 알지 못하기 때문이다.

3. 다윗이 이 가련한 애굽 소년으로부터 얻은 정보. 정신을 차렸을 때, 그는 자기 무리와 관련한 이야기를 해 주었다.

(1) 자신들이 행한 일에 관하여(14절): 우리가 그렛 사람의 남방과 유다에 속한 지방과 갈렙 남방을 침노하고 시글락을 불살랐나이다. 다윗이 아기스에게 자신이 침노했노라고 거짓으로 말한 지역들이(27:10) 실제로 침노를 당하여 폐허가 되었다. 그 때는 거짓이었던 것이 지금은 사실이 되었다.

(2) 자신들이 어디로 가고 있었는지에 대하여(15절). 그는 자신의 목숨을 살려주며 또 그의 주인으로부터 보호해 주는 조건 하에 이 모든 것을 알려 주겠다고 약속했다. 그는 하나님의 이름으로 그것을 맹세해 달라고 다윗에게 요구하면서, 자신의 생명을 지키기에 이보다 더 안전한 방법은 없다고 생각했다: 애굽이나 아말렉의 신들이 아니라 홀로 유일하신 하나님의 이름으로 맹세하소서.

IV. 다윗은 아말렉 군대가 머물고 있는 곳으로 가서 승리를 자축하고 있었던 그들을 급습한다(16절). 그는 종종 원수들이 보응 받는 것을 보게 해 달라고 기도하곤 했는데(시 92:11), 지금 그대로 되었다.

1. 약탈자들을 진멸함. 아말렉 사람들은 풍부한 노략물로 인해 그리고 이제 자신들이 추격의 위험을 완전히 벗어났다고 생각하면서 큰 잔치를 벌이고 있었다(16절). 그들은 싸움에 대한 모든 생각들을 제쳐놓고 또 전리품과 함께 속히 집으로 돌아가야 한다는 생각도 잠시 내려놓은 채, 온 땅에 편만하여 그리고 가장 방심한 상태로 먹고 마시며 춤을 췄다. 아마도 그들은 자신들의 승리에 대해 그들의 우상 신들에게 영광과 찬송을 돌렸을 것이다. 다윗이 그들을 급습했을 때는 그들이 바로 이러한 상태에 있을 때였다. 따라서 다윗은 너무나 손쉬운 승리를 얻고, 그들은 너무나 처참한 패배를 당하게 되었다. 죄인들이 평안하다 안전하다고 외치며 악한 날이 멀리 있다고 말할 때, 실상 그들은 멸망에 가장 가까이 있었다. 우리의 영적 원수들에게 있어 우리가 육욕과 호색에 빠져 있는 때보다 우리를 공격하기에 더 좋은 기회는 없을 것이다. 먹고 마시고 춤추

는 것은 많은 사람들로 하여금 죽음으로 떨어지도록 만드는 즐겁고 유쾌한 길이었다. 이와 같이 그들이 무기도 들고 있지 않고 경계병도 세워 놓고 있지 않은 것을 발견했을 때(아마도 그들 대다수가 술에 취해 싸울 수 없는 상태였을 것이다), 다윗은 그들을 모두 칼로 쳤고 오직 400명만 도망쳤을 뿐이었다(17절). 이와 같이 악인의 승리는 잠깐 뿐이다. 그리고 그들이 술 취함과 연락 가운데 빠져 있을 때, 진노가 그들에게 임했다(벨사살의 경우처럼).

2. 잃은 것들을 되찾음. 잃은 것은 아무것도 없었으며, 도리어 그들은 더 많은 것들을 얻었다.

(1) 그들은 자신들의 것을 모두 되찾았다(18, 19절). 다윗이 두 아내를 구했다는 이야기가 특별히 언급되고 있는데, 그것은 다른 어떤 것보다도 이것이 그를 더욱 기쁘게 했기 때문이었을 것이다. 하나님의 섭리는 아말렉 사람들로 하여금 그들이 탈취한 모든 것들을 잘 보존하도록 이끌었다. 그들은 스스로를 위해 잘 보존했지만, 실제로는 진짜 주인들을 위해 잘 보존한 결과가 되었다. 다윗의 사람들은 모든 것을 다 잃어버렸다고 생각했지만, 그러나 실제로 잃어버린 것은 아무것도 없었다. 이와 같이 종종 하나님은 우리가 염려하고 두려워하는 것을 헛된 것으로 만들어 버리신다. 우리는 여기에서 우리 주 예수께서 정말로 다윗의 자손이며 아브라함의 자손이라는 사실을 알 수 있다. 그는 용사의 포로를 빼앗고 두려운 자의 빼앗은 것을 건져냈는데(사 49:24, 25), 이런 면에서 아브라함(창 14:16)과 다윗(여기)과 매우 유사하기 때문이다. 그러나 이것이 전부가 아니었다.

(2) 이 외에도 그들은 아말렉 사람들에게 속한 것까지 취하였다(20절): 다윗이 또 양 떼와 소 떼를 다 되찾았더니. 이것은 블레셋 사람들과 기타 다른 사람들로부터 탈취한 것으로서, 전쟁의 율법에 의해 다윗이 마음대로 처분할 수 있는 것이었다. 아마도 다윗은 적의 땅까지 침노해 들어가서 거기로부터 이러한 짐승들을 끌고 왔을 것이다. 병사들은 "이것은 다윗의 전리품이라. 그에게 감사할지로다"라고 외치면서 이러한 짐승 떼를 앞세우고 돌아왔다. 불과 얼마 전에 돌로 치자고 했던 자들이 지금은 그의 이름을 소리 높여 외치고 있다. 그것은 잃었던 것보다 더 많은 것을 얻었기 때문이었다. 이것이 바로 이해관계에 의해 좌우되는 세상인심이다.

²¹다윗이 전에 피곤하여 능히 자기를 따르지 못하므로 브솔 시내에 머물게 한 이백 명에게 오매 그들이 다윗과 그와 함께 한 백성을 영접하러 나오는지라 다윗이 그 백성에게 이르러 문안하매 ²²다윗과 함께 갔던 자들 가운데 악한 자와 불량배들이 다 이르되 그들이 우리와 함께 가지 아니하였은즉 우리가 도로 찾은 물건은 무엇이든지 그들에게 주지 말고 각자의 처자만 데리고 떠나가게 하라 하는지라 ²³다윗이 이르되 나의 형제들아 여호와께서 우리를 보호하시고 우리를 치러 온 그 군대를 우리 손에 넘기셨은즉 그가 우리에게 주신 것을 너희가 이같이 못하리라 ²⁴이 일에 누가 너희에게 듣겠느냐 전장에 내려갔던 자의 분깃이나 소유물 곁에 머물렀던 자의 분깃이 동일할지니 같이 분배할 것이니라 하고 ²⁵그 날부터 다윗이 이것으로 이스라엘의 율례와 규례를 삼았더니 오늘까지 이르니라 ²⁶다윗이 시글락에 이르러 전리품을 그의 친구 유다 장로들에게 보내어 이르되 보라 여호와의 원수에게서 탈취한 것을 너희에게 선사하노라 하고 ²⁷벧엘에 있는 자와 남방 라못에 있는 자와 얏딜에 있는 자와 ²⁸아로엘에 있는 자와 십못에 있는 자와 에스드모아에 있는 자와 ²⁹라갈에 있는 자와 여라므엘 사람의 성읍들에 있는 자와 겐 사람의 성읍들에 있는 자와 ³⁰홀마에 있는 자와 고라산에 있는 자와 아닥에 있는 자와 ³¹헤브론에 있는 자에게와 다윗과 그의 사람들이 왕래하던 모든 곳에 보내었더라

우리는 여기에서 아말렉 사람들로부터 취한 전리품을 분배하는 이야기를 보게 된다. 아말렉 사람들이 유다와 블레셋 땅으로부터 많은 전리품을 가져갔을 때, 그들은 그것을 먹고 마시고 즐기는 등의 육체의 정욕을 위해 사용했다. 그러나 다윗은 그것을 다른 방식으로 처분했는데, 이를 통해 우리가 이 세상에서 얻은 것을 사용함에 있어 우리는 마땅히 공의와 자비의 정신에 의해 다스려져야 함을 배우게 된다. 하나님은 당신이 우리에게 주시는 것을 가지고 우리가 육체의 정욕을 위해서가 아니라 선을 위해 사용하기를 원하신다. 전리품을 분배함에 있어,

I. 다윗은 도중에 낙오한 자들도 참예하도록 하였다. 비록 자신들은 싸우는 일에 동참하지 못했다 할지라도, 그들은 싸움에 나갔던 자들이 돌아올 때 그들의 승리를 축하해 주기 위해 나아왔다(21절). 비록 우리가 함께 동참하지 못했다 할지라도, 그 일이 잘 되었을 때 마땅히 우리는 함께 기뻐해야 한다. 다윗은 그들의 축하를 매우 호의적으로 받아들였다. 그러면서도 그들의 약함에 대하

여는 조금도 비난하지 않고, 도리어 그들의 안부를 물었다: 다윗이 그 백성에게 이르러 문안하매(문자적으로, 다윗이 그 백성에게 이르러 평안을 물으매). 다윗이 그들의 안부를 물은 것은 그들이 브솔 시내를 건널 수 없을 정도로 너무나 지치고 쇠약해 있었기 때문이었다. 또 다윗이 그들에게 문안한 것은 그들의 평안을 기원한 것이기도 했다. 비록 뒤에 남았다 할지라도 아무것도 잃는 것이 없을 것이니 낙담하지 말고 힘내라는 뜻이었을 것이다. 사실 그들은 이것을 염려하고 있었을 것으로 보이는데, 아마도 다윗은 그들의 표정을 통해 그러한 염려를 알아챘을 것이다.

1. 전리품을 분배함에 있어 뒤에 남은 자들이 동참하는 것을 반대하는 자들이 있었다. 얼마 전에 다윗을 돌로 치자고 했던 자들이 지금은 형제들의 몫을 빼앗으려고 하고 있었다(아마도 다윗을 돌로 치자고 했던 자들이 지금 반대하고 있는 것일 것이다). 그들은 악한 자와 **불량배**(벨리알의 사람들, men of Belial: KJV)로 불린다(22절). 선한 자 옆에 악한 자들이 있다고 하여 그리고 그가 그들을 선하게 만들지 못했다고 하여 이상하게 여겨서는 안 된다. 우리는 다윗이 자신의 병사들을 가르쳤으며 그들과 함께 기도했을 것이라고 추측할 수 있다. 그럼에도 불구하고 그들 가운데에는 악한 자와 불량배들이 많이 있었다. 이들은 뒤에 남은 200명으로 하여금 처자식만 데려가고 물건은 가져가지 못하도록 해야 한다고 주장했다. 그들이 악한 자라고 불린 것은 다음과 같은 이유 때문이었다.

(1) 지나친 탐욕. 그렇게 함으로써 그들은 자신들의 몫이 더 많아지리라고 생각했다. 얼마 전에 그들은 자신들의 반쪽을 기꺼이 내어주면서 나머지 반쪽을 되찾으려고 하였다. 그런데 지금 잃어버린 것을 모두 되찾았음에도 불구하고, 그들은 형제들의 것까지 갖지 않으면 결코 만족할 수 없었다. 사람들은 자신의 곤궁했던 형편을 얼마나 빨리 잊어버리는가! 모두가 자신의 몫을, 아니 너무나 자주 그 이상을 찾으려고 한다.

(2) 형제들에게 지나치게 가혹하게 대함. 왜냐하면 처자식은 주되 물건은 주지 말자는 것은 입은 주되 먹을 것은 주지 말자는 것과 같은 것이었기 때문이다. 그들에게 가족을 부양할 것이 아무것도 없다면 가족들과 함께 무슨 즐거움을 누릴 수 있겠는가? 그들이 정말로 이렇게 되어야만 한단 말인가? 형제들을 고통에 빠뜨리는 것을 즐거워하며 또 굶주리는 자들을 돌아보지 않으면서 자

기 배만 채우는 자들은 정말로 불량배(벨리알의 사람들, men of Belial)가 아닐 수 없을 것이다.

2. 다윗은 이러한 주장을 받아들이지 않고, 싸우러 나갔던 자들이나 뒤에 남은 자들이나 똑같이 전리품을 나누도록 명령했다(23, 24절). 다윗이 이렇게 한 것은

(1) 하나님께 대한 감사 때문이었다. 우리가 얻은 전리품은 하나님께서 우리에게 주신 것이다. 우리는 그것을 하나님께로부터 받았으며, 따라서 선한 청지기로서 그의 지시에 따라 사용해야 한다. 우리는 하나님이 우리에게 맡기신 이 세상의 물질들을 잘못 사용하는 시험에 빠지지 않도록 항상 스스로를 돌아봐야 한다. "아니, 나는 하나님이 내게 주신 것을 가지고 그렇게 할 수 없다. 하나님의 권능으로 창조되었을 뿐만 아니라 그의 풍성한 선물인 것들을 가지고 사탄과 육체의 정욕을 위해 사용할 수 없다. 우리를 치러 왔던 무리를 우리 손에 넘겨주심으로 하나님은 우리에게 은혜를 베푸셨다. 하나님이 우리를 보존하시고 승리를 주심으로 우리에게 은혜를 베푸셨으니, 우리도 형제들에게 그렇게 하자." 하나님이 우리에게 자비를 베푸셨으니 우리도 서로 자비를 베풀어야 한다.

(2) 그들을 공정하게 대하기 위함이었다. 그들이 뒤에 처진 것은 사실이었다. 그러나

[1] 그것은 싸울 의지가 없었기 때문이 아니라, 스스로를 지탱할 정도의 힘조차 없었기 때문이었다. 그것은 그들의 잘못이 아니라 불운이었다. 따라서 그들은 그것 때문에 고통을 받아서는 안 된다.

[2] 비록 이번에는 뒤로 처졌다 할지라도, 그들은 전에 여러 번 형제들과 함께 전투에 참여하여 자신들의 몫을 다해 싸웠다. 따라서 예전에 세운 공로를 생각해서라도 지금 그들은 마땅히 전리품을 나누는데 동참해야 한다.

[3] 이번에도 그들은 자신들의 몫을 감당했다. 왜냐하면 그들은 소유물 곁에 머물면서 그것을 지켰기 때문이다. 그 일 역시 누군가는 해야만 했던 일로서, 만일 그렇게 하지 않는다면 어떤 다른 적의 수중에 떨어질 수도 있는 것이었다. 모든 직분이 똑같이 영예로운 것은 아니다. 그러나 어떤 면으로든 공동의 이익을 위해 봉사한 자라면 비록 그것이 보잘것없는 일이라 할지라도 전리품을 나누는데 배제되어서는 안 된다. 마치 한 몸에 여러 지체가 있고 각 지체마

다 맡은 역할이 있으므로 모든 지체가 영양분을 공급받는 데 배제되어서는 안 되는 것과 마찬가지이다.

첫째로, 이와 같이 다윗은 정당한 근거 위에서 불량배들의 주장을 받아들이지 않았지만, 그러나 매우 온유한 태도로 그렇게 했다. 왜냐하면 정당한 근거가 있는 일은 굳이 격정과 혈기를 필요로 하지 않기 때문이다. 다윗은 그들을 나의 형제들이라고 부른다(23절). 높은 위치에 있는 자들은 종종 오만한 태도로 인해 자신의 권위를 잃어버리곤 한다. 그러나 겸손과 겸양의 태도로 인해 그렇게 되는 경우는 거의 없다.

둘째로, 이 때부터 전장에 내려가서 위험을 무릅쓰고 싸운 자의 분깃과 소유물 곁에 머물면서 지킨 자들의 분깃을 동일하게 하는 것이 이스라엘의 율례와 전쟁의 규례가 되었다(25절, 다윗 통치 원년의 분배의 규례). 아브라함은 소돔의 노략물을 다시 원래 주인들에게 되돌려 주었다. 전쟁의 율법에 따라 그에 대한 권리를 주장할 수 있었음에도 불구하고, 그는 기꺼이 그러한 권리를 포기했다. 다른 사람들을 도와 그들의 권리를 되찾아주고자 할 때, 물질적인 것은 배제한 채 그것을 우리의 것으로 삼으려고 생각해서는 안 된다. 하나님은 미디안으로부터 탈취한 전리품을 병사들과 전체 회중이 함께 나눌 것을 지시하셨다(민 31:27). 여기의 경우는 좀 다르기는 했지만, 그러나 역시 동일한 일반 원리 즉 우리는 서로 지체라고 하는 원리에 의한 것이었다. 그리스도의 제자들은 처음에 모든 물건을 서로 통용하였으며, 우리는 여전히 나누어 주기를 좋아하며 너그러운 자가 되어야 한다(딤전 6:18). 여러 군대의 왕들이 도망하고 도망하니 집에 있던 여자들도 탈취물을 나누도다(시 68:12).

II. 다윗은 자신의 모든 친구들에게 관대했다. 그가 모든 사람들에게 잃은 것보다 더 많은 것을 주었음에도 불구하고, 여전히 많은 분량의 전리품이 남아 있었다. 다윗은 장군으로서 그것들을 자기 마음대로 처분할 수 있는 권리를 가지고 있었다. 아마도 그것은 아말렉 사람들의 장막에서 탈취한 은금패물이었을 것이다(삿 8:24, 26). 다윗은 이러한 남은 전리품으로 인해 자신의 병사들이 도리어 나약해질 것을 우려하여, 그것을 유다 장로들에게 선물로 보내는 것이 좋겠다고 생각했다(26절). 여기에 그가 이러한 선물을 보낸 몇몇 지역이 열거되고 있는데, 그 모든 곳은 유다 지파 안에 있거나 혹은 인근에 있는 지역이었다. 첫 번째로 거명된 장소는 벧엘이었다. 그것은 하나님의 집을 의미하는데,

이 곳이 첫 번째로 거명된 것은 바로 그러한 이름 때문이었을 것이다. 어쩌면 그 장소는 '벧엘이란 이름의 성읍'을 의미하는 것이 아니라, 법궤가 있었던, 그래서 하나님의 집으로 일컬어졌던 장소를 의미한 것인지 모른다. 그 곳에서 섬기는 자들에게 다윗은 '첫째 되고 가장 좋은'(first and best) 것을 보냈는데, 그것은 '처음이 되시며 가장 선하신'(first and best) 분 때문이었다. 헤브론이 마지막으로 거명된 것은(31절) 아마도 다른 지역에 다 보내고 남은 것으로서 가장 큰 몫을 보냈기 때문인 것으로 보인다. 그는 헤브론을 자신의 본거지가 되기에 적합한 곳으로 여기고 있었다(삼하 2:1). 다윗이 이러한 선물들을 보내는 것과 관련하여 다음을 주목하라.

1. 그의 관대함. 다윗은 자신의 부를 축적하는 데 관심을 기울이지 않고, 나라를 위해 봉사하는 데 관심을 기울였다. 따라서 하나님은 후에 그를 부요하게 만들어 주셨을 뿐만 아니라 나라를 다스리는 자리에까지 세워주셨다. 관대함을 베푸는 자는 자비로운 마음을 가진 자이다. 흩어 구제하여도 더욱 부하게 되는 일이 있나니 과도히 아껴도 가난하게 될 뿐이니라(잠 11:24).

2. 그의 감사. 그는 자신과 자신의 사람들이 왕래하던 모든 곳에 선물을 보냈다(31절). 즉, 그는 자신에게 은혜를 베풀어 주고 피난처를 제공해 주며 또 필요한 정보와 음식을 제공해 준 모든 자들에게 선물을 보낸 것이다. 정직한 사람은 자신에게 베풀어 준 모든 호의들에 대하여 기꺼이 보답할 줄 알며, 최소한 그가 할 수 있는 한도에서 최대한 사의(謝意)를 표하려고 애쓴다.

3. 그의 경건. 그는 자신의 선물을 축복이라고 부른다. 만일 우리가 친구들에게 보내는 선물이 하나님의 축복으로 되어진 것이 아니라면, 그것은 결코 그들에게 참된 위로가 되지 못할 것이다. 또 이것은 그의 선물과 함께 그의 기도가 동반되었음을 암시한다. 또한 그는 그것을 자신의 원수들이 아니라 여호와의 원수들에게서 탈취한 것이라고 함으로써, 그들로 하여금 여호와께서 주신 승리를 기뻐하며 그와 함께 하나님께 감사 드리는 일에 동참하도록 하였다.

4. 그의 지모(智謀). 그는 자기 지파에 속한 사람들에게 이러한 선물을 보냄으로써 그들로 하여금 그가 왕이 되는 일에 미리 준비되도록 하였다. 사람의 선물은 그의 길을 넓게 하며(잠 18:16). 이와 같이 왕의 관대함을 보여주고 있는 그는 왕이 되기에 합당한 자였다. 사람에게 있어 장대한 외모보다 넉넉하게 베푸는 손이 더 돋보이는 법이다. 십 사람들과 그일라 사람들은 아무 선물도 받지

못했다. 이렇게 함으로써 그는 자신이 받은 모욕에 대해 보복이나 하려고 하는
졸장부도 아니지만 동시에 그러한 자들을 염두에 두지 않을 정도로 바보도 아
니라는 사실을 보여주었다.

제
— 31 —
장

개요

앞 장에서 우리는 다윗이 아말렉 사람들을 추격하여 승리를 거두는 것을 살펴보았다. 정말로 그는 승승장구하고 있었다. 이제 본 장에서 우리는 사울이 패배를 당하는 것을 보게 된다. 하나님의 섭리는 이러한 두 가지 일이 동시에 일어나도록 이끌었다. 어쩌면 다윗이 아말렉 사람들에 대해 승리를 거둔 날과 블레셋이 사울에 대해 승리를 거둔 날은 같은 날이었을는지 모른다. 다윗과 사울 두 사람은 너무나 정반대의 길을 걸었다. 우리는 한 사람을 통해 하나님을 의지하며 신뢰하는 자가 어떻게 되는지, 또 한 사람을 통해 하나님을 버린 자가 어떻게 되는지를 배우게 된다. 사울은 블레셋 사람들과의 싸움을 앞두고 극도의 두려움과 불안에 휩싸여 있었다. 이제 그에게 어떤 일이 일어나는지 살펴보자. 본 장의 내용은 다음과 같다. I. 사울의 군대가 패배를 당함(1절). II. 그의 세 아들이 죽임을 당함(2절). III. 그 자신도 중상을 입고(3절) 스스로 목숨을 끊음(4절), 그리고 그의 무기 든 자(5절)와 그의 모든 사람(6절)이 죽음. IV. 그의 나라가 블레셋 사람들에 의해 점령을 당함(7절). V. 그의 진영이 약탈을 당하고, 그의 시신이 버려짐(8절). VI. 그의 시신이 블레셋 사람들의 손에 넘겨지고(9절), 모욕을 당함(10절). VII. 길르앗 야베스 사람들이 어렵게 그의 시신을 거둠(11-13절). 하나님으로부터 버림을 당한 자는 결국 이와 같이 멸망을 당하고 말았다.

¹블레셋 사람들이 이스라엘을 치매 이스라엘 사람들이 블레셋 사람들 앞에서 도망하여 길보아 산에서 엎드러져 죽으니라 ²블레셋 사람들이 사울과 그의 아들들을 추격하여 사울의 아들 요나단과 아비나답과 말기수아를 죽이니라 ³사울이 패전하매 활 쏘는 자가 따라잡으니 사울이 그 활 쏘는 자에게 중상을 입은지라 ⁴그가 무기를 든 자에게 이르되 네 칼을 빼어 그것으로 나를 찌르라 할례 받지 않은 자들이 와서 나를 찌르고 모욕할까 두려워하노라 하나 무기를 든 자가 심히 두려워하여 감히 행하지 아니하는지라 이에 사울이 자기의 칼을 뽑아서 그 위에 엎드러지매 ⁵무기를 든 자가 사울이 죽음을 보고 자기도 자기 칼 위에 엎드러져 그와 함께 죽으

니라 [6]사울과 그의 세 아들과 무기를 든 자와 그의 모든 사람이 다 그 날에 함께 죽었더라 [7]골짜기 저쪽에 있는 이스라엘 사람과 요단 건너쪽에 있는 자들이 이스라엘 사람들이 도망한 것과 사울과 그의 아들들이 죽었음을 보고 성읍들을 버리고 도망하매 블레셋 사람들이 이르러 거기에서 사니라

드디어 보응의 날이 도래했다. 이제 사울은 아말렉 사람들을 진멸하지 않은 불순종과 무죄하게 흘린 제사장들의 피에 대하여 값을 치러야만 하였다. 만일 그가 다윗의 피까지 흘렸다면, 그 또한 마땅히 지금 계산될 것이었다. 다윗이 그가 전장(戰場)에 나가서 망할 것이라고 말했을 때 예견했던 것처럼(26:10), 드디어 그의 멸망의 날이 도래한 것이다. 하나님의 의로운 심판이 어떻게 이루어지는지 와서 보라.

I. 그는 자신의 병사들이 자기 옆에서 쓰러져 죽는 것을 본다(1절). 블레셋 사람들이 더 숫자가 많았는지, 그들이 더 좋은 위치를 선점했는지, 혹은 어떤 다른 이점을 가지고 있었는지 등에 대해 우리는 아무것도 듣지 못한다. 그러나 그들이 먼저 공격을 개시한 것으로 미루어 그들이 더 강력한 힘을 가지고 있었던 것으로 보인다. 그들은 이스라엘을 대항하여 싸웠으며, 이스라엘 병사들은 도망하고 엎드러져 죽었다. 전열은 급속하게 흐트러졌으며, 많은 사람들이 살육을 당했다. 아마도 그들은 다윗을 죽이기 위해 쫓아다녔던 자들이었을 것이다. 이와 같이 사울을 따라다니며 그의 죄에 동참했던 자들이 그보다 먼저 멸망을 당했으며, 그에게 임하는 재앙에 함께 동참하는 결과가 되었다.

II. 그는 자신의 아들들이 자기 앞에서 쓰러지는 것을 본다. 승기를 잡은 블레셋 병사들은 이스라엘의 왕과 그 주변에 있는 자들을 더욱 강력하게 밀어붙였다. 그의 세 아들이 그 옆에 있었는데, 아마도 그들 모두 그의 면전에서 죽임을 당한 것으로 보인다. 이것은 그의 큰 슬픔이면서(그들은 그의 가정의 희망이었기 때문이다), 동시에 그의 큰 두려움이기도 했다. 왜냐하면 지금 그들이 자신들의 아버지이자 왕인 사울을 지켜주고 있었기 때문이었다. 이제 사울은 다음 차례가 바로 자신이라고 결론을 내리지 않을 수 없게 되었다. 여기에 그의 세 아들의 이름이 거명되고 있는데(2절), 그 가운데 요나단의 이름이 있다는 사실이 우리를 더욱 슬프게 만든다. 그는 너무도 지혜롭고 용맹하며 선한 사람이었다. 그의 아버지 사울은 다윗의 원수였지만 그는 다윗의 절친한 친구

였다. 그런 그가 다른 형제들과 함께 쓰러졌다. 그는 자기 아버지에 대한 책임 때문에 집에 남아 있을 수가 없었으며, 또한 이스라엘 군대가 전장에 나간 상태에서 자기 혼자 집에 머물러 있을 수 없었다. 비록 가족의 죄에 동참하지는 않았다 할지라도, 그는 결국 자기 가족 전체의 운명에 동참하여 쓰러지고 말았다. 그러므로 "죄 없이 망한 자가 누구인가"(욥 4:7)란 엘리바스의 말은 여기에서는 해당되지 않는다. 왜냐하면 여기에 그런 사람이 한 사람 있기 때문이다. 이에 대해 우리는 무슨 말을 할 것인가?

1. 이로써 하나님은 사울의 괴로움을 완전히 채우셨으며 또한 그의 집에 임할 심판을 완성하셨다. 그의 집이 멸망을 당해야만 한다면, 그 집의 일원인 요나단 또한 그와 함께 멸망을 당해야만 하였다.

2. 이로써 하나님은 보좌로 나아가는 다윗의 길을 좀 더 확실하고 넓게 만들어 주셨다. 요나단은 자신의 모든 권리를 기꺼이 다윗에게 넘겨줄 것이다(우리는 이 점에 대해 추호도 의심하지 않는다). 그럼에도 불구하고 사울의 집을 계속해서 왕가(王家)로 유지시키기 위해 많은 사람들이 그의 이름을 사용하고자 할 것이었다(이것은 매우 개연성이 높은 일이었다). 전쟁에 나가기에 적합지 않아 집에 남아 있다가 화를 면한 이스보셋에게 그토록 많은 추종자가 있었다면, 하물며 백성으로부터 그토록 많은 사랑을 받았던 요나단이야 얼마나 더 그랬겠는가? 열방과 같은 왕을 열망했던 그들에게 있어 적통(嫡統)을 따라 요나단의 머리에 왕관이 씌워진다면, 그것은 그들에게 얼마나 더 열광할 만한 일이겠는가? 그렇게 된다면 다윗은 큰 혼란에 빠지지 않을 수 없게 될 것이다. 또한 만일 요나단이 자신의 모든 권리를 다윗에게 양도한다면, 사람들은 하나님이 그를 왕으로 세우셨다고 말하면서 하나님께 영광을 돌리는 대신 요나단이 그를 왕으로 만들었다고 말할 것이었다. 이는 여호와께서 행하신 일이라. 그러므로 비록 요나단의 죽음이 다윗에게 큰 고통을 가져다 주었다 할지라도, 그로 인해 그가 보좌로 나아가는 길이 용이해졌다는 점에서 그것은 그에게 큰 유익이 되었다고 말할 수 있는 것이다.

3. 이로써 하나님은 선과 악을 구별하는 것이 이 세상이 아닌 다음 세상에서 되어진다는 사실을 보여주셨다. 모든 사람에게 임하는 그 모든 것이 일반이라 의인과 악인, 선한 자와 깨끗한 자와 깨끗하지 아니한 자, 제사를 드리는 자와 제사를 드리지 아니하는 자에게 일어나는 일들이 모두 일반이니(전 9:2). 그러므로 어떤

사람의 죽음을 통해 그의 영적 상태 혹은 영원한 상태를 판단해서는 결코 안 된다. 왜냐하면 죽음에 있어 의인과 악인이 일반이기 때문이다.

Ⅲ. 그 자신도 중상을 입고 스스로 목숨을 끊는다. 그는 블레셋의 활 쏘는 자에 의해 중상을 입음으로써(3절), 더 이상 싸울 수도 없었고 도망할 수도 없다. 따라서 사울은 어쩔 수 없이 그들의 손에 떨어질 수밖에 없었다. 이와 같이 자신의 멸망이 서서히 다가오고, 또 자신의 죽음이 엄습해 오는 것을 느끼면서 죽음으로써, 그의 괴로움은 더욱 배가되었다. 이러한 극한적 상황에서,

1. 그는 블레셋 사람들의 손에 죽기보다는 자신의 부하의 손에 죽기를 열망한다. 그렇게 한 것은 그들로 하여금 자신을 모욕하지 못하도록 하기 위함이었다(그들이 삼손에 대해 그렇게 했던 것처럼). 가련한 자여! 그는 죽음을 향해 치닫고 있는 자신을 보고 있었다. 그리고 이러한 상황에서 그는 자신의 영혼이 하나님께 맡겨지기를 열망하는 대신(전 12:7) 자신의 몸이 블레셋 사람들의 손에 떨어지지 않기를 열망하고 있었다. 그는 살아 있는 동안 교만하며 시기심이 많으며 또 자신도 두려움 가운데 있었을 뿐만 아니라 주변 사람들에게도 두려움을 가져다 주는 존재였는데, 죽을 때도 역시 그러했다. 사리를 분별할 줄 아는 자들은 '어떻게 죽는가' 하는 문제보다 '죽음 이후에 어떻게 되는가' 하는 문제를 훨씬 더 중요하게 생각한다. 영혼이 괴로움 가운데 있으므로 죽기를 바라도 죽음이 오지 않는(욥 3:20, 21) 자들은 정말로 비참한 상태에 있는 자들이다. 특별히 가룟 유다처럼 하나님의 자비에 대해 절망하여 자기 안에 있는 지옥을 피하기 위해 자기 앞에 있는 지옥 속으로 뛰어들어가는 자는 더욱 그러하다.

2. 그러나 그러한 호의조차도 얻지 못했을 때 그는 스스로 목숨을 끊는다. 그는 이렇게 함으로써 수치를 피하고자 생각했지만, 그러나 또 하나의 죄를 더할 뿐만 아니라 자신의 이름에다가 '자살한 자'라는 영원한 오명을 덧씌우는 결과가 되고 말았다. 요나단은 블레셋 사람들과 더불어 용맹하게 싸우다가 전사자(戰死者)라는 명예로운 이름과 함께 영예의 침대(the bed of honor) 위에서 죽었다. 그러나 사울은 어리석은 자요 비겁한 자로서 죽었다. 그는 하나님도 경외할 줄도 모르며 그분에게 소망을 갖지도 못한 자로서, 인간의 이성도 갖지 못하고 이스라엘 백성의 믿음도 갖지 못한 자로서, 더욱이 왕의 위엄도 확고한 군인 정신도 갖지 못한 자로서 그렇게 죽었다. 우리 모두 "주여, 우리를 시험에 (특별히 이런 시험에) 들게 하지 마옵소서"라고 기도하자. 사울의 무기를

든 자는 그를 찌르고자 하지 않고 그의 청을 외면했는데, 그것은 올바른 일이었다. 왜냐하면 비록 종이라 할지라도, 주인의 모든 감정과 열망의 노예는 아니기 때문이다. 그가 사울의 청을 외면한 이유는 심히 두려워했기 때문이었다. 그러나 그가 두려워한 것은 자신이 죽는 것이 아니었다. 왜냐하면 그 역시도 사울에 뒤이어 스스로 칼에 엎드러져 죽었기 때문이다. 다만 왕을 너무나 공경하였기 때문에 자기 손으로 왕에게 어떤 위해(危害)를 가할 수가 없었던 것이었다. 그렇지 않다면 자신의 손이 너무나 떨리고 있었으므로 왕을 단숨에 죽게 하지 못함으로 왕을 더 고통스럽게 만들지 않을까 두려워한 것인지도 모른다.

IV. 사울의 무기 든 자는 자신 역시도 왕과 함께 죽기를 원하여 스스로 자기 칼 위에 엎드러져 죽었다(5절). 이것은 사울의 죽음을 더 나쁜 것으로 만드는 결과가 되었다. 왜냐하면 사울은 스스로 목숨을 끊는 나쁜 모범을 통해 자신의 종까지도 똑같은 죄에 빠뜨리고 말았기 때문이다. 그는 자신의 죄로 인해 자기 혼자만 망한 것이 아니었다. 유대인들은 사울의 무기 든 자가 바로 도엑이라고 말하면서, 제사장들을 죽인 공로로 그와 같은 지위에 오르게 되었을 것이라고 추측한다. 만일 그렇다면, 하나님의 공의에 의해 시편 7편 16절 말씀처럼 된 것이다(그의 재앙은 자기 머리로 돌아가고 그의 포악은 자기 정수리에 내리리로다). 다윗은 그와 관련하여 하나님이 그를 영원히 멸하실 것이라고 예언하였다(시 52:5).

V. 사울의 군대가 패배함으로 인해 이스라엘 전체가 혼란에 빠지고 말았다. 그래서 인근 성읍의 주민들은 자신들의 성읍을 버리고 떠났으며, 블레셋 사람들이 한동안 그러한 성읍들을 점령하게 되었다(7절). 이와 같이 사울은 자신의 악함으로 인해 나라를 이처럼 우울한 상태로 이끌고 말았다. 만일 다윗이 그러한 성읍들을 되찾기 위해 세움을 받지 않았다면, 그러한 성읍들은 계속해서 할례 받지 못한 자들의 손에 남아 있게 되었을 것이었다. 이스라엘 백성들이 하나님과 사무엘을 버리면서까지 구했던 왕이 결국 어떤 왕이었는지, 우리는 사울을 통해 분명히 알 수 있다. 사울뿐만 아니라 백성들도 계속해서 악을 행하는 가운데 있었으며, 그리하여 사무엘 선지자가 그들과 관련하여 예언한 것처럼 그들과 그들의 왕이 다 멸망을 당하고 말았다(12:25). 그리고 여기에다가 오랜 후에 다음과 같은 말씀이 덧붙여지게 된다. "전에 네가 이르기를 내게 왕과 지도자들을 주소서 하였느니라 네 모든 성읍에서 너를 구원할 자 곧 네 왕이 이제 어디 있

으며 네 재판장들이 어디 있느냐 내가 분노하므로 네게 왕을 주고 진노하므로 폐하였
노라. 다시 말해서, 그는 살아 있을 때나 죽을 때 너희들의 재앙이었느니라 너
희가 그에게서 다른 어떤 것도 기대할 것이 없었느니라"(호 13:10, 11).

[8]그 이튿날 블레셋 사람들이 죽은 자를 벗기러 왔다가 사울과 그의 세 아들이 길보
아 산에서 죽은 것을 보고 [9]사울의 머리를 베고 그의 갑옷을 벗기고 자기들의 신당
과 백성에게 알리기 위하여 그것을 블레셋 사람들의 땅 사방에 보내고 [10]그의 갑옷
은 아스다롯의 집에 두고 그의 시체는 벧산 성벽에 못 박으매 [11]길르앗 야베스 주민
들이 블레셋 사람들이 사울에게 행한 일을 듣고 [12]모든 장사들이 일어나 밤새도록
달려가서 사울의 시체와 그의 아들들의 시체를 벧산 성벽에서 내려 가지고 야베스
에 돌아가서 거기서 불사르고 [13]그의 뼈를 가져다가 야베스 에셀 나무 아래에 장사
하고 칠 일 동안 금식하였더라

성경은 사울과 그의 아들들의 영혼이 사후(死後)에 어떻게 되었는지
에 관하여는 언급하지 않는다(비밀한 일들에 대하여는 우리가 관여할 바가 아
니다). 다만 그들의 시신이 어떻게 되었는지에 대하여만 말할 뿐이다.

I. 그들의 시신이 블레셋 사람들에 의해 모욕을 당함. 싸움이 있는 다음 날
어느 정도 기운을 되찾았을 때, 블레셋 사람들은 죽은 자들을 벗기러 왔다가
사울과 그의 세 아들의 시신을 발견하였다(8절). 아마도 사울의 무기 든 자는
왕이 스스로 목숨을 끊은 것을 보고 자신도 그러한 모범을 따라 목숨을 끊음으
로써 신하의 도리를 다하는 것으로 생각했을 것이다. 그리고 그렇게 함으로써
자신이 왕을 얼마나 사랑했는지를 드러내고자 했을 것이다. 그러나 만일 그가
감정이 아니라 이성을 따랐다면, 그와 같은 어리석은 행동은 결코 하지 않았을
것이다. 왜냐하면 그는 자신의 생명도 올바로 돌보지 못했을 뿐만 아니라, 왕
에 대해서도 정말로 필요한 조치를 취할 수 없었기 때문이었다. 그는 자신이
살아 있어야만 왕의 사후(死後)에 왕을 위한 적절한 조치를 취할 수 있을 것이
었다. 예컨대 그는 밤 동안 왕과 세 왕자의 시신을 다른 장소로 옮겨서 명예롭
게 땅에 묻을 수도 있었다. 그러나 그는 신하의 도리와 관련하여 잘못 생각함
으로써 그렇게 할 수 있는 기회를 놓쳐 버리고 말았다. 아니, 어쩌면 사울은 그
날 밤 치명적인 공격을 피할 수 있었을는지도 모른다. 왜냐하면 블레셋의 추격

자들은 다음 날에야 비로소 그 장소에 왔기 때문이었다(사울은 그들을 두려워하여 스스로 목숨을 끊었다). 그러나 하나님은 당신이 멸망시키고자 하는 자들의 정신을 혼미케 하시고, 또 두려움으로 인해 그들의 분별력이 어두워지도록 만드신다. 욥기 18장 5절 이하를 보라. 사울의 시신을 발견하였을 때(사울의 시신은 피로 물든 전장에 길게 누워 있었는데, 그의 큰 키로 인하여 다른 시신들과 쉽게 구별되었을 것이다), 그들은 이스라엘의 왕을 죽인 것으로 인해 환호를 지르며, 그 버려진 시신을 모욕함으로써 자신들의 야만적인 복수심을 만족시킨다.

1. 그들은 사울의 머리를 베었다. 만일 이로써 골리앗의 머리를 벤 것에 대해 복수하고자 한 것이었다면, 그들은 차라리 다윗의 머리를 베었어야 했다(왜냐하면 골리앗의 머리를 벤 자는 사울이 아니라 다윗이었기 때문이다). 이와 같은 일을 통해, 그들은 (전체적으로) 이스라엘을 모욕하고자 했다(이스라엘은 기름 부음 받은 왕이 자신들을 블레셋 사람들로부터 구원해 줄 것으로 기대했었다). 또 그들은 다른 사람들보다 머리 하나만큼 큰 사울의 목을 베어 이제 머리 하나만큼 짧아지게 만듦으로써, (개별적으로) 그를 모욕하고자 하였다.

2. 그들은 사울의 갑옷을 벗겼다(9절). 그리고 그것을 승리의 전리품으로서 자신들의 여신인 아스다롯의 집에 두기 위해 보냈다(10절). 그리고 우리는 역대상 10장 10절에서 그들이 사울의 머리를 다곤 신전에 매달았다는 이야기를 듣는다(비록 여기에서는 언급되지 않았지만). 이와 같이 그들은 자신들의 승리의 영광을 참 하나님의 공의에 돌리지 않고 거짓 신들의 헛된 능력에 돌렸다. 또 거짓 신들에게 영광이 돌려지는 것을 통해, 살아계신 하나님이 그토록 많은 승리를 주셨음에도 불구하고 그분에게 찬미를 돌리지 않은 이스라엘의 부끄러움이 더 크게 두드러진다. 그동안 이스라엘은 여러 번 아스다롯에게 마음을 빼앗기곤 하였는데, 이제 그 우상이 그들을 비참하게 정복해 버리고 말았다.

3. 그들은 온 나라에 통지를 보냈다. 그들은 자기들의 신당과 백성들에게 승리의 소식을 통지함으로써(9절), 온 나라로 하여금 기뻐하며 신들에게 감사하도록 하였다. 다윗은 이것을 너무도 비통한 마음으로 한탄했다(삼하 1:20, 이 일을 가드에도 알리지 말며 아스글론 거리에도 전파하지 말지어다 블레셋 사람들의 딸들이 즐거워할까, 할례 받지 못한 자의 딸들이 개가를 부를까 염려로다).

4. 그들은 사울과 세 아들의 몸을 벧산 성벽에 못 박았다(10절). 그 곳은 길

보아와 멀지 않으면서 요단 강과 매우 인접해 있는 성읍이었다. 그들은 사울과 왕자들의 시신을 이 곳까지 끌고 와서 매닮으로써 새의 먹이가 되도록 만들었다. 사울은 블레셋 사람들에게 모욕을 당하는 것을 피하기 위해 스스로 목숨을 끊었다. 어떤 왕의 시신도 지금 사울이 당하고 있는 이와 같은 모욕을 당한 적은 결코 없었다. 그가 바로 이와 같은 이유 때문에 스스로 목숨을 끊었음을 안다면 더욱 그럴 수 없는 것이었다. 죄의 방법으로 자신의 명예를 지키려고 생각하는 자는 결국 모든 것을 다 잃어버리게 될 것이다. 다윗이 왕으로 세움 받기 직전에 블레셋 사람들의 오만과 망동(妄動)이 어느 지경까지 갔었는지 보라 (그들을 완전하게 정복한 자가 바로 다윗이었다). 사울과 왕자들을 죽였으므로 그들은 이제 이스라엘 땅이 영원히 자신들의 것이 되었다고 생각했지만, 그러나 그들은 곧바로 자신들이 스스로 속았음을 깨닫게 되었다. 하나님은 그들을 통해 자신의 일을 이루셨다. 이제 하나님은 그들에 대한 당신의 일을 이루실 것이다. 이사야 10장 6절과 7절을 보라.

II. 길르앗 야베스 사람들이 사울과 왕자들의 시신을 거둠. 벧산과 길르앗 야베스 사이에는 요단 강이 가로놓여 있었는데, 그 곳의 요단 강은 얕은 여울이어서 쉽게 건널 수 있는 곳이었다. 그리하여 길르앗 야베스의 장사들은 밤에 강을 건너는 모험을 감행했다. 그들은 사울과 그의 아들들의 시신을 취하여 정중하게 장례를 치러 주었다(11, 13절). 그들이 이 일을 한 것은 다음과 같은 이유 때문이었다.

1. 이스라엘 혹은 이스라엘 땅이 더럽혀지지 않도록 하기 위함. 이스라엘 땅은 죽은 자의 시신이 노출됨으로 인해 더럽혀져서는 안 되었다. 특별히 할례 받지 못한 자들에 의해 이와 같이 모욕을 당한 이스라엘 왕의 시신이야 더 말할 것이 없었다.

2. 사울에 대한 특별한 감사의 마음. 왜냐하면 사울이 처음 왕이 되었을 때, 그는 길르앗 야베스 사람들을 암몬의 손으로부터 구원하는 일에 매우 적극적이었기 때문이다(11:1-15). 자신들에게 도움을 베풀어 준 것을 잊지 않고 있다가 이와 같이 절박한 때에 보답하는 것은 정말로 아름다운 마음이 아닐 수 없다. 만일 길르앗 야베스 사람들이 사울에게 좀 더 일찍 용사들을 보내 주었다면, 그들은 블레셋 사람들과 싸우는 일과 관련하여 사울에게 좀 더 큰 도움을 베풀어 줄 수 있었을 것이다. 그러나 그의 날은 멸망에 이르렀으며, 지금은 이

일이 그에게 베풀어 줄 수 있는 도움의 전부였다. 우리는 사울의 죽음 앞에서 (사무엘의 경우와는 달리, 25:1) 많은 사람들이 애곡하였다는 이야기를 듣지 못한다. 오직 길르앗 야베스 사람들만이 그의 죽음 앞에서 경의를 표했을 뿐이었다.

(1) 그들은 시신을 위해 불을 살랐다. 그들은 시신을 위해 향을 살랐다(12절). 아사의 장례에 관한 이야기에서 나타나는 것처럼, 죽은 친구에게 경의를 표하기 위해 향을 사르는 것은 당시 매우 일반적인 풍습이었다(대하 16:14, 그의 시체를 법대로 만든 각양 향 재료를 가득히 채운 상에 두고 또 그것을 위하여 많이 분향하였더라). 혹은 (어떤 이들이 생각하는 것처럼) 시신들이 이미 부패하기 시작하였으므로 그들이 시신들을 불사른 것인지도 모른다.

(2) 시신을 위해 향을 사른 후, 그들은 시신을 에셀 나무 아래 묻었다(만일 시신을 불사른 것이었다면, 그들이 묻은 것은 뼈와 재가 될 것이다). 그 나무는 묘석(墓石)과 기념비가 될 것이었다.

(3) 그들은 7일 동안 금식했다. 즉 그들은 7일 간을 저녁 때까지 금식했다. 이와 같이 그들은 사울의 죽음과 이스라엘의 혼란에 대해 애곡했다. 그리고 아마도 그들은 금식과 함께, 이와 같이 파괴된 이스라엘이 재건되기를 위해 기도했을 것이다. 비록 악인이 패망하면 **기뻐** 외치는 법이라 할지라도(잠 11:10), 죽은 자의 시신 앞에서 (특히 통치자들의 시신 앞에서) 우리는 정중한 경의를 표하게 마련이다.

본서는 사무엘의 탄생으로부터 시작했다가 사울의 죽음으로 끝난다. 양자(兩者)를 비교할 때, 우리는 세상이 주는 영예보다 하나님으로부터 오는 영예를 더 좋아해야 한다는 사실을 배우게 된다.

사무엘하

서론

본서는 다윗왕의 통치를 기록한 역사이다. 우리는 앞에서 그가 왕으로 기름 부음 받은 이야기와 그와 사울 사이의 투쟁을 살펴보았다(마침내 그 투쟁은 핍박자의 죽음과 함께 끝나게 된다). 본서에서는 그가 보좌에 오르는 것으로부터 시작하여, 그가 다스린 40년 동안의 전반적인 일이 다루어진다. 따라서 이와 관련하여 70인역은 본서에다가 **열왕기 세 번째 책**(The Third Book of the Kings)이란 제목을 붙인다. 본서에서 우리는 그의 승리와 고통에 대한 이야기를 보게 된다.

I. 그의 승리. 사울의 집에 대한 승리(1-4장), 여부스 족속과 블레셋 사람들에 대한 승리(5장), 법궤를 가져옴(6장, 7장), 그를 대적했던 주변 나라들에 대한 승리(8-10장). 여기까지는 우리가 그에 대해 예상했던 바와 잘 부합한다. 그러나 그에게도 어두운 면이 있었다.

II. 그의 고통. 우리아 사건과 관련한 그의 죄(11장, 12장), 암몬의 죄로 인한 고통(13장), 압살롬의 반란으로 인한 고통(14-19장), 세바의 반란으로 인한 고통(20장), 그가 백성을 계수함으로 인해 야기된 재앙(24장).

이 외에도 우리는 본서를 통해 다음과 같은 이야기들을 듣게 된다. 사울이 기브온 사람들을 죽임으로 인해 생긴 기근(21장), 다윗의 노래(22장), 다윗의 마지막 말과 그의 용사들(23장). 그와 관련한 많은 사건들은 매우 교훈적이다. 그러나 우리는 그의 영광이 역사서에서보다 그의 시편에서 더 찬란하게 빛난다는 사실을 고백해야만 한다(비록 역사서에서도 많은 경우 그가 매우 위대하며 선하게 나타난다 할지라도).

$$\begin{array}{c} \text{제} \\ -\ 1\ - \\ \text{장} \end{array}$$

개요

앞 책 말미에서 우리는 사울의 죽음을 살펴보았다(이 점에서 우리는 앞 책과 본서가 연속된 이야기란 사실을 알 수 있다). 살아 있는 동안에는 용사요 많은 사람에게 큰 두려움을 주는 존재였음에도 불구하고, 그는 죽어 구덩이로 내려갔다. 이제 우리는 떠오르는 태양을 보게 될 것이다. 그리고 우리는 다윗이 어디에 있으며 또 무엇을 하고 있는지 살펴볼 것이다. 본 장의 내용은 다음과 같다. I. 사울과 요나단의 죽음의 소식이 한 아말렉 청년에 의해 다윗에게 전해짐(1-10절). II. 이러한 소식으로 인해 다윗이 슬픔에 빠짐(11, 12절). III. 사울을 죽인 것을 자랑한 전령에게 공의가 시행됨(13-16절). IV. 다윗이 지은 애가(17-27절). 이 모든 일에 있어 다윗의 가슴은 결코 복수심과 야심으로 불타지 않았으며, 그는 매우 합당한 태도를 견지했다.

[1]사울이 죽은 후에 다윗이 아말렉 사람을 쳐죽이고 돌아와 다윗이 시글락에서 이틀을 머물더니 [2]사흘째 되는 날에 한 사람이 사울의 진영에서 나왔는데 그의 옷은 찢어졌고 머리에는 흙이 있더라 그가 다윗에게 나아와 땅에 엎드려 절하매 [3]다윗이 그에게 묻되 너는 어디서 왔느냐 하니 대답하되 이스라엘 진영에서 도망하여 왔나이다 하니라 [4]다윗이 그에게 이르되 일이 어떻게 되었느냐 너는 내게 말하라 그가 대답하되 군사가 전쟁 중에 도망하기도 하였고 무리 가운데에 엎드러져 죽은 자도 많았고 사울과 그의 아들 요나단도 죽었나이다 하는지라 [5]다윗이 자기에게 알리는 청년에게 묻되 사울과 그의 아들 요나단이 죽은 줄을 네가 어떻게 아느냐 [6]그에게 알리는 청년이 이르되 내가 우연히 길보아 산에 올라가 보니 사울이 자기 창에 기대고 병거와 기병은 그를 급히 따르는데 [7]사울이 뒤로 돌아 나를 보고 부르시기로 내가 대답하되 내가 여기 있나이다 한즉 [8]내게 이르되 너는 누구냐 하시기로 내가 그에게 대답하되 나는 아말렉 사람이니이다 한즉 [9]또 내게 이르시되 내 목숨이 아직 내게 완전히 있으므로 내가 고통 중에 있나니 청하건대 너는 내 곁에 서서 나를 죽이라 하시기로 [10]그가 엎드러진 후에는 살 수 없는 줄을 내가 알고 그의 곁에 서

서 죽이고 그의 머리에 있는 왕관과 팔에 있는 고리를 벗겨서 내 주께로 가져왔나
이다 하니라

**I. 다윗이 자신의 가족과 친구들을 아말렉 사람들의 손으로부터 구원한 후
다시 시글락에 돌아와 머묾**(1절).   다윗이 시글락에서 이틀을 머물더니. 거기에서
그는 전리품을 자신의 친구 유다 장로들에게 선물로 보냈으며(삼상 30:26), 또한
자신에게 오는 사람들을 맞아들일 준비를 하고 있었다. 처음에 그에게 온 사람
들은 고통 가운데 있는 자와 빚진 자들이었지만, 나중에는 용사와 싸움에 익숙
한 자와 천부장까지도 그에게 왔다(대상 12:1, 8, 20). 마치 하나님의 군대처럼 큰
군대가 될 때까지(대상 12:22) 계속해서 그러한 사람들이 그에게로 왔는데, 그
것은 하나님이 그들의 마음을 충동하셨기 때문이었다. 이러한 변혁(變革)의 원
동력은 참으로 불가해(不可解)한 것으로서, 우리는 그것을 마치 강줄기를 바꾸
듯이 사람들의 마음을 바꾸시는 하나님의 섭리에 돌려야만 한다.

II. 사울의 죽음의 소식이 시글락에 전해짐.   다윗이 진(陣)에 정탐꾼을 남
겨둠으로써 전쟁의 결과를 속히 알고자 하지 않은 것은 이상한 일이었다. 그것
은 그가 사울의 재앙의 날을 열망하지 않았으며 또한 보좌에 오르는 순간만을
조바심을 가지고 기다리고 있지 않았음을 보여주는 하나의 증거였다. 그는 소
식이 전해질 때까지 잠잠히 기다렸다. 분명한 믿음을 가진 사람은 결코 서두르
지 않는 법이다. 그는 소식이 올 때까지 기꺼이 기다리며, 그것이 오는 도중에
불안해하지 않는다.

  1. 한 전령이 다윗에게 급보(急報)를 전해주는데, 그는 죽은 왕에 대하여는
애곡하는 모양을, 그리고 그를 이을 후계자에 대하여는 신하의 모양을 취하면
서 그렇게 한다. 그는 찢어진 옷을 입고 와서, 다윗에게 엎드려 절을 했다(2
절). 그는 자신이 새로운 통치자에게 경의를 표한 최초의 사람이 되었다고 생
각하면서 즐거워했지만, 결국 그로부터 죽음의 형벌을 받은 최초의 사람이 되
고 말았다. 그는 이스라엘 진영으로부터 가까스로 도망쳐 나왔다고 말함으로
써 전쟁의 결과가 최악의 상황에 빠졌음을 암시한다(3절).

  2. 그는 전쟁의 결과에 대하여 개략적으로 보고한다. 다윗은 나라의 일에 대
해 누구보다 큰 관심을 가지고 있었으므로 전쟁의 결과가 어떻게 되었는지 너
무나 알고 싶어했다. 그는 다윗에게 이스라엘 군대가 패배를 당했고, 많은 사

람이 죽었으며, 사울과 요나단도 죽었다고 매우 분명하게 말했다(4절). 그가 특별히 사울과 요나단의 이름을 거명한 것은 다윗이 그들의 운명이 어떻게 되었는지 알고자 초조하게 기다리고 있을 것이라고 생각했기 때문이었다. 왜냐하면 사울은 그가 가장 두려워한 사람이었으며, 요나단은 그가 가장 사랑한 사람이었기 때문이었다.

3. 그는 사울의 죽음에 대하여 좀 더 상세하게 이야기한다. 다윗이 다른 사람들의 보고로 전쟁의 결과가 어떻게 되었는지에 대해 이미 알고 있었을 가능성은 충분히 있었다. 왜냐하면 많은 사람들이 그에게로 피신해 왔을 것으로 보이기 때문이다. 그러나 다윗은 사울과 요나단이 어떻게 되었는지에 대해 분명하게 알기를 열망했다. 그것은 그에 대해 분명하게 알 때까지는 결코 성급하게 판단하지 않으려고 했기 때문이었다. 따라서 그는 묻는다: 사울과 그의 아들 요나단이 죽은 줄을 네가 어떻게 아느냐? 이러한 질문에 대해 아말렉 청년은 미리 준비한 것처럼 보이는 대답을 한다. 사울이 죽은 것은 너무나 확실한 사실인데, 그것은 자신이 그의 죽음을 직접 목격했을 뿐만 아니라 자신이 그의 죽음의 도구가 되었기 때문이다. 그러므로 다윗은 자신의 증언을 신뢰해도 좋다는 것이었다. 그는 요나단의 죽음에 관하여는 아무것도 말하지 않았다. 그것은 그 소식이 다윗에게 너무나 큰 슬픔이 될 것이란 것을 그가 알고 있었기 때문이었다. 따라서 그는 사울의 죽음에 대하여만 이야기하면서, 자신이 좋은 소식을 전해 준 자로서 큰 칭송과 상급을 받을 것으로 생각했다(다윗 자신도 그것을 잘 알고 있었다, 4:10).

(1) 이 일과 관련한 그의 이야기는 매우 구체적이었다. 그는 병사로서가 아니라 행인(行人)으로서 우연히 사울이 있는 곳을 지나가게 되었다(6절). 거기에서 그는 사울이 자신의 창에 스스로 죽으려고 하고 있는 것을 보게 되었다. 그러나 사울을 따르는 자들은 어느 누구도 그 일을 하려고 하지 않았다. 그는 스스로 어떻게 할 수 없는 것처럼 보였다. 사울은 너무나 고통스러운 상태에서 죽을 수도 살 수도 없었다. 그래서 그는 지나가는 행인 즉 자신을 불러(7절), 어느 나라 사람이냐고 물었다. 그것은 블레셋 사람만 아니라면 그에게 특별한 부탁을 하고자 함이었다. 행인이 아말렉 사람이라는 사실을 알았을 때(다시 말해서 자기 신하도 아니고 적도 아님을 알았을 때), 사울은 그에게 특별한 호의를 간청했다(9절): 너는 내 곁에 서서 나를 죽이라. 지금 사울은 자신의 위엄을

싫어하여 기꺼이 그것이 짓밟혀지기를 원하고 있으며, 또한 자신의 생명을 싫어하여 기꺼이 죽임을 당하기를 소원하고 있다. 자신의 생명과 명예를 지나치게 사랑하며 집착하는 자가 결국 어떻게 되고 마는지 보라. 죽고 싶어도 죽지 못하고 있다. 그 날에는 사람들이 죽기를 구하여도 죽지 못하고 죽고 싶으나 죽음이 그들을 피하리로다(계 9:6). 사울은 자신의 영혼을 사로잡은 고통과 두려움으로 인해 한탄하며 내가 고통 중에 있나니라고 말한다. 만일 지금 사울이 자신의 교만과 악의와 불신앙과 다윗에게 던진 창과 특별히 제사장들을 죽인 것을 기억한다면, 자신이 지금 고통 중에 있는 것을 조금도 이상하게 여길 필요가 없을 것이다. 사람이 죽을 때 두더지가 그 눈을 열어 준다(라고 그들은 말한다). 용서받지 못한 죄를 의식할 때, 죽음은 너무도 두려운 것이 된다. 스스로 양심의 가책을 억누른 자는 죽음의 순간에 양심의 괴로움에 압도될 것이다. 난외주(欄外註)는 그것을 그가 자신의 옷으로 인해 한탄하는 것으로 읽는다. 스스로를 보호하기 위해 입은 갑옷과 자신의 신분을 나타내기 위한 화려한 겉옷으로 인해 창은 그의 몸 깊숙이 들어갈 수 없었으며, 지금 그의 몸은 고통으로 부어올라서 숨조차 제대로 쉴 수 없었다. 사람으로 하여금 자신의 화려한 의복을 자랑하지 못하게 하라. 왜냐하면 화려한 의복이 그의 무거운 짐과 올무가 될 수 있기 때문이다. 아말렉 청년은 말한다: "이에 내가 그의 곁에 서서 그를 죽였나이다"(10절). 이 말을 하면서 아마도 그는 다윗의 얼굴에 나타난 분노의 표정을 보았을 것이다. 따라서 그는 다음과 같은 말로 스스로를 변명한다. "왜냐하면 그가 엎드러진 후에는 살 수 없는 줄을 내가 알았기 때문입니다. 그의 생명은 전적으로 그에게 있었으나, 그는 블레셋 사람들의 손에 떨어지든지 아니면 다른 어느 누구의 손에 죽임을 당해야만 했습니다."

(2) 이 이야기가 사실인지 여부는 분명하지 않다. 만일 사실이라면, 우리는 여기에서 하나님의 의가 나타나는 것을 볼 수 있다. 왜냐하면 하나님의 명령을 경홀히 여겨 아말렉 사람들을 남겨둔 사울이 결국 그들 가운데 한 사람의 손에 죽임을 당했기 때문이다. 그러나 대부분의 주석가들은 이 이야기를 거짓이라고 생각한다. 왜냐하면 설령 그가 우연히 그 자리에 있게 되었다 할지라도, 그는 결코 사울의 죽음을 돕지 않았기 때문이다. 다만 다윗에게 그렇게 말한 것은, 그것을 큰 공로로 여기면서 그로부터 큰 상급을 받을 것으로 기대했기 때문이었다. 원수가 멸망을 당할 때 기뻐하는 자는 다른 사람들도 그럴 것이라고

추측한다. 그러나 하나님의 마음에 합한 자는 이와 같은 보통사람들의 판단에 좌우되지 않는다. 이 청년의 이야기가 사실인지 여부는 나로서는 분명하게 말하기 어렵다. 여기에서 아말렉 청년이 말한 것이 앞에서의 이야기(삼상 31장의 이야기)와 꼭 불합치하는 것은 아니며, 앞의 이야기를 좀 더 보충한 것일 수도 있다(마치 유다의 죽음에 대해 베드로가 설명할 때 그러했던 것처럼; 마 27:5 과 행 1:18을 비교하라). 거기에서 칼로 불린 것이(삼상 31:4) 여기에서 창으로 불린 것일 수도 있으며, 혹은 그가 자신의 칼에 엎드러질 때 창에 기댄 채 그렇게 한 것이었는지도 모른다.

(3) 그는 사울의 죽음에 대한 증거로서 그의 머리에 있는 왕관과 팔에 있는 고리를 가져왔다. 사울은 이러한 것들을 전쟁터에까지 착용하고 나올 정도로 너무나 어리석었다. 이러한 것들은 그를 주변 사람들로부터 구별시킴으로써, 그로 하여금 적군의 활 쏘는 자들에게 좋은 표적이 되도록 만들어 주었다. 사람이 헛된 자랑에 빠지면 분별력을 잃어버리는 법이다. 결국 이것들은 이 아말렉 청년의 손에 들어가게 되었다. 사울은 아말렉 사람들로부터 좋은 것들을 남겨 두었으나, 지금 그 가운데 가장 좋은 것이 그들 가운데 한 사람의 손에 떨어지고 말았다. 그는 그것들을 다윗에게 주면서(이제 사울이 죽었으니 다윗이 그것들의 정당한 주인이 되었다), 자신이 이렇게 큰 공로를 세우고 호의를 베풀었으므로 그로부터 가장 영예로운 지위를 얻게 될 것을 추호도 의심하지 않았다. 유대인들의 전승은 이 아말렉 사람이 바로 도엑의 아들이었다고 말한다(왜냐하면 아말렉 사람은 에돔의 자손이기 때문이다). 유대인들은 사울의 무기 든 자가 바로 도엑이었을 것으로 추측하는데, 도엑은 자살하기 전에 사울의 왕관과 팔 고리를 아들에게 주면서 그것을 다윗에게 가져다 주고 그로부터 환심을 사라고 당부했다는 것이다. 그러나 이것은 아무런 근거 없는 상상에 불과하다. 도엑의 아들이라면 아마도 사울이 잘 알고 있었을 것이고, 따라서 그에게 "너는 누구냐"(8절)라고 물을 필요가 없었을 것이다. 다윗은 오랫동안 왕관을 기다려 왔는데, 이제 그것이 한 아말렉 사람에 의해 그에게 오게 되었다. 여기에서 하나님의 계획이 어떻게 이루어지는지 주목하라. 심지어 악한 의도를 가지고 자기 욕심을 위해 움직이는 사람들을 통해서도 하나님은 당신의 계획을 이루어 가신다.

11이에 다윗이 자기 옷을 잡아 찢으매 함께 있는 모든 사람도 그리하고 12사울과 그의 아들 요나단과 여호와의 백성과 이스라엘 족속이 칼에 죽음으로 말미암아 저녁 때까지 슬퍼하여 울며 금식하니라 13다윗이 그 소식을 전한 청년에게 묻되 너는 어디 사람이냐 대답하되 나는 아말렉 사람 곧 외국인의 아들이니이다 하니 14다윗이 그에게 이르되 네가 어찌하여 손을 들어 여호와의 기름 부음 받은 자 죽이기를 두려워하지 아니하였느냐 하고 15다윗이 청년 중 한 사람을 불러 이르되 가까이 가서 그를 죽이라 하매 그가 치매 곧 죽으니라 16다윗이 그에게 이르기를 네 피가 네 머리로 돌아갈지어다 네 입이 네게 대하여 증언하기를 내가 여호와의 기름 부음 받은 자를 죽였노라 함이니라 하였더라

I. 이러한 소식에 대한 다윗의 반응. 아말렉 청년은 자신이 전한 소식으로 인해 다윗이 기쁨의 도가니에 빠질 것으로 기대했지만, 도리어 그는 깊은 슬픔에 빠졌다. 그는 자기 옷을 잡아 찢으며(11절), 울며 금식했다(12절). 그가 이렇게 한 것은 이스라엘 백성과 친구 요나단으로 인해서만이 아니라 그의 원수인 사울을 인해서이기도 했다. 또 그가 이렇게 한 것은 명예를 아는 사람으로서 죽은 자를 모독하는 것을 금하는 예법을 기꺼이 따르는 것이었을 뿐만 아니라 또한 선하고 양심적인 사람으로서 사울이 자신에게 끼친 모든 해악을 용서하고 그에게 어떤 적개심도 품지 않는 것이었다. 다윗은 그의 아들 솔로몬이 네 원수가 넘어질 때에 즐거워하지 말며 그가 엎드러질 때에 마음에 기뻐하지 말라 여호와께서 이것을 보시고 기뻐하지 아니하사 그의 진노를 그에게서 옮기실까 두려우니라(잠 24:17, 18), 또 사람의 재앙을 기뻐하는 자는 형벌을 면하지 못할 자니라(잠 17:5)라고 적기 전에 이미 이러한 것을 알고 있었다. 또한 이를 통해 우리는 그의 시편에 나오는 원수의 멸망을 기원하는 구절들이 개인적인 복수심이나 어떤 육신적인 혈기로부터 나온 것이 아니라 하나님의 영광과 공적 선을 위한 거룩한 열심으로부터 나온 것이라는 사실을 알 수 있다. 왜냐하면 그가 여기에서 사울의 죽음에 대한 소식을 들었을 때 취한 행동을 통해, 우리는 그의 성품이 매우 온유했으며 또한 자신을 미워한 사람에게조차도 선한 마음을 품고 있었음을 알 수 있기 때문이다. 그가 사울을 위해 애곡한 것은 단지 겉으로 꾸민 것에 불과한 것이 아니라 진심이었다. 여기에서의 그의 슬픔은 너무나 강렬했기 때문에 주변에 있는 사람들에게까지 강력한 영향을 끼쳤다. 그와 함께 있던 모든 자들

도 자기 옷을 잡아 찢고 슬픔의 표시로 저녁 때까지 금식했다. 아마도 이것은 종교적인 금식이었을 것이다. 그들은 하나님의 손 아래 스스로를 낮추면서, 이러한 패배로 인해 이스라엘의 파괴된 것이 다시 고쳐지기를 위해 기도했다.

II. 소식을 전해 준 자가 받은 상급. 다윗은 그에게 큰 상급을 내리는 대신 왕을 죽인 자로 규정한 채 그를 사형에 처하도록 하고 즉시 형을 집행하도록 명령을 내렸다. 고통 속에 빠져 있는 사울에게 큰 호의를 베풀었다고 생각한 그 전령에게 있어 이것은 얼마나 상상도 하지 못한 일이었겠나? 사울이 자신에게 부탁을 했으므로 그것은 그에게 호의를 베푼 것이라는 그의 탄원은 실로 헛된 것이었으며, 따라서 그는 불가불 죽을 수밖에 없었다. 모든 변명은 다음과 같은 사실에 의해 한순간에 뒤집힌다: "네 입이 네게 대하여 증언하기를 내가 여호와의 기름 부음 받은 자를 죽였노라 함이니라(16절). 그러므로 너는 반드시 죽어야만 할지라."

1. 여기에서 다윗의 행동은 결코 부당한 것이 아니었다. 왜냐하면

(1) 이 사람은 아말렉 사람이었기 때문이었다. 이 사실을 다윗은 다시 한 번 그의 입을 통해 분명히 시인하도록 만들었다(13절). 아말렉과 그에 속한 모든 것은 하나님으로부터 멸망의 선고를 받았으며, 따라서 다윗에게 있어 그를 죽이는 것은 그의 선임자가 했어야만 했던 일을 한 것이었다.

(2) 그 스스로 죄를 자백함으로써 그의 유죄를 선고할 만한 충분한 증거가 있었기 때문이었다. 모든 사람은 자신에 대해 가장 유리하게 말할 것으로 추정된다. 만일 그가 정말로 자신이 말한 대로 행동했다면, 그는 왕을 죽인 죄로 사형을 당할 만한 충분한 조건을 갖게 될 것이다(14절). 그것은 그가 사울의 무기 든 자조차도 감히 하려고 하지 않은 일을 했기 때문이었다. 설령 그렇게 하지 않았다 할지라도, 그는 자신이 그 일을 했다고 자랑함으로써 만일 그와 같은 상황이라면 그와 같이 행할 것이라는 것을 명백하게 드러내었다. 또 다윗에게 그것을 자랑함으로써, 그가 다윗에 대해 생각하고 있는 바가 드러나게 되었다. 그는 다윗도 자신처럼 사울의 죽음을 즐거워할 줄로 생각한 것이었다. 그러나 그것은 손을 들어 여호와의 기름 부음 받은 자를 치기를 수 차례 거부한 자에 대한 참을 수 없는 모독이 아닐 수 없었다. 그리고 만일 그가 말한 것이 거짓이라면, 그러한 거짓말은 큰 죄가 될 것이며 그 죄가 그 자신의 머리로 돌아갈 것이었다.

2. 다윗의 행동은 영예롭고 올바른 것이었다. 이와 같이 하여 그는 자신의 슬픔이 꾸민 것이 아니라 진정한 것임을 드러내었으며, 이와 비슷한 행동으로 자신에게 영합하려고 하는 다른 모든 자들에게 경고를 내렸으며, 자신이 개인적인 이해관계 여부와 상관없이 공적인 공의를 세우는 일에 열심을 품고 있음을 모든 백성들에게 나타냈다. 이로부터 우리는 직접적으로든 간접적으로든 어떤 사람이 자살하는 것을 돕는 것은 피의 죄책(guilt of blood)을 초래한다는 사실과, 왕의 생명은 특별하게 취급되어야 한다는 사실을 배우게 된다.

[17]다윗이 이 슬픈 노래로 사울과 그의 아들 요나단을 조상하고 [18]명령하여 그것을 유다 족속에게 가르치라 하였으니 곧 활 노래라 야살의 책에 기록되었으되 [19]이스라엘아 네 영광이 산 위에서 죽임을 당하였도다 오호라 두 용사가 엎드러졌도다 [20]이 일을 가드에도 알리지 말며 아스글론 거리에도 전파하지 말지어다 블레셋 사람들의 딸들이 즐거워할까, 할례 받지 못한 자의 딸들이 개가를 부를까 염려로다 [21]길보아 산들아 너희 위에 이슬과 비가 내리지 아니하며 제물 낼 밭도 없을지어다 거기서 두 용사의 방패가 버린 바 됨이니라 곧 사울의 방패가 기름 부음을 받지 아니함 같이 됨이로다 [22]죽은 자의 피에서, 용사의 기름에서 요나단의 활이 뒤로 물러가지 아니하였으며 사울의 칼이 헛되이 돌아오지 아니하였도다 [23]사울과 요나단이 생전에 사랑스럽고 아름다운 자이러니 죽을 때에도 서로 떠나지 아니하였도다 그들은 독수리보다 빠르고 사자보다 강하였도다 [24]이스라엘 딸들아 사울을 슬퍼하여 울지어다 그가 붉은 옷으로 너희에게 화려하게 입혔고 금 노리개를 너희 옷에 채웠도다 [25]오호라 두 용사가 전쟁 중에 엎드러졌도다 요나단이 네 산 위에서 죽임을 당하였도다 [26]내 형 요나단이여 내가 그대를 애통함은 그대는 내게 심히 아름다움이라 그대가 나를 사랑함이 기이하여 여인의 사랑보다 더하였도다 [27]오호라 두 용사가 엎드러졌으며 싸우는 무기가 망하였도다 하였더라

다윗이 사울의 죽음으로 인해 자기 옷을 찢으면서 애곡하며 울며 금식할 때, 그리고 아말렉 청년에 대하여 공의를 시행했을 때, 사람들은 그가 사울로부터 받은 모든 존귀의 빚을 충분히 갚았다고 생각할 것이다. 그러나 그것이 전부가 아니었다. 우리는 여기에서 이와 같은 상황에서 그가 기록한 시를 보게 된다. 다윗은 칼을 사용하는 데 능했을 뿐만 아니라 붓을 사용하는 데에

도 역시 능했다. 이러한 애가(哀歌)를 통해 그는 이 큰 재앙으로 인한 자신의 슬픔을 표현하면서 동시에 다른 사람들의 마음속에도 비슷한 감정을 불러일으키고자 하였다. 시의 형식을 통해 슬픔을 표현할 때, 사람들은

1. 좀 더 감정적이 되며 또한 더 큰 감동을 받는다. 시인이나 혹은 노래하는 자의 감정이 이와 같은 방식에 의해 읽는 자 혹은 듣는 자와 더불어 특별하게 교류(交流)되는 것이다.

2. 더 오래도록 그것을 보존하게 된다. 시로 기록된 애가는 더 멀리 퍼질 뿐만 아니라 대대로 전승된다. 역사를 읽지 않은 사람들도 시를 통해 정보를 얻을 수 있게 되는 것이다. 본 단락의 내용은 다음과 같다.

I. 이 애가와 함께 다윗이 내린 명령(18절).　명령하여 그것을 유다 족속에게 가르치라 하였으니 곧 활 노래라(KJV에는 'teach the children of Judah [the use of] the bow' 즉 유다 자손들에게 활[의 사용]을 가르치라고 되어 있음).

1. 활은 전쟁을 할 때 사용하는 것이다. 유다 족속은 활을 사용하는 법을 알고 있었다(활은 오래 전부터 전쟁에서 통상적으로 사용되어 왔는데, 창세기 48:22에서는 모든 전쟁무기를 나타내기 위해 '칼과 활'이란 표현이 사용되었다). 그러나 아마도 그들은 최근까지 물매를 더 많이 사용했을 것으로 보인다(다윗이 골리앗을 죽일 때 사용했던 것처럼). 왜냐하면 활에 비해 물매는 훨씬 더 쉽고 값싸게 얻을 수 있었기 때문이었다. 그러나 이제 다윗은 물매만 가지고는 전쟁에서 효과적으로 승리하기 어렵다는 사실을 알게 되었다(왜냐하면 사울에게 치명상을 입힌 것은 블레셋 사람들의 활이었기 때문이었다, 삼상 31:3). 따라서 그는 병사들로 하여금 대대적으로 활을 사용하도록 하고 또 그것을 사용하는 법을 훈련시킴으로써, 사울의 죽음에 대해 복수할 수 있는 능력을 키움과 함께 군사력에 있어 블레셋을 능가하고자 하였다. 이와 같이 하여 다윗은 이스라엘 군대에 대한 자신의 권위와 관심을 나타냈으며, 또한 이전 시대의 약점과 오류를 바로잡고자 하였다. 그러나 우리는 다윗을 찾아 시글락으로 온 무리들이 활로 무장하고 있었음을 발견한다(대상 12:2).

2. 그러므로 어떤 이들은 그것을 활이란 이름으로 불린 어떤 악기로서 혹은 애가(哀歌) 그 자체로서 이해한다. teach the children of Judah Kesheth, the bow(유다 자손들에게 게셋[활]을 가르치라). 즉 요나단의 활로 인해 그와 같은 제목이 붙은 이 노래를 가르치라. 모세가 이스라엘 백성들에게 자신의 노래를

배울 것을 명령했던 것처럼(신 31:19), 다윗 역시 여기에서 백성들에게 자신의 노래를 배울 것을 명령하고 있는 것이다. 아마도 그는 레위인들로 하여금 백성들에게 그것을 가르치라고 명령했을 것이다. 야살의 책에 기록되었으되. 이 노래는 이 곳 야살의 책에 기록되고 보존되어 후대로 전승되게 되었다. 그 책은 아마도 '국가 시 모음집'(collection of state-poems)이었을 것이다. 그 책에 기록되었다고 언급되는 것(수 10:13) 역시 '역사 시'(historical poem)의 한 부분이다. 비록 노래라 할지라도 책에 기록되지 않는다면 결국은 잊혀져 없어지고 말 것이다.

Ⅱ. 애가 자체.   이것은 신적인 찬송가도 아니고, 예배에 사용되도록 하나님의 영감으로 주어진 것도 아니며, 노래 가운데 하나님에 대한 아무런 언급도 나오지 않는다. 이 애가는 다만 인간의 저작물(human composition)일 따름이다. 따라서 이것은 신적 기원을 갖고 오늘까지 보존된 시편에 편입되지 않고, 다만 일반적인 시 모음집일 뿐인 그리고 오래 전에 없어진 야살의 책에 편입되었다.

1. 이 애가를 통해 우리는 다윗이 탁월한 정신을 가진 사람이라는 사실을 알 수 있는데, 특별히 다음과 같은 네 가지 점에서 그러하다.

(1) 원수 사울에 대한 너그러운 마음. 사울은 그의 장인이요 왕이었으며, 또한 여호와의 기름 부음 받은 자였다. 따라서 다윗은 비록 그가 자신에게 큰 악을 행했다 할지라도 그가 죽었을 때 그에게 원한을 갚으려고 하지 않았다. 도리어

[1] 그는 사울의 허물을 감춘다. 비록 역사 속에서는 그의 잘못이 그대로 나타날 수밖에 없다 할지라도, 그것이 애가에까지 언급될 필요는 없었다. 사랑은 모든 사람들에 대해 우리가 할 수 있는 최선을 행하며, 또 그들의 (특별히 죽은 자들의) 허물과 잘못을 들추어내지 말 것을 가르친다. 죽은 자에 대하여는 오직 좋은 것만 말하라. 우리는 우리에게 악을 행한 자를 정죄하고자 하는 마음을 부인해야 한다. 어떤 사람에 대한 나쁜 기억은 그가 땅에 묻힘과 함께 같이 묻어 버리자 ― 흙은 흙으로, 재는 재로. 허물은 감추고 결함은 휘장으로 덮어 버리자.

[2] 그는 사울의 훌륭한 점만을 칭송한다. 그는 사실이 아닌 것까지 억지로 만들어서 칭송하지는 않는다. 그는 사울의 경건이나 믿음에 대하여는 언급하지 않는다. 장례식에서의 칭송이 사실에 근거한 것일 때에는 진정한 칭송이 되

지만, 그렇지 않을 때에는 도리어 부끄러운 일이 되고 말 것이다. 다윗은 사울과 관련하여 다음과 같은 사실을 언급한다. 첫째로, 그는 거룩한 기름으로 기름 부음을 받았다(21절). 이것은 그가 왕으로서의 정당한 권세를 가졌음을 나타내는 것이었다. 그가 어떠했든지 간에, 하나님께서 성별하신 관유가 그 위에 있었다(대제사장이 그러했던 것처럼 그 역시 그러했다, 레 21:12). 그의 모든 존귀는 바로 여기에 근거한다. 모든 존귀의 근원이신 하나님이 그를 존귀케 하셨기 때문이다. 둘째로, 그는 용맹한 전사였다(19-21절). 그는 이스라엘의 원수들에 대하여 승리를 거두었으며, 어디로 향하든지 원수들을 곤란에 빠뜨렸다(삼상 14:47). 또 그의 칼은 헛되이 돌아오지 아니하였으며, 피와 노략물로 넘쳐났다(22절). 마지막 순간의 수치와 멸망으로 인해 예전의 승리와 업적이 잊혀져서는 안 된다. 비록 지평선 아래로 지고 말았다 할지라도, 그의 태양이 찬란하게 빛나던 때가 있었다. 셋째로, 요나단과 더불어 그는 사랑스럽고 아름다운 자였다(23절): 사울과 요나단이 생전에 사랑스럽고 아름다운 자이러니. 요나단은 항상 그랬으며, 사울 또한 다윗과 함께 있는 동안에는 그러했다. 그들이 함께 적을 쫓을 때, 그들보다 더 담대하고 용맹한 자는 아무도 없었다. 그들은 독수리보다 빠르고 사자보다 강했다. 그들은 전쟁터에서는 가장 용맹하고 맹렬했던 반면 왕궁에서는 가장 부드럽고 사랑스러웠다. 그들은 원수들에게는 두려운 존재였던 반면 신하들에게는 온유하고 부드러웠다. 그들은 용맹함과 부드러움을 동시에 지니고 있었다. 우리는 이를 통해 사울과 요나단이 대체적으로 (특별한 때를 제외하고) 사랑과 화목의 관계를 유지하고 있었던 사실을 알 수 있다. 그들은 서로 사랑하며 화목했다. 요나단은 성실한 아들이었으며, 사울은 인자한 아버지였다. 그러므로 그들은 살아 있는 동안 서로 조화를 이루었으며, 죽을 때에도 서로 떠나지 않았다. 그들은 블레셋과 싸울 때에도 마지막까지 함께 하다가 함께 쓰러졌다. 넷째로, 그는 여러 나라를 정복하고 그로부터 얻은 전리품으로 이스라엘을 부요케 했다. 그들에게 열방과 같은 왕이 있었을 때 그들은 열방과 같은 옷을 입을 수 있었다. 그리고 이 점에서 그는 특별히 여인들에게 친절을 베풀었다(24절). 그는 이스라엘 딸들을 붉은 옷으로 화려하게 입혔으며, 이것은 그들의 즐거움이었다.

(2) 친구 요나단에 대한 감사의 마음. 요나단을 위한 눈물과 칭송에 더하여, 다윗은 그의 특별한 점을 언급한다(25절): 요나단이 네 산 위에서 죽임을 당하였도

다. 이러한 언급을 통해 우리는 그가 19절에서 말한 이스라엘의 아름다움이 바로 요나단을 의미한 것이었음을 알게 된다. 왜냐하면 거기에서 다윗은 이스라엘의 아름다움이 산 위에서 죽임을 당했다고 말하고 있기 때문이다(한글개역개정판에는 이스라엘아 네 영광이 산 위에서 죽임을 당하였도다라고 되어 있지만, KJV에는 The beauty of Israel is slain upon thy high places 즉 이스라엘의 아름다움이 네 산 위에서 죽임을 당하였도다라고 되어 있음). 다윗은 요나단을 자신의 특별한 친구로서 애도한다(26절): 내 형 요나단이여(My brother, Jonathan). 다윗이 그토록 슬퍼한 것은 만일 그가 살아 있었다면 자신이 왕이 되는 데 큰 도움이 되어 주고 또 방해하는 자들로부터의 모든 장애물을 막아 줄 것이었기 때문이 아니었다(만일 다윗이 이러한 이유 때문에 그토록 슬퍼한 것이라면 그는 너무나 이기적이라 하지 않을 수 없을 것이다). 그가 그토록 슬퍼한 이유는 다음과 같은 것이었다. "그대는 내게 심히 아름다움이라. 그러나 그 아름다움이 이제 쓰러졌으므로 내가 그대로 인해 애통함이라." 요나단의 사랑이 기이했다고 다윗이 말한 데에는 특별한 이유가 있었다. 분명히 그와 같은 사랑은 어디에서도 찾아볼 수 없을 만한 것이었다. 그가 사랑한 자는 바로 그의 머리에서 왕관을 가져갈 자였다. 그럼에도 불구하고 그는 자신의 경쟁자(rival)에 대해 그토록 성실하고 진실했다. 이것은 부부간의 사랑과 성실을 훨씬 능가하는 것이었다. 여기에서 다음을 주목하라.

[1] 이 세상에서 참된 친구보다 우리를 더 기쁘게 하는 것은 아무것도 없다. 우리는 친구와 더불어 사랑을 주고받으며 삶을 함께 나눈다.

[2] 그런 친구를 잃는 것보다 우리를 더 괴롭게 하는 것은 아무것도 없다. 그것은 우리 자신의 일부를 잃는 것과 같다. 우리를 가장 기쁘게 하는 것이 종종 우리를 가장 괴롭게 만들고 마는 사실은 이 세상의 헛됨 가운데 하나이다. 사랑이 클수록 슬픔도 큰 법이다.

(3) 하나님의 영광에 대한 깊은 관심. 그에게 있어 할례 받지 못한 자들의 딸들이, 다시 말해서 하나님의 언약 밖에 있는 자들이 하나님과 이스라엘에 대해 개가를 부를까 두려워한 이유가 바로 이것이었다(20절). 선한 자는 하나님이 모독을 받으시는 것에 대해 매우 민감하다.

(4) 나라의 안녕에 대한 깊은 관심. 이스라엘의 아름다움이 죽임을 당했으며(19절), 이스라엘의 영광이 수치를 당했다: 오호라 두 용사가 엎드러졌도다(다윗

은 이 말을 세 번 반복한다; 19, 25, 27절). 두 용사가 엎드러짐으로써 백성들의 힘은 약해질 수밖에 없었다. 공적인 정신(public sprit)을 가진 사람들은 국가적인 손실에 대해 뼈아프게 생각한다. 다윗은 이러한 손실에 대해 애통해하면서, 하나님이 그러한 손실을 회복하는 일에 자신을 도구로 사용하시기를 소망한다.

2. 다윗은 지혜롭고 거룩한 사람이었을 뿐만 아니라 또한 상상력이 풍부한 사람이기도 했다. 그는 자신의 감정을 너무나 뛰어난 표현을 사용하여 묘사한다.

(1) 그는 이 일을 알리는 것을 금지한다(20절): 이 일을 가드에도 알리지 말며 아스글론 거리에도 전파하지 말지어다. 이 일이 블레셋의 성읍들에 선포됨으로써 그들이 이스라엘을 모독할 것을 생각할 때, 그는 슬픔을 금할 수 없었다. 특별히 전에 사울이 죽인 자는 천천이요 하면서 승리의 개가를 불렀던 일을 기억할 때 더욱 그러했다. 이제는 이스라엘과 블레셋의 입장이 완전히 뒤바뀌고 말았다.

(2) 이러한 비극이 공연된 극장인 길보아 산들에 대한 저주: 길보아 산들아 너희 위에 이슬과 비가 내리지 아니하며 제물 낼 밭도 없을지어다(21절). 욥기의 내가 난 날이 멸망하였더라면(3:3)이란 표현처럼, 이것 역시 시적인 표현이다. 이것은 다윗이 이스라엘 땅의 어느 한 부분이 황무지가 되기를 바라는 것이 아니라, 다만 이스라엘의 비극으로 인한 자신의 슬픔을 표현하기 위한 것이었다. 다음을 주목하라.

[1] 땅의 소산은 하늘에 의존한다. 다윗이 길보아 산들에 대해 바랄 수 있는 최악의 것은 그것이 황무하게 되어 아무 쓸모 없이 되는 것이었다. 아무 쓸모 없이 된 것은 ― 그것이 사람이든 사물이든 ― 너무나 비참하다. 그리스도께서 무화과나무에 대해 이제 네가 열매를 맺지 못하리라고 저주하시자, 그대로 되어 무화과나무가 곧 말라버렸다. 다윗은 자신의 슬픔을 나타내기 위해 그 곳에 비가 내리지 않기를 기원한다. 만일 하늘이 놋이 된다면 땅은 철이 될 것이다.

[2] 따라서 땅의 소산은 하늘에 드려져야만 한다. 다윗이 사용한 제물 낼 밭이란 표현 속에서, 우리는 이와 같은 사실이 암시되어 있는 것을 발견할 수 있다. 땅의 소산 가운데 하나님께 드려지는 것은 그것의 영광이요 면류관이다. 그러므로 소출을 얻지 못함으로 하나님께 제물을 드릴 수 없게 되는 것은 가장 슬

픈 일이다. 요엘 1장 9절을 보라(소제와 전제가 여호와의 성전에서 끊어졌고 여호와께 수종드는 제사장은 슬퍼하도다). 우리가 먹을 것이 없는 것보다도 하나님께 제물로 드릴 것이 없는 것이 더 나쁜 일이다. 이와 같이 왕의 피로 얼룩진 길보아 산들에 대한 다윗의 저주는 그 곳에 더 이상 이슬과 비가 하늘로부터 내리지 않기를 기원하는 것이었다. 이러한 애가(哀歌)를 통해 사울에게 돌려진 경의(敬意)는 길르앗 야베스 사람들에 의해 (즉 그들이 사울의 시신을 수습하여 장례를 치러줌으로써) 돌려진 것보다 더 큰 것이었다.

제
— 2 —
장

개요

다윗은 자신의 왕인 사울과 친구인 요나단을 애도하며 그에 합당한 경의를 표했다. 이러한 다윗의 행동은 그들을 칭송하는 것이었지만 동시에 그 자신이 칭송을 받게 되는 일이기도 했다. 이제 그는 무엇을 해야 할지 생각한다. 마침내 사울의 태양은 졌고, 다윗의 태양이 떠오르기 시작한다. I. 하나님의 지시에 따라 헤브론으로 감, 그리고 거기에서 왕으로 기름 부음을 받음(1-4절). II. 사울을 장사지내 준 것으로 인해 길르앗 야베스 사람들에게 감사를 표함(5-7절). III. 사울의 아들 이스보셋이 다윗에 맞서 왕으로 옹립됨(8-11절). IV. 다윗 진영과 이스보셋 진영의 충돌. 1. 양 진영에서 열두 명씩 서로 맞잡고 싸워 모두 죽음(12-16절). 2. 이스보셋 진영이 패함(17절). 3. 다윗 진영의 아사헬이 아브넬에 의해 죽음을 당함(18-23절). 4. 아브넬의 요청으로 요압이 퇴각나팔을 붊(24-28절). 5. 아브넬이 자신의 지역으로 돌아감(29절), 그리고 양 진영의 손실이 계산됨(30-32절). 이제 이스라엘은 둘로 나누어져 내전(內戰) 상태로 들어가게 되는데, 그러한 내전 상태는 시간이 지남과 함께 다윗의 왕권이 완전하게 확립되는 것으로 끝나게 된다.

¹그 후에 다윗이 여호와께 여쭈어 아뢰되 내가 유다 한 성읍으로 올라가리이까 여호와께서 이르시되 올라가라 다윗이 아뢰되 어디로 가리이까 이르시되 헤브론으로 갈지니라 ²다윗이 그의 두 아내 이스르엘 여인 아히노암과 갈멜 사람 나발의 아내였던 아비가일을 데리고 그리로 올라갈 때에 ³또 자기와 함께 한 추종자들과 그들의 가족들을 다윗이 다 데리고 올라가서 헤브론 각 성읍에 살게 하니라 ⁴유다 사람들이 와서 거기서 다윗에게 기름을 부어 유다 족속의 왕으로 삼았더라 어떤 사람이 다윗에게 말하여 이르되 사울을 장사한 사람은 길르앗 야베스 사람들이니이다 하매 ⁵다윗이 길르앗 야베스 사람들에게 전령들을 보내 그들에게 이르되 너희가 너희 주 사울에게 이처럼 은혜를 베풀어 그를 장사하였으니 여호와께 복을 받을지어다 ⁶너희가 이 일을 하였으니 이제 여호와께서 은혜와 진리로 너희에게 베푸시기를 원하고 나도 이 선한 일을 너희에게 갚으리니 ⁷이제 너희는 손을 강하게

하고 담대히 할지어다 **너희** 주 사울이 죽었고 또 유다 족속이 내게 기름을 부어 그들의 왕으로 삼았음이니라 하니라

사울과 요나단이 죽었을 때, 다윗은 자신이 왕으로 기름 부음 받은 사실을 분명히 알고 있었음에도 불구하고 이스라엘 각지에 사자들을 보내 백성들을 나아오게 하고 자신에게 충성을 맹세하도록 서두르지 않았다. 그는 천천히 일을 진행시켰다. 그것은 믿는 자로서 서두르지 않고 하나님의 약속이 이루어지는 하나님의 때를 기다렸기 때문이었다. 우리가 역대상 12:1-22에서 볼 수 있는 바와 같이, 그가 시글락에 머물러 있는 동안 각 지파로부터 많은 사람들이 그에게로 왔다. 다윗은 그러한 세력을 규합하여 무력으로 왕권을 취할 수도 있었다. 그러나 그는 온유함으로 통치할 자로서 폭력으로 왕이 되지 않을 것이었다. 여기에서 다음을 주목하라.

I. 이 중요한 때에 다윗이 하나님으로부터 지시를 구함(1절). 그는 자신의 승리를 조금도 의심하지 않았다. 그랬기 때문에 그는 하나님 앞에서나 사람들 앞에서나 정당한 방법을 사용하였다. 하나님의 약속에 대한 확신이 우리로 하여금 아무 일도 하지 않고 가만히 있도록 만드는 것은 결코 아니다. 도리어 우리로 하여금 거룩한 열심을 북돋워 준다. 설령 내가 생명의 면류관을 얻도록 부르심을 받았다 할지라도, 내가 아무것도 하지 않는다면 나는 그것을 얻지 못할 것이다. 그러므로 우리는 우리를 부르신 자가 지시하시고 인도하시는 바를 더욱 열심히 행하고 따라야만 한다.

1. 다윗은 자신의 모든 길에서 하나님을 인정한다. 그는 아비아달이 가져온 판결의 흉패를 가지고 여호와께 물었다. 우리는 고난의 때뿐만 아니라 형통하고 순조로울 때에도 하나님께 물어야 한다. 그가 물은 것은 이것이었다: "내가 유다 한 성읍으로 올라가리이까? 내가 이 곳을 떠나 다른 곳으로 옮기리이까?" 비록 시글락이 폐허가 되었다 할지라도, 그는 하나님의 지시가 없이는 결코 그 곳을 떠나지 않을 것이었다. "내가 이 곳을 떠난다면, 유다 한 성읍으로 올라가리이까?" 하나님이 어떻게 지시하시든, 그는 이스라엘 어느 성읍이든지 갈 것이었다. 또 이와 같이 말함으로써 그는 자신의 신중함과(그의 대부분의 친구들은 유다 성읍들에 있었다) 겸손을(현재 상태에서 그는 자신의 지파 이상을 바라보지 않았다) 나타냈다. 우리가 어디로 가든지 우리 앞에 하나님이 앞서 가고 계

심을 안다면, 그것은 우리에게 큰 위로가 될 것이다.

2. 하나님은 약속하신 대로 그의 길을 지시하시며 헤브론으로 갈 것을 명하신다. 그 곳은 제사장의 성읍으로서 도피성 가운데 하나였는데, 이를 통해 하나님은 자신이 그에게 작은 성소(聖所)가 되신다는 사실을 보여주셨다. 헤브론 가까이에 있는 족장들의 무덤은 그로 하여금 옛 약속을 일깨워 줄 것이었다. 이렇게 하여 하나님은 그로 하여금 소망 가운데 거하도록 인도하셨다. 하나님은 다윗을 베들레헴으로 보내지 않으셨는데, 그것은 베들레헴이 유다 족속 중에 작은 곳이었던 반면(미 5:2) 헤브론은 매우 중요한 장소였기 때문이었다. 아마도 헤브론은 당시 유다 지파의 중심지였을 것으로 보인다.

II. 다윗이 헤브론으로 옮김에 있어 가족과 친구들을 데려감.

1. 그는 아내들을 데려갔다(2절). 그녀들은 고난의 때에 함께 했던 것처럼 앞으로도 계속 그러할 것이었다. 다윗에게는 아직 자녀가 없었다. 그의 맏아들은 헤브론에서 태어났다(3:2).

2. 그는 친구들과 추종자들을 데려갔다(3절). 이들 역시 다윗이 사울을 피해 떠돌아다니던 시절 그를 따랐던 자들이었으므로, 그가 있는 곳에 함께 있을 것이었다. 이와 같이 우리가 그리스도와 함께 고난을 참으면 또한 그와 함께 왕 노릇 하게 될 것이다(딤후 2:12, 참으면 또한 함께 왕 노릇 할 것이요). 아니, 그리스도는 자신의 선한 군사들을 위해 다윗이 할 수 있었던 것 이상으로 하실 것이다. 다윗은 자신의 추종자들이 머물 곳을 마련해 주었다: 헤브론 각 성읍에 살게 하니라. 그러나 그리스도는 자신의 모든 시험 중에 함께 한 자들에게 나라를 맡겨 자신의 상에서 먹고 마시게 할 것이다(눅 22:28-30).

III. 유다 사람들이 다윗에게 기름을 부음. 유다 사람들이 와서 거기서 다윗에게 기름을 부어 유다 족속의 왕으로 삼았더라(4절). 유다 지파는 대부분의 경우 다른 지파들보다 뛰어난 위치에 서 있었다. 사울이 다스리던 때에도 유다 지파는 마치 별개의 집단처럼 따로 계수되었으며(삼상 15:4), 그들은 때때로 별도로 행동하곤 하였다. 지금도 마찬가지였다. 지금 그들이 다윗에게 기름을 붓는 것은 이스라엘 전체를 다스리는 왕으로서가 아니라, 유다 집을 다스릴 자로서 그렇게 한 것이었다. 다른 지파들은 그들 나름대로 자기들 보기에 좋은 대로 했지만, 그러나 결국은 하나님이 택하신 자에 의해 다스림을 받게 될 것이었다. 여기에서 다윗이 점진적으로 세워지고 있는 것을 주목하라. 처음에 그는 장차 왕이 될 자로서 기름 부음을 받았으며, 다음에 한 지파만을 다스리는 자가 되었으며, 그리고 마침내 모든 지파들을 다스리는 자가 되었다. 이와 같이 다윗의 자손인 메시야의 나라도 점진적으로 세워질 것이다. 그는 만유의 주시다. 그러나 지금 우리는 만물이 아직 그에게 복종하고 있는 것을 보지 못하고 있다(히 2:8). 다윗이 처음에 유다 집만을 다스린 것은 오래지 않아 그의 나라가 다시 그와 같이 축소될 것임을 나타내는 무언의 암시였다. 그리고 그 일은 열 지파가 그의 손자(르호보암)에게 반기를 들었을 때 현실화되었다. 다윗조차도 처음에 유다만을 다스렸다는 사실은 경건한 유다 왕들에게 큰 위로와 격려가 되었다.

IV. 다윗이 사울에게 은혜를 베푼 일로 인해 길르앗 야베스 사람들에게 감사를 표함. 여전히 그는 선왕(先王)을 존귀케 하는 일에 마음을 쓴다. 그리고 그렇게 함으로써 왕이 될 야심을 품고 사울을 대적하는 일은 자신의 본심(本心)과는 너무나 거리가 멀었다는 사실을 모든 사람들에게 나타내고자 하였다. 이제 다윗은 길르앗 야베스 사람들이 사울을 장사지내 주었다는 말을 듣게 되었다. 어쩌면 어떤 사람들은, 그들이 쓸데없는 일을 했다고 생각하면서 다윗이 불쾌하게 여겼을 것이라고 생각했을는지 모른다. 그러나 다윗은 조금도 그런 마음을 갖지 않았다. 도리어

1. 다윗은 그들을 칭찬한다(5절). 어떤 사람이 죽었을 때 우리는 그가 남긴 것(예컨대 그의 시신, 이름, 유족 등)에 대하여 마땅히 경의를 표해야만 한다. 다윗은 말한다. "사울은 너희의 주(主)였도다. 그러므로 이와 같이 그에게 은혜를 베풀고 영예롭게 해 준 것은 참으로 훌륭한 일이로다."

2. 다윗은 룻기 1장 8절에서 나오미가 그랬던 것처럼, 하나님이 이 일에 대해 축복하시고 갚아 주실 것을 기원한다: 너희가 너희 주 사울에게 이처럼 은혜를 베풀어 그를 장사하였으니 여호와께 복을 받을지어다. 죽은 사람의 시신과 이름과 유족에게 합당한 경의와 애정을 표하는 것은 결코 상을 잃지 않을 아름다운 행동이다: 너희가 이 일을 하였으니 이제 여호와께서 은혜와 진리로 너희에게 베푸시기를 원하고(6절). 하나님은 진리 안에서 은혜를 베푸신다.

3. 다윗은 자신도 그들에게 상을 베풀 것을 약속한다: 나도 이 선한 일을 너희에게 갚으리니. 그는 자신이 해야 할 몫을 하나님께 미루지 않는다. 하나님의 축복을 기원해 주는 것은 참으로 좋은 일이다. 그러나 그 이상의 것을 할 수 있는 능력이 있음에도 불구하고 거기에서 멈추고 마는 것은 너무나 값싼 일이 아

닐 수 없다.

4. 다윗은 이러한 기회를 활용하여 그들을 자신의 편이 되도록 한다(7절). 그들은 마지막까지 사울에게 은혜를 베풀었다. 그러므로 다윗은 마지막까지 그들과 함께 할 것이다. "유다 족속이 내게 기름을 부어 그들의 왕으로 삼았도다. 그러므로 너희도 강하고 담대하여 나와 함께 하기를 바라노라." 죽은 자에 대해 지나치게 집착한 나머지 하나님이 그를 대신하여 세워 주신 자의 축복을 소홀히 하는 것은 결코 합당한 일이 아니다.

[8] 사울의 군사령관 넬의 아들 아브넬이 이미 사울의 아들 이스보셋을 데리고 마하나임으로 건너가 [9] 길르앗과 아술과 이스르엘과 에브라임과 베냐민과 온 이스라엘의 왕으로 삼았더라 [10] 사울의 아들 이스보셋이 이스라엘 왕이 될 때에 나이가 사십 세이며 두 해 동안 왕위에 있으니라 유다 족속은 다윗을 따르니 [11] 다윗이 헤브론에서 유다 족속의 왕이 된 날 수는 칠 년 육 개월이더라 [12] 넬의 아들 아브넬과 사울의 아들 이스보셋의 신복들은 마하나임에서 나와 기브온에 이르고 [13] 스루야의 아들 요압과 다윗의 신복들도 나와 기브온 못 가에서 그들을 만나 함께 앉으니 이는 못 이쪽이요 그는 못 저쪽이라 [14] 아브넬이 요압에게 이르되 원하건대 청년들에게 일어나서 우리 앞에서 겨루게 하자 요압이 이르되 일어나게 하자 하매 [15] 그들이 일어나 그 수대로 나아가니 베냐민과 사울의 아들 이스보셋의 편에 열두 명이요 다윗의 신복 중에 열두 명이라 [16] 각기 상대방의 머리를 잡고 칼로 상대방의 옆구리를 찌르매 일제히 쓰러진지라 그러므로 그 곳을 헬갓 핫수림이라 일컬었으며 기브온에 있더라 [17] 그 날에 싸움이 심히 맹렬하더니 아브넬과 이스라엘 사람들이 다윗의 신복들 앞에서 패하니라

I. 두 왕 곧 하나님이 세우신 왕인 다윗과, 아브넬이 세운 왕인 이스보셋 사이의 다툼. 사울과 더불어 그와 함께 전쟁터에 나갔던 그의 모든 아들들이 죽었을 때, 사람들은 이제 다윗이 아무런 반대 없이 보좌에 오르게 될 것이라고 생각할 것이다. 왜냐하면 모든 이스라엘이 하나님께서 다윗을 왕으로 기름 부으셨음을 분명히 알고 있었기 때문이었다. 그러나 다윗이 왕이 되는 것을 원치 않는 사람들이 있었다. 그들은 다윗을 제쳐두고 아버지를 따라 전쟁터에 나가기에도 적합지 못할 정도로 나약하고 보잘것없는 이스보셋 같은 자를 사울에

이어 왕으로 옹립했다. 여기에서 다윗 왕국은 이방이 분노하며 관원들이 서로 꾀하며 대적하는 메시야 왕국의 모형이었다(시 2:1, 2).

1. 다윗에 대항하여 이스보셋을 왕으로 세운 사람은 아브넬이었다. 그가 그렇게 한 데에는 몇 가지 이유가 있었을 것이다. **첫째로**, 아마도 혈통을 따른 왕위계승을 열망했기 때문이었을 것이다. 그들은 열방과 같은 왕을 갖기를 원했는데, 바로 이 점에서 그들은 열방처럼 되기를 원했다(열방의 왕위계승 법칙은 아들이 아버지의 왕위를 잇는 것이다). **둘째로**, 자신의 가문과 친족을 배려하는 마음 때문이었을 것이다. 그것은 아브넬이 이스보셋에게 아저씨뻘이 되기 때문이었다(아브넬은 사울의 아버지인 기스의 형제 넬의 아들로서, 사울과 아브넬은 사촌 형제지간이었다). **셋째로**, 군사령관으로서의 자신의 직위를 보존하기 위함이었을 것이다. 한 사람의 무모한 욕심과 야망이 얼마나 큰 재앙을 일으킬 수 있는지 보라. 아브넬이 왕으로 옹립하지 않는 한, 이스보셋 자신은 추호도 왕이 될 생각을 갖고 있지 않았다. 아브넬은 자신의 목적을 위해 이스보셋을 도구로 이용한 것이었다.

2. 아브넬이 이스보셋을 왕으로 세운 곳은 요단 건너편 마하나임이었다. 이곳은 다윗이 있는 곳과 상당히 떨어진 지역으로서, 그들은 여기에서 스스로 세력을 키울 수 있는 시간을 벌 수 있었다. 그런데 이 곳에서 깃발을 들자 이스라엘 모든 지파의 지각 없는 사람들은 (다시 말해서 이스라엘 백성 대부분은) 그를 따르며 복종하게 되었고, 오직 유다만이 온전히 다윗을 따랐다. 이것은 하나님의 약속에 대한 다윗의 믿음과 인내, 곧 하나님의 약속이 이루어지는 하나님의 때를 그가 과연 기다릴 수 있는가 하는 것을 시험하는 것이었다.

3. 다윗과 이스보셋이 경쟁했던 기간과 관련하여 몇 가지 난제(難題)가 있다. 다윗이 유다를 다스린 기간은 대략 7년 정도인 반면(11절), 이스보셋이 이스라엘을 다스린 기간은 2년에 불과한 것으로 나타난다(10절). 그렇다면 2년을 제외한 나머지 기간은 사울의 집의 어느 특정인이 아니라 사울의 집 전체의 통치기간으로 간주한 것이었을 것이다(3:6). 그렇지 않으면 이스보셋이 다스린 것으로 언급되는 2년은 전쟁이 일어나기 이전의 기간을 언급하는 것인지도 모른다(12절). 그렇다면 그 전쟁은 5년 동안이나 계속되었을 것이다(3:1).

II. 두 군대의 충돌.

1. 양측에서 모든 병력이 다 동원된 것으로는 보이지 않는다. 왜냐하면 죽은

병사의 숫자가 그다지 많지 않기 때문이다(30, 31절).

(1) 모든 나라로 하여금 다윗을 따르도록 하기 위해 유다 사람들이 좀 더 적극적으로 행동하지 않은 것은 의아한 일이다. 아마도 유다가 과격하게 행동하는 것을 다윗이 허락하지 않은 것으로 보인다. 모든 일이 순리적으로 풀릴 때까지 아니 그보다도 하나님이 자신을 위해 일을 이루실 때까지, 다윗은 이스라엘 백성의 피를 흘리지 않고 기꺼이 기다리고자 한 것으로 추측된다. 그는 그리스도의 모형으로서 백성들의 피를 귀중히 여겼다(시 72:14, 그들의 생명을 압박과 강포에서 구원하리니 그들의 피가 그의 눈 앞에서 존귀히 여김을 받으리로다). 다윗은 자신을 대적하는 자들까지도 마치 자신의 신하처럼 생각하고 그렇게 대했다.

(2) 이스라엘 사람들이 어느 정도 중립을 지키며 순순히 이스보셋의 치하에 있을 수 있었던 것 역시 의아한 일이다. 특별히 이 때 많은 사람들이 다윗에게 나아온 사실을 생각할 때 더욱 그러하다(대상 12:23 이하에서 우리가 발견할 수 있는 바와 같이). 두 마음을 품지 않은 지혜로운 자들과 용맹한 자들과 전쟁에 능한 용사들은 이러한 7년 동안 대부분 통치권이 누구의 손에 있든지 그다지 관심을 갖지 않은 것으로 보인다. 하나님의 섭리는 어떤 때에는 사람들의 어리석음을 통해 이루어지기도 하며, 또 어떤 때에는 그들의 행동을 통해 이루어지기도 한다. 경우는 제각각일지라도, 신적 섭리는 동일하게 움직인다.

2. 싸움을 먼저 걸어온 사람은 아브넬이었다. 다윗은 가만히 앉아서 일이 어떻게 진행되는지 지켜보았다. 그러나 마침내 사울의 집과 그 우두머리인 아브넬이 도전을 해왔으며, 상황은 최악으로 치달았다. 우리는 다툼을 시작하는 일에 앞장선다든지 혹은 서둘러 나가서 다투어서는 안 된다. 왜냐하면 이웃에게서 욕을 보게 될 때에 어찌할 줄을 알지 못할까 두렵기 때문이다(잠 25:8). 어리석은 자의 손과 입술은 싸움 속으로 빠져 들어간다.

3. 싸움이 벌어진 장소는 기브온이었다. 아브넬이 이 곳을 선택한 것은 이 곳이 베냐민 지파에 속한 곳으로서 대부분의 사람들이 사울을 따랐기 때문이었다. 아브넬이 싸움을 걸어오자 다윗 진영의 장군인 요압은 이를 회피하지 않고 싸우기 위해 나갔고, 결국 둘은 기브온 못가에서 만나게 되었다(13절). 다윗 진영은 하나님의 약속 위에 서 있었기 때문에 이와 같은 지리적 불리함을 두려워하지 않았다. 그들 사이에 있었던 기브온 연못은 양쪽 모두에게 생각할 시간

적 여유를 주었다.

4. 아브넬이 먼저 양측에서 12명씩 나와 싸우자는 제안을 하자, 요압은 그러한 제안을 기꺼이 받아들였다.

(1) 이러한 싸움은 장난으로부터 시작된 것으로 보인다. 아브넬은 다음과 같이 제안했다(14절): 청년들에게 일어나서 (마치 검투사처럼) 우리 앞에서 겨루게 하자. 아마도 사울은 마치 폭군처럼 종종 자신의 병사들로 하여금 이러한 잔인한 유희를 하도록 시켰으며, 또한 아브넬은 그로부터 이러한 피와 죽음의 유희를 통해 기분전환 하는 것을 배운 것으로 보인다. 아브넬이 우리 앞에서 장난하게 하자(let them play before us, 한글개역개정판에는 우리 앞에서 겨루게 하자라고 되어 있음)라고 말했을 때, 그 뜻은 우리 앞에서 싸우게 하자라는 뜻이었다. 이와 같이 어리석은 자들은 죄를 심상히 여긴다(잠 14:9). 이와 같이 인간의 피를 대수롭지 않게 여길 수 있는 자는 인간이란 이름을 가질 자격이 없다. 횃불을 던지며 화살을 쏘아서 사람을 죽이는 미친 사람이 있나니 자기의 이웃을 속이고 말하기를 내가 희롱하였노라 하는 자도 그러하니라(잠 26:18, 19). 요압은 다윗 수하에 있었기 때문에 먼저 이와 같은 어리석은 제안을 하지는 않았다. 그러나 다른 사람이 이러한 제안을 할 때 그것을 거부하고 반박할 만큼 확고한 마음을 갖고 있지도 못했다. 왜냐하면 도전을 거부하는 것은 자신의 명예에 오점이 되는 일이라고 그는 생각했기 때문이었다. 따라서 그는 그들로 일어나게 하자라고 말했다. 그가 이렇게 한 것은 피의 유희를 좋아했거나 혹은 이러한 결투로 결말을 짓고자 했기 때문이 아니라 상대방으로부터 조롱거리가 되지 않으려고 했기 때문이었다. 자기 허영에 사로잡힌 이러한 줏대 없는 행동으로 인해 얼마나 많은 고귀한 생명이 희생을 당하게 되었는가? 이렇게 하여 양측에서 각각 12명의 전사(戰士)들이 나오게 되었고, 그들은 상대방을 죽이지 못하면 자신이 죽어야 하는 끔찍한 죽음의 유희를 벌이게 되었다. 아마도 아브넬 진영의 전사들이 더 적극적이었던 것으로 보인다. 왜냐하면 그들이 먼저 격투지(激鬪地)에 나왔을 뿐만 아니라 또한 아브넬 같이 어리석은 야망을 가진 자에 의해 훈련을 받아왔기 때문이었다.

(2) 그러나 싸움은 모두의 피 흘림과 함께 끝났다(16절): 각기 칼로 (적대감 때문이 아니라 명예심 때문에) 상대방의 옆구리를 찌르매 일제히 쓰러진지라. 다시 말해서, 그것은 24명 모두가 죽을 정도로 치열하고 백중한 경기였다. 결과

는 무승부였으며, 승자도 없었고 패자도 없었다. 그들은 (요세푸스가 말한 것처럼) 이를테면 협약에 의해 서로가 서로를 찌름으로써 서로 죽였다. 다른 사람의 생명을 해하는 자가 결국 자신의 생명을 내어던지게 되며 또한 오직 죽음으로써만 승리의 개가를 부르게 되는 경우가 종종 있다. 양측의 완악함과 냉혹함이 이 곳에 붙여진 헬갓 핫수림(냉혹한 자들의 들판)이란 이름 속에 그대로 나타난다. 그들은 죽음 앞에서조차도 흔들리지 않는 냉혹함을 가지고 있었다. 그러나 마음이 강한 자도 가진 것을 빼앗기고 잠에 빠져 버리고 말았다(시 76:5). 그들은 너무나 보잘것없는 명예를 사기 위해 너무나 비싼 값을 치르고 말았다. 그리스도를 위해 목숨을 잃는 자는 영원한 생명을 얻을 것이다.

5. 마침내 전체 군대가 맞붙게 되고, 그 결과 아브넬의 군대가 패주를 당하게 된다(17절). 앞의 싸움은 양측 전사 모두가 죽음으로써 무승부로 끝났다. 따라서 그들은 승부를 가르기 위해 새로운 경기를 해야만 하였고, 그 결과 먼저 도전했던 자들이 패배를 당하고 말았다. 다윗은 하나님을 자신의 편으로 삼고 있었으므로, 결국 그의 진영이 승리를 거두었다.

[18] 그 곳에 스루야의 세 아들 요압과 아비새와 아사헬이 있었는데 아사헬의 발은 들노루 같이 빠르더라 [19] 아사헬이 아브넬을 쫓아 달려가되 좌우로 치우치지 않고 아브넬의 뒤를 쫓으니 [20] 아브넬이 뒤를 돌아보며 이르되 아사헬아 너냐 대답하되 나로라 [21] 아브넬이 그에게 이르되 너는 왼쪽으로나 오른쪽으로나 가서 청년 하나를 붙잡아 그의 군복을 빼앗으라 하되 아사헬이 그렇게 하기를 원하지 아니하고 그의 뒤를 쫓으매 [22] 아브넬이 다시 아사헬에게 이르되 너는 나 쫓기를 그치라 내가 너를 쳐서 땅에 엎드러지게 할 까닭이 무엇이냐 그렇게 하면 내가 어떻게 네 형 요압을 대면하겠느냐 하되 [23] 그가 물러가기를 거절하매 아브넬이 창 뒤 끝으로 그의 배를 찌르니 창이 그의 등을 꿰뚫고 나간지라 곧 그 곳에 엎드러져 죽으매 아사헬이 엎드러져 죽은 곳에 이르는 자마다 머물러 섰더라 [24] 요압과 아비새가 아브넬의 뒤를 쫓아 기브온 거친 땅의 길 가 기아 맞은쪽 암마 산에 이를 때에 해가 졌고

우리는 여기에서 아브넬과 아사헬 사이의 싸움을 보게 된다. 아사헬은 요압의 동생이요 다윗의 사촌으로서 다윗 진영의 주요 지휘관 가운데 한 사람이었으며, 특별히 빨리 달리는 것으로 유명했다: 아사헬의 발은 들노루 같이

빠르더라(18절). 그가 이러한 이름을 얻은 것은 적을 추격하는데 빨랐기 때문이지 도망치는데 빨랐기 때문이 아니었다. 그러나 그는 전사(戰士)로서는 아브넬에 비해 훨씬 못 미쳤던 것으로 보인다. 그러므로 우리는 여기에서 다음과 같은 사실을 주목해야만 한다.

I. 그는 아브넬을 붙잡으려고 뒤쫓아 갔는데, 그것은 실로 경솔한 처사가 아닐 수 없었다. 그는 오직 아브넬만을 뒤쫓았다(19절). 다윗과 요압의 친척인 사실과 자신의 빠른 발과 자기 진영의 승리에 고무된 이 젊은 전사에게 있어, 아브넬 자신을 죽이거나 붙잡는 것보다 더 확실한 승리의 전리품은 없었다. 그는 아브넬을 죽이거나 붙잡음으로써 전쟁을 종결짓고 다윗으로 하여금 보좌에 오르는 길을 확실하게 열 것으로 생각했다. 이로 인해 그는 오로지 아브넬만을 뒤쫓는데 열중했고, 좌우에 있는 다른 적들을 붙잡는 것 따위는 안중에도 없었다. 그의 눈은 오직 아브넬에게만 고정되어 있었다. 만일 그가 아브넬을 붙잡는데 성공하기만 했다면, 그의 계획은 참으로 훌륭한 것이 되었을 것이다. 그러나 빠른 사람은 자신의 빠름을 자랑해서는 안 되며, 강한 자는 자신의 강함을 자랑해서는 안 된다. 그는 자신이 감당할 수 있는 이상의 일을 시도하다가 멸망을 당하고 말았다.

II. 아브넬은 아사헬에게 그가 위험에 노출되어 있음을 경고하면서 스스로 화를 자초하지 말 것을 충고할 정도로 너그러웠다(대하 25:19).

1. 그는 아사헬에게 좀 더 작은 전리품으로 만족할 것을 충고한다(21절). "너는 왼쪽으로나 오른쪽으로나 가서 청년 하나를 붙잡아 포로로 삼아라. 너는 네게 맞는 정도의 적수와 상대할 것이요, 너보다 훨씬 뛰어난 자와 상대하려고 하지 말라." 모든 싸움에 있어 우리의 힘을 상대방의 힘과 비교해 보는 것은 지혜로운 일이다. 그리고 그렇게 함에 있어 우리는 우리 자신의 힘을 지나치게 과대 평가하지 않도록 주의해야 한다. 누가복음 14장 31절을 보라(또 어떤 임금이 다른 임금과 싸우러 갈 때에 먼저 앉아 일만 명으로써 저 이만 명을 거느리고 오는 자를 대적할 수 있을까 헤아리지 아니하겠느냐).

2. 그는 아사헬에게 부디 자신으로 하여금 그를 죽여야만 하는 상황에 놓이지 않게 해 달라고 간청한다(22절). 그는 지금 아사헬을 죽이려는 마음이 조금도 없었지만, 그러나 그가 자신을 죽이려고 쫓아온다면 어쩔 수 없이 그를 죽일 수밖에 없을 것이었다. 아마도 아브넬은 요압에 대해 상당한 호감을 가지고

있었든지 아니면 그를 두려워했던 것으로 보인다. 왜냐하면 그는 지금 아사헬을 죽임으로써 요압과 불화관계에 빠지는 것을 몹시 꺼리고 있기 때문이다. 서로 적대관계에 있는 자들이 이와 같이 피차 존경하는 것은 칭찬할 만한 일이 아닐 수 없다. 어떻게 요압을 대면할지를 염려하는 것을 통해, 우리는 아브넬이 실제로는 결국 다윗이 왕이 될 것이라고 믿은 것이 아닌가 추측할 수 있다. 그럼에도 불구하고 그는 다윗과 맞섬으로서 스스로 자신의 양심을 거슬러 행동했다.

Ⅲ. 아사헬의 경솔함은 그 자신에게 너무도 치명적이었다. 그는 아브넬이 그렇게 말하는 것은 자신을 두려워하기 때문이라고 생각하면서 발걸음을 돌이키지 않았다. 그러나 그 결과는 무엇이었는가? 아사헬이 가까이 접근하자, 아브넬은 창 뒤 끝으로 그를 찌름으로써 그에게 치명적인 타격을 가했다(23절): 아브넬이 창 뒤 끝으로 그의 배를 찌르니 창이 그의 등을 꿰뚫고 나간지라. 아사헬은 이런 식으로 공격을 당할 것은 꿈에도 생각지 못했다. 이러한 공격방법은 아사헬이 잘 알지 못했던 기술이었으며, 효과적으로 방어하는 방법을 배우지 못했던 것으로 보인다. 그러나 아마도 아브넬은 종종 이와 같은 기술을 사용하여 적을 물리치곤 했을 것이며, 여기에서도 이것으로 자신을 죽이려고 쫓아오는 적을 효과적으로 물리칠 수 있었다. 이로 인해 아사헬은 즉사하고 말았다. 여기에서 다음을 보라.

1. 죽음은 때로 전혀 상상하지 못한 방법으로 오기도 한다. 누가 도망치는 적의 손이나 혹은 창의 뒤 끝을 두려워하겠는가? 그러나 아사헬을 바로 이런 것들로부터 죽임을 당하게 되었다.

2. 우리는 종종 우리가 자랑하는 재주로부터 배신을 당하게 된다. 아사헬의 빠른 발은 그에게 도움은 고사하고 오히려 운명을 재촉하는 것이 되고 말았다. 자신의 빠른 발로 그는 죽음으로부터 도망치는 대신 도리어 죽음을 향해 달려가고 말았다. 아사헬의 죽음으로 아브넬은 위험을 벗어났을 뿐만 아니라, 적의 추격을 중단하게 하고, 또한 전열을 다시 정비할 수 있는 시간을 얻게 되었다. 왜냐하면 모든 병사들이 아사헬이 엎드려 죽은 곳까지만 추격하다가 멈추었기 때문이었다. 그러나 요압과 아비새만은 아사헬의 죽음에도 불구하고 아브넬을 더욱 격렬히 뒤쫓아 마침내 해질 때쯤 그를 거의 따라잡았으나, 밤이 다가오므로 그 곳에 머물게 되었다.

25베냐민 족속은 함께 모여 아브넬을 따라 한 무리를 이루고 작은 산 꼭대기에 섰더라 26아브넬이 요압에게 외쳐 이르되 칼이 영원히 사람을 상하겠느냐 마침내 참혹한 일이 생길 줄을 알지 못하느냐 네가 언제 무리에게 그의 형제 쫓기를 그치라 명령하겠느냐 27요압이 이르되 하나님이 살아 계심을 두고 맹세하노니 네가 말하지 아니하였더면 무리가 아침에 각각 다 돌아갔을 것이요 그의 형제를 쫓지 아니하였으리라 하고 28요압이 나팔을 불매 온 무리가 머물러 서고 다시는 이스라엘을 쫓아가지 아니하고 다시는 싸우지도 아니하니라 29아브넬과 그의 부하들이 밤새도록 걸어서 아라바를 지나 요단을 건너 비드론 온 땅을 지나 마하나임에 이르니라 30요압이 아브넬 쫓기를 그치고 돌아와 무리를 다 모으니 다윗의 신복 중에 열아홉 명과 아사헬이 없어졌으나 31다윗의 신복들이 베냐민과 아브넬에게 속한 자들을 쳐서 삼백육십 명을 죽였더라 32무리가 아사헬을 들어올려 베들레헴에 있는 그의 조상 묘에 장사하고 요압과 그의 부하들이 밤새도록 걸어서 헤브론에 이른 때에 날이 밝았더라

I. 패퇴를 당한 아브넬은 초라한 모양으로 휴전을 간청한다. 그는 잔류 병력을 규합하여 산 꼭대기에 섰다(25절). 그는 초라한 모양으로 요압에게 잠깐 숨 돌릴 여유를 달라고 간청한다(26절). 앞장서서 싸우자고 나섰던 자가 이제 그만 싸우자고 애걸하게 되었다. 피의 유희를 하자고 했던 자가 위기에 빠져 죽음의 위협을 당하자 크게 놀라게 되었다. 여기에서 그의 말투가 어떻게 변하고 있는지 살펴보라. 싸움을 칼의 유희로 여겼던 그가 지금 "칼이 영원히 사람을 상하겠느냐?"고 말한다. 칼은 지금 단지 하루를 삼켰을 뿐이었다. 그러나 그에게 그것은 영원한 것으로 보였다. 왜냐하면 그 칼이 자신에게 향했기 때문이었다. 지금 그는 이러한 고통의 날이 빨리 지나가기만을 간절히 소망한다. 그는 내전(內戰)의 참혹한 결과와 관련하여 요압에게 이렇게 호소한다: 마침내 참혹한 일이 생길 줄을 알지 못하느냐? 전쟁이 끝나고 그 결과가 드러나게 될 때 그것은 모두를 후회하도록 만들 것이다. 특별히 내전에서는 누가 승리하든지 간에 공동체는 큰 손실을 입지 않을 수 없을 것이다. 어쩌면 아브넬은 전에 이스라엘이 베냐민을 대적하여 싸웠을 때 이스라엘 전체에 임한 참혹한 결과를 언급하고 있는 것인지도 모른다(삿 21:2). 지금 아브넬은 요압에게 자신들이 피차에 물고 먹어서는 안 되는 형제임을 상기시키면서, 그로 하여금 퇴각나팔을 불 것을

간청하고 있다. 아침에 요압으로 하여금 형제들을 쓰러뜨리도록 말했던 자가 지금은 그로 하여금 무기를 거두라고 말하고 있다. 여기에서 다음을 보라.

1. 인간에게 있어 자신에게 유리할 때와 불리할 때 얼마나 쉽게 말이 달라질 수 있는가? 만일 아브넬이 승리했다면, 그는 내전의 참혹함이나 칼의 폐해 따위의 말은 결코 하지 않았을 것이다. 그리고 자신들이 형제라는 말도 결코 하지 않았을 것이다. 그러나 자신들이 패퇴를 당하자 아브넬은 남은 병사들의 생명을 보존하고 안전하게 퇴각하기 위해 이러한 말들을 늘어놓았다.

2. 인간의 마음은 일의 결과 여하에 따라 얼마나 달라질 수 있는가? 아침에 즐겁게 보이던 일이 밤에는 참혹한 것으로 보일 수 있다. 앞장서서 싸움을 북돋우던 자들이 그 일이 미처 끝나기도 전에 후회하게 되기도 한다. 그러므로 우리는 솔로몬이 충고한 것처럼 어떤 일에 휘몰려 들어가기 전에 그 일로부터 멀리 떠나는 것이 좋다. 모든 죄의 결국은 참혹함(쓴, bitterness)이다. 죄는 그것을 가까이 하는 모든 자를 마침내 뱀처럼 물 것이다.

II. 요압은 자신의 주인이 피 흘리는 것을 싫어하는 사실을 알았기 때문에 승리자였음에도 불구하고 아브넬의 휴전제의를 관대한 마음으로 허락하고 퇴각 나팔을 분다. 그는 싸움을 격발한 아브넬을 책망하면서, 그로 인해 흘려진 많은 피로 인해 그를 비난한다(27절). "네가 말하지 아니하였더면, 다시 말해서 네가 싸우라는 명령을 내리지 않고 청년들로 하여금 우리 앞에서 일어나 겨루라고 명하지 않았다면 우리 중 어느 누구도 칼을 뽑아 형제들을 치지는 않았을 것이다. 너는 칼이 많은 사람을 참혹하게 삼킨다고 하소연을 하고 있지만, 그러나 누가 먼저 칼을 뽑았는가? 누가 싸움을 시작했는가? 너는 백성들이 서로 맞붙어 싸우지 않도록 했어야 했다. 그러나 누가 그들로 하여금 서로 싸우게 만들었는지 기억하라. 네가 먼저 도전하지만 않았던들, 우리는 아침에 퇴각했을 것이다." 먼저 문제를 일으킨 자가 나중에 아쉬운 소리를 하는 것은 흔히 있는 일이다. 요압은 아브넬이 먼저 싸움을 시작한 것을 명분으로 해서 계속 공격을 가하여 그의 군대를 완전히 멸망시킬 수도 있었다. 그러나 그는 적의 허물을 동정함과 함께 이스라엘 병사들로 하여금 지도자의 어리석음으로 인해 지나치게 비싼 대가를 치르지 않도록 명예롭게 퇴각나팔을 불어 추격을 중단시켰고 (28절), 그렇게 함으로써 아브넬로 하여금 쉽게 퇴각할 수 있도록 만들어 주었다. 피를 아끼는 것은 참으로 좋은 일이다. 다윗은 모든 이스라엘이 잘 되기를 구하면서 아무도 피를 흘리지 않기를 원했는데, 요압은 자기 주인의 이러한 뜻을 잘 따랐다.

Ⅲ. 양 군대는 서로 헤어져 각자 온 곳으로 되돌아갔다. 각자는 밤새도록 행군하여 아브넬은 요단 건너편 마하나임으로 갔고(29절), 요압은 다윗이 있는 헤브론으로 갔다(32절). 양측에서 죽음을 당한 자의 수가 계수되었다. 다윗 진영에서는 19명의 병사와 함께 아사헬이 죽었으며(30절), 아브넬 진영에서는 360명의 병사가 죽었다(31절). 예전의 내전(內戰)들에서는 엄청나게 많은 수가 죽임을 당했는데(삿 12:6, 20, 44), 이번의 경우는 그 때와 비교하면 아무것도 아니었다. 아마도 이것은 백성들이 좀 더 지혜로워지고 또 온건해졌기 때문이었을 것이다. 여기에 아사헬의 장례가 언급되어 있다. 다른 사람들은 그대로 전쟁터에 묻었지만, 아사헬의 시신은 베들레헴으로 옮겨져 그의 조상의 묘에 묻혔다(32절). 여기에서 우리는 어떤 사람의 시신과 다른 사람들의 시신이 구별되는 것을 보게 된다. 그러나 부활 때에는 오직 믿는 자와 믿지 않는 자의 구별 외에는 어떤 구별도 없을 것이다.

제 3 장

개요

요압과 아브넬의 싸움으로 사울의 집과 다윗의 집 사이의 다툼이 완전히 끝난 것은 아니었다. 그러나 우리는 본 장에서 그러한 다툼이 이제 끝을 향해 치닫고 있는 것을 보게 된다. 본 장의 내용은 다음과 같다. I. 다윗의 세력이 점점 강성해짐(1절). II. 다윗의 집이 세워짐(2-5절). III. 아브넬이 이스보셋과 불화하면서 다윗과 언약을 맺음(6-12절). IV. 언약의 전제조건(13-16절). V. 아브넬이 이스라엘을 다윗에게 넘기는 일에 착수함(17-21절). VI. 아브넬이 이 일을 추진하는 동안 요압이 그를 야비하게 살해함(22-27절). VII. 아브넬의 죽음에 대하여 다윗이 크게 염려하며 근심함(28-39절).

¹사울의 집과 다윗의 집 사이에 전쟁이 오래매 다윗은 점점 강하여 가고 사울의 집은 점점 약하여 가니라 ²다윗이 헤브론에서 아들들을 낳았으되 맏아들은 암논이라 이스르엘 여인 아히노암의 소생이요 ³둘째는 길르압이라 갈멜 사람 나발의 아내였던 아비가일의 소생이요 셋째는 압살롬이라 그술 왕 달매의 딸 마아가의 아들이요 ⁴넷째는 아도니야라 학깃의 아들이요 다섯째는 스바댜라 아비달의 아들이요 ⁵여섯째는 이드르암이라 다윗의 아내 에글라의 소생이니 이들은 다윗이 헤브론에서 낳은 자들이더라 ⁶사울의 집과 다윗의 집 사이에 전쟁이 있는 동안에 아브넬이 사울의 집에서 점점 권세를 잡으니라

I. 왕권이 확립되기 이전의 다윗의 집과 사울의 집 사이의 다툼(1절).

1. 양측은 서로 다툼 가운데 있었다. 사울의 집은 비록 많은 사람들이 죽임을 당하여 크게 위축되었다 할지라도 쉽게 무너지지 않았다. 그럼에도 불구하고 다윗의 집이 왕권을 확립하는데 그토록 긴 기간 동안의 싸움이 있어야만 했다는 사실은 의아한 일이 아닐 수 없다. 그러나 비록 진리와 정의가 마침내 승리한다 할지라도, 하나님은 당신의 지혜롭고 거룩하신 목적을 위해 그러한 다툼을 종종 연장시키신다. 이러한 긴 다툼의 기간은 다윗의 믿음과 인내를 시험

하는 것이었으며, 그로 하여금 자신의 왕권을 더욱 소중히 여기도록 만들어 주었다.

2. 점점 더 세를 넓혀 간 쪽은 다윗 측이었다. 사울의 집은 점점 쇠하며 약해져 갔고, 땅과 사람들을 잃었으며, 그 화려한 명성은 점점 시들어져 갔고, 모든 싸움에서 패퇴를 거듭했다. 그러나 다윗의 집은 점점 더 강해져 갔다. 많은 사람들이 점점 더 쇠락하는 사울의 집을 버리고, 결국 다윗이 승리할 것을 확신하면서 그에게로 왔다. 우리는 여기에 기록된 것을, 거룩하게 되었으나 아직 부분적으로밖에는 그렇게 되지 못한 신자의 마음속에서 벌어지는 은혜와 타락 사이의 다툼에 비유할 수 있다. 은혜와 타락 사이에는 오랜 동안의 싸움이 있게 마련이다. 육체는 성령을 대적하며 성령은 육체를 대적한다. 그러나 성화(聖化)가 진행됨과 함께, 타락은 마치 사울의 집처럼 점점 더 약해지고 은혜는 다윗의 집처럼 점점 더 강해진다.

II. 다윗의 집의 번성. 여기에서 우리는 그가 헤브론에서 7년을 다스리는 동안 여섯 아내를 통해 여섯 아들을 낳은 이야기를 듣게 된다. 아마도 이것은 다윗의 세력이 점점 흥왕하는 것의 한 증표로서 언급된 것일 것이다. 모든 아이들은 장차 나라의 굳건한 초석이 될 것이며, 많은 아이들이 태어나는 것은 나라가 흥왕하는 것의 분명한 증표가 되는 것이다. 젊은 자의 자식은 장사의 수중의 화살 같으니 이것이 그의 화살통에 가득한 자는 복되도다 그들이 성문에서 그들의 원수와 담판할 때에 수치를 당하지 아니하리로다(시 127:4-5). 사울의 아들들의 죽음이 그의 세력을 약화시킨 것처럼, 다윗의 아들들의 탄생은 그의 세력을 강화시켜 줄 것이었다.

1. 이와 같이 다윗이 여러 아내를 둔 것은 율법에 어긋나는 것으로서 잘못된 것이었다(신 17:17, 그에게 아내를 많이 두어 그의 마음이 미혹되게 하지 말 것이며). 그리고 이것은 그를 이은 왕들에게 나쁜 선례(先例)가 되었다.

2. 이러한 7년 동안 다윗이 이들로부터 또 다른 아들을 낳았는지 여부는 나타나지 않는다. 어떤 이들은 한 아내로부터 많은 자녀를 낳고 더 큰 존귀와 위로를 얻기도 한다.

3. 우리는 이들 가운데 어떤 아들도 훌륭한 인물이 되었다는 이야기를 듣지 못한다(이들 가운데 암논과 압살롬과 아도니야는 부끄러운 이름이 되었다). 그러므로 우리는 우리의 가정을 세움에 있어 항상 두려운 마음을 가져야만 한다.

4. 아비가일을 통해 낳은 아들의 이름이 역대상에서는 다니엘로 불린(3:1) 반면, 여기에서는 길르압으로 언급된다(3절). 패트릭 주교는 이와 관련하여 유대인 학자들이 추측한 것을 언급한다. 즉 그의 첫 번째 이름은 다니엘이었는데, 그 이름은 "하나님이 나를 (이를테면 나발을) 심판하셨다"를 의미하는 것이었다. 이에 다윗의 적들이 "그는 다윗의 아들이 아니라 나발의 아들"이라고 말하며 그를 비방했다. 그러나 그는 자라면서 얼굴과 용모가 다윗과 너무나 흡사해져 갔으며, 따라서 적들의 비방은 잠잠해질 수밖에 없었다. 이에 다윗은 그가 다른 자녀들보다도 자신을 훨씬 더 많이 닮았으므로 그에게 "아버지와 같다" 혹은 "아버지의 화신"이란 뜻을 갖는 길르압이란 이름을 주었다.

5. 압살롬의 어머니는 이방 나라인 그술의 왕 달매의 딸이었다(3절). 아마도 다윗이 그녀와 결혼한 것은 그렇게 함으로써 자신의 힘을 강하게 하기 위해서였을 것이다. 그러나 그 결과는 도리어 그의 슬픔과 수치가 되었다.

6. 마지막으로 거명된 에글라에 대하여 '다윗의 아내'라는 언급이 붙여진다(5절). 따라서 어떤 이들은 그녀가 바로 다윗의 첫 번째 아내이면서 가장 합법적인 아내인 미갈로서, 여기에서 다른 이름으로 불린 것이 아닌가 생각한다. 비록 다윗을 조롱한 후에는 자녀를 낳지 못했지만, 그 전에는 자녀를 낳을 수 있었을 것이다.

이와 같이 다윗의 집은 흥왕해졌다. 그러나 사울의 집에서 점점 권세를 잡게 된 자는 아브넬이었다(6절). 이것이 특별히 언급된 것은, 만일 그가 사울의 집을 버린다면 사울의 집은 여지없이 무너질 수밖에 없었음을 나타내기 위함이었다.

7 사울에게 첩이 있었으니 이름은 리스바요 아야의 딸이더라 이스보셋이 아브넬에게 이르되 네가 어찌하여 내 아버지의 첩과 통간하였느냐 하니 8 아브넬이 이스보셋의 말을 매우 분하게 여겨 이르되 내가 유다의 개 머리냐 내가 오늘 당신의 아버지 사울의 집과 그의 형제와 그의 친구에게 은혜를 베풀어 당신을 다윗의 손에 내주지 아니하였거늘 당신이 오늘 이 여인에게 관한 허물을 내게 돌리는도다 9 여호와께서 다윗에게 맹세하신 대로 내가 이루게 하지 아니하면 하나님이 아브넬에게 벌 위에 벌을 내리심이 마땅하니라 10 그 맹세는 곧 이 나라를 사울의 집에서 다윗에게 옮겨서 그의 왕위를 단에서 브엘세바까지 이스라엘과 유다에 세우리라 하신 것

이니라 하매 [11]이스보셋이 아브넬을 두려워하여 감히 한 마디도 대답하지 못하니라 [12]아브넬이 자기를 대신하여 전령들을 다윗에게 보내어 이르되 이 땅이 누구의 것이니이까 또 이르되 당신은 나와 더불어 언약을 맺사이다 내 손이 당신을 도와 온 이스라엘이 당신에게 돌아가게 하리이다 하니 [13]다윗이 이르되 좋다 내가 너와 언약을 맺거니와 내가 네게 한 가지 일을 요구하노니 나를 보러올 때에 우선 사울의 딸 미갈을 데리고 오라 그리하지 아니하면 내 얼굴을 보지 못하리라 하고 [14]다윗이 사울의 아들 이스보셋에게 전령들을 보내 이르되 내 처 미갈을 내게로 돌리라 그는 내가 전에 블레셋 사람의 포피 백 개로 나와 정혼한 자니라 하니 [15]이스보셋이 사람을 보내 그의 남편 라이스의 아들 발디엘에게서 그를 빼앗아 오매 [16]그의 남편이 그와 함께 오되 울며 바후림까지 따라왔더니 아브넬이 그에게 돌아가라 하매 돌아가니라 [17]아브넬이 이스라엘 장로들에게 말하여 이르되 너희가 여러 번 다윗을 너희의 임금으로 세우기를 구하였으니 [18]이제 그대로 하라 여호와께서 이미 다윗에 대하여 말씀하시기를 내가 내 종 다윗의 손으로 내 백성 이스라엘을 구원하여 블레셋 사람의 손과 모든 대적의 손에서 벗어나게 하리라 하셨음이니라 하고 [19]아브넬이 또 베냐민 사람의 귀에 말하고 아브넬이 이스라엘과 베냐민의 온 집이 선하게 여기는 모든 것을 다윗의 귀에 말하려고 헤브론으로 가니라 [20]아브넬이 부하 이십 명과 더불어 헤브론에 이르러 다윗에게 나아가니 다윗이 아브넬과 그와 함께 한 사람을 위하여 잔치를 배설하였더라 [21]아브넬이 다윗에게 말하되 내가 일어나가서 온 이스라엘 무리를 내 주 왕의 앞에 모아 더불어 언약을 맺게 하고 마음에 원하시는 대로 모든 것을 다스리시게 하리이다 하니 이에 다윗이 아브넬을 보내매 그가 평안히 가니라

Ⅰ. 아브넬은 이스보셋의 분별없는 몇 마디 말에 격분하여 그와 결별한다. 하나님은 인간들의 죄와 어리석음을 통해서도 자신의 목적을 이루신다.

1. 이스보셋은 아브넬이 자신의 아버지의 첩들 가운데 한 사람과 통간했다고 생각하면서, 그에게 그 문제를 따져 묻는다(7절). 이것이 사실인지 여부와 그가 어떤 근거에서 이와 같은 의심을 받게 되었는지 하는 것은 나타나지 않는다. 그것이 사실인지 여부는 차치하고, 이스보셋에게 있어 아브넬을 격분시키는 것이 얼마나 큰 위해가 될 수 있는지를 감안할 때 차라리 침묵을 지키는 것이 분별 있는 처사였을 것이다. 만일 그것이 사실이 아니고 아무 근거 없는 것

이라면, 자신을 위해 모든 것을 다 걸었을 뿐만 아니라 이 세상에서 가장 의지할 수 있는 친구인 자를 터무니없이 의심한 것은 너무나 배은망덕한 일이요 신의(信義)를 배반하는 일이 될 것이었다.

2. 아브넬은 그러한 참소에 대해 크게 격분한다. 사울의 첩과 관련하여 자신이 그와 같은 죄를 지었는지 짓지 않았는지에 대하여는, 그는 말하지 않는다(8절). 그가 명백하게 부인하지 않은 점으로 미루어, 우리는 그가 그와 같은 죄를 저질렀을 것으로 의심할 수 있다. 어쨌든 아브넬은 이스보셋에게 다음과 같이 말한다.

(1) 당신이 나를 경멸하며 수치스럽게 했지만, 나는 결코 그러한 비난과 모멸을 받아들이지 않을 것이다. 그는 말한다. "무엇이라고! 내가 개의 머리이며 천한 짐승에 불과하단 말인가?(8절) 당신이 어찌 내게 이런 모멸을 줄 수 있단 말인가? 내가 당신과 당신의 집에 베푼 은혜의 대가가 겨우 이것이란 말인가?" 그는 자신이 한 일이 얼마나 큰 일이었는지 이야기한다. 그 일은 유다와 맞서는 일이었는데, 유다는 왕권을 맡은 지파이며 결국은 그렇게 될 지파이다. 따라서 그에게 있어 사울의 집을 돕는 것은 자신의 양심에 반한 일일 뿐만 아니라 또한 자신의 이익에 반하는 일이기도 했다. 따라서 자신은 훨씬 더 나은 대접을 받을 자격이 있다는 것이다. 그러나 만일 사울의 집을 돕는 것이 자신의 야심을 충족시키며 또 자신이 권세를 잡는데 도움이 될 것이라고 생각하지 않았다면, 아마도 그는 사울의 집을 위해 그렇게 열심을 내지는 않았을 것이다. 교만한 자는 비난 받는 것을 결코 참지 못한다. 특별히 자신이 은혜를 베풀었다고 생각하는 사람으로부터 비난을 받을 때는 더욱 그러하다.

(2) 당신은 이 일에 대해 보복을 받게 될 것이다(9, 10절). 아브넬은 극히 오만하고 무례한 말투로 자신이 그를 높이 세웠던 것처럼 이제는 능히 끌어 내릴 수 있으며 또 그렇게 할 것이라고 말한다. 그는 하나님이 다윗에게 왕권을 주실 것을 맹세하셨음을 알고 있었지만, 그러나 자신의 야심 때문에 힘을 다해 그것을 대적하였다. 그러나 그는 이제 하나님의 뜻에 순응하겠다고 말한다. 그러나 그것은 단지 겉으로 내세운 명분일 뿐 실상은 복수심 때문에 그렇게 하는 것이었다. 자신의 욕심에 노예가 된 자들은 여러 주인을 섬긴다. 그런데 그러한 욕심들은 그들을 자신들이 원하는 대로 이리저리 끌고 다니기 때문에, 그들은 결국 자기모순에 빠지고 만다. 아브넬의 야심은 그로 하여금 이스보셋을 위

해 열심을 내도록 만들었다. 그런데 그는 지금 복수심으로 말미암아 다윗을 위해 열심을 내고 있다. 만일 그가 진실된 마음으로 다윗에게 대한 하나님의 약속에 유의했다면, 그는 모든 면에서 일관되게 생각하고 행동했을 것이다. 그러나 아브넬이 자신의 욕심을 섬기고 있는 동안에도, 하나님은 그를 통해 당신의 계획을 이루시며 또한 그의 분노와 복수심까지도 사용하사 당신을 영화롭게 하시며 다윗에게 모든 힘이 집중되도록 만드신다.

3. 아브넬의 오만한 태도로 인해 이스보셋은 큰 두려움에 사로잡힌다(11절): 이스보셋이 아브넬을 두려워하여 감히 한 마디도 대답하지 못하니라. 만일 이스보셋에게 남자의 기백 특별히 군주의 기백이 있었다면, 그는 아브넬에게 "너의 큰 공로가 도리어 너의 죄를 더 중하게 하며 나는 너와 같은 야비한 자의 섬김을 결코 받지 않을 것이며 너 없이도 얼마든지 잘 해 나갈 수 있노라"고 대답했을 것이다. 그러나 그는 자신의 유약함을 스스로 잘 알고 있었고, 따라서 사태를 더 악화시키지 않기 위해 한 마디도 말하지 않았다. 그의 마음은 무너져 내렸으며, 지금 그는 다윗이 자신의 원수와 관련하여 예언했던 것처럼 넘어지는 담과 흔들리는 울타리(시 62:3)가 되고 말았다.

II. 아브넬은 다윗과 언약을 맺는다. 우리는 그가 이스보셋에 대해 염증을 느끼기 시작하면서 그를 버릴 기회를 찾고 있었을 것이라고 추측할 수 있다. 왜냐하면 만일 그렇지 않다면, 설령 그가 이로 인해 이스보셋을 위협할 수는 있었다 하더라도, 격분 가운데 한 말을 이토록 빨리 실행에 옮기지는 않았을 것이기 때문이다(12절). 그는 전령들을 다윗에게 보내어 자신의 생각을 전달했다. "이 땅이 누구의 것이니이까? 당신의 것이 아니니이까? 당신이야말로 왕이 될 자격을 가진 사람이며 모든 백성들의 신망을 받는 분이 아니니이까?" 하나님은, 그리스도의 나라에 대해 진정한 애정을 갖고 있지 않으며 심지어 앞장서서 대적하는 자들까지도 사용하실 수 있다는 사실을 주목하라. 원수조차도 때로는 딛고 오를 수 있는 발판이 될 수 있는 것이다.

III. 다윗은 자신의 아내 미갈을 데려오는 조건 하에서 아브넬과 언약을 맺는다(13절). 이렇게 함으로써,

1. 다윗은 자신의 첫째이며 가장 합법적인 아내에 대한 남편으로서의 성실성을 나타냈다. 그녀가 다른 남자와 결혼한 것도 또 자신이 다른 여자들과 결혼한 것도 그를 그녀로부터 떼어놓을 수 없었다. 어떤 것도 그와 같은 사랑을

끊을 수 없었다.

2. 다윗은 사울의 집에 대한 자신의 존경심을 나타냈다. 다윗은 사울의 집이 허물어졌다고 하여 그것을 짓밟는다든지 혹은 지금 존귀한 위치에 있다 해서 자신과 사울의 집의 관계를 부끄럽게 여긴다든지 하는 것과는 너무나 거리가 멀었다. 왕의 보좌가 아무리 존귀하다 하더라도 사울의 딸 미갈이 자신과 함께 그 존귀를 함께 나눌 수 없다면, 그는 결코 만족할 수 없을 것이었다. 다윗은 원수의 집이라고 하여 악의를 품는 것과는 너무나 거리가 멀었다. 아브넬은 다 윗으로 하여금 그 문제를 이스보셋에게 요구하도록 조언했고, 다윗은 그대로 했다(14절). 그는 이스보셋에게 미갈을 돌려줄 것을 요구하면서, 그녀는 자신 이 블레셋 사람의 포피 백 개로 산 아내인데 부당하게 빼앗겼노라고 항변했다. 이스보셋은 다윗의 요구를 거절하지 않았다. 이스보셋은 그녀의 남편 발디엘 로부터 그녀를 빼앗았고(15절), 이에 아브넬이 그녀를 데리고 다윗에게로 갔 다. 아브넬은 한 손에는 다윗의 아내를, 그리고 다른 손에는 왕관을 가지고 가 므로 그로부터 갑절의 환영을 받을 것이라는 것을 조금도 의심치 않았다. 미갈 의 나중 남편인 발디엘은 아내와 헤어지는 것을 싫어하여, 울면서 따라왔다(16 절). 그러나 그로서는 아무것도 할 수 없었다. 그는 스스로 받아들여야 했다. 왜냐하면 그녀와 결혼할 때 그녀에게 이미 합법적인 남편이 있다는 사실을 알 고 있었기 때문이었다. 남의 것을 강탈한 자는 언젠가는 돌려줄 것을 예상해야 만 한다. 그러므로 우리는 우리의 권한 밖에 있는 것에 마음을 두어서는 안 된 다. 만일 어떤 불화로 인해 부부가 헤어졌다면, 하나님의 축복 가운데 화해하 고 다시 합치도록 하라. 예전의 모든 불화는 다 잊어버리고 하나님의 거룩한 규례를 따라 사랑 가운데 함께 살도록 하라.

IV. 아브넬은 이스라엘 장로들로 하여금 이제 다윗을 왕으로 삼아도 좋다고 허락한다. 그들이 움직이는 대로 일반 백성들도 따라 움직일 것이라는 사실 을 그는 알고 있었다.

1. 아브넬은 다윗이 백성들의 선택을 받은 자라고 말한다. 장로들은 수 차례 에 걸쳐 다윗을 왕으로 세우기를 구했었다(17절). "너희가 여러 번 다윗을 너희 의 임금으로 세우기를 구하였도다. 그는 수 차례에 걸친 블레셋과의 싸움에서 스 스로를 드러냈으며, 너희에게 많은 도움을 베풀었도다. 다윗은 누구와도 비견 할 수 없을 만한 큰 공적을 세운 반면, 이스보셋은 아무런 공적도 세운 것이 없

도다. 너희는 두 사람을 모두 겪어 보았도다. 그러니 이제 왕관을 쓰기에 합당한 자에게 왕관을 주도록 하고, 다윗으로 하여금 너희의 왕이 되게 하라."

2. 아브넬은 다윗이 하나님의 선택을 받은 자라고 말한다(18절). "여호와께서 이미 다윗에 대하여 말씀하셨도다(9절과 비교하라). 사무엘을 불러 다윗에게 기름을 부으라고 지시하셨을 때, 하나님은 실제로 다윗의 손을 통해 이스라엘을 구원하실 것을 약속하셨도다. 그가 왕으로 기름 부음 받은 것은 바로 그러한 목적 때문이로다. 이와 같이 하나님이 다윗의 손을 통해 이스라엘을 구원하시겠다고 약속하셨으니, 너희가 다윗에게 순복하는 것은 하나님의 뜻에 순복하는 것일 뿐만 아니라 너희에게 유익이 되는 일이기도 하도다. 세상에서 가장 큰 어리석음은 하나님의 뜻을 대적하는 것이니라." 아브넬의 입에서 이런 말이 나올 줄을 누가 상상이나 했겠는가? 그러나 이와 같이 하나님은 자기 백성을 대적하는 원수들로 하여금 하나님이 자기 백성을 사랑하신다는 사실을 알고 또 인정하도록 만드실 것이다(계 3:9, 그들로 와서 네 발 앞에 절하게 하고 내가 너를 사랑하는 줄을 알게 하리라). 아브넬은 특별히 자기 지파인 베냐민 사람들에게 그렇게 할 것을 호소한다. 그는 베냐민 사람들에게 큰 영향력을 가지고 있는 자로서, 전에는 그들로 하여금 사울의 집을 따르도록 이끌었었다. 그들을 속였던 자가 바로 그 자신이었다. 따라서 그는 지금 그들을 다시 되돌리고자 애쓰고 있는 것이다. 이와 같이 대중은 끄는 대로 끌려간다.

V. 다윗은 아브넬과 언약을 맺는다. 그렇게 한 것은 매우 지혜롭고 잘한 일이었다. 왜냐하면 무엇이 아브넬을 그렇게 이끌었든지 간에, 전쟁을 끝내는 것은 좋은 일이며, 또한 여호와의 기름 부음 받은 자가 보좌 앉는 것 역시 좋은 일이기 때문이다. 아브넬은 다윗에게 백성들의 생각과, 자신이 그들을 설득하는 일이 성공했음을 보고했다(19절). 그는 처음에는 은밀하게 왔지만, 이제는 20명의 수행원을 거느리고 왔다. 이에 다윗은 화해와 기쁨의 증표로서 그리고 그들 사이에 맺은 협약에 대한 보증으로서 잔치를 벌여 그들을 환대했다(20절). 그것은 창세기 26장 30절에서 이삭이 베푼 잔치처럼, 언약에 근거한 잔치였다. 네 원수가 주리거든 먹이라. 그러나 만일 그가 굴복한다면, 그를 위해 잔치를 베풀어라. 아브넬은 다윗의 환대(歡待)에 흡족해하면서, 자신이 사울의 집과 함께 멸망을 당하지 않게 된 것을 기뻐했다(만일 그가 이와 같이 하지 않았다면, 그는 불가불 멸망을 피할 수 없었을 것이다). 또한 그는 다윗 아래서 높

은 지위를 얻게 될 것을 바라보면서, 곧바로 이 일을 결말짓고 다윗으로 하여
금 모든 이스라엘을 다스리도록 하기 위해 계속해서 일을 추진한다(21절). 그
는 다윗이 마음에 원하는 대로 모든 것을 다스리게 될 것이라고 말한다. 그는 다
윗이 왕이 되는 것이 하나님으로부터 말미암은 것임을 알고 있었다. 그러면서
도 은연중 그것이 다윗 자신의 야심과 왕이 되고자 하는 욕망으로부터 말미암
은 것처럼 말한다. 이와 같이 (악인들이 종종 그렇게 하는 것처럼) 그는 다윗처
럼 선한 사람을 자신과 비슷한 부류의 사람으로 치부해 버리고 말았다. 그러나
어쨌든 다윗과 아브넬은 매우 우호적인 상태에서 서로 헤어졌으며, 그들 사이
의 모든 문제는 잘 해결되었다. 이와 같이 하나님을 경외하며 그의 계명을 지
키는 자들은 — 심지어 악인에 대하여조차도 — 가급적 다툼을 피하려고 노력
해야 한다. 그들은 모든 사람과 더불어 평화함으로써 자신들이 빛의 자녀라는
사실을 세상에 나타내야 한다.

[22]다윗의 신복들과 요압이 적군을 치고 크게 노략한 물건을 가지고 돌아오니 아브
넬은 이미 보냄을 받아 평안히 갔고 다윗과 함께 헤브론에 있지 아니한 때라 [23]요압
및 요압과 함께 한 모든 군사가 돌아오매 어떤 사람이 요압에게 말하여 이르되 넬
의 아들 아브넬이 왕에게 왔더니 왕이 보내매 그가 평안히 갔나이다 하니 [24]요압이
왕에게 나아가 이르되 어찌 하심이니이까 아브넬이 왕에게 나아왔거늘 어찌하여
그를 보내 잘 가게 하셨나이까 [25]왕도 아시려니와 넬의 아들 아브넬이 온 것은 왕을
속임이라 그가 왕이 출입하는 것을 알고 왕이 하시는 모든 것을 알려 함이니이다
하고 [26]이에 요압이 다윗에게서 나와 전령들을 보내 아브넬을 쫓아가게 하였더니
시라 우물 가에서 그를 데리고 돌아왔으나 다윗은 알지 못하였더라 [27]아브넬이 헤
브론으로 돌아오매 요압이 더불어 조용히 말하려는 듯이 그를 데리고 성문 안으로
들어가 거기서 배를 찔러 죽이니 이는 자기의 동생 아사헬의 피로 말미암음이더라
[28]그 후에 다윗이 듣고 이르되 넬의 아들 아브넬의 피에 대하여 나와 내 나라는 여
호와 앞에 영원히 무죄하니 [29]그 죄가 요압의 머리와 그의 아버지의 온 집으로 돌
아갈지어다 또 요압의 집에서 백탁병자나 나병 환자나 지팡이를 의지하는 자나 칼
에 죽는 자나 양식이 떨어진 자가 끊어지지 아니할지로다 하니라 [30]요압과 그의 동
생 아비새가 아브넬을 죽인 것은 그가 기브온 전쟁에서 자기 동생 아사헬을 죽인
까닭이었더라 [31]다윗이 요압과 및 자기와 함께 있는 모든 백성에게 이르되 너희는

옷을 찢고 굵은 베를 띠고 아브넬 앞에서 애도하라 하니라 다윗 왕이 상여를 따라가 [32]아브넬을 헤브론에 장사하고 아브넬의 무덤에서 왕이 소리를 높여 울고 백성도 다 우니라 [33]왕이 아브넬을 위하여 애가를 지어 이르되 아브넬의 죽음이 어찌하여 미련한 자의 죽음 같은고 [34]네 손이 결박되지 아니하였고 네 발이 차꼬에 채이지 아니하였거늘 불의한 자식의 앞에 엎드러짐 같이 네가 엎드러졌도다 하매 온 백성이 다시 그를 슬퍼하여 우니라 [35]석양에 뭇 백성이 나아와 다윗에게 음식을 권하니 다윗이 맹세하여 이르되 만일 내가 해 지기 전에 떡이나 다른 모든 것을 맛보면 하나님이 내게 벌 위에 벌을 내리심이 마땅하니라 하매 [36]온 백성이 보고 기뻐하며 왕이 무슨 일을 하든지 무리가 다 기뻐하므로 [37]이 날에야 온 백성과 온 이스라엘이 넬의 아들 아브넬을 죽인 것이 왕이 한 것이 아닌 줄을 아니라 [38]왕이 그의 신복에게 이르되 오늘 이스라엘의 지도자요 큰 인물이 죽은 것을 알지 못하느냐 [39]내가 기름 부음을 받은 왕이 되었으나 오늘 약하여서 스루야의 아들인 이 사람들을 제어하기가 너무 어려우니 여호와는 악행한 자에게 그 악한 대로 갚으실지로다 하니라

우리는 여기에서 요압에 의한 아브넬의 죽음과 그로 인한 다윗의 깊은 슬픔을 보게 된다.

I. 다윗이 아브넬을 평안히 보낸 것에 대하여 요압이 불쾌하게 여기며 반론을 제기함. 아브넬이 다윗과 함께 있었을 때, 마침 요압은 외지에서 전쟁을 수행하고 있었다. 그는 적군과 싸우고 있었는데, 아마도 그것은 블레셋 군대나 혹은 사울을 좇는 무리였을 것이다. 적군을 물리치고 돌아왔을 때, 그는 아브넬이 막 떠났으며(22, 23절) 또한 그와 다윗 사이에 매우 많은 일들이 오고갔다는 이야기를 듣게 되었다. 요압으로서는 마땅히 다윗의 신중한 처사에 만족하고 그의 방침을 기꺼이 따라야만 하였다. 왜냐하면 요압은 그가 매우 지혜롭고 선한 사람이며 그의 모든 행사에 하나님의 인도하심이 있다는 사실을 잘 알고 있었기 때문이었다. 그러나 요압은 그의 면전에서 그가 취한 행동이 매우 어리석은 것이라고 말하면서 그에게 반론을 제기했다(24, 25절): 요압이 왕에게 나아가 이르되 어찌 하심이니이까? 그는 마치 다윗이 아브넬과 관련하여 한 행동에 대해 자신에게 설명할 의무가 있다는 듯이 말했다. "어찌하여 그를 보내 잘 가게 하셨나이까? 마땅히 그를 감옥에 가두었어야 했는데 말입니다. 그는 정탐

꾼으로 왔으며, 필경 당신을 배신할 것입니다.” 왕에게 이토록 무례하게 행동하는 요압의 오만함과 그것을 그대로 받아들이는 다윗의 인내심 가운데 어느 것에 대하여 더 많이 놀라야 하는지 나는 잘 모르겠다. 사실상 요압은 다윗을 '바보'라고 부른 것이었다. 왜냐하면 아브넬이 그를 속이려고 왔는데도, 순진하게도 그는 아브넬을 믿었기 때문이었다. 우리는 이에 대해 다윗이 요압에게 어떻게 대답했는지 듣지 못한다. 만일 다윗이 아무 대답도 하지 않았다면, 그 것은 요압을 두려워했기 때문이 아니라(이스보셋이 아브넬을 두려워했던 것처럼, 11절), 요압의 말을 그냥 무시해 버렸기 때문이거나, 아니면 요압이 대답도 듣기 전에 그냥 나가버렸기 때문일 것이다.

Ⅱ. 요압이 전령을 보내 아브넬을 돌아오도록 한 후 자신의 손으로 잔인하게 죽임. “그러나 다윗은 알지 못하였더라”(26절)라는 말 속에 그가 다윗의 이름을 사용했음이 암시되어 있다(아마도 그는 아브넬에게, 왕이 좀 더 이야기할 것이 있다고 말했을 것이다). 아브넬은 아무 의심도 갖지 않은 채 헤브론으로 돌아왔다. 요압이 성문에서 자신을 기다리고 있는 것을 발견했을 때, 아브넬은 그와 더불어 조용히 이야기하기 위해 그에게로 갔다. 그 때 아브넬은 아사헬을 죽일 때 스스로 한 말, 즉 “내가 어떻게 네 형 요압을 대면하겠느냐”라고 했던 말을 잊어버리고 있었다. 요압은 이 곳에서 아브넬을 죽였다(27절). 그리고 아비새 역시도 요압과 함께 이 일을 공모(共謀)하고 동참한 것이 30절에 암시되어 있다: 요압과 그의 동생 아비새가 아브넬을 죽인 것은. 여기에서 우리는 다음과 같은 사실이 분명하게 나타나는 것을 보게 된다.

1. 하나님의 의로우심. 아브넬은 매우 악의적으로 그리고 자신의 양심을 거스르면서 다윗을 대적했다. 그리고 이제는 하나님의 뜻을 존중한다는 미명하에 (그러나 실제로는 교만과 복수심으로) 이스보셋을 배신하고 버렸다. 그러므로 하나님은 이스라엘을 하나되게 하시는 선한 일을 이루심에 있어 이와 같은 악인을 사용하지 않을 것이었다(비록 다윗은 그렇게 하고자 할 수 있었을지라도). 아브넬 같은 야비한 사람에게 기다리고 있는 것은 오직 심판일 뿐이다.

2. 요압의 불의함. 다윗은 하나님의 마음에 합한 자였다. 그러나 그의 주변에 그의 마음에 합하며 온전히 신뢰할 수 있는 자는 거의 없었다. 선한 왕에게 악한 신하들이 있는 것은 조금도 이상한 일이 아니다.

(1) 요압이 아브넬을 죽인 이유는 너무도 부당한 것이었다. 요압과 아비새는

스스로 동생의 피에 대한 복수자를 자임하여 아브넬을 죽였다(27, 30절). 물론 아브넬이 아사헬을 죽인 것은 틀림없는 사실이었다. 그러나 아브넬이 아사헬을 죽인 것은 공적인 전쟁터에서였다. 아브넬이 먼저 도전을 해오기는 했지만, 요압 자신도 그러한 도전을 기꺼이 받아들였으며 그 역시도 아브넬 진영의 많은 병사들을 죽였다. 더구나 아브넬이 아사헬을 죽인 것은 스스로의 생명을 보호하기 위함이었다. 거기에다가 아브넬은 아사헬에게 경고를 보내기까지 했다(아사헬은 그러한 경고를 받아들이지 않았다). 아브넬은 아사헬을 죽이고 싶지 않았지만, 마지못해 그렇게 한 것이었다. 그러나 여기에서 요압이 아브넬을 죽인 것은 그 성격이 전혀 다른 것이었다. 그는 태평시대에 전쟁의 피를 흘린 것이었다(왕상 2:5).

(2) 우리는 요압의 적개심의 저변에 시기심이 있었을 것이라고 추측할 수 있다. 이를 감안할 때, 그의 행동은 더욱 야비한 것이 되지 않을 수 없다. 요압은 지금 다윗 진영의 군사령관이었다. 그러나 만일 아브넬이 다윗에게로 오게 된다면, 어쩌면 그가 요압보다도 더 높은 지위를 얻게 될는지 모를 일이었다. 그는 이 점에 대해 참을 수 없었고, 그와 같이 되는 것보다는 차라리 피의 죄책(guilt of blood)을 짊어지는 것이 나을 것이었다.

(3) 요압은 매우 야비한 방법으로 아브넬을 죽였다. 요압은 조용히 말하려는 것처럼 하다가 갑자기 배를 찔러 죽였다(27절). 신명기 27장 24절을 보라(그의 이웃을 암살하는 자는 저주를 받을 것이라 할 것이요 모든 백성은 아멘 할지니라). 만일 정정당당하게 아브넬에게 도전을 했다면, 그는 정말로 군인다웠을 것이다. 그러나 그는 비겁한 자처럼 매우 비열한 방법으로 그를 암살했다. 그의 말은 기름보다 유하나 실상은 뽑힌 칼이로다(시 55:21). 그는 아마사를 죽일 때에도 이와 같은 비열한 방법을 사용하였다(20:9, 10).

(4) 요압의 그러한 행동은 다윗에 대한 경멸이며 위해(危害)였다. 다윗은 지금 아브넬과 언약을 맺고 있는 상태였으며, 요압도 그러한 사실을 알고 있었다. 지금 아브넬은 요압의 주인의 일을 수행하고 있었다. 그러므로 그의 배를 찌른 것은 사실상 다윗 자신의 배를 찌른 것이나 마찬가지였다.

(5) 성문에서 공공연히 죽인 것은 그 죄를 더욱 무겁게 한다. 그는 자신의 행동에 대해 조금도 부끄러워하거나 얼굴을 붉히지 않았다. 성문은 재판이 이루어지는 곳이며 또한 군중이 모이는 곳이다. 그는 공의를 무시한 채 자기 마음

대로 이 곳에서 아브넬을 죽였다. 그는 하나님도 두려워하지 않고 사람도 무시하는 자로서 재판관의 정당한 판결과 군중의 정당한 분개를 무시하고, 모든 일을 마치 자기 마음대로 할 수 있는 것처럼 생각했다. 더욱이 헤브론은 레위인의 성읍이며 도피성이었다.

Ⅲ. 다윗이 이러한 악행을 마음 깊이 두면서, 그에 대한 자신의 혐오의 감정을 여러 가지로 표현함.

1. 다윗은 아브넬의 피에 대한 죄책으로부터 자신의 손을 씻는다. 요압이 다윗으로부터 어떤 은밀한 암시를 받고 그렇게 한 것이 아닌가 의심하지 못하도록 하기 위해(특별히 이 일로 인해 요압이 어떤 처벌도 받지 않았기 때문에), 다윗은 여기에서 자신의 무죄함과 관련하여 하나님께 엄숙하게 호소한다: 아브넬의 피에 대하여 나와 내 나라는 (내가 그러하므로 내 나라 또한 그러하도다) 여호와 앞에 영원히 무죄하니(28절). 어떤 나쁜 일이 발생했을 때 우리가 그것과 아무 관련이 없다고 말할 수 있는 것은 너무나 행복한 일이다. 우리의 손이 이 피를 흘리지 아니하였고(신 21:7). 그러나 우리에게 어떤 양심의 거리낌도 없다 할지라도, 우리는 의심을 받거나 혹은 비난을 받을 수도 있다.

2. 다윗은 이에 대한 저주를 요압과 그의 집에 돌린다(29절). "그 죄가 요압의 머리로 돌아갈지어다. 아브넬의 피로 하여금 요압에게 부르짖게 하며, 하나님의 보응으로 하여금 그를 따르게 하라. 죄과로 하여금 여러 가지 질병과 기타 다른 것으로 그의 자녀들과 후손들을 찾아가도록 하게 하라. 처벌이 오랜 시간 지연되면 지연될수록, 그것이 임할 때 더 오랫동안 지속되도록 하라. 그의 후손들로 하여금 백탁병자나 나병 환자의 낙인이 찍히고, 그로 인해 사회에서 격리되도록 하라. 그들로 불구자나 구걸하는 자나 갑자기 죽는 자가 되게 하라. 그럼으로써 '그는 요압의 집 사람이라'고 일컬어지게 하라." 이것은 피의 죄책(guilt of blood)이 가문에 저주를 가져온다는 사실을 암시한다. 만일 사람이 보응하지 않는다면 하나님이 보응하실 것이며, 하나님은 그 죄과를 자손들을 위해 쌓아 두실 것이다. 그러나 이와 같이 살인자의 자손에게 하나님의 심판이 임할 것을 간구하는 것보다는 차라리 살인자 자신을 단호히 처벌하는 것이 더 다윗다웠을 것이라고 나는 생각한다.

3. 다윗은 모든 사람, 심지어 요압 자신까지도 불러 아브넬의 죽음을 애도하도록 한다(31절): 너희는 옷을 찢고 굵은 베를 띠고 아브넬 앞에서 (즉 아브넬의 상

여 앞에서) 애도하라. 아브라함이 그의 죽은 자(즉 사라)앞에서 애통하며 애곡했던 것처럼(창 23:2, 3), 아브넬을 위해 애곡하라는 것이었다. 그리고 다윗은 왜 아브넬의 장례에 참례하여 애곡해야 하는지 그 이유를 제시하는데, 그것은 오늘 이스라엘의 지도자요 큰 인물이 죽었기 때문이었다(38절). 사울에 대한 충성, 장군으로서의 지위, 그리고 예전에 행했던 위대한 일들을 감안할 때, 그는 지도자와 큰 인물로 불리기에 부족함이 없었다. 다윗은 아브넬을 '거룩한 자' 혹은 '선한 자' 로는 부르지 않았다. 왜냐하면 그는 결코 그와 같은 이름으로 일컬어지기에는 합당치 못했기 때문이었다. 그러나 비록 적이기는 했지만 다윗이 그를 지도자요 큰 인물이라고 칭송한 것은 분명한 사실이었다. "그와 같은 자가 이스라엘에서 떨어졌도다. 오늘 떨어졌도다. 나라의 평화와 복리를 위해 그의 생애 가장 위대한 일을 하던 중 오늘 떨어졌도다."

(1) 그들로 모두 애곡하게 하라. 우리는 죽음이 모든 인생들에게 가져다주는 끔찍한 변화를 생각할 때 애곡하지 않을 수 없다. 화 있도다 화 있도다!(계 18:10을 보라). 산 자의 땅에서 큰 권세를 가졌던 자들이 죽음으로 인해 얼마나 비천하고 초라한 모습으로 변하는가! 그러나 무엇보다도 우리를 애곡하게 하는 것은 정말로 유용한 사람들이 가장 필요한 바로 그 순간에 죽는 것이다. 국가적 손실은 모든 사람의 슬픔일 수밖에 없다. 왜냐하면 모든 사람이 그러한 손실을 공유(共有)하기 때문이다.

(2) 특별히 요압으로 애곡하게 하라. 그는 별로 애곡할 마음이 없었겠지만, 그러나 누구보다도 더 많이 애곡해야 할 이유를 가지고 있었다. 만일 그가 진심으로 애곡한다면, 그것은 아브넬을 죽인 죄에 대한 회개의 표현이 될 것이었다. 그러나 단지 겉치레로 그렇게 하는 것일 뿐이라면, 그것은 일종의 강요된 회개에 불과할 것이다. 살인의 죄에 대하여 아직까지 피의 속죄가 요구되지는 않았다 하더라도, 적어도 그는 눈물로써 무언가를 해야만 했다. 아마도 요압은 지금 자신의 입장을 인식하고, 그렇게 하는 것을 기꺼이 받아들인 것으로 보인다.

4. 다윗은 자신이 마치 상주(喪主)인 양 시신을 뒤따랐으며, 무덤에서 장례식사(葬禮式辭)를 했다. 그는 상여를 따랐으며(31절), 무덤에서 소리 높여 울었다(32절). 비록 아브넬이 지금까지 그의 적이었으며 그렇게 절친한 친구는 아니었다 할지라도, 전장(戰場)에서 매우 용맹한 전사였으며 또 이 중요한 때에 나

라를 위해 큰 일을 할 수 있었기 때문에 다윗은 과거의 모든 다툼은 잊어버리고 그의 죽음을 진심으로 애곡했다. 사람들은 이제 자신들이 해야 할 일을 다 했다고 생각했다. 그러나 그 때 무덤에서 한 다윗의 말로 인해 그들은 다시금 눈물을 흘리지 않을 수 없었다(33, 34절): **아브넬의 죽음이 어찌하여 미련한 자의 죽음 같은고.**

(1) 다윗은 아브넬의 목숨이 그토록 비열한 방법으로 탈취당한 것을 애도한다. 그와 같이 큰 용사가 위계(僞計)에 의한 갑작스런 기습으로 죽임을 당해야만 한 것에 대해서, 그리고 미련한 자(fool, 바보)가 죽는 것처럼 죽어야만 하는 것에 대해서 애곡했다. 가장 지혜롭고 강한 자라 할지라도 위계에 의한 기습에는 어쩔 도리가 없다. 아브넬을 보라. 그는 스스로를 이스라엘의 기둥이라고 생각했으며, 위기에 처한 나라의 운명을 뒤바꿀 수 있는 존재로 여겼다. 또한 그의 머리는 거대한 계획과 전망으로 가득 차 있었다. 그러나 그는 야비한 적수(敵手)에 의해 미련한 자처럼 죽었으며, 야심과 시기심에 의해 갑작스런 희생제물이 되었다. 우리는 이를 통해 세상의 모든 영광과 화려한 것이 다 헛된 것일 뿐임을 발견한다. **귀인들을 의지하지 말며 도울 힘이 없는 인생도 의지하지 말지니**(시 146:3, 4). 그러므로 우리는 미련한 자가 되지 말자. 사람마다 자신의 생명을 가지고 있고 또 자신에게 소중한 것이 있을 것이다. 그러나 빼앗길 때가 오리니, 모든 지혜와 염려와 애씀으로도 그것을 막을 수 없다. 그러나 어떤 도둑도 뚫고 들어와 훔쳐갈 수 없는 것이 있다. 여기에서 우리의 생명을 유지하는 것이 우리 자신의 신중함보다도 하나님의 섭리에 더 많이 빚지고 있다는 사실을 주목하라. 만일 하나님이 악인들의 양심을 붙잡고 계시지 않는다면, 약하고 무죄한 자들은 강하고 무자비한 자들에게 즉시로 손쉬운 먹잇감이 되고 말 것이며, 또한 가장 지혜로운 자도 너무나 쉽게 어리석은 자처럼 죽게 되고 말 것이다.

(2) 혹은 아브넬이 자신의 생명을 헛되이 하지 않았다고 다윗이 말하고 있는 것일 수도 있다. "아브넬이 어리석은 자(fool, 바보)처럼 죽었는가? 아니, 결코 그렇지 않다. 그는 범죄자나 반역자로서 공적인 공의의 손에 의해 목숨을 빼앗기지 않았다. 죄인과는 달리 그의 손은 결박되지 않았으며 그의 발은 차꼬에 채이지 않았다. 아브넬은 법적인 판결에 의해 형리(刑吏) 앞에서 죽임을 당하지 않았다. 도리어 그는 무죄자로서 **불의한 자들 앞에서 엎드러졌다.** 도둑과 강

도가 그대를 쓰러뜨렸도다." 이와 관련하여 70인역은 "아브넬이 나발처럼 죽었는가?"라고 읽는다. 나발은 주정뱅이로 살다가 그렇게 죽었다. 그러나 아브넬의 최후는 세상에서 가장 지혜로운 자나 선한 자가 맞이할 수 있는 최후와 유사한 것이었다. 아브넬은 아사헬처럼 무모하게 자신의 생명을 내던지지 않았다. 그는 다만 갑작스런 기습에 의해 죽임을 당했을 뿐이다. 어리석은 자(바보)처럼 자신의 날을 단축시키며 (특별히 다음 세상에 대해 아무런 준비도 하지 못하고) 죽는 것은 슬픈 일이라는 사실을 주목하라.

5. 다윗은 그 날 종일 금식했다(35절). 그는 음식을 먹으라는 권유를 뿌리치고, 해 질 때까지는 아무것도 먹지 않겠다고 말했다. 당시에는 크게 애곡하는 자는 얼마동안 육체의 양식을 삼가는 것이 통상적인 관습이었다(삼상 31:13; 삼하 1:12). 이러한 때에 애곡하는 집을 잔치하는 집으로 바꾸는 것은 얼마나 어울리지 않는 일인가! 다윗이 이와 같이 아브넬에게 경의를 표함으로 인해, 백성들은 크게 기뻐하며 다윗이 아브넬의 죽음과 아무 관련이 없다는 사실을 알게 되었다(36, 37절). 사실 다윗에게 있어 요압의 악행은 마치 야곱에게 있어 시므온과 레위의 행동처럼(창 34:30) 매우 곤란한 것이었다. 이 일로 인하여 왕이 무슨 일을 하든지 무리가 다 기뻐하게 되었다는 말이 특별히 언급된다. 우리는 여기에 다음과 같은 것이 내포되어 있음을 보게 된다.

(1) 백성들에 대한 다윗의 선한 마음. 그는 모든 일에 있어 백성들을 기쁘게 하려고 애썼으며, 백성들과 불화하게 되는 것을 피하고자 했다.

(2) 다윗의 대한 백성들의 선한 평가. 백성들은 다윗이 하는 일은 무엇이든지 선한 것이며 잘 될 것이라고 생각했다. 이와 같이 피차 선한 마음을 가질 때, 모든 관계는 아무런 문제 없이 잘 풀리게 될 것이다.

6. 다윗은 살인자들에게 공의를 시행할 수 없는 것을 한탄한다(30절). 그의 힘은 아직 약했으며, 그의 나라는 이제 막 심겨졌을 뿐이었다. 그것은 조그마한 동요로도 쉽게 허물어질 수 있었다. 요압 가문은 큰 세력을 가지고 있었으며, 매우 용맹무쌍했다. 따라서 지금 그들을 적으로 만드는 것은 돌이킬 수 없는 결과를 초래할 수도 있었다. 스루야의 아들들은 다윗에게 너무나 벅찬 상대였으며, 법으로 제어하기에는 너무나 큰 존재였다. 따라서 살인자의 피는 마땅히 흘려져야 했음에도 불구하고(창 9:6), 다윗은 헛되이 칼을 차고 있었으며 마치 사인(私人)처럼 모든 것을 하나님의 심판에 맡기는 것으로 만족할 수밖에

없었다: 여호와께서 악행한 자에게 그 악한 대로 갚으실지로다.

(1) 이것은 다윗의 위대함을 감소시키는 것이었다. 기름 부음 받은 왕이었음에도 불구하고, 그는 자기 신하들을 두려워하고 있다. 또 어떤 자들은 그에게 있어 너무 벅찬 존재이다. 권력을 가지고 있으면서 그것을 사용할 수 없다면, 그러한 권력이 무슨 의미가 있겠는가?

(2) 이것은 다윗의 선함을 감소시키는 것이었다. 그는 마땅히 자신의 책임을 수행하고 그 결과는 하나님께 맡겨야 했다. 하늘이 무너질지라도 공의를 시행하라. 만일 요압에 대하여 공의가 시행되었다면, 어쩌면 이스보셋과 암논과 기타 다른 사람들에 대한 암살은 없었을는지 모른다. 요압을 처벌하지 않은 것은 육신적인 정책이요 비뚤어진 동정심이었다. 의(義)로 인해 왕의 보좌는 굳건하게 세워질지언정 결코 흔들리지 않을 것이다. 그러나 다윗이 요압을 처벌하지 않은 것은 단지 집행유예에 불과했다. 그는 임종 시에 아브넬의 피에 대해 보응하는 것을 솔로몬에게 맡겼다(솔로몬은 전쟁의 칼을 뽑은 적이 없었기 때문에 공의의 칼을 뽑기에 더 적합했다). 죄인은 악에 의해 쫓김을 당하다가 마침내 덮침을 당하게 될 것이다. 다윗은 아브넬의 아들 야아시엘을 높은 지위에 등용했다(대상 27:21).

제
— 4 —
장

개요

다윗에게 있어 아브넬의 죽음은 아직 이스보셋의 세력 하에 있는 지파들을 자신에게 이끌어줄 수 있는 친구를 잃은 것을 의미하는 것이었다. 다윗은 어떤 방식으로 그 일을 완수할 수 있을는지 아직 알지 못했다. 그러나 우리는 여기에서 그 일이 이스보셋이 살해당하는 것으로 이루어지는 것을 보게 된다. I. 이스보셋의 군지휘관 두 사람이 그를 살해하고 그의 머리를 다윗에게 가져옴(1-8절). II. 이 일로 인해 다윗이 그들을 죽임(9-12절).

[1]사울의 아들 이스보셋은 아브넬이 헤브론에서 죽었다 함을 듣고 손의 맥이 풀렸고 온 이스라엘이 놀라니라 [2]사울의 아들 이스보셋에게 군지휘관 두 사람이 있으니 한 사람의 이름은 바아나요 한 사람의 이름은 레갑이라 베냐민 족속 브에롯 사람 림몬의 아들들이더라 브에롯도 베냐민 지파에 속하였으니 [3]일찍이 브에롯 사람들이 깃다임으로 도망하여 오늘까지 거기에 우거함이더라 [4]사울의 아들 요나단에게 다리 저는 아들 하나가 있었으니 이름은 므비보셋이라 전에 사울과 요나단이 죽은 소식이 이스르엘에서 올 때에 그의 나이가 다섯 살이었는데 그 유모가 안고 도망할 때 급히 도망하다가 아이가 떨어져 절게 되었더라 [5]브에롯 사람 림몬의 아들 레갑과 바아나가 길을 떠나 볕이 쬘 때 즈음에 이스보셋의 집에 이르니 마침 그가 침상에서 낮잠을 자는지라 [6]레갑과 그의 형제 바아나가 밀을 가지러 온 체하고 집 가운데로 들어가서 그의 배를 찌르고 도망하였더라 [7]그들이 집에 들어가니 이스보셋이 침실에서 침상 위에 누워 있는지라 그를 쳐죽이고 목을 베어 그의 머리를 가지고 밤새도록 아라바 길로 가 [8]헤브론에 이르러 다윗 왕에게 이스보셋의 머리를 드리며 아뢰되 왕의 생명을 해하려 하던 원수 사울의 아들 이스보셋의 머리가 여기 있나이다 여호와께서 오늘 우리 주 되신 왕의 원수를 사울과 그의 자손에게 갚으셨나이다 하니

I. 사울의 집의 허약함.　사울의 집은 계속해서 허약해져 갔다.

1. 이스보셋과 관련하여. 이스보셋은 보좌에 앉아 있었음에도 불구하고 허약하기 짝이 없었다. 이스보셋의 모든 힘은 아브넬의 지지와 뒷받침으로 말미암은 것이었다. 이제 아브넬이 죽자 이스보셋은 모든 기운을 다 잃어버리고 말았다(1절). 비록 아브넬이 격분 가운데 자신을 버렸다 할지라도, 이스보셋은 그를 통해 다윗과 좋은 협정을 맺기를 은근히 바랐던 것으로 보인다. 그러나 이제 그와 같은 소망도 물거품이 되고 말았다. 그는 자신의 측근들에게조차 버림을 당했으며, 적들의 손에 자신의 운명을 맡겨야 하는 지경이 되고 말았다. 그를 따랐던 모든 이스라엘 백성들은 이제 자신들이 어떻게 해야 하는지 고민하지 않을 수 없게 되었다.

2. 므비보셋과 관련하여. 므비보셋은 아버지 요나단으로 인해 합법적인 왕위계승권을 가지고 있었음에도 불구하고 다리를 절므로써 왕의 직책을 감당하기에 적합지 못했다(4절). 그의 아버지와 할아버지가 죽임을 당했을 때, 그의 나이는 겨우 다섯 살이었다. 블레셋이 승리했다는 소식을 들었을 때, 므비보셋의 유모는 그들이 사울의 집에 속한 모든 것을 (특별히 다음 왕위를 이을 어린 므비보셋을) 진멸하기 위해 곧 병사들을 보낼 것을 감지(感知)했다. 따라서 그녀는 어떤 은밀한 장소나 혹은 견고한 요새로 옮기기 위해 아이를 품에 안고 도망쳤다. 그런데 지나치게 서두른 나머지 그녀는 아이를 떨어뜨리고 말았다. 이로 인해 므비보셋은 평생 다리를 절게 되었으며, 따라서 왕으로서 나라를 이끌거나 장군으로서 전쟁을 수행하기 어렵게 되었다. 아이 때에 불행한 사고로 인해 평생 불구로 지낼 수밖에 없는 일이 종종 일어나는 것을 보라. 왕이나 위대한 인물이나 선한 사람(특별히 요나단 같은)의 자녀라 할지라도 그리고 유모에 의해 세심한 돌봄을 받는 아이라 할지라도, 항상 안전한 것은 아니다. 그렇게 볼 때 그토록 유약하고 많은 위험이 도사리고 있던 우리의 어린 시절에 우리의 사지백체(四肢百體)를 안전하게 지켜 주신 것에 대해 우리는 얼마나 감사해야 마땅하겠는가! 천사들을 보내사 우리를 돌보시고 품에 안으시며 수많은 위험으로부터 지켜 주신 하나님의 선하심을 인정하며 찬미하자. 그가 너를 위하여 그의 천사들을 명령하사 네 모든 길에서 너를 지키게 하심이라 그들이 그들의 손으로 너를 붙들어 발이 돌에 부딪히지 아니하게 하리로다(시 91:11-12).

II. 사울의 아들에 대한 암살.

1. 암살자는 누구였나? 사울의 아들 이스보셋을 암살한 자들은 **바아나와 레갑**이었다(2, 3절). 그들은 시므온과 레위처럼 형제로서 악을 함께 도모했다. 그들은 이스보셋의 종으로서 그를 섬기는 자들이었다. 따라서 그들이 이스보셋을 암살한 것은 그만큼 더 야비하고 배신적인 행동이 될 수밖에 없었다. 그들은 이스보셋과 같은 베냐민 지파 출신으로서, 브에롯 성읍 사람들이었다. 지금 우리가 잘 알지 못하는 어떤 이유로 인해, 베냐민 지파의 기업에 속한(수 18:25) 브에롯 사람들이 어떤 특별한 상황으로 말미암아 (어쩌면 사울의 죽음 때문이었는지도 모른다) 깃다임으로 도망쳐 지금까지 우거하고 있다는 언급이 특별히 제시된다. 깃다임은 브에롯에서 그다지 멀리 떨어져 있지 않은 지역으로서 같은 지파의 기업 안에 있었고, 천연적으로 좀 더 잘 요새화되어 있었으며, (풀러의 지도에 따르면) 보세스와 세네 바위 사이에 위치해 있었다. 이 이야기가 기록될 때 브에롯 사람들은 깃다임에 우거하고 있었다. 그리고 그들은 다시 브에롯으로 돌아가지 않은 것으로 보인다. 따라서 기브온 사람들의 성읍 가운데 하나였던(수 9:17) 브에롯은 점차 잊혀지게 되었고, 깃다임은 우리가 느헤미야 11장 33절에서 보게 되는 것처럼 오랫동안 널리 알려진 성읍이 되었다.

2. 암살은 어떻게 이루어졌나? 우리는 이에 관한 상세한 정황을 5-7절에서 볼 수 있다. 여기에서 다음을 보라.

(1) 이스보셋의 게으름. 그는 대낮에 침상에 누워 있었다. 이스라엘은 연중 어느 때를 막론하고 대낮에 일터에 나갈 수 없을 정도로 (오늘날 한여름에 스페인 사람들이 그러는 것처럼) 뜨거운 날은 거의 없었다. 이스보셋은 게으른 사람으로서, 일락을 좋아하며 일하는 것은 싫어했다. 이 중요한 시기에 그는 전쟁터에서 군대를 지휘하거나 혹은 다윗과 더불어 협정을 맺는 자리에 앉아 있었어야 했다. 그럼에도 불구하고 그는 침상에 누워 자고 있었는데, 그것은 그의 손이 지극히 허약했기 때문이었다(1절). 사실 그는 손만 허약했을 뿐만 아니라 머리와 마음까지 그러했다. 여러 가지 난관에 처할 때 우리는 더욱 용기를 내고 힘을 새롭게 해야 한다. 그럼에도 불구하고 그러한 난관들로 인해 우리가 낙망하고 용기를 잃어버린다면, 우리는 우리의 면류관과 생명을 배신하고 마는 것이다. 너는 잠자기를 좋아하지 말라 네가 빈궁과 멸망에 빠질까 두려우니라. 게으른 영혼은 결국 적에게 손쉬운 먹잇감이 되고 말 것이다.

(2) 바아나와 레갑의 반역. 그들은 병사들에게 양식으로 줄 밀을 가지러 온 체하면서 이스보셋의 집으로 들어왔다. 당시에는 통상적으로 왕의 곳간과 침실이 나란히 있었다. 따라서 밀을 가지러 왕의 곳간에 들어왔을 때, 그들은 왕을 암살할 수 있는 기회를 가질 수 있었다. 언제 어디서 어떻게 죽음이 찾아올는지 우리는 알지 못한다. 우리가 침상에 누워 잠에 들었을 때, 다시 깨어 일어날지 여부는 아무도 알지 못한다. 어쩌면 깨어 일어나기 전에 영원한 죽음의 잠을 잘는지도 모른다. 어쩌면 어떤 생각지도 않은 손이 우리를 쳐 죽음에 떨어지게 할는지도 모른다. 이스보셋의 생명을 지켜야 할 그의 사람들이 도리어 그의 생명을 빼앗았다.

3. 살인자들은 자신들이 한 일에 대해 승리의 개가를 불렀다. 마치 자신들이 어떤 매우 영광스러운 일을 수행한 것처럼, 그리고 그 일이 다윗에게 이로운 일이므로 정당화되고 위대한 일이 되기에 충분한 것처럼, 그들은 이스보셋의 머리를 다윗에게 가져다주었다(8절): 보소서 당신의 원수의 머리가 여기 있나이다. 그들은 다윗에게 이것보다 더 좋은 선물은 아무것도 없을 줄로 생각했다. 그렇다. 그들은 스스로를 하나님의 공의의 도구요 그의 칼을 차는 일꾼으로 만들었다(하나님으로부터 아무런 위임도 받지 못했음에도 불구하고): 여호와께서 오늘 우리 주 되신 왕의 원수를 사울과 그의 자손에게 갚으셨나이다. 그러나 그들은 하나님의 영광에 대해서도 또 다윗의 명예에 대해서도 주의를 기울이지 않았다. 오로지 자신들의 영달(榮達)과 다윗 궁중에서의 높은 지위에만 주의를 기울였을 뿐이었다. 그들은 다윗에게 아부하며 영합하기 위해, 마치 자신들이 그의 생명에 큰 관심이 있으며 그의 왕권의 정통성을 확신하며 그가 보좌에 앉기만을 오매불망하는 것처럼 가장했다. 그들은 자신의 야심을 만군의 여호와의 열심을 가장했던 예후와 매우 비슷한 자들이었다.

[9] 다윗이 브에롯 사람 림몬의 아들 레갑과 그의 형제 바아나에게 대답하여 그들에게 이르되 내 생명을 여러 환난 가운데서 건지신 여호와께서 살아 계심을 두고 맹세하노니 [10]전에 사람이 내게 알리기를 보라 사울이 죽었다 하며 그가 좋은 소식을 전하는 줄로 생각하였어도 내가 그를 잡아 시글락에서 죽여서 그것을 그 소식을 전한 갚음으로 삼았거든 [11]하물며 악인이 의인을 그의 집 침상 위에서 죽인 것이겠느냐 그런즉 내가 악인의 피흘린 죄를 너희에게 갚아서 너희를 이 땅에서 없이하

지 아니하겠느냐 하고 ¹²청년들에게 명령하매 곧 그들을 죽이고 수족을 베어 헤브론 못 가에 매달고 이스보셋의 머리를 가져다가 헤브론에서 아브넬의 무덤에 매장하였더라

우리는 여기에서 이스보셋을 죽인 자들에게 공의가 시행되는 것을 보게 된다.

I. 그들에게 선고된 판결. 그들에게 있어 아무런 증거도 필요치 않았다. 그들의 입술이 스스로를 고소하며 증언했다. 그들은 자신들의 범행을 부인하기는 고사하고 도리어 자랑했다. 이에 다윗은 그 죄가 얼마나 가증하며 악한 것인지를 나타내면서 동시에 재판장으로서 그리고 그 직책에 의거한 피의 복수자로서 피가 피를 부르고 있음을 분명하게 보여준다. 그리고 어쩌면 요압을 처벌하지 않은 것 때문에 더 단호하게 그들을 처벌한 것이었는지도 모른다. "내가 죽은 자의 피를 죽인 자의 손에서 찾지 않겠느냐? 죽은 자를 다시 살려낼 수 없다면 그 대신에 죽인 자의 생명을 취할 것이니라." 다음을 주목하라.

1. 다윗은 그들의 죄를 매우 크게 본다(11절). 이스보셋은 의로운 자로서, 그들에게 어떤 잘못도 행하지도 않고 계획하지도 않았다. 다윗은 이스보셋이 자신과 맞선 것이 악의(惡意)로 말미암은 것이 아님을 인식하고 있었다. 그것은 왕권의 정통성이 자신에게 있다고 생각한데서부터 출발한 실수였으며, 그 자신보다도 주변 사람들로 말미암아 그렇게 된 것이었다. 사랑은 친구에 대해서뿐만 아니라 원수에 대해서까지도 선한 마음을 갖는 것이다. 어떤 상황으로 인해 지금 우리와 맞서는 자들도 의로운 자일 수 있다는 생각을 우리는 가져야 한다. 어떤 사람이 우리에게 악을 행한다고 해서 당장 그가 악인이라고 판단해서는 결코 안 된다. 다윗은 비록 이스보셋이 정당하지 못하게 많은 문제를 일으켰다 할지라도 그가 무죄한 사람임을 인정한다. 특별히 이스보셋을 살해한 방법은 너무도 비열하고 악한 것이었다. 마땅히 안식처가 되어야 할 집에서 살해한 것과, 침상에서 아무 저항도 할 수 없을 때 살해한 것을 감안할 때, 그들의 행동은 너무도 배신적이요 야만적이며 야비한 것이었다. 그들의 행동은 최소한의 양심과 명예를 가진 자라면 분개하지 않을 수 없는 그러한 것이었다. 암살은 명백히 가장 악독하고 가증한 살인이다. 그의 이웃을 암살하는 자는 저주를 받을 것이라 할 것이요 모든 백성은 아멘 할지니라(신 27:24).

2. 다윗은 전에 자신이 행했던 일을 언급한다(10절). 다윗은 사울의 죽음의 소식을 가져온 자를 처형했는데, 그것은 그 소식이 다윗에게 좋은 소식일 것이라고 그가 생각했기 때문이었다. 여기에서 그 아말렉인이 사울의 자살을 도운 것과 관련한 이야기는 전혀 언급되지 않는다. 다만 그가 사울의 죽음에 관한 소식을 전달한 사실만 언급되고 있을 뿐이다. 이로써 우리는, 그가 말한 것은 조사 결과 거짓으로 판명되었으며 따라서 그는 결국 자신의 거짓말 때문에 죽임을 당하게 되었던 사실을 알 수 있다. 다윗은 말한다. "내게 사울의 왕관을 가져온 자를 내가 상은 고사하고 범죄자로 취급했도다. 그렇다면 이스보셋의 머리를 가져온 자들을 내가 죄 없다 하겠느냐?"

3. 다윗은 맹세로써 그들의 처형을 확언한다(9절): 내 생명을 여러 환난 가운데서 건지신 여호와께서 살아 계심을 두고 맹세하노니. 이와 같이 하여 그는 어느 누구를 막론하고 범죄자들을 위해 중재해서는 안 된다고 하는 자신의 결의를 분명히 나타냈다. 또한 이렇게 하여 그는 자신이 보좌에 오르는 것은 오직 하나님으로 말미암는 것이지, 어떤 사람의 불법적이며 정당하지 못한 행동으로 인한 것이 아님을 분명히 하고자 했다. 하나님은 지금까지 그를 모든 역경에서 건져 주셨으며, 수많은 난관과 위험으로부터 도움을 베풀어 주셨다. 따라서 그는 보좌에 오르는 모든 일에 있어 오직 하나님 한 분만을 의지할 것이었다. 그의 앞에는 아직도 많은 폭풍이 남아 있었다. 그럼에도 불구하고 그는 하나님이 그 모든 것들로부터 이미 자신을 건져 내신 것처럼 말하고 있는데, 그것은 이제까지 자신을 구원하신 분이 앞으로도 그렇게 하실 것임을 알고 있었기 때문이었다.

4. 이어 다윗은 그들을 처형하도록 명령한다(12절). 그들의 행동이 다윗을 이롭게 하고자 한 것이었음을 생각할 때 이러한 명령은 지나치게 가혹한 것으로 보일 수도 있다. 그러나,

(1) 다윗은 이와 같이 하여 자신이 악을 얼마나 미워하는지를 분명히 나타내고자 하였다. 여호와께서 나발을 치셨다는 소식을 들었을 때 다윗은 감사를 드렸다(삼상 25:38, 39). 왜냐하면 보응하는 것은 하나님께 있기 때문이었다. 그러나 악인들이 이스보셋을 쳤다면, 그들은 마땅히 죽어야 한다. 왜냐하면 그들의 손으로 하나님의 일을 떠맡았기 때문이었다.

(2) 다윗은 이와 같이 하여 그들이 자신을 얼마나 모독하였으며 또 그로 인

해 자신이 얼마나 분개하고 있는지를 분명히 나타내고자 하였다. 그들은 자신들이 한 일로 인해 다윗이 크게 기뻐하며 상을 베풀 것으로 기대했는데, 그것은 그를 크게 모독하는 것이었다. 그들은 다윗을 자신들과 같은 부류의 사람으로 생각하면서 왕권을 위해서라면 어떤 유혈극도 마다하지 않을 것으로 생각했는데, 이것보다 다윗을 더 모독하는 것은 결코 없을 것이었다.

II. 형이 집행됨. 살인자들은 율법에 따라 사형에 처하여졌으며, 그들의 손과 발은 매달려졌다. 그들의 몸 전체가 매달려지지 않은 것은 율법이 그렇게 하는 것을 금했기 때문이었다. 다만 그들의 손과 발이 매달려진 것은 **사람들**에게 두려움을 가져다주기 위함이었다. 이렇게 하여 다윗은 그것을 공의의 기념비로 삼고, 백성들에게 자신을 합당한 통치자로서 나타나도록 하고자 했다. 즉 자신은 오로지 왕이 되는 일에만 골몰하는 자가 결코 아니라는 사실과, 사울의 집에 대해 어떤 적대감도 없다는 사실과, 자신은 오직 공적 안녕만을 진지하게 추구한다는 사실을 드러내고자 하였다. 그러나 그 두 명의 살인자에게 이것은 얼마나 혼란스러운 일이었겠는가! 그들의 기대와 예상이 어떻게 이것보다 더 처절하고 끔찍하게 좌절될 수 있겠는가! 부도덕한 일을 행하면서, 전쟁과 핍박과 사기와 강탈을 행하면서, 신앙의 미명하에 왕을 죽이고, 엄숙한 협정을 파기하며 나라를 황폐하게 만들면서, 또 형제를 미워하여 내어 쫓으면서 여호와께서 영광을 받으실 것이라 말하며, 형제를 죽이면서 이것이 하나님을 섬기는 일이라고 생각하는 자들도 결국 그들과 같은 운명에 처하게 될 것이다. 사람들이 교회를 위한다는 명분으로 이러한 일을 행하는 것을 정당화한다 할지라도, 그리스도께서는 때가 되면 모든 사람들로 하여금 기독교가 인간을 멸망시키기 위한 것이 결코 아니라는 사실을 분명히 알도록 하실 것이다. 그리고 이와 같은 방법으로 천국의 공로를 쌓으려고 생각하는 자들은 지옥의 저주를 피하지 못할 것이다.

제
— 5 —
장

개요

아브넬과 이스보셋이 죽었다고 해서 금방 다윗의 왕권이 완전하게 확립된 것은 아니었다. 다윗이 이스라엘 전체의 왕으로 세워지는 것은 아직 나타나지 않는다. 그러나 그러한 일들로 해서 바람직한 변화가 뒤따르게 되었는데, 본 장에서 우리는 그에 대한 이야기를 보게 된다. 본 장의 내용은 다음과 같다. I. 다윗이 모든 지파들로부터 왕으로 기름 부음을 받음(1-5절). II. 다윗이 시온 산성을 빼앗음(6-10절). III. 다윗이 자신의 집을 짓고 왕권의 기반을 다짐(11, 12절). IV. 자녀들이 태어남(13-16절). V. 블레셋에 대한 승리(17-25절).

¹이스라엘 모든 지파가 헤브론에 이르러 다윗에게 나아와 이르되 보소서 우리는 왕의 한 골육이니이다 ²전에 곧 사울이 우리의 왕이 되었을 때에도 이스라엘을 거느려 출입하게 하신 분은 왕이시었고 여호와께서도 왕에게 말씀하시기를 네가 내 백성 이스라엘의 목자가 되며 네가 이스라엘의 주권자가 되리라 하셨나이다 하니라 ³이에 이스라엘 모든 장로가 헤브론에 이르러 왕에게 나아오매 다윗 왕이 헤브론에서 여호와 앞에 그들과 언약을 맺으매 그들이 다윗에게 기름을 부어 이스라엘 왕으로 삼으니라 ⁴다윗이 나이가 삼십 세에 왕위에 올라 사십 년 동안 다스렸으되 ⁵헤브론에서 칠 년 육 개월 동안 유다를 다스렸고 예루살렘에서 삼십삼 년 동안 온 이스라엘과 유다를 다스렸더라

I. 이스라엘 모든 지파가 다윗에게 왕이 되어 줄 것을 청원함(왜냐하면 그들은 지금 목자 없는 양처럼 되었기 때문이다).   비록 다윗이 이스보셋의 암살에 대해 칭찬하며 상을 내리지는 않았다 할지라도, 그러나 그는 그 일로 인해 모든 백성들로부터 왕이 되어 달라는 청원을 받게 되었다. 유다는 이미 7년 전에 다윗을 왕으로 삼았다. 그리고 그들이 다윗 치하(治下)에서 편안하고 행복한 삶을 영위하는 것을 보았을 때, 나머지 지파들도 기꺼이 그렇게 하고자 했

다. 그들이 모두 한마음으로 다윗을 왕으로 삼고자 했을 때, 각각의 지파들로부터 몇 명의 사람들이 나아왔는지, 그들이 어떤 마음으로 나아왔는지, 그들이 3일 동안 헤브론에서 어떻게 환대를 받았는지 등의 이야기를 우리는 역대상 12장에서 자세히 살펴볼 수 있다(23-40절). 다만 여기에서는 그들이 다윗을 왕으로 삼고자 나아온 배경과 함께 그들의 청원의 요지(要旨)만이 나와 있을 뿐이다.

1. 그들과 다윗 사이의 관계가 어느 정도 동기가 되었다. "보소서 우리는 왕의 한 골육(bone and flesh, 뼈와 살)이니이다(1절). 당신은 우리의 골육이며, 율법에 의해 왕이 될 수 없는 이방인이 결코 아닙니다(신 17:15). 또한 우리는 당신의 것입니다." 다시 말해서 "우리는 당신이 우리를 당신의 골육으로 여기시며 우리에 대해 따뜻한 관심을 가지고 계심을 아나이다. 그것은 사람이 자기 몸에 대해 갖는 관심으로서 사울과 그의 집은 결코 갖지 않았던 것입니다. 우리는 당신의 골육이며, 따라서 이토록 긴 내전(內戰)이 끝나면 우리가 기뻐하는 것만큼 당신도 기뻐하실 것입니다. 당신은 우리를 불쌍히 여기시고 보호하실 것이며 우리의 행복을 위해 할 수 있는 모든 것을 다하실 것입니다." 그리스도를 자신의 왕으로 삼는 자들은 이와 같이 탄원할 수 있다: "우리는 당신의 골육(뼈와 살)입니다. 당신은 범사에 형제들과 같이 되셨나이다(히 2:17). 그러므로 당신은 우리의 통치자가 되어 이 폐허를 당신의 손 아래에 두소서(사 3:6)."

2. 다윗이 전에 행했던 선한 일들이 또 다른 동기가 되었다(2절). "사울이 우리의 왕이 되었을 때에도 그는 아무것도 아니었으며, 이스라엘을 거느리고 전쟁에 나가 승리를 가져다주신 자는 당신이었나이다. 그러므로 지금 비어있는 보좌에 앉기에 적합한 자가 당신 외에 누구리이까?" 작은 일에 충성된 자는 큰 일을 맡기에 합당하다. 그리고 우리를 위해 베풀어진 예전의 선한 일들을 우리는 결코 잊어서는 안 되며 항상 감사의 마음을 가져야만 한다.

3. 모든 것 가운데 가장 큰 동기는 하나님의 임명이었다. "여호와께서도 왕에게 말씀하시기를 네가 내 백성 이스라엘의 목자가 되며 네가 이스라엘의 주권자가 되리라 하셨나이다." 목자가 되는 것은 곧 통치자가 되는 것이다. 왜냐하면 통치자는 범사에 목자처럼 자신의 백성을 먹여야 하기 때문이다. 그들은 백성을 착취하는 것이 아니라 먹이는 자가 되어야 하며, 항상 백성의 유익을 살피는 자가 되어야 한다. "또 너는 평안할 때 다스리는 왕이 될 뿐만 아니라, 전쟁이 일

어나면 전쟁터에 나가 전쟁을 주관하는 지휘관이 되어 전쟁의 모든 수고와 위험을 담당하라고 말씀하셨나이다." 하나님이 이와 같이 말씀하셨고, 마침내 그들은 이와 같이 할 수밖에 없는 상황에 처하게 되었다. 따라서 그들은 지금 다윗에게 나아와 자신들의 왕이 되어 달라고 청원하고 있었던 것이다.

Ⅱ. 다윗이 공식적으로 보좌에 오름(3절). 대회(大會)가 소집되고, 이스라엘의 모든 장로들이 다윗에게 나아왔다. 언약이 맺어지고, 양측이 서명했다. 다윗은 평시(平時)에는 재판장(혹은 사사, judge)으로서, 그리고 전시(戰時)에는 지휘관으로서 그들을 보호할 의무를 졌다. 그리고 그들은 다윗에게 순종할 의무를 졌다. 다윗은 그들과 더불어 맹약(盟約)을 맺었으며, 하나님이 증인이 되셨다: 그것은 여호와 앞에서 맺어진 맹약이었다. 이렇게 하여 그는 세 번째로 기름 부음을 받았다. 그의 승귀(昇貴)는 점진적이었다. 그리고 그러한 과정을 통해 그의 믿음은 더욱 연단되었고, 그는 더욱 많은 체험을 가질 수 있었다. 이와 같이 다윗의 왕국은 점진적으로 도래하는 메시야의 왕국을 예표한다: 왜냐하면 아직 우리는 만물이 그에게 복종하는 것을 보지 못하나(히 2:8), 장차 보게 될 것이기 때문이다(고전 15:25).

Ⅲ. 다윗의 통치와 연대에 대한 개략적인 설명. 사울의 죽음과 함께 그의 통치가 시작될 때, 그의 나이는 30세였다(4절). 그 나이는 레위인이 사역을 시작하는 나이였다(민 4:3). 또 그 나이즈음에 다윗의 자손(예수)도 공생애를 시작하셨다(눅 3:23). 그 나이 즈음에 사람들은 힘과 판단력이 충분히 성숙하게 되는 법이다. 그는 총 40년 6개월을 통치했는데, 그 가운데 7년 6개월은 헤브론에서 통치했고, 나머지 33년은 예루살렘에서 통치했다(5절). 본래 헤브론은 유명한 성읍이었다(수 14:15). 그 곳은 제사장의 성읍이었다. 그러나 이제 예루살렘이 더 유명하게 될 것이었으며, 또한 거룩한 도성(holy city)이 될 것이었다. 위대한 왕들은 자신의 도성을 세우고 싶어한다(창 10:11; 36:32-35). 다윗 역시도 그랬으며, 예루살렘이 바로 다윗의 도성이었다. 예루살렘은 성경의 마지막 부분에 이르기까지 유명한 이름이 되었으며(계 21장), 우리는 그 곳에서 새 예루살렘이라는 이름을 듣게 된다.

⁶왕과 그의 부하들이 예루살렘으로 가서 그 땅 주민 여부스 사람을 치려 하매 그 사람들이 다윗에게 이르되 네가 결코 이리로 들어오지 못하리라 맹인과 다리 저는

자라도 너를 물리치리라 하니 그들 생각에는 다윗이 이리로 들어오지 못하리라 함이나 [7]다윗이 시온 산성을 빼앗았으니 이는 다윗 성이더라 [8]그 날에 다윗이 이르기를 누구든지 여부스 사람을 치거든 물 긷는 데로 올라가서 다윗의 마음에 미워하는 다리 저는 사람과 맹인을 치라 하였으므로 속담이 되어 이르기를 맹인과 다리 저는 사람은 집에 들어오지 못하리라 하더라 [9]다윗이 그 산성에 살면서 다윗 성이라 이름하고 다윗이 밀로에서부터 안으로 성을 둘러 쌓으니라 [10]만군의 하나님 여호와께서 함께 계시니 다윗이 점점 강성하여 가니라

만일 멜기세덱이 왕이었던 살렘이 예루살렘이었다면(시 76:2을 감안할 때 상당히 그럴 가능성이 높아 보인다), 예루살렘은 아브라함 시대부터 상당히 유명한 곳이었다. 여호수아는 자신의 시대에 예루살렘이 가나안 남부 지역의 주요한 성읍이라는 사실을 알고 있었다(수 10:1-3). 예루살렘은 베냐민 지파의 기업에 할당되었으나(수 18:28), 유다의 기업에 인접해 있었다(수 15:8). 유다 자손이 예루살렘을 취하였으나(삿 1:8), 베냐민 자손은 여부스 사람들이 자신들과 함께 거주하도록 그냥 내버려 두었다(삿 1:21). 그들은 크게 번성했고 따라서 그 곳은 여부스 사람들의 성읍이 되었다(삿 19:11). 다윗이 이스라엘 전체의 왕으로 기름 부음을 받은 후 행한 첫 번째 원정(遠征)은 예루살렘을 여부스 사람들의 손으로부터 빼앗는 것이었다. 그 곳은 베냐민의 기업에 속했었기 때문에 오랫동안 사울의 집을 따랐던(대상 12:29) 베냐민 지파가 그에게 순복할 때까지, 그는 그러한 시도를 할 수 없었다. 여기에서 우리는 다음과 같은 것을 보게 된다.

I. 여부스 사람들이 다윗과 그의 군대를 무시함. 그들은 말한다: 네가 결코 이리로 들어오지 못하리라 맹인과 다리 저는 자라도 너를 물리치리라(6절). 그들이 다윗에게 이와 같이 자극적인 메시지를 보낸 것은 (훗날 다른 상황에서 언급된 것처럼) 원수가 예루살렘 성문으로 들어갈 것을 믿을 수 없었기(애 4:12) 때문이었다.

1. 그들은 자신들의 신들을 의지했다. 다윗은 그러한 신들을 경멸하면서 맹인과 다리 저는 자라고 불렀는데, 그것은 그러한 신들이 눈이 있어도 보지 못하고 발이 있어도 걷지 못하는 존재였기 때문이었다. 그들은 말한다. "이들이 우리 성읍의 수호자이다. 이들을 치워 버리지 않는 한(그러나 너는 결코 그렇게 할 수

없을 것이다), 너는 결코 이 곳에 들어올 수 없다." 어떤 이들은 그 신들이 놋으로 만들어 요새 깊숙한 곳에 모셔놓은 여러 형상들이었을 것이라고 생각한다. 그들은 자신들의 우상을 마우짐(Mauzzim) 혹은 요새(strongholds, 한글개역개정판에는 '강한 신'이라고 되어 있음)라고 부르면서 그것들을 의지했다. 그러나 우리의 강한 망루는 바로 여호와의 이름이다. 그의 팔은 강하며, 그의 눈은 모든 것을 꿰뚫어 보신다.

2. 그들은 자신들의 요새의 강함을 의지했다. 그들은 자신들의 요새가 난공불락이라서, 아무리 강한 적이 쳐들어온다 할지라도 맹인과 다리 저는 자만으로도 충분히 막아낼 수 있다고 생각했다. 그들은 특별히 시온의 요새를 결코 함락될 수 없는 것으로 생각하며 의지했다. 어쩌면 그들은 다윗과 그의 군대를 경멸하면서 맹인과 다리 저는 자들을 성벽 위에 눈에 보이도록 배치시켜 놓았는지도 모른다. 비록 그들 가운데 부상당하고 불구가 된 자들만 남아 있다 할지라도, 그들이 다윗의 군대를 능히 물리치고도 남을 것이라는 것이다. 예레미야 37:10과 비교하라(가령 너희가 너희를 치는 갈대아인의 온 군대를 쳐서 그 중에 부상자만 남긴다 할지라도 그들이 각기 장막에서 일어나 이 성을 불사르리라). 하나님의 백성의 원수들이 종종 자신들의 힘을 의지하면서 멸망의 날이 임박했음에도 불구하고 스스로 안전하다고 믿으며 안심하고 있는 것을 주목하라.

II. 다윗이 여부스 사람들로부터 예루살렘을 빼앗는데 성공함. 다윗은 그들의 교만과 오만으로 인해 기세가 꺾이기는 고사하고 도리어 결의를 더욱 굳건히 했다. 그리고 그들에 대해 총공격을 감행하면서 병사들에게 이러한 명령을 내렸다: "누구든지 여부스 사람을 치거든 (우리와 우리 하나님을 모독하기 위해 성벽에 세워 놓은) 다리 저는 사람과 맹인을 치라." 아마도 그들은 어떤 신성모독적인 말을 함으로써 다윗의 마음을 크게 분노하게 했을 것이다. 흠정역(KJV)은 본문을 역대상 11:6과 관련하여 읽음으로써, 맹인과 다리 저는 자에 대하여는 아무런 언급도 하지 않은 채 오직 여부스 사람들을 쳤다는 것만을 말한다. 여부스 사람들은 만일 자신들의 신들이 자신들을 보호해 주지 않는다면 맹인과 다리 저는 자는 집에 들어오지 못할 것이라고 말했고, 따라서 그런 속담이 만들어지게 되었다. 다시 말해서, 그들은 다시는 자신들의 수호신을 의지하지 않을 것이며(그레고리우스가 이해한 것처럼) 또한 그것들에게 어떤 경의도 표하지 않을 것이라는 것이었다. 그리고 다윗 역시도 요새를 점령했을 때 그와 같이 말했는데, 다시 말해서 이러한 형상들은 자신들을 섬기는 자들조차도 보호해 주지 못했으므로 그 곳에 더 이상 두어서는 안 된다는 것이었다.

Ⅲ. 다윗이 시온에 보좌를 세움. 이제 다윗은 요새 안에 살게 되었다(과거에 그를 대적하며 두려움을 가져다주었던 요새는 이제 그의 안전을 지켜주는 것이 되었다). 그리고 그는 수하(手下)들을 위해 집을 짓고, 밀로(성읍의 공회당)에서부터 안으로 성을 둘러쌓았다(9절). 다윗은 손을 대는 모든 일마다 잘 되며 형통했다. 그는 영예와 힘과 부에 있어 더욱 큰 자가 되었다. 백성들의 눈에는 더욱 존귀한 자가 되었으며 적들의 눈에는 더욱 두려운 자가 되었다. 이 모든 것은 만군의 하나님 여호와께서 그와 함께 계셨기 때문이었다. 하나님은 만물을 당신의 뜻대로 움직이시며, 당신의 목적을 이루시는 일에 사용하신다. 그런 하나님이 그와 함께 계셔서, 그를 지도하시며 보호하시며 형통케 하셨다. 만군의 여호와를 자신의 편으로 삼고 있는 자들은 인간의 군대나 혹은 마귀의 군대가 대적할지라도 두려워할 필요가 없다. 그리고 크고 강성해진 자들은 그 모든 것을 하나님의 함께 하심 덕분으로 돌리면서, 그로 인해 그분께 영광을 돌려야 한다. 교회는 시온으로, 그리고 살아계신 하나님의 도성으로 불려진다. 우리는 먼저 그리스도의 원수인 여부스 족속을 정복하고, 맹인과 다리 저는 자들을 쫓아내야 한다. 그러면 그리스도께서 탈취물을 나누시고, 이 곳에 자신의 보좌를 세우시며, 이 곳을 자신의 처소로 만드신다.

[11]두로 왕 히람이 다윗에게 사절들과 백향목과 목수와 석수를 보내매 그들이 다윗을 위하여 집을 지으니 [12]다윗이 여호와께서 자기를 세우사 이스라엘 왕으로 삼으신 것과 그의 백성 이스라엘을 위하여 그 나라를 높이신 것을 알았더라 [13]다윗이 헤브론에서 올라온 후에 예루살렘에서 처첩들을 더 두었으므로 아들과 딸들이 또 다윗에게서 나니 [14]예루살렘에서 그에게서 난 자들의 이름은 삼무아와 소밥과 나단과 솔로몬과 [15]입할과 엘리수아와 네벡과 야비아와 [16]엘리사마와 엘랴다와 엘리벨렛이었더라

I. 다윗의 집 즉 왕궁이 건축됨(11절). 유대인들은 주로 농업과 목축을 했으며, 상업이나 공업은 그다지 많이 하지 않았다. 따라서 두로의 왕 히람은 다윗이 보좌에 오른 것을 축하하기 위해 사신들을 보내면서 왕궁을 건축하기 위한

장인(匠人)들을 함께 보냈다. 다윗은 이들을 고맙게 받아들였고, 히람이 보낸 장인들은 다윗의 마음에 드는 집을 건축했다. 약속의 언약에 대하여는 잘 모르면서도 각종 기술과 예술에는 뛰어난 사람들이 많이 있다. 그러나 다윗의 집은 이방인의 아들들에 의해 건축되었다 할지라도 조금도 저급(低級)하지 않았을 뿐만 아니라 하나님께 봉헌되기에 적절치 못했던 것도 아니었다. 장차 세워질 신약의 교회와 관련하여 이사야 선지자는 이렇게 예언한다: 이방인들이 네 성벽을 쌓을 것이요 그들의 왕들이 너를 섬길 것이며(60:10).

II. 다윗의 왕권이 세워지고 안정됨(12절).

1. 다윗의 나라가 확고히 세워졌다. 그 나라를 흔드는 것은 아무것도 없었으며, 그의 왕권을 훼방하는 자도 없었다. 또한 왕으로서의 그의 자격을 의심하는 자도 없었다. 그를 왕으로 만드신 분이 그를 확고히 세우셨다. 그것은 그가, 하나님의 손이 함께 하사 더불어 언약을 굳게 하실(시 89:21-28) 그리스도의 예표가 되어야 했기 때문이었다. 사울도 왕이 되었지만, 그러나 확고히 세워지지는 못했다. 무죄하던 때의 아담도 마찬가지였다. 다윗은 확고히 세워진 왕이었다. 다윗의 자손 또한 그러할 것이며, 그를 통해 왕 같은 제사장이 될 모든 자들 또한 그러할 것이다.

2. 다윗의 나라는 그에게 호의적인 자들과 적대적인 자들을 막론하고 모두의 눈에 존귀했다. 이스라엘이 지금 이렇게 시작될 때처럼 위대하고 크게 보인 적은 결코 없었다. 이와 같이 그리스도에게, 그가 세상 왕들 가운데 지존자가 될 것이란 약속이 주어진다(시 89:27). 하나님이 그를 지극히 높이셨다(빌 2:9).

3. 다윗은 이와 같은 모든 일이 하나님이 자신과 함께 하심으로 말미암은 것임을 인식했다. 내 원수가 나를 이기지 못하오니 주께서 나를 기뻐하시는 줄을 내가 알았나이다(시 41:11). 많은 사람들이 하나님의 호의를 입으면서도 그것을 인식하지 못한다. 존귀해지고 확고히 세움을 입을 뿐만 아니라 또한 그것이 하나님의 호의로 말미암은 것임을 인식하는 자는 참으로 복 있는 자다.

4. 다윗은 하나님이 자신에게 큰 일을 행하신 것은 자기 백성 이스라엘을 위한 것임을 인정했다. 그렇게 하심으로 하나님은 그를 이스라엘에게 축복이 되게 하시고, 이스라엘은 그의 통치 아래 복을 누리도록 하셨다. 하나님은 다윗을 위해, 다시 말해서 그를 위대하게 하며 부하게 하고 절대적인 군주가 되게 하기 위해 이스라엘을 그의 신민(臣民)으로 삼은 것이 아니었다. 하나님이 그

를 왕으로 삼으신 것은 이스라엘을 위한 것이었다. 그렇게 함으로써 그들을 인도하며 지도하며 보호하도록 하신 것이었다. 왕은 백성들에게 선을 베풀기 위해 세움 받은 하나님의 사역자이다(롬 13:4).

Ⅲ. 다윗의 집이 번성함. 그가 예루살렘으로 옮긴 이후 태어난 모든 아들들이 여기에 언급되고 있는데, 모두 11명이다. 이들 외에도 다윗에게는 헤브론으로 오기 이전에 태어난 여섯 명의 아들들이 더 있었다(3: 2, 5). 거기에서는 어머니들이 언급되었지만, 여기에서는 언급되지 않는다. 단지 그가 처첩들을 더 두었다고만 뭉뚱그려 언급된 뿐이다(13절). 이 일에 대해 우리가 그를 칭찬할 것인가? 여러 아내를 두는 것은 결코 칭찬받을 일도 아니며 정당화될 수 있는 일도 아니다. 족장들의 잘못된 모범이 그로 하여금 이것을 그다지 나쁠 것이 없는 것으로 여기도록 만들었는지 모른다. 아마도 그는 여러 아내를 통해 많은 자녀를 얻음으로써 왕가(王家)를 융성케 하고, 혈연관계를 넓게 하며, 자신의 세력을 강화시킬 것으로 기대했을 것이다. 젊은 자의 자식은 장사의 수중의 화살 같으니 이것이 그의 화살통에 가득한 자는 복되도다(시 127:4, 5). 그러나 담장 옆에 있는 한 그루의 포도나무도 하나님의 축복으로 자신의 덩굴을 바다와 강들에까지 뻗칠 수 있다. 아담은 한 명의 아내를 통해 자신의 자손으로 온 세상을 가득 차게 했으며, 노아 또한 그러했다. 다윗은 여러 아내들을 두었다. 그럼에도 불구하고 이웃의 아내를 탐내는 것으로부터 자신을 지키지 못했다. 한 번 담장을 넘어간 사람은 끝없이 길을 잃고 방황하게 되는 법이다. 다윗의 첩들과 관련하여 사무엘하 15:16과 16:22과 19:5을 보라. 그리고 그의 아들들과 관련하여 역대상 3:1-9을 보라.

[17]이스라엘이 다윗에게 기름을 부어 이스라엘 왕으로 삼았다 함을 블레셋 사람들이 듣고 블레셋 사람들이 다윗을 찾으러 다 올라오매 다윗이 듣고 요새로 나가니라 [18] 블레셋 사람들이 이미 이르러 르바임 골짜기에 가득한지라 [19] 다윗이 여호와께 여쭈어 이르되 내가 블레셋 사람에게로 올라가리이까 여호와께서 그들을 내 손에 넘기시겠나이까 하니 여호와께서 다윗에게 말씀하시되 올라가라 내가 반드시 블레셋 사람을 네 손에 넘기리라 하신지라 [20]다윗이 바알브라심에 이르러 거기서 그들을 치고 다윗이 말하되 여호와께서 물을 흩음 같이 내 앞에서 내 대적을 흩으셨다 하므로 그 곳 이름을 바알브라심이라 부르니라 [21]거기서 블레셋 사람들이 그들의

우상을 버렸으므로 다윗과 그의 부하들이 치우니라 ²²블레셋 사람들이 다시 올라와서 르바임 골짜기에 가득한지라 ²³다윗이 여호와께 여쭈니 이르시되 올라가지 말고 그들 뒤로 돌아서 뽕나무 수풀 맞은편에서 그들을 기습하되 ²⁴뽕나무 꼭대기에서 걸음 걷는 소리가 들리거든 곧 공격하라 그 때에 여호와가 너보다 앞서 나아가서 블레셋 군대를 치리라 하신지라 ²⁵이에 다윗이 여호와의 명령대로 행하여 블레셋 사람을 쳐서 게바에서 게셀까지 이르니라

왕으로 세워짐에 있어 다윗에게 부여된 특별한 사명은 이스라엘을 블레셋 사람들의 손으로부터 구원하는 것이었다(3:18). 이제 하나님의 섭리는 그로 하여금 자신의 사명을 이룰 수 있는 첫 번째 기회를 부여한다. 우리는 여기에서 블레셋에 대해 거둔 두 번의 큰 승리에 대한 이야기를 보게 된다. 이를 통해 다윗은 예전의 기브아 전투(사울이 죽임을 당한 전투)에서 입은 수치와 손실을 갚아 주었을 뿐만 아니라, 한 걸음 더 나아가서 저주 받은 나라들 가운데 마지막까지 남아 있던 나라요 골치 아픈 이웃인 블레셋을 완전히 굴복시켰다.

I. 두 번 다 블레셋이 먼저 싸움을 걸어왔으며, 그렇게 함으로써 그들은 스스로 멸망을 자초했다.

1. 블레셋 사람들이 첫 번째로 다윗을 찾아 올라왔다(17절). 그것은 그가 이스라엘 전체를 다스리는 왕으로 기름 부음 받은 소식을 그들이 들었기 때문이었다. 그는 사울 아래에서 블레셋 사람 만만을 죽인 자였다. 그런 자가 왕이 되었으니, 이제 과연 어떤 일이 벌어지게 될 것인가! 그리하여 그들은 그의 왕권이 확고하게 뿌리를 내리기 전에 일찌감치 박살을 내버리는 것이 좋을 것이라고 생각했다. 몇 년 전 사울에 대해 승리를 거둔 것으로 인해 그들은 다윗에 대해서도 충분히 이길 수 있다고 생각했을 것이다. 그러나 그들은 다윗에게는 하나님의 함께 하심이 있다는 사실을 계산에 넣지 않았다. 이와 같이 메시야의 나라도 세상에 임하자마자 어둠의 권세들에 의해 맹렬한 공격을 받았다. 유대인과 이방인이 합세하여 메시야의 나라를 대적한 것이었다. 이방 나라들이 분노하며 세상의 군왕들이 대적하였으나 모두 허사였다(시 2:1 이하). 멸망의 칼날은 도리어 사탄 자신의 나라로 향하게 될 것이다. 함께 모의하고 계획한다 할지라도, 그들은 결국 산산이 부서지고 말 것이다(사 8:9, 10).

2. 블레셋 사람들이 두 번째로 다시 올라왔다(22절). 그들은 첫 번째 싸움에

서 잃은 것을 만회하려고 다시 올라왔는데, 그들의 마음은 스스로의 멸망으로 더욱 굳어져 있었다.

3. 두 번의 싸움 모두에서, 그들은 예루살렘과 매우 가까이 인접해 있었던 르바임 골짜기에 가득했다. 그들은 다윗이 예루살렘을 완전히 요새화하기 전에 그 도성을 빼앗으려고 생각하고 있었다. 예루살렘은 초창기부터 적들의 목표물과 공격대상이 되었다. 그들이 르바임 골짜기에 가득했다는 것은 그들의 숫자가 매우 많음으로 그 모양이 큰 두려움을 일으킬 만한 것이었음을 암시한다. 우리는 요한계시록에서 교회의 원수들이 지면에 널리 퍼져 있다는 언급을 볼 수 있다 (20:9). 그러나 그들이 더 넓게 퍼져있으면 있을수록 그만큼 하나님의 화살에 더 좋은 표적이 될 것이다.

Ⅱ. 두 번의 싸움 모두에서, 다윗은 판결의 흉패를 통해 여호와께 묻기 전에는 행동을 개시하지 않았다(19, 23절). 그의 질문은 두 가지였다.

1. 자신의 책무와 관련하여. "내가 블레셋 사람에게로 올라가리이까? 그들과 더불어 싸우라고 하는 하늘의 위임을 주실 것이니이까?" 사람들은 그가 이에 대해 의심할 필요가 없다고 생각할 것이다. 그가 왕이 된 것은 무엇을 위함인가? 여호와와 이스라엘의 전쟁을 수행하기 위함이 아닌가? 그러나 선한 사람은 자신의 모든 길에 하나님이 자기 앞에 가고 계시는 것을 보고자 한다. "내가 '지금' 올라가리이까?" 그것은 행해져야 하는 일입니다. 그러나 그것이 '지금' 행해져야 합니까? 너는 범사에 그를 인정하라 그리하면 네 길을 지도하시리라 (잠 3:6). 이 외에도 또 다른 이유가 있었다. 비록 블레셋이 공적인 적이었다 할지라도, 그들 가운데 어떤 사람들은 그의 특별한 친구였다. 아기스는 그가 고난 가운데 있을 때에 은혜를 베풀며 보호해 주었다. 다윗은 말한다. "그 일을 생각해서라도 지금 그들과 더불어 전쟁을 벌이기보다는 화해를 하는 것이 낫지 않을까요?" 하나님은 말씀하신다. "아니다. 그들은 이스라엘의 원수요 멸망으로 운명지워진 자들이다. 그러므로 주저하지 말고 올라가라."

2. 자신의 승리 여부와 관련하여. 그의 양심은 그로 하여금 첫 번째 질문(내가 올라가리이까?)을 하도록 했다. 이제 그의 신중함은 그로 하여금 두 번째 질문을 하도록 한다: 주께서 그들을 내 손에 넘기시겠나이까? 이로써 그는 자신의 승리 여부가 하나님께 달려 있음을 인정한다. 만일 하나님이 블레셋 사람들을 그의 손에 넘기시지 않는다면, 그는 결코 그들에 대하여 승리를 거둘 수 없을

것이었다. 그리고 또한 그는 자신의 행동 여하가 하나님의 기뻐하심에 달려 있음을 인정한다: 주께서 그렇게 하시겠나이까? 이에 하나님은 대답하신다: 그렇다. 내가 틀림없이 그렇게 할 것이라. 만일 하나님이 우리를 보내신다면, 하나님은 또한 우리를 붙드시고 지키실 것이다. 우리로 하여금 영적 원수들에 대해 승리케 하시겠다는 하나님의 확약(確約)은 모든 영적 싸움에 있어 우리에게 큰 위로와 용기를 가져다줄 것이다. 우리는 불확실함 가운데 싸우지 않는다. 지금 다윗에게는 큰 군대와 굳은 마음이 있었다. 그럼에도 불구하고 그는 자신의 힘보다 하나님의 약속을 더 의지했다.

Ⅲ. 첫 번째 싸움에서 다윗은 칼의 힘으로 블레셋 군대를 패주시켰다(20절). 다윗이 바알브라심에 이르러 거기서 그들을 치고. 이 일을 행함으로써,

1. 다윗은 하나님께 영광을 돌렸다. 그는 말한다. "여호와께서 물을 흩음(터뜨림) 같이 내 앞에서 내 대적을 흩으셨도다. 여호와께서 내 앞에서 행하지 않으셨다면, 나는 결코 이 일을 할 수 없었을 것이다. 마치 둑의 수문을 터뜨리는 것처럼, 그가 물을 터뜨리셨도다." 그 일의 가장 중요한 부분을 하나님께서 행하셨다. 아니, 그분이 다 하셨다. 다윗이 한 일은 너무나 사소한 것이었다. 그러므로 모든 영광을 우리에게 돌리지 말고 여호와께 돌리라. 그는 마치 둑의 수문이 터지는 것처럼 이 일로 인해 블레셋 사람들이 완전한 멸망에 이르기를 바랐다. 그리고 이 일을 영원히 기념하기 위해 그 곳을 '바알브라심' 즉 '터뜨림의 주'라고 불렀는데, 그것은 하나님이 그들의 세력을 깨뜨림으로써 곧 그들에 대한 지배권을 갖게 되었기 때문이었다. 모든 자손들에게 이 일을 알도록 하고, 그로 인해 하나님께 영광을 돌리게 하라.

2. 다윗은 그들의 신들에게 수치를 안겨 주었다. 블레셋 사람들은 이스라엘 사람들이 법궤를 진(陣)으로 가져온 것을 흉내내어 자신들의 신상들을 자신들의 보호자로서 전쟁터로 가져왔다. 그러나 도망칠 상황에 빠지게 되자 그들은 신상들을 가져가기 위해 지체할 수 없었다. 왜냐하면 그것들은 피곤한 짐승에게 무거운 짐이었기 때문이었다(사 46:1). 그리하여 그들은 자신들의 신상들을 이스라엘의 손에 남겨 둘 수밖에 없었다. 그들의 신들은 그들을 지켜주지 못했으며, 그들에게 아무런 도움도 주지 못했다. 그리하여 그들은 자신들의 신들을 그대로 버려두고 떠났다. 하나님은 사람들로 하여금 지금까지 가장 맹신하던 것에 대하여 싫증을 느끼게 하고, 가장 맹목적으로 좇던 것을 버리게 하며, 금

우상과 은 우상을 두더지와 박쥐에게 던지도록(사 2:20, 21) 만드실 수 있다. 다윗과 그의 병사들은 다른 탈취물들은 자신들이 사용하도록 용도를 바꿀 수 있었지만, 그러나 그러한 형상들은 하나님이 지시하신 대로 불태웠다(신 7:5): "조각한 우상들은 불사를 것이니라. 그렇게 함으로써 너희가 우상 숭배를 미워하는 것에 대한 증거로 삼을 것이요, 만일 그렇게 하지 않으면 그것들이 너희에게 올무가 될 것이니라." 여기에서 패트릭 주교는 다음과 같은 사실을 주목한다. 즉 법궤가 블레셋 사람들의 손에 떨어졌을 때는 법궤가 그들을 살랐지만, 블레셋의 신상들이 이스라엘 백성들의 손에 떨어졌을 때 신상들은 불사름으로부터 스스로를 구원할 수 없었다.

IV. 두 번째 싸움에서 하나님은 다윗에게 자신이 그와 함께 하는 것에 대한 구체적인 증표를 주셨다. 이번에는 그들을 직접 공격하지 말고, 뒤로 우회하여 돌아가라고 명령하셨다(23절).

1. 하나님은 다윗에게 뒤로 물러가라고 지시하신다. 너희는 가만히 서서 여호와의 구원을 보라.

2. 하나님은 보이지 않는 천군천사를 통하여 자신이 직접 적을 담당하겠다고 약속하신다(24절). "너는 뽕나무 꼭대기에서 공중에서 군대가 행진하는 것 같은 걸음 걷는 소리를 듣게 될 것이다." 천사들은 가볍게 밟는다. 그리고 구름 위를 걸으실 수 있는 자는 자신이 기뻐하시면 나무 꼭대기에서, 혹은 (패트릭 주교가 이해하는 것처럼) 뽕나무 울타리 위에서 걸으실 수 있으시다. "그러한 표적으로 너는 여호와께서 너보다 앞서 나가시는 것을 알 것이라. 비록 보지는 못하나 들을 것이라. 믿음은 들음에서 나며 또 들음을 통해 확고해질 것이니라. 여호와께서 너보다 앞서 나가서서 블레셋 군대를 치실 것이니라." 다윗 자신이 그들을 쳤을 때(20절), 그는 모든 것을 하나님께 돌렸다: 여호와께서 물을 흩음 같이 내 앞에서 내 대적을 흩으셨도다. 다윗이 감사와 함께 모든 것을 하나님께 돌린 것에 대한 보답으로, 이번에는 하나님 자신이 홀로 행하셨고, 그러므로 다윗으로서는 어떤 수고나 위험도 겪을 필요가 없었다. 하나님이 자신을 위해 일하셨음을 인정하는 자는 그분이 자신을 위해 또 다른 일을 행하시는 것을 보게 될 것이다. 그러나 비록 하나님이 그보다 앞서 나아가서 블레셋 사람들을 치겠다고 약속하셨다 할지라도, 걸음 걷는 소리를 들을 때 다윗이 곧바로 힘을 내어 공격해야만 했다는 사실을 주목하라. 하나님의 은혜와 우리의 노력은 결

코 상충되지 않는다는 사실을 기억하라. 설령 하나님이 우리 안에서 일하신다고 할지라도, 우리는 마치 할 일 없는 사람처럼 가만히 앉아 있어서는 결코 안 된다. 도리어 우리는 그렇기 때문에 더욱 열심히 우리의 구원을 이루어 나가야만 한다(빌 2:12, 13). 걸음 걷는 소리는,

(1) 다윗으로 하여금 공격할 것을 알리는 신호였다. 하나님이 우리보다 앞서 나가시는 것은 우리에게 얼마나 큰 위로가 되는가!

(2) 아마도 적들을 큰 혼란과 두려움에 빠뜨리는 것이었을 것이다. 자신들을 향해 행군하는 군대의 걸음 걷는 소리를 들었을 때 그들은 황급히 퇴각할 수밖에 없었고, 그로 말미암아 뒤에 포진해 있던 다윗의 군대의 손에 떨어질 수밖에 없었다. 하나님이 맞서 싸우시는 자들에 대하여 다음과 같은 말씀이 기록되어 있다(레 26:36): 그들은 바람에 불린 잎사귀 소리에도 놀라 도망하기를 칼을 피하여 도망하듯 할 것이요 쫓는 자가 없어도 엎드러질 것이라.

(3) 이 싸움에서의 승리가 간략하게 언급된다(25절). 다윗은 하나님의 명령을 따라 하나님이 움직이실 때까지 기다렸다. 그리고 그는 하나님이 움직이기 시작하시자 공격을 개시했다. 이와 같이 하여 다윗은 하나님과 하나님의 섭리를 의지하는 훈련을 받았다. 하나님은 자신의 약속에 따라 그 앞서 나가시고, 모든 적군을 패주시키셨다. 그리고 다윗 역시도 자신의 역할을 충실하게 감당했다. 그는 블레셋의 국경지역에 이르기까지 적들을 쳤다. 메시야의 나라가 임할 때도 마찬가지였다. 마귀의 나라를 쳐부술 사명을 가진 사도들은 하늘로부터 급하고 강한 바람 같은(행 2:2) 소리로 임하실 약속된 성령을 받을 때까지는 아무 행동도 해서는 안 되었다(뽕나무 꼭대기에서 나는 걸음 걷는 소리는 바로 이것을 상징하는 것이었다). 사도들이 그 소리를 들었을 때, 그들은 스스로 분기하여 있어났고 행동을 개시했다. 그리고 그들은 나아가는 곳마다 계속해서 정복하고 또 정복했다.

제
— 6 —
장

개요

사울이 통치하던 동안 하나님의 궤는 궁벽한 곳에 외따로 떨어져 있었는데, 이것은 이스라엘에게 있어 블레셋 사람들로부터 모독을 받은 것만큼이나 슬픈 일이었다. 이제 다윗은 이제까지 베풀어진 모든 은혜에 대한 감사로 그리고 국가의 공적 복리(福利)를 위해 하나님의 궤를 자신의 도성으로 가져오고자 한다. 그렇게 함으로써 그것을 자기 가까이 두고, 새롭게 세워진 왕국의 찬란한 영광과 힘이 되게 하고자 했다. 본 장의 내용은 다음과 같다. I. 하나님의 궤를 옮기려는 시도(1, 2절). 그러나, 1. 하나님의 궤를 수레에 실어 옮기는 잘못을 범함(3-5절). 2. 이 일로 인해 웃사가 갑자기 죽는 징벌이 임함(6, 7절), 이로써 다윗이 크게 두려워하면서(8, 9절), 작업이 중단됨(10, 11절). II. 마침내 하나님의 궤를 옮기는 일을 완료함(12-15절). 그리고, 1. 다윗과 백성 사이의 아름다운 일치(17-19절). 2. 이 일과 관련하여 발생한 다윗과 미갈 사이의 언쟁(16, 20-23절). 하나님의 궤가 하나님의 임재의 상징이면서 동시에 그리스도의 예표임을 감안할 때, 우리는 이 이야기에서 매우 중요한 교훈을 발견하게 될 것이다.

¹다윗이 이스라엘에서 뽑은 무리 삼만 명을 다시 모으고 ²다윗이 일어나 자기와 함께 있는 모든 사람과 더불어 바알레유다로 가서 거기서 하나님의 궤를 메어 오려 하니 그 궤는 그룹들 사이에 좌정하신 만군의 여호와의 이름으로 불리는 것이라 ³그들이 하나님의 궤를 새 수레에 싣고 산에 있는 아비나답의 집에서 나오는데 아비나답의 아들 웃사와 아효가 그 새 수레를 모니라 ⁴그들이 산에 있는 아비나답의 집에서 하나님의 궤를 싣고 나올 때에 아효는 궤 앞에서 가고 ⁵다윗과 이스라엘 온 족속은 잣나무로 만든 여러 가지 악기와 수금과 비파와 소고와 양금과 제금으로 여호와 앞에서 연주하더라

하나님의 궤는 블레셋으로부터 돌아온 직후 기럇여아림에 머물게 되었다(삼상 7:1, 2). 그리고 우리는 하나님의 궤에 대해, 사울이 한 번 그것을 가

져오라고 한 것(삼상 14:18) 외에는 아무 말도 듣지 못한다. 예전에는 그토록 중요하게 여겨지는 것이 오랫동안 마치 쓸모없는 물건인양 외딴 곳에 버려져 있었다. 하나님의 궤가 이렇게 오랜 동안 어떤 집에 머물러 있었음을 감안할 때, 교회가 오랜 기간 동안 광야에 있는 것은(계 12:14) 조금도 놀랄 일이 아니다. '계속해서 눈에 보이는 것'이 참된 교회의 표지는 아니다. 하나님의 임재의 외적 증표가 없을 때에도, 하나님은 자기 백성들의 영혼 가운데 임재하신다. 그러나 이제 다윗이 보좌에 앉게 되었으므로, 하나님의 궤의 영광도 다시 되살아나기 시작한다. 그리고 그와 함께 그것에 대한 이스라엘의 관심도 다시 꽃 피기 시작한다. 이스라엘 가운데 선한 사람들은 틀림없이 그에 대해 생각은 많이 하면서도 그렇게 할 기회를 갖지 못했을 것이다. 빌립보서 4장 10절을 보라(내가 주 안에서 크게 기뻐함은 너희가 나를 생각하던 것이 이제 다시 싹이 남이니 너희가 또한 이를 위하여 생각은 하였으나 기회가 없었느니라).

I. 하나님의 궤에 붙여진 영광스러운 수식어. 우리는 오랫동안 하나님의 궤에 대해 아무것도 들을 수 없었다. 이제 하나님의 궤에 대한 언급이 다시 나오기 시작하는데, 여기에서 그것이 어떻게 묘사되고 있는지 살펴보자(2절): 그 궤는 그룹들 사이에 좌정하신 만군의 여호와의 이름으로 불리는 것이라. 이것은 다음과 같은 것을 의미하는 것일 수도 있다. 즉 그 궤는 그 이름 즉 만군의 여호와의 이름이 불려지는 궤라. 혹은 그로 인해 그 이름 즉 만군의 여호와의 이름이 선포되는 궤라(다시 말해서. 그 궤 앞에서 이루어지는 이적들로 인해 하나님이 크게 존귀케 되는 궤라). 혹은 그 이름 즉 그룹들 사이에 좌정하고 계시기 때문에 만군의 여호와의 이름으로 불려지는 궤라. 여기에서 우리는 다음과 같은 것을 배울 수 있다.

1. 하나님을 높여 생각하며 말하는 것. 그의 이름은 모든 이름 위에 뛰어난 이름인 만군의 여호와시다. 그는 하늘과 땅의 모든 피조물들을 마음대로 움직이시며, 만유(萬有)로부터 높임을 받으신다. 그러나 그는 속죄소 혹은 시은좌(施恩座) 위에 있는 그룹들 사이에 거하시면서, 중보자 안에서 스스로를 자기 백성들에게 나타내시기를 기뻐하셨다.

2. 거룩한 규례들(holy ordinances, 하나님의 궤도 거룩한 규례들 가운데 하나이다)을 존귀하게 생각하며 말하는 것. 마치 하나님의 궤가 이스라엘에게 그러했던 것처럼, 거룩한 규례들은 우리에게 하나님의 임재의 증표(마 28:2)와

하나님과의 교제의 수단(시 27:4)이 된다. 그 궤가 존귀한 것은 그것이 하나님의 궤라는 사실 때문이다. 하나님은 그것을 결코 소홀히 여기지 않으시고, 그것 안에서 영광을 받으시며, 그것 위에서 그의 이름이 불려진다. 하나님이 그러한 규례들에 대해 거룩한 속성을 부여하심으로써 그것들은 아름다움과 장엄함을 갖게 되는 것이다. 이것이 아니라면 그것들 자체에는 아무런 의미도 없는 것이다. 그리스도는 우리의 궤이시다(Christ is our ark). 그 안에서 그리고 그로 말미암아, 하나님은 우리에게 은혜를 나타내시며, 또한 우리의 기도와 경배를 받으신다.

Ⅱ. 하나님의 궤가 옮겨지는 것과 관련한 장엄한 행렬. 먼저 다윗이 제안을 하고(대상 13:1-3) 회중의 지도자들이 동의하자, 마침내 궤를 옮기는 일이 시작된다(4절). 이 예식을 빛내고 그 궤를 존귀케 하며 그것을 옮겨오는 것에 대한 기쁨을 나타내기 위해, 이스라엘에서 뽑힌 모든 자들이 소집되었다. 여기에는 귀족들과 귀인들과 장로들과 관리들이 망라되었으며, 그 수가 3만 명에 이르렀다(1절). 그리고 이들 외에도 수많은 일반 백성들이 있었다(대상 13:5). 이로 미루어 어떤 이들은 이 일이 3대 절기 가운데 한 절기 때에 이루어졌을 것으로 생각한다. 이것은 정말로 어마어마한 행렬이었을 것이다. 그리고 이로 인해 아마도 하나님의 궤에 대해 거의 듣지 못했을 것으로 여겨지는 이스라엘의 젊은 이들이 그것에 대해 큰 경외심을 갖게 되었을 것이다. 왜냐하면 왕 자신과 모든 귀인들이 수종(隨從)하며 뒤따르는 이것은 어마어마한 가치를 가진 보물임에 틀림없을 것이었기 때문이다.

Ⅲ. 하나님의 궤가 옮겨질 때 모든 백성이 크게 기뻐함(5절). 다윗과 많은 사람들이 악기를 사용하여 이 일로 인한 가쁨을 표현했다. 하나님의 궤가 외딴 곳으로부터 공적인 위치로 옮겨지는 것은 그들에게 큰 기쁨이 아닐 수 없었다. 하나님의 궤가 한 개인의 집에 있는 것이 그나마 없는 것이나 혹은 다곤의 전에 포로로 끌려가 있는 것보다는 훨씬 나을 것이다. 그러나 그 궤를 두기 위한 목적으로 세워진 장막에 그것을 두는 것은 너무나도 바람직한 일이 아닐 수 없었다. 그렇게 함으로써 많은 사람들이 더욱 자유롭고 공적으로 드나들 수 있을 것이기 때문이다. 은밀한 예배는 은밀하면 은밀할수록 더 좋을 것이다. 마찬가지로 공적인 예배는 공적이면 공적일수록 더욱 좋다. 하나님의 궤가 다윗의 도성에서 환영을 받고 누구든지 그 곳에 갈 수 있게 되는 것은 얼마나 기쁜 일인

가! 이에 대한 기쁨으로 그들이 여호와 앞에서 뛰놀더라. 공적인 기쁨은 항상 여호와 앞에서 나타나야만 한다는 사실을 주목하라. 그것은 항상 여호와를 바라보는 가운데 그 안에서 마무리되어야 하며, 또한 육신적이며 감각적인 기쁨으로 변질되지 않도록 해야만 한다. 라이트푸트 박사(Dr. Lightfoot)는 다윗이 시편 68편을 기록한 것은 바로 이 때였을 것으로 추측한다. 왜냐하면 그것은 모세가 하나님의 궤를 옮길 때 드렸던 "하나님이여 일어나사 원수들로 흩어지게 하소서"(시 68:1)라는 기도와 함께 시작되기 때문이다. 그리고 그 시편에서 우리는 '노래 부르는 자들과 그들을 따르는 악기 연주하는 자들'(25절)이란 표현과 '각 지파의 고관들'(27절)이란 표현을 발견할 수 있다. 그리고 마지막 절의 "하나님이여 위엄(두려움, terrible)을 성소에서 나타내시나이다"라는 표현은 어쩌면 웃사의 죽음과 관련된 것일는지 모른다.

IV. 하나님의 궤를 옮기는 방법과 관련한 잘못. 하나님의 궤를 옮길 때는 반드시 제사장들이 어깨에 메고 옮겨야 했음에도 불구하고, 그들은 수레를 사용했다(3절). 하나님의 궤를 맡은 고핫 자손들에게는 수레가 할당되지 않았다. 그것은 그들의 직임이 성소의 기물들을 어깨에 메고 옮기는 것이었기 때문이었다(민 7:9). 하나님의 궤는 그다지 무겁지 않았다. 따라서 그들은 그것을 어깨에 메고 시온 산까지 옮길 수 있었다. 그들은 그것을 일반적인 물건처럼 수레에 싣지 말았어야 했다. 블레셋 사람들도 그와 같이 했으나 아무 징벌도 받지 않은 사실은 그들에게 핑계가 될 수 없었다. 블레셋 사람들은 이에 대해 잘 몰랐으며, 더욱이 그들에게는 어떤 제사장도 레위인도 없었다. 다곤의 제사장들이 옮기는 것보다는 그래도 수레로 옮기는 것이 더 낫지 않겠는가? 블레셋 사람들은 이와 같이 수레를 사용하여 궤를 옮겼음에도 불구하고 징벌을 받지 않았다. 그러나 이스라엘 백성이 그와 같이 한다면, 징벌을 피할 수 없을 것이었다. 설령 새 수레라 할지라도 마찬가지였다. 하나님이 명하신 것은 새 것이냐 헌 것이냐 하는 문제가 아니었다. 다윗 같이 지혜롭고 선하며 하나님의 율법을 잘 아는 사람이 어떻게 이와 같은 잘못을 범하게 되었는지 참으로 의아한 일이 아닐 수 없다. 아마도 그는 이 일의 본질적인 문제에 지나치게 열중한 나머지 형식적인 문제에는 그만 주의를 기울이지 못했던 것으로 보인다.

⁶그들이 나곤의 타작 마당에 이르러서는 소들이 뛰므로 웃사가 손을 들어 하나님

의 궤를 붙들었더니 ⁷여호와 하나님이 웃사가 잘못함으로 말미암아 진노하사 그를 그 곳에서 치시니 그가 거기 하나님의 궤 곁에서 죽으니라 ⁸여호와께서 웃사를 치시므로 다윗이 분하여 그 곳을 베레스웃사라 부르니 그 이름이 오늘까지 이르니라 ⁹다윗이 그 날에 여호와를 두려워하여 이르되 여호와의 궤가 어찌 내게로 오리요 하고 ¹⁰다윗이 여호와의 궤를 옮겨 다윗 성 자기에게로 메어 가기를 즐겨하지 아니하고 가드 사람 오벧에돔의 집으로 메어 간지라 ¹¹여호와의 궤가 가드 사람 오벧에돔의 집에 석 달을 있었는데 여호와께서 오벧에돔과 그의 온 집에 복을 주시니라

우리는 여기에서 하나님의 궤가 다윗 성으로 오는 도중에 웃사가 그 것을 만짐으로 죽임을 당하는 이야기를 보게 된다. 이러한 슬픈 섭리로 인해 그들의 기쁨에 찬물이 끼얹어졌으며, 궤의 행진은 중단되고, 뒤따르던 수많은 사람들은 뿔뿔이 흩어져 집으로 돌아가게 되었다.

I. 웃사의 범과(犯過)는 사소한 것처럼 보인다. 하나님의 궤는 오랜 동안 아비나답의 집에 머물러 있었다. 이제 궤가 다윗 성으로 옮겨짐에 있어 아비나답의 두 아들 웃사와 아효가 수레를 몰게 되었다. 그렇게 함으로써 그들은 자신들의 개인적인 영광과 유익보다 이스라엘의 공적인 영광과 유익을 더 좋아하는 것을 나타냈다. 그들은 하나님의 궤를 실은 수레를 몰았다. 아마도 그들은 이것이 자신들이 할 수 있는 마지막 봉사라고 생각했을 것이다. 왜냐하면 하나님의 궤가 다윗 성에 가게 되면 다른 사람들이 그것을 수종들게 될 것이었기 때문이었다. 아효가 수레 앞서 나아갔는데, 그것은 길잡이 노릇을 하면서 소를 몰기 위함이었다. 그리고 웃사는 수레 옆에 바짝 붙어서 따라갔다. 그러는 가운데 갑자기 소들이 뛰는 일이 벌어졌다(6절). 비평가들은 원어(原語)의 의미에 대해 의견이 일치하지 않는다. 소들이 넘어졌다(KJV의 난외주), 소들이 걸어 찼다(아마도 웃사가 들고 있었던 소몰이용 막대기를), 소들이 진창에 빠졌다 등등. 어쨌든 어떤 돌연한 사태로 인해 하나님의 궤가 땅에 떨어질 위험에 처하게 되었다. 그리하여 웃사는 그것이 땅에 떨어지지 않도록 하기 위해 급히 손으로 붙잡았다. 웃사가 그렇게 한 것은 하나님의 궤의 영광을 보존하고 나쁜 징조를 방지하기 위한 것이었을 것이다. 우리는 그가 선한 의도로 그렇게 했을 것이라고 충분히 생각할 수 있다. 그러나 이것은 잘못이었다. 웃사는 레위인이었다. 그러나 오직 제사장만이 하나님의 궤를 만질 수 있었다. 율법은 고핫 자

손들에 대해 매우 명백하게 말한다. 하나님의 궤를 옮길 때, 그들은 반드시 그것을 채에 꿰어 어깨에 메고 옮겨야만 했다. 어떤 경우에든 결코 그것을 만져서는 안 되었다. 그러나 성물은 만지지 말라 그들이 죽으리라(민 4:15). 웃사는 오랫동안 하나님의 궤에 가까이 있으면서 수종들었는데, 아마도 그로 인해 이와 같은 잘못된 행동을 했을 것이다. 그러나 그렇다고 하여 그것이 면책사유가 될 수는 없었다.

Ⅱ. 이러한 잘못으로 인해 웃사가 엄중한 징벌을 받음(7절).   웃사가 잘못함으로 말미암아 진노하사 그를 그 곳에서 치시니(하나님은 성물들이 경홀히 취급되는 것을 결코 용납지 않으신다). 웃사는 그 곳 즉 하나님의 궤 옆에서 범죄하였으며, 바로 그 곳에서 죽임을 당했다. 속죄소조차도 그를 구원해 주지 못했다. 왜 하나님은 그에 대해 이토록 가혹하셨을까?

1. 궤를 만지는 것은 레위인들에게 엄격하게 금지되었다: 그들이 죽을 것이라. 하나님은 이러한 가혹함을 통해 우리의 첫 조상들에게 그렇게 하신 것 또한 매우 정당한 것이었음을 보이셨다. 그들에게 선악을 알게 하는 나무의 열매를 먹는 것이 금지되었을 때, 그들 역시도 똑같은 징벌이 예고되었었다: 너희가 죽을 것이라.

2. 하나님의 웃사의 마음속에 있는 불경(不敬)과 주제넘음을 보셨다. 아마도 그는 수많은 사람들 앞에서 자신이 오랫동안 궤를 가까이 했으므로 별 거리낌 없이 그것을 다룰 수 있음을 보이고 싶었을 것이다. 친밀성이란 것은 우리로 하여금 최고의 경외심을 가져야 할 것에 대하여조차도 함부로 대하도록 만드는 경향이 있다.

3. 나중에 다윗은 웃사가 죽은 것은 그들 모두의 잘못, 즉 하나님의 궤를 수레에 실어 옮긴 것 때문임을 인정했다. 전에는 너희가 메지 아니하였으므로 우리 하나님 여호와께서 우리를 찢으셨으니(대상 15:13). 이 때문에 웃사가 본보기가 되었는데, 그것은 어쩌면 그가 그와 같은 방식으로 옮길 것을 가장 적극적으로 제안했기 때문인지도 모른다. 그러나 그에게는 또 다른 잘못이 있었던 것으로 보인다. 아마도 그는 하나님의 궤를 해달의 가죽으로 덮지 않았던 것으로 여겨지는데(민 4:6), 이 또한 하나님을 분노케 만들었을 것이다.

4. 이로써 하나님은 수많은 이스라엘 백성들에게 두려움을 가져다주셨다. 비록 오랫동안 비천한 장소에 방치되어 있었다 할지라도 그것이 결코 함부로

다루어져서는 안 된다는 사실을 하나님은 보이고자 하셨다. 그리고 이렇게 하심으로써 하나님은 그들로 하여금 두려움 가운데 기뻐하는 법과 거룩한 물건을 다룰 때는 항상 경외심과 거룩한 두려움을 가지고 그렇게 해야 한다는 사실을 가르치고자 하셨다.

5. 이로써 하나님은 선한 의도가 잘못된 행동을 정당화시키지 않는다는 사실을 가르쳐 주셨다. 잘못된 행동에 대하여 "그것은 선한 의도로 행해진 일이라"고 말하는 것만으로는 결코 충분하지 못하다. 하나님은 자신의 궤를 스스로 안전하게 지키실 수 있으시며 또 그렇게 하실 것이다. 하나님은 자신의 궤를 안전하게 지키기 위해 돕는 인간의 죄를 필요로 하지 않으신다.

6. 언약궤를 만질 자격이 없는 자가 그것을 만지는 것이 이토록 큰 잘못이라면, 하물며 언약의 조건은 이행하지 않으면서 그것의 특권만을 요구하는 것은 얼마나 큰 잘못이겠는가? 악인들에 대하여 하나님은 이렇게 말씀하신다(시 50:16): 네가 어찌하여 내 언약을 네 입에 두느냐. 친구여 어찌하여 예복을 입지 않고 여기 들어왔느냐(마 22:12). 만일 언약궤가 이토록 거룩하며 함부로 만져서는 안 되는 것이라면, 하물며 언약의 피야 얼마나 더 그러하겠는가(히 10:29).

Ⅲ. 이에 대해 다윗이 예민한 반응을 보임. 그는 하나님의 손 아래에서 스스로를 겸비케 하며, 자신의 잘못을 고백하며, 하나님의 의로우심을 인정했어야 했다. 그리고 또 다른 징벌을 내리지 말아 주시기를 간구하면서, 하나님의 궤를 다윗 성으로 옮기는 일을 계속 진행시켰어야 했다. 그러나 우리는 여기에서 다음과 같은 것을 보게 된다.

1. 다윗이 분하게 여김. 다윗이 분하게 여긴 것은 웃사가 하나님을 모독했기 때문이 아니라, 하나님이 웃사를 치셨기 때문이었다(8절): 다윗이 분하여. 8절에 사용된 단어(분하여)는 7절에 사용된 단어(진노하사)와 같은 단어이다. 다윗은 분노하며 불쾌한 마음을 가졌다. 마치 자신의 동의 없이는 하나님이 그렇게 해서는 안 된다는 식이었다. 죽을 수밖에 없는 인간이 하나님보다 더 의로울 수 있겠는가? 하나님이 하신 일에 대해 시비를 걸며 그것이 잘못된 것이라고 비난할 수 있겠는가? 다윗은 하나님의 마음에 합한 자였지만, 지금의 그는 전혀 그답지 않게 행동했다. 설령 우리가 보기에 부당한 것처럼 보인다 할지라도, 하나님이 하신 어떤 일에 대해 불쾌하게 여기며 시비를 거는 것은 결코 우리의 할 일이 아니다. 웃사의 죽음은 분명히 이제까지 있었던 어떤 일보다도 다윗의

영광을 가릴 만한 일이었으며, 또한 그에 대해 반감을 가지고 있는 사람들로 하여금 하나님이 그를 떠난 것이 아닌가 하는 의구심을 불러일으킬 만한 것이었다. 그럼에도 불구하고 이 일과 관련하여 그는 분하게 여기기보다는 하나님의 의와 지혜를 인정했어야 했다. 하나님의 분노 아래 있을 때, 우리도 같이 분을 내어서는 결코 안 된다.

2. 다윗이 두려워함(9절). 그는 두려움에 빠져 망연자실한 것으로 보인다. 그는 말한다: 여호와의 궤가 어찌 내게로 오리요. 그는 마치 하나님이 자신의 궤를 극도로 아끼시므로 자신으로서는 더 이상 그것을 가까이 할 수 없으며, 따라서 차라리 그것으로부터 멀리 떨어져 있는 것이 더 낫다는 듯이 말한다. 제우스로부터 멀리 떨어져 있는 것이 벼락으로부터 멀리 떨어져 있는 것이다. 그로서는 차라리 이렇게 말했어야 했다. "하나님의 궤를 내게로 가져오라. 내가 이 일로 경고를 삼아 좀 더 경외심을 갖고 그것을 다루리라." 하나님은 말씀하신다. 너희는 나의 노여움을 일으키지 말라 그리하면 내가 너희를 해하지 아니하리라(렘 25:6). 한편 우리는 이것을, 다윗이 이러한 무서운 심판을 스스로를 돌아보는 일에 선용(善用)한 것으로 볼 수도 있다. 그는 "웃사에게 이런 일이 생긴 것으로 보아 필경 그가 가장 큰 죄인임에 틀림없도다"라고 말하지 않았다. 도리어 그는 자신이 하나님의 호의를 받을 만한 자격이 없을 뿐만 아니라 하나님의 불쾌하심을 받을 만한 존재임을 인식하면서 스스로를 위해 근심한다. "하나님이 웃사를 치신 것처럼 나에게도 그렇게 하셔야 마땅하도다. 내 육체가 주를 두려워함으로 떨며 내가 또 주의 심판을 두려워하나이다(시 119:120)." 이러한 심판을 통해 하나님이 의도하신 것은 다른 사람들도 듣고 두려워하게 하려 하심이었다. 따라서 다윗은 하나님의 궤를 맞이할 준비를 충분히 갖출 때까지는 그것을 자신의 도성으로 가져오지 않을 것이었다(10절).

3. 다윗이 이 곳에 새 이름을 붙여줌으로써 이 일을 영구히 기억토록 함(8절): 베레스웃사, 즉 웃사를 침. 얼마 전에 다윗은 원수들을 치고 승리를 거둔 후, 그 장소를 바알브라심(침의 장소)이라고 불렀다. 그러나 지금은 그의 원수가 아니라 친구가 침을 당했다. 우리가 한 번의 침을 보았을 때, 다음 번의 침은 어떻게 이루어 질 것인지 우리는 알지 못한다. 이러한 이름은 후손들로 하여금 성물(聖物)에 대해 경솔하고 불경스럽게 다루지 말 것을 가르치는 경고가 될 것이었다. 왜냐하면 하나님은 자신에게 가까이 나아오는 자들 가운데 영광을

받으실 것이기 때문이다.

4. 다윗이 하나님의 궤를 레위인 오벧에돔의 집에 둠. 그의 집은 이 일이 일어난 장소와 가까운 곳에 있었다.

(1) 오벧에돔은 하나님의 궤를 성심껏 맞이했으며, 하나님의 궤는 그 곳에서 석 달을 머물렀다(10, 11절). 그는 하나님의 궤를 포획하여 가져갔던 블레셋 사람들과 그것을 함부로 들여다보았던 벤세메스 사람들에게 어떤 일이 일어났었는지를 잘 알고 있었다. 그리고 그는 웃사가 그것을 붙잡다가 침을 받아 죽은 것과 다윗조차도 가까이하기를 두려워하는 것을 잘 알고 있었다. 그럼에도 불구하고 그는 두려움 없이 자신의 집의 문을 열면서 즐거이 하나님의 궤를 영접했다. 오직 잘못 다루는 자들에게만 그것이 사망으로 이르게 하는 사망의 냄새가 된다는 사실을 그는 알고 있었던 것이다. 홀 주교(bishop Hall)는 말한다. "정직하고 신실한 마음을 가진 자의 용기여! 하나님의 백성에게 하나님보다 더 사랑스러운 것이 무엇이랴! 그의 공의까지도 사랑스러우리라."

(2) 이 일로 인해 오벧에돔은 큰 복을 받게 되었다: 여호와께서 오벧에돔과 그의 온 집에 복을 주시니라(11절). 경거망동한 행동으로 인해 웃사를 징벌한 손과 겸손한 담대함으로 인해 오벧에돔을 축복한 손은 동일한 손이었다. 그리고 하나님의 궤는 그에게 생명으로 이르게 하는 생명의 냄새가 되었다. 복음을 거부한 자에게 심판이 임한다고 하여 복음을 나쁘게 생각해서는 안 된다. 왜냐하면 복음은 그것을 올바로 영접하는 자에게 복을 가져다주기 때문이다. "하나님을 섬기는 것이 진실로 헛되도다"라고 말할 만한 충분한 이유를 가진 사람은 전에도 없었고 앞으로도 없을 것이다. 가장(家長)들은 하나님을 섬기는 일과 자신의 가정을 신앙으로 인도하는 일과 자신들의 소유로 하나님의 나라를 유익케 하는 일에 더욱 착념하라. 왜냐하면 바로 그것이 복을 받는 길이기 때문이다. 하나님의 궤를 즐거이 맞이하는 자는 아무것도 잃지 않는다. 요세푸스는, 오벧에돔이 전에는 매우 가난했지만 석 달 동안 갑자기 모든 이웃들이 부러워할 정도로 부유하게 되었다고 말한다. 경건과 형통은 함께 간다. 지혜의 왼손에는 부귀(富貴, riches and honor)가 있다. 오벧에돔의 온 집이 복을 받은 것을 통해, 우리는 하나님의 궤를 영접하는 집에 큰 복이 임한다는 사실을 알게 된다.

¹²어떤 사람이 다윗 왕에게 아뢰어 이르되 여호와께서 하나님의 궤로 말미암아 오

벧에돔의 집과 그의 모든 소유에 복을 주셨다 한지라 다윗이 가서 하나님의 궤를 기쁨으로 메고 오벧에돔의 집에서 다윗 성으로 올라갈새 ^{13}여호와의 궤를 멘 사람들이 여섯 걸음을 가매 다윗이 소와 살진 송아지로 제사를 드리고 ^{14}다윗이 여호와 앞에서 힘을 다하여 춤을 추는데 그 때에 다윗이 베 에봇을 입었더라 ^{15}다윗과 온 이스라엘 족속이 즐거이 환호하며 나팔을 불고 여호와의 궤를 메어오니라 ^{16}여호와의 궤가 다윗 성으로 들어올 때에 사울의 딸 미갈이 창으로 내다보다가 다윗 왕이 여호와 앞에서 뛰놀며 춤추는 것을 보고 심중에 그를 업신여기니라 ^{17}여호와의 궤를 메고 들어가서 다윗이 그것을 위하여 친 장막 가운데 그 준비한 자리에 그것을 두매 다윗이 번제와 화목제를 여호와 앞에 드리니라 ^{18}다윗이 번제와 화목제 드리기를 마치고 만군의 여호와의 이름으로 백성에게 축복하고 ^{19}모든 백성 곧 온 이스라엘 무리에게 남녀를 막론하고 떡 한 개와 고기 한 조각과 건포도 떡 한 덩이씩 나누어 주매 모든 백성이 각기 집으로 돌아가니라

우리는 여기에서 하나님의 궤를 다윗 성으로 옮기고자 하는 두 번째 시도를 보게 된다. 첫 번째 시도에서는 실패했지만, 이제 여기에서는 성공하게 된다.

I. 오벧에돔의 집이 하나님의 궤로 인해 축복을 받은 것이 큰 동기가 된 것으로 보인다. 왜냐하면 다윗이 그러한 이야기를 들었을 때(12절), 그는 즉시로 궤를 옮기는 일에 착수했기 때문이었다.

1. 그것은 하나님이 진노를 돌이키사 그들과 화해하셨음을 보여주는 증거였다. 다윗은 웃사의 죽음을 통해 하나님이 그들 모두에 대하여 진노하셨음을 읽을 수 있었다. 마찬가지로 오벧에돔의 형통을 통해 이제 그는 하나님의 호의를 읽을 수 있었다. 만일 하나님이 그들과 더불어 화해하셨다면, 그들은 즐거이 자신들의 계획을 진척시켜 나갈 수 있을 것이었다.

2. 그것은 하나님의 궤가 무거운 짐이 아니라 반대로 가까이 하는 자에게 복이 되는 것임을 보여주는 증거였다. 불순종하는 백성에게 그리스도는 부딪치는 돌과 걸려 넘어지게 하는 바위가 되지만, 그러나 믿는 자에게는 택함 받은 보배로운 모퉁잇돌이다(벧전 2:6-8). 오벧에돔이 하나님의 궤로 인해 큰 복을 받았다는 사실을 듣자, 다윗은 즉시로 그것을 자신의 도성으로 가져오고자 했다. 어떤 사람이 경건의 이익을 얻는 것을 볼 때, 우리는 믿음의 선한 격려와 자극을

받게 된다. 하나님의 궤가 어떤 사람의 집에서 복이 되었는가? 그렇다면 그것을 우리의 집으로 즐거이 맞아들이자. 다른 사람들로부터 빼앗지 않고도 우리는 그것을 우리의 집으로 가져올 수 있고, 또 그것의 복을 얻을 수 있다.

Ⅱ. 이제 다윗이 그 일을 어떻게 수행하는지 살펴보자.

1. 그는 지난번의 잘못을 바로잡았다. 그는 이제 하나님의 궤를 수레에 싣지 않고, 맡은 자들로 하여금 어깨에 메도록 명령했다. 이것이 여기에서는 살짝 암시만 되어 있지만(13절), 역대상 15장 15절에서는 분명하게 언급된다. 우리에게나 혹은 다른 사람들에게 내린 하나님의 심판으로 인해 우리가 정신을 차리고 잘못된 것을 바로잡는다면, 우리는 그러한 심판을 올바로 선용(善用)하는 것이 된다.

2. 궤를 메고 출발하는 초두(初頭)에 그는 하나님께 제사를 드렸다(13절). 그것은 지난번의 잘못에 대해 속죄하면서, 동시에 오벧에돔의 집에 복을 주신 것을 감사하기 위한 것이었다. 하나님과 더불어 시작하고 또 그분과 더불어 화해했을 때, 비로소 우리는 우리의 일을 본격적으로 진척시킬 수 있게 될 것이다. 그리고 하나님 앞에 거룩한 규례를 행할 때, 우리를 하나님과의 언약과 교제 속으로 이끌어 준 '그 위대한 희생제물'을 우리는 바라보아야만 한다(시 50:5, 이르시되 나의 성도들을 내 앞에 모으라 그들은 제사로 나와 언약한 이들이니라 하시도다).

3. 그는 제사를 드리는 자리에서 기쁨에 대한 최고의 표현을 드러냈다(14절): 다윗이 여호와 앞에서 힘을 다하여 춤을 추는데. 그는 너무나 기뻐 뛰었는데, 특별히 지난번의 좌절을 생각할 때 더욱 그러했다. 선한 사람에게 있어 자신의 잘못을 바로잡음으로써 마땅히 해야 할 바를 다시금 할 수 있게 된 것은 너무나 큰 기쁨이 아닐 수 없다. 추측컨대 그의 춤은 어떤 법칙이나 형식에 얽매인 인위적인 것이 아니었을 것이다. 또한 우리는 그와 더불어 다른 사람들도 함께 춤추었다는 이야기도 듣지 못한다. 그것은 그의 마음의 큰 기쁨과 환희를 자연스럽게 표현하는 것이었을 것이다. 그는 힘을 다하여 춤을 추었다. 이와 같이 우리는 종교적인 섬김을 수행함에 있어 마음의 뜨거운 열망과 열정을 가지고 그렇게 해야 한다. 여기에서 다윗은 왕복을 벗고 평범한 베 에봇을 입었는데, 그것은 매우 가벼워 춤추기에 적합했다. 이 때 다윗이 입은 에봇은 제사장이 아닌 자들이 종교적인 행사 때에 입는 것이었다. 사무엘도 전에 그것을 입은

적이 있었다(삼상 2:18). 다윗은 이와 같이 보통 사람의 평범한 복장으로 하나님의 궤 앞에 서는 것을 조금도 부끄럽게 여기지 않았다.

4. 하나님의 궤가 진행할 때 모든 백성이 환호를 했다(15절): 그들이 즐거이 환호하며 나팔을 불고 여호와의 궤를 메어오니라. 그들은 우렁찬 환호로써 자신들의 기쁨을 나타냈으며, 주위의 모든 사람들로 하여금 함께 즐거워하게 하고자 했다. 이와 같이 거룩한 규례를 공적으로 그리고 자유롭게 시행하는 것을 통해 모든 사람들은 크게 기뻐하며 즐거워했다.

5. 하나님의 궤는 준비된 장소에 무사히 도착하여 영예롭게 안치되었다(17절). 그들은 하나님의 궤를 다윗이 그것을 위하여 친 장막 가운데 두었다. 그것은 모세가 세운 장막이 아니었다. 왜냐하면 그것은 기브온에 있었기 때문이었다(대하 1:13). 뿐만 아니라 우리는 그것이 천으로 만들어져 있고 또 수백 년을 지나왔기 때문에 매우 낡아 옮기기에 적합하지 못했을 것으로 추측할 수 있다. 여기의 장막은 하나님의 궤를 맞이할 목적으로 새롭게 세워진 것이었을 것이다. 다윗은 하나님의 궤를 자신의 집으로 가져오지 않았다. 만일 그렇게 했다면, 그것은 그가 그것을 지나치게 독점하는 것이 되었을 것이며, 또한 백성들에게 있어 그 곳에 왕래하며 기도하는 것은 훨씬 더 어려운 일이 되지 않을 수 없었을 것이다. 또한 다윗은 하나님의 궤를 위한 집을 짓지도 않았다. 만일 그렇게 했다면, 그것은 얼마 후 있을 성전 건축의 일을 가로막는 것이 되었을 것이다. 따라서 다윗은 모세의 성막을 본따, 덮개 아래 그리고 휘장 안에 그것을 두었다. 궤가 놓여지자 다윗은 번제와 화목제를 드렸는데, 그것은 더 이상의 어그러짐 없이 모든 일이 마무리된 것에 대해 감사 드림과 함께 계속적인 호의를 간구하기 위한 것이었다. 우리의 모든 기쁨은 기도와 찬미로써 거룩해져야 한다는 사실을 주목하라. 하나님은 이같은 제사를 기뻐하시느니라(히 13:16). 그가 시편 132편을 기록한 것은 바로 이 때였던 것으로 보인다.

6. 백성들은 크게 만족하며 집으로 돌아갔다.

(1) 그는 은혜로운 기도와 함께 그들을 집으로 돌려보냈다: 그가 만군의 여호와의 이름으로 백성에게 축복하고(18절). 그는 선지자로서의 특별한 권세와 함께 왕의 권위로써 그렇게 했다. 논란의 여지 없이 낮은 자가 높은 자에게서 축복을 받느니라(히 7:7). 다윗은 백성들을 축복하면서 하나님께 기도했다. 특별히 그들이 하나님의 궤에 대해 나타낸 존귀와 경의에 대해 상을 베풀어 주실 것을 간

구하면서, 이러한 수고가 결코 헛되지 않고 도리어 큰 복이 될 것을 믿어 의심치 않았다. 다윗은 이와 같은 기도로써 자신이 그들의 복리(福利)를 열망하고 있다는 사실을 나타내면서, 동시에 그들로 하여금 자신들에게 자신들을 사랑하는 왕이 있다는 사실을 알도록 하였다.

(2) 그는 넉넉한 선물과 함께 그들을 집으로 돌려보냈다. 아마도 귀인들은 자신의 집에서 대접했을 것이다. 그리고 모든 백성 곧 온 이스라엘 무리에게 남녀를 막론하고(요세푸스는 어린아이들에게까지 주었다고 말한다) 그는 떡 한 개와 고기 한 조각과(요세푸스는 이것이 화목제물 한 조각이었다고 말한다) 포도주 한 병(한글개역개정판에는 '건포도 떡 한 덩이'로 되어 있음)을 주었다(19절). 그가 이렇게 한 것은

[1] 하나님께 대한 감사와 자신의 기쁨에 대한 표현이었다. 마음이 즐거움으로 가득 찰 때, 손은 후함으로 활짝 열려야 한다. 부림절을 지킬 때 사람들은 서로 예물을 주고받았다(에 9:22). 하나님의 자비를 입은 자들이 다른 사람에 대하여 자비를 나타내야 하는 것처럼, 하나님으로부터 풍성한 것을 받은 자들은 또한 다른 사람들에게 풍성하게 나누어 주어야 한다.

[2] 백성들의 호감을 얻고 피차의 관계를 공고히 하고자 함이었다. 선물 주기를 좋아하는 자에게는 사람마다 친구가 되느니라(잠 19:6). 그의 기도에 대해서는 괘념치 않던 자들도 넉넉한 선물로 인하여는 그를 좋아하게 되었을 것이다. 그리고 이로 인해 그들은 다음 번에 그가 또다시 자신들을 부른다면 기꺼이 응할 준비가 될 것이었다.

²⁰다윗이 자기의 가족에게 축복하러 돌아오매 사울의 딸 미갈이 나와서 다윗을 맞으며 이르되 이스라엘 왕이 오늘 어떻게 영화로우신지 방탕한 자가 염치 없이 자기의 몸을 드러내는 것처럼 오늘 그의 신복의 계집종의 눈앞에서 몸을 드러내셨도다 하니 ²¹다윗이 미갈에게 이르되 이는 여호와 앞에서 한 것이니라 그가 네 아버지와 그의 온 집을 버리시고 나를 택하사 나를 여호와의 백성 이스라엘의 주권자로 삼으셨으니 내가 여호와 앞에서 뛰놀리라 ²²내가 이보다 더 낮아져서 스스로 천하게 보일지라도 네가 말한 바 계집종에게는 내가 높임을 받으리라 한지라 ²³그러므로 사울의 딸 미갈이 죽는 날까지 그에게 자식이 없으니라

백성들은 다윗의 축복을 받으며 각자 자기 집으로 돌아갔다. 그러고 난 후 다윗은 자기 가족에게 축복하러 돌아왔다(20절). 즉 그는 가족들을 위해 기도하기 위해, 그리고 이러한 국가적 은혜에 대해 가정 감사제를 드리기 위해, 집으로 돌아왔다. 사역자들은 공예배로 인해 가정예배가 면제될 수 있다고 생각해서는 결코 안 된다. 거룩한 공예배에서 기도와 훈계로 회중을 축복한 후에, 그들은 가정으로 돌아와 똑같은 방법으로 가족들을 축복해야 한다. 왜냐하면 그들은 자기 가족들에 대하여 특별한 책임을 맡고 있기 때문이다. 다윗 주위에는 그 일을 대신해 줄 수 있는 선지자와 제사장과 레위인들이 있었다. 그럼에도 불구하고 그들에게 맡기지 않고, 자신이 직접 가족들을 축복했다. 하나님을 예배하는 것은 천사들의 직무이다. 그러므로 누구를 막론하고 (그리고 아무리 높은 지위에 있는 자라 할지라도) 하나님을 예배하는 것을 통해 품격이 떨어지는 법은 결코 없다.

다윗이 집에 돌아왔을 때 그를 기다리고 있었던 것은 백성들과 함께 있을 때와 같은 기쁨과 즐거움이 아니라 냉랭함과 못마땅함이었다. 결국 이 날의 즐거움은 그의 아내의 교만과 투정으로 인해 냉랭하게 끝나고 말았다. 왕궁이라고 해서 가정불화로부터 자유로운 것은 결코 아니다. 다윗은 이스라엘의 모든 회중과 함께 기뻐하며 즐거워했지만, 그의 아내 미갈은 남편이 하나님의 궤 앞에서 춤추는 것을 몹시 못마땅하게 생각했다. 미갈은 먼 거리에서 다윗이 춤추는 것을 바라보며 비웃다가, 그가 집에 돌아오자 곧바로 비난을 가한다. 그녀는 다윗이 백성들에게 후한 선물을 준 것에 대해 불쾌하게 여기며 아깝게 생각한 것이 아니었다. 다만 하나님의 궤 앞에서 춤을 춤으로써 그가 스스로 품격을 떨어뜨렸다고 생각한 것이었다. 그녀로 하여금 못마땅한 마음을 갖게 만든 것은 그녀의 탐심이 아니라 그녀의 교만이었다.

I. 다윗이 여호와 앞에서 춤추는 것을 보았을 때, 미갈은 심중에 그를 업신여겼다(16절).   하나님의 궤에 대한 뜨거운 열정과 그것이 도성에 들어올 때 그가 보였던 기쁨의 환희는 (그녀가 볼 때에) 참으로 어리석기 짝이 없는 일이며 그와 같은 위대한 전사(戰士)요 군주(君主)에게는 너무도 어울리지 않는 일이었다. 그로서는 다른 사람들의 신앙을 격려하는 것만으로 충분했을 것이었다. 그처럼 자신의 감정을 그대로 나타내는 것은 그에게 너무도 격에 맞지 않는 일이었다. 그녀는 생각한다. '그가 지금 스스로를 바보로 만들고 있지 않은가! 저

궤에 대해 왜 저렇게까지 좋아한단 말인가? 오랜 세월 방치되어 있던 자리에 그대로 놓아 두는 것이 차라리 낫지 않겠는가? 그의 지나친 열심과 애착이 도리어 그를 미치게 만들었도다.' 믿음으로 행해지는 일이라 할지라도 믿음이 없는 자의 눈으로 볼 때는 너무나 보잘것없는 것처럼 보일 수 있다는 사실을 주목하라.

Ⅱ. 다윗이 즐거운 마음으로 돌아왔을 때, 미갈은 곧바로 그를 비난하기 시작한다. 그녀는 너무도 경멸과 분개로 가득 찬 나머지 둘만 조용히 있게 될 때까지 기다리지 못하고 만나자마자 비난을 가하기 시작했다.

1. 미갈은 다윗을 격렬하게 비난한다(20절). "이스라엘 왕이 오늘 어떻게 영화로우신지! 당신이 오늘 스스로를 하찮은 백성들 가운데 한 사람으로 만들었도다. 그것은 당신의 지위와 품격에 얼마나 어울리지 않는 일인가!" 다윗 자신과 그의 믿음에 대한 미갈의 경멸은 그 마음에 가득한 것이 입을 통해 밖으로 나온 것이었다. 그녀를 불쾌하게 한 것은 하나님의 궤에 대한 그의 열정이었다. 그러나 그녀는 남편이 하나님의 궤 앞에서 춤춘 것을 추잡하며 음란한 행동으로 표현한다. 실제로 그녀가 불쾌하게 여긴 것은 그의 명예가 손상되는 것과 관련한 것이었음에도 불구하고, 그녀는 마치 그가 도덕적으로 음란한 행동을 한 것처럼 과장한다. 방탕한 자가 염치 없이 자기의 몸을 드러내는 것처럼 오늘 그의 신복의 계집종의 눈앞에서 몸을 드러내셨도다. 미갈의 이러한 말을 사실로 볼 만한 근거는 어디에도 없다. 다윗은 의심의 여지 없이 예의를 지켰을 것이며, 그의 열정은 결코 분별 없는 것이 아니었을 것이다. 경건의 행동을 비난하는 자에게 있어 이와 같이 거기에다가 다른 색깔을 덧칠하며 마치 그것이 추잡하고 추악한 것인 양 꾸미는 것은 흔히 있는 일이다. 어떤 사람의 경건의 열정에 대해 이와 같이 비방하는 것은 너무도 불경스러운 일이 아닐 수 없다. 더욱이 자신의 남편에 대해 그렇게 하는 것은 더욱 그러하며, 하물며 그 남편이 다윗일 때야 더 말해 무엇하겠는가! 그녀는 남편에 대해 더욱 존경해야 마땅했다. 그는 덕행과 사리분별에 있어 뛰어난 자였으며, 그녀를 데려오기 전에는 결코 보좌에 앉지 않겠다고까지 했던 자였다(3:13). 그런 남편에 대해 그와 같이 비방한 것은 너무도 야비하고 악한 일이었으며, 자신으로 하여금 다윗의 아내나 요나단의 누이로 보다는 사울의 딸로 나타나도록 만드는 행동이었다.

2. 이에 대한 다윗의 대답. 그는 미갈이 자신을 배신하고 다른 남자의 품에

안긴 것을 비난하지 않았다. 어쩌면 그의 양심은 그녀를 다시 맞아들인 것을 어리석은 일이라고 규정하며 스스로를 비난했을는지 모른다(왜냐하면 그 일은 땅을 더럽히는 일이었기 때문이었다, 렘 3:1). 그럼에도 불구하고 그는 모든 일을 용서했고 또 잊어버렸다. 지금 다윗은 미갈의 비난에도 불구하고 자신이 한 일을 정당한 것으로 여겼는데, 그것은

(1) 그가 이 일을 통해 하나님께 영광을 돌리고자 했기 때문이었다(21절): 이는 여호와 앞에서 한 것이니라. 비록 미갈이 그 일을 불쾌하게 여기며 다른 색깔을 덧칠한다 할지라도, 그에게는 자신이 하나님의 영광을 위해 신실한 마음으로 그렇게 했다는 양심의 선한 증거가 있었다. 여기에서 그는 그녀에게, 하나님이 자신으로 하여금 보좌에 앉도록 하기 위해 그녀의 아버지의 집을 폐하신 사실을 일깨워 준다. 그리고 그렇게 함으로써 그녀가 품격과 예의범절을 따지는 것이 얼마나 적절치 않은 일인지를 일깨워 준다. "그가 나를 택하사 나를 여호와의 백성 이스라엘의 주권자로 삼으셨으므로 내가 모든 존귀의 근원이 되었도다. 이와 같은 뜨거운 열정의 표현이 네 아버지의 궁중에서는 천박하고 격에 맞지 않는 일이었을는지 모르나, 나는 여호와 앞에서 뛰놀리라. 만일 이것이 천한 일이라면, 나는 더욱 천해질 것이라(22절)." 다음을 주목하라.

[1] 우리는 다른 사람의 열정의 표현이 우리의 정서와 맞지 않는다고 하여 함부로 비난해서는 안 된다. 왜냐하면 그것이 정직한 마음으로부터 말미암은 것일 수도 있기 때문이다. 하나님이 받으신 자를 경멸하는 우리는 누구인가?

[2] 우리가 한 행동에 대하여 스스로 그것이 믿음으로 한 것이며 또한 여호와 앞에서 한 것이라고 자임(自任)할 수 있다면, 우리는 다른 사람들의 비난과 비방에 조금도 개의할 필요가 없다. 하나님이 보시기에 올바르다면 세상의 눈에 미천하게 보인들 그것이 무슨 상관인가?

[3] 선한 일로 인해 비방을 받으면 받을수록 우리는 더욱더 굳센 마음을 가지고 우리의 믿음을 더욱 굳게 붙잡아야 한다. 왜냐하면 사탄의 대행자들이 계속해서 우리를 흔들며 부끄럽게 만들려고 노력하고 있기 때문이다. 나는 더욱 천해질 것이라.

(2) 그가 이 일을 통해 스스로를 겸비케 하고자 했기 때문이었다. "나는 더욱 천해질 것이라. 그리고 하나님의 영광을 위해 아무리 낮아진다 할지라도, 나는 결코 그것을 비천하게 생각하지 않을 것이라." 왕의 위용과 권위를 드러냄에

있어 이보다 더한 것이 무엇이겠는가? 하나님의 궤 앞에서 춤을 추는 가운데, 그는 왕의 위엄을 내려놓고 여호와 앞에 스스로를 티끌처럼 낮춘다. 그리고 이 모든 것을 조금도 부끄럽게 여기지 않았다. 사람의 가장 큰 것도 예수 그리스도의 가장 작은 것보다 더 작은 법이다.

(3) 그는 이 일로 인해 자신의 위엄이 계집종들 가운데 도리어 높임이 될 것을 조금도 의심치 않았다(22절): 네가 말한 바 계집종에게는 내가 높임을 받으리라. 일반 백성들은 이러한 행동으로 인해 그를 수치스럽게 여기는 것이 아니라 도리어 더욱 존경하게 될 것이다. 참된 경건으로 말미암은 행동은 심지어 그에 대해 나쁘게 말하는 자들의 양심에서도 때때로 그것의 진위가 명명백백하게 드러나게 된다(고후 5:11). 다른 사람들로부터 비난받는 것을 두려워하여 우리가 마땅히 해야 하는 일을 기피하는 자가 되자 말자. 우리가 굳센 믿음으로 마땅히 해야 할 일을 계속해서 해 나간다면, 그것이 도리어 우리를 높이는 일이 될 것이다. 경건에는 칭송이 따르는 법이다. 그러므로 우리는 경건의 일을 행하는 것을 게을리하지도, 두려워하지도, 부끄러워하지도 말자.

이와 같이 다윗은 스스로를 정당화하는 것으로 만족하면서, 미갈의 무례한 언사에 대해 더 이상의 비난을 가하지 않았다. 그러나 하나님은 이에 대해 징벌을 내리시면서 이후로 그녀에게 영원히 자녀가 없게 하셨다(23절). 그녀는 다윗의 믿음의 행동에 대해 부당하게 비난을 가했다. 따라서 이에 대해 하나님이 그녀로 하여금 영원히 자녀를 낳지 못하는 수치 가운데 떨어지게 하신 것은 지극히 정당한 일이었다. 나를 존중히 여기는 자를 내가 존중히 여기고 나를 (그리고 나의 종과 나의 일을) 멸시하는 자를 내가 경멸하리라(삼상 2:30).

$$— \ 제 \ 7 \ 장 —$$

개요

　여전히 하나님의 궤는 다윗의 기쁨이요 그의 관심의 대상이었다. 본 장의 내용은 다음과 같다. I. 다윗이 하나님의 궤를 위한 집을 짓는 일과 관련하여 나단과 의논함; 다윗이 자신의 계획을 나단에게 알리고(1, 2절), 이에 나단이 찬성함(3절). II. 하나님과 다윗의 교통. 1. 하나님이 그의 계획을 열납하시며, 그러나 그 일을 실행하지는 못하게 하시며, 그의 축복이 후손에게 계승될 것을 약속하는 메시지를 주심(4-17절). 2. 이러한 은혜로운 메시지에 대한 다윗의 겸손한 기도; 하나님의 약속을 감사함으로 받으면서 그러한 약속이 온전히 이루어지기를 진지하게 기도함(18-29절). 그리고 우리는 여기에 메시야와 그의 나라에 대한 예언과 약속이 담겨 있는 것을 보게 된다.

　[1]여호와께서 주위의 모든 원수를 무찌르사 왕으로 궁에 평안히 살게 하신 때에 [2]왕이 선지자 나단에게 이르되 볼지어다 나는 백향목 궁에 살거늘 하나님의 궤는 휘장 가운데에 있도다 [3]나단이 왕께 아뢰되 여호와께서 왕과 함께 계시니 마음에 있는 모든 것을 행하소서 하니라

　여기에서 우리는 다음과 같은 것들을 보게 된다.

　I. 다윗이 평안히 거함.　다윗은 전쟁터에 나갈 일 없이 조용하고 평화롭게 자신의 집에 앉아 있었다(1절): 여호와께서 주위의 모든 원수를 무찌르사 왕으로 궁에 평안히 살게 하신 때에. 비록 전쟁의 사람이었다 할지라도, 그는 평화를 좋아하며 전쟁하는 것을 기뻐하지 않았다(시 120:7, 나는 화평을 원할지라도 내가 말할 때에 그들은 싸우려 하는도다). 그의 평화는 그렇게 오래 계속된 것은 아니었으며, 앞으로도 오랜 기간 계속될 것은 아니었다(다시 말해서, 그는 얼마 후면 또다시 전쟁에 나가게 될 것이었다). 그렇지만 어쨌든 지금 그는 고요를 즐기고 있었으며, 자기 집에 앉아 조용히 하나님의 율법을 묵상하고 있었다.

　II. 다윗이 하나님의 영광을 위해 성전을 건축코자 함.　그는 자신을 위해 왕

궁을 건축하고, 백성들을 위해 도성을 세웠다. 이제 그는 하나님의 궤를 위한 처소(處所)를 지을 생각을 한다.

1. 그렇게 함으로써 그는 하나님이 자신에게 베풀어 준 모든 존귀에 대해 감사의 보답을 하고자 했다. 하나님께서 당신의 섭리 가운데 우리에게 많은 것을 베풀어 주셨을 때, 우리는 그분을 위해 그리고 그분의 영광을 위해 무엇을 할 수 있을지를 생각해야 한다. 내가 여호와께 무엇으로 보답할꼬.

2. 그렇게 함으로써 그는 지금의 평화와 하나님이 자신에게 주신 안식을 헛되이 흘려보내지 않고 선용(善用)하고자 했다. 지금 그가 하나님과 이스라엘에 봉사하기 위해 부름 받은 장소는 전쟁터가 아니었다. 따라서 그는 자신의 생각과 시간과 재물을 일락(逸樂)이나 사치를 위해서가 아니라 다른 방식으로 사용하고자 했다. 하나님이 섭리 가운데 우리에게 안식을 주사 한가하게 하셨을 때, 우리는 하나님과 우리의 영혼을 위해 더 많은 일을 해야만 한다. 다윗이 자신의 왕궁에 앉았을 때 가졌던 생각과 느부갓네살이 왕궁 지붕에서 거닐 때 가졌던 생각은(단 4:29, 30) 얼마나 다른가! 교만한 느부갓네살은 오로지 자신의 막강한 권력과 화려한 영광만을 생각할 뿐이었다. 반면 겸손한 다윗은 어떻게 하나님을 영화롭게 하며 그분을 존귀케 할 것인가 하는 생각으로 가득 차 있었다. 그리고 우리는 이를 통해 하나님이 교만한 자는 물리치시고 겸손한 자에게 은혜와 영광을 주신다는 사실을 다시 한 번 확인할 수 있다. 다윗은 자기 처소의 화려함을 생각하면서(2절, 나는 백향목 궁에 살거늘), 그것을 하나님의 궤가 놓여진 처소의 초라함과 비교했다(하나님의 궤는 휘장 가운데에 있도다). 자신은 왕궁에 살면서 하나님의 궤는 휘장 가운데 두는 것에 대해, 그는 그것을 너무나 앞뒤가 맞지 않는 일로 여겼다. 하나님의 궤를 위한 합당한 처소를 볼 때까지, 그는 결코 편안할 수 없을 것이었다(시 132:4, 5).

(1) 은혜와 감사를 아는 자는 자신이 하나님을 위해 충분한 일을 했다고 결코 생각하지 않는다. 이미 많은 일을 했을 때에도, 그들은 여전히 또 다른 일을 하려고 생각한다.

(2) 은혜와 감사를 아는 자는 하나님의 교회가 고통과 곤궁 가운데 빠져 있는 것을 보면서 자신만의 편안을 즐길 수 없다. 하나님의 궤를 위한 적절한 처소가 마련되기까지는 다윗에게 백향목 궁은 별다른 기쁨이 될 수 없었다. 요셉의 환난에 대하여는 근심하지 않으면서 상아 상에 누워 기지개를 켜는 자들은 비록

다윗의 노래는 가지고 있을는지 모르나 그의 정신은 가지지 못한 것이다(암 6:4, 6). 또한 하나님의 집은 황폐한 가운데 버려두면서 자신들은 판벽한 집에 거하는 자들 역시 마찬가지이다.

Ⅲ. 다윗이 자신의 이러한 생각을 나단 선지자와 의논함.　다윗은 자신의 생각을 오랜 친구이며 의논상대인 나단에게 말했다. 그냥 다윗 스스로 결정하고 실행할 수는 없었을까? 그것은 선한 일이 아니었던가? 또 그 자신 선지자가 아니었던가? 그렇다. 그렇게 할 수 있었다. 그러나 지략이 많으면 평안을 누리는 법이다(잠 11:14). 다윗은 나단에게 자신의 생각을 말하면서, 그를 통해 하나님의 마음을 알고자 했다. 그것은 분명히 선한 일이었다. 그러나 다윗이 그 일을 하는 것이 하나님의 뜻인지 여부는 확실치 않았다.

Ⅳ. 나단이 그 일에 찬성함.　여호와께서 왕과 함께 계시니 마음에 있는 모든 것을 행하소서(3절). 다윗은 자신이 성전을 지을 계획을 갖고 있다고는 말하지 않았다. 다만 하나님의 궤가 휘장에 있으므로 자신의 마음이 편치 않다고만 말했을 뿐이었다. 그렇지만 나단은 이로부터 그의 마음속에 있는 것을 쉽게 간파할 수 있었고 따라서 마음에 있는 모든 것을 행하라고 격려해 주었다. 다른 사람들이 계획하고 있는 선한 일에 대하여 우리는 마땅히 기회 있는 대로 좋은 말로 격려하며 지지해 주어야 한다. 나단은 하나님의 이름으로가 아니라 스스로의 생각으로 그와 같이 말했다. 다시 말해서, 그렇게 말한 것은 선지자로서가 아니라 단지 한 사람의 선하고 지혜로운 자로서 그렇게 한 것이었다. 비록 하나님의 은밀한 뜻이 다른 데에 있으므로 그 일이 다윗에게 맡겨지지 않을 것이었다 할지라도, 분명 그 일은 하나님의 계시된 뜻과 합치되는 일이었다. 언제든지 하나님의 마음이 무엇인지 분명하게 말할 수 있었던 것은 오직 그리스도만의 특별한 점이었다. 그리스도께서 그렇게 할 수 있었던 것은 하나님과 그분의 마음에 대해 완전하게 아셨기 때문이었다. 다른 선지자들은 오직 예언의 영이 임할 때에만 그것에 대해 말할 수 있었다. 그러나 그들에게 어떤 잘못이 있을 때(삼상 16:6에서의 사무엘의 경우와 여기의 나단의 경우처럼), 하나님은 곧바로 그러한 잘못을 바로잡아 주셨다.

¹그 밤에 여호와의 말씀이 나단에게 임하여 이르시되 ⁵가서 내 종 다윗에게 말하기를 여호와께서 이와 같이 말씀하시되 네가 나를 위하여 내가 살 집을 건축하겠느

나 6내가 이스라엘 자손을 애굽에서 인도하여 내던 날부터 오늘까지 집에 살지 아니하고 장막과 성막 안에서 다녔나니 7이스라엘 자손과 더불어 다니는 모든 곳에서 내가 내 백성 이스라엘을 먹이라고 명령한 이스라엘 어느 지파들 가운데 하나에게 내가 말하기를 너희가 어찌하여 나를 위하여 백향목 집을 건축하지 아니하였느냐고 말하였느냐 8그러므로 이제 내 종 다윗에게 이와 같이 말하라 만군의 여호와께서 이와 같이 말씀하시기를 내가 너를 목장 곧 양을 따르는 데에서 데려다가 내 백성 이스라엘의 주권자로 삼고 9네가 가는 모든 곳에서 내가 너와 함께 있어 네 모든 원수를 네 앞에서 멸하였은즉 땅에서 위대한 자들의 이름 같이 네 이름을 위대하게 만들어 주리라 10내가 또 내 백성 이스라엘을 위하여 한 곳을 정하여 그를 심고 그를 거주하게 하고 다시 옮기지 못하게 하며 악한 종류로 전과 같이 그들을 해하지 못하게 하여 11전에 내가 사사에게 명령하여 내 백성 이스라엘을 다스리던 때와 같지 아니하게 하고 너를 모든 원수에게서 벗어나 편히 쉬게 하리라 여호와가 또 네게 이르노니 여호와가 너를 위하여 집을 짓고 12네 수한이 차서 네 조상들과 함께 누울 때에 내가 네 몸에서 날 네 씨를 네 뒤에 세워 그의 나라를 견고하게 하리라 13그는 내 이름을 위하여 집을 건축할 것이요 나는 그의 나라 왕위를 영원히 견고하게 하리라 14나는 그에게 아버지가 되고 그는 내게 아들이 되리니 그가 만일 죄를 범하면 내가 사람의 매와 인생의 채찍으로 징계하려니와 15내가 네 앞에서 물러나게 한 사울에게서 내 은총을 빼앗은 것처럼 그에게서 빼앗지는 아니하리라 16네 집과 네 나라가 내 앞에서 영원히 보전되고 네 왕위가 영원히 견고하리라 하셨다 하라 17나단이 이 모든 말씀들과 이 모든 계시대로 다윗에게 말하니라

우리는 여기에서 하나님이 다윗에 대해 얼마만큼의 호의를 품고 계시며 또 그에게 어떤 계획을 갖고 계시는가에 대한 충분한 계시를 보게 된다. 하나님은 그에게 선지자 나단을 보내셔서 이에 대해 알리시고 확증하셨다. 하나님은 그에게 이러한 긴 메시지를 맡겨 다윗에게 전달하도록 하셨는데, 그것의 요지는 성전을 건축하는 것은 그에게 맡겨지지 않을 것이라는 것이었다.

1. 이러한 메시지는 그 일에 찬성했던 바로 그 사람에 의해 전달되었다. 만일 그렇게 하지 않았다면 다시 말해서 이러한 메시지가 다른 선지자에 의해 전달되었다면, 나단은 경멸과 수치를 피할 수 없을 것이었다. 또한 다윗 역시도 혼란을 피할 수 없을 것이었는데, 왜냐하면 한 선지자는 찬성하고 다른 선지자

는 반대하는 꼴이 되었을 것이기 때문이다.

2. 이러한 메시지는 바로 그 날 밤 임했다. 그렇게 함으로써 나단의 잘못된 조언을 속히 종식시키고, 다윗으로 하여금 하지 말아야 할 일에 대한 생각으로 더 이상 머리를 가득 채우지 않게 하도록 했다. 하나님은 다윗 자신에게 직접 말씀하실 수도 있었다. 그럼에도 불구하고 나단을 통해 그렇게 하시기로 선택하셨는데, 그것은 자신의 선지자들의 명예를 지켜주면서 동시에 다윗으로 하여금 계속해서 그들을 존중하도록 하게 하기 위함이었다. 비록 그가 머리였다 할지라도, 그에게는 전능자의 이상을 보게 해주는 눈과 하나님의 말씀을 전해주는 혀가 있어야만 했다. 나단에게 이렇게 긴 메시지를 주신 자는 또한 이것을 온전히 기억할 수 있는 기억력도 겸하여 주셨다. 그럼으로써 그는 여호와께 받은 그대로 충분하게 전달할 수 있었다. 나단의 메시지에서 우리는 다음과 같은 것들을 발견할 수 있다.

I. 하나님의 집을 지으려는 계획이 받아들여지지 않음. 하나님은 다윗의 계획을 아셨다. 왜냐하면 그는 사람 안에 있는 모든 것을 아시기 때문이다. 그리고 열왕기상 8:18에 나타나는 것처럼, 하나님은 그러한 계획을 매우 기뻐하셨다(네가 내 이름을 위하여 성전을 건축할 마음이 있으니 이 마음이 네게 있는 것이 좋도다). 그러나 하나님은 다윗으로 하여금 그러한 계획을 실행하는 것을 금하셨다(5절). "네가 나를 위하여 내가 살 집을 건축하겠느냐? 아니다. 그렇게 하지 말지니라(대상 17:4). 그것보다 먼저 해야 할 일이 있는데, 너는 그 일을 해야 하느니라." 다윗은 '전쟁의 사람'(man of war)으로서, 정복사업을 통해 이스라엘의 경계를 확장시켜야 한다. 또한 그는 뛰어난 시인(詩人)으로서, 성전이 세워진 후 그 곳에서 사용될 시편들을 지어야만 한다. 반면 그의 아들은 하나님의 집을 건축하기에 적합한 재능과 그 일에 소용되는 재정을 감당할 수 있는 충분한 부를 갖게 될 것이었다. 그러므로 그 일은 다윗이 아니라 그의 아들을 위해 남겨두어야만 하였다. 모든 사람은 각자 받은 은사대로 봉사할지니라. 하나님은 다윗에게 다음과 같이 말씀하신다.

1. 지금까지 나는 나를 위해 지어진 집에 거하지 않았다(6절). 지금까지 그 일을 담당한 것은 장막이었으며, 앞으로도 얼마간 그럴 것이었다. 하나님은 외모의 화려함을 중시(重視)하지 않으신다. 하나님의 궤가 장막에 있을 때나 성전에 있을 때나 하나님은 자기 백성과 함께 하시며, 거기에 아무런 차이도 없

다. 하나님의 궤가 휘장 안에 있는 것이 다윗에게는 마음에 걸리는 일이었지만 (그 곳은 비천하며 이동적인 처소였기 때문이었다), 그러나 하나님은 그에 대해 불평하지 않으셨다. 하나님은 어떤 처소에 움직이지 않고 가만히 앉아 계시는 것이 아니다. 도리어 계속해서 활동하시며, 그렇게 하는 것을 조금도 피곤하게 여기시지 않는다. 그리스도께서도 이 땅에 계실 때 마치 하나님의 궤처럼 장막 혹은 성막 가운데 행하셨다(그가 두루 다니시며 선한 일을 행하시고, 행 10:38). 그는 위에 있는 아버지의 집에 올라가실 때까지 자신을 위해 지어진 어떤 집에 거하며 가만히 앉아 계시지 않았다. 세상에 있는 교회 역시도 하나님의 궤처럼 장막에 거하며 이동적(移動的)인데, 그것은 교회의 현 상태가 전원적이며(pastoral) 전투적인(military) 것이기 때문이다. 영속적인(즉 일시적이며 이동적이 아닌) 도성은 앞으로 도래할 것이다. 다윗은 자신의 시편에서 종종 성막을 성전으로 부르는데(시 5:7; 27:4; 29:9; 65:4; 138:2), 그것은 비록 휘장으로 만든 것이라 할지라도 그것이 성전과 동일한 의미를 갖는 것이었기 때문이다. 지혜롭고 선한 사람들은 겉모양으로 모든 것을 판단하지 않는다. 아마도 다윗은 휘장 안에서 (이후 왕들이 웅장한 성전에서 가졌던 것보다) 더 달콤하고 참된 교제를 가졌을 것이다.

2. 지금까지 나는 이스라엘의 어떤 통치자에게도 성전을 건축하라는 명령이나 지시나 혹은 최소한의 암시조차도 내린 적이 없었다(7절, 대상 17:6 참조). 하나님이 반복적으로 말씀하신 것은 오직 받으실 만한 예배를 드리는 것과 관련된 것일 뿐이었다. 그렇다면 왜 다윗은 하나님이 지시하지 않은 것을 계획하고 있단 말인가? 그는 분명한 확증이 있을 때까지 기다려야만 하며, 그 후에 그 일을 실행해야만 한다. 하나님이 지시하신 장막이 자기가 스스로 계획한 성전보다 더 낫다.

Ⅱ. 하나님이 다윗에게, 그를 위해 행하신 큰 일들을 일깨워 주심(7, 8절). 그렇게 하심으로써 비록 성전을 건축하고자 하는 일이 받아들여지지 않는다 할지라도 그로 하여금 자신이 얼마나 하늘의 은혜를 입은 자인가 하는 것을 알도록 하셨다. 그리고 그가 하나님의 영광을 위해 어떤 일을 행하든, 하나님이 그의 호의에 빚지고 있는 것이 아니라 먼저 하나님이 그와 함께 하셨다고 하는 사실을 일깨워 주셨다.

1. 하나님은 그를 낮고 비천한 위치로부터 높고 존귀한 위치로 올리셨다: 내

가 너를 목장 곧 양을 따르는 데에서 데려다가. 높은 위치에 오른 자들은 예전의 보잘것없던 시절을 기억하고 항상 겸손하며 감사할 줄 알아야 한다.

2. 하나님은 그로 하여금 모든 원수들에 대해 승리를 거두도록 하셨다(9절). "네가 가는 모든 곳에서 내가 너와 함께 있어 네가 쫓김을 당할 때는 보호하고 쫓을 때에는 형통하였으며, 네 앞을 가로막는 모든 원수들을 네 앞에서 멸하였노라."

3. 하나님은 그에게 이스라엘을 다스리는 통치권을 주셨을 뿐만 아니라 또한 열방 가운데 그 이름이 높여지도록 만들어 주실 것이다: 땅에서 위대한 자들의 이름 같이 네 이름을 위대하게 만들어 주리라. 다윗은 용기와 행실과 업적에 있어 유명한 사람이 되었으며, 그의 시대의 어떤 위대한 인물들보다 더 많이 사람들의 입에 오르내리는 자가 되었다. 위대한 이름(great name)을 가진 자는 그것에 대해 감사하면서 그것을 선한 목적을 위해 올바로 활용해야만 한다. 반면 그러한 이름을 갖지 못한 사람들은 굳이 그러한 이름을 갖고자 지나치게 욕심을 낼 필요는 없다. 왜냐하면 그것보다 더 바랄 만한 것이 선한 이름(good name)이기 때문이다. 어떤 사람들은 세상에서 사람들의 눈에 거의 띄지 않지만 그러나 매우 아름다운 삶을 살기도 한다.

III. 이스라엘에게 평안과 정착이 약속됨(10, 11절).   이것은 마치 삽입구처럼, 하나님이 다윗에게 주신 약속 앞에 언급되고 있다. 그렇게 함으로써 하나님은 자신이 그를 위해 계획하신 것이 바로 이스라엘을 위한 것이며, 이스라엘은 그의 다스림 아래 행복한 나라가 될 것이라는 사실을 그로 하여금 알게 하셨다. 그리고 그렇게 함으로써 또한 하나님은 그로 하여금 이스라엘의 평강을 보며 만족하도록 만들어 주실 것이었다(시 128:6, 네 자식의 자식을 볼 것이라). 선한 왕은 자신의 나라가 행복하기까지는 결코 자신의 행복을 생각할 수 없는 법이다. 이어지는 약속들은 그의 가문과 자손에 관한 것이다. 그러므로 이스라엘의 평안과 정착에 대한 이러한 말씀들은 그의 통치의 축복과 직결되는 것이다. 여기에서 두 가지가 약속되고 있는데, 그것은 다음과 같다.

1. 평온한 장소: 내가 또 내 백성 이스라엘을 위하여 한 곳(장소)을 정하여. 이것은 오래 전에 약속된 것이었지만, 그들은 많은 좌절과 낙망을 겪었다. 그러나 이제 그 약속은 온전히 실현될 것이다. 이제 그들은 어떤 쫓겨남이나 해함도 없이 가나안 땅을 온전히 누리게 될 것이다.

2. 그 곳에서 평안을 누림. "악한 종류로 (특별히 오랫동안 그들을 괴롭혀왔

던 블레셋 사람들로) 전과 같이 그들을 해하지 못하게 하여 전에 내가 사사에게 명령하여 내 백성 이스라엘을 다스리던 때와 같지 아니하게 하고 너를 모든 원수에게서 벗어나 편히 쉬게 하리라(11절)." 다시 말해서, "내가 너희의 안식을 온전케 하며 지속되게 하리라. 그리고 그 땅은 사사들의 때와는 달리 전쟁으로부터 안식을 얻을 것이라."

Ⅳ. 다윗의 가문과 자손에게 축복이 계승됨. 다윗은 하나님을 위해 집을 지을 것을 계획했다. 그러자 그에 대한 보답으로 하나님은 그를 위해 집을 지을 것을 약속하신다(11절). 우리가 하나님을 위해 무엇을 하든지 혹은 계획할 때 ― 설령 하나님의 섭리가 그것을 허락하지 않는다 할지라도 ― 우리는 결단코 상을 잃지 않을 것이다(마 10:42). 하나님은 그의 이름을 위대하게 만들어 주겠다고 약속하셨다(9절). 그리고 여기에서 다시 그를 위해 집을(즉 그의 이름을 지탱할 집을) 세워 주실 것을 약속하신다. 다윗에게 있어 그의 집이 번성하리라는 하나님의 약속의 확증을 받은 것은 너무도 큰 은혜가 아닐 수 없었다. 우리 영혼과 하나님의 교회의 축복 다음으로, 우리는 우리 자손의 축복을 열망해야 한다. 그럼으로써 우리가 하늘에서 하나님을 찬양할 때, 우리로 말미암아 날 자들이 땅에서 그분을 찬양하도록 해야 한다.

1. 이러한 약속들 가운데 일부는 그의 계승자인 솔로몬 및 유다 왕통(王統)과 관련된다.

(1) 하나님이 그를 보좌에 앉게 하실 것이다. 네 수한이 차서 네 조상들과 함께 누울 때에(이러한 표현은 다윗이 평안히 무덤에 들어가게 될 것을 암시한다) 내가 네 몸에서 날 네 씨를 세울 것이라. 이것은 너무도 큰 호의가 아닐 수 없었다. 왜냐하면 다윗이 받은 이러한 호의는 하나님의 백성을 치라고 부름 받은 모세나 여호수아나 혹은 어떤 사사들이 받은 호의보다도 더 큰 것이었기 때문이다. 다윗의 왕권은 자손에게 상속되는 것이었다. 그리고 이 약속은 그리스도와 그의 영적 씨에게까지 이르는 것이었다. 자녀면 또한 후사라.

(2) 그의 보좌가 견고케 될 것이다: 내가 그의 나라를 견고하게 하리라(12절). 또한 내가 그의 나라 왕위를 영원히 견고하게 하리라(13절). 그의 왕권은 명백하며, 논란의 여지가 없으며, 확고할 것이다. 그리고 그의 통치권은 결코 흔들리지 않을 것이다.

(3) 하나님이 성전을 건축하는 선한 일에 그를 사용하실 것이다: 그는 내 이름

을 위하여 집을 건축할 것이요(13절). 다윗으로서는 다만 계획하는 것으로 만족할 것이었다. 그 일은, 비록 다윗에게는 허락되지 않았다 할지라도, 반드시 되어져야 하는 일이었다.

(4) 하나님이 그와 더불어 양자(養子, adoption)의 언약을 세우실 것이다: 나는 그에게 아버지가 되고 그는 내게 아들이 되리니(14절). 하나님을 우리와 우리 자손의 아버지로 모셔 들이는 것보다 우리와 우리 자손을 더 복되게 하는 것은 아무것도 없다. 하나님은 자신을 아버지로 모시는 자들에게 자녀의 명분을 주시면서 자신의 아들들로 삼으신다. 하나님이 우리에게 보살핌과 부드러움과 풍성함을 베푸시는 아버지라면, 우리는 그분에게 순종과 온유함과 충성을 바치는 자녀가 되어야만 한다. 여기의 약속은 마치 아들에게 대하여 말하는 것과 흡사하다.

[1] 그렇게 해야 할 필요가 있을 때 아버지가 그를 고칠 것이다: 아비가 징계하지 않는 아들이 있으리요? 고통은 그 언약(즉 양자의 언약)의 한 부분으로서, 그것과 모순되지 않을 뿐만 아니라 아버지의 사랑으로부터 흘러나오는 것이다. "그가 만일 죄를 범하면(결국 그는 그렇게 했다, 왕상 11:1) 내가 회개하도록 하기 위해 징계할 것이나 다만 사람의 회초리로 그렇게 할 것이라. 내가 하나님의 큰 권능을 가지고 그와 더불어 다투지는 않을 것이라(욥 23:6)." 그것은 사람이 감당할 수 있는 회초리일 것이다. "내가 그의 형편을 고려할 것이요, 꼭 그래야 할 필요가 있을 때 모든 부드러움과 동정심으로 그를 고칠 것이라. 그것은 사람의 매와 인생의 채찍일 것이요, 강한 침(stroke)이나 가혹한 상처(wound)는 아닐 것이라."

[2] 그가 결코 아들의 유업을 잃지 않을 것이다(15절): 나의 은총을(바로 이것이 아들의 유업이다) 내가 그에게서 빼앗지는 아니하리라. 열 지파가 다윗의 집으로부터 반란을 행한 것은 그들의 죄를 고치기 위한 것이었다. 반면 다른 두 지파가 그들을 끝까지 따른 것은 이러한 약속대로 다윗의 씨에 대한 하나님의 은총을 영속화하는 것이었다. 그의 집의 왕권이 크게 위축되기는 했지만, 그러나 사울의 집처럼 끊어지지는 않았다. 다른 어느 집도 다윗의 집만큼 유다의 홀을 휘두른 집은 없었다. 이와 같은 왕권의 언약은 구속과 은혜의 언약의 모형으로서 찬란하게 빛나는 것이었다(시 89:3 이하).

2. 이러한 약속들 가운데 또 다른 일부는 종종 다윗 혹은 다윗의 자손으로 일

컬어지는 그리스도와 관련된다. 그러한 약속들은 다윗의 자손을 가리키며 동시에 그 안에서 완전하게 성취된다. 그리스도는 다윗의 씨이며(행 13:23), 하나님은 그에게 그의 조상 다윗의 보좌와(눅 1:32) 하늘과 땅의 모든 권세와 심판을 행하는 권세를 주셨다. 그는 하나님의 이름을 위한 집으로서 복음의 온전한 성전을 지을 자이다(슥 6:12, 13). "나는 그에게 아버지가 되고 그는 내게 아들이 되리라"는 약속은 히브리서 기자에 의해 분명하게 그리스도에게 적용된다(히 1:5). 그러나 그의 집과 그의 보좌와 그의 나라를 '영원히'(이 단어는 13절에 한 번, 16절에 두 번 반복되어 나타난다) 세우겠다는 약속은 오직 그리스도와 그의 나라에만 적용될 수 있을 뿐이다. 다윗의 집과 나라는 오랫동안 지속되다가 결국 끝나고 말았다. 영원한 것은 오직 메시야의 나라뿐이다. 그 정사와 평강의 더함이 무궁하며(사 9:7). 그가 만일 죄를 범하면(14절)이란 가정은 결코 메시야에게는 적용될 수 없고, 단지 그의 영적 씨에게만 적용될 수 있을 뿐이다. 참된 신자에게도 결함은 있으며, 따라서 그들은 고침을 받는 것을 예상해야만 한다. 그러나 그들은 결코 내어쫓김을 당하지는 않을 것이다. 언약 안에서의 어떤 범과(犯過)도 우리를 언약 밖으로 내어던지지는 못할 것이다.

(1) 이러한 메시지를 나단은 다윗에게 신실하게 전달했다(17절). 이러한 메시지는 다윗으로 하여금 성전을 건축하는 것을 금하는 것으로서 그 자신의 말과는 상치되는 것이었다. 그럼에도 불구하고 그는 이것이 하나님의 뜻임을 알았을 때 조금도 주저하지 않고 그대로 전했다.

(2) 이러한 약속들을 하나님은 적당한 때에 다윗과 그의 씨에게 이루셨다. 비록 다윗이 하나님을 위해 집을 지으려는 계획은 중단되었다 할지라도, 하나님이 그를 위해 집을 세우시겠다는 약속은 결코 중단되지 않았다. 하나님과 우리 사이의 언약은 바로 이와 같은 특성을 갖는다. 우리 쪽에는 많은 실패와 부족한 것들이 있다 할지라도, 하나님께는 어떠한 실패나 부족한 것도 없다.

[18] 다윗 왕이 여호와 앞에 들어가 앉아서 이르되 주 여호와여 나는 누구이오며 내 집은 무엇이기에 나를 여기까지 이르게 하셨나이까 [19] 주 여호와여 주께서 이것을 오히려 적게 여기시고 또 종의 집에 있을 먼 장래의 일까지도 말씀하셨나이다 주 여호와여 이것이 사람의 법이니이다 [20] 주 여호와는 주의 종을 아시오니 다윗이 다시 주께 무슨 말씀을 하오리이까 [21] 주의 말씀으로 말미암아 주의 뜻대로 이 모든 큰

일을 행하사 주의 종에게 알게 하셨나이다 ²²그런즉 주 여호와여 이러므로 주는 위대하시니 이는 우리 귀로 들은 대로는 주와 같은 이가 없고 주 외에는 신이 없음이니이다 ²³땅의 어느 한 나라가 주의 백성 이스라엘과 같으리이까 하나님이 가서 구속하사 자기 백성으로 삼아 주의 명성을 내시며 그들을 위하여 큰 일을, 주의 땅을 위하여 두려운 일을 애굽과 많은 나라들과 그의 신들에게서 구속하신 백성 앞에서 행하셨사오며 ²⁴주께서 주의 백성 이스라엘을 세우사 영원히 주의 백성으로 삼으셨사오니 여호와여 주께서 그들의 하나님이 되셨나이다 ²⁵여호와 하나님이여 이제 주의 종과 종의 집에 대하여 말씀하신 것을 영원히 세우셨사오며 말씀하신 대로 행하사 ²⁶사람이 영원히 주의 이름을 크게 높여 이르기를 만군의 여호와는 이스라엘의 하나님이라 하게 하옵시며 주의 종 다윗의 집이 주 앞에 견고하게 하옵소서 ²⁷만군의 여호와 이스라엘의 하나님이여 주의 종의 귀를 여시고 이르시기를 내가 너를 위하여 집을 세우리라 하셨으므로 주의 종이 이 기도로 주께 간구할 마음이 생겼나이다 ²⁸주 여호와여 오직 주는 하나님이시며 주의 말씀들이 참되시니이다 주께서 이 좋은 것을 주의 종에게 말씀하셨사오니 ²⁹이제 청하건대 종의 집에 복을 주사 주 앞에 영원히 있게 하옵소서 주 여호와께서 말씀하셨사오니 주의 종의 집이 영원히 복을 받게 하옵소서 하니라

우리는 여기에서 하나님께 대한 다윗의 장엄한 언사(言辭)를 보게 되는데, 그것은 하나님이 자신에게 주신 은혜로운 메시지에 대해 그가 응답하는 것이다. 그가 나단에게 뭐라고 말했는지에 대해서는 우리는 아무것도 듣지 못한다. 의심의 여지 없이 그는 나단을 하나님의 사신(使臣, messenger)으로서 매우 정중하게 맞이했을 것이다. 그러나 다윗은 하나님께 응답함에 있어 나단을 통해 하지 않고 자신이 직접 했다. 사역자들이 우리에게 하나님의 메시지를 전달할 때, 우리의 마음이 응답해야 하는 것은 그들에게가 아니라 하나님에게다. 하나님은 마음의 언어를 아시며, 우리는 그분께 담대히 나아갈 수 있다. 다윗은 메시지를 받자마자(다시 말해서 그 느낌이 아직 생생하게 살아 있는 동안) 즉시로 응답하기 위해 물러났다. 다음을 관찰하라.

I. 그가 물러난 장소. 다윗 왕이 여호와 앞에 들어가 앉아서(18절). 즉 그는 하나님의 임재의 상징인 언약궤가 놓여진 성막으로 가서, 그 앞에 스스로를 나타낸 것이다. 오늘날 하나님의 뜻은 우리가 어디에서든지 기도할 수 있다는 것이

다. 그러나 어디에서 기도하든, 우리는 우리 자신을 여호와 앞에 놓으며, 또 그분을 우리 앞에 놓아야만 한다.

Ⅱ. 그가 취한 자세. 그는 여호와 앞에 앉았다.

1. 이것은 그의 몸이 취한 자세를 나타낸다. 기도할 때 가장 적절한 자세는 분명 무릎을 꿇거나 일어서는 것이다. 그러나 여기의 예로부터 유대인들은 다음과 같이 말한다. "다윗 집의 왕들에게는 성전에서 앉는 것이 허용되었지만 다른 사람들에게는 허용되지 않았다." 그러나 이것이 기도함에 있어 앉은 자세를 통상적으로 사용하는 것을 정당화하지는 않는다(어떤 특별한 경우에는 허용될 수 있다 할지라도). 따라서 그것은 다윗이 들어가 여호와 앞에 자신의 자리를 취했다라고 읽혀질 수 있다. 그러나 기도할 때 그는 습관대로 일어섰을 것이다. 혹은 그것은 다윗이 들어가 여호와 앞에 계속 있었다를 의미하는 것일 수도 있다. 다시 말해서, 그가 기도하기에 앞서 얼마 동안 조용히 묵상하는 가운데 있음으로써 평소보다 오래 성막에 머물러 있었음을 의미하는 것일 수도 있다는 것이다.

2. 혹은 이것은 그의 영적 자세를 나타내는 것일는지도 모른다. 그는 여호와 앞에서 스스로를 정돈시켰다. 우리 역시도 하나님 앞에 나아갈 때 이와 같이 하여야 한다. 하나님이여 내 마음이 확정되었고 내 마음이 확정되었사오니(시 57:7).

Ⅲ. 그의 기도. 그의 기도는 하나님을 향한 경건한 감정의 숨결로 가득 차 있다.

1. 다윗은 자신과 자신의 공로에 대해 매우 겸손하게 말한다. 그의 언사(言辭)는 큰 놀람과 함께 시작된다: 주 여호와여 나는 누구이오며 내 집은 무엇이기에 나를 여기까지 이르게 하셨나이까(18절). 하나님은 다윗에게 그가 얼마나 미약한 자리에서 올림을 받았는가 하는 것을 일깨워 주셨고(8절), 이에 그는 동의한다. 그는 다음과 같은 것들에 대해 매우 겸손한 마음을 가졌다.

(1) 자신의 개인적인 공로: 나는 누구이오며? 그는 모든 면에서 매우 뛰어난 인물이었다. 그는 육체적으로나 정신적으로나 천부적인 특별한 재능을 가지고 있었다. 그는 은사(gifts)와 은혜(graces)에 있어 탁월했다. 그는 존귀하며, 어디를 가든지 승리하며, 너무나 유용한 사람이었다. 뿐만 아니라 자기 나라로부터는 사랑을 받으면서 원수들에게는 큰 두려움이 되는 사람이었다. 그럼에도

불구하고 하나님 앞에서 자신에 대해 말할 때, 그는 "내가 누구오니이까? 주목할 만한 가치조차 없는 자가 아니니이까?"라고 말한다.

(2) 자신의 가문의 공로: 내 집은 무엇이기에? 그의 집은 왕의 지파(royal tribe, 즉 유다지파) 출신이었으며, 그 지파의 족장으로부터 이어졌다. 뿐만 아니라 그는 나라의 최고의 가문들과 혼인관계로 맺어졌다. 그럼에도 불구하고 그는 기드온처럼 자신의 집은 유다 가운데 극히 약하며 자신은 아버지의 집에서 가장 작은 자라고 생각한다(삿 6:15). 사울의 딸과의 혼담이 있을 때에도 다윗은 이와 같이 스스로를 겸비케 했다(삼상 18:18). 그 때도 그랬을진대 지금은 더 그래야 할 충분한 이유를 가지고 있었다. 가장 크고 선한 사람이 가장 높은 자리에 앉아 있으면서도 스스로에 대해 낮고 비천한 마음을 갖는 것은 너무도 좋은 일이다. 왜냐하면 아무리 큰 자라 할지라도 벌레에 불과하며, 아무리 선한 자라 할지라도 역시 죄인에 불과하기 때문이다. 그리고 가장 높은 위치에 오른 자라 할지라도 그것은 모두 받은 것에 불과하기 때문이다. "내가 누구이기에 나를 여기까지 이르게 하셨나이까? 내가 누구이기에 나에게 왕권을 주시고 견고하게 하시며 모든 원수들로부터 안식을 주셨나이까?" 이것은 만일 하나님이 이에 이르게 하지 않았다면 그 스스로 이러한 자리에 이를 수 없었음을 시인하는 것이었다. 우리가 성취한 모든 것에 대하여, 우리는 그것을 하나님이 허락하신 것으로서 간주해야 한다.

2. 다윗은 하나님의 호의에 대하여는 매우 높고 존귀하게 말한다.

(1) 하나님이 자신을 위해 행하신 것에 대하여. "주께서 나를 여기까지 이르게 하셨나이다. 주께서 나를 이 큰 위엄과 통치권에 이르게 하시고, 여기까지 나를 도우셨나이다." 미래의 호의에 대하여는 아직 불확실함 가운데 남아 있다 할지라도, 우리는 지금까지 베풀어진 모든 호의에 대해 마땅히 감사를 드려야만 한다(행 26:22).

(2) 하나님이 자신에게 약속해 주신 것에 대하여. 이미 하나님은 그를 위해 위대한 일들을 행하셨다. 그러나 마치 그것들은 아무것도 아니라는 듯이 하나님은 더 많은 것을 행하시겠다고 약속하셨다(19절). 하나님이 자기 백성들에게 베풀어 주신 것이 많지만, 그러나 그들을 위해 쌓아 두신 것은 무한히 더 많다는 사실을 주목하라(시 31:19, 주를 두려워하는 자를 위하여 쌓아 두신 은혜 곧 주께 피하는 자를 위하여 인생 앞에 베푸신 은혜가 어찌 그리 큰지요). 성도들에게

베푸시는 현재의 은혜와 위로는 말할 수 없이 크다. 그러나 마치 이것들은 너무도 보잘것없다는 듯이 하나님은 장차 올 것이 훨씬 더 크다고 말씀하셨다. 이와 관련하여 우리는 다윗이 지금 그렇게 하는 것처럼 다음과 같은 사실들을 시인해야 한다.

[1] 그것은 우리가 기대하는 것을 훨씬 더 뛰어넘는다는 사실: 이것이 사람의 법이니이까?(한글개역개정판에는 이것이 사람의 법이니이다로 되어 있음). 다시 말해서,

첫째로, 어찌 사람이 창조주로부터 이와 같이 다루어지기를 기대할 수 있겠습니까? 이것이 아담의 법(law of Adam, 혹은 아담의 율법)이니이까? 사람의 특성과 상태를 고려하사 하나님이 그와 같이 사람을 다루시는 것은 너무도 놀라운 일이다. 사람은 보잘것없는 피조물이며, 따라서 격리의 율법(law of distance) 아래 있다. 사람은 무익한 존재이며, 따라서 무시와 간과의 율법(law of disesteem and disregard) 아래 있다. 사람은 죄를 범하고 가증스러우며, 따라서 사망과 저주의 율법(law of death and damnation) 아래 있다. 그러나 하나님이 사람을 다루시는 것은 이러한 아담의 법(law of Adam, 혹은 아담의 율법)과 얼마나 다른가? 사람은 비싼 값으로 산 바 되어 하나님께 가까이 나아오게 되었으며, 하나님과의 언약과 교제 속으로 들어오게 되었다. 어찌 이것을 생각이나 할 수 있겠나이까?

둘째로, 통상적으로 사람들이 피차 이와 같이 다룹니까? 결코 그렇지 않다. 우리 하나님의 방식은 사람의 법을 훨씬 뛰어넘는다. 비록 높은 곳에 계신다 할지라도 하나님은 낮은 곳을 주목하신다. 이것이 사람의 법이니이까? 비록 우리들에 의해 상함을 받으신다 할지라도, 그는 우리와 화해하기를 원하시며 또 은혜와 용서를 베푸시기를 원하신다. 이것이 사람의 법이니이까? 어떤 이들은 이것에 대해 다른 의미를 부여하면서 다음과 같이 읽는다: 이것이 사람 곧 주 여호와의 법이니이다. 다시 말해서, "그의 왕위가 영원히 견고케 되리라는 약속은 사람이면서 동시에 주 여호와인 자와 관련되는 것으로 이해되어야 하며, 이것은 바로 그 사람의 법이어야만 한다. 나의 허리로부터 나올 메시야는 사람이어야만 하며 동시에 영원히 다스리는 하나님이어야만 한다."

[2] 이것보다 우리가 더 바랄 수 있는 것은 아무것도 없다는 사실. "다윗이 다시 주께 무슨 말씀을 하오리이까(20절). 내가 무엇을 더 구하거나 바랄 수 있겠나

이까? 주 여호와는 주의 종을 아시오며, 무엇이 나를 복되게 하는지를 아시나이다. 주께서 내게 약속하신 것은 나를 복되게 하기에 충분하나이다." 그리스도의 약속은 모든 것을 포함한다. 만일 그 사람 곧 주 하나님이 우리의 것이라면, 우리가 무엇을 더 구하거나 생각할 수 있겠는가(엡 3:20). 은혜의 언약의 약속들은 우리를 아시는 그분에 의해 고안된 것이다. 따라서 그분은 우리의 모든 삶의 상황에서 우리가 그것을 어떻게 적용해야 할지를 아신다. 그는 우리를 아시되, 우리가 우리를 아는 것보다 더 잘 아신다. 그러므로 그가 우리를 위해 마련해 주신 것으로 만족하며 즐거워하자. 그가 우리를 위해 약속해 주신 것 외에 우리가 무엇을 더 구할 것이 있겠는가?

3. 다윗은 모든 것, 즉 하나님이 자신을 위해 행하신 위대한 일들과 하나님이 자신에게 알게 하신 위대한 일들을 하나님의 값없는 은혜에 돌린다(21절).

(1) 모든 것은 그의 말씀으로 말미암은 것이었다. 즉 모든 것은 영원한 말씀이신 그리스도로 말미암은 것이었다. 모든 것은 그의 공로에 기인한 것이다. 혹은 "모든 것은 당신의 약속의 말씀을 당신의 모든 이름 위에 높이기 위함이니이다."

(2) 모든 것은 그의 뜻대로 된 것이었다. 즉 모든 것은 그의 은혜로운 생각과 계획대로, 그리고 그의 기쁘심을 따라(ex mero motu) 된 것이었다. 옳소이다 이렇게 된 것이 아버지의 뜻이니이다(마 11:26). 하나님이 섭리 가운데 자기 백성을 위해 행하시며 또 약속 가운데 그들에게 확증하는 모든 것은 당신의 기쁨과 찬미를 위한, 다시 말해서 그의 뜻의 기쁨과 그의 말씀의 찬미를 위한 것이다.

4. 다윗은 하나님의 위대하심과 영광을 찬미한다(22절): 주 여호와여 주는 위대하시니 이는 주와 같은 이가 없음이니이다. 그에 대한 하나님의 은혜로운 낮추심과 하나님이 그에게 두신 존귀에도 불구하고 하나님의 위엄에 대한 그의 경외심과 숭앙심은 조금도 감소되지 않았다. 왜냐하면 누구든지 하나님께 가까이 나아가면 갈수록 그만큼 하나님의 영광을 더 잘 보게 되기 때문이다. 그리고 우리가 하나님의 눈에 사랑스러우면 사랑스러울수록 그만큼 더 하나님은 우리의 눈에 크게 보이는 법이다. 그러므로 우리는 하나님과 관련하여 다음과 같은 것들을 인정해야 한다. 즉 그와 같은 존재는 없으며, 그 외에 다른 신도 없으며, 우리가 그의 권능과 선하심에 대해 우리 눈으로 본 것은 우리의 귀로 들은 모든 것과 일치되며, 우리가 들은 것은 절반도 되지 않는다는 사실 말이

다.

5. 다윗은 하나님의 이스라엘에 대하여 큰 경의를 표한다(23, 24절). 신들 가운데 여호와와 비견할 신이 없듯이, 열방 가운데 이스라엘과 비견할 나라가 없다.

(1) 하나님이 이스라엘을 위해 행하신 일들을 감안할 때 그러하다. 하나님은 가셔서 그들을 구속하셨으며, 그들을 위하여 큰 일을 이루셨다. 하나님들이 가셨다(혹은 신들이 가셨다, Gods went). 창조의 일과 관련하여 "우리가 사람을 만들자"라고 말씀하실 때와 같이, 구속의 일에 관하여도 거룩한 삼위일체의 각 위께서 서로 의논과 협력을 하는 것처럼 묘사된다. 하나님은 자기 백성들에게로 가셔서 그들을 구속하셨다. 여기에서 묘사된 이스라엘의 구속은 그리스도에 의한 우리의 구속의 모형이었는데, 특별히 다음과 같은 점에서 그러하다.

[1] 그들이 열방과 그 신들로부터 구속을 받았다는 점에서. 이와 같이 우리는 모든 불법과 이 세상을 좇는 모든 것으로부터 구속을 받았다. 그리스도는 자기 백성들을 그들의 죄로부터 구원하기 위해 오셨다.

[2] 그들이 구속받아 하나님의 특별한 백성이 되었다는 점에서. 그들은 하나님께 대하여 거룩하여지고 받으심직하게 되었다. 그럼으로써 하나님은 자신의 이름을 위대하게 하시고 그들을 위해 위대한 일들을 행하셨다. 하나님의 영광과 성도들의 영원한 행복, 바로 이것이 구속의 두 가지 목적이다.

(2) 하나님이 이스라엘과 맺으신 언약을 감안할 때 그러하다(24절). 그것은

[1] 상호적이다. "그들은 주께 백성이 되고 주는 그들에게 하나님이 되셨나이다. 그들의 모든 것은 주께 성별되고 주의 모든 속성은 그들과 관계되나이다."

[2] 불변적이다. "주께서 그들을 견고케 하셨나이다." 언약을 세운 자가 그 언약을 영원히 굳게 하실 것이다.

6. 다윗은 하나님께 대한 겸손한 탄원과 함께 자신의 기도를 끝맺는다.

(1) 그는 하나님이 자신에게 주신 메시지에 기초하여 탄원을 올린다(27절): 주께서 이것을 주의 종에게 계시하셨나이다(thou hast revealed to thy servant〈KJV〉, 한글개역개정판에는 주께서 주의 종의 귀를 여시고라고 되어 있음). 다시 말해서, "주께서 주의 선한 뜻 가운데 나를 위해 집을 세우리라는 약속을 주셨나이다. 그것이 아니었다면 이와 같은 기도를 할 마음을 가질 수 없었을 것이니이다. 주의 약속으로 인해 고무되지 않았다면 내가 어찌 이렇게 큰

일을 간구할 수 있었겠나이까? 그것은 실로 내가 구하기에는 너무도 큰 것이오나, 주께는 어찌 큰 일이겠나이까? 주의 종이 이 기도로 주께 간구할 마음이 생겼나이다." 원문과 70인역 또한 이와 같이 되어 있다. 많은 사람들은 기도할 때 무언가를 찾고 구하면서 기도한다. 그러나 그의 마음은 확정되어 있었으며, 모든 혼잡한 생각으로부터 떨어져 있었으며, 자신이 마땅히 해야 할 일에 전적으로 집중되어 있었다. 단지 입술에서 나오는 기도는 하나님을 기쁘시게 하지 못할 것이다. 오직 마음에서 나오는 기도라야 한다. 그의 마음은 하나님 앞에 들려지고 부어졌다. 내 아들아 하나님께 네 마음을 드릴지어다.

(2) 그는 자신의 믿음을 굳게 하면서, 하나님의 약속이 그대로 이루어지기를 소망한다(28절). "오직 주는 하나님이시며(주는 그분이시며, 그 하나님이시며, 만군의 여호와시며, 이스라엘의 하나님이시며, 그 모든 말씀이 참되신 하나님이시며, 사람이 의지할 수 있는 하나님이시니이다) 주께서 이 좋은 것을 주의 종에게 말씀하셨사오니, 그러므로 내가 담대히 간구하나이다."

(3) 그는 거기서부터 자신의 기도의 내용을 끌어온다.

[1] 그는 하나님의 약속이 이루어지기를 기도한다(25절). "그 말씀이 내게 이루어지게 하소서. 주께서 내게 소망을 가지게 하셨나이다(시 119:49). 그리고 주께서 말씀하신 대로 행하시옵소서. 내가 더 많은 것을 바라지 않으며 더 작은 것을 기대하지 않노니 그 약속이 너무도 충족하며 확실하기 때문이니이다." 이와 같이 우리는 하나님의 약속들을 기도로 돌려야 한다. 그럴 때 그러한 약속들은 그대로 이루어질 것이다. 왜냐하면 하나님께는 말과 행동이 둘이 아니기 때문이다(사람에게는 종종 그런 경우가 있지만). 하나님은 자신이 말씀하신 대로 행하실 것이다.

[2] 그는 하나님의 이름이 영화롭게 되기를 기도한다(26절): 주의 이름이 영원히 높여지게 하옵소서. 바로 이것이 우리의 모든 기도의 요체와 핵심이 되어야 하며 또한 알파와 오메가가 되어야 한다. "이름이 거룩히 여김을 받으시오며"로 시작하여 "영광이 아버지께 영원히 있사옵나이다"로 끝내라. "나는 높아지든지 낮아지든지 상관없이, 주의 이름이 영원히 높여지게 하옵소서." 또한 다윗은 만군의 여호와는 이스라엘의 하나님이라고 말하는 것보다 하나님의 이름을 더 높이는 것은 아무것도 없다고 생각한다. 이것은 이스라엘의 하나님이 만군의 여호와이며, 만군의 여호와가 바로 이스라엘을 다스리는 하나님임을 나타내는 것이다.

만군의 여호와로나 이스라엘의 하나님으로나, 그의 이름이 영원히 높여지게 하옵소서. 모든 피조물과 모든 교회들로 하여금 이와 같은 두 가지(만군의 여호와와 이스라엘의 하나님)로 그분께 영광을 돌리게 하라. 다윗이 하나님의 약속이 이루어지기를 열망한 것은 자신의 이름이 아니라 하나님의 이름이 존귀케 되기를 위해서였다. 다윗의 자손도 이와 같이 기도했다: 아버지여, 아버지의 이름을 영광스럽게 하옵소서(요 12:28) 그리고 아들을 영화롭게 하사 아들로 아버지를 영화롭게 하게 하옵소서(요 17:1).

[3] 그는 자신의 집을 위해 기도한다.

첫째로, 자신의 집에 복을 주시기를 위하여(29절): 종의 집에 복을 주사 그리고 또다시 주의 종의 집이 영원히 복을 받게 하옵소서. "주의 종의 집으로 하여금 진실로 그리고 영원히 복되게 하옵소서. 주께서 복되게 하시는 자들이 정말로 복을 받게 하옵소서." 선한 자는 자신의 가정에 대해 큰 관심을 기울이는 법이다. 그리고 가정에 대한 최고의 유산은 하나님의 축복이다. 그가 이와 같이 반복적으로 간청한 것은 결코 쓸데없는 것이 아니었다. 그것은 하나님의 축복이 얼마나 귀한 것인지를 나타내면서 동시에 자신이 그것을 얼마나 진지하게 열망하고 있는지를 표현하는 것이었다. 자신의 집이 하나님의 복을 받는 것은 그에게 있어 가장 중요한 일이었다.

둘째로, 그 복이 계속되기를 위하여: 주의 종 다윗의 집이 주 앞에 견고하게 하옵소서(26절), 그리고 주의 종의 집이 영원히 복을 받게 하옵소서(29절). 1. 그는 왕권이 끊어지지 않고 계속해서 자신의 집에 머물기를 기도한다. 그는 자신의 후손들도 하나님 앞에서 행하기를 소망하는데, 바로 그것이 그들의 견고함이 될 것이었다. 2. 그는 자신의 나라가 메시야의 나라 안에서 완전함과 영속성을 갖게 되기를 기도한다. 그리스도께서 하나님의 보좌 우편에 영원히 앉으셨을 때(히 10:12), 그리고 그의 씨와 보좌가 하늘의 날들(days of heaven)처럼 될 것이란 확증을 받았을 때, 자신의 씨에 대한 다윗의 이와 같은 기도 즉 주의 종 다윗의 집이 주 앞에 견고하게 하옵소서란 기도는 충분히 응답된 것이었다. 시편 72:17을 보라(그의 이름이 영구함이여 그의 이름이 해와 같이 장구하리로다 사람들이 그로 말미암아 복을 받으리니 모든 민족이 다 그를 복되다 하리로다). 메시야의 나라의 영속성은 모든 선한 백성들의 열망이요 믿음이다.

제
— 8 —
장

개요

다윗은 하나님의 나라와 그의 의를 먼저 구하여, 자신이 어느 정도 안정되자마자 하나님의 궤를 자신의 도성으로 가져왔다. 이제 우리는 여기에서 다른 모든 것들이 그에게 더하여지는 것을 보게 된다. 본 장의 내용은 다음과 같다. I. 그의 승리의 이야기. 그는 1. 블레셋 사람들에 대하여(1절), 2. 모압 사람들에 대하여(2절), 3. 소바 왕에 대하여(3, 4절). 4. 수리아 사람들에 대하여(5-8, 13절), 5. 에돔 사람들에 대하여(14절) 승리를 거둔다. II. 그에게 드려진 예물들과 그가 정복한 나라들로부터 얻은 부(富)에 관한 이야기, 그리고 그는 이것을 하나님께 봉헌한다(9-12절). III. 그의 통치(15절)와 주요 고관들(16-18절)에 관한 이야기. 우리는 이를 통해 그의 통치시대에 이스라엘이 얼마나 흥성(興盛)했는지를 보게 된다.

¹그 후에 다윗이 블레셋 사람들을 쳐서 항복을 받고 블레셋 사람들의 손에서 메덱암마를 빼앗으니라 ²다윗이 또 모압을 쳐서 그들로 땅에 엎드리게 하고 줄로 재어 그 두 줄 길이의 사람은 죽이고 한 줄 길이의 사람은 살리니 모압 사람들이 다윗의 종들이 되어 조공을 드리니라 ³르홉의 아들 소바 왕 하닷에셀이 자기 권세를 회복하려고 유브라데 강으로 갈 때에 다윗이 그를 쳐서 ⁴그에게서 마병 천칠백 명과 보병 이만 명을 사로잡고 병거 일백 대의 말만 남기고 다윗이 그 외의 병거의 말은 다 발의 힘줄을 끊었더니 ⁵다메섹의 아람 사람들이 소바 왕 하닷에셀을 도우러 온지라 다윗이 아람 사람 이만 이천 명을 죽이고 ⁶다윗이 다메섹 아람에 수비대를 두매 아람 사람이 다윗의 종이 되어 조공을 바치니라 다윗이 어디로 가든지 여호와께서 이기게 하시니라 ⁷다윗이 하닷에셀의 신복들이 가진 금 방패를 빼앗아 예루살렘으로 가져오고 ⁸ 또 다윗 왕이 하닷에셀의 고을 베다와 베로대에서 매우 많은 놋을 빼앗으니라

하나님은 다윗에게, 그를 대적하는 모든 원수들로부터 안식을 주셨

다. 이제 다윗은 하나님으로부터 그들과 더불어 전쟁을 수행하라는 임무를 부여받고, 이스라엘이 받은 고통에 대해 복수하면서 동시에 스스로의 권리를 되찾기 위해 공격적으로 행동한다. 왜냐하면 아직까지 이스라엘은 하나님의 약속에 의해 주어진 땅을 완전히 차지하지 못하고 있었기 때문이었다.

I. 다윗은 블레셋 사람들을 완전히 굴복시켰다(1절).   블레셋 사람들은 다윗의 힘이 아직 약하다고 생각했을 때 곧바로 공격을 가했었는데(5:17), 그 때 다윗은 큰 곤경에 빠지지 않을 수 없었다. 그러나 이제 다윗은 강성해졌으므로, 그들에게 공격을 가하여 그들의 땅을 취했다. 블레셋은 오랫동안 이스라엘에게 압제와 포악을 가했으며, 그것은 사울 때에도 마찬가지였다. 그러나 이제 다윗은 블레셋의 손으로부터 이스라엘을 구원하는 일을 완결(完結)한다 — 이것은 오래 전에 삼손이 시작한 일이었다(삿 13:5). 메덱암마는 가드(블레셋의 왕도)와 거기에 부속된 마을들을 포함하는 지역이었다. 암마 산(2:24)에는 블레셋 사람들이 지키는 수비대(守備隊)가 상주해 있었는데, 그것은 이스라엘 백성에게 메덱 즉 멍에 혹은 굴레였다. 다윗은 이것을 그들의 손으로부터 빼앗아 그들을 속박하는 멍에로 사용하였다. 이와 같이 강한 자가 무장해제되면, 그가 의지하던 무장은 이제 그를 치는데 사용되게 된다(눅 11:22, 더 강한 자가 와서 그를 굴복시킬 때에는 그가 믿던 무장을 빼앗고 그의 재물을 나누느니라). 성도들과 어둠의 권세들 사이의 오랜 동안의 다툼 후에(마치 이스라엘과 블레셋 사이의 다툼처럼), 마침내 다윗의 자손이 그들을 밟고 성도들에게 승리를 주실 것이다.

II. 다윗은 모압을 쳐서 그들로 하여금 이스라엘에게 조공을 바치도록 했다(2절).   그는 모압을 세 부분으로 나누어, 그 가운데 두 부분은 칼로 진멸하고 한 부분은 남겨두어 땅을 갈고 이스라엘의 종이 되도록 만들었다. 라이트푸트 박사(Dr. Lightfoot)는 말한다. "그가 모압 사람들을 땅에 엎드리게 하고, 누구를 죽이고 누구를 살릴 것인지 줄로 재었다." 바로 이것이 '숙곳 골짜기의 측량'이다(시 60:6, 하나님이 그의 거룩하심으로 말씀하시되 내가 뛰놀리라 내가 세겜을 나누며 숙곳 골짜기를 측량하리라). 유대인들은 다윗이 그들에게 이토록 가혹하게 대한 것은 그가 사울에게 쫓겨 도망다니는 동안 자신의 부모와 형제들을 모압 왕의 보호 아래 두었는데(삼상 22:3, 4) 그 때 그들이 그의 부모와 형제들을 죽였기 때문이라고 말한다. 다윗은 공의(公義)로써 이 일을 행했다. 왜냐하면 그들은 하나님의 이스라엘에게 위험한 원수였기 때문이었다. 또한 그 일은 전략적인 행동이었다. 왜냐하면 만일 그냥 내버려 둔다면 그들은 더 강성해질 것이었기 때문이다. 그러나 비록 3분의 2는 진멸해야 할 필요가 있었다 할지라도 살리는 줄이 있었다는 사실을 주목하라. 그 길이를 충분히 늘임으로써, 자비의 줄로 하여금 최대한 뻗어나가게 하자. 살림의 행동은 호의(好意)를 확대하는 것으로 이해되어야만 한다. 이렇게 하여 발람의 예언이 이루어졌다. "한 홀이 이스라엘에게서 일어나서, 죽음의 줄이 뻗어 있는 데까지 모압의 모퉁이들을 칠 것이라"(민 24:17). 모압 사람들은 아합이 죽을 때까지 계속해서 이스라엘에게 조공을 바쳤다(왕하 3:4, 5). 그러나 그 후 그들은 반란을 일으켰고, 이후 이스라엘은 더 이상 그들을 정복하지 못했다.

Ⅲ. 다윗은 수리아 사람들 혹은 아람 사람들을 쳤다.   우리가 시편 60편의 표제에서 볼 수 있는 것처럼 그 지역에는 서로 별개의 두 나라가 있었다: 다메섹을 도성으로 하는 아람 나하라임 곧 강들의 수리아(syria of rivers, 다메섹은 그 안에 흐르는 강들로 유명했다, 왕하 5:12)와, 그것과 인접해 있으면서 그러나 유브라데까지 뻗어 있었던 아람 소바. 이것이 이스라엘 북쪽에 있었던 두 나라였다.

1. 다윗은 소바의 아람 사람들부터 치기 시작했다(3, 4절). 다윗이 이스라엘의 경계를 유브라데 강으로 확정하려고 하자(왜냐하면 하나님이 아브라함과 그의 씨에게 허락하신 땅이 바로 여기까지였기 때문이다, 창 15:18), 소바의 왕은 이스라엘에게 속한 이러한 지역들을 자신이 점령하고 있었으므로 이에 대항했다. 그러나 다윗은 그의 군대를 패퇴시킴으로써, 그의 병거들을 포획하고 마병(馬兵)들을 사로잡았다. 사로잡은 마병이 여기에서는 700명으로 언급되어 있지만(KJV; 한글개역개정판에는 1,700명으로 되어 있음), 역대상 18:4에는 7,000명으로 언급된다. 만일 그들이 마병을 열 명 단위로 편성했다면(아마도 그렇게 했을 가능성이 높아 보인다), 마병 전체는 7,000명일지라도 마병 소대(小隊)와 소대장(小隊長)은 700이 될 것이다. 다윗은 말을 많이 두지 말라는 말씀에 따라(신 17:16) 그것들의 발의 힘줄을 끊음으로써 최소한 전쟁에는 사용하지 못하도록 했다. 다윗은 일천 개의 병거 가운데 자신이 쓸 것 백 개만을 남겨두었는데, 그렇게 한 것은 그가 자신의 힘을 병거나 말이 아니라 살아계신 하나님께 두었기 때문이었다(시 20:7, 어떤 사람은 병거, 어떤 사람은 말을 의지하

나 우리는 여호와 우리 하나님의 이름을 자랑하리로다). 또한 다윗은 자신의 경험으로부터 "구원하는 데에 군마는 헛되다"고 썼다(시 33:16, 17).

2. 이에 다메섹의 아람 사람들이 소바 왕을 구하기 위해 왔지만, 그들 역시도 다윗의 손에 패퇴를 당했다. 그들 가운데 죽음을 당한 자의 수가 22,000명에 이르렀다(5절). 이렇게 하여 다윗은 그 지역을 점령하고 그 곳에 수비대를 두었다(6절). 이와 같이 하나님의 교회의 원수들은 서로 연합함으로써 스스로 안전하다고 생각하지만 결국 멸망에 이르게 되고 말 것이다. 너희가 연합해 보아라 그러나 산산조각이 나리라(사 8:9, associate yourselves and ye shall be broken in pieces〈KJV〉, 한글개역개정판에는 함성을 질러 보아라 그러나 끝내 패망하리라로 되어 있음).

IV. 이 모든 전쟁에서

1. 다윗은 보호를 받았다: 다윗이 어디로 가든지 여호와께서 보호하셨더라(14절, preserved〈KJV〉, 한글개역개정판에는 이기게 하셨더라로 되어 있음). 아마도 그는 하나님과 이스라엘을 위해 위험을 무릅쓰고 직접 전쟁터에 나간 것으로 보인다. 그러나 하나님은 싸움의 날에 그의 머리를 가려 주셨고, 그는 종종 자신의 시편에서 이것을 말하며 하나님께 영광을 돌렸다.

2. 다윗은 부요해졌다. 그는 하닷에셀의 신복들이 가진 금 방패와(7절) 수리아의 여러 성읍들로부터 매우 많은 놋을(8절) 빼앗았다. 다윗이 이와 같이 할 수 있는 권리를 가진 것은 전쟁에서 승리했기 때문일 뿐만 아니라 또한 하늘의 위임 즉 하나님이 약속 가운데 이러한 지역들을 아브라함의 씨에게 주셨기 때문이었다.

⁹ 하맛 왕 도이가 다윗이 하닷에셀의 온 군대를 쳐서 무찔렀다 함을 듣고 ¹⁰도이가 그의 아들 요람을 보내 다윗 왕에게 문안하고 축복하게 하니 이는 하닷에셀이 도이와 더불어 전쟁이 있던 터에 다윗이 하닷에셀을 쳐서 무찌름이라 요람이 은 그릇과 금 그릇과 놋 그릇을 가지고 온지라 ¹¹다윗 왕이 그것도 여호와께 드리되 그가 정복한 모든 나라에서 얻은 은금 ¹²곧 아람과 모압과 암몬 자손과 블레셋 사람과 아말렉에게서 얻은 것들과 소바 왕 르홉의 아들 하닷에셀에게서 노략한 것과 같이 드리니라 ¹³다윗이 소금 골짜기에서 에돔 사람 만 팔천 명을 쳐죽이고 돌아와서 명성을 떨치니라 ¹⁴다윗이 에돔에 수비대를 두되 온 에돔에 수비대를 두니 에돔 사람

이 다 다윗의 종이 되니라 다윗이 어디로 가든지 여호와께서 이기게 하셨더라

1. 하맛 왕이 다윗에게 예물을 바침. 아마도 하맛 왕은 이 때 소바 왕과 전쟁을 벌이고 있었던 것으로 보인다. 그는 다윗이 자신의 원수인 소바 왕 하닷에셀에게 승리를 거두었다는 소식을 듣고 자신의 아들을 다윗에게 사신으로 보냈다(9, 10절). 그렇게 하여 다윗의 승리를 축하하고, 자신의 원수를 무찔러 준 은혜에 대해 감사를 표하면서, 그의 호의를 구하고자 하였다. 그는 이와 같은 방식으로 스스로를 지키고자 하였는데, 다윗으로서도 이러한 작은 나라를 자신의 보호 아래 둔다고 하여 잃을 것은 아무것도 없었다. 로마제국도 이와 비슷한 정책을 사용했었다. 이와 같이 다윗은 정복한 나라들로부터 탈취한 노략물과 여러 나라들로부터 받은 조공과 예물(금 그릇과 은 그릇)로 크게 부요하게 되었다. 강제로 탈취하는 것보다 스스로 가져오는 것이 더 나은 법이다.

2. 다윗이 노략물과 각종 예물들을 하나님께 드림. 그는 모든 것을 여호와께 드렸다(11, 12절). 이로 인해 그의 승리는 더욱 빛나게 되었다. 그의 승리는 알렉산더나 가이사가 얻은 승리보다 더욱 빛났는데, 그것은 그들이 자신의 영광을 구한 반면 다윗은 하나님의 영광을 구했기 때문이었다. 그가 얻은 모든 귀중품들은 '바쳐진 것'(dedicated things), 즉 성전을 건축하기 위해 계획된 것이었다. 그리고 성전이 이방 나라들로부터 얻은 노략물과 예물로 건축되는 것은 때가 차매 이방인들에게 은혜가 베풀어질 것과 하나님의 집이 만민(모든 나라의 백성)의 기도하는 집이 될 것에 대한 좋은 징조였다. 또한 여기에서 우리는 "땅의 왕들이 자기 영광과 존귀를 가지고 새 예루살렘으로 들어갈" 것이 암시되어 있는 것을 발견한다(계 21:24). 다윗은 그들의 금 신상들은 태워버렸지만(5:21) 금 그릇들은 봉헌했다. 이와 같이 다윗의 자손의 은혜로 인해 영혼을 정복함에 있어, 하나님을 대적하는 것은 파괴되어야 하지만(우리는 육체의 정욕을 십자가에 못 박아야 한다) 그러나 그분을 영화롭게 할 수 있는 것은 봉헌되어야(드려져야) 한다. 심지어 무역하는 상품과 이익까지도 여호와께 거룩한 것으로서 드려져야 하며(사 23:18, 그 무역한 것과 이익을 거룩히 여호와께 돌리고), 수익(gain)도 온 땅의 주께 성별되어야 한다(미 4:13, 한글개역개정판에는 '재물'이라고 되어 있음). 그렇게 할 때 그것은 진정으로 그리고 완전하게 우리의 것이 된다.

3. 다윗이 수리아 사람들 및 그들과 동맹한 에돔 사람들에게 승리를 거둠으로써 명성을 떨침(13절). 이 때 기록된 시편 60장의 표제와 여기의 13절과 비교함으로써, 우리는 그들이 서로 연합하여 다윗과 싸운 것을 알 수 있다. 그는 명성을 떨쳤다. 다시 말해서, 그는 모든 행동과 용기에 있어 위대한 장군으로 칭송되었다. 더욱이 그에게는 특별한 점이 있었는데, 그것은 이러한 승리를 통해 그에게 돌려진 많은 존귀를 그가 온전히 하나님께 돌렸다는 사실이다(이 때 기록된 시편 60:12에서 우리는 그러한 사실을 볼 수 있다: 우리가 하나님을 의지하고 용감하게 행하리니 그는 우리의 대적을 밟으실 이심이로다). 우리가 용감하게 행동할 수 있는 것도 결국 하나님으로 말미암는 것이다.

4. 에돔에 대한 다윗의 승리. 그들은 모두 다윗의 종이 되었다(14절). 이렇게 하여 야곱이 에서의 주가 되리라는 이삭의 축복이 이루어지게 되었다(창 27:37-40). 그리고 에돔 사람들은 여호람의 때에 반란을 일으킬 때까지(대하 21:8) ─ 마치 모압 사람들이 이스라엘의 왕들에게 조공을 드렸던 것처럼 ─ 유다의 왕들에게 오랫동안 조공을 드렸다. 이와 같이 에돔 사람들이 반란을 일으킨 것은 "네 목에서 멍에를 떨쳐버리게 될 것"이라는 이삭의 예언대로 된 것이었다(창 27:40). 다윗은 이러한 승리들을 통해,

(1) 자신의 아들에게 평화를 확보해 주었다. 그럼으로써 솔로몬은 성전을 건축할 수 있는 시간을 가질 수 있게 되었다.

(2) 자신의 아들을 위해 부를 축적했다. 그럼으로써 솔로몬은 그것으로 성전을 건축할 수 있었다.

하나님은 자신의 종들을 여러 가지로 사용하신다. 어떤 이는 영적 전쟁을 수행하는 일에 사용하시며, 또 어떤 이는 영적 집을 건축하는 일에 사용하신다. 또 어떤 이는 다른 사람이 할 일을 미리 준비하는 일에 사용되기도 하는데, 하나님은 모두를 통해 영광을 받으신다. 다윗의 모든 승리는 사탄의 나라에 대한 복음의 승리의 모형이다. 이러한 싸움에서 다윗의 자손은 말 타고 앞서 나가, 정복하고 또 정복하며, 대적하는 모든 정사와 권세를 완전히 파할 때까지 다스리실 것이다. 그리고 그는 ─ 마치 다윗처럼(2절) ─ 죽이는 줄과 살리는 줄을 갖고 계신다. 왜냐하면 동일한 복음이 어떤 사람들에게는 생명에 이르는 생명의 냄새인 반면 다른 사람들에게는 사망에 이르는 사망의 냄새이기 때문이다.

¹⁵다윗이 온 이스라엘을 다스려 다윗이 모든 백성에게 정의와 공의를 행할새 ¹⁶스루야의 아들 요압은 군사령관이 되고 아힐룻의 아들 여호사밧은 사관이 되고 ¹⁷아히둡의 아들 사독과 아비아달의 아들 아히멜렉은 제사장이 되고 스라야는 서기관이 되고 ¹⁸ 여호야다의 아들 브나야는 그렛 사람과 블렛 사람을 관할하고 다윗의 아들들은 대신들이 되니라

다윗은 밖에서의 전쟁을 수행하는 일에 열과 성을 다했다. 그러나 그로 인해 그가 내적인 통치와 행정을 게을리한 것은 결코 아니었다.

I. 다윗의 통치는 그의 나라 전체에 펼쳐졌다. 다윗이 온 이스라엘을 다스려(15절). 다윗은 모든 지파들을 다스릴 권세를 가졌고, 실제로 그렇게 했다. 그들은 모두 그의 보호 아래 평안을 누렸고, 그의 선정(善政)의 열매를 나누었다.

II. 다윗은 편벽되지 않은 손으로 공의를 행했다. 다윗이 모든 백성에게 정의와 공의를 행할새. 그는 악을 행하지 않았을 뿐만 아니라 또한 선을 행하는 것을 거부하거나 지연시키지 않았다.

1. 이것은 그가 자신의 직무를 매우 성실하고 부지런하게 수행했음을 의미한다. 자신에게 향하는 모든 청원과 호소에 대해 그는 기꺼이 받아들일 준비가 되어 있었다. 모든 백성들은 — 심지어 가장 비천한 자나 혹은 가장 비천한 지파 출신의 사람까지도 — 적절한 기관에 나아가 자신들의 사정을 호소할 수 있었다.

2. 이것은 또한 그가 공의를 시행함에 있어 공정하며 공평했음을 의미한다. 그는 재판을 행함에 있어 감정에 치우친다든지 혹은 개인적인 친분관계 등으로 인해 결코 공의를 굽히지 않았다. 이 점에서 그는 신실하며 진실하신, 그리고 심판하는 일과 싸우는 일에 있어 공의로 행하시는 그리스도의 모형이었다(계 19:11, 그 이름은 충신과 진실이라 그가 공의로 심판하며 싸우더라). 시편 72편 1절과 2절을 보라(하나님이여 주의 판단력을 왕에게 주시고 주의 공의를 왕의 아들에게 주소서 그가 주의 백성을 공의로 재판하며 주의 가난한 자를 정의로 재판하리니).

III. 다윗은 궁중에 여러 관료들을 세움으로써 질서를 유지했다. 다윗은 안정적인 통치체제를 확립한 첫 번째 왕이었다(사울의 통치는 짧고 불안정했다). 사울의 때에 우리는 아브넬이 가지고 있었던 군대장관의 관직 외에는 어떤 다

른 고위 관직도 보지 못한다. 그러나 다윗은 더 많은 고위 관료들을 임명했다.

1. 군사령관에는 요압이, 그리고 그렛 사람들과 블렛 사람들을 관할하는 자로는 브나야가 임명되었다. 아마도 이들(그렛 사람들과 블렛 사람들)은 일종의 시민군이거나(갈대아 역본은 이들을 활쏘는 자들과 창던지는 자들이라고 읽는다) 혹은 그보다도 왕을 호위하는 호위대나 상비군이었을 것이다. 아마도 요압과 브나야는 공의를 시행하는 일과 공적 평안을 유지하는 일을 도왔을 것이다. 그리고 우리는 열왕기상 1장에서 이들이 솔로몬을 왕으로 선포하는 것을 보게 된다(38절).

2. 종교 분야를 관장하는 두 사람의 관료가 있었는데, 그들은 제사장 사독과 아히멜렉이었다. 이들은 대제사장 아비아달 밑에서 제사장의 일을 수행할 것이었다.

3. 또한 두 사람의 공적 관료가 있었다. 한 사람은 사관으로서 왕으로 하여금 그 때 그 때 해야 할 일을 알려 주는 일을 맡았으며, 또 한 사람은 서기관으로서 공적 질서를 바로잡고 시급한 사건들을 처리하며 판결문을 기록하는 일을 맡았다.

4. 다윗의 아들들은 직무를 수행할 수 있을 정도로 자랐을 때 대신들이 되었다. 그들은 각자 재능에 따라 왕실이나 군대 혹은 재판정에서 자신들에게 부여된 임무를 수행했다. 그들은 왕 주위에서 왕을 모시는 일을 함으로써 항상 다윗의 눈 앞에 있을 수 있었다(대상 18:17은 그들을 '왕을 모시는 사람들의 우두머리'라고 표현한다). 우리 주 예수께서도 자신의 영광과 공동체의 선을 위해 자신의 나라 안에서 여러 직분자들을 임명하셨다. 하늘로 승천하실 때 이러한 은사들을 주시면서(엡 4:8-11), 그는 모든 사람들로 하여금 자신의 일을 하도록 하셨다(막 13:34). 다윗은 자신의 아들들을 대신으로 삼았다. 그러나 그리스도의 영적 씨인 모든 신자들은 더 좋은 자리에 세움을 받았다. 다시 말해서, 그들은 하나님을 위하여 왕과 제사장으로 세움을 받은 것이다(계 1:6).

제 9 장

개요

본 장에는 오직 하나의 이야기만 기록되어 있는데, 그것은 다윗이 요나단을 위해 그의 씨에게 은혜를 베푸는 이야기이다. I. 다윗이 사울의 집에 남은 자가 있는지 묻고, 그로 인해 므비보셋을 찾아냄(1-4절). II. 므비보셋이 나아오자 다윗이 그를 따뜻하게 맞이함(5-8절). III. 다윗이 그와 그의 집을 위해 풍성한 재물을 베풂(9-13절).

[1]다윗이 이르되 사울의 집에 아직도 남은 사람이 있느냐 내가 요나단으로 말미암아 그 사람에게 은총을 베풀리라 하니라 [2]사울의 집에는 종 한 사람이 있으니 그의 이름은 시바라 그를 다윗의 앞으로 부르매 왕이 그에게 말하되 네가 시바냐 하니 이르되 당신의 종이니이다 하니라 [3]왕이 이르되 사울의 집에 아직도 남은 사람이 없느냐 내가 그 사람에게 하나님의 은총을 베풀고자 하노라 하니 시바가 왕께 아뢰되 요나단의 아들 하나가 있는데 다리 저는 자니이다 하니라 [4]왕이 그에게 말하되 그가 어디 있느냐 하니 시바가 왕께 아뢰되 로드발 암미엘의 아들 마길의 집에 있나이다 하니라 [5]다윗 왕이 사람을 보내어 로드발 암미엘의 아들 마길의 집에서 그를 데려오니 [6]사울의 손자 요나단의 아들 므비보셋이 다윗에게 나아와 그 앞에 엎드려 절하매 다윗이 이르되 므비보셋이여 하니 그가 이르기를 보소서 당신의 종이니이다 [7]다윗이 그에게 이르되 무서워하지 말라 내가 반드시 네 아버지 요나단으로 말미암아 네게 은총을 베풀리라 내가 네 할아버지 사울의 모든 밭을 다 네게 도로 주겠고 또 너는 항상 내 상에서 떡을 먹을지니라 하니 [8]그가 절하여 이르되 이 종이 무엇이기에 왕께서 죽은 개 같은 나를 돌아보시나이까 하니라

I. 다윗이 사울의 집에 남은 자가 있는지 물음(1절). 이것은 그가 보좌에 오르고 난 후 상당한 시간이 흐른 뒤의 일이었다. 왜냐하면 사울이 죽었을 때 므비보셋의 나이가 다섯 살이었는데, 지금은 아들을 둔 것으로 나타나고 있기 때문이다(12절). 다윗은 너무나 오랫동안 요나단에 대한 은의(恩誼)를 잊고 있었

다가, 마침내 지금 그러한 은의를 떠올렸다. 때때로 마땅히 지켜야 하는 어떤 약속이나 책임에 대하여 혹시 우리가 게을리하고 있는 것은 없는지 스스로 돌아보는 것은 참으로 좋은 일이다. 아예 지키지 않는 것보다는 늦게라도 지키는 것이 훨씬 낫다. 다윗의 생애에 대해 바울은 다음과 같이 요약한다: 다윗은 당시에 하나님의 뜻을 따라 섬기다가(행 13:36). 다시 말해서, 그는 선을 행하는 것을 자신의 일로 삼은 자였다는 것이다. 여기에서 우리는 다음과 같은 사실들을 관찰할 수 있다.

1. 그가 선을 행할 기회를 찾고 있었다는 사실. 아마도 다윗으로서는 요나단의 자손 가운데 어떤 사람이 자신에게 도움을 요청할 때 기꺼이 도와줄 준비를 갖추는 것만으로도 요나단과의 약속을 지키는 것과 관련하여 자신의 양심을 만족시킬 수 있었을 것이다. 그러나 다윗은 그 이상의 일을 했다. 그는 먼저 사울의 집에 남은 자가 있는지 묻는다(1절). 그리고 그러한 사실을 알려줄 수 있는 사람을 만났을 때, 그는 이렇게 묻는다: 사울의 집에 아직도 남은 사람이 없느냐 내가 그 사람에게 하나님의 은총을 베풀고자 하노라(3절). "내가 은총(kindness)을 베풀 자가 있느냐?" 선한 사람은 선한 일을 행할 기회를 찾는 법이다. 존귀한 자는 존귀한 일을 계획하나니 그는 항상 존귀한 일에 서리라(사 32:8). 우리가 은혜와 호의를 베풀어야 할 가장 합당한 대상들은 대부분의 경우 우리가 애써 찾지 않으면 쉽게 찾지 못하는 그런 사람들이다. 가장 곤궁한 자는 도와 달라고 소리도 가장 작게 낸다.

2. 그가 찾는 자는 사울의 집의 남은 자라는 사실. 다윗은 사울의 집의 남은 자를 찾아, 요나단으로 인해 그에게 은총(kindness)을 베풀고자 하였다. 사울의 집에 아직도 남은 사람이 있느냐? 사울에게는 온 나라를 채울 정도로 매우 많은 수의 가족들이 있었다(대상 8:33). 그런데 지금은 아무도 보이지 않을 정도로 텅 비었다. 그러나 다윗은 남은 자가 없는지 묻는다: 아직도 남은 사람이 있느냐? 하나님의 섭리로 이렇게 많은 가족이 갑자기 텅 비게 될 수 있다는 사실을 주목하라. 이 모든 것은 죄로 말미암은 것이었다. 사울의 집은 '피의 집'(bloody house)이었으므로(21:1), 이와 같이 된 것은 결코 놀랄 일이 아니었다. 그러나 비록 하나님이 아비의 죄를 자녀에게서 찾으셨다 할지라도, 다윗은 그렇게 하고자 하지 않았다. "내가 사울로 인해서가 아니라 요나단으로 인해 은총을 베풀 자가 남아 있느냐?"

(1) 사울은 다윗의 원수였다. 그럼에도 불구하고 다윗은 마음을 다해 그의 집에 은총을 베풀고자 하고 있다. 다윗은 이렇게 말하지 않는다: "사울의 집에 아직 남은 사람이 있느냐? 내가 어떻게 하든지 그를 찾아 제거해 버림으로써 나나 혹은 나의 자손들에게나 훼방거리가 되지 못하게 하려 하노라." 기드온의 집에 아무도 남아 있지 말아야 한다는 것이 아비멜렉의 생각이었으며(삿 9:5), 왕실의 남은 씨가 없어야 한다는 것이 아달랴의 생각이었다(대하 22:10, 11). 그들은 권력을 찬탈한 자들이었다. 그러나 다윗은 그렇게 할 필요가 없었다. 그가 사울의 집에 은총을 베풀고자 한 것은 하나님을 의지하는 가운데 그들이 자신에게 어떤 해를 끼치지 않을까 두려워하지 않았기 때문이었다. 또한 본시 인자한 성품을 가진 자로서 그들이 자신에게 행한 것을 이미 용서했기 때문이었다. 우리에게 어떤 위해를 끼치거나 혹은 불의를 행한 자들을 용서하는 것과 관련하여, 그들이나 혹은 그들의 자손들에게 은총을 베푸는 것을 통해 우리는 그러한 용서가 결코 거짓이 아니라는 사실을 입증해야 한다. 우리는 그들에게 스스로 복수하지 말아야 할 뿐만 아니라 또한 그들을 사랑하며 그들에게 선을 행해야 한다(마 5:44). 악을 악으로, 욕을 욕으로 갚지 말고 도리어 복을 빌라(벧전 3:9). 바로 이것이 악을 이기는 방법이면서 동시에 우리와 우리 자손이 필요할 때 은총을 입게 되는 방법이기도 하다.

(2) 요나단은 다윗의 맹약(盟約)한 친구였다. 따라서 다윗은 그의 집에 은총을 베풀고자 하였다. 이것은 우리에게 다음과 같은 것을 가르친다.

[1] 언약을 잊지 말아야 함. 우리가 약속한 은총을 우리는 양심적으로 이행해야 한다. 설령 상대방이 그것을 요구하지 않더라도 마찬가지이다. 하나님은 우리에게 신실하시다. 그러므로 우리도 피차에게 신실해야 한다.

[2] 우정을 잊지 말아야 함. 친구에게(그 자신에게나 그의 자손에게나) 은총을 베푸는 것은 우리가 마땅히 지켜야 할 법칙(율법, law)이다. 친구를 가진 자는 우정을 나타내야 하느니라(잠 18:24, A man that hath friends must shew himself friendly〈KJV〉, 한글개역개정판에는 많은 친구를 얻는 자는 해를 당하게 되거니와로 되어 있음). 설령 하나님의 섭리가 우리는 높이고 우리의 친구와 그의 가족은 낮추셨다 할지라도, 우리는 예전의 우정을 잊어서는 안 된다. 도리어 우리는 이것을, 그들에게 은총을 베풀 기회를 주는 것으로 여겨야 한다. 이 때는 우리의 친구들이 우리를 가장 필요로 하는 때이며, 우리가 그들을 도

울 수 있는 가장 좋은 때이다. 설령 이와 같이 우리를 속박하는 엄숙한 맹세가 없었다 하더라도, 고통 가운데 있는 친구에게 긍휼을 베푸는 것은 그 자체로 거룩한 우정의 법칙(율법, law)이다(욥 6:14, 낙심한 자가 비록 전능자를 경외하기를 저버릴지라도 그의 친구로부터 동정을 받느니라). 친구는 사랑이 끊어지지 아니하고 형제는 위급한 때를 위하여 났느니라(잠 17:17). 우정은 우리로 하여금 우리가 사랑했던 친구들이 남긴 것들, 즉 그의 남은 가족들과 친척들을 잊지 말고 그들에게 은총을 베풀 것을 요구한다.

3. 자신이 베풀고자 하는 은총을 그가 '하나님의 은총'이라 부르는 사실. 그것은 큰 은총이었다. 뿐만 아니라 그것은

(1) 그와 요나단 사이에 맺은 언약에 따른 은총이었다. 그리고 하나님이 그 언약의 증인이셨다. 사무엘상 20장 42절을 보라(요나단이 다윗에게 이르되 평안히 가라 우리 두 사람이 여호와의 이름으로 맹세하여 이르기를 여호와께서 영원히 나와 너 사이에 계시고 내 자손과 네 자손 사이에 계시리라 하였느니라 하니).

(2) 하나님의 모범을 따른 은총이었다. 하나님이 자비하신 것처럼 우리도 자비해야 한다. 하나님은 자신을 거스르는 자에게도 자비를 베푸시며, 따라서 우리도 그래야 한다. 요나단은 다윗에게 다음과 같이 요청했다(삼상 20:14, 15): "너는 여호와의 인자하심(은총, kindness)을 내게 베풀어서 나를 죽지 않게 할 뿐 아니라 나의 씨에게도 그렇게 하라." 하나님의 은총(kindness, 인자하심)은 사람이 사람에게서 통상적으로 기대할 수 있는 것 이상의 특별한 은총이다.

(3) 경건한 부류의 은총이며, 하나님을 바라보는 가운데 그리고 그의 영광과 호의를 바라보는 가운데 베푸는 은총이다.

Ⅱ. 요나단의 아들 므비보셋과 관련하여 다윗에게 전달된 정보. 시바는 사울의 집의 오랜 가신(家臣)이었으며, 그 집에 관한 모든 것을 알고 있었다. 다윗이 그를 불러 묻자, 그는 왕에게 다음과 같은 사실을 알려준다. 즉 요나단의 아들이 살아 있는데 지금 다리를 절며(그가 어떻게 이렇게 되었는지에 대해 우리는 앞에서 살펴보았다, 4:4), 그는 지금 사람의 눈에 띄지 않은 채 요단 건너편 길르앗의 마길의 집에 묻혀 살고 있으며(아마도 그는 외가 쪽 친척이었을 것으로 여겨진다), 그는 마치 죽은 사람처럼 잊혀졌으며, 그러나 이렇게 묻혀 지내는 것을 도리어 마음 편하게 받아들이고 있다고 하였다(왜냐하면 그럼으로써 예전의 영광을 잊어버릴 수 있으므로).

Ⅲ. 그를 궁중으로 데려옴. 왕은 사람을 보내어(아마도 시바를 보냈을 것으로 보인다), 그를 예루살렘으로 데려오도록 하였다. 이렇게 하여 다윗은 마길의 수고를 덜어주었고, 또한 아다도 그가 므비보셋으로 인해 쓴 모든 비용을 갚아 주었을 것이다. 이 마길은 매우 관대하며 너그러운 마음을 가진 사람이었던 것으로 보인다. 그가 므비보셋을 돌봐준 것은 다윗에 대해 어떤 악심을 품고 있었기 때문이 아니라 몰락한 왕의 자손에 대해 동정심을 가졌기 때문이었다. 왜냐하면 나중에 다윗이 압살롬을 피해 도망칠 때 우리는 그가 다윗에게 은혜를 베푸는 것을 보게 되기 때문이다. 그는 다윗이 마하나임에 있을 때 필요한 것들을 공급해 준 사람들 가운데 한 사람으로 거명된다(17:27). 지금 마길로부터 므비보셋을 데려오기 위해 사람을 보낼 때, 다윗은 장차 그로부터 큰 은덕을 입게 될 줄은 꿈에도 생각하지 못했을 것이다. 그리고 아마도 그 때 마길은 다윗이 므비보셋에게 베풀어 준 은총에 보답하기 위해 더 열심히 다윗을 돕고자 했을 것이다. 그러므로 우리는 베풀기를 힘써야 하는데, 그것은 언제 우리가 곤궁한 상태에 처하게 될지 알지 못하기 때문이다(전 11:2, 일곱에게나 여덟에게 나눠 줄지어다 무슨 재앙이 땅에 임할는지 네가 알지 못함이니라). 구제를 좋아하는 자는 풍족하여질 것이요 남을 윤택하게 하는 자는 자기도 윤택하여지리라(잠 11:25).

1. 므비보셋은 다윗에게 왕에 합당한 경의를 표한다. 비록 다리를 절었음에도 불구하고, 그는 다윗 앞에 엎드려 절했다(9절). 다윗도 므비보셋의 아버지 요나단에게 이와 같이 경의를 표했었는데(삼상 20:41, 다윗이 땅에 엎드려 세 번 절한 후에), 그것은 그가 왕위를 이을 자였기 때문이었다. 그런데 이제 상황이 바뀌어 므비보셋이 다윗에게 이와 같이 경의를 표하고 있다. 이와 같이 낮은 위치에 있을 때 경의를 표하는 자는 높은 지위에 오를 때 모든 사람들로부터 경의 표함을 받게 될 것이다.

2. 다윗은 할 수 있는 대로 모든 은총을 베풀면서 그를 맞이한다.

(1) 다윗은 놀람과 기쁨으로 그의 이름을 부른다. "므비보셋! 맙소사, 네가 살아 있었다니!" 다윗은 그의 이름을 기억하고 있었을 것이다. 왜냐하면 그가 태어날 때에는 아마도 다윗과 요나단이 가깝게 있을 때였을 것이기 때문이다.

(2) 다윗은 그에게 두려워하지 말라고 말한다: 무서워하지 말라(7절). 다윗 앞에 섰을 때 아마도 그는 어떤 두려움을 느낀 것 같다. 그래서 다윗은 자신이 그

를 부른 것은 어떤 악한 계획으로 인한 것이 아니라 은총을 베풀기 위한 것임을 확신시켜 주고자 했다. 높은 위치에 있는 자들은 낮은 자들이 자신들 앞에서 두려워 떠는 것을 보며 즐거워해서는 안 된다(왜냐하면 하나님도 그렇게 하시지 않기 때문이다). 도리어 그들은 낮은 자들을 격려해 주어야 한다.

(3) 다윗은 그에게 왕의 권세로 할아버지 사울의 모든 땅(즉 그의 상속재산)을 돌려준다. 그것은 이스보셋의 반란으로 인해 빼앗겼던 것이었다. 이것은 듣기 좋은 말 이상의 실질적인 호의였다. 참된 우정에는 관대함과 너그러움이 따르는 법이다.

(4) 여기에 더하여 다윗은 그를 자기 식탁에 앉아 먹도록 한다. 므비보셋이 돌려받은 재산은 그의 삶을 유지함에 있어 전혀 부족할 것이 없었다. 그럼에도 불구하고 다윗은 요나단으로 인해(어쩌면 므비보셋은 요나단을 많이 닮았고, 따라서 다윗은 그의 얼굴 속에서 요나단의 모습을 보았을는지 모른다) 므비보셋으로 하여금 항상 자신의 식탁에서 음식을 먹도록 했다. 여기에서 그는 편안히 음식을 먹을 수 있을 뿐만 아니라 그의 신분에 걸맞는 수종자를 갖게 될 것이었다. 비록 므비보셋이 다리를 절고 보기에 흉하며 어떤 일을 맡기에 적합지 않게 보였을지라도, 다윗은 그의 아버지 요나단으로 인해 그를 자기 가족의 한 사람으로 맞아들였다.

3. 므비보셋은 큰 겸손과 낮춤으로 이러한 은총을 받아들인다. 그는 다윗의 호의에 대해 마치 빌려준 빚을 돌려받듯이 그리고 그 모든 것을 매우 하찮게 여기는 것처럼 그렇게 받아들이지 않았다. 반대로 다윗이 베푼 호의에 대해 크게 놀라며 말한다(8절): 이 종이 무엇이기에 왕께서 죽은 개 같은 나를 돌아보시나이까? 므비보셋은 지금 스스로를 얼마나 낮추고 있는가? 그는 왕의 손자요 왕자의 아들이었다. 그럼에도 불구하고 그의 집은 죄와 진노 아래 있었고 그 자신은 가난하며 다리를 절었으므로, 그는 스스로를 죽은 개로 칭한다. 겸손케 하는 섭리 아래에서는 스스로를 겸손케 하는 것이 좋다. 신적 섭리가 우리를 낮추었을 때, 우리는 마땅히 스스로를 낮추며 겸비케 해야 한다(그럴 때 우리의 마음이 편한 법이다). 그리고 이와 같이 스스로를 낮추는 자들은 높아질 것이다. 므비보셋은 다윗의 은총에 대해 얼마나 감복하고 있는가! 그럴 마음만 있었다면, 그것을 헐뜯는 것은 매우 쉬운 일이었을 것이다. 다윗이 그에게 조상의 기업을 회복시켜 주었다고? 그것은 그의 것을 도로 돌려준 것에 불과하지

않은가? 다윗이 그를 자신의 식탁에 앉아 먹게 했다고? 그것은 그를 감시하려는 책략에 불과한 것이 아닌가? 그러나 므비보셋은 다윗이 말하고 베푼 모든 것을 큰 은총으로 받아들이면서, 스스로를 그의 호의를 받기에 가장 작은 자보다 더 작은 자로 여겼다. 사무엘상 18장 18절을 보라(다윗이 사울에게 이르되 내가 누구며 이스라엘 중에 내 친속이나 내 아버지의 집이 무엇이기에 내가 왕의 사위가 되리이까 하였더니).

9왕이 사울의 시종 시바를 불러 그에게 이르되 사울과 그의 온 집에 속한 것은 내가 다 네 주인의 아들에게 주었노니 10너와 네 아들들과 네 종들은 그를 위하여 땅을 갈고 거두어 네 주인의 아들에게 양식을 대주어 먹게 하라 그러나 네 주인의 아들 므비보셋은 항상 내 상에서 떡을 먹으리라 하니라 시바는 아들이 열다섯 명이요 종이 스무 명이라 11시바가 왕께 아뢰되 내 주 왕께서 모든 일을 종에게 명령하신 대로 종이 준행하겠나이다 하니라 므비보셋은 왕자 중 하나처럼 왕의 상에서 먹으니라 12므비보셋에게 어린 아들 하나가 있으니 이름은 미가더라 시바의 집에 사는 자마다 므비보셋의 종이 되니라 13므비보셋이 항상 왕의 상에서 먹으므로 예루살렘에 사니라 그는 두 발을 다 절더라

여기에서 므비보셋과 관련한 일이 다음과 같이 결말지어 진다.

1. 그의 조상의 기업이 그에게 주어지고, 시바가 이 일의 증인이 됨(9절). 사울은 큰 기업을 소유하고 있었던 것으로 보인다. 왜냐하면 그의 아버지 기스 역시도 유력한 사람이었을 뿐만 아니라(삼상 9:1), 그 자신 신하들에게 줄 밭과 포도원을 가지고 있었기(삼상 22:7) 때문이었다. 그것이 얼마큼 되든지 간에, 이제 므비보셋이 그 모든 것의 주인이 되었다.

2. 그 기업을 관리하는 일이 시바에게 맡겨짐. 그는 사울의 집의 종이었으므로 신뢰할 수 있었다. 뿐만 아니라 그에게는 많은 아들들과 종들이 있었으므로(10절), 그는 므비보셋의 기업을 관리할 만한 충분한 일손을 가지고 있었다. 이렇게 하여 므비보셋은 매우 안락한 삶을 누릴 수 있게 되었다. 그는 아무 근심 없이 큰 기업을 소유하게 되었으며, 크게 부요하게 되었다. 수입은 많은 반면, 그 자신 다윗의 식탁에서 먹음으로 지출할 것은 별로 없었다. 그러나 그 자신은 먹지 않더라도, 다른 사람들을 위한 많은 양식과 쓸 것이 필요했다. 우선 그

의 아들과 종들을 위한 양식이 필요했다. 또한 시바의 아들들과 종들을 위한 양식이 필요했는데, 그들은 므비보셋의 수입에서 자신들의 몫을 나누었을 것이다. 그들의 숫자가 여기에 언급된 것은 아마도 이런 이유 때문이었을 것이다: 시바는 아들이 열다섯 명이요 종이 스무 명이라. 아마도 이들은 므비보셋의 기업에서 나오는 수입의 거의 대부분을 필요로 했을 것이다. 재산이 많아지면 먹는 자들도 많아지나니 그 소유주들은 눈으로 보는 것 외에 무엇이 유익하랴(전 5:11). 시바의 집에 사는 자마다 므비보셋의 종이 되니라(12절). 다시 말해서 그들 모두가 므비보셋을 섬기며 수종든다는 미명하에 그에 의지하여 그의 기업의 소산을 먹었다는 말이다. 유대인들 가운데 다음과 같은 속담이 있다: "종을 늘리는 것은 도둑을 늘리는 것이다." 이 일로 시바는 크게 기뻐했는데, 그것은 그는 재물을 사랑하는 사람으로서 이제 큰 풍부함을 갖게 되었기 때문이었다. "내 주 왕께서 모든 일을 종에게 명령하신 대로 종이 준행하겠나이다(11절). 종이 기꺼이 므비보셋의 기업에 있겠나이다. 므비보셋과 관련하여, 만일 왕이 기뻐하시면 그가 왕궁을 번거롭게 할 필요가 없나이다. 그는 나의 상에서 먹을 것이며 왕의 아들들 가운데 하나처럼 공궤 받을 것이니이다." 그러나 다윗은 므비보셋을 자신의 상에 앉아 먹게 할 것이었다. 그리고 므비보셋 역시 그렇게 하는 것을 기뻐하였다. 그럼에도 불구하고 우리는 시바가 얼마나 악한 종이었는지에 대해 나중에 보게 될 것이다(16:3 이하). 다윗은 그리스도의 모형이었다(그리스도는 그의 주와 자손이며, 뿌리와 결실이다). 그러므로 므비보셋에 대한 다윗의 은총은 타락한 인생들에 대한 우리 구주 하나님의 사랑과 은총을 보여주는 것이었다. 마치 다윗이 므비보셋에 대해 그랬던 것처럼, 하나님은 인생들에게 대해 은총을 베풀어야 할 아무런 의무도 없으셨다. 그럼에도 불구하고 하나님은 그렇게 하시기를 기뻐하셨다. 인간은 마치 사울의 집처럼 하나님께 대해 반역을 행했으며, 그로 인해 하나님으로부터 끊어지는 형벌을 선고받았다. 그리고 그와 같은 타락으로 인해 비천하며 곤궁하게 되었을 뿐만 아니라 또한 절름발이와 불구가 되었다. 하나님의 아들은 이와 같이 타락한 인간을 찾아 구원하기 위해 오셨다. 그 앞에 겸손하게 나아와 부복하는 자들에게 그는 빼앗긴 기업을 회복시켜 주시며, 아담이 잃어버렸던 것보다 더 좋은 낙원에 들어갈 권세를 부여하시며, 그들로 하여금 자신과 교제하도록 하시며, 그의 자녀들과 함께 그의 상에 앉게 하시며, 하늘의 진미를 먹게 하실 것이다. 주여 사람이 무엇이기에 주께서 이토록 존귀케 하시나이까!

$$-\ \underset{\text{장}}{\overset{\text{제}}{10}}\ -$$

개요

본 장에서 우리는 다윗이 암몬 사람들 및 그들과 동맹한 수리아 사람들과 전쟁을 벌이고 승리를 거두는 이야기를 보게 된다. I. 다윗이 암몬 왕 하눈에게 우호적인 사신을 보냄(1, 2절). II. 하눈이 악의적으로 억측하면서 다윗의 사신들을 모욕함(3, 4절). III. 다윗이 분개하고(5절), 암몬 사람들은 전쟁을 준비함(6절). IV. 다윗이 군대를 보내고 요압과 아비새가 전쟁을 시작함(7-12절). V. 암몬 사람들과 수리아 사람들이 완전하게 패주함(13, 14절). VI. 다시 전열을 정비한 수리아 군대가 두 번째로 패주함(15-19절). 이같이 하여 다윗은 자신의 명성을 더욱 드높였다.

[1]그 후에 암몬 자손의 왕이 죽고 그의 아들 하눈이 대신하여 왕이 되니 [2]다윗이 이르되 내가 나하스의 아들 하눈에게 은총을 베풀되 그의 아버지가 내게 은총을 베푼 것 같이 하리라 하고 다윗이 그의 신하들을 보내 그의 아버지를 조상하라 하니라 다윗의 신하들이 암몬 자손의 땅에 이르매 [3]암몬 자손의 관리들이 그들의 주 하눈에게 말하되 왕은 다윗이 조객을 당신에게 보낸 것이 왕의 아버지를 공경함인 줄로 여기시나이까 다윗이 그의 신하들을 당신에게 보내 이 성을 엿보고 탐지하여 함락시키고자 함이 아니니이까 하니 [4]이에 하눈이 다윗의 신하들을 잡아 그들의 수염 절반을 깎고 그들의 의복의 중동볼기까지 자르고 돌려보내매 [5]사람들이 이 일을 다윗에게 알리니라 그 사람들이 크게 부끄러워하므로 왕이 그들을 맞으러 보내 이르기를 너희는 수염이 자라기까지 여리고에서 머물다가 돌아오라 하니라

I. 다윗이 암몬 왕 하눈에게 큰 경의를 표함(1, 2절).

1. 다윗이 그렇게 한 것은 죽은 나하스 왕으로부터 예전에 은총을 많이 받았기 때문이었다. 다윗은 "그가 내게 은총을 베풀었도다"(2절)라고 말하면서 그의 아들에게 은총을 베풂과 함께 우호적인 관계를 유지하고자 한다. 다윗은 최근에 요나단으로 인해 그의 아들 므비보셋에게 은총을 베푼 것으로 크게 만족했

었는데, 아마도 그와 같은 마음으로 암몬 왕에게 은총을 베풀고자 했을 것이다. 이와 같이 한 가지 호의적이며 관대한 행동으로 인한 즐거움은 우리로 하여금 또다시 그와 같은 행동을 하도록 고무한다. 나하스는 이스라엘의 원수였으나(삼상 11:2), 다윗에게는 은총을 베풀었다. 아마도 그것은 단지 다윗이 사울과 적대관계에 있었기 때문이었을 것이다. 그러나 다윗은 은총을 입으면서 그 배경과 동기가 무엇인지 궁리하거나 하는 그런 사람은 결코 아니었다. 도리어 그는 그러한 은총에 감사하면서 기꺼이 보답하고자 마음먹는다. 만일 어떤 바리새인이 거만한 마음으로 구제를 한다면, 설령 하나님이 그에게 상을 베풀지는 않는다 할지라도 구제를 받은 사람은 마땅히 그에게 감사를 표해야 한다. 하나님은 중심을 아시지만, 우리는 알지 못한다.

2. 다윗이 암몬 왕 하눈에게 경의를 표한 방법은 그의 아버지의 죽음과 관련하여 조객(弔客)을 보내는 것이었다(이것은 우호적인 관계에 있는 통치자들 사이에서 흔히 있는 통상적인 일이다): 다윗이 그의 신하들을 보내 그의 아버지를 조상(弔喪)하라 하니라. 부모가 죽었을 때 부모와 절친했던 친구들이 찾아와 문상하며 계속 자신들과 좋은 친분관계를 이어나가고자 하는 것은 얼마나 큰 위로가 되는가! 또 애곡(哀哭)하는 자들에게 어떤 사람이 찾아와 슬픔을 함께 나누며 함께 애곡하는 것은 얼마나 큰 위로가 되는가! 또한 고인을 존경하며 추모하는 자들에게 다른 사람들이 자신들처럼 고인을 존경하며 추모하는 것을 알 때 그것은 얼마나 큰 위로가 되는가?

II. 암몬 왕 하눈이 다윗이 보낸 사신들을 통해 다윗을 크게 모독함.

1. 하눈은 관리들의 악의적인 억측에 귀를 기울였다(3절). 그들은 다윗이 보낸 조객들이 조문을 빙자하여 자신들의 땅을 정탐하기 위해 왔다고 왕에게 말했다. 거짓된 자들은 항상 다른 사람들도 자신들처럼 거짓될 것이라고 생각한다. 그리고 이웃에 대해 악의를 품고 있는 자들은 이웃이 자신들에게 선의(善意)를 갖고 있다는 사실을 한사코 믿지 않으려고 한다. 만일 그들에게 위장된 마음이 없었다면, 그들은 결코 다윗이 그와 같은 위장된 마음을 품었다고 의심하지 않았을 것이다. 다른 사람들에 대해 근거 없는 의심을 품는 자들은 악한 마음을 가진 자임을 스스로 드러내는 것이다. 패트릭 주교(bishop Patrick)는 여기에서 다음과 같은 사실을 관찰한다: "선한 의도를 이와 같이 악의적으로 해석하는 것은 흔히 있는 일이다. 자신 외에는 누구도 사랑하지 않는 자들은

매사에 그와 같이 하려는 경향이 있다." 덕이 있는 자들은 자신들의 선한 의도가 이와 같이 곡해(曲解)되는 것을 결코 이상하게 생각해서는 안 된다. 사랑은 악한 것을 생각하지 않는 법이다.

2. 하눈은 이와 같은 악의적인 억측을 받아들여 다윗의 조객들을 너무도 야비하게 모독했다. 그는 더럽고 츠악한 심령을 가진 자처럼 행동했는데, 그것은 왕관을 쓴 자의 행동이라기보다는 차라리 쓰레기통을 뒤지는 자에 걸맞는 행동이었다. 설령 다윗의 사신들이 악한 의도를 품고 왔을 것으로 의심할 만한 어떤 근거가 있었다 하더라도, 그는 지혜롭게 행동하면서 그들로 하여금 가능한 빨리 돌아가도록 조치할 수 있었을 것이다. 그러나 전후 정황으로 볼 때 하눈은 이스라엘과 이스라엘의 왕에 대한 반감으로부터 사신들을 모독할 기회만 찾고 있었음이 분명하다. 사신들은 신분이 높은 자들이었으며, 더욱이 그들은 자신들을 보낸 왕을 대표하는 자들이었다. 그들과 그들의 명예는 국제법의 특별한 보호 아래 있었다. 그들은 암몬 사람들을 신뢰하며, 아무런 무장도 하지 않은 채 왔다. 그런데 하눈은 그들을 마치 불량배나 비류들을 다루듯이 했다. 그것도 모자라 그는 그들의 수염 절반을 깎고 그들의 의복의 중동볼기까지 잘랐다 (4절). 그가 이렇게 한 것은 그들로 하여금 자기 신하들의 경멸과 조롱거리가 되게 하고, 자기 신하들로 하여금 그들을 마음껏 조롱하며 희롱하도록 하기 위한 것이었다.

III. 이와 같이 모독을 당한 신하들에 대한 다윗의 배려. 다윗은 그들을 맞이하기 위해 사람들을 보내면서, 그들로 하여금 자신이 얼마나 이 문제를 심각하게 받아들이고 있으며, 또한 얼마나 조속히 보복하려고 하고 있는지를 알게 하였다. 그리고 또한 다윗은 그들로 하여금 깎인 수염이 다 자랄 때까지 여리고에 머물도록 지시했다(5절). 그 곳은 한적한 장소로서, 여러 사람들과 만날 기회를 거의 갖지 못할 만한 장소였다. 유대인들은 수염을 길게 기르면서, 그것을 연륜과 근엄함의 표증으로 생각했다. 그러므로 높은 지위에 있는 사람들에게 있어 다른 사람들과 다른 도습으로 궁중에 나타나는 것은 참으로 어울리지 않는 일이 아닐 수 없었다. 잘린 의복은 다른 옷으로 갈아입으면 될 것이지만, 깎인 수염은 금방 회복될 수 있는 것이 아니었다. 그렇지만 시간이 흐르면 수염도 다시 날 것이고, 모든 것디 제자리로 돌아오게 될 것이다. 그러므로 우리는 부당한 수치에 대해 지나치게 마음을 쓰지 않는 법을 배워야 한다. 시간이 지나면 그러한 수치는 스스로 닳아 없어질 것이며, 결국 모든 부끄러움은 가해자에게 돌아가게 될 것이다. 또한 손상된 명예도 수염이 다시 자라는 것처럼 조금 지나면 다시 회복될 것이다. 하나님이 네 의를 빛 같이 나타내실 것이라 그러므로 여호와 앞에 잠잠하고 참고 기다리라(시 37:7, 8).

어떤 이들은 다윗이 암몬 왕으로부터 이러한 모욕을 당한 것은 이교도 왕에게 지나치게 호의적으로 접근한 것으로 인한 당연한 결과라고 생각한다. 다윗으로서는 그가 이스라엘의 철천지원수라는 사실을 알았어야 했다는 것이다. 그리고 이 일을 통해 다윗은 예전에 나하스가 온 이스라엘을 모욕하기 위해 길르앗 야베스 사람들의 오른 눈을 다 빼겠다고 위협한 것을 기억할 수 있었을 것이다(삼상 11:2). 다윗에게 있어 이토록 악의적인 가족과 백성으로부터 얼마나 더 나은 대접을 기대할 수 있었겠는가? 암몬 사람들은 십 대뿐 아니라 영원히 여호와의 총회에 들어오지 못할(신 23:3) 자들이었다. 그리고 그들은 이스라엘에게 있어 특별한 관계를 맺지 말아야 할 그런 백성이었다. 그런데 어째서 다윗은 그들과 더불어 우호관계를 맺고자 그토록 마음을 기울였단 말인가?

⁶암몬 자손들이 자기들이 다윗에게 미움이 된 줄 알고 암몬 자손들이 사람을 보내 벧르홉 아람 사람과 소바 아람 사람의 보병 이만 명과 마아가 왕과 그의 사람 천 명과 돕 사람 만 이천 명을 고용한지라 ⁷다윗이 듣고 요압과 용사의 온 무리를 보내매 ⁸암몬 자손은 나와서 성문 어귀에 진을 쳤고 소바와 르홉 아람 사람과 돕과 마아가 사람들은 따로 들에 있더라 ⁹요압이 자기와 맞서 앞뒤에 친 적진을 보고 이스라엘의 선발한 자 중에서 또 엄선하여 아람 사람과 싸우려고 진 치고 ¹⁰그 백성의 남은 자를 그 아우 아비새의 수하에 맡겨 암몬 자손과 싸우려고 진 치게 하고 ¹¹이르되 만일 아람 사람이 나보다 강하면 네가 나를 돕고 만일 암몬 자손이 너보다 강하면 내가 가서 너를 도우리라 ¹²너는 담대하라 우리가 우리 백성과 우리 하나님의 성읍들을 위하여 담대히 하자 여호와께서 선히 여기시는 대로 행하시기를 원하노라 하고 ¹³요압과 그와 함께 한 백성이 아람 사람을 대항하여 싸우려고 나아가니 그들이 그 앞에서 도망하고 ¹⁴암몬 자손은 아람 사람이 도망함을 보고 그들도 아비새 앞에서 도망하여 성읍으로 들어간지라 요압이 암몬 자손을 떠나 예루살렘으로 돌아가니라

I. 암몬 사람들이 전쟁을 준비함(6절). 그들은 자신들이 다윗에게 미운 존재가 되었다는 사실을 알게 되었다. 이렇게 될 것에 대하여 그들은 다윗의 사신들을 모욕할 때 어렵지 않게 예견할 수 있었다. 왜냐하면 그와 같은 행동은 전쟁까지 불사하면서 그에게 도전하는 것이었기 때문이었다. 그러나 그 때 그들은 자신들의 수천의 병력으로 다윗을 대항할 수 없다는 사실을 충분히 생각하지 못했던 것으로 보인다. 왜냐하면 그들은 지금 자신들이 다윗의 상대가 되지 못한다는 사실을 발견하고 다른 나라의 병력을 고용하고 있었기 때문이다. 이와 같이 죄인들은 감히 하나님을 격동시켜 진노를 불러일으키면서도 그가 자신들보다 강하다는 사실을 생각하지 않는다(고전 10:22). 암몬 사람들은 자신들이 먼저 사신들을 모욕하고서는, 이제 그것을 정당화하기 위해 또다시 먼저 병력을 일으킨다. 만일 그들이 스스로 겸비케 하면서 용서를 구했다면, 어쩌면 그들은 자신들의 잘못을 용서받을 수 있었을는지도 모른다. 그러나 그들은 이와 같이 계속해서 완악한 길로 행함으로써 스스로 멸망을 자초하고 말았다.

II. 다윗의 신속한 대응(7절). 암몬 사람들이 전쟁을 준비하고 있다는 소식을 들었을 때, 다윗은 요압과 함께 큰 군대를 보내 그들을 공격하도록 한다(7절). 다윗의 자손과 적대관계에 있는 자들이 먼저 분노를 격발시킬 뿐만 아니라 또한 전쟁을 촉발시킨다. 그는 은혜 가운데 오래 참고 기다리시지만, 그러나 사람이 마음을 완악하게 하여 회개하지 아니하면 그는 자신의 칼을 가실 것이다(시 7:12). 하나님은 자신에게 도전함으로 진노를 격발시키는 자들과 싸우기 위해 보낼 군대를 갖고 계신다(사 5:19). 이를 통해 그들은 하나님을 거슬러 스스로 완악하게 행하면서 형통할 자는 아무도 없다는 사실을 알게 될 것이지만(욥 9:4), 그러나 그 때는 너무 늦을 것이다. 다윗은 지혜롭게도 전쟁을 그들의 땅으로 가져가서 그들의 수도인 라바 혹은 변경에 있는 성읍인 메드바의 성문 어귀에서 싸운다(대상 19:7). 전쟁의 폐해와 공포는 너무도 끔찍하므로 백성을 사랑하는 선한 군주라면 가능한 자신의 땅으로부터 먼 지역에서 전쟁을 벌이고자 할 것이다.

III. 양 진영이 교전을 준비함.

1. 적은 두 부대로 나누어 진을 쳤다. 한 부대는 암몬 사람 자신들로서 성문 어귀에 위치했으며, 다른 한 부대는 용병(傭兵)으로 고용한 수리아(아람) 사람들로서 멀리 떨어진 들에 위치하여 암몬 사람들이 전면에서 대치하는 동안 옆

면이나 혹은 후면을 담당하였다(8절).

2. 요압은 지혜로운 장군답게 곧바로 그들의 전략을 간파하고는 자신의 군대도 그와 같이 나누었다. 그는 엄선한 병사들을 자기 휘하에 두고 수리아 병사들과 싸우기 위해 진을 쳤다(9절). 그는 수리아(아람) 병사들이 용병으로서 더욱 전쟁에 능한 용사들로 생각한 것으로 보인다. 한편 나머지 병사들은 자기 아우 아비새의 휘하에 붙여 암몬 사람들과 대치하도록 하였다(10절). 요압은 적군이 자신을 맞이하기 위한 만반의 준비를 갖춘 것을 보면서 이번 싸움이 매우 힘든 싸움이 될 것이라고 생각한 것으로 보인다.

IV. 전쟁을 앞두고 요압이 한 말(11, 12절). 그것은 비록 길지는 않지만 매우 적절하고 용맹한 말이었다.

1. 요압은 아우 아비새와 더불어 어느 쪽이든지 어려움을 겪으면 다른 쪽이 돕기로 서로 약속을 맺는다. 그렇게 함으로써 군대를 둘로 나눔으로 인해 전력이 약화되는 것을 막고자 했다. 그는 어느 한 쪽이 패퇴를 당하게 되는 최악의 경우를 가상(假想)한다. 그런 경우 약속된 신호에 따라 다른 쪽에서 구원군을 보내기로 서로 약속한다. 서로 돕는 것은 형제간의 의무임을 주목하라. 만일 아람 사람이 나보다 강하면 네가 나를 돕고 만일 암몬 자손이 너보다 강하면 내가 가서 너를 도우리라. 이와 같이 그리스도의 군사들은 모든 영적 전쟁에서 피차 도움으로 서로의 손을 강하게 해주어야 한다. 강한 자는 약한 자를 구원하며 도와야 한다. 은혜로 말미암아 시험을 이긴 자들은 시험당하는 자를 위해 기도하며 위로하며 권면해야 한다. 너는 돌이킨 후에 네 형제를 굳게 하라(눅 22:32). 몸의 각 지체들은 서로 돕는다(고전 12:21, 눈이 손더러 내가 너를 쓸 데가 없다 하거나 또한 머리가 발더러 내가 너를 쓸 데가 없다 하지 못하리라).

2. 요압은 최선을 다할 것을 자신과 아우와 다른 지휘관들과 모든 병사들에게 격려한다. 참된 용기는 큰 위험 속에서 도리어 빛나는 법이다. 전선(戰線)의 정황이 자신들에게 불리한 상황에서, 요압은 퇴각할 것을 명령하는 대신 병사들로 하여금 더욱 용맹하게 싸우도록 격려한다: 너는 담대하라 우리가 우리 백성과 우리 하나님의 성읍들을 위하여 담대히 하자. "이스라엘을 사랑하는 정신으로 우리가 용감하게 나아가자. 그들은 같은 뿌리에서 나온 우리 백성이요, 우리는 그들을 위해 고용된 병사들이 아닌가? 그들의 평안이 곧 우리의 평안이 될 것이라. 우리는 지금 하나님을 사랑하는 원리 위에서 싸우고 있으니, 우리가 지

키기 위해 싸우고 있는 것은 바로 하나님의 성읍들이 아닌가?" 어떤 사람이나 사물이 하나님과 특별한 관계 속에 있을 때, 우리는 그것들에 대해 더욱 애착을 갖게 되며 그것을 지키고 보호하기 위해 최선을 다하게 된다.

3. 요압은 전쟁의 결과를 경건한 마음으로 하나님께 맡긴다. "우리는 각자 자신의 위치에서 주어진 책임을 다하고 결과는 하나님께 맡기자. 여호와께서 선히 여기시는 대로 행하시기를 원하노라." 결과는 차치하고 우리는 우리의 할 일에 최선을 다하자. 그럼으로써 하나님의 일이 우리로 인해 이루어지게 하자. 그럴 때 우리와 관련한 하나님의 뜻이 이루어질 것이다. 우리가 해야 할 일에 최선을 다할 때 비로소 우리는 큰 기쁨으로 그 결과를 하나님께 맡길 수 있다. 우리의 용기로 인해 승리를 거두게 될 것이라고 생각하지 말고, 다만 그분이 그분의 때에, 그리고 그분의 방법으로 그분의 구원을 이루실 것을 소망하자.

V. 요압이 수리아와 암몬 연합군에 대해 승리를 거둠(13, 14절). 그는 최악의 상황에 대비했으며, 객관적인 정황으로 볼 때는 수리아와 암몬 연합군의 전력이 더 강했다(11절). 그러나 승리를 거둔 것은 요압 쪽이었다. 최악의 상황을 가상하고 준비하는 것이 결코 승리를 가로막지는 않는다. 먼저 수리아(아람) 군대가 요압에 의해 패주를 강했으며, 이어 암몬 군대도 아비새에게 패주를 당했다. 암몬 병사들은 제대로 싸우지도 않은 채 수리아(아람) 병사들이 퇴각하자 황급히 성읍으로 도망친 것으로 보인다. 병사들에게 있어 자신의 등 뒤에 도망칠 성읍이 있는 것은 큰 유혹거리이다. 싸울 것인가 도망칠 것인가를 생각하면서 싸우는 것과, 싸울 것인가 죽을 것인가를 생각하면서 싸우는 것은 전혀 다르다.

[15]아람 사람이 자기가 이스라엘 앞에서 패하였음을 보고 다 모이매 [16]하닷에셀이 사람을 보내 강 건너쪽에 있는 아람 사람을 불러 내매 그들이 헬람에 이르니 하닷에셀의 군사령관 소박이 그들을 거느린지라 [17]어떤 사람이 다윗에게 알리매 그가 온 이스라엘을 모으고 요단을 건너 헬람에 이르매 아람 사람들이 다윗을 향하여 진을 치고 더불어 싸우더니 [18]아람 사람이 이스라엘 앞에서 도망한지라 다윗이 아람 병거 칠백 대와 마병 사만 명을 죽이고 또 그 군사령관 소박을 치매 거기서 죽으니라 [19]하닷에셀에게 속한 왕들이 자기가 이스라엘 앞에서 패함을 보고 이스라엘과 화친하고 섬기니 그러므로 아람 사람들이 두려워하여 다시는 암몬 자손을 돕지 아니

하니라

1. 자신들의 실추된 명예를 되찾고 다윗의 승승장구하는 기세를 꺾기 위한 수리아(아람) 사람들의 새로운 시도. 흩어졌던 수리아 병사들이 다시 집결하여 다 모였다(15절). 대적하는 자는 비록 한 번 좌절을 당했다 할지라도 생명이 남아 있는 한 또다시 대적하기 위해 고개를 쳐드는 법이다. 이것은 다윗의 자손에 대하여서도 역시 마찬가지이다(마 22:34; 계 19:19). 이들은 자신들의 부족한 전력(戰力)을 인식하고 강 건너편에 있는 아람 사람들에게 도움을 요청했다(16절). 이와 같이 자신들의 전력을 보충함으로써 그들은 이스라엘에 대해 전력 상 우위를 점하고자 하였다. 그러나 그들은 여호와께서 곡식 단을 타작마당에 모음 같이 그들을 모으셨다는 사실을 알지 못했다(미 4:11-13을 보라).

2. 그들의 이러한 시도가 다윗에 의해 또다시 좌절됨. 다윗은 그들의 계획을 간파한 후 그들이 공격해 올 때까지 기다리지 않고 자신이 직접 선두에 서서 요단을 건넜다(17절). 여기에서 다윗은 수리아 사람들을 격퇴하고(18절), 병거 700 대와 그에 속한 7,000명의 병사들과 4만 명의 다른 병사들을 죽였다(대상 19:18과 비교하라). 이 싸움에서 그들의 대장이 죽었으며, 다윗은 개선가를 울리면서 집으로 돌아왔다.

3. 아람에 대한 이러한 승리의 결과.

(1) 다윗은 조공국(朝貢國)들을 얻게 되었다(19절). 하닷에셀에 속했던 왕들(혹은 군소 제후들)은 다윗의 강력한 힘을 보고는 이스라엘과 화친하고 섬기게 되었다. 이렇게 하여 아브라함과(창 15:18) 여호수아에게(수 1:4) 주신 약속 즉 이스라엘의 경계가 유브라데 강까지 확장되리라는 약속이 마침내 이루어졌다.

(2) 암몬 사람들은 오랫동안 동맹관계를 유지해왔던 자들을 잃게 되었다: 수리아(아람) 사람들이 두려워하여 다시는 암몬 자손을 돕지 아니하니라. 아람 사람들이 암몬 자손 돕기를 두려워한 것은 그들과 연합하여 이스라엘을 대적하는 것이 결코 성공할 수 없는 일임을 깨달았기 때문이었다. 하나님이 대적하는 자들을 돕는 것은 참으로 위험천만한 일이다. 왜냐하면 그들이 멸망을 당할 때 그들을 돕던 자들도 함께 멸망을 당할 것이기 때문이다.

다윗의 자손 예수 그리스도는 유대 교회와 나라에 자신의 종 선지자들에 이어 자신의 사도들과 사역자들을 사신으로 보냈다. 그러나 유대인들은 마치 하눈이 다윗의 사신들에게 그랬던 것처럼 그들을 수치스럽게 대하여, 그들을 모욕하고 능욕하며 죽였다. 이로써 그들의 죄의 분량은 채워졌으며, 마침내 그들은 멸망을 피할 수 없게 되었다(마 21:35, 41; 22:7; 대하 26:16 비교). 왜냐하면 그리스도께서는 자신의 사신들에게 가한 모욕과 위해를 자신에게 가한 것으로 간주하시고, 그로 말미암아 그들에게 보응하실 것이기 때문이다.

제
— **11** —
장

개요

사울의 죽음에 대해 다윗은 크게 슬퍼하며 다음과 같이 말했었다. "이 일을 가드에도 알리지 말며 아스글론 거리에도 전파하지 말지어다." 그러나 이 말은 여기의 슬픈 이야기 즉 그의 간음과 살인의 이야기에 더 잘 어울리는 것으로 보인다. 본 장에 기록된 다윗의 행동이 어떻게든 가려질 수 있다면, 그럼으로써 그 일이 알려지지 않고 전파되지 않을 수 있다면 얼마나 좋을까? 그러나 그것은 감추어질 수 없으며, 또 그렇게 되어서도 결코 안 된다. 성경은 가장 찬사를 받는 사람의 허물을 이야기함에 있어서도 조금의 주저함이나 거짓됨도 없다. 이것은 기자(記者, penmen)의 진실성을 보여주는 한 예이며, 동시에 성경이 어떤 특정한 사람이나 혹은 정파(政派)를 위해 기록된 것이 아님을 보여주는 분명한 증거이다. 그리고 이러한 이야기들조차도 우리의 교훈을 위해 그래서 선 줄로 생각하는 자들로 하여금 넘어질까 조심하도록 하기 위해 기록되었다. 다른 사람들의 잘못은 우리를 위한 경고가 될 수 있는 것이다. 틀림없이 많은 사람들은 이 이야기를 들으면서도 마음을 완악케 하며 담대하게 죄를 범할 것이다. 그런 사람들에게 이것은 사망에 이르게 하는 사망의 냄새가 될 것이다. 반면 어떤 사람들은 이 이야기를 통해 스스로 거룩한 열심을 일깨우며 죄에 대한 경각심을 새롭게 할 것이다. 그런 사람들에게 이것은 생명에 이르게 하는 생명의 냄새가 될 것이다. 우리가 본 장에서 보게 되는 다윗의 죄는 너무도 크고 끔찍한 것이었다.

Ⅰ. 다윗이 우리아의 아내 밧세바와 동침함(1-5절). Ⅱ. 다윗이 우리아를 밧세바와 동침시키려고 애씀(6-13절). Ⅲ. 그러한 계획이 물거품이 되자 우리아를 암몬 자손의 칼에 죽이려는 음모를 꾸밈, 그리고 결국 그렇게 됨(14-25절). Ⅳ. 다윗이 밧세바와 결혼함(26, 27절). 이가 정말 다윗인가? 이가 정말 하나님의 마음에 합한 자인가? 어떻게 그가 이렇게 변했단 말인가! 어떻게 그토록 찬란한 금이 이렇게 어두워졌단 말인가! 우리는 이를 통해 최고의 선인(善人)이라 할지라도 하나님이 그냥 내버려 두시면 이와 같이 될 수 있다는 사실을 배우게 된다.

¹그 해가 돌아와 왕들이 출전할 때가 되매 다윗이 요압과 그에게 있는 그의 부하들과 온 이스라엘 군대를 보내니 그들이 암몬 자손을 멸하고 랍바를 에워쌌고 다윗은 예루살렘에 그대로 있더라 ²저녁 때에 다윗이 그의 침상에서 일어나 왕궁 옥상에서 거닐다가 그 곳에서 보니 한 여인이 목욕을 하는데 심히 아름다워 보이는지라 ³다윗이 사람을 보내 그 여인을 알아보게 하였더니 그가 아뢰되 그는 엘리암의 딸이요 헷 사람 우리아의 아내 밧세바가 아니니이까 하니 ⁴다윗이 전령을 보내어 그 여자를 자기에게로 데려오게 하고 그 여자가 그 부정함을 깨끗하게 하였으므로 더불어 동침하매 그 여자가 자기 집으로 돌아가니라 ⁵그 여인이 임신하매 사람을 보내 다윗에게 말하여 이르되 내가 임신하였나이다 하니라

I. 다윗의 영광. 그는 암몬과 전쟁을 벌여 그들을 격퇴시켰다(1절). 우리는 지금까지 다윗의 업적과 성취를 살피면서 큰 기쁨을 가졌다. 그러나 지금의 승리를 통해서는 결코 그러한 기쁨을 가질 수가 없는데, 그것은 여기의 승리의 아름다움이 죄로 인해 오염되고 더러워졌기 때문이다. 만일 그렇지 않았다면 우리는 그의 승리를 통해 그의 지혜와 용맹을 볼 수 있었을 것이다. 전장(戰場)에서 암몬 군대를 패주시킨 후 다시 적당한 때가 오자, 다윗은 전에 자신이 보낸 사신들을 모욕한 것에 대해 보응하면서 그 나라를 파괴시키기 위해 더 많은 군대를 보냈다. 요압은 그들의 수도 랍바를 포위했으며, 그들은 상당한 기간 동안 버티면서 완강히 저항했다. 다윗이 죄에 떨어진 것은 요압이 랍바를 포위하고 있었던 바로 이 때였다.

II. 다윗의 수치. 그는 자신의 정욕에 정복을 당하며 포로가 되었다. 그의 죄는 간음죄로서 일곱 번째 계명을 범하는 것이었으며, 재판에 회부해야 할(욥 31:11) 가증한 죄였으며, 다른 어떤 죄보다도 더 마음을 빼앗고 사람으로 하여금 상처와 수치를 가져다주며 그 치욕이 씻어지지 않는 죄였다.

1. 다윗으로 하여금 이러한 죄에 떨어지도록 만든 제반 정황을 살펴보자.

(1) 자신의 직무를 소홀히 함. 그는 지금 자신의 군대와 함께 전장(戰場)에 나가 여호와의 전쟁을 수행하고 있었어야 했다. 그랬어야 할 그가 전쟁의 모든 수고와 괴로움을 다른 사람들에게 떠넘긴 채 자신은 예루살렘에 조용히 머물러 있었다(1절). 수리아(아람) 사람들과 전쟁을 벌일 때에는 그는 직접 전쟁에 나갔었다(10:17). 만일 그가 지금 군대의 머리로서 전장에 있었다면 이러한 유혹

의 길에 떨어지는 일은 결코 없었을 것이다. 우리가 마땅히 감당해야 할일 가운데 있지 않을 때, 우리는 유혹의 길 가운데 있는 것이다.

(2) 일락을 좋아하여 게으름에 빠짐: 저녁 때에 다윗이 그의 침상에서 일어나(2절). 그는 오후 나절을 게으름 가운데 잠에 빠져 있었다(그는 마땅히 그 시간을 자신을 향상시키는 일에나 혹은 다른 사람들의 유익을 위한 일에 사용했어야 했다). 환난의 때에 그는 아침과 저녁 때뿐만 아니라 낮에도 기도하곤 했었다. 이 날 낮에 기도를 빠뜨린 것은 두려워해야 할 일이었다. 게으름은 유혹자에게 좋은 기회를 만들어 준다. 물이 고이면 썩는 법이다. 게으름의 침상은 종종 정욕의 침상이 되고 만다.

(3) 이 곳 저 곳 기웃거리는 눈길: 그 곳에서 보니 한 여인이 목욕을 하는데. 아마도 그녀는 율법에 따라 어떤 의식적(儀式的)인 부정을 씻고 있었을 것이다. 하와의 경우에도 그랬던 것처럼, 여기의 죄도 눈을 통해 들어왔다. 아마도 그는 지금 그녀를 뚫어지게 응시하고 있었을 것이다. 그리고 최소한 그는 지금 자신이 기도한 대로 행동하지 않고 있었다: 내 눈을 돌이켜 허탄한 것을 보지 말게 하소서(시 119:37). 또 그의 아들 솔로몬도 이와 비슷한 상황에서 다음과 같이 경고한다: 포도주는 붉고 잔에서 번쩍이며 순하게 내려가나니 너는 그것을 보지도 말지어다(잠 23:31). 다윗은 이 때 욥과는 달리 자신의 눈과 언약을 세우지 않았든지, 아니면 그렇게 하는 것을 잊어버리고 있었다.

2. 죄의 단계. 그녀를 보았을 때, 즉시로 그의 마음속에 정욕이 품어졌다. 또

(1) 다윗은 그녀가 누군지 알아보게 한다(3절). 아마도 이것은 혹시 그녀가 미혼이라면 자기 아내로 취할 의도로 그렇게 한 것이었을 것이다. 그러나 만일 그녀가 결혼한 몸이라면 어떻게 할 것인가? 다윗은 지금 거기까지는 전혀 생각하지 못하고 있었다.

(2) 다윗의 타락한 욕망은 점점 격렬해지고 있었다. 그는 그녀가 이미 결혼한 사람으로서 누구의 아내인지에 대해 들었다. 그럼에도 불구하고 그는 그녀를 부르기 위해 전령을 보냈다. 아마도 그것은 그녀와 만나 즐겁게 이야기를 나누려는 의도였을 것이다.

(3) 그러나 그녀가 왔을 때 다윗은 그녀와 더불어 동침한다(4절). 그녀는 너무도 쉽게 스스로를 허락했는데, 아마도 그것은 그가 너무도 높은 사람이며 또한 선함으로 명성이 자자한 사람이었기 때문이었을 것이다. 그녀는 다윗 같은 사

람이 하는 일이라면 결코 죄가 되는 일이 아닐 것이라고 생각했을 것이다. 죄의 길은 내리막길이라는 사실을 주목하라. 사람이 악을 행하기 시작할 때, 곧바로 멈추기란 너무도 어려운 법이다. 정욕의 시작은 마치 **다툼**의 시작처럼 둑에서 물이 새는 것 같다(잠 17:14). 그러므로 정욕이 비집고 들어오기 전에 얼른 피하는 것이 지혜이다. 미련한 파리는 촛불 주위를 날아다니다가 자신의 날개를 태우고 마침내 자신의 생명을 헛되이 잃어버리게 된다.

3. 그의 죄는 다음과 같은 사실들로 인해 더욱 가중된다.

(1) 그가 지금 적어도 50세 정도 된 사실. 어떤 이들은 이보다 더 되었을 것으로 생각하기도 한다. 그와 같은 정욕의 죄는 차라리 젊은이들에게 좀 더 어울리는 것이었을 것이다. 그러므로 그의 나이는 그의 죄를 더욱 무겁게 만든다.

(2) 그가 여러 아내들과 첩들을 둔 사실. 하나님은 나단을 통해 특별히 이것을 지적하셨다(12:8). 여러 아내들과 첩들을 두었음에도 불구하고 이와 같은 죄를 저지른 것은 그의 죄를 더욱 무겁게 만든다.

(3) 그녀의 남편이 우리아라는 사실. 그는 다윗의 충성스러운 신하였으며, 명예와 덕을 갖춘 사람이었다. 그는 지금 다윗의 보냄을 받아 멀리 나가 있었으며, 왕과 나라를 위해 목숨을 걸고 전장에서 싸우고 있었다.

(4) 그가 유혹한 밧세바가 명망 있는 여자였다는 사실. 다윗으로 인해 죄에 떨어지기 전까지 그녀는 틀림없이 순결을 지키고 있었을 것이다. 그녀는 자신이 젊은 시절의 짝을 버리고 하나님의 언약을 잊어버릴(잠 2:17) 정도로 악한 일을 행할 줄은 꿈에도 생각지 못했을 것이다. 아마도 그녀는 다윗만 아니라면 그 누구에 의해서도 결코 이와 같은 죄에 떨어지지는 않았을 것이다. 간음하는 자는 자신의 영혼을 파멸시킬 뿐만 아니라 다른 사람의 영혼까지도 또한 그렇게 할 수 있다는 사실을 주목하라.

(5) 그가 왕이었다는 사실. 하나님은 그에게 공의의 칼을 맡기면서, 범죄자들에 대해 율법을 집행하도록 하셨다. 특별히 간음을 행한 자들에게 그는 율법에 따라 사형을 집행해야 했다. 그러나 스스로 그러한 죄를 범함으로써, 악을 행하는 자들에게 두려움이 되어야 할 그가 도리어 본보기가 되고 말았다. 자기 자신이 죄책감에 빠져 있는 자가 무슨 낯으로 다른 사람들을 책망하고 징벌할 수 있단 말인가! 로마서 2장 22절을 보라(간음하지 말라 말하는 네가 간음하느냐

우상을 가증히 여기는 네가 신전 물건을 도둑질하느냐).

그의 죄를 가중시키는 것에 대하여 우리는 더 많은 것을 이야기할 수 있다. 만일 그에게 변명할 것이 있다면 그것은 오직 다음과 같은 한 가지일 것이다. 즉 그가 이와 같은 죄에 빠진 것은 오직 이번 한 번뿐이라는 사실이다. 그에게 이것은 결코 습관적인 죄가 아니었다. 그가 이러한 죄에 떨어진 것은 유혹(시험, temptation)의 갑작스런 공격에 의한 것이었다. 예레미야 선지자는 자기 시대의 사람들을 향해 그들이 두루 다니는 살진 수말 같이 각기 이웃의 아내를 따르며 소리지르는도다(렘 5:8)라고 한탄했지만, 다윗은 결코 그러한 부류의 사람이 아니었다. 다만 하나님은 마치 히스기야에게 그의 심중에 있는 것을 알고자 그렇게 하셨던 것처럼(대하 32:31), 이번 한 번 다윗을 그 스스로에게 그대로 내버려 두셨다. 만일 그가 전에 이러한 일에 대해 들었다면, 그는 하사엘처럼 이렇게 말했을 것이다: 무엇이라고요, 주의 종이 개란 말입니까? 이러한 사건을 통해 우리는 매일 다음과 같이 기도해야만 한다는 사실을 배우게 된다. 하늘에 계신 우리 아버지여, 우리를 시험에 들게 하지 마옵소서.

[6]다윗이 요압에게 기별하여 헷 사람 우리아를 내게 보내라 하매 요압이 우리아를 다윗에게로 보내니 [7]우리아가 다윗에게 이르매 다윗이 요압의 안부와 군사의 안부와 싸움이 어떠했는지를 묻고 [8]그가 또 우리아에게 이르되 네 집으로 내려가서 발을 씻으라 하니 우리아가 왕궁에서 나가매 왕의 음식물이 뒤따라 가니라 [9]그러나 우리아는 집으로 내려가지 아니하고 왕궁 문에서 그의 주의 모든 부하들과 더불어 잔지라 [10]어떤 사람이 다윗에게 아뢰되 우리아가 그의 집으로 내려가지 아니하였나이다 다윗이 우리아에게 이르되 네가 길 갔다가 돌아온 것이 아니냐 어찌하여 네 집으로 내려가지 아니하였느냐 하니 [11]우리아가 다윗에게 아뢰되 언약궤와 이스라엘과 유다가 야영 중에 있고 내 주 요압과 내 왕의 부하들이 바깥 들에 진 치고 있거늘 내가 어찌 내 집으로 가서 먹고 마시고 내 처와 같이 자리이까 내가 이 일을 행하지 아니하기로 왕의 살아 계심과 왕의 혼의 살아 계심을 두고 맹세하나이다 하니라 [12]다윗이 우리아에게 이르되 오늘도 여기 있으라 내일은 내가 너를 보내리라 우리아가 그 날에 예루살렘에 머무니라 이튿날 [13]다윗이 그를 불러서 그로 그 앞에서 먹고 마시고 취하게 하니 저녁 때에 그가 나가서 그의 주의 부하들과 더불어 침상에 눕고 그의 집으로 내려가지 아니하니라

우리는 우리아가 지금 암몬 지역에 원정(遠征)가 있는 관계로 상당 기간 동안 아내와 떨어져 있었으며 원정이 끝날 때까지 집에 돌아가지 않을 생각이었던 것으로 추측할 수 있다. 따라서 아내의 임신은 어둠에 감추인 것을 드러내게 될 것이었다(고전 4:5). 우리아가 집으로 돌아오면 그녀가 어떻게, 그리고 누구에 의해 능욕을 당했는지 분명하게 드러날 것이었다. 우리는 여기에서 다음과 같은 일을 예상할 수 있다.

1. 우리아가 율법에 따라 아내를 고소하여 죽게 하는 일. 왜냐하면 남편이 투기로 분노하여 원수 갚는 날에 용서하지 아니할 것이기 때문이다(잠 6:34). 밧세바가 다윗에게 임신한 사실을 알린 데에는 이렇게 될 것을 내다보면서 부디 자신을 보호해 줄 것을 호소하는 뜻이 담겨 있었을 것이다. 아마도 만일 다윗이 그녀에게 그렇게 하겠다고 약속하지 않았다면(이것은 그의 왕권을 야비하게 남용하는 것이다), 어쩌면 그녀는 그에게 스스로를 허락하지 않았을는지 모른다. 벌을 받지 않을 것이란 희망이 있을 때, 죄를 범하는 것은 한층 더 쉬워질 것이다.

2. 우리아가 다윗을 고소할 수는 없으므로 다른 방법으로 복수하기 위해 반란을 일으키는 일. 왕들에게 있어 이와 같은 방식으로 신하를 격동시켜 결국 왕관을 잃어버린 예가 때때로 있었다. 이러한 두 가지 재앙(밧세바가 죽거나 혹은 반란이 일어나는 일)을 막기 위해 다윗은 이제 태어나게 될 아이가 우리아로 말미암아 잉태된 아이처럼 위장하고자 애를 쓴다. 따라서 그를 불러 하루 혹은 이틀 밤을 아내와 함께 보내도록 하기 위해 사람을 보낸다. 여기에서 다음을 주목하라.

I. 다윗의 계략. 우리아는 전쟁이 어떻게 되었는지 그리고 랍바 성 포위가 어떻게 진행되고 있는지 왕에게 보고하라는 명령을 받고 급히 집으로 돌아오게 된다(7절). 지금 다윗의 생각 속에 군대에 대한 관심은 별로 없었다. 그럼에도 불구하고 그는 마치 지금 군대 문제에 큰 관심이 있는 것처럼 꾸민다. 만일 다윗에게 다른 계략이 없었다면, 전황을 보고하기 위해서는 우리아보다 훨씬 낮은 계급의 병사로도 충분했을 것이다. 다윗은 우리아와 더불어 이런저런 이야기를 나눈 후에(자신의 계략을 감추기에 적당하다고 생각한 만큼), 아내와 함께 즐거운 시간을 가질 수 있도록 하기 위해 그를 집으로 돌려보내면서 뒤이어 저녁식사를 위한 음식을 보낸다(8절). 그러나 첫날 밤 다윗의 계략은 수포

로 돌아갔다. 긴 여행으로 너무나 피곤하여 음식보다는 잠이 더 필요했던 우리아는 왕궁 문에서 병사들과 함께 잤다. 다음 날 다윗은 우리아를 불러 먹고 마시고 취하게 했다(13절). 그렇게 한 것은 그로 하여금 정도 이상으로 과음하게 함으로써 자신의 맹세(11절)를 잊고 자기 집 침상으로 가게 하기 위한 것이었다. 만일 우리아가 정신을 잃을 정도로 만취했다면, 필경 다윗은 그를 집으로 옮기도록 명령했을 것이다. 어떤 목적으로든 사람을 취하게 만드는 것은 매우 악한 일이다. 이웃에게 술을 마시게 하고 취하게 만드는 자에게 화가 있을진저!(합 2:15, 16). 다른 사람의 손에 술 취함의 잔을 쥐어주는 자에게 하나님은 두려움의 잔을 쥐어주실 것이다. 사람으로 하여금 이성(理性)을 빼앗는 것은 돈을 빼앗는 것보다 더 나쁜 일이며, 그를 죄로 이끄는 것은 어떤 다른 고통으로 이끄는 것보다 더 나쁜 일이다. 모든 선한 자 특별히 통치자들은 과도하게 음주하는 자들을 훈계하고 억제하며 제지함으로써 이러한 죄를 막고자 힘써야 한다. 술 취하는 것을 장려하며 조장하는 것은 마귀의 일을 행하는 것이며 그의 대행자 노릇을 하는 것이다.

II. 이러한 계략은 자기 침상에 눕지 않겠다는 우리아의 굳은 결심으로 인해 수포로 돌아간다. 어쩌면 그의 아내 역시도 다윗 못지않게 남편으로 하여금 집에서 잘 것을 재촉했을는지 모른다. 그럼에도 불구하고 우리아는 이틀 밤을 자기 집으로 내려가지 않고 왕궁 문에서 잤다(9, 12절).

1. 어떤 이들은 아내의 왕궁 출입 소문을 들은 우리아가 아내의 행실을 의심하여 가까이 가지 않으려고 했을 것이라고 생각한다. 그러나 만일 우리아가 그러한 종류의 의심을 가졌다면, 틀림없이 그는 다윗이 요압에게 보내는 편지를 열어보았을 것이다.

2. 우리아가 이러한 의심을 품었든 품지 않았든 간에, 그로 하여금 마음속에 그와 같은 굳은 결심을 품게 한 것은 다름 아닌 하나님의 섭리였다. 그렇게 함으로써 다윗의 죄를 드러내고, 그것을 감추려는 악한 계략을 좌절시키며, 그의 양심을 깨워 그러한 죄를 자백하고 회개하도록 하려는 것이었다.

3. 우리아의 이와 같은 자기부인과 금욕의 이유는 너무도 고결한 것이었다 (11절). 군대가 들에서 진을 치고 있는데 자기가 어떻게 집에서 편안하게 누울 수 있느냐는 것이었다. "하나님의 궤가 장막에 있고(지금 언약궤가 다윗이 세운 장막 가운데 있는지 아니면 요압과 함께 진에 있는지는 확실치 않다) 요압

과 이스라엘의 모든 용사들이 불편하게 누워 비바람과 적의 위협에 노출되어 있는데, 내가 어찌 내 집에 내려가서 편안함과 즐거움을 취할 수 있으리이까?" "결코 그럴 수 없나이다." 그는 단연코 그렇게 하지 않겠노라고 말한다.

(1) 이것은 참으로 고결한 결심이었다. 또한 이를 통해 우리는 그가 공적 정신(public spirit)을 가진 사람이며, 담대하고 강건한 용사이며, 육신의 즐거움을 다스릴 줄 아는 사람이었음을 알 수 있다. 모든 사람들이 위험과 괴로움 속에 있음에도 불구하고 우리만 안일과 즐거움 가운데 뒹굴고 있다면, 이것은 얼마나 불합리한 일인가! 에스더어 보면 온 수산 성이 고통 가운데 있을 때 왕은 하만과 함께 앉아 마셨다는 언급이 나오는데(3:15), 과연 이와 무엇이 다를 것이 있겠는가? 하나님의 교회가 고통고 괴로움 속에 빠져 있을 때, 우리는 그러한 어려움을 기꺼이 그리고 자발적으로 짊어져야 한다.

(2) 우리아의 이런 결심을 들었을 때 다윗의 양심은 마땅히 일깨워져야 했다. 그리고 자신이 저지른 행동에 대해 가슴을 쳤어야 했다.

[1] 다윗은 자신과 나라를 위하 이토록 충성을 다하는 용사를 너무도 야비하게 능욕한 것이었다.

[2] 다윗은 우리아와 너무도 딜랐다. 우리아는 나라의 괴로움과 위험을 생각하면서 합법적인 즐거움조차도 거절했다. 반면 다윗은 나라의 어려움과 관련하여 더 중요한 위치에 있었음에도 불구하고 불법적인 즐거움으로부터 자신을 지키지 못했다. 우리아가 스스로에 대해 그토록 엄격하게 행동하는 것을 통해 다윗은 자신의 방종을 부끄러워했어야 마땅했다. 율법은 "네가 적군을 치러 출진할 때에는 모든 악한 일을 스스로 삼갈" 것이라고 명령한다(신 23:9). 다윗은 이러한 율법을 위반한 반면 우리아는 과도할 만큼 철저히 지켰다.

[14]아침이 되매 다윗이 편지를 써서 우리아의 손에 들려 요압에게 보내니 [15]그 편지에 써서 이르기를 너희가 우리아를 맹렬한 싸움에 앞세워 두고 너희는 뒤로 물러가서 그로 맞아 죽게 하라 하였더라 [16]요압이 그 성을 살펴 용사들이 있는 것을 아는 그 곳에 우리아를 두니 [17]그 성 사람들이 나와서 요압과 더불어 싸울 때에 다윗의 부하 중 몇 사람이 엎드러지고 헷 사람 우리아도 죽으니라 [18]요압이 사람을 보내 그 전쟁의 모든 일을 다윗에게 보고할새 [19]그 전령에게 명령하여 이르되 전쟁의 모든 일을 네가 왕께 보고하기를 마친 후에 [20]혹시 왕이 노하여 네게 말씀하기를 너

희가 어찌하여 성에 그처럼 가까이 가서 싸웠느냐 그들이 성 위에서 쏠 줄을 알지 못하였느냐 [21]여룹베셋의 아들 아비멜렉을 쳐죽인 자가 누구냐 여인 하나가 성에서 맷돌 위짝을 그 위에 던지매 그가 데벳스에서 죽지 아니하였느냐 어찌하여 성에 가까이 갔더냐 하시거든 네가 말하기를 왕의 종 헷 사람 우리아도 죽었나이다 하라 [22]전령이 가서 다윗에게 이르러 요압이 그를 보낸 모든 일을 다윗에게 아뢰어 [23]이르되 그 사람들이 우리보다 우세하여 우리를 향하여 들로 나오므로 우리가 그들을 쳐서 성문 어귀까지 미쳤더니 [24]활 쏘는 자들이 성 위에서 왕의 부하들을 향하여 쏘매 왕의 부하 중 몇 사람이 죽고 왕의 종 헷 사람 우리아도 죽었나이다 하니 [25]다윗이 전령에게 이르되 너는 요압에게 이같이 말하기를 이 일로 걱정하지 말라 칼은 이 사람이나 저 사람이나 삼키느니라 그 성을 향하여 더욱 힘써 싸워 함락시키라 하여 너는 그를 담대하게 하라 하니라 [26]우리아의 아내는 그 남편 우리아가 죽었음을 듣고 그의 남편을 위하여 소리내어 우니라 [27]그 장례를 마치매 다윗이 사람을 보내 그를 왕궁으로 데려오니 그가 그의 아내가 되어 그에게 아들을 낳으니라 다윗이 행한 그 일이 여호와 보시기에 악하였더라

우리아로 하여금 아내와 동침하게 함으로써 자신의 죄를 덮으려고 했던 다윗의 계획은 결국 실패로 돌아가고 말았다. 그렇다면 시간이 지남과 함께 우리아는 결국 모든 일의 전말을 알게 될 것이었다. 그러자 마귀는 다윗의 마음속에 우리아의 복수를 피하기 위해서는 그를 죽여야 한다는 생각을 집어넣었다. 그렇게 한다면 그와 밧세바 모두 위험에 처하지 않게 될 것이며(고소자가 없다면 고소도 없을 것이다), 밧세바를 영원히 자신의 소유로 삼을 수 있을 것이었다. 간음은 종종 살인을 부르며, 한 가지 죄를 덮기 위해서는 또 다른 죄가 필요한 법이다. 그러므로 우리는 죄의 시작을 두려워해야 한다. 왜냐하면 죄의 사슬이 언제 끝날지 아무도 모르기 때문이다. 다윗의 가슴속에는 우리아가 죽어야만 한다는 생각으로 가득 찼다(그의 가슴속에 이토록 악한 생각이 자리 잡게 될 줄이야 누가 상상이나 할 수 있었겠는가?). 왕을 위해서라면 기꺼이 죽을 준비가 되어 있었던 그 정직하고 용맹하며 고결한 자가 바로 그 왕의 손에 의해 죽어야만 하였다. 다윗은 죄를 범했으며 밧세바도 죄를 범했다. 그런데 그 죄는 우리아에게 대한 것이었다. 바로 이것이 그가 죽어야만 했던 이유였다. 결국 다윗은 그가 죽어야만 한다고 결정한다. 이 사람이 사울의 옷자

락을 베었다고 마음 아파했던 바로 그 사람이란 말인가? 아! 어떻게 이렇게 변할 수 있단 말인가? 이 사람이 모든 백성을 재판하며 공의를 시행했던 바로 그 사람이란 말인가? 그가 어떻게 지금 이토록 불의한 일을 행할 수 있단 말인가? 육체의 정욕이 어떻게 영혼을 대적하는지 그리고 얼마나 영혼을 황폐화시켜 버리는지 보라. 육체의 정욕은 눈을 어둡게 하며, 마음을 완악케 하며, 양심을 마비시키며, 사람으로 하여금 명예심과 옳고 그름의 모든 개념을 빼앗아 버린다. 여인과 간음하는 자는 무지한 자라 이것을 행하는 자는 자기의 영혼을 망하게 하느니라(잠 6:32). 그러나 간음하는 자가 자기의 눈을 숨기려고 하는 것처럼 살인하는 자도 자신의 손을 숨기려고 한다(욥 24:14, 15). 어둠의 일은 빛을 미워한다. 다윗이 용감하게 일어나 골리앗과 더불어 싸울 때, 그는 그 일을 모든 사람 앞에서 떳떳하게 행했다. 그러나 지금 야비하게 우리아를 죽일 때, 이 일은 아무도 보지 못하는 가운데 은밀하게 행해져야 하였다. 왜냐하면 그 일은 너무도 부끄럽고 수치스러운 일이었기 때문이었다. 그가 부끄러워 감출 수밖에 없는 일을 하도록 이끄는 자는 도대체 누구란 말인가? 독을 품은 독사처럼 마귀는 다윗의 가슴속에 우리아를 죽이려는 마음을 품게 했으며, 또한 간교한 뱀처럼 마귀는 다윗의 머릿속에 어떻게 그 일을 행할지를 집어넣어 주었다. 그것은 자신의 종들에게 암논을 암살하려고 명령을 내렸던 압살롬의 방법과도 같지 않았으며, 거짓 증인들의 참소로 나봇을 죽였던 아합의 방법과도 같지 않았다. 그것은 적 앞에 그를 노출시키는 방법이었다. 그것은 세상 사람들의 눈을 속일 수 있는 그럴듯한 방법이었다. 왜냐하면 병사가 적 앞에 노출되는 것은 항상 있는 일이기 때문이다. 만일 그 위험한 위치에 우리아가 있지 않았다면, 다른 누군가가 그 자리에 있을 것이었다. 이제 그의 생명은 (이를테면) 운에 맡겨지게 된다. 만일 그가 필사적으로 싸운다면, 어쩌면 그 자리를 빠져나올 수 있을지도 모른다. 혹시 그가 죽는다 할지라도, 그 곳은 영예로운 전장(戰場)이다(명예로운 병사들은 바로 이 곳에서 죽기를 원한다). 그럼에도 불구하고 이 모든 것이 그것이 '고의적인 악의에 의한 계획적인 살인'이라는 사실을 바꾸지는 못한다.

I. 요압에게 하달된 명령. 그것은 우리아를 맹렬한 싸움의 최전방에 배치하고 그를 적의 손에 죽도록 그대로 두라는 것이었다(14, 15절). 바로 이것이 우리아를 제거하려는 다윗의 계략이었으며, 그러한 계략은 그의 계획대로 맞아

떨어졌다. 이러한 살인은 다음과 같은 사실들로 인해 더욱 가중된다.

1. 그것이 치밀한 계획에 의한 살인이라는 사실. 다윗은 치밀하게 생각하고 숙고한 후 그와 같은 계략을 꾸몄다. 그는 이 일에 대해 편지까지 쓸 정도로 상당한 시간을 숙고했다(다시 말해서 순간적인 충동으로 벌어진 일이 아니었다는 뜻). 뿐만 아니라 그에게는 그 일이 실제로 이루어지기 전에 자신의 명령을 철회하는 내용을 담은 새로운 편지를 보낼 수 있는 시간적 여유도 있었을 것이다. 그럼에도 불구하고 그는 그대로 일을 진행시켰다.

2. 그 편지를 우리아 자신의 손을 통해 전달한 사실. 그의 손이 그 자신의 죽음을 돕는 손이 되었으니, 이보다 더 야비하고 잔인한 일이 어떻게 있을 수 있겠는가? 다윗이 우리아의 손에 맡긴 편지 속에는 그가 결코 알아서는 안 될 내용이 담겨 있었다. 그럼에도 불구하고 그의 손에 맡길 정도로 그는 믿을 수 있는 사람이었다. 그런 자에게 이토록 끔찍한 악의를 품을 수 있다니, 이 얼마나 기가 막힌 역설(paradox)인가?

3. 그를 죽이기 위해 그의 용기와 열정을 이용한 사실. 왕과 나라를 위한 그의 용기와 열정은 가장 큰 찬사와 보답을 받아야 마땅한 것이었다. 그러나 다윗은 바로 그것을 이용하여 그를 죽였으니, 그의 죄는 더욱 악한 것이 될 수밖에 없었다. 그를 최전방에 배치하라는 명령만 아니었다면, 요압은 아마도 그를 그런 자리에 세우지는 않았을 것이다. 왜냐하면 그는 그렇게 적 앞에 노출되기에는 너무나 중요한 존재였을 것이기 때문이다. 이러한 고결한 불꽃을 다름 아닌 바로 그 자신에게 향하도록 고의적으로 꾸민 것은 너무도 혐오스러운 일이 아닐 수 없었다.

4. 이 죄에 많은 사람이 연루되어야만 했던 사실. 다윗은 이 일을 요압에게 명령했다. 장군에게 있어 부하의 피는 너무도 소중한 것이다(특별히 유능하고 충성된 부하의 피는 더 그렇다). 그러나 요압 장군은 그 일을 해야만 했다. 요압과 모든 병사들은 우리아를 적의 손에 버려두고 퇴각해야만 하였다(그들의 양심은 그를 보호해야 한다고 외치고 있었을 것이다). 과연 그들이 우리아의 죽음에 대해 죄책감을 느끼지 않을 수 있었겠는가?

5. 우리아 혼자만 죽은 것이 아니었다는 사실. 우리아 수하의 병사들도 그와 함께 죽음의 위험 속에 빠지게 되었으며, 결국 그렇게 되었다. 다윗의 부하 중 몇 사람이 엎드러지고 헷 사람 우리아도 죽으니라(17절). 여기에 다윗의 부하 중 몇

사람이라고 특별하게 언급되고 있는데, 그들의 헛된 죽음은 결국 다윗의 죄를 더욱 무겁게 만든다. 뿐만 아니라 우리아를 적 앞에 노출시키는 이러한 고의적인 악행은 전군(全軍)에 치명적인 결과를 초래할 수도 있었으며, 랍바 성의 포위를 풀 수밖에 없는 결과를 야기할 수도 있었다.

6. 이로 인해 암몬 사람들이 승리의 환호성을 지르게 되었다는 사실. 그들은 하나님과 이스라엘의 철천지원수인데, 이 일로 인해 그들은 큰 기쁨과 환희에 사로잡히게 될 것이었다. 다윗은 스스로를 위해 자신이 사람의 손에 떨어지지도 않고 원수들에게 쫓기지도 않게 허 달라고 하나님께 구했다(24:13, 14). 그러면서 그는 자신의 종인 우리아를 암몬 사람들의 손에 팔고 있다.

Ⅱ. 요압이 다윗의 명령을 이행함. 랍바 성에 대한 다음 번 공격에서 우리아는 가장 위험한 위치를 할당받았다. 아마도 요압은 만일 그가 랍바 성에 포진한 암몬 군대에 의해 집중공격을 당하게 되면 즉시로 원군(援軍)을 보내겠다고 약속했을 것이다. 그러한 약속어 의지하여 우리아는 용감하게 나아가 싸웠으나, 원군은 오지 않았고 결국 그는 죽음을 피할 수 없었다(16, 17절). 요압이 이유도 알지 못한 채 단지 편지 하나에 의지해 그와 같은 일을 행한 것은 아무래도 의아한 부분이 없지 않다.

1. 어쩌면 요압은 우리아가 모종의 중대한 범죄를 저질렀으며, 그에 대해 심문하기 위해 다윗이 소환했고, 왕이 그를 공개적으로 처형하기를 원치 않으므로 이와 같은 방법으로 죽게 하고자 했을 것이라고 추측했을는지 모른다.

2. 우리는 또한 요압 역시도 '피의 죄책'(guilty of blood)을 가지고 있으므로 다윗이 자기처럼 동일한 죄책에 떨어지는 것을 기뻐하여 기꺼이 그 일에 협력함으로써 계속해서 그의 호의 가운데 있고자 했을는지 모른다고 추측할 수 있다. 악을 행한 자에게 있어 다른 사람도 비슷한 악을 행함으로 자신의 악이 묵인되고 덮어지기를 바라는 것은 흔히 있는 일이다(특별히 자신보다 훨씬 더 뛰어나고 유명한 사람이 죄를 범하는 경우에는 더욱 그러하다). 아니면, 요압이 평소 우리아에 대해 불쾌한 마음을 가지고 있으며, 따라서 다윗이 명령한 대로 기꺼이 우리아에게 복수할 것을 다윗이 알았기 때문인지도 모른다. 그렇지 않았다면 틀림없이 요압은 왕의 명령에 대해 이의를 제기했을 것이다(삼하 19장 5절과 24장 3절처럼).

Ⅲ. 요압이 이 일을 다윗에게 보고함. 요압은 최근의 공격에서 자신들이 입

은 수치와 손실을 보고하기 위해 즉각 전령을 보냈다(18절).

1. 요압은 다윗이 이러한 나쁜 결과에 대해 화를 내며 왜 그렇게 성벽에 가까이 접근했느냐고 책망하면서(20절) 아비멜렉이 목숨을 잃은 것이 바로 이와 같은 상황에서였음을 알지 못했느냐고 물을(21절) 것임을 가정한다. 우리는 아비멜렉의 죽음과 관련한 이야기를 사사기에서 볼 수 있다(9:53). 그리고 그 책은 사무엘 시대에 '거룩한 역사'(聖歷史, sacred history)의 한 부분으로서 이미 사람들에게 알려져 있었으며, 따라서 병사들조차도 그러한 성경을 잘 알고 그 때 그 때 성경 이야기를 쉽게 인용할 수 있었던 것으로 보인다.

2. 요압은 전령에게 헷 사람 우리아도 죽었다고 말함으로써 왕의 책망을 가라앉힐 것을 은밀하게 지시한다. 이것은 전령에게 (그리고 그를 통해 또 다른 사람들에게) 다윗이 그 소식을 듣기를 열망하고 있음을 암시해 주는 것이었다. 사람이 이와 같은 야비한 일을 행할 때, 그는 사람들로부터 (심지어 자신의 부하들로부터도) 조롱과 비난을 당할 것을 예상해야 한다. 전령은 명령대로 요압의 메시지를 전달한다(22-24절). 그는 성을 지키던 암몬 병사들이 먼저 아군에게 공격을 가하므로(그 사람들이 우리를 향하여 들로 나오므로) 성을 포위하고 있던 아군이 용감하게 반격을 가했다고 말하면서(우리가 그들을 쳐서 성문 어귀까지 미쳤더니), 적들이 성벽으로부터 활을 쏨으로(활 쏘는 자들이 성 위에서 왕의 부하들을 향하여 쏘매) 아군 가운데 일부가 죽었다는 언급으로 자신의 이야기를 끝맺는다(왕의 부하 중 몇 사람이 죽고 '특별히' 왕의 종 헷 사람 우리아도 죽었나이다).

IV. 다윗이 내심 만족하며 보고를 받음(25절). 이번 싸움의 나쁜 결과에 대해 요압은 불편한 마음을 가질 필요가 없었다. 왜냐하면 다윗 역시도 그런 마음을 갖지 않았기 때문이었다. 다윗은 요압의 어리석은 작전을 비난하지도 않으며, 성벽에 가까이 접근한 것을 잘못된 것으로 생각하지도 않는다. 우리아가 죽었으니 모든 일이 다 잘 된 것이다. 가장 큰 문제가 해결되었으니 사소한 손실쯤이야 대수로울 것이 없었다: 칼은 이 사람이나 저 사람이나 삼키느니라. 그와 같은 일은 전쟁 중에 흔히 있는 일이며 조금도 특별한 일이 아니다. 다윗은 자신의 죄로 인해 전력(戰力)을 약화시키고 하나님을 격노케 했으면서도, 요압에게 다음 번에는 더욱 힘써 싸우라고 명령한다.

V. 다윗이 곧 우리아의 아내와 결혼함. 우리아의 아내는 관습대로 얼마 동

안 애곡하는 예를 행했다(26절). 그 후 다윗은 그녀를 자신의 집으로 데려와 아내로 삼았으며, 그녀는 아들을 낳았다. 다윗은 우리아를 죽임으로 그의 보복을 막을 수 있었다. 그러나 곧이어 태어난 아기는 그 죄를 온 세상에 폭로하는 결과가 되었다. 죄에는 수치가 따르는 법이다. 그러나 그것이 전부가 아니었다. 그보다 더 나쁜 일이 있었다: 다윗이 행한 그 일이 여호와 보시기에 악하였더라(27절). '우리아의 일'(왕상 15:5) 전체, 즉 간음과 위계(僞計)와 살인과, 마침내 결혼한 것까지 모두가 여호와 보시기에 악했다. 이와 같은 일을 행하면서 그는 자신은 기쁘게 했을지 모르나 하나님은 불쾌하게 만들었다. 하나님은 자기 백성들이 죄를 범하는 것을 보시고 미워하신다는 사실을 주목하라. 아니, 하나님께 더 가까이 있는 자일수록 그의 죄는 더 하나님을 불쾌하게 만든다. 왜냐하면 그런 사람의 죄는 다른 사람의 죄보다도 더 배은망덕하며, 더 하나님의 은혜를 배반하는 것이며, 더 수치스러운 것이기 때문이다. 그러므로 우리는 이러한 이야기를 통해 경고를 받아야 한다. 다윗이 범죄한 것처럼 범죄하는 자는, 다윗이 하나님을 불쾌하게 만든 것처럼 하나님을 불쾌하게 만들 것이다. 그러므로 우리는 두려워하는 가운데 죄를 범하지 말자.

제
— 12 —
장

개요

앞 장에서 우리는 다윗의 죄에 대한 이야기를 살펴보았다. 이제 본 장에서 우리는 그가 회개하는 이야기를 보게 된다. 그가 비록 넘어지기는 했지만 완전히 쓰러지지는 않았다. 그는 하나님의 은혜로 다시 회복되었으며, 하나님의 불쌍히 여기심을 받았다. 본 장의 내용은 다음과 같다. I. 나단이 다윗의 죄를 일깨워 줌. 1. 나단이 죄를 일깨워 주기 위해 다윗에게 한 비유를 이야기함(1-6절). 2. 나단이 이 비유를 그에게 적용시킴(7-9절). 3. 그에게 하나님의 징벌이 선언됨(10-12절). II. 다윗의 회개와 용서, 그러나 한 가지 단서가 붙음(13, 14절). III. 아이의 병과 죽음, 그리고 아이가 앓을 때와 죽었을 때 다윗이 취한 행동(15-23절). IV. 솔로몬의 탄생과 그와 관련한 하나님의 은혜의 메시지, 이를 통해 하나님은 화해의 증거를 주심(24, 25절). V. 랍바 성을 함락시킴(26-31절). 이를 통해 하나님은 이제 더 이상 그의 죄에 따라 그를 대하지 않으심을 보여주셨다.

¹여호와께서 나단을 다윗에게 보내시니 그가 다윗에게 가서 그에게 이르되 한 성읍에 두 사람이 있는데 한 사람은 부하고 한 사람은 가난하니 ²그 부한 사람은 양과 소가 심히 많으나 ³가난한 사람은 아무것도 없고 자기가 사서 기르는 작은 암양 새끼 한 마리뿐이라 그 암양 새끼는 그와 그의 자식과 함께 자라며 그가 먹는 것을 먹으며 그의 잔으로 마시며 그의 품에 누우므로 그에게는 딸처럼 되었거늘 ⁴어떤 행인이 그 부자에게 오매 부자가 자기에게 온 행인을 위하여 자기의 양과 소를 아껴 잡지 아니하고 가난한 사람의 양 새끼를 빼앗아다가 자기에게 온 사람을 위하여 잡았나이다 하니 ⁵다윗이 그 사람으로 말미암아 노하여 나단에게 이르되 여호와의 살아 계심을 두고 맹세하노니 이 일을 행한 그 사람은 마땅히 죽을 자라 ⁶그가 불쌍히 여기지 아니하고 이런 일을 행하였으니 그 양 새끼를 네 배나 갚아 주어야 하리라 한지라 ⁷나단이 다윗에게 이르되 당신이 그 사람이라 이스라엘의 하나님 여호와께서 이와 같이 이르시기를 내가 너를 이스라엘 왕으로 기름 붓기 위하여 너를 사울의 손에서 구원하고 ⁸네 주인의 집을 네게 주고 네 주인의 아내들을 네

품에 두고 이스라엘과 유다 족속을 네게 맡겼느니라 만일 그것이 부족하였을 것 같으면 내가 네게 이것 저것을 더 주었으리라 ⁹그러한데 어찌하여 네가 여호와의 말씀을 업신여기고 나 보기에 악을 행하였느냐 네가 칼로 헷 사람 우리아를 치되 암몬 자손의 칼로 죽이고 그의 아내를 빼앗아 네 아내로 삼았도다 ¹⁰이제 네가 나를 업신여기고 헷 사람 우리아의 아내를 빼앗아 네 아내로 삼았은즉 칼이 네 집에서 영원토록 떠나지 아니하리라 하셨고 ¹¹여호와께서 또 이와 같이 이르시기를 보라 내가 너와 네 집에 재앙을 일으키고 내가 네 눈앞에서 네 아내를 빼앗아 네 이웃들에게 주리니 그 사람들이 네 아내들과 더불어 백주에 동침하리라 ¹²너는 은밀히 행하였으나 나는 온 이스라엘 앞에서 백주에 이 일을 행하리라 하셨나이다 하니 ¹³다윗이 나단에게 이르되 내가 여호와께 죄를 범하였노라 하매 나단이 다윗에게 말하되 여호와께서도 당신의 죄를 사하셨나니 당신이 죽지 아니하려니와 ¹⁴이 일로 말미암아 여호와의 원수가 크게 비방할 거리를 얻게 하였으니 당신이 낳은 아이가 반드시 죽으리이다 하고

다윗이 회개한 것은 밧세바와 더불어 간음죄를 범한 후 상당한 시간이 흐른 뒤였던 것으로 보인다. 왜냐하면 나단이 보냄을 받은 때는 이미 아이가 태어난 후였기 때문이다(14절). 따라서 다윗은 대략 9개월 정도를 회개하지 않은 상태로 간음죄의 죄책(罪責) 아래 있었던 것으로 나타난다. 이 기간 동안의 다윗의 상태에 대해 우리는 어떻게 생각해야 하는가? 그에게 어떤 양심의 가책도 없었을까? 하나님 앞에서 은밀히 슬퍼한 적은 없었을까? 나는 그가 그렇게 했을 것이라고 믿고 싶다. 나단은 아이가 태어난 직후 그에게 보냄을 받았다. 아이의 탄생으로 모든 일의 전말이 그대로 드러나고, 이 일은 모든 사람들의 화젯거리가 되었을 것이다. 나단이 보냄을 받은 것은 다윗으로 하여금 자신의 죄를 솔직하게 고백하고, 그럼으로써 죄 사함을 받을 수 있도록 하기 위한 것이었다. 그가 회개하지 않은 상태로 지냈던 9개월 동안 하나님의 위로와 은혜는 중단되고 하나님과의 모든 교제는 막혀 있었을 것으로 우리는 추측할 수 있다. 이 기간 동안 틀림없이 그는 아무런 시편도 짓지 못했을 것이며, 그의 수금은 음조(音調)가 맞지 않았을 것이며, 그의 영혼은 마치 뿌리에만 겨우 생명이 남아있는 겨울나무 같았을 것이다. 따라서 나단이 자신을 찾아온 후에 그는 다음과 같이 기도한다: 주의 구원의 즐거움을 내게 회복시켜 주시고 내 입술을

열어 주소서(시 51:12, 15). 다음을 관찰하라.

I. 하나님이 다윗에게 사자(使者)를 보내심. 우리는 앞 장 말미에서 다윗이 행한 일이 여호와 보시기에 악했다는 말씀을 살펴보았다. 이에 근거할 때 사람들은 이제 하나님이 그에게 원수들을 보내 그로 하여금 고통과 두려움 속에 빠지게 하시고, 죽음의 사자들을 보내 그를 붙잡도록 하셨다는 말씀이 따를 것을 예상하게 될 것이다. 그러나 하나님은 그렇게 하지 않으셨다. 도리어 하나님은 그를 훈계하기 위해 그의 절친한 친구인 나단 선지자를 보내셨다(1절). 다윗이 나단을 부른 것이 아니라, 하나님이 그에게 나단을 보내셨다. 하나님은 때로 자기 백성들이 죄에 빠지는 것을 허용하시지만, 그러나 그러한 죄 속에 계속해서 눌러앉아 있는 것은 결코 그냥 내버려 두지 않는다는 사실을 주목하라. 내가 내 얼굴을 가리고 노하였으나 내가 그의 길을 보았은즉 그를 고쳐 줄 것이라(사 57:17, 18). 우리가 하나님을 찾기 전에 그가 먼저 우리를 찾으신다. 만일 그렇게 하지 않으셨다면, 필경 우리는 길을 잃고 말았을 것이다. 예전에 하나님이 그에게 자신의 놀라운 계획을 알리시기 위해 보내셨던 선지자가 다름 아닌 바로 이 나단이었다(7:4). 이제 하나님은 동일한 도구를 통해 진노의 메시지를 보내신다. 우리는 사역자를 통해 주시는 하나님의 말씀을, 그것이 위로의 말씀이든 진노의 말씀이든, 기꺼이 받아들여야만 한다. 나단은 하늘의 이상(異像, vision)에 순복하여, 하나님의 심부름으로 다윗에게 갔다. 그는 "다윗이 죄를 범하였으므로 내가 그를 가까이 하지 않겠노라"라고 말하지 않았다. 원수와 같이 생각하지 말고 형제 같이 권면하라(살후 3:15). 또한 그는 "다윗이 왕인데 내가 어찌 감히 그를 책망할 수 있겠는가?"라고 말하지도 않았다. 만일 하나님이 보내시면, 그는 자신의 얼굴을 부싯돌 같이 굳게 할 것이었다(사 50:7).

II. 나단이 다윗에게 전달한 메시지.

1. 나단은 비유로써 에둘러 말한다. 다윗에게 그것은 자신의 백성 가운데 한 사람이 이웃에게 악을 행한 것을 고발하는 것으로서, 그리고 그로 인해 야기된 손실을 배상시키고 가해자를 처벌해 달라고 청원하는 것으로 들렸을 것이다. 아마도 나단은 종종 이와 비슷한 일로 다윗에게 나왔을 것이다. 그로 인해 다윗은 이것이 자신에 관한 이야기임을 전혀 눈치 채지 못했다. 왕과 가까이 있으며 자유롭게 드나들 수 있는 사람들은 이와 같이 억울한 일을 당한 사람들을 위해 중재(仲裁)함으로써 공의가 시행되도록 해야 한다.

(1) 나단은 다윗에게 어떤 부자가 가난한 이웃에게 가한 통탄할 만한 악행에 대해 이야기해 준다: 그 부한 사람은 양과 소가 심히 많으나(2절). 그러나 가난한 자는 작은 암양 새끼 한 마리만을 가지고 있을 뿐이었다. 이와 같이 세상은 너무도 불균등하게 분배되어 있다. 그러나 무한히 지혜로우시며 의로우시며 선하신 분은 그것을 허용하심으로써, 부자들에게는 베품을, 그리고 가난한 자들에게는 자족을 배우도록 하셨다. 여기의 가난한 사람은 단지 작은 암양 새끼 한 마리만을 가지고 있을 뿐이었다(그에게는 다른 양을 살 만한 돈이 없었다). 그 양은 그의 자식들과 함께 자랐다(3절). 그는 그 양을 사랑했으며 항상 함께 지냈다. 그런데 부자에게 친구가 찾아왔고, 그는 친구를 위해 대접할 양이 필요하게 되었다. 그러자 그는 가난한 자의 양을 강제로 빼앗아 친구를 위해 잡았다(4절). 그것은 탐심 때문이거나(왜냐하면 자기 것을 잡는 것을 아까워했기 때문에), 아니면 식도락 때문이었을(왜냐하면 가난한 자의 양은 많은 애정으로 돌봄을 받고 마치 어린아이처럼 먹고 마심으로 더욱 맛이 있을 것으로 생각했기 때문에) 것이다.

(2) 이것으로 나단은 그가 밧세바를 범한 죄가 얼마나 악한 것인지를 나타낸다. 그에게는 많은 아내들과 첩들이 있었다. 그리고 그는, 마치 부자가 자기 짐승들에게 그렇게 했던 것처럼, 자신의 처첩들과 어느 정도 거리를 두고 있었다. 만일 그가 한 사람의 아내만을 가지고 있었다면, 그리고 그 아내가 마치 가난한 자의 암양처럼 그에게 사랑스러웠다면, 그리고 그 아내가 사랑스러운 암사슴 같고 아름다운 암노루 같아서 그의 품을 항상 족하게 여겼다면(잠 5:19), 그는 결코 다른 여자들을 찾지 않았을 것이다. 결혼은 간음을 막아주는 것이지만, 여러 아내들을 두는 것은 결코 그렇지 못하다. 왜냐하면 둘이 한 몸을 이루는 법칙이 일단 깨어지면, 방종에 빠진 정욕은 스스로 통제되기가 너무도 어렵기 때문이다. 우리아는, 여기에 나오는 가난한 자처럼, 오직 한 아내만을 가지고 있었다. 그에게 있어 그녀는 그 자신의 영혼과도 같은 아내였으며, 항상 그의 품을 족하게 여겼던 아내였다. 그에게는 그녀 외에 다른 아내가 없었다. 그리고 그는 다른 아내를 원하지도 않았다. 여기에 나오는 '행인'은 (패트릭 주교가 유대 저작자들을 인용하여 설명하는 것처럼) 다윗의 마음속에 일어난 악한 생각이나 계획 혹은 욕망을 상징하는 것이었다. 그는 자신의 아내들로 만족할 수 있었다. 그럼에도 불구하고 그는 우리아의 아내가 아니면 안 된다고 생각했

는데, 이것이 바로 그의 마음속에 일어난 악한 생각이었다. 여기에서 악한 생각이 '행인'으로 묘사되고 있는 것을 주목하라. 악한 생각은 처음에는 단지 '행인' 같을 뿐이지만, 그러나 조금 있으면 '손님'이 되고, 결국에는 '집 주인'이 된다. 이와 관련하여 우리는 4절 초두에서 '행인'으로 불린 자가 동일한 절 끝에서 '사람'(이쉬:남편)으로 불리고 있는 것을 주목할 수 있다. 한편 어떤 이들은 다윗의 가슴속에서 그러한 욕망이 마치 '행인'처럼 단지 하룻밤 머물렀을 뿐임을 주목한다. 그것이 그의 가슴속에서 영구히 자리를 잡고 뿌리를 내린 것은 아니었다.

(3) 이러한 비유적인 이야기를 통해 나단은 다윗으로 하여금 그 자신의 죄에 대해 스스로 판결을 내리도록 만든다. 나단으로부터 그와 같은 이야기를 들었을 때, 다윗은 그것이 실제로 일어난 사건이라고 생각했다. 그리고 즉시로 가해자에 대해 판결을 내리면서, 그것을 맹세로써 확정했다(5, 6절).

[1] 양 새끼를 강탈한 불의로 대해 그는 율법에 따라 네 배로 갚아야 한다(출 22:1, 사람이 소나 양을 도둑질하여 잡거나 팔면 그는 소 한 마리에 소 다섯 마리로 갚고 양 한 마리에 양 네 마리로 갚을지니라).

[2] 포학과 잔인함으로 인해 그리고 가난한 자를 착취함으로 얻은 즐거움으로 인해, 그는 사형에 처해져야 한다. 만일 가난한 자가 배고픔으로 인해 부자의 물건을 훔쳤다면 율법에 따라 배상하면 될 것이었다. 그러나 만일 부자가 궁핍 때문이 아니라 탐욕 때문에 훔쳤다면, 그것은 죽임을 당할 만한 충분한 이유가 된다. 왜냐하면 그에게 있어 배상은 아무런 징벌도 되지 못하기 때문이다. 만일 이러한 판결이 지나치게 가혹한 것으로 생각된다면, 아마도 그것은 지금 다윗의 신경이 대단히 예민해져 있었기 때문일 것이다(왜냐하면 그 자신이 죄를 범하고도 아직 불쌍히 여김을 받지 못한 상태에 있었기 때문에).

2. 나단은 마침내 자신의 비유를 다윗에게 적용한다. 그가 다윗을 견책하기 위해 비유를 사용한 것은 매우 신중한 일이었다. 이와 같이 다른 사람을 견책하는 데에는 신중함이 반드시 필요한 법이다. 다윗은 그 가해자가 바로 자신이라는 사실을 깨닫지 못한 채 그에게 형벌을 선고했는데, 그것은 참으로 나단의 의도대로 된 것이었다. 그 비유를 적용하는 가운데 나단은 비유의 가해자가 다름 아닌 다윗 자신이라고 분명하게 지적한다(비록 왕일지라도 마치 평민에게 말하는 것처럼 그는 단호하고 분명하게 말하는데, 우리는 이를 통해 그의 충성

됨을 보게 된다). 그는 단호한 어조로 다음과 같이 말한다. "당신이 이와 같은 악을 행한 바로 그 사람이라. 그러므로 당신은 당신 자신의 판결에 의해 죽음에 처해져야 할 자요, 당신 자신의 입으로부터 심판을 받을 것이라. 이웃의 양을 탈취한 자가 죽어야 한다면, 이웃의 아내를 탈취한 자는 더욱 그러하지 않겠는가? 그가 비록 이웃의 양을 취하기는 했지만, 그러나 그의 목숨까지 취한 것은 아니었도다. 그렇다면 이웃의 아내를 탈취했을 뿐만 아니라 목숨까지 뺏은 당신은 얼마나 죽어야 마땅한 자인가?" 나단은 하나님의 이름으로 분명하게 말한다. 그는 "이스라엘의 하나님 여호와께서 이와 같이 이르시기를"이라는 말로 시작하는데, 그 이름은 다윗에게 너무도 거룩하고 장엄한 이름이었으며 그의 주의를 불러일으키는 이름이었다. 이제 나단은 가난한 사람을 위한 탄원자로서가 아니라 하나님으로부터 보냄 받은 대사(大使)로서 단호하게 말한다.

(1) 나단을 통해 하나님은 다윗에게 자신이 그를 위해 계획하고 행하셨던 큰일들을 일깨워 준다. 하나님은 그에게 왕으로 기름을 부으셨으며, 보좌에 앉을 때까지 보호하셨으며(7절), 사울과 다른 사람들(나발이 그 한 예임)의 집과 가속을 다스릴 권세를 주셨다. 하나님은 그에게 이스라엘과 유다 집을 주셨다. 나라의 부가 그의 손에 맡겨졌으며, 하나님은 모든 사람들로 하여금 그에게 순복하도록 하셨다. 아니, 하나님은 그를 위해서라면 어떤 것이든지 기꺼이 주실 준비가 되어 있으셨다: 내가 네게 이것저것을 더 주었으리라(8절). 하나님이 얼마나 후하게 선물을 주시는 분인지 주목하라. 하나님 안에서 우리는 아무런 부족함도 없다. 많이 받은 자에게 하나님은 더 많은 것을 주신다. 우리에게 대한 하나님의 이러한 후하심에도 불구하고 우리가 만족할 줄 모르는 가운데 금단의 열매를 탐내는 것은 얼마나 악한 일인가? 우리는 하나님이 약속하신 것을 위해 기도할 수 있는 특권을 가지고 있으며, 그것은 결코 부족함이 없다. 그럼에도 불구하고 하나님이 금하신 것을 탐내는 것은 정말로 배은망덕한 일이 아닐 수 없다.

(2) 계속해서 하나님은 그가 그와 같은 죄를 통해 하나님의 권위를 크게 업신여겼노라고 책망한다: 그러한데 어찌하여 네가 (왕의 위엄과 권세를 믿고) 여호와의 말씀을 업신여겼느냐(9절). 하나님의 율법과 그 율법을 제정하신 자를 업신여기는 것, 다시 말해서 하나님의 율법을 지켜야 하는 의무를 대단치 않은 것으로 여기며, 그 교훈을 하찮게 여기며, 그것이 가하는 위협과 경고를 두려

위할 줄 모르는 것이야말로 모든 죄의 원천이다. 다윗보다 하나님의 율법을 더 영예롭게 기록한 자도 없을 것이었다. 그럼에도 불구하고 여기에서 그는 하나님의 법을 업신여긴 것으로 견책을 받는다. 여기에서 그와 밧세바의 간음이 분명하게 언급되지 않는 것은 아마도 이미 그가 그에 대해 분명하게 알고 있었기 때문일 것이다. 그러나,

[1] 우리아를 죽인 것은 두 번 언급된다. "네가 칼로 헷 사람 우리아를 치되. 비록 네 칼로 직접 죽이지는 않았을지라도, 너는 네 붓으로 편지를 써서 그를 싸움의 제일 선두에 세우도록 명령함으로써 그를 죽였도다. 이 또한 네 칼로 직접 죽이는 것과 똑같이 가증한 일이로다." 악한 일을 궁리하며 명령을 내리는 것은 실제로 직접 실행하는 것과 하등 다를 바가 없다. 하나님은 다윗의 악행을 다시 한 번 반복한다: 네가 하나님과 이스라엘의 원수요 할례 받지 못한 암몬 자손의 칼로 죽였도다.

[2] 밧세바를 아내로 삼은 것 또한 두 번 언급된다: 그의 아내를 빼앗아 네 아내로 삼았도다(9절). 헷 사람 우리아의 아내를 빼앗아 네 아내로 삼았은즉(10절). 어떤 여자를 더럽히고는 그 남편을 죽이고, 다시 그 여자와 결혼하는 것은 자신의 악행을 무마하면서 어떤 의미로 성별시키고자 하는 것으로서 결혼의 규례를 모독하는 것이었다. 이러한 모든 일을 통해 그는 여호와의 말씀을 업신여겼다. 다윗은 그와 같은 일을 금하는 하나님의 일반적인 계명뿐만 아니라 얼마 전 나단을 통해 하나님이 그에게 주신 특별한 약속의 말씀(즉 하나님이 그의 집을 세우시겠다는 말씀)을 업신여겼다. 만일 그와 같은 거룩한 약속을 귀히 여기며 존중했다면, 그는 이와 같이 자신의 집을 정욕과 피로 더럽히지는 않았을 것이다.

(3) 하나님은 이러한 죄로 인해 심판이 후손에게 이어질 것을 경고한다. "칼이 네 집에서 영원토록 떠나지 아니하리라(10절). 네 때에 뿐만 아니라 후대에도 너와 네 자손들 가운데 전쟁이 떠나지 않을 것이라." 아니면 이것은 그의 아들들 즉 암논과 압살롬과 아도니야 사이에 벌어질 살육을 가리키는 것일 것이다. (이들은 모두 칼에 의해 멸망을 당했다). 하나님은 당신의 은총이 그와 그의 집을 떠나지 않을 것이라고 약속하셨다(7:15). 그런데 여기에서는 칼이 그의 집을 떠나지 않을 것이라고 경고하고 계신다. 은총과 칼이 양립할 수 있는가? 그럴 수 있다. 언약의 은총으로부터 배제되지 않았으면서도 오랫동안의 큰 환

난 아래 빠져 있는 경우는 흔히 있는 일이다. 이것의 이유는 "네가 나를 업신여겼기 때문"이라는 것이었다. 하나님의 말씀과 율법을 업신여기는 자는 하나님 자신을 업신여기는 것이며, 하나님으로부터 업신여김을 받게 될 것이다. 하나님은 여기에서 다음과 같은 두 가지를 특별하게 경고하신다.

[1] 너의 자녀들이 너의 슬픔이 될 것이다: 내가 너와 네 집에 재앙을 일으킬 것이라. 죄는 가정에 불화를 가져온다. 그리고 어떤 죄에 대한 징벌로서 또 다른 죄가 저질러지는 것은 결코 드문 일이 아니다.

[2] 너의 아내들이 너의 수치가 될 것이며, 그들이 모든 이스라엘 앞에서 유례없는 악행으로 능욕을 당하게 될 것이다(11, 12절). 이러한 일이 바로 그 자신의 아들에 의해 이루어지게 될 것이란 언급은 나오지 않는다. 그것은 지나치게 상세하게 예언함으로써 그러한 예언의 성취가 방해받지 않도록 하기 위한 것이었다. 그렇지만 결국 이 일은 아히도벨의 모략에 따라 압살롬에 의해 이루어졌다(16:21, 22). 이웃의 아내를 더럽히는 자는 자신의 아내가 더럽힘을 당하는 것을 보게 될 것이다. 그러한 죄는 종종 이와 같은 방식으로 징벌이 이루어지곤 하였다. 이와 관련하여 욥도 다음과 같이 저주의 기도를 한다. 내 아내가 타인의 맷돌을 돌리며 타인과 더불어 동침하기를 바라노라(욥 31:10). 호세아도 그와 비슷한 경고를 했다(4:14). 다윗은 그 죄를 은밀히 행했으며, 열심히 감추고자 애썼다. 그러나 그 죄는 모든 사람들에게 전파되었다. 그리고 징벌이 모든 사람들 앞에서 이루어질 것이며, 그것이 다윗의 수치가 될 것이었다. 우리아와 관련한 다윗의 죄는, 비록 수년 전에 이루어진 것이었다 할지라도, 그 때(즉 그의 아내들이 모든 이스라엘 앞에서 능욕을 당할 때) 사람들의 마음에 떠오를 것이며, 모든 사람들의 화젯거리가 될 것이다. 자신의 얼굴과 거울에 비친 얼굴이 일치하듯 죄에 징벌은 일치한다. 피는 피로 음행은 음행으로. 이로써 하나님은 자신이 죄를 너무도 미워하며, 또한 죄에 대하여 결코 간과(看過)하지 않는다는 사실을 보이실 것이다.

3. 이에 다윗은 자신의 죄를 고백한다. 다윗은 아무 변명도 하지 않고 모든 죄를 그대로 인정한다: 내가 여호와께 죄를 범하였노라(13절). 아마도 다윗은 더 많은 말을 했을 것이다. 그러나 그가 자신에 대한 판결을 겸허하게 받아들인 것을 나타내기 위해서는 그 한 마디로 충분했다. 그는 자신의 죄를 자백하면서(내가 죄를 범하였노라), 그것이 특별히 하나님께 대한 것임을 인정한다(여호와

께). 그는 시편을 기록하는 가운데 이 일을 다음과 같이 기록한다: 내가 주께만 범죄하여 주의 목전에 악을 행하였사오니(시 51:4).

4. 이러한 참회의 고백에 대하여 (한 가지 단서와 함께) 하나님의 사죄가 선언된다. 다윗이 "내가 죄를 범하였노라"고 말했을 때,

(1) 나단은 하나님의 이름으로 그의 죄가 사하여졌음을 확증한다: 여호와께서도 당신의 죄를 사하셨나니 당신이 죽지 아니하려니와. 즉 "여호와께서 당신의 죄를 사하심으로 당신이 영원한 죽음에 처하여지지 않을 것이요 또한 하나님으로부터 영원한 버림을 당하지 않을 것이라. 만일 하나님이 당신의 죄를 사하시지 않으셨다면 당신은 그와 같이 되었을 것이라." 이렇게 하여 처벌은 취소되고 무효가 되었다. 그는 정죄를 받지 않을 것이라: 바로 이것이 죄 사함의 본질이다. 네 죄가 너의 영원한 멸망이 되지 않을 것이라. 하나님은 그에게 칼이 네 집을 떠나지 않을 것이라고 말씀하셨었다. 그럼에도 불구하고,

[1] "칼이 너를 끊어내지는 못할 것이요, 너는 평안히 무덤에 들어가게 될 것이다." 다윗은 간음과 살인을 저지른 자로서 죽임을 당해 마땅했다. 그러나 하나님은 그를 멸망시키지는 않으실 것이었다.

[2] "비록 네가 평생 동안 여호와께 징계를 받는다 할지라도, 너는 세상과 함께 정죄를 받지는 않을 것이다." 하나님이 죄를 사하시는 데 얼마나 신속한지 주목하라. 다윗이 "주께 내 죄를 아뢰고 내 죄악을 숨기지 아니하였더니 곧 주께서 내 죄악을 사하셨나이다"라고 언급한 것은 아마도 지금의 경우와 관련된 것이었을 것이다(시 32:5). 비록 큰 죄를 지은 죄인이라 할지라도 진실로 회개할 때 하나님이 자비를 베푸실 것이란 사실을 결코 잊어서는 안 된다. 죄를 사해 주심에 있어 하나님과 같은 자가 누구인가?

(2) 그러나 나단은 아이에 대해 죽음의 판결을 선언한다(14절). 여기에서 하나님의 주권을 주목하라. 범죄한 부모는 살고 죄 없는 아이는 죽는다. 그러나 모든 영혼이 하나님의 것이며, 그는 자신의 모든 피조물을 통해 영광을 받으신다.

[1] 다윗은 죄를 범함으로써 하나님의 명예를 손상시켰다. 그는 이 일로 말미암아 여호와의 원수가 크게 비방할 거리를 얻게 만들었다. 그 세대의 악인들과 이교도들과 우상 숭배자들과 불경건한 자들은 다윗의 타락을 보면서 환호성을 울렸을 것이다. 하나님과 율법을 존귀히 여기는 자가 저지른 그토록 흉악한 범

죄를 보면서, 그들은 하나님과 율법에 대해 비방하며 흉을 보았을 것이다. "이것이 바로 믿음을 고백하는 자들의 모습이 아니냐? 기도하며 시편을 노래하며 그토록 경건하다고 하던 자의 꼴이 바로 이것이냐? 기도와 찬송과 경건이 간음과 살인조차 막지 못할진대 그따위 것들에 무슨 선한 것이 있느냐?" 그들은 하나님이 사람처럼 보시지 않고 중심을 살핀다는 사실을 생각하지 않고 이렇게 말한다. "사울은 이보다 훨씬 작은 일로도 버림을 당하지 않았던가? 하물며 훨씬 더 큰 죄를 범한 다윗이 어찌 살아서 계속 왕 노릇 할 것을 기대할 수 있겠는가?" 오늘날에도 다윗의 예를 통해 하나님을 조롱하며 죄를 짓는데 마음을 완악하게 하는 자들이 있다. 다윗으로 인해 하나님과 그분의 말씀을 비방할 수 있는 정당한 권리를 가진 자는 아무도 없다. 만일 누가 그렇게 한다면 그것은 바로 그들의 죄이다. 그럼에도 불구하고 그들에게 다윗은 거치는 돌이 된 결과가 되었으며, 이것이 그의 수치가 될 것이다. 신실한 믿음을 고백하는 자가 범하는 죄 속에는 바로 이와 같은 큰 문제가 포함되어 있다. 즉 그들은 하나님의 원수들로 하여금 크게 비방할 거리를 얻도록 만들어 줄 수 있는 것이다(롬 2:24, 기록된 바와 같이 하나님의 이름이 너희 때문에 이방인 중에서 모독을 받는도다).

[2] 다윗의 죄에 대한 당신의 분노를 이같이 나타내심으로써, 하나님은 자신의 영광을 지키시고 또한 세상으로 하여금 자신이 죄를 얼마나 미워하시는지를 알게 하실 것이다. 하나님은 그것을 아이의 죽음으로 나타내고자 선택하셨다. 땅 주인은 자기 땅의 어느 부분이든지 자신이 원하는 대로 압류할 권리가 있다. 아마도 아이들이 병들어 죽는 것은 당시에 그렇게 일반적인 일은 아니었을 것이다. 그러므로 이 일은 매우 특별한 일로서, 하나님의 분노의 명백한 증표가 될 수 있었다. 하나님은 때대로 "아비의 죄를 자식에게 찾겠다"고 말씀하셨는데, 이 일은 바로 그러한 말씀에 따라 이루어진 것이었다.

15나단이 자기 집으로 돌아가니라 우리아의 아내가 다윗에게 낳은 아이를 여호와께서 치시매 심히 앓는지라 16다윗이 그 아이를 위하여 하나님께 간구하되 다윗이 금식하고 안에 들어가서 밤새도록 땅에 엎드렸으니 17그 집의 늙은 자들이 그 곁에 서서 다윗을 땅에서 일으키려 하되 왕이 듣지 아니하고 그들과 더불어 먹지도 아니하더라 18 이레 만에 그 아이가 죽으니라 그러나 다윗의 신하들이 아이가 죽은 것을 왕에게 아뢰기를 두려워하니 이는 그들이 말하기를 아이가 살았을 때에 우리가 그에게 말하여도 왕이 그 말을 듣지 아니하셨나니 어떻게 그 아이가 죽은 것을 그에게 아뢸 수 있으랴 왕이 상심하시리로다 함이라 19 다윗이 그의 신하들이 서로 수군거리는 것을 보고 그 아이가 죽은 줄을 다윗이 깨닫고 그의 신하들에게 묻되 아이가 죽었느냐 하니 대답하되 죽었나이다 하는지라 20 다윗이 땅에서 일어나 몸을 씻고 기름을 바르고 의복을 갈아입고 여호와의 전에 들어가서 경배하고 왕궁으로 돌아와 명령하여 음식을 그 앞에 차리게 하고 먹은지라 21 그의 신하들이 그에게 이르되 아이가 살았을 때에는 그를 위하여 금식하고 우시더니 죽은 후에는 일어나서 잡수시니 이 일이 어찌 됨이니이까 하니 22 이르되 아이가 살았을 때에 내가 금식하고 운 것은 혹시 여호와께서 나를 불쌍히 여기사 아이를 살려 주실는지 누가 알까 생각함이거니와 23 지금은 죽었으니 내가 어찌 금식하랴 내가 다시 돌아오게 할 수 있느냐 나는 그에게로 가려니와 그는 내게로 돌아오지 아니하리라 하니라 24 다윗이 그의 아내 밧세바를 위로하고 그에게 들어가 그와 동침하였더니 그가 아들을 낳으매 그의 이름을 솔로몬이라 하니라 여호와께서 그를 사랑하사 25 선지자 나단을 보내 그의 이름을 여디디야라 하시니 이는 여호와께서 사랑하셨기 때문이더라

나단은 다윗에게 메시지를 전한 후 왕궁에 머물지 않고 집으로 돌아갔는데, 아마도 그것은 다윗을 위해 기도하기 위해서였을 것이다. 하나님은 그를 다윗을 회개시키기 위한 도구로 사용하셨다. 하나님은 그를 자비와 심판의 사자(使者)로 사용하심으로써 그의 사역을 존귀케 하시고, 그의 말을 그의 모든 이름보다 높게 하셨다. 다윗은 나단 선지자를 존경하여 밧세바에게서 낳은 아들들 가운데 한 아들에게 그의 이름을 붙여 주었으며(대상 3:5), 우리의 위대한 선지자이신 그리스도의 혈통은 바로 그 아들을 통해 이어졌다(눅 3:31). 나단이 물러갔을 때, 아마도 다윗 역시도 한적한 곳으로 물러가 시편 51편을 기록했을 것이다. 여기에서 그는 죄 사함을 진지하게 간구하면서 자신의 죄에 대해 크게 애통해한다(비록 자신의 죄가 사함 받았음을 분명하게 확신하고 있었다 할지라도). 진정한 회개자는 하나님의 진노가 가라앉았을 때 자신의 행한 것을 돌아보며 크게 부끄러워할 것이다(겔 16:63).

I. **아이가 병에 걸려 심하게 앓음.** 우리아의 아내가 다윗에게 낳은 아이를 여호와께서 치시매 심히 앓는지라(15절). 아마도 아이가 심한 경기(驚氣)를 하거나 아니면 어떤 무서운 병에 걸렸을 것이다. 아담의 범죄와 같은 죄를 짓지 아니한

(롬 5:14) 아이들이 이와 같이 심한 병에 걸려 죽는 것을 통해 우리는 그들 안에 있는 원죄(原罪)를 보게 된다.

II. 다윗이 이러한 하나님의 분노의 증표 앞에 스스로를 겸비케 하면서 아이의 생명을 위해 간절히 기도함(16, 17절).   다윗이 금식하고 밤새도록 땅에 엎드렸으니. 다윗은 하인들의 부축을 받는 것이나 그들이 가져온 음식까지도 모두 거절했다. 이것은 그의 회개가 참된 것이었음을 보여주는 증거였다. 왜냐하면

1. 이로써 그가 자신의 죄의 수치를 기꺼이 짊어지고자 했음이 분명히 드러났기 때문이다. 다윗은 자신의 죄로 인해 계속해서 사람들의 비방거리가 되는 것을 회피하려고 하지 않았다. 왜냐하면 이 아이는, 만일 죽지 않고 살아난다면, 계속해서 그의 죄를 기억나게 해 주는 (그 자신과 다른 사람들에게) 아이가 될 것이었기 때문이다. 다윗은 결코 그 아이가 죽는 것을 바라지 않았다. 도리어 그 아이가 죽지 않기를 간절히 기도했다. 참된 회개자는 젊은 시절의 욕망의 수치를 기꺼이 짊어진다(렘 31:19).

2. 여기에 매우 부드럽고 따뜻한 마음이 나타나기 때문이다. 우리는 여기에서 어린아이에 대한 큰 애정을 보게 되는데, 그것은 사람들 가운데(특별히 전쟁의 사람들에게 있어서는 더욱 그렇다) 흔히 볼 수 있는 것보다 훨씬 뛰어난 것이었다. 이것은 상하고 회개하는 심령의 또 다른 표징이었다. 회개하는 자의 마음은 동정심과 불쌍히 여기는 마음으로 가득 찰 것이다.

3. 그가 여기에서 다른 세상에 대해 큰 관심을 나타내고 있기 때문인데, 이 또한 참된 회개의 증거였다. 나단은 아이가 반드시 죽을 것이라고 말했다. 그러나 아직 기도할 수 있는 동안 다윗은 아이를 위해 하나님께 전심으로 기도한다. 이 때 다윗은 주로 (추측컨대) 아이의 영혼이 다른 세상에서 평안과 복락을 얻으며, 자신의 죄로 인해 아이의 영혼까지 멸망을 당하지 않기를 간구했을 것이다.

4. 그가 여기에서 하나님과 하나님의 분노에 대한 거룩한 두려움을 나타내고 있기 때문이다. 다윗은 아이의 죽음을 거둬달라고 간청하는데, 그것은 그것이 자신과 자신의 집에 대한 하나님의 분노의 증표였기 때문이었다. 따라서 다윗은 만일 하나님의 뜻이면 아이가 살게 해 달라고 그토록 간절하게 기도했는데, 왜냐하면 만일 아이가 산다면 그것은 다윗에게 있어 하나님이 자신과 화해하셨음을 보여주는 분명한 증표가 될 것이었기 때문이었다. 여호와여 주의 분노

로 나를 책망하지 마시오며 주의 진노로 나를 징계하지 마옵소서(시 6:1).

III. 아이의 죽음.   이레 만에 그 아이가 죽으니라(18절). 아이는 이레 만에 그러므로 할례조차도 받지 못하고 죽었다. 어쩌면 다윗은 이러한 사실을 하나님의 분노의 또 다른 증표로 해석했을는지 모른다. 왜냐하면 아이가 언약의 인침 아래 들어오기 전에 죽었기 때문이었다. 그러나 그는 아이의 영적 복락을 결코 의심하지 않았다. 왜냐하면 언약의 효과는 그것의 외적 인침(즉 할례)에 의존하지 않기 때문이다. 신하들은 다윗에게 아이가 죽었다는 사실을 말하기를 두려워했는데, 그것은 그가 극도의 혼란 가운데 빠지게 될 것이라고 생각했기 때문이었다. 따라서 그는 자신이 직접 묻기 전까지는 결코 그 사실을 알지 못했다(19절).

IV. 다윗의 놀라운 평정과 침착.   아이가 죽었다는 사실을 알았을 때, 다윗은 놀랍도록 차분한 마음과 평정을 나타냈다.

1. 그가 나타낸 행동.

(1) 다윗은 슬픔을 나타내는 어떤 행동도 하지 않았다. 그는 몸을 씻고 기름을 바르고 의복을 갈아입었으며, 그렇게 함으로써 하나님 앞에 서기에 적합한 외양을 갖추었다.

(2) 다윗은, 욥이 자녀들의 죽음의 소식을 들었을 때 그랬던 것처럼, 여호와의 전에 들어가서 경배했다. 그가 여호와의 전에 들어간 것은 이러한 고통 속에 하나님의 손이 있음을 인정하고, 그 아래 스스로를 겸비케 하며, 그와 같은 거룩한 뜻에 순복하며, 자신의 죄가 용서됨으로 그 자신은 죽임을 당하지 않게 된 것에 대해 감사하며, 하나님의 분노가 더 이상 계속되지 않기를 기도하기 위함이었다. 너희 중에 고난 당하는 자가 있느냐 그는 기도할 것이요(약 5:13). 애곡하는 것으로 인해 경배하는 것이 방해 받아서는 결코 안 된다.

(3) 그러고 나서 그는 왕궁으로 돌아왔다. 그는 마치 고통의 날에 믿음으로 은혜를 발견한 자처럼 스스로의 마음을 쾌활하게 했다. 그는 하나님께 경배하고 난 후 음식을 먹었으며 그 얼굴에 더 이상 슬픈 기색을 띠지 않았다.

2. 그러한 행동에 대한 이유. 신하들은 아이가 앓을 때는 그가 그토록 스스로를 괴롭게 했으면서 정작 아이가 죽었을 때에는 그토록 침착한 것에 대해 의아하게 생각하면서 그 이유를 묻는다(21절). 그러한 질문에 대해 다윗이 답변한 것은 다음과 같은 내용이었다.

(1) 아이가 살아 있는 동안에는 아이를 위해 하나님의 은총을 간청하는 것이 나의 마땅히 행할 바이다(22절). 나단은 분명히 그 아이가 죽을 것이라고 말했다. 그러나 다윗은 그러한 징벌이 히스기야의 경우처럼 유동적일 수 있다고 생각했다. 종종 그의 애곡하는 것을 들으셨던 하나님께서 그의 큰 겸손과 진실한 기도를 들으시고, 그러한 선고(宣告)를 바꾸사 아이를 살려주실지 어찌 알겠는가? 혹시 여호와께서 나를 불쌍히 여기사 아이를 살려 주실는지 누가 알겠는가? 하나님은 우리가 그분의 권능과 일반적인 자비에 대한 믿음으로 (비록 특별한 약속을 받지는 못했다 할지라도) 그분의 특별한 축복을 위해 진지하게 기도하는 것을 허락하신다. 비록 확신하지는 못한다 할지라도, 그러나 기도하자. 혹시 여호와께서 은혜를 베푸실지 누가 알겠는가? 우리의 친척이나 친구가 병에 걸렸을 때, 믿음의 기도가 역사하는 힘이 크다는 사실을 기억하자. 생명이 남아있다면 소망도 남아있는 것이며, 소망이 남아있는 동안에는 기도할 여지도 역시 남아있는 것이다.

(2) 그러나 이제 아이가 죽었으므로 아이에 대한 하나님의 처분을 기꺼이 받아들이는 것이 나의 마땅히 행할 바이다(23절): 지금은 죽었으니 내가 어찌 금식하랴? 그로 하여금 슬픔을 억누르게 만든 것은 다음과 같은 두 가지 사실이었다.

[1] 그가 아이의 생명을 돌아오게 만들 수 없다는 사실. 그는 말한다: 내가 어찌 아이의 생명을 다시 돌아오게 할 수 있느냐. 그리고 또다시 말한다: 그는 내게로 돌아오지 아니하리라. 죽은 자는 기도의 힘이 미치는 범위 밖에 있다. 우리의 눈물조차도 그들에게 아무런 효력이 미치지 못한다. 우는 것이나 기도하는 것이 그들의 생명을 돌아오게 만들지는 못한다. 그렇다면 무엇 때문에 우리가 금식한단 말인가? 무슨 목적으로 이렇게 쓸데없는 일을 한단 말인가? 요나단이 죽었을 때 다윗은 그를 위해 울며 금식했다. 그러나 그것은 그를 추모하며 존귀케 하기 위함이었다.

[2] 그가 결국 아이에게로 갈 것이란 사실: 나는 그에게로 가려니와. 첫째로, 무덤으로 갈 것이다. 우리의 친척이나 친구가 죽었을 때, 만일 우리가 우리 자신도 결국은 죽을 것이라는 사실을 생각한다면 우리의 슬픔은 상당히 경감(輕減)될 것이다. 그것은 우리 모두의 공통된 운명이다. 그들의 죽음을 위해 애곡하는 대신, 우리는 먼저 우리 자신의 죽음을 생각해야 한다. 비록 지금은 그들의

죽음 앞에 애곡하고 있지만, 우리 역시도 곧 죽을 것이요 그들에게 가게 될 것이다. 둘째로, 하늘나라로 갈 것이다. 구약의 성도들조차도 하늘나라에 대한 어느 정도의 기대를 가지고 있었다. 경건한 부모들은 유아 때에 죽은 자녀들에 관하여 다른 세상에서 영혼이 복락 가운데 있을 것을 믿고, 또 소망할 만한 충분한 이유를 가지고 있었다. 왜냐하면 그 약속은 우리와 우리 자손에게 대한 것이기 때문이다. 그 약속은 유아들과 같이 자기 문에 스스로 문빗장을 걸지 못하는 자들에게도 또한 이루어질 것이다. 은총을 받으면 소망이 더 많아지는 법이다. 하나님은 자신으로 말미암아 난 자들을 자기 자녀라고 부르신다. 만일 그들이 그의 자녀라면 그는 그들을 구원하실 것이다. 우리 자녀들이 죽음으로 우리 곁을 떠나갈 때, 이 세상에서 누리는 것보다 더 좋은 것을 누리게 된다는 사실은 우리에게 얼마나 큰 위로가 되는가? 잠깐 후 우리는 그들과 함께 있게 될 것이며, 더 이상 헤어지지 않게 될 것이다.

V. 솔로몬의 탄생. 다윗이 밧세바와 결혼한 것이 하나님을 불쾌하게 만들기는 했지만, 그러나 하나님은 다윗에게 밧세바와 이혼할 것을 명령하시지는 않으셨다. 그렇게 하기는 고사하고, 하나님은 그녀를 통해 왕권의 언약을 계승할 아들을 주셨다. 틀림없이 밧세바는 죄의식과 하나님의 분노의 증표로 인해 크게 괴로워하고 있었을 것이다. 그러나 하나님은 다윗에게 구원의 기쁨을 회복시켜 주셨으며, 다윗은 자신이 하나님으로부터 받은 위로와 동일한 위로로써 그녀를 위로해 주었다(24절): 다윗이 그의 아내 밧세바를 위로하고. 다윗과 밧세바는 하나님이 자신들과 화해하셨음을 나타내는 다음과 같은 증표로써 충분한 위로를 받을 수 있었다.

1. 하나님의 섭리에 의해 아들을 주심. 이 아들은 전에 진노 가운데 죽임을 당한 아들과 같지 않았다. 이 아들은 은혜로 받은 아들이었으며, 예루살렘에서 생명 있는 자들 가운데 녹명(錄名)된 아들이었다. 그에게 솔로몬(평화, peaceful)이란 이름이 붙여졌는데, 그것은 그의 탄생이 하나님이 그들과 더불어 화목(peace)하셨음을 나타내는 증표였기 때문이며, 또한 그에게 주어질 모든 형통(prosperity) 때문이며, 또한 그가 평강(peace)의 왕이신 그리스도의 모형이 될 것이기 때문이었다. 하나님은 그들로부터 한 아들을 데려가셨다. 그러나 지금, 마치 아벨을 대신해서 셋을 주셨던 것처럼(창 4:25), 하나님은 그를 대신해서 다른 아들을 주셨다. 이와 같이 하나님은 종종 자기 백성이 겪은 슬픔

을 동일한 종류의 위로로써 상쇄시키신다. 다윗은 한 아이의 죽음에 대한 하나님의 뜻을 기꺼이 받아들였다. 그러자 하나님은 다른 아들의 탄생으로 그러한 상실을 벌충해 주셨다. 하나님의 위로를 유지하고 회복하며, 혹은 다른 방식으로 벌충하는 방법은 모든 것을 기꺼이 하나님께 맡기는 것이다.

2. 하나님의 은혜에 의해 그 아들을 특별히 인정하시고 사랑하심: 여호와께서 그를 사랑하셨더라(24, 25절). 그리고 하나님은 나단 선지자를 통해 그 이름을 여디디야(여호와로부터 사랑을 받음)로 부르도록 명령하셨다. 비록 그가 악을 행한 자의 씨였다 할지라도, 하나님의 언약은 너무도 은혜로워 그로 하여금 면류관을 상속받도록 했으며, 또한 그로부터 모든 권리박탈(attainders)과 피의 부패(corruption of blood)를 제거해 버렸다. 이것은 본질상 진노의 자녀들이 은혜의 언약으로 말미암아 하나님과 더불어 화해할 뿐만 아니라 그의 사랑하는 자녀들이 될 것을 나타낸다. 그리그 솔로몬이란 이름으로 그는, 하나님의 사랑하는 아들이요 복된 여디디야이신 예수 그리스도의 모형이 되었다. 그(예수)와 관련하여 하나님은 "이는 내 사랑하는 아들이요 나의 기뻐하는 자라"고 수 차례 선언하셨다.

²⁶요압이 암몬 자손의 랍바를 쳐서 그 왕성을 점령하매 ²⁷요압이 전령을 다윗에게 보내 이르되 내가 랍바 곧 물들의 성읍을 쳐서 점령하였으니 ²⁸이제 왕은 그 백성의 남은 군사를 모아 그 성에 맞서 진 치고 이 성읍을 쳐서 점령하소서 내가 이 성읍을 점령하면 이 성읍이 내 이름으로 일컬음을 받을까 두려워하나이다 하니 ²⁹다윗이 모든 군사를 모아 랍바로 가서 그 곳을 쳐서 점령하고 ³⁰그 왕의 머리에서 보석 박힌 왕관을 가져오니 그 중량이 금 한 달란트라 다윗이 자기의 머리에 쓰니라 다윗이 또 그 성읍에서 노략한 물건을 무수히 내오고 ³¹그 안에 있는 백성들을 끌어내어 톱질과 써레질과 철도끼질과 벽돌구이를 그들에게 하게 하니라 암몬 자손의 모든 성읍을 이같이 하고 다윗과 모든 백성이 예루살렘으로 돌아가니라

우리는 여기에서 이스라엘이 랍바 성을 비롯한 암몬의 여러 성읍들을 점령하는 이야기를 보게 된다. 비록 이 이야기가 솔로몬의 탄생에 대한 이야기 뒤에 나온다 할지라도, 아마도 이것은 우리아의 죽음 직후의 일이었을 것이다 (어쩌면 밧세바가 남편을 위해 애곡하고 있던 때의 일이었을는지 모른다). 다

음을 관찰하라.

1. 하나님이 다윗에게 은혜를 베푸셔서 큰 승리를 얻게 하심. 다윗이 죄를 범한 것은 바로 이 때, 즉 암몬과의 전쟁이 한창일 때였다. 더구나 다윗은 우리아를 죽임에 있어 암몬 자손의 칼을 사용했다. 따라서 하나님은 그들의 칼로 하여금 다윗과 그의 나라를 징벌하는데 사용하셔야 마땅했다. 그럼에도 불구하고 하나님은 그들의 칼을 부러뜨리시고, 다윗의 칼로 하여금 승리를 거두도록 하셨다(그가 아직 회개하기 이전이었음에도 불구하고). 진실로 다윗에게는 "하나님이 우리의 죄를 따라 우리를 처벌하지 아니하시며 우리의 죄악을 따라 우리에게 그대로 갚지 아니하셨도다"라고 고백할 만한 충분한 이유가 있었다(시 103:10).

2. 요압이 매우 겸손하고 영예롭게 행동함. 암몬의 왕도(王都)인 '물들의 성읍'(랍바)을 점령했을 때(다른 성읍들은 물들의 성읍인 랍바로부터 물을 공급받고 있었으며, 따라서 만일 물의 공급을 끊어버린다면 그들은 항복하지 않을 수 없었다), 요압은 다윗으로 하여금 직접 이 곳에 와서 승리를 마무리짓고 그로 인해 모든 칭송을 받도록 사람을 보냈다(26-28절). 이와 같이 그는 자신은 단지 종의 위치에 있는 것으로 만족하면서 오로지 주인이 존귀케 되는 것만을 열망하는 충성된 종이라는 사실을 나타냈다. 또한 그는 주 예수의 종들이 범사에 어떻게 해야 하는지 좋은 모범을 남겼다(우리에게 마옵시고 오직 주의 이름이 영광을 받으소서).

3. 다윗이 지나치게 오만하며 가혹하게 행함. 다윗은 좀 더 겸손하고 온유하게 행동했어야 함에도 불구하고, 그렇게 하지 않았다.

(1) 그는 암몬 왕의 왕관을 지나치게 좋아했던 것으로 보인다(30절). 그것은 진귀한 보석으로 치장되어 있으므로 매우 값비싼 것이었기 때문이었다. 다윗은 그 왕관을 자기 머리에 썼는데, 차라리 그는 그것을 하나님의 발 앞에 던져 버리는 것이 훨씬 더 나았을 것이다. 지금 이 순간 그는 죄 가운데 빠져 있지 않았던가? 지금 그는 재를 쓰고 있어야 마땅하지 않은가? 죄로 인해 참으로 겸비해진 심령이 어떻게 세상 영광에 대하여 그토록 욕심을 낼 수 있겠는가? 세상 영광에 대해 거룩한 경멸로 바라보아야 마땅하지 않았는가?

(2) 그는 전쟁 포로들을 지나치게 가혹하게 다룬 것으로 보인다(31절). 그 안에 있는 백성들을 끌어내어 톱과 써레와 철 도끼 아래 두고 벽돌 가마를 지나가게 하

니라(KJV, 한글개역개정판에는 그 안에 있는 백성들을 끌어내어 톱질과 써레질과 철도끼질과 벽돌구이를 그들에게 하게 하니라라고 되어 있음). 랍바 성은 오랫동안의 포위공격에 대항하여 완강하게 저항한 끝에 함락되었다. 격렬한 싸움 속에서 무장한 적을 칼로 치는 것만으로 충분했을 것이다. 그러나 다윗은 냉혈한처럼 톱과 써레로 그들을 잔인하게 죽였다. 이러한 그의 모습은 처음 왕이 될 때 인자와 정의를 노래하겠다고 약속했던 자의 모습과는 너무도 다른 것이었다(시 101:1, 내가 인자와 정의를 노래하겠나이다). 만일 그가 자신이 보낸 사자들을 모욕했던 자들만을 본보기로 징벌했다면, 그것은 정당한 공의로서 간주됨과 함께 다른 나라들에 대해 드려움을 가져다주기에 충분했을 것이다. 그러나 암몬 자손의 모든 성읍들을 이처럼 가혹하게 대한 것을 통해 우리는 그의 심령이 회개로써 아직 부드러워지지 않았음을 보게 된다. 그가 회개했다면, 그의 긍휼히 여기는 마음이 이렇게까지 닫혀 있지는 않았을 것이다. 또한 이것은 그가 아직까지 하나님의 자비하심을 얻지 못했음을 보여주는 표증이기도 했다. 만일 그가 하나님의 자비하심을 입었다면, 다른 사람들에 대해서도 기꺼이 자비를 베풀 준비가 되어 있었을 것이다.

제
— 13 —
장

개요

의로우신 하나님은 우리아의 일로 다윗을 징벌하기 위해 "그의 집에 재앙을 일으킬" 것을 나단 선지자를 통해 말씀하셨다(12:11). 그리고 바로 다음 장인 여기에서 우리는 그의 집에 재앙이 일어나기 시작하는 것을 보게 된다. 이제부터 다윗에게 재앙이 꼬리에 꼬리를 물고 일어나게 되는데, 이러한 사실로 인해 그의 통치 후반부는 전반부에 비해 덜 영광스러운 것으로 나타난다. 이와 같이 하나님은 그를 사람 막대기로 징벌하셨다. 그러나 하나님은 그런 가운데에서도 '자신의 사랑을 완전히 거두지는 않으셨음'을 확증해 주셨다. 다윗의 죄는 간음과 살인이었다. 그런데 그의 자녀들 사이에서 똑같은 죄가 벌어진다(암논이 누이 다말을 더럽히고, 압살롬이 형 암논을 죽임). 다윗으로서는 자신의 잘못된 모범으로 인해 자녀들이 이러한 악행에 빠지게 되었음을 통탄할 만한 충분한 이유가 있었다. 본 장의 내용은 다음과 같다. I. 암논이 친척 요나답이 가르쳐준 방법대로 다말을 강간함(1-20절). II. 이로 인해 압살롬이 암논을 죽임(21-39절). 두 사건은 모두 다윗에게 큰 슬픔을 안겨 주었다. 다윗에게 이 일들이 더욱 통탄스러웠던 것은 그 자신이 부지불식간에 방조자가 되었기 때문이었다(암논에게 다말을 보내고 압살롬에게 암논을 보냄으로써).

¹그 후에 이 일이 있으니라 다윗의 아들 압살롬에게 아름다운 누이가 있으니 이름은 다말이라 다윗의 다른 아들 암논이 그를 사랑하나 ²그는 처녀이므로 어찌할 수 없는 줄을 알고 암논이 그의 누이 다말 때문에 울화로 말미암아 병이 되니라 ³암논에게 요나답이라 하는 친구가 있으니 그는 다윗의 형 시므아의 아들이요 심히 간교한 자라 ⁴그가 암논에게 이르되 왕자여 당신은 어찌하여 나날이 이렇게 파리하여 가느냐 내게 말해 주지 아니하겠느냐 하니 암논이 말하되 내가 아우 압살롬의 누이 다말을 사랑함이니라 하니라 ⁵요나답이 그에게 이르되 침상에 누워 병든 체하다가 네 아버지가 너를 보러 오거든 너는 그에게 말하기를 원하건대 내 누이 다

말이 와서 내게 떡을 먹이되 내가 보는 데에서 떡을 차려 그의 손으로 먹여 주게 하옵소서 하라 하니 [6]암논이 곧 누워 병든 체하다가 왕이 와서 그를 볼 때에 암논이 왕께 아뢰되 원하건대 내 누이 다말이 와서 내가 보는 데에서 과자 두어 개를 만들어 그의 손으로 내게 먹여 주게 하옵소서 하니 [7]다윗이 사람을 그의 집으로 보내 다말에게 이르되 이제 네 오라버니 암논의 집으로 가서 그를 위하여 음식을 차리라 한지라 [8]다말이 그 오라버니 암논의 집에 이르매 그가 누웠더라 다말이 밀가루를 가지고 반죽하여 그가 보는 데서 과자를 만들고 그 과자를 굽고 [9]그 냄비를 가져다가 그 앞에 쏟아 놓아도 암논이 먹기를 거절하고 암논이 이르되 모든 사람을 내게서 나가게 하라 하니 다 그를 떠나 나가니라 [10]암논이 다말에게 이르되 음식물을 가지고 침실로 들어오라 내가 네 손에서 먹으리라 하니 다말이 자기가 만든 과자를 가지고 침실에 들어가 그의 오라버니 암논에게 이르러 [11]그에게 먹이려고 가까이 가지고 갈 때에 암논이 그를 붙잡고 그에게 이르되 나의 누이야 와서 나와 동침하자 하는지라 [12]그가 그에게 대답하되 아니라 내 오라버니여 나를 욕되게 하지 말라 이런 일은 이스라엘에서 마땅히 행하지 못할 것이니 이 어리석은 일을 행하지 말라 [13]내가 이 수치를 지니고 어디로 가겠느냐 너도 이스라엘에서 어리석은 자 중의 하나가 되리라 이제 청하건대 왕께 말하라 그가 나를 네게 주기를 거절하지 아니하시리라 하되 [14]암논이 그 말을 듣지 아니하고 다말보다 힘이 세므로 억지로 그와 동침하니라 [15]그리하고 암논이 그를 심히 미워하니 이제 미워하는 미움이 전에 사랑하던 사랑보다 더한지라 암논이 그에게 이르되 일어나 가라 하니 [16]다말이 그에게 이르되 옳지 아니하다 나를 쫓아보내는 이 큰 악은 아까 내게 행한 그 악보다 더하다 하되 암논이 그를 듣지 아니하고 [17]그가 부리는 종을 불러 이르되 이 계집을 내게서 이제 내보내고 곧 문빗장을 지르라 하니 [18]암논의 하인이 그를 끌어내고 곧 문빗장을 지르니라 다말이 채색옷을 입었으니 출가하지 아니한 공주는 이런 옷으로 단장하는 법이라 [19]다말이 재를 자기의 머리에 덮어쓰고 그의 채색옷을 찢고 손을 머리 위에 얹고 가서 크게 울부짖으니라 [20]그의 오라버니 압살롬이 그에게 이르되 네 오라버니 암논이 너와 함께 있었느냐 그러나 그는 네 오라버니이니 누이야 지금은 잠잠히 있고 이것으로 말미암아 근심하지 말라 하니라 이에 다말이 그의 오라버니 압살롬의 집에 있어 처량하게 지내니라

　　우리는 여기에서 암논이 자신의 누이를 겁탈한 가증한 악에 대한 특

별한 이야기를 보게 된다. 이것은 정말로 자세히 이야기하기에 적합하지 않은 주제이며, 또한 얼굴을 붉히지 않고는 도저히 이야기할 수 없는 주제이다. 어떻게 사람이, 그것도 다윗의 아들이 이토록 악한 일을 행할 수 있단 말인가? 우리는 다른 일들에 있어서도 암논의 사람됨이 매우 악했다고 추측할 수 있다. 만일 하나님을 버리지 않았다면, 그는 결코 이와 같은 악한 마음에 사로잡히지 않았을 것이다. 경건한 부모들이 악한 자녀로 인해 고통을 당하는 것은 결코 드문 일이 아니다. 은혜는 유전되지 않지만 부패는 유전된다. 우리는 다윗의 자녀들이 아버지의 경건을 본받는 것을 발견하지 못한다. 반면 그들은 아버지의 잘못된 모범은 그대로 답습하면서, 더욱 악하게 행하면서도 회개하지 않는다. 부모가 자녀에게 악한 모범을 보일 때, 그것이 가져오는 치명적인 결과는 얼마나 크고 끔찍한 것인가? 암논의 죄의 단계를 살펴보자.

I. 더러운 영인 마귀가 암논의 마음속에 누이 다말에 대한 음욕을 불어넣음. 아름다움은 많은 사람들에게 올무가 되는데, 이것은 다말에게도 그러했다. 다말은 매우 아름다웠으므로, 암논이 그녀를 몹시 탐내게 되었다(1절). 용모가 특별히 빼어난 사람은 그것에 대해 자랑하며 교만할 이유는 전혀 없다. 다만 그것으로 인해 더욱 자신을 경계하며 삼가야만 한다. 암논의 음욕은

1. 그 자체로 부자연스러운 것이었다. 자신의 누이에 대해 음욕을 품는 것은 자연적인 양심조차도 경악하지 않을 수 없는 일이며, 두려움 없이는 결코 생각할 수 없는 일이다. 인간의 부패한 본성 속에는 이와 같이 여전히 금단의 열매를 열망하는 엇나간 마음이 남아있다. 강하게 금지된 것일수록 더욱 탐욕스럽게 열망한다. 오라비로서 누이의 정절과 명예를 보호해 주어야 마땅한 자가 어떻게 그것을 유린할 생각을 품을 수 있단 말인가? 그러나 성별되지 못하고 다스려지지 못하는 심령 속에 어떤 악한 생각인들 들어가지 못하겠는가?

2. 그 자신을 매우 힘들게 만들었다. 그는 누이를 유혹할 기회를 얻지 못함으로 인해 병이 들었다(2절). 육체의 정욕은 바로 그 자신에게 징벌이 된다. 그것은 영혼뿐만 아니라 육체와도 거슬러 싸우는 것으로서, 뼈의 썩음이다. 죄인들이 얼마나 엄한 주인을 섬기고 있는지, 그리고 그들의 멍에가 얼마나 무거운지 보라.

II. 간교한 뱀인 마귀가 암논의 머릿속에 그의 악한 마음을 충족시킬 방법을 불어넣음. 암논에게는 친척이면서 동시에 친구인 자가 있었다(암논은 그를 친

구라고 불렀지만 실상은 원수였다). 그는 다윗의 조카로서, 그 안에 다윗의 영혼보다 피를 더 많이 담고 있는 자였다. 왜냐하면 그는 심히 간교한 자로서, 특별히 이와 같은 악한 계략을 꾸미는데 매우 교활했기 때문이었다(3절).

1. 그는 암논의 병색을 주목한다. 그는 암논이 상사병에 걸렸다고 생각하면서 이렇게 묻는다(4절). "왕자여 당신은 어찌하여 나날이 이렇게 파리하여 가느냐? 왕의 장자요 왕위를 이을 자인 당신이 왜 이렇게 수척해졌는가?"

(1) "당신의 기분을 전환시켜 줄 왕궁의 쾌락이 있노라. 그러한 쾌락을 즐기면서 당신의 슬픔을 쫓아버리라." 왕궁이라고 해서 항상 만족과 위로만 있는 것은 결코 아니다. 더욱이 우리는 낙망과 수심 가운데 빠져 있는 성도들에게 (그들은 만왕의 왕의 자녀요 생명의 면류관의 상속자들이다) "어찌하여 나날이 이렇게 파리하여 가느냐?"고 물을 만한 충분한 이유를 가지고 있다.

(2) "당신에게는 당신이 원하는 대로 명령할 수 있는 왕자의 권세가 있노라. 그러므로 합법적인 것이든 불법적인 것이든 왕자의 권세를 사용하여 당신이 원하는 것을 얻으라. 그런 것 때문에 한탄하며 마음을 썩이지 말라. 당신은 왕자로서 무엇이든 가질 수 있노라. 당신의 뜻이 곧 법이노라." 이와 비슷한 상황에서 이세벨도 아합에게 이렇게 물었다(왕상 21:7): 왕이 지금 이스라엘 나라를 다스리시나이까? 권력자에게 있어 권력의 남용이야말로 가장 위험한 유혹이다.

2. 암논이 자신의 악한 음욕을 이야기하자(그는 그것을 사랑이라고 잘못 부른다: 내가 다말을 사랑함이니라), 요나답은 그것을 충족시킬 방법을 알려준다(5절). 정말로 그가 암논의 친구였다면, 그는 그와 같이 끔찍한 악행에 대해 소스라치게 놀라면서 그와 같이 악한 생각을 품는 것이 얼마나 하나님을 거역하는 것이며 그 자신의 영혼에 해가 되는 것인지, 그리고 그에게 얼마나 치명적인 결과를 가져오게 될 것인지를 이야기해 주었을 것이다. 그는 자신의 지략을 활용하여 친구를 그와 같이 끔찍한 악행으로부터 돌이키도록 했어야 했다. 예컨대 그에게 다른 여자를 소개해 줌으로써 그로 하여금 합법적으로 결혼하도록 할 수 있었을 것이다. 그러나 요나답은 그에 대해 조금도 놀라지 않은 것으로 보인다. 그는 그 일이 불법적인 일이요 매우 곤란한 일이며 수치스러운 일이며 왕을 진노케 할 일이라는 사실을 들어 반대했어야 했으나, 그렇게 하지 않았다. 도리어 요나답은 다말을 그의 침상 곁으로 오게 할 수 있는 방법을 알려 주었고, 그렇게 함으로써 그로 하여금 원하는 대로 할 수 있도록 해 주었다. 이런

친구 즉 훈계하며 책망하는 대신 입에 발린 말을 하면서 죄의 길로 가는 것을 방조하고 또 악행하는 것을 조언하며 도와주는 친구를 가진 자는 얼마나 불쌍한가! 암논은 이미 병에 걸려 있었다. 그러나 그는 더 아픈 척해야 했다(그의 파리한 외모는 그렇게 하는데 큰 도움이 되었을 것이다). 그는 침상에서 일어날 수조차 없으며 또한 아무것도 먹을 수 없을 정도로 식욕이 없는 것으로 꾸며야 했다. 그의 생명은 음식을 싫어하고 그의 마음은 별미를 싫어하며(욥 33:20). 왕의 식탁으로부터 가져온 최고의 요리도 그를 기쁘게 할 수 없어야 했다. 오직 그가 먹을 수 있는 것이 있다면, 그것은 누이 다말의 아름다운 손이 먹여 주는 것이어야만 했다. 바로 이것이 요나답이 가르쳐준 방법이었다.

3. 암논은 이러한 지시를 따라 다말을 자신의 침상 곁으로 오게 만든다: 암논이 곧 누워 병든 체하다가(6절). 이렇게 하여 그는 마치 사자가 굴에 엎드리는 것처럼 은밀한 곳에 엎드려 가련한 자를 그물 속으로 끌어당겨 잡으려고 하였다(잠 10:8-10). 다윗은 항상 자녀들을 사랑하여, 혹시 어디 아픈 데는 없는지 늘 살폈다. 얼마 지나지 않아 그는 암논이 병들었다는 이야기를 듣게 되었고, 따라서 직접 아들의 병을 살피기 위해 왔다. 이와 같이 부모들은 항상 자녀를 살펴야 하며, 자녀들에 대해 따뜻한 마음을 가져야 한다. 병든 자식은 보통 어머니가 위로하기 마련이지만(사 66:13), 그렇다고 하여 아버지가 무관심해서는 안 된다. 우리는 다윗이 병든 아들을 살피기 위해 왔을 때 그러한 고통을 잘 선용(善用)하도록 조언하면서 함께 기도했을 것이라고 추측할 수 있다(그럼에도 불구하고 그의 악한 계획은 바뀌지 않았다). 자리에서 일어나면서 너그러운 아버지는 묻는다. "내가 너를 위해 해 줄 수 있는 일이 무엇이냐? 네 마음속에 있는 것을 말해 보거라." 이에 악한 계략을 꾸미고 있는 아들이 대답한다. "예, 몸이 너무 아프고 식욕이 없어서 누이 다말이 만든 떡 외에는 아무것도 먹을 수 없을 것 같네요. 그리고 다말이 직접 만드는 것을 보는 것 말고는 아무것도 저를 만족시킬 수 없을 것 같습니다. 만일 다말이 직접 먹여 준다면 더 좋겠고요." 다윗은 여기에 어떤 악한 계략이 숨어 있을 줄은 꿈에도 생각하지 못했다. 하나님은 그의 마음을 가리셔서 그로 하여금 이 일을 깨닫지 못하도록 하셨다. 따라서 다윗은 즉시 다말에게 명하여 병든 오라버니를 위해 음식을 만들라고 지시했다(7절). 그는 아무 생각 없이 이렇게 지시했지만, 틀림없이 나중에 이 일을 돌아보며 크게 후회했을 것이다. 이렇게 하여 다말은 암논으로부터 어떤

능욕이나 모욕을 당할 것을 조금도 염려하지 않은 채(오라버니에게, 그것도 병든 오라버니에게 무엇을 염려해야 한단 말인가?), 아버지의 지시에 순종하여 그리고 오라버니를 사랑하여 아무 생각 없이 그의 방으로 들어가게 되었다(8, 9절). 다말은 매우 아름다웠으며(1절), 왕의 딸로서 최고의 옷을 입고 있었다(18절). 그럼에도 불구하고 그녀는 자신이 직접 떡을 반죽하고 굽는 것을 격에 맞지 않는 일이라고 생각하지 않았다. 만일 그녀가 종종 떡을 만드는 일을 하지 않았다면, 지금 그 일을 할 수도 없었거니와 하려고 하지도 않았을 것이다. 가사(家事) 일은 가장 신분이 높은 귀부인에게 있어서도 결코 격에 맞지 않는 일이 아니다. 그러므로 그들은 가사 일이 자신들을 천하게 만드는 것이라고 결코 생각해서는 안 된다. 잠언 31장에 나오는 현숙한 여자는, 비록 남편이 장로들 가운데 앉아 있다 할지라도, 부지런히 손으로 일한다(13절). 오늘날에도 이와 같이 병든 자를 위해 음식을 만드는 일은 흔히 있는 일이다. 여자들은 건강한 자를 위해 음식을 준비하는 것보다 병든 자를 위해 음식을 준비하는 것에 더 큰 관심을 가져야 하며, 또 그것이 더 큰 즐거움이 되어야 한다. 값비싼 물건보다 사랑이 더 나은 법이다.

4. 다말을 곁에 두게 된 암논은 이제 그녀를 홀로 있게 하려고 한다. 왜냐하면 간음하는 자들은 모든 사람의 눈으로부터 스스로를 가리려고 하기 때문이다(욥 24:15, 간음하는 자의 눈은 저물기를 바라며 아무 눈도 나를 보지 못하리라 하고 얼굴을 가리며). 음식이 준비되었지만, 그러나 그는 주위 사람들이 보고 있는 동안에는 아무것도 먹을 수 없었다. 따라서 모든 사람들은 그 곳에서 나가야만 했다(9절). 병자의 기분을 거슬리게 한다든지 화가 나게 만든다든지 하는 일은 있어서는 안 된다. 대체로 병자들은 자신들이 다른 사람들에게 명령할 특권이 있다고 생각하기 마련이다. 다말은 기꺼이 암논의 기분을 맞추어 주고자 애쓴다. 정숙하고 유덕한 마음을 가진 다말은 암논의 마음속에 그토록 악한 생각이 가득 차 있을 줄은 꿈에도 생각지 못했다. 따라서 그녀는 아무 거리낌 없이 암논의 침실에 홀로 있게 되었다(10절). 이제 암논은 음식을 내팽개치고 가면을 벗어던진 채, 다말을 향해 누이라고 부르면서 뻔뻔스럽게도 자기와 동침하자고 유혹한다(11절). 그는 다말의 행실이 항상 정숙하고 유덕했음을 알고 있었다. 그럼에도 불구하고 자신이 설득하면 그녀가 자신의 악행에 동의해 줄 것이라고 생각한 것은 그녀의 덕행에 대한 야비하기 이를 데 없는 모독이 아닐 수 없

었다. 그러나 불결함 가운데 살아가는 자들이 다른 사람들도 자신들과 같을 것이라고 생각하는 것은 흔히 있는 일이다.

Ⅲ. 강력한 유혹자인 마귀가 암논의 귀를 막아 다말의 모든 호소를 듣지 못하게 함. 다말에게 이 일이 얼마나 두렵고 기겁할 만한 일이었을지 우리는 쉽게 상상할 수 있다. 그녀는 얼마나 당황하며 두려워 떨었겠는가? 그러나 이러한 당황스러운 상황 속에서 그녀가 한 말은 너무도 조리 있고 설득력이 있었다.

1. 다말은 암논을 오라버니라고 부르면서 그들이 서로 오누이임을 일깨워 준다(12절). 그러므로 그녀와 결혼하는 것도 불법적인 일인데, 하물며 겁탈하는 것이랴! 그것은 엄한 벌과 함께(레 20:17) 명백하게 금지된 일이었다(레 18:9). 가족이나 혹은 가까운 친족에 대한 우리의 사랑이 자칫 타락한 정욕으로 변질되지 않도록 우리는 항상 주의해야 한다.

2. 다말은 암논에게 자신을 강제로 겁탈하지 말 것을 간청한다. 이것은 그녀가 결코 동의하지 않을 것임을 분명히 나타내는 것이었다. 폭력을 사용하여 무슨 만족을 얻을 수 있겠는가?

3. 다말은 이 일이 너무도 큰 악이라고 말한다. 그것은 어리석은 일이다. 모든 죄가 어리석은 일이지만, 특별히 음란의 죄는 더욱 그러하다. 그것은 가장 나쁜 부류의 악이다. 이런 가증한 일은 하나님을 경외하는, 그리고 이교도들보다 더 나은 율례를 가지고 있는 이스라엘 백성들 가운데에서 결코 행해져서는 안 되는 것이었다. 우리는 이스라엘 백성이다. 그럼에도 불구하고 만일 우리가 그와 같은 악을 행한다면, 우리는 이교도들보다 더 용서받지 못할 자가 될 수밖에 없으며 우리에 대한 정죄는 더욱 과중할 것이다. 왜냐하면 그로 인해 우리가 하나님의 이름을 더럽히며 부끄럽게 만들었기 때문이다.

4. 다말은 이 일이 너무도 욕된 일이라고 말한다(13절). "내가 이 수치를 지니고 어디로 가겠느냐? 설령 사람들에게 숨겨진다 할지라도, 살아 있는 동안 이 일을 생각할 때마다 얼굴을 붉히지 않겠는가? 그리고 만일 이 일이 알려지면, 어떻게 내가 사람들의 얼굴을 쳐다볼 수 있겠는가? 너도 이스라엘에서 어리석은 자 중의 하나가 되리라. 그리고 너는 가장 악한 자요 흉측하고 방탕한 자로 여겨지게 되리라. 너는 지혜롭고 선한 자가 가질 수 있는 모든 이점을 잃어버리게 될 것이요, 장자이면서도 왕권을 잇기에 적합하지 못한 자로 여겨지게 될 것이라.

왜냐하면 이스라엘은 이와 같이 어리석은 자가 왕이 되는 것을 결코 용납하지 않을 것이기 때문이라." 부끄러움(욕됨) 특별히 영원한 부끄러움을 예견(豫見)하는 것은 우리로 하여금 죄 속으로 빠져 들어가는 것을 막아줄 것이다.

5. 이 순간의 급박한 위기를 넘어나기 위해, 다말은 암논에게 어쩌면 왕이 율법의 규정을 면제하여 자신을 그에게 줄는지도 모른다고 말한다: 이제 청하건대 왕께 말하라 그가 나를 네게 주기를 거절하지 아니하시리라. 하나님의 율법을 면제할 권세가 왕에게 있다고 다말이 믿은 것은 결코 아니었을 것이다. 다만 암논으로 하여금 이 일을 아버지에게 말하도록 함으로써 아버지가 그로부터 자신을 효과적으로 지켜줄 것으로 확신했기 때문이었을 것이다. 그러나 다말의 이와 같은 모든 지혜로운 말조차도 아무런 효과를 거두지 못했다. 그의 오만한 심령은 거절당하는 것을 결코 참을 수 없었다. 이렇게 하여 다말의 순결과 명예와 모든 소중한 것들이 암논의 잔인하고 더러운 욕정에 의해 희생을 당하게 되었다(14절). 아직 젊은 나이였음에도 불구하고, 아마도 암논은 오랫동안 음란한 생활을 해 오고 있었을 것으로 보인다. 그리고 그의 아버지는 그 사실을 알지 못했거나 혹은 알면서도 단호히 징벌하지 않았던 것으로 여겨진다. 왜냐하면 사람이 어느 날 갑자기 이와 같은 수준의 악에 도달할 수는 없기 때문이다. 과연 이것이 다말에 대한 그의 사랑이란 말인가? 과연 이것이 병들어 누워 있는 자신을 위해 과자를 만들어 준 자에 대한 보답이란 말인가? 그는 자기 누이를 마치 창녀처럼 다루었다. 비열한 악인이여! 하나님이여, 부디 정숙하고 유덕한 여자들을 이처럼 악하고 이성 없는 자들에게서 구원하소서!

IV. 괴롭게 하는 자요 배신자인 마귀가 암논의 마음속에서 사랑을 미움으로 바꾸어 버림. 암논이 그를 심히 미워하니(15절). 전에 그의 마음이 욕정으로 들끓었던 것처럼 이제 그의 마음은 미움으로 들끓게 되었다.

1. 야비하게도 암논은 강제로 다말을 문 밖으로 쫓아냈다. 아니, 이제는 마치 자기 손을 댈 가치조차 없다는 듯이 종으로 하여금 그녀를 끌어내고 문빗장을 걸라고 명령했다(17절).

(1) 아무 죄 없이 끔찍한 악행을 당한 다말에게 있어 이러한 야비한 모욕은 (그녀 자신의 입으로 말한 것처럼 어떤 면으로 보면 이것은 앞의 악행보다 더 악한 것이었다, 16절) 얼마나 분개할 만한 것이었겠는가? 이보다 더 야만적이고 치졸한 일이 어디에 있겠는가? 어떻게 그녀의 명예를 이토록 송두리째 짓밟

아 버릴 수 있는가? 만일 암논이 이 일을 숨겼다면, 그녀로서는 이 수치를 자신만의 비밀로 가지고 있을 수도 있었을 것이다. 만일 그가 무릎을 꿇고 용서를 빌었다면, 아마도 그것은 다소간 보상이 될 수도 있었을 것이다. 만일 그가 그녀로 하여금 이 끔찍한 상황 후에 어느 정도 마음을 가다듬을 수 있을 만큼의 시간이라도 주었다면, 그녀는 어느 정도 마음을 추스린 채 용모라도 가다듬고 나갈 수 있었을 것이다. 그러나 마치 그녀가 어떤 악행이라도 저지른 것처럼 이토록 급히 그리고 무례하게 쫓아냄으로써, 그녀는 스스로를 변호하기 위해서라도 자신에게 가해진 모든 악행을 말하지 않을 수 없게 되었다.

(2) 우리는 여기에서 죄의 악독성과(절제되지 못하는 욕정은 절제되지 못하는 식욕만큼이나 악한 것이다) 그것이 가져오는 해로운 결과를(마침내 죄는 뱀처럼 물고야 만다) 배울 수 있다.

[1] 죄는 그것을 행할 때는 달콤하지만 나중에는 가증하며 고통스러운 것이 된다. 그렇게 되도록 만드는 것은 다름 아닌 바로 그들 자신의 양심이다. 암논이 다말을 미워한 것은 그녀가 자신의 악행에 동의함으로써 책임을 분담하려고 하지 않고 끝까지 저항함으로써 모든 책임이 자신에게 돌려지도록 만들었기 때문이었다. 만일 그가 죄를 미워하면서 그러한 죄를 범한 자기 자신을 미워했다면, 그는 회개할 수도 있었을 것이다. 보라 하나님의 뜻대로 하게 된 이 근심이 너희로 얼마나 간절하게 하며 얼마나 변증하게 하며 얼마나 분하게 하며(고후 7:11). 그가 자신이 능욕한 자를 미워한 사실은 그의 양심은 두려움 가운데 있었던 반면 그의 마음은 전혀 겸비함 가운데 있지 않았음을 보여주는 것이었다. 거짓된 육체의 쾌락이 얼마나 빨리 사라지며 또 미운 것으로 바뀌는지 주목하라. 에스겔 23장 17절을 보라(바벨론 사람이 나아와 연애하는 침상에 올라 음행으로 그를 더럽히매 그가 더럽힘을 입은 후에 그들을 싫어하는 마음이 생겼느니라).

[2] 죄는 그것을 행할 때는 은밀하지만 나중에는 모든 사람 앞에 밝히 드러나게 된다. 그리고 그렇게 되도록 만드는 것은 종종 다름 아닌 바로 그들 자신이다. 그들의 혀가 그들 위에 떨어지는 것이다. 유대인 학자들은 암논의 악행 사건으로 인해 젊은 남녀만 단둘이 있는 것을 금지하는 법이 만들어지게 되었다고 말한다. 그들은 말한다. "왕의 딸이 이렇게 능욕을 당했다면, 보통 백성들이야 얼마나 더 그렇겠는가?"

2. 이제 우리는 이 가련한 희생자가 어떻게 되었는지 살펴보아야만 한다.

(1) 그녀는 자신이 받은 능욕으로 인해 통렬하게 울부짖었다(19절). 이 일로 인해 그녀의 덕행이 더러워진 것은 아니라 할지라도 그녀의 명예는 크게 더러워지고 말았다. 그녀는 슬픔의 표시로 자신의 채색옷을 찢고, 자신의 아름다움을 미워하면서 스스로를 흉하게 하기 위해 재를 머리에 썼다(그녀가 자신의 아름다움을 미워한 것은 바로 그것 때문에 암논의 불법적인 사랑이 촉발되었기 때문이었다). 그리고 그녀는 크게 울부짖었는데, 그것은 자신의 죄 때문이 아니라 다른 사람(곧 암논)의 죄 때문이었다.

(2) 그녀는 자신의 친오라버니인 압살롬의 집으로 갔고, 그 곳에서 슬픔과 외로움 가운데 지냈다(20절). 이것은 그녀가 부정함(uncleanness)을 미워하는 정숙한 여자임을 보여주는 증표였다. 압살롬은 그녀가 받은 모든 악행에 대해 지금은 잠잠히 있으라고 말했는데, 그것은 장차 복수할 것을 생각하면서 그렇게 말한 것이었다. "암논이 너와 함께 있었느냐?"는 압살롬의 질문 속에 암논은 그러한 추잡한 행동으로 유명하므로 정숙한 여자가 그와 함께 있는 것은 위험하다는 뜻이 내포되어 있는 것으로 보인다. 압살롬은 그러한 사실을 알고 있었지만, 다말은 그에 대해 전혀 알지 못했을 것이다.

[21]다윗 왕이 이 모든 일을 듣고 심히 노하니라 [22]압살롬은 암논이 그의 누이 다말을 욕되게 하였으므로 그를 미워하여 암논에 대하여 잘잘못을 압살롬이 말하지 아니하니라 [23]만 이 년 후에 에브라임 곁 바알하솔에서 압살롬이 양 털을 깎는 일이 있으매 압살롬이 왕의 모든 아들을 청하고 [24]압살롬이 왕께 나아가 말하되 이제 종에게 양 털 깎는 일이 있사오니 청하건대 왕은 신하들을 데리시고 당신의 종과 함께 가사이다 하니 [25]왕이 압살롬에게 이르되 아니라 내 아들아 이제 우리가 다 갈 것 없다 네게 누를 끼칠까 하노라 하니라 압살롬이 그에게 간청하였으나 그가 가지 아니하고 그에게 복을 비는지라 [26]압살롬이 이르되 그렇게 하지 아니하시려거든 청하건대 내 형 암논이 우리와 함께 가게 하옵소서 왕이 그에게 이르되 그가 너와 함께 갈 것이 무엇이냐 하되 [27]압살롬이 간청하매 왕이 암논과 왕의 모든 아들을 그와 함께 그에게 보내니라 [28]압살롬이 이미 그의 종들에게 명령하여 이르기를 너희는 이제 암논의 마음이 술로 즐거워할 때를 자세히 보다가 내가 너희에게 암논을 치라 하거든 그를 죽이라 두려워하지 말라 내가 너희에게 명령한 것이 아니냐 너희는 담대히 용기를 내라 한지라 [29]압살롬의 종들이 압살롬의 명령대로 암논에게 행

하매 왕의 모든 아들들이 일어나 각기 노새를 타고 도망하니라

솔로몬은 다툼의 시작은 마치 물의 넘침 같다고 말했는데, 그것은 모든 죄의 시작에 있어서도 마찬가지이다. 둑의 수문이 일단 열리면 거대한 물이 쏟아져 내려오게 된다. 한 가지 재앙은 또 다른 재앙을 낳는 법이며, 종국에 어떻게 되는지 아무도 알지 못한다.

I. 암논의 죄에 대한 소식을 듣고 다윗이 분노함. 다윗 왕이 이 모든 일을 듣고 심히 노하니라(21절). 그로서는 그럴 만한 충분한 이유가 있었다. 그의 아들이 그와 같은 악한 일을 행하고 더구나 자신을 그 일에 끌어들였으니 어찌 그렇지 않을 수 있겠는가? 그는 자식을 좀 더 잘 가르치지 못했다는 비난을 피할 수 없게 될 것이었다. 이 일은 그의 가정에 큰 오점이며, 그의 딸의 파멸이며, 그의 아들의 영혼을 망치는 일이며, 나라에 나쁜 본보기였다. 그러나 다윗에게 있어 단지 노하는 것으로 충분했을까? 그는 이 일에 대해 암논을 단호히 처벌하고 공개적인 수치의 자리에 세웠어야 했다. 아버지로서 그리고 왕으로서 그는 그렇게 할 수 있는 권세를 가지고 있었다. 그러나 70인역은 여기에 다음과 같은 말을 덧붙인다: 그러나 그는 자기 아들 암논의 마음을 슬프게 하지 않았으니 이는 그가 맏아들이므로 사랑하였기 때문이라. 다윗은 엘리의 잘못을 반복하고 말았다: 이는 그가 자기의 아들들이 저주를 자청하되 금하지 아니하였음이니라(삼상 3:13). 설령 암논이 그에게 사랑스러운 자였다 할지라도 다윗은 그를 단호히 처벌했어야 했다. 그렇게 하는 것은 자기 자신에 대해 더 큰 처벌을 가하는 것이 되었을 것이다. 다른 사람의 죄에 대해 공의를 시행하는 자는 자기 안에서 스스로의 죄를 의식하고 있더라도 그것을 기꺼이 감당해야만 한다. 그러나 그는 부끄러움을 감당할 수 없었다. 따라서 그는 노하는 것으로 공의를 시행하는 것을 대신하고 말았다. 그러나 그렇게 함으로써 도리어 죄인들의 마음을 더욱 완악하게 만들고 만다(전 8:11, 악한 일에 관한 징벌이 속히 실행되지 아니하므로 인생들이 악을 행하는 데에 마음이 담대하도다).

II. 압살롬의 복수. 압살롬은 그의 아버지가 암논을 처벌하지 않으므로 공의를 시행하고자 하는 열망으로부터가 아니라 복수심으로부터 자신이 이스라엘의 재판장의 역할을 행하기로 작정한다. 그는 누이가 받은 모욕을 통해 자기 자신이 모욕을 당한 것으로 간주했다. 그들의 어머니는 이방나라 왕의 딸이었

다(3:3). 어쩌면 이로 인해 그들은 형제들로부터 때때로 이방인의 자식으로 놀림을 당했는지 모른다. 압살롬은 자신의 누이가 지금 그와 같은 취급을 당했다고 생각했다. 만일 암논이 다말을 창녀처럼 취급했다면, 자신은 노예처럼 취급할 것이 아닌가? 이것이 그를 격분케 했으며, 오직 암논의 피만이 그러한 격분을 가라앉힐 수 있을 것이었다.

1. 압살롬이 암논을 죽일 계획을 품음: 압살롬이 암논을 미워하여(22절). 형제를 미워하는 자마다 이미 살인한 자며, 가인처럼 악한 자에게 속한 자다(요일 3:12, 15). 형제의 죄에 대한 압살롬의 미움은 칭찬할 만한 것이었다. 그는 합법적인 절차에 따라 암논을 정당하게 고소할 수 있었다. 만일 그렇게 했다면 그것은 다른 사람들에게 본보기가 되고, 또 모욕을 당한 누이에게 어느 정도 보상이 될 수 있을 것이었다. 그러나 사람을 미워하고 암살로써 죽이려고 계획하는 것은 하나님을 모욕하는 것이었다. 왜냐하면 일곱 번째 계명을 어긴 것을 벌하기 위해 여섯 번째 계명을 어기려고 하고 있었기 때문이었다. 간음하지 말라 하신 이가 또한 살인하지 말라 하셨은즉 네가 비록 간음하지 아니하여도 살인하면 율법을 범한 자가 되느니라(약 2:11).

2. 압살롬이 그러한 계획을 숨김. 그는 이 일에 대해 암논에게 선악 간에 아무 말도 하지 않았다. 그는 아무것도 모르는 척 꾸미면서 평소처럼 공손하게 대했다. 그러면서 오직 복수할 기회만을 기다렸다. 다음과 같은 사실들을 감안할 때 그러한 적의(敵意)는 너두도 악한 것이 아닐 수 없었다.

(1) 그것을 철저하게 숨겼다는 사실. 만일 압살롬이 이 일에 대해 암논에게 따졌다면, 어쩌면 그로 하여금 자신의 죄를 인정하고 회개하도록 할 수 있었을지 모른다. 그러나 아무 말도 하지 않음으로써 암논의 마음은 완악해졌으며, 압살롬의 마음은 점점 더 분노로 타오르게 되었다. 그러므로 우리는 이웃에 대해 견책해야 할 때는 견책해야 한다. 그럼으로써 그를 미워하지 않을 수 있게 되는 것이다. 레위기 19장 17걸을 보라(너는 네 형제를 마음으로 미워하지 말며 네 이웃을 반드시 견책하라 그러던 네가 그에 대하여 죄를 담당하지 아니하리라). 분노를 배출시켜라. 그러면 그것은 스스로 소멸될 것이다.

(2) 그것을 겉으로는 우애(友愛)로 포장했다는 사실. 압살롬의 입은 우유 기름보다 미끄러우나 마음은 전쟁이었으며, 그의 말은 기름보다 유하나 실상은 뽑힌 칼이었다(시 55:21). 잠언 26장 26절을 보라(속임으로 그 미움을 감출지라도 그의

악이 회중 앞에 드러나리라).

(3) 그것을 오랫동안 심중에 간직하고 있었다는 사실. 만 2년 동안 압살롬은 이러한 쓴 뿌리를 품고 있었다(24절). 아마도 그는 처음에는 암논을 죽이려고 의도하지 않았을 것이다(만일 처음부터 죽일 마음을 품고 있었다면 굳이 2년까지 기다리지 않고도 좋은 기회를 얻을 수 있었을 것이다). 다만 그에게 수치를 가하거나 혹은 어느 정도 위해를 가하는 정도로만 생각하고 있다가, 시간이 지남과 함께 증오심이 점점 더 무르익어 결국 죽이는 자리까지 이르게 된 것이었을 것이다. 분을 내어도 죄를 짓지 말며 해가 지도록 분을 품지 말고 마귀에게 틈을 주지 말라(엡 4:26, 27). 한 번 해가 져도 마귀가 틈탈 수 있다면, 하물며 만 2년 동안 해가 졌으니 그 결과가 어떠했겠는가?

3. 압살롬이 그러한 계획을 추진하기 시작함.

(1) 양털 깎는 때를 당하여 압살롬이 향리에 있는 자기 집에서 잔치를 배설함(23절). 압살롬은 자기 용모에 대해서도 세심하게 살폈던 것처럼(14:26), 자기 양 떼의 형편을 부지런히 살피며 자기 소 떼에게 마음을 두었다. 향리에 있는 전답을 돌보는 일에는 무관심한 채 오로지 도회지에서 재물을 허비하는 일에만 급급한 자들은 결국 아무것도 남지 않게 될 것이다. 양털 깎는 때가 되었을 때 압살롬은 기꺼이 털 깎는 자들과 함께 있고자 했다.

(2) 이 잔치에 왕과 모든 왕자들을 초청함(24절). 이러한 자리는 가족 간의 우의를 더욱 돈독히 하는 기회가 될 수 있을 것이었다.

(3) 왕이 참석하지 않겠다고 함. 다윗이 참석하지 않으려고 한 것은 압살롬이 지나치게 과도한 비용을 부담하게 될 것을 염려했기 때문이었다(25절). 압살롬은 자신의 땅과 재산을 가지고 있었으며, 그것으로 생활을 유지한 것으로 보인다. 그러한 재산은 다윗이 준 것이었을 것이다. 그러면서도 다윗은 압살롬이 과도한 비용을 지출하지 않도록 배려한다. 이러한 두 가지 면에서 그는 모든 부모의 본보기가 된다. 부모들은 자녀가 장성하면 그들이 생활할 만큼의 적당한 재산을 주고, 그것을 낭비하지 않도록 잘 보살펴야 한다(특별히 다른 수입이 없을 때는 더욱 그러하다). 특별히 주인에게 있어 양털을 깎을 때 일꾼들과 함께 함으로 양털을 낭비하지 않도록 하는 것은 참으로 지혜로운 일이다.

(4) 압살롬이 암논과 다른 모든 왕자들의 참석을 허락 받음(26, 27절). 압살롬이 암논에 대한 적의(敵意)를 효과적으로 감추었으므로 다윗은 여기에 어떤

음모가 숨어 있음을 조금도 의심하지 않았다: 내 형 암논이 우리와 함께 가게 하옵소서. 그러나 이러한 허락은 예전에 다말로 하여금 암논에게 가서 음식을 만들어 주도록 허락한 것보다도(7절) 다윗의 마음을 더 크게 찌를 것이었다. 다윗의 아들들은 장성했음에도 불구하고 이러한 작은 여행조차도 아버지의 허락 없이는 가려고 하지 않을 정도로 아버지를 공경했던 것으로 보인다. 이와 같이 자녀들은 장성해서도 부모를 공경하고, 의논하며, 중요한 일에 있어서는 허락을 받고 행해야 한다.

4. 압살롬이 그러한 계획을 실행에 옮김(28, 29절).

(1) 압살롬의 잔치는 매우 풍성했다. 왜냐하면 압살롬은 모든 왕자들을 포도주로 즐겁게 만들려고 계획했기 때문이었다. 그는 최소한 암논은 그렇게 될 것이라고 확신했다. 왜냐하면 그는 암논이 종종 술을 지나치게 많이 마시곤 했던 사실을 잘 알고 있었기 때문이었다.

(2) 압살롬이 자기 종들에게 내린 명령은 너무도 잔인했다. 그는 종들에게 암논의 포도주에 그의 피를 섞으라고 명령했다. 만일 그가 자신의 올바른 명분과 하나님의 공의에 의지하여 암논에게 결투를 신청하고 자신이 직접 그와 더불어 싸웠다면(물론 이 역시 옳은 일은 아니지만), 그는 좀 더 명예로울 수 있었을 것이며 또한 용서받을 수 있는 여지가 많았을 것이다(고대법은 어떤 경우 결투를 허용했다). 그러나 압살롬은 가인의 본을 따랐다. 단지 죽인 이유만 달랐을 뿐, 그것은 똑같은 살인이었다(아벨은 자신의 의 때문에 죽임을 당한 반면, 암논은 자신의 악 때문에 죽음을 당했다). 다음과 같은 사실들이 그의 죄를 더욱 무겁게 만든다.

[1] 암논이 포도주로 마음이 즐거울 때 죽임. 이로 인해 암논은 자신의 위험을 거의 인식할 수 없었을 때, 그러한 위험에 가장 저항할 수 없었을 때, 그리고 세상을 떠나기에 가장 적합하지 못한 때에 죽임을 당했다. 압살롬은 암논의 영혼과 육체를 모두 파멸시키기로 작정한 것처럼 그로 하여금 "주여, 나를 불쌍히 여기소서"라고 기도할 만한 여유조차 주지 않았다. 그 마음이 방탕함과 술취함으로 둔하여진(눅 21:34) 자들에게 죽음은 얼마나 갑작스럽게 임하는가!

[2] 그러한 죄에 압살롬이 자신의 종들을 연루시킴. 그는 암논을 치라는 명령을 내릴 것이었다. 그러면 종들은 그러한 명령에 순종하여, 그리고 그가 왕자의 권세로 자신들을 지켜줄 것으로 여기면서 그를 죽여야만 했다. "살인하지 말

지니라"라는 하나님의 명령에도 불구하고, 압살롬은 "내가 너희에게 명령한 것이 아니냐? 그러면 충분하지 않은가? 너희는 담대히 용기를 내라. 어떤 사람도, 그리고 하나님조차도 두려워하지 말아라"라고 장담하면서 그들에게 암논을 죽이라고 명령했다. 이를 통해 압살롬은 하나님의 율법을 얼마나 업신여기며 모독했는가? 하나님을 거스르면서까지 주인에게 순종하는 종은 올바른 가르침을 받지 못한 것이며, 또한 종들을 그렇게 가르친 주인은 악한 주인이다. 주인을 기쁘게 하기 위해 자기 영혼을 파멸시키는 자는 어리석은 자일 뿐이며, 그러한 행동은 지나친 굴종일 따름이다. 비록 주인들이 큰소리치며 호언장담한다 할지라도 그러한 말들이 그들을 하나님의 진노로부터 구원해 줄 수는 없다. 주인들은 종들에게 명령을 내림에 있어 먼저 자신들에게도 하늘에 주인이 계심을 기억하면서 그렇게 해야 한다.

[3] 왕의 모든 아들들 앞에서 이 일을 행함. 그들은 대신들이었다(8:18). 압살롬이 그들 앞에서 이 일을 행한 것은, **첫째로** 그들이 수행하는 공적 정의에 대한 모독이며, **둘째로** 그들이 대표하는 왕에 대한 모독이며, **셋째로** 악인에게 두려움이 되어야 할 칼에 대한 모독이었다(왜냐하면 여기에서는 거꾸로 압살롬의 악행이 칼을 차고 있는 자들에게 두려움이 되었기 때문이다).

[4] 우리는 압살롬이 누이가 받은 모욕에 대해 복수할 뿐만 아니라 자신이 왕이 되기 위한 목적으로 그러한 악행을 행했을 것이라고 충분히 의심할 수 있다. 그는 보좌에 대해 야심을 갖고 있었으며, 만일 장자인 암논이 제거된다면 그 보좌가 자기 것이 될 것이라고 충분히 예상할 수 있었다. 명령이 떨어지자 압살롬의 종들은 이제 왕위계승자가 될(왜냐하면 패트릭 주교가 생각하는 것처럼 길르압은 이미 죽었으므로) 자신들의 주인이 자신들을 보호해 줄 것으로 확신하면서 즉시로 그 일을 실행에 옮겼다. 나단 선지자는 다윗의 집에 칼이 떠나지 않을 것이라고 경고했는데, 그 칼이 지금 그의 집에 떨어진 것이다. 첫째로, 다윗의 장자가 그 자신의 악으로 인해 칼에 떨어졌다. 둘째로, 그의 모든 아들들이 압살롬의 유혈극이 어디까지 확대될지 알지 못하는 가운데 칼로부터 도망쳐 공포에 질린 채 집에 돌아왔다. 죄가 가정에 어떤 재앙을 가져오는지 주목하라.

[30]그들이 길에 있을 때에 압살롬이 왕의 모든 아들들을 죽이고 하나도 남기지 아니

하였다는 소문이 다윗에게 이르매 ³¹왕이 곧 일어나서 자기의 옷을 찢고 땅에 드러누웠고 그의 신하들도 다 옷을 찢고 모셔 선지라 ³²다윗의 형 시므아의 아들 요나답이 아뢰어 이르되 내 주여 젊은 왕자들이 다 죽임을 당한 줄로 생각하지 마옵소서 오직 암논만 죽었으리이다 그가 압살롬의 누이 다말을 욕되게 한 날부터 압살롬이 결심한 것이니이다 ³³그러하온즉 내 주 왕이여 왕자들이 다 죽은 줄로 생각하여 상심하지 마옵소서 오직 암논만 죽었으리이다 하니라 ³⁴이에 압살롬은 도망하니라 파수하는 청년이 눈을 들어 보니 보아라 뒷산 언덕길로 여러 사람이 오는도다 ³⁵요나답이 왕께 아뢰되 보소서 왕자들이 오나이다 당신의 종이 말한 대로 되었나이다 하고 ³⁶말을 마치자 왕자들이 이르러 소리를 높여 통곡하니 왕과 그의 모든 신하들도 심히 통곡하니라 ³⁷압살롬은 도망하여 그술 왕 암미훌의 아들 달매에게로 갔고 다윗은 날마다 그의 아들로 말미암아 슬퍼하니라 ³⁸압살롬이 도망하여 그술로 가서 거기에 산 지 삼 년이라 ³⁹다윗 왕의 마음이 압살롬을 향하여 간절하니 암논은 이미 죽었으므로 왕이 위로를 받았음이더라

I. 압살롬이 왕의 모든 아들들을 죽였다는 잘못된 소식을 다윗이 듣고 경악함(30절).   여기의 경우처럼, 대체로 풍문은 과장되어 전달되는 경향이 있다. 그러므로 아직 확인되지 않은 나쁜 소식에 대해 지나치게 두려워하지 말자. 우리가 최악의 소식을 들었을 때, 차라리 최선의 소식을, 적어도 좀 더 나은 소식을 소망하자. 그러나 이러한 잘못된 소식은 마치 그것이 사실인 것처럼 지금 다윗을 큰 고통 속에 빠뜨려 버리고 말았다. 아직은 그것이 확인되지 않은 사실이었음에도 불구하고, 다윗은 자기의 옷을 찢고 땅에 누웠다(31절).

II. 다음과 같은 두 가지 사실로써 격동된 상황이 진정됨.

1. 다윗의 조카 요나답의 교활한 추측으로. 그는 왕의 모든 아들들이 아니라 오직 암논만 죽었을 것이라고 추측하면서(32, 33절), 이 일이 압살롬의 지시에 의해 이루어진 일이며 암논이 다말을 모욕한 날부터 계획된 일이었다고 말했다. 정말로 요나답은 너무도 악한 자가 아닐 수 없다. 만일 이러한 일이 일어날 줄 알았다면(혹은 조금이라도 의심할 만한 어떤 것이라도 있었다면), 그는 즉시로 다윗에게 알렸어야 했다. 그렇게 했다면 어쩌면 다윗이 그들의 다툼을 원만히 조정하고 수습했을는지 어떻게 알겠는가? 최소한 암논을 압살롬의 집에 가도록 허락함으로써 그를 위험의 입에 집어던지는 일은 없었을 것이었다. 만

일 우리가 재앙을 막는 일에 최선을 다하지 않는다면, 우리는 스스로를 그 일의 방조자로 만드는 것이다. 설령 "우리가 그것을 알지 못하였노라"라고 말한다 할지라도, 마음을 저울질 하시는 이가 정말로 그런지 그렇지 않은지를 왜 알지 못하시겠는가? 잠언 24장 11절과 12절을 보라. 우리는 요나답이 암논의 죽음에 대해 (그의 죄에 대해서와는 달리) 아무런 죄책도 가지고 있지 않다고 말할 수 있을 것이다. 그러나 그는 막을 수 있었음에도 불구하고 막으려고 하지 않았는데, 두 번의 경우 모두 그랬다. 다시 말해서 그는 암논의 죄도 막으려고 하지 않았을 뿐만 아니라 그의 파멸도 막으려고 하지 않았다.

2. 암논을 제외한 모든 아들들이 돌아옴으로. 파수꾼은 왕자들과 그들을 수행했던 자들이 허겁지겁 돌아오는 것을 발견했고(34, 35절), 이로써 그들은 무사히 살아 돌아온 것으로 판명되었다. 그러나 그들은 압살롬이 암논을 죽였다는 슬픈 소식을 가져왔다. 다윗은 확인되지 않은 풍문을 들었을 때 극도의 슬픔에 빠졌지만, 이제 도리어 그 일로 인해 지금의 슬픔을 더 잘 견딜 수 있게 되었다. 그는 자신의 모든 아들들이 다 죽은 것은 아니라는 사실로 인해 하나님께 감사를 드렸을 것이다. 그러나 암논이 형제에 의해 그토록 잔인하고 비겁한 방법으로 살해당한 것은 왕과 모든 신하들을 큰 슬픔에 빠뜨리기에 충분했다. 죄로 인해 이런 일이 발생했으니 어찌 슬퍼하지 않을 수 있겠는가?

Ⅲ. 압살롬의 도주. 이에 압살롬은 도망하니라(34절). 왕의 아들들이 압살롬을 두려워했던 것처럼 이제는 압살롬이 그들을 두려워하게 되었다. 그들은 압살롬의 적의(敵意)로부터 도망쳤지만, 지금 압살롬은 그들의 공의로부터 도망치고 있었다(왕의 아들들은 대신들로서 공의를 집행하는 자들이었으므로). 이스라엘 땅 어디에도 압살롬의 도피처가 될 곳은 없었다. 도피성은 고의적인 살인자는 보호하지 않았다. 비록 다윗이 암논의 죄를 처벌하지 않고 그냥 지나쳤다 할지라도, 압살롬은 아버지가 자신의 살인죄를 용서해 줄 것이라고 결코 확신할 수 없었다. 이러한 경우의 율법은 너무도 명확했다. 따라서 압살롬은 외할아버지인 그술 왕 달매에게로 피신했으며(37절), 그 곳에서 3년 동안 보호를 받았다(38절). 다윗은 압살롬을 돌려보낼 것을 요구하지 않았으며, 달매 또한 아무런 요구도 없는 상황에서 굳이 돌려보내려고 생각하지 않았다.

Ⅳ. 다윗이 압살롬에 대해 간절한 마음을 품음. 다윗은 상당 기간 암논을 위해 애곡했다(37절). 그러나 그는 예전의 시절을 회상하면서, 시간의 흐름과

함께 슬픔을 서서히 잊어버렸다. 그는 암논에 대하여 위로를 받았다(한글개역개정판에는 암논은 이미 죽었으므로 왕이 위로를 받았음이더라라고 되어 있음). 슬픔뿐만 아니라 압살롬의 죄에 대한 증오심도 서서히 사그러들었다. 다윗은 압살롬을 살인자로서 증오하는 대신 그를 향하여 간절한 마음을 품었다(39절). 애초부터 다윗의 마음속에 압살롬에 대해 단호히 처벌하고자 하는 마음은 그다지 크지 않았다. 그러다가 시간이 지나면서 그의 마음속에 압살롬에게 다시 호의를 베풀고자 하는 생각이 서서히 뿌리를 내리게 되었다. 바로 이것이 다윗의 약점이었다. 그렇지만 하나님은 그의 마음속에서 하나님보다 자기 아들들을 더 귀하게 여겼던 엘리와는 다른 어떤 것을 보셨다. 그렇지 않다면 우리는 그와 엘리가 하등 다를 것이 없다고 생각하지 않을 수 없을 것이다.

제
14
장

개요

우리는 앞 장에서 어떻게 압살롬이 부왕(父王)의 보호와 호의를 잃고 망명자가 되게 되었는지를 살펴보았다. 이제 본 장에서 우리는 그를 다시 다윗에게 오게 만들기 위해 사용된 여러 가지 계략들을 보게 될 것이다. 결국 그러한 계략대로 압살롬은 다윗에게로 돌아오게 되는데, 이 이야기가 여기에 기록된 것은 그러한 악을 처벌하지 않고 그대로 둔 다윗의 어리석음을 나타내기 위한 것이었다. 왜냐하면 얼마 후 다윗은 압살롬의 비인륜적(非人倫的)인 반란으로 극심한 환난 속에 빠지게 되기 때문이다. 본 장의 내용은 다음과 같다. I. 요압이 드고아의 가난한 과부를 통해 특별한 경우 살인자에 대해 사형집행을 면제하는 판결을 다윗으로 하여금 내리도록 만듦(1-20절). II. 요압이 이러한 판결을 압살롬에게 적용하여 그를 다시 예루살렘으로 돌아오도록 하는 명령을 다윗으로 하여금 내리도록 만듦(21-24절). III. 마침내 압살롬이 왕 앞에 나아오게 되고, 왕과 더불어 완전히 화해함(25-33절).

[1]스루야의 아들 요압이 왕의 마음이 압살롬에게로 향하는 줄 알고 [2]드고아에 사람을 보내 거기서 지혜로운 여인 하나를 데려다가 그에게 이르되 청하건대 너는 상주가 된 것처럼 상복을 입고 기름을 바르지 말고 죽은 사람을 위하여 오래 슬퍼하는 여인 같이 하고 [3]왕께 들어가서 그에게 이러이러하게 말하라고 요압이 그의 입에 할 말을 넣어 주니라 [4]드고아 여인이 왕께 아뢸 때에 얼굴을 땅에 대고 엎드려 이르되 왕이여 도우소서 하니 [5]왕이 그에게 이르되 무슨 일이냐 하니라 대답하되 나는 진정으로 과부니이다 남편은 죽고 [6]이 여종에게 아들 둘이 있더니 그들이 들에서 싸우나 그들을 말리는 사람이 아무도 없으므로 한 아이가 다른 아이를 쳐죽인지라 [7]온 족속이 일어나서 당신의 여종 나를 핍박하여 말하기를 그의 동생을 쳐죽인 자를 내놓으라 우리가 그의 동생 죽인 죄를 갚아 그를 죽여 상속자 될 것까지 끊겠노라 하오니 그러한즉 그들이 내게 남아 있는 숯불을 꺼서 내 남편의 이름과 씨를 세상에 남겨두지 아니하겠나이다 하니 [8]왕이 여인에게 이르되 네 집으로 가

라 내가 너를 위하여 명령을 내리리라 하는지라 ⁹드고아 여인이 왕께 아뢰되 내 주 왕이여 그 죄는 나와 내 아버지의 집으로 돌릴 것이니 왕과 왕위는 허물이 없으리이다 ¹⁰왕이 이르되 누구든지 네게 말하는 자를 내게로 데려오라 그가 다시는 너를 건드리지도 못하리라 하니라 ¹¹여인이 이르되 청하건대 왕은 왕의 하나님 여호와를 기억하사 원수 갚는 자가 더 죽이지 못하게 하옵소서 내 아들을 죽일까 두렵나이다 하니 왕이 이르되 여호와께서 살아 계심을 두고 맹세하노니 네 아들의 머리카락 하나도 땅에 떨어지지 아니하리라 하니라 ¹²여인이 이르되 청하건대 당신의 여종을 용납하여 한 말씀을 내 주 왕께 여쭙게 하옵소서 하니 그가 이르되 말하라 하니라 ¹³여인이 이르되 그러면 어찌하여 왕께서 하나님의 백성에게 대하여 이같은 생각을 하셨나이까 이 말씀을 하심으로 왕께서 죄 있는 사람 같이 되심은 그 내쫓긴 자를 왕께서 집으로 돌아오게 하지 아니하심이니이다 ¹⁴우리는 필경 죽으리니 땅에 쏟아진 물을 다시 담지 못함 같을 것이오나 하나님은 생명을 빼앗지 아니하시고 방책을 베푸사 내쫓긴 자가 하나님께 버린 자가 되지 아니하게 하시나이다 ¹⁵이제 내가 와서 내 주 왕께 이 말씀을 여쭙는 것은 백성들이 나를 두렵게 하므로 당신의 여종이 스스로 말하기를 내가 왕께 여쭈오면 혹시 종이 청하는 것을 왕께서 시행하실 것이라 ¹⁶왕께서 들으시고 나와 내 아들을 함께 하나님의 기업에서 끊을 자의 손으로부터 주의 종을 구원하시리라 함이니이다 ¹⁷당신의 여종이 또 스스로 말하기를 내 주 왕의 말씀이 나의 위로가 되기를 원한다 하였사오니 이는 내 주 왕께서 하나님의 사자 같이 선과 악을 분간하심이니이다 원하건대 왕의 하나님 여호와께서 왕과 같이 계시옵소서 ¹⁸왕이 그 여인에게 대답하여 이르되 바라노니 내가 네게 묻는 것을 내게 숨기지 말라 여인이 이르되 내 주 왕은 말씀하옵소서 ¹⁹왕이 이르되 이 모든 일에 요압이 너와 함께 하였느냐 하니 여인이 대답하여 이르되 내 주 왕의 살아 계심을 두고 맹세하옵나니 내 주 왕의 말씀을 좌로나 우로나 옮길 자가 없으리이다 왕의 종 요압이 내게 명령하였고 그가 이 모든 말을 왕의 여종의 입에 넣어 주었사오니 ²⁰이는 왕의 종 요압이 이 일의 형편을 바꾸려 하여 이렇게 함이니이다 내 주 왕의 지혜는 하나님의 사자의 지혜와 같아서 땅에 있는 일을 다 아시나이다 하니라

I. **압살롬을 망명에서 돌아오게 하려는 요압의 계획.** 요압은 압살롬의 죄를 사면(赦免)시키고, 그럼으로써 그의 권리를 회복시켜 주고자 크게 애쓰며 노력

을 기울인다(1절).

1. 그는 왕의 마음을 헤아리고 그에 영합하고자 애쓴다. 그리고 그렇게 함으로써 왕으로부터 더 큰 호의를 받고자 하였다. 그는 왕의 마음이 압살롬에게로 향하고 있는 것을 인식했다. 이제 왕의 분노는 그쳤고, 왕은 여전히 압살롬을 향한 애정을 간직하고 있었다. 그리고 왕은 자신의 공의를 손상시키지 않으면서 자신과 압살롬을 다시 화해시켜 줄 사람을 간절히 원하고 있었다. 왕이 이런 마음 가운데 있는 것을 발견했을 때, 요압은 스스로 그 일을 감당하고자 자청했다.

2. 그는 압살롬의 친구였다. 아마도 그는 압살롬에 대해 특별한 애정을 갖고 있었던 것으로 보인다. 최소한 그는 압살롬을 떠오르는 태양으로 간주하면서 그의 호감을 얻는 것이 자신에게 큰 유익이 될 것이라고 생각했다. 그는 다윗과 압살롬이 결국은 화해할 것이라고 생각했다. 따라서 만일 자신이 양자를 화해시키는 일에 도구가 된다면, 자신은 그들 모두의 친구가 될 것이라고 생각했다.

3. 그는 나라의 안정을 염려하는 대신이었다. 그는 압살롬이 백성들로부터 큰 사랑을 받고 있다는 사실을 잘 알고 있었다. 만일 압살롬이 망명 상태에 있는 동안 다윗이 죽는다면, 어쩌면 압살롬을 따르는 자들과 반대하는 자들 사이에 내전(內戰)이 일어날는지도 몰랐다. 모든 이스라엘이 그를 좋아했음에도 불구하고 그가 저지른 사건에 대해서는 서로 의견이 나누어져 있었다는 것은 충분히 가능한 일이다.

4. 그 자신 아브넬을 암살한 죄책을 가지고 있었다. 그는 스스로 피의 죄책을 의식했으며, 따라서 공적 정의에 대한 부담이 없을 수 없었다. 따라서 자신이 나서서 압살롬의 죄를 사면시켜 줄 수 있다면 그것은 자신에게도 큰 위로가 될 수 있을 것이었다.

Ⅱ. 요압의 계략. 그는 한 여인을 데려다가 왕 앞에 호소하게 했으며, 왕은 그것이 실제 사건인 줄 알고 나단의 비유에 대해 그렇게 했던 것처럼 그 일에 대해 판결을 내려주었다. 다윗이 내린 판결은 범죄자에게 호의를 베푸는 것이었는데, 이를 통해 여인은 그의 마음을 간파하고, 그러한 판결을 왜 그 자신의 가정의 사건(즉 압살롬과 관련한 사건)에 적용시키지 않느냐고 묻는 데까지 나아간다(아마도 그녀는 만일 왕의 판결이 가혹하면 그러한 말을 하지 말도록 지

시받았을 것이다).

1. 요압이 데려온 여인은 다만 드고아 여인이라고만 언급될 뿐 그 이름이 분명하게 나타나지 않는다. 그녀는 요압이 볼 때 이러한 일을 잘 수행할 수 있을 것으로 생각될 만한 여자였다. 다윗이 이 일에 대해 전혀 들어보지 못한 것을 이상하게 생각하지 않을 만큼, 이 일이 벌어진 곳은 아주 멀리 떨어진 곳이어야 했다. 그녀는 지혜로운 여인이라고 언급된다(2절). 다시 말해서, 그녀는 매우 재치 있고 언변이 뛰어난 여자였다(2절). 당사자의 입에서 직접 나오는 말은 아무래도 의심을 덜 받는 법이다.

2. 그녀는 슬픔에 빠져 있는 과부의 행색을 하도록 지시받았다(2절). 요압은 그러한 자가 왕 앞에 쉽게 나아갈 수 있다는 사실을 잘 알고 있었다. 왜냐하면 다윗은 항상 애곡하는 자들, 특별히 애곡하는 과부들을 위로할 준비가 되어 있었기 때문이다. 그는 하나님을 일컬어 종종 과부의 재판장이라고 부르곤 하였다(시 68:5). 의심할 여지 없이 하나님의 귀는 고통 받는 자들의 부르짖음에 대해 이 땅의 어떤 통치자들의 귀보다도 더 많이 열려 있다.

3. 그녀가 왕 앞에 제시할 사건은 긍휼을 호소하는 사건이었다. 법은 (즉 모든 하급 법정의 판결은) 그녀에 대해 너무도 가혹했다. 따라서 그녀는 왕의 가슴속에 있는 상급 법정의 긍휼이 아니고는 어디에서도 구제받을 수 없었다. 그녀는 왕에게 남편을 장사지냈음을 말하면서(5절), 자신의 사정을 호소한다. 그녀에게는 과부인 어머니를 부양하며 위로할 두 아들이 있었다. 그런데 둘이 서로 싸워 하나가 다른 하나를 죽였다(6절). 그렇지만 그녀로서는 살인을 저지른 아들을 보호하고 싶었다(리브가가 자신의 두 아들과 관련하여 "내가 어찌 하루에 너희 둘을 잃으랴" 라고 한탄했던 것처럼, 창 27:45). 그러나 죽은 자의 가장 가까운 친족인 그녀가 '피의 복수자' (avenger of blood)가 되기를 원치 않음에도 불구하고, 다른 친척들은 남아 있는 아들이 율법에 따라 반드시 죽어야만 한다고 주장했다. 그들이 그렇게 한 것은 공의를 위해서나 혹은 죽은 형제를 생각해서 그런 것이 아니라 상속자를 끊어버림으로써 그들의 기업을 자신들이 차지하려고 그런 것이었다(그들은 스스로 그렇게 말할 정도로 뻔뻔스러웠다). 그렇게 함으로써 그들은

(1) 그녀의 위로(comfort)를 끊을 것이었다. "그들이 내게 남아 있는 숯불을 끌 것이니이다. 그들이 나의 노년의 봉양자를 내게서 빼앗아가며 이 세상에서의

나의 모든 기쁨에 종지부를 찍으려 하나이다."

(2) 그녀의 남편에 대한 모든 기억(memory)을 끊을 것이었다. "그들이 내 남편의 이름과 씨를 세상에 남겨두지 아니할 것이요(7절), 그로 인해 남편의 가문은 완전히 꺼지게 될 것이니이다."

4. 왕은 그녀에게 호의를 베풀어 아들을 보호해 줄 것을 약속한다. 그녀가 어떻게 왕의 관대한 판결을 이끌어 내고 있는지 살펴보자.

(1) 그녀의 사정 이야기를 듣고 난 후, 왕은 그 일에 대해 충분히 검토한 후 명령을 내리겠다고 약속한다(8절). 왕은 다행스럽게도, "법대로 시행하라. 피가 피를 부르나니 그대로 시행할 것이라"라고 말하면서 그녀의 호소를 물리치지 않았다. 그렇지만 왕은 그녀의 호소가 사실인지 여부를 검토할 시간을 가질 것이었다.

(2) 그러나 여인은 이에 만족하지 않고 왕으로 하여금 곧바로 호의를 베푸는 판결을 내려달라고 간청한다. 만일 사실관계가 자신이 설명한 바와 다르고 따라서 잘못된 판결이 내려진다면, 그녀는 그에 대한 모든 책임을 자신이 질 것이며 왕과 왕위는 허물이 없을 것이라고 하였다(9절). 그러나 왕이 사건에 대한 충분한 검토도 없이 판결을 내림으로써 결과적으로 잘못된 판결을 내리게 된다면, 그녀의 이러한 말이 결코 왕의 책임을 면제시켜주지 않을 것이다.

(3) 이러한 간청에 왕은 그녀가 어떤 대적으로부터도 위해나 모욕을 당하지 않을 것이며, 자신이 그녀를 보호해 줄 것이라고 약속한다(10절). 이와 같이 통치자들은 압제받는 과부들의 보호자가 되어야 한다.

(4) 그럼에도 불구하고 그녀는 아들의 용서와 보호를 확약받기 전까지는 결코 물러서려고 하지 않는다. 부모는 자신의 자녀들이 안전하기 전까지는 결코 편안할 수 없는 법이다: 원수 갚는 자가 더 죽이지 못하게 하옵소서 내 아들을 죽일까 두렵나이다(11절). 만일 아들을 잃는다면 그것은 곧 내가 파멸을 당하는 것이며, 아들의 생명을 취하는 것은 나의 생명을 취하는 것과 마찬가지니이다. 그러므로 왕은 왕의 하나님 여호와를 기억하소서. 다시 말해서,

[1] "왕은 이러한 관대한 판결을 맹세로써 확증하소서. 우리 하나님 여호와의 이름으로 맹세하사 그 판결로 하여금 더 이상 쟁론의 대상이 될 수 없으며 또한 결코 변개될 수 없는 것이 되게 하소서. 그리하면 내가 마음을 놓으리이다." 히브리서 6장 17절과 18절을 보라.

[2] "왕은 이러한 관대한 판결을 내릴 충분한 이유를 갖고 계심을 생각하소서. 왕의 하나님 여호와께서 얼마나 은혜로우시며 자비로우신지 기억하소서. 하나님이 죄인들에게 얼마나 오래 참으시며 행위대로 갚지 않으시며 기꺼이 용서할 준비가 되어 있으신지 기억하소서. 왕의 하나님 여호와께서 어떻게 동생을 죽인 가인을 살려주시고 피의 복수자들(avengers of blood)로부터 보호하셨는지 기억하소서(창 4:15). 왕의 하나님 여호와께서 어떻게 당신을 우리아의 피로부터 용서하셨는지 기억하소서. 그러므로 자비를 얻으신 왕은 또한 여종에게 자비를 베푸소서." 우리로 하여금 우리의 의무를 (특별히 자비와 사랑을 베푸는 일을) 이행하게 함에 있어 우리 하나님 여호와를 기억하는 것보다 더 적합하고 강력한 것은 아무것도 없다.

(5) 이 끈질긴 과부는 이와 같은 강청(强請)으로 마침내 아들의 죄에 대한 완전한 용서를 얻어낸다: 여호와께서 살아 계심을 두고 맹세하노니 네 아들의 머리카락 하나도 땅에 떨어지지 아니하리라. 즉 "이 일로 인해 네 아들이 아무런 해도 입지 않을 것을 내가 보증하노라." 다윗의 자손은 자신의 보호 아래 있는 자들에게, 비록 그들이 그로 인해 죽임을 당한다 할지라도 머리털 하나도 상하지 않을 것이며(눅 21:16-18), 그를 위해 목숨을 잃을지라도 그로 말미암아 아무것도 잃지 않게 될 것이라고 확약하셨다. 다윗의 이와 같은 약속, 즉 도피성조차도 보호하지 않는 살인자를 보호하겠다고 약속한 것이 과연 올바른 것인지 여부는 나로서는 말하기 어렵다. 그러나 그에게 호소된 사건 속에는 그 어머니를 불쌍히 여길 만한 충분한 이유뿐만 아니라 아들과 관련하여 관대한 판결을 내릴 만한 상당한 여지가 있었다. 그는 형제를 죽였다. 그러나 본래 형제를 미워하여 그렇게 한 것은 아니었다. 그것은 순간적인 격발(激發)에 의한 것이었다. 나타난 바대로 볼 때, 어쩌면 그것은 스스로를 방어하기 위한 것이었는지도 모른다. 그는 스스로 이 일을 탄원하지 않았지만, 그러나 재판관이 죄인을 위한 변호자가 되어야 한다. 그러므로 여기에서 자비로 하여금 심판을 이기고 기뻐하게 하자.

5. 이와 같이 호의적인 판결이 내려지자 여인은 그것을 왕의 아들 압살롬에게 적용한다. 여기에서 감추어진 것이 드디어 드러나기 시작하고, 새로운 장면이 펼쳐진다. 왕은 가련한 탄원자가 갑자기 자신에게 훈계와 조언을 하는 자로, 그리고 왕자를 옹호하면서 백성들의 마음을 전하는 백성의 입으로 바뀌자

놀라움을 금치 못한다(그렇지만 결코 그것을 불쾌하게 여기지는 않는다). 여인은 왕으로 하여금 이제부터 자신이 하려는 말에 대해 인내심을 갖고 들어줄 것을 간청한다(12절).

(1) 그녀는 압살롬의 경우가 자신의 아들의 경우와 하등 다를 것이 없다고 말한다. 그러므로 만일 왕이 그녀의 아들을 보호하실 것이라면, 하물며 자신의 아들이야 얼마나 더 보호하고 그 내쫓긴 자를 집으로 돌아오게 해야(13절) 마땅하겠는가? 단지 이름만 바꾸면 그 이야기는 바로 당신의 이야기가 될 것이다. 그녀는 압살롬의 이름을 거명하지 않았으며, 그렇게 할 필요도 없었다. 다윗은 압살롬을 너무도 그리워했으며, 항상 생각하고 있었다. 따라서 그녀가 '그 내쫓긴 자'라고 말했을 때, 다윗은 그것이 누구를 의미하는지 즉시로 알아차렸다. 그 말 속에는 다윗의 긍휼히 여기는 마음을 자극하는 강력한 힘이 들어있었다. "그는 내쫓긴 자이며, 3년 동안 내쫓긴 자로서의 모든 수치와 두려움과 고통을 겪었나이다. 그에게 이러한 처벌로서 이제 족하나이다. 뿐만 아니라 그는 '당신의' 내쫓긴 자이며, 당신 자신의 아들이며, 당신 자신의 일부이며, 당신이 사랑하는 아들이니이다." 사실 압살롬의 경우는 그녀가 말한 그녀의 아들의 경우와는 많이 달랐다. 압살롬이 암논을 죽인 것은 순간적인 감정의 격발에 의한 것이 아니라 오랜 원한과 악의에 의한 것이었다. 또한 아무도 보는 이가 없는 빈들에서 죽인 것이 아니라 여러 사람이 둘러앉아 있는 식탁에서 죽였다. 또 압살롬은 그녀의 아들과는 달리 독자가 아니었다. 다윗에게는 많은 아들들이 있었다. 그리고 얼마 전에 압살롬보다 후계자가 되기에 더 적합한(왜냐하면 하나님이 그를 사랑하심으로 그에게 여디디야라는 이름이 붙여졌기 때문에) 또한 아들을 낳았다. 그러나 다윗은 여인의 말에 너무나 큰 감동을 받았기 때문에 이러한 차이점들을 미처 깨닫지 못했다. 사실 다윗은 자신의 관대한 판결이 다름 아닌 바로 자신의 아들에게 적용되는 것을 누구보다 간절히 열망하고 있었다.

(2) 그에 근거하여 그녀는 왕으로 하여금 압살롬을 추방지에서 다시 데려오고, 그의 죄를 사면해 줄 것을 설득한다.

[1] 그녀는 이스라엘 백성에게 압살롬이 중요한 의미를 갖고 있음을 변론한다. "그에게 이루어진 일은 곧 하나님의 **백성**에게 이루어진 일이나이다. 그들은 그를 왕위를 이을 자로 보고 있나이다. 하나님과 언약을 맺은 다윗의 집은 하

나님의 백성에게 중요한 의미를 가지고 있으며, 따라서 그들은 다윗의 집이 위축되고 허물어지는 것을 차마 가만히 바라볼 수 없나이다. 그러므로 왕이 죄 있는 사람같이 말씀하시나이다. 왜냐하면 왕께서 내 남편의 이름과 기억이 끊어지지 않게 하실 것이면서도 정작 (우리 같은 사람 일만 명보다도 더 중요한) 자기 아들이 위험 가운데 있는 것은 돌아보지 않으시기 때문이니이다."

[2] 그녀는 인간의 죽을 운명(mortality)을 변론한다. "우리는 필경 죽으리니(14절), 죽음은 우리에게 정해진 것이나이다. 우리는 죽음을 피할 수도 없으며 연기할 수도 없나이다. 우리 모두는 죽음의 필연적인 숙명 아래 있나이다. 우리가 죽으면 마치 땅에 쏟아진 물처럼 다시 기억함이 없나이다. 아니, 심지어 살아 있을 때조차 우리는 불멸성(immotality)을 잃어버렸나이다. 설령 압살롬이 죽이지 않았다 하더라도 암논은 언젠가는 죽을 것이었나이다. 또 그 일로 인해 지금 압살롬을 죽인다 하더라도, 죽은 암논이 다시 살아 돌아올 것도 아니나이다." 이것은 어떤 살인자를 구명(求命)하는 데 별 도움이 되지 못할 정도의 매우 빈약한 논리였다. 그러나 암논은 백성들로부터 그다지 존경을 받지 못했으며, 그의 죽음 역시 백성들에게 별다른 슬픔이 되지 못했던 것으로 보인다. 그리고 대체로 백성들은 압살롬처럼 아름다운 자가 암논처럼 별 가치 없는 자 때문에 죽는 것은 너무도 안타까운 일이라고 생각했던 것 같다.

[3] 그녀는 가련한 죄인들에 대한 하나님의 자비와 긍휼을 변론한다. "하나님은 생명을 빼앗지 아니하시고 방책을 베푸사 내쫓긴 자가 하나님께 버린 자가 되지 아니하게 하시나이다(14절). 하나님을 거스르며 공의를 모욕한 자녀까지도 하나님은 영원히 버리지 않으실 것이니이다." 여기에서 우리는 하나님이 죄인들에게 자비를 베푸시는 두 가지 방법을 볼 수 있다.

첫째로, 죄인들에 대한 하나님의 오래 참으심. 당신의 율법이 깨뜨려졌음에도 불구하고, 하나님은 그렇게 한 자들의 생명을 즉시로 빼앗지 않으시고(응당 그렇게 하실 수 있음에도 불구하고), 은혜 가운데 인내하며 기다리신다. 하나님은 당신의 공의와 보응에도 불구하고 압살롬의 생존(生存)을 그냥 내버려 두셨다. 그렇다면 왜 다윗은 그렇게 하면 안 되는가?

둘째로, 죄인들을 다시 회복시키기 위해 하나님이 예비하신 방법. 사람들이 죄로 말미암아 스스로를 하나님으로부터 쫓겨나게 만들었다 할지라도, 하나님은 그들을 영원히 쫓아내지 않으셨다. 희생 제사를 통해 속죄가 이루어질 수 있었다. 문둥병자와 기타 부정한 자들이 진(陣)으로부터 내어쫓김을 당했지만, 그러나 잠시 그렇다 할지라도 영원히 그런 것은 아니었다. 죄인의 상태는 하나님으로부터 내어쫓김을 당한 상태이다. 내어쫓김을 당한 가련한 죄인들은 만일 어떤 특별한 조치가 취하여지지 않는다면 영원히 내어쫓김을 당하고 말 것이다. 그러나 그들이 그렇게 되는 것은 결코 하나님의 뜻이 아니다. 왜냐하면 하나님은 아무도 멸망치 않기를 원하시기 때문이다. 무한한 지혜자는 그렇게 되는 것을 막기 위한 적절한 방책을 가지고 계셨다. 그러므로 죄인이 영원히 끊어짐을 당하는 것은 다름 아닌 바로 그들 자신의 잘못이다. 우리 모두를 향한 하나님의 이와 같은 선한 뜻은 우리로 하여금 피차 자비와 긍휼을 베풀도록 이끈다(마 18:32-33, 내가 네 빚을 전부 탕감하여 주었거늘 내가 너를 불쌍히 여김과 같이 너도 네 동료를 불쌍히 여김이 마땅하지 아니하냐).

6. 그녀는 왕에게 경의를 표하면서 그리고 왕이 두 경우(자기 아들의 경우와 압살롬의 경우)에 모두 합당한 일을 행하실 것에 대한 확신을 표현하면서 자신의 말을 끝맺는다(15-17절). 그녀는 마치 자기 아들의 일이 실제 사건인 것처럼 계속해서 자신과 아들을 위해 (그러나 압살롬을 의도하면서) 탄원한다.

(1) 그녀는 사람들이 자신을 두렵게 만들었다고 말한다(15절). 이것을 그녀 자신의 경우로 이해할 때, 이것은 그녀의 모든 이웃들이 그녀와 그녀의 아들을 멸망시키려고 하고 있음을 의미하는 것이다. 그러한 두려움으로 인해 그녀는 이와 같이 왕 앞에 자신의 사정을 호소하게 되었다는 것이다. 한편 이것을 압살롬의 경우로 이해할 때, 이것은 그녀가 왕이 미처 알지 못하고 있는 사실을 왕에게 일깨워 주고 있는 것이다. 즉 압살롬에 대한 왕의 지나치게 가혹한 처사에 백성들이 불만을 품고 있으며, 이로 인해 대대적인 폭동이나 반란이 일어날 것을 그녀가 두려워하고 있다는 것이다. 이러한 사태를 막기 위해 그녀는 감히 왕 앞에 나아와 고하고 있었던 것이다. 그녀의 무례함은 그녀의 두려움으로 인해 상쇄되고도 남을 것이었다.

(2) 그녀는 왕의 지혜와 온유함에 호소한다. "내가 이르기를 내가 왕께 말하고 아무에게도 말하지 않으리라 하였나이다. 왕은 나처럼 미천한 자의 말도 들으시며 또한 압제받는 자의 부르짖음을 들으실 것이기 때문이니이다. 그리고 왕은 가장 미천한 종조차도 하나님의 기업에서 끊음을 당하도록 (다시 말해서 압살롬처럼 이스라엘 땅에서 쫓겨나 할례 받지 못한 자들의 땅에서 피난처를 찾

도록) 내버려 두지 않을 것이니이다. 압살롬은 이보다 더 나쁜 형편 가운데 빠져 있는데, 그것은 그가 하나님의 기업으로부터 떨어져 있기 때문이니이다. 그는 지금 회개에 이르도록 도와줄 율법과 규례들을 필요로 하나이다. 그는 지금 이방나라에 우거하고 있는 가운데 그들의 우상 숭배에 빠질 위험 속에 있으며, 그것을 이스라엘 땅으로 가져올 위험 또한 배제할 수 없나이다." 왕으로 하여금 자신의 요청을 허락하도록 촉구하기 위해, 그녀는 그가 (마치 신적 자비를 전달하는 하나님의 사자처럼) 평안의 대답을 할 것이란 소망을 피력한다. 여기의 여인이 칭송의 방식으로 말한 것을 스가랴 선지자는 약속의 방식으로 말한다(슥 12:8): 그 중에 약한 자가 다윗 같겠고 다윗의 집은 여호와의 사자 같을 것이라. "이를 위해 왕의 하나님 여호와께서 왕과 같이 계시옵소서. 그래서 이 일과 왕이 내리는 모든 판결에 왕을 도우소서." 이러한 큰 기대는 특별히 존귀한 자들에게 있어 큰 빛이 아닐 수 없다. 그들은 이와 같이 자신을 신뢰하는 자들을 실망시키지 않기 위해 최선을 다해야 한다.

7. 왕은 이 일에 요압의 손이 있음을 눈치 챈다. 그리고 이에 대해 묻자, 여인은 모든 것을 시인한다(18-20절).

(1) 왕은 즉시로 이 일에 요압이 함께 했을 것으로 의심한다. 왜냐하면 그는 이와 같은 여인이 그토록 중요한 문제를 스스로 호소했을 것으로는 결코 생각할 수 없었기 때문이었다. 그가 생각하기에 이 일을 행할 자는 요압밖에 없었다. 왜냐하면 그는 압살롬의 친구로서 모략이 많은 사람이었기 때문이었다.

(2) 여인은 매우 솔직하게 시인한다. "왕의 종 요압이 내게 명령하였나이다. 이 일이 옳은 일이면 그로 칭송을 받게 하시고, 잘못된 일이면 그로 책임을 지게 하소서." 그녀는 이 일이 왕의 마음에 합한 것을 알아차렸다. 그럼에도 불구하고 그녀는 그 칭송을 자신이 취하려고 하지 않고, 모든 것을 사실대로 말했다. 이것은 우리에게 좋은 본보기가 된다. 즉 우리는 거짓말을 하면서 사실을 은폐하려고 해서는 안 된다는 사실이다. 진실을 말하는 것을 두려워하지 말라. 거짓말을 꼭 필요로 하는 일은 아무것도 없다.

[21]왕이 요압에게 이르되 내가 이 일을 허락하였으니 가서 청년 압살롬을 데려오라 하니라 [22]요압이 땅에 엎드려 절하고 왕을 위하여 복을 빌고 요압이 이르되 내 주 왕이여 종의 구함을 왕이 허락하시니 종이 왕 앞에서 은혜 입은 줄을 오늘 아나이

다 하고 ²³요압이 일어나 그술로 가서 압살롬을 데리고 예루살렘으로 오니 ²⁴왕이 이르되 그를 그의 집으로 물러가게 하여 내 얼굴을 볼 수 없게 하라 하매 압살롬이 자기 집으로 돌아가고 왕의 얼굴을 보지 못하니라 ²⁵온 이스라엘 가운데에서 압살롬 같이 아름다움으로 크게 칭찬 받는 자가 없었으니 그는 발바닥부터 정수리까지 흠이 없음이라 ²⁶그의 머리털이 무거우므로 연말마다 깎았으며 그의 머리 털을 깎을 때에 그것을 달아본즉 그의 머리털이 왕의 저울로 이백 세겔이었더라 ²⁷압살롬이 아들 셋과 딸 하나를 낳았는데 딸의 이름은 다말이라 그는 얼굴이 아름다운 여자더라

I. 압살롬을 데려오라는 명령이 내려짐. 드고아 여인은 자신에게 맡겨진 일을 너무도 훌륭하게 수행했으며, 또 그 일은 왕의 마음과 합치되는 일이었다. 따라서 다윗은 요압에게 다음과 같은 명령을 내린다: 가서 청년 압살롬을 데려오라(21절). 다윗은 압살롬에게 은혜를 베풀고 싶었지만, 공의로 인해 그렇게 하지 않았다. 그러나 그를 위한 중보로 인해 다윗은 기꺼이 그에게 은혜를 베풀었다(우리는 여기에서 하나님의 은혜의 방법을 보게 된다). 하나님이 가련한 죄인들을 불쌍히 여기사 그들이 멸망당하는 것을 원치 않으시는 것은 분명한 사실이다. 그러나 하나님은 그들을 위해 중보하는 중보자를 통해 그들과 화해하신다. 그리고 하나님은 중보자에게 이러한 명령을 내리셨다: 가서 그들을 다시 데려오라. 하나님은 그리스도 안에서 세상을 자신과 화목케 하셨다. 그리고 그리스도는 우리를 하나님께 데려가기 위해 우리가 쫓겨난 이 땅에 오셨다. 이러한 명령을 받은 요압은,

1. 이토록 즐거운 일에 자신을 불러 준 것에 대해 왕에게 감사를 표한다(22절). 요압은 이 일을 왕이 자신에게 호의를 베푸는 것으로, 그리고 (어떤 이들이 생각하는 것처럼) 과거 아브넬을 죽인 것에 대해 어떤 책임도 묻지 않겠다는 표시로 받아들였다. 그러나 만일 그런 의미로 받아들였다면, 우리가 나중에 보게 될 것처럼 그것은 그의 오산이었다(왕상 2:5, 6).

2. 그 명령을 즉시 수행한다: 요압이 일어나 그술로 가서 압살롬을 데리고 예루살렘으로 오니(23절). 다윗이 이와 같이 옛 율법의 집행을 정지시키는 것이 어떻게 정당화될 수 있는지 나는 잘 모른다(창 9:6, 다른 사람의 피를 흘리면 그 사람의 피도 흘릴 것이니). 의로운 통치자는 자기 형제라도 봐주지 말며 자기 자녀라

도 예외를 두지 말아야 한다. 하나님의 율법이 하루살이는 걸리고 큰 것은 뚫고 지나가는 거미줄 같은 것이어서는 결코 안 된다. 다윗은 어리석은 동정심으로 압살롬을 살려 주었지만, 의로우신 하나님은 그를 다윗을 위한 채찍이 되게 하셨다. 그러나 압살롬으로 하여금 집으로 돌아오는 것은 허락했다 할지라도, 다윗은 그가 왕궁에 오는 것은 금지했고, 자신도 결코 그를 보려고 하지 않았다(24절). 그가 이렇게 한 것은 다음과 같은 두 가지 이유 때문이었다.

(1) 자신의 명예를 위해. 그와 같이 함으로써 다윗은 그토록 큰 죄를 너무 쉽게 묵인한다든지 혹은 그를 너무 쉽게 용서한다는 인상을 주지 않을 수 있었다.

(2) 압살롬을 겸손케 하기 위해. 아마도 다윗은 요압이 압살롬을 데려오기 위해 갔을 때 그가 취한 행동에 대해 어느 정도 들었을 것이다. 그리고 거기에는 그가 참으로 회개하지 않았음을 보여주는 여러 가지 징표들이 있었을 것이다. 따라서 다윗은 그와 같은 조치를 취함으로써 자신의 분노가 아직 풀리지 않았음을 나타내고자 하였으며, 이로써 압살롬으로 하여금 자신의 죄를 새롭게 바라보고 슬퍼함으로써 하나님과 더불어 화목하도록 하게 하고자 하였다. 그리고 그가 진심으로 회개하는 표징이 나타난다면, 의심의 여지 없이 다윗은 다시 그를 자신의 은혜의 품 안으로 받아들일 것이었다.

II. 압살롬에 대한 설명. 여기에서 그의 지혜와 경건은 전혀 언급되지 않는다. 비록 그가 그토록 경건한 아버지의 아들이었다 할지라도, 우리는 그의 믿음에 대해서는 아무것도 읽지 못한다. 부모가 자녀에게 좋은 교육을 시킬 수는 있지만 그러나 은혜를 줄 수는 없다. 우리는 여기에서 압살롬과 관련하여 다음과 같은 사실들을 볼 수 있다.

1. 그는 매우 잘 생긴 사람이었다. 모든 이스라엘 가운데 아름다움에 있어 그와 비견할 자가 없었다(25절). 그러나 이것은 외모의 아름다움일 뿐이었다. 아름답게 행동하는 사람이 진짜 아름다운 사람이다. 외모는 수려하고 잘 생겼지만 그 속에 담긴 영혼은 오염되고 비뚤어진 일은 결코 드문 일이 아니다. 압살롬이 바로 그런 사람이었는데, 그의 영혼은 형제의 피로 오염되었으며 부왕(父王)에 대한 비인륜적인 반란으로 비뚤어졌다. 그의 몸은 흠이 없었다. 그러나 그의 마음은 멍들고 터진 것 투성이였다. 아마도 다윗이 그를 그토록 사랑하고 보호하려고 했던 이유 가운데 하나가 바로 그의 아름다움이었을 것이다.

자녀에게 있어 그들의 내적인 덕보다 외적인 아름다움을 더 좋아하는 부모는 그로 인해 고통을 겪게 될 수 있다는 사실을 기억할 필요가 있다.

2. 그는 매우 아름다운 머리털을 가지고 있었다. 그것의 길이 때문이든 혹은 빛깔 때문이든 아니면 유별난 부드러움 때문이든, 그의 머리털에는 그를 돋보이게 만드는 특별한 점이 있었다(26절). 그의 머리털이 주목을 받는 것은 나실인의 머리털로서가 아니라(그는 나실인의 엄격한 생활과는 거리가 멀었다) 멋쟁이의 머리털로서이다. 그는 자신의 머리털을 기를 수 있을 때까지 길렀다. 너무 무거워 견딜 수 없을 때까지는 결코 자르려고 하지 않았다. 긴 머리로 인해 매우 불편했음에도 불구하고, 그리고 추위와 더위에도 아랑곳하지 않고, 그는 자기 머리에 대한 자긍심으로 가득 차 있었다. 그는 머리를 깎을 때마다 그 무게를 달아보곤 하였는데, 그것은 자신의 머리털이 다른 사람들의 것보다 훨씬 더 뛰어남을 과시하려 함이었다. 그 무게는 200세겔에 이르렀는데, 어떤 학자들은 그것이 1.4kg 정도 될 것으로 생각한다. 머리털에다가 기름과 금가루의 무게까지 포함할 때(요세푸스는 머리에다가 기름을 바르고 금가루를 뿌리는 것이 당시의 유행이었다고 말한다), 패트릭 주교는 이 정도의 무게는 결코 불가능한 것이 아니라고 말한다. 그러나 이러한 아름다운 머리털은 결국 그의 교수대의 밧줄이 되고 말았다(18:9).

3. 그는 자녀에 대한 언급. 압살롬은 아들이 없음으로 인해 한탄하면서 비석을 세운 적이 있었다(18:18, 압살롬이 살았을 때에 자기를 위하여 한 비석을 마련하여 세웠으니 이는 그가 자기 이름을 전할 아들이 내게 없다고 말하였음이더라). 그렇다면 압살롬은 결혼한 후 상당한 시간이 흐르고 나서야 비로소 자녀를 낳았으며, 아들 셋과 딸 하나를 낳은 것은 바로 이 때일 것이다(27절). 그렇지 않으면 반란의 음모를 꾸미고 있는 동안 이 세 아들이 하나님의 의로우신 손에 죽임을 당했고, 그래서 그가 비석을 세운 것인지도 모른다.

[28] 압살롬이 이태 동안 예루살렘에 있으되 왕의 얼굴을 보지 못하였으므로 [29] 압살롬이 요압을 왕께 보내려 하여 압살롬이 요압에게 사람을 보내 부르되 그에게 오지 아니하고 또 다시 그에게 보내되 오지 아니하는지라 [30] 압살롬이 자기의 종들에게 이르되 보라 요압의 밭이 내 밭 근처에 있고 거기 보리가 있으니 가서 불을 지르라 하니라 압살롬의 종들이 그 밭에 불을 질렀더니 [31] 요압이 일어나 압살롬의 집으로

가서 그에게 이르되 어찌하여 네 종들이 내 밭에 불을 질렀느냐 하니 ³²압살롬이 요압에게 대답하되 내가 일찍이 사람을 네게 보내 너를 이리로 오라고 청한 것은 내가 너를 왕께 보내 아뢰게 하기를 어찌하여 내가 그술에서 돌아오게 되었나이까 이 때까지 거기에 있는 것이 내게 나았으리이다 하려 함이로라 이제는 네가 나로 하여금 왕의 얼굴을 볼 수 있게 하라 내가 만일 죄가 있으면 왕이 나를 죽이시는 것이 옳으니라 하는지라 ³³요압이 왕께 나아가서 그에게 아뢰매 왕이 압살롬을 부르니 그가 왕께 나아가 그 앞에서 얼굴을 땅에 대어 그에게 절하매 왕이 압살롬과 입을 맞추니라

압살롬은 외할아버지의 집에서 3년간 망명생활을 했으며, 이후 자기 집에서 죄수처럼 2년을 지냈다. 이것은 그가 마땅히 받아야 할 벌보다 훨씬 가벼운 것이었다. 그럼에도 불구하고 그의 마음은 여전히 교만 가운데 겸손할 줄 모르고 있었다. 죽을 목숨을 살려준 것에 대해 감사하기는커녕, 그는 예전의 궁중에서의 지위를 회복시켜 주지 않은 것에 대해 자신이 매우 부당한 취급을 받고 있다고 생각했다. 만일 그가 자신의 죄를 진심으로 회개했다면, 궁중의 화려함으로부터 멀리 떨어져 자신의 집에 은거하고 있는 것을 당연하게 여겼을 것이다. 만일 살인자에게 생명이 허락된다면, 그는 마땅히 은거(隱居)의 삶을 살아야 할 것이다. 그러나 압살롬은 이러한 정당한 은거의 삶을 견딜 수 없었다. 그는 왕의 얼굴을 보기를 갈망했다. 마치 자신이 왕을 사랑해서 그런 것처럼 꾸몄지만 실제는 왕위를 찬탈할 기회를 얻고자 한 것이었다. 그는 아버지가 자신과 화해할 때까지는 아버지에게 위해(危害)를 가할 수 없었다. 따라서 이것은 그의 음모의 첫 단계였다. 이 뱀은 아버지의 품에 안길 때까지는 아버지를 물 수 없었다. 드디어 그는 자신의 목적대로 아버지의 얼굴을 보게 된다. 그러나 그것은 (가장된 것이라 할지라도) 순복과 개심(改心)의 약속에 의해서가 아니라 무례한 행동으로 위해를 가하는 것에 의해서였다.

1. 압살롬은 요압에게 무례한 행동을 함으로써 그로 하여금 자신과 아버지를 중재하도록 만든다. 두 번에 걸쳐 그는 요압에게 사람을 보내 자신에게 올 것을 청한다. 그러나 요압은 오지 않았다(29절). 아마도 그것은 이스라엘 땅으로 돌아오는 일과 관련하여 압살롬이 요압의 공로를 기꺼이 인정하면서 그에게 감사를 표하지 않았기 때문이었을 것이다(요압은 압살롬이 마땅히 그렇게

해야 한다고 생각했을 것이다). 교만한 자는 자신에게 행해진 모든 호의와 친절을 빚으로 여긴다. 압살롬과 같은 위치에 있는 사람이라면 이런 상황에서 당연히 요압에게 진심 어린 감사의 말을 전하면서 큰 선물을 보내야 마땅했을 것이다. 그러나 그렇게 하는 대신 그는 자기 종들에게 요압의 밭에 불을 지르라고 명령했다(30절). 삼손은 블레셋 사람들에게 해악을 끼침에 있어 이러한 방법보다 더 효과적인 방법을 생각할 수 없었다. 어째서 압살롬은 요압에게 이러한 해악을 끼침으로써 그로 하여금 자신에게로 오도록 만들려고 생각했을까? 이것은 너무도 악의적이고 심술궂은 행동이며, 또한 공적 선(public good)을 깨뜨리는 행동이었다(왜냐하면 어떤 사람의 밭에 붙은 불은 다른 사람의 밭으로 퍼져나갈 것이기 때문이다). 그러나 어쨌든 압살롬은 이와 같은 방법으로 요압을 자신에게 오도록 만들었다(31절). 하나님도 이와 같이 환난을 통해 하나님을 멀리 떠난 자들로 하여금 다시 하나님께로 돌아오도록 만드신다. 압살롬에게는 율법에 따라 배상할 책임이 있었다(출 22:6). 그러나 우리는 그가 요압에게 배상했다거나 혹은 요압이 그에게 배상을 요구했다는 말을 듣지 못한다. 어쩌면 요압은 압살롬의 부름을 거절한 것에 대해 스스로 정당화 할 수 없었는지 모른다. 따라서 압살롬은 요압을 데려오기 위해 이와 같은 방법을 사용한 것에 대해 별다른 거리낌을 갖지 않았고 그러한 행동은 능히 정당화 될 수 있다고 생각했을 것이다. 아마도 요압은 압살롬의 이와 같은 갑작스런 분노의 행동에 경악했을 것이다. 그리고 그가 이와 같이 대담한 행동을 할 수 있을 정도로 백성들 가운데 상당한 신망을 가지고 있음을 새롭게 인식했을 것이다(그렇지 않다면야 그가 어떻게 이런 행동을 할 수 있었겠는가?). 요압은 자신에게 가해진 이와 같은 위해(危害)를 기꺼이 감수할 뿐만 아니라 한 걸음 더 나아가 압살롬이 부탁한 일을 가지고 왕 앞에 나가게 된다. 위협과 고압적인 태도가 때로 큰 힘을 발휘하기도 하는 것을 주목하라.

2. 압살롬은 왕에게 무례한 메시지를 보냄으로써 (나로서는 이것을 달리 표현할 길이 없다) 왕궁에서의 지위를 회복하고 왕의 얼굴을 다시 보게 된다(즉 왕의 옆에 있으면서 조언하는 자가 된다, 에 1:14).

(1) 그의 메시지는 오만불손했으며, 아들로서나 신하로서나 너무도 적절치 않은 것이었다(32절). 그는 내쫓긴 상태에서 예루살렘에 있는 자기 집으로 돌아오도록 허락받은 은총을 과소평가했다: 어찌하여 내가 그술에서 돌아오게 되었

나이까? 그는 자신의 죄를 부인하면서, 자신이 지금 받고 있는 견책이 너무도 부당한 것이라고 여긴다. 그는 왕의 공의에 도전한다: 내가 만일 죄가 있으면 왕이 나를 죽이시는 것이 옳으니라.

(2) 이러한 메시지로서 그는 자신의 목적을 성취한다(33절). 다윗은 압살롬에 대한 강렬한 애정으로 인해 이러한 메시지를 아버지를 공경하는 뜻으로, 그리고 아버지의 호의를 갈망하는 뜻으로 잘못 받아들였다(실제는 정반대의 뜻임에도 불구하고). 지혜롭고 선한 부모라 할지라도 자녀를 맹목적으로 사랑할 때 그들에게 얼마나 쉽게 속아 넘어갈 수 있는지 주목하라. 압살롬은 그럴듯한 몸짓으로 아버지에 대한 복종을 나타냈다: 그가 왕께 나아가 그 앞에서 얼굴을 땅에 대어 그에게 절하매. 이에 다윗은 압살롬에게 입을 맞춤으로써 그의 사면(赦免)을 확증했다. 아버지의 사랑이 그로 하여금 회개하지 않은 아들과 화해하게 만들었을까? 회개한 죄인들은 자비의 아버지의 긍휼을 결코 의심하지 않을 것이다. 만일 에브라임이 스스로 슬퍼하면 하나님은 곧 온유한 아버지의 말로 그를 위로할 것이다: 에브라임은 나의 사랑하는 아들 기뻐하는 자식이 아니냐(렘 31:20).

제 15 장

개요

압살롬의 이름의 뜻은 "그의 아버지의 평강"이다. 그러나 결국 그는 아버지의 큰 고통거리가 되었다. 이와 같이 사람에 대한 우리의 기대는 종종 실망으로 끝나게 된다. 다윗의 집에 칼이 떠나지 않을 것이라고 했는데, 지금까지는 그의 자녀들 가운데 그러했다. 그러나 이제 그 칼이 다윗 자신에게 떨어지기 시작한다. 그러나 그것은 그 자신으로 말미암은 일이었다. 왜냐하면 만일 살인자에게 공의를 시행했다면 이와 같은 반란은 미리 막을 수 있었을 것이기 때문이다. 압살롬의 반란 이야기는 본 장에서 시작되는데, 우리는 18장에 가서야 그것이 끝나는 것을 보게 될 것이다. I. 압살롬이 백성의 마음을 얻기 위해 사용한 계략(1-6절). II. 압살롬이 서원을 핑계로 헤브론으로 내려가고, 거기에서 그의 수하들이 그를 왕으로 선포함(7-12절). III. 이 소식이 다윗에게 전해지고, 그가 예루살렘으로부터 피신함(13-18절). 그의 피신과 관련하여 우리는 다음과 같은 내용을 보게 된다. 1. 잇대가 다윗을 따름(19-22절). 2. 온 나라가 다윗을 위해 근심함(23절). 3. 다윗이 사독에게 할 일을 지시함(24-29절). 4. 이 일로 인한 다윗의 눈물과 기도(30-31절). 5. 다윗이 후새에게 할 일을 지시함(32-37절). 이렇게 하여 내가 너와 네 집에 재앙을 일으키겠다는 하나님의 말씀이 이루어졌다(12:11).

¹그 후에 압살롬이 자기를 위하여 병거와 말들을 준비하고 호위병 오십 명을 그 앞에 세우니라 ²압살롬이 일찍이 일어나 성문 길 곁에 서서 어떤 사람이든지 송사가 있어 왕에게 재판을 청하러 올 때에 그 사람을 불러 이르되 너는 어느 성읍 사람이냐 하니 그 사람의 대답이 종은 이스라엘 아무 지파에 속하였나이다 하면 ³압살롬이 그에게 이르기를 보라 네 일이 옳고 바르다마는 네 송사를 들을 사람을 왕께서 세우지 아니하셨다 하고 ⁴또 압살롬이 이르기를 내가 이 땅에서 재판관이 되고 누구든지 송사나 재판할 일이 있어 내게로 오는 자에게 내가 정의 베풀기를 원하노라 하고 ⁵사람이 가까이 와서 그에게 절하려 하면 압살롬이 손을 펴서 그 사람을 붙들고 그에게 입을 맞추니 ⁶이스라엘 무리 중에 왕께 재판을 청하러 오는 자들마다

압살롬의 행함이 이와 같아서 이스라엘 사람의 마음을 압살롬이 훔치니라

왕궁에서의 지위를 회복하자마자 압살롬은 왕위를 찬탈할 마음을 품는다. 고난 속에서 겸손할 줄 몰랐던 자는 고난이 끝나자 더욱 교만해진다. 그는 왕의 아들이라는 이름과 후계자가 될 수 있다는 가능성만으로는 결코 만족할 수 없었다. 그는 지금 당장 왕이 되어야만 했다. 그의 어머니는 왕의 딸이었다. 이러한 사실로 인해 어쩌면 그는 스스로를 높이 평가하면서 이새의 아들에 불과한 자기 아버지를 우습게 여겼는지도 모른다. 그의 어머니는 이방 왕의 딸이었다. 그리고 그러한 사실은 그로 하여금 이스라엘의 평강에는 별 관심이 없게 만들었다. 다윗은 불신자와 멍에를 함께 함으로써 이러한 악독한 아들을 낳았고 그로 인해 큰 아픔을 겪었다. 만일 압살롬이 왕의 은총을 회복했을 때 감사의 마음을 가졌다면, 그는 어떻게 아버지의 은혜에 보답할 수 있을지, 그리고 어떻게 아버지를 더욱 편안하게 해 드릴 수 있을지를 생각했을 것이다. 그러나 반대로 그는 어떻게 아버지로부터 백성들의 마음을 훔칠 수 있을지, 그리고 어떻게 아버지의 신망을 떨어뜨릴 수 있을지 만을 궁리했다. 대중의 마음을 사로잡는 것은 두 가지이다 — 위대함(greatness)과 선함(goodness).

I. 압살롬은 스스로를 위대하게(크게, great) 보이도록 만든다(1절). 그는 그술 왕으로부터 말을 많이 번식시키는 법을 배웠다(하나님은 이스라엘의 왕은 말을 많이 두어서는 안 된다고 말씀하셨다). 그리고 그것은 그를 매우 유능한 인물로 보이도록 만들었다. 반면 나귀를 탄 그의 아버지는 너무도 초라하게 보였다. 이스라엘 백성들은 열방과 같은 왕을 열망했었는데, 압살롬이 바로 그와 같은 왕이 될 것이었다. 그는 예루살렘에 있는 그 누구보다도 더 화려하고 장대하게 보였다. 사무엘은 왕의 형사가 이러할 것이라고 예언했다: 그가 너희 아들들을 데려다가 그의 병거와 말을 어거하게 하리니 그들이 그 병거 앞에서 달릴 것이며(삼상 8:11). 압살롬이 바로 그러했다. 그가 오고 있음을 알리기 위해 호위병 50명이 그 앞에서 달릴 것인데, 그것은 그의 자만심과 백성들의 어리석은 환상을 크게 만족시켜 줄 것이었다. 다윗은 이러한 행렬이 왕실을 더욱 빛나게 해 주는 것으로만 생각하고 그대로 묵인한다. 자녀의 오만을 그대로 방치하는 부모는 자신들이 지금 무슨 일을 하고 있는지 알지 못한다. 나는 정욕으로 멸망을 당하는 젊은이보다 교만으로 멸망을 당하는 젊은이를 훨씬 더 많이 보았

다.

Ⅱ. 압살롬은 스스로를 선하게 보이도록 만든다(그러나 그 속에는 매우 악한 의도가 숨어 있었다). 만일 그가 선한 아들이요 좋은 신하로 스스로를 나타냈다면, 그리고 최선을 다해 아버지를 위해 봉사했다면, 그는 지금 자신의 책무를 성실히 수행했을 것이며 장차 왕위를 잇기에 합당한 자로 모든 사람들에게 인정을 받게 되었을 것이다. 순종할 줄 아는 자가 다스릴 줄도 아는 법이다. 그러나 자기가 좋은 재판관과 왕이 될 수 있음을 스스로 나타내려고 함으로써 그는 자신과 다른 사람들을 속이고 말았다. 진실로 선한 자는 다른 사람들의 위치에서 선한 척 위장하는 자가 아니라 자기 위치에서 선한 자이다. 그러나 우리가 압살롬에게서 발견하게 되는 모든 선함은 고작 이런 것(즉 다른 사람들의 위치에서 선한 척 위장하는 것)이었다.

1. 그는 이스라엘의 재판관이 되기를 원한다(4절). 그는 자신이 원하는 모든 화려함과 위용을 취했으며, 누구보다도 큰 자(위대한 자)처럼 살았다. 그러나 권력까지 갖지 못한다면 이런 것만으로는 그에게 아무런 만족도 주지 못할 것이었다: 내가 이 땅에서 재판관이 되기를 원하노라. 살인죄로 인해 사형에 처해져야 마땅했던 자가 뻔뻔스럽게도 다른 사람들을 재판하는 재판관이 되려고 하고 있다. 우리는 압살롬의 지혜와 덕에 대해 아무것도 듣지 못한다. 또한 우리는 어디에서도 그가 율법을 배웠으며 또 공의를 사랑하는 사람이었다는 언급을 발견하지 못한다. 도리어 정반대였다. 그럼에도 불구하고 그는 재판관이 되기를 원한다. 우리는 자격은 없으면서 높은 지위를 탐내는 야심가들을 흔히 볼 수 있다. 가장 겸손하며 스스로를 삼갈 줄 아는 사람이 가장 자격 있는 사람이다. "내가 이 땅에서 재판관이 되기를 원하노라"라고 말하는 자는 다름 아닌 압살롬의 정신을 가진 자이다.

2. 그는 자신이 원하는 것을 얻기 위해 매우 악한 방법을 사용한다. 만일 그가 부왕(父王)에게 공의를 시행하는 일에 써 줄 것을 겸손히 간구했다면 그리고 그러한 일을 수행할 만한 자격을 갖추도록 스스로를 준비시켰다면(출 18:21), 적어도 다윗은 그에게 보조재판관 정도의 지위는 주었을 것이다. 그러나 그의 교만한 마음에 비추어 이것은 너무도 보잘것없는 지위였다. 다른 누구를 보조하는 지위는 그의 격(格)에 맞지 않는 일이었다. 그는 최고가 되거나 아니면 아무것도 되지 말아야 했다. 그는 송사(訟事)를 가진 모든 사람이 자신에

게 나아오는 그런 재판관이 되기를 원했다. 그는 모든 사람의 모든 송사를 맡기를 원했다(그것이 얼마나 힘들고 피곤한 일인지는 거의 생각지 않은 채). 모세조차도 그것을 감당할 수 없었다. 무조건 많은 것을 움켜쥐고자 하는 자들은 권력이 무엇인지 모르는 자들이다. 압살롬은 자신이 원하는 권력을 얻기 위해 백성들의 마음속에 다음과 같은 생각을 불어넣고자 애쓴다.

(1) 지금 공무(公務)를 맡고 있는 자들이 제대로 일을 하지 않고 있다는 생각. 그들이 나라의 일을 게을리하고 있으며 백성들을 돌보지 않고 있다는 생각을 압살롬은 사람들의 마음속에 은근히 불어넣는다. 그는 송사를 갖고 재판을 청하러 온 사람들을 불러 용건을 묻는다. 그러고는

[1] 무조건 그들이 옳다고 선언한다: 네 일이 옳고 바르다(3절). 한 쪽 말만 듣고 판결을 내리는 자가 어찌 올바른 재판관일 수 있겠는가?

[2] 왕에게 나아갈 필요가 없다고 말한다. "네 송사를 들을 사람을 왕께서 세우지 아니하셨도다. 왕은 늙어 일을 수행할 수 없으며, 기도하는 일에만 착념한 나머지 직무에는 무관심하도다. 또 왕의 아들들은 대신이라는 이름을 가지고 있음에도 불구하고 일락에 빠져 자신들에게 맡겨진 일을 도무지 수행하려고 하지 않는도다." 한 걸음 더 나아가 그는 자기가 내쫓김을 당해 있었던 동안 그리고 죄수처럼 집에 갇혀 지내던 동안 백성들이 너무나 큰 어려움을 겪지 않았느냐고 은근히 암시한다. 사울이 다스릴 때 그의 아버지가 한 말을 그는 은근히 되뇌인다(시 75:3). "땅과 그 모든 주민이 소멸되었도다. 만일 내가 나라의 기둥을 지탱하지 않는다면 모든 사람들이 파멸과 멸망을 당하리로다." 모든 소송자(訴訟者)들은 만일 압살롬이 집정관이나 혹은 재판장이 되지 않는다면 자신들은 어디에서도 재판을 받을 수 없을 것으로 믿게 되었다. 현재의 통치체제를 비난하는 것은 파당을 일으키기 좋아하는 불온한 자들이 흔히 사용하는 방법이다. 이들은 당돌하고 자긍하며 떨지 않고 영광 있는 자들을 비방하거니와(벧후 2:10). (모든 왕들 가운데 가장 선한 왕인) 다윗조차도 악의적인 비난을 피할 수 없었던 사실을 주목하라. 권력을 찬탈하려고 계획하고 있는 자들은 (여기에서 압살롬이 그렇게 하고 있는 것처럼) 이와 같은 악의적인 비난을 퍼뜨리면서, 잘못된 것을 바로잡으려고 하는 것일 뿐 다른 뜻은 없는 것처럼 위장한다.

(2) 그 자신이 통치자로서 가장 적합한 자라는 생각. 백성들로 하여금 '압살

롬이야말로 우리의 진정한 재판관'이라고 여기도록 만들기 위해, 그는 스스로를 다음과 같이 나타낸다.

[1] 매우 부지런한 사람. 그는 일찍 일어나, (다른 왕자들이 활동을 개시하기 전에) 사람들 앞에 나타났다. 그는 성문 곁에 섰는데, 그 곳은 재판이 이루어지는 곳이었다. 그렇게 함으로써 그는 공의를 시행하며 공무를 처리하는 일에 큰 관심이 있는 것처럼 스스로를 꾸몄다.

[2] 모든 사람들의 송사에 무관심하지 않고 그들의 사정을 알기를 원하는 사람. 그는 재판을 받으러 온 모든 사람들에게 "너는 어느 성읍 사람이냐"고 물음으로써, 그들에 대한 자신의 관심을 나타냈다(2절).

[3] 매우 소탈하고 겸손한 사람. 어떤 사람이 가까이 와서 그에게 절하려 하면, 그는 마치 친구처럼 그 사람을 끌어안았다. 지금 그의 마음은 루시퍼만큼이나 교만해 있었지만, 그의 행동은 어느 누구도 흉내낼 수 없을 만큼 겸손했다. 음모를 꾸미고 있는 자들은 자신들의 계획을 이루기 위해 종종 이와 같은 겸손의 모양을 취하곤 한다(골 2:23). 압살롬은 그것이 사람들에게 얼마나 큰 위력을 발휘할 수 있는지를 잘 알고 있었다. 만일 그것이 진실된 것이었다면, 그것은 그의 장점이며 그의 진정한 칭찬거리가 되었을 것이다. 그러나 그것은 거짓된 것이었으며 가증한 위선이었다. 그는 웅크려 스스로를 겸비케 했는데, 그것은 사람들을 자기 그물 속으로 끌어들이려 함이었다(시 10:9-10, 사자가 자기의 굴에 엎드림 같이 그가 은밀한 곳에 엎드려 가련한 자를 잡으려고 기다리며 자기 그물을 끌어당겨 가련한 자를 잡나이다).

7사 년 만에 압살롬이 왕께 아뢰되 내가 여호와께 서원한 것이 있사오니 청하건대 내가 헤브론에 가서 그 서원을 이루게 하소서 8당신의 종이 아람 그술에 있을 때에 서원하기를 만일 여호와께서 반드시 나를 예루살렘으로 돌아가게 하시면 내가 여호와를 섬기리이다 하였나이다 9왕이 그에게 이르되 평안히 가라 하니 그가 일어나 헤브론으로 가니라 10이에 압살롬이 정탐을 이스라엘 모든 지파 가운데에 두루 보내 이르기를 너희는 나팔 소리를 듣거든 곧 말하기를 압살롬이 헤브론에서 왕이 되었다 하라 하니라 11그 때 청함을 받은 이백 명이 압살롬과 함께 예루살렘에서부터 헤브론으로 내려갔으니 그들은 압살롬이 꾸민 그 모든 일을 알지 못하고 그저 따라가기만 한 사람들이라 12제사 드릴 때에 압살롬이 사람을 보내 다윗의 모사 길로 사람 아히도벨을 그의 성읍 길로에서 청하여 온지라 반역하는 일이 커가매 압살롬에게로 돌아오는 백성이 많아지니라

우리는 여기에서 압살롬이 오랫동안 획책해 온 반란이 드디어 터지는 것을 보게 된다. 7절에 '40년 만에'라고 언급되고 있는데(KJV, 한글개역개정판에는 사년 만에라고 되어 있음), 그러나 우리는 이것이 언제부터 계산된 것인지에 대해서는 듣지 못한다. 이것이 다윗의 통치가 시작된 때부터 계산된 것은 아니다. 왜냐하면 만일 그렇다면 지금은 다윗이 살아 있는 마지막 해가 될 것인데, 이것은 불가능하기 때문이다. 그러므로 그것은 그의 통치가 시작되기 7년 전 그가 사무엘로부터 첫 번째 기름 부음을 받은 때이거나, 아니면 백성들이 새로운 왕을 열망하기 시작한 때부터일 것이다. 그 때는 그의 통치가 시작되기 대략 10년 정도 전이었는데, 내가 보기에 이것이 가장 가능성이 높은 것으로 여겨진다. 이렇게 볼 때 연대계산은 대체로 맞아떨어지게 되는데, 우리는 이를 통해 백성들이 계속해서 변화를 열망하고 있었음을 보게 된다. 그 때 새로운 유형의 왕을 열망했던 것처럼 지금 그들은 새로운 인물을 열망하고 있었다. 이 일은 다윗이 왕이 된 지 30년쯤 되었을 때에 발생했으며, 압살롬의 음모는 이제 완전히 무르익었다.

I. 압살롬의 무리가 집결지로 선택한 장소는 헤브론이었다. 헤브론은 그가 태어난 곳이며, 그의 아버지가 통치하기 시작하여 몇 년간 다스린 곳이었다. 따라서 그 곳은 그에게 있어 어느 정도 이점(利點)이 있는 곳이었다. 헤브론이 왕도(王都)임은 모든 사람이 알고 있는 사실이었다. 그 곳은 유다지파의 중심에 있었는데, 아마도 압살롬은 유다지파가 자신을 지지해 줄 것으로 생각했던 것으로 보인다.

II. 압살롬은 헤브론으로 가고자 왕에게 핑계를 댄다. 자신이 그 곳으로 가고 또 친구들을 그 곳으로 초청하기 위해 그가 꾸민 핑계는 그술에 있을 때 한 서원을 이루기 위해 하나님께 제사를 드리게 해 달라는 것이었다(7, 8절). 우리는 그가 그러한 서원을 하지 않았을 것이라고 생각할 만한 충분한 이유를 가지고 있다. 그는 그다지 신앙적인 사람이 아니었다. 살인과 반란조차도 망설이지 않는 자가 자신의 목적을 이루기 위해 거짓말하는 데 무슨 양심의 거리낌이 있겠는가? 그렇지만 우리는 그가 서원을 했다는 말이 거짓임을 완전하게 증명할

수는 없다. 이러한 평계 아래,

1. 그는 아버지를 떠나 헤브론으로 간다. 다윗은 자기 아들이 그술에 있는 동안 예루살렘에 돌아오는 것을 그토록 열망하면서(예루살렘은 그의 아버지의 도성이었을 뿐만 아니라 살아계신 하나님의 도성이었다) 만일 하나님이 돌아가게 해 주시면 하나님께 제사를 드리겠다고 서원했으며 지금 그 서원을 기억하여 그것을 실행하기로 결심했다는 말을 들었을 때 너무도 기뻤다. 만일 압살롬이 (시온이나 기브온에서보다도) 헤브론에서 제사 드리는 것이 좋겠다고 생각한다면, 다윗은 제사 드리는 일 자체를 크게 기뻐하면서 장소에 대해서는 개의치 않을 것이었다. 부모들은 자녀들과 관련하여 가장 좋은 쪽으로 믿고 싶어 하는 경향이 있다. 그리고 그들이 조그만 좋은 점이라도 보일 때 부모는 (지금까지 속만 썩이던 자녀라 할지라도) 그들이 곧 회개하고 새로워질 것이라고 굳게 믿어 버린다. 그러나 자녀들에게 있어 부모의 이러한 성급한 신뢰를 때로는 믿음의 모양까지 동원해 가면서 교묘하게 이용하는 것은 얼마나 쉬운 일인가? 압살롬으로부터 여호와를 섬기리이다라는 말을 들었을 때 너무도 기뻤으므로, 다윗은 그로 하여금 헤브론에 가서 제사 드리는 것을 기꺼이 허락했다.

2. 그는 자신과 함께 갈 많은 사람들을 얻는다(11절). 압살롬은 제사와 더불어 갖게 되는 잔치에 200명의 사람들을 초대했는데, 아마도 그들은 예루살렘의 주요한 사람들이었을 것이다. 그들은 압살롬이 어떤 악한 음모를 꾸미고 있다는 사실은 꿈에도 생각지 못한 채 아무 생각 없이 따라갔다. 압살롬이 그들을 자신의 음모에 동참하도록 유혹하려고 했던 것은 아닐 것이다. 그들은 다윗을 굳게 따르는 자들이었다. 그러나 그들을 자신과 동행하도록 함으로써, 압살롬은 일반 백성들로 하여금 그들이 압살롬 편에 가담했으며 다윗은 가장 가까운 측근들에게조차 버림을 받았다고 생각하도록 만들 수 있었다. 이와 같이 선하고 무죄한 사람들이 음모를 꾸미는 사람들에 의해 악의적으로 이용되는 것은 결코 드문 일이 아니다. 지금 압살롬과 동행하는 자들은 사탄의 깊은 것을 알지 못한 채 궤계에 빠져 결과적으로 압살롬을 지지하며 그의 음모에 동참하고 있는 꼴이 되었다.

Ⅲ. 압살롬의 계획은 나팔 소리와 함께 자신이 이스라엘 모든 지파의 왕으로 선포되는 것이었다(10절). 사람들에게 이 소식을 알림과 함께 그것을 참되며 좋은 소식으로 믿도록 만들기 위해, 압살롬은 온 나라에 미리 정탐꾼들을 보냈

다. "압살롬이 헤브론에서 왕이 되었다"는 소식이 갑작스럽게 퍼지자, 어떤 사람들은 다윗이 죽었다고 생각하는가 하면, 또 어떤 사람들은 그가 왕위를 양도했다고 생각했다. 이렇게 하여 많은 사람들이 압살롬 편에 가담하게 되었으며 그를 돕겠다고 나아왔다(그러나 만일 그들이 사태를 올바로 이해했다면 결코 그렇게 하지 않았을 것이었다). 음모를 꾸미는 자들이 자신들의 목적을 이루기 위해 얼마나 교묘한 책략을 사용하는지 주목하라. 따라서 우리는 신앙적인 일에 있어서 뿐만 아니라 정치적인 일에 있어서도, 영을 다 믿지 말고 시험해 보아야만 한다.

IV. 이 일에 압살롬이 특별히 부른 자는 아히도벨이었다. 그는 머리가 매우 명석하며, 생각의 폭이 넓은 사람이었다. 그는 다윗의 조언자요 인도자이며 동료였다(시 55:13). 또한 그가 신뢰하여 떡을 나눠 먹던 그의 가까운 친구였다(시 41:9). 그러나 두 사람 사이에 어떤 불화로 인해 아히도벨은 직위를 박탈당하고 모든 공적 직위에서 물러나 향리에 은거하고 있었다. 어떻게 다윗처럼 순전한 자와 아히도벨처럼 불온한 자가 계속해서 함께 할 수 있었겠는가? 압살롬에게 있어 아히도벨보다 더 적합한 사람은 어디에서도 찾을 수 없었다(그는 매우 뛰어난 인물이었으면서도 현 통치계층에 대해 큰 불만을 가지고 있었던 사람이었다). 압살롬은 제사를 드리는 동안 아히도벨을 부르기 위해 사람을 보냈다(12절). 지금 그의 마음은 반란의 일로 가득 차 있었기 때문에 제사가 끝날 때까지 기다릴 수가 없었다. 이를 통해 우리는 제사 드리는 것은 단지 핑계에 불과할 뿐 그는 오직 반란의 일에만 마음이 집중되어 있었음을 알 수 있다.

V. 압살롬과 연합한 무리는 마침내 상당한 규모에 이르게 된다. 압살롬과 함께 하는 사람들은 계속해서 불어났으며, 이로 인해 그의 모반은 매우 강력하며 가공할 만한 것이 되었다. 그가 격려하며 포용해 주었던 모든 사람들이 그에게 나아왔으며, 뿐만 아니라 그들은 그를 위해 할 수 있는 모든 일을 기꺼이 감당했다. 다수(多數)가 정당성을 판단하는 척도가 되는 것은 아니다. 온 땅이 놀랍게 여겨 짐승을 따르고(계 13:3). 압살롬의 이러한 반란이 단지 왕권에 대한 그의 큰 야심 때문인지, 아니면 아버지에 대한 적개심과 자신을 내쫓은 것에 대한 복수심 때문인지는 분명히 나타나지 않는다.

¹³전령이 다윗에게 와서 말하되 이스라엘의 인심이 다 압살롬에게로 돌아갔나이다

한지라 [14]다윗이 예루살렘에 함께 있는 그의 모든 신하들에게 이르되 일어나 도망하자 그렇지 아니하면 우리 중 한 사람도 압살롬에게서 피하지 못하리라 빨리 가자 두렵건대 그가 우리를 급히 따라와 우리를 해하고 칼날로 성읍을 칠까 하노라 [15]왕의 신하들이 왕께 이르되 우리 주 왕께서 하고자 하시는 대로 우리가 행하리이다 보소서 당신의 종들이니이다 하더라 [16]왕이 나갈 때에 그의 가족을 다 따르게 하고 후궁 열 명을 왕이 남겨 두어 왕궁을 지키게 하니라 [17]왕이 나가매 모든 백성이 다 따라서 벧메르학에 이르러 멈추어 서니 [18]그의 모든 신하들이 그의 곁으로 지나가고 모든 그렛 사람과 모든 블렛 사람과 및 왕을 따라 가드에서 온 모든 가드 사람 육백 명이 왕 앞으로 행진하니라 [19]그 때에 왕이 가드 사람 잇대에게 이르되 어찌하여 너도 우리와 함께 가느냐 너는 쫓겨난 나그네이니 돌아가서 왕과 함께 네 곳에 있으라 [20]너는 어제 왔고 나는 정처 없이 가니 오늘 어찌 너를 우리와 함께 떠돌아다니게 하리요 너도 돌아가고 네 동포들도 데려가라 은혜와 진리가 너와 함께 있기를 원하노라 하니라 [21]잇대가 왕께 대답하여 이르되 여호와의 살아 계심과 내 주 왕의 살아 계심으로 맹세하옵나니 진실로 내 주 왕께서 어느 곳에 계시든지 사나 죽으나 종도 그 곳에 있겠나이다 하니 [22]다윗이 잇대에게 이르되 앞서 건너가라 하매 가드 사람 잇대와 그의 수행자들과 그와 함께 한 아이들이 다 건너가고 [23]온 땅 사람이 큰 소리로 울며 모든 백성이 앞서 건너가매 왕도 기드론 시내를 건너가니 건너간 모든 백성이 광야 길로 향하니라

I. 압살롬의 반란 소식이 다윗에게 전달됨(13절). 그 일은 그 자체로서 충분히 나쁜 일이었다. 그러나 그 일은 다윗에게 실제보다 더 나쁜 것으로 나타났는데, 그것은 전령이 이스라엘의 인심이 다 압살롬에게로 돌아갔나이다라고 말했기 때문이었다. 다윗으로서는 압살롬이 백성들의 환심을 사기 위해 사용한 술책들을 떠올릴 때 그러한 소식을 믿지 않을 수 없었다. 아마도 다윗은 백성들의 마음을 지나치게 신뢰한 나머지 압살롬의 그러한 술책들을 막지 않은 것을 후회하며 돌아보았을 것이다. 자신의 백성들을 확고하게 장악하는 것이 통치자의 지혜이다. 왜냐하면 재정과 병력과 기타 모든 것이 그들로부터 나오기 때문이다.

II. 다윗이 혼돈에 빠짐. 아마도 다윗은 자신이 그토록 사랑한 아들이 배은망덕하게도 자신에 대해 칼을 들었다는 소식을 들었을 때 벼락을 맞은 것 같은

기분이었을 것이다. 그는 카이사르처럼 이렇게 말할 수 있었을 것이다: 무엇이라고, 내 아들이? 부모는 자녀들에 대해 지나치게 높은 기대를 가져서는 안 된다. 그렇게 한다면, 결국 실망하게 될 것이다. 다윗은 신료회의(臣僚會議)를 소집하지 않고, 오직 하나님 및 자신의 마음과만 의논한 채 즉각 예루살렘을 떠나기로 결정한다(14절). 이러한 결정은 용사로서의 그의 모습과는 잘 맞지 않는 다소 의아한 것이었다. 그가 이렇게 결정한 것은

1. 회개하는 마음으로 그것을 하나님의 회초리로 받아들이는 것이었다. 그의 양심은 지금 그로 하여금 우리아와 관련한 죄와 그로 인한 하나님의 심판의 말씀을 일깨워 주었을 것이다(너 집에 칼이 떠나지 않을 것이라). 그는 생각한다. '이제 하나님의 말씀이 이루어지기 시작하였으니 내가 그와 더불어 다투거나 싸우지 아니할 것이라. 하나님은 의로우시니 나는 순복하리로다.' 다윗은 불의한 압살롬 앞에서는 스스로를 정당화하며 대항할 수 있었다. 그러나 의로우신 하나님 앞에서는 스스로를 죄하며 그의 심판에 순복할 수밖에 없었다. 이와 같이 그는 자신의 죄의 징벌을 기꺼이 받아들인다.

2. 예루살렘 도성과 백성을 아끼는 마음으로 말미암은 것이었다. 예루살렘은 큰 성읍이었지만, 그러나 아직 견고하지는 못했다. 다윗의 기도를 통해 볼 때(시 51:18), 아직 예루살렘 성벽은 쌓여지지 않았으며 미처 요새화되지 못했던 것으로 보인다. 따라서 지금 다윗과 함께 있는 소수의 병력으로는 예루살렘을 완전하게 수비할 수 없었다. 그리고 지금 그로서는 대다수의 예루살렘 주민들의 마음이 압살롬에게 향했다고 생각할 만한 충분한 이유를 가지고 있었다. 만일 지금 여기에서 예루살렘을 지키기로 결정한다면, 그는 나라 전체를 잃을 수도 있었다(특별히 압살롬의 계략이 미치지 못한 먼 지역까지). 또한 다윗은 예루살렘이 전쟁터가 되고 포위공격의 참화 속에 빠지는 것을 원치 않았다. 그렇게 되기보다는 차라리 반란군에게 순순히 내어주는 것이 나을 것이었다. 선한 사람들은 비록 자신들은 고통을 당할지언정 자신들로 인해 다른 사람들까지 고통당하는 것을 결코 허락하지 않는다.

III. 다윗이 예루살렘으로부터 급히 도피함. 그의 종들은 그의 지시에 따라 그와 행동을 함께 했다(15절). 그렇게 함으로써 그들은 자신들의 확고한 충성심을 나타냈다.

1. 다윗은 걸어서 예루살렘을 떠났다. 그의 아들 압살롬이 말과 병거를 탄

것과는 너무도 대조적이었다. 겉모습이 화려하다고 해서 항상 옳은 것은 아니다. 여기를 보라. 종인 반역자는 말을 타고 있으며, 합법적인 왕은 종처럼 땅 위에서 걷고 있다(전 10:7). 이와 같이 다윗은 하나님의 손 아래 스스로를 낮추는 것을 선택했다.

2. 다윗은 아내들과 자녀들을 데려갔다(16절). 그렇게 한 것은 이러한 위험의 날에 그들을 보호하기 위함이며, 또한 그들로 하여금 이러한 슬픔의 날에 자신의 위로가 되게 하려 함이었다. 이와 같이 가장(家長)은 최고로 급박한 순간에도 가족을 보호해야 한다. 다윗은 후궁 열 명을 남겨두어 왕궁을 지키게 했는데, 그것은 그들이 약한 여인이며 왕의 후궁들이므로 아무리 반역자들이라 할지라도 그들을 죽이거나 혹은 욕보이지 않을 것으로 생각했기 때문이었다. 그러나 하나님은 당신의 말씀을 이루기 위해 이러한 생각을 뒤엎으셨다.

3. 왕궁 수비대 병사들이 다윗을 따랐다. 그들은 브나야 휘하의 그렛 사람들과 블렛 사람들이었으며 또한 잇대 휘하의 깃 사람들이었다(18절). 이들 깃 사람들은 가드 출신의 블레셋 사람들로서 600명 정도 되었다. 이들은 가드에서 다윗을 알게 되고 또 섬기게 되었는데, 그의 덕과 경건에 크게 감동을 받아 유대 종교로 귀의하게 된 자들이었다. 다윗은 그들에게 자신을 호위하는 임무를 맡겼고, 그들은 지금과 같은 고통의 날에 그를 떠나지 않고 충성했다. 다윗의 자손은 로마의 백부장과 가나안 여인을 보시면서 "내가 이스라엘 중에서도 이와 같이 큰 믿음을 보지 못했다"고 말씀하셨는데, 이들이 그와 같았다.

4. 많은 예루살렘 사람들이 다윗을 따랐으며, 어느 정도 간 후 전열을 정비하기 위해 멈추었다(17절). 다윗은 어느 누구도 강제로 끌고 가지 않았다. 그 마음이 압살롬에게 기운 자들은 그에게 가도록 했고, 그들은 그와 운명을 함께 할 것이었다. 이와 같이 그리스도께서도 아무도 강제로 부르지 않으셨다. 다만 자원하여 따르는 자들만이 있었을 뿐이었다.

Ⅳ. 깃 사람 잇대와의 대화. 잇대는 그 자신 가드 출신의 블레셋 사람으로서, 블레셋 출신의 개종자들을 지휘하는 자였다.

1. 다윗은 잇대에게 자신을 따르지 말라고 말한다(19, 20절). 비록 그와 그의 병사들이 자신에게 큰 힘이 됨에도 불구하고 그렇게 한 것은,

(1) 그의 마음이 압살롬에게 기울지 않고 온전히 자신을 따르고자 하는지 시험하기 위함이었다. 따라서 다윗은 그로 하여금 본래의 위치로 돌아가 새 왕을

섬기라고 말했다. 만일 그가 단지 (이를테면) 돈 때문에 일하는 병사에 불과했다면, 자신에게 더 유리한 쪽의 편에 설 것이었다. 그렇다면 그 쪽으로 가라.

(2) 비록 그가 자신에게 충성되다 할지라도 다윗은 그가 자신과 함께 큰 위험과 고통 속에 빠지게 되는 것을 원치 않았기 때문이었다. 다윗은 이방인 나그네로서 새롭게 개종한 자가 이토록 혹독한 상황에 빠지는 것을 참을 수 없었다. "오늘 어찌 너를 우리와 함께 더돌아다니게 하리요. 아니로다. 지금 네 형제들과 함께 돌아가라." 관대한 마음을 가진 사람은 자신이 겪는 고난보다 그로 인해 다른 사람들이 겪게 되는 고난을 더 염려한다. 따라서 다윗은 다음과 같이 축복하면서 그를 돌려보내려고 한다: 은혜와 진리가 너와 함께 있기를 원하노라. 여기에서 말하는 은혜는 하나님의 약속에 따른 은혜인데, 그것은 다른 신들을 버리고 하나님의 날개 아래 들어온 자들에게 주신 약속이다. 이것은 친구와 헤어질 때 사용하는 너무도 경건하며 아름다운 송별사이다. "은혜와 진리가 너와 함께 있기를 원하노라. 네가 어디로 가든지 평안하고 안전하기를 원하노라." 다윗은 자신에게 대해서나 친구들에게 대해서나 모든 위로와 행복에 있어 하나님의 은혜와 진리를 의지했다. 시편 61장 7절을 보라(그가 영원히 하나님 앞에서 거주하리니 인자와 진리를 예비하사 그를 보호하소서).

2. 잇대는 결코 다윗을 떠나지 않겠다고 대답한다(21절). 다윗이 있는 곳에, 그 곳에 생명이 있든 죽음이 있든, 안전한 곳이든 위험한 곳이든, 그도 함께 있을 것이었다. 그는 이러한 결심을 맹세로써 확정한다: 여호와의 살아 계심과 내 주 왕의 살아 계심으로 맹세하옵나니. 잇대는 이와 같이 다윗을 귀히 여겼는데, 그것은 그의 재물이나 높은 지위 때문이 아니라(만일 그것 때문이었다면 그는 지금 다윗을 버리고 떠났을 것이었다) 그의 지혜와 선함 때문이었다. 어떤 상황에서도 변함없이 사랑하는 친구가 진짜 친구이다. 그런 친구는 역경 속에서도 함께 할 것이다. 이와 같이 우리는 전심으로 다윗의 자손을 붙좇아야 한다. 사망이나 생명이나 우리를 우리 주 그리스도 예수 안에 있는 하나님의 사랑에서 끊을 수 없으리라(롬 8:38-39).

V. 모든 백성이 다윗을 동정함. 그와 그를 따르는 자들이 기드론 시내를 건너(그리스도께서도 고난으로 들어가실 때 바로 이 곳을 건넜다, 요 18:1) 광야 길로 향했을 때, 온 땅 사람이 큰 소리로 울었다(23절). 그들에게는 큰 소리로 울 만한 충분한 이유가 있었다.

1. 그들의 왕이 이와 같이 초라한 모습으로 전락한 것을 보았기 때문이었다. 큰 권세와 위엄을 가지고 왕궁에 거하던 자가 적은 수의 종자(從者)들과 함께 광야에서 피난처를 찾으려고 하고 있었다. 또한 그 자신이 정복하고 세우고 요새화한 다윗 성이 그 자신의 안전조차도 지켜주지 못하는 곳이 되고 말았다. 어떤 사람이 그토록 높은 위치에서 이렇게 낮은 자리로 떨어진 것을 볼 때, 특별히 그것이 그 자신의 아들로 말미암아 그렇게 되었을 때, 사람들은 동정심을 갖지 않을 수 없었다. 이것은 정말로 가련한 상황이었다. 누구보다도 자식들로 인해 괴로움과 아픔을 겪은 부모들은 다윗의 이런 모습을 더욱 동정할 수밖에 없었다.

2. 그들의 왕이 이와 같이 모욕을 당하는 것을 보았기 때문이었다. 그는 이스라엘의 큰 축복이었으며, 백성들로부터 외면을 당할 만한 아무런 일도 행하지 않았다. 또한 그들은 자신들의 왕이 이런 고통에 빠진 것을 보면서도 아무것도 할 수 있는 일이 없었다. 이런 상황에서 어떻게 눈물의 홍수를 터뜨리지 않을 수 있었겠는가?

²⁴보라 사독과 그와 함께 한 모든 레위 사람도 하나님의 언약궤를 메어다가 하나님의 궤를 내려놓고 아비아달도 올라와서 모든 백성이 성에서 나오기를 기다리도다 ²⁵왕이 사독에게 이르되 보라 하나님의 궤를 성읍으로 도로 메어 가라 만일 내가 여호와 앞에서 은혜를 입으면 도로 나를 인도하사 내게 그 궤와 그 계신 데를 보이시리라 ²⁶그러나 그가 이와 같이 말씀하시기를 내가 너를 기뻐하지 아니한다 하시면 종이 여기 있사오니 선히 여기시는 대로 내게 행하시옵소서 하리라 ²⁷왕이 또 제사장 사독에게 이르되 네가 선견자가 아니냐 너는 너희의 두 아들 곧 네 아들 아히마아스와 아비아달의 아들 요나단을 데리고 평안히 성읍으로 돌아가라 ²⁸너희에게서 내게 알리는 소식이 올 때까지 내가 광야 나루터에서 기다리리라 하니라 ²⁹사독과 아비아달이 하나님의 궤를 예루살렘으로 도로 메어다 놓고 거기 머물러 있으니라 ³⁰다윗이 감람 산 길로 올라갈 때에 그의 머리를 그가 가리고 맨발로 울며 가고 그와 함께 가는 모든 백성들도 각각 자기의 머리를 가리고 울며 올라가니라

I. 제사장과 레위인들이 다윗을 따르고자 함. 그들은 다윗의 몰락에도 불구하고 그가 자신들과 자신들의 직책을 매우 귀하게 여겨 준 것을 잘 알고 있었

다. 압살롬이 백성들의 환심을 얻기 위해 취한 방법조차도 그들에게는 아무런 효과도 거두지 못했다. 압살롬은 신앙적인 사람이 아니었다. 따라서 그들은 변함없이 다윗을 따랐다. 사독과 아비아달과 모든 레위인들은 언약궤를 메고 다윗을 따를 것이며, 그것으로 다윗을 위해 하나님께 물을 것이었다(24절). 형통할 때 언약궤의 친구가 되어 준 자는 역경의 때에 그것이 자신의 친구가 되어 주는 것을 보게 될 것이다. 예전에 다윗은 하나님의 궤를 위한 안식처를 찾기까지는 결코 쉴 수 없었다. 그리고 지금 만일 제사장들이 언약궤와 함께 그를 따른다면, 언약궤는 그가 평안히 돌아올 때까지 결코 안식하지 못할 것이었다.

II. 다윗이 그들을 돌려보냄(25, 26절).   아비아달이 대제사장으로서(왕상 2:35) 백성들을 접촉하고 있는 동안, 그를 보좌하는 사독이 언약궤를 메고 나와 기다리고 있었다(24절). 이에 다윗은 사독에게 다음과 같은 내용의 말을 하는데, 여기에서 우리는 비록 그가 역경 가운데서라도 여전히 자신의 순전함을 굳게 지키고 있었음을 보게 된다.

1. 나는 하나님의 궤의 안전을 원하노라. "하나님의 궤를 성읍으로 도로 메어 가라. 그것으로 하여금 나와 함께 떠돌며 방랑하지 않게 하라. 그것을 다시 고정된 장막 가운데 놓으라. 압살롬이 아무리 악할지라도 결코 그것을 해하지 않을 것이라." 다윗의 마음은 마치 엘리의 마음이 그랬던 것처럼 하나님의 궤로 인해 두려워 떨었다. 여기에서 우리는 우리 자신의 형통보다 교회의 형통에 더 큰 관심을 기울여야 한다는 교훈을 발견한다. 우리는 우리가 가장 즐거워하는 것보다 예루살렘을 더 즐거워해야 한다(시 137:6, 내가 예루살렘을 기억하지 아니하거나 내가 가장 즐거워하는 것보다 더 즐거워하지 아니할진대 내 혀가 내 입천장에 붙을지로다). 또한 우리는 비록 그난 속에서라도 우리 자신의 유익과 안일과 안전보다 복음의 승리와 교회의 형통에 더 큰 관심을 기울여야 한다.

2. 나는 다시 하나님의 집으로 돌아와 제사 드릴 수 있게 되기를 원하노라. 만일 하나님이 다시 한 번 그를 하나님의 집으로 돌아올 수 있도록 해 주신다면, 다윗은 그것을 가장 큰 은혜로 생각할 것이었다. 이것은 그에게 있어 왕궁으로 돌아와 다시 보좌에 앉는 것보다 훨씬 더 큰 기쁨이 될 것이었다. 은혜 가운데 있는 영혼들은 이 세상에서의 즐거움과 위로를 하나님과의 교제에서 찾는다. 히스기야가 자신의 건강이 회복되기를 원한 것도 바로 이런 이유, 즉 건강이 회복됨으로써 여호와의 집에 올라갈 수 있을 것이었기 때문이다(사 38:22).

3. 나는 이 모든 일과 관련한 하나님의 거룩한 뜻에 기꺼이 순복하노라. 다윗은 하나님의 은총 가운데 이 모든 일이 잘 해결되기를 바란다(25절): "만일 내가 여호와 앞에서 은혜를 입으면 다시 원래의 자리로 돌아오게 되리라." 그러면서도 그는 최악의 상황에 대비한다: "만일 하나님이 내가 너를 기뻐하지 아니하노라 하시면서 은총을 거두시면, 그의 거룩한 뜻대로 되기를 원하노라." 여기에서 참을성 있게 결과를 기다리는 그의 모습을 주목하라: "보소서, 명령을 기다리는 종처럼 제가 여기 있나이다." 그리고 또한 그 결과와 관련하여 하나님께 전적으로 순복하는 그의 모습을 보라. "하나님께서 선하게 보시는 대로 내게 행하소서. 나로서는 반대할 것이 아무것도 없나이다. 하나님께서 행하시는 일은 모두 의로우시니이다." 하나님이 하시는 일에 대해 그가 얼마나 기꺼이 순복하고자 하는지 주목하라. 하나님은 자신이 하고자 하는 일을 하실 수 있으시며(욥 9:12), 하실 수 있는 권리를 가지고 계시며(욥 33:13), 또한 하실 것이다(욥 23:13, 15). 그러므로 하나님으로 하여금 그분이 뜻하는 것을 하시게 하라. 하나님의 뜻 안에서 우리에게 일어나는 일을 즐거이 받아들이는 것은 우리의 의무일 뿐만 아니라 또한 우리에게 유익한 일이 된다. 우리에게 펼쳐진 일에 대해 불평하지 않으려면, 모든 일 가운데 하나님의 손을 보자. 우리에게 일어날 일에 대해 두려워하지 않으려면, 하나님의 손 안에서 모든 일을 보자.

Ⅲ. 다윗이 제사장들에게 자신이 없는 동안 자신을 도와줄 것을 부탁함. 다윗은 사독을 선견자 즉 통찰력을 가지고 사물을 분별하며 판단할 수 있는 지혜자라고 부른다(27절). "너는 지혜자의 눈을 가지고 있으니(전 2:14), 그러므로 적의 동향과 계획에 대한 정보를 전해 줌으로써 나를 도울 수 있을 것이라." 이런 절박한 때에는 선견자 한 사람이 보통 사람 스무 명보다 더 중요한 법이다. 자신이 없는 동안 제사장들과 은밀히 정보를 주고받기 위해,

1. 다윗은 그들이 자신에게 보낼 자들을 지시한다. 그들은 다름 아닌 그들의 아들들인 아히마아스와 요나단이었다. 아마도 다윗은 그들이 매우 신중하며 신실한 자들이라는 사실을 잘 알고 있었을 것이다.

2. 다윗은 그들을 어디로 보낼지를 가르쳐 준다. 그는 그들로부터 소식이 올 때까지 광야 나루터에서 기다릴 것이었다(28절). 그리고 그들이 전해 준 정보와 조언에 따라 움직일 것이었다. 이렇게 하여 제사장들은 일이 진행되는 것을 지켜보기 위해 성읍으로 돌아왔다. 나라에 이와 같이 큰 혼란이 발생한 것은

참으로 안타까운 일이 아닐 수 없었다. 그러나 그런 가운데에서도 왕과 제사장들이 이와 같이 서로 온전한 애정과 전적인 신뢰를 가지고 있었던 것은 정말로 복된 일이었다.

Ⅳ. 다윗과 그를 따르는 자들이 감람산으로 올라갈 때 극도의 슬픔을 나타냄 (30절).

1. 다윗은 부끄러움으로 붉어진 얼굴을 가렸다. 그리고 죄수나 혹은 노예처럼 맨발로 울면서 걸어갔다. 이렇게 어린아이처럼 울며 걸어가는 것이 그토록 용맹하기로 유명한 자의 모습인가? 그러나 다음과 같은 사실을 감안할 때, 그가 이토록 슬픈 모습을 취한 것은 결코 무리가 아니었다.

(1) 반역자가 다름 아닌 자신의 아들이라는 사실. 자기 몸에서 난 아들이 그리고 자기 품에서 자란 아들이 자신에 대해 발꿈치를 든 것을 생각할 때, 그는 울지 않을 수 없었다. 하나님 자신도 자기 자녀들이 자신을 배반할 때(시 95:10), 그리고 음란한 마음으로 떠날 때(겔 6:9) 슬퍼하며 근심하셨다고 언급된다.

(2) 여기에 하나님의 분노가 있었다는 사실. 이러한 사실이 그의 고초와 재난 속에 쑥과 담즙을 부었다(애 3:19). 그의 죄는 항상 그 앞에 있었다(시 51:3). 그렇지만 지금처럼 명백하고 선명한 적은 없었다. 사울이 죽이려고 쫓아다닐 때에도 그는 지금처럼 울지는 않았다. 지금 그의 고통을 더욱 무겁게 만드는 것은 바로 상처받은 양심이었다(시 38:4, 내 죄악이 내 머리에 넘쳐서 무거운 짐 같으니 내가 감당할 수 없나이다).

2. 다윗이 울자 그를 따르던 모든 자들도 함께 울었다. 그들은 그의 슬픔을 기꺼이 나누고자 했다. 우는 자와 함께 우는 것은 우리의 마땅한 의무이다. 특별히 우리의 상전이 울 때 더욱 그러하다. 푸른 나무에도 이같이 하거든 마른 나무에는 어떻게 되리요(눅 23:31). 우리는 죄 때문에 우는 자들과 함께 울어야 한다. 히스기야가 죄 때문에 스스로를 겸비케 할 때, 모든 예루살렘이 그와 함께 그렇게 했다(대하 32:26). 죄인들과 더불어 고통에 빠지는 것을 피하고자 한다면, 우리는 마땅히 그들과 함께 슬퍼해야 한다.

³¹어떤 사람이 다윗에게 알리되 압살롬과 함께 모반한 자들 가운데 아히도벨이 있나이다 하니 다윗이 이르되 여호와여 원하옵건대 아히도벨의 모략을 어리석게 하

옵소서 하니라 ³²다윗이 하나님을 경배하는 마루턱에 이를 때에 아렉 사람 후새가 옷을 찢고 흙을 머리에 덮어쓰고 다윗을 맞으러 온지라 ³³다윗이 그에게 이르되 네가 만일 나와 함께 나아가면 내게 누를 끼치리라 ³⁴그러나 네가 만일 성읍으로 돌아가서 압살롬에게 말하기를 왕이여 내가 왕의 종이니이다 전에는 내가 왕의 아버지의 종이었더니 이제는 내가 왕의 종이니이다 하면 네가 나를 위하여 아히도벨의 모략을 패하게 하리라 ³⁵사독과 아비아달 두 제사장이 너와 함께 거기 있지 아니하냐 네가 왕의 궁중에서 무엇을 듣든지 사독과 아비아달 두 제사장에게 알리라 ³⁶그들의 두 아들 곧 사독의 아히마아스와 아비아달의 요나단이 그들과 함께 거기 있나니 너희가 듣는 모든 것을 그들 편에 내게 소식을 알릴지니라 하는지라 ³⁷다윗의 친구 후새가 곧 성읍으로 들어가고 압살롬도 예루살렘으로 들어갔더라

압살롬의 반란과 관련하여 다윗이 가장 두렵게 생각했던 것은 그 곳에 아히도벨이 있었다는 사실이었다. 왜냐하면 이러한 일에 있어 한 사람의 뛰어난 두뇌는 천 사람의 손보다도 더 큰 위력을 갖기 때문이다. 압살롬 자신은 지략가가 아니었다. 그러나 그 옆에는 아히도벨이 있었다. 그것이 다윗에게 더욱 위협적이었던 것은 그가 다윗과 관련한 모든 일을 너무도 잘 알고 있었기 때문이었다. 따라서 만일 아히도벨을 좌절시킬 수만 있다면, 압살롬의 반란은 사실상 끝장난 것이나 마찬가지였다.

I. 다윗은 기도로써 아히도벨을 좌절시키고자 한다. 아히도벨이 압살롬의 반란에 동참했다는 이야기를 들었을 때, 다윗은 하나님께 다음과 같이 짤막하게 기도한다: 여호와여 원하옵건대 아히도벨의 모략을 어리석게 하옵소서(31절). 지금 그에게는 길게 기도할 여유조차 없었다. 그러나 그는 말을 많이 해야 하나님이 들으실 것으로 생각하는 부류의 사람이 아니었다. 그것은 강렬한 기도였다: "여호와여 원하옵건대 이러이러하게 하옵소서." 하나님은 간절함으로 당신 앞에 나아와 기도하는 자들을 기뻐 받으신다. 다윗의 기도가 바로 그러했다. 그는 아히도벨의 이름을 직접 거명한다. 하나님은 우리로 하여금 기도 가운데 우리를 무겁게 짓누르는 것들, 다시 말해서 우리를 근심케 하고 두렵게 하며 또 슬프게 만드는 특별한 일들을 말하도록 허락하신다. 다윗은 아히도벨이라는 인물 자신을 대적하며 기도하지 않았다. 다만 그의 모략을 대적하며 기도할 뿐이었다. "여호와여 원하옵건대 그의 모략을 어리석게 하옵소서. 비록 그가

지혜로운 자라 할지라도 지금 어리석은 모략을 내게 하옵소서. 설령 그가 지혜로운 모략을 냈다 하더라도 그것이 어리석은 것으로 받아들여짐으로써 채택되지 않게 하옵소서. 설령 그의 모략이 채택된다 하더라도 하나님의 특별한 섭리로써 그것이 좌절되어 아무 효과를 거두지 못하게 하옵소서." 다윗은, 사람의 모든 마음과 입술이 하나님의 손 안에 있으며, 따라서 하나님은 당신이 기뻐하실 때 노인의 명철을 빼앗으시며 재판관을 어리석은 자로 만드실 수 있음을 굳게 믿으면서 기도했다(욥 12:17; 사 3:2, 3). 또한 다윗은 하나님이 자신의 괴로운 사정을 헤아려 주실 것을 소망하는 가운데 기도했다. 이와 같이 우리는 하나님이 자기 백성을 대적하는 모략을 어리석은 것으로 바꾸실 것이라는 사실을 굳게 믿고 기도해야 한다.

Ⅱ. 다윗은 모략으로 아히도벨을 좌절시키고자 한다. 기도와 노력은 함께 가야 한다. 만일 기도는 하면서 노력은 하지 않는다면, 우리는 하나님을 시험하는 것이다. 다윗은 산꼭대기에 이르자 하나님께 경배했다(32절). 눈물을 흘리는 것이 경배하는 것을 가로막아서는 안 되며, 도리어 더욱 촉진시키는 것이 되어야 한다는 사실을 주목하라. 여기에서 다윗은 시편 3편을 기록했다(그것의 표제에 나타나는 것처럼). 어떤 이들은 지금 그가 경배하는 것이 바로 시편 3편을 노래하는 것이라고 생각한다. 하나님의 섭리가 후새를 다윗에게로 이끈 것은 바로 이 때였다. 다윗이 아직 말하고 있을 때, 하나님은 그의 말을 들으시고 아히도벨의 모략을 어리석은 것으로 만드는데 도구가 될 자를 보내셨다. 후새는 다윗을 위로하기 위해 옷을 찢고 머리에 흙을 덮어 쓴 채 왔다. 그러나 다윗은 그가 너무도 신실한 자임을 잘 알고 있었기 때문에 그를 밀정(密偵)으로 활용할 마음을 먹는다. 그는 지금 후새를 데리고 가지 않으려고 하였다(33절). 왜냐하면 그는 지금 이 순간 다른 일에 더 필요한 사람이었기 때문이었다. 대신에 예루살렘으로 돌아가 압살롬을 영접하도록 하고, 이제부터 다윗을 버리고 그를 위해 봉사하겠다고 말하라고 하였다(34절). 그렇게 함으로써 후새는 압살롬의 편으로 꾸며 자신의 모략을 은연 중 나타냄으로써 아히도벨의 모략을 좌절시킬 수 있을 것이었다(압살롬으로 하여금 아히도벨의 모략을 따르지 말도록 설득한다든지, 혹은 압살롬 진영의 모략을 다윗에게 전달하여 그로 하여금 적절하게 대처하도록 함으로써). 전쟁을 위한 전략으로서 이러한 총체적인 위장(僞裝)이 어떻게 정당화될 수 있는지 나는 알지 못한다. 다만 그는 아버

지를 대적한 자로서, 만일 그가 속임을 당할 것이라면 그로 하여금 속임을 당하게 하라. 다윗은 후새로 하여금 사독과 아비아달 그리고 그들의 두 아들과 더불어 의논할 것을 지시한다(35, 36절). 이렇게 하여 후새는 예루살렘으로 돌아왔고(37절), 곧이어 압살롬도 군대를 거느리고 예루살렘에 입성했다. 왕궁과 왕도의 주인이 어떻게 이렇게 쉽게 바뀔 수 있단 말인가! 그러므로 우리는 영원히 흔들리지 않으며 요동치 않는 나라와 유업을 갈망하며 찾는다.

$$제\ 16\ 장$$

개요

앞 장 끝부분에서 우리는 다윗이 예루살렘을 떠나고 압살롬이 입성한 것을 살펴보았다. 본 장에서 우리는 그의 서글픈 피신의 이야기가 계속되는 것을 보게 될 것이다. I. 다윗이 피신 중에 1. 시바에 의해 속임을 당함(1-4절). 2. 시므이의 저주를 받음(5-14절). II. 압살롬이 예루살렘에 입성하여 1. 후새에 의해 속임을 당함(15-19절). 2. 아히도벨의 조언에 따라 아버지의 후궁들과 더불어 동침함(20-23절).

[1]다윗이 마루턱을 조금 지나니 므비보셋의 종 시바가 안장 지운 두 나귀에 떡 이백 개와 건포도 백 송이와 여름 과일 백 개와 포도주 한 가죽부대를 싣고 다윗을 맞는지라 [2]왕이 시바에게 이르되 네가 무슨 뜻으로 이것을 가져왔느냐 하니 시바가 이르되 나귀는 왕의 가족들이 타게 하고 떡과 과일은 청년들이 먹게 하고 포도주는 들에서 피곤한 자들에게 마시게 하려 함이니이다 [3]왕이 이르되 네 주인의 아들이 어디 있느냐 하니 시바가 왕께 아뢰되 예루살렘에 있는데 그가 말하기를 이스라엘 족속이 오늘 내 아버지의 나라를 내게 돌리리라 하나이다 하는지라 [4]왕이 시바에게 이르되 므비보셋에게 있는 것이 다 네 것이니라 하니라 시바가 이르되 내가 절하나이다 내 주 왕이여 내가 왕 앞에서 은혜를 입게 하옵소서 하니라

우리는 앞에서 다윗이 요나단의 아들 므비보셋에게 큰 은총을 베푼 것에 대하여 살펴보았다. 그는 므비보셋으로 하여금 자기 식탁에 앉아 먹도록 하면서, 그동안 그의 종 시바에게 그의 모든 땅을 잘 관리하도록 위임했다(9:10). 그러나 시바는 관리자로서 만족할 수 없었다. 그는 므비보셋의 땅의 주인이 되기를 열망했다. 그는 지금이야말로 자신이 그 모든 것의 주인이 될 수 있는 절호의 때라고 생각한다. 만일 왕으로부터 그 모든 땅에 대한 소유권을 허락받을 수만 있다면, 그로서는 다윗이 왕이 되든 압살롬이 왕이 되든 아무 상관이 없었다. 이를 위해,

1. 시바는 다윗에게 상당한 분량의 선물을 바친다. 지금은 다윗에게 있어 너무도 절박한 때였으므로, 그의 선물은 다윗의 마음을 더욱 감동시킬 수 있었다(1절). 시바는 이러한 선물을 통해 다윗의 마음을 자신에게 향하도록 만들고자 계획했다. 사람의 선물은 그의 길을 넓게 하며 또 존귀한 자 앞으로 그를 인도하느니라(잠 18:16). 뿐이랴? 뇌물은 그 임자가 보기에 보석 같은즉 그가 어디로 향하든지 형통하게 하느니라(잠 17:8). 시바가 선물을 바친 것은 므비보셋의 땅을 차지하려는 속셈으로 말미암은 것이었음에도 불구하고, 다윗은 이를 통해 그가 매우 사려 깊고 관대한 사람이라고 추론하면서 큰 감동을 받았다. 의인의 부활의 날에 베풀어질 풍성한 보답을 바라보면서 가난한 자들에게 자선을 베푸는 것보다(눅 14:14) 이 땅에서의 이득을 바라보며 부자에게 풍성한 선물을 바치는 것을 우리는 더 쉽게 볼 수 있다. 시바는 피신 중에 있는 다윗에게 너무도 절실한 것들을 가져왔다(2절). 그것들은 지금 고통 속에 빠져 있는 그에게 큰 도움이 될 것이었다. 포도주는 왕이나 혹은 궁중대신들을 위해서가 아니라 피곤한 자들을 위해 의도되었다. 아마도 포도주는 일반적으로 사용되었기보다는 마음에 근심이 가득한 자들을 위한 진정제로 사용되었던 것으로 보인다(잠 31:6). 압살롬은 술 취함을 위해 포도주를 사용했는데(13:28), 그것은 결코 올바른 것이 아니었다. 그러나 지금 다윗의 경우처럼 강건함을 위해 포도주를 사용하는 것은 결코 합당치 못한 일이 아니다. 전도서 10장 17절을 보라(왕은 귀족들의 아들이요 대신들은 취하지 아니하고 기력을 보하려고 정한 때에 먹는 나라여 네게 복이 있도다). 시바가 이러한 선물로써 무엇을 의도했든지 간에, 하나님은 그를 통해 다윗의 필요를 채우셨다. 하나님은 선한 목적을 위해 악한 자들까지도 사용하시며, 까마귀를 통해 고기를 보내신다. 이와 같이 시바는 선물을 통해 다윗의 마음속에 자신의 존재를 선명하게 부각시켰다.

2. 시바는 다윗으로 하여금 므비보셋을 괘씸하게 여기도록 만든다. 이를 위해 그는 므비보셋이 배은망덕하게도 지금과 같은 내전상태를 이용하여 왕권을 되찾으려 하고 있다고 거짓 참소를 하였다(3절). 다윗은 므비보셋을 자기 가족처럼 여기면서 자신의 식탁에서 먹도록 했는데, 이것을 기회로 시바는 그와 같은 거짓말을 한 것이었다. 주인은 종들의 거짓말로 인해 얼마나 큰 손실을 입는가! 다윗은 므비보셋이 야심을 품은 인물이 아니라는 사실을 알고 있었다. 도리어 므비보셋은 자신의 자리와 대우에 기뻐하고 감사하는 유순한 자였다.

뿐만 아니라 그는 절름발이로서 왕위를 노릴 만한 힘조차도 가지고 있지 못했다. 그럼에도 불구하고 다윗은 시바의 중상모략을 그대로 믿고, 좀 더 면밀한 검토도 거치지 않은 채 그 자리에서 므비보셋을 반역자로 판결한다. 그리고 그와 함께 그의 모든 땅을 몰수하고 그것을 시바에게 준다: 므비보셋에게 있는 것이 다 네 것이니라(4절). 이것은 너무도 성급한 판결이었으며, 나중에 진실이 드러났을 때 다윗은 이 일을 부끄러워하지 않을 수 없었다(19:29). 통치자들은 때때로 이와 같은 실수를 범하곤 한다. 따라서 그들은 그릇된 판결을 내리지 않도록 하기 위해, 그리고 악한 마음을 품고 있는 자들로부터 스스로를 보호하기 위해 가능한 모든 수단을 사용해야만 한다. 이와 같은 간계로 자신의 목적을 이룬 시바는 왕의 어리석음을 비웃으며, 그리고 자신의 성공을 스스로 축하하며, 왕의 은혜에 경의를 표하면서 그 자리를 떠난다. 그는 마치 므비보셋의 모든 땅보다 왕의 은혜가 더 낫다는 듯이 말한다. "내 주 왕이여 내가 왕 앞에서 은혜를 입게 하옵소서. 그것으로 족하나이다." 높은 위치에 있는 자들은 항상 아첨하는 자들을 조심해야 한다. 그리고 우리는 하나님이 우리에게 양쪽의 이야기를 들을 수 있도록 두 개의 귀를 주셨다는 사실을 항상 기억해야 한다.

5다윗 왕이 바후림에 이르매 거기서 사울의 친족 한 사람이 나오니 게라의 아들이요 이름은 시므이라 그가 나오면서 계속하여 저주하고 6또 다윗과 다윗 왕의 모든 신하들을 향하여 돌을 던지니 그 때에 모든 백성과 용사들은 다 왕의 좌우에 있었더라 7시므이가 저주하는 가운데 이와 같이 말하니라 피를 흘린 자여 사악한 자여 가거라 가거라 8사울의 족속의 모든 피를 여호와께서 네게로 돌리셨도다 그를 이어서 네가 왕이 되었으나 여호와께서 나라를 네 아들 압살롬의 손에 넘기셨도다 보라 너는 피를 흘린 자이므로 화를 자초하였느니라 하는지라 9스루야의 아들 아비새가 왕께 여짜오되 이 죽은 개가 어찌 내 주 왕을 저주하리이까 청하건대 내가 건너가서 그의 머리를 베게 하소서 하니 10왕이 이르되 스루야의 아들들아 내가 너희와 무슨 상관이 있느냐 그가 저주하는 것은 여호와께서 그에게 다윗을 저주하라 하심이니 네가 어찌 그리하였느냐 할 자가 누구겠느냐 하고 11또 다윗이 아비새와 모든 신하들에게 이르되 내 몸에서 난 아들도 내 생명을 해하려 하거든 하물며 이 베냐민 사람이랴 여호와께서 그에게 명령하신 것이니 그가 저주하게 버려두라 12혹시 여호와께서 나의 원통함을 감찰하시리니 오늘 그 저주 때문에 여호와께서 선으로 내게 갚아 주시리라 하고 ¹³다윗과 그의 추종자들이 길을 갈 때에 시므이는 산비탈로 따라가면서 저주하고 그를 향하여 돌을 던지며 먼지를 날리더라 ¹⁴왕과 그와 함께 있는 백성들이 다 피곤하여 한 곳에 이르러 거기서 쉬니라

우리는 여기에서 시므이의 저주에 대해 다윗이 잘 참아내고 있는 것을 보게 된다. 다윗은 시바의 거짓말에 대해서는 제대로 대처하지 못했지만, 시므이의 저주에 대해서는 올바로 대처하였다. 시바의 경우 그는 다른 사람(즉 므비보셋)에 대해 잘못된 판결을 내렸지만, 시므이의 경우 그는 자기 자신에 대해 올바른 판결을 내렸다. 웃음을 머금은 얼굴이 찡그린 얼굴보다 더 위험한 법이다. 여기에서 다음을 관찰하라.

I. 시므이의 오만과 무례. 다윗은 피난 중에 베냐민의 한 성읍인 바후림에 이르게 되었는데, 그 곳에 (혹은 그 인근에) 시므이가 살고 있었다. 그는 사울의 집에 속한 자로서, 다윗에 대해 극도의 적개심을 품고 있었다(왜냐하면 사울의 집이 무너짐으로써 그의 모든 희망도 함께 무너져 버리고 말았기 때문이었다). 시므이는 단지 다윗이 사울에 이어 왕이 되었다는 이유 하나 때문에 그를 사울과 자신의 집을 몰락시킨 장본인으로 여기고 있었다. 다윗이 형통하면 할수록 그는 다윗을 더욱 증오하였다. 그러나 그 때는 감히 아무 말도 할 수 없었다. 하나님은 당신과 당신의 통치에 대해 악감(惡感)을 품고 있는 자들의 마음을 아시지만, 그러나 지상의 통치자들은 알지 못한다. 이제 그는 다윗 앞에 나아와 자신이 생각할 수 있는 모든 악한 말로 그를 저주한다(5절).

1. 시므이가 자신의 적개심을 터뜨림에 있어 지금 이 순간을 선택한 이유는 무엇인가?

(1) 지금이야말로 그렇게 하기에 가장 안전한 때라고 생각했기 때문이었다. 그러나 만일 다윗이 그의 악행에 대해 격노하며 응징하고자 했다면, 그는 생명을 보전할 수 없었을 것이다.

(2) 지금이야말로 그를 가장 괴롭게 만들 수 있는 때라고 생각했기 때문이었다. 지금은 그의 슬픔에 괴로움을 더할 수 있는 때이며, 그의 상처에 초를 부을 수 있는 절호의 때였다. 다윗은 시편 69편 26절에서 주께서 상하게 하신 자의 슬픔을 말하는 자들에 대해 한탄하고 있는데, 바로 시므이가 그러했다.

(3) 지금이야말로 하나님의 섭리가 자신의 저주를 정당화시켜 준 때라고 생

각했기 때문이었다. 시므이는 다윗이 처한 지금의 괴로운 상황 자체가 그의 악함을 증명해 주는 것이라고 생각했다. 욥의 친구들은 잘못된 원리에 근거하여 그를 정죄했다. 하나님의 견책 아래 있는 자들은 악인들로부터 비난과 비방을 당하는 것을 이상한 일로 생각해서는 안 된다. 그들은 말한다: 하나님이 그를 버리셨은즉 그를 괴롭게 하며 잡으라(시 71:11). 그러나 이와 같이 고통 가운데 처한 자를 짓밟으며 모욕하는 자들은 추악한 영혼을 가진 자들이다.

2. 시므이는 자신의 적개심을 어떻게 나타냈는가?

(1) 그의 행동. 그는 다윗에게 돌을 던졌다(6절). 그는 마치 자신의 왕이 개나 혹은 가장 악한 범죄자나 되는 것처럼 행동했다(이스라엘 백성은 가장 악한 범죄자에 대해 죽을 때까지 돌을 던져야 했다). 아마도 시므이는 다윗 일행과 어느 정도 거리가 떨어져 있었을 것이고, 따라서 그가 던진 돌은 그들 가까이 이를 수 없었을 것이다. 그러나 그는 이와 같이 함으로써 자신이 하고자 하는 일을 분명하게 나타냈다. 또 그는 먼지를 날렸다(13절). 그의 저주가 그 자신의 머리 위로 돌아간 것처럼(왜냐하면 그것은 까닭 없는 저주였기 때문에), 아마도 그가 날린 먼지는 바로 그 자신의 눈 속으로 들어갔을 것이다. 이와 같이 시므이는 다윗에 대해 극렬한 적개심을 갖고 있었지만, 실상 아무런 위해(危害)도 가할 수 없었다. 하나님을 대항하여 싸우는 자들은 하나님을 미워할 수는 있을지 몰라도 위해를 가할 수는 없다. 그대가 범죄한들 하나님께 무슨 영향이 있겠으며 그대의 악행이 가득한들 하나님께 무슨 상관이 있겠느냐(욥 35:6). 다윗의 좌우편에 용사들이 수행하고 있는 것을 보았을 때, 그래서 그가 자신이 생각했던 것처럼 그렇게 버림받은 상태에 있는 것은 아니라는 사실을 알았을 때, 그의 독기(毒氣)는 더욱 거세어졌을 것이다. 따라서 그는 계속해서 그리고 더욱 격렬하게 다윗을 저주했다.

(2) 그의 말. 다윗에게 있어 돌의 화살보다 더 쓰라린 것은 말의 화살이었다(7, 8절). 시므이는 말의 화살로 다윗을 쏨으로써 "너는 재판장을 모독하지 말며 백성의 지도자를 저주하지 말지니라"라는 율법을 모독했다(출 22:28). 다윗은 명예로운 자요 양심적인 사람이었다. 또한 그는 모든 일에 있어 공정하고 선하게 행동하는 것으로 평판이 난 사람이었다. 그런데 어떻게 시므이의 불결한 입이 그를 대적하며 말할 수 있단 말인가? 오래 전 사울의 집에 이루어진 일이 어떻게 그가 기억하는 유일한 일이 될 수 있었단 말인가? 그 일로 자신이 손해를 당

했다고 하여 어떻게 다윗을 비난할 수 있단 말인가? 우리는 어떤 사람이 우리에게 행한 한두 가지 일에 근거해 너무도 쉽게 그를 판단해 버리는 경향이 있다. 그러면서 그가 틀림없이 (지금까지 계속해서 악한 일만 행해 온) 악인이라고 결론지어 버리는 것이다. 우리는 우리 자신에 대해 얼마나 편파적인가? 이것보다 더 불합리한 잣대는 없을 것이다. 사울의 집의 피에 대하여 다윗만큼 무죄한 사람은 아무도 없을 것이다. 사울이 그토록 다윗을 죽이려고 쫓아다녔음에도 불구하고, 다윗은 여러 번 사울의 목숨을 살려주었다. 사울과 그의 아들들이 블레셋 사람들에 의해 죽임을 당할 때, 다윗과 그의 사람들은 그 곳에 있지 않고 먼 곳에 떨어져 있었다. 그리고 그들이 죽었다는 소식을 들었을 때, 다윗은 크게 슬퍼하며 애곡했다. 아브넬과 이스보셋의 죽음에 대해서도, 그는 충분히 자신의 무죄함을 나타냈다. 그럼에도 불구하고 사울의 집의 모든 피가 그의 문에 놓여졌다. 악의와 거짓 앞에는 무죄함조차도 아무런 방벽(防壁)이 되지 못하는 법이다. 그러므로 우리는 애매한 비난과 비방을 당할지라도 그것을 이상하게 여겨서는 안 된다. 우리는 우리를 판단하실 자가 사람이 아니라 진리를 따라 판단하시는 하나님이라는 사실을 항상 기억해야 한다. 시므이는 사울의 집의 피를 다윗에게서 찾으면서,

[1] 그를 피흘린 자요 벨리알의 아들(한글개역개정판에는 '사악한 자' 라고 되어 있음)이라고 부른다(7절). 만일 그가 피흘린 자라면 그는 필경 벨리알의 아들 즉 처음부터 살인한 자로서 벨리알이라 불리는 마귀의 아들일 것이다(고후 6:15).

[2] 마치 지금의 괴로움이 그것(즉 사울의 집의 피) 때문에 야기된 것처럼 말한다. "지금 네가 보좌를 잃고 광야로 쫓겨나는 것은 사울의 족속의 모든 피를 여호와께서 네게로 돌리셨기 때문이라." 우리는 여기에서 악의를 품은 자들이 자신들의 증오심과 복수심을 정당화하기 위해 하나님의 심판을 끌어오는 것을 볼 수 있다. 만일 자신들에게 해악을 끼친 어떤 자가 괴로움 속에 빠졌다면 그것은 다름 아닌 자신들에게 가해진 해악 때문이다(라고 그들은 생각한다). 그러나 우리는 이와 같이 우리의 어리석고 부당한 적개심을 정당화하기 위해 하나님의 섭리를 끌어옴으로써 결과적으로 하나님을 왜곡시키는 우를 범하지 않도록 조심해야 한다. 사람의 분노가 하나님의 의를 이루지 못하는 것처럼, 하나님의 의가 사람의 분노를 정당화시켜 주지 않는다.

[3] 이것이 그의 영구한 파멸이 되게 하고자 노력한다. 그는 지금 다윗으로

하여금 다시 왕위에 복귀하는 것에 대해 절망하도록 만들고자 애쓰고 있다. 많은 사람이 나를 대적하여 말하기를 그는 하나님께 구원을 받지 못한다 하나이다(시 3:2) 시므이는 이렇게 저주한다. "여호와께서 나라를 압살롬의 손에 넘기셨도다 보라 너는 피를 흘린 자이므로 화를 자초하였느니라." 다시 말해서 "이 재난이 너의 파멸이 될 것은 이 모든 일이 네가 피흘린 자이기 때문이라."

II. 다윗의 인내와 순복. 시므이의 모욕에 대해 스루야의 아들들이 (그 가운데 특별히 아비새가) 칼로써 왕의 위엄을 지키고자 나섰다. 그들은 이러한 모욕에 대해 극도로 분개했다: 이 죽은 개가 어찌 내 주 왕을 저주하리이까(9절). 왕이 허락만 해 준다면, 그들은 이러한 거짓된 저주의 입술을 잠잠케 하고 그의 머리를 베어버릴 것이었다. 왜냐하면 그가 왕을 향해 돌을 던진 것은 왕의 죽음을 바라고 있음을 보여주는 명백한 행동이었기 때문이었다. 그러나 왕은 기꺼이 그러한 저주를 담당할 것이었다: 내가 너희와 무슨 상관이 있느냐 그가 저주하게 버려두라. 이와 같이 그리스도께서도 (주님을 모욕한 자들을 벌함으로써 그의 위엄을 지키기 위해) 하늘로부터 불을 내리려고 했던 제자들을 꾸짖으셨다(눅 9:55). 다윗이 그렇게 했던 것은 다음과 같은 생각 때문이었다.

1. 가장 중요한 이유는 자신이 이런 괴로움을 받아 마땅하다고 스스로 생각했기 때문이었다. 물론 이것이 명백하게 언급되지는 않지만, 그러나 우리는 다윗이 이와 같이 생각했을 것으로 충분히 추측할 수 있다. 회개의 내용을 분명하게 언급할 때에만 참된 회개가 되는 것은 아니다. 시므이는 부당하게도 사울의 피와 관련하여 그를 참소했다. 그러나 그것에 대해 그는 아무런 거리낌도 갖고 있지 않았다. 그러나 동시에 그것은 우리아의 피에 대해서도 참소했다. 그는 생각한다: '비록 그가 의도한 것은 아니라 할지라도 그의 참소는 참되도다.' 겸손하고 온유한 영혼은 비난을 들을 때 그것을 책망으로 받아들인다. 그럼으로써 그것으로 인해 격분하는 대신 도리어 유익을 얻는다.

2. 그 안에 있는 하나님의 손을 주목했기 때문이었다: 여호와께서 그에게 다윗을 저주하라 하심이니(10절). 그는 또 말한다: 여호와께서 그에게 명령하신 것이니 그가 저주하게 버려두라(11절). 시므이의 죄와 관련하여 볼 때, 그것은 하나님으로부터 온 것이 아니라 마귀로부터, 그리고 그 자신의 악한 마음으로부터 온 것이었다. 그 안에 하나님의 손이 있다고 핑계할 수도 없으며 하물며 정당화될 수는 더더욱 없다. 그것은 그리스도를 죽음에 내어준 자들의 죄와 같은 것이었

다(행 2:32; 4:28). 그러나 다윗의 괴로움과 관련하여 볼 때, 그것은 하나님으로 부터 온 것이며, 그가 하나님께 범한 한 가지 악행(즉 우리아의 피를 흘린 죄)으로 말미암은 것이었다. 다윗은, 욥이 그랬던 것처럼(주신 이도 여호와시요 거두신 이도 여호와시니), 자신이 겪는 괴로움의 이유를 지고(至高)의 섭리자에게 서 찾는다. 고통 속에 하나님의 손이 있음을 인식하면서 그 가운데 입을 닫고 잠잠히 있는 것은 너무도 아름다운 일이다. 주께서 행하셨으므로 나는 입을 열지 않았나이다. 입술의 채찍 또한 하나님의 회초리이다.

3. 더 큰 괴로움을 생각하면서 이것을 작은 괴로움으로 여겼기 때문이었다 (11절): 내 몸에서 난 아들도 내 생명을 해하려 하거든 하물며 이 베냐민 사람이랴. 거룩함을 받은 자들에게 고난은 인내를 낳는 법이다. 참으면 참을수록 우리는 더 많이 참을 수 있는 능력을 갖게 된다. 우리의 인내를 시험하는 것이 도리어 우리의 인내를 증진시킨다. 우리가 고통으로 많이 연단될수록, 우리는 고통에 대해 덜 놀라며 그것을 이상하게 생각하지 않게 될 것이다. 원수들이 해악을 끼치며 친구들이 외면하며 자녀들이 순종치 않을 때, 놀라지 말라.

4. 하나님이 자신의 괴로움을 선으로 바꾸어 주실 것을 바라보았기 때문이 었다. "그 저주 때문에 여호와께서 선으로 내게 갚아 주시리라(12절). 만일 하나님 이 시므이에게 나를 괴롭게 하라고 명령하셨다면, 그는 틀림없이 또한 나를 위 로하실 것이라. 분명히 하나님은 나에게 은혜를 베푸실 것이며, 이러한 시험을 통해 은혜를 준비하고 계시는 것이라." 우리는 하나님을 '갚아 주시는 자' (paymaster)로서 의지할 수 있는데, 그것은 우리의 섬김에 대해서 뿐만 아니라 우리의 고통에 대해서도 마찬가지이다. 그들로 저주하게 하고 너희는 축복하라. 마침내 다윗은 바후림에 도착한다(14절). 거기에서 그는 휴식을 취하면서 원 기를 회복하고, 더 이상 비방하는 말을 듣지 않게 된다.

¹⁵압살롬과 모든 이스라엘 백성들이 예루살렘에 이르고 아히도벨도 그와 함께 이른 지라 ¹⁶다윗의 친구 아렉 사람 후새가 압살롬에게 나갈 때에 그에게 말하기를 왕이 여 만세, 왕이여 만세 하니 ¹⁷압살롬이 후새에게 이르되 이것이 네가 친구를 후대하 는 것이냐 네가 어찌하여 네 친구와 함께 가지 아니하였느냐 하니 ¹⁸후새가 압살롬 에게 이르되 그렇지 아니하니이다 내가 여호와와 이 백성 모든 이스라엘의 택한 자에게 속하여 그와 함께 있을 것이니이다 ¹⁹또 내가 이제 누구를 섬기리이까 그의

아들이 아니니이까 내가 전에 왕의 아버지를 섬긴 것 같이 왕을 섬기리이다 하니라 20압살롬이 아히도벨에게 이르되 너는 어떻게 행할 계략을 우리에게 가르치라 하니 21아히도벨이 압살롬에게 이르되 왕의 아버지가 남겨 두어 왕궁을 지키게 한 후궁들과 더불어 동침하소서 그리하면 왕께서 왕의 아버지가 미워하는 바 됨을 온 이스라엘이 들으리니 왕과 함께 있는 모든 사람의 힘이 더욱 강하여지리이다 하니라 22이에 사람들이 압살롬을 위하여 옥상에 장막을 치니 압살롬이 온 이스라엘 무리의 눈앞에서 그 아버지의 후궁들과 더불어 동침하니라 23그 때에 아히도벨이 베푸는 계략은 사람이 하나님께 물어서 받은 말씀과 같은 것이라 아히도벨의 모든 계략은 다윗에게나 압살롬에게나 그와 같이 여겨졌더라

압살롬은 예루살렘에 있는 자기 수하들로부터 다윗이 소수의 무리와 함께 예루살렘을 떠났다는 보고를 받았다. 이렇게 되자 압살롬은 아무 때나 자신이 원하는 때에 예루살렘에 입성할 수 있게 되었다. 성문은 활짝 열려 있었으며, 그의 길을 가로막는 것은 아무것도 없었다. 따라서 그는 지체 없이 예루살렘에 입성했다(15절). 그는 의심의 여지 없이 이러한 첫 승리로 인해 극도로 고양(高揚)되어 있었을 것이다. 처음 음모를 꾸밀 때는 상당한 어려움을 예상했었겠지만, 이제 모든 일은 너무도 쉽게 그리고 효과적으로 이루어졌다. 이제 그는 예루살렘의 주인이 되었으며, 이제 온 나라가 그 뒤를 따를 것이었다. 하나님은 악인들이 일시적으로 형통하는 것을 허락하시는데, 그렇게 하시는 것은 나중의 실망이 더욱 뼈아프그 수치스러운 것이 되게 하려 하심이다. 그 시대의 가장 뛰어난 지략가는 아히도벨과 후새였다. 아히도벨은 압살롬과 함께 예루살렘에 입성한 자였으며(15절), 후새는 예루살렘에서 압살롬을 맞이한 사람이었다(16절). 따라서 압살롬은 이러한 가장 뛰어난 두 지략가를 갖게 되었으므로 자신의 승리를 확신하지 않을 수 없었다. 압살롬은 오로지 그들만을 의지할 뿐, 하나님의 궤에 물어보는 것 따위의 일에는 전혀 무관심했다. 그러나 그들은 모두 보잘것없는 조언자일 뿐이었다.

I. 왜냐하면 후새는 결코 올바른 조언을 해 주지 않을 것이기 때문이다. 실상 후새는 압살롬의 적이었다. 지금은 압살롬의 편이 된 것처럼 꾸미고 있지만, 때가 되면 배반할 것이었다. 결국 압살롬은 가장 위험한 적을 자기 옆에 두고 있는 셈이었다.

1. 후새는 압살롬이 왕이 되는 것을 적극 환영하는 것처럼 꾸민다(16절). 세상에서는 이와 같이 스스로를 가장하는 일이 얼마나 많은가? 사탄의 깊은 것을 알지 못한 채 세상에서 경건과 진실로써 살아가는 자들은 얼마나 복된가!

2. 압살롬은 후새를 보자 놀라움을 금치 못한다. 왜냐하면 그는 다윗의 절친한 친구였기 때문이었다. 압살롬은 이제 모든 사람이 자기편이 되었다는 생각으로 의기양양해하면서 이렇게 묻는다: 이것이 네가 친구를 후대하는 것이냐(17절). 압살롬은 후새가 신실한 사람이라는 사실을 알고 있었지만, 그러나 너무도 쉽게 자기가 원하는 쪽으로 믿어버리고 말았다. 너의 마음의 교만이 너를 속였도다(옵 1:3). 후새는 압살롬에게 자신이 그를 지지하고 있음을 확신시켜 준다. 자신이 비록 다윗의 친구이기는 하지만, 그러나 이제는 '현재 왕권을 가지고 있는 자'의 편이 될 것이라는 것이었다(18절). 백성들이 택한 자 그리고 신적 섭리가 미소를 짓는 자에게 그는 충성을 바칠 것이었다. 뿐만 아니라 그는 왕의 아들 즉 떠오르는 태양인 후계자의 편이 될 것이었다(19절). 그가 그의 아버지(즉 다윗)를 사랑했던 것은 사실이었다. 그러나 그의 아버지의 날은 끝났다. 그렇다면 마땅히 그의 후계자를 사랑해야 하지 않겠는가? 후새는 이와 같은 논리로써 압살롬을 지지하는 것처럼 꾸몄다.

Ⅱ. 아히도벨은 압살롬에게 악한 일을 행하도록 조언함으로써 결국 그에게 해를 끼칠 자임을 스스로 드러냈다. 왜냐하면 죄를 짓도록 조언하는 것은 곧 해로운 길로 가도록 조언하는 것과 마찬가지이기 때문이다. 죄 위에 세워진 통치권은 모래 위에 세워진 집과 같다.

1. 아히도벨은 뛰어난 모략가였다. 그의 모략은 하나님께 물어서 받은 말씀과 같을 정도였다(23절). 그는 국가적인 일에 있어 뛰어난 총명과 통찰력을 가지고 있었으며 다른 책략가들을 훨씬 능가하였다. 그의 모략은 대부분 성공을 거두었으며, 따라서 모든 사람들은 (선한 자든 악한 자든, 그리고 다윗과 압살롬조차도) 그의 의견을 하나님의 신탁(oracle of God)처럼 여기면서 귀를 기울였다. 그러나 연약한 인간의 지혜를 어떻게 하나님의 지혜와 비교할 수 있단 말인가? 아히도벨의 명성과 모략에 대한 이야기로부터 다음과 같은 사실을 주목하라.

(1) 하늘의 은혜는 갖지 못하였으면서도 세상적인 지혜에는 뛰어난 자들이 많이 있다는 사실. 그들은 하나님의 신탁을 경멸하면서 자신들의 신탁을 생각

해 낸다. 그러나 하나님은 세상의 어리석은 것들을 택하셨다. 뛰어난 책략가 치고 뛰어난 믿음의 사람인 경우는 거의 찾아보기 힘들다.

(2) 뛰어난 모략가라 할지라도 종종 가장 어리석은 행동을 한다는 사실. 아히도벨은 신탁을 말하는 자라는 칭송을 받는 자였음에도 불구하고 너무나 어리석게도 압살롬의 편에 서는 오류를 범하고 말았다. 그는 왕권을 찬탈한 자일 뿐만 아니라 경솔한 젊은이로서 어느 모로 보나 훌륭한 자가 아니었으며, 그의 몰락은 누구라도(아히도벨의 재능의 십분의 일만 가지고 있더라도) 쉽게 예견할 수 있었다. 결국 최고의 모략은 정직이다.

2. 이번의 경우 그의 모략은 실패로 끝나고 말았다. 다음을 주목하라.

(1) 아히도벨이 압살롬에게 준 악한 모략. 다윗이 후궁들을 남겨둔 것을 발견했을 때, 그는 압살롬에게 그들과 동침하라고 조언했다(21절). 이 얼마나 악한 일인가! 신적 율법은 그것을 중대한 범죄로 규정한다(레 20:11, 누구든지 그의 아버지의 아내와 동침하는 자는 그의 아버지의 하체를 범하였은즉 둘 다 반드시 죽일지니 그들의 피가 자기들에게로 돌아가리라). 또한 바울 사도는 그것을 이방인 중에서도 없는 악행이라고 말한다(고전 5:1, 그런 음행은 이방인 중에서도 없는 것이라 누가 그 아버지의 아내를 취하였다 하는도다). 르우벤이 장자권을 잃은 것도 바로 이것 때문이었다. 그럼에도 불구하고 아히도벨은 압살롬에게 공개적으로 그와 같은 일을 행하라고 조언한다. 그것은 모든 이스라엘에게 다음과 같은 사실을 분명히 보여주려는 것이었다.

[1] 압살롬이 이제 그의 전임자에게 속했던 모든 것의 주인이 되었다는 사실.

[2] 압살롬은 이제 어떤 일이 있더라도 그의 아버지와 화해하지 않을 것이라는 사실. 이와 같은 행동을 통해 압살롬은 아버지에게 대하여 스스로를 가증한 존재로 만듦으로써 결코 화해할 수 없는 상태로 만들어 버렸다. 아마도 백성들은 다윗과 압살롬이 화해할 것을 바랐을 것이지만, 이로 인해 그것을 단념하지 않을 수 없게 될 것이었다. 아버지에게 칼을 뽑았던 그는 이제 칼집을 집어던져 버렸다. 이렇게 함으로써 압살롬과 그를 따르는 자들은 서로 견고하게 결속될 것이었으며, 그들에게 다른 선택의 여지는 없게 되었다. 바로 이것이 아히도벨의 끔찍한 모략이었다. 그것은 하나님의 신탁이 아니라 마귀의 신탁이었다.

(2) 압살롬이 이러한 모략을 그대로 실행함. 이러한 모략은 그의 악하고 음

란한 마음과 잘 맞았으며, 따라서 그는 지체하지 않고 실행에 옮겼다(22절). 압살롬의 비인륜적인 반란이 오페라라면, 이러한 비인륜적인 정욕보다 더 적절한 서막이 어디에 있겠는가? 그의 악함은 시종일관 이와 같았다. 그의 양심이 완전히 마비되어 있지 않았다면 어떻게 이런 일을 생각조차 할 수 있었겠는가? 압살롬은 아히도벨이 조언한 것을 충실히 따랐다. 아히도벨은 모든 이스라엘이 알도록(혹은 보도록) 그 일을 행하라고 조언했다. 이렇게 하여 사람들이 옥상에 장막이 쳤고, 철면피하게도 압살롬은 마치 소돔 사람들이 그랬던 것처럼 자신의 죄를 만천하에 드러낸다. 그렇지만 우리는 여기에서 하나님의 말씀이 문자 그대로 이루어진 것을 보게 된다. 하나님은 다윗이 밧세바를 더럽힌 것으로 인해 그의 아내들이 백주에 추행당하게 될 것이라고 나단을 통해 경고하셨다(12:11, 12). 어떤 이들은 아히도벨이 그와 같은 조언을 한 것은 다윗이 밧세바를 범한 것에 대해 복수하기 위한 것이었다고 생각한다. 왜냐하면 밧세바는 그의 손녀였기 때문이었다. 밧세바는 엘리암의 딸이었는데(11:3), 그는 아히도벨의 아들이었다(23:34). 욥은 이것을 간음에 대한 정당한 징벌로서 말한다(31:9-10, 만일 내 마음이 여인에게 유혹되어 이웃의 문을 엿보아 문에서 숨어 기다렸다면 내 아내가 타인의 맷돌을 돌리며 타인과 더불어 동침하기를 바라노라). 이와 관련하여 호세아 4장 13절과 14절을 보라(이러므로 너희 딸들은 음행하며 너희 며느리들은 간음을 행하는도다 너희 딸들이 음행하며 너희 며느리들이 간음하여도 내가 벌하지 아니하리니 이는 남자들도 창기와 함께 나가며 음부와 함께 희생을 드림이니라). 이러한 악행을 당한 다윗의 후궁들에 대해 우리가 무슨 말을 해야 할지 나는 알지 못한다. 그러나 압살롬과 그의 무리가 아무리 불의할지라도, 우리는 "하나님은 의로우시다"고 말해야만 한다. 하나님의 말씀은 하나도 땅에 떨어지지 않는다.

제 17 장

개요

다윗과 압살롬의 싸움은 이제 중대국면으로 치닫고 있었다. 그것은 이제 칼에 의해 결판이 날 것이었으며, 우리는 본 장에서 그 일이 준비되는 것을 보게 된다. I. 압살롬이 회의를 소집함. 여기에서 아히도벨은 즉시 다윗을 추격하여 죽일 것을 주장하고(1-4절), 후새는 시간을 갖고 신중하게 대처할 것을 주장함(5-13절). 후새의 모략이 받아들여지고 (14절), 이에 아히도벨은 고향으로 돌아가 스스로 목매어 죽음(23절). II. 이와 관련한 은밀한 정보가 다윗에게 전달됨(15-21절). III. 다윗이 요단을 건너고(22, 24절), 그 곳에서 여러 친구들로부터 식량과 기타 필요한 물건들을 제공 받음(27-29절). IV. 압살롬과 그의 군대가 요단 건너편 길르앗 땅에 진을 침(25, 26절). 다음 장에서 우리는 양측의 싸움이 어떻게 결판나는지를 보게 될 것이다. 지금까지 압살롬 진영은 승승장구하는 반면 다윗 진영은 거의 절망적이었다. 그러나 이제 그의 구원의 날이 밝아오기 시작한다.

[1] 아히도벨이 또 압살롬에게 이르되 이제 내가 사람 만 이천 명을 택하게 하소서 오늘 밤에 내가 일어나서 다윗의 뒤를 추적하여 [2] 그가 곤하고 힘이 빠졌을 때에 기습하여 그를 무섭게 하면 그와 함께 있는 모든 백성이 도망하리니 내가 다윗 왕만 쳐 죽이고 [3] 모든 백성이 당신께 돌아오게 하리니 모든 사람이 돌아오기는 왕이 찾는 이 사람에게 달렸음이라 그리하면 모든 백성이 평안하리이다 하니 [4] 압살롬과 이스라엘 장로들이 다 그 말을 옳게 여기더라 [5] 압살롬이 이르되 아렉 사람 후새도 부르라 우리가 이제 그의 말도 듣자 하니라 [6] 후새가 압살롬에게 이르매 압살롬이 그에게 말하여 이르되 아히도벨이 이러이러하게 말하니 우리가 그 말대로 행하랴 그렇지 아니하거든 너는 말하라 하니 [7] 후새가 압살롬에게 이르되 이번에는 아히도벨이 베푼 계략이 좋지 아니하니이다 하고 [8] 또 후새가 말하되 왕도 아시거니와 왕의 아버지와 그의 추종자들은 용사라 그들은 들에 있는 곰이 새끼를 빼앗긴 것 같이 격분하였고 왕의 부친은 전쟁에 익숙한 사람인즉 백성과 함께 자지 아니하고 [9] 지금 그가 어느 굴에나 어느 곳에 숨어 있으리니 혹 무리 중에 몇이 먼저 엎드러지면 그

소문을 듣는 자가 말하기를 압살롬을 따르는 자 가운데에서 패함을 당하였다 할지라 [10]비록 그가 사자 같은 마음을 가진 용사의 아들일지라도 낙심하리니 이는 이스라엘 무리가 왕의 아버지는 영웅이요 그의 추종자들도 용사인 줄 앎이니이다 [11]나는 이렇게 계략을 세웠나이다 온 이스라엘을 단부터 브엘세바까지 바닷가의 많은 모래 같이 당신께로 모으고 친히 전장에 나가시고 [12]우리가 그 만날 만한 곳에서 그를 기습하기를 이슬이 땅에 내림 같이 우리가 그의 위에 덮여 그와 그 함께 있는 모든 사람을 하나도 남겨 두지 아니할 것이요 [13]또 만일 그가 어느 성에 들었으면 온 이스라엘이 밧줄을 가져다가 그 성을 강으로 끌어들여서 그 곳에 작은 돌 하나도 보이지 아니하게 할 것이니이다 하매 [14]압살롬과 온 이스라엘 사람들이 이르되 아렉 사람 후새의 계략은 아히도벨의 계략보다 낫다 하니 이는 여호와께서 압살롬에게 화를 내리려 하사 아히도벨의 좋은 계략을 물리치라고 명령하셨음이더라

압살롬은 예루살렘을 확고하게 장악했다. 왕궁과 판단의 보좌와 다윗의 집의 보좌가 그의 것이 되었다. 그의 아버지는 7년 동안이나 헤브론에서 유다 지파만을 다스렸다. 그러는 동안 그는 자신의 경쟁자(즉 이스보셋)를 죽이지 못해 조급해하지 않았다. 그의 통치권은 하나님의 약속에 의해 세워졌으며, 그는 때가 되면 그 일이 온전히 이루어질 것을 확신했다. 따라서 그는 때가 될 때까지 묵묵히 기다렸다. 그러나 젊은 압살롬은 조급하게 헤브론에서 예루살렘으로 입성했을 뿐만 아니라 당장에 자기 아버지를 죽이지 못해 안달을 하였다. 그는 자기 아버지를 죽이기 전까지는 결코 만족할 수 없었다. 그의 통치권은 불법으로 세워졌으며, 따라서 그는 자신의 통치권에 대하여 불안을 느끼지 않을 수 없었다. 압살롬 같이 패역한 자가 자기 아버지의 생명을 노리는 것은 결코 이상한 일이 아니다(이 곳 저 곳에 짐승 같은 기질을 가진 자가 있는 법이다). 그러나 이스라엘 백성의 무리가 그와 같은 자를 따르는 것은 너무도 놀라운 일이 아닐 수 없다(다윗은 오랫동안 그들에게 너무도 큰 축복이지 않았던가?). 그들의 조상들도 종종 모세에 대해 불평하며 폭동까지 일으키려고 했었다. 부모나 통치자들은 자녀나 백성들이 자신들에 대해 반항하며 반기를 들 때 그것을 이상하게 생각해서는 안 된다.

다윗과 그를 따르는 자들은 진멸을 당해야만 하였다. 이것이 그들이 만장일치로 내린 결론이었다. 그의 개인적인 공로나 나라를 위한 큰 희생과 봉사에

대해서는 아무도 언급하지 않았다. 아무도 "그가 무슨 악을 행하였기에 왕관과 심지어 목숨까지 빼앗겨야 한단 말인가?"라고 묻지 않았다. 아무도 "지금으로서는 그가 쫓겨난 것으로 충분하며, 사자들을 보내 그로 하여금 왕권을 포기하도록 만들자"라고 제안하지 않았다(순순히 예루살렘을 떠났으므로 그들은 그가 쉽게 왕권을 포기할 것이라고 생각할 수 있었다). 압살롬 자신이 죄로 인해 쫓겨난 것이 그리 오래 전의 일이 아니었다. 그는 마땅히 죽임을 당해야만 했으나 다윗은 그를 쫓아내는 것으로 만족했다. 아니, 다윗은 그 일로 인해 애곡하며 그를 몹시 그리워했다. 그러나 배은망덕한 압살롬에게 혈육의 정이라곤 눈곱만큼도 없었다. 도리어 그는 자기 아버지의 피에 너무도 목말라 있었다. 다윗을 죽여야만 한다는 것은 이미 확정된 결론이었다. 문제는 어떤 방법으로 그렇게 할 것인가 하는 것이었다.

I. 아히도벨의 계략. 아히도벨은 오늘밤 당장 추격대를 보내 다윗을 뒤쫓아야 한다고 주장하면서, 자신이 이 일을 맡겠다고 나섰다. 그래서 오직 왕만 죽이고 나면 나머지 병사들은 다 흩어질 것이며, 그러면 지금 다윗을 따르는 백성들은 당연히 압살롬에게 돌아오게 될 것이고, 그렇게 되면 사울의 집과 다윗의 집 사이의 싸움처럼 긴 싸움은 없을 것이라는 것이었다: 모든 사람이 돌아오기는 왕이 찾는 이 사람에게 달렸음이라(17:1-3). 우리는 이를 통해 압살롬과 아히도벨의 계획이 바로 다윗을 죽이는 것이었음을 보게 된다. 목자를 치라 그러면 양들이 흩어져 이리들에게 손쉬운 먹잇감이 되리라. 이와 같이 아히도벨은 이 싸움을 오직 왕 한 사람과의 싸움으로 축소시키면서, 즉시 그를 죽임으로써 짧은 시간에 싸움을 결말짓고자 하였다. 다윗에게 있어 이러한 계략은 치명적인 것이었다. 그가 곤하고 힘이 빠진 것은 분명한 사실이었으며, 따라서 작은 공격만으로도 그를 쉽사리 두렵게 만들 수 있을 것이었다. 그렇지 않았다면 압살롬이 반란을 일으켰을 때 그토록 놀라 허겁지겁 도망치지는 않았을 것이었다. 한밤중에 격렬한 공격을 받는다면 다윗을 따르는 소수의 군대는 혼란과 무질서에 빠질 것이고, 그런 상황에서 왕 한 사람을 죽이는 것은 그다지 어려운 일이 아닐 것이었다. 그렇게 되면 모든 일이 끝나게 될 것이며, 그러면 온 나라가 압살롬에게 돌아오고 모든 백성이 평안하게 될 것이었다. 온 나라가 파괴되는 것이 찬탈자들에 의해 온 나라의 평안으로 일컬어지고 있는 것을 주목하라. 이와 같이 마귀의 집은 그가 강한 자로서 무장하고 있는 동안에는 평안하다. 이것을

다윗의 자손에 대한 가야바(제2의 아히도벨인)의 생각과 비교해 보라(요 11:50, 한 사람이 백성을 위하여 죽어서 온 민족이 망하지 않게 되는 것이 너희에게 유익한 줄을 생각하지 아니하는도다). 이는 상속자니 자 죽이고 그의 유산을 차지하자(마 21:38). 그러나 그들의 계략은 결국 어리석은 것이 되고 말았다. 그렇지만 빛의 자녀들은 이 세대에서 이 세상의 자녀들로부터 지혜를 배울 수 있다. 우리가 해야만 하는 일에 대해, 우리는 힘을 다해 그리고 신속하게 그 일을 해야만 한다. 특별히 우리의 영적 전쟁에 있어, 강력하고 신속하게 그래서 때를 잃지 않고 대처하는 것은 매우 중요한 일이다. 사탄이 우리로부터 도망칠 때, 우리는 즉시로 뒤쫓아가 타격을 가해야 한다. 예로부터 왕들과 더불어 싸웠던 자들은 대체로 왕에 대한 예의를 갖추면서 자신들은 왕을 대적하는 것이 아니라 다만 왕의 악한 신하들을 대적할 뿐이라고 말하곤 하였다(왕 자신은 어떤 악도 행할 수 없노라. 다만 악을 행한 자는 왕을 둘러싸고 있는 악한 신하들이라). 그러나 압살롬은 직접 왕을, 아니 오직 왕 한 사람만을 치고자 했다. 그는 "내가 왕만 쳐죽이리이다"라는 아히도벨의 말을 옳게 여겼다(4절). 그에게는 그러한 말에 깜짝 놀란다든지 혹은 마지못해 허락하는 척이라도 하는 정도의 지혜조차도 남아있지 않았다. 이런 어리석은 자에게 무슨 선한 일이 이루어질 수 있겠는가?

Ⅱ. 후새의 계략. 후새는 너무 조급하게 다윗을 추격해서는 안 되며, 아히도벨이 조언한 대로 다윗에게 결정적인 타격을 가하기 위해서는 모든 병력을 총동원할 만큼의 충분한 시간을 가져야만 한다고 주장한다. 후새가 이러한 계략을 베푼 것은 실제로는 다윗을 돕기 위한 것이었다. 그렇게 하여 일의 진행상황을 다윗에게 알리고 그럼으로써 그로 하여금 전열을 정비하여 요단 건너 편 지역으로 건너가도록 하기 위한 시간을 벌어주기 위함이었다. 지금 이 급박한 순간에 다윗에게 있어 가장 절실한 것은 바로 시간이었다. 후새가 압살롬에게 서두르지 말고 조심스럽게 천천히 일을 진행시키라고 조언함으로써 다윗은 충분한 시간을 벌 수 있었다.

1. 압살롬은 후새를 불러 그의 생각을 묻는다. 이스라엘의 모든 장로들은 아히도벨의 계략에 찬동하였으나, 하나님은 압살롬의 마음을 움직이셔서 후새의 의견을 들을 때까지는 결론을 내리지 않도록 하셨다(5절): 후새도 부르라 우리가 이제 그의 말도 듣자. 이렇게 함에 있어 압살롬은 스스로 지혜롭게 행했다고

생각했지만(한 사람의 머리보다 두 사람의 머리가 나은 법이다), 그러나 하나님은 그들의 지혜를 어둡게 하셨다. 이에 대한 풀(Poole)의 주석을 보라.

2. 후새는 자신의 계략이 옳음을 입증하기 위해 그럴듯한 이유들을 제시한다.

(1) 후새는 아히도벨의 계략을 반박하면서, 만일 그의 계략을 따른다면 큰 위험을 불러오게 될 것이라고 말한다. 그는 매우 겸손하게 그리고 아히도벨의 명성에 경의를 표하면서 자신이 그와 의견을 달리하는 것을 허락해 달라고 간구한다(7절). 그는 아히도벨의 계략이 지금까지는 최선이었으며 정말로 따를 만한 것이었음을 인정한다. 그러나 그는 아히도벨의 이번 계략만큼은 좋지 않다고 말하면서(7절), 소수의 적을 뒤쫓기 위해 너무 성급하게 출격하면 이스라엘이 아이 앞에 패배를 당했던 것처럼(수 7:4) 큰 위험을 불러오게 될 것이라고 주장했다. 적을 너무 얕잡아 보는 것은 종종 큰 화를 불러오게 된다는 것이었다. 후새가 얼마나 그럴듯하게 논리를 전개하는지 보라.

[1] 다윗은 수많은 경험을 가진 용사이다. 모든 사람들이, 심지어 압살롬 자신까지도 그 사실을 잘 알고 있었고 또 인정하지 않을 수 없었다. "왕의 아버지는 용사라(8, 10절). 아히도벨이 생각하는 것처럼 그렇게 곤하고 힘이 빠져 있지 않나이다. 그가 예루살렘을 떠난 것은 단지 두려움 때문에 그런 것이 아니라 다른 방책이 있기 때문이나이다."

[2] 다윗의 추종자들 역시도 용사이다(8, 10절). 그들은 용맹하기로 유명한 자들이며 모든 전술(戰術)에 능한 자들이기 때문에, 비록 아히도벨이라 할지라도 그들을 쉽게 이길 수는 없을 것이라는 것이었다. 그들 가운데 하나가 천을 쫓을 것이라.

[3] 그들 모두가 지금 압살롬에 대해 격분하고 있다. 그들은 지금 극도로 분노하고 있으며, 따라서 죽을 힘을 다해 싸울 것이다. 그러므로 별 경험 없는 압살롬의 군대로는 그들을 대적할 수 없을 것이다. 이와 같이 아히도벨은 다윗의 군대를 보잘것없는 존재로 본 반면, 후새는 그들을 가공할 만한 존재로 묘사한다.

[4] 다윗과 그의 무리가 어떤 은밀한 장소에 매복하고 있다가 압살롬의 병사들을 갑자기 덮칠 것이다. 만일 그렇게 된다면 그러한 패배로 인해 (비록 소수가 엎드러진다 할지라도) 나머지 모든 병사들의 사기가 떨어지게 될 것이며,

동시에 그들은 스스로를 하나님의 기름 부음 받은 자일 뿐만 아니라 또한 그의 마음에 합한 자를 대적한 반역자로 참소하게 될 것이다(9절). "그렇게 되면 압살롬의 병사들이 큰 살육을 당하고 흩어지게 될 것이며, 아히도벨의 심령도 비록 지금은 사자의 마음 같다 할지라도 완전히 녹아버리게 될 것이나이다. 한 마디로 말해서, 그는 다윗과 그의 무리를 치는 것이 그가 생각하는 것처럼 그렇게 쉬운 일이 아니라는 것을 깨닫게 될 것이나이다. 그리고 만일 그가 실패한다면, 결국 우리 모두는 완전히 무너지게 될 것이나이다."

(2) 이어 후새는 자신의 계략을 설명한다.

[1] 후새의 계략은 실제로는 압살롬에게 아무런 도움도 되지 못하는 것이었음에도 불구하고 그의 헛된 영광을 구하는 교만한 기질과 잘 맞아떨어지는 것이었다. 첫째로, 그는 모든 이스라엘을 소집할 것을 조언한다. 마치 이스라엘 전체가 그의 편이며 또한 그가 이스라엘 전체에 대해 명령을 내릴 수 있는 것처럼 말함으로써, 후새는 그의 허영심을 만족시켜 주었다. 둘째로, 그는 압살롬으로 하여금 친히 싸움에 나갈 것을 조언한다. 마치 자신은 압살롬을 아히도벨보다 더 뛰어난 지략가로 보는 것처럼, 그리고 압살롬이 지휘하는 것이 더욱 적절하며 모든 승리의 영광이 마땅히 압살롬에게 돌아가야 한다고 생각하는 것처럼 꾸몄다. 교만한 자를 속이는 것은 얼마나 쉬운 일인가? 그의 오만과 허영심을 조금 부추기는 정도로도 충분할 것이다.

[2] 후새는 자신의 계략이 너무도 확실하며, 어떤 위험도 없으며, 반드시 성공할 것처럼 말한다. 왜냐하면 만일 그들이 큰 군대를 소집할 수만 있다면, 어디에서 다윗과 대면하든 그를 쳐죽이는 것은 너무도 손쉬운 일이 될 것이기 때문이었다. 첫째로, 만일 들에서 대면하게 된다면, 그들은 마치 이슬이 지면을 덮는 것처럼 다윗과 그의 추종자들을 덮어 멸망시킬 것이었다(12절). 아마도 압살롬은 아히도벨의 계략에 따라 오직 왕 한 사람만 죽이는 것보다 왕과 함께 그의 추종자들까지 모두 죽이는 계획을 더 좋아했을 것이다. 이와 같이 후새는 그의 허영심뿐만 아니라 복수심까지 자극했다. 둘째로, 만일 성에서 대면하게 된다면, 이 역시 걱정할 것이 없었다. 왜냐하면 그들은 밧줄을 가져다가 그 성을 강으로 끌어들일 수 있을 정도로 많은 군대를 가지고 있기 때문이었다(13절). 이러한 이상한 계략은 너무나 실행 불가능한 것이었음에도 불구하고 듣는 이들을 즐겁게 만들어 주었다. 아마도 그들 모두는 후새의 익살스러운 말을 들

는 동안 한바탕 웃음을 터뜨렸을 것이다.

(3) 이러한 모든 계교를 통해 후새의 계략은 압살롬뿐만 아니라 모두의 찬동(贊同)을 얻게 되었다. 그들은 모두 후새의 계략이 아히도벨의 계략보다 낫다고 동의했다(14절).

[1] 여기에서 우리는 사람의 지모(智謀)가 매우 큰 일을 이룰 수 있다는 사실을 보게 된다. 만일 후새가 거기 없었다면, 틀림없이 아히도벨의 계략이 채택되었을 것이다. 사실 압살롬의 승리와 관련하여 아히도벨의 계략보다 더 뛰어난 계략은 결코 있을 수 없었다. 그러나 후새는 지모(智謀)로써 그들 모두로 하여금 자신을 지지하도록 만들었다. 그들 가운데 어느 누구도 이 모든 것이 다윗을 위한 것이라는 사실을 눈치 채지 못했다. 어리석은 자가 얼마나 쉽게 속는지 주목하라. 사람들은 간계로써 피차 속기도 하고 속이기도 한다. 이렇게 속고 속이는 것과 멀리 떨어져 살아가는 자들은 얼마나 복이 있는가?

[2] 여기에서 우리는 하나님의 섭리가 모든 일을 주관하고 있는 사실을 보게 된다. 후새는 매우 주도면밀하게 자신의 계교(計巧)를 진행시켰다. 그러나 우리는 그것의 성공을 하나님께 돌려야만 한다. 이는 여호와께서 압살롬에게 화를 내리려 하사 아히도벨의 좋은 계략을 물리치라고 명령하셨음이더라(14절). 하나님은 마치 강줄기를 바꾸시는 것처럼 사람들의 마음을 바꾸시는데, 이 사실을 생각할 때 우리는 큰 위로를 얻게 된다. 하나님은 용사들의 무리 가운데 서서서, 그들의 모든 계략과 회의 중에 반대하는 목소리를 엎어버리신다. 그리고 하나님은 그의 기름 부음 받은 자를 대적하는 인간의 모든 계획을 비웃으신다.

15이에 후새가 사독과 아비아달 두 제사장에게 이르되 아히도벨이 압살롬과 이스라엘 장로들에게 이러이러하게 계략을 세웠고 나도 이러이러하게 계략을 세웠으니 16이제 너희는 빨리 사람을 보내 다윗에게 전하기를 오늘밤에 광야 나루터에서 자지 말고 아무쪼록 건너가소서 하라 혹시 왕과 그를 따르는 모든 백성이 몰사할까 하노라 하니라 17그 때에 요나단과 아히마아스가 사람이 볼까 두려워하여 감히 성에 들어가지 못하고 에느로겔 가에 머물고 어떤 여종은 그들에게 나와서 말하고 그들은 가서 다윗 왕에게 알리더니 18한 청년이 그들을 보고 압살롬에게 알린지라 그 두 사람이 빨리 달려서 바후림 어떤 사람의 집으로 들어가서 그의 뜰에 있는 우물 속으로 내려가니 19그 집 여인이 덮을 것을 가져다가 우물 아귀를 덮고 찧은 곡식을 그 위에 널매 전혀 알지 못하더라 [20]압살롬의 종들이 그 집에 와서 여인에게 문되 아히마아스와 요나단이 어디 있느냐 하니 여인이 그들에게 이르되 그들이 시내를 건너가더라 하니 그들이 찾아도 만나지 못하고 예루살렘으로 돌아가니라 [21]그들이 간 후에 두 사람이 우물에서 올라와서 다윗 왕에게 가서 다윗 왕에게 말하여 이르되 당신들은 일어나 빨리 물을 건너가소서 아히도벨이 당신들을 해하려고 이러이러하게 계략을 세웠나이다

본 단락에서 다윗의 적들과 관련한 이야기는 잠깐 중단된다. 그와 함께 우리는 여기에서 다윗의 친구들이 압살롬 진영의 계획과 관련한 정보를 그에게 전달함으로써 그로 하여금 적절하게 행동하도록 돕는 것을 보게 된다. 후새는 사독과 아비아달 제사장에게 압살롬의 회의에서 논의된 것을 이야기한다(15절). 아마도 그는 혹시 아히도벨의 계략이 시행될는지도 모른다고 생각한 것 같다. 따라서 그는 왕과 그를 따르는 모든 백성이 몰사하지 않도록 최선을 다한다(16절). 압살롬의 무리는 아히도벨의 계략에 호감을 가지고 있다가 자신(곧 후새)의 계략을 듣고는 마음을 바꾸었다. 그와 마찬가지로 어쩌면 또다시 마음을 바꿀는지 알 수 없었으며, 나중에라도 생각이 달라질 수 있었다. 그러므로 후새로서는 그렇게 될 것을 염려하지 않을 수 없었고, 따라서 최악의 경우를 대비하여 다윗의 무리로 하여금 압살롬의 손이 미칠 수 있는 영역을 조속히 벗어나도록 할 필요가 있었다. 압살롬은 많은 병사들을 배치하여 삼엄한 경계를 펴고 있었다. 따라서 그들은 그와 같은 정보를 전달하기 위해 큰 애로와 어려움을 겪지 않을 수 없었다.

1. 다윗에게 정보를 전달할 책임을 맡은 젊은 제사장들(즉 사독과 아비아달의 아들들인 요나단과 아히마아스)은 감히 성에 들어가지 못한 채 성 밖 에느로겔 가에 은밀히 머물고 있었다(17절, 어떤 이들은 에느로겔이 정탐꾼의 샘이란 뜻을 갖는다고 말한다). 이러한 두 명의 신실한 제사장들이 예루살렘 성에 들어갈 수 없었던 것은 그 곳의 상황이 매우 심상치 않았음을 보여주는 것이었다.

2. 한 여종에 의해 그들에게 지시가 전달되었는데, 아마도 그녀는 물을 뜨려는 것처럼 하면서 그 샘(즉 에느로겔)에 갔을 것이다(17절). 만일 그녀가 메시지를 말로 전달했다면, 어떤 실수나 혹은 잘못으로 인해 메시지의 내용이 다소

바뀔 가능성이 있었다. 그러나 하나님의 섭리는 어리석고 무지한 소녀로 하여금 신실한 사자(使者)가 되게 하셨다. 하나님의 섭리는 세상의 어리석은 것들을 택하여 지혜로운 모략이 되게 하신다.

3. 그러나 그들은 곧 압살롬의 병사들에게 발각되고 말았다. 그와 함께 그들의 움직임에 관한 정보가 즉각 압살롬에게 전달되었다: 한 청년이 그들을 보고 압살롬에게 알린지라(18절).

4. 압살롬의 병사들에게 발각되자, 그들은 즉시 바후림에 있는 친구의 집에 숨었다. 이 곳은 얼마 전에 다윗이 휴식을 취했던 곳이었다(16:14). 거기에서 그들은 우물 속에 숨었는데, 지금은 여름철이었기 때문에 아마도 우물은 말라 있었을 것이었다(18절). 그 집의 여자는 대단히 영리하게도 우물 아귀를 천으로 덮고 그 위에 찧은 곡식을 널었으며, 그럼으로써 추격자들은 거기에 우물이 있다는 사실을 전혀 눈치 채지 못했다. 만일 그렇게 하지 않았다면 그들은 우물을 발견했을 것이며, 따라서 그 속에 숨어 있던 제사장들은 붙잡히지 않을 수 없었을 것이다(19절). 지금까지 그녀는 모든 일을 잘 처리했다. 그러나 이어 제사장들을 숨기기 위해 한 그녀의 거짓말이 어떻게 정당화되는지 우리는 알지 못한다(20절). 우리는 선을 이루기 위해 악을 행해서는 안 된다. 그렇지만 어쨌든 여기에서 제사장들은 보호를 받았으며, 추격자들은 그들을 잡지 못한 채 압살롬에게로 돌아갔다. 여기에서 압살롬이 사울과는 달리 그들의 두 아버지들(즉 사독과 아비아달)을 죽이지 않은 것은 참으로 다행스런 일이었다(아히멜렉이 다윗에게 친절을 베푼 것으로 인해 사울은 아히멜렉을 처참하게 죽였었다). 이것은 하나님이 그를 막으신 것이었다. 이와 같은 위기를 넘긴 그들은 즉시로 다윗에게 자신들의 정보를 전달했으며(21절), 다윗은 그와 같은 정보에 따라 지체하지 않고 요단을 건넜다. 어떤 이들이 생각하는 것처럼, 다윗이 시편 42장과 43장을 기록한 것은 바로 이 때였을 것이다. 다시 말해서, 그는 요단을 건넌 후 요단 땅에서 예루살렘을 돌아보며 그러한 시편들을 기록했을 것이다(시 42:6).

[22]다윗이 일어나 모든 백성과 함께 요단을 건널새 새벽까지 한 사람도 요단을 건너지 못한 자가 없었더라 [23]아히도벨이 자기 계략이 시행되지 못함을 보고 나귀에 안장을 지우고 일어나 고향으로 돌아가 자기 집에 이르러 집을 정리하고 스스로 목

매어 죽으매 그의 조상의 묘에 장사되니라 24이에 다윗은 마하나임에 이르고 압살롬은 모든 이스라엘 사람과 함께 요단을 건너니라 25압살롬이 아마사로 요압을 대신하여 군지휘관으로 삼으니라 아마사는 이스라엘 사람 이드라라 하는 자의 아들이라 이드라가 나하스의 딸 아비갈과 동침하여 그를 낳았으며 아비갈은 요압의 어머니 스루야의 동생이더라 26이에 이스라엘 무리와 압살롬이 길르앗 땅에 진 치니라 27다윗이 마하나임에 이르렀을 때에 암몬 족속에게 속한 랍바 사람 나하스의 아들 소비와 로데발 사람 암미엘의 아들 마길과 로글림 길르앗 사람 바르실래가 28침상과 대야와 질그릇과 밀과 보리와 밀가루와 볶은 곡식과 콩과 팥과 볶은 녹두와 29꿀과 버터와 양과 치즈를 가져다가 다윗과 그와 함께 한 백성에게 먹게 하였으니 이는 그들 생각에 백성이 들에서 시장하고 곤하고 목마르겠다 함이더라

I. 다윗과 그의 군대가 예루살렘의 친구들로부터 받은 정보에 따라 요단을 건넘(22절).   다윗과 모든 추종자들은 그 밤에 모두 요단을 건넜는데, 그들이 나룻배를 타고 건넜는지 혹은 얕은 여울을 걸어서 건넜는지 여부는 나타나지 않는다. 그러나 우리는 여기에서 한 사람도 빠짐없이 모두 건넜다는 사실이 특별하게 언급되는 것을 볼 수 있다. 많은 어려움이 있었음에도 불구하고 아무도 버려지지 않았으며, 병들거나 지쳐서 남은 자들도 없었으며, 강을 건넘에 있어서 한 사람도 죽은 자가 없었다. 이와 관련하여 어떤 이들은 그가 여기에서 "아버지께서 내게 주신 자 중에서 하나도 잃지 아니하였사옵나이다"라고 말씀하신 메시야의 모형으로 나타나고 있는 것을 주목한다(요 18:9). 요단을 건넌 후 다윗은 발걸음을 재촉하여 마하나임에 이르렀다. 이 곳은 갓 지파에 속한 레위인의 성읍으로서, 갓 지파의 끝단에 위치하여 암몬 사람들의 수도인 랍바도 이 곳에서 그리 멀리 떨어져 있지 않았다. 이 곳은 전에 이스보셋이 자신의 왕도(王都)로 삼은 곳이었는데(2:8), 지금 다윗은 이 곳을 자신의 본부로 삼았다(24절). 이렇게 하여 다윗은 이 곳에서 반란자들에 맞설 군대를 일으킬 시간을 벌게 되었다.

II. 아히도벨의 죽음(23절).   그는 자신의 계략이 채택되지 못한 것에 대해 괴로워하면서 스스로 목을 매어 자살했다.

1. 그는 자신이 경멸을 당했다고 생각했다. 자신의 계략이 받아들여지지 않은 것은 그의 명성에 대한 참을 수 없는 모욕이었다. 그의 판단은 항상 결정적

인 영향력을 발휘했다. 그러나 지금은 다른 사람의 의견이 자신의 의견보다 더 지혜롭고 좋은 것으로 인정되었다. 그의 교만한 마음은 이러한 모욕을 결코 참을 수 없었다. 이 일에 대해 생각하면 할수록 더욱더 분노가 끓어올랐으며, 그것은 다른 사람이 자신 앞에서 높임을 받는 것을 보지 않고자 스스로 목숨을 끊을 결심을 할 때까지 계속되었다. 모든 사람들이 그를 지혜로운 자라고 생각했다. 그러나 그는 오직 자신만이 지혜로운 자라고 생각했다. 그러므로 그는 자신처럼 생각하지 않는 사람들에게 복수를 해야만 하였다. 만일 그가 죽는다면 그와 함께 지혜도 같이 죽을 것이었다. 세상은 자신과 같은 뛰어난 지혜자를 가질 자격이 없었다. 따라서 그는 세상 사람들에게 자신이 없을 때 어떤 결과가 일어나게 되는지를 보여줄 것이었다. 자신에 대해 지나친 환상을 갖는 것이 스스로에게 얼마나 위험한 일인지 주목하라. 그리고 무시를 당하는 것을 도무지 참지 못할 때 어떤 재앙이 일어나게 되는지 주목하라. 겸손한 사람은 무시를 당한다 하더라도 크게 개의치 않지만, 그러나 교만한 자의 심령은 산산이 부서지고 만다.

2. 그는 자신의 생명이 위태롭게 되었다고 생각했다. 자신의 계략이 받아들여지지 않자, 그는 압살롬의 거사가 반드시 실패하게 될 것이라고 생각했다. 그러므로 혹시 다른 사람들은 다윗의 자비를 받을 수 있을는지 모르지만, 자신은 반란에 가장 깊숙이 개입한 자로서, 그리고 압살롬으로 하여금 그의 아버지의 후궁들을 취하도록 조언한 자로서 처형을 면할 수 없다고 결론 내렸다. 따라서 공개적인 그리고 엄중한 처벌의 두려움과 수치를 피하기 위해, 그는 스스로 자신에게 공의를 시행한 것이었다. 그러나 이러한 행동은 더 어리석고 수치스러운 것이었으며, 그의 이름이 그에게 그대로 응답되고 말았다(아히도벨은 '어리석은 자의 형제'를 의미한다). 자살하는 것보다 더 어리석은 것은 아무것도 없다. 그는 순간적인 충동에 의한 것이 아니라 깊은 생각 끝에 자살했다. 그는 자신의 성읍으로 돌아가 자기 집에서 자살했으며, 따라서 그에 대해 깊이 생각할 만큼의 충분한 시간적 여유를 가졌다. 그럼에도 불구하고 그는 자살했다. 그는 자살하기 전에 자신의 집을 정리했는데, 이를 통해 우리는 그가 온전한 정신을 가지고 있었음을 알 수 있다. 그러나 그와 같은 온전한 정신을 가지고 있었음에도 불구하고, 그는 자신의 교만과 분노가 스스로의 목에 선고한 형벌(즉 자살)을 철회할 만한 온전한 분별력은 가지고 있지 못했다(최소한 그는

압살롬의 거사의 결과를 알 때까지 기다렸다가 자살할 만큼의 분별력조차 갖고 있지 못했다). 이제 우리는 여기에서 다음과 같은 사실들을 볼 수 있다.

(1) 인간의 지혜가 얼마나 어리석은 것인가 하는 사실. 그는 어느 누구보다도 지략에 뛰어난 사람이었다. 그럼에게 불구하고 그는 누구보다도 더 어리석은 행동을 하고 말았다. 지혜로운 자는 자신의 지혜를 자랑치 말라.

(2) 하나님의 공의는 반드시 시행된다는 사실. 그가 웅덩이를 파 만듦이여 제가 만든 함정에 **빠졌도다** 그의 재앙은 자기 머리로 돌아가고 그의 포악은 자기 정수리에 **내리리로다**(시 7:15, 16). 하나님은 자신이 행하시는 심판을 통해 스스로를 나타내신다. 그러므로 하나님의 공의가 시행되는 것을 볼 때, 우리는 힉가욘 셀라라고 말해야만 한다.

(3) 정직한 자의 기도는 반드시 응답된다는 사실. 다윗이 기도한 대로 아히도벨의 계략은 그 자신에게 어리석은 것이 되고 말았다. 라이트푸트 박사(Dr. Lightfoot)는 다윗이 시편 55장을 기록한 것은 아히도벨이 자신에 대해 반역을 도모한 때였을 것으로 추측한다. 그렇다면 거기에서 다윗이 나의 동료요 나의 친구요 나의 가까운 친우라고 한탄하면서 말한 사람은 바로 아히도벨이었을 것이다(시 55:13). 그렇다면 이것(즉 여기에서의 아히도벨의 자살)은 그가 거기에서 기도한 것이 그대로 응답된 것이었다: 사망이 갑자기 그들에게 임하여 산 채로 스올에 내려갈지어다(시 55:15). 아히도벨의 죽음은 다윗 진영에게는 큰 유익이 되었다. 왜냐하면 만일 그가 그와 같은 모욕을 삭이면서 계속해서 압살롬 곁에 있었다면, 그는 나중에라도 다윗 진영에 치명상을 입힐 계략을 베풀 수도 있었을 것이기 때문이다. 그러므로 그의 목에 밧줄이 걸리고 그의 숨이 멎은 것은 참으로 다행스러운 일이었다. 당시에는 일반적으로 자살한 시체를 욕되게 하지 않았던 것으로 보인다. 아히도벨은 비록 영예롭지 못한 죽음이었음에도 불구하고 그의 조상의 묘에 (영예롭게) 장사되었다. 전도서 8장 10절을 보라(그런 후에 내가 본 즉 악인들은 장사지낸 바 되어 거룩한 곳을 떠나 그들이 그렇게 행한 성읍 안에서 잊어버린 바 되었으니 이것도 헛되도다).

Ⅲ. 압살롬이 자신의 아버지를 추격함. 압살롬은 후새의 조언에 따라 모든 이스라엘 사람들을 소집했으며, 자신이 직접 그들을 거느리고 요단을 건넜다(24절). 그는 자신의 아버지를 나라의 끝 모퉁이로 쫓아내는 것으로 만족하지 않고, 아예 세상 밖으로 쫓아내고자 굳게 결심했다. 그는 자신의 아버지와 더

불어 결전을 벌이기 위해 자신의 모든 군대와 함께 길르앗 땅에 진을 쳤다(26절). 압살롬은 아마사를 군 지휘관으로 삼았다(25절). 아마사의 아버지는 혈통상으로는 이스마엘 사람 예델이었지만(대상 2:17), 개종하여 이스라엘 사람이 됨으로써 이드라란 이름을 갖게 되었다. 아마도 그는 이스라엘 종교로 개종했을 뿐만 아니라, 다윗의 가까운 친척(즉 누이)과 결혼함으로써 이스라엘 사람으로 귀화한 것으로 보인다(따라서 그는 여기에서 이스라엘 사람이라고 불린다). 그의 아내 즉 아마사의 어머니는 다윗의 누이인 아비갈이었다. 그리고 다윗의 다른 누이인 스루야는 요압의 어머니였다(대상 2:16). 따라서 다윗과 요압이 사촌지간이었던 것처럼 다윗과 아마사 역시 그러했다. 압살롬은 아마사의 가문을 존중하여 그를 자기 군대의 총사령관으로 삼았다. 다윗의 아버지 이새가 여기에서 나하스로 불리고 있는데, 아마도 그것은 많은 사람들이 두 개의 이름을 가지고 있었기 때문일 것이다. 그렇지 않으면 나하스는 그의 아내의 이름이었을는지도 모른다.

IV. 다윗이 마하나임에서 만난 친구들. 암몬 왕의 동생 소비가 그에게 은혜를 베풀었다(27절). 어쩌면 소비는 자신의 형 하눈이 다윗의 사신들을 모욕한 것을 몹시 못마땅하게 생각하면서, 과거 다윗으로부터 받은 호의를 지금 갚고 있는 것인지도 모른다. 지금 형통함 가운데 있는 자들은 언젠가 자신들이 지금 자신들의 도움을 필요로 하는 자들의 도움을 필요로 하게 될는지도 모른다는 사실을 항상 기억해야 한다. 바로 이것이 우리가 기회 있을 때마다 모든 사람에게 선을 행해야 하는 이유이다. 남을 윤택하게 하는 자는 자기도 윤택하여지리라(잠 11:25). 암미엘의 아들 마길은 다윗이 므비보셋을 맡을 때까지 그를 부양했던 자로서(9:4), 지금 다윗에게 은혜를 베풀고 있다. 그는 이와 같이 고난 가운데 빠져 있는 왕과 왕족들을 돌보는 일을 맡곤 했다. 바르실래에 관하여는 우리는 나중에 다시 듣게 될 것이다. 이들은 긴 행군으로 지쳐 있는 다윗과 그의 사람들에게 온정을 베풀어 침상과 대야 등의 가구와 밀과 보리 등의 양식을 가져왔다(28, 29절). 다윗은 그들에게 이와 같은 공물(供物)을 가져오도록 강요하지 않았다. 약탈하지 않은 것은 더 말할 나위도 없었다. 그러나 그들은 다윗에 대한 애정과 그가 처한 지금의 곤궁한 상황에 대한 진지한 관심과 자원하는 마음으로 그에게 필요한 것들을 풍성하게 가져왔다. 우리는 여기에서 힘닿는 대로 고통 가운데 있는 모든 자들에게 관대하게 베풀어야 한다는 사실을 배워야 한다. 또한 우리는 여기에서, 때때로 하나님이 자기 가족으로부터 괴로움을 당한 자로 하여금 도리어 외인들로부터 환대와 위로를 받게 하시는 것을 볼 수 있다.

제
— **18** —
장

개요

본 장에서 우리는 압살롬의 죽음과 함께 그의 반란이 끝나고, 이로 인해 다윗에게 있어 다시 보좌로 돌아오는 길이 열리는 것을 보게 된다. 그리고 우리는 다음 장에서 그가 다시 왕위에 복귀하는 것을 보게 될 것이다. 본 장의 내용은 다음과 같다. I. 다윗이 반란자들과 일전을 치르기 위해 준비함(1-5절). II. 압살롬 진영의 완전한 패배(6-8절). III. 압살롬의 죽음과 장사(9-18절). IV. 마하나임에 머물고 있는 다윗에게 소식이 전달됨(19-32절). V. 다윗이 비통한 마음으로 압살롬을 위해 애곡함(33절).

¹이에 다윗이 그와 함께 한 백성을 찾아가서 천부장과 백부장을 그들 위에 세우고 ²다윗이 그의 백성을 내보낼새 삼분의 일은 요압의 휘하에, 삼분의 일은 스루야의 아들 요압의 동생 아비새의 휘하에 넘기고 삼분의 일은 가드 사람 잇대의 휘하에 넘기고 왕이 백성에게 이르되 나도 반드시 너희와 함께 나가리라 하니 ³백성들이 이르되 왕은 나가지 마소서 우리가 도망할지라도 그들은 우리에게 마음을 쓰지 아니할 터이요 우리가 절반이나 죽을지라도 우리에게 마음을 쓰지 아니할 터이라 왕은 우리 만 명보다 중하시오니 왕은 성읍에 계시다가 우리를 도우심이 좋으니이다 하니라 ⁴왕이 그들에게 이르되 너희가 좋게 여기는 대로 내가 행하리라 하고 문 곁에 왕이 서매 모든 백성이 백 명씩 천 명씩 대를 지어 나가는지라 ⁵왕이 요압과 아비새와 잇대에게 명령하여 이르되 나를 위하여 젊은 압살롬을 너그러이 대우하라 하니 왕이 압살롬을 위하여 모든 군지휘관에게 명령할 때에 백성들이 다 들으니라 ⁶이에 백성이 이스라엘을 치러 들로 나가서 에브라임 수풀에서 싸우더니 ⁷거기서 이스라엘 백성이 다윗의 부하들에게 패하매 그 날 그 곳에서 전사자가 많아 이만 명에 이르렀고 ⁸그 땅에서 사면으로 퍼져 싸웠으므로 그 날에 수풀에서 죽은 자가 칼에 죽은 자보다 많았더라

다윗이 마하나임에서 어떤 방법으로 군대를 일으켰는지, 그리고 어떤

증원부대가 보내졌는지 등에 대해 우리는 듣지 못한다. 아마도 이스라엘의 모든 지역으로부터 최소한 가까운 지파들로부터 많은 사람들이 다윗을 돕기 위해 나아왔고, 따라서 아히도벨이 예견한 것처럼 그는 서서히 압살롬에 대항할 수 있게 된 것으로 보인다.

I. 다윗이 자신의 군대를 새롭게 정비함(1, 2절). 틀림없이 다윗은 기도로써 하나님께 모든 것을 맡겼을 것이다. 왜냐하면 바로 그것이 모든 고난 가운데에서 그를 구원하는 것이었기 때문이다. 그러고 나서 그는 자신의 군대를 살폈다. 요세푸스는 그들이 다 해야 고작 4,000명에 불과했을 것이라고 말한다. 다윗은 이들을 천 명씩 그리고 백 명씩 나누고, 그들 위에 천부장과 백부장을 세웠다. 그리고 전체를 삼군(三軍) 즉 좌군과 우군과 중앙군으로 나누고, 각각의 수장으로 요압과 아비새와 잇대를 임명했다. 군대에서 군사의 수가 많은 것 못지않게 중요한 것이 좋은 지휘체계이다. 지혜는 우리에게 우리가 가지고 있는 힘을 극대화하는 방법을 가르쳐 준다.

II. 다윗이 친히 싸움에 나가는 것을 백성들이 만류함. 압살롬의 오만한 마음을 자극하면서 그로 하여금 직접 싸움에 나가도록 설득한 후새는 그의 거짓 친구였다. 반면 다윗의 참된 친구들은 아히도벨의 계략이 왕 한 사람을 죽이는 것이었다는 사실을 상기하면서 다윗이 직접 전장에 나가는 것을 적극 만류했다. 다윗은 자신이 직접 나가겠다고 말함으로써 그들에 대한 자신의 애정을 보여주었으며(2절), 그들은 적극 만류함으로써 그에 대한 자신들의 애정을 보여주었다. 이것은 상대방의 선의(善意)를 거절함으로써 그를 모욕하는 것이 결코 아니었다.

1. 그들은 왕이 위험에 노출되는 것을 결코 내버려 두지 않을 것이었다. 왜냐하면 (그들이 말하기를) 왕은 그들 만 명보다 중하기 때문이었다. 이와 같이 신하들은 자신들의 왕을 귀하게 여기면서, 왕의 안전을 위해서라면 자신들은 기꺼이 위험을 감수하겠다는 마음을 가져야 한다.

2. 그들은 결코 적으로 하여금 기뻐하도록 만들어 주지 않을 것이었다. 적은 다윗의 군대 전체를 패퇴시키는 것보다 다윗 한 사람을 죽이는 것을 더 기뻐할 것이었다.

3. 다윗은 성읍에 머물면서 더욱 효과적으로 (필요한 곳에 지원군을 보내는 등의 방법으로) 그들을 도울 수 있을 것이었다. 그것은 위험한 자리는 아닐지

몰라도 매우 필요한 자리였다. 왕은 그들의 간청을 받아들여 자신의 마음을 바꾸었다(4절): 너희가 좋게 여기는 대로 내가 행하리라. 자기 고집대로만 밀고 나가는 것은 결코 지혜가 아니다. 심지어 부하들의 말이라 할지라도 그것이 선한 것일 때, 우리는 기꺼이 그들의 말을 듣고 필요한 경우 우리의 생각과 계획을 바꿀 수 있어야 한다. 백성들이 여기까지 바라보았는지 여부는 알 수 없지만 어쨌든 하나님의 섭리는 다윗이 전장(戰場)에 나가는 것을 허락하지 않으셨다. 왜냐하면 하나님은 지금 압살롬의 생명을 멸하기로 작정하셨는데, 틀림없이 그의 애틋한 감정이 끼어들어 압살롬의 생명을 살리려고 할 것이었기 때문이다.

Ⅲ. 다윗이 압살롬과 관련하여 내린 명령(5절). 군대가 행렬을 지어 출발할 때, 다윗은 그들을 격려하며 위하여 기도하면서, 거기에 더하여 부디 압살롬을 해치지 말도록 명령했다. 어떻게 그는 이렇게 악에 대하여 선으로 갚을 수 있는가? 압살롬은 어떻게든 다윗을 죽이려고만 하였다. 반면 다윗은 어떻게든 압살롬을 살리려고만 하였다. 양자는 서로 얼마나 정반대인가? 다윗에 대한 압살롬의 증오심처럼 더 비인륜적(unnatural)인 것은 없었다. 반면 압살롬에 대한 다윗의 사랑처럼 더 천부적인(natural) 것도 없었다. 양자(兩者)는 각자 극단까지 감으로써 사람이 어디까지 갈 수 있는지를, 다시 말해서 자식이 가장 선한 아버지에 대해 어디까지 악을 행할 수 있으며, 또 아버지가 가장 악한 자식에 대해 어디까지 선을 베풀 수 있는지를 보여주었다. 마치 그것은 하나님에 대한 인간의 악함과 인간에 대한 하나님의 선하심을 보여주는 것처럼 보인다(둘 중에 어느 것이 더 놀라운지 나는 알지 못한다). 다윗은 말한다. "나를 위하여 젊은 압살롬을 너그러이 대우하라. 그는 아직 어려서 경솔하고 분별이 없으니 부디 그를 용서하라. 그는 나의 사랑하는 아들이라. 만일 너희가 나를 사랑한다면, 그에게 가혹하게 대하지 말라." 이러한 명령을 통해 우리는 다윗이 승리를 강력하게 예견(豫見)하고 있었음을 볼 수 있다. 싸움의 정당성과 하나님의 함께 하심이 자신에게 있었기 때문에, 다윗은 압살롬이 그들의 손에 떨어지게 될 것을 의심치 않았고, 따라서 그들에게 부디 압살롬을 너그러이 대하여 목숨은 남겨두라고 명령했다.

홀 주교는 이에 관하여 길게 설명한다. "이것은 얼마나 왜곡된 사랑인가? 이것은 부당한 자비가 아닌가? 반역자를 너그러이 대하란 말인가? 모든 반역자들 가운데 오직 한 아들에게만 너그러이 대하란 말인가? 모든 아들들 가운데 오직 압살롬에게만 너그러이 대하란 말인가? 그토록 패역하고 악한 아들에게? 그는 그렇게 말하는 아버지의 왕관과 피를 쫓던 자가 아니었던가? 그(다윗)를 위해 (압살롬을 죽이는 것을) 억제해야만 한다면, 그(다윗)는 도대체 누구를 위해 쫓김을 당해야만 했단 말인가? 이것이 과연 자비를 베풀 만한 싸움이란 말인가? 그러나 이것은 이스라엘의 참된 구속자요 왕이신 분의 한량없는 자비의 모형으로 행해진 것이었다. 그는 자신을 핍박하고 죽이는 자들에게 이렇게 기도하셨다. 아버지여 저들을 용서하여 주옵소서 나를 위하여 저들을 너그러이 대하소서." 하나님이 자기 자녀를 고치기 위해 어떤 고통을 보내실 때, 그러한 고통은 다음과 같은 명령과 함께 임한다. "나를 위하여 그들을 너그러이 대하라." 왜냐하면 하나님은 우리의 연약함을 아시기 때문이다.

IV. 다윗의 군대가 완전한 승리를 거둠. 전쟁은 에브라임 수풀에서 벌어졌다(6절). 이 곳은 본시 갓 지파에 속한 지역이었지만, 에브라임 사람들이 이 곳에서 어떤 기념비적인 전투를 수행함으로써 그와 같은 이름으로 불리게 되었다. 다윗은 적들이 마하나임에 이르기 전에 어느 정도 거리가 떨어진 곳에서 적들과 대치하는 것이 좋겠다고 생각했다. 만일 그렇게 하지 않는다면 자신에게 은신처를 제공해 준 성읍이 전화(戰禍)에 휩싸이지 않을 수 없게 될 것이었다. 이제 결과는 정정당당한 싸움에 의해 결판나게 될 것이었다. 요세푸스는 이 싸움이 매우 치열했다고 말한다. 그러나 마침내 반역자들은 완전히 패배를 당하고, 그들 가운데 2만 명이 전사하게 되었다(7절). 이제 그들은 합법적인 왕을 대적하고 선한 통치에 대해 불평하며 그토록 위대한 통치자에게 배은망덕하게 행동한 것에 대해 응분의 대가(代價)를 치르게 되었다. 그리고 그들은 찬탈자를 위해 무기를 드는 것이 어떤 결과를 가져오는지 알게 되었다. 그(찬탈자)는 입맞춤과 어루만짐으로 속여 그들 모두를 멸망으로 이끌었다. 그가 그들에게 약속한 상급과 높은 자리와 태평성대는 어디에 있는가? 지금 그들은 서로 꾀하여 여호와와 그의 기름 부음 받은 자를 대적하는 것이 어떤 결과를 가져오는지를 보고 있었다(시 2:2). 또한 그들은 하나님이 자신들을 대적하여 싸우고 계셨다는 사실을 볼 수 있었다.

1. 그들은 모든 면에서 훨씬 열등한 소수의 군대에 의해 패배를 당했다.

2. 그들은 스스로를 구원하기 위해 도망치다가 스스로를 멸망에 이르게 하

고 말았다.

그 날에 수풀에서 죽은 자가 칼에 죽은 자보다 많았더라(8절). 피난처로 생각했던 수풀이 칼보다도 그들을 더 깊이 삼키는 것이 되었다. 그들이 수풀 속으로 도망침으로써 이제 다윗의 군대로부터 안전하게 되었다고 생각하면서 "진실로 사망의 괴로움이 지났도다"라고 말하는 순간, 하나님의 공의가 그들을 뒤쫓아 가서 그들을 살지 못하게 했다. 반역자들이 신적 보응을 피해 어디로 도망칠 수 있겠는가? 구덩이와 수렁과 그루터기와 덤불과 맹수들이 칼에 죽은 2만 명보다 더 많은 병사들을 죽음으로 이끌었다. 여기에서 하나님은 다윗을 위해 싸우셨지만, 동시에 그를 대적하며 싸우시기도 하셨다. 왜냐하면 여기에서 죽임을 당한 모든 자들도 결국은 그 자신의 백성들이며, 이러한 살육으로 그의 나라는 약화될 수밖에 없었기 때문이었다. 로마 사람들은 내전(內戰)에서 승리한 것에 대해서는 결코 개선행진을 허락하지 않았다.

[9] 압살롬이 다윗의 부하들과 마주치니라 압살롬이 노새를 탔는데 그 노새가 큰 상수리나무 번성한 가지 아래로 지날 때에 압살롬의 머리가 그 상수리나무에 걸리매 그가 공중과 그 땅 사이에 달리고 그가 탔던 노새는 그 아래로 빠져나간지라 [10] 한 사람이 보고 요압에게 알려 이르되 내가 보니 압살롬이 상수리나무에 달렸더이다 하니 [11] 요압이 그 알린 사람에게 이르되 네가 보고 어찌하여 당장 쳐서 땅에 떨어뜨리지 아니하였느냐 내가 네게 은 열 개와 띠 하나를 주었으리라 하는지라 [12] 그 사람이 요압에게 대답하되 내가 내 손에 은 천 개를 받는다 할지라도 나는 왕의 아들에게 손을 대지 아니하겠나이다 우리가 들었거니와 왕이 당신과 아비새와 잇대에게 명령하여 이르시기를 삼가 누구든지 젊은 압살롬을 해하지 말라 하셨나이다 [13] 아무 일도 왕 앞에는 숨길 수 없나니 내가 만일 거역하여 그의 생명을 해하였더라면 당신도 나를 대적하였으리이다 하니 [14] 요압이 이르되 나는 너와 같이 지체할 수 없다 하고 손에 작은 창 셋을 가지고 가서 상수리나무 가운데서 아직 살아 있는 압살롬의 심장을 찌르니 [15] 요압의 무기를 든 청년 열 명이 압살롬을 에워싸고 쳐죽이니라 [16] 요압이 나팔을 불어 백성들에게 그치게 하니 그들이 이스라엘을 추격하지 아니하고 돌아오니라 [17] 그들이 압살롬을 옮겨다가 수풀 가운데 큰 구멍에 그를 던지고 그 위에 매우 큰 돌무더기를 쌓으니라 온 이스라엘 무리가 각기 장막으로 도망하니라 [18] 압살롬이 살았을 때에 자기를 위하여 한 비석을 마련하여 세웠으니 이

는 그가 자기 이름을 전할 아들이 내게 없다고 말하였음이더라 그러므로 자기 이름을 기념하여 그 비석에 이름을 붙였으며 그 비석이 왕의 골짜기에 있고 이제까지 그것을 압살롬의 기념비라 일컫더라

압살롬은 나무에 매달려 어찌할 바를 알지 못한 채 쩔쩔매고 있다가 결국 목숨을 잃고 만다. 그는 승리에 대한 큰 기대를 품고 싸움을 시작했다가, 다윗의 부하들과 마주치자 크게 놀라며 당황한다(9절). 다윗은 자신의 병사들에게 압살롬을 너그러이 대하라고 명령했다. 그럼에도 불구하고 압살롬은 다윗의 부하들과 마주치자 큰 두려움에 빠지고 말았다. 다윗의 부하들과 마주쳤을 때, 압살롬은 노새에 박차를 가하면서 도망치기에 급급하다가 결국 스스로의 멸망을 향해 곤두박질치고 말았다. 두려움에서 도망하는 자는 함정에 떨어지겠고 함정에서 나오는 자는 올무에 걸리리니(렘 48:44). 다윗은 그를 살리려고 했지만, 그러나 하나님의 공의는 그를 반역자로 판결하고 그에 합당한 처벌을 받도록 했다 — 그는 나무에 매달려 산 채로 붙잡혔으며, 창에 찔려 창자가 흘러나오고 그의 시신이 수치스럽게 노출되었다.

I. 압살롬이 나무에 매달림. 그는 큰 상수리나무의 번성한 가지 아래로 필사적으로 노새를 몰았다. 아마도 가지들은 한 번도 다듬어지지 않은 채 서로 얽혀 있었을 것이다. 그러던 중 그의 머리가 가지에 걸리게 되었는데, 그의 목이 걸린 것이든지 아니면 (그가 그토록 자랑스럽게 여겼던) 그의 긴 머리털이 걸렸을 것이다. 이렇게 하여 그는 더 이상 도망치지 못한 채 거기에 매어달려 있게 되었다. 그는 스스로 어떻게 손을 쓸 수가 없었는데, 그것은 너무나 당황했기 때문이거나 아니면 너무나 심하게 걸렸기 때문일 것이다. 그는 버둥거리면 거릴수록 더욱더 곤란한 상태가 되었다. 이렇게 하여 그는 다윗의 부하들의 눈에 띄게 되었으며, 그는 싸울 수도 없고 도망칠 수도 없는, 그리고 스스로를 구원하기 위해 아무 일도 할 수 없는 상태에서 수치와 두려움에 빠져 있었다. 이와 관련하여 다음을 주목하라.

1. 노새는 그 아래로 **빠져나갔다.** 마치 무거운 짐을 벗어버리고 그것을 상수리나무에 떠맡긴 것을 즐거워하는 것처럼 그렇게 했다. 이와 같이 모든 피조물이 인간의 타락의 무거운 짐 아래서 탄식하고 있다. 그러나 머지않아 그러한 짐으로부터 구원받게 될 것이다(롬 8:21, 22).

2. 압살롬은 하늘과 땅 사이에 매달렸다. 마치 양쪽 모두로부터 쓸모없어 버려짐을 당하는 것처럼 그러했다. 땅도 그를 지켜주지 않았으며, 하늘도 그를 받아주지 않았다. 그러므로 오직 지옥만이 그를 받기 위해 입을 벌리고 있었다.

3. 이것은 너무도 놀라우며 흔히 보기 어려운 일이었다. 그러나 이것이 그에게 합당했던 것은 그의 죄가 너무도 끔찍하며 소름끼치는 것이었기 때문이다. 만일 그가 탄 노새가 그를 반쯤 죽은 상태로 땅에 처박았다면 그래서 다윗의 부하들이 달려와 처치해 버렸다면, 결과적으로만 본다면 똑같은 일이 벌어졌을 것이다. 그러나 만일 그랬다면 그것은 너무나 평범한 형벌이 되었을 것이다. 하나님은 여기에서 마치 다단과 아비람의 경우에서처럼 새 일을 행하심으로써 이 사람(즉 압살롬)이 여호와를 얼마나 멸시했는지를 나타내셨다(민 16:29-30, 곧 이 사람들의 죽음이 모든 사람과 같고 그들이 당하는 벌이 모든 사람이 당하는 벌과 같으면 여호와께서 나를 보내심이 아니거니와 만일 여호와께서 새 일을 행하사 땅이 입을 열어 이 사람들과 그들의 모든 소유물을 삼켜 산 채로 스올에 빠지게 하시면 이 사람들이 과연 여호와를 멸시한 것인 줄을 너희가 알리라). 여기에서 압살롬이 나무에 매달림으로써 모든 자녀들에게 부모를 대적하는 것이 얼마나 큰 죄인가 하는 것을 보여주는 경계가 되었다(잠 30:17, 아비를 조롱하며 어미 순종하기를 싫어하는 자의 눈은 골짜기의 까마귀에게 쪼이고 독수리 새끼에게 먹히리라).

Ⅱ. 다윗의 부하 가운데 한 사람이 압살롬을 발견함. 그는 즉시 요압에게 달려와, 압살롬이 상수리나무에 매달려 있는 것을 보고했다(10절). 이와 같이 압살롬은 구경거리와 표적이 되었으며, 의인이 보고 웃는 존재가 되었다(시 52:6). 그가 나무에 달려 괴로움을 당하고 있는 동안, 그와 함께 했던 친구들은 그를 나무로부터 풀어줄 수 있는 어느 정도의 시간적 여유가 있었음에도 불구하고 아무도 그렇게 하려고 하지 않은 채 모두 도망가 버리고 말았다. 요압은 압살롬을 처치하지 않은 것으로 인해 그 병사를 꾸짖는다(11절). 요압은 만일 그가 압살롬을 쳤다면 그에게 은 열 개와 띠 하나를 주었을 것이라고 말한다. 여기에서 띠는 지휘관의 직책을 의미하는 것인데, 당시에는 아마도 띠를 매어 줌으로써 그러한 직책을 부여하는 것을 나타냈던 것으로 보인다(사 22:21을 보라). 그러나 그 병사는 비록 압살롬을 대항하여 싸우는 일에는 열심이었지만 자신

은 결코 그를 죽이지는 않겠노라고 말한다. 그는 말한다. "세상 전부를 준다 할지라도 그를 죽이지 않을 것입니다. 왜냐하면 그리한다면 그 대가로 나의 머리를 내놓아야 할 것이기 때문입니다. 당신 자신이 그와 관련한 왕의 명령의 증인이 아닙니까?(12절). 만일 내가 그를 죽였다면 당신 자신도 나를 대적할 것이지 않겠습니까?"(13절). 반역을 좋아하는 자는 반역자를 증오하는 법이다 (여기에서 반역을 좋아한다는 것은 "왕의 명령에 거역하기를 즐겨한다"는 뜻임). 요압은 그 병사의 말을 반박할 수 없었으며, 그의 신중함을 비난할 수도 없었다. 따라서 아무런 대답도 하지 않고 다만 급박함을 구실로 대화를 중단한다(14절): 나는 너와 같이 지체할 수 없다. 상관은 부하를 나무라기에 앞서 먼저 신중히 생각하고 그렇게 해야 한다. 만일 그렇게 하지 않는다면, 그로 인해 나중에 부끄러움을 당하게 될 것이다.

III. 압살롬이 (말하자면) 사지가 찢기고 창자가 흘러나옴. 그는 나무에 달린 채로 반역자로서 처참하게 난도질을 당했다. 그는 모든 두려움과 고통을 그대로 느끼면서 죽었다.

1. 요압은 그의 몸을 향해 창 세 개를 던졌다. 압살롬은 상수리나무 가운데 아직 살아 있었으므로, 이것은 틀림없이 그에게 큰 고통을 가져다주었을 것이다 (14절). 요압이 이렇게 왕의 명령에 직접적으로 불순종한 것이 과연 정당화될 수 있는지 여부는 나는 알지 못한다. 이것이 너그러이 대한 것이었나? 만일 다윗이 이 곳에 있었다면, 과연 요압의 행동을 그대로 받아들였을까? 그러나 이것은 다윗을 위한 일이었다고 말할 수 있다. 비록 지나치게 관대한 아버지의 명령을 따르지는 않았다 할지라도, 실질적으로 요압은 왕과 나라를 위한 일을 수행한 것이었다. 그리고 만일 그가 이렇게 하지 않았다면, 그는 양자(즉 왕과 나라)의 안녕을 위태롭게 했을 것이었다. 백성의 안녕이 최고의 법이다.

2. 이어 요압의 무기 든 청년 열 명이 압살롬을 쳤다(15절). 그들은 압살롬을 에워싼 후 그를 쳐죽였다. 여호와여 주의 모든 원수들을 멸하소서. 그러고 난 후 요압은 퇴각나팔을 불었다(16절). 이제 압살롬은 죽었고 반란은 끝났다. 백성들은 곧 다윗에게 돌아올 것이며, 따라서 더 이상의 피를 흘릴 필요가 없었다. 더 이상 사람들을 포로로 잡아 반역자로서 재판에 회부할 필요도 없었다. 모든 이들로 하여금 각자 자기 장막으로 돌아가게 하라. 그들은 모두 왕의 백성들이요 그의 선한 신민(臣民)들이다.

Ⅳ. 압살롬의 시신이 불명예스럽게 처리됨, 그들이 압살롬을 옮겨다가 수풀 가운데 큰 구멍에 그를 던지고(17, 18절). 그들은 압살롬의 시신을 그의 아버지에게 가져가지도 않았으며(지금과 같은 상황에서 그렇게 했다면 오히려 왕의 슬픔을 더욱 크게 할 뿐이었을 것이다), 또한 땅에 묻지도 않았다. 다만 그에 대해 분개하면서 그의 시신을 옆에 있는 구멍에 던져버렸다. 그가 그토록 자랑했으며 또 많은 사람들의 탄복을 받았던 그의 아름다움은 이제 어디에 있는가? 그의 야심찬 계획과 상상 속에 쌓은 성들은 어디에 있는가? 그의 모든 생각들은 다 사라졌으며, 그와 함께 그 자신도 사라졌다. 그리고 에스겔 선지자의 말처럼(겔 32:27) 그의 백골 위에 그의 죄가 얼마나 무겁게 놓였는지를 나타내기 위해, 그들은 그 위에 큰 돌무더기를 쌓았다. 그것은 그러한 돌무더기로 하여금 그의 악을 증거하는 기념비가 되게 하며 또한 반역의 아들로서 이렇게 돌 던짐을 당해 마땅함을 나타내고자 함이었다(신 21:21). 여행하는 자들은 이 곳을 보면서 이 날을 기억할 것이다. 또 왕래하는 자들은 다음과 같은 취지의 말을 하면서 돌무더기 위에 또 다른 돌을 던질 것이다: 반역자 압살롬에게 저주가 있을지어다 자기 부모에게 반역하며 일어나는 모든 악한 자녀들에게 영원히 저주가 있을지어다. 그의 죽음의 수치를 더욱 강조하기 위해, 역사가(즉 사무엘하 저자)는 그가 예루살렘 근처 기드론 골짜기에 세운 비석을 언급한다. 그는 스스로를 기념하기 위해 그 비석에다가 자기 이름을 붙였다(18절). 어쩌면 그는 자신이 죽으면 그 비석 아래 묻히고자 생각했을는지 모른다. 그의 머릿속은 얼마나 어리석고 무의미한 계획들로 가득 차 있었는가! 대부분의 사람들은 자신이 죽으면 시신을 어떻게 처리할 것인가에 대해서는 크게 염려하면서 정작 더 중요한 영혼이 어떻게 될 것인가에 대해서는 별로 염려하지 않는다. 압살롬에게는 세 아들이 있었다(14:27). 그러나 지금 그에게는 아무도 남아있지 않았던 것으로 보인다. 하나님은 죽음으로써 그들을 데려가셨고, 반역자 아들로 하여금 '무자(無子)한 자'로 기록되게 하셨다. 이러한 결핍(즉 아들이 없는 것)을 메우기 위해 그는 비석을 세웠다. 그러나 이에 대해서도 하나님의 섭리는 그의 계획을 허락하지 않으시고, 대리석 비석 대신에 조악(粗惡)한 돌무더기로 하여금 그의 기념비가 되게 하셨다. 이와 같이 스스로 높아지고자 하는 자는 낮아질 것이다. 그의 관심은 자기 이름이 영원히 기념되는 것이었다. 그리고 실제로 그렇게 되었지만, 그러나 영원한 수치로서 그렇게 되었다. 그는 단순히 다윗의 아들들 가운데 하

나인 것만으로는 만족할 수 없었다(그들은 단지 이름 외에는 아무것도 기록되지 않았다). 그는 이름을 떨치고 싶었다. 그러나 그가 떨친 것은 명예로운 이름이 아니라 악명 높은 이름이었다. 그 비석은 그의 이름은 담고 있을 것이지만 그러나 그의 명예는 담지 못할 것이었다. 그것은 압살롬의 영광을 위해 계획되었지만, 결국 그의 어리석음을 드러내는 것이 되고 말았다.

[19] 사독의 아들 아히마아스가 이르되 청하건대 내가 빨리 왕에게 가서 여호와께서 왕의 원수 갚아 주신 소식을 전하게 하소서 [20] 요압이 그에게 이르되 너는 오늘 소식을 전하는 자가 되지 말고 다른 날에 전할 것이니라 왕의 아들이 죽었나니 네가 오늘 소식을 전하지 못하리라 하고 [21] 요압이 구스 사람에게 이르되 네가 가서 본 것을 왕께 아뢰라 하매 구스 사람이 요압에게 절하고 달음질하여 가니 [22] 사독의 아들 아히마아스가 다시 요압에게 이르되 청하건대 아무쪼록 내가 또한 구스 사람의 뒤를 따라 달려가게 하소서 하니 요압이 이르되 내 아들아 너는 왜 달려가려 하느냐 이 소식으로 말미암아서는 너는 상을 받지 못하리라 하되 [23] 그가 한사코 달려가겠노라 하는지라 요압이 이르되 그리하라 하니 아히마아스가 들길로 달음질하여 구스 사람보다 앞질러가니라 [24] 때에 다윗이 두 문 사이에 앉아 있더라 파수꾼이 성 문 위층에 올라가서 눈을 들어 보니 어떤 사람이 홀로 달려오는지라 [25] 파수꾼이 외쳐 왕께 아뢰매 왕이 이르되 그가 만일 혼자면 그의 입에 소식이 있으리라 할 때에 그가 점점 가까이 오니라 [26] 파수꾼이 본즉 한 사람이 또 달려오는지라 파수꾼이 문지기에게 외쳐 이르되 보라 한 사람이 또 혼자 달려온다 하니 왕이 이르되 그도 소식을 가져오느니라 [27] 파수꾼이 이르되 내가 보기에는 앞선 사람의 달음질이 사독의 아들 아히마아스의 달음질과 같으니이다 하니 왕이 이르되 그는 좋은 사람이니 좋은 소식을 가져오느니라 하니라 [28] 아히마아스가 외쳐 왕께 아뢰되 평강하옵소서 하고 왕 앞에서 얼굴을 땅에 대고 절하며 이르되 왕의 하나님 여호와를 찬양하리로소이다 그의 손을 들어 내 주 왕을 대적하는 자들을 넘겨 주셨나이다 하니 [29] 왕이 이르되 젊은 압살롬은 잘 있느냐 하니라 아히마아스가 대답하되 요압이 왕의 종 나를 보낼 때에 크게 소동하는 것을 보았사오나 무슨 일인지 알지 못하였나이다 하니 [30] 왕이 이르되 물러나 거기 서 있으라 하매 물러나서 서 있더라 [31] 구스 사람이 이르러 말하되 내 주 왕께 아뢸 소식이 있나이다 여호와께서 오늘 왕을 대적하던 모든 원수를 갚으셨나이다 하니 [32] 왕이 구스 사람에게 묻되 젊은 압살롬은 잘 있느냐 구스

사람이 대답하되 내 주 왕의 원수와 일어나서 왕을 대적하는 자들은 다 그 청년과 같이 되기를 원하나이다 하니 ³³왕의 마음이 심히 아파 문 위층으로 올라가서 우니라 그가 올라갈 때에 말하기를 내 아들 압살롬아 내 아들 내 아들 압살롬아 차라리 내가 너를 대신하여 죽었더면, 압살롬 내 아들아 내 아들아 하였더라

압살롬의 반역사건은 사실상 끝났다. 이제 우리는 여기에서 다음과 같은 내용을 보게 된다.

I. 그 소식이 다윗에게 전달됨. 다윗은 전쟁이 벌어졌던 에브라임 수풀에서 어느 정도 떨어진 마하나임 성읍에 머물고 있었다. 압살롬 진영의 흩어진 병사들은 모두 마하나임의 반대 쪽 그러니까 요단 쪽으로 도망치고 있었다. 따라서 다윗의 파수꾼들은 전령이 와서 소식을 전해줄 때까지는 전쟁이 어떻게 되었는지 알 수 없었으며, 따라서 왕은 성문에 앉아 소식을 기다릴 수밖에 없었다(24절).

1. 요압은 구스 사람을 불러 전쟁의 결과와 관련한 소식을 왕에게 전하도록 명령한다(21절). 그는 구스 즉 에디오피아 사람이었는데, 어떤 이들은 그가 태어나면서부터 검은 피부를 가진 자로서 요압을 수행했으며 아마도 압살롬을 처치한 열 명 가운데 한 사람이었을 것이라고 생각한다(18:15). 다윗에게 소식을 전하는 것은 어쩌면 위험한 일일 수도 있었다. 왜냐하면 그의 운명이 사울과 이스보셋의 죽음의 소식을 전한 전령들의 운명과 같은 운명이 될는지도 모를 일이었기 때문이다.

2. 왕에게 소식을 전하기를 누구보다도 열망한 사람은 젊은 제사장 아히마아스였다(그는 압살롬 진영의 움직임과 관련한 정보를 다윗에게 전달한 두 제사장 가운데 한 사람이었다, 17:17). 그는 반란의 먹구름이 거두어진 것이 너무도 기뻤다: 내가 빨리 왕에게 가서 여호와께서 왕의 원수 갚아 주신 소식을 전하게 하소서(19절). 그가 소식을 전하기를 그토록 열망한 것은 상급을 받고자 해서가 아니라(그는 그런 것은 이미 초월한 사람이었다) 자신이 사랑하는 왕에게 이 좋은 소식을 전하는 기쁨과 만족을 갖고자 함이었다. 요압은 아히마아스보다도 다윗에 대해 더 잘 알고 있었다. 어차피 이야기는 압살롬이 죽었다는 것으로 결말지어질 텐데, 그의 죽음의 소식은 나머지 모든 내용을 망쳐놓기에 충분할 것이었다. 요압은 아히마아스를 너무도 사랑했기 때문에 그러한 소식을

전하는 전령으로 보낼 수가 없었다(20절). 그러한 소식은 제사장에 의해서보다는 하급 병사에 의해 전달되는 것이 더 적절했다. 그러나 구스 사람이 출발한 후 아히마아스는 그를 뒤따라가게 해 달라고 간곡하게 간청했으며 결국 허락을 받았다(22, 23절). 다른 사람이 전령으로 보냄 받은 것을 알면서도 어째서 아히마아스는 그 일을 그토록 자신이 맡고 싶어한 것이었을까?

(1) 어쩌면 그것은 자신의 빠름을 나타내기 위한 것이었을는지 모른다. 구스 사람이 빨리 달리지 못하는 것과 가까운 길을 두고 멀리 돌아가는 것을 보면서, 아히마아스는 자신이 얼마나 빨리 달릴 수 있는지 그리고 얼마나 쉽게 그를 따라잡을 수 있는지를 보여줄 마음을 가졌다. 제사장에게 있어 발이 빠른 것이 큰 자랑거리는 아닐 것이다. 그러나 아마도 아히마아스는 그것을 자랑스럽게 여겼던 것으로 보인다.

(2) 어쩌면 그것은 왕의 마음을 좀 더 부드럽게 준비시키기 위함이었을는지 모른다. 아히마아스는 자신이 구스 사람을 앞지를 수 있음을 알고 있었다. 따라서 그가 전해 줄 소식을 듣기에 앞서 먼저 일반적인 보고로써 왕의 마음을 준비시켜 주려고 했을 것이다. 어차피 나쁜 소식이 전해져야만 한다면, 그나마 점진적으로 전해지는 것이 나을 것이다. 그렇게 한다면 좀 더 쉽게 감당할 수 있게 될 것이다.

3. 두 사람 모두 마하나임 성문의 파수꾼에게 발견된다. 앞서 달려오는 자는 아히마아스였고(24절), 그 다음이 구스 사람이었다(26절). 본래는 구스 사람이 먼저 출발했지만 얼마 후 아히마아스가 따라잡았다.

(1) 한 사람이 달려오고 있다는 말을 듣자 왕은 그가 전령일 것이라고 결론짓는다(25절): 그가 만일 혼자면 그의 입에 소식이 있으리라. 왜냐하면 만일 전쟁에 패하여 도망치는 것이라면 한 사람이 아니라 많은 사람들이 몰려왔을 것이기 때문이다.

(2) 그가 아히마아스라는 말을 듣자 왕은 그가 좋은 소식을 가져올 것이라고 결론짓는다(27절). 아마도 아히마아스는 잘 달리는 것으로 유명했던 것으로 보인다. 따라서 아직 먼 거리였음에도 불구하고 파수꾼은 그를 알아볼 수 있었다. 다윗은 만일 전령이 아히마아스라면 그가 가져오는 소식은 필경 좋은 소식일 것이라고 확신한다. "그는 좋은 사람이며 왕이 잘 되는 것을 누구보다도 열망하는 자로서 반드시 나쁜 소식을 가져오지 않을 것이라." 복음의 좋은 소식

을 전하는 자는 필경 선한 자가 아니겠는가? 그렇다면 복음의 좋은 소식을 전하는 자는 그 복음으로 인해 얼마나 환영을 받아야 마땅한가?

4. 아히마아스는 승리의 소식을 전한다(28절). 그는 얼마간 떨어진 곳에서 외친다. "평화, 평화가 왔나이다." 전쟁이 끝나고 평화가 오는 것은 갑절로 환영할 만한 일이다. "내 주 왕이여 모든 일이 잘 되었나이다. 이제 위험은 끝났으며, 왕께서 기뻐하시면 예루살렘으로 돌아갈 수 있게 되었나이다." 그리고 가까이 다가왔을 때 그는 왕에게 좀 더 상세하게 소식을 전한다. "손을 들어 왕을 대적하는 자들이 모두 끊어졌나이다." 그리고 그는 제사장답게 이 모든 것의 영광을 하나님 곧 전쟁과 평화의 하나님이시요 구원과 승리의 하나님께 돌린다: "왕의 하나님 여호와를 찬양하리로소이다. 그가 당신의 하나님으로서 당신의 보좌를 굳게 하시겠다는 약속에 따라(7:16) 이 일을 행하셨나이다." 아히마아스는 이렇게 말하면서 얼굴을 땅에 대고 절했는데, 그것은 왕에게 경의를 표하는 것일 뿐만 아니라 하나님께 겸손히 경배를 드리기 위함이었다. 이와 같이 왕으로 하여금 승리에 대해 하나님께 감사드리도록 이끎으로써 아히마아스는 왕으로 하여금 이제 듣게 될 소식을 위해 준비시켰다. 우리 마음이 하나님께서 베푸신 모든 은혜에 더 많이 감사하게 될수록 우리는 고난에 대해 더 잘 참고 견딜 수 있게 될 것이다. 가련한 다윗은 자신이 왕이라는 사실을 잊을 정도로 너무나 아버지의 감정에 치우쳤다. 따라서 그는 승리의 기쁜 소식에도 불구하고 젊은 압살롬이 무사한지를 알기까지는 결코 기뻐할 수 없었다. 다윗의 마음은, 비슷한 상황에서 엘리가 하나님의 궤에 대하여 그랬던 것처럼, 압살롬에 대해 몹시 초조했다. 아히마아스는 압살롬의 죽음이 이 날의 소식 전체를 우울한 것으로 만들어 버릴 것이라는 요압의 이야기를 생각하면서, 따라서 자신의 보고 속에서 이 문제는 아직 확실치 않은 것처럼 남겨두었다. 그리고 그 청천벽력 같은 소식은 이제 달려오고 있는 다른 전령의 몫으로 남겨두었다. "요압이 왕의 종(즉 구스 사람)과 당신의 종인 나를 소식을 전하라고 보냈을 때, 내가 크게 소동하는 것을 보았나이다. 그러나 나는 그에 대해 말할 것이 없나이다. 구스 사람이 나보다 더 잘 보고할 수 있을 것이나이다. 나는 나쁜 소식을 전하는 자가 되지 않을 것이나이다. 또한 완전하게 알지 못하는 것을 마치 다 아는 것처럼 꾸미지도 않을 것이나이다." 그리하여 아히마아스는 구스 사람이 올 때까지 물러나 서 있었다(30절). 이제 우리는 구스 사람이 승리에 대한 좀 더

상세한 소식을 왕에게 전달할 것이라고 추측할 수 있다.

5. 뒤이어 도착한 전령은 아히마아스가 전한 승리의 소식을 다시 한 번 확인시켜 준다: 여호와께서 오늘 왕을 대적하던 모든 원수를 갚으셨나이다(31절). 또한 그는 압살롬과 관련한 왕의 궁금증을 풀어준다. 다윗이 묻는다. "압살롬은 잘 있느냐?" 이에 구스 사람이 대답한다. "예, 그는 무덤에서 잘 있나이다." 그러나 그는 매우 조심스럽게 소식을 전한다. 그 소식이 아무리 우울한 것이라 할지라도 그 전령에게 어떤 비난도 가해져서는 안 된다. 그는 압살롬이 나무에 매달렸으며 창에 찔렸으며 돌무더기 아래 장사되었다고 직접적으로 그리고 분명하게 말하지 않았다. 다만 왕을 대적하여 반란을 일으키는 모든 자들의 운명이 그의 운명과 같이 되기를 원하노라고 에둘러 말할 뿐이었다(32절): 내 주 왕의 원수와 일어나서 왕을 대적하는 자들은 다 그 청년과 같이 되기를 원하나이다.

II. 소식을 듣고 난 후의 다윗의 태도   다윗은 승리에 대한 모든 기쁨을 잊어버린 채 압살롬이 죽었다는 슬픈 소식에 완전히 압도되었다(33절). 구스 사람의 입을 통해 압살롬이 죽었다는 소식을 듣자마자, 다윗은 더 이상의 질문을 하지 않은 채 사람들로부터 물러나 깊은 슬픔의 격정 속에 사로잡혔다. 그는 문 위층으로 올라가면서 다음과 같이 울부짖었다. "내 아들 압살롬아 내 아들 내 아들 압살롬아, 아 내가 너를 위하여 애곡하노라 네가 어찌 이렇게 떨어졌단 말이냐! 차라리 내가 너를 대신하여 죽었더면! 그러면 네가 오늘날 살아 있을 것을, 압살롬 내 아들아 내 아들아." 나는 이것이 압살롬의 영원한 운명에 대한 염려로부터 나온 것으로 믿고 싶다. 또한 다윗이 그를 대신하여 죽기를 원한 것 역시 그가 자신의 죄를 회개하고 구원받기를 바라는 마음으로부터 나온 것으로 믿고 싶다. 그러나 그렇다기보다 아마도 그의 격한 슬픔으로부터 북받치듯 토설한 말이라고 보는 것이 좀 더 정확할 것이다. 바로 이것이 그의 약함이었다. 그는 다음과 같은 이유로 비난을 받아야 한다.

1. 그의 사랑은 너무도 맹목적이었다. 압살롬은 하나님과 사람으로부터 버림을 당했는데, 그것은 너무도 정당한 것이었다. 그럼에도 불구하고 단지 잘 생기고 기지(機智)가 있다는 이유로 그토록 맹목적으로 사랑하는 것은 분명 비난받을 만한 일이 아닐 수 없다.

2. 그는 신적 섭리뿐만 아니라 신적 공의와도 다투려는 태도를 가졌다. 압살롬에 대한 하나님의 섭리와 하나님의 공의에 대해 다윗은 잠잠히 받아들였어

야 했다. 빌닷의 말을 들어보라(욥 8:3-4, 하나님이 어찌 정의를 굽게 하시겠으며 전능하신 이가 어찌 공의를 굽게 하시겠는가 네 자녀들이 주께 죄를 지었으므로 주께서 그들을 그 죄에 버려두셨나니). 또한 레위기 10장 3절을 보라(모세가 아론에게 이르되 이는 여호와의 말씀이라 이르시기를 나는 나를 가까이 하는 자 중에서 내 거룩함을 나타내겠고 온 백성 앞에서 내 영광을 나타내리라 하셨느니라 아론이 잠잠하니).

3. 그는 나라의 공의를 거슬렀다. 그는 왕으로서 공의를 집행하는 위치에 있었다. 그는 모든 문제에 있어 혈육의 정보다 공적인 공의를 우선했어야 했다.

4. 그는 자신이 구원받은 은혜를 가벼이 여겼다. 그의 가족과 나라가 압살롬의 반란으로부터 구원을 받았음에도 불구하고, 그것이 압살롬의 죽음을 통해 이루어졌다는 이유 때문에 마치 그것이 별 것 아니라는 듯이 별로 감사할 일도 아니라는 듯이 행동한 것은 분명 잘못된 태도였다.

5. 그는 격한 감정에 빠져 분별없는 말을 함부로 내뱉었다. 그는 지금 다른 아이가 죽었을 때 자기 입으로 말한 것조차 잊어버렸다(내가 아이를 다시 돌아오게 할 수 있느냐). 또한 그는 내가 내 입에 재갈을 먹이리라는 결심(시 39:1)도 잊어버렸으며, 지금 그가 취하고 있는 태도는 다른 때에 그가 취했던 행동과는 너무도 달랐다(시 131:2, 실로 내가 내 영혼으로 고요하고 평온하게 하기를 젖 뗀 아이가 그의 어머니 품에 있음 같게 하였나니 내 영혼이 젖 뗀 아이와 같도다). 선한 자라 하여 항상 좋은 상태에 있는 것은 아니며, 지나친 사랑은 지나친 슬픔을 가져오는 법이다. 그러므로 모든 사랑에 있어 우리의 마음을 다스리며 스스로를 지키는 것이 훌륭한 지혜이다(우리가 가장 사랑했던 자가 우리를 떠날 때에도 역시 마찬가지이다). 말이 많으면 실수도 많으며, 말이 적으면 실수도 적다. 회개하며 고통하는 자는 혼자 잠잠히 앉아 있는 법이다(애 3:28). 차라리 욥처럼 이렇게 말하자(욥 1:21): 주신 이도 여호와시요 거두신 이도 여호와시오니 여호와의 이름이 찬송을 받으실지니이다.

$$제\ 19\ 장$$

개요

　　우리는 앞 장에서 다윗의 군대의 승리에도 불구하고 다윗은 눈물 가운데 있었던 것을 살펴보았다. 이제 본 장의 내용은 다음과 같다. I. 다윗이 요압의 설득으로 다시 자신으로 돌아옴(1-8절). II. 다윗이 다시 왕권을 회복함. 1. 이스라엘 사람들이 적극적으로 다시 왕을 모셔오고자 함(9-10절). 2. 유다 사람들이 다윗의 대행자로서 이 일을 수행함(11-15절). III. 왕이 요단을 건너 돌아오면서 1. 시므이의 죄가 용서 받음(16-23절), 2. 므비보셋이 자신의 결백을 이야기함(24-30절), 3. 바르실래가 베푼 친절에 대해 감사를 표하면서 그의 아들에게 보상을 내림(31-39절). IV. 이스라엘 사람들이 왕이 돌아오는 일에 자신들을 부르지 않은 일로 유다 사람들과 다툼(40-43절). 이 일로 인해 새로운 반란이 야기되는데, 우리는 그와 관련한 이야기를 다음 장에서 보게 될 것이다.

¹어떤 사람이 요압에게 아뢰되 왕이 압살롬을 위하여 울며 슬퍼하시나이다 하니 ²왕이 그 아들을 위하여 슬퍼한다 함이 그 날에 백성들에게 들리매 그 날의 승리가 모든 백성에게 슬픔이 된지라 ³그 날에 백성들이 싸움에 쫓겨 부끄러워 도망함 같이 가만히 성읍으로 들어가니라 ⁴왕이 그의 얼굴을 가리고 큰 소리로 부르되 내 아들 압살롬아 압살롬아 내 아들아 내 아들아 하니 ⁵요압이 집에 들어가서 왕께 말씀드리되 왕께서 오늘 왕의 생명과 왕의 자녀의 생명과 처첩과 비빈들의 생명을 구원한 모든 부하들의 얼굴을 부끄럽게 하시니 ⁶이는 왕께서 미워하는 자는 사랑하시며 사랑하는 자는 미워하시고 오늘 지휘관들과 부하들을 멸시하심을 나타내심이라 오늘 내가 깨달으니 만일 압살롬이 살고 오늘 우리가 다 죽었더면 왕이 마땅히 여기실 뻔하였나이다 ⁷이제 곧 일어나 나가 왕의 부하들의 마음을 위로하여 말씀하옵소서 내가 여호와를 두고 맹세하옵나니 왕이 만일 나가지 아니하시면 오늘 밤에 한 사람도 왕과 함께 머물지 아니할지라 그리하면 그 화가 왕이 젊었을 때부터 지금까지 당하신 모든 화보다 더욱 심하리이다 하니 ⁸왕이 일어나 성문에 앉으매 어떤 사람이 모든 백성에게 말하되 왕이 문에 앉아 계신다 하니 모든 백성이 왕

앞으로 나아오너라 이스라엘은 이미 각기 장막으로 도망하였더라

전령들이 마하나임에 머물고 있던 다윗에게 압살롬의 패배와 죽음의 소식을 전하기 위해 보냄 받은 직후 요압과 모든 군대가 왕의 승리를 빛내고 또 뒤이어 어떻게 할 것인지에 대한 명령을 하달받기 위해 돌아왔다. 이제 여기에서 우리는 다음과 같은 내용을 보게 된다.

I. 그들이 돌아와 왕이 울며 슬퍼하고 있는 것을 발견함. 압살롬의 죽음으로 인해 왕이 슬퍼하며 울고 있는 것을 보았을 때, 그들은 큰 실망과 허탈에 빠지지 않을 수 없었다. 그들은 왕이 자신들을 큰 기쁨과 감사로 맞아줄 것으로 기대했을 것이다. 그러나 그들에게 있어 왕의 그와 같은 행동은 자신들의 한 일에 대해 왕이 기뻐하지 않고 있음을 보여주는 증표로밖에는 해석될 수 없었다. 왕이 압살롬을 인해 울며 슬퍼하고 있다는 소식이 요압에게 전해졌고(1절), 이어 온 군대에 퍼졌다(2절). 백성들은 통치자의 말과 행동에 특별한 주의를 기울이는 법이다. 우리를 바라보는 눈이 많으면 많을수록 우리의 영향력은 그만큼 더 큰 것이며, 그만큼 우리는 말과 행동에 있어 그리고 감정을 다스림에 있어 더 지혜로울 필요가 있다. 마하나임 성읍에 돌아왔을 때, 그들은 왕이 애곡하고 있는 것을 발견했다(4절). 그 때 다윗은 마치 왕을 만나러 온 장군들을 보지도 않겠다는 듯이 혹은 아무런 주의도 기울이지 않는 것처럼 얼굴을 가리고 있었다.

1. 왕이 감정을 표출하는 모습을 보았을 때 그들은 경악하지 않을 수 없었다. 왕은 그와 같은 감정의 표출을 마땅히 부끄러워해야 했다. 용사로서의 명성을 생각해서라도 왕은 자신의 슬픔을 억제하고 감추어야 했다. 그러나 왕은 그와 같은 불합리한 격정에 너무도 쉽게 굴복함으로써 그의 용사로서의 명성은 크게 실추되지 않을 수 없었다. 또한 왕과 나라를 위해 큰 일을 행한 병사들을 실망시킴으로써 백성에 대한 그의 영향력 역시도 크게 손상될 것이었다. 왕이 자신의 슬픔을 어떻게 나타냈는지 보라(4절): 왕이 큰 소리로 부르되 내 아들 압살롬아 압살롬아 내 아들아 내 아들아 하니. "나의 종들은 모두 안전하게 돌아왔건만 내 아들은 어디에 있단 말이냐? 그는 죽었도다. 죄 가운데 죽었도다. 나는 그가 영원한 멸망을 당했을까 두렵도다. 나는 그에게로 갈 것이라고 말할 수 없노라. 왜냐하면 나의 영혼은 죄인들과 함께 있지 않을 것이기 때문이라. 내

가 너를 위해 무슨 일을 해야만 한단 말이냐, 오 압살롬아 내 아들아 내 아들아!"

2. 왕이 그러한 감정의 표출을 그토록 오랫동안 지속한 것을 보았을 때 그들은 경악하지 않을 수 없었다. 왕은 군대가 돌아올 때까지도 계속해서 울며 슬퍼하고 있었다. 틀림없이 이 때는 처음 소식을 들은 때로부터 어느 정도 시간이 지난 후였을 것이다. 만일 왕이 처음 소식을 듣고 한두 시간 정도 슬픔의 격정 가운데 빠지는 것으로 만족했다면, 그것은 어느 정도 받아들여질 수 있는 일이었을 것이다. 그러나 압살롬처럼 극악한 아들을 위해 그토록 오랫동안 슬픔의 격정에 빠져 눈물로써 승리를 얼룩지게 만드는 것은 너무도 어리석고 무가치한 일이 아닐 수 없었다. 이제 이 일이 백성들에게 얼마나 나쁜 영향을 끼치고 있는지 주목하라. 그들은 왕을 비난하고 싶어하지 않았다. 왜냐하면 다윗이 행하는 일은 대부분 백성들을 기쁘게 하는 것이었기 때문이었다(3:36). 그러나 그들은 이것을 너무도 억울한 일로 받아들였다. 그 날의 승리가 모든 백성에게 슬픔이 된지라(2절). 그 날에 백성들이 싸움에 쫓겨 부끄러워 도망함 같이 가만히 성읍으로 들어가니라(3절). 그들은 왕의 눈치를 보면서 승리의 기쁨을 극도로 자제했다. 그렇게 하지 않는다면, 그것은 왕을 더욱 괴롭게 할 것이기 때문이었다. 이와 같이 그들은 승리의 기쁨을 숨기지 않을 수 없게 된 것으로 인해 거북할 수밖에 없었다. 위에 있는 자들은 밑에 있는 자들에게 이와 같은 곤란함을 안겨 주어서는 안 된다.

II. 요압이 다윗의 분별없는 처사를 맹렬히 견책함. 다윗에게 지금보다 백성들의 충정이 더 필요한 때는 없었다. 따라서 지금 자신의 백성들을 불편하게 만드는 것은 그에게 있어 가장 지혜롭지 못한 일이 될 것이었다. 그리하여 요압은 다윗을 견책한다(5-7절). 그는 지극히 타당한 말을 했지만, 그러나 왕에게 합당한 경의와 존경심을 품고 그렇게 하지는 않았다. 왕에게 "당신이 악하게 행하도다"라고 말하는 것이 과연 합당한 일인가? 우리 위에 있는 자들이 명백한 잘못을 행할 때, 우리는 정당하게 탄원할 수 있으며 또 그들은 마땅히 견책 받을 수 있다. 그러나 오만하고 무례하게 해서는 결코 안 된다. 다윗은 정말로 견책을 받고 새롭게 각성할 필요가 있었다. 그리고 요압은 가만히 앉아 기다리고만 있을 때가 아니라고 생각했다. 아래 있는 자들이 위에 있는 자들의 어리석은 일에 대해 말할 때, 위에 있는 자들은 그것을 이상하게 생각해서도 안 되며 또한 나쁘게 받아들여서도 안 된다.

1. 요압은 병사들의 공로를 강조한다. "그들은 왕의 생명을 구원하였으므로 마땅히 후대 받을 자격이 있나이다. 그런데 그렇게 하시지 않는다면 그들이 분개하지 아니하겠나이까?" 왕이 지금 눈물로 애곡하는 압살롬은 왕과 왕의 가족을 파멸시키고자 했던 사람이 아니며, 그로 말미암아 지금 눈치를 보고 있는 병사들은 왕과 왕에게 속한 모든 것을 파멸로부터 구원한 자들이 아니냐는 것이었다. 따라서 왕이 병사들의 큰 공로를 대수롭지 않게 여기는 잘못을 범했다는 것이었다.

2. 요압은 왕이 병사들을 크게 실망시켰다고 말한다. "왕이 그들의 얼굴을 부끄럽게 하셨나이다. 그들은 왕의 목숨을 그토록 귀하게 여겼으나, 왕은 그들의 목숨을 무가치하게 여기고 도리어 왕과 나라를 배반한 패역한 악인의 목숨을 소중히 여겼나이다. 원수는 사랑하고 친구는 미워하는 이 같은 일보다 더 어리석고 불합리한 일이 어디에 있겠나이까?"

3. 요압은 왕에게 즉시 일어나 병사들을 위로해 주라고 조언한다. 승리하고 돌아온 것에 대하여 축하하며, 웃음으로 환영하면서, 그들의 수고에 감사를 표하라는 것이었다. 명령대로 행한 자라 할지라도 훌륭하게 임무를 수행했을 때 감사받기를 기대하는 법이다.

4. 요압은 만일 왕이 이렇게 하지 않는다면 또 다른 반란이 일어나게 될 것이라고 위협한다. 이토록 감사할 줄 모르는 왕을 섬기느니 자신부터 반란의 대열에 합류할 것을 은연중 암시하면서, 그렇게 되면 한 사람도 왕과 함께 머물지 아니하게 될 것이라고 말한다. "만일 내가 떠나면 그들도 떠날 것이나이다. 그러면 지금까지 왕을 괴롭게 했던 일들은 아무것도 아닌 일이 될 것이나이다. 만일 왕이 계속해서 압살롬을 위해 애곡한다면, (요세푸스가 표현한 대로) 더 쓰라리게 애곡할 일을 내가 만들게 될 것이나이다."

III. 다윗이 요압의 충고와 견책을 온유하게 받아들임(8절). 다윗은 애곡하는 자처럼 보이지 않기 위해 슬픔을 털어버리고, 머리에 기름을 바르고, 얼굴을 씻었다. 그리고 나서 성문에서 백성들 앞에 스스로를 드러냈다. 그러자 백성들이 그 앞으로 모여들었고, 그들은 왕과 자신들이 이제 안전하게 된 것을 기뻐하며 축하했다. 잘못한 것을 깨달았을 때(설령 아랫사람으로부터의 견책을 통해서라 할지라도, 그리고 그 가운데 다소 무례한 점이 있다 할지라도), 즉시로 우리는 그러한 잘못을 바로잡아야 한다.

⁹이스라엘 모든 지파 백성들이 변론하여 이르되 왕이 우리를 원수의 손에서 구원하여 내셨고 또 우리를 블레셋 사람들의 손에서 구원하셨으나 이제 압살롬을 피하여 그 땅에서 나가셨고 ¹⁰우리가 기름을 부어 우리를 다스리게 한 압살롬은 싸움에서 죽었거늘 이제 너희가 어찌하여 왕을 도로 모셔 올 일에 잠잠하고 있느냐 하니라 ¹¹다윗 왕이 사독과 아비아달 두 제사장에게 소식을 전하여 이르되 너희는 유다 장로들에게 말하여 이르기를 왕의 말씀이 온 이스라엘이 왕을 왕궁으로 도로 모셔오자 하는 말이 왕께 들렸거늘 너희는 어찌하여 왕을 궁으로 모시는 일에 나중이 되느냐 ¹²너희는 내 형제요 내 골육이거늘 너희는 어찌하여 왕을 도로 모셔오는 일에 나중이 되리요 하셨다 하고 ¹³너희는 또 아마사에게 이르기를 너는 내 골육이 아니냐 네가 요압을 이어서 항상 내 앞에서 지휘관이 되지 아니하면 하나님이 내게 벌 위에 벌을 내리시기를 바라노라 하셨다 하라 하여 ¹⁴모든 유다 사람들의 마음을 하나 같이 기울게 하매 그들이 왕께 전갈을 보내어 이르되 당신께서는 모든 부하들과 더불어 돌아오소서 한지라 ¹⁵왕이 돌아와 요단에 이르매 유다 족속이 왕을 맞아 요단을 건너가게 하려고 길갈로 오니라

다윗이 압살롬 진영의 패배와 흩어짐 직후 모든 군대와 함께 즉각 예루살렘으로 돌아오지 않은 것은 다소 의아한 일이다. 그렇게 함으로써 그는 반란자들이 혼란에 빠져 미처 전열을 가다듬기 전에 자신의 왕도(王都)를 되찾을 수 있을 것이었다. 그가 다시 돌아오는데 무슨 문제가 있었는가? 그는 승리한 군대를 이끌고 곧바로 돌아올 수 없었는가? 물론 그럴 수 있었다. 그러나

1. 그는 정복자로서 위압적인 모습으로 돌아오려고 하지 않고 왕으로서 모든 백성의 동의와 찬동으로 돌아오고자 했다. 그는 백성들의 자유를 회복시켜 주고자 할 뿐 결코 그것을 탈취하거나 억압하려고 하지 않았다.

2. 그는 평화롭고 안전하게 돌아올 것이었다. 그는 자신이 돌아오는 일에 어떤 어려움이나 반대로 없을 것으로 확신했다. 그는 백성들이 즐거운 마음으로 자신을 맞아주기를 바랐다.

3. 그는 본래의 존귀한 자리로 돌아갈 것이었다. 따라서 군대의 선두(先頭)에 서서 돌아오고자 하지 않고 백성들의 팔에 안겨 돌아오고자 했다. 지혜와 선함으로 백성의 사랑을 받는 왕이 힘으로써 백성의 두려움이 되는 왕보다 훨씬 더 위대한 법이기 때문이다. 따라서 다윗은 어느 정도 격식을 갖춰 자신의

도성 예루살렘으로 돌아올 것이었다. 우리는 여기에서 그 일이 다음과 같이 협의되는 것을 보게 된다.

I. 이스라엘 사람들이(즉 열 지파가) 먼저 이 문제에 대해 변론함(9, 10절). 백성들은 이 문제에 대해 논란을 벌였다. 그것은 온 나라에 걸친 큰 논쟁거리였다. 아마도 어떤 이들은 반대했을 것이다: "그로 하여금 스스로 돌아오든지 아니면 그냥 그 곳에 머물든지 하게 하라." 반면 다른 이들은 다음과 같은 논거를 제시하면서 왕의 귀환을 적극적으로 추진해야 한다고 주장했을 것이다.

1. 다윗은 오랫동안 자신들을 도와 왔다. 그는 자신들을 위해 전쟁을 수행했으며, 원수들을 굴복시켰으며, 많은 일들을 감당했다. 따라서 자신들에게 그토록 큰 은혜를 베푼 자를 그대로 방치한 채 내버려 두는 것은 부끄러운 일이라는 것이었다. 나라와 백성을 위한 선한 봉사는 비록 잠시는 잊힐지라도 곧 다시 기억되게 된다는 사실을 주목하라.

2. 압살롬은 자신들의 기대를 저버렸다. "우리는 어리석게도 백향목(즉 다윗)에 대해 싫증을 내면서, 그 가지(즉 압살롬)을 택하여 우리를 다스릴 자로 삼았다. 그러나 우리는 그 결과가 어떤 것인지 다 보았다. 그는 불살라졌으며, 우리는 그와 함께 불살라지는 것으로부터 가까스로 피하였다. 그러므로 우리가 다시 돌이켜 왕을 돌아오게 하는 일을 생각해 보자." 아마도 이것 즉 왕으로 하여금 돌아오도록 할 것이냐 말 것이냐가 아니라 그를 돌아오게 하지 않는 것이 누구의 잘못이냐 하는 것이 그들 사이의 논쟁의 초점이었을 것이다. 이와 같은 경우에 흔히 그런 것처럼, 모든 사람들은 스스로를 정당화하면서 다른 사람을 비난했다. 백성들은 장로들에게, 장로들은 백성들에게, 이 지파는 저 지파에게 서로 책임을 전가했다. 피차 선행을 격려하는 것은 칭찬할 만한 일이지만, 그러나 서로 비난하며 참소하는 것은 너무도 나쁜 일이다. 공적인 일(즉 여기에서는 왕을 돌아오게 하는 일)을 게을리한 것에 대해서는 모든 사람이 비난을 공유(共有)해야만 한다. 왜냐하면 모든 사람이 마땅히 했어야 하는 일보다 훨씬 적은 일을 했거나 아니면 아무 일도 하지 않았기 때문이다.

II. 유다 사람들이 다윗의 지시에 의해 먼저 이 일을 수행함(11절). 다윗 자신의 지파인 유다 사람들이 왕으로 하여금 예루살렘으로 돌아오게 하는 일을 다른 지파들보다 앞장서서 추진하지 않았던 것은 다소 의아한 일이다. 다윗은 다른 지파들에서는 왕을 돌아오게 하는 일이 활발하게 논의되고 있는 반면 정작 (그토록 오랫동안 그와 함께 했던) 유다 지파에서는 아무런 움직임도 없다는 보고를 받았다. 우리가 가장 크게 기대하고 있는 자들이 항상 우리에게 가장 큰 호의를 베푸는 것은 아니다. 그러나 다윗은 자신의 지파(즉 유다 지파)의 생각을 알 때까지는 예루살렘으로 돌아가지 않으려고 하였다. 유다는 그의 홀이었다(시 60:7).

1. 다윗은 사독과 아비아달 두 제사장을 불러 유다 장로들과 교섭하도록 하고, 그렇게 함으로써 그들로 하여금 그들 지파의 자랑거리인 왕을 다시 예루살렘으로 돌아오게 하는 일을 속히 추진하도록 격려한다(11, 12절). 이들 두 제사장보다 이 일에 더 적합한 사람은 아무도 없었다. 왜냐하면 이들은 매우 분별 있는 사람들로서 다윗을 굳게 지지하고 있었을 뿐만 아니라 백성들에게도 상당한 영향력을 가지고 있었기 때문이었다. 어쩌면 유다 사람들은 이 일을 그다지 깊이 생각하지 않고 있었는지 모른다. 따라서 지금 그들을 각성시켜 움직이도록 할 필요가 있었다. 많은 사람들은 선한 일에 대하여 자신들이 직접 앞장서지는 않지만 그러나 기꺼이 따라가기는 한다. 아무도 그들을 각성시켜 주지 않음으로 인해 계속해서 그와 같은 상태에 있는 것은 참으로 안타까운 일이다. 혹은, 어쩌면 그들은 압살롬을 따름으로써 다윗을 크게 분노케 한 것을 생각하면서 그의 귀환을 두려워하고 있었는지도 모른다. 따라서 다윗은 두 제사장에게 다음과 같은 말로 그들을 확신시켜 줄 것을 지시한다: "너희는 내 형제요 내 골육이므로 나는 너희를 가혹하게 대할 수 없노라." 다윗의 자손은 우리를 형제요 골육으로 부르기를 기뻐하셨는데, 이로 인해 우리는 그의 호의를 기대할 수 있게 된다. 혹은, 어쩌면 지금 유다 사람들은 자신들보다도 다른 지파들이 앞장서서 그 일을 수행해 주기를 바랐고, 따라서 지금 여기에서 바로 그것을 책망 받고 있었던 것인지도 모른다. "왕을 다시 모셔오자는 모든 이스라엘의 말이 왕의 귀에 들렸거늘 유다는 이 일에 마지막이 되려 하느냐? 마땅히 처음이 되어야 하지 않겠느냐? 왕의 지파(곧 유다 지파)의 그 유명한 용맹이 지금 어디에 있느냐? 너희의 충성심이 어디에 있단 말이냐?" 우리는 위대하고 선한 일에 우리의 조상들과 이웃의 모범에 의해 그리고 우리 자신의 위치를 생각하면서 일깨움을 받아야 한다. 영광을 받는 일에는 첫째가 되면서 마땅히 감당해야 할 책임을 이행하는 일에는 마지막이 되어서는 결코 안 된다.

2. 다윗은 특별히 압살롬 진영의 장군이었던 아마사를 회유한다(13절). 그는

요압과 마찬가지로 다윗의 조카였다. 다윗은 그가 자신의 친척이라는 사실을 상기시키면서 만일 그가 자신 앞에 나오기만 한다면 그로 하여금 요압을 대신하여 모든 군대의 지휘관이 되게 하겠다고 약속한다. 아마사는 다윗이 과연 자신을 용서해 줄 것인지 의문을 품었을 것이지만, 그러나 다윗은 그를 용서할 뿐만 아니라 높은 자리에 등용할 것이었다. 원수였던 자를 친구로 만듦으로 인해 우리는 아무것도 잃지 않는다. 이 중요한 시기에 아마사의 영향력은 다윗에게 큰 힘이 될 것이었다. 그러나 다윗이 아마사에 대한 자신의 계획을 공공연히 말한 것은 결과적으로 지혜롭지 못한 처사였다. 왜냐하면 그 일은 요압의 분노를 격발시켰고, 결국 아마사는 요압의 손에 죽음을 당하게 되기 때문이다(20:10).

3. 이렇게 하여 다윗의 계획은 효과를 거두게 되었다. 그는 모든 유다 사람들의 마음을 한쪽 즉 왕이 돌아오도록 하는 쪽으로 기울게 했다(14절). 하나님의 섭리는 두 제사장의 설득과 아마사의 영향력을 통해 그들의 마음을 이와 같이 움직였다. 다윗은 이와 같이 백성들이 자신을 초청할 때까지 결코 움직이려고 하지 않았다. 그러다가 백성들의 초청을 받고나서야 비로소 요단으로 왔으며, 거기에서 그들은 서로 만나게 되었다(15절). 우리 주 예수는 자신을 마음의 보좌에 초청하는 자들에게 임하셔서 그들을 다스리실 것이다(그렇지만 자신을 초청하기 전까지는 그들 가운데 임하시지 않을 것이다). 그는 먼저 그들의 마음을 움직이셔서 권능의 날에 자신에게 나아오게 만드시고, 그러고 난 후 원수들 중에 다스리실 것이다(시 110:2, 3).

[16]바후림에 있는 베냐민 사람 게라의 아들 시므이가 급히 유다 사람과 함께 다윗 왕을 맞으러 내려올 때에 [17]베냐민 사람 천 명이 그와 함께 하고 사울 집안의 종 시바도 그의 아들 열다섯과 종 스무 명과 더불어 그와 함께 하여 요단 강을 밟고 건너와 왕 앞으로 나아오니라 [18] 왕의 가족을 건너가게 하며 왕이 좋게 여기는 대로 쓰게 하려 하여 나룻배로 건너가니 왕이 요단을 건너가게 할 때에 게라의 아들 시므이가 왕 앞에 엎드려 [19] 왕께 아뢰되 내 주여 원하건대 내게 죄를 돌리지 마옵소서 내 주 왕께서 예루살렘에서 나오시던 날에 종의 패역한 일을 기억하지 마시오며 왕의 마음에 두지 마옵소서 [20]왕의 종 내가 범죄한 줄 아옵기에 오늘 요셉의 온 족속 중 내가 먼저 내려와서 내 주 왕을 영접하나이다 하니 [21]스루야의 아들 아비새가 대답

하여 이르되 시므이가 여호와의 기름 부으신 자를 저주하였으니 그로 말미암아 죽어야 마땅하지 아니하니이까 하니라 ²²다윗이 이르되 스루야의 아들들아 내가 너희와 무슨 상관이 있기에 너희가 오늘 나의 원수가 되느냐 오늘 어찌하여 이스라엘 가운데에서 사람을 죽이겠느냐 내가 오늘 이스라엘의 왕이 된 것을 내가 알지 못하리요 하고 ²³왕이 시므이에게 이르되 네가 죽지 아니하리라 하고 그에게 맹세하니라

여호수아의 인도 아래 요단을 건넌 이래로 이스라엘은 항상 큰 사건과 관련하여 요단을 건넌 것을 우리는 보게 된다. 지금도 마찬가지였다. 다윗은 압살롬을 피해 도망치면서 특별히 요단 땅에서 하나님을 기억했다(시 42:6, 내 하나님이여 내 영혼이 내 속에서 낙심이 되므로 내가 요단 땅과 헤르몬과 미살 산에서 주를 기억하나이다). 그리고 지금 그 땅은 특별히 그의 귀환의 영광으로 빛나고 있었다. 병사들은 스스로 요단을 건너기 위한 장비를 마련했지만, 왕의 가족을 위해서는 나룻배가 보내어졌다(18절). 어떤 이들은 이것이 '여러 척의 배'를 의미하는 것이라고 말하며, 또 어떤 이들은 '배들로 이어 만든 다리'가 만들어졌을 것이라고 말한다. 요단 강가에서 다윗은 두 명의 특별한 인물을 만나게 되는데, 그들은 그가 피신하는 동안 그를 야비하게 모욕한 자들이었다.

I. 시바. 그는 거짓말로 자기 주인(즉 므비보셋)을 참소함으로써 왕으로부터 주인의 모든 재산을 하사받은 자였다(16:4). 그는 왕으로 하여금 친구(즉 요나단)의 아들에게 가혹한 일을 하도록 만듦으로써 왕을 크게 모욕했다. 지금 그가 자기 아들들과 종들을 거느리고 왕을 맞이하러 나왔는데(17절), 그것은 왕의 호의를 얻고 잠시 후 므비보셋이 왕에게 진실을 말할 것에 미리 대비하고자 한 것이었다(26절).

II. 시므이. 그는 악담과 저주로써 왕을 모욕한 자였다(16:5). 만일 다윗이 패배했다면, 그는 의심의 여지 없이 계속해서 그를 짓밟으며 자신이 한 행동을 자랑했을 것이다. 그러나 다윗이 승리하며 돌아오자 그는 다윗과 더불어 화해하는 것이 자신에게 유익할 것이라고 생각한다. 지금 다윗의 자손을 업신여기며 모욕하는 자들은 그가 영광 가운데 다시 오실 때 그와 화해하고자 애쓸 것이지만, 그러나 그 때는 너무 늦을 것이다.

1. 시므이는 왕의 환심을 사기 위해 유다 사람들과 함께 나온다. 아마도 그

는 그들 가운데 어느 정도의 영향력을 가지고 있었던 것으로 보인다.

2. 시므이는 왕의 환심을 사기 위해 베냐민 사람 1,000명을 데리고 나온다. 아마도 그는 그 1,000명을 지휘하는 천부장으로서, 그들 모두가 왕을 섬기겠다는 뜻이었을 것이다. 혹은 어쩌면 그들은 시므이의 영향력에 의해 왕을 만나기 위해 모인 지원병들이었는지도 모른다. 이것은 다윗에게 큰 호의가 아닐 수 없었다. 왜냐하면 이스라엘의 모든 지파들 가운데 다윗에게 경의를 표하기 위해 나온 자들은 그들과 유다 외에는 아무도 없었기 때문이었다.

3. 그는 때를 놓치지 않고 속히 자신이 할 일을 했다. 너를 고발하는 자와 함께 길에 있을 때에 급히 사화하라(마 5:25). 여기에서 우리는 다음과 같은 것을 보게 된다.

(1) 범죄자의 굴복(18-20절): 그가 왕 앞에 엎드려. 그는 참회자로서 그리고 애원자로서 왕 앞에 엎드렸다. 그는 다윗의 모든 종들과 자신의 친구인 유다 사람들과 자신이 거느린 천 명 앞에서 공개적으로 왕 앞에 엎드렸다. 그는 공개적으로 죄를 범했으므로, 왕 앞에 굴복하는 것도 역시 공개적이어야 했다. 그는 자신의 죄를 시인한다: 왕의 종 내가 범죄한 줄 아옵기에. 그는 또 자신이 한 일이 패역한 일이었음을 인정한다 :종의 패역한 일을 기억하지 마시오며. 그리고 그는 왕의 용서를 구한다: 내 주여 원하건대 내게 죄를 돌리지 마옵소서. 그는 자신의 죄의 용서 여부가 왕의 크고 관대한 마음에 달려 있다고 말한다: 왕의 마음에 두지 마옵소서. 그는 자신이 요셉의 온 족속 중 처음으로 나와 왕을 영접한다고 말함으로써 자신의 충성심을 변론한다(여기에서 요셉은 다윗 통치 초기에 이스보셋을 따름으로써 유다와 나누어진 이스라엘을 말하는 것이다, 삼하 2:10). 그가 처음으로 나옴으로써 나머지 사람들도 그의 모범을 따라 나올 것이며, 왕이 만일 그를 관대하게 대한다면 나머지 사람들도 그것을 보고 큰 힘과 격려를 받게 될 것이다.

(2) 아비새가 그를 심판하겠다고 나섬(21절). "시므이가 여호와의 기름 부으신 자를 저주하였으니 그로 말미암아 죽어야 마땅하지 아니하니이까? 그를 죽여 모든 사람의 본을 삼아야 하지 아니하겠나이까?" 시므이를 심판하겠다고 나선 사람은 아비새였는데, 그는 시므이가 왕을 저주했을 때 자기 목숨을 걸고 그를 죽이겠다고 했던 사람이었다(16:9). 다윗은 지금 그렇게 하는 것은 적절치 않다고 생각했다. 그것은 그의 통치권이 압살롬의 반란으로 인해 크게 위축되고 말

았기 때문이었다. 그러나 이제 그의 통치권은 회복되고 있었다. 그런데 어째서 율법대로 시행되지 말아야 한단 말인가? 여기에서 아비새는 무엇이 다윗에게 더 이득이 되는가 하는 생각보다 그의 감정이 어떨 것인가 하는 것을 먼저 생각했다. 통치자들은 '엄격하게 행동하고자 하는 시험'에 대해 스스로를 경계할 필요가 있다.

(3) 왕의 명령에 의해 그가 사면(赦免)을 받음(22, 23절). 다윗은 불쾌한 마음으로 아비새의 말을 거절한다: 스루야의 아들들아 내가 너희와 무슨 상관이 있기에 너희가 오늘 나의 원수가 되느냐. 분노와 복수의 정신을 가진 사람들, 그리고 우리로 하여금 가혹하고 엄격하게만 행동하도록 조언하는 사람들과는 가능한 한 관계를 적게 가지는 것이 우리에게 유익하다. 다윗은 이러한 참소자들(즉 스루야의 아들들)을 자신의 원수로 바라본다(비록 그들이 왕의 명예를 위한 열정과 충성심으로 꾸미고 있다 할지라도). 우리로 하여금 그릇된 행동을 하도록 조언하는 자들은 사실상 우리의 원수요 사탄이다.

[1] 그들은 왕의 관대한 성품을 대적하는 자들이었다. 다윗은 오늘 자신이 이스라엘의 왕이 된 것을 알았다: 내가 오늘 이스라엘의 왕이 된 것을 내가 알지 못하리요. 오늘 그의 왕권은 회복되고 다시 세워졌다. 따라서 그는 시므이를 기꺼이 용서해 줄 것이었다. 겸비하여 항복하는 자를 용서해 주는 것은 왕의 영광이다. 다윗에게 오늘은 기쁨의 날이었으며, 그의 기쁨은 그로 하여금 기꺼이 시므이를 용서해 주도록 이끌었다. 오늘의 큰 즐거움으로 인해 언짢은 일은 행하지 말아야 했다. 기쁨의 날은 용서의 날이 되어야 한다. 그러나 이것이 전부는 아니었다. 왕권을 다시 회복시켜주신 하나님의 자비를 경험했을 때 그는 기꺼이 시므이에게 자비를 베풀고자 했다(그는 잠시나마 왕권을 잃은 것을 자신의 죄로 돌렸다). 용서함을 받은 자는 또한 남을 용서해야 한다. 다윗은 암몬 사람들이 자신의 사신들을 모욕했을 때는 가혹하게 복수했지만(12:31), 한 이스라엘 백성에 의해 자신이 모욕을 당한 것에 대해서는 그냥 지나간다. 전자(前者)는 이스라엘 전체에 대한 모욕이며 그의 나라와 왕권의 명예를 건드리는 것이었지만, 후자(後者)는 단지 개인적인 것이었으므로 그는 좀 더 쉽게 용서해 줄 수 있었다.

[2] 그들은 왕의 이익(interest)을 대적하는, 다시 말해서 왕을 해롭게 하는 자들이었다. 만일 다윗이 자신을 저주한 시므이를 죽였다면, 무기를 들고 그와

전쟁을 벌였던 모든 자들은 자신들도 결국 똑같은 운명에 처하게 될 것이라고
생각할 것이었다. 그렇게 되면 그들은 모두 그로부터 도망칠 것이었다. 그는
지금 그들을 자신에게 돌아오기 하고자 애쓰고 있었는데, 그렇게 되면 모든 것
이 허사가 될 것이었다. 가혹하게 대하는 것은 대부분의 경우 지혜롭지 못한
행동이다. 왕권은 자비에 의해 세워지는 법이다. 여기에서 시므이의 사면(赦免)
은 맹세로써 확증되고 인쳐졌다. 그러나 그것(즉 그의 사면)은 의심의 여지 없
이 그의 선한 행실에 근거한 것이었다. 만일 나중에 악한 행동을 한다면, 그는
이 일에 대한 형벌을 받게 될 것이었다. 이와 같이 그는 자비의 기념비로서 뿐
만 아니라 공의의 기념비로서 유보되었다.

²⁴사울의 손자 므비보셋이 내려와 왕을 맞으니 그는 왕이 떠난 날부터 평안히 돌아
오는 날까지 그의 발을 맵시 씻지 아니하며 그의 수염을 깎지 아니하며 옷을 빨지
아니하였더라 ²⁵예루살렘에서 와서 왕을 맞을 때에 왕이 그에게 물어 이르되 므비
보셋이여 네가 어찌하여 나와 함께 가지 아니하였더냐 하니 ²⁶대답하되 내 주 왕이
여 왕의 종인 나는 다리를 절므로 내 나귀에 안장을 지워 그 위에 타고 왕과 함께
가려 하였더니 내 종이 나를 속이고 ²⁷종인 나를 내 주 왕께 모함하였나이다 내 주
왕께서는 하나님의 사자와 같으시니 왕의 처분대로 하옵소서 ²⁸ 내 아버지의 온 집
이 내 주 왕 앞에서는 다만 죽을 사람이 되지 아니하였나이까 그러나 종을 왕의 상
에서 음식 먹는 자 가운데에 두셨사오니 내게 아직 무슨 공의가 있어서 다시 왕께
부르짖을 수 있사오리이까 하니라 ²⁹ 왕이 그에게 이르되 네가 어찌하여 또 네 일을
말하느냐 내가 이르노니 너는 시바와 밭을 나누라 하니 ³⁰므비보셋이 왕께 아뢰되
내 주 왕께서 평안히 왕궁에 돌아오시게 되었으니 그로 그 전부를 차지하게 하옵
소서 하니라

　　　　다윗이 돌아온 날은 동시에 그가 피신할 때에 일어났던 일들을 결산
하는 날이었다. 우리는 시므이어 이어 므비보셋이 왕을 맞이하기 위해 나오는
것을 보게 된다.

I. 므비보셋이 왕을 맞이하기 위해 내려왔다(24절).　　이렇게 하여 그는 왕이
다시 돌아오게 된 것에 대해 자신이 얼마나 진심으로 기뻐하는지를 나타냈다.
우리는 여기에서 왕이 쫓겨나 있던 동안 그가 진심으로 슬퍼하며 지냈던 것을

듣게 된다. 이스라엘의 가장 큰 자랑거리 가운데 한 사람이 왕도를 떠나 있던 그 우울한 기간 동안, 므비보셋은 매우 우울한 상태로 지냈다. 그는 자신을 다듬지도 않고 옷을 빨지도 않으면서, 다만 왕의 고통과 나라의 위난(危難)에 대해 슬퍼하면서 지냈다. 나라가 위난에 빠져 있을 때 우리는 육신의 즐거움을 삼가야 한다. 하나님이 우리로 하여금 울며 애곡하도록 부르시는 때가 있는데, 우리는 그러한 부르심에 순응해야 한다.

II. 왕이 예루살렘으로 돌아오자 므비보셋이 왕 앞에 나아왔다(25절). 왕이 그에게 왜 가족 가운데 한 사람으로서 자신과 함께 가지 않았느냐고 묻자, 그는 그동안의 경위를 상세하게 설명한다.

1. 그는 모든 일이 시바 때문임을 밝힌다. 시바는 그의 종이었지만, 두 가지 면에서 그의 원수였다. **첫째로**, 그가 왕과 함께 가는 것을 시바가 방해했다. 므비보셋은 시바에게 나귀를 준비하도록 명령했지만, 시바는 주인을 속이고 주인으로 하여금 왕과 함께 가는 것을 가로막았다(26절). **둘째로**, 시바가 자신의 재산을 빼앗기 위해 왕에게 거짓으로 참소했다(27절). 그는 악한 종으로서 선한 주인에게 얼마나 큰 해악을 끼쳤는가!

2. 그는 왕이 자신과 자신의 아버지의 집에 너무도 큰 은총을 베풀어 주었음을 인정한다(28절). 반역자로서 단죄될 수도 있었던 상황에서, 그는 친구로서 그리고 자녀로서 대접을 받았다: 왕께서 종을 왕의 상에서 음식 먹는 자 가운데에 두셨나이다. 이것은 시바의 참소가 거짓이었음을 보여준다. 왜냐하면 므비보셋은 그토록 편안하고 행복하게 지내고 있었는데 그런 그가 더 높은 지위를 탐낸다는 것이 과연 있을 법한 일이겠는가? 또한 왕이 자신에게 이토록 큰 은총을 베풀어 주었음을 잘 알고 있는 그가 어떻게 왕에게 위해를 가할 생각을 할 수 있었겠는가?

3. 그는 모든 것을 왕의 기쁘신 뜻에 맡긴다. 나와 나의 모든 재산에 대하여 당신 눈에 좋은 대로 행하소서. 므비보셋은 왕의 지혜와 선악을 분별하는 능력에 의지하여(내 주 왕께서는 하나님의 사자와 같으시니) 자신의 모든 권리를 포기하면서 모든 것을 왕의 처분에 맡긴다. "내가 왕으로부터 너무도 큰 은총을 받았사온즉 내게 아직 무슨 공의(권리, right)가 있어서 다시 왕께 부르짖을 수 있사오리이까? 내가 이미 왕께 큰 짐이 되었거늘 또 다시 무슨 불평을 하여 왕을 번거롭게 하겠나이까? 내가 지금까지 너무도 과분한 대접을 받았거늘 무엇을 가혹하

다 생각할 수 있겠나이까?" 우리 모두는 하나님 앞에 죽은 자와 같다. 그러나 하나님은 우리를 살리셨을 뿐만 아니라, 우리로 하여금 당신의 식탁에 앉게 하셨다. 그렇다면 설령 우리에게 어떤 괴로움이 있다 한들 우리가 무슨 불평을 할 것이 있겠는가?

Ⅲ. 이에 다윗은 므비보셋의 재산을 몰수한 것을 회상한다. 그러면서 시바에게 말한 것을 철회하고 다시 므비보셋의 권리를 확증한다. "내가 이르노니 너는 시바와 밭을 나누라(29절). 다시 말해서 내가 처음 명령한 대로 하라(9:10). 모든 땅의 소유권은 여전히 네게 있느니라. 그러나 시바 역시도 점유권을 가질 것이니라. 그로 땅을 갈게 하고 너는 소작료를 받을 것이라." 이렇게 하여 므비보셋은 다시 제자리에 있게 되었고, 그에게 어떤 벌도 내려지지 않았다. 시바 역시도 주인에 대하여 거짓으로 참소한 것에 대해 특별한 처벌을 받지 않은 채 돌려보내졌다. 다윗은 시바를 지나치게 두려워했든지 아니면 지나치게 사랑했던 것으로 보인다. 그랬기 때문에 그를 율법에 따라 처벌하지 않은 것으로 보인다(신 19:18, 19). 또한 지금 그의 마음은 모든 이들을 용서하고 편안하게 해 주고자 했던 것으로 보인다.

Ⅳ. 므비보셋은 왕이 돌아온 것에 대한 기쁨으로 자신의 재산은 개의치 않는다. 내 주 왕께서 평안히 왕궁에 돌아오시게 되었으니 그로 그 전부를 차지하게 하옵소서(30절). 선한 사람은 이스라엘에 평화가 임하고 다윗의 자손의 보좌가 든든하게 세워지기만 한다면 자신의 개인적인 손실 따위는 그다지 개의치 않는다. 시바로 그 전부를 차지하게 하소서, 나는 다만 왕의 평안으로 족하나이다.

³¹길르앗 사람 바르실래가 왕이 요단을 건너가게 하려고 로글림에서 내려와 함께 요단에 이르니 ³²바르실래는 매우 늙어 나이가 팔십 세라 그는 큰 부자이므로 왕이 마하나임에 머물 때에 그가 왕을 공궤하였더라 ³³왕이 바르실래에게 이르되 너는 나와 함께 건너가자 예루살렘에서 내가 너를 공궤하리라 ³⁴바르실래가 왕께 아뢰되 내 생명의 날이 얼마나 있사옵겠기에 어찌 왕과 함께 예루살렘으로 올라가리이까 ³⁵내 나이가 이제 팔십 세라 어떻게 좋고 흉한 것을 분간할 수 있사오며 음식의 맛을 알 수 있사오리이까 이 종이 어떻게 다시 노래하는 남자나 여인의 소리를 알아들을 수 있사오리이까 어찌하여 종이 내 주 왕께 아직도 누를 끼치리이까 ³⁶당신의 종은 왕을 모시고 요단을 건너려는 것뿐이거늘 왕께서 어찌하여 이같은 상으로 내

게 갚으려 하시나이까 ³⁷청하건대 당신의 종을 돌려보내옵소서 내가 내 고향 부모의 묘 곁에서 죽으려 하나이다 그러나 왕의 종 김함이 여기 있사오니 청하건대 그가 내 주 왕과 함께 건너가게 하시옵고 왕의 처분대로 그에게 베푸소서 하니라 ³⁸왕이 대답하되 김함이 나와 함께 건너가리니 나는 네가 좋아하는 대로 그에게 베풀겠고 또 네가 내게 구하는 것은 다 너를 위하여 시행하리라 하니라 ³⁹백성이 다 요단을 건너매 왕도 건너가서 왕이 바르실래에게 입을 맞추고 그에게 복을 비니 그가 자기 곳으로 돌아가니라

다윗은 자신에게 가해진 모든 모욕과 위해를 너그럽게 용서함으로써 자신의 귀환을 빛나게 했다. 이제 우리는 여기에서 그가 자신에게 베풀어 준 모든 은총들에 대해 풍성한 보답을 베푸는 것을 통해 그의 귀환이 더욱 빛나는 것을 보게 된다. 길르앗 사람 바르실래는 로글림의 귀족이었는데, 그 곳은 마하나임에서 그리 멀지 않은 곳이었다. 그는 그 지역의 모든 귀족이나 혹은 높은 신분의 사람들 가운데 다윗이 고난 가운데 빠져 있을 때 가장 큰 은총을 베푼 자였다. 만일 압살롬이 승리했다면, 아마도 그는 다윗에게 베푼 모든 은총으로 인해 큰 위해(危害)를 피할 수 없었을는지 모른다. 그러나 이제 그와 그의 가족은 아무런 걱정도 할 필요가 없게 되었다.

I. 바르실래가 다윗을 크게 공궤함. 그가 그렇게 한 것은 다윗이 선한 사람이었기 때문만이 아니라 또한 의로운 통치자였기 때문이었다. 왕이 마하나임에 머물 때에 그가 왕을 공궤하였더라(32절). 하나님은 그에게 많은 재산을 주셨으며(그는 큰 부자이므로), 그는 그 재산으로 선을 행하고자 하는 넓은 마음을 가지고 있었다. 그것으로 선을 행하지 않는다면 많은 재산이 도대체 무슨 유익이 있단 말인가? 우리는 힘을 다하여 이웃에게 선을 행하며 관대함을 베풀어야 한다. 바르실래는 다윗을 맞이하기 위해 요단에 와서, 왕과 함께 요단을 건넜다(31절). 우리는 여기에서 신하는 마땅히 조세를 받을 자에게 조세를 바치고 존경할 자를 존경해야 한다는 사실을 배우게 된다(롬 13:7).

II. 다윗이 바르실래에게 함께 왕궁으로 갈 것을 청함. 너는 나와 함께 건너가자(33절). 다윗이 그렇게 청한 것은,

1. 그와 함께 하며 그의 조언을 듣는 즐거움을 얻고자 함이었다. 우리는 바르실래가 큰 부자였을 뿐만 아니라 또한 매우 지혜롭고 선한 사람이었다고 추

측할 수 있다. 그렇지 않았다면 그가 여기에서 매우 큰 자(very great man, 한글 개역개정판에는 큰 부자로 되어 있음)로 불려지지는 않았을 것이다. 그가 진정으로 '큰 자'로 불려지게 된 것은 그가 가진 것(소유) 때문이라기보다는 그의 사람됨(존재) 때문이었을 것이다.

2. 그가 베풀어 준 모든 은총에 대해 보답할 기회를 얻고자 함이었다. "내가 너를 공궤하리라. 왕도요 거룩한 도성인 예루살렘에서 내가 먹는 것처럼 너도 먹게 될 것이라." 다윗은 바르실래의 은총을 당연한 것으로 여기지 않았다(그는 신하들이 가진 것을 자기 마음 대로 취할 수 있다고 여기는 폭군이 아니었다). 다윗은 그것을 호의로써 받아들였고, 따라서 호의로써 보답하고자 했다. 우리는 항상 친구들이 베풀어준 호의에 대해 (특별히 고난 가운데 도움을 준 친구들에 대해) 감사를 표하는 법을 배워야 한다.

III. 그에 대한 바르실래의 답변.

1. 그는 왕의 너그러운 마음에 감복하면서, 자신의 공로는 감추고 왕의 보답은 크게 드러낸다(36절): 왕께서 어찌하여 이 같은 상으로 내게 갚으려 하시나이까? 마땅히 해야 할 일을 한 종에게 주인이 사례할 것인가? 그는 왕을 위해 공궤한 것이 도리어 자신의 영광이라고 생각한다. 이와 같이 성도들이 이 세상에서 그리스도를 위해 행한 것으로 인해 하늘나라를 상속받으라는 부르심을 받게 될 때, 그들은 자신들이 행한 것에 대한 상급이 너무도 큰 것으로 인해 놀라게 될 것이다. 주여 우리가 어느 때에 주께서 주리신 것을 보고 음식을 대접하였으며 목마르신 것을 보고 마시게 하였나이까(마 25:37).

2. 그는 왕의 초청을 정중히 사양한다. 그는 그토록 관대한 초청을 거절하는 것을 부디 용서해 달라고 간청한다. 그는 왕과 함께 있는 것을 너무도 복된 것으로 여겼다. 그러나

(1) 그는 너무 늙었다. 따라서 왕궁으로 가서 사는 것은 그에게 그다지 적합하지 않았다. 또한 그는 너무 늙었으므로 왕궁의 일을 수행하기에도 적합지 않았다(34절). "내가 어찌 왕과 함께 예루살렘으로 올라가리이까? 내가 거기에서 왕을 위해 — 자문하는 일로나, 전쟁의 일로나, 재무의 일로나, 법정의 일로나 — 아무 일도 할 수 없나이다. 내 생명의 날이 얼마나 있사옵겠나이까? 이제 내가 이 세상을 떠나려 하고 있거늘 무슨 일을 맡을 것을 생각하겠나이까?" 또한 그는 너무도 늙었으므로 왕궁의 즐거운 것들을 누리기에 적합지 않았다(35절). 아

무리 맛있는 것이라 할지라도 그는 아주 조금밖에 먹을 수 없을 것이었다. 인생의 때가 신속히 지나가는 것은 모세의 때도 그랬으며 바르실래의 때도 마찬가지였고 지금도 마찬가지이다. 우리의 연수가 칠십이요 강건하면 팔십이라도 그 연수의 자랑은 수고와 슬픔뿐이요 신속히 가니 우리가 날아가나이다(시 90:10). 내게 아무 낙이 없다고 말하는 때가 그 때에도 있었고 지금도 마찬가지이다(전 12:1). 식욕이 떨어지면 산해진미도 아무 맛이 없으며, 노인의 귀에 들리는 노래는 괴로운 마음에 들리는 노래보다 나을 것이 없다. 노인들은 바르실래로부터 육체의 즐거움을 멀리하는 법을 배워야 한다. 뿐만 아니라 바르실래는 자신이 늙음으로 인해 왕에게 도움이 되기보다는 도리어 짐이 될 것이라고 생각한다: 어찌하여 종이 내 주 왕께 아직도 누를 끼치리이까. 선한 사람은 자신이 짐이 되는 곳에는 결코 가지 않으려고 한다. 그리고 어쩔 수 없이 짐이 되어야만 한다면, 다른 사람의 집에서 그렇게 되려고 하지 않고 자신의 집에서 그렇게 되려고 한다.

(2) 그의 죽을 날이 멀지 않았다. 따라서 이제 그는 자신의 긴 여정을 돌아보면서 세상을 떠날 준비를 시작해야만 한다(37절). 죽음에 대하여 생각하는 것은 우리 모두에게 유익한 일이지만 특별히 노인에게는 더욱 그러하다. 바르실래는 말한다. "청하건대 당신의 종을 돌려보내옵소서 내가 내 고향 부모의 묘 곁에서 죽으려 하나이다. 그럼으로써 내 뼈들로 하여금 고요히 안식처에 있게 하소서. 이제 나를 위해 무덤이 예비되었으니 나로 가서 준비하게 하시고 내 둥지에서 죽게 하소서."

3. 그는 왕이 자신의 아들 김함에게 은총을 베풀어 줄 것을 바란다(37절): 그가 내 주 왕과 함께 건너가게 하시옵고 왕의 처분대로 그에게 베푸소서. 김함에게 베풀어지는 호의를 바르실래는 자신에게 베풀어지는 것으로 받아들일 것이었다. 나이가 많은 자들은 젊은이들로 하여금 과거 자신들이 향유했던 즐거운 것들을 누리지 못하도록 막아서는 안 되며, 또한 그들로 하여금 외떨어진 곳에서 은거의 삶을 살도록 강요해서도 안 된다. 바르실래는 집으로 돌아갈 것이었지만, 그러나 아들 김함까지 데리고 가려고는 하지 않았다. 그는 김함을 데리고 함께 집으로 돌아갈 수도 있었지만, 그러나 왕을 따라가는 것이 그에게 유익할 것이라고 생각하고는 기꺼이 그렇게 하도록 했다.

IV. 다윗이 바르실래에게 작별인사를 함.

1. 다윗은 입을 맞추며 복을 빌면서 그를 집으로 돌려보낸다(39절). 그렇게 한 것은 그가 베풀어 준 모든 은총에 감사를 표하면서 계속해서 그를 사랑하며 위하여 기도하겠다는 표시였다. 또한 다윗은 그가 자신에게 구하는 것은 무엇이든지 시행하겠노라고 약속한다(38절): 네가 내게 구하는 것은 다 너를 위하여 시행하리라. 최고 권력자인 왕이 할 수 없는 일이 무엇이겠는가?

2. 다윗은 김함을 데리고 가면서, 그에게 베풀 상급은 바르실래로 하여금 선택하도록 남겨둔다. 나는 네가 좋아하는 대로 그에게 베풀겠고(38절). 외진 곳에서 청렴결백하게 살았던 바르실래는 아들 김함을 위해 예루살렘 인근의 (예루살렘 도성 안이 아니라) 지역을 구한 것으로 보인다. 왜냐하면 오랜 후 우리는 다윗의 성읍인 베들레헴 근처의 한 장소가 김함의 거주지로 불려지는 것을 보게 되기 때문이다. 아마도 김함은 왕실소유지나 몰수한 땅으로부터가 아니라 다윗이 조상들로부터 물려받은 땅으로부터 거주지를 하사받은 것으로 보인다.

[40]왕이 길갈로 건너오고 김함도 함께 건너오니 온 유다 백성과 이스라엘 백성의 절반이나 왕과 함께 건너니라 [41]온 이스라엘 사람이 왕께 나아와 왕께 아뢰되 우리 형제 유다 사람들이 어찌 왕을 도둑하여 왕과 왕의 집안과 왕을 따르는 모든 사람을 인도하여 요단을 건너가게 하였나이까 하매 [42]모든 유다 사람이 이스라엘 사람에게 대답하되 왕은 우리의 종친인 까닭이라 너희가 어찌 이 일에 대하여 분 내느냐 우리가 왕의 것을 조금이라도 얻어 먹었느냐 왕께서 우리에게 선물로 주신 것이 있느냐 [43]이스라엘 사람이 유다 사람에게 대답하여 이르되 우리는 왕에 대하여 열 몫을 가졌으니 다윗에게 대하여 너희보다 더욱 관계가 있거늘 너희가 어찌 우리를 멸시하여 우리 왕을 모셔 오는 일에 먼저 우리와 의논하지 아니하였느냐 하나 유다 사람의 말이 이스라엘 사람의 말보다 더 강경하였더라

다윗은 오직 유다 사람들의 도움과 수행(隨行)을 받아 요단을 건너왔다. 그러나 그가 길갈까지 나아왔을 때, 이스라엘 백성의 절반이 (다시 말해서 장로들과 귀인들의 절반이) 왕을 모시기 위해 왔다. 그들은 다윗의 손에 입을 맞추며 그의 귀환을 환영했지만, 그러나 그들은 자신들이 너무 늦게 옴으로써 그의 귀환과 관련한 우선권을 유다 사람들에게 빼앗겼다는 사실을 발견하게 되었다. 이로 인해 그들은 기분이 언짢아졌으며, 그 결과 유다 사람들과의 다

툼이 야기되게 되었다. 이로써 그 날의 즐거운 분위기는 꺾이고, 또 다른 재앙의 단초가 마련되었다.

1. 이스라엘 사람들이 왕에게 유다 사람들에 대해 불평함(41절). 그들이 자신들에게 아무런 통고도 없이 왕을 모셔오는 일을 행했다. 만일 그들이 미리 통고해 주었다면 자신들도 함께 참여했을 텐데, 그렇게 하지 않음으로 그들이 자신들을 소외시켰다. 실상 왕의 귀환에 대해 유다 사람들보다도 자신들이 먼저 적극적으로 논의했음에도 불구하고(19:11), 이로 인해 그들(유다)은 매우 적극적이었던 반면 자신들은(이스라엘) 그렇지 않은 것처럼 되었다. 이것은 그들이 왕의 호의를 독점할 속셈으로, 그리고 마치 자신들만이 왕의 유일한 친구인 양 행세하고자 함이 아닌가? 바로 이것이 이스라엘 사람들의 불평이었다. 교만과 시기심으로 말미암아 어떤 재앙이 임하는지 주목하라.

2. 유다 사람들의 반박(42절).

(1) 유다 사람들은 왕과의 관계를 내세운다. "왕은 우리의 종친인 까닭이라. 따라서 이와 같은 일에 있어서는 당연히 우리에게 우선권이 있노라. 그가 돌아오는 곳은 다름 아닌 우리 지역인데, 그 일에 우리보다 더 적합한 자들이 누구이겠는가?"

(2) 유다 사람들은 자신들이 이기주의적으로 행동했다는 은연중의 비난을 부인한다. "우리가 왕의 것을 조금이라도 얻어먹었느냐? 그렇지 않느니라. 우리는 다만 우리의 책임을 감당했을 뿐이다. 왕께서 우리에게 선물로 주신 것이 있느냐? 그렇지 않느니라. 우리는 그의 호의를 독점할 생각을 조금도 갖고 있지 않느니라. 너희들도 왕을 맞이하기 위해 나왔고 왕의 호의를 잃지 않을 것이니라." 너무나 많은 사람들이 단지 무언가를 얻기 위한 목적으로 왕을 따른다.

3. 이스라엘 사람들이 자신들의 비난을 정당화함(43절). 그들은 자신들이 왕에 대하여 열 몫을 가졌다고 변론하면서(유다에게는 단지 시므온만이 가세하고 있었을 뿐이었다), 따라서 왕을 모셔오는 일에 먼저 자신들과 의논하지 않은 것은 자신들을 무시하는 처사라고 주장한다. 대중이 얼마나 변덕스러운 존재인지 주목하라. 불과 얼마 전에 그들은 왕을 몰아내고자 애쓰고 있었다. 그런데 지금 그들은 누가 더 왕을 존귀케 할 것인지를 놓고 서로 다투고 있다. 이와 같이 선한 사람과 선한 명분은 비록 잠시 동안은 실패하는 것처럼 보일지라도 결국은 승리하게 된다. 여기에서 무엇이 다툼을 일으키는지 보라. 대부분의 경우

자신이 소홀히 여김을 당하는 것을(혹은 그렇게 느껴지는 것을) 참지 못하기 때문이다. 유다 사람들이 형제들과 의논하며 형제들의 도움을 받았더라면 훨씬 좋았을 것이다. 그렇지만 설령 그렇게 하지 않았다고 하여, 왜 이스라엘 사람들은 그토록 격분해야 했단 말인가? 선한 일이 행해졌다면, 그리고 그 일이 잘 이루어졌다면, 설령 우리가 그 일에 동참하지 않았다 할지라도 불쾌하게 여기거나 비방하지 말자.

4. 성경은 양자 중에 어느 쪽이 더 격분했는지에 대해 특별하게 주목한다(43절): 유다 사람의 말이 이스라엘 사람의 말보다 더 강경하였더라. 만일 우리가 어떤 의견을 피력함에 있어 격분함으로 한다면(설령 우리에게 그럴만한 이유와 근거가 있다 할지라도), 하나님은 그것을 주목하시며 결코 기뻐하지 않으신다.

제
— 20 —
장

개요

비온 후 또다시 구름이 얼마나 빨리 몰려오는가! 한 가지 사건이 마무리되자 그 일로부터 또 다른 사건이 일어난다. 우리는 여기에서 칼이 결코 네 집을 떠나지 않을 것이란 말씀이 성취되는 것을 보게 된다. I. 다윗이 예루살렘에 도착하기도 전에 세바에 의해 새로운 반란이 일어남(1, 2절). II. 다윗이 예루살렘에 도착하여 왕궁을 지키도록 남겨두었던 후궁들을 종신토록 별실에 감금함(3절). III. 다윗으로부터 세바에 대항하여 군대를 불러 모으도록 지시받은 아마사가 일을 지체함, 그리고 다윗이 세바로 인해 염려함(4-6절). IV. 세바와의 싸움을 앞두고 요압이 아마사를 잔인하게 살해함(7-13절). V. 마침내 세바가 아벨 성읍에 갇힘(14, 15절), 그러나 성읍 주민들이 그를 요압에게 넘김으로 그의 반란이 분쇄됨(16-22절). VI. 다윗의 대신들에 대한 짤막한 설명(23-26절).

[1]마침 거기에 불량배 하나가 있으니 그의 이름은 세바인데 베냐민 사람 비그리의 아들이었더라 그가 나팔을 불며 이르되 우리는 다윗과 나눌 분깃이 없으며 이새의 아들에게서 받을 유산이 우리에게 없도다 이스라엘아 각각 장막으로 돌아가라 하매 [2]이에 온 이스라엘 사람들이 다윗 따르기를 그치고 올라가 비그리의 아들 세바를 따르나 유다 사람들은 그들의 왕과 합하여 요단에서 예루살렘까지 따르니라 [3]다윗이 예루살렘 본궁에 이르러 전에 머물러 왕궁을 지키게 한 후궁 열 명을 잡아 별실에 가두고 먹을 것만 주고 그들에게 관계하지 아니하니 그들이 죽는 날까지 갇혀서 생과부로 지내니라

다윗은 승리의 개선 도중에 자신의 나라가 또다시 동요하는 것을 보게 된다. 그리고 예루살렘에 도착해서는 압살롬에게 수치를 당한 후궁들을 종신토록 별실에 가두는데, 이렇듯 그의 괴로움은 끊이지 않고 계속되었다.

I. 다윗의 백성들이 벨리알의 사람(man of Belial; 한글개역개정판에는 불량배)의 선동에 의해 또다시 다윗을 배반함. 그들은 하나님의 마음에 합한 자를

버리고 벨리알의 사람을 따랐다. 다음의 사실들을 관찰하라.

1. 이 일이 압살롬의 반란이 끝나자마자 발생한 사실. 우리가 이 세상에 있는 동안, 우리는 한 가지 고통의 끝이 새로운 고통의 시작이라는 사실을 이상하게 생각해서는 안 된다. 한 가지 고난은 종종 또 다른 고난을 부른다.

2. 백성들이 이제 막 왕에게 돌아왔다는 사실. 화해가 새롭게 이루어졌을 때, 우리는 평화가 또다시 깨어지지 않도록 그것을 조심스럽게 다루어야만 한다. 부러진 뼈가 다시 맞추어졌다면, 이제 그것은 완전하게 붙을 만큼의 충분한 시간을 가져야만 한다.

3. 반란의 주동자가 에브라임 산지에 살고 있었던 베냐민 사람 세바였다는 사실(1, 21절). 시므이와 세바는 모두 사울과 같은 지파 출신이었으며, 그들은 사울의 집의 몰락과 관련하여 다윗에 대해 원한을 품고 있었다. 뱀의 후손에게는 메시야 왕국과 관련하여 대대로 내려오는 적대감이 있으며, 계속해서 그것을 넘어뜨리고자 애쓴다(시 2:1, 2). 그러나 하늘에 계신 이가 그들을 비웃으신다.

4. 이 일의 원인이 앞 장 말미에서 우리가 살핀 이스라엘 장로들과 유다 장로들 사이의 어리석은 다툼이었다는 사실. 그것은 양자 사이에 어느 쪽이 다윗에게 대해 더 큰 영향력을 갖고 있는가 하는 다툼이었다. 이스라엘 장로들은 말한다. "우리의 숫자가 더 많지 않느냐?" 이에 유다 장로들이 대답한다. "우리는 그의 종친이라." 자신의 백성들이 왕에 대하여 누가 더 많이 사랑하며, 더 많이 공경하는가 하는 문제로 서로 다투고 있으니, 어떤 이들은 다윗은 너무도 행복하며 그의 왕권은 너무도 견고할 것이라고 생각할 것이다. 그러나 그러한 다툼은 도리어 반란의 단초가 되었다. 이스라엘 사람들은 다윗에게 유다 사람들이 자신들을 홀대했노라고 불평했다. 이 때 만일 다윗이 그들의 불평을 이해하고 감사를 표하면서 그들의 열심을 칭찬해 주었다면, 아마도 그들은 다윗을 떠나지 않았을 것이다. 그러나 다윗은 자신의 지파(즉 유다 지파)의 편을 들어준 것으로 보인다. 이와 관련하여 어떤 이들은 앞 장의 마지막 구절을 다음과 같이 읽는다: 유다 사람의 말이 이스라엘 사람의 말을 이겼더라. 다윗은 유다 사람들 쪽으로 기울었다. 이스라엘 사람들이 그러한 사실을 깨달았을 때, 그들은 분개하며 그를 떠났다. "만일 왕이 기꺼이 유다 사람들에 의해 독점되고자 한다면, 왕과 그들이 서로 잘 해보라고 그래라. 우리는 우리를 위해 다른 사람

을 세울 것이라. 우리는 다윗에 대해 열 몫을 가지고 있다고 생각했다. 그러나 그들은 그것을 인정하지 않는다. 유다 사람들은 사실상 우리가 그에게 아무 몫도 가지고 있지 않다고 말하고 있다. 그렇다면 우리는 아무 몫(분깃)도 얻지 못할 것이다. 그러므로 우리는 그가 예루살렘으로 돌아오는 일에 더 이상 함께 할 필요도 없으며 더 이상 그를 왕으로 인정할 필요도 없다." 세바가 백성들을 선동한 것이 바로 이것이었다(1절). 어쩌면 그는 백성들에게 잘 알려진 사람으로서 압살롬의 반란 때에 적극적으로 동참한 자였을는지 모른다. 분개한 이스라엘 사람들은 이를 기화로 다윗 따르기를 그치고 올라가 세바를 따랐다(2절). 다시 말해서 오직 유다 사람들만 다윗을 따랐을 뿐, 대부분의 사람들은 다윗을 버리고 세바를 따랐다. 우리는 여기에서 다음과 같은 사실들을 배울 수 있다.

(1) 왕이 어느 한 쪽을 편애하는 것은 어리석은 일이라는 사실. 이것은 부모에게 있어서도 마찬가지이다. 왕은 백성들에 대하여 공평한 손을 펼쳐야 한다.

(2) 아랫사람들의 관심과 애정을 외면하며 무시하는 것은 어리석은 일이라는 사실. 관심과 애정이 무시당할 때 그것은 자칫 증오심으로 바뀔 수 있다.

(3) 다투는 시작은 둑에서 물이 새는 것 같으므로 싸움이 일어나기 전에 시비를 그쳐야 한다는 사실(잠 17:14). 작은 불씨가 얼마나 큰 불을 일으키는가!

(4) 말을 올바로 사용하지 않을 때 그것은 결국 평화를 깨뜨리고 만다는 사실. 너무도 많은 재앙들이 어떤 말에 대한 왜곡된 추측이나 해석으로 인해 (실상 전혀 그런 의미가 아님에도 불구하고) 야기되었다. 유다 사람들은 "왕은 우리의 종친"이라고 말했다. 그러나 이스라엘 사람들은 이것을 "너희는 다윗에게 아무 분깃도 없다"는 의미로(실상 그런 의미가 아님에도 불구하고) 받아들였다.

(5) 사람들이 너무도 쉽게 양극단을 오간다는 사실. 그들은 다윗에 대하여 열 몫을 가지고 있다고 말했다. 그리고 바로 다음에 그들은 우리는 다윗과 나눌 분깃이 없다고 말한다. 오늘은 호산나 하다가, 내일은 그를 십자가에 못 박으라라고 소리 지른다.

II. 다윗의 후궁들이 평생토록 별실에 갇힘. 다윗이 자신의 후궁들을 그와 같이 감금해야만 했던 것은 그녀들이 압살롬에 의해 더럽혀졌기 때문이었다(3절). 다윗은 율법을 거슬러 여러 아내들을 두었다. 그러나 그녀들은 결국 그의 슬픔과 수치가 되고 말았을 뿐이었다. 그녀들은 다윗이 쾌락을 위해 취한 아내들이었다. 그러나 이제 그는

1. 그녀들을 멀리할 수밖에 없게 되었다. 왜냐하면 그녀들은 그에게 부정한 자가 되었기 때문이었다. 그가 사랑했던 자들이 이제 그의 미워함을 받는 자들이 되어야만 했다.

2. 그녀들을 은밀하게 감추어 둘 수밖에 없게 되었다. 그녀들은 수치로 인해 사람들에게 보여져서는 안 되었다. 만일 그녀들이 사람들에게 보이게 된다면, 사람들은 압살롬이 그녀들에게 행한 일을 또다시 말하게 될 것이었다(고전 5:1). 그러한 악행은 어둠 속에 감추어져 있어야만 했다.

3. 그녀들을 감금할 수밖에 없게 되었다. 왜냐하면 그녀들은 아마도 다윗이 다시 돌아올 것에 대해 절망하던서 압살롬의 정욕에 너무 쉽게 굴복했기 때문이었다. 어느 누구도 악을 행하고 잘 되기를 기대해서는 안 된다.

⁴왕이 아마사에게 이르되 **너는 나를 위하여 삼 일 내로 유다 사람을 큰 소리로 불러 모으고 너도 여기 있으라** 하니라 ⁵아마사가 유다 사람을 모으러 가더니 왕이 정한 기일에 지체된지라 ⁶다윗이 이에 아비새에게 이르되 이제 비그리의 아들 세바가 압살롬보다 우리를 더 해하리니 너는 네 주의 부하들을 데리고 그의 뒤를 쫓아가라 그가 견고한 성읍에 들어가 우리들을 피할까 염려하노라 하매 ⁷요압을 따르는 자들과 그렛 사람들과 블렛 사람들과 모든 용사들이 다 아비새를 따라 비그리의 아들 세바를 뒤쫓으려고 예루살렘에서 나와 ⁸기브온 큰 바위 곁에 이르매 아마사가 맞으러 오니 그 때에 요압이 군복을 입고 띠를 띠고 칼집에 꽂은 칼을 허리에 맸는데 그가 나아갈 때에 칼이 빠져 떨어졌더라 ⁹요압이 아마사에게 이르되 내 형은 평안하냐 하며 오른손으로 아마사의 수염을 잡고 그와 입을 맞추려는 체하매 ¹⁰아마사가 요압의 손에 있는 칼은 주의하지 아니한지라 요압이 칼로 그의 배를 찌르매 그의 창자가 땅에 쏟아지니 그를 다시 치지 아니하여도 죽으니라 요압과 그의 동생 아비새가 비그리의 아들 세바를 뒤쫓을새 ¹¹요압의 청년 중 하나가 아마사 곁에 서서 이르되 요압을 좋아하는 자가 누구이며 요압을 따라 다윗을 위하는 자는 누구냐 하니 ¹²아마사가 길 가운데 피 속에 놓여 있는지라 그 청년이 모든 백성이 서 있는 것을 보고 아마사를 큰길에서부터 밭으로 옮겼으나 거기에 이르는 자도 다 멈추어 서는 것을 보고 옷을 그 위에 덮으니라 ¹³아마사를 큰길에서 옮겨가매 사람들이 다 요압을 따라 비그리의 아들 세바를 뒤쫓아가니라

우리는 여기에서 아마사의 죽음을 보게 되는데, 그는 떠오르기 시작하자마자 떨어져 버리고 말았다. 그는 다윗의 조카로서(17:25), 압살롬 반란군의 최고지휘관이었다. 그러나 압살롬 군대가 패배를 당한 후 그는 요압을 대신하여 자신의 군대의 지휘관으로 삼겠다는 다윗의 약속에 따라 다윗 진영에 합류했다. 세바의 반란으로 인해 다윗은 아마사와의 약속을 자신이 생각한 것보다 더 빨리 지킬 기회를 얻게 되었다. 그러나 요압의 시기심과 경쟁심으로 인해 그 일은 결국 아마사와 다윗 양편 모두에 나쁜 결과를 초래하는 것으로 끝나고 말았다.

Ⅰ. **아마사가 다윗으로부터 세바의 반란을 진압할 군대를 소집하라는 위임을 받음**(4절). 유다 사람들은 비록 왕의 귀환은 적극적으로 추진했다 할지라도 세바와의 싸움에 대해서는 주저했던 것으로 보인다. 그렇지 않았다면 그들은 지금 한 무리가 되어 다윗과 함께 예루살렘으로 가고 있었으므로 즉각 세바를 추격하여 그의 반란을 초기에 분쇄할 수 있었을 것이다. 그러나 대부분의 사람들은 종교에 있어서와 마찬가지로 사랑에 있어서도 값싸고 손쉬운 것을 좋아한다. 많은 사람들이 그리스도와 친족관계인 것은 자랑하면서도 그를 위해 위험을 무릅쓰는 것은 매우 싫어한다. 아마사는 3일 내로 유다 사람들을 불러 모으도록 보냄을 받았다. 그러나 그들이 주저하며 우물쭈물하고 있었으므로 아마사는 정해진 시간 안에 그 일을 수행할 수 없었다(5절).

Ⅱ. **아마사가 지체하므로 요압의 형제 아비새가 호위대와 상비군을 이끌고 즉시 세바를 추격하라는 명령을 받음**(6, 7절). 왜냐하면 지금 세바에게 시간을 주는 것보다 더 위험한 것은 아무것도 없었기 때문이다. 다윗은 이러한 명령을 아비새에게 내렸는데, 그것은 그가 요압을 당분간 근신시키고자 했기 때문이었다(아마도 그것은 확실치는 않지만 아브넬의 피 때문이라기보다는 압살롬의 피 때문이 아니었을까 여겨진다). 홀 주교(bishop Hall)는 다음과 같이 말한다. "지금 요압은 충성스러운 거역(즉 압살롬을 죽이지 말라는 왕의 명령을 거역한 것)으로 인해 쓰라림을 당하고 있다. 세상의 존귀한 자리라는 것이 얼마나 허망하며 변덕스러운 것인가! 회전하는 그림자조차 없는 분의 은혜 안에 거하는 자는 얼마나 복된가!" 요압은 아무런 명령도 받지 않았음에도 불구하고 나라를 위해, 혹은 아마도 지금 자신의 경쟁자(즉 아마사)를 제거할 생각을 하면서 아비새와 함께 나간다.

Ⅲ. 요압이 기브온 근처에서 아마사를 만나 잔인하게 살해함(8-10절). 아마도 기브온 큰 바위는 병사들의 집결지로 지정된 장소였던 것으로 보인다. 여기에서 요압과 아마사가 만났다. 그리고 아마사는 왕으로부터 받은 위임에 따라 먼저 이 곳에 와 있었는데, 그는 새로 소집한 군대와 아비새가 데려온 상비군(常備軍) 양쪽을 모두 총괄하는 지휘관이었다. 그러나 여기에서 요압은 자신의 손으로 아마사를 죽일 기회를 얻었다.

1. 요압은 갑작스런 감정의 격발에 의해서가 아니라 세심하고 치밀하게 그 일을 시행했다. 그는 군복을 입고 띠를 띰으로써 언제라도 칼을 뺄 수 있는 준비를 갖췄다. 또한 칼에 비해 지나치게 큰 칼집을 참으로써 자신이 원할 때 약간의 흔들림만으로도 칼이 쉽게 떨어지도록 만들었다. 그렇게 함으로써 그는 아마사의 배를 찌를 수 있는 기회가 왔을 때 자신의 손에 칼을 쥘 수 있었다(떨어진 칼을 다시 칼집에 넣기 위해 줍는 척하면서). 세심하고 치밀하게 행할수록 죄는 더 커지는 법이다.

2. 요압은 야비하게도 우의(友誼)를 가장하면서 그 일을 시행했다. 요압은 아마사를 형이라고 불렀는데, 그것은 그들이 서로 사촌지간이었기 때문이었다. 요압은 아마사의 안부를 물으면서(내 형은 평안하냐?) 입을 맞추려는 체하며 수염을 잡는 동안 다른 손으로는 칼을 쥔 채 그의 심장을 겨누고 있었다. 과연 이것이 신사다운 행동인가? 이것이 군인다운 그리고 장군다운 행동인가? 그렇지 않다. 이것은 비겁한 악인들이나 하는 행동일 뿐이다. 요압은 전에도 이와 똑같은 방식으로 아브넬을 죽였으며, 그에 대해 아무 처벌도 받지 않았다. 그로 인해 그는 또다시 이와 같은 일을 행한 것이다.

3. 요압은 그 일을 은밀하게 행하지 않고 뻔뻔스럽게도 병사들이 보는 앞에서 행했다. 그는 그 일을 행하는 것을 부끄러워하지 않았을 뿐만 아니라 두려워하지도 않았다. 그의 심령은 너무도 굳어져 있었기 때문에 그는 조금도 얼굴을 붉히거나 떨지 않았다.

4. 요압은 그 일을 일격에 시행했다. 그는 우의를 가장하는 가운데 치명적인 일격을 가했으며, 이로써 또다시 찌를 필요조차 없었다.

5. 요압은 다윗에 대한, 그리고 아마사에게 부여된 위임(委任)에 대한 도전과 경멸로써 그 일을 시행했다. 왜냐하면 그가 아마사에 대해 적대감을 품게 된 유일한 이유가 바로 그 위임이었기 때문이다. 따라서 요압은 아마사를 찌름

으로써 사실상 다윗을 찌른 것이었으며, 왕의 면전에서 아마사가 아니라 요압이 장군이라고 소리친 것이었다.

6. 요압은 그 일을 너무도 적절치 못한 때에 시행했다. 지금 그들은 공동의 적과 싸우기 위해 나가고 있었으며, 어느 때보다도 서로 힘을 합쳐야 할 때였다. 이와 같이 시의적절하지 않은 다툼으로 인해 병사들의 사기가 떨어질 수 있었으며 자칫 병사들끼리 서로 대적하는 일이 발생할 수도 있었다. 만일 그렇게 되었다면 그들은 세바의 손쉬운 먹잇감이 되었을 것이다. 이와 같이 요압은 자신의 개인적인 복수심을 만족시키기 위해 왕과 나라의 이익을 기꺼이 희생시킬 수 있었다.

IV. 요압이 즉시로 장군의 직위를 되찾아 군대를 이끌고 세바를 추격함.

1. 요압은 자신의 부하 가운데 한 사람을 남겨 두고, 그로 하여금 모여드는 병사들을 설득하여 요압을 따르게 하도록 한다(11절). 요압은 군대 안에서의 자신의 영향력을 잘 알고 있었다. 그리고 병사들은 당연히 아마사가 아니라 자신을 더 많이 지지할 것이라고 생각하고 있었다(왜냐하면 아마사는 반역자로서 압살롬 진영에 가담하고 있다가 옷을 바꿔 입은 사람이었기 때문이다). 요압은 이에 대해 추호도 의심하지 않았으며, 따라서 모든 병사들에게 자신을 따르라고 담대하게 명령할 수 있었다. 유다 사람들 가운데 어느 누가 그들의 옛 장군(즉 요압)을 따르려 하지 않겠는가? 그러나 우리는 살인자가 무슨 얼굴로 반역자를 추격할 수 있었는지 의아하게 생각하지 않을 수 없다. 그렇게 무거운 죄 짐 아래서 어떻게 그는 위험을 무릅쓸 용기를 가질 수 있었는가? 확실히 그의 양심은 화인을 맞아 마비되어 있었다.

2. 요압의 부하는 아마사의 시신을 큰길에서부터 밭으로 옮기고 그 위에 옷을 덮는다(12, 13절). 그가 그렇게 한 것은 사람들이 거기에 멈추어 서서 그것을 바라보았기 때문이었다(삼하 2:23처럼). 악인들은 자신들이 행한 악한 일들이 세상의 눈으로부터 감추어질 수만 있다면 그 모든 악행으로부터 안전할 것이라고 스스로 생각한다. 만일 그 일이 감추어지기만 한다면, 마치 전혀 행해지지 않은 것처럼 그들은 아무 일 없이 안전할 것이다. 그러나 옷으로 피를 덮는다고 하여 그 피가 하나님의 귀에 소리지르는 것이 멈추지는 않는다(또 그 소리가 작아지지도 않는다). 그렇지만 지금은 요압을 처벌할 때가 아니었다. 지금은 나라의 안위가 위협받는 급박한 순간이었으며, 세바의 반란을 진압하

기 위해 군대가 출전하는 것을 방해하는 것들은 잠시 옆에 치워두어야만 했다. 그리하여 그들은 모두 요압을 따라 나갔다. 한편 이러한 비극적인 소식을 전달받았을 다윗은 아브넬을 살해한 것에 대해 진작 요압을 처벌하지 않은 것과, 아마사를 장군에 등용함으로써 위험에 노출시킨 것을 후회하며 돌아볼 수밖에 없었다. 그리고 어쩌면 지금 그의 양심은 우리아를 죽이는 일에 요압을 사용한 것을 스스로에게 일깨워 주고 있었을는지 모른다. 그리고 요압의 마음이 이렇게까지 완악하게 된 것은 어쩌면 그 일 때문이었는지도 모른다.

[14]세바가 이스라엘 모든 지파 가운데 두루 다녀서 아벨과 벧마아가와 베림 온 땅에 이르니 그 무리도 다 모여 그를 따르더라 [15]이에 그들이 벧마아가 아벨로 가서 세바를 에우고 그 성읍을 향한 지역 언덕 위에 토성을 쌓고 요압과 함께 한 모든 백성이 성벽을 쳐서 헐고자 하더니 [16]그 성읍에서 지혜로운 여인 한 사람이 외쳐 이르되 들을지어다 들을지어다 청하건대 너희는 요압에게 이르기를 이리로 가까이 오라 내가 네게 말하려 하노라 한다 하라 [17]요압이 그 여인에게 가까이 가니 여인이 이르되 당신이 요압이니이까 하니 대답하되 그러하다 하니라 여인이 그에게 이르되 여종의 말을 들으소서 하니 대답하되 내가 들으리라 하니라 [18]여인이 말하여 이르되 옛 사람들이 흔히 말하기를 아벨에게 가서 물을 것이라 하고 그 일을 끝내었나이다 [19]나는 이스라엘의 화평하고 충성된 자 중 하나이거늘 당신이 이스라엘 가운데 어머니 같은 성을 멸하고자 하시는도다 어찌하여 당신이 여호와의 기업을 삼키고자 하시나이까 하니 [20]요압이 대답하여 이르되 결단코 그렇지 아니하다 결단코 그렇지 아니하다 삼키거나 멸하거나 하려 함이 아니니 [21]그 일이 그러한 것이 아니니라 에브라임 산지 사람 비그리의 아들 그의 이름을 세바라 하는 자가 손을 들어 왕 다윗을 대적하였나니 너희가 그만 내주면 내가 이 성벽에서 떠나가리라 하니라 여인이 요압에게 이르되 그의 머리를 성벽에서 당신에게 내어던지리이다 하고 [22]이에 여인이 그의 지혜를 가지고 모든 백성에게 나아가매 그들이 비그리의 아들 세바의 머리를 베어 요압에게 던진지라 이에 요압이 나팔을 불매 무리가 흩어져 성읍에서 물러나 각기 장막으로 돌아가고 요압은 예루살렘으로 돌아와 왕에게 나아가니라

우리는 여기에서 세바의 반란이 종결되는 것을 보게 된다.

I. 세바는 백성들이 자신을 전폭적으로 지지하며 따르지 않는 것을 발견함.

그는 마침내 납달리의 기업 안에 있는(왕하 15:29) 견고한 성읍인 아벨벧마아가(Abel-Beth-Maacah)로 들어간다(14절). 그는 이 곳에서 은신처를 얻었는데, 그것이 강압에 의한 것인지 혹은 동의에 의한 것인지는 나타나지 않는다.

Ⅱ. 요압은 모든 병력을 이끌고 아벨벧마아가 성읍으로 가서 성읍을 포위하고 총공격을 위한 모든 준비를 마무리한다(15절). 그 성읍은 반란을 일으킨 자에게 은신처를 제공해 주었으므로 이와 같은 공격을 받는 것이 당연했다. 그리스도의 통치를 받아들이지 않고 육체의 정욕을 좇는 심령도 이와 마찬가지이다.

Ⅲ. 아벨 성읍의 한 지혜로운 여인이 이 일을 잘 해결한다. 그녀는 요압을 만족시키면서 동시에 성읍을 구원하였다.

1. 요압은 세바를 넘겨받는 조건 하에 포위를 풀 것을 그녀와 더불어 약속한다. 아벨 사람들 특별히 그 성읍의 장로들과 통치자들 가운데 아무도 마지막 순간까지 요압과 교섭할 생각을 하지 못했던 것으로 보인다. 그들은 성읍의 안전에 대해 무관심한 어리석은 자들이었거나, 아니면 요압과 더불어 바람직한 협정을 도출하는 것에 대해 절망하고 있었거나, 아니면 교섭을 진행할 만한 능력을 갖추지 못한 자들이었다. 결국 성읍을 구원한 것은 한 사람의 여인과 그녀의 지혜였다. 지혜에 있어서는 남녀의 차이가 없다. 비록 남자가 머리라 할지라도 남자가 모든 지혜를 독점하는 것도 아니며, 따라서 남자만 왕이 되어야 하는 것도 아니다. 우리는 여자의 가슴속에서도 남성적인, 아니 어떤 경우에는 남성 이상의 담대한 심령을 발견하기도 한다. 또한 지혜의 보화가 여자의 머릿속에 담겨 있다고 해서 그것의 가치가 떨어지는 것도 아니다.

(1) 그녀는 요압과의 대화를 성사시킨다(16, 17절). 요압이 전쟁과 관련하여 여자와 교섭을 한 것은 아마도 이것이 처음이었을 것이라고 우리는 추측할 수 있다.

(2) 그녀는 성읍을 대표하여 요압과 더불어 교섭한다.

[1] 이 곳은 지혜로 유명한 성읍이었다(18절). 그녀는 이 성읍이 오래 전부터 학식이 많으며 지혜로운 사람들로 유명했었다고 변론한다. 그래서 어떤 문제가 생겼을 때 사람들은 이 성읍의 장로들에게 와서 문의했고, 그들이 내리는 판정을 기꺼이 받아들였다. 그들이 내리는 판정은 마치 신탁(oracle)과도 같았다. 그들이 판정을 내리면 모든 분쟁 당사자들은 기꺼이 그것을 받아들였고 문

제는 해결되었다. 그런데 이와 같은 성읍이 무너져 재가 되어야 한단 말인가?

[2] 이 곳의 주민들은 전반적으로 이스라엘 가운데 화평하고 충성된 자들이었다(19절). 그녀는 성읍의 모든 주민들이 불온하고 광포한 마음을 가진 자들이 아니라 왕에게 충성하며 화평을 사랑하는 자들이라고 변론한다. 그들은 결코 불온하며 다툼을 좋아하는 자들이 아니었다.

[3] 이 곳은 인근 지역의 마을들을 보살피며 돌보는 어머니와 같은 성읍이었다. 뿐만 아니라 이 곳은 여호와의 기업의 한 부분으로서, 이방인의 성읍이 아니라 이스라엘 백성들의 성읍이었다. 따라서 이 성읍을 멸망시키는 것은 하나님이 자기 백성을 위해 택하신 나라를 미약하게 하며 쇠약하게 만드는 것이었다.

[4] 그들은 요압이 자신들의 성읍을 공격하기에 앞서 먼저 화평을 제안해 주기를 기대했다(신 20:10, 네가 어떤 성읍으로 나아가서 치려 할 때에는 그 성읍에 먼저 화평을 선언하라). 이와 관련하여 난외주(欄外註)는 다음과 같이 읽는다(18절): 그들이 (포위하기) 시작할 때에 말하기를 반드시 아벨에게 물을 것이라고 말했나이다. 다시 말해서, "성을 포의한 자들이 반역자를 요구할 것이며, 우리에게 그를 내어줄 것을 요구할 것입니다. 만일 그렇게 한다면 우리는 곧 약정을 맺을 것이요 모든 일이 잘 해결될 것입니다." 이와 같이 그녀는 요압이 자신들에게 화평을 제안하지 않았다고 은연중 비난하면서, 그러나 이제라도 결코 늦지 않았다고 생각하며 희망을 잃지 않는다.

(3) 곧이어 그녀와 요압은 세바의 머리가 성읍의 속전(ransom, 贖錢)이 될 것이라고 합의한다. 비록 개인적인 복수심 때문에 얼마 전에 아마사를 죽였다 할지라도, 요압은 피 흘리기를 좋아하는 자라는 오명을 뒤집어쓰고자 하지 않았다. "삼키거나 멸하거나 하려 함이 결코 아니라(20절). 그렇게 하는 것은 오직 나라의 안위를 위해 불가피할 때뿐이지만 그러나 이 일은 그렇지 않으니라. 우리의 싸움의 대상은 너희 성읍이 아니니라. 너희 성읍의 안전을 위해서라면 우리 생명까지라도 걸고 싸울 것이니라. 우리의 싸움의 대상은 오로지 너희 가운데 숨어 있는 반역자뿐이니라. 그를 우리에게 넘겨주라. 그러면 모든 것이 다 끝날 것이니라." 서로 다투는 양 당사자가 피차의 입장을 이해한다면, 대부분의 재앙은 미리 막을 수 있을 것이다. 만일 그들이 요압이 자신들을 멸망시킬 것이라고 믿으면서 완강하게 고집을 부렸다면 그리고 요압이 그들이 세바와

결탁했다고 믿으면서 성읍에 대해 총공격을 퍼부었다면, 그 결과가 어떻게 되었겠는가? 그리고 그것은 피차 얼마나 큰 오해란 말인가? 그러나 그들이 서로의 입장을 이야기하며 피차 이해했을 때, 문제는 곧 해결되었다. 화평을 위한 단 하나의 조건은 반역자를 내어주는 것이었다. 하나님이 영혼을 다루시는 것도 이와 마찬가지이다. 사람의 영혼은 죄책과 고통으로 포위되어 있는데, 그 가운데 반역자로서 죄가 숨어 있다. 그러므로 죄를 버려라. 그러면 모든 일이 잘 될 것이다. 화평을 위한 다른 조건은 없다. 우리의 지혜로운 여인은 요압의 제안에 즉각 동의한다(21절): 그의 머리를 성벽에서 당신에게 내어던지리이다.

　2. 그녀는 성읍의 주민들을 설득한다. 그녀는 자신의 지혜를 가지고 그들에게 나아가 세바의 머리를 베어야 한다고 설득했을 것이다. 결국 그의 머리는 성벽에서 요압에게 내어던져졌다. 요압은 세바의 얼굴을 잘 알고 있었으므로 오랫동안 살펴볼 필요도 없었다. 그리고 요압은 세바를 따랐던 자들까지 처단하려고 하지는 않았다. 오직 세바 한 사람으로 충분했다. 이렇게 하여 나라의 안위가 다시 확고해지게 되었으며, 요압은 포위를 풀고 (승리의 기념비라기보다는 화평의 기념비를 가지고) 예루살렘으로 돌아갔다.

[23]요압은 이스라엘 온 군대의 지휘관이 되고 여호야다의 아들 브나야는 그렛 사람과 블렛 사람의 지휘관이 되고 [24]아도람은 감역관이 되고 아힐룻의 아들 여호사밧은 사관이 되고 [25]스와는 서기관이 되고 사독과 아비아달은 제사장이 되고 [26]야일 사람 이라는 다윗의 대신이 되니라

　　　우리는 여기에서 다윗이 돌아온 이후 왕궁의 직제(職制)를 새롭게 개편한 이야기를 보게 된다. 요압은 온 군대의 지휘관의 직책을 유지했다. 그는 그러한 직책에서 배제되기에는 너무도 큰 힘을 가지고 있었다. 브나야도 계속해서 호위대장의 직책을 유지했다. 한편 우리는 여기에서 앞에서 보지 못했던 (8:16-18) 새로운 직책이 세워지는 것을 보게 되는데, 그것은 감역관 즉 재무관이나 혹은 조세를 담당하는 자였다. 이러한 직책이 여기에서 처음 등장하는 것은 다윗이 조세를 징수한 것이 그의 통치 후반기에 이르러서였기 때문이었다. 아도람이 오랫동안 이 직책을 맡았다. 그러나 그는 이 일로 인해 결국 목숨을 잃게 된다(왕상 12:18)

제
— 21 —
장

개요

　　본 장의 사건들이 일어난 연대(年代)는 확실치 않다. 그렇지만 나는 그것들이 여기 기록된 대로 압살롬과 세바의 반란 이후 그리고 다윗의 통치 말기 이전에 일어난 것으로 보고 싶다. 여기에 언급된 블레셋 사람들과의 싸움은 결국 그들을 정복하는 것으로 끝났음을 우리는 역대상 18장 1절과 역대상 20장 4절을 통해 알 수 있다. 백성들을 계수한 것은 성전을 건축할 장소를 확정한 직전으로서(대상 22:1) 다윗이 죽기 바로 전이었다. 한편 그 일(백성들을 계수한 일)은 기브온 사람들로 인한 삼 년 기근 직후에 있었다. 이로 인해 역대상 21장 12절에서 삼년 기근으로 언급된 것이 사무엘하 24장 12절과 13절에서는 칠년 기근으로 불리게 된 것이다. 이미 지나간 3년에다가 금년을 더하고 거기에 앞으로 다가올 3년을 더한 것이다. 본 장의 내용은 다음과 같다. I. 기브온 사람들의 원한으로 인해 1. 그 땅에 기근이 임함(1절). 2. 사울의 자손 일곱 명을 그들의 손에 넘겨 죽음에 처하게 함(2-9절), 그러나 그들의 시신과 사울의 뼈가 보살핌을 받음(10-14절). II. 몇몇 전투에서 블레셋의 거인들이 죽임을 당함(15-22절).

¹다윗의 시대에 해를 거듭하여 삼 년 기근이 있으므로 다윗이 여호와 앞에 간구하매 여호와께서 이르시되 이는 사울과 피를 흘린 그의 집으로 말미암음이니 그가 기브온 사람을 죽였음이니라 하시니라 ²기브온 사람은 이스라엘 족속이 아니요 그들은 아모리 사람 중에서 남은 자라 이스라엘 족속들이 전에 그들에게 맹세하였거늘 사울이 이스라엘과 유다 족속을 위하여 열심이 있으므로 그들을 죽이고자 하였더라 이에 왕이 기브온 사람을 불러 그들에게 물으니라 ³다윗이 그들에게 묻되 내가 너희를 위하여 어떻게 하랴 내가 어떻게 속죄하여야 너희가 여호와의 기업을 위하여 복을 빌겠느냐 하니 ⁴기브온 사람이 그에게 대답하되 사울과 그의 집과 우리 사이의 문제는 은금에 있지 아니하오며 이스라엘 가운데에서 사람을 죽이는 문제도 우리에게 있지 아니하니이다 하니라 왕이 이르되 너희가 말하는 대로 시행하리라 ⁵그들이 왕께 아뢰되 우리를 학살하였고 또 우리를 멸하여 이스라엘 영토 내

에 머물지 못하게 하려고 모해한 사람의 [6]자손 일곱 사람을 우리에게 내주소서 여호와께서 택하신 사울의 고을 기브아에서 우리가 그들을 여호와 앞에서 목 매어 달겠나이다 하니 왕이 이르되 내가 내주리라 하니라 [7]그러나 다윗과 사울의 아들 요나단 사이에 서로 여호와를 두고 맹세한 것이 있으므로 왕이 사울의 손자 요나단의 아들 므비보셋은 아끼고 [8] 왕이 이에 아야의 딸 리스바에게서 난 자 곧 사울의 두 아들 알모니와 므비보셋과 사울의 딸 메랍에게서 난 자 곧 므홀랏 사람 바르실래의 아들 아드리엘의 다섯 아들을 붙잡아 [9]그들을 기브온 사람의 손에 넘기니 기브온 사람이 그들을 산 위에서 여호와 앞에 목 매어 달매 그들 일곱 사람이 동시에 죽으니 죽은 때는 곡식 베는 첫날 곧 보리를 베기 시작하는 때더라

I. 오래 전에 사울이 기브온 사람들 가운데 많은 사람을 죽임. 우리는 그의 통치 역사 가운데 어디에서도 이에 대한 자세한 이야기를 보지 못한다. 또한 우리는 여기에서도 그에 대한 구체적인 언급을 듣지 못한다. 다만 본문은 그와 같은 사실이 있었음을 짧막하게 언급하고, 이어 이야기를 계속 진행시켜 나간다. 기브온 사람들은 아모리 사람 중의 남은 자였다(2절). 그들은 교묘한 책략으로 이스라엘과 화친하였으며, 여호수아는 공적인 맹세로 그들의 안전을 약속해 주었다. 우리는 그 이야기를 여호수아 9장에서 볼 수 있는데, 거기에서 그들은 생존을 보장받는 대신 대대로 이스라엘의 종이 되며 땅과 자유를 박탈당하기로 약속했다(23절). 그들은 종으로서의 섬김을 거부한다든지 혹은 땅과 자유를 되찾고자 시도한다든지 하는 등으로 언약을 깨뜨린 것으로는 보이지 않는다. 그러나 사울은 이스라엘의 영광을 위한다는 핑계로 그들을 뿌리 뽑고자 하였으며, 그렇게 하기 위해 그들 가운데 많은 사람을 죽였다. 이렇게 하여 그는 자신이 이전 시대의 사사들보다 더 지혜로우며 또한 나라의 이익을 위한 더 큰 열정을 가지고 있는 것처럼 나타내고자 하였다. 그리고 아마도 그는 엄숙한 맹세를 무효화하는 것을 왕의 특권으로 여겼던 것으로 보인다. 어쩌면 그가 기브온 사람들을 이렇게 가혹하게 죽인 것은 아말렉 사람들을 진멸하지 않은 잘못을 속죄하기 위한 것이었는지도 모른다. 그가 기브온 사람들을 진멸하고자 했던 때와 신접한 자들을 쫓아낸(삼상 28:3) 때는 아마도 거의 동시였던 것으로 추측된다. 또한 사울이 제사장들을 죽일 때 그와 함께 수많은 기브온 사람들을 죽였는지도 모른다. 왜냐하면 기브온 사람들은 제사장의 종이 되어

하나님의 집에서 여러 가지 허드렛일로 섬겼기 때문이었다(수 9:23, 너희가 대를 이어 종이 되어 다 내 하나님의 집을 위하여 나무를 패며 물을 긷는 자가 되리라). 이와 같이 사울은 무죄한 피를 흘린 죄뿐만 아니라 기브온 사람들을 보호하겠다는 국가적인 엄숙한 맹세를 깨뜨린 죄를 범했다. 무엇이 사울의 집을 멸망으로 이끌었는지 보라. 그의 집은 피의 집(bloody house)이었다.

Ⅱ. 사울의 이러한 오래 전의 죄로 인해 이스라엘이 극심한 기근의 징벌을 받음. 다음의 사실들을 주목하라.

1. 심지어 이스라엘 땅에 그리고 다윗의 영광스러운 통치 때에 기근이 있었다는 사실. 그것은 3년 동안의 큰 가뭄이었으며, 그 결과 그 땅에 먹을 것이 크게 부족하게 되었다. 한 해만 추수를 못해도 다음 해에 큰 궁핍에 시달리게 마련인데, 3년 동안 계속해서 추수를 못했으니 그것은 필경 단호한 심판일 것이었다. 그리고 이를 통해 지혜의 사람들은 풍성할 때에 올바로 처신하지 못하고 허랑방탕했던 것을 회개하라고 외치는 하나님의 음성을 들을 것이었다.

2. 이에 대하여 다윗이 하나님께 물음. 비록 그 자신 선지자였다 할지라도, 그는 신탁(神託)을 통해 하나님이 정하신 방법으로 그분의 마음을 알아보아야만 하였다. 우리가 하나님의 심판 아래 있을 때 우리는 그것의 이유가 무엇인지 물어야만 한다. 여호와여 주께서 왜 우리와 다투시는지 보이소서. 다윗이 3년이 지나고 나서야 비로소 신탁을 물은 것은 정말로 이상한 일이다. 아마도 그때까지는 그것이 어떤 특별한 죄에 대한 특수한 심판이라는 사실을 그가 인식하지 못했던 것으로 보인다. 선한 자들도 때로는 어떤 일에 부주의한 경우가 있다. 만일 우리가 하나님께 묻기를 게을리한다면, 우리는 계속해서 무지와 잘못 가운데 있게 될 것이다.

3. 다윗이 묻기를 매우 지체했다 할지라도 하나님은 즉시 응답하셨다는 사실: 이는 사울로 말미암음이니라. 하나님의 심판이 때때로 오래 전의 일로 말미암아 오기도 한다는 사실을 주목하라. 따라서 하나님의 책망 아래 있을 때, 우리는 오래 전의 일까지도 되돌아볼 필요가 있다. 왕의 죄로 인해 백성들이 고통을 당하는 것이나 혹은 지난 세대의 죄로 인해 지금 세대가 고통을 당하는 것을 우리는 이상하게 여겨서는 안 된다(어쩌면 그들은 사울이 기브온 사람들을 죽이는 일에 협력하며 부추겼는지도 모른다). 때로 하나님은 아비들의 죄를 그 자녀에게서 찾으시기도 하신다. 하나님은 우리에게 당신이 하시는 모든 일을

다 설명해 주시지는 않는다. 시간이 죄책(罪責)을 없애주지도 않으며, 설령 심판이 지연된다고 하여 처벌이 영원히 지나가는 것도 아니다. 하나님의 심판에 있어 소멸시효 같은 것은 존재하지 않는다. 하나님은 당신이 기뻐하실 때 처벌하실 수 있으시다.

Ⅲ. 기브온 사람들이 사울의 집에 보응(報應)을 요구함. 그것은 사울의 죄로 인해 고통 가운데 빠져 있는 땅으로부터 하나님의 진노를 옮기기 위한 것이었다.

1. 다윗은 기브온 사람들에게, 그들에게 가해진 과오(過誤)에 대해 어떤 속죄가 이루어져야 하는지 (아마도 신적 지시에 의해) 묻는다(3절). 그들은 오랜 세월 동안 이에 대해 아무 말도 하지 않고 지내왔다. 그들은 다윗에게 어떤 호소도 하지 않았으며, 자신들의 불평이나 요구로 인해 나라가 어지러워지는 것을 원치 않았다. 그러나 마침내 이제 하나님께서 그들을 위해 말씀하신다(주께서 들으실 것이므로 나는 듣지 않았나이다, 시 38:14-15). 이렇게 하여 그들은 오랜 인내로 말미암아 이와 같은 영예, 즉 자신들의 문제에 대해 스스로 재판장이 되는 보상을 받는다. 다시 말해서, 그들에게 자신들이 원하는 바를 적어 넣을 수 있는 백지수표가 주어진 것이었다: 너희가 말하는 대로 시행하리라(4절). 그렇게 함으로써 속죄가 이루어지게 하고, 그리하여 너희가 여호와의 기업을 위하여 복을 빌 수 있게 되도록 하라(3절). 어떤 가정에서든지 혹은 나라에서든지 무죄한 자가 압제 가운데 기도하고, 그럼으로써 망하게 된 자들의(욥 29:13) 축복을 회복시키기 위해 정당한 속죄의 희생이 치러져야만 하는 것은 참으로 슬픈 일이 아닐 수 없다. 하나님은 말씀하신다. "너희가 내 종 욥에게 과오(過誤)를 범했으니 그가 너희를 위해 기도하면 내가 너희와 화목할 것이요, 그렇게 하기 전까지는 결코 화목이 이루어지지 못할 것이니라." 가난하며 멸시당하는 자들의 기도를 업신여기는 자는 스스로를 알지 못하는 자다.

2. 기브온 사람들은 사울의 자손 일곱 명을 요구하고, 다윗은 그러한 요구를 허락한다.

(1) 그들은 은이나 금을 요구하지 않았다(4절). 돈이 피를 위한 속죄가 되지 못하는 사실을 주목하라. 민수기 35장 31절부터 33절을 보라. 피는 피를 요구하는 법이다(창 9:6, 다른 사람의 피를 흘리면 그 사람의 피도 흘릴 것이니). 생명보다 돈을 더 중하게 여기는 자들은 은이나 금같이 썩을 것을 위해 형제의 피까

지도 판다. 지금 기브온 사람들은 자신들에게 가해진 과오에 대한 보상으로 율법에 따라 종의 상태로부터 해방될 절호의 기회를 얻었다(출 21:26, 사람이 그 남종의 한 눈이나 여종의 한 눈을 쳐서 상하게 하면 그 눈에 대한 보상으로 그를 놓아 줄 것이며). 그러나 그들은 이것을 요구하지 않았다. 비록 상대편은 언약을 깨뜨렸지만, 자신들은 그렇게 하지 않으려고 했다. 그들은 느디님, 즉 하나님과 그의 백성 이스라엘에게 드려진 자들이었다. 아마도 그들은 종으로서 섬기는 일을 싫어하지 않았던 것으로 보인다.

(2) 그들이 요구한 것은 사울의 자손의 생명이었다. 사울이 과오를 범했으므로, 그의 자손이 갚아야만 했다. 우리는 부모의 빚을 상속자에게 청구한다. 그렇지만 우리는 이 원리를 목숨에까지 확대해서는 안 된다(신 24:16). 자식들은 (통상적인 경우) 그 아버지로 말미암아 죽임을 당하지 않을 것이다. 그러나 이번의 경우는 특별한 경우였다. 하나님은 스스로 이 일에 직접적인 당사자가 되시고, 친히 이와 같은 요구를 기브온 사람들의 마음속에 집어넣으셨다. 하나님이 친히 그렇게 하신 것은 의심의 여지가 없다. 왜냐하면 나중에 그 모든 일이 행해졌을 때 하나님이 그것을 인정하셨기 때문이다(14절). 하나님의 심판(judgement)은 사람들이 재판(judgement)에 있어 따라야만 하는 규칙에 구애받지 않는다. 부모들은 자녀를 위해 특별히 학대와 압제의 죄를 조심해야 한다. 왜냐하면 나중에 죽은 후에라도 그로 인해 자녀들이 하나님의 의로우신 손에 의해 징벌을 당할는지 모르기 때문이다. 죄책과 저주는 자녀에게 상속되는 나쁜 유산이다. 사울의 자손들은 사울의 전철을 그대로 답습한 것으로 보인다. 왜냐하면 그의 집이 피를 흘린 집(bloody house)으로 일컬어지고 있기 때문이다(1절). 피를 흘리는 것이 바로 사울의 집의 정신이었다. 따라서 그들은 사울의 죄뿐만 아니라 그들 자신의 죄로 인해 그와 같은 이름으로 일컬어지게 된 것이었다.

(3) 그들은 사울의 자손을 죽이는 일을 다윗에게 지우지 않았다. 당신은 우리를 위해 어떤 사람도 죽이지 않을 것이라(KJV 4절; 한글개역개정판에는 이스라엘 가운데에서 사람을 죽이는 문제도 우리에게 있지 아니하니이다라고 되어 있음), 다만 우리가 할 것이요 우리가 그들을 여호와 앞에서 목 매어 달겠나이다(6절). 다시 말해서, 만일 여기에 어떤 곤란한 문제가 있다면 그들은 모든 비난의 짐을 다윗과 그의 집이 아니라 기꺼이 자신들이 지고자 했다.

(4) 그들이 그와 같이 요구한 것은 사울과 그의 집에 대한 악의와 원한 때문이 아니었다(만일 그들이 복수하고자 했다면 오래 전에 그렇게 했을 것이다). 다만 그것은 자신들에게 가한 과오로 인해 큰 재앙에 빠져 있는 이스라엘 백성에 대한 사랑 때문이었다. "우리가 그들을 여호와 앞에서 목 매어 달겠나이다(6절). 그것은 우리 자신의 복수심을 만족시키기 위함이 아니라 하나님의 공의를 만족시키기 위함이며, 우리의 이름을 떨치기 위함이 아니라 온 나라의 선을 위함이나이다."

(5) 그들은 누구를 뽑을 것인지 하는 문제는 다윗에게 위임했다. 다윗은 요나단을 위해 므비보셋의 생명은 보호해 주었다. 만일 므비보셋을 내어주었다면, 그것은 한 가지 맹세를 깨뜨린 것에 대해 보응한답시고 다른 맹세(곧 자신이 요나단에게 한 맹세)를 깨뜨리는 꼴이 될 것이었다(7절). 따라서 다윗은 사울이 첩으로부터 낳은 아들 둘과 그의 딸 메랍이 아드리엘에게서(삼상 18:19) 낳은 아들 그러니까 사울의 외손자 다섯을 내어주었다(8절). 이렇게 하여 사울이 메랍을 아드리엘에게 준 배신행위가 징벌을 받게 되었다. 사울은 본래 메랍을 다윗에게 주기로 약속했었으나, 그를 격분케 할 목적으로 그녀를 아드리엘에게 주어버렸다. 이와 관련하여 홀 주교(bishop Hall)는 다음과 같이 말한다. "하나님의 신실한 자들을 모욕하며 위해를 가하는 것은 참으로 위험한 일이 아닐 수 없다. 설령 그들이 온유함으로 그것을 문제삼지 않았다 할지라도, 그들의 하나님이 나중에라도 그에 대해 엄중하게 징벌을 내리실 것이기 때문이다."

(6) 그들을 처형하는 방식과 장소와 때.

[1] 그들은 매어 달렸다(they were hanged up, 혹은 목 매어 달렸다). 이것은 하나님의 저주를 나타내는 특별한 표지였다. 율법은 다음과 같이 말한다: 나무에 달린 자는 하나님께 저주를 받았음이니라(신 21:23; 갈 3:13). 그리스도께서는 우리를 위해 저주가 되시고 우리의 죄를 속죄하시며 하나님의 진노를 돌이키기 위해 자신을 이와 같은 수치스러운 죽음에 내어주셨다.

[2] 그들은 사울의 고을 기브아에서 매어 달렸다(6절). 이로써 그들의 죽음은 다름 아닌 사울의 죄로 인한 것임이 분명하게 나타났다. 그들은 사울의 집의 죄를 속죄하기 위해 그의 집 문에 매어 달렸다. 그리고 하나님은 제사장들과 그들의 가족들의 피로 인하여 이와 같이 사울의 집을 멸망시키셨다. 지금 이

자리는 의심의 여지 없이 하나님이 그 일(즉 제사장들의 피를 흘린 일)을 기억하시며, 그에 대해 심문(審問)하고 계시는 자리였다(시 9:12, 피 흘림을 심문하시는 이가 그들을 기억하심이여). 그렇지만 여기에서는 오직 기브온 사람들의 피만이 언급될 뿐인데, 그것은 그들의 피가 거룩한 맹세를 깨뜨리면서 흘려졌기 때문이었다. 비록 그것이 오래 전에 세워진 맹세라 할지라도, 그리고 위계(僞計)에 의해 그리고 가나안 족속들과 맺어진 맹세라 할지라도, 하나님은 그 맹세를 이토록 엄중하게 보셨다. 따라서 맹세를 대수롭지 않게 여기면서 언약을 깨뜨리는 것은 하나님의 거룩하신 이름을 모독하는 것으로서 결국 그 머리 위에 하나님의 보응이 떨어지게 될 것이다(겔 17:18, 19). 또한 하나님은 이를 통해 부자와 가난한 자 사이에 차별이 없음을 보이셨다. 이스라엘 백성들의 종에 불과한 기브온 사람들의 피를 속죄하기 위해 왕족들의 피가 흘려져야 했다.

[3] 그들은 추수하는 날(9절), 추수하기 시작할 때(10절) 매어 달렸다. 이것은 지난 몇 년 동안 추수하는 은혜를 가로막은 하나님의 진노를 돌이키기 위해 그들이 희생을 당했음을 나타내기 위한 것이었다. 이와 같이 우리의 정욕과 타락을 십자가에 못 박는 것 외에는 그 어떤 것도 하나님의 진노를 달래지 못한다. 우리의 죄에 대해 공의를 시행하지 않으면서 하나님의 자비를 기대하는 것은 헛된 일이다. 나라 전체의 유익을 위한 이 일을 너무 잔인한 행위라고 불평해서는 안 된다. 이스라엘 전체가 기근 가운데 굶어죽는 것보다 사울의 피 흘린 집에서 일곱 명이 매어 달리는 것이 훨씬 더 낫지 않겠는가?

10아야의 딸 리스바가 굵은 베를 가져다가 자기를 위하여 바위 위에 펴고 곡식 베기 시작할 때부터 하늘에서 비가 시체에 쏟아지기까지 그 시체에 낮에는 공중의 새가 앉지 못하게 하고 밤에는 들짐승이 범하지 못하게 한지라 11이에 아야의 딸 사울의 첩 리스바가 행한 일이 다윗에게 알려지매 12다윗이 가서 사울의 뼈와 그의 아들 요나단의 뼈를 길르앗 야베스 사람에게서 가져가니 이는 전에 블레셋 사람들이 사울을 길보아에서 죽여 블레셋 사람들이 벧산 거리에 매단 것을 그들이 가만히 가져 온 것이라 13다윗이 그 곳에서 사울의 뼈와 그의 아들 요나단의 뼈를 가지고 올라오매 사람들이 그 달려 죽은 자들의 뼈를 거두어다가 14사울과 그의 아들 요나단의 뼈와 함께 베냐민 땅 셀라에서 그의 아버지 기스의 묘에 장사하되 모두 왕의 명령을 따라 행하니라 그 후에야 하나님이 그 땅을 위한 기도를 들으시니라

I. 사울의 자손들이 (당일에 장사되지 않고) 비가 올 때까지 매어 달린 채 그대로 있음. 그들의 시신은 심판이 그칠 때까지, 다시 말해서 그들의 죽음으로 인해 그 땅에 비가 내릴 때까지 매어 달린 채 그대로 노출되어 있었다. 그들은 희생제물로서 죽었다. 그것은 불로써 단번에 사르는 방식이 아니라 공중에서 서서히 드려지는 방식이었다. 그들은 또한 저주로서 죽었다. 그리고 이와 같은 수치를 통해 그들은 저주받은 자가 되었는데, 그것은 그들에게 죄책이 지워졌기 때문이었다. 우리 구주께서 우리를 위해 죄가 되셨을 때, 그는 또한 우리를 위해 저주가 되셨다. 그러나 우리는 어떻게 이것을 나무에 달려 죽은 자는 반드시 그날에 장사해야 한다는(신 21:23) 율법과 조화시킬 수 있겠는가? 어떤 유대 랍비는 하나님의 이름을 존귀케 하기 위해 10절을 삭제시키고 싶어 한다. 왜냐하면 그가 생각할 때 그 구절은 하나님이 자신의 율법을 어기는 것을 용인하고 있는 것처럼 보이기 때문이다. 그러나 이것은 신명기 율법의 범주에 해당되지 않는 특별한 경우였다. 신명기 율법에 제시된 이유가 바로 이러한 예외의 이유가 된다. 신명기 율법에 따르면 나무에 달린 채 그대로 남겨진 자는 저주를 받은 자이다. 그러므로 일반적인 죄인은 그와 같이 그대로 매달린 채 내버려 두어서는 안 된다. 그러나 사울의 자손들은 그대로 매달린 채 내버려 두어야 했다. 왜냐하면 그들은 나라의 죄를 위해, 그리고 기근의 심판으로부터 나라를 구원하기 위해 희생제물로서 드려졌기 때문이었다. 이와 같이 그들은 하나님의 정하신 바에 따라 혹은 최소한 허락하신 바에 따라 만물의 찌끼처럼 되어 세상의 구경거리가 되었다(고전 4:9, 13).

II. 그들의 시신이 리스바에 의해 돌봄을 받음(10절). 그녀는 그들 가운데 두 사람의 어머니였다. 노년에 자신의 아들들이 이렇게 처참하게 죽임을 당한 것을 보는 것은 그녀에게 있어 너무도 큰 고통이었다. 그들은 그녀에게 있어 노년의 위로요 봉양자가 아니었겠는가? 아무도 자기 앞에 어떤 슬픔이 예비되어 있는지 알지 못한다. 그녀는 자기 아들들을 장사하려고 하지 않고 다만 보살피려고만 하였다. 그녀는 그들에게 선고된 형벌, 즉 하나님이 비를 보내실 때까지 계속해서 매어 달려 있어야 한다는 형벌을 어기려고 하지 않았다. 그녀는 아들들의 시신을 훔치거나 탈취하려고 하지도 않았다. 다만 묵묵히 받아들이면서 형틀 옆에 굵은 베로 장막을 치고 시신들을 새와 짐승의 먹이가 되지 않도록 보호했다. 이와 같이,

1. 그녀는 애곡하는 자들이 종종 그러는 것처럼 아무런 목적도 없이 그냥 큰 슬픔 가운데 빠져 있었다. 이와 같이 슬픔이 과도하게 커질 때, 우리는 그 가운데 빠져 있기보다는 마음을 진정하고 기분을 전환하는 법을 배울 필요가 있다. 왜 우리가 이와 같은 과도한 슬픔 속에 빠져 있어야 한단 말인가?

2. 그녀는 자신의 사랑을 입증했다. 이와 같이 하여 그녀는 세상으로 하여금 자신의 아들들이 그들 자신의 죄 때문에 죽은 것이 아니라는 사실을 알게 하고자 했다. 만일 그들이 완악하고 반항적이어서 어미 순종하기를 싫어하는 자들이었다면, 그녀는 골짜기의 까마귀가 그들의 눈을 쪼고 독수리 새끼가 그것을 먹는 아픔을 겪었을 것이다(잠 30:17). 그러나 그들은 그들의 아버지의 죄 때문에 죽었으므로 그녀의 마음은 그들의 가혹한 운명에도 불구하고 그들과 떨어지지 않을 수 있었다. 비록 어쩔 수 없이 죽어야만 했다 할지라도, 그러나 그들은 불쌍히 여김을 받으며 그리고 애곡함을 받으며 죽을 것이었다.

Ⅲ. 그들의 시신이 사울과 요나단의 뼈와 함께 그들의 가족묘에 정식으로 매장됨. 다윗은 리스바가 한 행등에 대해 조금도 불쾌하게 여기지 않았다. 도리어 그녀의 행동으로 인해 큰 감명을 받고, 사울의 집의 명예를 크게 높여 주었다. 또한 이렇게 하여 그들을 내어준 것은 사울의 집에 대한 개인적인 증오심 때문이 아니라는 사실을 분명하게 나타냈다. 그는 결코 이와 같은 슬픔의 날을 원하지 않았다. 다만 공적 선(public good)을 위해 그렇게 하지 않을 수 없었다.

1. 이제 다윗은 사울과 요나단의 뼈를 길르앗 야베스 사람들이 매장한 장소 즉 야베스의 에셀 나무 아래로부터 옮겨올 것을 결심한다(삼상 31:12, 13). 비록 사울의 방패가 마치 기름 부음 받지 않은 자처럼 불명예스럽게 던져졌다 할지라도, 왕의 뼈가 보통 사람들의 무덤 가운데 잃어져서는 안 되었다. 우리는 사람의 시신을 소홀히 여겨서는 단 된다. 하물며 위대하고 선한 사람인 경우에는 더욱 그러하다.

2. 다윗은 달려 죽은 자들의 시신을 사울과 요나단의 뼈와 함께 묻었다. 왜냐하면 하나님의 진노가 멈출 때 이제 그들은 더 이상 저주로 간주되지 않을 것이었기 때문이다(13, 14절). 하늘에서 비가 시체에 쏟아질 때(10절), 다시 말해서 하나님이 땅을 적시기 위해 비를 보내실 때(아마도 그들이 매어 달린 후 그리 오래지 않아 비가 왔을 것이다), 그들은 형틀에서 내려질 것이었다. 왜냐하면

그것은 하나님이 진노를 거두시고 그 땅에 은혜를 베푸셨음을 나타내는 것이었기 때문이다. 땅에서 공의가 시행될 때 하늘로부터의 보응은 그치는 법이다. 우리의 죄를 속하기 위해 저주가 되사 나무에 달리신 그리스도를 통해, 하나님의 공의는 만족되고 하나님은 우리를 위해 은혜를 베푸셨다. 우리는 사도행전 13장 29절에서 다음과 같이 기록된 것을 보게 된다. (희생제사가 온전히 드려지고 하나님이 그것을 받으셨음을 나타내는 증표로서) 성경에 그를 가리켜 기록한 말씀들이 성취되었을 때 그들은 그를 나무에서 내려 무덤에 두었다(한글개역개정판에는 "성경에 그를 가리켜 기록한 말씀을 다 응하게 한 것이라 후에 나무에서 내려다가 무덤에 두었으나"라고 되어 있음).

[15]블레셋 사람이 다시 이스라엘을 치거늘 다윗이 그의 부하들과 함께 내려가서 블레셋 사람과 싸우더니 다윗이 피곤하매 [16]거인족의 아들 중에 무게가 삼백 세겔 되는 놋 창을 들고 새 칼을 찬 이스비브놉이 다윗을 죽이려 하므로 [17]스루야의 아들 아비새가 다윗을 도와 그 블레셋 사람들을 쳐죽이니 그 때에 다윗의 추종자들이 그에게 맹세하여 이르되 왕은 다시 우리와 함께 전장에 나가지 마옵소서 이스라엘의 등불이 꺼지지 말게 하옵소서 하니라 [18]그 후에 다시 블레셋 사람과 곱에서 전쟁할 때에 후사 사람 십브개는 거인족의 아들 중의 삽을 쳐죽였고 [19]또 다시 블레셋 사람과 곱에서 전쟁할 때에 베들레헴 사람 야레오르김의 아들 엘하난은 가드 골리앗의 아우 라흐미를 죽였는데 그 자의 창 자루는 베틀 채 같았더라 [20]또 가드에서 전쟁할 때에 그 곳에 키가 큰 자 하나는 손가락과 발가락이 각기 여섯 개씩 모두 스물 네 개가 있는데 그도 거인족의 소생이라 [21]그가 이스라엘 사람을 능욕하므로 다윗의 형 삼마의 아들 요나단이 그를 죽이니라 [22]이 네 사람 가드의 거인족의 소생이 다윗의 손과 그의 부하들의 손에 다 넘어졌더라

우리는 여기에서 블레셋 사람들과의 몇몇 싸움에 관한 이야기를 보게 되는데, 아마도 그것들은 다윗의 통치 말년에 일어난 일들이었던 것으로 보인다. 다윗이 이미 수 차례에 걸쳐 블레셋 사람들을 정복했으므로 그들은 전장(戰場)에 많은 군대를 데리고 나올 수 없었다. 그러나 그렇다 할지라도 그들 가운데 거인 용사들이 있는 한 그들은 가만히 있지 않고 기회만 있으면 이스라엘에게 도전하면서 이스라엘의 평화를 깨뜨리려고 시도하였다.

I. 다윗 자신이 거인 가운데 한 사람과 싸움. 블레셋 사람들은 또다시 전쟁을 시작했다(15절). 이스라엘의 원수들은 쉬지 않고 이스라엘을 대적하고자 시도한다. 다윗은 비록 늙었을지라도 나라의 일에서 떠나 편안하게 있으려고 하지 않고, 친히 부하들과 함께 내려가서 블레셋 사람과 싸웠다(Senescit, non segnescit — 그는 늙었지만 그러나 아무 일도 하지 않고 물러나 있지는 않았다). 그것은 그가 자신의 영광을 위해서가 아니라 이스라엘의 유익을 위해 싸웠음을 보여주는 표증이었다.

1. 그러나 이 싸움에서 다윗은 큰 위험에 빠진다. 그는 예전과 마찬가지로 지금도 전쟁의 모든 노고를 능히 감당할 수 있다고 생각했다. 그의 뜻은 좋았으며, 그는 다른 때처럼 행동할 수 있기를 바랐다. 그러나 그는 자신의 생각이 틀렸음을 깨닫게 되었다. 나이가 그의 머리를 잘라버렸다. 약간의 노고에도 그는 곧 피곤해졌다. 그의 몸은 자신의 마음과 보조를 맞출 수 없었다. 블레셋의 용사는 곧 자신이 유리한 위치에 있다는 사실을 알게 되었다. 그는 다윗은 힘이 다 떨어진 반면 자신은 강하며 잘 무장되어 있다는 사실을 깨달았다. 그리하여 그는 다윗을 죽이려고 생각했다. 그러나 그는 미처 하나님에 대해서는 생각하지 못했다. 그리하여 그 날 패배를 당한 쪽은 다윗 진영이 아니라 바로 그들이었다. 하나님의 백성의 원수들은 이스비브놉처럼 종종 매우 강하며, 지혜로우며, 또 승리를 확신하는 자리에 있기도 한다. 그러나 하나님을 대적하는 곳에는 어떤 힘도, 지혜도, 승리에 대한 확신도 없는 법이다.

2. 그러나 때마침 달려온 아비새가 위험에 빠진 다윗을 구한다(17절). 여기에서 우리는 왕에 대한 아비새의 용기와 충성심을 인정해야 한다(그는 위험을 무릅쓰고 왕의 생명을 구하기 위해 달려왔다). 그러나 그것보다 더 두드러지게 나타나는 것은 절박한 위기의 순간에 다윗을 구원하기 위해 아비새를 그에게로 보내신 하나님의 선한 섭리였다. 위대한 전사(즉 다윗)는 비록 위기 가운데 빠져 있다 할지라도 버림을 당하지는 않을 것이었다. 아비새가 다윗을 구원했을 때 혹은 그를 돕기 위해 나타났을 때, 그는(즉 다윗은) 그 블레셋 사람을 쳐 죽였다(한글개역개정판 16절에는 아비새가 죽인 것처럼 되어 있음). 또한 22절을 통해 우리는 다윗이 자기 손으로 거인들 가운데 한 사람을 죽였음을 알 수 있다. 다윗은 피곤했지만 그러나 도망치지는 않았다. 힘이 떨어진 가운데에서도 용감하게 자신의 위치를 지켰을 때, 하나님은 결정적인 순간에 도움의 손길

을 보내셨다. 이와 같은 지원 병력에 힘입어 다윗은 다시 유리한 위치에 서게 되었으며 결국 승리자가 되었다. 그리스도께서 고민 가운데 계실 때 천사가 나타나 도왔고, 그로 인해 다시 힘을 얻으셨다. 영적 전쟁 속에서 심지어 강한 성도들이라 할지라도 때로 피곤해지게 된다. 그러면 사탄이 맹렬하게 공격한다. 그러나 자신의 위치를 지키며 마귀를 대적하는 자들은 구원을 받게 될 것이며 결국 승리자가 될 것이다.

3. 이에 다윗의 종들은 왕에게 더 이상 전장에 나오지 말 것을 간청한다. 다윗은 전에 그들의 설득을 받아들여 압살롬과의 싸움에 나오지 않았다(18:3). 그러나 블레셋 사람들과의 싸움에는 위험을 무릅쓰고 나왔다가 이와 같은 위기의 순간을 만난 것이었다. 따라서 다윗의 지휘관들은 이스라엘의 등불이 꺼지지 않도록 하기 위해 더 이상 왕이 전장에 나오지 말 것을 결정하고 맹세로써 확증했다. 다윗 같이 국가적인 중요한 존재의 생명은 (자기 자신에 의해서나 혹은 다른 사람들에 의해서나) 갑절의 돌봄으로 보호되어야만 한다.

II. 나머지 거인들이 다윗의 종들의 손에 죽음을 당함.

1. 삽을 죽인 자는 다윗의 큰 용사 가운데 한 사람인 십브개였다(18절; 대상 22:29).

2. 골리앗의 아우 라흐미를 죽인 자는 엘하난이었는데(19절), 우리는 그에 대해 사무엘하 23장 24절에서 볼 수 있다.

3. 또 한 사람의 거인을 죽인 자는 시므아의 아들 요나단이었다(한글개역개정판에는 삼마로 되어 있음). 요나단이 죽인 거인은 키가 매우 크고 손가락과 발가락이 각기 여섯 개씩 스물 네 개가 있는 자였는데, 그는 매우 오만한 태도로 이스라엘을 능욕했다(20절). 우리는 앞에서 암논에게 악한 조언을 한 시므아의 아들 요나답에 대해 살펴본 바 있었는데(삼하 13:3), 나는 그가 여기의 요나단과 동일 인물일 것이라고 생각한다. 그렇지만 어쨌든 요나답은 간교한 자로 언급되고 있는 반면, 여기의 요나단은 매우 용맹한 인물로 묘사되고 있다. 여기에 나오는 거인들은 아마도 아낙 자손 가운데 남은 자들이었던 것으로 보인다. 여기에서 다음과 같은 사실들을 주목하라.

(1) 강한 자가 자기의 힘을 자랑하는 것은 어리석은 일이라는 사실. 다윗의 종들은 이들보다 더 크지도 않았고 강하지도 않았다. 그러나 그들은 하나님의 도우심을 힘입어 거인들을 물리쳤다. 하나님은 약한 것들을 택하사 강한 자들을

부끄럽게 하신다.

(2) 생존하는 사람들의 세상에서 용사들의 두려움이었던(겔 32:27) 자들이 살육을 당해 구덩이에 던져지는 것은 흔히 있는 일이라는 사실.

(3) 가장 강한 원수들은 대체로 마지막 싸움을 위하여 보존된다는 사실. 다윗의 영광은 한 명의 거인(즉 골리앗)을 물리치는 것으로 시작되었다가, 여기에서 네 명의 거인을 물리치는 것으로 마무리된다. 죽음은 그리스도인의 마지막 원수인 아낙 자손이다. 그러나 우리를 위해 승리하신 그분을 통해 우리는 죽음을 이기고 마침내 정복자 이상이 될 것을 소망한다.

제
— 22 —
장

개요

본 장은 찬송시이다. 우리는 이 시가 나중에 약간의 변이(變異)와 함께 다윗의 시편에 포함된 것을 보게 된다(시 18편). 우리가 본 장에서 보는 것은 다윗이 자신의 골방에서 수금에 맞춰 처음 부른 노래이다. 반면 시편 18편에서 보는 것은 나중에 성전 예배를 위해 악사(樂士)들에게 전달된 것으로서, 약간의 수정이 가해진 일종의 재판(再版)과 같은 것이었다(본 장의 시를 初版이라고 한다면). 왜냐하면 비록 이것이 일차적으로 다윗의 구원과 관련되는 것이라 할지라도, 결국 모든 사람들을 위해 아무 차별 없이 사용될 수 있는 것이었기 때문이다. 혹은 어쩌면 이것은 모든 백성들로 하여금 다윗의 감사에 동참하도록 의도된 것이었는지도 모른다. 왜냐하면 그는 왕이었기 때문에 그의 구원은 곧 나라 전체의 축복으로 간주되었고 따라서 모든 백성이 마땅히 감사를 드려야만 했기 때문이다. 영감 받은 역사가(즉 사무엘하 저자)는 본 책(사무엘하)과 앞의 책(사무엘상)에서 그리고 특별하게는 앞 장(삼하 21장) 끝부분에서 다윗의 구원에 대해 상세하게 다루었다. 따라서 그는 지금까지 이야기한 모든 것을 기념하기 위해 이 거룩한 시를 여기에 기록하는 것이 적절하다고 생각했다. 어떤 이들은 다윗이 늙었을 때 자신의 일생을 통해 하나님이 자신을 위해 행하신 놀라운 일들을 회고하면서 이 시를 지었다고 생각한다. 우리는 하나님을 찬미함에 있어 과거 하나님이 행하신 모든 일들을 기억하고 회상해야 한다. 반면 다른 이들은 다윗이 처음 구원을 경험한 젊은 날에 이 시를 기록했으며, 이후 새롭게 구원을 경험할 때마다 습관적으로 이 노래를 불렀을 것이라고 생각한다. 그러나 시편(the book of Psalms)은 그가 특별한 경우에 자신의 시에 변화를 주었으며, 어떤 하나의 형식만 고집하지 않았음을 보여준다. 본 장의 내용은 다음과 같다. I. 시의 표제(1절). II. 시 자체. 우리는 여기에 그의 뜨거운 믿음과 풍부한 표현들이 담겨 있는 것을 보게 된다. 1. 그가 하나님께 영광을 돌림. 2. 그가 하나님 안에서 안위를 얻음. (1) 하나님이 전에 베푸셨던 모든 은혜의 경험들로부터. (2) 앞으로도 계속해서 베풀어 주실 은혜를 바라보면서. 우리는 이러한 두 가지가 시 전체를 통해 뒤섞여 있는 것을 보게 된다.

¹여호와께서 다윗을 모든 원수의 손과 사울의 손에서 구원하신 그 날에 다윗이 이 노래의 말씀으로 여호와께 아뢰어

여기에서 다음을 주도하라.

I. 하나님의 백성들에게 종종 많은 원수들이 있다는 사실. 그리고 하나님의 백성들은 때로 그러한 원수들의 손에 떨어지는 급박한 위험 가운데 처하기도 한다. 다윗은 하나님의 마음에 합한 자였다. 그러나 사람의 마음에 합한 자는 아니었다. 많은 사람들이 그를 미워했으며 그를 멸망시키려고 했다. 그와 관련하여 사울이 특별하게 언급되고 있는데, 아마도 그것은

1. 그를 다른 이방인 원수들과 구별하기 위한 것이었을 것이다. 사울은 다윗을 미워했다. 그러나 다윗은 사울을 미워하지 않았으며, 따라서 그를 원수들 가운데 한 사람으로 간주하지 않았다.

2. 그를 가장 주된 원수로 브았기 때문일 것이다. 왜냐하면 모든 원수들 가운데 사울이 가장 악의적이고 강력했기 때문이었다. 앞의 것보다 이것이 좀 더 가능성이 높아 보인다. 하나님이 사랑하는 자들을 세상이 미워할 때, 우리는 그것을 이상하게 생각해서는 안 된다.

II. 하나님은 자신을 의지하는 자들이 큰 위험 가운데 있을 때 실제적인 도움을 베풀어 주신다는 사실. 다윗이 그러했다. 하나님은 그를 사울의 손에서 구원하셨다. 다윗은 이것을 특별히 주목한다. 우리 역시도 하나님을 찬양하는 가운데 그분이 우리를 놀랍게 보호하셨음을 특별히 언급해야 한다. 하나님은 그를 모든 원수의 손에서 구원하셨는데, 어떤 때는 이런 방법으로, 또 어떤 때는 저런 방법으로 그렇게 하셨다. 다윗은 자신의 이런 경험으로부터 "의인은 고난이 많으나 여호와께서 그의 모든 고난에서 건지시는도다"라고 확언한다(시 34:19). 우리는 하늘나라에 이르기까지 모든 원수들로부터 완전히 해방되지는 않을 것이다. 그렇지만 하늘나라에 이를 때까지 그분은 당신에게 속한 모든 자들을 지키시며 보호하실 것이다(딤후 4:18, 주께서 나를 모든 악한 일에서 건져내시고 또 그의 천국에 들어가도록 구원하시리니 그에게 영광이 세세무궁토록 있을지어다 아멘).

III. 하나님의 놀라운 자비를 얻은 자는 그로 인해 그분께 영광을 돌려야 한다는 사실. 새로운 자비를 얻을 때마다 우리는 새 노래를 가지고 우리 하나님

을 찬미해야 한다. 감사하는 마음이 있을 때, 입은 그 감사를 말하게 될 것이다. 다윗은 자신의 즐거움을 위해, 그리고 자기 주변에 있는 사람들을 교훈하기 위해 자신과 자신 주변에 있는 사람들에게만 말한 것이 아니었다. 그는 또한 하나님의 영광을 위해 그분께 이 노래의 말씀을 말했다. 우리가 여호와께 노래하는 것은 곧 그분께 감사하면서 노래하는 것이다. 고통 속에서 그는 소리 내어 부르짖었으므로(시 142:1), 그것이 지나고 난 후에는 소리 내어 감사를 드렸다. 하나님께 대한 감사는 소리로 만드는 가장 달콤한 음악이다.

IV. 하나님께 감사드림에 있어 우리는 매우 신속하게 그렇게 해야 한다는 사실. 여호와께서 그를 구원하신 그 날에 그가 이 노래의 말씀으로 여호와께 아뢰어. 우리는 하나님의 자비가 생생하게 남아 있는 동안 그래서 우리의 심령이 아직 뜨거움 가운데 있을 때 감사를 올려드려야 한다. 그럴 때 감사는 우리의 뜨거운 감정의 불에 붙게 될 것이다.

²이르되 여호와는 나의 반석이시요 나의 요새시요 나를 위하여 나를 건지시는 자시요 ³내가 피할 나의 반석의 하나님이시요 나의 방패시요 나의 구원의 뿔이시요 나의 높은 망대시요 그에게 피할 나의 피난처시요 나의 구원자시라 나를 폭력에서 구원하셨도다 ⁴내가 찬송 받으실 여호와께 아뢰리니 내 원수들에게서 구원을 받으리로다 ⁵사망의 물결이 나를 에우고 불의의 창수가 나를 두렵게 하였으며 ⁶스올의 줄이 나를 두르고 사망의 올무가 내게 이르렀도다 ⁷내가 환난 중에서 여호와께 아뢰며 나의 하나님께 아뢰었더니 그가 그의 성전에서 내 소리를 들으심이여 나의 부르짖음이 그의 귀에 들렸도다 ⁸ 이에 땅이 진동하고 떨며 하늘의 기초가 요동하고 흔들렸으니 그의 진노로 말미암음이로다 ⁹그의 코에서 연기가 오르고 입에서 불이 나와 사름이여 그 불에 숯이 피었도다 ¹⁰그가 또 하늘을 드리우고 강림하시니 그의 발 아래는 어두캄캄하였도다 ¹¹그룹을 타고 날으심이여 바람 날개 위에 나타나셨도다 ¹²그가 흑암 곧 모인 물과 공중의 빽빽한 구름으로 둘린 장막을 삼으심이여 ¹³그 앞에 있는 광채로 말미암아 숯불이 피었도다 ¹⁴여호와께서 하늘에서 우렛소리를 내시며 지존하신 자가 음성을 내심이여 ¹⁵화살을 날려 그들을 흩으시며 번개로 무찌르셨도다 ¹⁶이럴 때에 여호와의 꾸지람과 콧김으로 말미암아 물 밑이 드러나고 세상의 기초가 나타났도다 ¹⁷그가 위에서 손을 내미사 나를 붙드심이여 많은 물에서 나를 건져내셨도다 ¹⁸ 나를 강한 원수와 미워하는 자에게서 건지셨음이여

그들은 나보다 강했기 때문이로다 ¹⁹그들이 나의 재앙의 날에 내게 이르렀으나 여호와께서 나의 의지가 되셨도다 ²⁰나를 또 넓은 곳으로 인도하시고 나를 기뻐하시므로 구원하셨도다 ²¹여호와께서 내 공의를 따라 상 주시며 내 손의 깨끗함을 따라 갚으셨으니 ²²이는 내가 여호와의 도를 지키고 악을 행함으로 내 하나님을 떠나지 아니하였으며 ²³그의 모든 법도를 내 앞에 두고 그의 규례를 버리지 아니하였음이로다 ²⁴내가 또 그의 앞에 완전하여 스스로 지켜 죄악을 피하였나니 ²⁵그러므로 여호와께서 내 의대로, 그의 눈앞에서 내 깨끗한 대로 내게 갚으셨도다 ²⁶자비한 자에게는 주의 자비하심을 나타내시며 완전한 자에게는 주의 완전하심을 보이시며 ²⁷깨끗한 자에게는 주의 깨끗하심을 보이시며 사악한 자에게는 주의 거스르심을 보이시리이다 ²⁸주께서 곤고한 백성은 구원하시고 교만한 자를 살피사 낮추시리이다 ²⁹여호와여 주는 나의 등불이시니 여호와께서 나의 어둠을 밝히시리이다 ³⁰내가 주를 의뢰하고 적진으로 달리며 내 하나님을 의지하고 성벽을 뛰어넘나이다 ³¹하나님의 도는 완전하고 여호와의 말씀은 진실하니 그는 자기에게 피하는 모든 자에게 방패시로다 ³²여호와 외에 누가 하나님이며 우리 하나님 외에 누가 반석이냐 ³³하나님은 나의 견고한 요새시며 나를 안전한 곳으로 인도하시며 ³⁴나의 발로 암사슴 발 같게 하시며 나를 나의 높은 곳에 세우시며 ³⁵내 손을 가르쳐 싸우게 하시니 내 팔이 놋 활을 당기도다 ³⁶주께서 또 주의 구원의 방패를 내게 주시며 주의 온유함이 나를 크게 하셨나이다 ³⁷내 걸음을 넓게 하셨고 내 발이 미끄러지지 아니하게 하셨나이다 ³⁸내가 내 원수를 뒤쫓아 멸하였사오며 그들을 무찌르기 전에는 돌이키지 아니하였나이다 ³⁹내가 그들을 무찔러 전멸시켰더니 그들이 내 발 아래에 엎드러지고 능히 일어나지 못하였나이다 ⁴⁰이는 주께서 내게 전쟁하게 하려고 능력으로 내게 띠 띠우사 일어나 나를 치는 자를 내게 굴복하게 하셨사오며 ⁴¹주께서 또 내 원수들이 등을 내게로 향하게 하시고 내게 나를 미워하는 자를 끊어 버리게 하셨음이니이다 ⁴²그들이 도움을 구해도 구원할 자가 없었고 여호와께 부르짖어도 대답하지 아니하셨나이다 ⁴³내가 그들을 땅의 티끌 같이 부스러뜨리고 거리의 진흙 같이 밟아 헤쳤나이다 ⁴⁴주께서 또 나를 내 백성의 다툼에서 건지시고 나를 보전하사 모든 민족의 으뜸으로 삼으셨으니 내가 알지 못하는 백성이 나를 섬기리이다 ⁴⁵이방인들이 내게 굴복함이여 그들이 내 소문을 귀로 듣고 곧 내게 순복하리로다 ⁴⁶이방인들이 쇠약하여 그들의 견고한 곳에서 떨며 나오리로다 ⁴⁷여호와의 사심을 두고 나의 반석을 찬송하며 내 구원의 반석이신 하나님을 높일지로다 ⁴⁸이 하나님이 나를 위하여 보복하시고 민족들이 내게 복종하게 하시며 ⁴⁹나를 원수들에게서 이끌어 내시며 나를 대적하는 자 위에 나를 높이시고 나를 강포한 자에게서 건지시는도다 ⁵⁰이러므로 여호와여 내가 모든 민족 중에서 주께 감사하며 주의 이름을 찬양하리이다 ⁵¹여호와께서 그의 왕에게 큰 구원을 주시며 기름 부음 받은 자에게 인자를 베푸심이여 영원하도록 다윗과 그 후손에게로다 하였더라

I. 다윗이 어떻게 하나님을 찬미하며 그분의 무한한 완전하심에 영광을 돌리고 있는지 살펴보자. 그와 같은 자도 없으며 그와 비교될 자도 없다(32절): 여호와 외에 누가 하나님이냐? 세상에는 신으로 숭배 받는 것들이 많이 있다. 그러나 다른 모든 것들은 모조품이요 헛된 것들이다. 의지할 자 또한 그분 외에 아무도 없다: 우리 하나님 외에 누가 반석이냐? 그것들은 죽었으나, 여호와는 살아계시다(47절). 그들은 결국 자신들을 숭배하는 자들을 실망시킨다. 그러나 하나님의 길은 완전하다(31절). 사람은 호의로 시작해도 끝은 그렇지 않으며, 약속은 해도 지키지는 못한다. 그러나 하나님은 자신의 일을 완성하실 것이며, 그의 말씀은 확실하여 신뢰할 만하다.

II. 다윗이 자신과 하나님과의 관계를 어떻게 말하고 있는지 살펴보자. 그는 나의 하나님이시라. 그는 이것을 자신이 하나님으로부터 받은 모든 은총의 원천으로 여겼다. 그는 그러한 하나님께 부르짖었으며(7절), 그러한 하나님을 굳게 붙잡았다(22절). "만일 그가 나의 하나님이라면 그는 나의 반석이라(22절)." 다시 말해서 "만일 그가 나의 하나님이라면, 그는 나의 힘과 강함이요(33절) 내가 피할 반석이요(그는 내게 곤고한 땅에서 큰 바위의 그림자 같은 분이시라) 내가 소망을 둘 반석이라(3절)." "나의 힘이 되며 도움을 베풀어 주는 것이 무엇이든, 그렇게 만드시는 분은 나의 반석의 하나님이시라. 곧 그분은 나의 구원의 반석이신 하나님이시라(47절). 나를 구원하는 힘이 그 안에 있으며 그로부터 나오는도다." 다윗은 종종 반석 안에 자신을 숨기는데(2절), 그러나 그의 주된 피난처는 하나님이셨다. "그는 나의 요새시라 내가 그 안에서 안전하리라. 그는 나의 높은 망대시라 그 안에 있을 때 악한 자들이 내게 가까이하지 못할 것이라. 그는 나의 구원의 망대시라(51절). 결코 무너지지도 함락당하지도 않을 것이라. 나의 구원이신 자가 나를 구원하시도다. 내가 고난 가운데 있는가? 그가 나를 구원하실 것이라. 그들이 화살을 쏘며 공격해 오는가? 그는 나의 방패시라. 그

들이 뒤쫓아오는가? 그는 나의 피난처시라. 그들이 압제하는가? 그는 나의 구원자시라 나를 멸망시키려고 하는 자들의 손에서 나를 구원하시리라. 그는 나의 구원의 뿔이시라. 그가 나를 보호하시며 원수들로부터 지키시리라." 그리스도는 다윗의 집에서 일어난 구원의 뿔로 일컬어진다(눅 1:69). "내가 무거운 짐을 지고 가라앉게 되었는가? 여호와는 나를 지탱하시는 나의 버팀줄이시라(19절). 내가 어둠 가운데 어찌할 바를 알지 못하고 있는가? 여호와는 나의 등불이시니 여호와께서 나의 어둠을 밝히시리로다(29절)." 만일 우리가 진실로 여호와를 우리 하나님으로 모셔 들인다면, 그는 우리에게 이 모든 것, 아니 그 이상이 되실 것이다.

Ⅲ. 다윗이 하나님과의 관계를 어떻게 선용했는지 살펴보자. 만일 여호와가 나의 하나님이라면,

1. 나는 그를 의지할 것이라(3절). 다시 말해서, "나는 스스로를 부인하고 그의 지시를 따를 것이요, 그의 권능과 지혜와 선하심을 의지할 것이라."

2. 나는 그를 부를 것이라(4절). 왜냐하면 그는 찬송을 받기에 합당한 분이시기 때문이다. 하나님 안에서 찬송 받기에 합당한 것을 발견했을 때, 우리는 마땅히 그에게 기도하며 영광을 돌려야 한다.

3. 나는 그에게 감사할 것이라(50절). 특별히 공개적으로 그렇게 하리라. 이방인들 가운데 있었을 때, 그는 이스라엘의 하나님에 대한 자신의 의무를 인정하는 것을 두려워하지도 않고 부끄러워하지도 않았다.

Ⅳ. 다윗은 하나님이 자신을 위해 행하신 위대한 일들을 상세하게 설명한다. 이것이 노래의 대부분을 차지하고 있다. 다윗은 두 가지 측면에서 하나님께 영광을 돌리고 있는데, 첫째는 자신이 빠져 있던 수많은 위험들로부터 구원해 주신 것을 나타냄으로써 그렇게 하며, 둘째는 자신에게 승리와 권세를 주신 것을 나타냄으로써 그렇게 한다.

1. 다윗은 하나님이 자신을 위해 행하신 큰 구원들을 이야기한다. 하나님은 때때로 자기 백성을 큰 난관과 위험 속으로 이끄신다. 그렇게 함으로써 하나님은 그들을 구원하는 영광을 받으시고, 그들은 하나님으로부터 구원 받는 즐거움을 누리게 된다. 그는 다음과 같이 고백한다: "주께서 나를 폭력에서(3절), 나의 원수들에게서(4절), 나의 강한 원수(사울을 의미함)에게서(18절) 구원하셨나이다. 주께서 내게 구원의 방패를 주셨나이다." 하나님의 구원을 더욱 선명하게

드러내기 위해,

(1) 그는 자신이 처한 위험이 얼마나 크고 위협적이었는지를 이야기한다. 사람들이 그를 치기 위해 일어났으며(40, 49절), 그를 미워했으며(41절), 또한 강포한 자(사울을 의미함)가 그를 대적하여 일어났다. 이것을 그는 회화적(繪畵的)으로 표현한다(5, 6절). 그는 사방에서 사망으로 둘러싸였으며, 불시에 덮침을 당하는 위협을 받았으며, 어디에서도 피할 길을 찾을 수 없었다. 사망의 파도가 너무도 강력하게 그를 치고 사망의 올무와 줄이 너무도 강하게 그를 붙잡으므로 그는 마치 무덤 속에 있는 자처럼 아무 일도 할 수 없었다. 또 악한 자인 벨리알과 그의 악한 도구들의 홍수가 그를 두렵게 했다. 따라서 그는 땅뿐만 아니라 사망과 음부까지 무장한 채 자신을 대적하는 것을 보면서 두려워 떨었다.

(2) 그는 자신의 구원이 기도의 응답이었음을 이야기한다(7절). 그는 여기에서 우리에게 좋은 모범을 보여주고 있는데, 그것은 우리가 고통 속에 빠져 있을 때 끈질기게 하나님께 부르짖어야 한다는 것이다(마치 아이들이 부모에게 부르짖는 것처럼). 또한 그는 하나님이 하늘의 성전에서 우리의 기도에 응답할 준비를 하고 계심을 이야기하는데, 그것은 우리에게 큰 격려가 된다.

(3) 그는 하나님이 자신을 위해 매우 기묘하고 특별한 방식으로 나타나셨음을 이야기한다. 여기의 표현은 신적 위엄(divine Majesty)이 시내 산에 강림하셨을 때 묘사된 것으로부터 가져온 것이다(8, 9절). 우리는 다윗의 어떤 전쟁에서도 하나님이 그를 위해 우레나(사무엘의 때처럼) 우박이나(여호수아의 때처럼) 별들로(드보라의 때처럼) 싸우셨다는 이야기를 듣지 못한다. 그러나 이와 같은 은유를 사용한 것은

[1] 하나님의 영광을 나타내기 위한 것이었다. 그러한 은유들이 육체의 눈에 잘 보이는 것과 마찬가지로 다윗을 위해 나타난 하나님의 지혜와 권능과 선하심과 신실하심과 공의와 거룩하심과 주권적 통치 역시도 믿음의 눈에 분명하게 보이는 것이었다.

[2] 그의 원수들에 대한 하나님의 분노를 나타내기 위한 것이었다. 하나님은 다윗과 함께 하사 그의 원수들을 자신의 원수로 여기셨다. 우리는 여기에서 하나님의 분노가 그의 코에서 나오는 연기와 입에서 나오는 불로(9절), 그리고 불붙은 숯과(13절) 화살로(15절) 묘사되고 있는 것을 보게 된다. 하나님의 분노의

권능과 두려움을 누가 알 수 있겠는가?

[3] 그의 원수들이 빠져버린 기묘한 혼란과 그들을 사로잡은 특별한 두려움을 나타내기 위한 것이었다. 그것은 마치 땅이 진동하는 것과 같았으며 또한 세상의 기초가 드러나는 것과 같았다(8, 16절). 하나님이 분노하실 때 누가 그 앞에 설 수 있겠는가?

[4] 하나님이 얼마나 신속하게 그를 도우셨는지를 나타내기 위한 것이었다. 그가 그룹을 타고 날으심이여 바람 날개 위에 나타나셨도다(11절). 하나님은 그를 구원하시기 위해 서두르셨으며, 적절한 때에 그에게 오셨다. 그러나 그분은 스스로 감추는 하나님이셨다. 왜냐하면 자신의 원수들을 놀라게 하시고 또 자기 백성들을 보호하기 위해 흑암으로 장막을 삼으셨기 때문이다(12절).

(4) 그는 하나님이 자신에 대해 특별한 호의와 은총을 베푸셨음을 이야기한다. 그가 나를 기뻐하시므로 구원하셨도다(20절). 그의 구원은 일반 섭리(common providence)로부터 온 것이 아니라 언약의 사랑(covenant-love)으로부터 온 것이었다. 여기에서 그는 하나님의 마음에 합한 자로 취급을 받았다. 따라서 그는 이러한 구원들을 통해 하나님의 은혜와 위로가 자신의 영혼에 채워진 것을 인식했다. 이 점에서 그는 하나님이 붙드시고 기뻐하시는(사 42:1, 2) 그리스도의 모형이었다.

2. 다윗은 하나님이 자신에게 이루어 주신 큰 승리들을 이야기한다. 하나님은 그를 보호해 주셨을 뿐만 아니라 또한 형통케 하셨다. 그는 다음과 같은 축복을 받았다.

(1) 확장의 축복. 그가 나를 넓은 곳으로 인도하시고(20절). 거기에서 그는 번성할 공간을 얻었으며, 그의 걸음이 넓어짐으로(37절) 활발하게 움직일 수 있는 공간을 갖게 되었다. 그는 더 이상 협소한 곳에 제한되지 않았다.

(2) 전술과 힘과 재빠름의 축복. 비록 목동으로 자랐다 할지라도, 그는 전쟁의 기술을 잘 습득했으며, 또한 전쟁의 모든 수고와 위험을 감당할 능력을 갖추게 되었다. 하나님은 그로 하여금 하나님의 전쟁을 수행하도록 부르심으로써 그 일을 수행할 수 있는 능력을 구비케 하셨다. 하나님은 그를 전략이 풍부하며(그가 내 손을 가르쳐 싸우게 하시니, 35절), 강력하고 용맹하며(주께서 내게 능력으로 내게 띠 띠우사, 40절) 행동이 재빠른 자로(나의 발로 암사슴 발 같게 하시며, 34절) 만드셨다.

(3) 원수들에 대한 승리의 축복. 그는 사울과 압살롬뿐만 아니라 블레셋과 모압과 암몬과 수리아와 다른 여러 나라들에 대해 승리를 거두고 그들로부터 조공을 받았다. 그의 놀라운 승리들이 38절부터 43절에서 상세하게 언급된다. 그것은 신속한 승리였으며(내가 그들을 무찌르기 전에는 돌이키지 아니하였나이다, 38절), 또한 완전한 승리였다. 이스라엘의 원수들은 부상을 당했으며, 파멸되었으며, 불살라졌으며, 그의 발 아래 떨어졌으며, 밟혔으며, 다시 일어날 수 없게 되었으며, 그들의 목이 그의 수중에 놓여지게 되었다. 그들은 땅과 하늘에 도움을 호소했으나 헛일이었다. 그들을 구원하는 자도 없었고, 그들을 위해 나타나는 자도 없었다. 하나님은 그들에게 응답하지 않으셨다. 그것은 그들이 하나님 편에 서 있지 않았을 뿐만 아니라 또한 하나님께 부르짖지도 않았기 때문이었다. 이와 같이 버려짐을 당함으로써 그들은 다윗의 의로운 칼에 손쉬운 먹잇감이 되고 말았다. 그리하여 그는 그들을 땅의 작은 티끌 같이 부스러뜨렸고, 그들은 바람에 흩어져 모든 사람들의 발에 밟히는 존재가 되었다.

(4) 존귀한 자리에 오르는 축복. 사실 다윗은 고난이 시작되기 전에 이러한 자리로 기름 부음을 받았다가 마침내 모든 위험과 고난이 지난 후 그것을 얻게 되었다. 하나님은 그의 길을 온전케 하사(33절), 그가 하는 모든 일에 성공을 주시고 그를 높은 자리에 세우셨다(34절, 높은 자리는 안전과 위엄을 나타내는 것이었다). 하나님의 온유함과 은혜와 자비가 그를 크게 만들었다(36절). 하나님은 그에게 큰 재물과 권세를 주셨으며 또한 땅에서 큰 자의 이름을 주셨다. 그는 또한 모든 민족의 으뜸이 되었다(44절). 하나님이 그를 특별하게 보호하신 것은 그가 특별한 일을 위해 계획되고 보존되었음을 입증하는 것이었다 — 그가 이스라엘을 다스리는 일과 열방이 그를 섬기는 일. 이와 같이 그는 그를 대적하는 자들 위에 그리고 보좌에까지 높이 올림을 받았다(49절).

V. 다윗은 자신의 순전함을 회상한다(21-25절). 하나님은 그를 놀랍게 구원하심으로써 그의 순전함을 인정하시고 증거하셨다. 그는 특별히 사울과 이스보셋과 압살롬과 세바 등 자신의 왕권과 관련한 (그의 왕권을 가로막으려고 했든지 혹은 왕위를 빼앗으려고 했든지) 사람들에 대한 순전함을 염두에 두고 이야기한다. 그들은 그를 거짓으로 비방하며 참소했지만, 그에게는 자신이 그들이 말하는 것처럼 야심을 품은 자요 거짓되고 피 흘리기를 즐기는 자가 아니라는 양심의 증거가 있었다. 그는 자신을 보호하는 일에나 혹은 왕이 되는 일

에나, 정직하지 않으며 불법적인 길은 결코 가지 않았으며, 모든 행동에 있어 자신의 본분을 지켰다. 그리고 특별히 그는 모든 행사에 있어 최우선적으로 믿음을 따라 행했으며, 따라서 그러한 의에 대한 상급으로(빚으로서가 아니라 은혜로서) 하나님의 호의를 받을 수 있었다. 그의 의가 마치 무슨 공로나 되는 것처럼 하나님이 그의 의 때문에 보상을 베푸신 것은 아니라 할지라도, 그러나 하나님은 그의 의를 따라 그에게 보상을 베푸셨다. 그의 양심은 그를 위해 다음과 같이 증거했다.

1. 그는 하나님의 말씀을 자신의 법도로 삼고 지켰다(23절). 그가 어디에 있든 그는 하나님의 말씀을 따랐으며, 그가 어디로 가든 그는 자신의 신앙을 가지고 갔다. 자신의 나라를 떠날 수밖에 없는 상황 가운데에서도 그리고 이를테면 다른 신들을 섬기도록 보냄을 받은 상황 속에서도, 그는 하나님의 법도를 떠나지 않았다.

2. 그는 죄의 곁길로 빠지는 것을 늘 주의하며 피했다. 그는 행악함으로 하나님을 떠나지 않았다. 물론 그에게도 실수는 있었다. 그러나 그는 결코 하나님을 버리지 않았으며, 하나님의 길을 떠나지도 않았다. 그는 약함으로 인한 죄를 범하기도 했다. 그러나 하나님은 은혜 가운데 그것을 철면피한 죄로 여기지는 않으셨다. 때로 살짝 하나님을 멀리하기도 했지만, 그러나 그는 늘 하나님 앞에 굳게 서서 죄악을 멀리하고자 애썼다. 그는 사울을 죽이는 것과 같은 특별한 죄뿐만 아니라, 통상적인 모든 죄를 두려워하며 멀리하고자 항상 주의를 기울였다. 그는 말과 행실에 있어 항상 주의를 기울였다. 다만 우리아 사건은 예외였다(왕상 15:5). 죄를 범하지 않으려고 주의를 기울이며 삼가는 것이 우리의 순전함에 대한 최고의 증거들 가운데 하나라는 사실을 주목하라. 그리고 우리가 그와 같이 행했다고 하는 양심의 증거는 고난의 날에는 슬픔을 감소시켜 주며, 형통한 날에는 즐거움을 증가시켜 준다. 다윗은 골리앗과 할례 받지 않은 모든 블레셋 군대를 쳐부수고 승리한 것보다도 자신의 죄악을 이긴 것을 더 큰 즐거움으로 회상한다. 그리고 그에게 있어 자신의 양심의 선한 증거(즉 자신의 정직함에 대한 자기 양심의 증거)는 다윗의 죽인 자는 만만이라는 노래보다 더 달콤한 음악이었다. 어떤 사람이 위대함(greatness)과 선함(goodness)을 동시에 가지고 있을 때, 그를 더 만족케 하는 것은 그의 위대함보다도 그의 선함일 것이다. 정직한 자에게 호의가 베풀어지는 법이며, 정직으

로 인해 호의는 갑절로 달콤해질 것이다.

VI. 다윗은 하나님이 장차 베풀어 주실 호의를 내다본다. 그는 즐거움으로 과거를 돌아보는 것처럼 또한 즐거움으로 미래를 내다본다. 그리고 하나님이 모든 성도들과 자신과 그리고 자신의 씨를 위해 풍성한 은총을 예비하고 계심을 확신한다.

1. 모든 성도들을 위해(26-28절). 하나님이 그의 정직함을 따라 그를 다루신 것처럼, 다른 모든 사람들에게도 역시 그렇게 하실 것이다. 여기에서 다윗은 하나님이 인간들을 다루시는 일반적인 법칙들을 제시한다.

(1) 하나님은 마음이 정직한 자들에게 선을 베푸실 것이다. 우리가 하나님께 발견되는 것처럼, 하나님 또한 우리에게 발견되실 것이다.

[1] 하나님의 자비와 은혜는 자비롭고 은혜로운 마음을 가진 자들에게 기쁨이 될 것이다. 자비로운 마음을 가진 자들조차도 자비를 필요로 하며, 그들은 그것을 얻게 될 것이다.

[2] 하나님의 정직하심과 공의와 신실하심은 하나님과 사람에 대해 정직하며 공의로우며 신실한 자들에게 기쁨이 될 것이다.

[3] 하나님의 깨끗함과 거룩함은 깨끗하고 거룩한 자들에게 기쁨이 될 것이다. 만일 이러한 선한 백성들 가운데 어떤 자가 곤고함 가운데 빠진다면, 하나님이 그를 구원하실 것이다.

(2) 그러나 굽은 길로 치우치는 자들을 하나님은 행악자들과 함께 다니도록 이끄실 것이다. 그는 완악한 자들과 함께 씨름하게 될 것이라. 하나님과 씨름하는 자들은 필경 좌절하게 된다. 자기를 만드신 자와 다투는 자는 화 있을진저! 하나님을 거스르는 자들을 하나님은 거스르실 것이며, 하나님을 즐거워하지 않는 자들을 하나님은 즐거워하지 않으실 것이다. 그리고 하나님은 교만한 자를 살피시고 낮추실 것이다. 왜냐하면 하나님은 교만한 자를 대적하시기 때문이다.

2. 그 자신을 위해. 그는 자신의 나라가 크게 확장될 것을 내다본다(45, 46절). 심지어 이방인의 아들들조차도 그의 승리의 소식과 하나님이 그와 함께 하시는 증거들을 듣고 그를 두려워하며 그에게 굴복할 것이다. 그가 거둔 승리들을 그는 이후 계속될 승리의 전조(前兆)와 증거로서 바라본다. 그토록 많은 승리를 거둔 그를 누가 감히 대적할 것인가? 이와 같이 다윗의 자손도 계속해서 이기고 또 이긴다(계 6:2). 그리고 그의 복음도 계속해서 이기고 또 이길 것이

다.

　3. 그의 씨를 위해: 그가 기름 부음 받은 자(Messiah)에게 인자를 베푸심이여 영원하도록 다윗과 그의 씨(후손)에게로다(51절). 다윗 자신이 하나님으로부터 기름 부음을 받은 자였다. 그는 결코 왕권을 찬탈한 자가 아니었다. 그는 정식으로 왕권에로 부르심을 받았으며, 그에 대한 충분한 자격을 갖고 있었다. 그러므로 그는 하나님이 자신에게 인자를 베푸실 것을 추호도 의심하지 않았다. 그리고 하나님은 그와 그의 자손에게 인자(mercy)를 영원히 빼앗지 않겠다고 약속하셨다(삼하 7:15, 16). 그는 그러한 약속에 의지하여 자신의 영원한 씨인 그리스도를 바라본다. 다윗의 혈통은 오래 전에 끊어졌음에도 불구하고, 그의 보좌와 나라는 지금도 계속되고 있고 영원까지 계속될 것이다. 시편 89편 28절과 29절을 보라(그를 위하여 나의 인자함을 영원히 지키고 그와 맺은 나의 언약을 굳게 세우며 또 그의 후손을 영구하게 하여 그의 왕위를 하늘의 날과 같게 하리로다). 이와 같이 다윗의 모든 기쁨과 모든 소망은 우리와 마찬가지로 위대한 구속자(the great Redeemer) 안에서 완성된다.

제
— 23 —
장

개요

역사가는 여기에서 다윗 통치의 마지막을 묘사한다. 본 장의 내용은 다음과 같다. I. 다윗의 마지막 말. 그는 영감에 의해 앞 장 끝 부분에서 언급한 자신의 영원한 씨와 관련하여 말한다(1-7절). II. 다윗 휘하의 용사들. 처음 세 용사(8-17절)와 다음 세 용사 중 두 용사(18-27절)와 삼십 용사(24-39절).

¹이는 다윗의 마지막 말이라 이새의 아들 다윗이 말함이여 높이 세워진 자, 야곱의 하나님께로부터 기름 부음 받은 자, 이스라엘의 노래 잘 하는 자가 말하노라 ²여호와의 영이 나를 통하여 말씀하심이여 그의 말씀이 내 혀에 있도다 ³이스라엘의 하나님이 말씀하시며 이스라엘의 반석이 내게 이르시기를 사람을 공의로 다스리는 자, 하나님을 경외함으로 다스리는 자여 ⁴그는 돋는 해의 아침 빛 같고 구름 없는 아침 같고 비 내린 후의 광선으로 땅에서 움이 돋는 새 풀 같으니라 하시도다 ⁵내 집이 하나님 앞에 이같지 아니하나 하나님이 나와 더불어 영원한 언약을 세우사 만사에 구비하고 견고하게 하셨으니 나의 모든 구원과 나의 모든 소원을 어찌 이루지 아니하시랴 ⁶그러나 사악한 자는 다 내버려질 가시나무 같으니 이는 손으로 잡을 수 없음이로다 ⁷그것들을 만지는 자는 철과 창자루를 가져야 하리니 그것들이 당장에 불살리리로다 하니라

우리는 여기에서 다윗 왕의 마지막 말을 보게 된다. 위대한 선인(善人)의 마지막 말은 특별한 주목을 받을 만한 가치가 있다. 다윗은 이 말을 자신의 시편이나 혹은 자신의 통치 연대기에 포함시켰다. 본문의 말은(그 가운데에서도 특별히 5절과 같은 말은) 그가 스스로를 위로하기 위해 종종 반복했던 말이었던 것으로 우리는 추측할 수 있다. 그는 지금 마지막 순간에 또다시 그 말을 반복하고 있고, 따라서 여기에서 그의 마지막 말이라고 일컬어지고 있다. 죽음이 다가오는 것을 인식할 때, 우리는 우리의 마지막 말로써 하나님께 영광을

돌리는 일과 주위 사람들을 교훈하는 일에 힘써야 한다. 하나님의 선하심과 지혜의 즐거움을 오랫동안 경험한 자들은 죽음이 가까워질 때 그러한 경험들을 기록으로 남기는 것이 좋다. 우리는 야곱과 모세와 여기의 다윗의 마지막 말을 기록으로 가지고 있다. 우리는 여기에서 다음과 같은 이야기를 듣게 된다.

I. 이것이 누구의 마지막 말인지에 대해. 이것은 유언하는 자 자신이나 혹은 그보다도 역사가(즉 사무엘하 저자)에 의해 언급된 것이다. 여기에서 그는 다음과 같이 묘사된다.

1. 그의 미천한 출신: 그는 이새의 아들이었다. 높은 위치에 오른 자들은 항상 자신들의 미천한 출신을 잊지 말아야 한다.

2. 그의 승귀(昇貴): 그는 높이 세워진 자였다. 그는 하나님의 호의를 입은 자요 큰 일을 위해 준비된 자였다. 그는 왕으로서 그리고 선지자로서 세움을 입은 자였다. 왜냐하면,

(1) 그는 야곱의 하나님께로부터 기름 부음을 받았기 때문이다. 그럼으로써 그는 나라를 보호하고 공의를 시행하는 등 하나님의 백성들을 위해 봉사하도록 세움을 입었다.

(2) 그는 이스라엘의 노래 잘 하는 자(sweet psalmist)였기 때문이다. 따라서 그는 백성들의 신앙생활을 잘 이끌 수 있었다. 그는 시편을 짓고, 곡조를 만들고, 노래하는 자들을 세우고, 악기들을 배치하는 등으로 백성들의 신앙심을 고취시켰다. 시편을 노래하는 것은 하나님 찬양하는 것을 즐거워하는 자들에게 매우 즐거운 규례(sweet ordinance)가 된다는 사실을 주목하라. 그가 시편을 지은 자(psalmist, 혹은 본문처럼 '노래하는 자')라는 사실은 그의 영광 가운데 하나로 간주된다. 그것은 야곱의 하나님께로부터 기름 부음을 받은 것만큼이나 크고 위대한 일이었다. 교회에서 기도와 찬미를 더욱 고양시키는 일에 도구로 사용되는 것이 얼마나 존귀하고 영광스러운 일인지 주목하라. 다윗이 왕이었는가? 그는 야곱을 위해 그러했다. 그가 노래하는 자(혹은 시편을 지은 자, psalmist)였는가? 그는 이스라엘을 위해 그러했다. 각 사람에게 성령을 나타내심은 유익하게 하려 하심이라(고전 12:7). 그러므로 각각 은사를 받은 대로 봉사하자(벧전 4:10).

II. 이것의 취지가 무엇인지에 대해. 이것은 그와 하나님 사이의 교제에 관한 이야기이다.

1. 하나님이 그에게 (그리고 그의 후계자들에게) 어떤 지시와 격려의 말씀을 주셨는지 주목하라. 경건한 자들은 하나님으로부터 들은 것을 마음에 되새기며 회상하기를 즐거워한다. 따라서 하나님이 한 번 말씀하신 것을 다윗은 여러 번 반복적으로 들었다. 여기에서 다음을 보라.

(1) 누가 말했는가? : 여호와의 영, 이스라엘의 하나님, 이스라엘의 반석. 어떤 이들은 여기에 삼위일체가 암시되어 있다고 생각한다 ― 성부이신 이스라엘의 하나님과 성자이신 이스라엘의 반석과 아버지와 아들로부터 나오시고 선지자들을 통해 (특별히 다윗을 통해) 말씀하신 성령. 지금 그의 말씀이 다윗의 마음뿐만 아니라 그의 혀에 있었다. 다윗은 여기에서 자신에게 임한 신적 영감 즉 그의 시편 가운데 하나님의 영이 그를 통해 말씀하셨음을 고백한다(2절). 그와 다른 거룩한 자들은 성령의 감동을 받아 말하고 기록했다. 이러한 사실은 시편의 존귀성을 확증하는 것으로서, 우리로 하여금 그것을 기도와 예배에 사용하도록 이끈다. 그것은 성령께서 가르치신 말씀이다.

(2) 무엇을 말했는가? 여기에 하나님의 영이 다윗을 통해 말씀한(그의 모든 시편을 포함하여) 것과 이스라엘의 반석이 다윗에게 말씀한(그와 그의 집에 관하여) 것이 구별되어 나타나는 것처럼 보인다. 사역자들은 하나님의 감동을 받아 말하는 자들의 말을 항상 주의를 기울여 들어야만 한다. 또한 우리는 다른 사람들을 가르치는 직분을 가진 자들의 말을 주의 깊게 듣고 그들로부터 배워야만 한다. 3절과 4절에 언급된 것을 우리는

[1] 다윗과 그의 왕가(王家)에 적용되는 것으로 볼 수 있다.

첫째로, 여기에서 우리는 통치자에게 무엇이 요구되는지를 분명하게 볼 수 있다. 만일 하나님이 어떤 왕에게 어떤 말씀을 하신다면, 그것은 왕의 높은 위엄과 큰 권능에 대한 것이 아니라 그의 의무에 대한 것일 것이다. 왕은 반드시 이러이러해야 한다: 그는 공의로워야 하며, 하나님을 경외함으로 다스려야 하며. 지위가 낮은 통치자들 역시도 자신들의 위치에서 이와 같아야 한다. 통치자들은 자신들이 사람들을 다스린다는 사실을 기억해야 한다 ― 그들이 다스리는 것은 마음대로 부릴 수 있는 짐승이 아니라 그들과 똑같은 이성을 가진 사람이다. 그들이 다스리는 자들은 어리석음과 약함을 지니고 있는, 그리고 지닐 수밖에 없는 사람들이다. 그들은 사람들을 다스리되, 하나님 아래에서 그리고 사람들을 위해서 다스려야 한다. 그러므로

① 그들은 자신들이 다스리는 자들에 대하여 공의로워야 한다. 그들은 자신들이 다스리는 자들의 권리와 재산을 인정하고, 권력을 사용하여 피해자를 가해자로부터 보호해야 한다. 신명기 1장 16절과 17절을 보라. 그들이 악을 행하지 않는 것만으로는 충분하지 않다. 그들은 악이 행해지는 것을 내버려 두어서는 안 된다.

② 그들은 하나님을 경외함으로 다스려야 한다. 다시 말해서, 그들 자신이 하나님을 경외하는 마음에 사로잡혀야만 하고, 그럼으로써 그들 자신이 불의와 학대의 모든 행동으로부터 효과적으로 억제되어야만 한다. 느헤미야가 그러했으며(느 5:15, 나는 하나님을 경외하므로 이같이 행하지 아니하고), 요셉 역시도 그러했다(창 43:18). 그들은 또한 자신들이 다스리는 자들 가운데 하나님 경외하는 것이 더욱 증진(增進)되도록 노력해야 한다. 통치자는 항상 양편의 균형을 잡아야 하며, 경건과 정직을 보호해야 한다.

둘째로, 우리는 여기에서 그들에게 형통이 약속되는 것을 (그들이 자신들의 의무를 다할 때) 보게 된다. 하나님을 경외함으로 다스리는 자는 돋는 해의 아침 빛 같을 것이라(4절). 빛은 아름답고 즐거운 것이다. 따라서 자신의 의무를 다하는 자는 그로 인해 평안과 즐거움을 얻게 될 것이며, 그러한 즐거움은 그의 양심의 증거가 될 것이다. 빛은 밝음이다. 따라서 선한 왕은 밝게 빛날 것이며, 그의 공의와 경건이 그의 존귀가 될 것이다. 빛은 축복이다. 그러므로 백성에게 하나님을 경외함으로 다스리는 왕보다 더 큰 축복은 없다. 그러한 왕은 어두운 밤이 지나고 펼쳐지는 아침 빛 같이 점점 더 찬란하게 빛날 것이다(사울의 통치가 끝나고 펼쳐진 다윗의 통치가 그러했다, 시 75:3). 그것은 또한 땅이 사람을 위해 맺는 부드러운 새 풀과 비교된다. 그것은 축복의 수확을 가져다준다. 시편 72편 6절(그는 벤 풀 위에 내리는 비 같이, 땅을 적시는 소낙비 같이 내리리니)과 16절(산꼭대기의 땅에도 곡식이 풍성하고 그것의 열매가 레바논 같이 흔들리며 성에 있는 자가 땅의 풀 같이 왕성하리로다)을 보라. 이러한 말씀 또한 다윗의 마지막 말들 가운데 일부로서, 여기에 기록된 것(즉 본문의 4절)을 인용하고 있는 것으로 보인다.

[2] 다윗의 자손 예수 그리스도에게 적용되는 것으로 볼 수 있다. 그러므로 이것은 모두 예언으로 받아들여져야 한다. 이와 관련하여 우리는 본문을 원어적(原語的)으로 다음과 같이 읽을 수 있다: 공의로우며 하나님을 경외함으로 다스

릴 자들 가운데(다시 말해서 그의 아버지의 뜻에 따라 종교의 일들과 신적 예배를 지도할 자들 가운데) 다스림이 있을 것이다. 그는 아침 빛 같을 것이다. 왜냐하면 그는 세상의 빛이시기 때문이다. 또한 그는 새 풀 같을 것이다. 왜냐하면 그는 여호와에게서 나온 가지이며 땅에서 나온 열매이기 때문이다(사 11:1-5; 32:1, 2; 시 72:2). 하나님은 성령으로 다윗에게 이것을 보이셨는데, 그것은 그의 집에 임한 수많은 재앙들과 그의 씨의 타락으로부터 그를 위로하기 위함이었다.

2. 하나님이 자신에게 말씀하신 것을 그가 어떻게 선용(善用)하고 있는지 주목하라(5절). 여기의 말씀은 그가 처음 이 메시지를 받았을 때 묵상한 내용과 거의 동일하다(삼하 7:18 이하). 이스라엘의 반석 앞에 나아가는 자가 그 '에게' 말씀하신 것을 하나님의 영이 그를 '통해' 말씀하셨는데, 그것은 영원한 언약에 대한 그의 믿음과 소망의 가장 뛰어난 고백이다.

(1) 여기에서 다윗은 어떤 특별한 상황을 가정(假定)한다: 내 집이 하나님 앞에 그와 같지 않을지라도, 그리고 하나님이 내 집을 번성케 하지 않을지라도(KJV에는 이와 같이 되어 있으나 한글개역개정판에는 이 부분이 다소 모호하게 되어 있음). 다윗의 집은 3절과 4절에 묘사된 것 같지 않았다. 그의 집은 그가 살아 있는 동안 그렇게 선하지도 않았으며 그렇게 행복하지도 않았다. 그리고 그는 지금 세상을 떠나면서 여전히 그의 집이 그와 같을 것을 내다본다. 그의 집은 그렇게 경건하지도 그렇게 번성하지도 않을 것이었다.

[1] 하나님 앞에 그와 같지 않을지라도. 이것이 자녀들과 관련한 다윗의 마음이었다. 그는 하나님과 올바른 관계를 맺고 있었으며, 그분께 대해 신실했으며, 그분을 위한 열정으로 가득 차 있었다. 그러나 우리는 경건한 부모로부터 태어난 자녀들이 기대와는 달리 거룩하지 못하며 또 축복된 삶을 누리지 못하는 것을 종종 보게 된다. 우리는 우리의 피 속에 흐르고 있는 것이 은혜가 아니라 타락이라는 사실을 알아야만 한다.

[2] 하나님이 번성케 하지 않을지라도(수적으로나 권력적으로나). 가정을 번성케하는 이도 하나님이시며 번성케하지 않으시는 이도 하나님이시다(시 107:41). 선한 사람들도 때로 자신의 집이 쇠퇴하는 것을 보게 된다. 다윗의 집은 그리스도의 집인 교회를 상징한다(히 3:3, 그는 모세보다 더욱 영광을 받을 만한 것이 마치 집 지은 자가 그 집보다 더욱 존귀함 같으니라). 그리스도의 교회가 하

나님 앞에 그와 같지 않은 것을 상상해 보라. 그것이 오류와 타락으로 인해 쇠약해지고 쇠퇴하며 부끄러운 모습이 되며 약해지는 것을, 더 나아가서 거의 소멸할 지경이 되는 것을 상상해 보라. 그러나 하나님은 교회의 머리 즉 다윗의 자손과 더불어 언약을 맺으셨다 — 즉 하나님이 그에게 씨를 남겨두실 것이며, 지옥의 문이 결코 그의 집을 이기지 못할 것이라는. 우리 구주께서는 고통 가운데 있을 때 이것으로 스스로를 위로하셨다(사 53:10-12).

(2) 여기에서 우리는 그에게 특별한 위로가 약속되는 것을 보게 된다: 하나님이 나와 더불어 영원한 언약을 세우사. 하나님의 자녀에게 있어 어떤 곤란한 상황이 예상되는 가운데에서도, 그러나 그에게는 그와 상쇄될 수 있는 특별한 위로가 있는 법이다(고후 4:8, 9).

[1] 그에게는 하나님이 자신과 그리고 자신의 씨와 더불어 맺은 왕권의 언약이 있었다. 시편 132편 11절과 12절을 보라(여호와께서 다윗에게 성실히 맹세하셨으니 변하지 아니하실지라 이르시 기를 네 몸의 소생을 네 왕위에 둘지라 네 자손이 내 언약과 그들에게 교훈하는 내 증거를 지킬진대 그들의 후손도 영원히 네 왕위에 앉으리라 하셨도다).

[2] 그러나 그것은 동시에 모든 신자들과 맺은 은혜의 언약을 내다본다. 하나님은 그리스도 안에서 그들의 하나님이 되실 것인데, 이것이 왕권의 언약에 나타나 있었다. 따라서 언약의 약속들은 다윗에게 허락한 확실한 은혜로 일컬어진다(사 55:3). 이것은 영원한 언약이다. 자신의 시편들 가운데 그리스도와 복음의 은혜에 관하여 그토록 분명하게 이야기한 다윗이 자신의 마지막 말에서 그것을 잊어버렸다는 것은 도무지 상상할 수 없는 일이다. 하나님은 예수 그리스도 안에서 우리와 더불어 은혜의 언약을 맺으셨다. 따라서 그것은 **첫째로**, 영원한 언약으로 일컬어진다. 그것은 계획과 섭리에 있어 영원하며 또한 그 시간과 결과에 있어 영원하다. **둘째로**, 그것은 신자들의 거룩과 위로와 더불어 하나님의 영광과 중보자의 존귀를 높이기 위해 만사에 구비한 언약으로 일컬어진다. 설령 언약에 있어 어떤 위반들이 있다 할지라도 그것이 우리를 그 언약 밖으로 나가게 하지 않는다는 점에서, 그리고 우리의 구원이 우리가 그 언약을 지키는 것에 달려 있는 것이 아니라 중보자가 그것을 지키는 것에 달려 있다는 점에서 그것은 만사에 구비한 언약이다. **셋째로**, 그것은 견고한 언약으로 일컬어진다. 그것은 만사에 구비한 언약이기 때문에 따라서 견고한 언약이다. 약속

된 은혜들은 조건들을 이행하는 토대 위에서 견고하다. 참된 신자들에게 그것이 특별하게 적용된다는 점에서 그것은 견고하다. 그것은 모든 씨에게 견고하다. 넷째로, 그것은 우리의 모든 구원과 관련된다. 오직 이것만이 우리를 구원할 것이요, 이것으로 충분하다. 우리의 구원은 오직 이것에만 의존한다. 다섯째로, 그러므로 그것은 우리의 모든 소원이다. 나로 하여금 이 언약과 이 언약의 약속들을 갖게 하라. 그러면 나는 더 이상 아무것도 원하지 않을 것이다.

3. 벨리알의 아들들(KJV. the sons of Belial, 한글개역개정판에는 **사악한 자**로 되어 있음)의 운명이 어떻게 될 것인지 주목하라(6, 7절).

(1) 그들은 가시나무처럼 내버려질 것이다. 그들은 손으로 잡을 수 없는 가시나무와 같다. 그들은 너무도 혈기가 많고 광포하여 지혜롭고 성실한 책망으로는 결코 다루어질 수 없으며 오직 율법과 공의의 칼로만 억제될 수 있을 뿐이다(시 32:9, 너희는 무지한 말이나 노새 같이 되지 말지어다 그것들은 재갈과 굴레로 단속하지 아니하면 너희에게 가까이 가지 아니하리로다).

(2) 따라서 그들은 마침내 가시나무처럼 같은 장소에게 불사름을 당하게 될 것이다(히 6:8).

[1] 이것은 통치자들로 하여금 권력을 사용하여 악을 징벌하고 억제할 것을 가르친다. 그들은 벨리알의 아들들을 내버려야 한다. 시편 101편 8절을 보라(아침마다 내가 이 땅의 모든 악인을 멸하리니 악을 행하는 자는 여호와의 성에서 다 끊어지리로다).

[2] 또한 이것은 통치자들에 대한, 특별히 자신(즉 다윗)의 아들들에 대한 경고가 될 것이었다. 그들은 스스로 벨리알의 아들이 되지 않도록 조심해야 한다(그러나 실제로 많은 사람들이 벨리알의 아들이 되었다). 왜냐하면 만일 그렇게 된다면, 그들의 높은 지위와 심지어 다윗과의 관계조차도 하나님의 의로운 심판에 의해 내버려짐을 당하는 것으로부터 그들을 지켜주지 못할 것이기 때문이다. 비록 사람들은 그들을 심판하지 못한다 할지라도, 하나님이 그렇게 하실 것이다.

[3] 또한 이것은 그리스도의 나라에 대한 모든 철천지원수들의 멸망을 예언하는 것이다. 그리스도의 나라에는 외부의 적과 내부의 적이 있다. 외부의 적은 그 나라에 대해 공공연히 대적하며 싸우는 자들이며, 내부의 적은 은밀히 배신하는 거짓된 자들이다. 그들은 모두 벨리알의 아들들이며, 악한 자의 자녀

이며, 뱀의 후손(뱀의 씨, the serpent's seed)이다. 그들은 찌르며 괴롭게 하는 가시나무이다. 그러나 그들은 내버려짐을 당할 것이며, 그리스도는 그들의 모든 훼방에도 불구하고 자신의 나라를 세우실 것이다. 그는 그들을 밟을 것이요 때가 되면 찔레와 가시가 없는 평안으로 자신의 교회를 축복하실 것이다(사 27:4). 그들은 회개하며 하나님께 영광을 돌리지 않음으로 심판 날에 꺼지지 않는 불에 살라질 것이다. 누가복음 19장 27절을 보라(그리고 내가 왕 됨을 원하지 아니하던 저 원수들을 이리로 끌어다가 내 앞에서 죽이라 하였느니라).

8 다윗의 용사들의 이름은 이러하니라 다그몬 사람 요셉밧세벳이라고도 하고 에센 사람 아디노라고도 하는 자는 군지휘관의 두목이라 그가 단번에 팔백 명을 쳐죽였더라 9 그 다음은 아호아 사람 도대의 아들 엘르아살이니 다윗과 함께 한 세 용사 중의 한 사람이라 블레셋 사람들이 싸우려고 거기에 모이매 이스라엘 사람들이 물러간지라 세 용사가 싸움을 돋우고 10 그가 나가서 손이 피곤하여 그의 손이 칼에 붙기까지 블레셋 사람을 치니라 그 날에 여호와께서 크게 이기게 하셨으므로 백성들은 돌아와 그의 뒤를 따라가며 노략할 뿐이었더라 11 그 다음은 하랄 사람 아게의 아들 삼마라 블레셋 사람들이 사기가 올라 거기 녹두나무가 가득한 한쪽 밭에 모이매 백성들은 블레셋 사람들 앞에서 도망하되 12 그는 그 밭 가운데 서서 막아 블레셋 사람들을 친지라 여호와께서 큰 구원을 이루시니라 13 또 삼십 두목 중 세 사람이 곡식 벨 때에 아둘람 굴에 내려가 다윗에게 나아갔는데 때에 블레셋 사람의 한 무리가 르바임 골짜기에 진 쳤더라 14 그 때에 다윗은 산성에 있고 그 때에 블레셋 사람의 요새는 베들레헴에 있는지라 15 다윗이 소원하여 이르되 베들레헴 성문 곁 우물 물을 누가 내게 마시게 할까 하매 16 세 용사가 블레셋 사람의 진영을 돌파하고 지나가서 베들레헴 성문 곁 우물 물을 길어 가지고 다윗에게로 왔으나 다윗이 마시기를 기뻐하지 아니하고 그 물을 여호와께 부어 드리며 17 이르되 여호와여 내가 나를 위하여 결단코 이런 일을 하지 아니하리이다 이는 목숨을 걸고 갔던 사람들의 피가 아니니이까 하고 마시기를 즐겨하지 아니하니라 세 용사가 이런 일을 행하였더라 18 또 스루야의 아들 요압의 아우 아비새이니 그는 그 세 사람의 우두머리라 그가 그의 창을 들어 삼백 명을 죽이고 세 사람 중에 이름을 얻었으니 19 그는 세 사람 중에 가장 존귀한 자가 아니냐 그가 그들의 우두머리가 되었으나 그러나 첫 세 사람에게는 미치지 못하였더라 20 또 갑스엘 용사의 손자 여호야다의 아들 브나야이니

그는 용맹스런 일을 행한 자라 일찍이 모압 아리엘의 아들 둘을 죽였고 또 눈이 올 때에 구덩이에 내려가서 사자 한 마리를 쳐죽였으며 [21]또 장대한 애굽 사람을 죽였는데 그의 손에 창이 있어도 그가 막대기를 가지고 내려가 그 애굽 사람의 손에서 창을 빼앗아 그 창으로 그를 죽였더라 [22]여호야다의 아들 브나야가 이런 일을 행하였으므로 세 용사 중에 이름을 얻고 [23]삼십 명보다 존귀하나 그러나 세 사람에게는 미치지 못하였더라 다윗이 그를 세워 시위대 대장을 삼았더라 [24]요압의 아우 아사헬은 삼십 명 중의 하나요 또 베들레헴 도도의 아들 엘하난과 [25]하롯 사람 삼훗과 하롯 사람 엘리가와 [26]발디 사람 헬레스와 드고아 사람 익게스의 아들 이라와 [27]아나돗 사람 아비에셀과 후사 사람 므분내와 [28]아호아 사람 살몬과 느도바 사람 마하래와 [29]느도바 사람 바아나의 아들 헬렙과 베냐민 자손에 속한 기브아 사람 리배의 아들 잇대와 [30]비라돈 사람 브나야와 가아스 시냇가에 사는 힛대와 [31]아르바 사람 아비알본과 바르훔 사람 아스마윗과 [32]사알본 사람 엘리아바와 야센의 아들 요나단과 [33]하랄 사람 삼마와 아랄 사람 사랄의 아들 아히암과 [34]마아가 사람의 손자 아하스배의 아들 엘리벨렛과 길로 사람 아히도벨의 아들 엘리암과 [35]갈멜 사람 헤스래와 아랍 사람 바아래와 [36]소바 사람 나단의 아들 이갈과 갓 사람 바니와 [37]암몬 사람 셀렉과 스루야의 아들 요압의 무기를 잡은 자 브에롯 사람 나하래와 [38]이델 사람 이라와 이델 사람 가렙과 [39]헷 사람 우리아라 이상 총수가 삼십칠 명이었더라

I. 역사가(사무엘하 저자)는 다음과 같은 의도로 여기에다가 다윗 시대에 활약했던 위대한 용사들의 명단을 기록해 놓았다.

1. 다윗을 영예롭게 하기 위해. 다윗은 그들에게 전쟁을 행함에 있어서 여러 가지 전술을 훈련시키고, 자신이 친히 모든 행실과 용기에 있어 모범이 되었다. 여기에 거명된 자들과 같은 용사들을 거느리는 것은 왕의 영예요 영광이다.

2. 그 용사들을 영예롭게 하기 위해. 그들은 다윗이 왕이 되는 일에 도구가 된 자들이었다. 그들은 그를 보좌에 앉게 했을 뿐만 아니라, 그의 왕권을 보호했으며, 그의 정복사역에 동참했다. 공적 위치에 있는 자들이 나라의 유익을 위해 목숨을 걸고 헌신하는 것은 갑절의 존귀를 받을 만하다. 그러한 자들은 그 세대의 사람들에게 뿐만 아니라 후손들에 의해서도 기억되어야만 한다.

3. 이후 세대에 그들의 뒤를 따를 자들을 고무하기 위해.

4. 믿음이 사람들로 하여금 참된 용기를 불러일으키는 사실을 보여주기 위해. 다윗은 자신의 시편과 성전예배를 통해 나라의 존귀한 자들 가운데 경건을 크게 증진시켰다(대상 29:6). 그리하여 그들이 경건한 자가 되었을 때, 그들은 또한 용맹한 자가 되었다.

Ⅱ. 이러한 용사들은 여기에서 세 등급으로 나누어진다.

1. 처음 세 용사. 이들은 가장 큰 공적을 세움으로써 가장 큰 명성을 얻은 자들로서, 아디노와(8절) 엘르아살과(9, 10절)과 삼마였다(11, 12절). 우리는 이들과 이들의 활동에 대해 어디에서도 읽지 못한다. 다만 여기에서와 그리고 여기와 병행되는 곳(대상 11장)에서만 볼 수 있을 뿐이다. 다윗의 역사 가운데 우리는 크고 주목할 만한 많은 사건들이 특별히 기록되지 않은 채 그냥 지나갔을 것이라고 추측할 수 있다. 그의 역사 가운데 특별히 우리아와 관련한 죄 이후에는 그의 통치의 영광보다는 흠에 더 많은 초점이 맞추어졌다. 따라서 우리는 그의 통치가 우리가 그것의 기록을 통해 보는 것보다 실제로는 훨씬 더 찬란하고 영광스러웠을 것이라고 결론내릴 수 있다. 우리는 여기에서 특별히 용맹스러웠던 세 용사의 공적이 기록되어 있는 것을 보게 된다. 그들은 원수들에 대한, 특별히 블레셋에 대한 이스라엘의 전쟁에서 자신의 이름을 떨친 자들이었다.

(1) 아디노는 창으로 단번에 800명을 쳐죽였다.

(2) 엘르아살은, 마치 블레셋 사람들이 골라앗을 통해 이스라엘에 도전했던 것처럼, 블레셋 사람들에게 도전했다. 그러나 그는 골리앗보다도 더 큰 용맹을 나타내면서 더 큰 승리를 얻었다. 이스라엘 병사들이 물러났을 때, 그는 자신의 위치를 지켰을 뿐만 아니라 일어나 블레셋 사람들을 쳤다. 하나님은 이 위대한 영웅에게 큰 용기를 주신 반면 블레셋 사람들에게는 큰 두려움을 주셨다. 그의 손은 피곤했음에도 불구하고 칼에 붙어 있었다. 그는 조그만 힘이라도 남아 있는 동안에는 칼을 잡고 계속해서 원수들을 쳤다. 이와 같이 하나님을 섬김에 있어 우리는 육체의 약함과 지침에도 불구하고 굳은 의지와 결의를 가지고 그렇게 해야 한다. 기드온과 그와 함께 한 자 삼백 명은 극도의 피곤에도 불구하고 계속해서 추격했다(삿 8:4). 여기의 엘르아살 역시도 비록 지치고 피곤했으나 칼을 놓지 않았다. 엘르아살이 적들을 치자, 물러났던(9절) 이스라엘 병사들이 다시 돌아와 그들을 노략했다(10절). 꼭 필요할 때는 물러나 있던 자

들이 얻을 것이 생기면 급히 돌아오는 일은 결코 드문 일이 아니다.

(3) 삼마는 식량을 구하고 있던 일단(一團)의 적들을 만나 패퇴시켰다(11, 12절). 앞에서도 그랬던 것처럼(여호와께서 크게 이기게 하셨으므로, 10절), 여기에서도 모든 영광이 하나님께 돌려진다: 여호와께서 큰 구원을 이루시니라(12절). 사람의 용맹이 아무리 크다 할지라도, 찬송은 하나님께 돌려져야 한다. 이들이 용맹하게 싸우기는 했지만, 그러나 승리케 하신 분은 하나님이시다. 그러므로 용사는 자신의 힘이나 혹은 작전을 자랑해서는 안 된다. 다만 승리케 하신 하나님만을 자랑해야 한다.

2. 다음 세 용사. 이들은 삼십 용사보다는 존귀했지만 그러나 처음 세 용사에는 미치지 못했다(23절). 존귀한 자라고 하여 모두가 다 같은 것은 아니다. 밝게 빛나는 별이라고 하여 다 1등성인 것도 아니며, 좋은 선박이라고 하여 다 1등급 선박인 것도 아니다. 여기 두 번째 세 용사 가운데 오직 두 명의 이름만 나와 있다. 그들은 아비새와 브나야였는데, 이들은 우리가 다윗의 이야기 가운데 종종 만났던 자들이었다. 이들은 비록 존귀에 있어서는 처음 세 용사만 못하였지만, 그러나 자신의 직무를 수행하는 데 있어서는 결코 그렇지 않았던 것으로 보인다.

(1) 이들 세 사람의 용맹스러운 행동. 이들은 다윗이 고난 가운데 있을 때 함께 했던 자들이었다. 다윗이 피신 중 아둘람 굴에 있을 때(13절) 이들은 그와 함께 있으면서 고통을 함께 했으며, 이로 인해 나중에 그로부터 존귀한 직위를 부여받게 되었다. 다윗과 그를 따르는 용사들이 사울의 격노를 피해 동굴과 요새로 피하여 숨지 않을 수 없었을 때, 블레셋 사람들이 르바임 골짜기에 진을 치고 심지어 베들레헴에 군대를 주둔시키기까지 한 것은 조금도 놀랄 일이 아니다(13, 14절). 만일 교회의 지도자들이 가장 훌륭한 신자들을 핍박할 정도로 잘못된 일을 행한다면, 의심의 여지 없이 공동의 원수가 그것을 이용할 것이다. 만일 다윗이 자유롭게 활동할 수 있었다면, 베들레헴은 결코 블레셋 사람들의 손에 들어가지 않았을 것이다. 그러나 그 때 다윗은 사울을 피해 다니는 가운데 아무 일도 할 수 없었다. 우리는 여기에서 다음과 같은 이야기를 듣게 된다.

[1] 다윗이 베들레헴 우물물을 갈망함. 어떤 이들은 이것을 다윗이 베들레헴 성읍을 다시 탈환하기를 열망하는 것으로 이해한다. 그렇다면 그것은 이러한

의미가 될 것이다: "오 우리가 블레셋의 주둔군을 베들레헴에서 쫓아낼 수만 있다면! 그래서 나의 사랑하는 성읍을 다시 우리의 소유로 삼을 수만 있다면!" 강이 종종 나라를 상징하는 것처럼 우물은 종종 성읍을 상징한다. 그러나 만일 다윗이 이와 같은 의미로 말했다면, 그 주위에 있는 사람들은 그의 의도를 제대로 파악하지 못한 것이 될 것이다. 그러므로 그의 말을 문자 그대로 이해하여 지금 그가 극도의 목마름 가운데 그와 같은 말을 한 것으로 보는 것이 좀 더 합당한 것으로 보인다. 지금은 추수 때였다. 날씨는 무더웠으며, 그는 몹시 목말라 있었다. 아마도 신선한 물이 부족했으므로 그는 이렇게 한탄했을 것이다. "오 베들레헴 우물물을 한 모금만이라도 마실 수만 있다면!" 어린 시절에 그는 종종 그 우물물을 마시며 상쾌함을 얻었을 것이다. 지금 그를 만족케 할 수 있는 것은 그 우물물 외에는 아무 것도 없었다. 그러나 지금 그 곳에 접근하는 일은 거의 불가능한 일이었다. 지금 그는 설명할 수 없는 이상한 기분에 젖었다. 다른 물로도 그의 목마름을 해소할 수 있었을 것이다. 그러나 그는 지금 오직 베들레헴의 우물물만을 열망했다. 이러한 이상한 기분에 빠져드는 것은 어리석은 일이다. 더욱이 그러한 기분을 만족시키려고 고집하는 것은 더 어리석은 일이다. 우리는 과도한 식욕을 억제해야 한다(너희는 진미(珍味)를 탐하지 말라). 단지 이와 같이 순간적인 기분을 만족시킬 뿐인 것들에 대하여는 더욱 그러하다.

[2] 세 용사의 용맹. 아비새와 브나야와 이름이 밝혀지지 않은 또 한 사람은 목숨을 걸고 블레셋 진영을 돌파하여 베들레헴 우물로부터 물을 길어 왔다(16절). 다윗이 베들레헴 우물물을 마시기를 갈망했다고 해서 자신의 병사들 가운데 어떤 병사가 목숨을 걸고 그 물을 길어오기를 바란 것은 결코 아니었다. 그러나 세 용사는 기꺼이 그렇게 했는데, 이를 통해 다음과 같은 사실들이 나타난다.

첫째로, 그들이 자신들의 왕을 얼마나 귀하게 여겼는가 하는 사실. 그들은 왕을 기쁘게 하기 위해서라면 아무리 어려운 고난의 길도 즐거이 달려갈 수 있었다. 비록 기름 부음 받은 왕이었다 할지라도, 다윗은 아직 유랑자에 불과했다. 아직은 부하들의 애정과 존경어 대해 어떤 상급을 내리거나 혹은 높은 자리에 등용하는 힘조차 갖지 못한 가련한 왕에 불과했다. 그럼에도 불구하고 세 용사는 보상의 때가 올 것을 굳게 믿고 왕을 만족시키는 일에 너무도 열정적이었다. 우리도 그리스도를 위해 이같이 하자. 설령 고난이 있다 할지라도 마침내 승리할 것이며 아무것도 잃지 않을 것이라는 사실을 굳게 믿고 그렇게 하자. 그들은 왕의 마음을 알려주는 가장 작은 암시에도 그렇게 목숨을 걸고 왕을 기쁘게 하기 위해 최선을 다했다. 그렇다면 우리는 우리 주 예수 그리스도의 분명한 말씀에 더욱 열심을 품고 부응하고자 힘써야 하지 않겠는가?

둘째로, 그들이 블레셋 사람들을 얼마나 하찮게 여겼는가 하는 사실. 그들은 블레셋 사람들에 대해 도전할 기회를 갖게 된 것을 기쁘게 여겼다. 그들이 블레셋 군대를 돌파할 때 은밀하게 했는지(적들이 눈치 채지 못하도록) 혹은 공공연하게 했는지 하는 것은 분명하게 나타나지 않는다. 어쨌든 그들은 손에 칼을 잡고 담대하게 나아갔다.

[3] 다윗의 자기 부인. 부하들이 목숨을 걸고 가져온 물을 받았을 때, 다윗은 그 물을 여호와께 부어드렸다(16절). 첫째로, 이같이 하여 그는 자신이 병사들의 목숨을 얼마나 귀히 여기는가 하는 것을 나타냈다. 그는 병사들의 피를 헛되이 낭비하는 자가 결코 아니었다(시 72:14, 그들의 피가 그의 눈앞에서 존귀히 여김을 받으리로다). 하나님 보실 때 성도들의 죽음은 값진 것이다. 둘째로, 이같이 하여 그는 자신이 그토록 어리석은 말을 한 것에 대한 유감을 나타냈다. 자칫 그의 어리석은 말로 인해 유능한 병사들이 적들의 손에 떨어질 뻔하였다. 높은 위치에 있는 자들은 특별히 말을 조심해야 한다. 왜냐하면 주변에 있는 자들이 자칫 오해할 수 있기 때문이다. 셋째로, 이같이 하여 그는 앞으로도 있을지 모를 이와 유사한 경솔한 행동을 방지하고자 했다. 넷째로, 이같이 하여 그는 자신의 어리석은 욕심을 십자가에 못 박고, 그런 어리석은 생각을 품은 것에 대해 스스로를 징벌하고자 했다. 그는 자신의 경솔한 행동을 즉시 바로잡을 수 있을 정도로 온전한 정신을 가지고 있었다. 또한 그는 자신이 가장 열망했던 것에 대해서조차도 스스로를 부인하는 방법을 알고 있었다. 다섯째로, 이같이 하여 그는 하나님을 존귀케 하고 그에게 영광을 돌리고자 하였다. 이렇게 얻은 물은 자신이 마시기에는 너무 비싸다고 그는 생각했다. 따라서 그것은 오직 관제(drink-offering)로 하나님 앞에 부어지는 것이 합당했다. 만일 그것이 세 용사의 피라면, 그것은 하나님의 몫이었다. 왜냐하면 피는 항상 하나님의 것이기 때문이다. 여섯째로, 패트릭 주교(bishop Patrick)는 다윗이 이로써 자신이 열망한 것은 실제적인 물이 아니라 메시야였음을 나타냈다고 생각하는

자들을 이야기한다. 그는 생명의 물을 가진 분으로서, 베들레헴에서 나실 자였다. 따라서 블레셋 사람들은 베들레헴을 멸망시킬 수 없었다. **일곱째로,** 다윗이 세 용사의 피의 위험을 치르고 산 물을 이토록 값지게 여겼다면, 하물며 우리 구주의 피를 값으로 치르고 얻은 것들에 대해 우리가 그것을 얼마나 귀하게 여겨야 마땅하겠는가? 언약의 축복을 과소평가하는 자들이 그러는 것처럼 언약의 피를 과소평가하지 말자.

(2) 다른 경우에 나타난 (세 용사 가운데) 두 용사의 용맹한 행동. 아비새는 단번에 300명을 죽였다(18, 19절). 또한 브나야는 많은 위대한 일들을 행했다.

[1] 그는 사자(獅子)처럼 강하고 용맹하며, 흉포한 두 명의 모압 사람을 죽였다(20절).

[2] 또한 그는 애굽 사람 한 명을 죽였는데, 어떤 사건과 관련하여 그랬는지는 언급되지 않는다. 그 애굽 사람은 잘 무장되어 있었지만, 브나야는 고작 막대기 하나밖에는 가지고 있지 않았다. 그러나 브나야는 그의 손에서 창을 빼앗아 그것으로 그를 죽였다(21절). 이것들과 또 이와 비슷한 다른 공적들로 인해 다윗은 그를 시위대 대장으로 삼았다(23절).

3. 삼십 용사. 이들 역시도(비록 두 번째 세 용사에는 미치지 못했다 할지라도) 매우 뛰어난 용사들이었는데, 여기에서 우리는 총 31명의 이름을 보게 된다(24절 이하). 첫째는 아사헬이었다. 그는 다윗 통치 초기에 아브넬에 의해 죽음을 당했으나, 여기의 명단에서 그 이름이 빠지지 않았다. 다음은 엘하난인데, 그는 처음 세 용사 가운데 한 사람인 엘르아살의 형제였다(9절). 여기에 용사들의 성(姓)이 제시되어 있는데, 아마도 그것은 그들이 태어난 지역이나 혹은 거주하는 지역으로부터 따온 것으로 보인다(우리의 많은 성들이 본래 그렇게 만들어진 것처럼). 나라의 코든 지역으로부터 가장 지혜롭고 용맹한 자들이 왕을 섬기기 위해 뽑혔다. 여기에 거명된 자들 가운데 몇 명은 다윗이 임명한 12반열의 우두머리 가운데 또다시 발견된다(대상 27장). 훌륭하게 직무를 수행한 자들은 공로에 따라 승진되었다. 그들 가운데 아히도벨의 아들도 있었는데(34절), 그는 진영(陣營)에서 자기 아버지만큼이나 이름을 떨쳤다. 한편 우리는 명단 제일 끝에서 헷 사람 우리아의 이름을 발견한다. 그의 이름은 다윗의 죄를 기억나게 할 뿐만 아니라 그의 죄를 더욱 선명하게 부각시킨다. 왜냐하면 왕과 나라로부터 칭송을 받아야 마땅했던 그가 그토록 부당한 취급을 받

아야 했기 때문이었다. 반면 우리는 어디에서도 요압의 이름을 발견할 수 없는데, 아마도 그것은 다음과 같은 두 가지 이유 가운데 한 가지 때문이었을 것이다.

(1) 그는 너무 큰 자였기 때문이다. 처음 세 용사 가운데 첫 번째 사람인 아디노는 군지휘관의 두목이었지만, 요압은 그들 모두를 지휘하는 장군이었다.

(2) 그는 너무 악하여 여기에 언급되는 것이 적절치 않았기 때문이다. 그가 위대한 군인이라는 것은 의심의 여지 없는 사실이었다. 또한 그는 자신의 탈취물을 하나님의 집에 바칠 정도로 신앙심이 깊은 사람이었다(대상 26:28). 그럼에도 불구하고 그는 적들을 죽임으로써 얻은 명예만큼 다윗의 친구들 가운데 두 사람(즉 아브넬과 아마사)을 죽임으로써 명예를 잃었다.

다윗의 자손인 그리스도 역시도 다윗의 용사들과 같은 존귀한 자들을 가지고 있다. 그들은 그리스도의 본을 따라 그의 나라의 영적 원수들에 대항하여 그의 전쟁을 수행한다. 그리스도의 사도들은 그의 직계 수종자(隨從者)들이었다. 그들은 그리스도를 위해 위대한 일을 행하며 고난을 받았으며, 마침내 그와 함께 다스리게 되었다. 다윗의 용사들의 이름이 구약에 기록된 것처럼, 그들의 이름이 신약에, 특별히 요한계시록 21장 14절에 영예롭게 기록된다. 아니, 사도들의 이름뿐만 아니라 예수 그리스도의 모든 좋은 군사들의 이름이 다윗의 용사들의 이름보다 더 잘 보존된다. 왜냐하면 그들의 이름은 하늘에 기록되기 때문이다. 그리스도의 모든 성도들에게 이러한 존귀가 주어진다.

제
— 24 —
장

개요

우리가 앞 장에서 읽은 다윗의 마지막 말은 참으로 감탄할 만큼 훌륭했다. 그러나 우리가 본 장에서 읽게 되는 그의 마지막 행동들 가운데 몇 가지는 결코 그렇지 못했다. 그렇지만 그는 회개함으로 다시 돌이켰고, 자신의 모든 사역을 잘 마무리했다. 본 장의 내용은 다음과 같다. I. 마음의 교만으로 백성을 계수한 다윗의 죄(1-9절). II. 자신의 죄를 깨닫고 회개함(10절). III. 이로 인해 그에게 부과된 심판(11-15절). IV. 심판을 멈춤(16, 17절). V. 하나님과 다윗(그리고 그의 백성)이 화해했음을 나타내는 제단을 쌓음(18-25절).

¹여호와께서 다시 이스라엘을 향하여 진노하사 그들을 치시려고 다윗을 격동시키사 가서 이스라엘과 유다의 인구를 조사하라 하신지라 ²이에 왕이 그 곁에 있는 군사령관 요압에게 이르되 너는 이스라엘 모든 지파 가운데로 다니며 이제 단에서부터 브엘세바까지 인구를 조사하여 백성의 수를 내게 보고하라 하니 ³요압이 왕께 아뢰되 이 백성이 얼마든지 왕의 하나님 여호와께서 백 배나 더하게 하사 내 주 왕의 눈으로 보게 하시기를 원하나이다 그런데 내 주 왕은 어찌하여 이런 일을 기뻐하시나이까 하되 ⁴왕의 명령이 요압과 군대 사령관들을 재촉한지라 요압과 사령관들이 이스라엘 인구를 조사하려고 왕 앞에서 물러나 ⁵요단을 건너 갓 골짜기 가운데 성읍 아로엘 오른쪽 곧 야셀 갖은쪽에 이르러 장막을 치고 ⁶길르앗에 이르고 닷딤홋시 땅에 이르고 또 다냐안에 이르러서는 시돈으로 돌아 ⁷두로 견고한 성에 이르고 히위 사람과 가나안 사람의 모든 성읍에 이르고 유다 남쪽으로 나와 브엘세바에 이르니라 ⁸그들 무리가 국내를 두루 돌아 아홉 달 스무 날 만에 예루살렘에 이르러 ⁹요압이 백성의 수를 왕께 보고하니 곧 이스라엘에서 칼을 빼는 담대한 자가 팔십만 명이요 유다 사람이 오십만 명이었더라

I. 다윗이 요압에게 이스라엘과 유다 백성을 계수하라는 명령을 내림(1, 2

절). 여기에서 우리는 두 가지 의문을 제기할 수 있다.

1. 왜 이것이 죄가 되는가? 여기에 무슨 악한 것이 있는가? 모세도 두 번씩이나 백성들을 계수하지 않았던가? 인구를 조사하는 것은 통치자에게 있어 필요한 일이 아닌가? 목자가 자기 양의 숫자를 알아서는 안 되는가? 다윗의 자손도 자기에게 속한 자들의 이름을 알고 있지 않은가? 인구조사를 선용(善用)할 수도 있지 않겠는가? 그가 무슨 악을 행했는가? 그것이 죄였다는 것은, 그것도 큰 죄였다는 것은 분명한 사실이다. 그러나 어디가 잘못되었는지 하는 것은 분명하게 나타나지 않는다.

(1) 어떤 이들은 그릇된 방법으로 인구조사를 했기 때문이라고 생각한다. 신장과 힘에 있어 무기를 들 수 있을 정도만 되면 20세 이하라도 계수했기 때문이라는 것이다. 그리고 바로 이것이 그것을 역대지략에 기록하지 않은 이유였다는 것이다(대상 27:23, 24) ― 왜냐하면 불법적인 것이었기 때문에.

(2) 어떤 이들은 그가 반 세겔을 요구하지 않은 것이 잘못이었다고 생각한다. 그것은 백성을 계수할 때마다 생명의 속전으로서 성소의 예배를 위해 징수되어야 하는 것이었다(출 30:12).

(3) 어떤 이들은 그가 자신을 위해 세금을 부과할 목적으로 인구조사를 했기 때문이라고 생각한다. 만일 그가 백성들의 숫자를 안다면, 그들로부터 받게 될 세금의 액수도 알 수 있을 것이었다. 그러나 이에 대한 근거를 우리는 찾을 수 없으며, 다윗은 세금을 올린 적이 없었다.

(4) 어떤 이들은 그가 하나님으로부터 지시를 받지도 않은 상태에서 그리고 지금 백성을 계수할 특별한 이유도 없는 상황에서 그렇게 한 것이 잘못이었다고 생각한다. 그것은 그 자신과 백성들에게 불필요한 노고였다.

(5) 어떤 이들은 그것이 하나님이 아브라함에게 하신 옛 약속, 즉 아브라함의 씨가 땅의 티끌처럼 많아질 것이라는 약속을 모독하는 것이었다고 생각한다. 그것은 그 약속에 대한 불신이나 혹은 그 약속이 문자 그대로 이루어지지 않았음을 나타내려는 계획의 냄새를 풍긴다. 하나님이 셀 수 없이 많아지리라고 말씀하신 자들을 그는 세려고(계수하려고) 했다. 하나님의 말씀이 틀렸음을 입증하려고 하는 자들은 자신들이 하는 일이 무엇인지 알지 못한다.

(6) 백성들을 계수함에 있어 가장 나빴던 것은 다윗이 교만한 마음으로 이 일을 행했다고 하는 사실이었다. 사신들에게 자신의 창고를 보여주었던 히스

기야의 죄도 바로 이것이었다.

[1] 그것은 자신의 위대함을 자랑하고자 하는 교만이었다. 백성의 수가 크게 증가한 것은 마땅히 하나님의 축복으로 돌려져야 함에도 불구하고, 그것은 그 모든 것을 자신의 공로로 돌리는 것이었다.

[2] 그것은 자신의 힘을 신뢰하고자 하는 교만이었다. 열방 가운데 자기 백성의 수를 공표함으로써 그는 자신을 더 강하고 두려운 존재로 보이려고 생각했다. 그리고 만일 전쟁이 일어나면 이러한 많은 숫자의 군대로 손쉽게 원수들을 제압할 것을 의심치 않았다. 하나님의 판단은 우리와 다르다. 우리가 볼 때는 별로 해롭지 않으며 아주 사소한 위반에 불과한 것이 하나님이 볼 때는 아주 큰 죄일 수 있다. 사람의 본질을 아는 자가 누구인가? 마음의 생각과 의도를 분별하는 자가 누구인가? 하나님의 판단은 오직 진리대로 이루어진다.

2. 인구조사가 행해지게 된 계기는 더욱 이상하다(1절). 여호와께서 이스라엘을 향하여 진노하신 것은 이상한 일이 아니다. 거기에는 그럴만한 이유가 있었다. 그들은 다윗 통치의 축복에 대해 감사하지 않고, 도리어 처음에는 압살롬과 그리고 나중에는 세바와 함께 하면서 그에 대적했다. 또한 우리는 그들이 평안과 풍족함으로 인해 안일과 육욕에 빠져 버렸고 따라서 하나님이 그들을 기뻐하지 않으셨을 것이라고 충분히 생각할 수 있다. 그러나 이로 인해 하나님이 다윗을 격동시키셔서 인구를 조사하도록 하신 것은 너무도 이상하다. 우리는 하나님이 죄로 이끄시는 분이 아니라는 사실을 확신한다. 하나님은 아무도 유혹하지 않는다. 우리는 이러한 의문에 대한 해답을 역대상 21장 1절에서 찾을 수 있다. 거기에서 우리는 사탄이 다윗을 충동하여 이스라엘을 계수하게 했다는 말씀을 듣는다. 원수 사탄은 다윗으로 하여금 죄를 짓게 하기 위해 이러한 생각을 그의 마음속에 집어넣었 — 마치 유다에게 예수를 팔려는 생각을 집어넣은 것처럼. 이에 의로운 재판장이신 하나님은 다윗의 이러한 죄로부터 이스라엘의 다른 죄들을 징벌할 계획으로 이것을 허용하셨다. 그리하여 전에 사울의 죄로 인해 그들에게 기근을 내리셨던 것처럼, 지금은 다윗의 죄로 인해 역병을 내리셨다. 통치자들은 이러한 예로부터 하나님의 심판이 널리 임할 때 그것의 원인이 자신들의 죄에 있는 것이 아닌지 의심하고, 그에 따라 회개하며 스스로를 새롭게 하는 법을 배워야 한다. 그들의 회개와 갱신은 나라 전체의 회개와 갱신에 큰 영향을 미치는 법이다. 그리고 백성들은 이러한 예로부터 권

세자들을 위해 기도하는 법을 배워야 한다. 다시 말해서, 백성들은 하나님께서 권세자들을 죄로부터 지켜 주시기를 기도해야 한다. 왜냐하면 그들이 죄를 범하면 나라 전체가 고통을 당하게 되기 때문이다.

Ⅱ. 요압이 이러한 명령에 대해 이의를 제기함.   요압조차도 이러한 계획 속에 담겨 있는 다윗의 어리석음과 헛된 영광을 인식하고 있었다. 그는 왕에게 지금 인구를 조사할 특별한 이유가 없음을 알고 있었다. 왕이 그에게 명령한 것은 단지 인구를 조사하여 나로 백성들의 숫자를 알게 하라는 것일 뿐이었다. 따라서 그는 왕의 교만을 돌이키고자 애쓴다 — 전에 압살롬의 죽음으로 인한 슬픔을 돌이키려고 애쓸 때와는 달리 매우 공손한 태도로. 그 때 그는 매우 무례하고 직설적으로 말했었다(19:5-7). 그러나 지금은 매우 공손하게 말한다: 왕의 하나님 여호와께서 백 배나 더하게 하시기를 원하나이다(3절). 지금은 백성들에게 세금을 부과한다든지, 혹은 병사를 모집한다든지, 혹은 백성들을 골고루 분산시킨다든지 하는 등의 계획이 없었다. 백성들은 모두 편안하고 행복했다. 요압은 백성의 숫자가 늘어나는 것과 왕이 그것을 보며 만족하기를 바랐다. "그런데 내 주 왕은 어찌하여 이런 일을 기뻐하시나이까? 지금 그와 같은 일을 할 필요가 무엇이나이까?" 무리를 세는 것은 가난한 자들에게 남겨두라. 어째서 지금 다윗은 이러한 유(類)의 일로 즐거움을 삼으려고 한단 말인가? 그는 하나님을 즐거워하며 오랜 세월 믿음으로 사는 가운데 이제 나이가 들어 어린아이의 일들을 버려야 마땅한 자가 아니었던가? 그 자체로는 죄가 되지 않을지라도 과도하게 탐닉함으로써 죄가 되는 일은 너무도 많다. 요압은 여기에 다윗의 허영심이 있다는 사실을 인식하고 있었다. 그러나 다윗 자신은 그것을 깨닫지 못했다. 우리가 교만이나 혹은 헛된 영광으로 어떤 일을 말하거나 행할 때, 우리에게 그것을 깨우쳐 주는 친구가 있다는 사실은 너무도 좋은 일이다. 왜냐하면 우리는 종종 그런 자리에 떨어지면서도 그것을 잘 깨닫지 못하기 때문이다.

Ⅲ. 그럼에도 불구하고 인구조사가 시행됨.   왕의 명령이 요압과 군대 사령관들을 재촉한지라(4절). 다윗은 기어이 인구조사를 시행하고자 했으며, 요압은 그 일을 피할 수 없었다. 만일 그랬다면 그는 왕의 일을 수행하는 것을 꺼리는 것으로 여겨졌을 것이었다. 높은 위치에 앉아 있는 자들에게 있어 그들이 악한 일을 행할 때 주변에 그 일을 방조하며 도와주는 자들이 있는 것은 불행한 일이다. 요압은 다윗의 명령에 따라 내키지 않는 마음으로 이러한 달갑지 않은

일을 맡게 되었으며, 그 일을 함께 감당할 사령관들을 세웠다. 그들은 가장 먼 지역부터 시작하였다. 처음에는 동쪽으로 요단 건너편을 조사하고(5절), 다음으로 북쪽의 단으로 가서 조사했으며(6절), 다시 동쪽으로 두로와 남쪽으로 브엘세바까지 이르러 조사했다(7절). 이 일을 수행하는 데 소요된 시간이 아홉 달을 넘었으며, 그동안 수많은 난관들이 있었다(8절). 그리하여 마침내 총 숫자가 예루살렘에 있는 왕에게 전달되었는데, 전쟁에 나갈 만한 자의 숫자가 이스라엘 사람이 80만 명이요 유다 사람이 50만 명이었다(9절). 그 숫자가 다윗의 기대에 부응했는지, 그리고 그의 자만심을 만족시켰는지 여부에 대해서는 우리는 아무 말도 듣지 못한다. 백성들의 숫자는 매우 많았지만, 그러나 그가 기대했던 것만큼은 아니었던 것으로 보인다. 그들은 애굽에서 번성했던 것처럼 그렇게 번성하지는 못했다. 400년 전 여호수아의 인도로 가나안에 들어왔을 때와 비교하여 그 때보다 대략 두 배를 약간 상회하는 정도에 불과했다(그 때는 전쟁에 나갈 만한 자의 숫자가 대략 60만 명 정도였다). 그럼에도 불구하고 그다지 넓지 않은 땅에서 그토록 많은 사람이 생계를 유지하며 번성한 것은 가나안이 매우 비옥한 땅이었음을 보여주는 분명한 증거이다.

[10]다윗이 백성을 조사한 후에 그의 마음에 자책하고 다윗이 여호와께 아뢰되 내가 이 일을 행함으로 큰 죄를 범하였나이다 여호와여 이제 간구하옵나니 종의 죄를 사하여 주옵소서 내가 심히 미련하게 행하였나이다 하니라 [11]다윗이 아침에 일어날 때에 여호와의 말씀이 다윗의 선견자 된 선지자 갓에게 임하여 이르시되 [12]가서 다윗에게 말하기를 여호와께서 이와 같이 말씀하시기를 내가 네게 세 가지를 보이노니 너를 위하여 너는 그 중에서 하나를 택하라 내가 그것을 네게 행하리라 하셨다 하라 하시니 [13]갓이 다윗에게 이르러 아뢰어 이르되 왕의 땅에 칠 년 기근이 있을 것이니이까 혹은 왕이 왕의 원수에게 쫓겨 석 달 동안 그들 앞에서 도망하실 것이니이까 혹은 왕의 땅에 사흘 동안 전염병이 있을 것이니이까 왕은 생각하여 보고 나를 보내신 이에게 무엇을 대답하게 하소서 하는지라 [14]다윗이 갓에게 이르되 내가 고통 중에 있도다 청하건대 여호와께서는 긍휼이 크시니 우리가 여호와의 손에 빠지고 내가 사람의 손에 빠지지 아니하기를 원하노라 하는지라 [15]이에 여호와께서 그 아침부터 정하신 때까지 전염병을 이스라엘에게 내리시니 단에서부터 브엘세바까지 백성의 죽은 자가 칠만 명이라 [16]천사가 예루살렘을 향하여 그의 손을 들어

멸하려 하더니 여호와께서 이 재앙 내리심을 뉘우치사 백성을 멸하는 천사에게 이르시되 족하다 이제는 네 손을 거두라 하시니 여호와의 사자가 여부스 사람 아라우나의 타작 마당 곁에 있는지라 [17]다윗이 백성을 치는 천사를 보고 곧 여호와께 아뢰어 이르되 나는 범죄하였고 악을 행하였거니와 이 양 무리는 무엇을 행하였나이까 청하건대 주의 손으로 나와 내 아버지의 집을 치소서 하니라

우리는 여기에서 다윗이 자신의 죄에 대해 회개하는 것과, 하나님이 그에 대해 징벌을 내리시는 것, 그리고 하나님이 심판을 내린 것을 뉘우치는 것과 이로써 다윗이 더욱 회개하게 되는 등의 내용을 보게 된다.

I. 다윗이 백성을 계수한 죄를 회개하는 마음으로 돌아보며 그 죄를 고백함. 인구조사가 진행되는 9개월 동안 다윗은 자신의 죄를 지각하지 못했던 것으로 보인다. 왜냐하면 만일 그랬다면, 그는 자신이 내린 명령을 취소했을 것이기 때문이다. 그러나 인구조사가 끝나고 그 결과가 보고된 바로 그 날 밤, 그의 양심이 깨어나면서 그는 양심의 가책을 느꼈다. 그가 자기 백성의 숫자에 만족하여 잔치를 벌이려고 했을 때, 즐거움은 그의 안에서 쓸개즙으로 바뀌었다. 죄의식이 즐거움을 꺾어버린 것이다.(10절).

1. 다윗은 자신의 죄를 깨달았다: 다윗이 백성을 조사한 후에 그의 마음에 자책하고(10절). 그가 스스로 자책한 것은 선지자가 오기 전이었다. 그의 양심은 자신이 행한 일이 악한 일이었음을 스스로에게 일깨워 주었다. 전에는 그것이 죄임을 알지 못했지만, 이제는 그것이 큰 죄라는 사실을 분명하게 깨닫게 되었다. 그는 자신이 행한 일을 큰 후회와 함께 되돌아보면서 스스로를 책망했다. 어떤 사람이 죄를 범했을 때 그 안에 자책하는 마음을 갖는 것은 참으로 좋은 일이다. 그것은 그의 마음속에 은혜의 원리가 작동하고 있음을 나타내는 좋은 표적이며, 또한 회개와 갱신을 향한 좋은 발판이다.

2. 다윗은 그 죄를 하나님께 고백하면서 진지하게 용서를 구했다.

(1) 그는 자신이 큰 죄를 지었음을 인정한다. 비록 다른 사람들에게 그것이 전혀 죄가 아닌 것처럼 혹은 아주 사소한 죄일 뿐인 것처럼 보일 수 있다 할지라도, 그는 기꺼이 자신의 죄를 인정했다. 참된 회개자는 양심이 매우 부드러워져 있기 때문에 다른 사람들은 보지 못하는 죄를 본다.

(2) 그는 자신이 심히 미련하게 행했음을 인정한다. 왜냐하면 그는 그 일을

교만한 마음으로 행했기 때문이다. 그에게 있어 백성의 숫자를 자랑하는 것은 어리석은 일이었다. 왜냐하면 그들은 그의 백성이 아니라 하나님의 백성이기 때문이다. 그들의 숫자가 아무리 많다 할지라도 하나님은 곧 그것을 적게 만드실 수 있으시다.

(3) 그는 하나님께 죄 사함을 부르짖는다: 여호와여 이제 간구하옵나니 종의 죄를 사하여 주옵소서. 만일 우리가 우리의 죄를 고백하면, 우리는 믿음으로 하나님이 우리의 죄를 용서해 주실 것이며 또한 사죄의 은총으로 그것을 치워버리실 것을 바랄 수 있다.

Ⅱ. 이러한 죄로 인해 다윗에게 임한 정당한 징벌. 다윗은 죄의식으로 밤새 뒤척였으며, 그로 인해 안식을 누릴 수 없었다. 그는 자신이 한 일에 대해 하나님이 꾸중하는 말씀을 하실 것을 예상하면서 혹은 그 일과 관련하여 자신의 선견자 갓과 의논할 것을 계획하면서 아침에 일어났다. 갓은 그의 선견자(seer)로 불리는데, 그것은 그를 항상 자기 곁에 두고 하나님의 일과 관련하여 조언을 구하고 또 그에게 자신의 죄를 고백하는 일 등을 했기 때문이었다. 그러나 하나님이 먼저 손을 쓰셔서, 선지자 갓으로 하여금 다윗에게 당신의 말씀을 전하도록 지시하셨다(11절).

1. 여기에서 다음과 같은 세 가지 사실이 당연한 것으로 전제된다.

(1) 다윗은 잘못으로 인해 징벌을 받아야만 한다는 사실. 그것은 너무나 큰 죄였다. 따라서 설령 다윗 자신이라 하여 징벌이 가해지지 않는다면, 그것은 하나님의 공의에 큰 누를 끼치는 것이 될 것이었다. 하나님이 미워하시는 것 일곱 가지 가운데 첫 번째 것이 바로 교만이다(잠 6:17). 자신의 죄를 진심으로 회개하고 용서를 받았다 할지라도, 그로 인해 이 세상에서 징벌과 고통을 당하는 것은 종종 있는 일이다.

(2) 죄에 부응하는 징벌이 내려져야 한다는 사실. 다윗은 백성들의 큰 숫자를 자랑했다. 만일 그가 그러한 죄로 인해 징벌을 받아야만 한다면, 그것은 백성들의 숫자를 줄이는 것이 되어야만 했다. 우리의 교만의 재료가 된 것을 하나님이 우리로부터 빼앗거나 혹은 그것이 우리의 쓰라림이 되게 하시거나 혹은 이런저런 방법으로 그것이 우리의 징벌이 되게 만드시는 것은 지극히 정당한 처사이다.

(3) 그것은 동시에 백성들에게 임하는 징벌이 되어야만 한다는 사실. 왜냐하

면 여호와께서 이스라엘을 향하여 진노하셨기 때문이다(1절). 직접 수문(水門)을 연 것은 다윗의 죄였다 할지라도, 큰 홍수를 이루게 한 것은 이스라엘 백성 전체의 죄였다.

2. 징벌에 대하여.

(1) 다윗은 어떤 회초리로 맞을 것인지 선택하라는 말씀을 듣는다(12, 13절). 그의 하늘 아버지는 그를 징벌하셔야만 했지만, 그러나 즐겨 그렇게 하시는 것은 아님을 나타내고자 하셨다. 하나님은 다윗으로 하여금 세 가지 가운데 하나를 선택하도록 하셨는데, 그것은 기근과 전쟁과 전염병이었다. 그것들은 모두 쓰라린 심판들로서, 백성들을 크게 감소시키며 약화시킬 만한 것들이었다. 하나님이 이와 같이 그로 하여금 선택하도록 하신 것은 다음과 같은 목적 때문이었다.

[1] 그를 더욱 겸비케 하기 위해. 이러한 심판들이 너무도 두려운 것임을 생각할 때, 그는 자신의 죄가 얼마나 큰 것이었는지 알게 될 것이었다.

[2] 그의 자만심을 책망하기 위해. 그는 이스라엘을 다스리는 왕권을 가진 것으로 인해 자만심에 빠져 있었다. 많은 백성을 다스리게 된 그는 자신이 원하는 것은 무엇이든지 가질 수 있다고 생각하기 시작했다. 이에 하나님은 말씀하신다. "그렇다면 너는 이 세 가지 가운데 어느 것을 가지려느냐?" 이것을 예레미야 34장 17절(내가 칼과 전염병과 기근에게 자유를 주리라) 및 예레미야 15장 2절(죽을 자는 죽음으로 나아가고)과 비교하라.

[3] 징벌 가운데에서도 그에게 약간의 위로를 주시기 위해. 하나님은 그가 비록 징벌 가운데 있다 할지라도 하나님과의 교제로부터 완전히 버려진 것은 아니라는 사실을 알게 하셨다. 여전히 그는 하나님과의 은밀한 교제 가운데 있었으며, 하나님은 그의 사정과 형편을 감안하였다.

[4] 스스로 회초리를 선택하도록 함으로써 그 회초리를 좀 더 잘 견디도록 하기 위해. 선지자는 다윗에게 곰곰이 생각해 보고 자신을 보낸 이에게 어떻게 대답할지 말해 달라고 이야기한다. 사역자들은 하나님이 우리에게 보내신 자들이며, 따라서 그들은 보냄 받은 일에 대해 장차 그분 앞에 설명하게 될 것이다. 그러므로 우리는 그들이 우리에 대해 어떤 대답을 할지에 대해 늘 관심을 기울여야 하며, 또한 우리에 대해 기쁨으로 대답할 수 있도록 노력해야 한다.

(2) 다윗은 칼의 심판만은 면하게 해 달라고 간청한다: 우리가 여호와의 손에

빠지고 내가 사람의 손에 빠지지 아니하기를 원하노라(14절). 그리고 나머지 두 가지 심판에 관하여는 하나님께 맡기는데, 그러는 가운데에서도 은근히 전염병의 심판을 선택하는 듯한 느낌을 풍긴다. 내가 고통 중에 있도다. 두려움과 함정과 올무가 지금 그 앞에 있어서 어느 하나를 피하면 불가불 다른 것에 빠질 상황에 처해 있었다(렘 48:43, 44). 죄가 사람들을 고통(곤란한 상황, straits) 속으로 끌고 가는 사실을 주목하라. 선하고 지혜로운 자라 할지라도 때로 어리석음으로 인해 이와 같은 곤란한 상황에 처하게 된다.

[1] 그는 사람의 손에 빠지지 않게 해 달라고 간청한다. "어떤 일이 있더라도 우리로 석 달 동안 원수들 앞에서 도망치지 않게 하소서." 이것은 지금까지 다윗의 모든 승리의 영광에 먹칠을 할 것이며, 또한 하나님과 이스라엘의 원수들에게 비방거리가 될 것이었다. 신명기 32장 26절과 27절을 보라. "그들은 극도로 잔인한 자들이나이다. 그들은 석 달 동안 오랜 세월로도 치유할 수 없는 큰 피해를 나라에 끼칠 것이나이다."

[2] 그는 스스로를 하나님께 던진다: 여호와께서는 긍휼이 크시니 우리가 여호와의 손에 빠지기를 원하노라. 사람도 때로 하나님의 손으로 일컬어진다(시 17:14에서 그렇게 불리는 것처럼). 그러나 기근이나 전염병처럼 좀 더 직접적으로 하나님의 손으로부터 임하는 심판들이 있다. 다윗은 두 가지 가운데 어느 것을 회초리로 선택할지에 대해 하나님께 맡긴다. 그리고 하나님은 가장 짧은 것(즉 사흘 동안의 전염병)을 선택하신다. 그러나 어떤 이들은 다윗의 그와 같은 말은 전염병을 선택한 것을 의미하는 것이라고 생각한다. 그 땅은 기브온 사람들과 관련하여 생긴 3년간의 기근에서 아직 회복되지 못하고 있었다. 그러므로 "또다시 우리를 기근의 회초리로 징벌하지 마소서. 그러면 그 또한 이방나라들의 비방거리가 될 것이나이다." 이와 관련하여 우리는 기근의 욕(reproach of famine)이라는 표현을 보게 된다(겔 36:30, 또 나무의 열매와 밭의 소산을 풍성하게 하여 너희가 다시는 기근의 욕을 여러 나라에게 당하지 아니하게 하리니). "그러나 만일 이스라엘의 숫자가 감소되어야만 한다면 전염병으로 그렇게 되게 하소서. 왜냐하면 그것이 여호와의 손에 빠지는 것이기 때문이나이다." 이와 같은 심판을 행하실 때, 하나님은 애굽의 장자를 죽일 때 그렇게 하셨던 것처럼 보통 자신이 직접 보낸 종인 천사들을 통해 그렇게 하신다. 전염병의 심판은 다윗과 그의 가족에게도 가장 미천한 백성에게 임하는 것과 똑같이 임하지만,

그러나 기근과 칼의 심판은 그렇지 않다. 따라서 다윗은 자신의 죄를 생각하며 그것(즉 전염병의 심판)을 선택한다. 칼과 기근은 이 사람 저 사람 가리지 않고 임하지만, 멸망의 천사는 그의 칼을 주로 범죄한 자들에게 뽑지 않겠는가? 또한 전염병의 심판은 가장 짧은 기간 동안만 계속될 것이다. 하나님의 진노의 증표는 가능하면 가장 짧은 것이 나을 것이었다. 히브리서 기자는 이렇게 말한다: 살아 계신 하나님의 손에 빠져 들어가는 것이 무서울진저(10:31). 특별히 회개치 않음으로 하나님의 모든 자비의 소망으로부터 스스로를 닫아 버린 죄인들에게 더욱 그러하다. 그러나 다윗은 회개하는 가운데 하나님의 크신 자비하심을 기대하면서 스스로를 하나님의 손에 던진다. 선한 자들은 하나님의 진노 아래 있을 때조차도 그분에 대해 선한 생각만을 품는다. 그가 나를 죽이실지라도 나는 그를 의지하리라.

(3) 그에 따라 하나님은 전염병을 보내신다(15절). 그 범위는 단에서 브엘세바까지, 즉 나라 이쪽 끝에서 저쪽 끝까지였다. 그것은 이러한 재앙이 어떤 자연적인 원인으로부터가 아니라 하나님의 손으로부터 직접 온 것임을 분명하게 나타내는 것이었다. 다윗은 자신이 선택한 것을 받았다. 그는 일반적인 것들에 의해서가 아니라 이적에 의해 고통을 겪는다. 전염병은 아침부터(다윗이 심판을 선택한 바로 그 날 아침부터) 정해진 시간까지 계속되었다. 정해진 시간이라 함은 풀(Poole)이 말하는 것처럼 셋째 날까지이거나, 아니면 패트릭 주교(bishop Patrick)가 말하는 것처럼 첫째 날 저녁 때까지, 다시 말해서 그 날 저녁 제사를 위해 지정된 시간까지를 말하는 것일 것이다(패트릭 주교는 하나님이 다윗을 불쌍히 여기사 처음에 말씀하신 시간을 단축시킴으로써 그것이 단지 9시간 동안만 계속되었을 뿐이라고 생각한다). 전염병의 결과는 너무도 참혹했다. 7만 명의 백성이 죽었다. 멀쩡하던 사람들이 불과 몇 시간 만에 병들어 죽었다. 애굽에서 장자들이 죽임을 당할 때 그랬던 것처럼, 이스라엘 전역에서 얼마나 큰 호곡소리가 있었을 것인지 우리는 쉽게 추측할 수 있다. 애굽에서는 한밤중에 일어났지만, 여기에서는 대낮에 일어났다(시 91:6). 여기에서 천사들의 능력(힘, power)을 주목하라. 하나님이 그들을 보내실 때 — 구원을 위해서든 멸망을 위해서든 — 그들은 큰 능력을 행사한다. 이스라엘 전역을 돌아다니는데 요압은 아홉 달이 걸렸지만 천사는 불과 아홉 시간밖에 걸리지 않았다. 하나님이 가장 교만한 죄인들을 얼마나 쉽게 낮추실 수 있는지, 그리고

우리가 매일같이 하나님의 오래 참으심을 얼마나 크게 힘입고 있는지 주목하라. 다윗의 간음은 단지 한 아기가 죽는 형벌을 가져왔을 뿐이지만, 그의 교만은 수많은 사람들의 죽음을 가져왔다. 이로써 우리는 하나님이 교만을 얼마나 미워하시는지를 볼 수 있다. 전염병으로 죽은 자가 7만 명에 이르렀는데, 그것은 거의 스무 명에 한 명 꼴로 죽은 셈이었다(저자는 칼을 뽑을 만한 130만 명을 기준으로 계산한 것으로 보인다 - 역주). 다윗은 하나님의 심판을 바라보는 가운데 얼마나 두려워하며 떨었을 것인가(시 119:120).

III. 천사의 손이 예루살렘을 향했을 때 하나님이 심판을 중지시키심. 천사가 예루살렘을 향하여 그의 손을 들어 멸하려 하더니(16절). 마치 다른 곳에서보다 더 큰 심판을 행하고자 하는 것처럼, 천사는 예루살렘을 향하여 손을 들었다. 다른 지역이 쓴 잔을 마셨다면, 예루살렘은 그 잔의 찌꺼기를 마셔야 했다. 아마도 예루살렘은 마지막으로 계수된 것으로 보인다. 따라서 마지막 재앙이 임하도록 예비되었다. 또한 예루살렘은 다른 곳보다 더 악이 많았을 것이다(특별히 다른 지역보다 더 교만했을 것이다). 따라서 멸망자의 손이 그 곳을 향해 뻗쳐졌다. 그러나 그 때 여호와께서 이 재앙 내리신 것을 뉘우치셨다. 하나님은 마음이 아니라 방법을 바꾸사, 멸하는 천사에게 "족하다 이제는 네 손을 거두라"고 말씀하셨다. 예루살렘은 언약궤로 인하여 남겨지게 될 것이다. 왜냐하면 그 곳은 하나님이 자기 이름을 두시려고 택하신 곳이기 때문이다. 여기에서 우리는 하나님이 용서하는 것은 즐거워하시지만 징벌을 내리는 것은 즐거워하지 않는다는 사실을 보게 된다. 또한 그것은 우리에게 하나님의 심판 중에서도 회개를 통해 그분을 만날 수 있음을 가르쳐 준다. 이 곳은 모리아 산이었다. 아브라함이 하나님의 말씀에 의해 자기 아들을 칼로 치는 것을 중지한 바로 그 장소에서 천사는 비슷한 말씀에 의해 예루살렘을 치는 것을 중지했다(이것은 라이트푸트 박사가 관찰한 내용이다). 우리의 생명이 멸하는 천사로부터 보존된 것은 그리스도의 위대한 희생제사 때문이다.

IV. 이 일로 인해 다윗이 다시 죄를 고백함(17절). 그는 천사가 예루살렘을 멸하기 위해 손을 든 것을 보았다(하나님이 그의 눈을 열어 주셨다). 그의 손에는 불붙은 칼(화염검)이 들려 있었는데, 그는 하나님의 명령에 따라 칼을 다시 칼집에 꽂으려고 하고 있었다. 이 모든 것을 보았을 때 그는 하나님께 다시 고백했다: 여호와여 내가 범죄하였나이다. 참된 회개자는 하나님의 용서를 깨달으면 깨달을수록 죄에 대해 더 겸비해지며, 또한 다시는 죄를 범하지 않으려고 더욱 굳게 결심한다. 그리고 그(참된 회개자)는 하나님으로부터 용서를 받은 후에 부끄러워하게 될 것이다(겔 16:63).

1. 그가 어떻게 스스로에게 죄를 지우는지 관찰하라. 그는 자신의 잘못을 있는 그대로 인정한다. "내가 범죄하였고 악을 행하였나이다. 내가 죄를 범하였사오니 모든 십자가는 내가 져야 마땅하나이다. 청하건대 주의 손으로 나와 내 아버지의 집을 치소서. 내가 죄인이오니 모든 고통을 내게 지우소서." 이와 같이 다윗은 자기 죄로 인한 모든 징벌을 기꺼이 자신이 받고자 했다.

2. 그가 어떻게 백성들을 위해 중보하는지 관찰하라. 백성들의 쓰라린 애곡은 그의 마음을 아프게 하고, 그의 귀를 쑤시게 했다. 이 양 무리는 무엇을 행하였나이까? 그들은 실상 많은 죄를 범했다. 하나님을 격동시킨 것은, 그래서 그분으로 하여금 다윗이 인구조사 하는 것을 그대로 내버려 두도록 만든 것은 바로 그들의 죄였다. 그러나 그는 회개하는 가운데 자신의 잘못에 대해서는 통렬한 반면 백성들의 잘못에 대해서는 가볍게 받아들인다. 대부분의 사람들은 하나님의 심판이 널리 행해질 때 그 원인을 다른 사람들에게 돌리며, 그들을 비난하는 가운데 그로 인해 누가 넘어지는지는 개의치 않는다. 그러나 다윗은 그렇지 않았다. 우리는 여기에서 우리 주 예수 그리스도의 모습을 발견한다. 그는 우리 죄를 위해 자신을 내어주셨으며, 우리를 구원하기 위해 기꺼이 하나님의 징벌을 받으셨다. 양들을 살리기 위해 목자가 대신 맞으신 것이다.

[18]이 날에 갓이 다윗에게 이르러 그에게 아뢰되 올라가서 여부스 사람 아라우나의 타작 마당에서 여호와를 위하여 제단을 쌓으소서 하매 [19]다윗이 여호와께서 명령하신 바 갓의 말대로 올라가니라 [20]아라우나가 바라보다가 왕과 그의 부하들이 자기를 향하여 건너옴을 보고 나가서 왕 앞에서 얼굴을 땅에 대고 절하며 [21]이르되 어찌하여 내 주 왕께서 종에게 임하시나이까 하니 다윗이 이르되 네게서 타작 마당을 사서 여호와께 제단을 쌓아 백성에게 내리는 재앙을 그치게 하려 함이라 하는지라 [22]아라우나가 다윗에게 아뢰되 원하건대 내 주 왕은 좋게 여기시는 대로 취하여 드리소서 번제에 대하여는 소가 있고 땔 나무에 대하여는 마당질 하는 도구와 소의 멍에가 있나이다 [23]왕이여 아라우나가 이것을 다 왕께 드리나이다 하고 또 왕께 아뢰되 왕의 하나님 여호와께서 왕을 기쁘게 받으시기를 원하나이다 [24]왕이 아라우나

에게 이르되 그렇지 아니하다 내가 값을 주고 네게서 사리라 값 없이는 내 하나님 여호와께 번제를 드리지 아니하리라 하고 다윗이 은 오십 세겔로 타작 마당과 소를 사고 ²⁵그 곳에서 여호와를 위하여 제단을 쌓고 번제와 화목제를 드렸더니 이에 여호와께서 그 땅을 위한 기도를 들으시매 이스라엘에게 내리는 재앙이 그쳤더라

I. 다윗이 제단을 쌓으라는 명령을 받음(18절).   그 제단은 그가 천사를 본 바로 그 장소에 쌓아야 했다. 이것은 다윗에게 다음과 같은 사실을 나타내기 위함이었다.

1. 그의 순복과 겸비로 인해 이제 하나님이 그와 더불어 완전히 화해하셨다는 사실. 왜냐하면 만일 여호와께서 그를 죽이기를 기뻐하셨다면 결코 제물을 받지 않으셨을 것이며, 따라서 그에게 제단을 쌓으라고 명령하지 않으셨을 것이기 때문이다. 하나님이 우리에게 영적 제사를 드리라고 명령하시는 것은 우리가 그분과 더불어 화해되었음을 나타내는 명백한 증거이다.

2. 하나님과 죄인 사이의 화목은 희생제물로 말미암아 이루어진다는 사실. 율법에 따라 드려졌던 모든 희생제물은 우리의 위대한 희생제물이신 예수 그리스도의 모형이었으며, 여기에서 멸하는 천사가 손을 멈추게 된 것은 그로 인함이었다.

3. 하나님의 심판이 중지될 때 우리는 마땅히 감사하며 찬미해야 한다는 사실. 이 제단은 감사제(thanks-offerings)를 드리기 위한 것이었다. 이사야 12장 1절을 보라(여호와여 주께서 전에는 내게 노하셨사오나 이제는 주의 진노가 돌아섰고 또 주께서 나를 안위하시오니 내가 주께 감사하겠나이다).

II. 이로 인해 다윗이 아라우나의 타작마당을 삼.   그 땅의 주인인 아라우나는 여부스 사람으로서 비록 태생으로는 이방인이었지만 유대 종교로 개종한 사람이었던 것으로 보인다. 그리하여 그는 이스라엘 백성들 가운데 살도록 허락되었을 뿐만 아니라 성읍에 자신의 땅을 소유할 수 있었다(레 25:29, 30). 그 땅은 타작마당으로서 보잘것없는 장소였음에도 불구하고 이처럼 축복받은 장소가 되었으며, 수고의 장소였으므로 이처럼 축복받은 장소가 되었다.

1. 다윗은 직접 아라우나에게 간다. 그의 공정함을 보라. 비록 그 소유자가 이방인이며, 자신은 왕이고 또 하나님으로부터 그 곳에 제단을 쌓으라는 분명한 명령을 받았음에도 불구하고, 다윗은 값을 치르고 사기까지는 결코 그 땅을

사용하지 않으려고 했다. 하나님은 번제로 드리기 위해 도둑질하는 것을 미워하신다. 또한 그의 겸손을 보라. 그는 지금 왕으로서 위세를 부리는 것과는 너무도 거리가 멀었다. 비록 왕이었음에도 불구하고 그는 지금 회개자였다. 따라서 자기 비하의 증표로서, 그는 아라우나를 데려오도록 사람을 보내지도 않았으며, 또 다른 사람을 보내 아라우나와 거래하도록 하지도 않았다. 다만 자신이 직접 그에게로 올라갔다(19절). 그것이 스스로의 권위를 떨어뜨리는 것처럼 보일는지 모르나, 실상 그렇게 하여 그의 위엄이 손상된 것은 결코 아니었다. 왕이 오는 것을 보았을 때, 아라우나는 즉시로 나가 왕 앞에 얼굴을 땅에 대고 절을 했다(20절). 높은 위치에 있는 사람이라 할지라도 겸손할 때, 그의 위엄은 떨어지기는 고사하고 도리어 높아진다.

2. 아라우나는 왕에게 관대한 제안을 한다. 왕이 자신에게 온 이유를 들었을 때(21절), 그는 제단을 쌓을 땅뿐만 아니라 제물로 쓸 소와 기타 다른 물건들을 거저 드리겠다고 말했다(22절). 그러면서 그는 왕을 축복한다: 왕의 하나님 여호와께서 왕을 기쁘게 받으시기를 원하나이다(23절). 그가 이와 같이 한 것은,

(1) 큰 재산과 함께 관대한 마음을 가지고 있었기 때문이었다. 그는 왕처럼 드렸다(KJV, 한글개역개정판 23절에서는 이 부분이 다소 모호하게 되어 있음). 비록 평범한 사람이었음에도 불구하고 그는 왕의 마음을 가지고 있었다. 히브리 원문은 이렇게 되어 있다: 그는 왕이라도 왕에게 드렸다. 우리는 이로부터 아라우나가 여부스의 왕이었거나 혹은 왕족이었을 것으로 추측할 수 있다.

(2) 다윗을 크게 존경했기 때문이었다. 비록 자신들의 정복자였기는 했지만 아라우나는 다윗의 개인적인 덕행으로 인해 그를 크게 존경했다. 그는 다윗이 자신들을 부당하게 대한다고 결코 생각하지 않았다.

(3) 이스라엘에 대해 좋은 감정을 품고 있었기 때문이었다. 그는 재앙이 그치기를 진심으로 바랐다. 그리고 재앙이 자신의 타작마당에서 그친다면 그것은 그에게 큰 영광이 될 것이었다. 그렇다면 지금 다윗에게 제공되는 모든 것들은 결코 허비하는 것이 아니라 참으로 값진 것이 될 것이었다.

3. 그러나 다윗은 기꺼이 값을 치르고 사고자 한다(24절). 여기에서 우리는 관대한 마음을 가진 두 사람을 보게 된다. 아라우나는 기꺼이 거저 드리고자 했다. 그러나 다윗은 합당한 값을 치르고 사고자 한다. 그는 거저 받은 것으로는 하나님께 드리려고 하지 않았다. 그는 경건한 여부스인의 너그러운 마음을

이용하려고 하지 않았다. 틀림없이 그는 아라우나의 친절한 제안에 감사했을 것이다. 그렇지만 그는 지금 제단을 쌓기 위해 타작마당과 소 값으로 은 오십 세겔을 지불했으며, 나중에 이 곳에 성전을 짓기 위해 인근의 땅값으로 금 육백 세겔을 지불했다. 값싸고 손쉬운 것만 찾으며, 최소한의 수고와 고통만을 치르고자 하는 자들은 신앙이 무엇인지 알지 못하는 자들이다. 재물로써 하나님을 영화롭게 하는데 사용하지 않는다면 우리가 무슨 목적으로 재물을 소유한단 말인가? 무엇으로 우리가 재물을 더 값지게 사용할 수 있단 말인가?

Ⅲ. 제단을 쌓고 희생제물을 드림(25절).   다윗은 자신의 죄에 대해 징벌을 내리신 하나님의 공의를 위해 번제를 드렸고, 또한 적절한 때에 그것을 중지시켜 주신 은혜를 위해 화목제를 드렸다. 이에 하나님은 그 땅을 위한 기도를 들으셨음을 보이셨다(우리는 하늘로부터 불이 내려와 제물들을 살랐을 것이라고 추측할 수 있다). 그리고 하나님은 은혜 가운데 재앙을 그치게 하셨는데, 그것은 하나님이 왕과 백성과 더불어 화해하셨음을 나타내는 증표였다. 그리스도는 우리의 제단이며 희생제물이시다. 오직 그 안에서 우리는 하나님의 은총을 받을 것을 기대할 수 있으며, 또한 하나님의 진노와, 생명나무의 길을 지키는 그룹의 화염검을 피할 것을 기대할 수 있다.

● **독자 여러분들께 알립니다!**

'CH북스'는 기존 **'크리스천다이제스트'**의 영문명 앞 2글자와
도서를 의미하는 **'북스'**를 결합한 출판사의 새로운 이름입니다.

매튜헨리주석전집 05

매튜헨리주석 사무엘상·하

초판 발행 2009년 3월 30일
중쇄 발행 2019년 4월 26일

발행인 박명곤
사업총괄 박지성
편집 신안나, 임여진
디자인 김민영, 양무리디자인
마케팅 김민지
재무 김영은
펴낸곳 CH북스
출판등록 제406-1999-000038호
전화 031-911-9864 **팩스** 031-944-9820
주소 경기도 파주시 회동길 37-20 CH그룹사옥 4층
홈페이지 www.chbooks.co.kr **이메일** ch@chbooks.co.kr
페이스북 @chbooks1984 **인스타그램** @chbooks1984
네이버 밴드 @chbooks

© CH북스 2009

CH북스는 여러분의 정성이 담긴 원고를 기다리고 있습니다.
원고 투고는 ch@chbooks.co.kr 로 내용 소개, 연락처와 함께 보내주세요.